◎ 党和国家领导人参加首都义务植树活动

2013年4月2日，党和国家领导人习近平、李克强、张德江、俞正声、刘云山、王岐山、张高丽等来到北京市丰台区永定河畔参加首都义务植树活动。这是习近平同少先队员一起给刚栽下的银杏树浇水。

/ 新华图片社供稿　新华社记者鞠鹏　摄 /

◎ 2012年3月27日，回良玉在全国造林绿化表彰动员大会上接见获奖代表　/ 贾达明　供稿 /

◎ 2012年10月1日，赵树丛会见联合国粮农组织总干事达席尔瓦　/ 杨华　供稿 /

◎ 2012年5月14日，张建龙参加国家林业局生态监测评估中心与青海省林业厅关于生态价值评估体系签约仪式并讲话 /宋晓英　供稿/

◎ 2012年8月30日，印红会见世界园艺博览会官员J·D·嘉博 /杨华　供稿/

◎ 2012年10月21日，孙扎根出席湖南绿色发展研究院揭牌仪式并参观南方林业生态应用技术国家工程实验室 /李波涛　供稿/

◎ 2012年9月18日，陈述贤考察安徽省合肥市国家森林城市创建工作 /赵玉涛　供稿/

◎ 2012年6月5日，张永利出席中国绿化基金会主办的2011绿色盛典活动并为获奖单位和个人颁奖 /贾达明　供稿/

◎ 2012年5月3日，陈凤学参观新疆林果展品 /《中国绿色时报》记者迟诚　供稿/

◎ 2012年11月14日，杜永胜在广东省深圳市检查指导森林防火工作 / 防火办　供稿 /

CHINA FORESTRY
YEARBOOK

中国林业年鉴

2013

中国林业出版社

图书在版编目（CIP）数据

中国林业年鉴. 2013 / 国家林业局编纂. －北京：中国林业出版社, 2014.1
ISBN 978-7-5038-7365-2
Ⅰ. ①中… Ⅱ. ①国… Ⅲ. ①林业－中国－2013－年鉴
Ⅳ. ①F326.2-54
中国版本图书馆CIP数据核字(2014)第015001号

出　版：中国林业出版社（100009 北京西城区德内大街刘海胡同7号）
网　址：http://lycb.forestry.gov.cn
E-mail：cfybook@163.com　　电　话：+8610-83223789
发　行：中国林业出版社
印　刷：北京中科印刷有限公司
版　次：2014年1月第1版
印　次：2014年1月第1次
开　本：880mm×1230mm 1/16
印　张：40.25
彩　插：40
字　数：1670千字
定　价：300.00元

中国林业年鉴编辑委员会

孟宪林　国家林业局濒危物种进出口管理中心常务副主任
孙国吉　国家林业局天然林保护工程管理中心主任
潘迎珍　国家林业局西北华北东北防护林建设局局长
周鸿升　国家林业局退耕还林（草）工程管理中心主任
刘　拓　国家林业局防治荒漠化管理中心主任
闫　振　国家林业局世界银行贷款项目管理中心（速丰办）主任
胡章翠　国家林业局科技发展中心主任
刘东生　国家林业局经济发展研究中心主任
黄正秋　国家林业局人才交流开发中心主任
苏　明　国家林业局对外合作项目中心常务副主任
焦德发　国家林业局森林防火预警监测信息中心主任
张松丹　国家林业局森林资源监督管理办公室副主任
马广仁　国家林业局湿地保护管理中心主任
张守攻　中国林业科学研究院院长
王忠武　国家林业局调查规划设计院院长
郭青俊　国家林业局林产工业规划设计院院长
李向阳　国家林业局管理干部学院党委书记
柏章良　中国绿色时报社社长
费本华　国家林业局国际竹藤中心常务副主任
鲁　德　亚太森林网络管理中心常务副主任
陈幸良　中国林学会副理事长兼秘书长
臧春林　中国野生动物保护协会秘书长
刘　红　中国花卉协会秘书长
陈　蓬　中国绿化基金会副秘书长兼办公室主任
王　满　中国林业产业联合会秘书长
李怒云　中国绿色碳汇基金会秘书长
刘树人　国家林业局驻内蒙古自治区森林资源监督专员办事处（中华人民共和国濒危物种进出口管理办公室内蒙古自治区办事处）专员（主任）
王志高　国家林业局驻长春森林资源监督专员办事处（中华人民共和国濒危物种进出口管理办公室长春办事处）专员（主任）
赵恩举　国家林业局驻黑龙江省森林资源监督专员办事处（中华人民共和国濒危物种进出口管理办公室黑龙江省办事处）专员（主任）
蒋周明　国家林业局驻大兴安岭森林资源监督专员办事处专员
付　贵　国家林业局驻成都森林资源监督专员办事处（中华人民共和国濒危物种进出口管理办公室成都办事处）专员（主任）
万兆奇　国家林业局驻云南省森林资源监督专员办事处（中华人民共和国濒危物种进出口管理办公室云南省办事处）专员（主任）

冯树清　国家林业局驻福州森林资源监督专员办事处（中华人民共和国濒危物种进出口管理办公室福州办事处）专员（主任）
侯　龙　国家林业局驻西安森林资源监督专员办事处（中华人民共和国濒危物种进出口管理办公室西安办事处）专员（主任）
何美成　国家林业局驻武汉森林资源监督专员办事处（中华人民共和国濒危物种进出口管理办公室武汉办事处）专员（主任）
康晓达　国家林业局驻贵阳森林资源监督专员办事处（中华人民共和国濒危物种进出口管理办公室贵阳办事处）专员（主任）
许　辉　国家林业局驻广州森林资源监督专员办事处（中华人民共和国濒危物种进出口管理办公室广州办事处）专员（主任）
薛全福　国家林业局驻合肥森林资源监督专员办事处（中华人民共和国濒危物种进出口管理办公室合肥办事处）专员（主任）
刘家顺　国家林业局驻乌鲁木齐森林资源监督专员办事处（中华人民共和国濒危物种进出口管理办公室乌鲁木齐办事处）专员（主任）
程　鹏　国家林业局驻上海森林资源监督专员办事处（中华人民共和国濒危物种进出口管理办公室上海办事处）专员（主任）
向可文　国家林业局驻北京森林资源监督专员办事处（中华人民共和国濒危物种进出口管理办公室北京办事处）副专员（副主任）
马爱国　国家林业局森林病虫害防治总站总站长
张惠新　国家林业局北方航空护林总站总站长
郝佩和　国家林业局南方航空护林总站总站长
王邱文　南京森林警察学院党委书记
傅宾领　国家林业局华东林业调查规划设计院院长
周光辉　国家林业局中南林业调查规划设计院院长
张　翼　国家林业局西北林业调查规划设计院院长
唐芳林　国家林业局昆明勘察设计院院长
徐元鸿　武警森林指挥部政治部主任

特约委员

邓乃平　北京市园林绿化局局长
张宗启　天津市林业局局长
王金品　河北省林业厅纪检组组长
李永林　山西省林业厅厅长
高锡林　内蒙古自治区林业厅厅长
曹　元　辽宁省林业厅厅长
张德新　吉林省林业厅厅长
蔡炳华　黑龙江省林业厅厅长

陆月星	上海市绿化和市容管理局局长
夏春胜	江苏省林业局局长
楼国华	浙江省林业厅厅长
程中才	安徽省林业厅厅长
陈家东	福建省林业厅厅长
阎钢军	江西省林业厅厅长
贾崇福	山东省林业厅厅长
刘有富	河南省林业厅副厅长
王海涛	湖北省林业厅厅长
邓三龙	湖南省林业厅厅长
张育文	广东省林业厅厅长
陈秋华	广西壮族自治区林业厅厅长
关进平	海南省林业厅厅长
吴　亚	重庆市林业局局长
王　平	四川省林业厅厅长
黄永昌	贵州省林业厅机关党委书记
陈玉侯	云南省林业厅厅长
雷桂龙	西藏自治区林业厅厅长
李三原	陕西省林业厅厅长
赵建林	甘肃省林业厅副厅长
党晓勇	青海省林业厅厅长
王文宇	宁夏回族自治区林业厅厅长
彭小明	新疆维吾尔自治区林业厅党委委员、政治部主任
杨江勇	新疆生产建设兵团林业局局长
张学勤	中国内蒙古森林工业集团公司董事长
柏广新	中国吉林森林工业集团有限责任公司董事长
魏殿生	黑龙江省森林工业总局局长
单增庆	大兴安岭林业集团公司总经理
宋维明	北京林业大学校长
杨传平	东北林业大学校长
曹福亮	南京林业大学校长
周先雁	中南林业科技大学校长
刘惠民	西南林业大学校长

中国林业年鉴特约编辑 ◎

国家林业局办公室	孟广芹
国家林业局政策法规司	周金锋
国家林业局造林绿化管理司	彭继平
全国绿化委员办公室	周力军
国家林业局森林资源管理司	杨　净
国家林业局野生动植物保护与自然保护区管理司	张云毅
国家林业局农村林业改革发展司	邢　红
国家林业局森林公安局	李新华
国家林业局发展规划与资金管理司	刘建杰
	袁卫国
国家林业局科学技术司	谢春华
国家林业局国际合作司	黄一川
国家林业局人事司	段兆刚
国家林业局直属机关党委	冷　鹏
中央纪委、监察部驻国家林业局纪检组、监察局	钟华友
国家林业局信息中心	张会华
国家林业局国有林场和林木种苗工作总站	隗合飞
国家林业局林业工作站管理总站	许　缏
国家林业局林业基金管理总站	刘文萍
国家林业局宣传办公室	周霄羽
国家林业局濒危物种进出口管理中心	张　旗
国家林业局天然林保护工程管理办公室	徐　鹏
国家林业局西北华北东北防护林建设局	刘　冰
国家林业局退耕还林工程管理办公室	汪飞跃
国家林业局防治荒漠化管理中心	林　琼
国家林业局世界银行贷款项目管理中心	马　藜
国家林业局科技发展中心	龚玉梅
国家林业局经济发展研究中心	菅宁红
国家林业局人才交流开发中心	何乐观
国家林业局对外合作项目中心	孙念军
国家林业局湿地保护管理中心	王隆富
国家林业局森林资源监督管理办公室	董　冶
亚太森林网络管理中心	庄作峰
中国林业科学研究院	林泽攀
国家林业局调查规划设计院	赵有贤
国家林业局林产工业规划设计院	田健夫
国家林业局管理干部学院	潘世英
中国绿色时报社	杜艳玲
中国林业出版社	段植林
国家林业局竹藤中心	王　刚
中国林学会	刘合胜
中国野生动物保护协会	王晓婷
中国花卉协会	宿友民
中国绿化基金会	周伯洁
中国林业产业联合会	白会学
中国水土保持学会	郑　慧
中国林业教育学会	贾笑微
国家林业局森林病虫害防治总站	闫　峻
国家林业局北方航空护林总站	黄丽梅
国家林业局南方航空护林总站	杨　林
南京森林警察学院	夏桂林
国家林业局华东林业调查规划设计院	刘　强

国家林业局中南林业调查规划设计院　齐建文
国家林业局西北林业调查规划设计院　王义贵
国家林业局昆明勘察设计院　张凤仙
武警森林指挥部　管黎丽
北京市园林绿化局　齐庆栓
天津市林业局　王　浩
河北省林业厅　袁　媛
山西省林业厅　谢英杰
内蒙古自治区林业厅　张爱军
辽宁省林业厅　王树森
吉林省林业厅　刘　明
黑龙江省林业厅　崔祥娟
上海市绿化和市容管理局　胡建文
江苏省林业局　吴小巧
浙江省林业厅　陆献峰
安徽省林业厅　王小明
福建省林业厅　林　萍
江西省林业厅　钟传宇
山东省林业厅　刁训禄
河南省林业厅　杨晓周
湖北省林业厅　彭锦云
湖南省林业厅　李邵平
广东省林业厅　欧阳学工
广西壮族自治区林业厅　李巧玉
海南省林业厅　慕立忠
重庆市林业局　黄　海
四川省林业厅　贾发扬
贵州省林业厅　姚世超
云南省林业厅　王　锐
西藏自治区林业厅　陈　平
陕西省林业厅　吕旭东
甘肃省林业厅　赵　俊
青海省林业厅　宋晓英
宁夏回族自治区林业局　马永福
新疆维吾尔自治区林业厅　俞言琳
新疆生产建设兵团林业局　贾寿珍
中国内蒙古森林工业集团公司　杨建飞
中国吉林森林工业集团有限责任公司　路增春
黑龙江省森林工业总局　姜东涛
大兴安岭林业集团公司　陈广辉
北京林业大学　高　斌
东北林业大学　雒文虎
南京林业大学　王　强
中南林业科技大学　李波涛
西南林业大学　董勤益

编辑说明

一、《中国林业年鉴》是一部综合反映我国社会主义林业建设重要活动、发展水平、基本成就与经验教训的大型资料性工具书。每年出版一卷，反映上年度情况。2013年卷为第二十七卷，收录限2012年的资料，宣传彩页部分收录2013年资料。

二、《中国林业年鉴》的基本任务是为全国林业战线和有关部门的各级生产和管理人员、科技工作者、林业院校师生和广大社会读者全面、系统地提供中国森林资源消长、森林培育、林政保护、森林工业、林业经济、科学技术、专业理论研究、院校教育以及体制改革等方面的年度信息和相关资料。

三、第二十七卷编纂内容设22个栏目。统计资料除另有说明外，均不含香港特别行政区、澳门特别行政区、台湾省数字。

四、年鉴编写实行条目化，条目标题力求简洁、规范。长条目设黑体和楷体两级层次标题。全卷编排按内容分类。条头设【】。按分类栏目设书眉。

五、年鉴撰稿及资料收集由国家林业局机关各司（局），各直属单位承担；其中“各省、自治区、直辖市林业”由各省（区、市）林业厅（局）承担。

六、释文中的计量单位执行GB3100～3102—1993《国际单位制（SI）及其应用》的规定。数字用法按GB/T15835—1995《出版物上数字用法的规定》执行。

七、条目、文章一律署名，文责自负。

《中国林业年鉴》编辑部

1953—2013
中国林业出版社
CHINA FORESTRY PUBLISHING HOUSE

绿韵书香

—— 中国林业出版社成立 60 周年

传播绿色文化 | 弘扬生态文明 | 共建美丽中国

※ 2013年中国林业出版社建社60周年座谈会上赵树从局长发表讲话

2013年，中国林业出版社走过了60个春秋。60年来，中国林业出版社秉持为人民服务，为林业生产建设、科学研究和教育事业服务的办社理念，坚持传播绿色文化、弘扬生态文明、共建美丽中国的服务方向，风雨砥砺，高歌奋进。

中国林业出版社筹建于1952年，成立于1953年7月，其前身是原中央人民政府林业部办公厅宣传编译科，是我国林业系统唯一一家中央级科技专业出版社。建社以来，始终坚持求实奉献、树木树人，出版了大量优秀的林业科技图书，在宣传和普及林业政策、法律法规，转化林业科技成果，提高林业生产建设水平，提升民众生态文明意识，推进林业高等教育、职业教育等方面发挥了重要作用。中国林业出版社出版的图书种类涵盖了林业各个领域，同时“立足林业，面向大科技”，打造了多方面的精品图书。目前，中国林业出版社平均年出书品种700余种，生产码洋过亿元。截至2013年，累计出版图书13000多种，生产码洋总计逾8亿元，图书形式包括科技理论专著、实用技术图书、教材、译著、科普读物以及辞书、年鉴、手册、画册、挂图等。林版图书曾荣获国家图书奖、中国出版政府奖图书奖、中国出版政府奖优秀出版物提名奖、全国优秀科技图书奖、国家科技进步奖、中国花卉博览会金奖、全国优秀畅销书、“三个一百”原创出版工程、梁希林业图书期刊奖等大奖。中国林业出版社还承担了一批“八五”到“十二五”国家重点图书出版规划项目出版任务，主持了多项中央文化产业发展专项资金项目、国家出版基金项目、国家新闻出版主题出版项目以及科技部、教育部、文化部、国家林业局重点出版工程项目等。60年来，中国林业出版社打造了一支优秀的人才队伍。截至 2013 年年底，在岗职工人数达到 110 人，其中博士学历 11人，硕士学历 25人，大学本科学历 48人，大学本科以上学历占比 76.36%；初级职称 26人，中级职称 29人，副高级职称27人，正高级职称 14人，中级以上职称人数占比 63.63%，高级以上职称占比 38.18%。先后有多名同志获得中国出版政府奖优秀出版人物奖、新中国成立60年来百名有突出贡献的新闻出版专业技术人员、“全国百佳”出版工作者、全国优秀中青年图书编辑、全国新闻出版行业领军人才、梁希林业宣传突出贡献奖等国家级荣誉。

长期以来，中国林业出版社紧紧围绕发展现代林业、建设生态文明、促进科学发展这个主题，不断为社会打造高质量、多层次的精品读物。党的十八大号召大力推进生态文明建设和美丽中国建设，提出必须树立尊重自然、顺应自然、保护自然的生态文明理念，把生态文明建设放在了更加突出位置，规划了社会主义现代化经济建设、政治建设、文化建设、社会建设和生态文明建设“五位一体”的总体布局。在努力建设生态林业、民生林业的征程中，身为绿色文化的建设者和传播者，中国林业出版社肩负着向社会播撒生态文明理念的神圣使命，大有用武之地，任重道远。

近十年来，中国林业出版社经过了调整探索和改革创新，逐渐走出了一条具有自身特色的出版之路。2011年根据中央的统一部署，中国林业出版社顺利完成了转企改制，林业出版的历史翻开了新的篇章。2012年获得了国家互联网出版资质和许可证、国家电子出版资质和许可证、广告经营许可证以及

※ 2013年10月21日，赵树丛、郧书林、陈述贤等领导参观出版社图书展室

※ 2013年柳学军书记、金旻社长为“中国数字森林博览馆建设与典型示范”“中国林业数字出版与服务平台建设”项目办公室揭牌

※ 地处北京什刹海畔的中国林业出版社

生物、科学、美术3个学科中小学教辅图书出版资质，同时开展了申请社副牌工作，即将在更宽广的领域中崭露头角。2013年，“林业出版按需印刷项目”获批，同时中国林业出版社又被列为中央文化企业首批数字化转型升级项目实施单位，标志着林业出版事业正式迈进了由传统出版向数字化出版转型的产业升级之路。目前中国林业出版社正以重大出版工程项目为龙头，打造品牌，积极争取增加优良资产，拓展第三产业，践行“大工程带动大发展”和“一业为主多业经营”的发展战略，探寻新的发展动力，实现“强社富民”的梦想。

※ 出版社所获部分荣誉

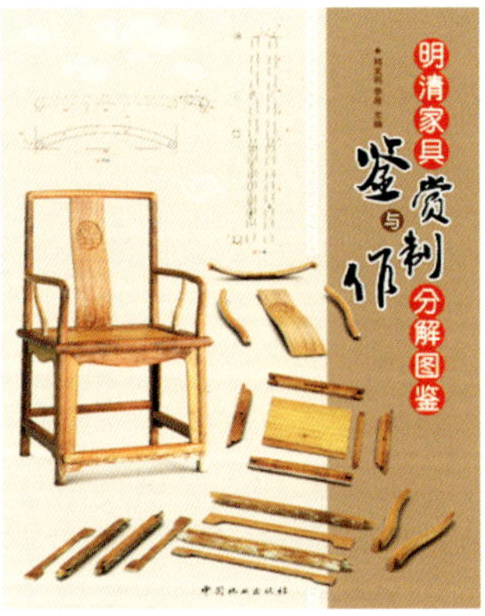

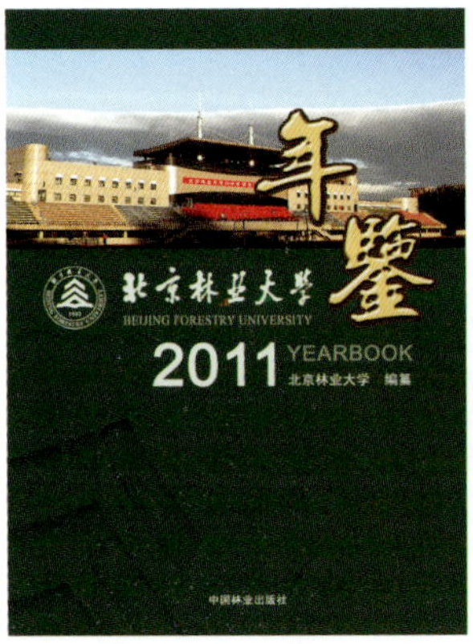

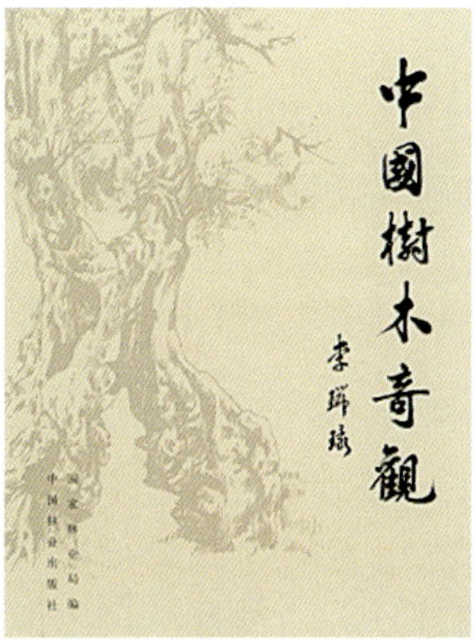

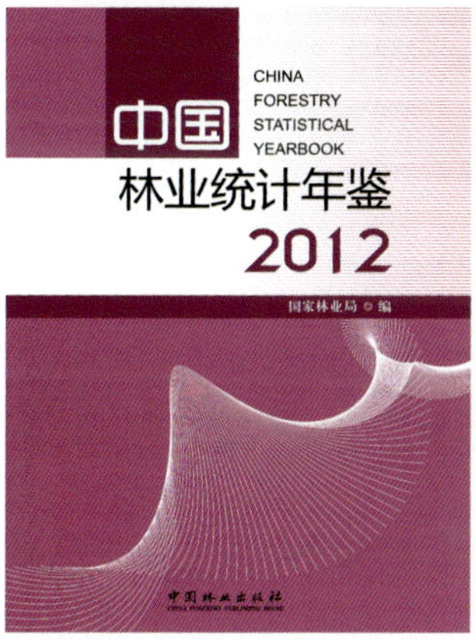

2013年10月21日，中国林业出版社召开了成立60周年座谈会，新老员工、新老朋友欢聚一堂，清茶一杯，共话发展。国家林业局局长赵树丛、国家新闻出版广电总局副局长邬书林出席座谈会并讲话，国家林业局党组成员、中央纪委驻局纪检组组长陈述贤等领导出席座谈会。赵树丛指出，建设生态文明和美丽中国，迫切需要生态文化事业的支撑引领；生态林业民生林业的转型升级，必将推动林业出版事业的繁荣发展。希望中国林业出版社以成立60周年为新的起点，努力把出版社打造成宣传生态文明的骨干力量，弘扬生态文化的主要平台，传播林业知识的有效渠道，展示林业成就的重要窗口，全面提升林业生态文化的传播力和软实力，为建设生态文明和美丽中国、发展生态林业和民生林业发挥更大作用。邬书林对中国林业出版社的发展提出三点希望：一要按照服务主业的要求，更好地规划未来，更好地树立高远目标，为我国的林业发展和生态文明建设服务；二要充分利用数字化、云计算、大数据等先进理念及运作方式，谋划长远发展，壮大发展实力，争取成为国内一流、国际知名的出版社；三要高度重视人才队伍建设，吸引更多专业人才投身到出版事业、奉献给出版事业。

60 年在历史的长河中转瞬即逝，但却成就了中国林业出版社的辉煌历史。在未来的日子里，全社员工一定会更加努力，励精图治，再创辉煌！

/段植林　供稿/

打造祖国北疆生态文明亮丽风景线

—— 内蒙古森林工业集团

※ 张学勤董事长在全国两会分组会上发言

※ 巴树桓总经理慰问森警扑火官兵

内蒙古森林工业集团是中国东北内蒙古四大国有森工企业之一，经营管理的内蒙古大兴安岭重点国有林区总面积10.67万平方千米，地跨呼伦贝尔市、兴安盟等9个旗市，是四大重点国有林区中森林面积最大、国有林最集中的林业生态主体功能区。内蒙古大兴安岭林区现有森林面积8.27万平方千米，活立木总蓄积量9.5亿立方米，森林覆盖率77.44%，其中有70%的森林被列为国家重点和一般公益林，实行全封闭保护和限制性开发；有110万公顷从未开发的原始林，8个国家级、省部级自然保护区总面积123万公顷，在维护国家生态安全、应对气候变化、木材资源战略储备等方面发挥着重要功能，被誉为祖国北方的重要生态屏障。

近年来，内蒙古森工集团深入贯彻落实科学发展观，以党的十八大精神为指导，坚持“生态林业”“民生林业”的基本定位，全面推进生态文明建设，加快转型发展，努力改善民生，各项事业取得了长足进步，开创重点国有林区创新发展的新局面。

◆ 生态建设提质增效

深入实施天保二期工程。严格执行国家木材减产政策，克服资金压力，木材产量由工程一期每年229.6万立方米一步调减到110万立方米；全面建立森林管护责任四级网络体系，森林管护责任落实率100%。严格森林资源管理，以林地林权管理为核心，完善森林资源行政管理体系、监督监测体系和林业行政执法体系建设，坚守林缘“红线”，维护了重点国有林区完整性。努力提高森林经营水平，促进了森林资源持续健康增长。自2009年以来，累计完成人工更新造林2.44万公顷；义务植树152万株；人工促进更新4.1万公顷；森林抚育100.8万公顷，生态建设的基础更加牢固。据第八次全国森林资源连续清查结果显示，与第七次连续清查相比，5年间内蒙古大兴安岭林区森林面积净增9.49万公顷，森林覆被率提高0.89个百分点，活立木蓄积增加6257.76万立方米，单位公顷株数增加36株、蓄积量增长11.7立方米，取得了森林资源数量增长、质量提高、生态功能持续增强的好成绩。切实加强森林火灾防控。按照“投重兵、打小火、当日灭”的防扑火理念，强化预警监测、扩大联防联动、加强队伍建设、突出重点防范，森林火灾发生率和受害面积逐年下降；科学开展森林有害生物防治工作，连续多年完成林业有害生物防治“四率”指标，森林资源安全得到了有效保证。加强生态保障能力建设，连续5年累计投资58 317万元，实施各类生态保护建设项目155个，生态基础设施水平明显提升。

◆ 经济转型增速发展

加快转变经济发展方式，努力推动经济结构调整。根据林区资源特点和基础条件，提出了“五大基地”建设的转型发展目标，全力建设内蒙古最大的森林碳汇基地、商品林储备基地、绿化种苗基地、生态旅游休闲度假基地和绿色林特产品加工基地。其中，在生态旅游休闲度假基地建设上，以林区 8 个国家级森林公园为依托，根据旅游资源分布特点，统筹规划了以南部阿尔山、北部原始林区、东部毕拉河为核心的三大旅游板块，重点推进开展了北部原始林区国家公园建设项目申报，实施了阿尔山、毕拉河、阿里河国家森林公园基础设施项目建设，旅游产业正在成为林区经济转型的朝阳产业，呈现出广阔的发展前景，2013 年林区累计接待游客 67.1 万人次，实现旅游综合收入 3.57 亿元，分别较 2012 年增长 27.5% 和 23.5%，发展势头强劲；在绿色林特产品加工基地建设上，完成了林下经济资源分布和储量调查，集中力量打造图里河北药、克一河食用菌、大杨树蓝莓等林下经济“六大示范基地”。2013 年林区林下经济实现产值 8.4 亿元，同比增长 216%，发挥了重要的富民增收作用；在绿化种苗基地建设上，连续多年持续投入，完善苗圃基础设施建设，组建园林绿化公司，积极拓展异地造林市场，实现传统行业的市场化转变，为森工企业改革转型探索了出路。

※ 克一河林下经济食用菌栽培示范基地

※ 满归棚改新区

◆ 民生改善连上台阶

以人为本、关注民生，持续提高职工收入，在岗职工人均年工资由 2010 年的 17 873 元提高到 2013 年的 32 355 元，增长了 1.8 倍；完善社会保障体系建设，在全民职工养老保险实行省级统筹、大集体职工实行属地统筹的基础上，将在岗职工基本医疗、工伤、生育、失业保险和 6.8 万名退休职工医疗保险成功纳入属地统筹；4 万名“老工伤”人员纳入属地保险政策范围，职工社会保障统筹层次进一步提高；全力以赴开展棚户区改造工程。自 2009 年以来，累计完成投资 50.1 亿元，其中企业自筹 11.9 亿元，开工建设棚户房改造工程 107 938 户，完成 101 021 户，26 万名林区职工居民改善了住房条件，同时棚改配套基础设施建设的大量实施，有效弥补了林区开发建设 60 多年来积累的历史欠账，林区面貌发生了明显改善，小康林区建设步伐加快。

奋进中的内蒙古大兴安岭国有林区正在成为祖国北疆生态文明一道亮丽的风景线。

盛世兴林　绿溢壮乡

—— 广西全力建设生态文明示范区和林业强区

※ 国家林业局局长赵树丛（右二）到广西壮族自治区直属国有林场了解珍贵树种种植情况

※ 广西壮族自治区林业厅厅长、党组书记陈秋华（左）给农户发放珍贵树苗

广西是全国重点集体林区，生态区位重要，光热水充沛，自然条件优越、物种资源丰富，是全国林业资源“富矿区”。2012 年，在广西壮族自治区党委、政府的正确领导和各级各部门的大力支持下，全区林业系统认真贯彻落实科学发展观，紧紧围绕建设全国生态文明示范区、全国林业强区、全国木材战略核心储备基地和全国林下经济发展排头兵的目标，以改善生态和改善民生为总任务，以推动林业科学发展为主题，以加快转变林业发展方式为主线，坚决打好造林绿化“三大战役”，深入开展林业基础设施建设“五大会战”，全力实施林业发展“六大工程”，各项工作扎实推进，全区林业实现了平稳较快发展，呈现出以下亮点：

※ 广西国有高峰林场速丰林林相

※ 珠江防护林建设成效显著

◆ **造林绿化成效显著** 全区完成植树造林30万公顷，森林覆盖率达61.4%，比2007年提高8.7个百分点。柳州市成为广西第三个国家森林城市。

◆ **石漠化治理成效全国第一** 成功争取35个县纳入全国石漠化片区扶贫规划。广西现有石漠化面积比2005年减少45.27万公顷，减幅19%，是8个石漠化省（区、市）中石漠化面积减少最多的省份。

◆ **林业产业提前3年实现建设林业强区的发展目标** 全年全区林业产业总产值2194亿元，比2011年增长31.22%，实现5年翻两番，提前3年实现建设林业强区的发展目标。其中，造纸与木材加工业产值达934亿元。

◆ **林下经济成为促农增收的新引擎** 全区林下经济产值达360亿元，增长57.2%。通过发展林下经济实现人均增收1000元以上的林农达818万人，比2011年增加368万人。林下经济发展继续成为全国典型。

◆ **林业投资规模不断扩大** 全区林业固定资产投资达650亿元，同比增长24%。

◆ **全国木材战略核心储备基地建设顺利推进** 组织实施《广西木材战略储备生产基地规划（2011～2020年）》，加快发展速丰林，全年木材产量达1668万立方米，同比增长9.31%。广西已成为全国最大的木材生长、生产基地，森林年生长量、年木材产量、森林蓄积年净增量均居全国第一。全区森林蓄积量达6.4亿立方米，比2007年净增1.3亿立方米。

※ 国有钦廉林场林下种牧草养羊

※ 融水县农民在自家的杉木林下发展种植灵芝菌

※ 广西区直林场中纤板生产车间一角

※ 广西雅长兰科植物国家级自然保护区内的世界最大的兜兰群

◆ **改善民生取得重要进展** 林业基础设施建设"五大"会战任务基本完成，林区水电路等基础设施建设取得新进展，农村沼气池建设项目进展顺利，圆满完成12万座沼气池建设任务。林业生态扶贫扎实推进。

◆ **林业科技创新取得新突破** 2012年取得了一批重大科技成果，共获得广西科技进步奖6项，其中二等奖2项、三等奖4项。选育出全国第一个高油酸油茶优良杂交组合新品系。林业科技成果示范建设不断加强。

◆ **林业干部队伍建设取得新进展** 林业干部队伍结构明显优化，干部素质稳步提高。区直林业系统拥有博士70名、硕士902名、学士1290名，拥有教授或相当于教授职称36名，副教授或相当于副教授职称241名，博士、硕士、教授的数量分别是2008年的11倍、9倍和9倍多。初步构建起具有广西林业特色的惩防腐败体系，"1234"权力监督制衡机制和党风廉政建设成为全国林业系统的典型。

2013年，广西林业系统将以邓小平理论、"三个代表"重要思想和科学发展观为指导，紧紧围绕建设生态文明示范区和林业强区、富民强桂新跨越的总目标，大力发展生态林业和民生林业，坚持建设林业强区"三步走"战略和"12345"工作思路，加快转变林业发展方式，着力加强森林经营提升生态建设质量，着力加快产业结构调整增强综合实力，着力加强资源保护夯实发展基础，全面推进全国生态文明示范区和美丽广西、全国木材战略核心储备基地和林业强区建设，力争广西的生态环境长期走在全国前列，为全区

※ 广西国有大桂山林场信都工业园区 /雷超铭 摄/

实施北部湾经济区和西江经济带“双核”驱动战略保驾护航，努力打造全国林下经济排头兵，助推全区绿色增长、绿色发展、绿色崛起。

一是建设全国生态文明示范区和美丽广西 深入实施“绿满八桂”造林绿化工程、石漠化综合治理等重点生态修复工程，开展“美丽广西·美丽北部湾行动”“美丽广西·美丽西江行动”“美丽广西 · 美丽乡村行动”，努力构建桂西生态屏障、北部湾沿海生态屏障、西江千里绿色走廊和桂东北生态功能区、桂西南生态功能区、桂中生态功能区、十万大山生态保护区的“两屏四区一走廊”生态安全格局。

二是建设全国木材战略核心储备基地 深入实施森林经营质量提升工程，大力发展速丰松、速丰杉、速丰桉、速丰珍贵树种等，着力打造高产示范林，提高经营水平，打造全国最大的木材战略核心储备基地。

三是建设林业强区 加快发展林浆纸、木材深加工、林产化工、油茶、花卉五大林业优势产业。重点打造林(竹)浆纸一体化、木材加工、林产化工一体化、油茶、花卉、森林旅游、竹藤加工、野生动植物利用等八大林业产业集群。加强林业产业园区建设，大力培育和支持一批林业龙头企业。

※ 广西大力发展林浆纸产业，图为华劲集团股份有限公司南宁纸业生产车间

四是打造全国林下经济排头兵 充分发挥林业在新一轮扶贫开发、西部大开发和农民人均纯收入倍增计划中的作用，大力发展林下经济，深入实施发展林下经济“千万林农千元增收”工程，努力打造全国林下经济发展排头兵。

五是打造新的千亿元产业 充分发挥林产加工在工业化建设中的作用，深入实施造纸与木材加工千亿元产业工程，力争2013年造纸与木材加工销售收入达到1000亿元，提前两年实现千亿元产业目标。

六是实施科技兴林战略 构建现代林业技术创新体系，建设林业科技创新平台，大力开展林业关键技术攻关，提高林业科技含量，不断拉长林业产业链，提高林业附加值，促进林业实现从传统林业向现代林业转变，从封闭半封闭林业向开放型林业转变，从粗放林业向集约林业转变，从数量林业向质量林业转变，从平面林业向立体林业转变。

七是实施人才强林战略 继续实施“136”（即厅机关与区直林业企事业单位从2008年开始，用5年左右时间，培养和引进博士100名、硕士300名、全日制学士600名）、“226”人才工程（即与北京林业大学、南京林业大学、中南林业科技大学合作，在博士、硕士2个层次，培养200名硕士、60名博士）和“万名林业人才储备工程”（即到2015年，全区林业系统拥有学士以上专业人才达到1万名左右），大力推进人才队伍建设。

/张雷　供稿/

※ 广西弄岗保护区喀斯特森林景观

建设生态文明　呵护大美新疆

—— 新疆维吾尔自治区林业长足发展

2012 年，在自治区党委、人民政府正确领导下，在国家林业局大力支持下，新疆维吾尔自治区各级林业部门认真学习贯彻党的十八大、中央新疆工作座谈会、全国林业厅局长会议、自治区第八次党代会和自治区农村工作会议精神，解放思想，开拓进取，攻坚克难，坚持稳中求进、进中求变的总基调，变化变革，敢于担当，务求实效，全力推进以防沙治沙为重点的林业生态体系建设、以特色林果业为重点的林业产业体系建设和内涵丰富的生态文化体系建设，大力实施林业十大生态工程，全区林业取得长足发展。

※ 贾治邦和新疆林业厅党委书记张小平、厅长尼加提·马合木提在阿克苏核桃园考察

一、生态建设力度不断加大

新疆干旱少雨，生态脆弱，必须持之以恒地大力植树造林。2012 年，经过全区各族人民的团结奋斗，完成造林 17.6 万公顷。“三北”五期工程顺利实施，完成造林 10.8 万公顷，“三北”四期 7 个工程重点县受到国家林业局表彰。退耕还林成果继续巩固，完成荒山荒地造林 3.6 万公顷。天保工程落实管护面积 394.6 万公顷，工程区森林资源保护进一步加强。新增国家级公益林 80.8 万公顷，全区 760 万公顷国家级公益林得到有效保护。完成森林抚育补贴试点任务 8.53 万公顷。野生动植物、自然保护区和湿地保护管理不断加强，申报国家级自然保护区 2 处、国家级湿地公园 5 处。编制完成《新疆防沙治沙工程建设规划（2011 ～

※ 新疆维吾尔自治区副主席钱智等领导在新疆特色林果产品广州博览会喀什展位参观

※ 新疆维吾尔自治区林业厅党委书记张小平在基层调研

2020年）》，完成防沙治沙工程建设任务56万公顷。伊犁河谷百万公顷生态经济林工程建设稳步推进，完成造林0.67万公顷。

二、特色林果产业成绩斐然

全区特色林果总面积突破133.33万公顷，各种果树有效株数13亿株，产量700万吨，产值350多亿元。全区农民人均来自林果业收入达到1000多元，林果业收入占全区农民人均收入20%以上，林果业主产区达40%以上，发展好的县市达70%以上，全区农民人均林果业增收190元，超额完成自治区党委提出的2012年全区农民人均增收1000元，其中林果业人均增收180元目标。建成各类优质丰产林果示范基地40个，面积近万公顷。苹果、红枣、核桃、香梨4个生态健康果园试点工作稳步推进，新增葡萄、枸杞两个试点树种。成功举办2012新疆特色林果产品（广州）交易会，签约金额32亿元，现场销售400多万元。“新疆维吾尔自治区农产品华南市场开拓工作办公室” 挂牌成立。举办葡萄、核桃、红枣产业发展高峰论坛，成立葡萄、核桃、红枣产业协会。林果产品地域保护认证和品牌创建步伐加快，121个林果产品获国家、自治区级知名品牌。 天保后续产业完成产值1.04亿元，实现

※ 和田荒漠造林

※ 新疆各地积极推广大苗造林。图为新疆玛纳斯县秋季造林现场备用的榆树苗木

※ 新疆北疆公益林 /俞言琳 摄/

※ 新疆维吾尔自治区林业厅党委书记张小平在基层调研

※ 自治区林业厅厅长尼加提·马合木提在博州考察造林苗木

利润 2600 万元。全区共有森林公园 60 处，森林旅游直接收入突破 2 亿元。各类沙产业总产值 56.3 亿元。成功举办新疆呼图壁国家级苗木交易市场揭牌暨新疆首届苗木花卉博览会，达成合作意向 25 个，现场签约金额 9.4 亿元。组织参加由国家林业局举办的浙江义乌第五届全国森林产品博览会。

三、生态文化建设稳步推进

深入开展自治区级生态文明教育基地创建和命名活动。新增 3 个“全国生态文化村”。温泉县、裕民县、泽普县、博湖县、哈巴河县获批全国生态文明示范工程试点县市。组织拍摄综合专题宣传片《播洒绿色 造福新疆》，策划出版《生态新疆 绿色神韵》和《情书大漠》大型林业宣传画册。制作 8 个特色林果主栽树种实用技术电教片。连续 3 年与自治区旅游局主办国际胡杨节，积极开展“国土绿化宣传月”“国际湿地日”“野生动植物保护宣传月”“天山环保行”等宣传活动。

四、资源保护力度加大

切实履行“严管林”职责，逐级签订森林资源管理目标责任状。审核审批各类工程征占用林地事项 419 宗、占用征收林地面积 5507 公顷。植被恢复异地造林 0.84 万公顷。编制完成全区林地落界“一张图”和《省级林地保护利用规划（2010 ～ 2020 年）》，开发建设省级森林资源档案管理信息系统。林业有害生物防控继续加强，14 个地州市、68 个县市森防检疫机构完成“站”改“局”。新建测报站点 35 个，防治服务队 76 支，全区监测站点达到 529 个，防治服务队达到 539 支，基本构成全区林业有害生物防控网络。建立地方与兵团联防联治工作制度，加强林业有害生物防控联合会商与沟通协作。“绿盾 2012”林业植物检疫执法检查行动扎实开展，有效防范外来有害生物入侵。森林防火基础设施和队伍能力建设进一步加强，新建 28 支半专业化扑火队。预警监测机制进一步强化，航空护林和直升机灭火工作扎实推进。全年发生森林火灾 41 起，受害面积 17 公顷，同比分别下降 30% 和 88%，连续 9 年没有发生重特大森林火灾。武警新疆森林部队在保护森林资源、防范和扑救森林火灾方面作出了突出贡献。破坏森林资源违法行为有效遏制，全区共受理各类破坏森林资源案件 3989 起，查处 3480 起，打击处理违法犯罪 5118 人次，收缴野生动物 857 头只。深入开展“百日严防、严打严重涉林刑事案件”“区域性专项严打行动”“清网行动”“禁毒铲毒”等一系列严打专项行动，有效保护森林资源安全。

五、林业改革稳步推进

全区集体林权制度改革主体改革任务基本完成。按照《自治区集体林权制度主体改革检查验收办法》，完成集体林地确权的地州已开展自查验收。库尔勒市、阿克苏市、沙湾县被确定为首批全国农民林业专业合作社示范县，玛纳斯县为示范典型县。全面启动国有林场体制改革工作，39 个天保工程区国有林场改为全额预算管理事业单位，全区 107 个国有林场中有 83 个国有林场为全额预算管理事业单位。积极推进林业建设总公司改制工作，目前已进入破产程序，安置经费和离退休人员移交工作正在落实和办理中。

※ 库尔勒香梨

※ 和田皮亚曼石榴

※ 阿克苏核桃

※ 阿月浑子长势喜人

※ 阿克苏苹果

民生建设深入开展。国有林区棚户区改造工程 19 个项目全部开工，落实投资 1818 万元，建成 585 户。国有林场危旧房 2540 户改造任务全部开工建设，落实投资 2.2 亿元，完工 1619 户，入住 712 户。启动第二批 185 个乡镇林业站建设，投资 5550 万元。落实国有林场危旧房改造基础设施配套资金 3146 万元和扶贫资金 1100 万元，配备管护所站卫星接收设备 4679 套。全区 120 个森林公安派出所有 104 个完成主体建设。

林业科技支撑能力增强。落实各类林业科技项目82个，自治区重大科技专项《特色林果安全生产关键技术研发与示范》项目进入专家评审阶段。组织完成3个国家行业标准审定和6个地方标准制定。验收中央财政林业科技推广示范项目14个和自治区财政林业科技专项资金项目30个。聘任中国农业大学等科研院所20位专家，组成第二届自治区特色林果业发展科技支撑首席专家团队。组织编写8个树种的维汉双语实用技术丛书，印制50多万册，下发到各地果农手中。林业科技成果荣获自治区科技进步奖一等奖3项、二等奖7项、三等奖3项，自治区林业厅荣获"自治区科技兴新先进厅局"称号。依法治林水平不断提升。《自治区湿地保护条例》和《自治区实施〈森林防火条例〉办法》颁布实施。林业行政执法管理和监督工作进一步规范。

六、自身建设不断加强

扎实开展创先争优、学习型党组织建设、"热爱伟大祖国、建设美好家园"主题教育和"赴基层、转变作风、服务群众"系列活动。切实加强各级领导班子和干部队伍建设，不断加大干部教育培训力度，完善领导班子和干部考核办法，深化干部人事制度改革，选人用人公信度不断提高。全面落实党风廉政建设责任制，大力加强廉政风险防控机制建设，积极开展风险防控体系排查，进一步规范林业系统各级领导干部从政行为。坚持以绩效管理为重点，大力加强机关作风建设、精神文明创建和社会治安综合治理工作。林业厅机关连续 16 年被评为自治区级精神文明单位。 /俞言琳、伍永明 供稿/

新疆天山东部国有林管理局哈密分局

※ 天东局哈密分局局长（右）刘新华在基层调研

※ 哈密分局领导班子在一起

新疆天山东部国有林管理局哈密分局位于新疆和天山最东端的哈密地区。自 1998 年实施天然林保护工程以来，为弥补天保工程资金缺口，提高职工收入，积极发展后续产业，目前已逐步形成建材经营、房地产开发、红枣种植为重点的后续产业龙头项目。特别是，红枣种植项目因其项目对路，品质、地缘等优势，现已成为哈密分局后续产业发展的佼佼者。

哈密大枣种植历史悠久，果质区内外闻名，这是因为哈密气候干燥，盛夏昼夜温差很大，白天的温度高达 40℃以上，无霜期长，特殊的地理位置和气候特点造就了哈密大枣皮薄、肉厚、味甜的特点。哈密大枣的营养和保健价值极高，在国内外市场享有盛誉。

哈密分局因地制宜，将火石泉农场 118.53 公顷土地及时调整为红枣种植基地，种植枣园 68.93 公顷、葡萄园 1.93 公顷。在未来 3 ～ 5 年，此种植基地的红枣将进入丰产期，按常规哈密大枣鲜果每公顷平均产量 15 ～ 30 吨，市场价格为 150 ～ 300 元计算，经济前景非常可观，将对哈密分局后续产业发展，有效提高职工收入产生重要作用。

/ 天山东部国有林管理局哈密分局　供稿 /

※ 天东局哈密分局红枣基地

※ 天东局哈密分局种植的俊枣

新疆天山东部国有林管理局
乌苏佛山国家森林公园

乌苏佛山国家森林公园隶属新疆维吾尔自治区天山东部国有林管局乌苏分局。1994年建立自治区级森林公园，2008年评为国家AAA级风景区，国家级森林公园。

※ 乌苏佛山公园生态文化教育基地外景

公园位于新疆乌苏市南部山区50千米处，总面积3.7万公顷，由待甫僧、巴音沟和乌兰萨德克湖三大景区组成。各景区依山傍水，绿草茵茵，群花争芳，既有北国风光，又有江南秀色。是一个集雪山、冰川、森林、草原、河流、峡谷、瀑布等为一体，可休闲、观光、避暑、登山、温泉浴，又可进行历史人文古迹寻访、科普教育、野生动植物观赏、生态文化教育普及等远近闻名的旅游佳境。特别是待甫僧景区的世界上海拔最高（3946米）的神秘雪山大佛以及有500多种珍贵植物的亚高山生态园，有雪豹、北山羊、金雕、马鹿、盘羊等52种珍稀陆生野生动物，其中保护动物23种。还有雪鸡、猎隼、苍鹰等候鸟种类70余种，使海内外游客流连忘返。

※ 待甫僧生态园小马鹿

公园先后投入1.2亿元，挖掘出“生态文化、花卉文化、地质文化、佛山石文化和佛学文化”内涵，建设了亚高山型生态园、郁金香园、贝母园、柳兰园、野花组合园、马鹿园、天山花楸园、地质园、佛山石文化园等，建成“生态文明教育基地”，同时不断进行旅游基础设施建设，使旅游接待功能完备、设施齐全，可同时容纳3000人食宿。每年，来自区内外的参观游览者达12万人次以上，旅游社会化收入达2000多万元。公园通过自办“乌苏佛山”旅游网站，制作生态文明建设和旅游宣传片，加大宣传力度，产生很大宣传效应，使“乌苏佛山公园”的知名度日益提升。

/林春亮、张俊豪　供稿/

※ 乌苏佛山公园待甫僧景区郁金香园　/林春亮　摄/

翱翔在北方林海上空的防扑火尖兵

—— 记北方航空护林总站森防协调处

北方航空护林总站森防协调处是总站业务部门一个重要组成部门和中坚力量，是一个团结奋进善打硬仗的战斗集体，是一支翱翔在北方林海上空的防扑火尖兵。

作为代表国家林业局赴火场第一工作组的空中力量，森防协调处在北航总站领导班子的正确领导下，围绕中心，服务大局，锐意进取，攻坚克难，圆满完成转战火场、跨区支援、靠前驻防、实战演练、业务培训等多项艰巨任务，表现突出、成绩卓著，曾多次受到国家森林防火指挥部及地方政府的表彰。

※ 2011年河北抚宁“4・12”火灾，国家林业局北方航空护林总站（原东北航空护林中心）总站长张惠新向国家林业局副局长孙扎根、河北省省长陈全国汇报火场情况

◆ 敢于担当、勇挑重担，转战5省展现尖兵本色　2010～2012年，森防协调处转战5省7地，圆满完成2010年大兴安岭呼中“6・26”雷击火场，2011年河北省秦皇岛市抚宁县“4・12”火场、山东济南长清火场、新疆维吾尔自治区布尔津县禾木“9・13”火场以及2012年河北承德和黑龙江大兴安岭火场等6次重大火场的协调指挥、空中扑火的战斗任务，尽显火场尖兵英雄本色。

※ 2010年“6・26”呼中夏季火第一工作组向贾治邦局长汇报火场情况

※ 2010年“6・26”呼中夏季火第一工作组落实火场兵力部署

※ 飞行观察员运用电子标绘系统勾绘火区图

※ 2005年10月9日，侦察火场归来撰写火场情况分析报告

※ 北方航空护林总站赴火场第一工作组将火场态势图通过视频传输系统实时上传到火场前指

◆ 凝心聚力、攻坚克难，跨区支援发挥集体力量

2012 年，北航总站森防协调处奉命派员赴重庆市开展航空护林工作。在人手紧张、任务繁重的防火紧要期，他们顾全大局，勇挑重担，优化赴火场工作组人员组合，抽调 3 名以处长为首的业务骨干前往重庆协助开展航空护林工作。面对重重困难，他们想方设法克服困难创造条件开展工作，确保飞行巡护、火场侦察、吊桶训练等多项业务工作顺利完成。首次跨区支援开创了航空护林无界限的先河，也为重庆市开展航空护林作出重要贡献。

◆ 积极引导、团结向上，传承发扬“传帮带”精神　森防协调处是一支朝气蓬勃的青年干部队伍，也是一支思想和技术过硬、敢打敢拼、能打胜仗的优秀队伍。他们传承和发扬“传帮带”精神，注重政治理论学习，统一思想认识，加强理想、信念教育，增强责任感和使命感。严格要求党员干部以身作则当表率，发扬民主创和谐；积极开展业务学习及演练活动，老同志言传身教，手把手传授业务知识和火场工作经验，使这支队伍的战斗力和凝聚力得到极大提高，扑火救灾的应急反应能力、火场侦察能力、信息传输能力、火场协调能力、行业管理能力、技术保障能力、物资储备管理能力得到显著提升。

/ 黄丽梅　供稿 /

※ 第一工作组移动航站加油车正在给飞机加油，做好地面保障工作

※ 2010年国家林业局北方航空护林总站赴火场第一工作组

无私奉献　金盾生辉

——“最美警察”陈立军

※ 陈立军

陈立军，吉林省森林公安局红石森林公安分局第一派出所副所长，1994年参加公安工作，2006、2007年被授予全省优秀人民警察，多次获得市局嘉奖、公安局先进个人称号，2011年获得红石林业局道德模范提名，2011、2012年度被评为优秀公务员。

陈立军，人勤话少，做人厚道，做事果敢，沉默中透着睿智，少语中又有着担当。2011年9月，经吉林省公安厅批准，红石森林公安局成立了以“陈立军”名字命名的警务室，一年来，社区民警陈立军用真心换民心，用最朴实的爱心构筑了社区警民间的鱼水真情。

社区里一位刘大娘，唯一的儿子因患精神病离家出走多年，至今下落不明，儿媳在生育孙子后病逝。只剩下祖孙二人相依为命，仅靠低保维持生活，刘大娘年老多病，无力求医治病、更无力供养小孙子读书补习。祖孙二人租住在一个仅有十多平方米的小屋内，除了锅碗瓢盆，一无所有，生活困苦不堪。陈立军了解到他们的情况，将身上仅带的300元钱塞到大娘手中，让她马上看病还要抚育小孙子。随后他又发动全所民警筹钱为刘大娘买烧柴和生活用品；多次奔走协调社区、房产等部门为大娘申办了廉租房补助；沟通英语学校免费送小孙子补习英语……从此，刘大娘祖孙俩便成了陈立军的牵挂：送米送油、送医拿药、劈柴扫院、修葺房屋……陈立军两三天便来刘大娘家坐坐，找点活干，陪大娘唠唠嗑。辖区群众在陈立军的带动下，纷纷为刘大娘祖孙俩送去爱心，让刘大娘的家不再一贫如洗、让祖孙俩不再无依无靠。

农村出身、军营历练的陈立军，多年来过着别人不能相信的平凡警察的清苦生活，却乐观豁达、进取充实。从警18年，他从事社区警务12年，褪色的警服、补丁的袜子，黝黑的脸，冬夏都迈着大步在社区穿梭：帮李大爷办低保、给推车的搭把手、给急病的背到医院、给捎办个户口……即便是途经垃圾点他也会“一走一过”地拣两个空瓶微笑地放到拣垃圾的大爷手中。

※ 陈立军与辖区人民群众心连心

没有人觉得他是个“高高在上”的警察，大家有事找他都感到仗义，即便絮叨也不觉得“外道”；同样，能全力支持小陈工作，人们更觉得亲切又荣耀。

“小陈真是个好人”，这就是他在群众心中的样子。

吉林省森林公安局曾将陈立军爱民事迹材料转为《三访三评》专刊；红石林业局将其提名为道德模范候选人；红石电视台、红石宣传部、红石网站也将其爱民事迹多次播出、转载、发表。

陈立军就是这样，正直为人、热情助人、后己先人，全心全意为人民服务。他忠诚于自己所热爱的事业，真诚地对待同志、朋友和群众，无私地经营着他与社会、集体和个体之间和睦友好协调的关系，用他自然的人格魅力改善和创造着更多美好的事物，在目光所及处伫立着一名优秀森林公安的伟岸身躯。

剑指大山铸警魂

—— 森林公安系统全国特优民警范传龙

※ 范传龙

范传龙，中共党员，研究生学历。1987 年 12 月参加工作，1990 年 3 月调入森林公安队伍，现任吉林省白山市森林公安局局长，一级警督警衔。

范传龙本人因攻克 1238 起形形色色的涉林案件，先后荣立个人二等功 3 次、获得三等功、嘉奖等 13 次，被共青团吉林省委、省公安厅等 13 个部门评为全省优秀青年卫士。

他凝心聚力带队伍，各项工作亮点纷呈，把白山森林公安建成了全省的样板。范传龙 2007 年担任白山市森林公安机关“一把手”，2010 年白山森林公安机关体制改革后，重新组建白山市森林公安局，范传龙成为首任局长，他以开拓创新的精神，抓班子、带队伍、干事业，创出了骄人的业绩，个人和团队多次获得各级表彰。

警务信息化建设全省领先，执法办案成为全国的标杆，实现了森林公安科技强警的新跨越。他组织研发了单机版森林三类案件办案软件，使全市森林公安民警的办案效率和办案质量迅速提升；制作了森林公安机关基层基础工作管理模块，并将模块纳入警务信息综合应用平台，实现了全市基层基础信息跨警种、跨部门、跨地区的快速传递和共享，率先在全省实现了森林公安机关基层基础工作的信息化，走在了省内其他森林公安机关前头。

他大胆创新，积极整合林业执法队伍力量，率先在全省启动了警企联动、合力执法的新型警务工作模式。目前，实施警企联动、合力执法的单位共破获各类森林案件1168起，其中侦破刑事案件8起，同比增加30%；行政案件1160起，同比增长43.1%；打击处理违法犯罪嫌疑人1182人，同比增长41%，侦破打击取得明显实效，森林资源管控力度得到显著增强。

※ 范传龙指导民警侦办案件

他智勇双全，侦破了一批有影响的毁林大案，打击了毁林犯罪的嚣张气焰。2007 年以来，白山市森林公安机关在他的指挥下，共破获森林案件 25 127 起，其中刑事重特大案件 29 起，省、市两级公安机关挂牌督办的毁林犯罪刑事大案 25 起，抓获重特大案件逃犯 35 人，取得了侦查破案的好成绩。

他公平廉洁，一身正气。作为森林公安局长，工作中，他有自己的准则，合理合法的事，不用谁找也会主动去办，违纪违规的事，搬来金山银山也不行。由于他清正廉洁，秉公执法，带动了整个班子，5 年来班子成员个个廉洁奉公，不徇私情，没有收礼受贿问题。

范传龙牢记宗旨，切实为林区群众解决实际困难，以崇高卓越的品格赢得了人民群众的拥护和爱戴，被白山林区职工群众称为“铁面无私，为警清廉，关爱他人”的优秀森林公安局长。

咱们的好警察

—— 森林公安系统全国特优民警钱学佳

※ 钱学佳在办理滥伐林木案件

※ 钱学佳指导护林防火工作

钱学佳，中共党员，1997 年 9 月参加工作，2000 年 5 月调入森林公安，现为四川省木里县森林公安局鸭嘴派出所民警，二级警司。钱学佳先后被荣记个人一等功和三等功各 1 次，曾荣获“四川省森林公安系统优秀人民警察”、县公安局“先进个人”“办案能手”等荣誉称号。

2005 年，钱学佳同志在组织销毁林区爆炸物品时，不幸被炸成重伤，先后动了 7 次手术，左眼彻底失明，左手大拇指、食指、中指第一指关节被炸脱落，体内残留多处弹片，被民政部门评定为三级伤残。

木里县森林资源占全国的百分之一、占四川的十分之一。钱学佳几乎走遍了木里林区的羊肠小道、崎岖山路和陡峭悬崖，和战友们一起办理了数百起涉林案件，调处化解藏区近百起矛盾纠纷，多次资助贫困村民，为保护当地的森林和野生动植物资源安全、维护林区和谐稳定作出了重要贡献。

钱学佳从警 11 年来，案子上有求于他的人不少。但是，他始终保持清醒头脑，清白做人，廉洁为警。这些年来，经常有人主动邀请他合伙搞木材加工厂、合伙开采黄金矿山。虽说入股合伙，但并不要他出钱，只求他在某些关键时刻“说几句话”。他心里清楚，这是变着法儿的糖衣炮弹，投的是权力股。面对这样的“好意”，他多次淡然一笑，婉转拒绝。其实，他并不是不需要钱，也不是不爱钱。有谁不想住宽敞的房子，用时尚的手机。可他知道君子爱财取之有道，虽然过着简朴的生活，但是他心里踏实，过得充实。

2011 年，全国公安机关开展的“坚定信念、发扬传统、执法为民”主题教育活动中，钱学佳的事迹激励了很多民警。在“大走访”“警民亲”等活动中，钱学佳更以自己的实际行动感染着每一个人。2012 年 1 月，在走访辖区群众时，钱学佳看到李子坪乡黄泥巴村的吴长喜一家 6 口人刚从外地搬迁过来，3 个小孩正在上小学，还有一个 81 岁的老妈妈，土地少，全家没有任何经济来源，生活特别贫困。他当即买来大米和一些日常生活用品去看望他们，为一家人送去一份森林警察的赤诚爱心。一提起钱学佳的名字，当地老百姓都会竖起大拇指，说钱警官是我们的好警察。

凛然执法护林海　一腔热血铸警魂

—— 森林公安系统全国特优民警张岸林

※ 张岸林

江西省修水县地处湘鄂赣3省交界处，是秋收起义主要策源地，中国工农革命军第一面军旗在这里设计、制作并率先升起。近年来，在这片红色的土地上，活跃着一名备受老百姓称颂、令违法犯罪分子丧胆的森林警察，他从警11年，忠于职守，执法为民，努力捍卫着红土地上的绿色生态屏障，他就是被人们称为“绿色卫士”的修水县森林公安局港口派出所主持工作的副所长张岸林。由于成绩突出，他先后16次受到省、市、县各级主管部门的表彰。2003年被省公安厅评为“全省优秀人民警察”和“星级创优先进个人”；2004年被市公安局评为“全市优秀人民警察”；2006年被江西省高院、高检、林业厅、公安厅、监察厅评为全省“绿剑行动”先进个人，2009年被江西省森林公安局评为全省“绿盾三号”行动先进个人，2010年荣立国家林业局森林公安局批准的二等功，2011年被江西省委评为“全省优秀共产党员”。

张岸林，中共党员，1999年毕业于江西省人民警察学校，2000年1月参加森林公安工作，现任江西省修水县森林公安局港口派出所副所长。

张岸林凛然执法、不畏强暴、不怕牺牲。2010年3月11日，张岸林在检查一辆无证运输木材车辆时，被犯罪分子故意驾车撞伤，当即不省人事，血流满地。经及时抢救，张岸林脱离了生命危险，但第一腰椎爆裂性骨折、右第八肋骨骨折、右第二掌骨骨折，身体其他部分不同程度受伤。

张岸林的先进事迹在社会上引起强烈反响，各级新闻媒体对其事迹进行了报道。江西省林业厅党组、九江市林业局党委，江西省森林公安局党委、九江市森林公安局党委，修水县委先后发文开展向张岸林学习活动。

张岸林始终保持着森林公安民警的铮铮铁骨，践行着“立警为公、执法为民”的庄严承诺，为了红土地上的青山绿水默默奉献着自己的青春，无悔于一名忠于党、忠于人民的森林卫士，为警徽增添了光彩。

※ 张岸林（中）与同事调查了解山情林情

※ 为及时破案，张岸林（左）经常穿行在深山老林中

铁警光辉耀林海

—— 森林公安系统全国特优民警陶芳琳

※ 陶芳琳

陶芳琳，苗族，中共党员，现任湖南省靖州苗族侗族自治县森林公安局局长。他以军人特有的刚毅性格和果敢作风，仅用两年的时间就将该局从一个默默无闻的普通基层森林公安局建设成为“全国森林公安系统优秀公安局”。2009 年该局被湖南省森林公安局记集体三等功一次；2010 年被省林业厅授予“雷霆一号”行动先进单位，执法质量考评名列全省第一；2011 年被国家森林公安局授予“全国森林公安机关执法示范单位”。陶芳琳本人 2010 年被省森林公安局记个人三等功一次，2011 年被国家森林公安局记个人二等功一次。

◆ **铁血局长，严格办案** 6 年来，在陶芳琳的率领下，该局共办理林业案件 1780 起，其中刑事案件 387 起，处罚各类违法犯罪人员 1832 人次，为国家和人民群众挽回经济损失 1500 余万元，有力地打击了涉林违法犯罪，维护了林区社会治安秩序的稳定。

◆ **身先士卒，冲锋在前** 无论是群体性事件的处置、森林火灾的扑救，还是重大活动的安全保卫，他总是冲锋在前，与普通民警一道战斗在一线。

◆ **清正廉洁，秉公执法** 陶芳琳深知，正人必须先正己。要求别人做到的，自己首先要做到，禁止别人做的，自己先禁止。他廉洁自律，以身作则，公正执法，自觉遵守党的纪律，坚决维护法律的尊严。陶芳琳担任局长以来，拒收贿赂达 8 万多元。

※ 陶芳琳批阅文件

陶芳琳生在林区，长在林区，深知森林资源对生态环境、对林农的重要，来到森林公安局，就是为了更好地履行保护森林资源的神圣使命。要圆满完成使命，必须建设一支政治可靠、战斗力强、立警为公、执法为民的森林公安队伍。陶芳琳把部队雷厉风行的军人作风带到了靖州森林公安。他首先从班子建设着手，提拔了 2 名年富力强的业务骨干到领导岗位。接着，实施了中层岗位竞聘上岗制度、民警末位待岗制度和风险抵押目标管理制度，双向选择，优化组合，充分调动了民警争先创优的积极性，真正形成了“能者上，平者让，庸者下”的氛围，一批政治素质过硬、责任心强、业务水平高的优秀民警脱颖而出，一批肯干事、敢干事、会干事的民警如鱼得水，使这个沉寂了多年的基层森林公安局充满了生机和活力。

正人必先正己。他廉洁自律，以身作则，自觉遵守党的纪律不动摇，执行廉政规定不走样。

2009 年 7 月的一天，一名木材老板正在接受调查，他走到陶芳琳的办公室，想请他给部下打声招呼，陶芳琳当即对他进行了严肃的批评教育，将其强行留下的 1 万元现金交到纪检部门，对自己熟悉的那名木材老板按规定进行了处罚。

陶芳琳政治坚定，对党忠诚，牢记宗旨，执法为民，以身作则，率先垂范，满腔热情铸警魂，一片丹心护林海，在广大干部群众中赢得了良好的口碑，被干部群众称赞为人民的优秀民警。

肯特阿岭上的雄鹰

—— 森林公安系统全国特优民警张洪林

※ 张洪林

张洪林，中共党员，大学本科学历，现任黑龙江省八面通林业地区公安局局长，先后荣立个人二等功2次、个人三等功1次，荣获全省森工林区政法战线优秀领导、优秀青年卫士等多项荣誉，2007年5月被评为2005～2006年度“全国优秀人民警察”。

张洪林从警17年来，始终保持对党忠诚、对人民负责的人民警察情怀，为森林资源安全和林区平安发展作出了突出贡献。

◆ **破大案，抓逃犯，一副铮铮铁骨** 5年来，他亲自指挥破获案件78起，重特大刑事案件26起。2011年元旦破获了“2010.12.29”特大入室盗窃案，2008年大年初三破获了“2007.10.7”特大持刀入室抢劫案，并为外地代破重特大抢劫、盗窃案件18起。2011年挂帅后实施了“清网行动”，使全局的逃犯仅剩1人，行动效果在全省森工系统排名第一。

◆ **保森林，护资源，一股执着毅力** 他时刻牢记保护森林资源安全职责。2011年中秋节，他冒险下煤井取证，成功破获了一起重大盗伐案，对犯罪嫌疑人罚款50万元并依法追究其刑事责任，创造了全省森工林区单案罚款金额之最。2011年5月3日，他不顾个人安危，迎着双方的棍棒和锹镐，挺身而出，平息一场群体性案件。5年来，他亲自组织破获重特大森林案件53起。

◆ **强基础，搞建设，一贯身先士卒** 他像建筑工人一样去开吊车、拉沙子和水泥，带领全局民警开展义务劳动。5年时间，新建了5个基层派出所、1500平方米办公楼，改扩建了1664平方米的机关办公楼，基层所（队）车辆配备率达到100%、公安四级网接入率100%、民警电脑配备率100%。

◆ **解民忧、帮贫困，一腔赤胆衷肠** 他走遍了林区千家万户，并把党的关怀和爱心传递到千家万户。他长年帮扶12名特困群众、资助6名贫困学生上学。2007年6月，他求借设备，义务为民修路5千米，解决了当地群众“行路难”问题。他长年坚持率队到学生放学路段接送孩子，用警灯照亮孩子们回家的路。推行“警务上山”等多项便民、惠民措施。群众评议满意度达到100%。

◆ **抓班子，带队伍，一身磊落正气** 他带队伍作风正派，一身正气；管队伍刚正不阿，以己为标。几年内母亲、妻子患病做手术、孩子上大学等事务没声张、没操办过一次。他关爱体恤民警，年年把自己获得的各种奖金全部发放给全局民警，还捐款5400元成立了民警救助基金会，用崇高的品行带出一支优秀队伍，全局民警连续6年零违纪。

他就像一只雄鹰，翱翔在肯特阿岭上空，守护这片沃土的繁荣、昌盛，不知疲倦、永不停息……

※ 每逢佳节必巡山

栏目

目　　录

特　辑

重要林业法律法规

中国林业概述

林业重点工程

森林培育与生态建设

林业产业

森林资源保护与林政管理

森林资源保护

森林防火

森林公安

集体林权制度改革

林业科学技术

林业信息化

林业教育与培训

林业对外开放

国有林场和林业工作站建设

林业计划统计

林业财务会计与资金稽查

林业精神文明建设

各省、自治区、直辖市林业

林业人事劳动

国家林业局直属单位

林业社会团体

林业大事记与重要会议

附　　录

CONTENTS

Forestry Human Resources

Institutions Directly under the State Forestry Administration

Forestry Social Organizations

Appendixes

特 辑

01

国家领导人重要讲话

回良玉副总理在三北防护林体系建设工作会议上的讲话

（2012年8月27日）

在党的十八大召开的前夕，在全党、全社会更加高度重视和关切生态安全，更加高度重视和关注造林绿化，更加高度重视和关心生态文明建设之时，我们在山西召开三北(西北、华北、东北)防护林体系建设工作会议，对四期工程进行认真总结，正式启动五期工程建设，意义十分重大。此次会议，既是对过去三北防护林体系建设状况的回顾、经验的总结和先进典型的表彰，也是一次继续推进三北工程建设的动员会、誓师会和安排部署会。首先，我代表党中央、国务院，对受到表彰的先进集体和先进个人表示热烈的祝贺！向长期奋战在三北工程建设第一线的广大干部群众、解放军指战员、武警官兵和科技工作者表示崇高的敬意！

本次会议选择在山西召开，主要基于以下考虑：第一，山西高度重视林业发展，支持有力。山西是全国重要的能源基地，长时间、高强度的煤炭开采对生态环境带来严重影响。山西省委、省政府深刻认识到，山西之长在于煤、山西之短在于水、希望之基在于林，明确把城乡生态化作为转型跨越的四大任务之一，大力实施生态兴省战略和绿化山西战略。近几年，山西省启动实施林业“六大工程”，制定了一系列支持林业的大力度政策，在全省推广一矿一企绿化一山一沟、挖一吨煤栽一棵树等以煤补林的做法，林业建设投入大幅增加。第二，山西造林绿化成绩显著，令人振奋。据2010年森林资源清查，全省森林面积、森林覆盖率比新中国成立初增加8~9倍，特别是近5年，全省造林绿化以每年400万~500万亩的速度推进，成为全国森林资源增长幅度最大的省份之一。每年输入黄河的泥沙量由20世纪80年代初的3.7亿吨减少到现在的2.7亿吨。过去以黄色(黄土高原)和黑色(煤炭)为主色调的山西，呈现了绿色大增、景色大变的喜人景象。第三，山西植树造林中体现的强大精神力量，让人震撼。山西地处黄土高原，山地多、降雨少、风沙大，植树造林十分困难。在与恶劣自然条件的不懈抗争中，形成了名扬天下的太行精神、大寨精神、右玉精神，涌现出了一大批劳动模范和先进典型，他们的事迹感人至深，身临其境更是受到强烈的视觉冲击和心灵震撼。第四，山西造林绿化有许多很好的典型，十分突出。2009年全国造林绿化现场经验交流会在晋东南的长治、晋城召开，这次我们又在晋北的朔州召开。右玉县19任县委书记、县长，60多年来一任接着一任干、一张蓝图绘到底，坚持不懈地抓植树造林，全县森林覆盖率由新中国成立初期的0.3%提高到51%，把“不毛之地”变成了“塞上江南”，创造了令人惊叹的奇迹。平鲁区作为典型的干旱山区、水土流失区和风沙危害区，多年来本着“栽活一棵，就不愁一坡”的坚定信念，大规模治理、高标准造林，生态环境得到明显改善。总之，在山西开会，有现场可看、有经验可学，能受到触动、能受到启发。

昨天下午，与会代表参观考察了平鲁、右玉的三北工程建设现场，大家为山西全省上下齐上阵、千家万户搞绿化的宏大气魄所感染，为锲而不舍、苦干实干、不畏艰难、顽强拼搏的宝贵精神所感动。会前，我们观看了三北防护林体系建设的展板，刚才，山西、内蒙古、辽宁、陕西4省区及山西朔州市、新疆且末县、宁夏白芨滩防沙林场作了典型发言，介绍了他们的成就和经验，提出了下一步工作思路和措施，讲得都很好，我听了以后很受教育和启发。发展改革委副主任连维良同志宣读了三北五期工程的批复，国家林业局局长赵树丛同志总结了三北四期工程建设情况，对五期工程建设作了部署，希望各地区、各有关部门结合实际，认真抓好贯彻落实。

回顾起来，三北工程启动于1978年11月，伴随着中国改革开放的脚步，三北工程走过了34年的历程，取得了举世瞩目的伟大成就，被国际社会誉为“世界生态工程之最”、“改造大自然的伟大壮举”。中国人民用自己的智慧和力量，创造了人类生态建设史上的巨大奇迹，成为世界生态工程建设的样板和典范。

党的十六大以来，在党中央、国务院的坚强领导，各地区、各部门的共同努力下，三北工程建设力度进一步加大，进入一个崭新的发展时期。这十年来，我们确立了以生态建设为主的林业发展战略，出台了《中共中央　国务院关于加快林业发展的决定》(中发〔2003〕9号)，做出了建设生态文明的战略决策，召开了首次中央林业工作会议，为三北工程营造了有利的发展环境。我们全面推进了集体林权制度改革，建立健全了森林生态效益补偿制度，创造性开展了造林补贴、林木良种补贴、森林抚育补贴和森林保险保费补贴等试点，为三北工程提供了良好的政策条件。我们进一步确立了三北工程在国家生态建设中的重要地位，召开了三北防护林体系建设30年总结表彰大会，提出了《关于进一步推进三北防护林体系建设的意见》，大幅度提高三北工程的造林投资补助标准，10年的中央投资比之前23年投资总和的5倍还多，为三北工程提供了强大支持。

过去的10年，是三北工程区森林资源增长最快、生态环境改善最明显、群众得实惠最多的时期。一是建设速度显著加快。四期工程累计完成造林面积1.2亿亩，工程区森林覆盖率由8.63%提高到12.4%，10年提高3.77个百分点，超过之前23年的提高量。活立木蓄积量10年增加4.4亿立方米，比之前23年的增长量还多57%。二是生态效益显著提升。沙化土地面积持续扩展的态势得到扭转，成功实现了由“沙进人退”向“人进沙退”的历史性转变。以黄土高原为主的水土流失危害得到有效控制，土壤侵蚀强度明显减轻，入黄泥沙量年均减少4亿吨左右，工程区生态状况明显改善。三是农民收入显著增加。3.37亿亩农田得到防护林保护，年增产粮食近100亿千克。随着生态经济型防护林建设快速推进，干鲜果品年产量10年增加1.9倍，农民人均收入10年提高1.5倍，一些重点地区涉林收入占到农民收入的50%以上。

三北四期工程建设取得了巨大成就，但也必须清醒地看到，三北地区沙化土地面积占全国的83%，水土流失面积占全国的近40%，仍然是我国林草植被最稀缺、生态环境最脆弱、生态产品最短缺的地区，在国家生态安全战略格局中具有举足轻重的位置。我们一定要从促进科学发展的高度，从保证国家生态安全的角度，充分认识加快推进三北工程建设的重大意义。

三北工程总共8期，现在实施到第五期，可以说到了一个非常特殊的时期，这个时期既有机遇，更有挑战，既有条件，也有更高的要求。一是承上启下的重要时期。目前工程建设已进行34年，后面还有39年，五期工程正处整个工程建设的中间阶段。在这个阶段，新的建设任务空前繁重，过去营造的防护林相当部分需要进行更新改造，搞好五期工程建设对实现三北防护林工程的宏伟目标至关重要。二是加快推进的特殊时期。全国粮食生产重心北移，新增粮食的大部分集中在三北地区，迫切需要进一步加强三北农田防护林建设，三北地区能源、原材料的开采加快，公路、铁路等基础建设上马较多，老工业基地的振兴、新工业基地的兴起，生态环境压力加大，也迫切需要加快三北防护林建设，经济发展和群众生活水平提高对三北防护林建设提出了更高的要求。三是攻坚克难的紧要时期。三北防护林建设是按照先易后难、先急后缓、由近及远的原则推进，经过30多年建设，条件较好的地方已基本完成造林，剩下来大多立地条件较差，环境恶劣，降雨量较少，都是难啃的“硬骨头”，造林难度越来越大。四是转变发展方式的关键时期。随着工业化城镇化快速推进，市场经济深入发展，经济社会环境发生了深刻变化，农村劳动力大幅减少，劳动成本大幅提升，三北工程建设必须因应形势变化，转变造林方式，完善制度，探索林业建设新路子，大力推进科技、机制、管理和政策创新，加快发展方式转变。

在新的历史条件下，加快推进三北防护林体系建设，必须深入贯彻落实科学发展观，按照发展现代林业、建设生态文明、推动科学发展的总体要求，遵循自然规律、经济规律和社会发展规律，把防沙治沙和水土保持作为根本任务，把改善生态环境和满足民生需求作为基本要求，把人工治理和自然修复作为主要手段，坚持全面推进，加强基地建设，完善政策措施，加大投入力度，创新体制机制，凝集各方力量，大力保护和扩大林草植被，努力走出一条生产发展、生活富裕、生态良好的文明发展道路。为此，要突出抓好以下 6 个方面的工作。

一是加强组织领导，切实把三北工程建设摆到突出位置。三北工程既是事关国家生态安全的战略性工程，也是三北地区经济社会发展的基础性工程。各地区、各有关部门要从战略和全局出发，把三北工程作为一件大事、要事来抓。工程区各级政府要把三北工程分期规划纳入当地国民经济和社会发展总体规划，把三北工程建设纳入重要议事日程，金面落实行政领导负责制，认真研究解决新情况和新闻题，积极探索、完善工程建设的体制、机制。各有关部门要明确分工，落实责任，加强沟通，在重大思路上达成共识，在关键环节上凝聚力量，在推进步骤上相互衔接，在支持举措上协同作战，形成共同推进三北工程建设的强大合力。

二是加强规划实施，全面落实各项建设任务。三北五期工程规划是指导当前和今后一个时期工程建设的行动指南。我们要全面抓好规划的组织实施，以规划促进建设、引领发展。工程区各级政府要以三北五期工程规划为指导，结合各地实际，科学制定本地区的规划和实施方案，明确发展目标、方向和重点，分解任务、措施和责任，并落实到建设单位。要定期对规划实施情况进行检查、评估，确保规划任务按期完成，取得实效。

三是加强投入保障，确保建设资金及时足额到位。这是工程顺利实施的根本保障。与前几期相比，五期工程投入增加较多，总投资规模超过 900 亿元。规划的制定要留有余地，在执行的过程中，一定会逐步加大，过去没有这个条件和基础，现在有了条件和基础，目前的投资规模，是经过科学测算，反复论证，兼顾需要和可能确定的，也是留有余地的。现在我们的经济社会发展水平有了很大提高，完全有能力增加生态建设的投入。这是个治本的工程，事关当代、事关子孙的工程，这是对中华民族长远负责的工程，中央和地方各级财政都要根据工程建设实际，不断加大投入力度，提高投入标准，建立持续稳定工程建设投入机制。同时，要加大信贷支持林业力度，积极拓宽社会融资渠道，广泛吸引各种资金投入三北工程建设。今后一个时期，受国内外多种因素影响，我国经济可能由高速增长转向平稳发展，财政收入增速可能会放缓，收支矛盾可能会加剧，但我们宁可压缩其他方面的支出，也要确实保证三北工程建设投资的需要。

四是加强科学指导，努力提升工程质量和效益。生态系统演替有其内在的科学规律。三北工程实施范围广、跨度大，各地自然、经济和社会条件差别很大，必须从实际出发，尊重客观规律。要因地制宜、因害设防，封飞造结合，乔灌草搭配，统筹运用自然修复与人工治理，多快好省地恢复林草植被。要突出重点、分步实施，在全面加快工程区造林的基础上，集中财力、物力和人力，加快建设一批百万亩人工林基地。要造管并重，加强森林经营，及时更新改造，提高森林健康水平，拓展森林多种功能。要加强防护林营造技术研发和集成，加快先进适用新技术、新模式的示范和推广应用，科学开展工程效益监测评价，全面提高工程建设的科学化水平。

五是加强改革创新，不断激活发展动力。改革开放是三北工程启动、发展的历史条件，也是加快三北工程建设的根本保证和动力源泉。在新的形势下，实施好三北工程，要坚持政府主导，增加政府投入，更重要的是充分调动农民和社会各方面的积极性，充分发挥市场配置资源的基础性作用，形成各方面广泛参与、协调有序、充满活力、富有效率的建设机制。我认为，三北防护林建设是一个国家、民族、地方和人民群众各方都受益的建设。我们要继续深化集体林权制度改革，完善配套政策措施，充分发挥农民群众在造林、经营、管护等环节的主体作用。要创新工程建设组织形式，逐步推广专业化造林，充分发挥专业造林队伍在标准化、规模化、集约化、规范化建设方面的骨干作用。全面落实生态补偿政策，健全林权流转机制，积极探索开发适合林业特点的信贷产品和服务，鼓励和引导各种社会力量参与工程建设。

六是加强资源保护，巩固工程建设成果。三北工程建设成果来之不易，许多林木要经过几十年甚至几代人艰苦创业才能成林成材，必须倍加珍惜、强化保护，要大力宣传继续推进三北工程建设的重大意义，努力在全社会营造热爱自然、保护生态的良好氛围。要严格执行保护林业资源的法律法规，防止林地流失，严厉打击破坏森林资源的违法犯罪行为。要加快完善林业基层“三防”体系，严密防范森林火灾和林业有害生物，确保森林资源安全。

三北工程是造福人类的千秋伟业，是庇护中华民族的绿色长城。实施好三北五期工程，是我们的神圣责任、光荣使命，我们要以更加坚定的决心，更加有力的举措，更加扎实的工作，坚持不懈地推进三北工程建设，为维护生态安全，建设生态文明，促进经济社会可持续发展，为实现全面建设小康社会的宏伟目标，推进中国特色社会主义的伟大事业做出新的更大的贡献！

回良玉副总理在全国林业科学技术大会上的讲话

（2012 年 9 月 24 日）

在全国人民喜迎中秋、国庆之时，在具有重大历史意义的党的十八大召开之前，在各地认真贯彻落实全国科技创新大会精神之际，我们在这里隆重召开全国林业科学技术大会，总结党的十六大以来林业科技发展成就，表彰先进，交流经验，安排部署今后一个时期的林业科技工作，既十分重要，也十分必要。在此，我代表党中央、国务院，向受到表彰的先进集体和先进个人表示热烈祝贺！向全国林业战线的广大科技工作者和全体干部职工致以诚挚的问候！

党中央、国务院从战略和全局出发，历来高度重视林业发展。党的十六大以来，中央做出了加快林业发展的决定，召开了首次中央林业工作会议，采取了一系列兴林富民的重大举措，林业发展取得举世瞩目的重大成就，实现了一些重大历史性转变。在林业生态建设上，初步实现了森林数量和质量由长期下降到逐年上升、沙化土地面积由长期扩大向逐年缩小的历史性转变。全国森林面积由 23.9 亿亩增加到 29.3 亿亩，森林覆盖率由 16.55% 提高到 20.36%，森林蓄积量由 113 亿立方米增加到 137 亿立方米；沙化土地面积由 20 世纪 90 年代后期年均扩展 3400 多平方千米变为年均缩减 1700 多平方千米。生态状况整体恶化趋势得到初步遏制。在林业产业发展上，初步实现了从木材加工为主向林业资源多功能利用、全方位开发的历史性转变。木本油料、林下经济、森林旅游等特色林业产业快速发展，农民涉林收入不断提高，全国林业产业产值年均增速高出国内生产总值增速 7 个百分点，多项林产品产量跃居世界第一，成为世界林产品生产和贸易大国。在林区面貌上，初步实现了由长期贫困落后向民生加快改善的历史性转变。我们多措并举促进林农就业增收，大力加强林区基础设施建设，着力发展林区社会事业，启动林区棚户区和危旧房改造工程，林区基本公共服务均等化水平显著提升，林农生产生活条件明显改善。在林业国际地位上，初步实现了从边缘配角向中心舞台迈进的历史性转变。我们组织召开了首届亚太经合组织林业部长级会议，发起成立了亚太森林网络管理组织，作为重要成员参加了国际环境问题、森林问题、气候问题的重大会议和谈判，中国林业获得了前所未有的国际认同和话语权。

党的十六大以来这 10 年，是我国林业发展史上形势最好、成就最大的 10 年，是林业面貌发生翻天覆地变化的 10 年，是林业地位显著提升的 10 年。抚今追昔，林业发展之所以能够取得这么大的成就，最根本的原因是，我们全面贯彻落实中央关于加强生态文明建设的战略部署，根据世情国情林情的变化，与时俱进地推进林业的理论创新、政策创新、制度创新、科技创新和工作创新，取得了一系列重大成果。

第一，我们坚持不懈地推进理论创新，初步形成了指导林业发展的战略思想。我们从中国特色社会主义事业总体布局和全面建设小康社会战略全局出发，作出了建设生态文明的战略决策，确立了以生态建设为主的林业发展战略，明确了林业在贯彻可持续发展战略中的重要地位、在生态建设中的首要地位、在西部大开发中的基础地位、在应对气候变化中的特殊地位。我们科学把握林业发展的阶段性变化，丰富了林业多种功能内涵，强调林业既是一项重要的基础产业、也是一项重要的社会公益事业，既要满足经济社会发展对木材等林产品的需求、也要满足保障国土生态安全的需要。这些理论创新成果，指明了林业发展的方向性、战略性、根本性问题，开辟了现代林业认识的新境界，具有长远的指导意义。

第二，我们坚持不懈地推进政策创新，初步形成了兴林富民的政策体系。大幅度增加林业投入，近10年中央财政用于林业的投入达到5324亿元，是前一个10年的9.6倍。着力推进林业重点工程建设，适时延长退耕还林补助政策，及时启动天然林保护工程二期和三北防护林体系建设五期工程。建立中央财政森林生态效益补偿基金，大幅提高集体所属的国家级公益林补偿标准，结束了过去无偿使用森林生态效益的历史。开创性地制定完善林业支持保护政策，启动实施了林木良种补贴、造林补贴、森林抚育补贴、森林保险保费补贴和湿地保护补助、林权抵押贷款等政策。这些政策创新成果，涵盖了支持林业重点工程建设、全民义务植树和社会造林的关键环节，有效调动了各方面造林护林的积极性，对促进林业持续快速发展发挥了关键作用。

第三，我们坚持不懈地推进制度创新，初步形成了有利于林业发展的制度框架。全面推进集体林权制度改革，将27亿多亩集体林地的承包经营权和价值数万亿的林木所有权确权到户，近8800万农户真正成为山林的主人，极大地解放和发展了林业生产力。启动国有林场改革，开展国有林区管理体制和国有森林资源统一管理改革试点，在理顺国有林业体制机制方面迈出重要步伐。我们制定修订《退耕还林条例》《森林防火条例》《濒危野生动植物进出口管理条例》等一批法律法规，启动实施了造林绿化、林地保护、森林防火、防沙治沙等一系列规划。通过这些制度创新，形成了激发内部活力、优化外部环境的制度框架，为促进林业长期稳定发展提供了保障。

第四，我们坚持不懈地推进科技创新，初步形成了科技支撑引领林业发展的格局。坚持科技兴林方针，加大林业科技研发和推广力度。林木良种选育取得重大成果，培育了一大批优良品种；困难立地造林等科技攻关取得重大进展，有效提高了工程区造林成活率、保存率和植被覆盖度；木竹工程材料制造、林源植物高效利用等关键技术取得重大突破，有力地提升了林业产业核心竞争力。通过这些创新，林业科技进步贡献率由30.3%提高到了43%以上，林业发展走上了更加依靠科技进步和劳动者素质提高的轨道。

第五，我们坚持不懈地推进工作创新，初步形成了推进林业发展的有效机制。根据形势变化，不断创新全国动员、全民动手、全社会办林业的工作机制，全民义务植树运动在新形势下不断深入开展，关心林业、重视林业蔚然成风。坚持突出重点、带动全局，狠抓集体林权制度改革和油茶产业发展等工作，有效带动面上的生态建设和林业产业发展。尊重群众和基层的首创精神，及时总结推广各地的好经验好做法。我们不断创新工作方式方法，既重视运用经济的、法律的和必要的行政手段推动工作，又注重通过新闻宣传营造良好氛围；既重视顶层设计，又注重分步实施、试点先行；既重视面上的工作指导，又注重运用典型示范引路。通过这些创新，我们牢牢地掌握了领导林业工作的主动权，形成了扎实推进现代林业建设的良好局面。

近些年我国林业建设的巨大成就和丰富实践，不仅为维护国家生态安全、促进经济社会可持续发展、推动生态文明建设作出了重要贡献，而且积累了在生态环境脆弱的发展中人口大国推进林业建设的宝贵经验，进一步探索和拓宽了中国特色的现代林业道路。这些成就的取得，归功于党中央、国务院的正确领导，归功于广大基层干部、林业科技人员和农民群众的辛勤劳动，归功于各地区各部门的共同努力和社会各界的大力支持。

在充分肯定成绩的同时，也必须清醒地看到，我国生态脆弱的状况依然没有根本改变，生态产品供给偏紧的态势依然没有根本扭转，林区经济社会发展相对滞后的问题依然没有根本解决，建设现代林业、改善生态环境、促进经济社会发展，任重而道远，必须作出长期艰苦的努力。当前，我国正处于全面建设小康社会、加快社会主义现代化建设的重要时期，林业发展的外部环境和内部动因都在变化，面临许多新情况、新问题和新要求、新挑战，进入了一个新的阶段。一是林业肩负的责任更加重大。随着经济社会发展和人民生活水平提高，林业不仅要提供更多的林产品，还要提供更好的生态环境和人居环境；不仅要促进农民就业增收和区域协调发展，还要传承文化、促进生态文明建设，林业发展的任务越来越重。二是林业发展的资源制约更加严峻。经过这些年大规模的林业建设，全国宜林荒地已经不多，容易造林的地方已经基本完成造林，剩下的大多是立地条件差的、难啃的“硬骨头”，同时退耕还林的余地也不大，林业发展的资源约束越来越强。三是林业生产经营的困难更加巨大。未来一个时期，世界能源价格仍将高企，我国林业生产资料价格将持续高位运行；全社会人工成本不断增加，林业劳动力价格将继续提高；受国际经济波动、市场复杂多变以及林业生产周期长的影响，林业吸引投资的难度加大，林业生产经营面临的挑战越来越大。

在新的历史阶段推进林业发展，必须加快转变发展方式。要进一步强化林业富民政策，完善林业管理体制，创新林业运行机制，调动广大农民和社会各方面投入林业、关注生态的积极性。继续坚持不懈地搞好林业重点工程建设，深入开展全民义务植树运动，推进生态建设。继续推进林业产业结构升级，加快形成以森林资源培育为基础、以精深加工为带动、以科技进步为支撑的林业产业发展格局。继续完善林业产权制度，推进森林、林木和林地使用权流转，实行林业分类经营管理，增强林业发展活力。

在新的历史阶段推进林业发展，必须更加重视发挥科技的强大支撑作用。科技进步是提升林业发展水平的重要途径，也是突破林业发展瓶颈的有效措施。应当看到，林业是生态效益优先的产业，林业科技具有很强的公益性、基础性、社会性特点。做好新时期林业科技工作，必须立足林业科技的公益性、基础性、社会性特点，坚持“强化创新、重点突破、优化配置、支撑发展”的方针，围绕促进科技与经济社会发展和生态建设紧密结合的要求，大力实施科技兴林和人才强林战略，以突破核心技术、强化推广应用、完善条件平台、优化创新环境为重点，加快建立国家林业科技创新体系，全面提升林业科技创新能力，为现代林业建设提供强有力的科技支撑。

一要着力提升林业科技创新能力。以生产实践和市场需求为导向，紧紧围绕制约林业发展的关键技术，大力推进林业科技原始创新、集成创新和引进消化吸收再创新。要重点突破林业关键领域核心技术，尽快在高抗逆植物材料选育、退化生态系统恢复与重建、森林可持续经营、碳汇林业、林业重大灾害防控、生态效益监测与评价等关键技术领域取得新的突破。要超前部署林业高新技术研究，加强林木花卉分子育种、商品林高效定向培育、林特产资源增值利用、新一代生物质能源开发、现代林业装备等关键技术攻关。要前瞻性开展林业基础研究，重点研究森林生态服务功能、林业生物灾害防控、林业应对气候变化、森林资源培育和资源高效利用、荒漠化形成机理等方面的重大科学问题。要积极构建林业科技创新平台，加快建设以重点实验室、工程(技术)研究中心等为主体的研究实验平台，以林业生物基因库等为主体的资源保护和信息共享平台，以新品种测试基地等为主体的科技服务平台，不断改善林业科技创新条件。

二要着力加快林业科技成果转化。服务经济社会发展是科技发展的最终目标，也是推动科技进步的根本动力。要加快林业科技成果的推广和应用，不断完善以政府公益性推广机构为主导的多元化、多层次、多形式的林业科技社会化服务体系，鼓励和支持广大林业科技工作者深入林间地头，为农民提供林业科技服务。要积极促进科技创新与林业工程建设紧密结合，促进科技推广与兴林富民强企一体推进，促进创新链、研发链和产业链连贯对接。要充分发挥科技项目的辐射带动作用，构建布局合理、类型多样、特色鲜明的林业科技示范网络，努力做到实施一个科技项目，建设一片示范基地，培育一个主导产业，带动一方林农致富。

三要营造林业科技发展的良好环境。各级政府要从战略和全局的高度，充分认识林业科技工作的重要性，进一步增强责任感、紧迫感，加强组织领导，实施好林业科技规划，不断推动林业科技事业发展。要切实加大林业科技投入，坚持财政承担主要投入的基本政策取向，建立长期稳定的投入保障机制，确保各级财政林业科技投入增长幅度高于同级林业支出增长幅度，努力形成多元化、多层次、多渠道的林业科技投入机制。要深化林业科技体制改革，建立协同创新机制，推进产学研紧密结合，深化科研机构改革，完善科研立项机制和评价体系，充分调动科研人员开展基础性、公益性研究和解决生产实际问题的积极性，激发林业科技发展内在活力。要加强林业科技队伍建设，加强科技创新和技术推广人才培养，不断改善林业科技人员工作和生活条件。

刚才，5 个单位的典型发言，从不同层面介绍了经验，讲得非常好。真挚希望受表彰的单位和个人发扬成绩，继续开拓创新，也真诚希望全国林业战线向这些典型学习，并结合各地实际，创造性开展工作。

林业的出路在科技，林业的希望也在科技。我们要抓住机遇，锐意进取，扎实工作，奋力开创林业科技工作新局面，为推进现代林业建设和经济社会可持续发展作出新的更大贡献！

局领导重要讲话

在全国林业计划财务工作会议上的讲话

赵树丛

（2012年2月23日）

这次会议之所以在湖北召开，主要是因为湖北省委、省政府对林业工作高度重视，林业在全省经济社会发展中的作用日益突出，全省林业建设和计财工作都取得了很大成绩，走在了全国的前列，给我们创造了很多值得学习和借鉴的经验。遵照胡锦涛总书记关于“湖北要为全国生态安全做贡献”的重要指示精神，湖北省明确提出并积极推进“生态立省”战略，确立了“林业强省”目标。湖北历届省委、省政府都高度重视林业和生态建设，俞正声书记、罗清泉书记、李鸿忠书记、王国生省长等领导同志，都身体力行、亲力亲为，狠抓林业和生态建设。李鸿忠书记最近在参加义务植树时强调：“林地是重要的自然资源和生态保障，要从贯彻落实科学发展观、保护绿色家园、建设生态文明的高度，在继续抓好植树造林和宜林荒山荒坡绿化的同时，坚决守住林地保有量这条绿色‘红线’。绿色‘红线’就像地雷一样，不能碰，更不能踩。全省林地保有量是一项硬指标，只能增不能减。”林业建设是一项长线的工作和战略性的问题，林地是林业生态发展的基础、根本、命根子，对林地的保护，就要像李鸿忠书记讲的那样，当作地雷、高压线来对待，不能碰，更不能踩，确保林地保有量，这要作为一项硬指标。湖北的这些经验，值得全国各地学习，值得我们国家林业局学习。

这次会议的主要任务是，贯彻落实中央经济工作会议、中央农村工作会议和全国林业厅局长会议精神，认真总结去年计财工作，部署今年的任务。刚才赵斌副省长发表了热情洋溢的讲话。国家有关部门对林业工作非常重视，国家发展改革委、财政部、审计署、税务总局、国务院机关事务管理局、中国银监会、国家农发办、国家开发银行等部门的有关负责同志到会指导，明伦同志、晓松同志和利明同志随后还要讲话，希望大家认真抓好贯彻落实。在这里，我代表贾治邦局长，代表国家林业局向湖北省委、省政府，向中央各有关部门对林业建设的大力支持表示衷心感谢！关于去年的计财工作和今年的安排部署，加平同志将要全面具体的讲，这个讲话是这次会议的主要文件，请大家抓好贯彻落实。下面，我先讲3点意见。

一、林业工作要服务国家战略大局，认真贯彻落实中央的决策部署

在党中央、国务院的正确领导下，全国林业系统全面完成了“十二五”开局之年的各项任务目标，林业计财部门做出了重大贡献，国家林业局党组对计财系统的工作是肯定的、满意的。当前，我国正处于全面建设小康社会的关键时期，林业也正处于由传统林业向现代林业转型升级的关键阶段。林业工作必须牢牢把握科学发展这个主题和加快转变经济发展方式这条主线，按照党中央稳中求进的总基调，科学谋划，加快发展，充分发挥林业的生态、经济和社会等多种效益，更好地服从服务于国家战略大局，为稳增长、调结构、惠民生、抓改革、促和谐做出应有的贡献。

（一）*要更加注重生态建设，确保生态贡献总量稳定增加*。发达的林业，良好的生态，是建设生态文明、实现绿色增长、推动科学发展的重要基础和主要标志。当前，我国生态问题依然突出，严重制约着经济社会可持续发展。生态问题是一个长远问题，一旦出问题就晚了，要付出很大代价。南方缺粮可以从东北调，可以进口，生态出了问题既不能调运，也不能从国外进口。国家已经明确林业在生态建设中具有首要地位，并赋予林业部门建设、保护和管理“三个系统一个多样性”的重要职责。必须深入实施以生态建设为主的林业发展战略，把生态建设和保护放在更加突出的位置，全面促进绿色增长，努力维护生态安全，为经济社会科学发展奠定坚实的生态基础。

（二）*要更加注重发展实体经济，确保林业产业稳定增长*。林业是典型的循环经济和实体经济，林产品是供不应求的绿色产品。大力发展林业产业，既可以推进生态建设，又可以壮大实体经济，还可以促进就业增收，不会导致产能过剩，更不会催生经济泡沫。我们要以资源节约为前提，以市场需求为导向，优化产业布局，调整产业结构，提升产业素质，充分发挥林业产业在保障市场供给、增加农民收入等方面的重要作用，进而扩大国内消费需求，拉动经济平稳较快增长。

（三）*要更加注重保障和改善民生，确保林农和林业职工稳定增收*。林业的公益性和社会性都很强，人民群众既是林业的建设主体，又是林业发展的受益主体，林业与民生问题息息相关。必须坚持以人为本的发展理念，不断提升现代林业发展水平，努力满足人民群众的生态、经济、文化等多样化需求，让林业发展成果更直接地惠及人民群众，更好地改善林区民生。尤其要加强林区基础设施建设，加快社会事业发展，改善林业职工和林农生产生活条件，拓宽就业渠道，增加涉林收入。

（四）*要更加注重深化林业改革，确保林区社会和谐稳定*。由于林区发展水平相对落后，民生问题仍然突出，林区社会稳定压力也在加大。要正确处理改革、发展、稳定之间的关系，坚持以改革促发展、以发展促稳定。既要加大林业改革力度，调整优化生产关系，增强林业发展活力，又要妥善处理改革中出现的各种矛盾和问题，认真解决林业职工和林农群众的合理诉求，确保林区社会和谐稳定，为经济社会发展营造良好环境。

二、林业计财工作要服务林业发展全局，准确把握现代林业发展趋势

林业计财部门作为林业管理的枢纽和中心，是为林业建设全局服务的。服从大局，就是要围绕党中央的战略部署来谋划自己的工作，来做好本职工作。林业计财工作不是一项单纯的技术性业务，不是出纳和会计，不能简单的就事论事，而是要深入研究、准确把握现代林业发展趋势，紧紧围绕现代林业发展全局，超前谋划，突出重点，制定规划，争取政策，储备项目，管好资金，确保林业建设资金“用得对、用得好、用得该”。用得对是计财工作的底线，就是要符合法律法规和国家政策；用得好是计财工作的标准要求，就是要最大限度地发挥资金效益；用得该是计财工作的水平和艺术，就是要把有限的资金用到最应该花钱的地方，用在刀刃上，为林业改革发展提供更加强有力的支持。

（一）*加大生态建设支持力度*。生态产品是我国最短缺的公共产品，是公共财政的重点投资方向。林业部门是生态建设的主体，加强生态建设，提供生态产品，是林业工作的重中之重。林业计财部门要围绕这一中心任务，积极协调国家和省区市有关部门，进一步加大生态建设投资力度，继续出台新的扶持政策，不断开辟新的投资渠道，为生态建设提供有力的政策和资金支持。尤其要密切关注并积极研究国家推进生态文明建设的有关政策，掌握主动权，提高话语权，为林业生态建设争取更好条件。

（二）*加大林业改革支持力度*。林业改革离不开强有力的政策和资金支持。近年来，通过深化集体林权制度改革，创新了林业发展的体制机制，各种生产要素开始进入农村和林业，国家政策和资金发挥了“四两拨千斤”的作用，收到了巨大的综合效益，林农群众获得了实实在在的经济利益。当前，集体林权制度改革正处在全面深化的关键阶段，必须继续加大支持力度，引导农民发展林下经济和林业特色产业，巩固和扩大林改成果，并以此建立健全强林惠林政策体系，构建林业发展长效机制。同时，要认真研究制定支持国有林场和国有林区改革的政策措施。

（三）*加大林业产业支持力度*。大力发展林业产业，对于调整经济结构、保障市场供给、促进就业增收等具有重要意义。近年来，通过出台《林业产业政策要点》和《林业产业振兴规划》，林业产业实现了快速发展，已经成为许多地方经济的支柱产业和农民就业增收的重要渠道。但是，我国林业产业发展潜力还没有得到充分释放，林产品供需缺口依然很大，尤其是我国木材对外依存度超过40%，木材安全问题十分突出。必须从政策和资金等方面，继续加大对林业产业尤其是木材培育的扶持力度，充分发挥我国林地资源、物种资源和劳动力资源丰富的优势，全面提升林业产业发展水平和林产品供给能力。

（四）*加大木本粮油支持力度*。随着经济社会的快速发展，我国对粮食、食用植物油以及能源的需求呈刚性增长之势，其中食用植物油、石油对外依存度分别高达65%和55%左右，粮油和能源安全形势日益严峻。我国有着发展生物质能源和木本粮油的巨大潜力，据专家测算，仅木本食用植物油年生产潜力就在600万吨以上，可解决6亿人的吃油问题。要将发展木本粮油和生物质能源作为林业发展的战略重点，咬定青山不放松，进一步加大对木本粮油的扶持力度，提升林业生物质能源生产能力，为维护国家粮油安全和能源安全做出更大贡献。

（五）*加大资源保护支持力度*。我国有46亿亩林地、5.77亿亩湿地、8亿亩可治理沙地以及丰富的生物多样性，这些资源既是中华民族的生存根基，又是林业发展的基本命脉。随着工业化城市化进程的逐步推进，林地、湿地、沙地大量被侵占和破坏的问题凸显出来，生物多样性受到威胁。第七次全国森林资源清查的5年间，共有1.25亿亩林地逆转为非林地，相当于同期全国造林面积的33%。近40年来，已有50%的滨海湿地不复存在，有人统计，黑龙江三江平原78%的天然沼泽湿地已经消失。必须完善政策措施，增加资金投入，加强林地、湿地保护和恢复，加大沙化土地治理力度，加强珍稀濒危物种拯救、保护和繁育，进一步夯实我国经济社会发展的生态安全屏障和物质基础。这也是当前最重要的工作，是生态保护和林业工作的基础和根本。

（六）*加大科技兴林支持力度*。当今世界，科学技术突飞猛进，创新创造日新月异，新一轮科技革命正在兴起。科学技术既是我国经济社会发展的主要力量，也是建设生态文明、发展现代林业的主要驱动要素和持久动力。目前，我国林业科技贡献率仅为43%，比农业低10.5个百分点，比林业发达国家低40多个百分点。林业发展方式粗放、林地单位面积产出率低的问题十分突出，严重影响着林业多种功能的充分发挥和林产品的有效供给，是发展现代林业迫切需要解决的问题。要认真贯彻落实中央农村工作会议精神，加大对林业科技的支持力度，加强科技创新和成果推广，全面提升科技兴林水平，加快转变林业发展方式。

三、切实抓好贯彻落实，努力开创林业计财工作新局面

今年是“十二五”承上启下之年，做好全年林业计财工作，确保“十二五”规划顺利实施，意义十分重大。各级林业计财部门必须牢固树立服务大局、岗位尽责、开拓创新、狠抓落实、服务基层、团结协作的精神，切实抓好各项工作落实，努力开创林业计财工作新局面。

第一，要完善林业规划体系。规划事关林业长远发展，必须谋深、盯紧、抓实，主动搞好与国家宏观规划之间的衔接，抓紧完善现代林业规划体系，增强规划的科学性、战略性和可操作性，不能和实际工作“两张皮”。要按照国家“十二五”规划《纲要》《全国主体功能区规划》和《林业发展“十二五”规划》，编制好林业专项规划。各专项规划要充分体现林业的职能，把林业的战略重点细化落实到规划上，形成网格化，实现全覆盖。

第二，要确保林业投资效益。林业投资安排一定要突出重点，统筹兼顾，把资金用在林业发展的战略重点上，用在解决突出问题上，用在加强薄弱环节上，用在改善民生上，使有限的资金发挥最大的效益。投资计划一旦下达，就必须严格执行，不得随意调整，确保按期完成和质量效益。要定期向有关部门报告林业资金使用情况，反映林业投资效益，为扩大林业资金规模、拓展投资渠道创造有利条件。

第三，要加强资金管理。管好林业资金，确保资金安全运行，是林业计财工作的重中之重和永恒主题。资金管理出了问题，不仅林业建设会遭受严重损失，干部成长也会受到严重影响。最近，国家审计署专程到国家林业局研究林业资金审计问题，各项资金都列为审计重点，将加大审计力度并实行常态化审计。各级林业计财部门一定要以对党、对国家、对人民、对事业高度负责的态度，完善制度措施，加强资金管理，严明财经纪律，做到用制度管钱、管人、管事，确保资金安全运行和干部健康成长。

第四，要加强项目和政策储备。要增强林业计财工作的主动性、预见性和超前性，将政策研究和项目储备作为日常工作，随时掌握国家政策取向和投资方向，超前谋划林业政策，及早储备林业项目。要根据确定的林业规划，及时谋划重点项目，增加林业发展的后劲和亮点。要重点研究林业投入补助标准动态调整、木材安全储备基地建设、国家级公益林赎买、自然保护区生态移民、林业改革、林业产业、林业防灾减灾、森林碳汇交易等方面的政策，一旦条件成熟，确保能够尽快报批施行。

第五，要吸引社会资金投入林业。在社会主义市场经济条件下，金融资本、民间资本大规模进入林业，是林业大发展的希望所在，也是发展开放林业的必然趋势。但是，目前社会资金投入林业还有不少政策障碍和壁垒，在一定程度上阻碍了林业发展。各级林业计财部门一定要解放思想，调整政策，充分发挥国家资金和政策的“酵母”作用，引导社会资金顺利进入林业领域，不断增强林业发展的活力和吸引力。

第六，要狠抓工作落实。林业系统战线长、项目多、任务重，各项工作都要狠抓贯彻落实。要用全国林业厅局长会议和此次会议精神统一大家的思想和行动，及时制订工作方案，确保事事有人管、件件能落实。要高度负责，振奋精神，认真履行法定职责，决不能敷衍塞责、推诿扯皮、萎靡不振，切实做到数据真实、工作落实、为人诚实，出色地完成本职工作。

第七，要树立服务基层的思想。林业计财工作没有自身的利益，都是为各个方面提供服务的。必须牢固树立为基层服务的思想，从规划编制、政策制定、项目审批、资金安排等方面，千方百计地方便基层、方便群众。广大计财干部要坚持依法行政、廉洁从政，严格执行国家法律法规，严格执行财经管理制度，严格遵守廉洁从政若干准则，全心全意地为基层单位服务，为林业改革发展服务。

同志们，林业计财工作任务繁重而艰巨。我们一定要坚定信心，开拓进取，扎实工作，狠抓落实，全面完成全国林业厅局长会议和本次会议的安排部署，以崭新的精神面貌和出色的工作业绩迎接党的十八大胜利召开！

加强林地林权管理　筑牢林业发展根基

——在全国林地林权管理工作会议上的讲话

赵树丛

（2012 年 4 月 12 日）

关于依法保护森林资源、加强林地林权管理问题，我先讲 3 点意见。随后，建龙同志还要对这项工作做出安排部署，请大家抓好落实。

一、全面提高对林地林权管理的认识

森林是人类的摇篮，人类是从森林里走出来的。森林对于人类文明的繁衍、繁育、繁荣发挥了不可替代的作用。进入 21 世纪以来，经济、社会、生态等一系列可持续发展问题遇到了严峻挑战，人们开始重新审视人类与森林之间相互依存的关系，森林问题成为国际上首脑级会谈的重要话题。特别是当前国际金融危机的影响持续蔓延，全球气候变暖和生态恶化的趋势不断加剧，国际社会越来越认识到，人类谋求可持续发展，不能超越自然生态的承载能力，各项经济政策必须有利于降低生态成本，有利于转变发展方式，有利于促进森林可持续经营。增加森林资源、发展绿色经济、实现绿色增长已经成为国际社会应对生态危机和经济危机的广泛共识。因此，2011 年 9 月 6 日，胡锦涛主席在首届亚太经合组织林业部长级会议上《加强区域合作　实现绿色增长》的讲话，得到了国际社会的广泛好评和积极响应。

经过多年努力，我国森林面积和森林蓄积量已经连续 20 年实现双增长，为促进绿色增长、推动可持续发展发挥了重要作用。国际社会对此给予了高度评价，特别是联合国粮农组织（FAO）认为，在亚太其他地区森林面积锐减的情况下，中国森林面积和蓄积量的增长，弥补了这个地区的森林赤字。我们很骄傲所取得的成绩。新中国成立初期，全国森林覆盖率是 8.6%，第七次森林资源清查之后，我国森林覆盖率是 20.36%，我国人工林保存面积 6000 万公顷，全世界第一。但是，我们也要清醒地认识到，我国森林资源的增长还是恢复性的。同时，目前 20.36% 的覆盖率和 137 多亿立方米的蓄积量，与国民经济对林业生态、民生产业的需求还不相适应，整体上讲我国仍是一个缺林少绿、生态脆弱的国家，森林覆盖率不到世界平均水平的 2/3，人均森林面积不到世界平均水平的 1/4，人均森林蓄积量仅为世界平均水平的 1/7，沙化土地却占国土面积的近 1/5，水土流失面积占国土面积的 1/3。生态问题既是我国与发达国家差距的重要标志，也是制约我们可持续发展的重大瓶颈。

前几天，北京市委刘淇书记对我说，在欧洲，看到哪里有树，哪里有森林，就到城市了；而在国内许多地方，看到哪里没有树，看不到森林了，就到城市了。所以，北京市下决心，用5年时间造一百万亩平原地区森林。今年的计划是20万亩，有可能完成25万亩。目前北京市森林覆盖率是37.6%，远高于全国平均水平，但是树都在山区，平原森林覆盖率只有14%，市民看不到树，几千万人口的大城市，汽车数量增长很快，再加上一些地方依然在使用燃煤等一次性燃料，所以就造成了PM2.5过高的问题。论城市规模和经济总量，北京市在国际上排名前几位，但论绿化覆盖率和空气质量，还有一些差距。北京市认识到了这个问题，以非凡的决心抓造林绿化，值得我们学习、借鉴和支持。

粉碎"四人帮"后，党中央决定把全党工作重心由以阶级斗争为纲转到以经济建设为中心上来。当时搞现代化建设主要面临两个问题。第一个是精神层面的思想观念问题。受多年"左"的思想的影响，我们党和广大干部群众对以阶级斗争为纲很熟悉，但是对如何以经济建设为中心不熟悉。所以，邓小平同志要求"解放思想，实事求是，团结一致向前看"，开展了"实践是检验真理唯一标准"的大讨论和声势浩大的解放思想运动，把人们的思想从以阶级斗争为纲的桎梏中解放出来，这就解决了思想认识问题。第二个是物质层面的钱和技术问题。由于"四人帮"的肆虐和"文革"，我国国民经济到了崩溃的边缘，我们搞现代化，缺钱、缺技术。我们党走改革开放之路，建设现代化需要钱。没有钱就借，请别人来投资，互利共赢。所以，在对外开放过程中就有了"招商引资""三来一补""经济特区""保税区""以市场换技术"等，解决了缺钱、缺技术的问题。目前，我国经济社会发展已经进入新的发展阶段，主要面临的是可持续发展、科学发展问题，经济和社会的转型问题。对外开放依然是我们的一大法宝、强大动力，但许多问题还要眼睛向内，如扩大内需和生态文明建设，良好的生态是借不来的。

林地是森林的载体，是生态安全的基础，又是林业发展的根基和命根子。只有加强林地管理，才能增加森林资源。所以说，加强林地林权管理，既是森林资源管理的基础工作，又是促进绿色增长的重大举措；既是林业部门的法定职能，又是贯彻主题主线的根本要求。要科学发展，要转型升级，都要依托于林地资源增加绿色资源能源总量。局党组认为，强化林地林权管理，是我们的根本职责，必须认真履行。

二、林地林权管理是森林资源管理的核心内容

林地是国家的重要资源，是发展林业的物质基础。只有管好了林地，林业才会有发展的更大空间。加强森林资源管理，要以林地林权管理为核心内容，构建林地林权管理的制度体系和长效机制。这里重点强调两点：

第一，加强林地管理和森林资源管理必须明晰产权。早在中华苏维埃政权时期就明确，森林、湖泊、河流归国家所有，对林地林权更有详细规定。以公有制为主体、多种经济形式并存，是我国的基本经济制度。土地作为重要的生产资料，在我国是公有的。公有又分为国家所有和集体所有两种形式。《毛泽东论林业》中就讲过，大片的森林要归国家所有。在加强森林资源管理的过程当中，首先要管林地林权，明晰森林资源产权。只有"山定权、树定根"，人才能"定心"。历史上，许多乱砍滥伐林木、乱垦滥占林地的案件都是因为林权模糊。实践证明，只有权属清楚、责任明确，才能管理有序、保护有力。

林权证是森林资源权属的标志，这是法定的证。上个世纪80年代末，原林业部开始组织对国有林地确权发证，到1990年已经把90%以上的国有林地登记发证。国有林包括两个部分，一部分是东北、内蒙古等重点国有林区，发证接近5亿亩；另一部分是国有林场，发证接近9亿亩。2005年之后，在党中央、国务院的正确领导下，在国家林业局特别是贾治邦局长的全力推动下，我国进行了声势浩大的集体林权制度改革，完成了26亿亩集体林地的勘界确权任务，已有22.65亿亩林地完成了发证任务。对集体林地进行确权发证，实现了产权明晰、权属稳定，不仅充分调动了林业经营者的积极性，更为加强森林资源管理奠定了坚实的基础，为今后林业的发展提供了保障。可以说，目前是我国历史上林地林权最清晰的时期。

第二，加强林地管理必须落实林地保护利用规划。林地保护利用规划的核心是保护科学发展必要的生态基础，实质上是在工业化、城镇化过程中，对林地实行严格的保护政策。在经济发展过程中，在工业化、城市化过程中，需要占地，有一部分土地要非农化、非林化，但必须按国务院批准的林地利用规划实行指标管理和定额管理。林地管理是目前国家林业局领导班子非常焦虑的问题之一。现在，土地管理已经不是政府与农民之间的矛盾，往往是上级政府和下级政府之间的矛盾。我们虽然有最严格的土地保护政策，但是违法占地行为仍然屡禁不止，农民上访大多是为了土地。查来查去，最后违法的主体往往是领导干部、甚至是一级政府。

近年来，林地流失现象也十分严重。从2004年到2008年，5年中共有830多万公顷林地逆转为非林地，而且这些林地87%都集中在经济相对发达、自然条件较好的东部地区，损失的多数是林相好、蓄积量高、生物多样性丰富的森林资源，有些甚至是新中国成立以来几代人建起来的苗圃、标本林、示范林。如果这种趋势得不到有效遏制，"双增"目标不但不能实现，而且已有的造林成果也难以巩固，今后的造林将没有依托。因此，必须认真落实《全国林地保护利用规划纲要》，完善占用征收征用林地审核审批管理办法，加强林地用途管制和林地定额管理，严格限制林地转为建设用地，严格控制林地转为其他农用地，统筹生态保护与经济发展的用地需求，科学合理节约地利用林地，确保2020年全国林地保有量不少于3.12亿公顷，为实现"双增"目标提供可靠保障。

三、树立责任意识，把林地林权管理任务落到实处

林地林权管理是一个十分庞大的系统工程，有很多部门交叉、地缘交叉，又有生态保护和经济发展的双重压力，还有各个方面认知的模糊和不同。如果想放弃林地林权管理权利，我们会有很多理由。如：法律不清楚啊，界限不清楚啊，领导有指示啊，发展有要求啊，手段有限啊等。有的地方森林资源管理部门，一年也办不了一个案子，媒体和新闻单位那里却有很多举报。我认为，目前对林地和森林资源管理来讲，不是法律的缺失，《森林法》《土地管理法》《农村土地承包法》对林地林权的管理规定都是明确的；也不是政策的缺失，《全国林地保护利用规划纲要》是国务院常务会讨论通过的，其中有许多政策性规定；也不是群众监督的缺失，每年都要接到大量的群众举报，甚至有媒体的公开曝光。我们现在缺失的是责任！对林地案件，有的同志睁一只眼闭一只眼，到了关键时候甚至两只眼睛都闭上了；还有的同志遇到问题绕道走，一开始处理得非常严厉，来了压力的时候就溜之大吉。因此，必须牢牢树立责任意识，把林地林权管理落到实处。

（一）要牢固树立林权证是铁证的意识，确保林农合法权益不受侵犯。集体林权制度改革有很多意义，但在农民那里很简单，那就是他认为林地分给他了，而且发了林权证，上面写着四至界限，所以心里很踏实。中国农村土地问题很复杂，前段时间国家林业局发了一个紧急通知。针对当前集体土地确权发证当中出现的问题，有的省里同志问，现在有些部门安排集体土地确权发证包不包括林地？这件事情，中央有关部门的安排是不包括林地的。我们也明确地讲，集体土地确权发证不包括林地。农民在林改中拿到的林权证，是根据国家法律法规和中央文件精神，确认林地、林木所有权或使用权的法律证书，是农民合法权益的集中体现，是确保农民不失山、不失地的法律保障。各地要认真贯彻落实国家林业局前不久下发的有关通知要求，强化林权证使用管理，认真检查林地确权发证情况，不得违反国家法律规定在林地上重复发证，以免造成"一地两证"或"一地多证"，给林地林权管理和法律适用带来混乱，给农民合法权益和政府公信力带来损害，影响林改成果巩固和社会和谐稳定。

（二）要牢固树立林地管理的红线意识，遏制林地流失的现象。18 亿亩是耕地保护的红线，林地保护也有红线，那就是到 2020 年，我们的林地保有量不能少于 3.12 亿公顷。这个红线是根据胡锦涛主席提出的"双增"目标，由国务院批准的《全国林地保护利用规划纲要》确定的。这个红线意识一定要有。目前，全国林地流失现象很严重。有的地方在土地占补平衡中把林地变为耕地；有的地方使用林地不办手续，未批先用、少批多用；有的地方随意调整林地规划，将林地改为其他农用地或未利用地；有的地方大量开发利用低丘缓坡，提了一些不切实际、容易误解的口号，像城市上山、低丘缓坡利用等。如果说，城市上山是为了节约耕地，但山上有林地，就会破坏生态。低丘缓坡是说地形地貌的，并不是土地用途的表述。2011 年，全国发生违法占用林地案件 1.95 万起，涉及林地 6924 公顷，比 2010 年上升了 3946 起，上升幅度达 25.3%。这就是我们为什么这么重视林地林权管理，专门开这个会的原因。所以，要牢固树立林地保护红线意识，坚决纠正各种蚕食林地的现象。

（三）要牢固树立科学监管的意识，加快建设林地"一张图"。人管人比较难，要用制度管人，用计算机管人，计算机是不可以说情的，制度面前就能找到共同的准绳。这几年，国家林业局依靠科学技术，加强森林资源管理，积极构建以全国林地"一张图"、调查监测"一盘棋"、森林资源"一套数"为基础的一体化监测体系。现在林地"一张图"建设正在进行当中，要求今年完成。但是，各地进展不平衡。有关省区要加大推进力度，确保如期完成。要逐步建成以国家、省、县三级林地保护利用规划为核心的林地管理体系，实现从规划到实施的全过程监管。要在保持现有森林资源监测体系基本稳定的前提下，创新监测方法，统一技术标准，健全监测评估统计制度，搞好国家和地方森林资源监测成果的衔接，实现森林资源年度出数。

（四）要牢固树立发展的生态约束意识，做好森林资源增长指标年度考核评价工作。国家"十二五"规划纲要将森林面积和森林蓄积量确定为约束性指标，纳入了省级政府的考核评价内容。希望大家能够用好考核，用好考核不是把大家都划成不及格，而是要增强各地在发展经济中的生态约束意识，生态建设的红线不能突破，生态建设的任务必须完成。希望各省区市林业厅局包括国家林业局各个司局都要运用好这个考核，考核目标该分解的尽快分解，让市长、县长都明白，让所有的责任主体都明白。这件事情虽然是国家林业局考核省政府，但也是对林业厅的考核。一定要吃透考核精神，把考核的目标分解好，让所有被考核主体都主动承担责任。

（五）要牢固树立创新意识，抓好林地林权管理的体制和机制创新。在林地林权管理中，国家林业局和省厅都承受了很大压力，凡是要突破林地定额征占用林地的，基本都是大企业、大项目、大资金。这个问题如何解决，还要从体制和机制创新上去努力。现在大家都想搞一个前置审批制度，不管什么项目，要先经林业部门同意，符合规划要求才行。这个想法有道理，但很难做到，这是体制问题。要通过体制机制创新，由原来的"一家管"变为"大家管"，由林业部门监督变成群众监督、媒体监督。最好的办法就是公开，指标要公开，方法要公开，审批要听证。让大家都明白，根本不用去找林业厅，就知道这个林地能不能批准，形成对号入座的机制，对上条件的就做，对不上、撞高压线的就不做。

（六）要牢固树立守土有责的意识，全面提升林地林权管理水平。从国家林业局到各厅局都要树立守土有责的意识，不断提升林地林权管理水平。各级林业部门要把林地林权管理工作摆到重要位置，加强队伍建设，搞好人员培训，提高工作质量。各派驻森林资源监督机构要认真履行职责，严格执法、热情服务，改进方法、创新机制，不断提高监管工作水平。要积极开展事前监督，主动核实征占用林地建设项目，及时提出监督意见和建议，预防违法占地行为发生。要深入开展专项监督检查，引导项目建设单位依法使用林地，推动驻在地区全面提高森林资源保护管理水平。

同志们，林地林权管理是各级林业部门的首要职责，是推动林业发展的根本保障，是提升林业地位的有效抓手。各地一定要守土有责，严格依法管理，像森林防火工作一样，抓早、抓好，出色地完成党中央、国务院交给我们的职责和任务，提高生态建设水平和森林资源管理水平，为发展现代林业、建设生态文明、推动科学发展、实现绿色增长做出应有的贡献。

弘扬长汀精神　发展现代林业
为改善生态改善民生做出更大贡献
——在全国林业厅局长会议上的讲话

赵树丛

（2012 年 7 月 21 日）

这次全国林业厅局长会议是国家林业局党组决定召开的。会议的主题是认真贯彻党的十七大和十七届三中、四中、五中、六中全会精神以及中央领导同志近期对林业工作的重要指示精神，深入落实年初全国林业厅局长会议的工作部署，总结推广福建长汀生态建设经验，认真回顾上半年全国林业工作，安排部署下半年林业工作，进一步解放思想、开拓创新、振奋精神，全面完成今年林业建设任务，推动现代林业发展再上新水平，以优异成绩迎接党的十八大胜利召开。这既是一次学习交流经验的工作现场会，又是一次开动脑筋、鼓劲加油的动员部署会，也是一次解放思想、振奋精神的务虚会。

中共中央政治局委员、国务院副总理回良玉同志对这次会议和当前的林业工作极为重视，7 月 8 日做出了重要批示，刚才建龙同志已全面传达，我们一定要认真贯彻落实。

党中央、国务院对长汀县等原中央苏区的生态建设极为重视。去年年底和今年年初，中共中央政治局常委、国家副主席习近平同志专门对长汀生态建设两次做出重要批示，明确指出："长汀曾是我国南方红壤区水土流失最严重的县份之一，经过十余年的艰辛努力，水土流失治理和生态保护建设取得显著成效，但仍面临艰巨的任务。长汀县水土流失治理正处在一个十分重要的节点上，进则全胜，不进则退，应进一步加大支持力度。要总结长汀经验，推动全国水土流失治理工作。"今年"两会"期间，习近平同志在与福建代表团座谈时，进一步强调一定要把长汀的生态建设搞好。最近，国务院颁发了《关于支持赣南等原中央苏区振兴发展的若干意见》，对加快原中央苏区经济社会发展、改善当地生态和民生等提出了明确要求。

这次会议之所以在福建省长汀县召开，就是要学习福建和长汀的经验，大力弘扬长汀精神，全面提高我国林业生态建设水平，为改善生态和改善民生做出新的更大贡献。福建的林业生态建设起点高、力度大、有特色，森林覆盖率高达 63.1%，连续 35 年保持全国第一，还创造了集体林权制度改革的成功经验。福建历届省委、省政府高度重视造林绿化工作，孙春兰书记、苏树林省长亲自抓。刚才，苏树林省长作了重要讲话，魏东同志介绍了长汀经验，听了很受启发和教育，让我们对福建和长汀生态建设有了更深刻的认识。历史上，长汀这一带森林十分茂密。1930 年，毛泽东同志在转战闽西苏区时曾写下了"宁化、清流、归化，路隘林深苔滑""七百里驱十五日，赣水苍茫闽山碧"等著名诗句。后来由于多种原因，这里的森林遭到了严重破坏，成为我国南方红壤区水土流失最为严重的地区之一，被称为"南方的黄土高原"。在历届省委、省政府的领导下，长汀县经过 20 多年的艰苦努力，全县森林面积由 1986 年的 275 万亩增加到 370 万亩，森林覆盖率由 59.8% 提高到 79.4%，森林蓄积量由 1024 万立方米提高到 1289 万立方米，林业产值由 2158 万元增加到 13.8 亿元，生态面貌发生了翻天覆地的变化，昔日生态恶劣、万壑贫瘠的"火焰山"变成了绿树成阴、造福百姓的"花果山"，为全国生态建设树起了一面旗帜。

长汀的经验是什么，我认为主要有以下 5 点。

一是坚持科学发展、民生第一。历届省委、省政府和县委、县政府，都把植树造林、治理水土流失作为改善生态、改善民生的基础工程、战略工程、造福工程来抓，一任接着一任干，一张蓝图绘到底。

二是坚持依靠改革、依靠群众。将全县 346 万亩集体林地承包到户、确权发证，40 多万农民获得了林地经营自主权，极大地激发了群众造林绿化的积极性和创造性，人民群众真正成为生态建设的主体。

三是坚持尊重规律、依靠科技。他们因地制宜，适地适树，攻克了南方红壤水土流失区造林、育林等技术难关。通过不断探索，创造了"陡坡地小穴播种""老头松施肥改造"等技术措施，确保了造林成活率、保存率、成林率。

四是坚持政策扶持、多策并举。层层建立和落实责任制，多渠道筹措生态建设资金，坚持林业、水利、发改委、财政、环保、国土、农业、扶贫等多部门协同作战，采取林草先行、封山禁伐、改燃节柴等多种措施，实行大面积封禁与小面积治理、生物措施与工程措施、防护林与经济林等多种综合治理模式，提升了生态建设的合力和成效。

五是坚持艰苦奋斗、持之以恒。全县人民发扬苏区自力更生、艰苦奋斗的优良传统，咬定青山不放松，以"滴水穿石，人一我十""水土不治、决不放弃，山河不绿、决不收兵"的雄心壮志，锲而不舍，常抓不懈，持续奋斗，谱写了一曲可歌可泣的绿色赞歌。

这些宝贵经验和伟大精神，是苏区精神的传承和弘扬，是做好新时期林业工作的法宝，是加快现代林业发展的强大动力。过去长汀等原中央苏区为中国革命做出了巨大牺牲和巨大贡献，现在又为生态建设付出了巨大努力并取得了巨大成就，各级林业部门一定要带着责任和感情支持苏区生态建设，政策和投入要向苏区和革命老区倾斜，让这些地方真正成为全国生态建设的重点和样板。要深入总结推广长汀经验，大力学习弘扬长汀精神，把发展现代林业、建设生态文明、推动科学发展推向新阶段、跨上新台阶。

今年以来，胡锦涛、吴邦国、温家宝、贾庆林、习近平、李克强、回良玉、王刚、何勇等中央领导同志对林业工作做出了重要指示，对我们做好工作具有长远的指导意义，我们要认真学习、深刻领会、全面贯彻。刚才，建龙同志代表局党组总结了上半年工作，部署了下半年工作，希望大家抓好落实，确保全面完成今年建设任务。下面，我围绕当前林业工作中的几个重要问题，谈5点意见，供大家讨论。

一、关于抢抓林业发展战略机遇问题

以2003年中央9号文件和2008年中央10号文件为标志，我国林业建设进入了转型升级的新阶段，迎来了加快发展的战略机遇期，也是一个十分难得、必须抓住、可以大有作为的黄金发展期。这个战略机遇期有5个基本特征。

第一，林业的战略定位显著提升。过去很长一个时期，国家实际上把林业定位为产业经济部门。2003年中央9号文件确立了以生态建设为主的林业发展战略，将林业定性为重要的公益事业和基础产业，把加强生态建设、维护生态安全、弘扬生态文明确定为林业部门的主要任务。2009年中央林业工作会议又确立了林业的“四个地位”（林业在贯彻可持续发展战略中具有重要地位，在生态建设中具有首要地位，在西部大开发中具有基础地位，在应对气候变化中具有特殊地位）、“四大使命”（实现科学发展必须把发展林业作为重大举措，建设生态文明必须把发展林业作为首要任务，应对气候变化必须把发展林业作为战略选择，解决“三农”问题必须把发展林业作为重要途径）。2011年9月，胡锦涛总书记在首届亚太经合组织林业部长级会议上明确指出，要“把发展林业作为实现科学发展的重大举措、建设生态文明的首要任务、应对气候变化的战略选择”，并特别强调，森林在推动绿色增长中具有重要功能，对人类生存发展具有不可替代的作用。今年4月3日，胡锦涛总书记在参加首都义务植树时特别指出，林业要为祖国大地披上美丽绿装，为科学发展提供生态保障，把林业的战略地位提到了国家战略和全球战略的高度。

第二，林业的发展空间极大拓展。从生态上看，在地球四大主要生态系统中，林业部门管理着除海洋外的森林、湿地和荒漠三大生态系统。在森林减少、湿地退化、土地沙化、物种灭绝、水土流失、干旱缺水、洪涝灾害、水污染、空气污染、气候变暖十大全球生态危机中，八大危机主要靠发展林业治理。从经济上看，林业产业是循环产业、生物产业、民生产业，是国家重点鼓励支持发展的产业，是具有国际国内巨大市场空间、不会造成产能过剩的产业。特别是在发展绿色经济、低碳经济、循环经济、生物经济的大趋势下，林业发展展现了无限光明的前景。从文化上看，竹文化、茶文化、花文化、森林旅游文化的发展空间也越来越广阔。

第三，林业的建设任务异常艰巨。目前，以发展林业为首要任务的生态文明建设已经成为党的奋斗目标的重要组成部分，是中国特色社会主义整体布局的重要内容，林业承担着极其繁重而艰巨的任务。建设生态良好的国家已列为全面建设小康社会的重要目标，实现“双增”目标、增加森林碳汇已成为应对气候变化的战略举措，国家“十二五”发展规划已将森林覆盖率、森林蓄积量列为约束性指标，防沙治沙列入了对各级党委、政府和林业部门责任考核的重要内容，国家农村扶贫开发也对生态建设和林业特色产业发展确定了具体任务，集体林权制度改革还要继续深化，国有林场、国有林区改革任务更为艰巨。

第四，林业的发展条件全面优化。“九五”“十五”“十一五”中央林业投入分别为328亿元、1632亿元、2979亿元，呈快速增长的态势，2011年达到1220亿元。初步估算，目前全国各类林业总投入每年超过了5000亿元。虽然与林业发展的需求相比还有较大差距，但是已经达到历史最高水平，而且还在逐年增加。林业财政、税收、金融等扶持政策体系已基本建立，并在不断完善。同时，全社会的生态意识明显增强，发展林业有了越来越好的社会氛围。

第五，林业的国际共识空前深化。人们已经深刻地认识到，森林生态系统是人类赖以生存与发展的根基，关系到物种安全、淡水安全、粮食安全、能源安全、气候安全、经济安全、社会安全和政治安全。没有林业的可持续发展就没有人与自然的和谐，就没有人类经济社会的可持续发展。联合国关于森林问题的原则声明指出，几乎所有涉及人类生存与发展的重大问题都与林业密切相关。目前涉及林业的国际公约、可持续发展议题、重要国际会议非常之多，加快林业发展已经成为国际社会的大势所趋和广泛共识。

党的十七大做出了建设生态文明的战略决策，形成了经济建设、政治建设、文化建设、社会建设和生态文明建设“五位一体”的中国特色社会主义事业总体布局，并把生态文明建设确定为全面建设小康社会的奋斗目标。各级地方党委、政府认真贯彻落实科学发展观，都把生态文明建设确定为当地经济社会发展的重大战略，采取一系列重大举措加快林业发展。在去年以来陆续召开的省（区、市）党代会上，天津、辽宁、吉林、上海、江苏、浙江、安徽、福建、山东、湖北、广东、广西、海南、四川、云南、青海、新疆等17个省（区、市）明确提出了生态立省（区）或建设生态省（市）的发展战略。北京、内蒙古、湖南、重庆、甘肃等5个省（区、市）坚持走绿色发展、生态文明发展之路，明确提出要建设绿色省（区、市）。山西省提出要建设绿化山西，每年造林400万亩以上，森林覆盖率每年提高1个百分点。河南省提出要建设绿色中原、生态中原，力争到2015年全省森林覆盖率增加4个百分点。河北、黑龙江、江西、贵州、西藏、陕西、宁夏等7个省（区）也高度重视林业生态建设工作。宁夏回族自治区提出建设和谐幸福新宁夏，坚定不移地推进生态环境保护和建设。

各省区市党委的这些重大决策，既顺应了建设生态文明、推动科学发展的历史潮流，也带来了加快林业发展的重要机遇。尤其是今年下半年党的十八大召开以后，各地将召开人代会进行政府换届，各级林业部门要抢抓机遇，开动脑筋，科学谋划，做好前期工作，争取出一些大政策，上一些大项目，将党的主张变成人民的意志，把各地确定的林业发展战略、生态建设目标转化为具体的政策和行动，全面开创现代林业科学发展新局面。

二、关于改善生态和改善民生问题

林业转型升级的核心有两条，一条是改善生态，一条是改善民生。这是林业最基本、最重要、最核心的任务和职责。对这个问题，各级林业部门、所有林业工作者都要非常清醒、牢牢把握。

改善生态是林业的根本任务。森林是陆地生态系统的主体，林业是生态建设的主体。党中央、国务院之所以确立以生态建设为主的林业发展战略，就是要求林业承担起生态建设的主要责任，真正发挥出对人类生存与发展不可替代的作用。丢掉了这一条，就丢掉了林业的立足之本。我们必须清醒地认识到，我国生态状况还十分脆弱，仍然是我国最突出的问题之一，全社会对改善生态的期望越来越强烈。绿色总量需要增加，沙化土地需要治理，森林资源、湿地生态和生物多样性需要保护，这些都是林业生态建设面临的繁重任务。良好的生态已经成为一个地区、一个国家最核心的竞争力之一，成为实现绿色增长、科学发展最主要的标志，这既不能靠花钱买来，也不可能转移和进口，我们必须把改善生态放在一切林业工作的首位，守住这个根本和底线，须臾不可丢掉和丧失。

改善民生是林业的主要目的。保障和改善民生是我们党执政的根本出发点和落脚点，也是林业工作的根本出发点和落脚点。改善民生的核心是满足民生需求，包括生态需求、生存需求、生活需求、生产需求多个方面。林业地盘很大，产业种类很多，建设内容很丰富，与民生问题关系密切。全国林业系统解决了近140万干部职工就业，林业二、三产业从业人员达4500万人；集体林权制度改革使8700多万户农民得到了26亿多亩林地的使用权和价值数万亿的林木所有权；全国45亿多亩林地提供了丰富的林产品，每年林业总产值3万多亿元。解决就业增收、深化林权改革、保护林地资源、保障林产品供给等都是为了改善民生，我们有责任、有义务为惠民生、扩内需、稳增长发挥更大的优势和作用。改善民生是党和国家工作的大局，也是林业工作的大局，我们必须在林业工作中牢牢把握，绝不能有丝毫的偏离与懈怠。

生态林业和民生林业是林业建设的旗帜。生态和民生是林业的一体两翼，必须科学认识并正确处理两者之间的关系，高举生态和民生这两面大旗，把改善生态和改善民生放在突出重要的位置，协同推进，良性互动。一要始终坚持抓生态就是抓民生的思想。真正把生态建设放在林业的核心位置，努力为祖国大地披上美丽绿装，为科学发展提供生态保障，为人民群众提供良好的生产生活环境。二要牢固树立服务民生抓生态、改善生态惠民生的思想。既要把改善民生作为林业工作的出发点和落脚点，让人民群众充分享受林业建设成果，也要让绿色发展的理念深入人心，激发广大人民群众投身林业生态建设的热情。三要牢固树立以人为本、统筹兼顾、全面协调可持续发展的思想。坚决反对吃祖宗饭、断子孙路的野蛮掠夺式开发和生产，坚决反对漠视群众生活、损害群众利益的行为。

三、关于林业工作创新问题

大工程带动大发展是林业工作的重大创新，既缓解了林业投入不足的问题，又提升了林业的地位和影响，有力地推动了林业发展。随着社会主义市场经济体制的建立和完善，资源配置的方式、投资建设的主体发生了很大变化，我们要根据形势的发展变化，创新林业的体制机制、政策措施、工作平台和发展载体，不断为林业发展增添新的动力、创造新的优势。

创新林业的体制机制和政策措施，为林业发展创造新动力。近年来，我们通过全面深化集体林权制度改革，创新了林业体制机制，增强了林业发展活力，极大地解放和发展了林业生产力。其中，林权抵押贷款、森林保险等政策都是林业政策的重大创新，在盘活森林资源资产、解决农村生产资金不足等方面发挥了重要作用。2009年，中央财政相继建立了林木良种、造林、森林抚育、森林保险保费等补贴政策，填补了林业政策的空白。但是，林业体制不顺、机制不活的问题依然突出，国有林场和国有林区改革还在探索试点之中。有的扶持政策力度还不够、标准还不高、范围还不大，有的管理方式已经明显落后，有的技术规程、技术标准已经严重滞后，有的运行机制与市场经济格格不入，不能适应林业快速发展的需求，必须以开放的心态和创新的思维，勇于开拓，大胆创新，健全林业发展的动力机制，为林业发展提供不竭动力。

创新林业的工作平台和发展载体，为林业发展创造新优势。近年来，我们通过大力发展油茶、核桃等木本粮油，既促进了农民就业增收，又增加了食用植物油产量，拓展了林业发展领域。北京市通过实施平原地区百万亩造林工程，不仅大幅度增加了林业投入，创造了新的就业岗位，极大地拓展了林业发展空间，而且大幅度增加了城市绿量。辽宁省通过实施青山工程，变废弃地为绿地，变满目疮痍为山清水秀，不仅拓展了林地和森林面积，而且壮大了林业机构队伍，建立了青山保护的长效机制。此外，山东省的水系生态建设、湖南省的绿色湖南建设、江西省的“一大四小”工程、重庆市的绿化长江行动、青海省的村庄绿化等都有效丰富了林业发展的平台和载体，为各地林业生态建设创造了品牌和优势。

创新无止境，改革无穷期。我们要树立强烈的创新意识，自觉适应建设创新型国家的新形势，大力建设创新型林业，全面提升林业创新的能力和水平。一要围绕服务国家大局创新发展载体。紧盯应对气候变化、建设生态文明、实现绿色增长、解决“三农”问题、开展扶贫攻坚等国家战略大局，加强政策对接，搞好政策和项目储备。二要围绕调动社会力量创新体制机制。要继续深化林业改革，总结推广基层经验，创新群众参与林业建设的体制机制和政策措施，形成全社会推动林业发展的强大合力。三要围绕转变部门职能创新管理方式。要强化执法监管职能，抓好资源保护和管理。要加强林权管理和服务，维护农民合法权益。要做好政策、科技、信息等服务，为农民发展林业创造良好条件。四要围绕转变发展方式创新林业科技。要认真落实全国科技创新大会精神，加强林业科技创新，提高林业科技水平，完善标准、技术和规程，充分发挥科技在转变林业发展方式中的支撑引领作用。

四、关于振奋精神抓落实问题

毛泽东同志说："人是要有一点精神的"。邓小平同志说："没有革命精神，就不可能有中国革命的胜利"。江泽民同志指出："没有精神支柱，就等于没有灵魂"。胡锦涛总书记指出："精神懈怠的危险，能力不足的危险，脱离群众的危险，消极腐败的危险，更加尖锐地摆在全党面前"。其中精神懈怠的危险居"四个危险"之首。实践证明，林业干部有什么样的精神状态，林业事业就有什么样的发展局面，林业部门就有什么样的社会地位。

我国林业建设者在长期的实践中，形成了艰苦奋斗、无私奉献的优良传统，涌现了一大批先进模范人物。河南的焦裕禄、福建的谷文昌、云南的杨善洲、黑龙江的马永顺、陕西的石光银、宁夏的王有德、甘肃的石述柱、山西的赵德清、广西的庞祖玉、山东的孙建博以及云南曲靖陆良的8位老人、海南鹦哥岭的27名大学生，他们创造了一个又一个绿色奇迹，靠的就是舍我其谁的责任和担当，无私奉献的勇气和精神。这正是林业行业精神的灵魂与核心，也是林业事业不断发展、薪火相传的精神动力，需要我们不断发扬光大。

当前，我们的队伍中还存在着精神懈怠的问题：有的精神萎靡不振，毫无进取之心，缺乏干事创业的激情；有的碌碌无为，得过且过，做一天和尚撞一天钟；有的作风飘浮，工作不切实际，落后于形势，脱离于群众；有的不负责任，办事拖拖拉拉，缺少狠抓落实的干劲和责任；更有甚者只占窝、不干活，抢占行政资源，以邻为壑，互相扯皮，互相掣肘。这些问题不仅损害机关的形象，而且影响林业的发展。大家都要以对事业、对岗位、对使命高度负责的态度，坚定信心，振奋精神，狠抓落实，认真履行岗位职责，自觉地为林业改革发展贡献力量。

要在服务大局上抓落实。我们只有服务大局，才能做好本职工作；做好本职工作，就是最好的服务大局。各级林业部门要按照中央稳中求进的总基调，紧紧扭住事关全局的重点工作狠抓落实，努力把战略机遇变成发展成果，把规划蓝图变成美好现实。

要在岗位尽责上抓落实。作为公职人员，我们都肩负着一份神圣的法定职责。要把职务当任务、把岗位当责任，牢固树立尽责光荣、失责可耻的思想，切实增强责任意识、使命意识，自觉履行岗位赋予的使命，真正形成人人尽责任、人人抓落实的良好局面。

要在服务基层上抓落实。服务基层不能停留在口头上，而是要落实到行动上。各级林业干部要敢于到群众有怨言的地方去理顺情绪，勇于到基层有困难的地方去排忧解难，全力以赴地为人民群众做好事、办实事、解难事，把人民的期盼、意愿、利益变成现实。

五、关于加强学习问题

胡锦涛总书记强调，现在社会各个方面的发展日新月异，人民群众的实践创造丰富多彩，不学习、不坚持学习、不刻苦学习，势必会落伍，势必难以胜任我们所肩负的重大职责。当前，林业正处于转型发展的关键阶段，无论是在理论上还是在实践中，我们面临的新形势、新情况千变万化，遇到的新矛盾、新问题层出不穷，基层的新做法、新经验不断涌现。我们要按照科学理论武装、具有世界眼光、善于把握规律、富有创新精神的要求，不断加强学习，努力提高执政能力和执政水平，以适应形势的变化、工作的需要。

要通过加强学习，拓宽思维，增长知识，提高能力，着力解决林业发展中的重大理论和实践问题。随着林业改革开放和转型升级的逐步深入，我们在工作中遇到了许多需要解决的重大问题。如林业与国家生态安全、气候安全、粮食安全、经济安全、淡水安全的关系问题，如何提升森林经营水平和森林质量问题，如何尽快实现我国木材基本自给问题，森林的可持续经营问题，森林资源资产评估问题，森林碳汇的计量和交易问题，林业生态价值计算常态化问题，林业贡献统计问题，森林生态效益补偿问题，林业"双增"目标年度考核问题，加强资源保护与科学利用问题，林业与非政府组织(NGO)的关系问题，野生动物保护中的动物伦理和环境伦理问题等。这些有的是老问题，有的是新问题，都事关林业长远发展和科学发展，虽然我们一直在强调，但无论是在理论上还是在实践中都没有大的进展和突破，需要我们通过不断学习，认真总结基层经验，积极借鉴国外做法，寻找解决这些问题的途径和方法，推动现代林业又好又快发展。

这里我要特别强调一下党的十八大精神学习贯彻工作。党的十八大是我们党在我国进入全面建设小康社会关键时期和深化改革开放、加快转变经济发展方式攻坚时期召开的一次十分重要的代表大会，是全党全国各族人民政治生活中的一件大事，大会将对党和国家各项事业做出全面部署，进一步明确今后一个时期的发展目标和宏伟蓝图。各级林业部门要把学习领会和贯彻落实十八大精神作为首要的政治任务抓紧抓好，把思想和行动统一到党中央的决策部署上来，真正用十八大精神武装头脑、指导实践、推动工作。同时，我们还要认真学习本次会议印发的中央领导同志关于林业工作的重要讲话和重要批示精神，把这些精神转化为指导和推动林业改革发展的强大动力。

同志们，我今天讲的这几个问题没有涉及具体的工作，只是自己对林业发展的一些思考和认识，也算是给大家出的题目，引导和启发大家开动脑筋，深入思考，集思广益，群策群力，共同推动现代林业科学发展，为建设生态文明、实现绿色增长和全面建设小康社会作出新的更大贡献。

以植树造林为重点　以生态修复为核心
全面完成三北五期工程建设任务
——在三北四期工程总结表彰暨五期工程启动大会上的讲话

赵树丛

(2012 年 8 月 27 日)

下面，我就三北四期工程建设情况和五期工程总体安排讲两点意见。

一、三北四期工程建设情况

1978 年 5 月，林业部有关专家向党中央提出了“关于营造万里防护林改造自然的意见”，时任国务院副总理的邓小平、李先念等中央领导同志立即做出重要批示。原国家林业总局根据中央领导同志的批示精神，在深入调研和反复论证的基础上，编制了《关于西北、华北、东北风沙危害和水土流失重点地区建设大型防护林的规划》。同年 11 月 25 日，党中央、国务院正式批准该规划，决定实施三北防护林体系建设工程。这项世界上最大的植树造林工程建设期限长达 73 年，工程范围包括 13 个省区市的 551 个县市区，占我国陆地总面积的 42.4%，规划造林任务 3508 万公顷，力争到 2050 年，工程区森林覆盖率提高到 15%。

伴随着改革开放的伟大历程，三北工程已经走过 34 年。30 多年来，邓小平、江泽民、胡锦涛等中央领导同志高度重视三北工程建设，党中央、国务院先后采取了许多重大举措推进工程建设，各有关部门密切配合、大力支持，工程区各级党委政府带领广大干部群众齐心协力、攻坚克难，累计完成造林保存面积 2647 万公顷，工程区森林覆盖率由 1977 年的 5.05% 提高到 12.4%，森林蓄积量由 1977 年的 7.2 亿立方米提高到 13.9 亿立方米，在祖国北方筑起了一道绿色长城。其中三北四期工程完成造林面积 790.9 万公顷，工程区森林覆盖率提高近 4 个百分点，成为投资力度最大、建设速度最快、综合效益最好的建设时期。

(一)*风沙危害明显减轻*。四期工程坚持以防沙治沙为主攻方向，共营造防风固沙林 158 万公顷。据 2009 年发布的全国沙化土地监测结果，三北地区沙化土地面积年均减少 1500 平方千米，首次实现了由“沙进人退”向“人进沙退”的重大转变。其中陕、甘、宁、青、蒙、晋、冀、黑等 8 省区沙化土地面积持续减少，占全国缩减面积的 85.3%，毛乌素、科尔沁两大沙地扩展的趋势实现全面逆转。

(二)*水土流失得到有效控制*。10 年来，共营造水土保持林和水源涵养林 150 多万公顷，新增水土流失治理面积 33.2 万平方千米。重点治理的黄土高原近 50% 的水土流失面积得到不同程度治理，入黄泥沙量年均减少 4 亿吨左右，水土流失面积和土壤侵蚀模数实现双下降，工程区水土流失程度明显减轻。

(三)*农田防护林体系基本建成*。在东北、华北、黄河河套等平原农区，基本建成了规模宏大、县县毗邻、互为一体的农田防护林体系，农田林网化程度达到 68%，为粮食稳产高产提供了生态保障。受保护的农田面积和粮食产量明显增长，亩均产量由工程实施前的 100 千克提高到现在的 300 多千克。

(四)*特色林果业基地初具规模*。建成了一大批以苹果、红枣、香梨、板栗、核桃为主的特色经济林基地，总面积达 432 万公顷，年产干鲜果品 3600 多万吨，年产值 537 亿元。同时，林产品加工业、沙产业、苗木业、森林旅游业等蓬勃发展，一些地区农民涉林收入已占到总收入的 50% 以上。

(五)*生态文明建设的动力不断增强*。在三北工程建设中，形成了艰苦奋斗、锲而不舍，求真务实、开拓创新，以人为本、造福人类的“三北精神”，涌现了王有德、石光银、牛玉琴、石述柱等一批扎根荒漠、矢志不渝的造林治沙英雄，谱写了一曲曲感天动地的英雄壮歌，成为推动生态文明建设的强大精神动力。

三北工程之所以取得巨大成就，关键在于做到了“五个坚持”：一是坚持生态优先。始终把植树造林、恢复植被作为工程建设的主攻方向，努力培育稳定的森林生态系统，不断提高工程区可持续发展能力。二是坚持依靠群众。秉持以人为本的理念，一切依靠群众，一切为了群众，建设成果由群众共享。三是坚持兴林富民。将森林生态功能和经济功能有机结合起来，加强生态经济型防护林体系建设，推动兴林与富民协调发展。四是坚持尊重科学。自觉按照自然规律和经济规律办事，科学规划、科学决策，因地制宜、适地适树，依靠科技进步推动工程建设。五是坚持改革创新。不断完善管理机制和政策措施，消除制约工程建设的体制机制障碍，始终保持工程建设的不竭动力。

三北工程建设的伟大成就和宝贵经验表明，党中央、国务院决定实施三北工程，是一项具有远见卓识的英明决策，是统筹人与自然和谐发展的成功典范，是中国特色社会主义理论指导下建设生态文明的伟大实践，创造了人类生态建设史上的巨大奇迹，在世界上树起了一座令人敬仰的绿色丰碑。

二、三北五期工程总体安排

虽然三北四期工程取得了伟大成就，但是三北地区仍然是我国林草植被最短缺、生态状况最脆弱的地区，也是建设生态文明、实现生态良好的重点和难点地区，在全面建设小康社会、加快转变经济发展方式的新形势下，必须继续推进三北工程建设，尽快改善这一地区生态脆弱的状况。根据国家批复的三北五期工程规划，到 2020 年，工程区需要完成造林 1647.3 万公顷，修复退化林分 193.6 万公顷，新增森林面积 988.4 万公顷，森林覆盖率提高 2.27 个百分点。与前四期工程相比，五期工程建设内容更加丰富，任务更加繁重，责任更加重大。工程区各级林业部门一定要按照回良玉副总理的讲话要求，采取更加有力的措施，确保全面完成五期工程各项建设任务。

（一）坚持以植树造林为建设重点，着力扩大森林资源和生态总量。三北地区生态脆弱的根本原因是缺林少绿，必须加快植树造林步伐，增加森林资源总量，夯实经济社会发展的生态基础。要继续坚持以植树造林为重点，在生态脆弱地区加快建设防风固沙林、水土保持林和水源涵养林，千方百计增加森林资源，尽快改善生态环境。要充分发挥黄土高原光、热、水、土等优势，加快建设一批名特优新干鲜果品基地和后备森林资源基地，推动生态与经济协调发展。

（二）坚持以生态修复为核心目标，着力构建稳定的森林生态系统。三北工程是在我国生态最脆弱地区实施的一项重点生态工程，必须坚持生态优先的原则，充分发挥森林的生态功能。要遵循自然规律，因地制宜，因害设防，封飞造结合，乔灌草搭配，积极推广抗逆性强、适生范围广、生长周期长的优良树种，努力培育稳定的森林生态系统。要切实做好退化林分修复工作，加强成过熟林、残次林更新改造，增强森林生态系统整体功能。要遵循生态系统演替规律，科学开展封育保护，促进生态系统自然修复。

（三）坚持以防沙治沙和水土保持为根本任务，着力解决风沙危害和水土流失问题。三北地区现有沙化土地面积143.8万平方千米、水土流失面积138.5万平方千米，分别占全国的83%和39%，风沙危害和水土流失是三北地区最突出的生态问题。五期工程建设必须继续把防沙治沙和水土保持作为主攻方向，下大力气加强黄河、辽河、海河、滦河等重点地区水土流失治理，集中力量抓好科尔沁、毛乌素、呼伦贝尔、浑善达克等四大沙地治理，依法划定封禁保护区，从源头上减轻风沙和水土流失危害。

（四）坚持以人工林基地建设为骨干载体，着力构筑北方绿色生态屏障。与前四期工程相比，五期工程最大的区别在于规划了32个防护林基地建设项目，造林任务213万公顷，占五期人工造林任务的26.2%。这是三北工程转变发展方式、推进规模治理、提高建设成效的重大举措。各地要按照“统一规划、科学布局、先行试点、分步启动”的原则，认真做好基地建设前期工作，在生态区位重要、立地条件较好、干部群众积极性高的地方，优先启动基地建设项目，确保项目建设质量和成效。力争通过十年的努力，逐步构筑起点线面结合的北方绿色生态屏障。

（五）坚持以强化管理为根本保障，着力提高工程建设质量。要抓紧出台《三北五期工程建设管理办法》，研究制定重点项目管理的标准、办法、措施和技术规程，逐步建立起科学化、规范化的工程管理体系。要以建设百万亩人工林基地为切入点，把项目管理引入三北工程，重大项目实行法人负责制、合同制、招投标制、工程监理制，全面提高工程管理水平。要加强对工程规划、营林计划、项目实施和后期管护等情况的监督检查，确保把三北工程建设好、管理好、发展好，能够长期持续稳定地发挥效益。

同志们，三北工程是一项功在当代、利在千秋的伟大事业，也是一项需要几代人、甚至几十代人为之不懈奋斗的崇高事业。各级林业部门一定要按照党中央、国务院的决策部署，以科学发展观为指导，认真学习贯彻回良玉副总理的重要讲话精神，振奋精神，再接再厉，扎实工作，圆满完成五期工程各项建设任务，为建设生态文明、推动科学发展、实现绿色增长作出新的更大贡献！

在全国林业科学技术大会上的讲话

赵树丛

（2012年9月24日）

全国林业科学技术大会是经国务院批准召开的一次非常重要的会议。会议的主要任务是深入贯彻落实中共中央、国务院《关于深化科技体制改革　加快国家创新体系建设的意见》和《关于加快推进农业科技创新　持续增强农产品供给保障能力的若干意见》，总结党的十六大以来林业科技发展成就和经验，表彰“十一五”期间林业科技工作先进集体和先进个人，安排部署今后一个时期的林业科技工作。

刚才，回良玉副总理发表了十分重要的讲话，深入总结肯定了党的十六大以来我国林业和林业科技工作的巨大成就和宝贵经验，深刻分析了林业改革发展面临的新形势和新挑战，明确提出了加快林业发展和加强林业科技工作的新要求。回良玉副总理的重要讲话，言简意深，内涵丰富，针对性很强，对开创林业和林业科技工作新局面具有长远指导意义。我们一定要学习好、传达好、贯彻好、落实好。下面，我就贯彻落实回良玉副总理的重要讲话精神，全面开创林业科技工作新局面，讲几点意见。

第一，林业科技要着力服务改善生态、改善民生的大局。改善生态和改善民生是国家的战略大局，也是发展现代林业、推动林业转型升级的核心。林业科技工作必须紧紧围绕这一核心任务，出成果、见实效、立新功，全面提升林业的多种功能，全面提升林业产业的核心竞争力，为改善生态和改善民生、服务国家战略大局真正发挥第一生产力的作用。

第二，林业科技要着力实现林业发展“十二五”规划的奋斗目标。当前，各项林业工作都要围绕实现国家“十二五”规划目标展开，特别是要全面贯彻落实《全国林业发展“十二五”规划》《林业科学和技术“十二五”发展规划》和《国家林业局关于加快科技创新　促进现代林业发展的意见》。遵循林业科技规律，坚持“强化创新、重点突破、优化配置、支撑发展”，注重近期目标与长远战略相结合、整体推进与区域发展相结合、生态科技与产业科技相结合、科学研究与能力建设相结合、高新技术与实用技术相结合。力争到2015年，全国森林覆盖率达到21.66%，森林蓄积量达到143亿立方米，林业科技进步贡献率达到50%，林业重要科技成果总数达到2000项，林业专利数量增加1倍，为实现林业“双增”奋斗目标打下坚实的科技基础。

第三，林业科技要着力深化体制和机制改革。按照国家分类推进事业单位改革的指导意见，推进林业科研院所改革，逐步建立现代科研院所制度。深化科技立项机制改革，推行重大科技课题公开招投标制度，完善协商与选题建库机制，突出项目的先进性和实用性。鼓励有条件的企业参与林业科技项目实施。完善林业科技评价机制，改变重论文轻发明、重数量轻质量、重成果轻应用的状况。建立科技诚信评比与奖惩机制。健全产学研合作机制、资源共享机制、开放研发机制和科学决策机制。

第四，林业科技要着力构建现代林业创新体系。围绕建设创新型林业，扶持创新主体，打造创新平台，建设创新团队，构建现代林业科技创新体系。以突破核心关键技术、强化技术集成配套、改善林业科技创新条件为重点，着力提升林业科技创新能力，力争在新品种创制、森林经营、林业生物产业、木本油料发展、生态改善与治理、应对气候变化、竹藤花卉开发、现代林业装备制造等领域取得一批重大创新成果，为转变林业发展方式、培育战略性新兴产业提供有力支撑。

第五，林业科技要着力加强成果转化和推广应用。以科技示范和技术服务为重点，加强林业科技推广体系建设。深入开展林业科技创业活动，加快林业高新技术产业化进程。加快林业技术标准与质量监督体系建设。实施林业科技富民工程，推广1000项先进成熟的实用技术，转化应用500项新技术，建立100个林业技术推广示范基地和100个林业科技成果转化基地，全面提升林业发展的科技含量和生产水平。

第六，林业科技要着力创造人才辈出的良好氛围和条件。强化人才资源是第一资源的理念，树立依靠人才、培养人才、尊重人才、爱护人才、服务人才的意识。实施林业科技人才培养计划，造就一批林业科技战略科学家、领军人才和基层林业科技骨干，健全人才选拔、培养、使用和合理流动机制。各级林业部门要与林业及综合性高等院校、科研院所建立紧密的合作机制，创造有利条件，加大支持力度，充分发挥他们在培养专业人才和技术培训方面的潜力和优势，切实把科教兴林、人才强林战略落到实处。

第七，林业科技要着力夯实基础、强化保障措施。加强组织领导，建立一把手抓科技工作的机制，确保林业科技有目标、有政策、有投入、有考核。要优化政策环境，建立健全全行业重视科技、依靠科技、应用科技的政策机制。要加大林业科技投入，逐步形成公共财政支持下的多元化林业科技投入体系。要强化林业科技进步指标考核，健全考核机制，用好考核结果，形成全力推动林业科技进步的激励和保障机制。

会议结束后，各地林业部门要尽快向党委、政府汇报本次会议精神，争取对林业科技工作更多的重视和更大的支持。各地区、各单位要组织广大干部职工认真传达学习回良玉副总理的重要讲话精神，研究制定贯彻落实的具体措施，切实用会议精神统一思想、推动工作、狠抓落实，努力开创林业科技工作新局面，为发展现代林业、建设生态文明做出新的更大的贡献。

深化集体林改　发展林下经济
全面推进生态林业和民生林业建设

——在全国深化集体林权制度改革工作会议暨林下经济现场会上的讲话

赵树丛

（2012年9月25日）

这次会议是根据温家宝总理、回良玉副总理的指示精神，经国家林业局党组研究决定召开的一次十分重要的会议。温家宝总理始终对集体林权制度改革高度重视，十分关心，多次做出重要指示和批示。去年“两会”期间，温家宝总理在参加江西代表团讨论时，专门对深化林改提出了“五个确保”的要求。去年9月，他又做出重要批示：“发展林下经济，既可促进农民增收，又可巩固集体林权制度改革”。今年3月，他在河南省考察农业生产时强调，集体林权制度改革的生命力十分旺盛，潜力还没有很好地挖掘出来；只要努力，集体林权制度改革产生的效益是无法估量的。今年7月，他在听取我的工作汇报时反复叮嘱，一定要抓好全面深化林改这件对农业、农村和农民都具有重要意义的大事。去年以来，回良玉副总理也多就全面深化林改、发展林下经济做出重要批示，精心指导、亲自推动林改深入发展。今年7月底，国务院办公厅专门下发了《关于加快林下经济发展的意见》，明确了发展林下经济的总体要求、主要任务和政策措施。今天召开这次会议，就是要深入贯彻落实温家宝总理、回良玉副总理的重要指示和国办文件精神，认真总结前一阶段的林改工作，研究部署今后一个时期的深化改革工作，更好地推动生态林业和民生林业建设。下面，我讲4点意见。

一、集体林权制度改革取得了显著成效，是党的十六大以来我国改革开放的伟大实践

集体林权制度改革是中国特色社会主义理论指导下的伟大实践，是党的十六大以来深化农村改革的最重大举措之一。党中央、国务院对此高度重视，党中央、国务院对此高度重视，2008年出台了《关于全面推进集体林权制度改革的意见》，2009年召开了首次中央林业工作会议，2010年召开了全国集体林权制度改革百县经验交流会。胡锦涛、吴邦国、温家宝、回良玉等中央领导同志多次视察指导林改工作。地方各级党委政府精心组织、全力推进，认真贯彻中央的决策部署；有关部门大力支持、密切配合，出台了一系列支持林改的政策措施；广大基层干部群众大胆实践、勇于创新，迅速掀起了全面推进林改的热潮，全国林改取得了重大进展和显著成效，在推动林业发展、改善生态状况、促进农民增收和完善村级民主自治机制等方面发挥着越来越重要的作用。

目前，全国确权集体林地26.77亿亩，占集体林地总面积的97.8%；发放林权证1亿本，发证面积23.69亿亩，占已确权林地的88.49%，8784万农户拿到林权证，明晰产权、承包到户的改革任务已经基本完成。同时，强林惠林政策体系逐步完善，林业投入快速增长，税费负担明显减轻，森林生态效益补偿制度正式建立，中央补偿资金达80亿元；27个省区市林权抵押贷款金额达529.9亿元；20个省区市森林保险投保面积7.72亿亩；共建立林业专业合作组织9.78万个、县级以上林权管理服务机构1065个。全国集体林业呈现出体制机制活化、支持政策有力、发展活力迸发的喜人局面。

集体林权制度改革充分调动了农民发展林业的积极性，有力地推动了林业生态建设。通过明晰产权、承包到户，实现了“山定权，树定根，人定心”，农民真正成为山林的主人，造林育林护林的积极性空前高涨。各地造林面积大幅增加，毁林案件明显减少，森林质量稳步提升。林改前福建省每年造林100万亩，林改后每年超过200万亩，2011年高达700万亩。全国森林资源的快速增长，为改善生态状况发挥了重要作用，为经济社会可持续发展奠定了生态基础。

集体林权制度改革有效促进了农民就业增收，有力地推动了林区民生改善。我国27.37亿亩集体林地有森林蓄积46亿立方米，经济价值达数万亿元，林改后户均拥有森林资产几万元，多的达数十万元，家庭财产成倍增加。农民不仅有了长期稳定的财产性收入，而且获得了宝贵的生产资料，为创业、就业和增收提供了广阔空间。由于林业经营水平的提高，全国林地的亩均产出率由2003年的139元增加到2011年的445元，农民来自林业的收入明显增加，一些重点县农民每年涉林收入已占到人均纯收入的60%以上，林地成为农民重要的经营对象，林业成为农民主要的收入来源。

集体林权制度改革之所以取得如此重大的成就，关键在于始终坚持以家庭承包经营为基础、统分结合的双层经营制度，体现社会公平和共同富裕，确保农民平等享有集体林地承包经营权，夯实了我国农村基本经营制度；在于始终坚持适应社会主义市场经济体制的要求，将林地经营权和林木所有权交给农民，并且可以继承、流转和转让，让农民获得了充分的林地用益物权；在于始终坚持适应解放和发展生产力的根本要求，一手抓体制机制创新，推动林业生产力发展，一手抓生产关系调整，使生产关系与生产力更加协调；在于始终坚持以人为本的理念，相信人民群众，依靠群众改革，为了群众改革，改革成果由群众共享，让农民真正当家做主。实践证明，集体林权制度改革是中国特色社会主义理论指导下的成功实践，它的重大意义必将随着改革的逐步深入日益显现。

二、全面深化集体林权制度改革，为改善生态和改善民生做出更大贡献

经过多年努力，我国改革开放取得了举世瞩目的伟大成就，但是仍将长期处于社会主义初级阶段，农村大、农民多、农民穷的状况难以彻底改变，同时森林资源总量不足、质量不高、缺林少绿的问题依然突出，生态问题和民生问题已成为制约我国现代化进程的主要瓶颈。全面深化集体林权制度改革，真正实现生态受保护、农民得实惠的改革目的，可以为解决生态和民生问题发挥更大的作用，对于全面建设小康社会和中华民族伟大复兴具有重要而深远的意义。

（一）深化集体林权制度改革，稳定家庭承包经营制度，事关农村社会长期稳定。以家庭承包经营为基础、统分结合的双层经营体制，是我国农村基本经营制度，是党在农村政策的基石，符合农村发展实际，符合农民群众愿望。与耕地相比，我国集体林地面积更大，森林资源价值更高，在维护农村社会稳定、促进农民就业增收中占有更加重要的位置。中央决定开展集体林权制度改革，就是要把农村基本经营制度由耕地延伸到林地，将集体林地承包经营权和林木所有权平等分给集体经济组织成员，充分调动农民发展林业的积极性，进一步解放和发展农村社会生产力，为农村经济发展注入新的动力。通过前几年的努力，虽然明晰产权、承包到户的改革已经基本完成，但一些地方仍然存在林地确权不落实、勘界不细致、程序不规范、发证不到户等问题，必须通过继续深化改革，全面落实农村基本经营制度，夯实农村经济社会发展的基础，消除农村社会和谐稳定的隐患。

（二）深化集体林权制度改革，挖掘林地生产潜力，事关生态改善和农民增收。我国耕地面积有限，集约化程度高，而林地资源丰富，发展空间大。从长远看，要解决生态脆弱和农民增收问题，必须在林地上做文章、想办法、挖潜力。林改后，林地产出率已经有了明显提升，在改善生态和改善民生方面的效益开始显现。但是，我国林地产出率仍然远远低于耕地，集体林每公顷蓄积量只有60.25立方米，远低于国有林的125.21立方米，集体林的平均郁闭度、平均胸径也比国有林的低，与世界林业发达国家的差距就更大了。这说明，我国集体林的森林质量、生态功能、经济效益还有很大的提升空间。必须通过继续深化改革，充分发挥市场配置资源的作用，为农民利用林地创业致富创造良好条件，进一步释放林地资源、物种资源、人力资源和市场空间的巨大潜力，全面提升林地产出率、资源利用率、劳动生产率和市场竞争力，确保资源增长、林业增效、农民增收。

（三）深化集体林权制度改革，完善林业支持保护制度，事关现代林业长远发展。与农村其他改革相比，我国林改才刚刚起步，而且林业生产周期长、林业属性多，不仅要考虑人的问题，而且要考虑生态问题，改革更加复杂多变，需要精心设计，稳步推进，不能简单地认为“一包就灵”或“一分了之”。完成明晰产权、承包到户的任务，只是林改的第一步。目前，林业的扶持政策还不完善，林业的服务体系还不健全，林业的管理方式还比较落后。需要继续深化改革，创新运行机制，完善政策措施，按照建立健全“四项制度一个体系”的要求，真正建立起支持林业发展的长效机制，从根本上增强林业发展的活力、动力和吸引力，推动现代林业又好又快发展。

三、以维护和稳定农民林权为核心，把集体林权制度改革不断引向深入

当前，集体林权制度改革已进入关键阶段，正处于不进则退的承上启下期、矛盾突显的攻坚克难期、深化改革的黄金发展期，既要巩固成果又要继续推进，既要保护生态又要发展产业，既要内部改革又要外部支持，改革的任务重、压力大、阻力多，必须认真落实中央关于林改的决策部署，按照温家宝总理“5 个确保”的要求，紧紧围绕改善生态和改善民生两大目标，以维护和稳定农民林权为核心，着力抓好“改革、稳定、规范、服务、发展”5 个环节的工作。

一是改革。中央 10 号文件明确提出，要通过家庭承包方式把集体林地落实到农户，确立农民作为林地承包经营权人的主体地位，这是林改的核心内容。目前，全国家庭承包经营的林地近 70%，距离中央的要求还有一定差距。这既有对均山到户政策认识不足、确权发证工作抓得不紧的原因，也有历史遗留问题解决不到位、林权纠纷调处不彻底的原因。明晰产权、承包到户仍然是今后深化改革的首要任务。各地必须充分认识到，农民是集体经济组织成员，林地属集体所有就是农民所有。要通过开展“回头看”和检查验收，着力提高发证率和到户率，确保改革不走样、政策不变通，真正把集体林地落实到农户，全面完成明晰产权、承包到户的改革任务。

二是稳定。温家宝总理多次强调，林地承包经营权 70 年不变，也就是长久不变。他还曾经指出，一个领导者如果不懂得农民，不懂得农村，就不懂得中国的国情；不懂得占全国大多数人口的穷人，就不懂得政治，也不懂得经济。我们要深刻地认识到，土地是农民最重要的生产资料，也是农民最可靠的生活保障，必须把林权证发成“铁证”，切实维护和稳定农民的承包经营权，确保农民充分享有林地的用益物权。目前，一些大企业、大财团和经营大户已经把目光盯上农民刚刚承包的林地，个别地方出现了投机性投资“炒林”的苗头。少数农民或因为经济拮据，或因为经营困难，开始低价变卖林地，手中的林地还没捂热就流转出去，这样的改革就失去了意义。林地承包到户后，各地要把稳定家庭承包关系作为深化林改的基本要求，确保林业税费不反弹、林业政策不动摇、惠林力度不减弱，引导农民树立长期经营山林的思想，保持林地承包关系长期基本稳定，防止农民失山失地，引发农村新的不稳定因素。对于农民自己经营确有困难的，可以鼓励农民通过互换、租赁、入股等方式经营，避免通过买断等方式流转林地。

三是规范。林地林木作为生产要素交给农民之后，在进入市场配置的过程中，必须确保交易公开、标准统一、程序规范，维护各个市场主体公正、平等的权益。温家宝总理多次强调，土地流转要依法、自愿、有偿。流不流转是农民的事，转得规范不规范是政府要服务管理的事，转多转少是市场的事，不能把林权流转作为评判林改是否成功的标准，也不能盲目追求流转的指标，这是市场配置资源的过程，无关干部的政绩。各地要加强林权管理，建立林业要素市场和林权交易中心，搭建统一的流转平台，规范林权流转行为。同时，要加强林地用途管制，防止改变林地用途和性质，确保国家生态不受破坏，农民合法权益不受损害。

四是服务。林地明晰产权、承包到户后，农民成为林业的经营主体，自主经营范围内的许多事情不再需要林业部门包办代替。长期以来，林业部门在计划经济条件下形成的管理体制、运行方式必须彻底改变，切实把政府职能从管理型转到服务型上来。针对林改后日益繁重的服务任务，要加强服务体系建设，健全各类服务机构，提高管理服务水平，寓服务于执法管理之中，为农民发展林业创造良好的环境条件。广大林业干部要真正树立为民服务的理念，及时为农民提高信息、金融、保险、技术等方面的服务，让农民安心方便地经营林业。同时，要严格执法，坚决打击各种涉林违法犯罪行为，依法维护农民的合法权益。

五是发展。改革是手段，发展才是目的。如果不能同时实现生态受保护、农民得实惠的目的，那么林改就是失败的。林业的体制机制问题可以通过改革来解决，但是林业的效率效益问题必须通过发展来解决，要通过全面深化林业改革，推动林业实现又好又快发展。这里的发展必须是全面协调可持续的，既包括森林资源的增长，生态状况的改善，又包括林业效益的提高，农民收入的增加。各级林业部门要高举生态和民生两面大旗，正确处理生态建设和产业发展的关系，在保护生态的前提下，引导农民科学经营山林，积极发展林业产业，确保有持续稳定可观的收入和长期经营山林的信心。

四、大力发展林下经济，引导农民走上不砍树也致富的绿色发展之路

今年 7 月底，国务院办公厅下发了《关于加快林下经济发展的意见》，进一步明确了发展林下经济的总体要求、主要任务和政策措施。这是进一步推动林下经济发展、全面深化林业改革的重要举措，对于增加农民收入、巩固林改成果、促进生态建设和调整农村产业结构等具有十分重要的意义。各地要认真学习和全面落实国办文件精神，切实把发展林下经济作为深化林改、改善民生和改善生态的重要内容抓紧抓好，抓出成效。

林下经济包括林下种植、林下养殖、相关产品采集加工和森林景观利用等内容，具有发展模式多、就业容量大、从业门槛低、市场空间广的特点。大力发展林下经济，既可以综合利用林地空间，实现立体开发、复合经营，又可以缩短林业经营周期，确保长期得绿、短期得利；既可以减少森林资源消耗，增加林业附加值，又可以保障绿色林产品供给，满足日益增长的社会需求。近年来，辽宁、浙江、广西等许多地方，通过大力发展林下经济，走出了一条不砍树也致富的绿色发展之路，不仅促进了农民就业增收，而且优化了区域产业结构，甚至改变了一个地方的经济发展方式，受到政府的支持、农民的拥护、市场的欢迎。近日，福建省人民政府出台了《关于进一步加快林业发展若干政策的通知》，其中明确规定，从2013年起，省级财政连续3年每年安排3000万元支持林下经济发展，市、县级财政也要安排资金予以扶持。发展林下经济，是通过改善民生来保护生态的成功实践，已成为各地深化林业改革的重要内容，保护森林资源的有效方式，增加农民收入的主要途径。

林下经济是近年来随着林改逐渐兴起的一个新生事物，各地探索总结了许多成功经验，值得互相学习借鉴。但是，发展林下经济不是单纯的种植业、养殖业、加工业和森林旅游业，涉及生态、经济、文化多个领域，林业、农业、畜牧业多个行业，生产、加工、销售多个环节，形式多、门类杂、范围广，需要科学规划、精心组织、稳步推进，才能确保实现生态效益和经济效益双赢。

一要坚持生态优先。要科学利用并严格保护森林资源，绝不能因发展林下经济而牺牲生态。要根据林地生态承载能力，合理确定林下经济的种类和规模，大力发展生态经济型项目，确保生态受保护，农民得实惠。同时，要进一步提高森林生态效益补偿标准，调动和保护农民管护生态公益林的积极性。

二要坚持因地制宜。各地要根据当地自然条件、林地资源状况和市场需求情况，科学制定林下经济发展规划。要结合各自实际，突出当地特色，尊重农民意愿，允许发展模式多样化，防止搞“一刀切”，避免盲目跟进、一哄而上，更不能搞强迫命令、贪大求全。

三要坚持科学引导。发展林下经济是改善民生的有效手段，离不开政府强有力的引导和指导。要认真做好规划编制、政策设计、政策咨询、技术培训、信息服务等工作，加强农民林业专业合作组织建设，提高农民发展林下经济的组织化水平、抗风险能力和市场竞争力，帮助农民解决资金、技术、销售等问题。

四要坚持创新机制。要大力推广“龙头企业 + 专业合作组织 + 基地 + 农户”的模式，努力建成一批规模大、效益好、带动力强的林下经济示范基地，重点扶持一批龙头企业和农民林业专业合作组织，逐步形成“一县一业、一村一品”的发展格局，增强农民的持续增收能力。

同志们，全面深化集体林权制度改革，意义十分重大，任务十分艰巨。让我们继续保持高度的政治责任感和饱满的工作热情，认真贯彻落实中央的决策部署，总结成绩，再接再厉，把这项惠及亿万农民群众的改革不断推向深入，为改善生态和改善民生作出更大贡献，以优异成绩迎接党的十八大胜利召开！

全面开创油茶产业发展新局面

——在全国油茶产业发展现场会上的讲话

赵树丛

（2012年10月10日）

发展油茶产业，是党中央、国务院为维护国家粮油安全而做出的一项重要决策。国家林业局坚持每年围绕一个主题召开一次现场会，持之以恒抓油茶产业发展。这次会议，是局党组决定召开的第五次现场会，明年还要继续开现场会。自2008年以来，贾治邦局长亲自抓油茶产业，为此倾注了大量心血，经过油茶产区的共同努力，油茶产业已呈现出快速健康发展的良好势头。在投入上，取得了突破，全国累计投入油茶产业发展的资金达到203亿元。在种苗上，有效破解了供应瓶颈问题，经过审定、认定的油茶良种达到260多个，良种生产能力从2008年的5000万株增加到2012年的5.3亿株。在基地建设上，实现了新造林和低产林改造同步推进，全国新造油茶林1000多万亩，抚育改造低产油茶林近1000万亩，超额完成了《全国油茶产业发展规划》确定的任务。在效益上，得到了全面提升，全国参与油茶产业发展的企业已达1300多家，带动200多万农户种植油茶，2011年油茶产业产值达到245亿元，为2009年的3倍。但是油茶产业发展也还存在认识不够到位，技术推广力度不够大，政策不够完善，资金投入不够充足，企业带动作用不够强等问题。这次会议，要对这些问题进行深入探讨，研究对策，推广成功经验，以进一步提升油茶产业的质量效益和发展水平。关于油茶产业发展的工作，建龙副局长还要作具体部署。下面，我就几个重点问题讲几点意见。

第一，认识要进一步深化，责任要进一步落实。胡锦涛主席在首届亚太经合组织林业部长级会议上明确指出：“要挖掘林业潜力，发展木本粮油和生物质能源，维护粮油安全和能源安全”。温家宝总理、李克强副总理、回良玉副总理都对发展油茶等木本油料多次做出重要批示。推进食用植物油木本化，为维护国家食用油安全做贡献，这是新形势下赋予林业的新使命。当前，我国食用植物油安全形势十分严峻。2008年我国消费食用植物油2474万吨，2011年达到2932.4万吨；2008年我国进口大豆3734万吨、食用植物油816万吨；2011年我国进口大豆5264万吨、食用植物油657万吨；我国食用植物油对外依存度已高达65.8%。同时，我国油料作物播种面积已达3.2亿亩，按现有产量计算，要满足国内食用油需求还需增加种植面积7亿亩，这对耕地和粮食生产造成了巨大压力。我们一定要按照党中央、国务院的要求，充分挖掘油茶产业发展的潜力与优势，增强责任感和使命感，特别是14个油茶产区的林业部门和油茶重点县，要把油茶产业发展当做一件大事来抓，切实落实责任，采取更加有力的措施，进一步加快油茶产业发展，为维护国家粮油安全大局做出突出贡献。

第二，科技成果和成功经验要加快推广，质量效益要全面提升。提升质量效益是油茶产业发展的关键所在。经过多年的努力，我们已经培育出高产油茶新品种，但影响油茶质量效益还有3大难题需要破解。一是周期长，从栽植到收益一般需要5～6年，企业投入的大量资金难以周转。二是用工量大，特别是茶果采摘、选籽等都需要大量人工，增加了成本。三是如何挖掘综合效益。湖南科技学院经过多年的探索实践，有效破解了这三大难题，他们采用3～4年生的大苗上山造林，种植后第三年就可进入收益期，既提高了造林成活率，又降低了管理成本，明显缩短了从种植到收益的时间，有效缓解了资金周转压力。他们发明了油茶自动落籽和集籽技术，替代了手工采摘和手工选籽，每亩油茶籽的采摘、选籽等成本可从1100元下降到100元。他们还通过发展林下经济，在油茶林中种植药材、蔬菜、养鸡等，明显提高了林地综合效益，并通过发展精深加工，开发副产品，生产化妆品、洗涤剂、生物肥料、高蛋白饲料等，延长了油茶产业链，每亩油茶林实现产值高达3～4万元。他们向湖南省委省政府提出了"湖南省培育万亿元油茶产业的建议"，受到周强书记的高度重视。各地一定要高度重视、认真总结、大力推广在生产实践中证明十分有效的成熟技术和成功经验，在短时间内使现有油茶产业的质量效益有一个大的突破，以质量效益的全面提升带动油茶产业的大发展。

第三，政策措施要继续完善，投融资规模要继续增加。油茶产业前期投入大，资金不足依然是制约油茶产业发展的重要因素，必须加大投入力度，疏通融资渠道，扩大资金规模。要继续配合财政部统筹整合资金，支持油茶产业发展。要扩大重点县扶持范围，增加基建投资规模。农业综合开发资金要向油茶等木本油料倾斜，中央财政森林抚育补贴试点资金要覆盖木本油料。各地也要加大财政资金的支持力度。特别要扩大信贷规模，用好财政贴息政策。林业贴息贷款要重点支持油茶产业，凡符合条件的油茶项目要确保享受贴息政策。要完善林权抵押贷款政策，为林农发展油茶产业提供充足的资金和便捷的服务。目前，14个油茶产区省(区、市)已全部纳入中央财政森林保险保费补贴试点范围，要开发油茶林保险产品，降低经营风险。

第四，龙头企业要大力扶持，发展机制要不断创新。坚持以企业为主体，是实现规模化发展、标准化生产的重要基础。发展油茶龙头企业是拉动油茶林基地建设、带动农民增收的有效途径，也是提升油茶产业质量效益、做大做强油茶产业的关键。要扶持龙头企业发展，在政策、资金、项目、科技上给予大力支持，鼓励龙头企业扩大油茶林基地建设、开展产品研发、参与科技推广、组织技术培训，充分发挥他们在产业融资、产品研发、科技成果转化、市场营销、品牌宣传等方面的优势与作用。龙头企业要珍惜难得的油茶发展机遇，强化社会责任，创立名优品牌，确保产品安全，确保油茶产业不因为质量安全问题而遭受重大损失。去年国家林业局认定了43家油茶重点企业，这些企业在油茶高产林基地建设、实现产品加工增值、带动农民进入市场、促进农民就业增收等方面发挥了重要示范带动作用，希望这些企业要总结经验，再接再厉，发挥更大的作用。国家林业局还将在适当时候再认定一批油茶重点企业。

创新机制是增强产业发展活力的关键所在，核心是要处理好企业与林农的利益关系。通过土地租赁、入股等多种方式，合理明确企业与林农的权益，建立长期稳定的利益联结机制，使企业的经济、技术实力与农民的土地、劳力等生产要素有机结合，真正保障农民得利益，企业有效益。要创新企业与油茶专业合作社及林农的合作机制，形成既有利于企业发展，又有利于专业合作社发展和农民增收的良性互动机制。要创新企业与油茶科研单位的合作机制，加快油茶科技成果转化，使油茶科技成果迅速转化为现实生产力。

第五，油茶产业要做大做强做优，其他木本油料要统筹协调发展。油茶是我国特有的树种，品质好，综合利用潜力大，市场前景十分广阔，现在看市场不过剩，将来也不会过剩，完全有条件做大做强做优。同时，我国还有100多种食用植物油树种，实现食用植物油的木本化是我国解决食用油问题的基本方向，也是维护国家粮油安全的战略举措。要在全国范围内开展木本油料资源普查，摸清主要品种、分布状况、发展现状，分析适宜发展的区域和发展潜力，为科学决策提供基本依据。在此基础上，进一步完善木本油料产业发展规划，大力推进用木本食用植物油逐步替代食用油进口的战略，力争经过一个时期的努力，缓解国内食用植物油供需的尖锐矛盾，为维护国家粮油安全、实现食用植物油优质化健康化、促进农民增收致富、改善生态和民生发挥突出作用。要加强良种繁育和选育工作，尽快培育一批高产优质品种，总结一套栽培技术和模式，在取得成功经验的基础上，健全推广服务体系，大力推广丰产实用技术，推进标准化、专业化、规模化、市场化生产，不断扩大资源、增加产量、提升品质，实现木本油料产业跨越式发展。

同志们，发展油茶产业，事关国家粮油安全，潜力巨大，责任重大。我们要深化认识，坚定信心，以提升油茶产业的质量效益为核心，完善政策，加大投入，创新机制，全面开创油茶产业发展新局面，为维护国家粮油安全、改善生态和改善民生作出新的更大贡献。

全面提升生态林业和民生林业发展水平
为建设生态文明和美丽中国贡献力量

——在全国林业厅局长会议上的讲话

赵树丛

（2012 年 12 月 27 日）

这次全国林业厅局长会议，是经国务院批准、国家林业局党组决定召开的一次重要会议。会议的主要任务是全面落实党的十八大和中央经济工作会议、中央农村工作会议精神，认真总结 2012 年林业工作，安排部署 2013 年和今后一个时期的林业工作，进一步统一思想、提高认识，改进作风、凝聚力量，全面提高生态林业和民生林业发展水平，为全面建成小康社会和建设生态文明、美丽中国做出更大贡献。

党中央、国务院对这次会议高度重视。国务院副总理回良玉 12 月 25 日专门做出重要批示：这些年林业工作成绩很大，改革的力度很大，生态文明建设的贡献也很大。国家林业局工作思路清晰，指导和推动落实有力。全国林业战线的广大干部职工做出了艰苦的努力，开展了卓有成效的工作，付出了心血和汗水。望在林业厅局长会议予以强调，并转达我的敬意和问候。回良玉副总理的重要批示，对于我们做好当前和今后一个时期的林业工作，具有十分重要的指导意义。大家一定要认真学习领会，全面贯彻落实。

刚才，建龙同志代表国家林业局党组，通报了今年工作完成情况和明年工作安排意见，请大家认真抓好落实，确保全面完成各项任务。下面，我讲五点意见，供大家讨论。

一、科学分析我国林业建设新形势，深刻认识大力推进生态文明建设的战略意义

党的十八大对生态文明建设做出了全面部署，形成了中国特色社会主义事业五位一体总体布局并写入党章。这在世界政党发展史和执政史上还是第一次。这一认识上的重大飞跃、理论上的重大创新、实践上的重大举措，树立了人类建设生态文明的里程碑，开启了中华民族永续发展的新征程，对于推动中国特色社会主义事业、实现中华民族伟大复兴，具有重大的现实意义和深远的历史意义。

（一）建设生态文明是实现中华民族伟大复兴的根本保障。一部人类文明的发展史，就是一部人与自然的关系史。自然生态的变迁决定着人类文明的兴衰。森林兴则文明兴，森林衰则文明衰。中华文明五千年的先贤先哲都把丰富的森林作为国势兴旺的标志，把栽种树木作为治国安邦的大计，黄帝陵中有黄帝手植柏，孔庙中有孔子手植树。《国语》曾记载，单襄公借道陈国去楚国，当看到陈国“道无列树，垦田若艺”等现象时，他断言“陈国必亡”，3 年后陈国果然衰落灭亡。100 年前，马克思、恩格斯曾对人与自然的关系作过十分深刻的论述。历史的教训告诉我们，一个国家、一个民族的崛起必须有良好的自然生态作保障。随着生态问题的日益严峻，生存与生态从来没有像今天这样联系紧密。大力推进生态文明建设，实现人与自然和谐发展，已成为中华民族伟大复兴的基本支撑和根本保障。

（二）建设生态文明是发展中国特色社会主义的战略选择。90 多年来，我们党的理论创新发生了两次历史性飞跃。第一次是在新民主主义革命时期，形成了毛泽东思想。第二次是在党的十一届三中全会以后，形成了中国特色社会主义理论体系。在这两大理论成果的指导下，我们党取得了新民主主义革命胜利，确立了社会主义基本制度，开创了中国特色社会主义道路。马克思有一句名言，问题是时代的口号。建设中国特色社会主义，总依据是社会主义初级阶段，总布局是五位一体，总任务是实现社会主义现代化和中华民族伟大复兴。中国特色社会主义的总布局也是在不断探索解决中国面临的时代问题中提出并丰富发展的。面对濒临崩溃的国民经济，十一届三中全会确立了以经济建设为中心的指导思想。随后，十二大确立了社会主义物质文明建设和精神文明建设两位一体的总体布局，十五大确立了经济建设、政治建设、文化建设三位一体的总体布局，十七大确立了经济建设、政治建设、文化建设、社会建设四位一体的总体布局。当前，我国经济总量已跃升至全球第二位，人均 GDP 超过 5000 美元，面对生态问题日益突出的严峻形势，十八大又把生态文明建设提到与经济建设、政治建设、文化建设、社会建设并列的位置，形成了中国特色社会主义五位一体的总体布局。这标志着我国开始走向社会主义生态文明新时代，也标志着中国特色社会主义理论体系更加成熟，中国特色社会主义事业总体布局更加完善，中国特色社会主义道路更加宽广。

（三）建设生态文明是推动经济社会科学发展的必由之路。随着我国经济快速发展，资源约束趋紧、环境污染严重、生态系统退化的现象十分严峻，经济发展不平衡、不协调、不可持续的问题日益突出。这就要求我们，必须树立尊重自然、顺应自然、保护自然的生态文明理念，把生态文明建设融合贯穿到经济、政治、文化、社会建设的各方面和全过程，大力保护和修复自然生态系统，建立科学合理的生态补偿机制，形成节约资源和保护环境的空间格局、产业结构、生产方式、生活方式，从源头上扭转生态环境恶化的趋势，全面改善生态状况，提高生态承载力，推动我国经济社会科学发展。

（四）建设生态文明是顺应人民群众新期待的迫切需要。习近平总书记强调，“人民对美好生活的向往，就是我们的奋斗目标”。随着人们生活质量的不断提升，人们不仅期待安居、乐业、增收，更期待天蓝、地绿、水净；不仅期待殷实富足的幸福生活，更期待山清水秀的美好家园。生态文明发展理念，强调尊重自然、顺应自然、保护自然；生态文明发展模式，注重绿色发展、循环发展、低碳发展。大力推进生态文明建设，正是为顺应人民群众新期待而做出的战略决策，也为子孙后代永享优美宜居的生活空间、山清水秀的生态空间提供了科学的世界观和方法论，顺应时代潮流，契合人民期待。

二、紧紧围绕生态文明建设目标任务，切实担当起林业在生态文明建设中的重大职责

建设生态文明，昭示着人与自然的和谐相处，意味着生产方式、生活方式的根本改变，是关系人民福祉、关乎民族未来的长远大计，也是全党全国的一项重大战略任务。党中央、国务院多次强调，要把发展林业作为建设生态文明的首要任务，林业部门承担的责任更加重大。我们一定要发扬勇于担当的精神，切实承担起建设生态文明的历史使命。

(一)承担起保护自然生态系统的重大职责。陆地自然生态系统主要包括森林、湿地、荒漠、草原四大生态系统，林业部门负责保护、建设、管理森林、湿地、荒漠三大自然生态系统，同时承担着保护和维护生物多样性的职责，覆盖范围占近2/3的国土面积，在保障人类生存与发展中具有不可替代的重要作用。虽然我国生态建设取得了重大成就，但是自然生态系统退化、生态布局不平衡、生态承载力低、生物多样性减少的问题依然十分严峻。森林分布碎片化和质量不高、功能不强的问题尤为突出，森林作为陆地生态系统主体的功能没有充分发挥。湿地生态系统还有一半尚未得到保护，面积减少、功能退化的趋势仍在持续。荒漠生态系统问题更加严重，沙化土地面积占国土面积的18%，土地沙化已成为我国最大的生态问题。总的看，我国山清水秀宜居的美好家园十分有限，需要大力保护的生态脆弱区域十分广阔。各级林业部门一定要牢固树立保护第一的思想，切实保护好自然生态系统，全面增强自然生态系统功能，为建设生态文明提供基础保障。

(二)承担起实施重大生态修复工程的重大职责。我国发动群众、集中力量办大事的制度优越性，在自然生态修复领域得到了充分发挥。1978年以来，国家先后启动了16项重大生态修复工程。这些工程涉及森林、湿地、荒漠三大自然生态系统和生物多样性，覆盖范围之广、建设规模之大、投资额度之巨，堪称世界之最，在我国生态修复工程中处于主导地位。但是，我国生态欠账很多，生态修复任务仍十分艰巨。党的十八大提出，要实施重大生态修复工程，增强生态产品生产能力，推进荒漠化、石漠化、水土流失治理，扩大森林、湖泊、湿地面积，保护生物多样性。林业部门要认真实施好现有重大生态修复工程，谋划启动新的生态修复工程，实现生态修复工程全覆盖，真正发挥生态修复的主体作用，全面提升人与自然和谐水平。

(三)承担起构建生态安全格局的重大职责。一个国家、一个地区的生态安全是有底线的，这就需要科学的生态安全格局来保障。党的十八大提出，要加快实施主体功能区战略，构建科学合理的生态安全格局。国家主体功能区战略划定了优化开发、重点开发、限制开发、禁止开发四类区域，并要求加快构建青藏高原生态屏障、黄土高原—川滇生态屏障和东北森林带、北方防沙带、南方丘陵山地带即以“两屏三带”为主体的生态安全战略格局。为落实国家主体功能区战略，林业发展“十二五”规划确定，要构建东北森林屏障、北方防风固沙屏障等十大生态屏障，形成国家生态安全格局的基本骨架。我们一定要加快建设十大生态屏障，努力实现到2020年森林面积比2005年增加4000万公顷、森林蓄积比2005年增加13亿立方米的目标，坚决守住国家生态安全的底线，不断优化和拓展中华民族生存发展空间。

(四)承担起推进绿色发展的重大职责。党的十八大提出，要着力推进绿色发展、循环发展、低碳发展。推进绿色发展，必须坚持循环发展、低碳发展。林业具有可循环性和低碳性，是规模最大的循环产业、潜力巨大的低碳产业，是推进绿色发展的优势所在、潜力所在。要通过做大做强林业，充分发挥林业在推动绿色、循环、低碳发展中不可替代的作用。推进绿色发展，要注重林业的深度开发，大力发展精深加工，提升综合利用水平和附加值，以最少的资源换取最大的经济价值。要发挥林业产业的丰富性和多样性，不断开发新产品，满足社会的新需求。推进绿色发展，要大力发展林业十大主导产业，这既是实现农民“收入倍增”目标的最大潜力，又是推进绿色发展的最佳途径。各级林业部门一定要充分认识、大力挖掘林地资源、物种资源和林产品市场的巨大潜力，壮大产业规模，提升产业素质，增加绿色经济总量，为推进绿色发展、循环发展、低碳发展做出更大贡献。

(五)承担起建设美丽中国的重大职责。党的十八大首次提出了建设美丽中国的宏伟蓝图。建设美丽中国要坚持绿色为本。绿色是美丽中国的基本色调和核心元素，只有绿化才能美化，只有山清才能水秀。建设美丽中国要坚持以人为本，强化身边增绿，让人们享受到优美的生活空间和更多更好的生态产品。建设美丽中国要不断创新平台和载体。近几年来，各地在美丽中国建设中，启动实施了许多标志性工程。福建的“四绿”工程建设，浙江的森林城市、美丽乡村建设，广东的绿道建设，湖南的绿色湖南建设，山东的水系生态建设，北京的平原地区百万亩造林工程，安徽的千万亩森林增长工程，江西的“一大四小”工程，广西的绿满八桂工程，辽宁的青山工程，河南的生态省提升工程，青海的村庄绿化行动，山西的身边增绿行动，都取得了显著成效。各级林业部门一定要创造性地开展工作，继续加快城乡绿化美化步伐，尽快为祖国大地披上美丽绿装。

(六)承担起为应对全球气候变化做贡献的重大职责。党的十八大提出，以更加积极的姿态参与国际事务，发挥负责任大国作用，共同应对全球性挑战。当前，林业部门承担着气候变化框架公约、防治荒漠化公约、湿地公约、濒危野生动植物种国际贸易公约、生物多样性公约、植物新品种公约等六大国际生态公约和国际森林文书的履约任务，是应对全球生态危机的重要力量。森林的碳汇功能在《京都议定书》和哥本哈根、德班、多哈等多次联合国气候变化大会中受到高度重视。在世界森林资源总体下降的情况下，我国实现了森林面积和森林蓄积双增长，为应对气候变化等全球生态危机作出了重要贡献。各级林业部门要按照“共同但有区别的责任”原则、公平原则和各自能力原则，继续加强森林资源培育，严厉打击毁林行为，不断增加森林碳汇，充分发挥林业在应对气候变化中的特殊作用，为维护全球生态安全做出更大贡献。

三、科学谋划林业工作总体思路，着力构建推进生态文明建设六大体系

今年7月召开的全国林业厅局长会议上，提出了发展生态林业和民生林业的理念，得到了各方面的广泛认同和积极响应。大家认为，大力发展生态林业和民生林业，符合国家战略大局，契合人民群众期待，顺应林业发展趋势，与十八大关于建设生态文明和美丽中国的要求高度一致。经国家林业局党组研究，当前和今后一个时期全国林业工作要坚持以下总体思路：高举中国特色社会主义伟大旗帜，以邓小平理论、“三个代表”重要思想、科学发展观为指导，全面落实党的十八大精神，紧紧围绕主题主线，深入实施以生态建设为主的林业发展战略，以建设生态文明为总目标，以改善生态改善民生为总任务，加快发展现代林业，着力构建六大体系，努力建设美丽中国，推动我国走向社会主义生态文明新时代。

（一）着力构建国土生态空间规划体系。十八大要求，优化国土空间开发格局。我国林地、湿地和荒漠化土地总面积超过90亿亩，约占国土面积的63%，是生态文明建设的重要空间载体，在优化国土生态空间中承担着主要任务。一要编制《国家林业局推进生态文明建设规划纲要》，进一步明确林地、湿地和需要保护与治理的沙化土地等生态用地，力争划定生态安全红线，并明确生态空间的功能定位、目标任务和管理措施，形成全国林业推进生态文明建设的总体布局。各省也要制定林业推进生态文明建设的规划，并争取由省级人民政府批准实施，在全国形成林业部门推进生态文明建设的强大合力。二要根据国家主体功能区战略，加快编制25个重点生态功能区生态保护与建设规划，逐步形成适应各类主体功能区要求的生态空间格局。三要完善森林增长和国土绿化空间规划。在《全国林地保护利用规划纲要》和《全国造林绿化规划纲要》的基础上，着眼长远，充分挖掘林地、农田防护林、草原防护林、水系防护林、路网防护林、城镇绿化等用地的潜力。四要完善湿地空间规划。在《全国湿地保护工程“十二五”实施规划》和全国湿地调查的基础上，完善全国湿地空间规划。五要完善全国防沙治沙和石漠化治理规划。在《全国防沙治沙规划》和《岩溶地区石漠化综合治理规划大纲》的基础上，根据最新监测结果，对可治理沙地、需要封禁保护的沙地和石漠化土地做出长远和阶段性治理规划。六要完善林业专项规划。该制订的制订，该修订的修订。对一些候鸟迁徙通道、特殊生态系统和濒危物种栖息地，也要有相应的规划。据初步估算，全国林业生态空间规划可达到80多个，将与各地的生态空间规划一起，形成科学系统的国土生态空间规划体系，进一步优化生态布局，拓展生态空间，增加生态总量，为建设生态文明奠定坚实的基础。

（二）着力构建重大生态修复工程体系。重大生态修复工程是维护国家生态安全的战略支撑，林业实施的重点工程是国家生态修复工程的重中之重。一要继续实施好现有重大工程。目前，正在组织实施的重大生态修复工程，要按照更高的要求，落实工程规划，提高工程质量。二要谋划启动一批新的重大工程。尽快启动国家木材战略储备基地建设等工程，并针对一些特殊的生态区位、特殊的生态需求，谋划一批新的生态修复工程。三要各地根据当地实际，谋划实施一批省级、市级和县级重点生态修复工程。通过健全和完善生态工程布局，形成国家和地方互为补充的生态修复工程体系，以重大工程推动全国自然生态系统的全面修复。

（三）着力构建生态产品生产体系。林业是生产生态产品的主体。林业的生态产品包括两大类，一是有形的，二是无形的。无论是有形的，还是无形的，都是最短缺的产品，社会需求和生产潜力巨大。有形的生态产品，主要是指林产品，具有生态性和商品性。要科学布局、优化结构、提高品质、保障供给，既满足需求，又不过度开发，实现可持续利用。无形的生态产品，既十分丰富，又不可替代，主要包括吸收二氧化碳、制造氧气、涵养水源、净化水质、保持水土、防风固沙、降低噪声、调节气候、吸附粉尘、生态疗养等。无论是生产有形的林业产品，还是生产无形的生态产品，都要遵循自然规律、经济规律和市场规律。基于生态产品的公益性，提高生态产品生产能力应坚持两条，一条是对经营主体给予足够的支持和保护，另一条是让消费主体支付一定的成本。对能够由市场配置资源的，要充分发挥市场机制的作用；对不能由市场配置资源的，要作为公共产品纳入公共财政支持范围。要通过构建生态产品生产体系，最大限度地提升生态产品生产能力，为推动绿色发展、循环发展、低碳发展发挥特殊作用。

（四）着力构建支持生态建设的政策体系。加强生态建设、维护生态安全是政府必须提供的公共服务。一要健全和完善公共财政支持政策。健全生态效益补偿制度，完善林业补贴制度，扩大现有财政专项资金投入规模，加大转移支付力度，为林业改革发展和生产生态产品提供有力支持，充分调动经营主体生产积极性，引导经营主体扩大经营规模，增强发展动力，激发发展活力，释放发展潜力，提升质量效益。二要完善基础设施投入政策。逐步提高林业基本建设投资标准，扩大资金规模。将林区基础设施纳入相关规划，加大投入力度，改善林区生产生活条件。三要完善金融和税收扶持政策。建立健全鼓励发展林业十大绿色产业的支持政策，对林下经济发展、国家木材战略储备基地建设等生态产业给予扶持，加快建立林权抵押贷款管理制度，完善生态产业贷款财政贴息、保险保费财政补贴、税收优惠减免政策。四要加大对林业能力建设支持力度。完善科技、教育和人才支持政策，确保科教兴林、人才强林战略顺利实施。要通过构建政策体系，建立与经济发展水平相适应的投入渠道和增长机制，确保生态建设有长期、稳定、有力的政策和资金支持。

（五）着力构建维护生态安全的制度体系。健全的制度是生态文明建设的重要保障。当前，林地、湿地、沙地被侵占和破坏的现象十分严重，对生态造成的破坏，有的需要几代人甚至几十代人才能恢复，有的不可逆转。构建维护生态安全的制度体系，当务之急是要构建完善的法律法规制度。一要加强国家立法。修订完善《森林法》等现有林业法律法规，研究制定一批加强生态保护与建设的法律法规、部门规章和规范性文件。二要加强地方立法。对已颁布的国家林业法律法规，地方应制订相应的法规。对国家层面立法难度较大的领域，各地要积极争取先出台地方性法规。要通过加强立法，形成体现生态文明理念的法律法规体系，并做到有法可依、有法必依、执法必严、违法必究，坚决维护生态正义。

（六）着力构建生态文化体系。生态文化是树立和形成生态文明理念的基础。如果说生态文明是大厦，那么生态文化就是大厦的地基。一要培育崇尚自然的文化。摒弃人类破坏自然、征服自然、主宰自然的理念和行动，构建人与自然平等、和谐共生的关系，树立热爱自然、尊重自然、顺应自然、保护自然的生态文明理念。二要培育节约文化。充分认识自然资源的禀赋和有限性，不以牺牲生态为代价换取经济增长，不以索取自然为代价换取过度消费，形成节约优先、集约利用、适度消费的文化取向。三要培育生态道德。弘扬生态文化，要从小事抓起，从娃娃抓起，通过一点一滴的熏陶和积累，让青少年从小养成良好的生态道德和习惯。四要丰富生态文化载体。大力发展森林公园、湿地公园、自然保护区，建设一批生态文化博物馆、科技馆、标本馆，开展森林城镇创建活动，推进美丽乡村、城市绿道建设，完善基础设施，创建传播平台，创新传播形式。要通过构建生态文化体系，广泛普及生态知识，使人与自然和谐的理念，成为社会主义核心价值观的组成部分，成为全社会的主流道德观。

四、着力抓好林业推进生态文明建设重点工作，全面提升生态林业民生林业发展水平

建设生态文明是林业的总目标，发展生态林业和民生林业是林业的总任务，两者相辅相成，相互促进。刚才，建龙同志全面部署了 2013 年林业工作。总的讲，明年林业推进生态文明建设，要按照中央经济工作会议“稳中求进”和中央农村工作会议“保供增收惠民生、改革创新添活力”的要求，重点抓好 5 个方面的工作。

第一，抓改革。30 多年来，我国经济建设、政治建设、文化建设、社会建设取得巨大成就，靠的是改革，大力推进生态文明建设，依然要靠改革。相对于其他领域改革，林业改革起步较晚，任务艰巨，但是潜力巨大，后发优势明显。当前，要深入总结推广福建省武平县、长汀县等地的成功经验，按照“改革、稳定、规范、服务、发展”的要求，深化集体林权制度改革，全面落实并长期稳定农民林地承包经营权，完善扶持政策和服务平台，巩固扩大改革成果。要按照公益事业单位管理的要求，落实财政补助政策，做好资源管理、财务管理、人员安置、债务化解等工作，积极推进国有林场改革试点。重点国有林区改革要继续探索，找到改革突破口，以更大的智慧和信心稳步推进。要通过增加改革的系统性整体性协同性，激发林业发展内生动力和活力，壮大生态文明建设的力量。

第二，抓资源。丰富的林业资源，是改善生态改善民生的物质基础，也是建设生态文明的根本保障。要把林地保护放在更加突出的位置，划定林地红线，守住生态底线，坚决遏制林地过快过多流失的态势。要加强植树造林、封山育林和抚育经营，增加森林资源和生态总量，增强森林生态系统功能。开展森林增长指标年度考核评价，推动全国森林资源培育，确保如期完成 2020 年林业“双增”目标。要加强野生动植物保护和管理、自然湿地保护与恢复，加快防沙治沙步伐，加大资源保护力度，避免发生重特大森林火灾和森林病虫害，最大限度减少林业资源损失，充分发挥林业在维护生态平衡、提高生态承载力中的决定性作用，夯实生态文明建设的生态基础。

第三，抓科技。自然生态系统演替有着特定的规律。林业部门作为管理者，无论是编规划、作决策，还是上工程、搞建设，都必须尊重科学、依靠科技，自觉按自然规律办事，否则就可能给自然生态造成难以挽回的损失。要彻底改变向自然过度索取的思想，按照树立生态文明理念的要求，抓紧修改完善现行的林业技术、标准和规程，将林业工作重点由培育管理森林资源转向保护管理自然生态系统。要积极推动中国森林资源核算及绿色经济评价体系研究，全面展示林业在促进经济社会可持续发展中的重要作用。要加强重大生态灾害防控、生态系统恢复重建、生物产业开发等关键技术攻关，真正依靠科技进步，降低植树造林成本，减少林业资源消耗，提高生态建设成效，提升资源开发水平。

第四，抓产业。推进生态文明建设，必须保护自然生态系统，维护国家生态安全，但也要摒弃纯粹的自然保护主义，坚持合理利用林业资源，大力发展绿色产业，努力满足社会对林产品的需求。林业是巨大的绿色资源能源宝库，具有可循环可再生的独特优势，是发展绿色经济、低碳经济、循环经济的潜力所在，在推动绿色增长、保障市场供给、促进就业增收等方面发挥着重要作用。要以丰富的资源为依托，大力发展木本粮油、生物质能源、生态旅游、林下经济等绿色产业，确保更多的人享受到绿色生态产品，吸引更多的人参与生态文明建设。

第五，抓民生。生态文明新时代必须生产发展、生活富裕、生态良好，三者缺一不可。如果生态良好，但生产落后、生活贫穷，那是原始文明的时代。发展现代林业，建设生态文明，一方面，必须提高生态产品生产能力，满足社会的巨大需求，另一方面，又必须努力改善林区民生，让林农群众和林业职工过上美好生活。广大林区既是生态文明建设的主战场，也是贫穷落后的集中地。长期以来，广大林农群众和林业职工为保护生态做出了巨大牺牲，生活却依然十分困难。推进生态文明建设，决不能继续以牺牲林区群众和林业职工利益为代价。要把改善林区民生作为推进生态文明建设的首要任务，让生态建设者和保护者有效益、不吃亏、得实惠。要着力解决林区行路难、饮水难、用电难、就医难、上学难等突出问题，彻底改善林区生产生活条件，充分调动林农群众保护生态的积极性，为生态文明建设提供不竭的动力源泉。

五、切实改进工作作风，不断夯实完成各项任务的保障基础

最近，新一届中央政治局做出了《关于改进工作作风、密切联系群众的八项规定》，充分体现了中央领导同志以身作则、率先垂范，转变作风、联系群众的信心和决心。我们要从巩固党的执政地位、实现党的执政使命的高度，充分认识改进工作作风、密切联系群众的极端重要性和紧迫性，认真贯彻落实中央各项规定，采取更加有力的措施，全面加强作风建设，树立林业部门良好形象。

第一，要用底线思维修炼作风。习近平总书记反复强调，要学会底线思维，善于从最坏处着眼，从最基础着手，努力补齐短板。这种底线思维的方式很重要、很管用，凡事明确了底线，也就划出了红线。国家法律、社会道德就是为人们行为划出的底线，任何时候都绝对不能滑出这个底线。我们的作风建设也应该有底线。从工作上讲，我们要明确基本要求、完成时限，并严格守住这个底线，而不能拖拖拉拉、敷衍了事，否则就会损害机关形象，影响事业发展，甚至给国家造成重大损失。从廉政上讲，党纪国法和各项规定就是底线，这既是不能碰的“高压线”，也是不能越的“生命线”，否则就会身败名裂，甚至家破人亡。明确底线，守住红线，既是一种工作能力，也是一种作风修为，需要我们磨炼意志，加强修养。

第二，要用实干精神推动工作。空谈误国，实干兴邦。这是习近平总书记最近多次要求全党同志牢记在心的道理。目前，作风飘浮、形式主义和做表面文章的问题在林业部门依然存在。开会发文是机关工作的主要内容，是推动工作必不可少的手段。但是，如果搞成了文山会海，那就是纸上谈兵，坐而论道，形式主义。基层对此应接不暇，十分反感，意见很大。要下决心把文件、会议、活动、论坛的数量切实减下来，坚持开短会、讲短话、发短文，着力在提高质量、狠抓落实上下工夫。今后，凡是没有实质内容，可发可不发的文坚决不发，可开可不开的会坚决不开，要把更多的时间和精力放在搞调研、抓落实上，真正说到做到、不放空炮，形成讲实话、干实事和言必信、行必果的良好风气，用真抓实干的精神推动林业改革发展。

第三，要用公仆情怀服务群众。公务员是人民的公仆，人民是公务员的衣食父母。林业是直接与基层、与群众打交道的部门，大家更要有“食民俸禄，为民服务”的知恩图报思想，始终牢记全心全意为人民服务的根本宗旨，想问题、做决策、上项目，要一贯地有益于基层、有益于群众。当前，林业政策不符合群众利益、管理手段不方便基层群众的地方依然不少，一些林区群众生活非常困难，需要各级林业部门提供更多的服务，给予更多的方便，帮助他们通过发展林业增收致富。广大林业干部要深入基层一线，加强调查研究，倾听群众呼声，真心实意地关心群众、帮助群众、服务群众。

第四，要用责任意识勇于担当。敢作为，勇担当，认真履职尽责，应该成为广大干部尤其是领导干部的基本品质。但是，推诿扯皮、踢来踢去、无所作为的现象在机关普遍存在，说到底是缺乏责任意识和担当精神。这样往往守不住阵地，端不住饭碗，站不稳立场，脚踩西瓜皮，滑到哪里算哪里，最终把基本职责和本职工作都丢了。林业部门的每一个单位、每一个岗位，都有法律赋予的明确职责，每一名干部职工都要认真履职尽责，做到守土有责，决不能遇到问题绕道走，碰到困难躲着走，而是要迎难而上，敢抓敢管，敢于碰硬，勇于承担起自己肩负的职责。

第五，要用优良传统力戒奢靡。革命战争年代，生活困难时期，我们党之所以能够始终保持与人民群众的血肉联系，就是因为我们能够与人民群众一起艰苦奋斗。目前，经济发展了，财力增强了，生活改善了，但是我们仍然要牢记“国奢则用费，用费则民贫”的道理，坚决反对奢靡之风和铺张浪费。我们常说，保护自然、保护生态是林业部门的主要职责，那么艰苦奋斗、厉行节约就应该成为我们的优良传统和行业本色。今后，一切活动都要严格控制、从简安排，下去调查研究，不准搞层层陪同，不准超标准接待，不准上高档菜肴，不准用公款送礼。尤其是林业干部职工要带头拒食野生动物，推动形成爱护自然、保护动物的社会风气。

第六，要用创新管理减少检查。目前，林业部门的检查核查名目繁多，交叉重复，少数人甚至利用检查核查之机吃拿卡要，对基层造成了很大负担，严重影响部门和干部的形象。这有管理体制上的原因，也有干部作风上的问题。为推动工作落实，适当的检查核查是必需的，但也要随着科技水平的进步，创新管理手段，提高检查成效。有关部门要尽快研究提出整合检查核查项目、减少检查核查次数、改革检查核查办法的具体措施。凡是一次能解决的，就不要重复进行；凡是一个部门能解决的，就不要多部门进行；凡是利用先进技术能解决的，就不要实地进行。同时，要千方百计减少各种评比表彰活动。

同志们，建设生态文明和美丽中国，发展生态林业和民生林业，是全体务林人的神圣职责与光荣使命。让我们紧密团结在以习近平为总书记的党中央周围，稳中求进、开拓创新，攻坚克难、真抓实干，为全面建成小康社会、夺取中国特色社会主义新胜利、实现中华民族伟大复兴而不懈奋斗。

重要林业法律法规

02

国务院办公厅
关于加快林下经济发展的意见

国办发〔2012〕42 号

各省、自治区、直辖市人民政府，国务院各部委、各直属机构：

近年来，各地区大力发展以林下种植、林下养殖、相关产品采集加工和森林景观利用等为主要内容的林下经济，取得了积极成效，对于增加农民收入、巩固集体林权制度改革和生态建设成果、加快林业产业结构调整步伐发挥了重要作用。为加快林下经济发展，经国务院同意，现提出以下意见。

一、总体要求

（一）指导思想。以邓小平理论和“三个代表”重要思想为指导，深入贯彻落实科学发展观，在保护生态环境的前提下，以市场为导向，科学合理利用森林资源，大力推进专业合作组织和市场流通体系建设，着力加强科技服务、政策扶持和监督管理，促进林下经济向集约化、规模化、标准化和产业化发展，为实现绿色增长，推动社会主义新农村建设作出更大贡献。

（二）基本原则。坚持生态优先，确保生态环境得到保护；坚持因地制宜，确保林下经济发展符合实际；坚持政策扶持，确保农民得到实惠；坚持机制创新，确保林地综合生产效益得到持续提高。

（三）总体目标。努力建成一批规模大、效益好、带动力强的林下经济示范基地，重点扶持一批龙头企业和农民林业专业合作社，逐步形成“一县一业，一村一品”的发展格局，增强农民持续增收能力，林下经济产值和农民林业综合收入实现稳定增长，林下经济产值占林业总产值的比重显著提高。

二、主要任务

（四）科学规划林下经济发展。要结合国家特色农产品区域布局，制定专项规划，分区域确定林下经济发展的重点产业和目标。要把林下经济发展与森林资源培育、天然林保护、重点防护林体系建设、退耕还林、防沙治沙、野生动植物保护及自然保护区建设等生态建设工程紧密结合，根据当地自然条件和市场需求等情况，充分发挥农民主体作用，尊重农民意愿，突出当地特色，合理确定林下经济发展方向和模式。

（五）推进示范基地建设。积极引进和培育龙头企业，大力推广“龙头企业 + 专业合作组织 + 基地 + 农户”运作模式，因地制宜发展品牌产品，加大产品营销和品牌宣传力度，形成一批各具特色的林下经济示范基地。通过典型示范，推广先进实用技术和发展模式，辐射带动广大农民积极发展林下经济。推动龙头企业集群发展，增强区域经济发展实力。鼓励企业在贫困地区建立基地，帮助扶贫对象参与林下经济发展，加快脱贫致富步伐。

（六）提高科技支撑水平。加大科技扶持和投入力度，重点加强适宜林下经济发展的优势品种的研究与开发。加快构建科技服务平台，切实加强技术指导。积极搭建农民、企业与科研院所合作平台，加快良种选育、病虫害防治、森林防火、林产品加工、储藏保鲜等先进实用技术的转化和科技成果推广。强化人才培养，积极开展龙头企业负责人和农民培训。

（七）健全社会化服务体系。支持农民林业专业合作组织建设，提高农民发展林下经济的组织化水平和抗风险能力。推进林权管理服务机构建设，为农民提供林权评估、交易、融资等服务。鼓励相关专业协会建设，充分发挥其政策咨询、信息服务、科技推广、行业自律等作用。加快社会化中介服务机构建设，为广大农民和林业生产经营者提供方便快捷的服务。

（八）加强市场流通体系建设。积极培育林下经济产品的专业市场，加快市场需求信息公共服务平台建设，健全流通网络，引导产销衔接，降低流通成本，帮助农民规避市场风险。支持连锁经营、物流配送、电子商务、农超对接等现代流通方式向林下经济产品延伸，促进贸易便利化。努力开拓国际市场，提高林下经济对外开放水平。

（九）强化日常监督管理。严格土地用途管制，依法执行林木采伐制度，严禁以发展林下经济为名擅自改变林地性质或乱砍滥伐、毁坏林木。要充分考虑当地生态承载能力，适量、适度、合理发展林下经济。依法加强森林资源资产评估、林地承包经营权和林木所有权流转管理。

（十）提高林下经济发展水平。支持发展市场短缺品种，优化林下经济结构，切实帮助相关企业提高经营管理水平。积极促进林下经济产品深加工，提高产品质量和附加值。不断延伸产业链条，大力发展林业循环经济。开展林下经济产品生态原产地保护工作。完善林下经济产品标准和检测体系，确保产品使用和食用安全。

三、政策措施

（十一）加大投入力度。要逐步建立政府引导，农民、企业和社会为主体的多元化投入机制。充分发挥现代农业生产发展资金、林业科技推广示范资金等专项资金的作用，重点支持林下经济示范基地与综合生产能力建设，促进林下经济技术推广和农民林业专业合作组织发展。通过以奖代补等方式支持林下经济优势产品集中开发。发展改革、财政、水利、农业、商务、林业、扶贫等部门要结合各地林下经济发展的需求和相关资金渠道，对符合条件的项目予以支持。天然林保护、森林抚育、公益林管护、退耕还林、速生丰产用材林基地建设、木本粮油基地建设、农业综合开发、科技富民、新品种新技术推广等项目以及林业基本建设、技术转让、技术改造等资金，应紧密结合各自项目建设的政策、规划等，扶持林下经济发展。

（十二）强化政策扶持。对符合小型微型企业条件的农民林业专业合作社、合作林场等，可享受国家相关扶持政策。符合税收相关规定的农民生产林下经济产品，应依法享受有关税收优惠政策。支持符合条件的龙头企业申请国家相关扶持资金。对生态脆弱区域、少数民族地区和边远地区发展林下经济，要重点予以扶持。

（十三）加大金融支持力度。各银行业金融机构要积极开展林权抵押贷款、农民小额信用贷款和农民联保贷款等业务，加大对林下经济发展的有效信贷投入。充分发挥财政贴息政策的带动和引导作用，中央财政对符合条件的林下经济发展项目加大贴息扶持力度。

（十四）加快基础设施建设。要加大林下经济相关基础设施的投入力度，将其纳入各地基础设施建设规划并优先安排，结合新农村建设有关要求，加快道路、水利、通信、电力等基础设施建设，切实解决农民发展林下经济基础设施薄弱的难题。

（十五）加强组织领导和协调配合。地方各级人民政府要把林下经济发展列入重要议事日程，明确目标任务，完善政策措施；要实行领导负责制，完善激励机制，层层落实责任，并将其纳入干部考核内容；要充分发挥基层组织作用，注重增强村级集体经济实力。各有关部门要依据各自职责，加强监督检查、监测统计和信息沟通，充分发挥管理、指导、协调和服务职能，形成共同支持林下经济发展的合力。

各地区、各部门要结合实际，研究制定贯彻落实本意见的具体办法，加强舆论宣传，加大扶持力度，努力营造有利于林下经济健康发展的良好环境。

中华人民共和国国务院办公厅

2012 年 7 月 30 日

国务院办公厅关于加强林木种苗工作的意见

国办发〔2012〕58 号

各省、自治区、直辖市人民政府，国务院各部委、各直属机构：

林木种苗是林业发展的重要基础。长期以来，我国林木种苗事业在种质资源收集保存、良种选育推广、种苗生产供应、市场监管等方面取得了积极进展，为保障林产品供给、推动生态建设等发挥了重要作用。为加强林木种苗工作，经国务院同意，现提出如下意见。

一、总体要求

（一）指导思想。以邓小平理论、“三个代表”重要思想、科学发展观为指导，大力开展林木良种选育推广，推进种苗生产供应基础设施建设，创新体制机制，完善法律法规，加强行政执法，加大政策扶持和资金投入，健全管理体系，强化社会化服务，全面提升林木种苗生产供应能力和良种化水平，为实现绿色增长，促进现代林业可持续发展发挥重要作用。

（二）基本原则。坚持科技兴种，强化基础研究和科技成果推广应用。坚持因地制宜，突出地域特色，科学组织种苗生产。坚持机制创新，促进生产专业化、经营主体多元化、质量标准化和“育繁销一体化”。坚持依法治种，严格执法及质量监管，规范市场秩序。

（三）发展目标。到 2020 年，完成全国林木种质资源调查，建成一批种质资源保存库，林木种质资源得到有效保护。选育推广一批适应性强、增产明显的林木良种，主要造林树种良种使用率提高到 75% 以上。建设一批生产规模化、管理精细化、设备现代化、人员专业化的种苗生产基地，培育一批创新能力强、示范作用明显的种苗生产龙头企业。健全职责明确、手段先进、监管有力的林木种苗管理体系和优质高效的社会化服务体系，为林业发展提供数量充足、品种对路、质量优良的林木种苗。

二、重点任务

（四）加强林木种质资源保护。积极开展林木种质资源调查、收集与保存，重点建设国家和区域性林木种质资源保存库，逐步形成就地保存、异地保存、设施保存相结合的种质资源保存体系。建立林木种质资源数据信息平台，实现信息共享。公布林木种质资源重点保护名录，建立动态监测体系。完善林木种质资源出口审批制度，在有效保护我国生物多样性和确保生态安全的前提下，积极引进国外优良林木种质资源。

（五）强化林木良种基地建设。科学制定良种基地发展规划，完善重点良种基地管理机制，充分挖掘生产潜力，提高良种生产能力。加强林木遗传测定，加快良种换代步伐，重点建设高生产力种子园、采穗圃，加强珍贵树种母树林培育，不断提高良种品质。

（六）完善生产供应体系。加强林木良种采收、加工、检验、贮藏管理，建立由省级林木种苗管理机构统一调剂的供应机制。积极采用轻基质容器育苗、组培育苗等新技术，提高林木种苗繁育技术和装备水平。建设保障性苗圃，满足重点工程和林农造林需求。

（七）促进特色种苗产业发展。根据各地的自然条件，因地制宜发展绿化苗木、木本油料、中药材和竹藤花卉等特色种苗产业，打造优势品牌，形成种苗生产、交易、流通和售后服务产业链。加大对种苗生产龙头企业的扶持力度，充分发挥其示范辐射作用，带动农户发展设施生产和规模种植。加快区域性交易市场建设，拓展互联网交易平台，创新流通方式。

（八）提高种苗质量与市场监管水平。严格执行林木种苗生产经营许可、检验检疫、标签、档案等管理制度。加强质量监管，及时发布种苗质量检验信息，依法打击制售假、劣种苗和植物新品种侵权等行为，健全种苗行政执法和质量监督体系。整顿和规范种苗市场秩序，打破地方保护，促进公平、有序竞争，为种苗产业发展创造良好的市场环境。

（九）强化科技支撑。将主要造林树种良种选育纳入各级各类科技计划，重点开展育种理论方法和技术、分子生物技术等基础性、前沿性研究以及高生产力种子园和采穗圃建设技术、种子生产加工和检验技术、品种改良技术、无性系材料选育等应用技术研究。制定主要用材树种、经济树种、能源树种以及观赏树种的长期育种计划，建立良种选育区域协作机制，坚持常规育种与生物技术育种相结合，加快良种选育进程。推进林木良种科技领域国际合作交流。

（十）加大品种审定、推广与保护力度。进一步完善林木品种审定制度，公布国家和省级主要林木目录，规范林木良种区域试验和跨区引种行为。加强林木良种宣传和推广使用，国家投资的造林项目应当使用林木良种。完善林木新品种保护制度，维护新品种权所有人的合法权益。

（十一）健全社会化服务体系。加强林木种苗生产供应预测预报和余缺调剂，引导种苗生产有序进行。支持林木种苗协会和专业合作组织发展，充分发挥其协调、服务、维权、自律作用。

三、政策措施

（十二）完善林木良种补贴政策。在现有林木良种补贴试点的基础上，合理确定补贴标准，扩大补贴范围，逐步完善国家、省级林木良种补贴制度，鼓励建立市、县级林木良种补贴制度。制定补贴资金管理办法，确保资金使用安全。

（十三）建立林木种子贮备制度。制定林木种子贮备管理办法，加强种子收购、检验、储存、更新及管理。建立国家主要造林树种种子贮备库。省级林业主管部门根据林木种子结实丰歉规律及造林绿化任务，开展相应的林木种子贮备。支持企业建立专门的林木种子贮备库。

（十四）加大资金投入。各级财政要建立对种质资源调查及收集保存、良种选育、林木种子贮备等长期稳定的投资渠道。地方政府要将属于公共服务范围的种苗管理工作经费纳入同级财政预算。加大对重点良种基地、保障性苗圃、种质资源库、种子贮备库的基本建设投入，加强种苗管理机构能力建设。探索多元化的投入机制，引导金融机构和各类社会资金参与林木种苗产业发展。

（十五）完善种苗产业发展优惠政策。研究完善相关税收支持政策，引导各类社会主体参与种苗生产与经营，加大对种苗产业的政策扶持。研究开展种苗生产保险试点，提高种苗生产抗风险能力。继续免征林木种子种源进口环节增值税。

四、保障措施

（十六）加强组织领导。各省（区、市）人民政府要加强对林木种苗工作的领导，完善发展规划，加强统筹协调，落实相关政策。各级林业、发展改革、科技、财政、农业、工商、税务、金融等部门要加强协作配合，共同做好林木种苗管理工作。强化各级林业部门的林木种苗管理职能，明确管理机构，落实工作责任。加强种苗管理机构标准化建设，加大从业人员培训力度。

（十七）完善法律法规。适时研究修订种子法及其配套法规、规章，制定和完善林木良种选育、生产和推广使用管理办法。加快制（修）订林木良种选育、苗木生产等标准。

（十八）创新发展机制。积极探索符合市场经济要求的种苗生产、经营和管理体制机制。鼓励有条件的良种生产基地开展苗木生产经营，形成良种选育、生产以及苗木繁育一体化的发展模式。加大国有苗圃改革力度，通过联合、兼并、股份制改造等形式，引入社会资本，实现规模经营。支持有条件的苗圃发挥自身优势，建设保障性苗圃。

中华人民共和国国务院办公厅

2012 年 12 月 26 日

国务院办公厅关于印发国家森林火灾应急预案的通知

国办函〔2012〕212 号

各省、自治区、直辖市人民政府，国务院各部委、各直属机构：

经国务院同意，现将《国家森林火灾应急预案》印发给你们，请认真组织实施。2005 年 5 月 14 日经国务院批准、由国务院办公厅印发的《国家处置重、特大森林火灾应急预案》同时废止。

中华人民共和国国务院办公厅

2012 年 12 月 17 日

国家森林火灾应急预案

1　总则

1.1　编制目的

建立健全森林火灾应对工作机制，依法有力有序有效实施森林火灾应急，最大程度减少森林火灾及其造成人员伤亡和财产损失，保护森林资源，维护生态安全。

1.2　编制依据

《中华人民共和国森林法》《中华人民共和国突发事件应对法》《森林防火条例》和《国家突发公共事件总体应急预案》等。

1.3　适用范围

本预案适用于我国境内发生的森林火灾应对工作，不包括城市市区发生的森林火灾。

1.4　工作原则

森林火灾应对工作坚持统一领导、军地联动，分级负责、属地为主，以人为本、科学扑救的原则。实行地方各级人民政府行政首长负责制，森林火灾发生后，地方各级人民政府及其有关部门立即按照职责分工和相关预案开展处置工作。省级人民政府是应对本行政区域重大、特别重大森林火灾的主体，国家根据森林火灾应对工作需要，给予必要的协调和支持。

1.5　灾害分级

按照受害森林面积和伤亡人数，森林火灾分为一般森林火灾、较大森林火灾、重大森林火灾和特别重大森林火灾。灾害分级标准见附则。

2　组织指挥体系

2.1　森林防火指挥机构

国家森林防火指挥部(成员单位及职责详见附件1)负责组织、协调和指导全国森林防火工作。指挥部办公室设在国家林业局，承担指挥部日常工作。

县级以上地方人民政府根据需要设立森林防火指挥机构，负责组织、协调和指导本行政区域森林防火工作。

2.2　扑火指挥

森林火灾扑救工作由当地森林防火指挥机构负责指挥。跨省界的重大、特别重大森林火灾扑救工作，由当地省级森林防火指挥机构分别指挥，国家森林防火指挥部负责协调、指导。

地方森林防火指挥机构根据需要，在森林火灾现场成立前线指挥部。参加前方扑火的单位和个人要服从前线指挥部的统一指挥。

武警森林部队执行森林火灾扑救任务，接受火灾发生地县级以上地方人民政府森林防火指挥机构的指挥；执行跨省界森林火灾扑救任务的，接受国家森林防火指挥部的统一指挥。

军队执行森林火灾扑救任务，依照《军队参加抢险救灾条例》的有关规定执行。

2.3　专家组

森林防火指挥机构根据需要设立专家组，对森林火灾应对工作提供政策、技术咨询与建议。

3　预警和信息报告

3.1　预警

3.1.1　预警分级

根据森林火险等级、火行为特征和可能造成的危害程度，将森林火险预警级别划分为4个等级，由高到低依次用红色、橙色、黄色和蓝色表示。

预警级别的具体划分标准，由国家林业局制定。

3.1.2　预警发布

各级林业主管部门和气象主管部门加强会商，制作森林火险预警信息，并通过预警信息发布平台和广播、电视、报纸、互联网、手机短信等渠道向涉险区域相关部门和公众发布。

必要时，国家森林防火指挥部向省级森林防火指挥机构发布预警信息，提出工作要求。

3.1.3　预警响应

当发布蓝色、黄色预警信息后，预警地区县级以上地方人民政府及其有关部门密切关注天气情况和森林火险预警变化，加强森林防火巡护、卫星林火监测和瞭望监测，做好预警信息发布和森林防火宣传工作，加强火源管理，落实防火装备、物资等各项扑火准备；当地各级森林消防队伍进入待命状态。

当发布橙色、红色预警信息后，预警地区县级以上地方人民政府及其有关部门在蓝色、黄色预警响应措施的基础上，进一步加强野外火源管理，开展森林防火检查，加大预警信息播报频度，做好物资调拨准备；武警森林部队对兵力部署进行必要调整，当地森林消防队伍视情靠前驻防。

国家森林防火指挥部视情对预警地区森林防火工作进行督促和指导。

3.2　信息报告

地方各级森林防火指挥机构要及时、准确、规范报告森林火灾信息，及时通报受威胁地区有关单位和相邻行政区域森林防火指挥机构。对以下森林火灾信息，国家森林防火指挥部立即向国务院报告，同时通报指挥部成员单位和相关部门：

(1)重大、特别重大森林火灾。

(2)造成3人以上死亡或者10人以上重伤的森林火灾。

(3)威胁居民区或者重要设施的森林火灾。

(4)火场距国界或实际控制线5千米以内，并对我国或邻国森林资源构成威胁的森林火灾。

(5)发生在省(区、市)交界地区危险性大的森林火灾。

(6)发生在未开发原始林区的森林火灾。

(7)24小时尚未扑灭明火的森林火灾。

(8)需要国家支援扑救的森林火灾。

(9)其他需要报告的森林火灾。

4　应急响应

4.1　分级响应

根据森林火灾发展态势，按照分级响应的原则，及时调整扑火组织指挥机构和力量。火灾发生后，基层森林防火指挥机构第一时间采取措施，做到打早、打小、打了。初判发生一般森林火灾和较大森林火灾，由县级森林防火指挥机构负责指挥；初判发生重大、特别重大森林火灾，分别由市级、省级森林防火指挥机构负责指挥；必要时，可对指挥层级进行调整。

4.2　响应措施

森林火灾发生后，各有关地方和部门根据工作需要，组织采取以下措施：

4.2.1　扑救火灾

立即就近组织基层应急队伍和专业森林消防队赶赴现场处置，力争将火灾扑灭在初起阶段。必要时，组织协调当地解放军、武警部队、民兵预备役部队、公安消防部队等救援力量，调配航空消防飞机等大型装备参与扑救。各扑火力量在前线指挥部的统一调度指挥下，明确任务分工，落实扑救责任。现场指挥员要认真分析地理环境和火场态势，在扑火队伍行进、驻地选择和扑火作业时，时刻注意观察天气和火势的变化，确保扑火人员安全。不得动员残疾人、孕妇和未成年人以及其他不适宜参加森林火灾扑救的人员参加扑救工作。

4.2.2　转移安置人员

当居民点、人员密集区受到森林火灾威胁时，及时采取有效阻火措施，制定紧急疏散方案，有组织、有秩序地及时疏散居民、受威胁人员，确保人民群众生命安全。妥善做好转移群众安置工作，确保群众有饭吃、有水喝、有衣穿、有住处和必要医疗保障。

4.2.3　救治伤员

迅速将受伤人员送医院治疗，必要时对重伤员实施异地救治。视情派出卫生应急队伍赶赴火灾发生地，成立临时医院或医疗点，实施现场救治。

4.2.4　善后处置

做好遇难人员的善后工作，抚慰遇难者家属。对因扑救森林火灾负伤、致残或者死亡的人员，按照国家有关规定给予医疗、抚恤。

4.2.5　保护重要目标

当军事设施、核设施、危险化学品生产储存设备、输油气管道等重要目标物和重大危险源受到火灾威胁时，迅速调集专业队伍，通过开设隔离带等手段，全力消除威胁，确保目标安全。

4.2.6　维护社会治安

加强火灾受影响区域社会治安管理，严厉打击借机盗窃、抢劫、哄抢救灾物资、传播谣言等违法犯罪行为。在金融单位、储备仓库等重要场所加强治安巡逻，维护社会稳定。

4.2.7　发布信息

通过授权发布、发新闻稿、接受记者采访、举行新闻发布会和专业网站、官方微博等多种方式、途径，及时、准确、客观、全面向社会发布森林火灾和应对工作信息，回应社会关切。发布内容包括起火时间、火灾地点、过火面积、损失情况、扑救过程和火案查处、责任追究情况等。

4.2.8　火场清理

森林火灾扑灭后，继续组织扑火人员做好余火清理工作，划分责任区域，并留足人员看守火场。经检查验收，达到无火、无烟、无气后，扑火人员方可撤离。

4.2.9　应急结束

在森林火灾全部扑灭、火场清理验收合格、次生灾害后果基本消除后，由启动应急响应的原机构决定终止应急响应。

4.3　国家层面应对工作

森林火灾发生后，根据火灾严重程度、火场发展态势和当地扑救情况，国家层面应对工作设定Ⅳ级、Ⅲ级、Ⅱ级、Ⅰ级4个响应等级。

4.3.1　Ⅳ级响应

4.3.1.1　启动条件

(1)发生1人以上死亡或3人以上重伤，24小时尚未扑灭明火的森林火灾。

(2)发生在敏感时段、敏感地区，24小时尚未扑灭明火的森林火灾。

(3)同时发生3起以上危险性较大的森林火灾。

符合上述条件之一时，国家森林防火指挥部启动Ⅳ级响应。

4.3.1.2　响应措施

(1)国家森林防火指挥部办公室进入应急状态，加强卫星监测，及时调度火情信息。

(2)加强对火灾扑救工作的指导，根据需要协调相邻省份派出专业森林消防队进行支援。

(3)视情发布高森林火险预警信息。

4.3.2　Ⅲ级响应

4.3.2.1　启动条件

(1)森林火灾初判达到重大森林火灾；

(2)发生在敏感时段、敏感地区，48小时尚未扑灭明火的森林火灾。

符合上述条件之一时，国家森林防火指挥部启动Ⅲ级响应。

4.3.2.2　响应措施

(1)国家森林防火指挥部办公室及时调度了解森林火灾最新情况，组织火情会商，研究火灾扑救措施；根据需要派出工作组赶赴火场，协调、指导火灾扑救工作。

(2)根据省级森林防火指挥机构的请求，就近调派森林航空消防飞机参加火灾扑救。

(3)武警森林指挥部指挥当地武警森林部队扑救火灾，指导相关武警森林部队做好跨区增援准备。

(4)中国气象局提供天气预报和天气实况服务，做好人工影响天气作业准备。

4.3.3　Ⅱ级响应

4.3.3.1　启动条件

(1)森林火灾初判达到特别重大森林火灾。

(2)发生在敏感时段、敏感地区，72小时未得到有效控制的森林火灾。

符合上述条件之一时，国家森林防火指挥部启动Ⅱ级应急响应。

4.3.3.2　响应措施

在Ⅲ级响应的基础上，加强以下应急措施：

(1)国家森林防火指挥部组织有关成员单位开展火情会商，分析火险形势，研究扑救措施及保障工作；指挥部会同有关部门和专家组成工作组赶赴火场，协调、指导火灾扑救工作。

(2)根据省级森林防火指挥机构的请求，指挥部调派武警森林部队跨区域支援，调派森林航空消防飞机跨省(区、市)参加扑火。

(3)根据火场气象条件，指导、督促当地开展人工影响天气作业。

(4)根据省级森林防火指挥机构的请求，协调做好扑火物资调拨运输、卫生应急队伍增援等工作。

(5)协调中央媒体加强扑火救灾宣传报道。

4.3.4　Ⅰ级响应

4.3.4.1　启动条件

(1)森林火灾已达到特别重大森林火灾，火势持续蔓延，过火面积超过10万公顷。

(2)国土安全和社会稳定受到严重威胁，有关行业遭受重创，经济损失特别巨大。

(3)发生森林火灾的省级人民政府已经没有能力和条件有效控制火场蔓延。

符合上述条件之一时，国家森林防火指挥部向国务院提出启动Ⅰ级响应的建议，国务院决定启动Ⅰ级响应。必要时，国务院直接决定启动Ⅰ级响应。

4.3.4.2　响应措施

国家森林防火指挥部设立火灾扑救、人员转移、应急保障、宣传报道、社会稳定等工作组(各工作组组成及职责分工详见附件2)，组织实施以下应急措施：

(1)指导火灾发生地省级人民政府或森林防火指挥机构制定森林火灾扑救方案。

(2)协调增调解放军、武警、公安、专业森林消防队及民兵、预备役部队等跨区域参加火灾扑救工作；增调航空消防飞机等扑火装备及物资支援火灾扑救工作。

(3)根据省级森林防火指挥机构或省级人民政府的请求，安排生活救助物资，增派卫生应急队伍加强伤员救治，协调实施跨省(区、市)转移受威胁群众。

(4)组织抢修通信、电力、交通等基础设施，保障应急通信、电力及救援人员和物资交通运输畅通。

(5)加强重要目标物和重大危险源的保护，防范次生灾害。

(6)进一步加强气象服务，组织实施人工影响天气作业。

(7)组织统一发布森林火灾信息；收集分析舆情，协调指导森林火灾扑救宣传报道及舆论引导工作。

(8)决定森林火灾扑救其他重大事项。

5 后期处置

5.1 火灾评估

县级以上人民政府林业主管部门应当会同有关部门及时对森林火灾发生原因、肇事者、受害森林面积和蓄积、人员伤亡、其他经济损失等情况进行调查和评估，向当地人民政府提交评估报告。

森林火灾损失评估标准，由国家林业局组织制定。

5.2 工作总结

各级森林防火指挥机构及时总结、分析火灾发生的原因和应吸取的经验教训，提出改进措施。特别重大森林火灾扑救工作结束后，国家森林防火指挥部向国务院报送火灾扑救工作总结。

5.3 奖励与责任追究

根据有关法律法规，对在扑火工作中贡献突出的单位和个人给予表彰和奖励，对在火灾事故中负有责任的人员追究责任。对扑火工作中牺牲人员符合评定烈士条件的，按有关规定办理。

6 综合保障

6.1 队伍保障

扑救森林火灾以专业森林消防队、武警森林部队等受过专业培训的扑火力量为主，驻军、武警其他部队、民兵、预备役部队等扑火力量为辅，必要时可动员当地林区职工、机关干部及当地群众等力量协助扑救工作。

跨省(区、市)调动武警森林部队增援扑火时，由火灾发生地省级森林防火指挥机构向国家森林防火指挥部提出请求，国家森林防火指挥部根据火场态势和扑火工作需要批准实施。武警森林指挥部接到命令后按照有关规定和行动计划，下达作战任务。

跨省(区、市)调动专业森林消防队执行扑火任务，由国家森林防火指挥部向调出省(区、市)森林防火指挥机构下达商调函，由拟调出省(区、市)森林防火指挥机构组织实施。

跨省(区、市)调动军队、武警其他部队和公安消防力量执行扑火任务，由国家森林防火指挥部分别商总参谋部、武警总部、公安部，按有关规定组织实施。

跨区域支援力量组成与调动原则详见附件3。

6.2 运输保障

增援扑火兵力及携行装备的运输以铁路输送方式为主，特殊情况由民航部门实施空运。专业森林消防队、武警森林部队的输送由国家森林防火指挥部商请铁道部或民航部门下达运输任务，由所在地森林防火指挥部、武警森林部队联系铁路或民航部门实施。

6.3 航空消防飞机保障

发生森林火灾后，首先依托火灾发生地周边航空护林站森林航空消防飞机进行处置；在本省(区、市)范围内调动森林航空消防飞机支援，由省级森林防火指挥机构按辖区向国家林业局北方航空护林总站或南方航空护林总站提出请求，总站根据实际情况统一调动。

发生重大、特别重大森林火灾需要跨省(区、市)调动森林航空消防飞机支援，由省级森林防火指挥机构按辖区向国家林业局北方航空护林总站或南方航空护林总站提出请求，总站报国家林业局同意后组织实施；需要调用其他民航飞机支援，由省级人民政府向民航局提出请求；需要调动军用运输机支援，由国家森林防火指挥部商请总参谋部办理；需要调用军用直升机支援，由省级人民政府向所在地大军区提出请求。

武警森林部队直升机的调动使用按照有关规定执行。

6.4 通信与信息保障

地方各级人民政府要建立健全森林防火应急通信保障体系，配备与扑火需要相适应的通信设备和通信指挥车。各级通信保障部门应保障在紧急状态下扑救森林火灾时的通信畅通。林业、气象等部门及时提供天气形势分析数据、卫星林火监测云图、火场实况图片图像、电子地图及火情调度等信息，为扑火指挥提供辅助决策支持。

6.5 物资保障

国家林业局加强重点林区森林防火物资储备库建设，储备扑火机具、防护装备和通信器材等物资，用于支援各地扑火需要。地方森林防火指挥机构根据本地森林防火工作需要，建立本级森林防火物资储备库，储备所需的扑火机具和装备。

6.6 资金保障

县级以上人民政府应当将森林防火基础设施建设纳入本级国民经济和社会发展规划，保障森林防火所需支出。

7 附则

7.1 灾害分级标准

一般森林火灾：受害森林面积在1公顷以下或者其他林地起火的，或者死亡1人以上3人以下的，或者重伤1人以上10人以下的。

较大森林火灾：受害森林面积在1公顷以上100公顷以下的，或者死亡3人以上10人以下的，或者重伤10人以上50人以下的。

重大森林火灾：受害森林面积在100公顷以上1000公顷以下的，或者死亡10人以上30人以下的，或者重伤50人以上100人以下的。

特别重大森林火灾：受害森林面积在1000公顷以上的，或者死亡30人以上的，或者重伤100人以上的。

7.2 涉外森林火灾

当发生境外火烧入或境内火烧出情况时，已签订双边协定的按照协定执行；未签订双边协定的由国家森林防火指挥部、外交部共同研究，与相关国家联系采取相应处置措施进行扑救。

7.3 以上、以内、以下的含义

本预案所称以上、以内包括本数，以下不包括本数。

7.4 预案管理与更新

预案实施后，国家林业局会同有关部门组织预案宣传、培训和演练，并根据实际情况，适时组织进行评估和修订。地方各级人民政府结合当地实际制定森林火灾应急预案。

7.5 预案解释

本预案由国务院办公厅负责解释。

7.6 预案实施时间

本预案自印发之日起实施。

附件：1. 国家森林防火指挥部成员单位及职责

2. 国家森林防火指挥部工作组组成及职责分工

3. 跨区域支援力量组成与调动原则

附件1 国家森林防火指挥部成员单位及职责

国家森林防火指挥部成员单位包括林业局、外交部、发展改革委、工业和信息化部、公安部、民政部、财政部、交通运输部、铁道部、农业部、广电总局、气象局、新闻办、民航局、总参作战部、总参动员部、总参陆航部、武警总部、武警森林指挥部等。根据实际工作需要，可增加有关地区、部门和单位参加。各成员单位职责如下：

林业局负责全国森林防火的监督和管理工作，加强值班和火场跟踪监测，协调组织扑火力量调配、应急通信保障、人员和物资快速运输，协助做好后勤保障，开展损失评估等。

外交部负责协调重大、特别重大森林火灾扑救政府间涉外事宜的联络和处理，协调边境地区相邻国家提供火灾监测图像、通报火灾情况，为相互支援扑火的飞机、扑火队员及相关设备出入境提供便利条件。

发展改革委组织应急物资的紧急调度和交通运输协调，保持物价稳定。

工业和信息化部负责协助森林火灾扑救中的应急通信保障工作；负责落实免收森林防火抢险救灾专用无线电台频率占用费等政策；组织协调森林火灾有关抢险救援产品的生产供应及其能力储备，组织落实重大、特别重大森林火灾急需医疗器械、药品的紧急调拨。

公安部负责组织公安消防力量，配合林业主管部门参与森林火灾扑救，指导森林火灾刑事案件查处工作。

民政部负责协助做好受灾群众临时安置和基本生活救助工作。

财政部负责为重大、特别重大森林火灾扑救提供必要的补助资金。

交通运输部、铁道部、民航局负责组织协调运力，为扑火人员和物资快速运输提供支持保障。

农业部、林业局共同组织指导做好林草结合部区域火灾扑救工作，保证人员、居民点设施和牲畜安全。

广电总局负责协调、指导和组织广播电视开展森林防火的宣传报道工作，配合有关部门发布经国家森林防火指挥部审定的森林火灾信息和扑救情况。

气象局负责及时提供火场天气预报和天气实况服务，适时实施人工影响天气作业，同时做好火险气象等级预报和高火险天气警报的制作发布工作。

新闻办负责指导有关部门发布森林火灾和火灾扑救信息，负责搜集境外相关舆情，及时引导境外舆论；加强对网络的监控和管理；协调指导中央对外新闻单位做好对外宣传工作。

总参作战部负责调派灭火增援飞机和直升机；需要军队和武警部队支援时，按有关规定办理。

总参动员部负责指导地方各级人民武装工作部门组织民兵、预备役人员参与森林火灾扑救工作。

总参陆航部负责紧急增援的陆航直升机任务协调及装备保障工作。

武警总部负责组织武警部队参与森林火灾扑救工作。

武警森林指挥部负责组织武警森林部队参与森林火灾扑救工作。

附件2 国家森林防火指挥部工作组组成及职责分工

国家森林防火指挥部根据需要设立相应的工作组。各工作组组成及职责分工如下：

(1)综合组。由林业局牵头，外交部、发展改革委、公安部、民政部、工业和信息化部、交通运输部、铁道部、气象局、民航局、总参作战部、武警总部等部门和单位参加。

主要职责：传达党中央、国务院、中央军委指示；密切跟踪汇总森林火情和扑救进展，及时向中央报告，并通报国家森林防火指挥部各成员单位；综合协调内部日常事务，督办重要工作；联络和处理政府间涉外事宜；承办国家森林防火指挥部交办的其他事项。

(2)火灾扑救组。由林业局牵头，发展改革委、公安部、工业和信息化部、农业部、气象局、总参作战部、总参动员部、总参陆航部、武警总部及所属武警森林指挥部等部门和单位参加。

主要职责：协助火灾发生地省级人民政府制定扑火力量配置方案；提供火场天气预报和天气实况服务，根据情况组织实施人工影响天气作业；协调调派军队、武警、公安、专业森林消防队及民兵、预备役部队等跨区域参加火灾扑救工作；调派航空消防直升机等扑火装备及物资支援前方。

(3)人员转移和医疗救治组。由林业局牵头，公安部、民政部、卫生部、交通运输部、铁道部等部门和单位参加。

主要职责：根据需要协助组织火灾发生地群众转移和安置；组织协调开展伤员医疗救治。

(4)应急保障组。由发展改革委牵头，工业和信息化部、民政部、财政部、交通运输部、铁道部、卫生部、林业局、民航局等部门和单位参加。

主要职责：做好应急通信保障工作；协调运力优先保障扑火人员、装备和物资的运输需要；根据需要紧急调拨生活救助物资；及时下拨中央救灾资金。

(5)宣传报道组。由林业局牵头，中央宣传部、工业和信息化部、广电总局、新闻办等部门和单位参加。

主要职责：统一发布森林火灾信息；收集分析舆情，协调指导森林防火宣传报道及舆论引导工作。

(6)社会稳定组。由公安部牵头，林业局、信访局等部门和单位参加。

主要职责：指导火灾发生地公安机关加强治安管理，依法处置有关社会治安突发事件；指导协调化解因火灾造成的矛盾纠纷。

(7)专家组。由专家组成员组成。

主要职责：对森林火灾扑救工作重大决策和灾情评估等提供政策、技术咨询与建议；承办国家森林防火指挥部交办的其他事项。

附件3　跨区域支援力量组成与调动原则

根据森林资源分布和武警森林部队布局，将森林火灾扑救分为6个区域。实施跨区域支援扑火，原则上以武警森林部队为主，地方专业森林消防队、解放军和武警其他部队为辅；就近增援为主，远距离增援为辅；从低火险区调集为主，高火险区调集为辅。

(1)东北、内蒙古区域。由武警内蒙古、吉林、黑龙江森林总队和武警森林指挥部机动支队编成。

内蒙古：发生重大、特别重大森林火灾时，武警内蒙古森林总队为第一梯队，武警黑龙江森林总队和武警吉林森林总队为第二梯队，武警森林指挥部机动支队为第三梯队。

黑龙江：发生重大、特别重大森林火灾时，武警黑龙江森林总队为第一梯队，武警内蒙古森林总队和武警吉林森林总队为第二梯队，武警森林指挥部机动支队为第三梯队。

吉林：发生重大、特别重大森林火灾时，武警吉林森林总队为第一梯队，武警黑龙江森林总队和武警内蒙古森林总队为第二梯队，武警森林指挥部机动支队为第三梯队。

(2)西南区域。由武警四川、云南、西藏森林总队编成。

四川：发生重大、特别重大森林火灾时，武警四川森林总队为第一梯队，武警云南森林总队为第二梯队。

云南：发生重大、特别重大森林火灾时，武警云南森林总队为第一梯队，武警四川森林总队为第二梯队。

西藏：发生重大、特别重大森林火灾时，武警西藏森林总队为第一梯队，武警四川森林总队为第二梯队。

(3)西北区域。由武警新疆、甘肃森林总队编成。

新疆：发生重大、特别重大森林火灾时，武警新疆森林总队为第一梯队，武警甘肃森林总队为第二梯队。

甘肃：发生重大、特别重大森林火灾时，武警甘肃森林总队为第一梯队，武警新疆森林总队为第二梯队。

(4)华北区域。由武警内蒙古森林总队、武警吉林森林总队、武警森林指挥部机动支队编成。

北京、河北、山西：发生重大、特别重大森林火灾时，武警森林指挥部机动支队为第一梯队，武警内蒙古森林总队和武警吉林森林总队为第二梯队。

(5)东南区域。由武警福建森林总队、武警森林指挥部机动支队编成。

福建：发生重大、特别重大森林火灾时，武警福建森林总队为第一梯队，武警森林指挥部机动支队(江西驻勤大队)为第二梯队。

江西：发生重大、特别重大森林火灾时，武警森林指挥部机动支队(江西驻勤大队)为第一梯队，武警福建森林总队为第二梯队。

安徽：发生重大、特别重大森林火灾时，武警森林指挥部机动支队(安徽驻勤大队)为第一梯队，武警福建森林总队为第二梯队。

湖南：发生重大、特别重大森林火灾时，武警森林指挥部机动支队(湖南驻勤大队)为第一梯队，武警福建森林总队为第二梯队。

湖北：发生重大、特别重大森林火灾时，武警森林指挥部机动支队(湖北驻勤大队)为第一梯队，武警福建森林总队为第二梯队。

(6)其他区域。无武警森林部队驻防的省(区、市)发生重大、特别重大森林火灾需武警森林部队增援时，由国家森林防火指挥部统一协调、就近调动武警森林部队跨省(区、市)增援。

各区域增援梯队顺序可视当时各地火险程度和火灾发生情况调整。

国家林业局关于印发《主要林业有害生物成灾标准》的通知

林造发〔2012〕26 号

各省、自治区、直辖市林业厅(局)，内蒙古、吉林、龙江、大兴安岭森工(林业)集团公司，新疆生产建设兵团林业局：

为进一步加强对各地林业有害生物防治目标的考核管理，凸显主要林业有害生物防灾、减灾成效，按照“重点突出、体现主体、从严适度、简便易行”的原则，我局组织生产单位及专家对《林业有害生物发生及成灾标准》(LY/T 1681－2006)进行了修订，制定了《主要林业有害生物成灾标准》(见附件 1)，并对成灾标准中相关指标进行了界定和说明(见附件 2)。现印发你们，请遵照执行。

各地要严格按照本标准规定的有关指标，做好林业有害生物成灾情况的统计、上报工作，全面加强林业有害生物防治工作，不断提升防治工作的能力和水平，确保“十二五”防治目标顺利实现。在标准执行中如有问题和建议，请及时反馈我局造林绿化管理司。

附件：1. 主要林业有害生物成灾标准

2. 指标界定与有关说明

国家林业局

2012 年 2 月 10 日

附件 1　主要林业有害生物成灾标准

表 1

种　类	成灾指标		
	危害程度	受害株率(%)	林木死亡株率(%)
松材线虫病	出现感染病株		
美国白蛾	失叶率 20% 以上	2 以上	
鼠(兔)		25 以上	10 以上(幼树)
薇甘菊			3 以上

表 2

种　类		成灾指标		
		危害程度	受害株(梢)率(%)	林木死亡株率(%)
检疫性有害生物	叶部害虫	失叶率 40% 以上		5 以上
	钻蛀性害虫		15 以上	5 以上
	叶部病害	感病率 40% 以上		5 以上
	干部病害		20 以上	5 以上
	有害植物			5 以上

(表)

种　类		成灾指标		
		危害程度	受害株(梢)率(%)	林木死亡株率(%)
非检疫性有害生物	叶部害虫	失叶率 60% 以上		10 以上
	钻蛀性害虫		20 以上	10 以上
	叶部病害	感病率 60% 以上		10 以上
	干部病害		30 以上	10 以上
	有害植物			10 以上

注：表 1、表 2 的“成灾指标”中，同一类(种)有一个以上指标时，符合其中一个指标即为成灾。

附件 2　指标界定与有关说明

一、受害株率：指单位面积上林木遭受有害生物危害的株数占调查株数的百分比。

二、受害梢率：指单位面积上林木主梢遭受有害生物危害的株数占调查株数的百分比。灌木可按丛调查。

三、林木死亡株率：指单位面积上林木遭受有害生物危害致死的株数占调查株数的百分比。

四、失叶率：指遭受叶部害虫危害的林分，单位面积上整体树冠叶片损失量占全部叶片量的百分比。

五、感病率：指遭受叶部病害危害的林分，单位面积上感病的叶片量占全部叶片量的百分比。

六、检疫性有害生物：指列入国家林业局发布的全国林业检疫性有害生物名单中的有害生物种类。

七、成灾面积统计。成灾面积的统计以森林资源小班为统计单元，以亩为最小统计单位。农田林网和四旁等散生木的成灾面积统计，可参照当地标准，将受害株数折合成面积后计入成灾面积。同一小班，如果有2种以上有害生物的危害程度达到成灾标准，统计成灾面积时，只统计其中1种，不重复计算。

八、林业有害生物成灾情况的调查时间和调查方法，按照国家林业局发布的有关文件、规程、标准执行。

国家林业局关于印发《天然林资源保护工程森林管护管理办法》的通知

林天发〔2012〕33号

各有关省、自治区、直辖市林业厅(局)，内蒙古、吉林、龙江、大兴安岭森工(林业)集团公司，新疆生产建设兵团林业局，国家林业局各有关司局、各有关直属单位：

为了进一步规范和加强对天然林资源保护工程森林管护工作的管理，切实把森林管护工作落到实处，提高森林资源管护的质量和水平，根据新的形势要求，结合天然林资源保护工程森林管护工作实际，我局修订了《天然林资源保护工程森林管护管理办法》，现印发给你们，请遵照执行。执行中有什么问题和建议，请及时反馈我局。

特此通知。

附件：天然林资源保护工程森林管护管理办法

国家林业局

2012年2月21日

附件　天然林资源保护工程森林管护管理办法

第一章　总　则

第一条　为了加强天然林资源保护工程(以下简称“天保工程”)森林管护工作，保障森林资源安全，促进森林资源持续增长，根据《长江上游、黄河上中游地区天然林资源保护工程二期实施方案》《东北、内蒙古等重点国有林区天然林资源保护工程二期实施方案》和国家有关规定，制定本办法。

第二条　长江上游、黄河上中游地区以及东北、内蒙古等重点国有林区天保工程二期范围(以下简称“天保工程区”)的森林管护工作，必须遵守本办法。

第三条　国家林业局负责组织、协调、指导、监督天保工程森林管护工作。

天保工程区的省、自治区、直辖市林业主管部门应当在人民政府领导下，加强森林管护工作的监督管理，分解森林管护指标，建立健全森林管护责任制，严格考核和奖惩。

第四条　县级林业主管部门、国有重点森工企业、国有林场等天保工程实施单位(以下简称“天保工程实施单位”)负责组织实施森林管护工作，落实森林管护责任，完善森林管护体系，落实考核和奖惩措施。

第五条　天保工程区森林管护应当坚持有利于生物多样性保护、有利于促进森林生态系统功能恢复和提高的原则，对重点区域实行重点管护。

第六条　天保工程区森林管护应当坚持责权利相统一的原则，明确管护人员的责任、权利和义务。

第二章　组织管理

第七条　天保工程实施单位负责组织实施管辖区域内的森林管护工作，确定森林管护责任区，把森林管护任务落实到山头地块，把森林管护责任落实到人。

第八条　天保工程实施单位应当建立健全由县(局)、乡镇(林场)、村(组、工区)和管护站点组成的森林管护组织体系，建立完善森林管护管理制度。

第九条　天保工程实施单位应当按照批准的天保工程实施方案，制定森林管护工作年度实施计划，作为组织实施森林管护、管护费支出和检查验收的依据。

第十条　天保工程实施单位应当合理设置管护站点，配备必要的交通、通讯工具等基础设施和设备，在森林管护重点地段设置警示标识。

第十一条　天保工程区国有林森林管护工作岗位应当优先安排国有林业单位职工；集体和个人所有的公益林由林权所有者或者经营者负责管护，经林权所有者同意可以委托其他组织和个人管护。

第十二条　天保工程实施单位负责组织培训森林管护人员，努力提高森林管护人员的业务素质。

第十三条　天保工程实施单位应当根据辖区内地形、地貌、交通条件、森林火险等级、管护难易程度等确定管护模式，提高管护成效。

第十四条　森林管护方式应当因地制宜，采取专业管护、承包管护、联户合作等多种管护方式。在交通不便的地方可以因地制宜设立固定管护站点，实行封山管护。

第十五条　天保工程实施单位应当将管护站点、人员姓名、管护范围、管护任务和要求等内容予以公示，自觉接受社会监督。

第十六条　天保工程实施单位应当建立完整的森林管护档案，及时、准确提交有关报表、信息和统计资料，逐步实现档案管理标准化和现代化，不断提高工程管理水平。

第十七条 天保工程实施单位应当在确保不降低森林生态功能、不影响林木生长并经林权所有者同意的前提下，帮助和支持森林管护人员依法合理开发利用林下资源，增加管护人员收入。

第三章 管护责任

第十八条 天保工程区森林管护实行森林管护责任协议书制度。森林管护责任协议书应当明确管护范围、责任、期限、措施和质量要求、管护费支付、奖惩等内容。

森林管护责任协议书式样由国家林业局规定(见附)。

森林管护责任协议书每年度签订一次。

第十九条 森林管护人员的主要职责是：

(一)宣传天然林资源保护政策和有关法律、法规。

(二)制止盗伐滥伐森林和林木、毁林开垦和侵占林地的行为，并及时报告有关情况。

(三)负责森林防火巡查，制止违章用火，发现火情及时采取有效控制措施并报告有关情况。

(四)及时发现和报告森林有害生物发生情况。

(五)制止乱捕滥猎野生动物和破坏野生植物的违法行为，并及时报告有关情况。

(六)阻止牲畜进入管护责任区毁坏林木及幼林。

(七)及时报告山体滑坡、泥石流、冰雪灾害等对森林资源的危害情况。

第二十条 森林管护人员应当按照森林管护责任协议书的要求，认真履行职责，做好巡山日志等记录，有关森林管护资料应当及时归档管理。

第二十一条 森林管护人员应当认真履行森林管护责任协议，完成任务并达到质量要求的，天保工程实施单位应当及时兑现管护费。

第四章 监督管理

第二十二条 各级林业主管部门应当对天保工程区的森林管护工作进行监督检查。监督检查的主要内容包括：

(一)森林管护责任落实情况。

(二)森林管护任务完成情况和成效。

(三)森林管护设施建设情况。

(四)森林管护档案建立和管理情况。

(五)森林管护费使用及管理情况。

(六)奖惩措施兑现情况。

第二十三条 国家林业局对天保工程实施单位森林管护工作进行抽查，抽查结果纳入国家级工程核查和“四到省”责任制实施情况统一考核。

第二十四条 天保工程实施单位应当对森林管护责任协议书执行情况定期进行考核评价，考核结果作为支付管护费的主要依据。

第二十五条 天保工程实施单位应当认真总结森林管护的经验和教训，不断完善管护措施和办法。

第二十六条 对违反规定使用天保工程森林管护资金的，依法追究有关责任人的责任。

第五章 附 则

第二十七条 省级林业主管部门可以结合本地实际制定森林管护管理办法或实施细则，报国家林业局备案。

第二十八条 本办法自印发之日起执行。国家林业局印发的原《天然林资源保护工程森林管护管理办法》(林天发〔2004〕149 号)同时废止。

附：森林管护责任协议书(略)

国家林业局关于进一步加强林地确权登记发证工作的通知

林资发〔2012〕47 号

各省、自治区、直辖市林业厅(局)，内蒙古、吉林、龙江、大兴安岭森工(林业)集团公司，新疆生产建设兵团林业局：

近日，多省林业主管部门向我局询问国土资源部《关于加快推进农村集体土地确权登记发证工作的通知》(国土资发〔2011〕60 号)和《关于农村集体土地确权登记发证的若干意见》(国土资发〔2011〕178 号)两个文件所规范的农村集体土地确权登记发证是否包括林地。对此，我局明确回复不包括林地。对林地的确权登记发证，要严格按照《森林法》及其实施条例的规定执行。为进一步明确林地确权登记发证事宜，切实依法维护林权证的法律地位，现将有关事项通知如下：

一、依法行政，严格执行林权登记发证制度

国家依法实行森林、林木和林地登记发证制度。林权证是依据《森林法》第三条第二款、《森林法实施条例》第三条至第七条、《土地管理法》第十一条第四款和《农村土地承包法》第二十三条第一款、《物权法》第一百二十七条第二款的有关规定，由县级以上地方人民政府和国务院林业主管部门对林地、林木进行登记造册，颁发的确认林地、林木所有权或者使用权的法律证书。各级林业主管部门作为林地登记申请的受理机关，要认真履行职责，严格按照《国家林业局关于进一步加强和规范林权登记发证管理工作的通知》(林资发〔2007〕33 号)要求，依法做好同级人民政府交办的林权登记造册、核发证书、档案管理、林权纠纷调处等工作。

对已经县级以上人民政府规划为林地的应当核发林权证，不得核发其他证书。我国森林资源多集中在贫困山区和边疆少数民族地区，权属问题处理不好，极易引发林区和民族地区社会不稳定。对已经依法由县级以上地方人民政府颁发林权证的集体林地，重复确权登记核发土地证，必然造成“一地两证”以及各级地方政府和广大林农对国家政策的不理解；对因重复发证引发的林地权属纠纷，也必然会造成地方政府调处山林纠纷或者法院审理案件时，对林权证和土地证法律效力认定的困难，出现法律适用混乱。全国人大常委会法制工作委员会法工办发文〔89〕1号、6号和14号均已明确“对林地所有权或者使用权的登记造册和核发证书，应按《森林法》的规定执行。县级以上地方人民政府依照《森林法》的有关规定核发的确认林地所有权或者使用权的证书，也就是关于该土地所有权或者使用权的证书”。据此，凡违反国家法律规定在林地上重复发证，造成“一地两证”或者“一地多证”的，按照“谁发证、谁负责”的原则处理。

二、强化管理，确保巩固集体林权制度改革成果

2000年我局依法启用全国统一式样林权证以来，各地对1981年林业“三定”时期确定的集体林地所有权的林权证进行了换发。2003年以来，为了贯彻落实《中共中央国务院关于加快林业发展的决定》(中发〔2003〕9号)和《中共中央国务院关于全面推进集体林权制度改革的意见》(中发〔2008〕10号)精神，我局部署开展了全国范围内的集体林地确权登记发证工作，要求尊重历史、照顾现实、认真梳理并调处林权纠纷，把集体林地所有权落实到每一个具有所有权的乡镇、村、组集体经济组织和获得林地承包经营权的农户。截至目前，全国27亿亩集体林地已勘界确权面积26亿亩，占集体林地总面积的95%，其中，经登记核发林权证确认林地所有权和使用权的面积达22.65亿亩，发放林权证9785万本，8397万农户领取了林权证。本次集体林权制度改革，全国累计调处林权纠纷80多万起，调处率达97%，群众满意率达98%。

当前，集体林权制度改革主体改革任务基本完成，配套改革正在深化，必须确保集体林权制度改革成果的巩固与发展。林权证是集体林权制度改革惠民政策落实的根本保障，是权利人享有林地林木权益的法律凭证，尚未完成集体林地确权登记发证任务的少数地区要抓紧完成扫尾工作。各级林业主管部门要认真落实《国家林业局关于进一步加快林权登记发证工作的通知》(林资发〔2003〕199号)要求，强化用证管理。对林地占用征收审核审批、林木采伐管理、林地流转监管、林权抵押贷款办理、森林保险投保等各个管理环节必须以林权证为凭证，以确保林地权属清楚，林农合法权益不受侵害。

自本通知下发之日起，各地要对林地确权登记发证情况进行全面检查，并于4月底前将检查情况上报我局。检查中发现重复登记发证和“一地多证”等违法情况的，要及时报告本级人民政府予以依法纠正。遇到重大问题要及时向我局报告。

国家林业局

2012年3月12日

国家林业局关于切实加强林业植物检疫工作的通知

林造发〔2012〕55号

各省、自治区、直辖市林业厅(局)，内蒙古、吉林、龙江、大兴安岭森工(林业)集团公司，新疆生产建设兵团林业局：

为深入贯彻2011年全国林业有害生物防治工作会议精神，全面落实《关于进一步加强林业有害生物防治工作的意见》(林造发〔2011〕183号)要求，有效防控外来有害生物入侵，遏制松材线虫病、美国白蛾等重大外来林业有害生物传播危害的严峻形势，现就切实加强林业植物检疫工作通知如下：

一、充分认识林业植物检疫工作的重大意义

随着全球贸易自由化和经济一体化进程的加快，入侵我国的林业有害生物种类不断增多，危害持续加重。据统计，入侵我国并能造成严重危害的外来林业有害生物有36种，其中2000年以来入侵的11种。年均发生面积约280万公顷，年均损失700多亿元。目前，外来林业有害生物传播扩散仍呈加重之势。2011年，美国白蛾新发生县级疫点33个；松材线虫病新发生县级疫点11个，继续向我国西部和北方扩散。究其原因，既有自然和气候变化方面的，也有人为方面的，特别是一些地方对林业植物检疫工作重要性认识不足、重视不够、涉木产品监管不严、检疫执法不力。

林业植物检疫是防止有害生物人为传播危害的基础性和根本性措施，也是法律赋予各级林业主管部分和防治检疫机构的重要职责。切实加强林业植物检疫工作，遏制林业有害生物传播危害，既是减少灾害损失，保护森林资源和生态安全的需要，又是实现风险防控前移，贯彻“预防为主、科学治理、依法监管、强化责任”方针的具体体现，更是应对国外贸易技术壁垒，维护国家经济贸易安全的需要。各级林业主管部门要充分认识林业植物检疫工作的重要性，切实担负起法律法规赋予的职责和任务，采取更加有力的措施，加强林业植物检疫工作，最大限度地降低危害造成的损失，保护现代林业建设成果，促进经济贸易发展。

二、严格执行制度，做好产地和调运检疫工作

各级地方林业植物检疫机构要着力做好本地的产地检疫工作，严格执行《国家林业局关于废止和修改部分部门规章的决定》(国家林业局第26号令)中有关“生产、经营应实施检疫的森林植物及其产品的单位和个人，应当在生产和经营之前向当地森检机构备案，并在生产期间或者调动之前向当地森检机构申请产地检疫”的要求，组织力量尽快建立起包括单位和个人及其生产经营等数字化信息档案，认真做好产地检疫工作。加强应施检疫的植物及其产品的调运检疫，完善检疫要求书制度，严格执行植物检疫证书的网络化签发制度。加大现场检疫和调入地复检工作力度，特别是对造林、绿化苗木及松木包装材料的检疫，杜绝只开证不检疫的违规行为。加快林业植物检疫追溯体系建设，对应施检疫的林业植物及其产品的实行检疫标识管理，并完善配套设施设备，实现林业植物及其产品从生产到流通等环节的全过程监管，确保检疫信息可查询和检疫责任可追溯。我局将不定期开展上述制度执行情况的检查，对未执行或执行不力的，将予以通报批评。

三、健全协作机制，提高整体防控水平

林业植物检疫工作专业性强、涉及部门多、难度大，加之工作基础差、力量薄弱、行业地位低，需要方方面面的大力支持和配合。各级林业主管部门要充分发挥内部各单位的职能优势，加强单位之间互联互动、协调配合的工作机制建设，共同推进林业植物检疫工作。林业有害生物防治检疫机构要积极协调与资源管理部门建立有害木采伐审批的会商机制；与森林公安、资源监督、纪检监察、木材检查站等单位，联合开展检疫执法检查工作；与政策法规、人教、科技、宣传等单位，开展法律法规建设、人员培训、科学研究、技术推广和行业宣传。要积极开展省际、区域间的联防联治联检工作，建立和完善协作机制，统一行动，协同执法，联合防治，逐步构建起覆盖全国的联防联治联检网络。要充分发挥地方各级政府林业有害生物防治工作领导和指挥机构的作用，完善各级政府重大外来林业生物灾害应急预案，明确交通、铁路、民航、邮政、电力、电信、质检、工商等部门的责任，加强沟通协作，建立联席会议制度、信息共享制度，多部门共同防范林业有害生物入侵。

四、强化检疫执法，严厉打击违法违规行为

各级林业主管部门及有害生物防治检疫机构要加强车站、机场、港口、仓库、苗圃、木材加工点以及木材、建材、种苗、花木市场等的检疫检查，重点对公路、铁路、电力、电信、采矿等工程建设中运输、存储、使用松木及其制品(含电缆盘、光缆盘、包装箱等)进行检查。发现重大问题要及时上报，对涉及其他有关部门的，要联合相关部门及时查处，对涉嫌刑事犯罪的，要依据有关法律规定移交有关部门立案查处。要进一步完善检疫告知制度和检疫违法违规行为的举报奖励制度。对查处的跨区域违法违规案件要及时告知调出地检疫机构，并报省级林业植物检疫管理机构和我局造林司；调出地检疫机构在接到告知后，应及时查明情况并采取整改措施，加强源头管理，防止类似情况再次发生。2012 年，我局将在全国范围内开展“绿盾”林业植物检疫执法检查行动，各级林业主管部门要高度重视，科学制订实施方案，加强有关部门和单位的协作，全面部署，认真实施，确保检查行动取得预期效果。

五、加强队伍建设，加大检疫监管工作

加强林业植物检疫队伍建设是做好林业植物检疫工作的关键。要逐步实行专职林业植物检疫员全国统一考试制度。加强检疫员的备案和审核工作，专职林业植物检疫员应在我局备案。各省级林业主管部门应每两年对本辖区内检疫员的资格、履责、违纪等情况进行审核，取消没有通过审核或超期未参加审核的检疫员资格。我局将于 2012 年 6 月 1 日，在全国启动新版林业植物检疫员证换证工作，请各地在认真做好审核和备案的基础上开展换证工作。加强检疫从业人员的培训工作，保证在岗检疫员每 5 年至少参加一次由国家或省级林业主管部门组织的培训，超期未参加培训的将取消检疫员资格。2012 年 5 月 1 日起，我局将在全国范围内启用网络版林木引种检疫审批办公软件。各省级林业植物检疫机构要以此次办公软件的启用为契机，进一步加强行政审批人员的培训和管理，规范和加大从国(境)外引进林木种子、苗木、花卉及其他繁殖材料的审批和监管工作，从严执行风险评估制度，禁止越权和超范围审批。对出现违法违规审批行为的，追究有关单位和个人的责任。

国家林业局

2012 年 3 月 20 日

国家林业局关于印发《森林抚育检查验收办法》的通知

林造发〔2012〕136 号

各省、自治区、直辖市林业厅(局)，内蒙古、吉林、龙江、大兴安岭森工(林业)集团公司，新疆生产建设兵团林业局：

为促进提高森林抚育作业质量，科学规范森林抚育检查验收工作，在总结近年来森林抚育补贴试点经验的基础上，我局对《森林抚育补贴试点检查验收管理办法(试行)》进行了修订，形成《森林抚育检查验收办法》(见附件)，现予印发，请遵照执行。

各地要高度重视森林抚育检查验收工作，认真学习掌握《森林抚育检查验收办法》的核心内容和技术要点，加强组织领导和技术培训，提高检查验收人员素质，进一步提升检查验收质量。同时，要结合本地实际，探索符合森林抚育规律的检查验收技术方法和管理措施。对执行中创造的成功经验和发现的问题，请及时反馈我局。

附件：森林抚育检查验收办法

国家林业局

2012 年 5 月 20 日

附件 森林抚育检查验收办法

第一章 总 则

第一条 为科学规范森林抚育检查验收工作，客观评价森林抚育政策实施成效，促进森林抚育作业质量提高，根据国家有关规定和技术规程，制定本办法。

第二条 本办法适用于中央财政补贴森林抚育检查验收及其组织管理。其他抚育作业检查验收参照本办法执行。

第三条 中央财政补贴森林抚育检查验收实行县级自查、省级核查验收和国家抽查三级管理。

第四条 森林抚育检查验收工作应当遵循以下原则：

(一)分级组织、专业实施的原则。国家林业局负责组织国家抽查，承担中央财政补贴森林抚育任务的省级单位(省、自治区、直辖市、生产建设兵团、森工集团，下同)、县级单位(县、国有林场、团场、林业局等，下同)分别负责组织省级核查验收、县级自查。林业主管部门负责组织具有林业相关资质的专业机构和技术人员开展检查验收工作。

(二)科学检查、注重效率的原则。森林抚育检查验收工作以现场检查为基础，实行内业检查与外业检查相结合，全面检查与重点抽查相结合。

(三)突出重点、点面结合的原则。森林抚育检查验收要重点核实作业面积、检查作业质量和作业设计质量，同时检查了解森林抚育补贴政策落实情况。

(四)严格规范、责任到人的原则。森林抚育检查验收及其组织、管理必须严格按照统一的规定程序和技术标准实施。检查人员必须严格遵守职业操守和有关规定开展工作，实行"谁检查、谁签字、谁负责"，务求客观、全面地反映森林抚育作业质量和成效。

(五)绩效考核、支持决策的原则。检查验收结果是森林抚育补贴资金拨付、计划安排和绩效考核的依据。

第五条 森林抚育检查验收的主要技术依据：

(一)《森林抚育规程》(GB/T 15781)；

(二)《生态公益林建设技术规程》(GB/T 18337.3)；

(三)《森林资源规划设计调查技术规程》(GB/T 26424)；

(四)《森林采伐作业规程》(LY/T 1646)；

(五)《森林抚育作业设计规定》；

(六)省级森林经营技术规程(标准)等。

第二章 县级自查

第六条 县级自查是检查验收的基础和关键，包括外业检查和内业检查。外业检查必须对全部抚育作业小班逐一进行现场检查。

第七条 县级自查应当采取抚育作业小班完成一个、检查一个的要求，加强抚育作业中间管理，及时发现问题，及时整改。

第八条 承担抚育任务的单位或个人(林场、集体经济组织、个人等森林经营主体)在完成抚育作业任务后，向县级林业主管部门提出申请，由县级林业主管部门组织林业相关专业机构进行现场检查。

第三章 省级核查验收

第九条 省级核查验收由省级林业主管部门根据县级单位的核查验收申请和自查报告，会同本级财政部门组织具有林业相关资质的专业机构和技术人员实施。

第十条 省级核查验收应当按照国家抽查的原则和方法、结合本辖区实际情况，以实地检查为基础，对县级自查进行检查核实，客观评价本省森林抚育质量。检查县级样本数应当不少于承担抚育任务县级单位总数的40%，检查抚育小班面积比例不低于全省计划任务量的5%。

第十一条 省级核查工作完成后由省级林业、财政部门联合形成核查验收报告。省级核查验收报告与县级自查报告一并构成拨付补贴资金的依据。经检查验收达到合格标准的，应当及时拨付补贴资金。对于未达到合格标准的，经整改并验收合格后拨付补贴资金。

第十二条 省级核查验收报告原则上应当于下达计划后次年3月31日前上报国家林业局、财政部。

第十三条 国家林业局委托大兴安岭林业集团公司对其所属森工企业按照以上要求进行省级核查验收。

第四章 国家级抽查

第十四条 国家林业局根据省级单位上报的核查结果，会同财政部开展抽查工作。

第十五条 国家级抽查的样本组织按照下列方法确定：

(一)省级样本为承担森林抚育任务的全部省级单位。

(二)按照承担中央财政森林抚育补贴任务的县级单位总数的10%—25%确定县级样本，最多不超过10个。县级样本中应当包括省级已核查和未核查的县级单位，其中已核查县级单位数量不少于省级已核查县级单位总数的30%，至少抽查省级已核查的县级单位1个。

1. 县级样本抽取比例：

(1)县级单位总数不超过12个的抽取25%；

(2)县级单位总数超过12个、不超过30个的抽取15%；

(3)县级单位总数超过30个的抽取10%。

2. 国家林业局确定各省县级样本的抽查起始号和间隔号，采用机械抽样法分别抽取省级已核查和未核查的县级单位。具体方法为：将省级核查(或未核查)的受检县级单位按上报面积从大到小排序(任务相同的按行政区划顺序排序)，按照起始号和间隔号循环抽取(遇重复县级单位，则抽取下一个县级单位，间隔号不变)，直至满足县级样本数及组成要求。

3. 按照受检县级单位上报自查完成面积的1.5%～10%确定检查面积：

(1)5000亩以下，检查比例10%；

(2)5001～10 000亩，检查比例5%；

(3)10001～20 000 亩，检查比例3%；
(4)20001～35 000 亩，检查比例2.5%；
(5)35001～45 000 亩，检查比例2%；
(6)45 000 以上，检查比例1.5%。

(三)采用机械抽样法确定抽查小班样本。将受检县级单位小班按上报面积顺序排序，根据起始号、间隔号循环抽取受检小班(如遇重复小班，则抽取下一小班，间隔号不变)，直至实抽面积满足受检县级单位应查面积。受检县级单位检查小班数不少于3个，如属省级已核查的单位则其中至少应当包括2个省级核查的小班。

第十六条 国家检查工作组到达受检省级单位前2日，国家林业局以书面形式将检查工作组负责人、到达和检查时间、受检县级单位名单通知受检省级单位。

第五章 检查内容及技术标准

第十七条 森林抚育检查验收的主要内容：

(一)检查抚育作业面积。根据上报完成面积，通过现地核实确定其实际作业面积，通过质量检查评定其合格面积。核实面积是指现地核实确定的实际作业面积，包括合格面积和不合格面积；合格面积是指作业质量符合相关技术标准的核实面积。

(二)检查抚育作业质量。重点检查是否按作业设计和技术规程作业，是否存在拔大毛、采好留坏、应采未采、开天窗等问题。

(三)检查作业设计质量。重点检查作业设计中调查因子是否与现地相符，主要设计指标是否符合《森林抚育作业设计规定》的要求、是否能正确反映实际抚育的需要，作业设计内容是否齐全、文本格式是否规范等。

(四)检查抚育补贴政策落实情况，包括组织领导、作业设计审批、公示公告、合同管理、检查验收、业务培训、档案管理、政策兑现、监测标准地等。

第十八条 抚育对象应当符合财政部、国家林业局有关文件要求和相关技术规程的规定。

第十九条 抚育方式包括透光伐、定株抚育、生长伐、生态疏伐、景观疏伐、卫生伐、人工修枝、割灌除草等。其中，人工修枝不作为单一抚育方式。采取综合抚育措施的，按照所采取各种抚育方式的标准进行检查。

第二十条 检查抚育作业的主要控制指标及标准：

(一)保留郁闭度。参照《森林抚育规程》(GB/T 15781)、《生态公益林建设技术规程》(GB/T 18337.3)或省级森林抚育经营技术规程有关规定执行。

(二)平均胸径。抚育后的平均胸径不低于抚育前林分平均胸径。

(三)保留目标树。以异龄复层混交林为培育目标的，保留目标树包括用材目标树和生态目标树。

(四)割灌除草。在春夏季节作业。清除妨碍树木生长的灌木、藤条和杂草，保留珍稀物种及天然更新幼树。

(五)人工修枝。参照《森林抚育规程》(GB/T 15781)有关规定执行。

第二十一条 小班作业质量综合评价标准详见附表中的“间伐小班作业质量综合评价表”、“割灌除草小班作业质量综合评价表”。小班作业质量综合评价满分为100分，评价得分85分(含)以上为合格。有下列情况之一的为不合格小班：

(一)作业地点与作业设计不符；
(二)抚育方式与作业设计不符；
(三)抚育对象错误；
(四)无林木采伐许可证实施抚育间伐作业的；
(五)主要控制指标不符合第二十条规定前四项之一的。

第二十二条 抚育作业设计质量综合评价标准详见附表中的“抚育作业设计质量综合评价表”。作业设计质量综合评价满分为100分，综合评价85分(含)以上为合格。

第六章 检查验收的程序和方法

第二十三条 各级林业主管部门要统筹安排，认真制定检查验收工作方案，确保检查验收高效、规范开展。

第二十四条 林业主管部门、承担检查验收机构、受检单位要主动做好检查验收前期准备工作。

(一)组织有关人员培训。对承担检查验收的技术人员进行补贴政策、技术标准、工作纪律等方面的培训。

(二)组织确定检查样本。国家或省级林业主管部门确定县级受检单位，受检小班由检查工作组到达县级受检单位后按照检查验收工作方案现场抽取。检查样本不得提前公开。

(三)受检省级单位应当准备好以下资料备查：
1. 森林抚育任务分解下达文件；
2. 核查验收报告、汇报材料和有关档案资料等；
3. 省级核查县级单位小班一览表等相关资料；
4. 制定出台的技术规程、相关政策、规章制度等；
5. 主要树种(组)材积表、树种出材率表等。

(四)受检县级单位应当准备好以下资料备查：
1. 森林抚育任务分解下达文件；
2. 自查报告、工作总结等；
3. 自查合格小班一览表等相关资料；
4. 作业设计文本及批复文件；
5. 施工作业合同、公示公告等；
6. 抚育间伐所需的采伐许可证。

第二十五条 检查工作组开展检查验收的工作流程：

(一)听取受检单位关于森林抚育工作情况汇报，包括计划分解落实、任务完成、组织管理、政策措施、经验做法、存在问题、意见建议等。
(二)查阅、收集相关资料，并保存备查。
(三)开展外业调查。
(四)内业数据处理。
(五)向受检省、县级单位反馈检查发现的主要问题。
(六)汇总分析，撰写检查验收报告。

第二十六条 检查工作组外业调查的主要内容及方法：

(一)面积与作业地点核实。采用GPS定位作业小班地点。采用1:10 000地形图调绘、GPS实测或罗盘仪导线测量面积。实测作业面积与上报面积误差在±5%之间时，认可小班上报面积，否则以实测作业面积作为核实面积。

（二）间伐小班调查。采用实测标准地的方法推算小班检查因子。

1. 标准地布设：根据小班作业情况，选择有代表性的地段布设面积为1亩的标准地。小班面积100亩以下的设置1个标准地，100～200亩设置2个标准地，200亩以上设置3～5个标准地。

2. 因子调查：测量并记录各项调查因子，填写附表中的标准地每木调查表，并记录标准地中心点GPS定位数据。

（三）割灌除草小班检查。检查影响目的树种生长的灌木、藤本、杂草是否割除，是否保护珍稀物种及有生长潜力的幼苗、幼树。

（四）修枝检查。检查修枝高度、质量是否符合要求，林分卫生条件是否得到明显改善。

（五）抚育剩余物处理检查。是否按照病虫害防治、森林防火等要求进行了场地处理，抚育剩余物是否分类运出或平铺、按一定间距均匀堆放。

第二十七条 检查工作组在外业工作结束后要及时开展内业工作，整理资料，汇总数据，填写附表中的森林抚育调查表，并按附表中评价表规定的标准对小班作业质量、作业设计质量等进行评价。

第二十八条 检查验收工作组还要对受检县、省级单位进行综合评价。评价指标和方法参见相关附表。

第二十九条 检查验收工作中现场检查调查表和评价表要分册装订，存档备查。

第三十条 任何单位和个人不得随意变更受检县级单位和受检小班。如因不可抗力导致受检单位或小班无法接受检查时，受检单位应向检查工作组及时提出书面申请，经检查工作组核实确认并报请上级林业主管部门同意后，可以另行抽取受检单位或小班进行检查。

第七章 检查验收成果分析及应用

第三十一条 检查验收要对森林抚育任务完成、抚育作业质量、抚育作业设计质量等主要技术指标进行统计分析。主要指标和计算方法如下：

（一）面积核实率＝（∑检查小班核实面积/∑检查小班上报面积）×100%；

（二）上报面积合格率＝（∑检查小班合格面积/∑检查小班上报面积）×100%；

（三）核实面积合格率＝（∑检查小班合格面积/∑检查小班核实面积）×100%；

（四）计划任务完成率＝（上报总面积×上报面积合格率/计划任务）×100%；

（五）作业设计质量合格率＝（∑检查合格作业设计份数/∑检查作业设计份数）×100%。

第三十二条 检查验收机构完成检查验收工作后要提交检查验收报告。检查验收报告的内容包括检查验收工作开展情况、检查结果、主要成绩和典型经验、发现问题及其原因分析、对策建议、相关图表数据等，并分级填写汇总附表中的统计表。其中，检查验收的主要指标要按照受检单位、权属、林种、布局、区域分别分析形成专项报告。

第三十三条 各级林业主管部门要按程序审定检查验收结果，并在一定范围内通报。对存在问题突出的单位要发出整改通知，并要求限期整改到位。有关单位要认真落实整改，并及时反馈整改情况。

第八章 附 则

第三十四条 各级林业主管部门要加强对检查验收的管理，主动接受基层和社会的监督。承担检查验收的机构要加强工作制度建设，确保检查人员客观公正、认真负责地开展检查验收工作。受检单位要积极配合和支持，不得干扰或影响检查验收工作正常进行。对在检查验收工作中违反本办法，造成重大质量事故的单位和个人，按照国家有关规定追究其责任。

第三十五条 各省级单位可以依照本办法，结合实际制定实施细则。实施细则应当报送我局备案。

第三十六条 本办法由国家林业局负责解释。

第三十七条 本办法自公布之日起执行。2010年11月5日印发的《森林抚育补贴试点检查验收管理办法（试行）》（林造发〔2010〕254号）同时废止。

附表（略）

国家林业局关于印发《森林资源资产评估咨询人员管理办法》和《森林资源资产评估咨询人员继续教育制度》的通知

林规发〔2012〕153号

各省、自治区、直辖市林业厅（局），内蒙古、吉林、龙江、大兴安岭森工（林业）集团公司，新疆生产建设兵团林业局，国家林业局有关直属单位：

为加强对森林资源资产评估咨询人员的管理，规范森林资源资产评估咨询人员的从业行为，提高森林资源资产评估咨询人员的道德素质和业务水平，我局组织制定了《森林资源资产评估咨询人员管理办法》和《森林资源资产评估咨询人员继续教育制度》，现印发给你们，请认真贯彻执行。执行中有何意见和建议，请及时反馈我局。

附件：1. 森林资源资产评估咨询人员管理办法

2. 森林资源资产评估咨询人员继续教育制度

国家林业局

2012年6月14日

附件 1　森林资源资产评估咨询人员管理办法

第一章　总　则

第一条　为加强对森林资源资产评估咨询人员的管理，规范森林资源资产评估咨询人员的从业行为，根据国家有关法律、法规和《森林资源资产评估管理暂行规定》，制定本办法。

第二条　森林资源资产评估咨询人员(以下简称评估咨询人员)取得森林资源资产评估咨询人员证书(以下简称评估咨询人员证书)、从事森林资源资产评估咨询工作、参加继续教育学习以及接受监督管理等适用本办法。

第三条　本办法所称评估咨询人员，是指参加国家林业局人才开发交流中心与中国资产评估协会共同组织的评估咨询人员培训并取得评估咨询人员证书的人员。

第四条　评估咨询人员应当在林业部门管理的具有丙级以上(含丙级)林业调查规划设计资质的林业调查规划设计机构和林权管理服务中心等林业单位(以下简称评估咨询单位)工作并经备案后方可对外开展评估咨询业务。

第五条　评估咨询人员应当严格遵守国家有关法律、法规和本办法的规定，恪守职业道德和工作准则。

第六条　国家林业局成立森林资源资产评估管理办公室(以下简称评估管理办公室)，负责评估咨询人员的培训、备案、工作情况监督检查等管理工作，评估管理办公室设在国家林业局计财司。

评估管理办公室委托国家林业局人才开发交流中心组织实施评估咨询人员的培训、继续教育和证书管理等工作；委托中国林业工程建设协会对评估咨询人员的基本情况和从业情况进行备案和监督检查。

第七条　省级林业主管部门配合评估管理办公室做好本省区评估咨询人员管理的相关工作。

第二章　培　训

第八条　申请参加评估咨询人员培训，应通过所在工作单位向所在省级林业主管部门报名，由省级林业主管部门进行资格初审，对符合报名条件的人员由省级林业主管部门统一报国家林业局人才开发交流中心进行资格审核(国家林业局直属单位直接向国家林业局人才开发交流中心报名)，合格者方能参加培训。

第九条　林业系统人员申请参加评估咨询人员培训，应同时具备以下条件：

(一)林业院校中专以上学历，其他院校大专以上学历(年龄45周岁以下的人员应具备大学本科以上学历)，并取得林业或者经济类(经济、会计、统计、审计)中级专业技术职称。

(二)在林业单位从事森林资源调查、林业经济管理或林业科研教学工作满5年；或者在县级以上人民政府批准成立的林权管理服务中心从事森林资源资产评估工作满2年。

第十条　评估机构人员申请参加评估咨询人员培训，应同时具备以下条件：

(一)具有注册资产评估师执业资格；

(二)在资产评估机构从事资产评估工作满5年。

第三章　证　书

第十一条　参加评估咨询人员培训并考核合格者，颁发“评估咨询人员证书”，证书在全国范围内有效。

第十二条　评估咨询人员证书只限证书持有人本人使用，不得转让或授权他人使用。

第十三条　评估咨询人员证书发生毁损或者遗失的，证书持有人应通过所在省级林业主管部门向国家林业局人才开发交流中心申请补办(国家林业局直属单位人员通过所在单位直接向国家林业局人才开发交流中心申请补办)。

第十四条　评估咨询人员工作单位发生变化的，评估咨询人员应通过所在省级林业主管部门向国家林业局人才开发交流中心申请换发证书(国家林业局直属单位人员通过所在单位直接向国家林业局人才开发交流中心申请换发)。

第十五条　评估咨询人员完成继续教育内容学习，由国家林业局人才开发交流中心在其评估咨询人员证书“继续教育”栏加盖继续教育合格专用章。

第十六条　评估咨询人员有下列行为之一的，报经评估管理办公室批准，由国家林业局人才开发交流中心注销其证书，并在国家林业局政府网站人才中心子站(中国绿色人才网)上公示。

(一)准许他人以本人名义从事森林资源资产评估咨询工作的；

(二)以个人名义承接森林资源资产评估业务、收取费用的；

(三)出租、出借、涂改、变造咨询人员证书的；

(四)泄露森林资源资产评估咨询工作中应当保守的商业秘密并造成严重后果的；

(五)利用开展评估咨询业务之便，贪污、索贿、受贿或者谋取不正当利益的；

(六)提供虚假工作业绩的；

(七)法律、法规、规章规定的其他违法、违规行为。

第四章　备　案

第十七条　评估咨询人员实行备案制度，备案的周期为2年。评估咨询人员只能在一家评估咨询单位开展森林资源资产评估咨询业务，未按规定办理备案手续的不得开展森林资源资产评估咨询业务。

第十八条　评估咨询人员有下列情形之一的，不予备案：

(一)不具有完全民事行为能力的；

(二)因受刑事处罚，刑罚执行期满未满5年的；

(三)因在森林资源资产评估或其他经济管理工作中受行政处罚，自被行政处罚之日起未满2年的；

（四）未按规定完成继续教育内容学习的；

（五）其他依法依规不予备案的情形。

第十九条 评估咨询单位应在备案年度的3月31日前通过其所在省级林业主管部门向中国林业工程建设协会提交下列备案材料（国家林业局直属单位直接向中国林业工程建设协会提交）：

（一）评估咨询单位法人证书和林业调查规划设计资质证书复印件；

（二）评估咨询人员基本信息汇总表；

（三）评估咨询单位上年度开展评估咨询业务工作情况汇总表；

（四）按本办法有关规定需要提供的其他证明材料。

第二十条 中国林业工程建设协会定期在国家林业局政府网站或国家林业局政府网站人才中心子站（中国绿色人才网）上向社会公布评估咨询单位和评估咨询人员的有关情况，接受社会监督。

第五章　评估咨询

第二十一条 评估咨询人员从事森林资源资产评估咨询业务，其工作范围仅限于政策规定的非国有森林资源资产评估项目。

第二十二条 评估咨询人员应当接受所在评估咨询单位委派开展森林资源资产评估咨询业务，并在其出具的森林资源资产评估咨询报告上签字。森林资源资产评估咨询报告应有2名以上（含）评估咨询人员签字并加盖评估咨询单位公章方有效。

第二十三条 评估咨询单位应当为评估咨询人员建立森林资源资产评估咨询业务工作档案，并保证档案内容的真实性和完整性。

第六章　权利义务

第二十四条 评估咨询人员享有下列权利：

（一）使用评估咨询人员名称；

（二）开展规定范围内的森林资源资产评估咨询业务；

（三）在本人参与评估所形成的森林资源资产评估咨询报告上签字；

（四）获得相应的劳动报酬；

（五）参加继续教育学习；

（六）对侵犯本人权利的行为进行申诉；

（七）法律、法规规定的其他权利。

第二十五条 评估咨询人员应当履行下列义务：

（一）执行国家及林业行业规定的评估技术标准、规程和准则；

（二）保证森林资源资产评估咨询报告的质量，并承担相应的责任；

（三）维护国家、委托评估方利益和受聘单位的合法权益；

（四）保守森林资源资产评估咨询工作中知晓的商业秘密；

（五）参加继续教育学习，努力提高业务水平；

（六）接受森林资源资产评估咨询人员管理机构的监督管理；

（七）法律、法规规定的其他义务。

第七章　监督检查

第二十六条 中国林业工程建设协会不定期对评估咨询人员的从业情况以及在从事森林资源资产评估业务工作中有无违法、违纪、不遵守国家及林业行业规定的标准或准则等情况进行检查。

第二十七条 省级林业主管部门定期对本辖区内的评估咨询人员从业情况以及在从事森林资源资产评估业务工作中有无违法、违纪、不遵守国家及林业行业规定的标准或准则等情况进行检查。

第二十八条 检查发现评估咨询人员在森林资源资产评估业务工作中有违反国家法律、法规、林业行业有关技术标准和规范行为的，依照国家有关规定进行处罚。

第八章　附　则

第二十九条 本办法由国家林业局负责解释。

第三十条 本办法自发布之日起执行。

附件2　森林资源资产评估咨询人员继续教育制度

第一章　总　则

第一条 为提高森林资源资产评估咨询人员（以下简称评估咨询人员）的职业道德水平和专业胜任能力，培养高素质森林资源资产评估咨询人员队伍，根据《森林资源资产评估咨询人员管理办法》及相关规定，制定本制度。

第二条 本制度适用于评估咨询人员。

第三条 评估咨询人员有接受继续教育的权利和义务。

第四条 评估咨询人员应按规定参加继续教育，作为其申请备案的必要条件。

第二章　组织管理

第五条 国家林业局人才开发交流中心（以下简称人才中心）负责组织实施评估咨询人员继续教育的相关工作。具体包括：

（一）制定评估咨询人员继续教育大纲；

（二）制定评估咨询人员继续教育年度计划；

（三）组织编写评估咨询人员继续教育培训教材；

（四）组织开展评估咨询人员继续教育师资培训；

（五）组织开展有关森林资源资产评估热点、难点问题的专题研讨和培训；

（六）组织开展评估咨询人员继续教育培训。

第六条 省级林业主管部门负责组织本地区评估咨

询人员参加继续教育培训。

第七条 评估咨询单位负责组织本单位评估咨询人员接受继续教育，并提供必要的学习条件和经费保障。

第三章 内容、形式及学时

第八条 评估咨询人员继续教育的主要内容包括：资产评估准则、资产评估理论，森林资源资产评估实务、职业道德以及森林资源资产评估相关的法律法规、专业知识和技能等。

第九条 评估咨询人员可以参加下列形式的继续教育：

（一）人才中心举办的森林资源资产评估咨询人员培训班及继续教育培训班，相关专业论坛、学术报告会、研讨会等；

（二）人才中心和省级林业主管部门共同组织的森林资源资产评估咨询人员培训班及继续教育培训班，相关专业研讨会等。

第十条 下列情形视为评估咨询人员接受继续教育：

（一）担任人才中心举办的评估咨询人员培训班和继续教育培训班授课人、相关专业论坛（学术报告会、研讨会）演讲人；

（二）参加国家林业局评估管理办公室组织的森林资源资产评估工作质量检查、专案调查及工作责任鉴定；

（三）参与国家及林业行业森林资源资产评估标准、准则制订；

（四）参与省级以上（含省级）森林资源资产评估有关政策、法规制订；

（五）参加人才中心组织的森林资源资产评估相关教材编写；

（六）公开出版森林资源资产评估专著；

（七）在省级以上（含省级）学术期刊发表森林资源资产评估专业论文。

第十一条 评估咨询人员继续教育的周期为2年。每一周期内接受继续教育的时间累计不得少于24个学时，其中有关职业道德的培训不得少于2个学时。继续教育学时在当年和次年有效。

第十二条 评估咨询人员参加第八条所列形式的继续教育，每45分钟为一个学时，人才中心按照实际参加时间确认继续教育学时。

第十三条 评估咨询人员参加第九条所列形式的继续教育，应填写《森林资源资产评估咨询人员继续教育学时确认申请表》（附表），连同有关证明材料一并提交人才中心确认学时。按下列标准确认学时：

（一）担任授课人、专业论坛（学术报告会、研讨会）演讲人，可按实际授课、演讲时间的3倍确认学时；

（二）参加工作质量检查、专家论证及工作责任鉴定每天确认3个学时；

（三）参加有关技术标准、评估准则制订，项目组长每项确认8个学时，项目组成员每项确认4个学时；

（四）参加有关政策、法规制订，项目组长每项确认8个学时，项目组成员每项确认4个学时；

（五）参加教材编写，每万字确认3个学时；

（六）公开出版专著，独著每项确认24个学时，合著第一作者每项确认12个学时，其他作者确认3个学时；

（七）发表专业论文，第一作者每篇确认6个学时。

第十四条 评估咨询人员有下列行为之一的，取消相应的继续教育学时，并进行公告：

（一）提供虚假证明材料骗取继续教育学时的；

（二）由他人代替参加继续教育培训的；

（三）其他严重违反继续教育培训纪律的行为。

第四章 考 核

第十五条 继续教育培训实行考核制度。考核不合格者，不计算继续教育学时，同时将考核结果通报所在单位。

第五章 附 则

第十六条 本制度由国家林业局负责解释。

第十七条 本制度自颁布之日起执行。

附表 森林资源资产评估人员继续教育学时确认申请表（略）

国家林业局关于印发《国家林业局关于加强乡镇林业工作站工作人员廉洁履行职责的若干规定》的通知

林站发〔2012〕164号

各省、自治区、直辖市林业厅（局），新疆生产建设兵团林业局：

为进一步加强乡镇林业工作站廉政建设，促进乡镇林业工作站工作人员廉洁履行职责，按照《中共中央办公厅、国务院办公厅关于印发〈农村基层干部廉洁履行职责若干规定（试行）〉的通知》（中办发〔2011〕21号）要求，我局制定了《国家林业局关于加强乡镇林业工作站工作人员廉洁履行职责的若干规定》，现印发给你们，请遵照执行。

国家林业局

2012年7月6日

国家林业局关于加强乡镇林业工作站工作人员廉洁履行职责的若干规定

为使乡镇林业工作站（以下简称“林业站”）全体工作人员保持清正廉洁，发扬艰苦奋斗、爱岗敬业、无私奉献、开拓创新的行业精神，真正成为一支思想过硬、作风扎实、业务精通、廉洁高效的基层林业队伍，贯彻落实好《农村基层干部廉洁履行职责若干规定（试行）》，特作如下规定：

第一条 坚持以邓小平理论和“三个代表”重要思想为指导，深入贯彻落实科学发展观，全面贯彻落实党的路线方针政策，坚定理想信念，牢记和践行全心全意为人民服务的宗旨，恪尽职守、求真务实、艰苦奋斗、依法办事、清正廉洁。

第二条 认真贯彻执行党和国家的各项林业方针政策、法律法规，学法用法，自觉守法。

第三条 依法公开办事程序和有关林业收费标准及依据，严禁向群众乱摊派、乱罚款、乱收费。强化财务管理，严格财经纪律，做到账务清楚，管好用好林业资金，提高资金使用效率。

第四条 禁止滥用职权，侵害群众合法权益。不准有下列行为：

1. 参与非法征占、侵占、“以租代征”转用、买卖林地等涉林资源；

2. 违反林业有关规定进行审批和建设；

3. 侵占、截留、挪用、挥霍或者违反规定借用农村集体财产或者涉林强农惠农资金、物资以及征地补偿费等；

4. 违反林业有关规定干预、插手农村集体资金、资产、资源的使用、分配、承包、租赁以及农村工程建设等事项；

5. 违反林业有关规定扣押、收缴群众款物或者处罚群众；

6. 对发现的严重侵害群众涉林合法权益的违纪违法行为隐瞒不报、压案不查；

7. 其他滥用职权，侵害群众涉林合法权益的行为。

第五条 禁止利用职务之便，谋取不正当利益。不准有下列行为：

1. 索取、收受或者以借为名占用涉林管理、服务对象财物，或者吃拿卡要；

2. 在涉林管理、服务活动中违反规定收取费用或者谋取私利；

3. 用公款或者由涉林管理、服务对象支付应当由个人负担的费用；

4. 设立“小金库”，侵吞、截留、挪用、坐支公款；

5. 利用职权和职务上的影响为亲属谋取利益；

6. 其他利用职务之便，为本人或者他人谋取不正当利益的行为。

第六条 禁止搞不正之风，损害党群干群关系。不准有下列行为：

1. 弄虚作假，骗取荣誉和其他利益；

2. 在林业政策扶持、救灾救济款物分配等事项中违规办事、显失公平；

3. 漠视群众正当诉求，或者对待群众态度恶劣，故意刁难群众；

4. 大吃大喝，公款旅游；

5. 大操大办婚丧喜庆事宜，或者借机敛财。

第七条 县级以上林业主管部门应当加强监督检查，开展林业站廉政教育培训，促进林业站全体干部职工自觉贯彻执行本规定。

第八条 县级林业主管部门每年应当按照干部管理权限对林业站负责人执行本规定的情况进行一次检查考核。检查考核时，应当充分听取林业站所在地的党委和政府的意见，充分征询林农群众的意见，并将考核结果通报所在地党委和政府。

第九条 林业站工作人员有违反本规定所列行为的，视情节轻重，依照职责和干部管理权限给予诫勉谈话、通报批评、调离岗位、责令辞职、免职、降职等处理。应当追究党纪政纪责任的，依照《中国共产党纪律处分条例》《行政机关公务员处分条例》等有关规定给予相应的党纪政纪处分。涉嫌犯罪的，移送司法机关依法处理。

国家林业局关于国有林场森林经营方案编制和实施工作的指导意见

林场发〔2012〕184号

各省、自治区、直辖市林业厅（局）：

为促进国有林场森林可持续经营，充分发挥国有林场示范带动作用，根据《中华人民共和国森林法》和《国有林场管理办法》，现就国有林场森林经营方案编制和实施工作提出如下意见。

一、充分认识国有林场森林经营方案编制和实施的重要意义

（一）科学编制和严格实施森林经营方案，是规范国有林场森林资源培育和经营的根本措施。国有林场是国家设立的保护管理和培育经营国有森林的林业事业单

位，森林经营是国有林场的中心任务。科学编制和严格实施森林经营方案，是国有林场科学经营森林、提高森林质量、实现森林可持续发展的重要手段，是国有林场制定年度生产计划、组织经营活动的重要依据。只有通过科学编制和严格实施森林经营方案，才能改变当前森林经营管理粗放的现状，实现国有林场森林经营的科学化和规范化。

（二）科学编制和严格实施森林经营方案，是国有林场服务林业“双增”目标的重要手段。当前我国国有林场森林资源质量虽高于全国平均水平，但距世界平均水平还有很大差距。国有林场增加森林蓄积的潜力十分巨大，通过科学编制和严格实施森林经营方案，加强森林的科学经营，能够进一步促进国有林场经营管理水平提高。只有森林资源越采越多、越用越好，才能为实现林业“双增”、促进绿色增长作出应有的贡献。

（三）科学编制和严格实施森林经营方案，是实现国有林场由以木材生产为主向以生态建设为主转变的具体措施。目前，我国已全面调整林业发展战略，林业正在由以木材生产为主向以生态建设为主转变。国有林场过去的森林经营方案还基本停留在以木材生产为主的体系中，已经不能适应新时期加快转变林业发展方式的需要，因此必须编制符合现代林业建设要求的国有林场森林经营方案，从根本上实现国有林场从以木材生产为主向以生态建设为主转变，从企业化管理向公益事业化管理转变，确保实现我国林业发展方式的根本性转变。

二、国有林场森林经营方案编制的指导思想、基本原则和总体目标

（四）指导思想：以全面落实科学发展观为指导，以森林可持续经营理论为依据，以培育健康、高效和长期稳定的生态安全屏障为目标，通过分类经营、科学培育和持续利用森林资源，提高森林资源质量，增强林地生产力和森林生态系统的整体功能，为实现国有林场森林资源的可持续发展奠定坚实的基础。

（五）基本原则：坚持生态建设和社会经济发展相协调，坚持所有者、管理者和经营者责权利相统一，坚持生产区与生活区科学布局，坚持保护、发展与利用森林资源相并重，坚持生态效益、经济效益和社会效益相结合的原则。

（六）总体目标：到 2013 年，全面完成国有林场森林经营方案编制及修订工作。到 2015 年，基本实现按森林经营方案编制采伐限额、制定年度生产计划和开展森林经营活动，国有林场主管部门依据经营方案对国有林场进行监督和管理，建立起以森林经营方案为核心的国有林场森林经营管理制度。

三、国有林场森林经营方案编制重点内容和要求

（七）全面规范国有林场森林经营方案的编制。国有林场要以经营范围为总体，严格按照《森林经营方案编制与实施纲要》《森林经营方案编制与实施规范》《简明森林经营方案编制技术规程》的要求编制经营方案，经理期一般 5 ~ 10 年。编制国有林场经营方案时，应评价森林资源与经营状况，确定森林经营方针与经营目标，进行森林功能区划，制定森林保护经营、非木质资源经营、森林经营基础设施建设与维护等事项的措施。要科学测算投资与效益，评估森林经营的生态与社会影响，明确方案实施的保障措施等。国有林场森林经营方案的各项经营措施、建设任务等都应落实到山头地块，其中前 3 ~ 5 年的森林经营任务和指标应按经营类型落实到年度；要科学调整树种结构，促进纯林向多层异龄混交林转变；要结合当地实际，大力发展森林旅游，积极培育大径级材和珍稀树种，加快发展林下经济。同时，要对国有林场经营管护的草原、农田、湿地等作出科学的保护利用方案。要做好国有林场内建立的自然保护区、森林公园、湿地公园等的统筹衔接工作。

（八）采用科学的编制方法和技术手段。设有国有林场管理局（总场）的可以局（总场）为单位编制森林经营方案。要在对前期经营方案执行情况分析评价的基础上，借鉴成功案例，应用运筹学、经济学、生态学、森林经理学、森林培育学、计算机技术、信息技术等软科学方法和技术手段进行系统分析、决策优化、综合评价和规划设计，以提高森林经营方案的科学性、先进性和可行性；经营面积小于 500 公顷的国有林场以及合作造林的股份制林场，可在当地森林经营规划指导下，编制简明森林经营方案。要开展优秀森林经营方案评选活动，对优秀森林经营方案的国有林场进行宣传和鼓励。

（九）国有林场森林经营方案编制要与森林采伐管理政策相衔接。国有林场森林经营方案编制必须遵循森林抚育经营相关技术规程、采伐技术规程等技术标准，科学测算经营期内森林抚育间伐、低产低效林改造、公益林更新和商品林采伐等所需森林采伐限额，认真贯彻《国家林业局关于开展森林资源可持续经营管理试点的通知》（林资发〔2011〕248 号）中改革森林采伐管理精神。今后逐步做到国有林场年森林采伐限额原则上依据批准的森林经营方案确定。

（十）加强国有林场森林经营方案编制和审批程序管理。承担国有林场森林经营方案具体编制工作的单位，应具有乙级以上林业调查规划设计资质；国有林场森林经营方案编制的主要程序应包括编案准备、系统评价、经营决策、公众参与、规划设计、评审修改等。各级林业主管部门要依据《国有林场管理办法》做好国有林场森林经营方案的审核审批工作。跨地（市）国有林场、省属国有林场和省级以上公益林占有林地面积 50% 以上的国有林场森林经营方案，由省级林业主管部门审批，报国家林业局备案；其他国有林场森林经营方案的审批由省级林业主管部门确定。国家林业局将选定 10 个示范国有林场，其森林经营方案报国家林业局审批。

四、完善国有林场森林经营方案编制和实施的保障措施

（十一）加强组织领导。各地林业主管部门要将国有林场森林经营方案编制和实施作为国有林场建设的重要内容，实行主要领导负责制，做到认识到位、领导到位、措施到位、资金到位；省级林业主管部门要建立健全组织，明确任务、落实责任，对国有林场森林经营方案编制和实施中出现的问题要及时研究、采取有效的解决办法和措施。

（十二）落实人员和资金。省级林业主管部门要加强对森林经营方案编制人员的培训力度，提高编制人员的素质和水平；要积极开展国有林场森林经营方案编制的试点工作，为各类国有林场编制森林经营方案提供示范和借鉴。各地要多方筹措资金，加大投入力度，为森林经营方案编制工作提供经费保障。

（十三）强化技术支撑。各地要以森林资源规划设计调查及各类专项调查成果为基础，利用网络、遥感、地理信息、人工智能等高新技术手段建立健全森林经营管理信息系统，加强技术支撑手段。要邀请经验丰富、技术力量强的单位参与方案编制，强化科技支撑力量。

（十四）确立森林经营方案的重要地位。各省在编制各项与森林经营有关的规划、工程项目和投资计划时，应充分考虑森林经营方案设计的森林经营目标和主要规划内容，将森林经营方案的编制和实施与相关工程建设投资紧密结合，逐步确立森林经营方案重要地位，理顺森林经营的利益分配关系，促进森林经营方案编制和实施法制化、规范化和科学化。

（十五）加强监督检查。各级林业主管部门应切实加强国有林场森林经营方案编制与实施的管理，定期对森林经营方案实施情况进行监督检查，要与国有林场签订国有林场森林资源保护利用目标考核责任书，将国有林场森林经营方案实施情况作为国有林场绩效考核的重要内容。

（十六）国有林场森林经营方案编制要与国有林场改革相结合。国有林场的森林经营方针、经营目标和经营任务要与国有林场改革的方向相一致；经重组的国有林场，其森林经营方案要同时衔接；要通过国有林场改革，促进森林经营方案的有效实施，确保森林资源实现可持续发展。国有林场改革试点省，要将国有林场管理体制改革与森林经营方案编制工作同步推进，探索出科学机制，为全国提供示范。

国家林业局

2012 年 7 月 24 日

国家林业局关于印发《森林抚育作业设计规定》的通知

林造发〔2012〕191 号

各省、自治区、直辖市林业厅（局），内蒙古、吉林、龙江、大兴安岭森工（林业）集团公司，新疆生产建设兵团林业局，各计划单列市林业局：

为科学指导全国森林抚育经营工作，提高森林抚育作业设计质量，确保森林抚育经营成效，我局在认真总结近年来森林抚育作业设计管理工作的基础上，对《中幼龄林抚育补贴试点作业设计规定》（林造发〔2010〕20号）进行了修订，并更名为《森林抚育作业设计规定》。

森林抚育作业设计是保证森林抚育质量和成效最为重要的管理环节。各地要高度重视，切实加强对森林抚育作业设计的管理，着力提高作业设计人员的业务素质，坚持做到现场调查、现场设计、严格审批，不断提高森林抚育作业设计质量，为科学经营森林、实现林业“双增”目标奠定坚实基础。

现将《森林抚育作业设计规定》印发你们，请遵照执行。

国家林业局

2012 年 8 月 3 日

附件　森林抚育作业设计规定

第一章　总　则

第一条　为规范和加强森林抚育作业设计管理，提高作业设计质量，保障森林抚育成效，制定本规定。

第二条　森林抚育作业应当严格遵照森林抚育作业设计（以下简称“作业设计”）实施。中央财政补贴森林抚育作业设计执行本规定。

第三条　作业设计应当由具备林业调查规划设计资质的单位编制。其中，中央财政补贴森林抚育作业设计应当由具备丙级以上（含丙级）林业调查规划设计资质的单位编制。

第四条　编制作业设计应当遵循下列技术标准。中央财政补贴森林抚育作业设计还应当符合财政部、国家林业局的有关政策和要求。

（一）《生态公益林建设技术规程》（GB/T 18337.3）。

（二）《生态公益林建设导则》（GB/T 18337.1）。

（三）《森林抚育规程》（GB/T 15781）。

（四）《森林资源规划设计调查技术规程》（GB/T 26424）。

（五）《森林采伐作业规程》（LY/T 1646）。

（六）省（自治区、直辖市）颁发的森林经营技术规程（标准）。

第五条　作业设计应当遵循现场调查、现场设计的原则，坚持生态优先，以增强森林生态功能、提高林分质量为宗旨，重点针对急需抚育的林分，在充分考虑森林培育目标的基础上，科学合理地确定抚育作业的内容和措施。

第六条　作业设计须经林业主管部门审批方可实施。中央财政补贴森林抚育作业设计审批，集体林和国有林场的作业设计审批单位由各省（自治区、直辖市）林业主管部门确定，审批单位批复的作业设计文件报省级林业主管部门备案。国有森工企业的作业设计由森工（林业）集团森林经营主管部门负责审批。大兴安岭林业集团公司批复的作业设计文件报国家林业局备案。

审批单位批复作业设计要以现地核实为基础，确保作业设计质量。上级林业主管部门要加强对作业设计审批工作的检查指导，加强对备案作业设计的审查。

批准后的作业设计，不得随意改动；确需改动的，须报原审批单位批准，并报上级林业主管部门备案。

第二章 抚育对象和方式

第七条 除省级以上人民政府(含省级)明确规定不允许实施抚育的森林外，均可作为森林抚育的对象。中央财政补贴森林抚育作业设计的对象和方式还应当符合财政部和国家林业局的有关规定。经济林、竹林和桉树短轮伐期工业原料林暂不作为中央财政补贴的抚育对象。

第八条 中央财政补贴森林抚育的实施应当按照突出重点、相对集中连片的原则，优先选择密度大、结构不合理、卫生条件差的中幼龄林作为抚育对象。

第九条 抚育方式包括透光伐、定株抚育、卫生伐、生长伐、生态疏伐、景观疏伐、人工修枝、割灌除草等。

针对情况复杂、单一抚育方式无法达到抚育目的的林分，应当实行抚育方式的配套组合，采取综合抚育措施，培育健康稳定的森林。

第十条 中央财政补贴森林抚育的抚育方式设计还应当符合以下要求。

南方地区4年生以上人工幼龄林，生长受灌草、藤本植物抑制明显的，可以单独设计割灌除草。但是，设计割灌除草面积不宜超过省份年度抚育计划任务的40%，并不得设计在秋冬季节作业。人工修枝和其他地区的割灌除草应当与其他抚育方式配套实施，不作单一抚育方式设计。

设计割灌除草等抚育方式时，必须结合当地实际，综合考虑防止水土流失、促进天然更新、保护生物多样性等原则，科学设计抚育强度和方式，保护珍稀物种、保留天然更新目的树种的幼苗和幼树。

第十一条 西北、青藏高原地区具有特殊地域特点的森林类型的抚育作业设计，应当邀请有关方面专家事先对抚育方式和强度进行科学论证。

第十二条 抚育材及抚育作业剩余物的处置应当综合考虑有效利用、森林病虫害防治、森林防火、环境保护等要求，进行合理分类并采取运出、平铺，或者按一定间距均匀堆放等适当方式处理。必要时，还应对伐根进行适当处理。

第十三条 根据森林抚育作业要求，修建简易集材道、作业道、临时楞场、临时工棚等辅助设施的作业设计，按照《森林采伐作业规程》(LY/T 1646)执行。

第三章 外业调查

第十四条 以森林资源调查数据为基础，根据集中连片原则确定踏查范围。在实地踏查的基础上，合理确定抚育作业区，选择符合抚育条件的地块。

第十五条 对符合抚育条件的地块开展外业调查。根据林分起源、树种组成、林龄、郁闭度、抚育方式、立地条件等确定作业小班边界，作业小班面积原则上不大于20公顷。作业小班面积测量采用万分之一地形图调绘、GPS绕测或罗盘仪导线等方式。对每个作业小班应该实测1~4个GPS控制点并绘制到万分之一地形图上，并且至少要拍摄一张反映林分现实状况的数字照片备查。

第十六条 外业调查采用标准地调查法。根据作业小班森林资源分布状况典型或机械布设标准地，每个标准地面积为0.067公顷(1亩)，标准地总面积不小于作业小班面积的1%。外业调查时应记录标准地中心GPS坐标。

第十七条 作业小班主要调查因子包括：权属，林种，林分起源，树种组成，平均年龄，郁闭度，平均胸径，平均树高，公顷株数，公顷蓄积，小班面积，乔木树种萌蘖与分蘖，目的树种更新幼苗幼树等林下植被、立地因子以及灾害情况等。

第四章 作业设计

第十八条 作业设计包括下列内容：

(一)抚育方式。

(二)抚育指标：包括抚育面积、关键指标、抚育强度、采伐蓄积量、出材量等以及相应的工程量、用工量、作业时间、费用概算等。

(三)辅助设施：包括必要的作业道、集材道、临时楞场、临时工棚等。

作业设计的格式、内容等要求详见本规定的附件样式四、五、六。

第十九条 抚育方式以作业小班为单位进行设计，简易作业道等辅助设施以作业区为单位进行设计。

第二十条 间伐小班的作业设计，应当重点明确小班的保留郁闭度、保留目的树、保留胸径等关键指标，并且满足以下要求：

(一)保留郁闭度。用材林透光伐后郁闭度，天然林不低于0.6，人工林不低于0.7；在风雪危害严重的地段透光伐郁闭度一次不得降低0.2。用材林卫生伐后郁闭度保留在0.6以上。用材林生长伐和公益林生态疏伐，伐后郁闭度应当控制在0.6~0.7。未进行过透光伐的飞播林首次间伐，伐后郁闭度控制在0.7~0.8。农田、牧场防护林带和护路护岸林带中初植密度较大的宽林带间伐后郁闭度控制在0.6~0.7。

(二)保留目的树。作业设计应当根据不同的森林类型和林分状况，明确保留当地适生的、能够培育形成建群树种的目的树。天然林以培育异龄复层混交林为目标确定目的树。

(三)保留胸径。抚育后林分平均胸径不低于抚育前林分平均胸径。

第二十一条 作业设计有关图件原则上采用电子绘图。

作业设计图应绘制其图纸坐标系，标注小班位置和地理坐标数据。根据林业制图规定，绘制小班边界，并注明林班号、小班号、目的树种、作业面积、郁闭度、抚育方式等主要内容。图纸比例尺不小于1:10 000。

作业区位置示意图按照林业调查设计专题制图要求绘制，勾绘作业区范围，标注作业单位和作业区名称。

第二十二条 作业设计文件主要由作业设计说明书、调查设计系列表、作业设计图组成。具体参照本规定附件样式三、四至九和样式十、十一。

第二十三条 承担抚育作业设计的单位应当将作业

设计文件按以下顺序汇编成册：作业设计封面、设计资质证书复印件、设计单位与设计人员、作业设计说明书、作业设计汇总表、作业设计一览表、森林抚育小班调查设计表、作业区位置示意图、作业设计图。

间伐标准地调查设计因子汇总表、标准地每木调查表、标准地灌木和草本与分蘖萌蘖调查表、作业小班现实状况照片等另册装订。

第五章　作业设计档案

第二十四条　抚育任务承担单位应当将调查资料、作业设计文件、审批文件等资料归档并永久保存。

第二十五条　抚育任务承担单位应当建立森林抚育作业设计电子档案，所有抚育作业设计文件均实行纸质材料和电子文件双项归档，作业设计汇总表和作业设计一览表同时保存原始电子表格，有条件的单位还应保存原始制图数据和文件。

第六章　附　则

第二十六条　作业设计编制、审批实行责任追究制度。承担抚育调查、设计、审批等工作的单位和个人必须严格遵守本规定及职业操守，在实地调查的基础上如实填报数据、科学设计抚育措施、严格审核把关，并在调查表、设计文件、审批文件上签名确认。对违反本规定的单位和个人将依法依规追究责任。

第二十七条　其他森林抚育作业设计参照本规定执行。省级林业主管部门可以依据本规定并结合辖区实际制定实施细则。

第二十八条　本规定由国家林业局负责解释。

第二十九条　本规定自发布之日起实施。2010 年 1 月 19 日印发的《中幼龄林抚育补贴试点作业设计规定》(林造发〔2010〕20 号)同时废止。

附录(略)

国家林业局关于印发《中央财政森林抚育补贴政策成效监测实施办法(试行)》的通知

林资发〔2012〕207 号

各省、自治区、直辖市林业厅(局)，内蒙古、吉林、龙江、大兴安岭森工(林业)集团公司，新疆生产建设兵团林业局：

为指导和规范中央财政森林抚育补贴政策成效监测工作，客观、科学评价政策绩效，根据财政部、国家林业局森林抚育补贴政策管理有关文件规定，我局制定了《中央财政森林抚育补贴政策成效监测实施办法(试行)》(以下简称《办法》)，现印发你们，请结合本地实际遵照执行，并提出如下要求。

一、要充分认识开展中央财政森林抚育补贴政策成效监测工作的重要意义，切实加强领导、精心组织、统筹规划，稳步推进本区域森林抚育补贴政策成效监测工作。

二、要以《办法》为指导，紧密结合区域实际，科学制定工作细则，明确工作要求，抓好工作落实，确保监测成果的科学性、客观性，为进一步完善森林抚育补贴制度提供决策依据。

三、要在每年年底前上报省级成效监测报告和调查监测的相关数据。同时，请将本《办法》试行过程中发现的问题和改进意见及时反馈我局。

国家林业局

2012 年 8 月 24 日

中央财政森林抚育补贴政策成效监测实施办法(试　行)

一、总　则

第一条　为规范中央财政森林抚育补贴政策成效监测(以下简称“成效监测”)工作，客观、科学、长期评价政策绩效，根据国家森林抚育补贴政策有关文件规定，制定本办法。

第二条　本办法适用于对中央财政森林抚育补贴政策成效的跟踪监测。目的是建立长期跟踪监测网络，及时反映政策执行情况，科学掌握森林资源动态变化，客观评价政策产生的生态、经济、社会效益，为完善中央财政森林抚育补贴政策提供决策依据。

第三条　成效监测分为森林资源及生态监测和经济社会效益监测。森林资源及生态监测主要采取设置固定样地的方式，定期观测森林资源及生态效益指标。经济社会效益监测主要采取随机抽样调查的方式，每年调查采集经济社会效益数据信息。

二、森林资源及生态监测

第四条　森林资源及生态监测对象是实施中央财政森林抚育补贴政策的作业区。

第五条　森林资源及生态监测主要内容包括：森林蓄积量、生长量、枯损量、森林结构、森林健康、森林土壤以及物种多样性和森林保水固土能力等。

第六条　森林资源及生态监测固定样地，应以省为单位，采用典型选样的方式，根据区域内主要森林类型、立地条件、抚育措施类型等系统布设。

固定样地应优先选设在国有林业局、国有林场、集体林场等有一定经营规模、较好经营管理能力、较高经营集约度的森林经营单位。

每组固定样地包括抚育样地和对照样地，应设置在同一作业地块。在设置固定样地时，同一作业地块内部应保持森林结构、小班调查因子一致。每种主要森林类型、主要立地条件类型、抚育措施类型应各设置不少于15组固定样地。固定样地设置应该在本办法实施之日起两年内完成。固定样地设置优先采用2009年以来设置的样地。

第七条 固定样地每两年复测一次。每次复测，样地位置、四至界线、样木和胸高位置等应全部复位。

对照样地应与抚育样地同时设置和调查。抚育样地调查应分别在抚育作业前、后进行。

第八条 固定样地调查中，对林木采取每木检尺、对幼苗幼树和林下植被采取小样方调查，对土壤采取剖面调查。调查指标和技术方法详见《森林资源及生态监测技术方案》(附录1)。

三、经济社会效益监测

第九条 经济社会效益监测对象是实施中央财政森林抚育补贴政策的县级单位、村集体、林业职工家庭或者农户。

第十条 经济社会效益监测主要内容包括：政策执行、宣传公示、就业增收、带动产业发展情况等。

第十一条 经济社会效益监测分国有林和集体林实施。

国有林监测分县级森工企业(局)或国有林场和林业职工家庭两个层次。县级国有森工企业(局)和国有林场主要监测政策执行、资金到位、抚育成本、职工就业、产业发展等情况。林业职工家庭主要监测职工对抚育补贴政策的知情、参与、评价、需求以及就业增收等情况。

集体林监测分县、村集体、农户3个层次。县级主要监测政策执行、资金到位、抚育成本、农村就业、产业发展等情况。村级主要监测政策落实、农村就业、抚育成本等情况。户级主要监测政策知情、抚育成本、就业增收、政策评价和政策需求等情况。

第十二条 经济社会效益监测主要采取随机抽样和专题调查相结合的方法。

社会经济效益监测样本，应以省(区)为单位，采用分层随机抽样的方式，根据区域内经济发展、森林资源、抚育任务情况等抽取。

每种类型的森林资源、经济状况、抚育任务情况应抽取不少于10个固定样本户，每个县级单位至少抽取20个样本户。

随机抽样以县为单位，分层抽取一定比例的林业职工或农户家庭，作为固定观测样本户，跟踪监测经济社会间接(长期)效益。并每年分层随机抽取一定比例的林业职工或农户家庭，作为周期性观测样本户，年度监测经济社会直接效益。国有林监测中，固定样本应优先在有一定经营规模、较好经营管理能力、较高经营集约度的国有森工企业(局)和国有林场中抽取。集体林监测中，一次性监测的村和农户采取随机抽样方法抽取；综合考虑抚育任务量、森林类型、林龄阶段等因素，按分层随机抽样方法抽取村和户作为长期监测对象进行跟踪调查。若因农户流动等原因，长期监测户数量不足以反映监测效果，则在承担抚育任务至少两年以上农户中再抽取足够的农户数予以补充。

监测数据分两种方式进行收集汇总。县级调查采取县级林业主管部门填报数据表的方式完成；村集体、户级调查采取调查员访村入户、问卷调查的方式完成。

监测指标和技术方法详见《经济社会效益监测技术方案》(附录2)。

四、组织管理

第十三条 成效监测按照“协调统一、分级负责、运行规范”的原则，由国家、省和县三级共同组织实施。

国家林业局负责制定成效监测技术方案，建立全国成效监测数据库，检查指导各地成效监测工作，组织开展国家级典型抽样和专题调查，撰写全国成效监测报告。

省级林业主管部门负责制定省级成效监测实施方案，统一布设和调查森林资源及生态监测固定样地，组织开展全省经济社会效益监测，建立省级成效监测数据库，撰写省级成效监测报告。

县级单位协助国家和省级林业主管部门开展成效监测工作，建立、维护和协助调查固定样地，选取和协助调查经济社会效益监测样本。

第十四条 国家林业局每年抽取一定比例的省级单位，检查成效监测实施情况和工作质量。

第十五条 国家林业局和省级林业主管部门应建立成效监测科技支撑制度，明确成效监测技术支撑单位及其职责，组织落实成效监测科技支撑工作。

第十六条 省级林业主管部门应在每年年底前上报省级成效监测报告和调查监测数据。

承担成效监测工作的单位，应对本单位成效监测数据的真实性负责，不得迟报、瞒报、虚报、拒报或者伪造、篡改监测数据资料。

第十七条 各级林业主管部门应在人员配备、业务培训、设备配置、办公条件、经费保障等方面，为成效监测提供必要的工作条件。

附录1 森林资源及生态监测技术方案(试行)

附录2 经济社会效益监测技术方案(试行)(略)

国家林业局关于加快科技创新促进现代林业发展的意见

林科发〔2012〕231号

各省、自治区、直辖市林业厅（局），内蒙古、吉林、龙江、大兴安岭森工（林业）集团公司，新疆生产建设兵团林业局，国家林业局各司局、各直属单位：

为贯彻落实中共中央、国务院《关于深化科技体制改革加快国家创新体系建设的意见》和《关于加快推进农业科技创新持续增强农产品供给保障能力的若干意见》等文件精神，加快林业科技创新，促进现代林业发展，更好地服务于生态建设和民生改善，现提出如下意见。

一、统一思想认识，明确总体要求

1. 充分认识林业科技创新的重大意义。发展现代林业、建设生态文明、推动科学发展，根本出路在科技。加快林业科技创新，是建设生态林业和民生林业的重要支撑，是加快森林资源培育、提升森林资源质量、实现林业“双增”目标、增强林业应对气候变化能力的迫切要求，是加快林业建设、保障国土生态安全的关键因素，是转变发展方式、推动林业产业升级、实现绿色增长的强大动力，是深化林业改革、实现兴林富民的有效途径。要进一步提高对林业科技创新重要性的认识，增强使命感和责任感，坚定不移地实施科教兴林战略。

2. 把握林业科技创新总体要求。当前和今后一个时期林业科技工作的总体要求是：以邓小平理论和“三个代表”重要思想为指导，深入贯彻落实科学发展观，坚持“强化创新，重点突破，优化配置，支撑发展”的方针，遵循林业科技规律，围绕促进科技与经济社会发展和生态建设紧密结合，以突破核心关键技术、强化技术集成配套、改善林业科技创新条件为重点，提升林业科技创新能力，促进林业科技成果转化和推广应用，为现代林业发展提供有力的科技支撑。

二、强化科技创新，引领支撑发展

3. 推进林业生态建设提质增效。围绕林业生态屏障工程建设，强化应用技术配套集成，提升生态建设质量效益。着力突破森林生态系统建设与保护、荒漠生态系统改善与治理、湿地生态系统管理与恢复、生物多样性维护与发展、林业增汇减排、森林可持续经营、森林火灾预防与扑救等关键技术，促进森林面积和蓄积双增长，提升林业生态服务功能，减少林业灾害损失，提高应对气候变化能力。

4. 引领林业产业转型升级。针对林业主导产业，研究解决产业发展关键技术难题，构建现代林业产业体系，加强林业传统产业的高新技术改造，提高林业产业素质。超前部署前沿技术研发，加强产业技术关联，大力推进高新技术和新兴产业融合，培育新的经济增长点。重点突破高效分子育种、林业资源开发利用、生物基产品先进加工制造、林业生物质能源转化利用、竹藤花卉开发、现代林业装备制造等关键技术，着力培育战略性新兴产业，支撑林业产业转型升级，引领林业产业向着优质、节能、低碳和高效、高值、高端方向发展。

5. 夯实林业发展的科学基础。围绕森林生态服务功能、林业灾害防控、林业应对气候变化、林木花卉种质创新、森林资源培育和高效利用、荒漠化形成机理等方面的重大科学问题，开展前瞻性林业基础和应用基础理论研究，增强林业原始创新能力。围绕现代林业建设目标和世界林业发展趋势，系统开展林业发展改革的理论、战略、模式和政策研究，构建完备的林业发展理论导向体系、政策保障体系和决策支持体系。

三、加快成果转化，推进兴林富民

6. 加强先进实用技术推广应用。结合林业重点工程和重点任务，重点推广林木花卉新品种繁育及高效栽培、重要经济林和原料林高效经营、珍贵和乡土树种培育、森林抚育经营、林下资源开发利用、木竹材料及林特产精深加工与综合利用、林业灾害防治、野生动物繁育利用、退化生态系统恢复等先进科技成果和实用技术，提高良种良法使用率。林业重点工程必须与科技支撑和技术推广同步设计、同步实施和同步验收，建立考核通报机制，切实提高工程建设科技水平。加强信息技术在林业领域的应用，积极推进林业信息化综合服务，提高林业信息化水平。

7. 抓好林业科技示范样板。加大科技示范样板建设力度，组织实施好中央财政和地方各级林业科技推广示范项目，充分发挥示范引领带动作用。实施林业科技示范工程，提高林业科技示范县、示范园、示范基地、示范点建设水平和效益，为林业生产提供科技示范，让广大林农“看得见、摸得着、用得上”，做到实施一个推广项目，促进一片基地发展，带动一方百姓致富。继续开展林业高新技术产业示范区、林业科技园区、生物产业基地建设，加快林业科技成果转化，带动林业战略性新兴产业发展。

8. 完善林业科技推广体系。建立健全各级林业科技推广机构，明确公益性定位，强化乡镇林业工作站科技推广职能。改善科技推广工作设施设备条件，开展林业科技推广站标准化建设，建立林业科技推广员资格制度，不断提升各级推广机构专业技术人员的比例。充分发挥科研教学机构、乡镇林业工作站、专业合作组织以及企业等在林业科技推广中的作用，构建以国家公益性林业科技推广机构为主导的多元化林业科技推广体系。继续开展林业科技特派员科技创业行动，广泛动员和鼓励科技人员深入开展科技下乡、科技入户等活动，创办领办科技型企业和技术合作组织。

9. 普及林业科学技术知识。落实全国科学技术普及规划，强化林业科普工作队伍建设，进一步加强林业科普基地建设，逐步建立林业科普资源开发与共享体系，努力构建科研机构、高中等学校、企事业单位、社会团体或民间组织等共同参与、机动灵活的工作机制，全面普及林业科学技术和生态知识，不断提高全民的生态意识和林业从业人员的科学素质。

四、加强标准建设，提高质量效益

10. 加快林业标准体系建设。加快林业标准制修订步伐，建立健全以国家标准和行业标准为核心，地方标准和企业标准相配套，涵盖林业建设全过程的标准体系。加大标准执行情况跟踪评估力度，缩短标准制修订周期，实现林业标准化与科学技术、林业发展和产业政策的有效衔接。加强林业专业标准化技术委员会建设与管理。积极参与制(修)订影响我国林业发展的国际标准，稳步推进林业标准的国际化进程，增强实质性参与国际标准化活动能力。

11. 大力推进林业标准化生产。加强林业标准化宣传，引导林业从业人员了解、掌握和应用标准。开展林业标准化生产企业示范工作，引导企业标准化生产，提高产品质量和效益。大力开展林业标准化示范区建设，建立各级各类标准化示范基地，推进林业生产全过程标准化管理，提高林业标准化生产普及率。

12. 加强质量监督管理。建立林产品质量安全管理制度，加快林产品质量检验机构建设。加强生态建设质量技术监督，提高生态建设质量安全。强化林产品质量监督，实施林产品质量监测制度，开展林产品质量安全风险评估与预警，建立质量状况评估分析制度，推行质量标志管理，加大涉及人身健康安全的林产品质量监督力度，保障林产品安全。

五、拓展发展领域，增强持续动力

13. 加强植物新品种保护应用。进一步完善林业植物新品种保护体系和技术支撑体系，提高林业植物新品种创制、准入、审查、授权、保护和管理水平。大力推进林业植物新品种转化应用，提升林业植物新品种社会贡献率。建立行政执法长效机制，依法严厉查处林业植物新品种侵权和假冒案件。

14. 强化林业生物安全管理。完善林业生物安全管理法规，健全林业生物安全监测、检测、评估体系和技术支撑体系。加强林业转基因生物安全行政许可，积极开展林业转基因生物安全监测，加快林业转基因试验进程，促进转基因林木的利用和商品化步伐，严格管控和监测外来物种引进，确保林业生物和生态安全。

15. 强化林业生物遗传资源保护。加强林业生物遗传资源调查、收集、保护、鉴定和评价，加快开展重点林木遗传资源调查编目工作。强化林业遗传资源保护，研究建立林业遗传资源获取与惠益分享制度，推动遗传资源共享与创新，促进遗传资源开发利用。

16. 加快推进森林认证。加强认证机构和队伍建设，完善我国森林认证体系，加快森林认证体系的推广应用，推进森林认证国际互认。积极开展认证试点，努力拓展认证范围，逐步推进竹林、非木质林产品、森林生态环境服务和生产经营性珍贵稀有物种等认证，推动森林认证产品纳入政府采购目录，加强对认证机构及其认证活动的监督管理，促进森林认证工作健康有序发展。

六、加强平台建设，提升创新能力

17. 改善科技创新条件平台。实施林业条件平台建设专项，加强林业重点实验室、工程实验室、工程(技术)研究中心、质检中心、新品种测试基地等创新平台建设，构建层次清晰、分工明确、布局合理、管理规范的林业科技创新平台体系，增强开放运行效能。建立分区域、分类型集科学研究、试验示范与科技推广为一体的永久性国家级和省级林业综合实验基地，加强林业生物基因资源保存基地建设。鼓励企业建立研发中心，建成一批林业科技创新型企业，增强林业企业自主创新能力。加快林业科技信息化建设，优化科技信息共享服务平台。探索建立林业科技成果交易平台，稳步发展林业技术交易。

18. 加快生态定位站网建设。围绕国家和地区开展生态效益监测、服务功能评估和重大科学问题研究等需求，构建功能完备、运行高效的陆地生态系统定位研究站网，拓展生态定位站监测研究内容，提高观测研究能力。完善生态定位站点布局，加快完成规划新建站点的建设。加强现有站点升级改造，提升站网设施水平。

七、加强国际合作，提升国际影响

19. 增强国际(区域)科技合作能力。坚持“引进来、走出去”战略，拓宽林业科技国际(区域)合作交流的渠道和领域，努力形成多渠道、多层次、多形式、全方位的合作与交流格局。组织实施国际合作项目，加大国际先进林业技术引进力度，开展合作研究，提高消化吸收再创新能力。积极推荐林业专家在国际组织中任职，扩大我国林业国际影响力。

20. 积极履行林业相关国际公约。认真履行《国际植物新品种保护公约》、《生物安全议定书》、《遗传资源获取与惠益分享议定书》、《联合国气候变化框架公约》、《国际植物保护公约》和《联合国防治荒漠化公约》等国际公约。进一步做好履约基础性研究工作，制定更加完善的国际履约战略和国别政策，积极为涉林公约的重大国际谈判和讨论提供科技支撑。

八、培养创新人才，提高队伍素质

21. 培育创新型人才与团队。树立人才资源是第一资源理念，以提高创新能力为核心，实施林业科技人才培养计划，完善人才选拔培养使用机制，造就一批林业科技战略科学家、领军人才、中青年拔尖人才和基层林业科技骨干。依托国家重点(工程)实验室、工程(技术)研究中心、重点学科领域和重大科技计划等平台，培育优秀创新团队。利用国家“千人计划”等人才引进平台，吸引海外高层次优秀科技人才回国工作。积极发挥林业科技社团的作用，搭建促进科技交流和人才成长的活跃平台。

22. 强化林业从业人员培训。以提高林业从业人员素质为目标，进一步完善培训制度。加强高等院校涉林学科专业建设，充分利用高校和科研单位等培训场所，加大科技人员和管理人员专业技术培训力度。加强林业标准化技术培训，逐步建立专业技术岗位从业资格制度，提高基层林业工作人员专业水平。加强基层林业人员、林农及其他林业经营者实用技能培训，充实林业产业重点乡村技术骨干力量，带动从业者职业技能全面提高。

九、深化体制改革，增强发展活力

23. 推进林业科研院所体制改革。根据国家分类推进事业单位改革的指导意见，积极稳妥推进林业科研院所改革，逐步建立现代科研院所制度，充分调动广大科技人员的积极性和创造性，激发林业科研院所创新活力。优化中央和地方科技资源配置，明确定位与分工，协同推进区域创新体系建设。加强市地级涉林科研机构建设，鼓励有条件的地方纳入省级科研机构直接管理。

24. 深化科技立项机制改革。探索完善林业科技立项机制，实行定向委托和自主选题相结合、稳定支持和适度竞争相结合、一次立项和长期滚动相结合、国家项目和地方项目相结合，推行重大科技课题公开招投标制度。着眼长远发展和生产实践，强化行业和市场需求，完善协商与选题建库机制，突出项目的先进性和实用性。鼓励有条件的企业参与林业科技项目实施。完善科技项目立项评估指标体系，优化评估方法与程序，保障立项的科学性、准确性和有效性。

25. 完善林业科技评价制度。充分发挥科技评价的导向和激励作用，建立林业科技进步水平动态监测评价与定期通报机制，健全项目绩效管理、信用管理和成果管理制度。制定以科研质量、创新能力和成果应用为导向的评价标准，完善科技评价机制，坚持分类评价的办法，改变重论文轻发明、重数量轻质量、重成果轻应用的状况，加强林业知识产权保护，建立激发科技人员创新创业积极性的有效机制。强化各类科研活动主体责任，开展项目负责人和专家的信用评价，建立科技诚信评比与奖惩机制，引导形成正确的科技价值取向。

26. 推进产学研合作协同创新。组织实施林业科技创新行动计划，围绕国家和行业的重大战略目标，以重大科技项目为载体，加强多学科、多层次联合攻关的顶层设计，引导企业、科研院所和高校组建优势创新团队，开展联合攻关，引领现代林业发展。按照产业链布局科技链，积极构建产业技术创新战略联盟，开展产业发展关键共性技术集成创新，加速成果转化和产业化，促进林业产业发展转型升级。继续开展省院合作、院校合作、省校合作等科技合作形式，探索形成更加有效的中央与地方联动创新模式。

十、加强组织领导，落实保障措施

27. 加强林业科技工作领导。各级林业主管部门要把科技工作摆在重要位置，加强组织领导，明确目标责任，坚持“一把手”抓科技工作机制，强化林业科技进步指标考核，把各项政策措施落到实处。要建立健全科技机构，充实人员力量，提升支撑能力和服务水平。各级领导要统筹协调科技资源，形成推动科技创新的整体合力。要关心爱护科技人才，提高科技人员待遇，充分调动和发挥科技人员工作积极性。要加大林业科技宣传，形成良好的社会氛围。

28. 加大林业科技投入。要积极争取中央有关部门加大林业科技投入，确保中央财政林业科技投入增长幅度高于中央林业支出增长幅度。要加大对科学研究、成果转化与推广、标准化以及科技条件平台的资金支持力度，积极创造条件设立林业科技创新资金和科技特派员创业资金。要积极争取地方政府设立林业科技专项，加大林业科技投入。要引导社会资金向林业科技流动，鼓励涉林企业增加技术研发投入。要不断探索科技与金融结合的有效模式，拓展林业科技融资渠道，建立稳定增长的多元化林业科技投入长效机制。

29. 建立协调工作机制。各级林业主管部门要完善林业重大问题科学决策机制，建立相关制度和议事规则，提高科学决策水平。林业生产、科研和管理部门要加强协商，建立林业发展规划、重大工程等重大事项科技会商制度，实行事前咨询论证、事中全程介入、事后验收评估，把科技工作落实到林业生产建设的关键环节，贯穿到林业发展的整个过程。发挥各级专家咨询委员会和科学技术委员会等组织的决策咨询作用，把专家的意见作为科学决策的重要依据。

加快林业科技创新，服务现代林业发展，任务艰巨、责任重大、意义深远。各级林业主管部门要进一步解放思想、提高认识、周密部署、狠抓落实，着力提高林业科技创新能力，不断开创现代林业发展新局面。

国家林业局

2012 年 9 月 21 日

最高人民法院　最高人民检察院　国家林业局　公安部　海关总署关于破坏野生动物资源刑事案件中涉及的 CITES 附录Ⅰ和附录Ⅱ所列陆生野生动物制品价值核定问题的通知

林濒发〔2012〕239 号

各省、自治区、直辖市高级人民法院、人民检察院、林业厅(局)、公安厅(局)，解放军军事法院，解放军军事检察院，新疆维吾尔自治区高级人民法院生产建设兵团分院，新疆生产建设兵团人民检察院、林业局、公安局，海关总署广东分署，各直属海关：

我国是《濒危野生动植物种国际贸易公约》(CITES)缔约国，非原产我国的 CITES 附录Ⅰ和附录Ⅱ所列陆生野生动物已依法被分别核准为国家一级、二级保护野生动物。近年来，各地严格按照 CITES 和我国野生动物保护法律法规的规定，查获了大量非法收购、运输、出售和走私 CITES 附录Ⅰ、附录Ⅱ所列陆生野生动物及其制品案件。为确保依法办理上述案件，依据《陆生野生动物保护实施条例》第二十四条、《最高人民法院关于审理走私刑事案件具体应用法律若干问题的解释》(法释〔2000〕30 号)第四条，以及《最高人民法院关于审理破坏野生动物资源刑事案件具体应用法律若干问题的解释》(法释〔2000〕37 号)第十条和第十一条的有关规定，结合《林业部关于在野生动物案件中如何确定国家重点保护野生动物及其产品价值标准的通知》(林策通字〔1996〕8 号)，现将破坏野生动物资源案件中涉及的

CITES 附录Ⅰ和附录Ⅱ所列陆生野生动物制品的价值标准规定如下：

一、CITES 附录Ⅰ、附录Ⅱ所列陆生野生动物制品的价值，参照与其同属的国家重点保护陆生野生动物的同类制品价值标准核定；没有与其同属的国家重点保护陆生野生动物的，参照与其同科的国家重点保护陆生野生动物的同类制品价值标准核定；没有与其同科的国家重点保护陆生野生动物的，参照与其同目的国家重点保护陆生野生动物的同类制品价值标准核定；没有与其同目的国家重点保护陆生野生动物的，参照与其同纲或者同门的国家重点保护陆生野生动物的同类制品价值标准核定。

二、同属、同科、同目、同纲或者同门中，如果存在多种不同保护级别的国家重点保护陆生野生动物的，应当参照该分类单元中相同保护级别的国家重点保护陆生野生动物的同类制品价值标准核定；如果存在多种相同保护级别的国家重点保护陆生野生动物的，应当参照该分类单元中价值标准最低的国家重点保护陆生野生动物的同类制品价值标准核定；如果 CITES 附录Ⅰ、附录Ⅱ所列陆生野生动物所处分类单元有多种国家重点保护陆生野生动物，但保护级别不同的，应当参照该分类单元中价值标准最低的国家重点保护陆生野生动物的同类制品价值标准核定；如果仅有一种国家重点保护陆生野生动物的，应当参照该种国家重点保护陆生野生动物的同类制品价值标准核定。

三、同一案件中缴获的同一动物个体的不同部分的价值总和，不得超过该种动物个体的价值。

四、核定价值低于非法贸易实际交易价格的，以非法贸易实际交易价格认定。

五、犀牛角、象牙等野生动物制品的价值，继续依照《国家林业局关于发布破坏野生动物资源刑事案中涉及走私的象牙及其制品价值标准的通知》（林濒发〔2001〕234 号），以及《国家林业局关于发布破坏野生动物资源刑事案件中涉及犀牛角价值标准的通知》（林护发〔2002〕130 号）的规定核定。

人民法院、人民检察院、公安、海关等办案单位可以依据上述价值标准，核定破坏野生动物资源刑事案件中涉及的 CITES 附录Ⅰ和附录Ⅱ所列陆生野生动物制品的价值。核定有困难的，县级以上林业主管部门、国家濒危物种进出口管理机构或其指定的鉴定单位应该协助。

特此通知。

最高人民法院　最高人民检察院
国家林业局　公安部　海关总署
2012 年 9 月 17 日

国家林业局关于印发《国家农业综合开发林业生态示范和名优经济林等示范项目管理实施细则》的通知

林规发〔2012〕245 号

各省、自治区、直辖市林业厅（局），内蒙古、吉林、龙江、大兴安岭森工（林业）集团公司，新疆生产建设兵团林业局，各计划单列市林业局：

为进一步做好农业综合开发林业项目与资金管理工作，确保项目资金安全运行和有效使用，按照《国家农业综合开发部门项目管理办法》（国农发〔2011〕169 号）要求，我局制定了《国家农业综合开发林业生态示范和名优经济林等示范项目管理实施细则》。现印发给你们，请遵照执行。在执行中如有问题或意见，请及时向国家林业局发展规划与资金管理司反馈。

附：国家农业综合开发林业生态示范和名优经济林等示范项目管理实施细则

国家林业局
2012 年 10 月 16 日

附：国家农业综合开发林业生态示范和名优经济林等示范项目管理实施细则

第一章　总　则

第一条　为促进国家农业综合开发林业生态示范项目和名优经济林等示范项目（以下简称“农发林业项目”）管理科学化、制度化和规范化，保证资金安全运行和有效使用，依据《国家农业综合开发资金和项目管理办法》（财政部令第 60 号）和《国家农业综合开发部门项目管理办法》（国农办〔2011〕169 号）等规定，结合林业项目管理的有关规定，制定本细则。

第二条　本细则所称农发林业项目，是指经国家农业综合开发办公室（以下简称“国家农发办”）批准，由国家林业局组织实施、地方农业综合开发机构（以下简称“农发机构”。未设在财政部门的为农发机构和财政部门，下同）参与管理的农业综合开发部门项目。农发林业项目遵循国家农业综合开发的指导思想和方针政策，发挥林业行业技术优势，坚持高标准、高质量建设，为项目区提供林业项目建设示范、发挥生态保障和经济促进作用。

第三条 农发林业项目包括林业生态示范项目和名优经济林等示范项目两类。

林业生态示范项目，是指通过人工造林、封山育林、低产低效林改造以及工程固沙等工程措施，改善项目区农村生产生活条件，预防和治理土地沙化，防治水土流失和涵养水源，减轻土地沙化和沙尘天气对农业生产的危害和影响，为项目区提供生态保障，着力提高农业综合生产能力。主要包括长江防护林建设、太行山绿化和黄河故道沙地综合治理、重点沙化(地)地区治理、石漠化地区治理等内容。

名优经济林等示范项目，是指利用优质高产新品种、高效栽培技术和有机栽培技术等，建设高标准示范基地，提高林产品产量，提升林产品质量，引导带动农民群众广泛参与，促进农民增收。主要包括木本油料、木本粮食、木本药材、林下经济、竹产业、干鲜果品和苗木花卉等内容。

第四条 农发林业项目应坚持的原则：统筹规划、突出重点、注重效益；择优选项、奖优罚劣、激励竞争；以资金投入控制项目规模，按项目管理资金，并实行自下而上联合申报项目。

林业生态示范项目应突出公益性、基础性、保障性。

名优经济林等示范项目应体现公平性、示范性、引导性。

第五条 地方各级林业主管部门应当与同级农发机构密切配合，各负其责，互相支持，共同做好农发林业项目管理工作。林业主管部门以组织项目实施为主，应与农发机构主动协调；农发机构以资金管理为主，应把农发林业项目管理作为农业综合开发工作的重要组成部分，主动配合和参与。

第二章 扶持重点和对象

第六条 农发林业项目应当与国家农业综合开发总体规划、林业建设中长期规划及有关省和区域林业建设规划相衔接。

第七条 林业生态示范项目应以营造农田防护林、水土保持林、水源涵养林、防风固沙林等具有防护功能兼有经济价值的林种为主；具有一定的开发治理条件，治理面积相对集中连片、区域范围明确；积极结合农业综合开发项目区建设，对改善生态环境具有明显的效果。年度单个项目相对连片治理面积不低于200公顷，单个项目中央财政投资规模原则上不低于100万元。

第八条 名优经济林等示范项目应具有明显的资源优势和区域特色，开发的产品有较高的科技含量和市场前景；经济效益显著，示范带动作用明显，有利于促进区域主导产业发展和增加农民收入；项目建设单位有较强的技术力量、承建能力和适应市场经济的经营管理机制，具有独立的法人资格；年度单个项目中央财政投资规模根据自筹资金能力和实施项目能力等合理确定，原则上不低于120万元。

第九条 林业生态示范项目的主要扶持对象为项目区所在的县级林业局、国有林场等。名优经济林等示范项目的主要扶持对象为农民专业合作社、农民专业合作社联合社(以下简称“联合社”)、林(农)业产业化龙头企业以及林场、苗圃、科研院所、大专院校等。

第十条 对于申报名优经济林等示范项目的同一项目单位，要杜绝多头申报。当年已申报农业综合开发地方项目和其他财政资金扶持的，不得同时申报部门项目。已上市的企业及其全资、控股子公司，不得申报部门项目。

第三章 资金管理

第十一条 农发林业项目建设资金由中央财政资金、地方财政配套资金、自筹资金和其他资金构成。

第十二条 中央财政资金全部为无偿投入，并与项目管理工作绩效挂钩，向工作成效好的地区倾斜。

第十三条 地方财政配套资金按照财政部规定的比例执行，地方各级财政部门应将财政配套资金列入同级财政年度预算，保证足额落实。

第十四条 鼓励农发林业项目建设单位积极增加投入。

林业生态示范项目的农村集体和农民筹资(含以物折资)投劳，要严格按照“农民自愿，量力而行，民主决策，数量控制”和“谁受益、谁负担”的原则进行筹集，并且纳入村内“一事一议”范畴，实行专项管理。

名优经济林等示范项目自筹资金不得低于财政投入资金。

第十五条 财政资金使用范围：

(一)林业生态示范项目。包括种子、苗木、整地、定植、补植、封育、幼林管护、农药肥料购置、育苗、项目管理、作业便道、灌溉(蓄水池、引水渠、保水剂等)、防火设施、沙障、围栏、标识牌建设、科技推广、工程监理及工程建设所必需的小型仪器设备购置等费用。

(二)名优经济林等示范项目。项目所必需的基础设施建设及设备购置，包括温室大棚、工作室、土地平整、土壤改良、灌排及10千伏以内输变电设施、田间道路，种苗补助、检验检测设备、标识牌建设等；加工类项目所需的生产车间、加工设备及配套的供水、供电、道路设施，质量检验设施，废弃物处理等环保设施，卫生防疫及动植物检疫设施等。技术推广、技术培训及新品种、新技术引进补助等费用。

第十六条 林业生态示范项目所需的项目管理费、科技推广费、工程监理费和工程管护费等费用提取比例和使用，严格按照财政部有关规定执行。

第十七条 财政资金的使用和管理，严格按照《财政部关于印发〈农业综合开发财政资金县级报账实施办法〉的通知》(财发〔2011〕22号)执行。由省、市级林业主管部门直属单位组织实施的项目，项目资金可在同级财政部门或林业主管部门报账。

第十八条 农发林业项目财政资金严格按照农业综合开发财务、会计制度进行管理，并按照规定范围使用资金，实行专人管理、分账核算、专款专用，及时拨付，严禁挤占挪用。

第十九条 建立健全内部监督制约机制。加强财政资金使用绩效考评，定期对资金的拨付、到位、使用情况进行检查，发现问题及时纠正，确保工程质量和资金使用效益。

第四章　项目管理

第二十条　地方林业主管部门和农发机构应根据农发林业项目规划和有关要求，逐步建立项目库制度，实现前期准备工作经常化、制度化。

第二十一条　国家林业局农业综合开发机构(设在发展规划与资金管理司，以下简称"国家林业局农发机构")在征求相关业务司局、直属单位意见的基础上，会同国家农发办于每年5月底前联合制定下一年度分类项目申报指南，明确相关政策和要求，并公开发布。

第二十二条　国家林业局农发机构在国家农发办下达下一年度项目中央财政农发资金指标后，征求相关业务司局、直属单位意见，在统筹平衡的基础上，提出分省分类项目中央财政农发资金指导性指标报国家农发办，经国家农发办同意后，下达项目申报方案。

第二十三条　基层林业主管部门会同同级农发机构根据项目申报指南等，公平公正择优筛选项目，按要求逐级联合上报。省级林业主管部门和农发机构组织专家对逐级申报的项目进行评估论证，按中央财政农发资金指导性指标的120%申报项目，并按规定的时间联合行文报送国家林业局农发机构和国家农发办。

报送国家林业局农发机构的材料主要包括：申报文件(含初步评估意见、地方财政配套资金承诺意见、项目基本情况表，下同)、项目建议书或可行性研究报告等；报送国家农发办的材料为申报文件和地方财政配套资金承诺意见。名优经济林等示范项目需编制项目可行性研究报告，林业生态示范项目需编制项目建议书。

第二十四条　项目可行性研究报告的编制须按照《〈农业综合开发名优经济林等示范项目可行性研究报告〉编写大纲》的相关要求，由具有乙级(含乙级)以上资质的工程设计(咨询)单位编制；项目建议书的编制须按照《〈农业综合开发林业生态示范项目建议书〉编写大纲》的相关要求，由具有相应资质的工程设计(咨询)单位，或组织有关专家，或项目实施单位编制。项目可行性研究报告和建议书提交的财务审计报告应由有资质的会计师事务所出具。

第二十五条　省级林业主管部门和农发机构对项目申报材料的真实性、可靠性负有最终责任。

第二十六条　国家林业局农发机构会同相关司局、直属单位，组织专家对各地申报的项目进行评审，根据专家评审结论，形成农发林业项目初步方案，报国家农发办。根据国家农发办下达的农发林业项目备案通知，国家林业局农发机构与国家农发办联合下发编报项目年度实施计划的通知。

第二十七条　省级林业主管部门会同农发机构按照年度实施计划的通知要求，组织有关单位逐级编报项目实施方案或作业设计(以下简称"实施方案")，项目实施方案由项目实施单位或者委托具有相应资质的单位编制。省级林业主管部门会同农发机构在审定项目实施方案的基础上，汇总形成年度项目实施计划，联合报送国家林业局农发机构和国家农发办。

第二十八条　国家林业局农发机构会同相关司局、直属单位对项目实施计划审核、汇总后，与国家农发办联合批复。省级林业主管部门应会同农发机构及时将建设任务和投资计划逐级下达到项目实施单位。

第二十九条　地方各级林业主管部门应当主动与同级农发机构密切配合，各负其责，互相支持，共同做好农发林业项目和资金全过程管理。包括开展项目前期准备、设计审批和实施工作，负责项目的技术审查、年度实施计划申报、项目竣工验收，以及项目建设、资金使用和效益等情况的汇总统计工作，加强对项目实施计划的检查。

第三十条　项目实施过程中，应按有关规定积极推行项目法人制、招投标制、工程监理制，进一步做好资金和项目公示制。

第三十一条　项目实施计划一经批复，应严格执行。如因特殊情况确需调整的，财政资金100万元以上的项目变更及终止，由国家林业局农发机构批准，报国家农发办备案；不足100万元的，由省级林业主管部门与农发机构批准，报国家林业局农发机构和国家农发办备案。

第三十二条　项目实施中要因地制宜地推广新技术，引进新品种，加强技术培训，建立技术支撑体系，提高项目建设的质量与效益。

第三十三条　林业生态示范项目竣工验收后，应明确管护主体，及时办理移交手续，明晰产权，办理产权登记，制定管护制度，确保项目长期发挥效益。

第三十四条　省级林业主管部门于每年3月底前向国家林业局报送上年度项目实施工作总结和农发林业项目年度统计报表。

第五章　检查验收与档案管理

第三十五条　农发林业项目检查验收包括年度检查和竣工验收，检查结果将作为调控农发林业项目中央财政投资的重要依据。

第三十六条　年度检查工作由省级林业主管部门会同同级农发机构组织自查，并向国家林业局提交自查报告。国家林业局农发机构会同相关司局和直属单位在各省自查的基础上进行抽查，向国家农发办提交检查报告。检查内容主要包括项目前期工作情况、计划任务完成情况、资金到位和使用管理情况、项目管理制度执行情况、项目实施效益等。

第三十七条　国家林业局农发机构对检查情况予以通报，对查出的问题，区别不同情况，相应扣减相关省中央财政资金指标，并要求限期整改。

第三十八条　在项目实施3年期满后，省级林业主管部门应当会同同级农发机构组织对项目进行竣工验收，形成验收报告报国家林业局。

第三十九条　项目档案应当有专人管理，按照文书、财务、工程三大类，根据有关档案管理规定进行收集、整理、归档。

第六章　附　则

第四十条　省级林业主管部门会同农发机构可根据本细则制定本省实施细则。

第四十一条　本细则由国家林业局负责解释。

第四十二条　本细则自发布之日起施行，2009年6月12日国家林业局办公室印发的《国家农业综合开发部门项目管理办法林业项目实施细则(试行)》(办计字〔2009〕93号)同时废止。

国家林业局　住房和城乡建设部　中国科学院 关于加强植物园植物物种资源迁地保护工作的指导意见

林护发〔2012〕248 号

各省、自治区林业厅(局)、住房城乡建设厅，北京市园林绿化局，上海市绿化和市容管理局，天津市林业局、市容和园林管理委员会，重庆市林业局、园林事业管理局，中科院各相关单位：

我国拥有丰富的野生植物资源，是世界上野生植物种类最多的国家之一。多年来，通过采取建立自然保护区、风景名胜区、植物园(含树木园，下同)等就地和迁地保护措施，有效保护了我国的野生植物资源。植物园作为物种保存、科学研究、科普教育和植物可持续利用的专业机构，是实施植物物种资源迁地保护最主要的基地。我国目前已建有各级各类植物园近 200 个，收集保存了占我国植物区系 2/3 的 2 万个物种，在保护生物多样性、储备生物战略资源、传播生态文化、建设生态文明中发挥了十分重要和独特的作用。为进一步规范植物园的规划、建设、管理、保护与发展，加强植物园植物物种资源迁地保护工作，现提出如下指导意见。

一、充分认识加强植物园植物物种资源迁地保护工作的重要意义

(一)加强植物园植物物种资源迁地保护是提升野生植物保护管理水平的重大举措。野生植物保护是生物多样性保护的重要组成部分，随着全球气候变暖和经济社会快速发展，野生植物保护面临的形势越来越严峻。作为实施植物物种资源迁地保护和种质资源收集保存的重要基地，植物园承担物种资源保护的任务越来越艰巨，发挥的作用越来越重要。加强植物园建设与发展，充分发挥其应有作用，是新形势下加强野生植物保护工作的战略举措，有利于推动我国野生植物保护事业的进一步发展。

(二)加强植物园植物物种资源迁地保护是保存种质资源、促进可持续发展的需要。野生植物蕴藏着丰富的遗传资源，是经济社会可持续发展的重要战略资源。保存植物种质资源、开展科学研究和可持续利用是植物园建设与发展的重要使命。多年来，我国植物园研究开发的植物资源对发展新兴产业、形成新的经济增长点、推动国民经济可持续发展做出了重要贡献。加强植物园建设与发展，保护种质资源，开展可持续利用研究，对促进经济社会可持续发展具有不可替代的重要作用。

(三)加强植物园植物物种资源迁地保护是建设生态文明的重要任务。植物园以其多样的自然生态环境、丰富的植物多样性和深刻的科学内涵成为生态文化的重要载体，为营造生态文明的良好氛围发挥着重要作用。加强植物园植物物种资源迁地保护，对于展示野生植物保护成果、建设生态文明、满足国民日益增长的精神文化需求、提高人民的生活质量具有十分重要的意义。

二、加强植物园植物物种资源迁地保护工作的指导思想和基本原则

(四)指导思想。以邓小平理论和“三个代表”重要思想为指导，深入贯彻落实科学发展观，按照建设生态文明、推动科学发展的总体要求，解放思想，深化改革，创新机制，坚持政府主导、部门合作、社会参与、规范建设、科学管理、共同保护、持续发展的思路，大力加强植物园建设与发展。以国家珍稀濒危野生植物保护为重点，全面提高植物物种资源迁地保护的能力，充分发挥植物园的综合功能，为社会进步、经济发展和生态文明建设服务。

(五)基本原则。一是突出重点。以珍稀濒危野生植物保护为重点，突出抓好国家重点保护的野生植物种质资源收集、保存、繁育和引种回归。二是分类指导。林业、住房城乡建设、中科院等部门对不同系统植物园的建设与发展按职能实行分类指导，并加强相互间的联系和协调。三是统一标准。通过部门间的协同研究，制定植物园植物保护管理技术标准和评估办法，使植物园植物保护管理工作规范化和标准化。四是合理布局。根据植物资源保护情况和植物园建设现状，结合植物保护及植物园发展需要，按照区域定位合理、物种特色突出等要求，科学合理地规划植物园建设与发展。五是保护优先。根据植物保护的重点和要求，在植物园建设内容上，要优先支持和重点改善与植物种质资源收集、保存、引种回归等有关的设施和条件。六是科技创新。植物迁地保护及其科研活动属科技前沿工作，应不断创新迁地保护的理论和技术，推动植物园建设管理的科技进步。七是功能兼顾。要重视发挥植物园在科学研究、科普教育、生态游憩等方面的社会服务功能，惠益公众，服务社会。

三、加强植物园植物物种资源迁地保护工作的主要任务

(六)统筹规划植物园建设与发展。我国植物园建设与发展在总体上已达到一定规模，初步形成了迁地保护网络的格局。但在植物园的分布和建设内容上，还存在重要区域和重要植物种类的保护空缺，要在分析现有植物园建设与发展现状基础上，统筹规划植物园建设与发展，使植物园发展走“规模扩展”和“内涵发展”并重的路子，进一步覆盖不同的地理条件和气候环境，尽可能多地保存我国植物区系成分和植物种类。

(七)强化植物园在迁地保护中的重要作用。开展植物迁地保护和种质资源保存是植物园建设与发展的出发点和落脚点。要围绕植物物种资源迁地保护这个重点和主线，做好植物园规划和建设管理工作。要将区域内珍稀濒危野生植物的迁地保护，作为植物园建设与发展的优先内容。要突出抓好能力建设，合理配置植物种类，根据其生物学特性以及生态环境和植被类型相似性的原则，选择和创建适宜物种异地保存和繁育的生境条件，并科学构建珍稀濒危植物的迁地保护群落，使物种的遗传多样性和完整性得到有效保护。要加强迁地保护种群的档案建设与管理，对迁地保护的物种要建立监测管理信息系统，详细记录种群来源和迁地后的保护情况。要不断加强科学研究，根据科研需求，抓好基础设施建设和能力建设，在专业技术人员配备上给予倾斜，并认真总结和推广科研成果，充分体现植物园物种迁地保护作用和功能的发挥。

（八）创新植物园管理机制。在继续推动林业、住房城乡建设、中科院等部门所属植物园学术交流的基础上，发挥各植物园学会、协会的桥梁作用及政府参谋作用。实现植物园间物种资源和信息共享，促进管理、科普和文化传播等方面的交流，彰显和发挥植物园体系的综合作用。由国家林业局、住房城乡建设部和中科院共同设立植物园协调管理机制（植物园联盟），定期召开工作会议，加强对植物园建设与发展和植物物种资源迁地保护的协商沟通和指导，并主动加强与农业、医药等部门以及地方政府的交流与合作，逐步建立联合推动植物园建设与发展的有效机制，汇集多方力量，发挥各自优势，共同谋划植物园建设与发展理念和管理模式，合力推进植物园建设与发展和植物物种资源迁地保护工作。通过建立部门之间、部门和植物园之间、植物园之间的沟通交流机制，逐步形成工作有联系、合作有渠道、发展有目标、推动有措施、政策有保障、管理有制度的系统性工作格局。

（九）研究探讨植物园分级分类建设管理模式。林业、住房城乡建设、中科院等部门需根据我国植物园管理现状及保护发展需要，共同研究探讨国家植物园和地方植物园分级分类建设管理模式，特别是要参照国际相关建设标准及管理规定，制定既适合中国国情又具科学性、前瞻性、可行性的国家植物园建设评审和认证标准，并按照统一的标准来评估、建立植物园分级分类建设与管理体系构架，研究制定相应的管理模式和管理办法，切实推动我国植物园体系建设健康持续发展。

（十）加强植物园植物物种迁地保护国际交流与合作。植物园是我国向国际社会展示植物物种保护成果的重要窗口和平台。我国目前与世界70多个国家和地区的600多个植物园建立了合作关系，要加强国家之间植物园迁地保护的交流与合作，进一步推进与国际植物园保护协会（BGCI）、国际植物园协会（IABG）、受威胁植物委员会（IUCN－/TPC）、国际植物遗传资源委员会（IBPGR）等机构的交流与合作，及时了解植物迁地保护的相关信息与技术，促进我国植物园建设管理水平全面提升。

（十一）加强植物园迁地保护的科普教育，提高全社会对植物园迁地保护的认知和参与。进一步强化植物园的科普功能，立足于植物园所收集、栽培的植物，区分不同对象采取有针对性、有特色的形式和方法，向公众宣传植物园迁地保护的科学知识，增强全社会保护野生植物的意识和行动。

四、加强植物园植物物种资源迁地保护工作的组织领导和资金投入

（十二）强化对植物园植物物种资源迁地保护工作的领导和指导。国家林业局、住房城乡建设部和中科院将按照各自的职责，进一步加强植物园的组织建设、队伍建设和制度建设，切实加强植物园植物物种资源迁地保护工作的领导和指导。要准确把握迁地保护工作的特点、重点和趋势，对生长受到威胁的国家重点保护野生植物和列入国家拯救保护的极小种群野生植物，优先和重点采取拯救措施，制定专项拯救方案或规划，通过采取种苗繁殖、生境营造、种群管理以及种质资源保存等措施，强化对野生植物的拯救保护、回归引种及野生种群重建，并督促和检查相关措施的落实。

（十三）加强对植物园植物物种资源迁地保护的资金投入。植物物种资源的迁地保护事关国家战略资源的收集和保存，属国家公益事业，所需资金应以政府投入为主。各级林业、住建及中科院等部门和系统，应将植物物种资源迁地保护列入部门或系统规划，加大对植物园建设与发展和植物物种资源迁地保护的投入。应高度重视，争取将植物园建设与发展纳入当地经济社会发展规划，保障植物园规划、建设、保护、管理和发展所需资金的投入，确保植物物种资源迁地保护工作的正常开展。同时，应充分调动社会各方面积极性，在国家政策指导下，鼓励社会团体、企业、个人采取多种形式参与植物园建设与发展和植物物种资源的保护，为促进我国野生植物保护事业持续健康发展作出积极的贡献。

国家林业局
中华人民共和国住房和城乡建设部
中国科学院
2012年10月13日

国家林业局关于严防乱捕滥猎候鸟等野生动物非法活动的紧急通知

林护发〔2012〕249号

各省、自治区、直辖市林业厅（局），内蒙古、龙江、大兴安岭森工（林业）集团公司，新疆生产建设兵团林业局：

当前正处于秋季候鸟大迁徙时期，有迹象表明，乱捕滥猎候鸟等野生动物的违法行为有抬头趋势，严重威胁候鸟迁飞安全，危害保护成果。针对上述情况，为有效防范大肆破坏候鸟等野生动物资源现象的再度出现，经认真研究，现就进一步严防乱捕滥猎候鸟等野生动物非法活动紧急通知如下。

一、加强领导，组织力量，全面加强巡护和看守。自本通知下达之日起，各地林业主管部门要切实明确责任人及负责领导，进一步完善野生动物保护执法责任制，切实做到巡护到位、看守到岗、责任到人，严防盗猎和破坏栖息地等现象的发生，尤其要严防使用网捕、毒药等恶劣手段乱捕滥猎鸟类的活动，制止对迁飞候鸟等野生动物人为干扰，进一步调查掌握本地候鸟等野生动物主要分布区、越冬地、繁殖地、迁飞停歇地、迁飞通道、集群活动区等，逐一安排人员力量开展巡护、看守，巡护、看守过程中发现候鸟等野生动物非正常死亡现象，请按规定程序及时上报。国家林业局驻各地森林资源监督机构要切实履行野生动植物保护监督检查职能，对所在区域各级林业主管部门组织巡护、看守情况进行检查督促，对存在的问题及时提出改进意见和建议，确保巡护、看守工作落到实处。

二、严格限制对候鸟的猎捕活动。自本通知下达之日至2013年春季候鸟迁徙完成前，除科学研究、保障航空安全、疫病防控等特殊情形外，各地林业主管部门对猎捕候鸟的行政许可申请应一律不予许可。即使因上述特殊情况需要猎捕候鸟的，也要制定科学合理的猎捕方案，且实施地点应避开鸟类等野生动物主要分布区、越冬地、繁殖地、迁飞停歇地、迁飞通道、集群活动区等重要区域，尽可能避免给候鸟迁徙造成不当影响。

三、加强对野生动物经营利用活动及市场的执法监管。在加强候鸟等野生动物野外保护的同时，各地林业主管部门要切实加强对花鸟市场、餐馆饭店、野生动物原材料集散地等野生动物及产品经营场所的巡查，掌握非法经营活动信息及动向，以便有针对性地采取执法措施。特别是在野生动物非法经营活动多发地和多发环节，林业主管部门要主动会同工商、公安等部门开展联合执法检查，推进执法信息的沟通和交流，实现执法力量的有效整合。对检查过程中发现的严重违法犯罪行为，各地森林公安机关要集中警力，适时开展专项打击行动，依法严肃查处一批大案要案，形成强大的震慑声势和保持高压态势，有效遏制破坏候鸟等野生动物资源的违法犯罪势头。

四、广泛开展宣传教育，动员社会力量支持、参与候鸟保护行动。为提高候鸟等野生动物保护效率，各地林业主管部门要进一步建立健全举报制度，要及时核实、分析举报信息，指导基层保护机构执法，并及时向公众反馈执法结果；要积极发挥保护志愿者协助执法的作用，引导其以适宜方式参与到收集非法活动信息和协助执法行动等工作中来，促进执法机构提高执法效率；坚持开展“爱鸟周”、“保护野生动物宣传月”等宣传活动，多渠道、多形式大力开展保护宣传教育，促进全社会保护意识的提高，促使公众更加关心保护工作成效和面临的困难，形成全社会共同关注、自觉抵制非法行为的良好氛围，为进一步强化候鸟等野生动物保护奠定群众基础。

特此通知。

国家林业局

2012年10月22日

国家林业局关于印发《国家林业局规范性文件制定和管理办法》的通知

林策发〔2012〕252号

国家林业局各司局、各直属单位：

为加强我局规范性文件制定和管理工作，提高规范性文件质量，推进依法行政，我局制定了《国家林业局规范性文件制定和管理办法》。现印发给你们，请遵照执行。

附件：国家林业局规范性文件制定和管理办法

国家林业局

2012年10月23日

国家林业局规范性文件制定和管理办法

第一条 为加强国家林业局规范性文件制定和管理工作，提高规范性文件质量，推进依法行政，根据《国务院关于加强法治政府建设的意见》等有关要求，结合我局实际，制定本办法。

第二条 国家林业局制定和管理规范性文件应当遵守本办法。

本办法所称规范性文件，是指国家林业局依据法定权限和程序制定，涉及公民、法人或者其他组织权利和义务，公开发布并反复适用，具有普遍约束力的行政文件。

规范国家林业局或者林业系统内部的工作制度、工作程序、表彰奖励决定、人事任免决定、原文转发其他部门规范性文件、具体事项的通知和通报以及对具体行政行为作出决定事项制定的文件等不适用本办法。

第三条 制定规范性文件，应当遵守下列原则：

（一）维护国家法制统一原则；

（二）依照法定职权和程序制定原则；

（三）合法、科学、公开的原则；

（四）保障公民、法人和其他组织合法权益原则。

第四条 规范性文件不得设定下列内容：

（一）行政处罚事项；

（二）行政强制措施；

（三）行政许可事项；

（四）行政事业性收费事项；

（五）其他应当由法律、法规、规章或者由特定行政机关规定的事项。

规范性文件不得违法增加公民、法人和其他组织的义务。

第五条 规范性文件的内容应当明确制定目的和依据、适用范围、主体、权利义务、具体规范、操作程序、施行日期等内容，并具有可操作性。

规范性文件不得与法律、法规、规章和国家的方针、政策相抵触，不得作出损害行政管理相对人合法权利或者违法增加其义务的规定。

第六条 规范性文件一般用段落形式表述，也可以用条文形式表述。规范性文件应当使用“规定”“办法”“公告”“通告”“通知”“意见”等名称。亟待制定施行但尚需探索的规范性文件，应当在名称中加上“暂行”或者“试行”字样。

规范性文件一般以国家林业局文件或国家林业局办公室文件名义发布。国家林业局机关内设机构、直属事业单位、临时性机构、议事协调机构等均不得以自己的名义对外制定、发布规范性文件。

第七条 国家林业局政策法规司（以下简称政法司）负责规范性文件合法性审查和组织清理。各司局和直属事业单位（以下简称各司局）负责职责范围内规范性文件的起草和协调。

第八条 规范性文件的起草，根据各司局的职责分工，按照“谁主管、谁起草”的原则进行。文件内容涉及多个司局的，由主要司局负责牵头起草，其他相关司局协助配合。

第九条 起草规范性文件，应当对制定规范性文件的必要性和可行性进行研究，并对规范性文件所要解决的问题、拟确立的主要制度或者拟制定的主要措施等内容进行调研论证。在制定规范性文件过程中，起草司局认为需要提前和政法司协商或共同研究的，应当及时通知政法司。

第十条 重大或者关系人民群众切身利益的规范性文件草案，起草司局应当采取在国家林业局官方网站公布或举办听证会、论证会、座谈会等方式向社会广泛征求意见。

公民、法人或者其他组织对规范性文件草案内容提出意见的，起草司局应当予以研究并提出处理意见。

第十一条 对规范性文件草案内容，有关方面存在重大分歧意见的，牵头起草的司局应当负责进行协调。对重大分歧意见的协调和处理情况，应当在起草说明材料中予以说明。

第十二条 起草司局形成规范性文件草案后，应在国家林业局办公网发文系统中标明属于“规范性文件”。如果涉及多个司局的，在会签相关司局后，将下列材料经国家林业局办公网发文系统，送政法司进行合法性审查。

（一）规范性文件草案；

（二）起草说明材料，内容包括制定规范性文件的必要性和目的、制定依据、起草的简要过程、文件设立的主要制度、相关部门的重大意见及协调处理情况以及其他需要说明的问题等；

（三）调研论证和征求意见的材料；

（四）其他有关材料。

第十三条 政法司在收到规范性文件草案后，应当及时进行合法性审查。审查工作一般在10个工作日内完成，对有重大分歧意见的文件可以延长。合法性审查重点包括以下内容：

（一）是否与现行法律、法规、规章、国家的方针政策以及上级制定的规范性文件相抵触；

（二）是否超越国家林业局的法定职权范围；

（三）是否包含不得设定的内容；

（四）规范性文件的内容、格式、用语是否规范适当；

（五）对重大或者关系人民群众切身利益的规范性文件草案，是否征求相关机关、组织和管理相对人的意见以及对意见的协调处理是否适当；

（六）其他需要审查的内容。

第十四条 政法司对规范性文件草案审查时，可以根据不同情况，采取直接修改补充、与起草司局共同修改补充、提出重新起草、暂缓发布、不发布或者其他处理意见等方式。

规范性文件草案修改涉及具体业务管理的，应当征求起草司局和相关业务部门的意见。

第十五条 规范性文件草案经政法司审查符合规定的，由政法司会签同意并退还起草司局，由起草司局提交局办公室审核。对不符合规定的，政法司不予会签，同时提出审查修改意见，并将草案退还起草司局。

对于涉及特别重大事项的规范性文件，政法司可以要求报局务会议进行审议。

第十六条 未经政法司会签同意的规范性文件，局办公室不予审核，不安排送局务会议讨论。

第十七条 规范性文件应当注明开始施行日期。开始施行日期原则上应在公布日期30日之后，但因保障国家安全、重大公共利益的需要，或者公布后不立即施行将有碍法律、法规、规章和国家的方针、政策执行的除外。

第十八条 规范性文件应当标注有效期。有效期一般为3～5年，特殊情况可以延长。有效期届满的，规范性文件自动失效。需要继续执行的，应当重新制定发布。

第十九条 规范性文件未经政法司审查，被有关部门发现制定程序违反规定、内容违法等，或者起草司局擅自修改已审查、审定内容，造成严重后果的，由起草司局承担相关责任。

第二十条 起草司局应当自规范性文件印发之日起3日内，通知局信息中心将规范性文件内容在国家林业局官方网站公布。未经公布，不得作为行政管理的依据。

第二十一条 已公布的规范性文件需要解释的，由政法司会同起草司局提出意见，报局领导签发后公布。规范性文件的解释与规范性文件具有同等效力。

第二十二条 规范性文件每隔两年集中清理一次。清理工作由政法司统一组织，起草司局具体负责。起草司局应当对规范性文件的合法性、适宜性进行评估，并提出继续有效、修改或者废止的清理意见及理由，送政法司。

政法司对起草司局提出的清理意见进行审核后，形成清理结果，报局领导或送局务会议审核后发布。

第二十三条 起草司局应当监测规范性文件的执行效果。发现规范性文件在执行过程中存在问题的，应当及时提出修改或废止的建议。

第二十四条 新的法律、行政法规和林业规章、规范性文件施行后，起草司局应当同步对相关规范性文件进行清理，及时修改或者废止有关规范性文件。

第二十五条 为应对和处置自然灾害等突发事件，需要制定立即执行的规范性文件时，起草司局可以直接拟写文件，经其他有关司局和政法司会签后，送局办公室审核。突发事件应急处置后，应及时补充有关材料。

第二十六条 拟以国务院或国务院办公厅名义印发，涉及公民、法人和其他组织权利义务的文件起草、审查工作以及由国务院其他部门起草、与我局联合发布的规范性文件的审查工作，参照本办法执行。

第二十七条 本办法自发布之日起施行。此前发布的有关规范性文件管理的规定与本办法不一致的，适用本办法。

国家林业局关于印发《国家林业局规划管理暂行办法》的通知

林规发〔2012〕266号

国家林业局各司局、各直属单位：

为进一步加强我局规划管理工作，推进规划管理的规范化、制度化、科学化，依据《国务院关于加强国民经济和社会发展规划编制工作的若干意见》(国发〔2005〕33号)、《国家级专项规划管理暂行办法》(发改规划〔2007〕794号)和林业法律法规，结合林业规划的特点，我局制定了《国家林业局规划管理暂行办法》，并于2012年10月22日经局务会议审议通过。现印发你们，请遵照执行。

国家林业局

2012年10月29日

国家林业局规划管理暂行办法

第一章 总 则

第一条 为实现国家林业局规划管理工作的规范化、制度化、科学化，依据《国务院关于加强国民经济和社会发展规划编制工作的若干意见》(国发〔2005〕33号)、《国家级专项规划管理暂行办法》(发改规划〔2007〕794号)和林业法律法规，结合林业规划的特点，制定本办法。

第二条 本办法所称林业规划是指国家林业局依据国民经济和社会发展规划以及相关法律法规和职责，以林业发展的总体战略或特定领域为对象编制的规划。

林业规划主要包括国家林业发展中长期规划和林业专项规划。国家林业发展中长期规划是指导林业发展的战略性、纲领性、综合性规划，是编制专项规划、制定有关政策和年度计划的依据。林业专项规划是林业发展中长期规划在特定领域的细化，是指导该领域发展、审批建设项目、安排林业资金及制定特定领域相关政策的依据。

第三条 国家林业局发展规划与资金管理司(以下简称“计财司”)负责林业规划的立项、组织编制、衔接和论证、报批等归口管理工作。国家林业发展中长期规划由计财司负责组织编制；林业专项规划由国家林业局相关司局、直属单位(以下简称“相关规划编制单位”)依据职能分工负责编制，由计财司履行规划报批程序。

第四条 林业规划应重点考虑以下领域：

(一)关系林业发展全局的重要领域。

(二)涉及林业重要资源保护、修复、培育与利用或重大产业布局的领域。

(三)需要由国务院、国家发展改革委或国家林业局审批(核准)建设项目以及安排国家投资数额较大的领域。

(四)法律、行政法规和国务院要求编制规划的领域。

第五条 林业规划要突出科学性、前瞻性、战略性和可操作性，规划的编制要符合自然规律和经济规律以及公平、公正、公开、公信的原则。林业规划的规划期原则上要与国家总体规划保持一致，特殊领域也可根据实际情况确定。

第二章 立 项

第六条 林业规划编制前须由相关规划编制单位提出规划工作方案。

第七条 规划工作方案应包括规划编制必要性、依据、规划期、规划大纲、衔接单位、论证方式、进度安排等。

第八条 规划工作方案由计财司负责审核并会同相关规划编制单位签报规划和业务主管局领导、局长批准，予以立项。

第三章 编 制

第九条 林业规划的编制，应认真做好基础调查、信息搜集、布局研究以及重大项目和政策措施的分析论证，采取多种形式广泛听取各方面意见后，形成规划草案。

第十条 林业规划草案一般应包括现状、形势、指导思想、目标、布局、任务和建设重点、投资估算、政策和保障措施以及法律、行政法规规定的其他内容。

规划内容要达到以下要求：现状和形势分析深入，

指导思想明确，发展目标尽可能量化，规划任务重点突出，政策措施具有可操作性。

第十一条 林业规划草案需经相关规划编制单位召开由领导班子和处长参加的会议进行审议。

第四章 衔接和论证

第十二条 林业规划草案编制完成后，由计财司组织衔接和论证，一般应履行下列程序：

（一）与国家总体规划和其他相关规划进行衔接。林业规划提出的发展思路、目标、重点任务要与国家总体规划保持一致，相关规划之间对发展趋势的判断、需求预测、主要指标和政策措施要相互衔接，避免重复规划。

（二）计财司召开司务会议进行审议。

（三）征求意见。由国家林业局审批的规划应征求各相关司局、单位和相关省、自治区、直辖市林业厅（局）的意见；由国家发展改革委审批的规划还应征求国务院相关部门、单位的意见；由国务院审批的规划，应征求国务院相关部门和相关省、自治区、直辖市人民政府的意见；必要时可向社会公开征求意见。

（四）论证。由计财司提交局科技委或组织专家组进行论证或评审，出具论证意见或评审报告。论证意见或评审报告应全面、客观、公正，由局科技委负责同志或专家组组长签字，并附专家组名单。

第五章 报 批

第十三条 林业规划一般由国家林业局批准。须经国务院批准的规划，按国务院专项规划审批年度计划和相应的报批程序执行；须经国家发展改革委批准或经国家发展改革委与国家林业局等联合批准的，由计财司负责相关统筹协调事宜。

第十四条 林业规划报批时，除规划文本外还应附下列材料：

（一）编制说明，包括编制依据、编制过程、征求意见采纳情况、需要说明的重大问题等。

（二）论证意见或评审报告。

（三）法律、行政法规规定需要报送的其他有关材料。

第十五条 具备报批条件的林业规划，由相关规划编制单位会同计财司签报业务和规划主管局领导审核同意后，局办公室安排局务会审议。相关规划编制单位在局务会上作规划情况的汇报。审议通过后，由计财司负责组织履行规划的上报或下发程序。

第六章 实 施

第十六条 林业规划经批准后，应遵照相关规定及时对外发布。规划编制单位要及时对规划的主要目标和任务进行分解，明确责任，保障规划的实施落到实处。

第十七条 林业规划实施过程中，计财司会同相关规划编制单位加强跟踪监督，适时组织对规划实施情况进行评估，形成评估报告。

第十八条 林业规划经批准后需要进行修订的，相关规划编制单位应将修订后的规划报原审批机关批准后，方可按修订后的规划内容实施。

第七章 附 则

第十九条 相关规划编制单位要加强管理，确保规划质量。未经上述程序批准的林业规划，不能作为林业审批项目和资金安排的依据。

第二十条 林业规划编制工作所需经费，由计财司商相关规划编制单位列入年度预算和投资计划。

第二十一条 本办法由计财司负责解释。

第二十二条 本办法自发布之日起施行。凡与本办法不符的，按照本办法执行。

国家林业局关于已审核林地性质有关问题的复函

林策发〔2012〕269号

浙江省林业厅：

你厅《关于已审核林地性质的请示》（浙林〔2012〕79号）收悉。经研究，现函复如下：

根据《森林法》第十八条和《森林法实施条例》第十六条的规定，占用或者征用林地的，经县级以上人民政府林业主管部门审核同意后，依照有关土地管理的法律、行政法规办理建设用地审批手续。据此，占用或者征用林地的，用地单位应当在取得林地审核同意书后，凭林地审核同意书办理建设用地审批手续；如果用地单位在取得林地审核同意书后，未办理建设用地审批手续，则意味着该地块尚未依法转为建设用地，其土地性质仍为林地。

国家林业局

2012年10月30日

国家林业局关于切实强化野生动物保护执法工作的紧急通知

林护发〔2012〕289 号

各省、自治区、直辖市林业厅(局)，内蒙古、吉林、龙江、大兴安岭森工(林业)集团公司，新疆生产建设兵团林业局：

近一段时期以来，乱捕滥猎滥食野生动物和走私、非法经营利用野生动物及其产品的违法行为仍时有发生，在部分地区违法行为之严重、手段之恶劣令人震惊，给野生动物种群、生态平衡造成极大危害，与党的十八大建设生态文明、建设美丽中国的精神相违背，同时也暴露出当地野生动物保护管理不到位、执法不力等问题，致使不法分子有恃无恐、日益猖獗。针对这些情况，为有效遏制破坏野生动物资源的犯罪势头，现就切实强化野生动物保护执法工作紧急通知如下：

一、提高认识，加强领导，健全保护执法责任制。野生动物是生物多样性和自然生态系统的重要组成部分，保护野生动物是建设生态文明的重要内容之一。各级林业主管部门要从建设生态文明和美丽中国的战略高度，深刻认识加强野生动物保护的重要性，采取有效措施切实强化保护执法工作。一是组织力量对所辖野生动物保护重点区域、重点环节进行一次彻底排查，掌握基本情况，部署执法队伍，切实保障野外巡护、市场巡查工作的实施，消除保护盲区。二是对所辖各个野生动物保护重点区域、重点环节确定责任人及负责领导，并建立相应的责任追究制度，对野外巡护、市场巡查不到位、不到岗导致乱捕滥猎、非法经营野生动物等现象严重的责任人及负责领导予以严肃处理。三是积极争取和创造条件充实野生动物保护执法机构和队伍，提高执法人员素质，增强执法能力，建立强化野生动物保护执法工作的长效机制。

二、对野生动物经营利用场所进行全面清理整顿。非法经营利用野生动物或通过其产品牟利，是盗猎野生动物的根源，必须采取有效措施进行清理。自本通知下达之日起，各地林业主管部门要组织力量对所辖区域内所有野生动物或其产品经营利用场所，尤其是对餐馆饭店、花鸟市场、药用野生动物原材料集散地和其他野生动物及产品经营较集中的场所进行一次全面的清理整顿，重点严查其野生动物或产品来源，对查实为经营利用非法猎捕的野生动物或产品的，一律依法惩处；对情节严重涉及犯罪的，要及时移交公安机关立案查处。同时，要认真排查野生动物驯养繁殖、展演场所存在的各种问题和隐患，严防野生动物逃逸事件，维护公共安全。

三、完善野生动物保护执法协调机制，会同有关部门共同加大执法力度。乱捕滥猎滥食野生动物和走私、非法经营野生动物产品涉及面广、环节多，只有各有关部门联合行动实施综合治理，才能实现全面保护。各级林业主管部门要在当地党委、政府的统一领导下，积极主动协调公安、海关、工商、交通等部门，加强执法信息交流和执法协调，特别是针对非法活动多发地点、多发环节，要经常性开展联合执法检查；情况严重的，各地森林公安机关要集中警力开展专项打击行动，特别是对大案、要案、一条龙性质的团伙作案要一追到底，打断违法犯罪链条，遏制违法犯罪势头。在跨区域运输、买卖野生动物及产品和流动性盗猎野生动物较严重的地方，还要研究建立联防联保机制，提高保护执法效力。

四、加强野生动物保护宣传，倡导保护新理念。保护野生动物是维护生态平衡、促进人与自然和谐的重要内容，是建设美丽中国的必然要求。各地林业主管部门要广泛开展形式多样的保护宣传活动，倡导“尊重自然、顺应自然、保护自然”的生态文明理念，弘扬生态文化，促进全社会保护意识的提高，摒弃“野味滋补”等落后观念，并引导和鼓励公众关心、支持保护事业，自觉抵制非法经营利用野生动物及产品行为，建立政府主导、全社会参与的共同保护机制，壮大保护力量，形成群防群治的良好局面，共同推进保护事业的健康发展。

五、加强监督检查，确保各项执法要求落到实处。为指导和督促各地林业主管部门落实强化野生动物保护执法各项要求，我局已派出督导组，赴各地检查《国家林业局关于严防乱捕滥猎候鸟等野生动物非法活动的紧急通知》(林护发〔2012〕249 号)和本通知执行情况，国家林业局驻各地森林资源监督机构要切实履行野生动植物保护监督检查职能，经常性地对所在区域林业主管部门排查保护盲区、部署执法队伍、健全责任制的情况开展监督检查。各级林业主管部门要正确认识监督检查和媒体曝光对自身弥补不足、解决问题、改进工作的积极意义，要客观分析现阶段实际工作情况，查找不足和问题，研究解决问题的办法和改进工作的措施，以此为契机全面强化野生动物保护执法，努力开创野生动物保护工作新局面。

国家林业局

2012 年 11 月 28 日

国家林业局关于印发《天然林资源保护工程二期核查办法》的通知

林天发〔2012〕290号

各有关省、自治区、直辖市林业厅(局)，内蒙古、吉林、龙江、大兴安岭林业(森工)集团公司，新疆生产建设兵团林业局：

为规范天然林资源保护工程二期管理，加强对工程实施情况的监管，提高工程质量，保证各项建设任务如期完成，我局研究制定了《天然林资源保护工程二期核查办法》，现印发给你们，请遵照执行。

国家林业局

2012年11月30日

天然林资源保护工程二期核查办法

第一章　总　则

第一条　为加强天然林资源保护工程二期(以下简称“天保工程”)管理，提高工程建设质量，保证各项任务如期完成，根据国务院批准的《长江上游、黄河上中游地区天然林资源保护工程二期实施方案》、《东北、内蒙古等重点国有林区天然林资源保护工程二期实施方案》，国家发展改革委、财政部、国家林业局等部门印发的有关项目和资金管理的规定以及相关国家标准和行业标准、规程、规范等，制定本办法。

第二条　本办法适用于中央预算内基本建设投资、中央和地方财政专项资金安排的所有天保工程建设项目以及工程管理能力建设、制度建设等相关内容。天保工程核查采取任务与资金同步检查的方法，确保各项任务完成的真实性和资金使用的有效性。

第三条　天保工程核查由国家林业局统一组织实施。

第二章　核查的程序与方法

第四条　工程核查是指国家、省、县(局)，依据各自职责和管理权限，对上一年度工程实施情况进行全面的核实查证。天保工程核查实行三级核查制度，并按照县(局)级自查、省(自治区、直辖市、建设兵团、森工集团，以下简称省)级复查、国家林业局核查的顺序进行。

第五条　国家级核查按不低于各省工程实施县(局)个数10%的比例，采取抽样调查的方法确定核查样本。

第六条　省及省以下工程核查，由省级林业主管部门按照国家林业局工程核查工作部署自行组织。省级复查抽取的样本在满足核查精度的前提下，由各省根据工作需要自行确定；县(局)级自查不再抽取样本，要对本级承担的各项天保工程建设任务以及资金管理、能力建设等全面自查。

第七条　国家级核查抽取单项工程样本按照以下规定进行：

(一)抽取的公益林建设、中幼林抚育、森林改培样本，在满足核查精度的前提下还应有一定的代表性。

(二)抽取森林管护样本要兼顾到国有林、集体林，国家级公益林和地方公益林。对有重点国有林和地方国有林管护任务的县(局)，每个县(局)抽取3个林场(不足3个的全部抽取)，每个林场抽取3个责任区。对有国家级公益林和地方公益林管护任务的县，每个县抽取3个乡镇，每个乡镇抽取3个居民委员会。每个县(局)抽查的乡镇或林场的总数一般不超过3个。

(三)抽取职工转岗就业，按县(局)在册职工人数随机抽取：500人以下抽取30人(不足30人的全部抽取)，500~1000人抽取40人，1000人以上抽取50人。

(四)抽取政社性补助，从教育、医疗卫生、公检法司、政府、社会公益事业机构分别抽取1个单位，每个单位抽取20人(不足20人的全部抽取)。

第八条　年度核查按以下步骤进行：

(一)年初由国家林业局下达核查通知。

(二)各县(局)根据国家林业局通知要求，组织开展对本县(局)各项任务进行全面自查，自查工作完成后及时将自查报告报省级林业主管部门。

(三)省级林业主管部门根据县(局)级自查结果，组织省级有关部门对县(局)自查结果进行复查。

(四)国家林业局在各省复查结束后组织核查。

(五)国家林业局在核查结束后，将工程实施情况通报各省，并要求各地对工程实施中存在的问题限期整改。

第九条　为确保国家级核查工作质量，各省、县(局)工程主管部门应提供以下资料：

(一)省级复查报告和被抽查县(局)的自查报告。

(二)国家林业局下达核查通知要求填报的表格。

(三)上一级主管部门下达的中央资金、地方资金和建设任务计划。

(四)各项工程建设资金和财政资金的财务决算报告和会计报表。

(五)工程档案资料，包括人事档案、职工名册，工程实施方案，会计账册、与工程有关的规章制度和办法等。

(六)为配合“四到省”考核工作，各地应提供抽查年度内地方各级党委、政府出台的有利于天保工程实施、推进企业改革、减少森林资源消耗、发展替代产业、社会保障、改善民生等方面的政策文件，在岗职工工资表和工资变化情况表。

（七）其他必要的说明材料。

第十条 对于天保工程区发生重特大森林案件、性质严重的资金违规违法案件以及根据国家有关部门统一要求开展的工作事项，国家林业局将派工作组开展专项核查。

第三章 核查内容

第十一条 工程核查内容包括：省级方案的执行情况、森林管护（包括国有林和国家级公益林及地方公益林，下同）、木材停伐减产、公益林建设、中幼林抚育、森林培育、职工转岗就业、职工参加社会保险、政策性社会性补助、职工年均工资增减变化、中央和地方资金到位、中央财政森林生态效益补偿金兑现、资金管理与使用、工程管理能力等。

第十二条 森林管护核查包括管护责任落实、管护设施设备、管护效果三部分。其中：

（一）管护责任落实：包括管护合同（协议）签订情况、管护责任人核实情况、管护巡山日志记录情况。

（二）管护设施设备：包括管护房屋、管护标志牌、必要的交通工具和通讯设备。

（三）管护效果：通过踏查管护责任区，查看责任区内是否发生盗伐滥伐林木、森林火灾、病虫鼠害、人畜破坏等情况。

第十三条 木材停伐减产核查包括：核实森林采伐限额或年度木材生产计划执行情况，木材生产台账，林木采伐许可证和运输证审批、核发及管理等。

第十四条 公益林建设核查包括：依据各县（局）上报国家林业局统计部门的各项任务情况，核实人工造林、飞播造林、封山育林作业设计执行情况，公益林建设计划完成数量和质量等情况。核查执行《全国营造林实绩综合核查办法》，国家级核查应用全国营造林实绩综合核查结果。

第十五条 中幼林抚育核查包括：依据国家和上一级林业部门下达的计划任务和统计部门上报的任务完成情况，核查作业设计与审批手续、检查验收、责任落实、技术档案等情况。抽取一定比例的县（局）和样地，核实抚育任务完成情况，执行国家森林抚育规程以及抚育出材、销售和利用等情况。

第十六条 东北、内蒙古林区等重点国有林区森林培育核查包括：依据国家和上一级林业部门下达的计划任务和统计上报的任务完成情况，核查作业设计与审批手续、检查验收、责任落实、技术档案管理等情况。抽取一定比例的样地，核实补植补造和改培任务完成情况、苗木质量、树种选择等，具体按照国家发展改革委下发的《天然林资源保护工程二期东北、内蒙古等重点国有林区森林资源培育管理办法》执行。

第十七条 职工转岗就业核查包括：核查职工劳动用工合同，任务承包合同，职工转到森林管护、公益林建设、森林改培、中幼林抚育等岗位就业的上岗证、职工岗位业务技能培训等。

第十八条 职工参加社会保险核查包括：基本养老、基本医疗、失业、工伤和生育五项保险的参保情况、缴费情况和统筹形式等。

第十九条 政策性和社会性补助核查包括：核查教育、医疗卫生、公检法司、政府以及社会公益性事业单位职工编制、职工人数、工资发放等情况。

第二十条 职工年均工资增减变化情况核查包括：两个年度职工年均工资增减变化情况。

第二十一条 中央和地方资金到位、管理与使用核查包括：中央预算内基本建设投资、中央和地方财政资金的计划下达文件、资金到位凭证等；资金管理使用情况核查包括：天保工程资金单独设账和单独核算，财务制度、财务人员配备、资金档案管理，资金申请审批、资金支付使用环节是否合规、中央财政森林生态效益补偿金兑现等情况。

第二十二条 工程管理能力包括：管理机构、工作人员、业务经费、规章制度、资料档案、信息化建设、工程区生态监测以及建设单位与上一级人民政府签订目标责任书落实情况等。

第四章 核查成果汇总与管理

第二十三条 核查成果包括：文字报告和数据表格，文字报告应包括核查工作开展的基本情况、核查结果分析与评价、存在的问题与建议。

第二十四条 各级林业主管部门要加强对核查工作的领导，保证核查工作质量，做到事先指导、中间检查、成果校验。

第二十五条 各级林业主管部门要充分依靠林业调查规划设计院（所）和本部门有关职能单位，建立专业全面的核查队伍，配备作风过硬、工作严谨、技术精干的人员，同时抓好业务培训工作，保证高质量地完成核查工作。

第二十六条 各级林业主管部门、承担专业核查的专业技术单位要建立严格的核查工作责任制，认真履行职责，参与核查的人员要对核查结果负责，实行责任追究制度。

第二十七条 核查工作是一项长期的工作，要保持队伍相对稳定。要建立完整的历年核查成果技术档案，并指定专人进行管理。

第五章 奖惩措施

第二十八条 对工程任务完成好、工程质量高的单位，国家林业局予以奖励；对于工程任务和质量完成差的，将给予通报批评，并限令其进行整改。

第二十九条 有下列情况之一的，国家林业局将给予通报批评：

（一）工程建设严重背离国家相关政策、技术规程、质量标准的。

（二）营造林工程出现重特大质量事故的。

（三）弄虚作假、虚报任务完成情况的。

（四）发生擅自截留、挪用建设资金性质严重且数额较大的。

第三十条 凡是核查过程中发现的问题，各省要在国家规定的时间期限内整改。对整改仍不合格的单位，国家林业局将根据情节严重程度，商财政部、国家发展改革委等有关部门采取暂缓安排资金、调减资金，直至停止安排下一年度的建设任务。同时，还将建议所在地有关部门追究工程主管负责人和责任人的责任。

第六章　附　则

第三十一条　各省级林业主管部门可根据本办法，结合本辖区内具体情况，制定相关的实施细则，并报国家林业局备案。

第三十二条　本办法由国家林业局解释。

第三十三条　本办法自发布之日起实行，国家林业局原印发的《天然林资源保护工程核查办法》(林天发〔2001〕180号)同时废止。

国家林业局关于印发《国家林业局事业单位公开招聘暂行办法》的通知

林人发〔2012〕313号

国家林业局各司局、各直属单位：

事业单位实行公开招聘，是中央深化干部人事制度改革的要求，是事业单位人事制度改革的重要内容。根据有关规定，我局制定了《国家林业局事业单位公开招聘暂行办法》，自2013年1月1日起施行。

现将《暂行办法》予以印发，请认真遵照执行。

国家林业局

2012年12月11日

国家林业局事业单位公开招聘暂行办法

第一章　总　则

第一条　为深入推进事业单位人事制度改革，进一步规范事业单位招聘工作，根据《关于在事业单位试行人员聘用制度的意见》(国办发〔2002〕35号)、《事业单位公开招聘人员暂行规定》(人事部令第6号)和《关于进一步规范事业单位公开招聘工作的通知》(人社部发〔2010〕92号)，结合我局实际，制定本办法。

第二条　国家林业局直属事业单位招聘编制内工作人员，适用本办法。转为企业的事业单位可参照本办法执行。参照公务员法管理的事业单位除外。

事业单位新进人员，除国家政策性安置、按干部人事管理权限由上级任命或聘任、涉密岗位聘用等确需通过其他方式选拔补充外，一般都应面向社会公开招聘。

第三条　公开招聘坚持德才兼备、以德为先的用人标准，贯彻公开、平等、竞争、择优的原则。公开招聘根据招聘岗位的任职条件及要求，采取考试、考核等方式进行。

第四条　公开招聘坚持统筹管理与落实用人单位用人自主权相结合，统一规范、分类指导、分级实施。成立国家林业局公开招聘工作小组，由人事人才、纪检监察等部门组成，负责对事业单位公开招聘工作进行指导、管理和监督。

第五条　有干部人事管理权限事业单位公开招聘由本单位自行组织实施，无干部人事管理权限事业单位公开招聘由人事司统一组织实施。

第二章　招聘范围、条件及程序

第六条　事业单位公开招聘应当面向社会，凡符合条件的人员均可报名应聘。应聘人员必须具备下列条件：

(一)具有中华人民共和国国籍；

(二)遵守宪法和法律；

(三)具有良好的品行；

(四)招聘岗位所需的专业、学历或技能条件；

(五)适应岗位要求的身体条件；

(六)岗位所需要的其他条件。

第七条　有下列情形之一的人员，不得应聘：

(一)曾因犯罪受过刑事处罚的；

(二)曾被开除公职或者因违规违纪被解除劳动合同、聘用合同和聘任合同的；

(三)涉嫌违纪违法正在接受有关的专门机关审查尚未作出结论的；

(四)受处分期间或者未满影响期限的；

(五)正在接受审计机关审计的；

(六)有法律、法规规定的其他情形的。

第八条　事业单位公开招聘不得设置性别、民族、宗教信仰等歧视性条件。

第九条　公开招聘应按照下列程序进行：

(一)制定招聘方案；

(二)发布招聘信息；

(三)受理应聘人员的申请，对资格条件进行审查；

(四)考试；

(五)体检与考核；

(六)确定拟聘人员；

(七)公示招聘结果；

(八)签订聘用合同，办理聘用手续。

第三章　招聘方案、公告发布与资格审查

第十条　制定招聘方案。各用人单位根据工作需求和批复的招聘计划，制定本单位招聘实施方案，报人事司审批。招聘方案主要包括以下内容：核定的编制数及空编数、招聘岗位及条件、招聘数量、招聘时间、招聘方式等。

第十一条 发布招聘公告。有干部人事管理权限事业单位自行在网站发布招聘公告，无干部人事管理权限事业单位由人事司统一组织发布。招聘公告应包含用人单位简介，招聘岗位、人数及条件，招聘方式及程序，报名时间、方式，考试时间、科目，招聘咨询方式等内容。招聘公告发布后不得擅自更改。

第十二条 资格审查。各用人单位在规定的报名时间内接受应聘人员报名，对资格条件进行审查，确定参加初试人员名单，并通过网站公告。

第四章 考试、体检与考核

第十三条 考试。考试分初试与复试两个环节。

初试采用闭卷笔试方式，主要测试应聘人员的综合素质。根据初试成绩，一般按不少于1:5的比例确定复试人选，并通过网站予以公告。

复试可采用面试和专业考试的方式，用人单位制定复试工作方案，报人事司备案。面试应成立不少于5人的面试小组，主要测试应聘人员适应岗位要求的专业素质和实际工作能力，可根据岗位特点增设专业考试。对于应聘工勤岗位的人员，可根据需要重点进行实际操作能力测试。

初试和复试成绩按4:6的权重比例计算得出总成绩。根据总成绩由高到低，按照人选和岗位1:1的比例确定体检和考核人选。

第十四条 体检和考核。对确定为体检和考核人选的应聘人员，由用人单位组织体检和考核。体检应到指定医院进行。考核内容包括思想政治素质、道德品质、业务能力、学习（工作）实绩、廉洁自律等情况，并对应聘人员资格条件进行复核。体检或考核不合格者，用人单位不得聘用，对于由此产生或因应聘者自愿放弃等原因产生的岗位空缺，可按照总成绩从高到低依次递补。

第十五条 急需引进的高层次、紧缺专业人才或特殊岗位需要的，报人事司审核后，可以采取直接考核的方式招聘。

第五章 聘 用

第十六条 确定拟聘人员。根据考试、体检和考核结果，用人单位领导班子集体研究确定拟聘人员报人事司。人事司按程序报局审批备案（京内事业单位聘用应届高校毕业生需报人社部审批）。

第十七条 公示。对拟聘人员进行公示，公示期为7天。涉密岗位的拟聘人员，可不对外公示。

第十八条 签订聘用合同，办理聘用手续。用人单位法定代表人或其委托人与受聘人员签订聘用合同，确定人事关系，并按规定办理相关手续。

第十九条 公开招聘的人员按照规定实行试用期制度，一般试用期为一年，包含在聘用合同期限内。试用期满合格的，正式聘用；不合格的，取消聘用。

第六章 纪律与监督

第二十条 事业单位公开招聘人员实行回避制度。

凡与用人单位领导班子成员有夫妻关系、直系血亲关系、三代以内旁系血亲或者近姻亲关系的应聘人员，不得应聘该单位人事、财务、纪检岗位以及有直接上下级领导关系的岗位。

用人单位领导班子成员和招聘工作人员在开展公开招聘工作时，涉及与本人有上述亲属关系或者其他可能影响招聘公正的，也应当回避。

第二十一条 严格公开招聘纪律。对有下列情形之一的，要严肃处理。构成犯罪的，依法追究刑事责任：

（一）应聘人员伪造、涂改证件、证明，提供虚假报名信息，或以其他不正当手段获取应聘资格的；

（二）应聘人员在考试考核过程中作弊的；

（三）招聘工作人员指使、纵容他人作弊，或在考试考核过程中参与作弊的；

（四）招聘工作人员故意或过失泄漏考试题目的；

（五）事业单位负责人员违反规定擅自聘用人员的；

（六）招聘工作主管部门、事业单位主管部门工作人员违反规定，影响招聘公平、公正进行的；

（七）违反公开招聘纪律的其他情形的。

第二十二条 对违反公开招聘纪律的应聘人员，取消考试或聘用资格；对违反公开招聘纪律招聘的受聘人员，一经查实，应当解除聘用合同，予以清退。

第二十三条 对违反公开招聘纪律的工作人员，视情节轻重调离招聘工作岗位或给予处分；对违反公开招聘纪律的其他相关人员，按照有关规定追究责任。

第二十四条 局公开招聘工作小组设立并公布监督电话和电子信箱，负责受理有关投诉或举报，组织调查处理，并及时反馈调查处理情况。

第七章 附 则

第二十五条 事业单位招聘人员的现行规定与本办法不一致的，以本办法为准；事业单位可根据本办法制定本单位公开招聘工作的实施细则。

第二十六条 本办法由国家林业局人事司负责解释。

第二十七条 本办法自2013年1月1日起施行。

国家林业局关于印发《未成林地自然灾害受损核定办法（试行）》的通知

林造发〔2012〕323号

各省、自治区、直辖市林业厅（局），内蒙古、吉林、龙江、大兴安岭森工（林业）集团公司，新疆生产建设兵团林业局：

近年来，干旱、洪涝、冻害等自然灾害在我国频繁发生，给未成林地造成不同程度的损害。为及时了解各地未成林地受灾状况，准确掌握年度全国造林计划任务完成情况，逐步建立未成林地自然灾害受损的调查、报告、评估和应急处理机制，积极有效应对自然灾害，保质保量地完成《全国造林绿化规划纲要(2011～2020年)》确定的造林绿化任务，我局制定了《未成林地自然灾害受损核定办法(试行)》。现印发给你们，请遵照执行。

国家林业局

2012 年 12 月 25 日

未成林地自然灾害受损核定办法(试行)

第一章　总　则

第一条　近年来自然灾害频繁发生，给林业生产经营和成果巩固带来不利影响。为规范未成林地因自然灾害受损面积的申报和核定管理，准确掌握受损情况，给灾后恢复重建和巩固生态建设成果提供决策依据，根据国家自然灾害应急管理和造林绿化、森林资源管理有关规定，制定本办法。

第二条　自然灾害指给人类生存带来危害或损害人类生活环境的自然现象，包括洪涝、干旱、台风、冰雹、雪、沙尘暴等气象灾害，火山、地震、山体崩塌、滑坡、泥石流等地质灾害，风暴潮、海啸等海洋灾害，森林草原火灾和林业有害生物灾害等自然灾害。

第三条　未成林地自然灾害受损核定对象需要同时满足以下 3 个条件：

(一)未达到成林年限；

(二)中度(含)以上受损林地；

(三)通过人工造林、封山育林、飞播造林实施的中央投资或贷款造林项目。

中央投资或贷款造林项目分为国家工程造林、中央财政补贴造林、其他中央投资或贷款造林项目等 3 种项目类别。

国家工程造林包括天然林资源保护工程、三北及长江流域等重点防护林工程(含三北防护林工程、长江流域防护林工程、珠江流域防护林工程、沿海防护林体系工程、太行山绿化工程、平原绿化工程)、退耕还林工程、京津风沙源治理工程、重点地区速生丰产用材林基地建设工程、岩溶地区石漠化综合治理工程、林业血防工程、油茶林示范基地建设及其他新启动的国家工程造林项目。

中央财政补贴造林指中央财政造林补贴试点项目。

其他中央投资或贷款造林指国家碳汇、国家基金、国家贷款造林项目等。

第四条　未成林地自然灾害受损申报核定的前提是，发生的自然灾害等级较高，县级(含县级)以上人民政府或人民政府设立的自然灾害应急管理机构启动了应急响应。

第五条　自然灾害发生后，县级林业主管部门要及时开展未成林地受损情况调查，向省级林业主管部门报告。省级林业主管部门要及时准确掌握本辖区未成林地受损情况，组织开展灾损核查，向国务院林业主管部门报告。国务院林业主管部门根据省级林业主管部门受损情况报告，组织开展灾情核定，提出处理意见，向相关部门反映，并报告国务院。

第六条　经国务院有关部门批准，重新纳入造林计划的未成林地自然灾害受损面积，由省级林业主管部门组织制定恢复重建规划，并组织、监督受灾县实施。根据受损程度分别重新进行人工造林、封育、飞播或补植，确保受损林地及时恢复森林植被。对灾后恢复重建的重造面积和补植面积要在年度林业计划、统计中单列。

经核定，因地震、滑坡、泥石流、洪水等自然灾害导致丧失造林条件的未成林地损毁面积，由国务院林业主管部门商有关部门核销。

退耕还林工程未成林地损毁面积核定及重新造林办法根据国家退耕还林有关规定执行。

第七条　因自然灾害当年造林计划未完成的面积，县级林业主管部门应将情况如实报告省、市林业主管部门，省林业主管部门组织核查、汇总全省情况，并于当年年底以前报告国务院林业主管部门。因自然灾害未完成的造林计划面积，结转下一年度实施。

第二章　技术标准

第八条　受损程度等级划分标准。

分别不同造林方式，按灾后苗木株数保留情况划分受损程度等级。整株死亡、主干低位折断且不能利用根系恢复的幼苗、幼树及顶芽损坏的松类幼树，不计入保留株数。

(一)人工造林受损程度划分为重度、中度和轻度 3 个等级。

重度：株数保留率在 40%(含)以下。

中度：40% < 株数保留率 < 80%(年均降水量 400 毫米以下地区、热带亚热带岩溶地区、干热干旱河谷等生态环境脆弱地带 40% < 株数保留率 < 65%)。

轻度：株数保留率在 80%(含)以上〔年均降水量 400 毫米以下地区、热带亚热带岩溶地区、干热干旱河谷等生态脆弱地带在 65%(含)以上〕。

株数保留率 = 小班单位面积造林保留株数 ÷ 小班单位面积造林总株数 × 100%

造林总株数按以下方法确定：实际造林株数在合理初植密度区间时，实际造林株数计为造林总株数；实际造林株数高于最高合理初植密度时，最高合理初植密度计为造林总株数。

(二)封山育林受损程度划分为重度和轻度两个等级。

重度：封山育林小班因灾已达不到封育条件。

轻度：封山育林小班因灾受损，但还具备封育条件。

封育条件执行《封山(沙)育林技术规程》(GB/T 15163－2004)5.1 的规定。

（三）飞播造林受损程度划分为重度和轻度两个等级。

重度：播区因灾成苗等级降为“差”。

轻度：播区因灾受损但成苗等级仍能达到“可”（含）以上。

成苗等级评定标准执行《飞播造林技术规程》（GB/T15162－2005）的规定。

第九条 最小小班面积与允许误差。

最小小班面积为1亩。核定的小班受损面积与申报受损面积误差在5%（含）以内，以申报受损面积为准，否则以核定的受损面积为准。

第三章 申报核定程序与管理

第十条 灾情快报。

灾情发生5日内，县级林业主管部门应将自然灾害及未成林地受灾情况简要报告省、市林业主管部门，报告内容包括灾害发生时间、灾害种类、受灾范围、受灾程度等。

第十一条 县级自查。

灾害发生后，县级林业主管部门应及时组织技术力量逐小班（播区）开展现地调查，登记造册，统计汇总。灾后30日内，向省级林业主管部门报送《未成林地自然灾害损失情况自查报告》，内容包括受灾时间、受灾程度、受损面积、调查方法、采取的应急救灾措施及有关附表（见附录1，略）。灾情特别严重、受灾范围广、调查难度大，可适当延长报告时间。

由县级林业主管部门保存备查，不报送的材料：

（一）相关年度国家工程造林、中央财政补贴造林、其他中央投资或贷款造林项目实施方案和作业设计文件；

（二）营造林抚育、管护等技术档案；

（三）未成林地自然灾害受损情况县级自查的有关材料，包括受损小班调查区划图、调查卡片、未成林地自然灾害受损小班基础数据库文件；

（四）相关气象资料和受灾典型图片等。

第十二条 省级核查。

省级林业主管部门及时统计分析汇总县级申报材料，组织具有乙级以上林业调查规划设计资质的单位核查，形成《未成林地自然灾害损失情况核查报告》，内容包括核查组织工作开展情况、核查比例、核查面积、核查结果、分析评价、意见建议及有关附表（见附录2，略）。

由省级林业主管部门保存备查，不报送的材料：

（一）按林业统计口径上报的相关年度全省分县造林面积材料；

（二）相关年度国家下达到省及省分解到县的造林计划文件；

（三）相关年度国家工程造林、中央财政补贴造林、其他中央投资或贷款造林项目的省级实施方案；

（四）受损小班基础数据库文件；

（五）灾后恢复重建情况资料。

第十三条 国家核定。

国务院林业主管部门统计分析汇总省级报告材料，对中度以上受损面积5万亩（含）以下省份的报告材料予以备案，必要时开展调查核定；对报告中度以上受损面积超过5万亩的省份，及时组织具有甲级林业调查规划设计资质的单位调查核定。

承担核定任务的单位外业调查结束30日内，应向国务院林业主管部门提交《未成林地自然灾害损失情况分省调查核定报告》《未成林地自然灾害损失情况调查核定总报告》及有关附表（见附录3，略），并建立全国自然灾害受损小班基础数据库。

第十四条 县级自查结果要以村为单位对外公示，省级核查和国家核定结果分别在省林业政务网、国家林业政务网向社会公示。申报核定工作坚持原则，实事求是，对弄虚作假的追究相关责任。

省级林业主管部门不能按规定及时组织相应资质单位提供未成林地受灾情况核查报告，国务院林业主管部门不予核定。

以下面积不予核定：

（一）不属于未成林地的面积；

（二）轻度受损面积；

（三）不属于中央投资或贷款造林的面积；

（四）因实际造林株数低于最低合理初植密度、造林后期抚育管护等措施不落实以及其他人为因素导致损失或达不到合格标准的面积；

（五）虚报或重复上报的面积。

第四章 调查方法

第十五条 抽查比例。

（一）省级核查

对所有申报的县级单位进行核查。根据申报受损面积的大小，采用不同的核查方式：

申报受损面积小于0.5万亩（含），进行全面核查；

申报受损面积0.5万亩以上2万亩（含）以下，抽查30%；

申报受损面积2万亩以上4万亩（含）以下，抽查25%，抽查面积不小于0.6万亩（含）；

申报受损面积4万亩以上，抽查20%，抽查面积不小于1万亩（含）。

（二）国家核定

1. 县数抽查比例

县级申报单位10个（含）以下，抽查50%；

县级申报单位10个以上，抽查30%，抽查总县数不少于5个（含）。

2. 面积抽查比例

申报中度以上受损面积5万亩（不含）以上10万亩（含）以下，抽查10%；

申报中度以上受损面积10万亩以上50万亩（含）以下，抽查5%，抽查总面积不小于1万亩；

申报中度以上受损面积50万亩以上，抽查3%，抽查总面积不小于2.5万亩。

第十六条 受损面积调查。

（一）人工造林、封山育林

根据小班资料和现地情况，选取丈量、罗盘仪测量、GPS测量、地形图（比例尺不小于1:25 000）调绘等方法调查小班受损面积。

（二）飞播造林

采用成数抽样调查法或路线调查法(沙区)，调查播区宜播受损面积。

第十七条 受损程度等级调查。

(一)人工造林

采用样行或样地调查法，调查灾后小班苗木保留株数，确定受损程度等级。

(二)封山育林

采用小样圆(方)实测方法，调查统计灾后小班内目的树种的母树、幼树、幼苗、根株等平均每公顷数量，判定小班是否具备封育条件，确定受损程度等级。

(三)飞播造林

采用成数调查法或路线调查法(沙区)，调查灾后播区宜播面积平均每公顷有效苗株数和有苗样地频度，评定灾后播区成苗等级，确定受损程度等级。

第十八条 小班调查表填写。

小班调查主要内容包括小班空间位置(省、县、乡、村、林班、小班号、图幅号)、造林方式、林地权属、林木权属、计划年度、造林年度、项目类别、林种、树种、造林面积、受损面积、受损程度等级、灾害类别等。小班调查表及填写说明详见附录4(略)。

第十九条 受损面积核实率的计算。

按项目类别分别计算人工造林、封山育林、飞播造林不同受损程度等级的受损面积核实率。计算公式如下：

$$\text{受损面积核实率}(\%)=\frac{\text{小班(播区)核实受损面积}}{\text{小班(播区)上报受损面积}}\times 100\%$$

第二十条 受损面积的确认。

依据不同的项目类别、造林方式、受损程度计算出的受损面积核实率，分别确认受损面积。具体办法如下：

(一)受损面积核实率≥95%时，按申报受损面积确认受损面积；

(二)70%≤受损面积核实率<95%时，按申报受损面积与受损面积核实率的乘积确认受损面积；

(三)受损面积核实率<70%时，认定申报受损面积不真实，不予确认。

第五章　附　则

第二十一条 省级林业主管部门根据本办法可制定实施细则，报国家林业局备案。

第二十二条 本办法由国家林业局造林绿化管理司负责解释。

第二十三条 本办法自发布之日起试行。

国家林业局关于开展森林经营样板基地建设的指导意见

林造发〔2012〕336号

各省、自治区、直辖市林业厅(局)，内蒙古、吉林、龙江、大兴安岭森工(林业)集团公司，新疆生产建设兵团林业局，中国林科院：

森林经营是现代林业建设的永恒主题。加强森林经营工作，对于提高我国森林质量，转变林业发展方式，发展生态林业、民生林业，应对气候变化，促进绿色增长具有重要意义。为进一步落实中央林业工作会议精神，探索中国特色森林经营道路，切实提高我国森林经营水平，现就开展森林经营样板基地建设提出如下指导意见。

一、总体要求

(一)指导思想

坚持以科学发展观为指导，以转变林业发展方式为主线，以实现森林可持续经营为目标，以提高森林质量效益为核心，创新机制，完善森林经营理论、技术和管理体系，为全面提升我国森林经营水平提供典型模式和成功经验。

(二)基本原则

——坚持统筹兼顾，科学发展。综合考虑当地经济、社会发展和生态状况，以县级森林可持续经营规划和样板基地建设实施方案为指导，统筹森林经营各项工作；以兴林富民为目标，坚持生态优先，统筹生态、经济、社会三大效益。

——坚持因地制宜，分类指导。根据各样板基地不同的经济社会发展水平、森林资源状况，科学确定每个样板基地的建设重点和经营模式，制定有针对性的政策措施，分类指导。

——坚持改革创新，完善机制。积极推进集体林权制度配套改革和国有森林资源管理改革，创新森林经营组织管理形式，探索完善适应林业改革和发展新形势的森林经营管理和政策机制。

——坚持局省共建，积极扶持。国家林业局和省级林业主管部门共同指导样板基地建设。坚持从实际出发，集中政策扶持，建设管理理念先进、经营技术科学、实际操作规范的样板基地。

(三)建设目标

努力打造一批科技支撑能力强、森林经营水平高、辐射带动效果好的样板基地，探索形成适合不同地区、不同经营主体、不同森林类型和培育目标的森林经营技术、管理模式。建立健全长效推进森林经营工作的制度和政策体系。带动推进森林经营的科学化、集约化、专业化，显著提高森林经营水平，提升森林经营多种效益。

二、重点任务

(四)编制样板基地建设实施方案。依据本辖区森林资源状况和经济社会发展水平，结合自身优势特色，突出重点，编制样板基地建设实施方案。科学设计样板基地的建设内容，进一步明确目标、任务、建设重点及技术路线等各项要求，合理确定基地年度建设任务，统筹安排建设进度。立足于出成效、出模式、出经验，制定总体和阶段性目标。建设内容除常规的森林经营生产任务以外，还应包括探索总结符合国情、林情的森林经营技术模式，创新森林经营管理和政策机制等方面的内容。实施方案由省级林业主管部门审核把关后报国家林业局审批。

（五）全面落实森林经营方案制度。样板基地内的各类森林经营主体要根据森林资源状况和培育目标，科学编制和执行森林经营方案。国有林以林业局（林场）为单位编制森林经营方案，集体林及其他所有制森林以林农合作经济组织、承包大户、个体林主等中小型森林经营主体为单位，编制简易森林经营方案。县级林业主管部门要为中小型森林经营主体编制森林经营方案提供必要的技术指导。森林经营方案要科学谋划经理期内的造林、抚育、改造、采伐、更新等任务安排，并落实到山头地块，坚持一张蓝图绘到底，实现区域森林的可持续经营。

（六）探索总结森林经营技术模式。样板基地要积极学习引进国际国内先进森林经营理念、技术、标准等。要与林业科研院校紧密合作，积极开展试验研究。按照立地条件、起源、林龄及培育目标的不同，深入研究探索本辖区主要树种和森林类型的造林、抚育、采伐、更新及低产低效林改造等森林经营技术模式。对经过实践检验相对成熟的技术模式，要适时转化推广，带动本地区森林经营技术水平的提高。必要时也可总结上升为地方或行业标准，指导面上森林经营工作。

（七）创新森林经营管理机制。国有林经营以林业职工为主，以周边林农为补充，建立稳定的森林经营专业施工队伍。积极鼓励职工组建专业队伍承包荒山造林、森林抚育、低效林改造等生产经营项目，也可以结合林场经营实际与职工自身经济状况，积极发展林下经济。集体林经营要适应集体林改新形势，大力培育新型经营主体，鼓励发展大户经营、林农专业合作组织、林业产业化龙头企业等新型经营主体。推进各类项目资金向新型经营主体倾斜。样板基地应按照依法有偿自愿的原则，引导林地承包经营权有序流转，大力发展多种形式的适度规模经营，充分发挥森林经营的规模效益。支持林业产业化龙头企业通过技术合作、股份合作、订单合作等形式，充分、合理利用森林经营产品及剩余物，将加工、销售、生物质能源利用等环节的部分收益让利给林农，探索建立企业与农户风险共担的森林经营利益联结机制，探索完善有利于森林可持续经营的财政、金融、技术、采伐等政策机制。

（八）加强基础设施建设。样板基地要积极争取相关政策，加快推进林区道路、水利、通信、电力、良种基地等森林经营重要基础设施建设，夯实森林经营基础保障。有条件的要逐步提高森林经营机械化水平，提高森林经营质量效率。建立森林经营基础数据库和管理信息系统，实现森林经营管理和决策的科学化、现代化。

（九）健全相关管理制度。要进一步建立和完善森林经营方案、调查规划、作业设计、施工、生产经营、合同、档案、资金、安全生产等相关管理制度。逐步推行关键岗位持证上岗制度、森林经营作业质量责任追究制度。切实加强森林经营活动记录和档案管理，建立完备的森林经营档案。

（十）开展森林经营成效监测。样板基地要结合探索森林经营技术模式需要，根据不同森林类型、培育目标、经营措施等情况，选择确定森林经营监测点。依托科技支撑单位，开展以森林抚育为重点的森林经营成效监测与评估，适时监测森林生长、森林结构、森林健康、林下植被、森林碳汇变化和森林经营生态、经济、社会效益等，跟踪比较，筛选总结森林经营最佳技术措施和模式。

三、保障措施

（十一）加强组织领导。各级林业主管部门要充分认识样板基地建设的重要性，把样板基地建设列入重要议事日程，切实加强组织领导，明确目标任务，完善政策措施。各省级林业主管部门要结合实际，精心打造一批县级森林经营样板基地，加强对样板基地建设的业务指导和监督管理。样板基地要成立主要领导负责的工作机构，明确部门分工，落实相关责任，并将样板基地建设任务完成情况纳入干部考核内容。要及时总结样板基地的好经验、好做法，加强宣传推广，发挥辐射带动作用。对样板基地建设成效显著的单位、主管部门和个人按照国家有关规定给予表彰奖励。对未按要求实施的样板基地给予通报批评，并建立退出机制。

（十二）落实扶持政策。国家林业局和省级林业主管部门要把样板基地作为探索森林经营技术、管理和政策的试验田，在资金投入、资源管理、科学研究、国际合作、宣传推广等方面，给予政策扶持，确保样板基地建设成效。各级林业部门要多渠道筹集资金，切实加大对样板基地建设的支持力度。中央财政林木良种、造林、森林抚育等补贴项目及林业基本建设资金要向样板基地倾斜。在采伐管理上，支持样板基地率先依据森林经营方案确定的合理年采伐量，编制和确定年度采伐限额，优先满足样板基地开展森林经营的需要。各级林业部门要积极依托样板基地开展森林经营理论研究、国际合作、宣传推广等工作。

（十三）强化科技支撑。各级林业主管部门要鼓励支持林业科研院所和高等院校与样板基地紧密合作，加大产学研相结合的森林经营技术研究和推广力度。支持样板基地开展森林经营技术研究和科学试验，允许突破常规和现有技术规程，开展适度规模的森林经营试验研究，促进森林经营理论、技术、管理和政策创新，提高样板基地建设科技含量。加大科技成果转化力度，对经样板基地试验成功的技术和管理模式应适时加以推广。

（十四）加强人才队伍建设。样板基地要从实际需要出发，不断引进专业人才，调整充实人员力量，组建专业技术队伍。定期组织开展多形式、多层次的专业技术培训，提高管理者、经营者和专业技术人员的整体素质。特别是要加强关键岗位、关键工种人员的培训和考核，培养一支作风过硬、管理有素、业务精良、技术熟练，具有丰富实践经验的森林经营专业技术队伍。国家林业局和省级林业主管部门要建立森林经营样板单位定期交流制度，拓宽样板基地建设思路，提高森林经营水平。

（十五）加强国际交流与合作。指导样板基地参照《国际森林文书》要求，制定基地建设相关政策措施，引进吸收国外森林经营先进理念和经验，建立可以仿效的示范样板。同时，支持样板基地开展相关国际交流与合作，鼓励有关国际组织和机构参与基地建设工作，并对外宣传和展示我国林业建设成就。

本指导意见自发布之日起实施，有效期至2018年6月30日。

国家林业局

2012年12月31日

国家林业局办公室关于印发《天然林资源保护工程档案管理办法》的通知

林办天字〔2012〕8号

各有关省、自治区、直辖市林业厅(局)，内蒙古、吉林、龙江、大兴安岭森工(林业)集团公司，新疆生产建设兵团林业局：

为进一步加强和规范天然林资源保护工程档案管理，提高档案利用水平，更好地为工程建设服务，根据工程二期建设内容和相关政策，我局修订了《天然林资源保护工程档案管理办法》。现印发给你们，请遵照执行。执行过程中有何意见和建议，请及时反馈我局。

附件：天然林资源保护工程档案管理办法

国家林业局办公室

2012年1月19日

附件　天然林资源保护工程档案管理办法

第一章　总　则

第一条　为加强和规范天然林资源保护工程(以下简称天保工程)档案管理工作，充分发挥工程档案的作用，依据《中华人民共和国档案法》《中华人民共和国档案法实施办法》《重大建设项目档案验收办法》(档发〔2006〕2号)及《林业重点工程档案管理办法》等规定，结合工程实际，制定本办法。

本办法适用于《长江上游、黄河上中游地区天然林资源保护工程二期实施方案》《东北、内蒙古等重点国有林区天然林资源保护工程二期实施方案》规划的省级、地级和县级天保工程实施单位。

第二条　天保工程档案是指在天保工程建设全过程中直接形成的、具有保存利用价值的各种形式和载体的原始记录。

天保工程档案是部门或单位档案全宗中不可分割的重要组成部分，必须与其他门类的档案(文书档案、财会档案、设备档案等)一起由部门或单位综合档案部门实行集中统一管理。

第三条　天保工程档案工作是天保工程建设的重要基础工作，应将其纳入工程建设的全过程，与工程建设同步进行。

第四条　天保工程档案工作实行分级管理。国家林业局监督、检查和指导省级天保工程实施单位的档案工作。县级以上地方各级天保工程实施单位或者其林业主管部门集中保管本部门或者本单位的全部工程档案，监督、检查和指导辖区内的天保工程档案工作。天保工程档案工作依法接受国家和地方档案行政管理部门的监督、检查和指导。

第二章　组织与职责

第五条　各级天保工程实施单位要切实加强对天保工程档案工作的领导，建立天保工程档案领导责任制，并保证开展工程档案工作所需的资金、设施和设备。

第六条　各级天保工程实施单位要根据实际情况，配备业务能力强、素质高的工程档案人员，有针对性地开展培训，并保证档案干部队伍的相对稳定。

天保工程档案人员是工程建设的管理人员，依照国家有关规定，其在职务晋升、职称评聘及其他待遇上享受与其他工程管理人员同等待遇。

第七条　天保工程管理部门应履行下列工作职责：

(一)贯彻执行国家档案工作的法律法规和政策。

(二)负责天保工程档案材料的收集、整理、归档前材料的提供利用及归档移交工作。

(三)负责监督、检查和指导辖区内的工程档案工作，并组织对工程档案人员进行业务培训。

第八条　天保工程实施单位内部的相关职能部门，应当按照职责分工，根据本办法，做好天保工程的档案工作。

第九条　天保工程的技术、管理人员是档案工作的重要力量。工程技术、管理人员要随时收集在工程实施过程中形成的各类材料，并及时完整地交由工程档案人员保管，任何单位或者个人不得丢失、损坏或者据为己有。天保工程的工程技术、管理人员和档案人员发生变动时，应当严格按照工作规范，做好工程档案材料的移交工作。

第十条　各级天保工程实施单位要从源头上抓好工程文件材料的形成和积累工作，纳入工程建设规划、设计、施工、检查、验收和后期管理的全过程，确保工程档案的完整、准确与系统。

第三章　形成和整理

第十一条　归档文件材料的质量必须符合国家有关要求，手工书写用笔仅限于碳素墨水、蓝黑墨水或者质量上乘的签字笔，且字迹工整、图文清楚、数据表格完整准确，签字盖章等具有法律效用的标识要完备，不得随意涂改。

第十二条 凡需归档的录音、录像和计算机存储介质等特殊载体材料应当图像清晰，并配以相应的目录和说明；凡需归档的照片和图片，应当配有简洁的文字说明，用以标明时间、地点、人物、事件；相关介质材料之间及各介质材料与相关文字材料之间，要建立关联互见号。

第四章　分类和归档

第十三条 天保工程档案包括文书档案、技术档案、财会档案等门类。各门类档案按有关规定自编档号，各成体系，分类整理，统一编号。根据分类整理结果和查阅利用的需要，编制案卷目录或者文件目录。

第十四条 归档门类及归档时间

(一)文书档案：政策性文件、办法、机构设置、会议文件等。每年6月底前完成对上年度形成文件材料的归档工作。

(二)技术与管理档案：工程规划、年度计划、实施方案、作业设计、工程施工、检查验收、后期管理等各环节所形成的报告、图、表、卡、册、计算机数据等原始材料。按年度归档，每年6月底前完成对上年度形成文件材料的归档工作。

(三)会计档案：会计凭证、会计账簿、财务报告等会计核算专业材料。在本会计年度结束之后，由会计部门(或会计人员)按照《中华人民共和国会计法》《会计档案管理办法》和国家林业局《林业重点生态建设资金会计核算办法》等规定的要求归档。

(四)音像及电子介质档案：参照技术与管理档案归档。

(五)实物档案：在工程建设过程中随时归档。

(六)电子档案：以上档案在归档同时，按照国家档案局的有关要求，建立电子档案。

第十五条 归档内容

(一)工程管理：上级批复和下达的天保工程实施方案，上级下达的木材生产、公益林建设、森林管护、后备资源培育、森林抚育、人员分流安置等方面的年度计划；上级有关部门制定和发布的各种文件、管理办法、技术标准，本级上报的各种文件和材料，本级有关部门制定和发布的各类文件、管理办法、规章制度；机构设置及职能、人员编制、领导任命等行政管理类材料；与上级主管部门和下级单位签订的目标责任书、项目责任书，工作总结，领导讲话、会议记录、纪要，会议材料、培训材料；工程自查、复查和核查报告，绩效考评报告，各种统计报表、验收报告材料；宣传报道、先进集体和个人的表彰材料，违法违纪事件的处理材料；案件举报材料及查处结果；工作简讯、简报等。

(二)木材停伐减产：森林分类经营区划；采伐限额与年度木材生产计划，上级主管部门批复的伐区作业设计，采伐证，伐区检查验收资料，木材生产登记台账，年度统计报表等；人工林采伐试点的有关资料等。

(三)公益林建设：公益林建设实施方案，人工造林、飞播造林、封山育林及其他公益林建设项目的作业设计、协议书、合同书、责任书，招投标过程形成的资料，种苗供应的有关材料，施工文件，检查验收材料，施工监理资料，林权证发放情况，后期管护情况和经营利用情况，灾害损失和核销情况等。

(四)森林资源管护：森林资源管护实施方案，管护体系的组织结构，管护人员资料，管护责任书、合同书、协议书，管护项目招投标过程形成的资料；管护区基本情况(责任区、分布图、小班卡片等)，管护日志与巡山记录，管护工作检查记录，管护人员培训、考核记录，管护站点、管护设备、管护标牌的建设、使用及维护情况；相关的资金使用情况；违章用火、人畜破坏森林资源等记录和处罚情况，乱砍滥伐林木、乱捕滥猎野生动物、非法毁林开垦和侵占林地等破坏森林资源事件的发生、报告、处理和损失情况，森林病虫害、火情火警、火灾及其他自然灾害的发生、报告、处理和损失情况；林下资源开发与利用情况；保护森林资源宣传活动的记录；森林资源的调查、监测资料等。

(五)森林抚育、后备资源培育：上级主管部门下达的计划、批复的作业设计，采伐证，施工合同、协议、责任书、招投标材料，检查验收资料，安置职工就业情况，年度统计报表等。

(六)富余人员分流安置：富余人员分流安置实施方案，在册与在岗职工明细、汇总表，分流到森林资源管护、公益林建设、森林培育、森林抚育、森林旅游、林下资源开发及其他分流渠道的相关材料；下岗职工再就业培训情况，再就业情况，其他下岗职工明细、汇总表，享受经济补偿金、失业保险待遇或者纳入最低生活保障的有关情况；单位职工内部退养、停薪留职、自谋职业等人员的明细、汇总表及相关的合同书、协议书；混岗职工明细、汇总表，分流安置情况。

(七)社会保障和政社性人员：在册职工和离退休人员参加基本养老、医疗、失业、工伤、生育保险明细、汇总表，公检法、文教卫生、社会公益事业等政社性人员明细、汇总表；分离学校、医院等企业办社会机构的执行情况等。

(八)国家级公益林和地方公益林补偿：公益林生态效益补偿资金支付情况，管护合同、责任书、管护记录及检查验收报告等。

(九)资金到位和使用：各级下达的中央资金计划、地方资金计划，资金拨付文件、拨付凭证、会计凭证、会计账簿、财务报告，各项资金使用情况统计表、年度决算及相关材料；公益林建设、后备资源培育、森林抚育等工程项目的结算清单，离退休人员领取养老金的明细、汇总表及凭证，工资及其他经费的支出凭证，国家级公益林和地方公益林补偿兑现支出凭证等。

(十)其他政策执行情况：落实地方政府责任情况，森工企业主辅分离的情况；国有林场、国有森工企业改革的情况；后续产业发展的有关情况；示范点建设和工程效益监测的有关资料等。

第十六条 保管期限

按档案材料的性质和重要程度，分永久、长期和短期保管。其中，永久为50年以上，长期为15～50年，短期为3～15年。会计档案保管期限依据《中华人民共和国会计法》和《会计档案管理办法》执行。

永久保管的包括：工程实施方案，重要的政策性文件，机构设置与调整，企业改革与改制情况，森林资源调查等基础资料，工程监测评估材料，重大基础设施工程的有关资料，林权和经营权管理情况等。

长期保管的包括：各种政策性文件、管理办法、技术标准，年度计划、作业设计、施工文件、招投标文件、责任书、合同书、协议书，各种明细、汇总表，检查验收材料，施工监理资料，资金拨付情况，支付凭证等。

短期保管的包括：巡山记录、领导讲话、会议材料、培训材料，工作简讯、简报等。

第十七条 各级天保工程实施单位要充分利用先进技术与手段，配备先进的信息管理设备，积极开展档案信息化建设，使档案材料实现网络资源共享，方便调阅。

第五章 考核与奖惩

第十八条 各级天保工程实施单位要将档案工作纳入下级工程实施单位的工程年度核查和目标考核，对档案工作不符合要求的，不能评为年度工程实施的先进单位。

第十九条 对在工程档案管理过程中取得突出成绩的，林业主管部门应当依据相关规定给予表彰奖励。

第二十条 对违反有关规定，造成档案材料失真、损毁、丢失或者其他不良影响的，林业主管部门应当会同档案管理部门予以严肃处理，追究有关领导和档案管理人员的责任。

第六章 附 则

第二十一条 各省级天保工程实施单位可根据本办法，结合本地实际，制定实施细则。

第二十二条 本办法由国家林业局负责解释。

第二十三条 本办法自公布之日起施行。国家林业局办公室印发的《天然林资源保护工程档案管理办法》(办天字〔2006〕96 号)同时废止。

国家林业局办公室关于严厉打击侵犯植物新品种权行为的通知

办技字〔2012〕91 号

各省、自治区、直辖市林业厅(局)，内蒙古、吉林、龙江、大兴安岭森工(林业)集团公司，新疆生产建设兵团林业局，各计划单列市林业局，国家林业局各司局、各直属单位：

为贯彻《国务院关于进一步做好打击侵犯知识产权和制售假冒伪劣商品工作的意见》(国发〔2011〕37 号)，落实《国家林业局打击制售假劣林木种苗和保护植物新品种权以及软件正版化工作实施方案》，现就严厉打击侵犯植物新品种权行为有关事项通知如下：

一、建立健全植物新品种权行政执法体系

各级林业主管部门要建立健全植物新品种权行政执法机构，加强执法队伍建设，强化技术、法规等业务知识培训，提高执法人员综合素质。各省级林业主管部门确定的植物新品种权执法机构要报我局科技发展中心备案。

二、集中打击侵犯植物新品种权行为

5～6 月，各级林业主管部门要开展本地区植物新品种权侵权情况摸底调查，摸清主要被侵权品种和主要侵权人，为打击侵权行为做好准备。各省级林业主管部门要将本地区侵权摸底调查情况于 6 月底前报我局科技发展中心。我局将对重点省区侵权情况进行抽查。

7～11 月，各级林业主管部门要在摸底调查的基础上，积极开展打击行动，并将打击植物新品种权侵权、假冒案件纳入政府信息公开范围，案件办结后，及时公布有关信息，接受社会监督。我局将对侵权严重、影响较大的案件进行重点督办。

三、开展植物新品种权行政执法试点

我局将在品种权拥有或使用较多的地区进行品种权行政执法试点，推动建立行政执法规范，提高行政执法水平，探索建立行政执法长效机制。同时，推动建立品种权行政执法信息平台，逐步与司法部门共享数据，促进品种权行政执法与刑事司法的衔接。

四、加大植物新品种权行政执法能力建设

各级林业主管部门要为行政执法部门提供必要的办公条件，配备必要的执法设备，建设必要的执法设施，保证行政执法机构能够正常开展工作。我局将建立健全植物新品种测试机构和授权品种保藏机构，同时建设全国林业植物授权品种基因图谱数据库，为执法取证提供技术支撑。

五、加强宣传引导

各级林业主管部门要协调本地新闻媒体，积极进行宣传，追踪报道，形成打击侵犯植物新品种权的强大态势，积极引导全社会合法使用植物新品种权。

六、几点要求

(一)要高度重视。各级林业主管部门要高度重视植物新品种权行政执法工作，切实加强领导，抓好落实。要与本地打击侵犯知识产权和制售假冒伪劣商品工作牵头部门沟通协调，将打击侵犯植物新品种权工作纳入地方工作方案。

(二)要制定具体落实方案。各省级林业主管部门要根据《国家林业局打击制售假劣林木种苗和保护植物新品种权以及软件正版化工作实施方案》，结合本地的实际情况，制定具体落实方案，细化打击侵犯植物新品种权措施，并于 5 月 30 日前报我局科技发展中心。

(三)要及时反馈落实情况。各省级林业主管部门要积极采取措施，把工作落到实处，并于 11 月底前将打击侵犯植物新品种权工作情况总结报我局科技发展中心。

国家林业局办公室

2012 年 5 月 11 日

国家林业局办公室关于开展林业植物检疫追溯工作的通知

办造字〔2012〕117 号

各省、自治区、直辖市林业厅(局)，内蒙古 吉林、龙江、大兴安岭森工(林业)集团公司，新疆生产建设兵团林业局：

为深入贯彻全国林业有害生物防治工作会议精神，全面落实《国家林业局关于进一步加强林业有害生物防治工作的意见》(林造发〔2011〕183 号)和《国家林业局关于切实加强林业植物检疫工作的通知》(林造发〔2012〕55 号)的有关要求，进一步推进林业植物检疫追溯体系建设，追溯有害生物传播危害责任，强化源头管理，有效防范有害生物的传播危害，我局决定开展林业植物检疫追溯工作。现将有关事宜通知如下：

一、充分认识林业植物检疫追溯工作的重要作用

随着我国经济社会的不断发展，国际国内贸易的日趋频繁，林业有害生物的传播加剧，危害加重，扩散加速。据统计，自上世纪 80 年代以来，省际传播危害的林业有害生物达 368 种；从国外入侵的重大林业有害生物 21 种，仅 2000 年以后就入侵了 11 种，不仅影响森林资源安全，而且还影响林产品的对外贸易。林业有害生物传播危害的原因既有自然的，也有人为的，但主要是人为因素。

开展林业植物检疫追溯工作，就是要对林业植物及其产品的去向进行全过程跟踪，实现有害生物人为传播危害源头及其责任的有效溯源，为查处检疫违法违规行为提供可靠依据。实施林业植物检疫追溯是林业有害生物防治工作由传统灾害管理向现代风险管理转变的重要标志，是实现林业植物及其产品全过程监管，有效防范有害生物传播危害的重要措施，也是建立现代林业管理体系的客观要求。各级林业主管部门要充分认识林业植物检疫追溯工作的重要作用，积极开展检疫追溯工作，努力遏制有害生物的传播危害，保护我国的生态安全、经济贸易安全和森林食品安全。

二、开展林业植物检疫追溯工作的基本思路

林业植物检疫追溯是一项专业性强、责任大、社会覆盖面广的工作，是一项全新的、十分复杂的系统工作，必须进一步解放思想，转变观念，大胆探索，勇于创新。因此，现阶段开展林业植物检疫追溯工作的基本思路是：以林业植物检疫标签为载体，以检疫追溯信息系统为平台，以各级林业有害生物防治检疫机构为基点，以防范有害生物传播危害为目的，以建立可追溯的林业植物检疫管理体系为目标，坚持试点先行、逐步推开、自愿参与的原则，逐步实现林业植物及其产品从生产、加工、运输到种植、使用的全过程跟踪管理，达到林业有害生物传播源头和责任的可追可溯，为有效遏制有害生物传播危害，促进林业“双增”目标实现提供有力保障。

三、林业植物检疫追溯工作的主要内容

林业植物检疫追溯工作的主要内容包括以下几个方面：

(一)结合林业植物检疫追溯信息系统，建立健全林业植物及其产品有关信息的数字档案。其中主要包括建立林业植物及其产品生产信息数据库、建立林业植物及其产品调运信息数据库、建立林业植物及其产品实施检疫监管信息数据库等。

(二)在产地检疫、调运检疫及引种检疫过程中，对检疫合格的林业植物及其产品加施检疫标签，实行检疫标签管理。检疫标签的有关说明见附件 1。

(三)利用林业植物检疫追溯信息系统，对加施检疫标签的林业植物及其产品的去向进行跟踪，对携带有害生物的林业植物及其产品进行溯源，为加强有害生物源头管理、落实传播危害防范责任和依法查处检疫违法违规案件提供依据。

四、开展林业植物检疫追溯试点工作

按照“试点先行、逐步推开、自愿参与”的原则，我局选取上海、浙江、广东、新疆、云南等 5 个省(区、市)，作为首批试点，开展以果品、苗木、板材等为主要内容的林业植物检疫追溯试点工作。试点的具体内容、进度安排等见附件 2。其他省(区、市)可结合本地实际，参照我局制定的试点内容自愿开展检疫追溯工作。

五、有关要求

(一)提高认识，精心组织。各地要充分认识林业植物检疫追溯工作的重要性，高度重视检疫追溯体系建设，积极开展林业植物检疫追溯工作。各试点省(区、市)要切实加强检疫追溯工作的组织领导，成立由省级林业部门主管领导任组长的工作小组，落实责任和工作分工，做好技术指导，及时解决追溯工作中存在的问题，并在人力、物力、财力上予以支持。其他省(区、市)应予以大力配合，加强协作，搞好联动，确保追溯试点工作的顺利开展。

(二)加强宣传，做好动员。要充分利用电视、报刊、互联网等媒体，广泛宣传林业植物检疫追溯工作，为检疫追溯工作营造良好氛围。因加施检疫标签将增加检疫人员的工作量，各试点省(区、市)应充分做好动员工作，加强培训，切实提高检疫人员对检疫追溯工作重要性、必要性、紧迫性的认识，确保追溯工作取得实效。

(三)及时总结，完善方法。各试点省(区、市)要结合本地实际，探索和完善检疫标签使用方法、数据库建设内容、检疫追溯技术和程序等，及时总结经验，完善配套设施设备。试点过程中出现的问题及时报我局。

(四)加强检疫标签管理。检疫标签由我局统一制作、免费发放。检疫标签的领取、发放应有专人负责管理，并登记造册，严防丢失和损坏。要切实加强检疫标签使用的管理，认真做好标签的加施工作，不得向申请检疫的单位和个人收取标签费用。

（五）及时报送有关材料。各试点省（区、市）要严格按照本通知的有关内容和要求，组织制定试点实施方案，于2012年8月15日前上报我局造林绿化管理司。各试点省（区、市）所需标签数量，于8月20日前以邮件形式报我局造林绿化管理司，并于12月底前和试点结束后上报工作总结及所负责试点内容的检疫追溯技术规范。

附件：1. 检疫标签有关说明

2. 首批林业植物检疫追溯试点工作内容及进度安排（略）

国家林业局办公室

2012年7月24日

附件1　检疫标签有关说明

一、检疫标签式样

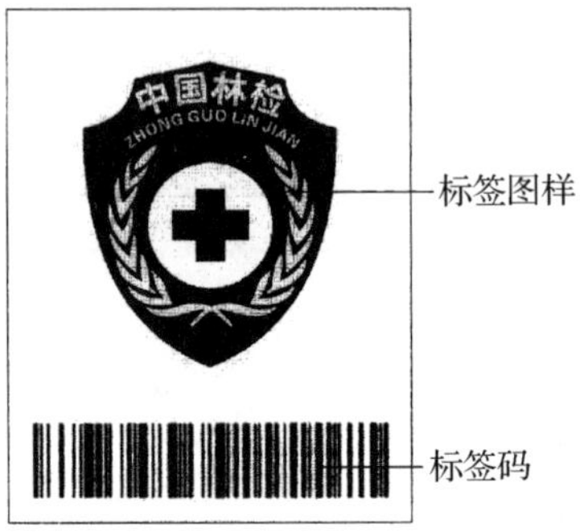

二、检疫标签的制作说明

采用激光防伪标签，并具有撕开留字、易碎的特性。

三、检疫标签码的编码说明

标签码由4部分、16位数字组成，即"检疫类型代码＋省级行政区代码＋生产编号＋流水号"，具体编码规则见表1。

表1　检疫标签码编码规则说明

代码组成	点位符	编码说明
检疫类型代码	×	产地检疫为1；调运检疫为2；从国外引种为3。
省级行政区码	××	省级行政区代码参见表2。
生产编号	×××××	共5位。其中：生产年份占4位，生产批次占1位。
流水号	××××××××	共8位。每批次从00000001开始编码。

表2　省级行政区代码

省级行政区	代号	省级行政区	代号
北京市	11	湖北省	42
天津市	12	湖南省	43
河北省	13	广东省	44
山西省	14	广西壮族自治区	45
内蒙古自治区	15	海南省	46
辽宁省	21	重庆市	50
吉林省	22	四川省	51
黑龙江省	23	贵州省	52
上海市	31	云南省	53
江苏省	32	西藏自治区	54
浙江省	33	陕西省	61
安徽省	34	甘肃省	62
福建省	35	青海省	63
江西省	36	宁夏回族自治区	64
山东省	37	新疆维吾尔自治区	65
河南省	41		

四、检疫标签的载体

对不能直接粘贴检疫标签的林业植物及其产品，可使用标签载体。标签载体颜色为黄色，环保材质，耐温程度±50℃。标签载体应式样简洁，使用方便，可使用带有吊带的塑料吊牌或者标牌式扎带。

国家林业局办公室关于印发《国家林业局林业碳汇计量与监测管理办法》的通知

办造字〔2012〕206号

各有关单位：

为积极做好新形势下林业应对气候变化相关工作，进一步规范林业碳汇计量与监测活动，逐步推进建立适应可测量、可报告、可核查（简称"三可"）要求的林业碳汇计量与监测技术，我局制定了《国家林业局林业碳汇计量与监测管理办法》，现印发给你们，请遵照执行。在执行过程中如有问题和建议，请与我局造林绿化管理司（气候办）联系。

国家林业局办公室

2012年11月19日

国家林业局林业碳汇计量与监测管理办法

第一条 为规范林业碳汇计量与监测活动，确保林业碳汇计量与监测结果真实、客观，满足可测量、可报告、可核查(简称“三可”)要求，根据国家控制温室气体排放、积极应对气候变化有关政策规定，制定本办法。

第二条 国家林业局造林绿化管理司(气候办)作为国家林业局林业碳汇工作管理部门，负责审查林业碳汇计量与监测单位的业务能力和相关技术条件，并监督和指导其开展林业碳汇计量与监测活动。

第三条 本办法所称林业碳汇计量与监测单位，是指经国家林业局认定具备开展林业碳汇计量与监测业务资格的机构。

第四条 国家林业局按照公平、公开、公正的原则，根据业务能力和相关技术条件，认定林业碳汇计量与监测单位。经国家林业局认定的林业碳汇计量与监测单位，在中国境内可承担国家林业局开展的全国林业碳汇计量与监测体系建设项目、清洁发展机制(简称CDM)林业碳汇项目、碳排放权交易林业碳汇项目、温室气体自愿减排交易林业碳汇项目、碳汇造林项目、森林经营碳汇项目以及其他相关项目的林业碳汇计量与监测工作。

第五条 国家林业局认定的林业碳汇计量与监测单位，必须具备以下条件：

(一)属于从事林业碳汇相关调查、规划、设计、科研等工作的具有独立法人资格的非营利性机构。

(二)具有一支不少于10人的林业碳汇计量与监测相关专业的技术队伍。技术负责人具有高级职称，从事林业碳汇相关工作5年以上，至少主持过1项国家级或省部级林业碳汇相关课题或项目。专业技术人员中具有中级以上职称的不少于6人，其中具有高级职称的不少于3人。参加过国家林业局林业碳汇计量与监测技术培训并获得结业证书的不少于6人。

(三)承担过不少于3项林业碳汇项目(包括清洁发展机制林业碳汇项目、国内碳汇造林项目等)的碳汇计量与监测工作，或承担过国家级或省部级林业碳汇计量与监测工作。

(四)具备开展林业碳汇计量与监测工作的实验场所、仪器设备和相关设施。

第六条 申请国家林业局林业碳汇计量与监测单位，应当提交以下材料：

(一)林业碳汇计量与监测单位申请表(见附录1)。

(二)符合第五条有关条件的证明材料(见附录2)。

(三)所在地省、自治区、直辖市林业主管部门的书面意见。

第七条 申请国家林业局林业碳汇计量与监测单位的机构需按国家林业局统一部署和相关要求，提报申请材料。申请材料经省级林业主管部门审核后报国家林业局，国家林业局直属单位申请材料直接报送国家林业局。国家林业局收到申请材料后组织审查，对申请材料齐全、符合本办法规定的，认定其具备林业碳汇计量与监测资格，颁发林业碳汇计量与监测单位证书，以适当方式予以公告，并以书面文件告知申请单位。

第八条 林业碳汇计量与监测单位证书由国家林业局统一印制，证书有效期5年。

第九条 如需延续林业碳汇计量与监测单位证书，持证机构应当在有效期届满前6个月提交延续申请。国家林业局根据申请单位既往工作业绩情况和相关条件作出是否延续的决定。

第十条 国家林业局将对林业碳汇计量与监测单位工作开展情况进行监督检查，检查结果作为评价其工作成效以及能否继续获得资格的基本依据。林业碳汇计量与监测单位证书因各种原因被撤销或注销的，国家林业局将及时予以公告。

第十一条 林业碳汇计量与监测单位应当按照国家有关法律、法规和相关技术规定，科学、公正、独立开展工作，并对其提供的林业碳汇计量与监测相关数据和报告的真实性、可靠性负责。

第十二条 林业碳汇计量与监测单位发生下列情况之一，国家林业局撤销其资格。

(一)以欺骗、贿赂等不正当手段取得林业碳汇计量与监测单位证书。

(二)未经批准，擅自公布或泄漏林业碳汇计量与监测相关数据、信息、成果、资料。

(三)伪造、变造、倒卖、出租、出借林业碳汇计量与监测单位证书。

(四)林业碳汇计量与监测单位及其工作人员伪造、变造林业碳汇计量与监测相关数据和报告。

(五)其他违反有关规定的行为。

第十三条 未经国家林业局认定业务能力并颁发林业碳汇计量与监测单位证书的机构，不得在名称中使用“国家林业局”“中国(或全国)林业”等易与国家林业局认定的林业碳汇计量与监测单位相混淆的字样。

第十四条 林业碳汇计量与监测单位对于在开展项目活动中获知的国家秘密、商业秘密负有保密的义务。

第十五条 本办法自发布之日起施行。2010年2月25日国家林业局办公室印发的《国家林业局林业碳汇计量与监测管理暂行办法》(办造字〔2010〕26号)同时废止。

附录(略)

国家林业局办公室关于印发《国家重点林木良种基地考核办法(试行)》的通知

办场字〔2012〕230号

各省、自治区、直辖市林业厅(局),内蒙古、吉林、龙江、大兴安岭森工(林业)集团公司,新疆生产建设兵团林业局:

为了加强国家重点林木良种基地建设与动态管理,完善考核体系,切实提高国家重点林木良种基地生产管理水平,我局制定了《国家重点林木良种基地考核办法(试行)》。现印发你们,请遵照执行。

附件:国家重点林木良种基地考核办法(试行)

国家林业局办公室

2012年12月31日

附件　国家重点林木良种基地考核办法(试行)

第一条　为进一步加强国家重点林木良种基地建设与管理,推进林木良种化进程,依据《国家重点林木良种基地管理办法》,制定本考核办法。

第二条　本办法适用于经国家林业局确认并公布的国家重点林木良种基地。省级林业主管部门确认并公布的省级重点林木良种基地考核可参照执行。

第三条　考核内容包括国家重点林木良种基地良种生产、基础设施建设、科技支撑、制度建设、资金管理等。

第四条　考核分为省级考核和国家级考核。省级考核由各省、自治区、直辖市、内蒙古森工、龙江森工、大兴安岭森工及新疆生产建设兵团林业行政主管部门组织进行,具体工作由其所属林木种苗管理机构负责;高等院校、中国林科院所下属基地考核由所在地省级林业行政主管部门组织进行;国家级考核由国家林业局组织进行,具体工作由国家林业局国有林场和林木种苗工作总站负责,各省级林木种苗管理机构配合。具体程序:

(一)按照本办法规定的考核内容和指标,省级林业行政主管部门对本辖区内国家重点林木良种基地进行考核,并将结果报国家林业局国有林场和林木种苗工作总站。

(二)国家林业局组织专家组对省级考核结果进行抽查,并根据各类调查和相关资料,评定各国家重点林木良种基地的考核结果。

(三)国家林业局公布考核结果。

省级考核每年进行一次,于次年3月31日前报前一年省级考核结果,国家林业局组织考核每三年进行一次。

第五条　考核坚持客观、公正、实事求是的原则,采用综合评分的方法进行,总分120分(其中包含20分奖励加分)。总分70分及以下为不合格,71~80分为合格,81~89分为良好,90分以上为优秀。

第六条　考核指标

(一)基地生产(45分)

1. 方案编制(10分)。编制基地中长期发展规划,并通过专家评审(5分),未编制中长期发展规划(0分);编制年度作业设计方案,且符合基地发展规划,并经省级林业行政主管部门组织专家审核(5分),未编制年度作业设计方案和未经批复的(0分)。

2. 执行情况(10分)。种子园、种质资源收集区、母树林、采穗圃、试验林等抚育与新建任务按作业设计方案和下达计划执行实施(10分);未按照作业设计方案和下达计划执行实施的,一项扣2分,扣完为止。

3. 质量控制(10分)。作业效果达标(施肥、除草、病虫害防治、树体管理等与技术规程和作业设计对照全部符合)(10分),不达标(实地检查或档案生产记录检查发现不实的)一项扣2分,扣完为止。

4. 良种生产(10分)。种子、穗条和苗木产量完成预定或下达任务指标(完成任务量≥100%)(10分);基本完成的(90%≤完成任务量<100%)(6分);除去不可预见因素和实属种子歉年,无正当理由没完成任务(完成任务量<90%)(0分)。

5. 品种审定(5分)。基地生产的种子、选育的林木品种通过国家级或省级林木品种委员会审(认)定的(5分),未通过的(0分)。

(二)基础设施(10分)

1. 设施维建(5分)。生产工程(作业道、喷滴灌、生产用房、晾晒场、标识、宣传牌等)设施按作业设计方案的计划全部完成(5分);未完成(实地检查或档案生产记录检查发现不实的)一项扣1分,扣完为止。

2. 设备购置(5分)。授粉、采种、制种、除草、病虫害防治等生产设备购置按作业设计方案的计划全部完成(5分);未完成(实地检查或档案生产记录检查发现不实的)一项扣1分,扣完为止。

(三)科技支撑(5分)。基地与技术支撑专家签订协议或颁发聘书,专家每年实地生产指导2次及2次以上的(5分);签订协议或聘书,每年实地生产指导1次(2分),无(0分)。

(四)基地管理(40分)

1. 人才队伍建设(5分)。基地配有2名以上具有中级专业技术职称的专职技术人员负责良种基地建设与管理,现有的生产管理与技术人员队伍形成梯队培养(5分);基地配有1名具有中级专业技术职称的专职技术人员(2分);未配备专职技术管理人员(0分)。

2. 制度建设(10分)。建立基地管理与资金管理制度(5分),未建立的(0分);按时上报相关数据、材料

（包括年度生产计划、作业设计、总结等）（5分），未上报1次扣1分，扣完为止；受到通报批评（0分）。

3. 档案信息（10分）

（1）档案管理（5分）。技术档案管理制度健全，数据资料（配置图、生产纪录、调查数据、照片等资料清楚、保存完整，装订成册）完善，并有专人管理（5分），数据资料基本完善（2分），不完善或未建立档案的（0分）。

（2）信息化建设（5分）。档案电子化，及时录入和更新国家重点林木良种基地数据库（5分）；数据录入不完整、更新不及时（2分）；未录入、未更新国家重点林木良种基地数据库（0分）。

4. 资金管理（15分）

（1）支出规范性（10分）。资金使用符合有关规定和项目预算的（10分）；不符合规定每笔扣2分，扣完为止。受到通报批评或发生挤占挪用等现象（0分）。

（2）账目管理：（5分）。单独建账，独立核算（5分）；未单独建账，独立核算的（0分）。

第七条 基地建设过程中，有下列情况的，可以获得奖励加分：

（一）基地良种产量高出近3年最高产量的30%，加5分。

（二）种质资源收集、建园技术取得突破性进展或处于全国领先水平，加5分。

（三）品种选育与推广中，获得专利、注册商标等，加5分。

（四）基地开展创新性实用技术课题研究，并获得省级以上奖励的加5分。

第八条 基地建设过程中，有下列情况之一的，即为考核不合格，国家林业局将取消国家重点林木良种基地资格：

（一）无正当理由未完成生产建设任务的。

（二）生产的林木种子、苗木已不适应当地或周边地区林业发展需要的。

（三）在林木种苗生产经营中，出现严重质量事故的。

（四）基地管理混乱，挪用资金的。

第九条 对各国家重点林木良种基地考核总分从高到低进行排序。对总分列前10名的基地，由国家林业局予以通报表扬。对考核不合格的基地，国家林业局将对其任务、资金进行调控，并限期进行整改。整改不合格的，将取消国家重点林木良种基地资格。

第十条 本办法由国家林业局负责解释。

第十一条 本办法自发布之日起实行。

国家重点林木良种基地考评表（略）

中国林业概述

03

2012年的中国林业

2012年全国林业系统紧紧围绕迎接党的十八大和学习贯彻落实十八大精神，在党中央、国务院的正确领导下，在各有关部门的大力支持下，全体务林人奋力拼搏，开拓创新，扎实工作。全国林业改革发展取得明显成效，集体林权制度"承包到户、明晰产权"任务基本完成，国有林场改革试点正式启动，全年完成造林600.8万公顷，义务植树26.82亿株，森林抚育824万公顷，实现林业产业总产值3.7万亿元，为改善生态改善民生发挥了重要作用。

林业改革继续深化 出台了《国务院办公厅关于加快林下经济发展的意见》，召开了全国深化集体林权制度改革工作会议。全国确权集体林地1.8亿公顷，占集体林地总面积的97.7%；发证面积1.736亿公顷，占确权林地的96.37%，8981万多农户拿到林权证，累计调处林权纠纷110多万起，基本落实了农民家庭承包经营权，惠及4亿多农民。全国共建立农民林业专业合作组织11.15万个，林权管理服务机构1435个，林权流转逐步规范，林权保护管理体系日益完善。26个省(区、市)建立地方森林生态效益补偿基金制度，投入资金38.3亿元。森林保险投保面积0.93亿公顷，林权抵押贷款余额达792.3亿元。林下经济蓬勃发展，产值达3601亿元，有力地促进了农民就业增收，重点林业县农民林业收入占人均总收入的比例达到50%以上。集体林改监测结果显示，农民对改革总体满意。3500个样本农户中，有88.16%对改革方案满意，91.71%对林地勘界满意，83.83%对集体林地家庭承包责任制政策落实结果满意。国有林场改革方案基本形成共识，落实国家财政补助政策，出台加强国有林场森林资源管理的意见。审查7个试点省改革实施方案，中央财政下达补助资金12亿元。对重点国有林区改革进行深入调研，完善了《东北、内蒙古重点国有林区森林资源管理体制改革的意见》，改革试点稳步推进。

造林绿化任务全面完成 3月27日，国务院在北京人民大会堂召开全国造林绿化表彰动员大会，中共中央政治局委员、国务院副总理、全国绿委主任回良玉出席会议并作重要讲话，全国人大常委会副委员长乌云其木格、全国政协副主席张梅颖出席会议，全国绿委副主任、国家林业局的135位全国绿化劳动模范、160名全国绿化先进工作者出席了会议。会议表扬了100个对国土绿化作出突出贡献的单位、100名国土绿化突出贡献人物。加强部门绿化检查和春季造林绿化督查。社会造林和工程造林齐头并进，企业造林、大户造林、专业队造林快速发展，义务植树、身边增绿、通道绿化、森林进城等活动深入开展。出台《国务院办公厅关于加强林木种苗工作的意见》，确定第二批95处国家重点林木良种基地，全年生产林木种子3000万千克，苗木300多亿株，开展打击制售假劣林木种苗专项行动，林木种子和苗木合格率分别达到90.1%和94.7%。全国共完成造林600.8万公顷，超额完成了全年任务；义务植树26.82亿株，为计划的107.3%。完善森林抚育规程，启动森林经营样板基地建设，森林抚育经营由试点转向全面推开。全国共完成森林抚育824万公顷，为计划的117.7%。积极开展中央财政森林抚育补贴试点成效监测，为推动抚育补贴制度化做好基础工作。全国林业碳汇计量监测体系建设扎实推进，制修订多项碳汇计量监测相关办法，积极参与国家碳排放权交易试点和温室气体排放林业碳汇清单编制以及国家应对气候变化规划政策的研究制定工作。

林业重点工程深入实施 天然林资源保护工程一次性安置职工社会保险补助政策获国务院批准，落实中央财政补助资金50.6亿元，启动森林培育试点及绩效考评工作，森林管护、公益林建设、工程核查及信息化管理等工作顺利展开。巩固退耕还林成果取得新进展，退耕地造林计划面积保存率达99.67%，并继续推进配套荒山荒地造林和封山育林。国务院决定在重点生态脆弱区继续安排退耕还林任务，并从2013年起适当提高巩固退耕还林成果部分项目补助标准。召开三北工程四期总结暨五期工程启动大会，五期工程规划正式获批实施，增加了退化林分修复和百万亩人工林基地建设内容。长江、珠江等防护林体系建设工程持续推进，完成了长江流域等4个三期规划编制和《全国沿海防护林体系工程建设成效评估报告(2001～2010年)》工作。国务院批准了《京津风沙源治理二期工程规划》，建设范围扩大到6个省(区、市)138个县，增加了林草植被保护、工程固沙等林业建设内容。石漠化综合治理重点县由200个扩大到300个，发布了第二次石漠化监测结果，石漠化防治工作得到多位中央领导的充分肯定。《全国防沙治沙规划》上报国务院审批。通报了"十一五"省级政府防沙治沙目标责任综合考核结果，并被确定为省级政府领导班子和领导干部综合考核的重要依据。加强沙尘暴预警监测和处置工作，全年共发生10次沙尘天气。推进自然保护区基础设施和能力建设，新增林业国家级自然保护区23处，启动极小种群野生植物拯救保护工作。开展第二次全国野生动植物和第四次大熊猫调查工作，首只经过系统野化训练的人工繁育大熊猫"淘淘"和一批野马、野骆驼成功放归自然。强化野生动物疫源疫病监测防控体系建设和监测防控工作，全年未发生重大疫情。国务院批准《全国湿地保护工程"十二五"实施规划》，全年恢复湿地2万公顷，新增湿地保护面积9万公顷和85处国家湿地公园试点，确认11处国家重要湿地。完成第二次全国湿地资源调查和湿地生态系统健康功能价值评价指标体系研究。稳步推进木材战略储备示范基地建设，开展特殊林木培育，共营造大径级储备林11万公顷，速生丰产林65.4万公顷。召开全国林业重点工程社会经济效益监测工作会议，加大林业对民生的监测力度。

资源保护管理切实加强 积极化解集体土地发证对林地林权管理带来的冲击。全国林地“一张图”拼接和入库工作基本完成，启动年度更新调查试点，加强县级林地保护利用规划编制工作，出台严格的重点国有林区矿产开发和风电项目使用林地管理政策。推进森林可持续经营管理试点、森林增长指标考核评价和第八次全国森林资源清查工作，提高森林资源监测和利用监督水平。出台《国家林业局关于加强国有林场森林资源管理保障国有林场改革顺利进行的意见》，加强森林资源管理、林业植物检疫、象牙加工销售、养熊取胆等领域执法检查。针对各地破坏野生动物资源、走私和非法经营野生动物的情况，开展多次专项严打整治行动，遏制破坏野生动物资源案件高发的态势。16 个省成立了濒危物种履约执法协调小组，开展了打击濒危物种走私、林区维稳和缉枪治暴专项行动，加大林政案件查办力度。全国共查处、侦破涉林案件 27 万多起，挽回直接经济损失 14.57 亿元，维护了森林资源安全和林区社会稳定。完成 327 种林业有害生物风险评估，印发《关于切实加强林业植物检疫工作的通知》《主要林业有害生物成灾标准》。开展“绿盾 2012”林业植物检疫执法检查行动，有效打击违法行为，遏制了林业有害生物传播扩散的势头。全国林业有害生物防治面积达 0.078 亿公顷，无公害防治率达 87%，成灾率控制在 4.5‰以下，测报准确率达 85%，种苗产地检疫率达 95%，松材线虫病、美国白蛾等主要有害生物危害得到控制。

森林防火成效显著 中央领导多次作出重要批示，国务院专门召开全国电视电话会议部署森林防火工作。调整充实国家森防指领导和成员，修订颁布《国家森林火灾应急预案》。大力推进森林防火制度、机制、信息、平台建设，认真落实卫星热点核查“零报告”和“有火必报”制度，卫星热点反馈率达 98.7%。加强武警森林部队和森林消防队伍规范化建设，实施靠前驻防和大规模“南兵北用”行动。共租用 84 架次飞机，累计飞行 6500 多小时，在 16 个省(区)开展航空护林。各部门大力支持森林防火工作，加大投资建设力度，防扑火装备水平逐步提高。强化重点时期火险预警、宣传教育、专项督查工作，森林火灾防控能力和应急处置水平明显提升。认真落实中俄、中蒙边境地区联防协定，有效防止了境外火入侵。全国共发生森林火灾 3966 起，受害面积 1.4 万公顷，伤亡 21 人，同比分别下降 28.5%、48.1% 和 76.9%，连续四年实现“三下降”，火灾损失为历年最低。

林产品供给能力不断提升 编制人造板、特色经济林、花卉、林业生物质能源、林产品质量检验检测体系建设等专项规划，林业产业规划体系逐步完善。在全国开展林业产业监测工作。加大产业扶持力度，中央财政木本油料产业发展资金增加到 37.9 亿元，油茶产业发展重点县增加 100 个。与国家开发银行和中国农业银行签署支持林业发展合作协议，中央财政贴息达 14.7 亿元。全国林业产业界发起“中国林业产业诚信联盟”建立工作，分别在江西宜丰、福建三明、河南郑州等地开展林业产业诚信推介活动，并组织开展首届中国林业产业 5A 级诚信(企业)单位、诚信功勋人员、诚信功勋单位评选。在全球经济危机等不利因素影响下，全国林业产业继续保持强劲发展势头。全年林业产业总产值达到 3.7 万亿元，比 2011 年增加 21%，提前 3 年实现“十二五”规划目标。全国林产品进出口贸易额有望达到 1200 亿美元，同比增长 3.4%。山东、广东、浙江、江苏、福建等省林业产业总产值超过 3000 亿元。全国主要林产品产量持续增长，木材产量达 8088 万立方米，人造板产量达 2.07 亿立方米，干鲜果品、木本油料等特色经济林产量达 1.46 亿吨。全国花卉种植面积 102.4 万公顷，销售额达到 1068 亿元，出口创汇 4.8 亿美元。油茶种植面积超过 366.67 万公顷，茶油产量超过 43 万吨，实现年产值 245 亿元。全国森林公园总数达 2855 个，其中国家级森林公园 764 个，全国森林公园旅游人数突破 5.4 亿人次，比 2011 年增长 17%，直接收入超过 450 亿元，综合产值超过 4200 亿元。700 余处森林公园免收门票，1.4 亿人次免费享受到公共生态产品福利。

生态文化引领作用日益显现 以召开党的十八大为契机，举办系列宣传、展览活动，为林业发展营造良好氛围。中央主要媒体和网站刊播林业报道近 1.2 万条，《人民日报》十八大林业特刊、凤凰卫视“大地寻梦”、人民网“荒漠化防治专栏”等产生巨大的社会影响。森林城市、生态文明教育基地创建活动深入开展，全国新增 10 个国家森林城市、10 个国家生态文明教育基地、2 个全国生态文化示范基地和 78 个全国生态文化村。共有 64 个城市开展国家森林城市创建活动，全年投入 800 多亿元用于造林绿化。举办“丝绸之路生态文化万里行”生态文化地标揭幕、城市森林论坛、生态文化高峰论坛、生态文化进校园、绿色公益盛典、中国网络植树节和竹文化节等活动，发布《2011 年国土绿化状况公报》，宣传湖南余锦柱、云南“陆良八老”、山东孙建博、广西庞祖玉、海南鹦哥岭青年团队等先进典型。推出电视专题片《湿润的文明》、纪录片《国家森林公园》和电影《完美人生》《野马》《梦萦张家界》等影视作品，出版《中国的绿色增长——党的十六大以来中国林业的发展》等重点图书。开展第五届“绿色中国年度焦点人物”评选和第四次“绿色中国行”大型绿色公益宣传活动，生态文化影响力明显提升。

林业国际交流合作逐步深入 深度参与联合国可持续发展大会筹备和参会工作，将林业内容纳入了温家宝总理大会发言和倡议，大会成果文件反映了我国林业关切。亚太经合组织林业部长级会议机制取得重要进展，亚太森林恢复与可持续管理组织国际化进程明显加快。中日韩领导人会议首次发表林业合作联合声明，温家宝总理在亚欧首脑会议上发出开展亚欧林业示范项目的倡议，林业在国家外交事务中的影响力继续扩大。中国绿化基金会成为联合国开发计划署全球环境基金 NGO 网络成员。中国绿色碳汇基金会被接纳为联合国气候变化框架公约缔约方大会观察员组织。出席湿地公约和多哈气候变化公约缔约方会议，编制《国际森林文书》中国国家报告，启动首批 12 个《国际森林文书》履约示范单位建设，举办国际竹藤组织成立 15 周年、森林公园国际论坛、加入湿地公约 20 周年、中国—阿拉伯国家防沙治沙合作论坛、美国木材科学与技术学会国际学术年会等活动。积极应对打击野生动植物贩运走私、木材非法采伐、老虎雪豹保护等国际热点问题。认真履行业务主管单位职能，强化与林业有关的非政府组织的管理和多双边项目合作。开展林业履约战略和林业国别战略研究，召开7个林业双边工作会议，完成联合国粮农组织支持中国集体林权政策、法律和制度建设并促进知识交流项目，新签署4个双边合作协议，争取欧洲投资银行2.5亿欧元林业专项框架贷款。承办荒漠化防治、中非濒危物种贸易管理执法等14个国际培训班。参加2012荷兰世界园艺博览会，获得国际园艺生产者协会最高奖项——AIPH绿色城市大奖以及荷兰世园会国际室外展园类银奖和盆景类3项金奖，支持北京成功申办2019年世界园艺博览会(A1类)。

支撑保障能力显著增强 全年中央林业投资达1400亿元，比2011年增加180亿元。全国金融机构涉林贷款余额1800亿元，比2011年增加267亿元，增长17.4%。中央财政林木良种、造林、森林抚育补贴试点资金规模继续扩大，造林补贴资金达到25.4亿元，补贴普惠制进程明显加快。国家级公益林全部纳入森林生态效益补偿范围，中央财政补偿基金规模达到109亿元。森林保险保费补贴试点范围扩大到17个省份，中央财政保费补贴6.8亿元。制定印发《未成林地自然灾害受损核定办法(试行)》。林业棚户区(危旧房)改造和配套设施建设投资66.2亿元，国有林区(林场)道路、电网改造、广播电视纳入了国家相关规划，全年落实中央投资22.6亿元。召开全国林业科技大会，出台《国家林业局关于加快林业科技创新促进现代林业发展的意见》，印发《林业科学和技术“十二五”发展规划》，与中国科学院签署全面战略合作框架协议，取得和推广一大批林业科研成果，科技支撑能力稳步提升。森林认证体系逐步完善，国际互认工作进展顺利。成立林业知识产权研究中心，林业知识产权战略实施工作积极推进。授予林业植物新品种权169项，发布国际、国家和行业标准380项。启动开展全国油茶遗传资源调查编目工作，建立竹类植物种质资源库以及7个部级工程技术中心、13个生态定位站，科研条件能力进一步提升。稳步推进《森林法》和《森林法实施条例》修改和《湿地保护条例》制订工作，积极应对自然遗产保护法立法工作。研究起草陆生野生动物疫源疫病监测、集体林改档案管理、林权登记、湿地保护等方面的7项部门规章，完成规范性文件清理，公布国家林业局现行有效的194件规范性文件目录，确定86个林业综合行政执法示范点，取消11项林业行政许可和非行政许可审批项目，下放1项行政许可项目，妥善处理23件林业行政复议案。信息化服务领域不断拓展，支撑保障能力显著增强，全国林业“一张图”建设取得重要进展，金林工程、云计算平台、国产卫星平台等项目顺利推进。网站建设取得突破，新建子站1000个，中国林业网每日访问量突破100万人次，在部委网站综合排名中由第十名上升到第四名，取得历史性突破。林业信息化应用水平和安全保障能力明显提高，升级完善了综合办公系统群，扩大系统覆盖面。加强全行业信息安全管理，规范林业信息发布审批机制，启动信息安全等级保护工作。基础建设扎实推进，保障水平全面提高，建设中国林业数据库和数字图书馆，推进信息化示范县、教育培训基地和产业园建设。加强制度建设，林业信息化标准稳步推进，强化教育培训，提高林业信息化素质。

林业行政能力全面提升 河北、山东、西藏、海南等省区林业局升格为林业厅，全国已有28个省份林业行政机构成为政府组成部门。解决了916名森林公安历史遗留授衔问题，4.45万名民警获得基本级执法资格。编制实施《全国林业工作站“十二五”建设规划》，乡镇林业工作站稳定在2.8万个左右，队伍保持在14万人左右。完成6700多名乡镇林业站站长能力培训和测试工作，培训乡土人才25万人。组织开展“一迎五创”“基层组织建设年”和“根在基层、走进一线”青年调研实践活动，完成国家林业局直属机关党委、纪委换届工作，创建绿色大讲堂、全国林业党建研究会等学习交流平台。开展林业英雄、全国林业系统劳模评选活动，修订职业分类大典(林业部分)，编制职业标准，全行业职业技能鉴定规模达4.2万人。完成事业单位清理规范工作，深入推进干部人事制度改革，全面加强人才工作和干部培训教育，干部队伍素质有所提升。党风廉政建设和反腐败工作扎实推进，初步形成具有林业特色的惩治和预防腐败体系。加大了涉林案件督查督办、资金稽查审计和信访举报工作力度，保障了林业事业发展和干部队伍安全。工青妇、后勤服务和离退休干部工作扎实推进，为林业改革发展提供了有力支持。 (韩学文)

中国林业基本情况

【森林和野生动植物资源】

森林资源 1949年新中国成立以来，中国先后共开展7次全国森林资源清查。第七次全国森林资源清查(2004~2008年)结果显示，全国森林面积19545.22万公顷，活立木总蓄积149.13亿立方米，森林蓄积137.21亿立方米，森林覆盖率20.36%，比1949年的8.6%净增11.76个百分点。森林植被总碳储量78.11亿吨。中国森林面积居俄罗斯、巴西、加拿大、美国之后，列世界第五位；森林蓄积量居巴西、俄罗斯、美国、加拿大、刚果民主共和国之后，列世界第六位。中国人工林保存面积6168.84万公顷，蓄积19.61亿立方米，人工林面积列世界第一位。

除香港、澳门和台湾地区外，全国有林地面积18 138.09万公顷。按林种划分，公益林、商品林面积分别占52.41%和47.59%，其中公益林面积中防护林8308.38万公顷、特种用途林1197.82万公顷；商品林面积中用材林6416.16万公顷、薪炭林174.73万公顷、经济林3328万公顷(其中油茶林320万公顷)。按土地权属划分，国有林 7246.77 万公顷，集体林 10 891.32 万公顷，分别占 39.95% 和 60.05%。按林木权属划分，国有的 7143.58 万公顷，集体经营的 5176.99 万公顷，个体经营的 5817.52 万公顷，分别占 39.38%、28.54% 和 32.08%。全国现有天然林面积 11 969.25 万公顷，占有林地面积的 65.99%；蓄积 114.02 亿立方米，占全国森林蓄积的 85.33%。全国现有人工林面积 6168.84 万公顷，占有林地面积的 34.01%；蓄积 19.61 亿立方米，占全国森林蓄积的 14.67%。

总体上看，中国森林资源仍存在总量不足、质量不高、分布不均衡的问题。中国的森林覆盖率只有世界平均水平 30.3% 的 2/3，人均占有森林面积不到世界人均占有量 0.62 公顷的 1/4，人均占有森林蓄积量仅相当于世界人均占有蓄积量 68.54 立方米的 1/7 强。造林良种使用率仅为 51%，与林业发达国家的 80% 相比，还有很大差距。除香港、澳门和台湾地区外，在中国现有森林中，中、幼龄林比重较大，面积占乔木林面积的 67.25%，蓄积量占森林蓄积量的 40.03%。从地域分布上看，中国东北的大、小兴安岭和长白山，西南的川西川南、云南大部、藏东南，东南、华南低山丘陵区以及西北的秦岭、天山、阿尔泰山、祁连山、青海东南部等区域，森林资源分布相对集中；而地域辽阔的西北地区、内蒙古中西部、西藏大部以及人口稠密、经济发达的华北、中原及长江、黄河中下游地区，森林资源分布较少。

野生动植物资源 中国野生动植物资源十分丰富。全国有脊椎动物约 6500 种，约占世界脊椎动物种类的 10%，其中兽类约 580 种、鸟类 1300 多种、爬行类约 410 种、两栖类约 300 种、鱼类 3800 多种。其中大熊猫、朱鹮等 400 多种野生动物为中国特有。全国约有高等植物 3 万多种，居世界前 3 位，其中特有植物种类约 1.7 万余种，如银杉、珙桐、银杏、百山祖冷杉、香果树等，均为中国特有的珍稀濒危野生植物种类。为保护这些珍稀濒危野生动植物，中国先后颁布了国家重点保护野生动物名录和国家重点保护野生植物名录，将 341 种陆生野生动物、246 种野生植物，确定为国家一级或二级保护对象，予以重点保护。中国现有古树名木 323.2 万株，其中国家一级古树 14.43 万株(树龄 500 年以上)、国家二级古树 107.27 万株(树龄 300～499 年)、国家三级古树 199.6 万株(树龄 100～299 年)，国家级名木 1.89 万株。林木良种资源收集保存库面积 1000 万余公顷，收集保存林木种质资源约 5 万份。

林业自然保护区 中国林业系统共建立各类自然保护区 2150 处，总面积 1.25 亿公顷，约占国土陆地面积的 13.01%，其中国家级自然保护区 286 处，面积 7713.82 万公顷。林业系统建立的自然保护区中，森林生态系统类型自然保护区 1336 处，面积 3345.30 万公顷；湿地生态系统类型自然保护区 369 处，面积 3173.90 万公顷；荒漠生态系统类型自然保护区 33 处，面积 3727.91 万公顷；野生植物类型自然保护区 116 处，面积 134.58 万公顷；野生动物类型自然保护区 287 处，面积 2075.83 万公顷。此外，中国还建立 4.86 万个自然保护小区，41 处被列入国际重要湿地名录。这些自然保护区，有效地保护全国 90% 的陆地生态系统、85% 的野生动物种群和 65% 的高等植物群落以及 20% 面积的天然林群落。调查结果显示，中国 50.3% 的自然湿地，85% 以上的珍稀野生动植物物种，特别是大熊猫、朱鹮等物种的野外种群，都依靠自然保护区得到了有效保护。中国共有 28 处自然保护区加入联合国教科文组织“人与生物圈”保护区网络，37 处被列入国际重要湿地名录，18 处被列为世界自然遗产名录，相当一部分自然保护区是全球生物多样性保护的重点地区。

国有林场 全国共有国有林场 4855 个，职工总数 75 万人，其中在职职工 48 万人、离退休职工 27 万人。全国国有林场总经营面积 7644 万公顷，其中林业用地面积 5804 万公顷，在 5804 万公顷林业用地面积中，商品林面积 1000 万公顷，公益林面积 4500 万公顷，其中重点公益林面积 2700 万公顷。国有林场有林地总面积 3704 万公顷，疏林地面积 200 万公顷，灌木林地面积 1000 万公顷，宜林荒山荒地面积 900 万公顷。森林面积 4500 万公顷，森林蓄积量 23.4 亿立方米，分别约占全国林业用地面积、森林面积和森林蓄积量的 18%、23% 和 17%。在 5500 万公顷林业用地面积中，商品林面积 1000 万公顷，公益林面积 4300 万公顷，其中重点公益林面积 2700 万公顷。国有林场有林地总面积 3000 万公顷，疏林地面积 200 万公顷，灌木林地面积 900 万公顷，宜林荒山荒地面积 800 万公顷。

森林风景资源 目前，全国共建立各类森林公园 2855 处，保护森林风景资源 1738 万公顷，其中国家级森林公园 764 处、国家级森林旅游区 1 处，保护森林风景资源 1205 万公顷，中国世界地质公园名录中有 15 处是森林公园，国家级森林公园全部纳入国家禁止开发区域，省级及以下森林公园全部纳入省级层面禁止开发区域。

湿地资源保护

湿地资源状况 据首次全国湿地资源调查(1996～2003 年)结果显示，全国单块面积大于 100 公顷的湿地总面积 3848.55 万公顷(人工湿地只包括库塘)，居亚洲第一位、世界第四位，其中自然湿地 3620.05 万公顷，占 94.06%；库塘湿地 228.50 万公顷，占 5.94%。在自然湿地中，沼泽湿地 1370.03 万公顷，近海与海岸湿地 594.17 万公顷，河流湿地 820.70 万公顷，湖泊湿地 835.16 万公顷。湿地内分布有高等植物 2276 种，野生动物 724 种，其中水禽类 271 种、两栖类 300 种、爬行类 122 种、兽类 31 种。

中国湿地主要有以下特点：①类型多，《湿地公约》定义的各类湿地在中国均有分布，是全球湿地类型最丰富的国家；②分布广，从寒温带到热带，从沿海到内陆，从平原到高原都有分布；③区域差异显著，东部地区河流湿地多，东北部地区沼泽湿地多，长江中下游和青藏高原湖泊湿地多；④生物多样性丰富，湿地生境类型众多，不仅物种数量多，且许多为中国特有。总体来看，中国自然湿地仅占国土面积的 3.77%，远远低于 6% 的世界平均水平，人均自然湿地面积 0.028 公顷，仅相当于世界人均湿地面积的 13.15%。

湿地保护管理 中国是《湿地公约》缔约国。加入《湿地公约》以来，中国政府采取一系列措施保护和恢复湿地。2000 年，国务院 17 个部门联合颁布《中国湿地保护行动计划》。2003 年，国务院批准《全国湿地保护工程规划(2002～2030 年)》。2004 年，国务院办公厅发出《关于加强湿地保护管理的通知》。2005 年，国务院批准《全国湿地保护工程实施规划(2005～2010 年)》，提出以工程措施对重要退化湿地实施抢救性保护。全国已建立湿地类型自然保护区 553 处，国家湿地公园 298 处，以湿地自然保护区、湿地公园为主的湿地保护网络体系初步形成，湿地保护面积达 1820 万公顷，占全国自然湿地总面积的 50.3%。通过积极有效的政策和行动，中国的湿地保护得到国际社会的肯定，2002 年世界自然基金会将“献给地球的礼物”荣誉奖颁发给中国国家林业局，2004 年湿地国际将全球湿地保护与合理利用杰出成就奖授予中国，中国科学家蔡述明获得湿地科学奖。

荒漠化和沙化状况

荒漠化和沙化状况　中国是世界上荒漠化和沙化面积大、分布广、危害重的国家之一，严重的土地荒漠化、沙化，威胁着中国生态安全和经济社会可持续发展。全国第四次荒漠化和沙化监测(2005～2009 年)结果显示，全国荒漠化土地面积为 262.37 万平方千米，沙化土地面积为 173.11 万平方千米，分别占国土总面积的 27.33% 和 18.03%。与全国第三次荒漠化和沙化监测(2000～2004 年)比较，5 年间全国荒漠化土地面积年均减少 2491 平方千米，沙化土地面积年均减少 1717 平方千米。监测表明，中国土地荒漠化和沙化整体得到初步遏制，荒漠化、沙化土地持续净减少，局部地区仍有扩展。

第四次全国荒漠化和沙化监测与第三次监测间隔 5 年内，中国防沙治沙呈现 4 个重要变化。①荒漠化和沙化土地面积持续净减少。5 年间全国荒漠化土地减少 1.25 万平方千米，沙化土地减少 8587 平方千米，分别比第三次监测时减少 0.47% 和 0.49%。中国有荒漠化土地分布的 18 个省(区、市)，荒漠化土地均有所减少；有沙化土地分布的 30 个省(区、市)，绝大部分省(区、市)沙化土地有所减少。②荒漠化和沙化程度持续减轻。5 年间，中度、重度、极重度 3 种类型的荒漠化土地分别减少 1.69 万平方千米、6800 平方千米和 2.34 万平方千米；中度、重度、极重度 3 种类型的沙化土地分别减少 9906 平方千米、1.04 万平方千米和 1.56 万平方千米；流动沙地、半固定沙地减少 7084 平方千米。③沙区植被状况进一步改善。5 年间，沙化土地植被平均盖度由 17.03% 提高到 17.63%，植被盖度 50% 以上的沙化土地面积增加 1.03 万平方千米，盖度小于 10% 的沙化土地面积减少 1.36 万平方千米。荒漠化和沙化重点保护治理区植物种类明显增加，植被群落稳定性增强。④重点治理区生态环境明显改善。重点治理的科尔沁沙地、毛乌素沙地、浑善达克沙地、呼伦贝尔沙地、京津风沙源治理工程区等区域生态明显改善。

石漠化状况　中国石漠化主要发生在以云贵高原为中心，北起秦岭山脉南麓，南至广西盆地，西至横断山脉，东抵罗霄山脉西侧的岩溶地区。行政范围涉及黔、滇、桂、湘、鄂、渝、川和粤 8 省(区、市)463 个县，国土面积 107.1 万平方千米，岩溶面积 45.2 万平方千米。据国家林业局组织开展的对 8 省（区、市)第二次石漠化监测，截至 2011 年，全国石漠化土地面积为 1200.2 万公顷，占区域国土面积的 11.2%，占岩溶面积的 26.5%。与 2005 年相比，石漠化土地净减少 96 万公顷，减少 7.4%；年均减少面积 16 万公顷，缩减率为 1.27%。与 2005 年相比，岩溶地区生态状况呈现以下几个重要变化。

①石漠化状况普遍改善。与 2005 年相比，8 省(区、市)石漠化土地均有所减少。②石漠化程度明显减轻。轻度石漠化面积增加 75.2 万公顷，增加 21.1%；中度、重度、极重度石漠化分别减少 12.3%、25.8% 和 41.3%。③植被状况显著改善。区域植被总盖度提高 4.4%；植被结构明显改善，乔木型和灌木型的比例增加 2.2%。④坡耕地的石漠化呈加剧趋势。发生在坡耕地上的石漠化土地增加 43 431.9 公顷，年均增加 7238.0 公顷，部分坡耕地质量进一步下降。⑤重点区域石漠化普遍改善。除云南曲靖珠江源区外，其他重点区域都呈好转态势。监测结果表明，全国土地石漠化整体扩展的趋势得到初步遏制，由过去持续扩展转变为净减少，岩溶地区生态状况呈良性发展态势，但岩溶地区生态状况依然十分脆弱，石漠化防治形势仍很严峻。

林业法律法规和规章

1949 年新中国成立以来，中国基本形成以森林法为主体，其他相关林业法律、法规、规章相辅相成的林业法律体系。各项林业工作基本做到有法可依、有章可循，为推动现代林业建设、促进林业部门依法行政发挥了重要作用。

林业法律　颁布的林业法律有 10 部，分别是《森林法》《野生动物保护法》《种子法》《防沙治沙法》《农业法》《农业技术推广法》《农村土地承包法》《农民专业合作社法》《农村土地承包经营纠纷调解仲裁法》和《第五届全国人民代表大会第四次会议关于开展全民义务植树运动的决议》。

林业行政法规　林业行政法规有 17 件，分别是《森林法实施条例》《陆生野生动物保护实施条例》《野生植物保护条例》《自然保护区条例》《植物新品种保护条例》《森林防火条例》《植物检疫条例》《森林病虫害防治条例》《森林采伐更新管理办法》《国务院关于开展全民义务植树运动的实施办法》《森林和野生动物类型自然保护区管理办法》《退耕还林条例》《濒危野生动植物进出口管理条例》《城市绿化条例》《风景名胜区条例》《血吸虫病防治条例》和《重大动物疫情应急条例》。

林业部门规章　林业部门规章 49 件、联合部门规章 2 件，主要有《林木和林地权属登记管理办法》《占用征用林地审核审批管理办法》《林业行政处罚程序规定》、《林业标准化管理办法》《植物新品种保护名录(林业部分)》《引进陆生野生动物外来物种种类及数量审批管理办法》《林木种子生产、经营许可证管理办法》《国家级森林公园设立、撤销、合并、改变经营范围或者变更隶属关系审批管理办法》《林木种子质量管理办法》《主要林木品种审定办法》《林木种质资源管理办法》《开展林木转基因工程活动审批管理办法》《森林资源监督工作管理办法》《国家林业局产品质量检验检测机构管理办法》《营利性治沙管理办法》《突发林业有害生物事件处置办法》等。

此外，还有地方人大、政府制定的地方性林业法规和地方政府林业规章400多件。

林业科技、教育与信息化

林业科技　1949年新中国成立以来，特别是改革开放以来，全国林业科技工作取得显著成绩，共取得科技成果2.4万多项，其中获国家级奖励309项，林业科技贡献率达43%。颁布实施林业国家标准394项，行业标准992项，在基础研究、应用研究、高新技术研究、软科学研究以及科技成果转化推广、高新技术产业化等领域全面参与国家各类重大科技计划，并初步形成包括林业科学研究与技术开发、科技推广与技术服务、技术标准与质量监督、林业科技管理等在内的比较完整的林业科技创新体系。全国共有地(市)级以上林业科研机构232个，研究开发人员1.4万人。现有国家级、局级重点实验室35个，陆地(森林、湿地、荒漠)生态系统定位观测研究台站118个，国家林业科学数据共享平台1个，国家林木种质资源平台1个，国家级和局级工程技术(研究)中心31个，国家林业局生物产业基地6个，木竹产业技术创新战略联盟1个，林业科技示范县70个，标准化示范区288个，林业专业标准化技术委员会25个，国家级和局级林业质量检验检测机构30个，省、地(市)、县三级林业科技推广机构2638个，国家级林业科学技术普及基地14个，全国林业科普基地113个。已建立植物新品种测试中心1个、测试分中心5个，分子测定实验室2个，专业测试站5个。

林业教育　林业教育体系健全，形成普通高等林业教育与高、中等林业职业技术教育、林业培训协调发展的林业教育培训体系。2012年，涉林一级学科有生物学、林业工程、林学、建筑学、农业资源与环境、农林经济管理6个，授予专业学位的种类有风景园林、林业、工程3种。全国独立设置的普通高等林业本科院校7所，独立设置的林业(生态)职业技术学院12所、中等林业(园林)职业学校31所，另有346所其他普通高等院校和高等职业院校、587所中等职业学校招收林科专业学生。以国家林业局管理干部学院为骨干的培训机构负责林业干部培训工作，设有国家林业局教育培训信息中心、成人教育研究中心、职业教育研究中心、自学考试管理中心。全国共有林业行业关键岗位培训单位57个，林业职业技能鉴定站61个。全国林科类专业在校研究生1.9万人，本科生和高职、高专生21.2万人，中专生28.2万人，全行业年培训林业从业人员300多万人次，3.8万人次通过林业行业职业技能鉴定考核获得国家职业资格证书。

林业信息化　信息化服务领域不断拓展，支撑保障能力显著增强。完成林业资源综合监管试点建设项目，全国林业“一张图”取得重大进展。“金林工程”、云计算平台、国产卫星平台等项目顺利推进。网站建设取得突破。新建子站1000个，整合全国市县级林业门户网站，打造林业系统国家、省、市、县四级网站群。建立综合办公系统群，扩大综合办公系统覆盖面，林业信息化服务能力和应用水平明显提高。加强全行业信息安全管理，规范信息发布审批机制。启动信息安全等级保护工作，开展全行业信息安全监督检查。基础建设扎实推进，保障水平全面提高。建设了中国林业数据库和中国林业数字图书馆，制作全国林业系统电子通讯录。积极推进信息化示范市、示范县、信息化教育培训基地、信息化服务产业园建设。加强制度建设，研究制定机房、安全保密、协作组会议等几十项运行维护管理制度。林业信息化标准稳步推进，19项标准完成评审。强化教育培训，提高林业信息化从业人员和广大干部职工的信息化技术水平和意识素质。

林业机构与队伍

林业机构　国家林业局内设办公室、政策法规司、造林绿化管理司(全国绿化委员会办公室)、森林资源管理司、野生动植物保护与自然保护区管理司、农村林业改革发展司、森林公安局(国家森林防火指挥部办公室)、发展规划与资金管理司、科学技术司、国际合作司(港澳台办公室)、人事司11个职能司局和机关党委、离退休干部局，机关行政编制311名。另有国家林业局国有林场和林木种苗工作总站、林业工作站管理总站、濒危物种进出口管理中心、天然林保护工程管理中心、退耕还林(草)工程管理中心、防治荒漠化管理中心、森林资源监督管理办公室、湿地保护管理中心、中国林业科学研究院、调查规划设计院等52个直属事业单位，其中国有林场和林木种苗工作总站、林业工作站管理总站、濒危物种进出口管理中心、防治荒漠化管理中心、森林资源监督管理办公室、湿地保护管理中心等24个直属事业单位列入参照公务员法管理事业单位。此外，还有主管或挂靠的中国林业产业协会、中国花卉协会、中国竹产业联合会、中国林场协会、中国经济林协会、中国林业机械协会、中国治沙暨沙业学会、中国林业经济学会、中国林业职工思想政治工作研究会等28个全国性社会团体。

林业队伍　全国林业自上而下拥有一套完整的行政管理体系，每个省区市都设有林业厅(局)，绝大多数地市县设有单独的林业行政机构，大部分乡镇设有林业工作站。同时，全国拥有健全的林业执法机构和执法队伍。全国共有近6800多个森林公安工作机构、1.9万个防火检查站、2323个木材检查站、27 772个乡镇林业工作站、3081个森林病虫害防治检疫局(站)、948个林木种苗管理站、7083个野生动植物管理站和350个国家级、768个省级、2000余个市县级陆生野生动物疫源疫病监测站，共有执法人员约32万人，其中森林公安民警6万余人。全国共有3355个县级以上森林防火指挥部办事机构，人员2.1万人；专业、半专业森林消防队近2万支，人员61万人。全国共有851个林权管理服务机构。全国共有林业有害生物防治检疫工作人员2万余人，野生动物疫源疫病专兼职监测人员1万余人，林木种苗质量检验人员10 376人，从事森林公园管理和服务人员16万人，另有乡村护林员73.7万人。全国共有2000多个林业调查规划设计单位，各类专业技术人员5万人。全国共有国有重点森工企业135个，重点营林局20个，国有林场4796个，乡村林场5.2万个，国有苗圃1660个，林木良种基地876个。全国林业系统职工总人数162万人。

林业国际合作

国际交流与援助　中国与德国、美国、加拿大、日本、澳大利亚、俄罗斯等40多个国家和联合国粮农组织、联合国开发计划署、全球环境基金、国际热带木材组织、世界银行、亚洲开发银行、欧洲投资银行、世界自然基金会、大自然保护协会、湿地国际等 20 多个国际组织建立了林业交流与合作渠道，在林业生态建设、土地退化、湿地保护、自然保护区建设、人员培训等领域开展了一系列的项目合作，引进技术和资金，改善项目区的生态环境。中国林业共争取无偿援助项目 760 个，无偿援助金额 8.5 亿美元；争取世界银行林业贷款项目 6 个，引进世界银行贷款 9 亿多美元；争取亚洲开发银行贷款项目 4 个，引进亚洲开发银行贷款 1.6 亿多美元；争取欧洲投资银行贷款项目 8 个，引进欧洲投资银行贷款 3 亿欧元。担任世界自然基金会、保护国际等 18 个国际非政府组织在华活动的业务主管单位，不断强化管理、规范合作，有效推动了与国际非政府组织的交流与合作。中日民间绿化合作（"小渊基金"）共争取日方援助资金达 50 亿日元，实施项目 163 个，项目造林 4.17 万公顷。

执行国际公约　中国由林业部门牵头执行的国际公约有 4 项，分别是《联合国防治荒漠化公约》《濒危野生动植物种国际贸易公约》《关于特别是作为水禽栖息地的国际重要湿地公约》和《国际森林文书》，同时，负责履行《国际森林文书》相关工作。此外，林业部门还参与执行《联合国生物多样性公约》《国际植物新品种保护公约》《国际植物保护公约》《联合国气候变化框架公约》和《京都议定书》《国际热带木材协定》等国际公约协定和牵头负责联合国森林论坛各项谈判工作。

政府间合作　由林业部门负责执行的政府间双边协定有 15 项，分别是《中日候鸟保护协定》《中国澳大利亚候鸟保护协定》《中印老虎保护协定》《中俄森林防火联防协定》《中俄兴凯湖保护区协定》《中俄老虎保护协定》《中蒙森林草原防火联防协定》《中印尼联合打击非法林产品贸易谅解备忘录》、《中南非林业合作谅解备忘录》《中俄候鸟保护协定》《中韩候鸟保护协定》《中美打击木材非法采伐谅解备忘录》《中国澳大利亚打击木材非法采伐谅解备忘录》《中日打击木材非法采伐谅解备忘录》《中南湿地荒漠生态系统和野生动植物保护合作谅解备忘录》。

中国与芬兰、加拿大、新西兰、前苏联、墨西哥、澳大利亚、俄罗斯、印度尼西亚、泰国、美国、越南、奥地利、苏里南、圭亚那、韩国、德国、智利、伊朗、土耳其、缅甸、法国、斯洛伐克、斐济、希腊、英国、埃及、日本、莱索托、瑞典、阿曼、意大利、巴西、捷克、印度、科特迪瓦、蒙古、朝鲜、阿根廷、伊拉克、刚果共和国、尼泊尔、奥地利、阿联酋、马来西亚、文莱、卡塔尔、瑞士等国家，先后签署 64 个林业部门间合作协议（备忘录）。　（办公室信息处）

林业重点工程

04

天然林资源保护工程

【综　述】 2012 年，天然林资源保护工程(以下简称天保工程)二期进入第二年。全国范围天保工程工作稳步推进，工程任务完成情况良好，工程实施成效得到巩固和加强。

工程管理进一步得到强化　国家林业局着重加强对工程二期调整和新增的政策措施落实力度，强化各项管理工作。一是新制定或修订完善了工程二期的有关管理办法和指导意见。包括：新出台《天保工程二期东北、内蒙古等重点国有林区森林培育绩效考评暂行办法》(林天发〔2012〕236 号)、加强天保工程森林抚育、公益林管护工作的两个指导意见等；修订完善《天保工程档案管理办法》(办天字〔2012〕8 号)、《天保工程森林管护管理办法》(林天发〔2012〕33 号)、《天保工程核查办法》(林天发〔2012〕290 号)等。二是进一步完善工程常规管理工作。启动森林培育试点和绩效考评工作，加强工程管理培训等基础性工作。特别是在完善工程核查机制和"四到省"考核制度方面，继续推进抓质量、促进度的目标管理，促进落实地方各级政府对工程建设负总责，实现对工程建设情况全掌控，对工程存在的问题早发现和早整改，提高了资金的使用效益。三是进一步加强工程信息化管理、工程二期示范点建设等工作，全面提升工程管理水平。四是从维护稳定的政治高度，紧紧抓住民生问题和改革问题这两大难点，深度调研，掌握情况，努力把解决困难群体社会保险补助政策落实情况、一次性安置人员和混岗职工生活困难、林区职工收入低的问题作为一项重要内容，加大政策落实力度。

工程任务完成情况总体良好

资金到位情况　2012 年全年天保工程资金到位 235.28 亿元，其中，中央基本建设资金 11.9 亿元，中央财政专项资金 210.2 亿元，地方投入 13.15 亿元。

停伐减产情况　继续分区域严格实行禁伐政策或进一步调减木材产量。长江上游和黄河上中游地区继续执行严格的停止天然林商品性采伐政策，各省严格执行"十二五"森林采伐限额政策，没有发现超限额采伐问题。东北、内蒙古国有林区停伐减产目标逐步实现，各森工大都在国家计划内主动再调减产量，实际完成的木材产量只有国家计划木材产量的 52.4%。

森林管护情况　天保工程二期森林管护面积已达 1.23 亿公顷。从工程二期启动后的年度核查情况来看，实施单位森林管护责任面积的签约率到达 97.1%，管护人员落实率达到 97.1%。个别未签约面积大都也有专职人员管护。从管护效果看，在布设的抽查样地上，均未发现森林火灾，但极个别的地方有盗伐林木和人畜破林木的现象。在 20 个省级单位的管护综合评价方面，18 个省为好，只有 2 个省为一般。不少有条件的地方，进一步加强了管护站点建设，加强了 GPS 等信息技术手段在管护中的应用，进一步开展了管护模式创新方面有益探索等。

职工五项社会保险情况　截至 2012 年年底，天保工程二期中央财政累计投入"五险"补助资金 792 617 万元，补助资金均按时足额到位。天保工程区国有林业企事业单位职工基本养老保险应参保人数为 715 167 人，实际参保人数为 706 744 人，参保率 98.82%；医疗保险应参保人数为 1 134 692 人，实际参保人数为 1 112 781 人，参保率 98.09%；失业保险应参保人数为 706 937 人，实际参保人数为 683 960 人，参保率 96.75%；各省保险应参保人数为 650 509 人，实际参保人数为 626 281 人，参保率 96.26%；生育保险应参保人数为 708 774 人，实际参保人数为 659 761 人，参保率 93.08%。

政社性补助政策情况　天保工程二期中央财政对工程区国有林业单位政策性社会性岗位(含消防、环卫)人员经费给予补助，政社性岗位职工共 14.97 万人，其中，教育、医疗卫生、公检法司、政企合一机关事业单位职工 10.65 万人，消防、环卫、社区管理和广电等社会职能机构职工 4.32 万人。政社性补助及时足额到位，促进了林区改革发展和社会稳定，为确保天然林保护事业顺利推进奠定了良好的基础。

公益林建设情况　截至 2012 年年底，天保工程二期已完成公益林建设约 110.93 万公顷，森林改造培育 99 000 公顷。根据全国营造林综合核查掌握的情况，天保工程公益林建设的核实率为 90.5%，核实合格率为 90.6%，两率降低的原因，主要是一些地区，如云南、贵州、重庆、内蒙古等省(区、市)受到严重干旱气候影响所致。目前，各地正在进行补植补造，努力提高公益林建设的核实率和核实合格率。

国有中幼林抚育情况　截至 2012 年年底，天保工程二期已完成中幼林抚育任务约 350.53 万公顷。根据国家林业局对 2011 年的森林抚育检查验收结果，工程区上报任务完成率 100.7%，面积核实率 99.3%，上报面积合格率 98.6%，核实面积合格率 98.5%，作业设计质量合格率 91.8%，计划任务完成率 98.6%，较好地完成了森林抚育任务，促进了森林的健康生长。

此外，新出台解决一次性安置人员社保补贴政策。即中央和地方财政安排专项补贴资金，对 2011 年底前未达到退休年龄的天保工程一次性安置职工给予基本养老和基本医疗保险补贴。从 1997 年建立统一的基本养老制度开始计算，以基本养老保险缴费达到 15 年为目标，通过补贴解决基本养老保险"断保"问题，使安置职工退休后能够按月领取基本养老金。初步测算，需社保补贴资金 101.14 亿元，其中，中央财政补助 50.57 亿元。2012 年 10 月国家林业局联合财政部召集相关省区财政、林业和社保部门的人员，在北京召开工作部署会议，各有关省(区、市)已制订工作方案，抓紧落实相关政策措施。此项政策的落实对解决一次性安置职工生活困难问题将起到积极作用。

工程实施成效进一步得到巩固和加强

森林资源持续增长 天保工程区森林管护面积实际已达约1.23亿公顷，森林管护体系进一步完善。工程区基本上没有出现大的乱砍盗伐和大面积森林火灾及病虫害。此外，从工程二期新增的公益林建设、森林培育等任务完成情况来看，都较好地达到了预期要求，为天保工程区实现森林资源面积、蓄积的双增长提供了有力保障。工程区生物种群数量不断增长，野生东北虎频繁出现，大熊猫、朱鹮、金丝猴等国家级重点保护野生动物的种群数量增加，在一些地方已消失多年的狼、狐狸、金钱豹、鹰、梅花鹿、锦鸡等飞禽走兽重新出现。森林水源涵养能力明显增强，水土流失强度逐年降低，水土流失面积不断减小，森林生态功能进一步加强。龙江森工集团天保工程二期实施2年期间，森林覆盖率提高了0.4个百分点，森林蓄积量增加了4503万立方米，有林地公顷蓄积量增加了6.3%。

职工就业情况继续向好 天保工程实施以来，通过多渠道、多形式分流安置，森工企业、国有林场富余职工从原来的采伐、运输和加工岗位走向管护、造林、多种经营开发、种苗建设等多种岗位，就业结构发生了根本变化，职工思想稳定，林区社会基本保持稳定。从工程二期启动后年度核查结果来看，抽取的38 848名在岗职工样本中，就业岗位的比例为：从事公益林建设占0.9%；森林管护占40.3%；中幼林抚育占15.1%；森林改造培育占1.6%；其他岗位占42.1%。这些情况表明，在岗职工基本上得到充分就业。

工程区民生得到较大改善 不断改善和发展林区民生是天保工程二期政策的重要目标之一。通过五项社会保险补贴政策的落实，有效解决在册职工的社会保障问题，解除职工的后顾之忧；通过一次性安置职工两险补贴政策落实，缓解林区就业困难群体的生活困难问题，为达到老有所养，病有所医的目标提供保障；通过棚户区改造政策的落实，有效改善了林区职工的生活和居住环境；通过鼓励和扶持以家庭为单位的种植业、养殖业、采摘业及林下经济的发展，拓宽了林区职工群众的致富途径。在天保工程二期启动当年，在岗职工的年均工资达到21 080元，包括物价上涨因素在内，绝对值比上一年度净增加5137元。内蒙古森工集团在天保工程二期实施2年期间，林区职工工资持续增长。截至2012年年末，在岗职工人均年工资达到28 988元。较天保一期末的2010年年均工资额17 873元，提高11 115元，增幅为62.19%。

林区转型发展势头初显 经过天保工程十几年的实施，社会不断发展进步，林区社会呈现出转型发展之势。林区社会城镇化速度加快，进入林区已不再处处是低矮茅草屋、板夹泥房等简陋、脏乱差的生活景象，取而代之的是一座座新楼拔地而起，休闲广场美丽整洁；以森林旅游业为重点的借力发挥区域优势、资源优势的绿色产业方兴未艾。许多地方将森林旅游业融入地区旅游大格局，整体布局、资源共享、突出重点、打造精品，点、线、面相结合的旅游景观格局初具规模，为不少林区转型发展提供了有效途径。林区居民收入逐步多元化，除工资收入外，其他副业收入逐年提高；林区居民生活观念转变，实现了山民向市民的转身；企业管理观念转变，市场化经营模式深入人心；森林经营理念转变明显，科学培育森林取代了单纯取材的经营思想。这些都为林区经济转型发展提供了可靠动力。

林区体制机制改革得到有益探索 通过工程实施，促进林区体制机制变革，逐步建立起天然林保护的长效机制是解决重点国有林区森林资源保护的根本途径。不少条件成熟的地方，将以经营和管护森林为主业的森工企业转制为全额财政拨款的事业单位，进一步强化森林经营和管护主体的职责，也为保护和发展好当地天然林林资源理顺了经营管理体制。大兴安岭林业集团实施了加格达奇林业局整体转制，启动十八站林业局综合配套改革试点，初步实现了林业局内部政企、事企、资源管理与利用三分开。吉林省在工程二期开始之后，按照国家要求，在一期改革的基础之上，大力推进工程区政府性、社会性职能的剥离工作，截至2012年年底，22个实施单位的森林公安推公转制，涉及公安人员3500余人，检法、医疗、环卫、消防等政社性职能正在研究剥离。内蒙古岭南八局剥离办社会职能(消防、环卫、供水、供电等)改革工作得到了自治区人民政府的大力支持，改革工作稳步推进，逐步移交到地方管理。

全民生态意识增强 围绕林业发展战略的转变，各级工程实施单位充分利用广播电视、报纸杂志、网络、固定标语等多种形式，大力宣传实施天保工程的重大意义和建设成效，在全国范围内都营造出了关注、支持、参与天然林资源保护的良好氛围，提高了工程区乃至全国人民对保护森林、关爱自然重要性的认识，促进了生态意识和生态文明理念的形成。同时也催生了一批以天然林资源保护为题材的生态文化产品，提高了林区职工群众的生态文明意识，扩大了天保工程的社会影响力。

存在的主要问题

补助政策标准偏低 天保工程二期投资标准的测算，是按各省2008年实际支出情况得出的，现已过去4年多时间，物价、劳动力成本等上涨幅度大，工程区许多地方、许多方面都已出现较大资金缺口。

中央基本建设投资安排严重不足 根据国务院批准的天保工程二期实施方案，每年应安排中央预算内投资约26亿元，而2011～2013年实际每年只安排12亿元，实际共落实资金36亿元，而这3年规划投入应为77.76亿元，资金缺口达41.76亿元。

民生问题突出 职工基本养老保险待遇水平低，社会保险费资金缺口大，企业负担重。2012年天保工程区17个省(区、市)社会平均工资为41 252元，比天保工程二期补助资金测算基数(2008年社会平均工资24 080元)增长17 172元，平均增幅为71.3%。

林区管护设施设备等投入不足 管护费主要用于发放森林管护人员的工资，能够用于管护站点建设的资金较少，不少地方管护站点、标牌等设施建设只能因陋就简。森林管护所需的交通工具、通讯设备等配备也严重不足。此外，由于国有林区基础设施建设投入不足，林区道路密度较低，原有道路多是年久失修，严重影响到森林经营各项工作的开展。

工程区森林抚育政策仍待完善 表现在中幼林抚育任务量与采伐限额之间的矛盾：目前工程区的采伐限额远远满足不了森林抚育的需要。其次是抚育质量有待提

高。在国家补贴标准较低的情况下，一定程度上造成一些地方在抚育中倾向于取材或省事，达不到科学经营要求。（徐　鹏）

【国家林业局天保中心纳入参照公务员法管理】 8月28日，人力资源和社会保障部、国家公务员局发文，批准国家林业局天然林保护工程管理中心参照《中华人民共和国公务员法》管理。（天保办办公室）

【公益林管护与森林抚育现场会】 10月16～17日，国家林业局在云南省迪庆藏族自治州召开天保工程区公益林管护与森林抚育现场会。国家林业局张永利副局长出席会议并做题为《加强政策落实创新体制机制 扎实推进天保工程区公益林管护和森林抚育工作健康发展》的讲话。

云南省政府副秘书长李琳玻在会议中致辞，表示到2020年，力争使全省森林覆盖率超过56%，林业总产值超过2000亿元，将云南建设成为我国重要的生物多样性宝库和西南生态安全屏障。云南省林业厅、内蒙古自治区林业厅、山西省沁源县、大兴安岭林业集团公司、甘肃省小陇山林业局等单位，围绕公益林管护、森林生态效益补偿资金兑现和森林抚育等工作做典型发言。（天保办管护处）

【启动天保工程二期示范点建设工作】 为进一步挖掘和培育天保工程二期具有推广价值的典型单位，发挥以点带面的示范引导作用，加快提升天保工程二期整体建设水平，国家林业局决定开展天保工程二期示范点建设工作。并于11月，下发《国家林业局关于开展天然林资源保护工程二期示范点建设工作的通知》（林天发〔2012〕287号）（以下简称《通知》）。《通知》确定了全国24家天保工程二期示范点单位，明确提出示范点工作的指导思想、基本原则和建设目标，提出通过开展示范点建设，积极探索天然林保护工作的管理机制，探索森林资源保护、培育和经营的发展模式，探索工程区替代能源开发、经济转型和产业发展途径。《通知》要求要切实加强对示范点工作的领导，加大示范点工作支持力度，建立激励机制，加强监测评估和经验总结，加强信息交流和宣传推广。（天保办综合处）

【"加强节能减排、促进生态建设"竞赛活动】 为贯彻落实国务院《"十二五"节能减排综合性工作方案》，推动"我为节能减排作贡献"活动深入开展，国家林业局和中国农林水利工会委员会联合在天保工程区开展"加强节能减排、促进生态建设"竞赛活动，并于11月联合下发《关于评选推荐在节能减排、生态建设中作出突出贡献的优秀林业局和先进林场（所）管护站的通知》（办天字〔2012〕213号）。《通知》详细制定了此次活动的评比标准、表彰名额、推荐程序、评选方法等，并提出了具体要求，届时将向全国总工会申报授予"全国五一劳动奖状""全国工人先锋号"荣誉称号。（天保办就业处）

【关于印发《天然林资源保护工程二期核查办法》的通知】 为规范天保工程二期管理，加强对工程实施情况的监管，提高工程质量，国家林业局于11月下发"国家林业局关于印发《天然林资源保护工程二期核查办法》的通知"（林天发［2012］290号）。该办法进一步明确了天保工程二期核查的程序、方法、内容、成果汇总和管理等。核查内容包括：省级方案的执行情况、森林管护（包括国有林和国家级公益林及地方公益林）、木材停伐减产、公益林建设、中幼林抚育、森林培育、职工转岗就业、职工参加社会保险、政策性社会性补助、职工年均工资增减变化、中央和地方资金到位、中央财政森林生态效益补偿金兑现、资金管理与使用、工程管理能力等，并提出了明确的奖惩措施。（天保办核查处）

【关于印发《天然林资源保护工程二期东北、内蒙古等重点国有林区森林培育绩效考评暂行办法》的通知】 为加强天保工程二期森林改造培育项目管理，提高工程建设质量，确保森林培育效果，10月，国家林业局下发了《关于印发天保工程二期东北、内蒙古等重点国有林区森林培育绩效考评暂行办法》的通知（林天发［2012］236号）。该办法适用于东北、内蒙古重点国有林区和内蒙古岭南八局、海南、新疆天保工程二期实施单位，办法规范了针对包括人工造林、补植补造和改造培育等森林培育项目的绩效考评工作，明确绩效考评工作依据、内容，考评程序和方法，考评结果运用等，并制定详细的绩效考评指标体系。（天保办改培处）

【修订《天然林资源保护工程森林管护管理办法》】 为了进一步规范和加强对天然林资源保护工程森林管护工作的管理，切实把森林管护工作落到实处，提高森林资源管护的质量和水平，根据新的形势要求，结合天然林资源保护工程森林管护工作实际，国家林业局修订了《天然林资源保护工程森林管护管理办法》，并以"国家林业局关于印发《天然林资源保护工程森林管护管理办法》的通知"（林天发〔2012〕33号）下发各省。修订后的《办法》调整了部分原有内容，新增天保工程二期相关工作和管护责任协议书等内容，进一步明确工程实施单位和护林员双方的责任、权利和义务及奖惩措施等。（天保办管护处）

【下发《关于开展天保工程（一期）档案验收工作的通知》】 为了保存好天保工程一期建设档案，使档案管理更加科学、规范，充分发挥工程档案在工程建设、工程管理和工程阶段任务完成后森林保护工作中的作用，依据《重大建设项目档案验收办法》，国家林业局办公室下发了《关于开展天保工程（一期）档案验收工作的通知》（办天字〔2012〕104号）。《通知》分为：验收的组织、验收的要求、验收执行标准和验收程序及时间安排4个部分内容。国家林业局天保办于9～10月组织相关单位和专家对档案验收工作进行了督导检查。（天保办信息处）

【森林改造培育试点工作汇报及绩效考评工作部署会议】 9月10～11日国家林业局天保办在京召开"天保工程二期森林改造培育试点工作汇报及绩效考评工作部署会议"，会议由国家林业局天保办主任孙国吉主持，国家林业局副局长张永利、国家发改委副司长吴晓松以及国家林业局计财司、资源司、科技司、规划院领导出席会议。张永利副局长和吴晓松副司长听取调研组的汇报，与吉林省林业厅、内蒙古森林工业集团、黑龙江森林工业、大兴安岭森工(林业)集团公司主管领导交流了森林改造培育试点工作两年来的情况及经验。各地还反映了在项目实施过程中遇到的困难和问题，张永利副局长强调，各试点单位要形成合力，加强科技支撑，积极探索行之有效的模式，以建设性的态度解决工作中遇到的问题，严把技术培训、作业设计、现场管理、检查验收和档案管理"五道关"，确保天保二期工程顺利实施并达到预期目的。会议还部署了森林培育绩效考评工作。（天保办改培处）

【全国天保办主任工作会议】 11月17～19日国家林业局天保中心在湖北省宜昌市召开全国天保办主任工作会议。湖北省林业厅总工洪石、宜昌市人民政府王国斌副市长到会并致辞。国家林业局天保中心孙国吉主任出席会议，并做了题为"以十八大精神为指导，勤奋敬业、扎实工作，努力开创天保工程建设新局面"的讲话。会议对2011年度天保工程核查情况、2012年天保工程森林改造培育绩效考评结果和天保工程一期档案检查验收结果进行通报。会议要求各工程实施单位要认真学习赵树丛局长在国家林业局学习贯彻十八大精神会议上的重要讲话精神，深刻领会十八大精神实质，认清形势，找准定位，开拓思路，开创性地工作，确保高质量完成天保工程二期各项任务目标，促进天保工程在生态林业、民生林业建设中发挥更大的作用，在构建和谐林区、建设美丽中国的事业中作出应有贡献。会上，各省天保办主任对天保工程2012年总结和下步工作以及2013年天保工程重点进行了讨论。全国17个省(区、市)20个省级天保工程实施单位天保办(中心)主任，国家林业局天保中心各处负责人及相关人员，共计70多人参加会议。会后，各省天保办主任参观考察了湖北省宜昌市公益林管护情况。（天保办综合处）

【全国林业棚户区(危旧房)改造座谈会】 3月27日上午，国家林业局林业棚户区(危旧房)改造工作座谈会在哈尔滨召开。会议就如何保质保量完成今年林业棚户区(危旧房)改造计划，如何科学安排好2013年及有关省区改造收尾工作进行讨论。国家林业局计财司、天保办有关领导出席会议并讲话。会议听取各地当前林业棚户区(危旧房)改造工作进展情况汇报，深入研究分析当前林业棚户区(危旧房)改造工作面临的主要问题，并对进一步做好2013年林业棚户区(危旧房)改造工作提出了意见和建议。来自内蒙古、吉林、黑龙江、四川、云南、陕西、甘肃、青海、新疆等地50余人参加了会议。（天保办综合处）

退耕还林工程

【综　述】 2012年，《中共中央、国务院关于加快推进农业科技创新持续增强农产品供给保障能力的若干意见》(中发〔2012〕1号)要求："巩固退耕还林成果，在江河源头、湖库周围等国家重点生态功能区适当扩大退耕还林规模。"退耕还林工作紧紧围绕巩固和扩大退耕还林成果这一核心，继续坚持巩固成果与稳步推进并举，退耕还林与改善民生兼顾，在巩固退耕还林成果上做文章、在扩大退耕还林成果上下工夫，在提高退耕还林成果上抓实效，为发展现代林业、建设生态文明、促进绿色增长、推动科学发展作出更大的贡献。2012年，退耕还林工程中央共投入282亿元，其中种苗造林补助费12亿元、退耕农户补助154亿元、巩固成果专项资金116亿元。退耕还林成果得到进一步巩固和扩大。

巩固成果深入推进 ①在各地申报2012年度巩固成果专项建设任务计划的基础上，会同有关部门联合审核下达了2012年度巩固成果建设任务计划，并批复了内蒙古、广西两区的专项规划调整方案，协调财政部下达了2012年巩固成果专项资金116亿元。②针对发现的不合格面积，及时督促各地抓好补植补造等整改工作，全年完成补植补造31.73万公顷，确保全面完成国家退耕地造林计划面积。辽宁省2010年和2011年省级阶段验收自查查出损毁退耕还林面积1.80万公顷、未达到保存标准面积0.73万公顷。全省召开动员大会，下发《关于抓紧做好退耕还林补植补造工作的通知》，允许退耕农户根据立地条件适时转换林种树种，发展适销对路的经济林或营造适地适树的生态林，通过易地造林完成难以恢复的损毁地块，促进退耕农户尽快恢复损毁地块，2012年共完成补植补造1.62万公顷。③配合有关部门向国务院汇报了巩固退耕还林成果工作情况。9月19日，温家宝总理主持召开国务院第217次常务会议，专门听取巩固退耕还林成果工作情况的汇报，指出巩固成果工作仍处于关键阶段，要突出工作重点，继续实施好巩固成果专项规划，加快项目建设进度，着力解决退耕农户长远生计问题，强化项目和资金管理，加强建设成果后期管护，加强效益监测，开展巩固成果成效评估。会议决定，自2013年起，适当提高巩固成果部分项目的补助标准。④10月12～13日，国家林业局作为副组长单位，配合国家发改委在宁夏中卫召开了全国巩固退耕还林成果部际联席会议第三次会议暨第四次现场会。会议肯定各级林业部门认真组织实施后续产业、补植补造等林业建设项目，项目实施进度快、效果好，1999～2004年国家退耕地造林计划面积保存率达99.67%。河北省召开全省巩固退耕还林成果项目调度会，加强督导检查，多次组织市、县技术人员进行项目实施巩固成果现场培训，加快项目实施进度，提高项目建设质量。同时，按照生态、经济效益兼顾的原则，根据先进实用技术应用、优良高效品种推广、现代管理机制创新等标准，在南部地区选择48个规模大、效益好、有特色的后续产业基地作为"河北省退耕还林省级示范工程"，通过示范带动，建立了3万公顷的高效示范基地，促进了全省退耕还林工程建设质量和效益的提高。四川省修订了《巩固退耕还林成果专项建设项目管理办法》，出台了《巩固退耕还林成果后续产业发展和补植补造项目检查验收办法》，并组织专业技术单位对2008年、2009年专项建设林业项目和2010年新增专项资金建设项目进行了省级复查，确保项目实施质量。云南省保山市通过创新机制，强化措施，狠抓项目管理，以管理促提高，以措施保质量，确保巩固成果项目建设顺利推进。保山市建立巩固退耕还林工程成果联系制度，实行项目建设统计报告制度和项目建设公示制度；建立问题退耕还林地信息卡，采取市退耕办与各相关单位"点对点"服务方式对其进行整改；实行"1+2"造林管理模式，造林季节市退耕办对每个工程区县固定安排1名领导、2名工程技术人员挂钩联系营造林工作，帮助区县搞好规划设计、技术培训、造林技术指导、督促检查、技术咨询服务等工作，年终根据区县任务完成情况及技术承包责任制奖惩办法等有关规定，对联系人、技术承包人进行考核。新疆塔城市按照"生态建设产业化，产业发展生态化"的发展思路，把巩固退耕还林成果与调整农村产业结构、促进农民增收结合起来，采取多项措施切实巩固退耕还林成果：转变传统观念，鼓励全社会造林，退耕农户林权流转面积616.6公顷，流转金额达800多万元，抵押贷款2500多万元；坚持政府引导，积极引进外资2000多万元，安装先进的滴灌设施，完成树种结构调整面积666公顷以上；明确改造责任、落实改造主体，明确改造范围、落实改造方式，明确改造树种、落实栽植苗木，明确改造标准、落实监督检查，有序推进树种结构调整力度；引进和推广造林新技术，提升科技含量，完成榆树嫁接33公顷以上，提升退耕还林的经济效益。

工程建设继续稳步推进 ①荒山荒地造林不断扩大。在全面完成2011年退耕还林工程配套荒山荒地造林27.67万公顷和封山育林23.33万公顷的基础上，2012年中央预算内投资12亿元，安排配套荒山荒地人工造林23.63万公顷、封山育林20.8万公顷。7月30日国家计划正式下达后，国家林业局与各工程省区人民政府签订《2012年度退耕还林工程责任书》，落实各级政府工程建设方面的责任。同时，组织各省认真编制省级年度实施方案，并于9月上旬开始陆续对各省上报的实施方案进行了审核和批复，使工程建设任务得到具体落实。各地按照批复的实施方案，认真组织造林施工。截至12月底，2012年度工程荒山荒地人工造林、封山育林分别完成14.47万公顷和13.93万公顷，分别占计划任务的65%和67%。河北省以政府投资为主，广泛吸纳社会资金参与造林，形成政府投资、社会筹资、企业出资、个人捐助、农民投劳相结合的多元化投资机制，2012年河北南部地区政府造林投资近23亿元。其中邢台市各区县用于造林绿化的一次性投资达9亿多元，比前10年的总和还多。衡水市在政府投资2000万元的同时，实行统一规划、统一标准、统一施工，造林绿化用地都要经过林业局和所属乡镇确权发证，通过大户承包进行经营管护，树木成活后再交给承包户管理，充分做到了不栽无主树、不造无主林。地方政府加大造林投入和造林机制的创新，确保了项目建设的顺利进行。江西省采取自下而上逐级申报的方式，将退耕还林项目直接分解到乡村和农户，并在江西省林业厅网站上向社会公示项目的建设规模、投资额度和建设要求等，做到公开、公正、透明，提高农户实施项目的积极性，确保了工程建设任务的高质量完成。②积极推动重启退耕地造林工作。通过加强与有关部门的沟通，协助有关部门领导赴西部地区开展调研，争取在全国或区域性规划中纳入退耕还林等途径，多方反映重启退耕地造林的需求，取得了明显成效。5月1日新华通讯社《经济分析报告》专门就"建议突出重点重启退耕地造林工程"做了专题分析，得到国务院领导的重视。5月9日回良玉副总理在中农办和国家林业局《生态建设还需给力加劲——陕西生态建设几个问题的调查》上做出了重要批示，充分肯定了退耕还林工程的建设成就和重大意义，要求不断总结经验，完善政策，在重点生态脆弱区和重点生态保护区，加大力度，有序实施退耕还林。国务院第217次常务会议决定，根据第二次全国土地调查结果，适当安排"十二五"时期重点生态脆弱区退耕还林任务。国家编制的14个连片特困地区2011～2020年发展与扶贫攻坚规划、制订中国适应气候变化方案、全国生态建设规划等都将继续将退耕还林纳入其中。同时，辽宁、吉林、重庆、云南、内蒙古通辽市、贵州毕节市、甘肃舟曲县等地出台政策，开展了退耕地造林工作。辽宁省人大颁布《辽宁省青山保护条例》，省政府批准实施了《辽宁省青山保护规划》。"小开荒"还林和退坡地还林工程作为青山工程的重点工程，取得重大进展，全省完成"小开荒"还林9.64万公顷、退坡地还林7.06万公顷。云南省人民政府办公厅出台《关于实施陡坡地生态治理的意见》，省委、省政府召开全省陡坡地生态治理启动会议，省林业厅编制了云南省陡坡地生态治理规划，举办全省退耕还林暨陡坡地生态治理工程管理培训班，政府投资1.6亿元，全面完成了2012年5.33万公顷陡坡地生态治理计划任务。甘肃省舟曲县在财政十分困难的情况下，参照国家政策，自行实行退耕地还林1333.33公顷。

完成阶段验收工作 共组织省级和国家级1.2万余名验收技术人员，对2004年退耕还生态林第一轮政策补助到期的63万多公顷面积进行了阶段验收，涉及1086个县、9652个乡镇、42万多个小班。通过阶段验收，采集了诸如面积保存、成林情况、确权发证、工程管护、工程建档等基础信息共计100多项，形成1个全国验收总报告、24个分省报告和1086个县级报告，为进一步加强工程管理提供重要依据，有力地促进了成果巩固。根据验收结果，协助财政部下达2012年退耕农户补助资金154亿元，其中原有政策粮食补助资金34.1亿元、生活费补助4.1亿元、完善政策补助资金115.8亿元。江西省建立健全阶段验收领导小组负责制、督促检查制度、每周一调度制度和奖惩制度，确保阶段验收工作经费，狠抓问题整改，圆满完成了2012年的阶段验收任务，国家重点核查的面积保存率达99.6%。重庆市聘请中介机构，历时50天，对全市33个区县2012年退耕地造林阶段验收面积、2011年荒山荒地造林和封山育林面积共3.57万公顷进行了检查验收，确保验收结果的客观、公正。

宣传引导成效显著 ①根据局党组统一部署，撰写《中国的绿色增长》一书第十二篇《生态建设奇迹 永载世界史册——退耕还林工程建设评述》，并为9月25日《人民日报》迎接党的十八大林业特刊提供了退耕还林相关资料和素材，进一步向全社会宣传了退耕还林工程。②根据山西稷山县上廉村农民的感谢信，起草了报中办、国办的林情专报《退耕还林政策好，持续实施意义大》，并通过《中国绿色时报》《退耕还林简报》、中国退耕还林网进行宣传。③组织《人民日报》等8家中央主要媒体记者开展退耕还林记者行活动，正面宣传报道退耕还林成效。④配合中央电视台、《人民日报》、中央人民广播电台等重要媒体开展《走基层、转作风、改文风》活动，推荐了退耕还林宣传典型。重庆市制作完成退耕还林工程建设专题片、画册和文件汇编，建立"重庆市退耕还林管理中心"网站。宁夏回族自治区退耕办在中国退耕还林网、宁夏新闻、《宁夏日报》、宁夏广播电视台等各种媒体上发表退耕还林信息112条，并组织编写出版了《宁夏退耕还林工程实践》和《宁夏退耕还林工程研究》，编纂了《宁夏回族自治区退耕还林大事记》《宁夏退耕还林工程论文集》和《宁夏退耕还林实用手册(上、下)》。

工程管理进一步强化 ①加强森林经营管理。在专家论证和征询各方意见的基础上，进一步修改完善了《退耕还林工程林地林木经营管理办法》，研究起草《退耕还林工程特大灾害损失核定办法》《退耕还林工程考核办法》。②积极推进效益监测工作。按照与局生态定位站建设实行"统一规划、统一建设、统一监测、统一管理、数据共享"的总体思路，修改完善了《全国退耕还林综合效益监测体系建设项目可行性研究报告(送审稿)》，起草《全国退耕还林生态效益监测指标和技术规范》，协调局科技司将退耕还林生态效益监测纳入生态定位站监测研究范围，启动《全国退耕还林工程生态效益评价研究》项目，督促和指导各地加大退耕还林效益监测工作力度。③继续做好群众举报办理。调度统计并通报了各工程省区2011年度群众举报办理情况，对进一步做好群众举报办理工作提出要求。对2012年收到的29件群众举报进行了登记、批转、督办和归档，对《今日网情》等反映的陕西澄城县毁林"平整"土地等6个重点案件进行实地调查和重点督办。④继续开展科技支撑工作。进一步完善《北方地区退耕还林工程效益监测与评价》课题成果，开展《中国南方退耕还林工程效益监测与评价研究》。⑤加强督查。以工程建设进展情况、工程管理情况、成果巩固情况、存在突出问题整改情况等为重点，对各工程省区组织开展了2012年度退耕还林工程管理实绩核查。辽宁省把森林经营作为提高工程建设质量的重要途径，按照各地编制的森林经营方案，认真组织开展森林经营活动，共完成退耕还林幼林抚育8320公顷、抚育间伐7413公顷、低产林改造3800公顷。四川省林业厅下发《关于进一步加强退耕还林地经营管理工作的通知》，要求各地立足退耕还林存量资源，加大经营管理力度，促进工程内涵式发展，实现农民增收。12月14日，又组织发放了《致全省退耕还林农户的公开信》，希望广大退耕农户自觉履行对退耕还林地的抚育、补植、管护等后期管理责任，加强抚育管护，发展林下经济，加强低效林改造，依法采伐利用，通过经营退耕林地实现增收，确保退耕还林成果得到巩固。公开信在《中国绿色时报》《四川农村日报》头版进行了宣传报道。山西省在退耕还林工程管理建设中开展"五比五看"创优活动，即比领导重视，看谁家工作措施硬；比资金投入，看谁家资金筹措力度大；比工程布局，看谁家精品工程创建成效高；比工程管理，看谁家工程管理综合实绩好；比政策落实，看谁家成果巩固绩效优。并成立了山西省退耕还林工程"五比五看"创优活动领导小组，制订创优活动检查评比表彰办法和创优活动指标分解考核表，采取日常检查与综合检查相结合的办法，对各市、县"五比五看"创优活动进行检查。根据检查结果，对各市、县成果做出客观、公开、公正的评价，对综合创优成绩突出的市、县和精品工程、工程管理等方面成效突出的项目进行表彰。陕西省林业厅针对近年来在基本农田建设、土地开发整理等建设过程中出现的乱占乱征、未批先占退耕还林地的现象，下发了《关于切实加强退耕还林地管理工作的通知》，要求各地进一步增强退耕还林地管理工作的责任感和紧迫感，认真清理整顿毁坏和乱占退耕还林地的行为，规范重大项目建设征占用退耕还林地审批。湖南省林业厅为适应财政"省管县"的新形势，及时向财政部门提供了准确的分县退耕还林数据，补助资金发放全部推行"一卡通"，确保补助资金及时足额发放到退耕农户。甘肃省退耕办进一步规范信访案件办理工作，健全完善了接访、调查、交办、督办和查处结果反馈工作程序，做到"有访必接、接访必查、出动迅速、查处及时"。9月19日，还上线参加了省政风行风"阳光在线"专题节目，对群众反映的13个退耕还林问题，批转相关市州进行认真解答和现场办理，并及时向反映人反馈查处结果，向节目组提交查处报告。 (汪飞跃)

【全国巩固退耕还林成果部际联席会议第三次会议暨第四次现场会】 为贯彻落实国务院第217次常务会议精神，总结交流近年来实施巩固退耕还林成果专项规划的经验和做法，进一步完善巩固退耕还林成果的政策措施，深入推进巩固退耕还林成果工作，10月12~13日，国家发展改革委会同巩固退耕还林成果部际联席会议成员单位，在宁夏中卫市召开全国巩固退耕还林成果第三次部际联席会议暨第四次现场会。国家发展改革委副主任杜鹰、水利部副部长刘宁、农业部总经济师毕美家、国家林业局副局长张永利出席会议并讲话。国家发展改革委、监察部、财政部、国土资源部、水利部、农业部、审计署、国家统计局、国家林业局、国家粮食局有关司局负责同志，以及全国退耕还林工程区25个省(区、市)和新疆生产建设兵团发展改革委、财政厅(局)、农业厅(局)、林业厅(局)有关负责同志共100多人参加了会议。 (汪飞跃)

【2012年度退耕还林工程责任书】 为全面贯彻落实《退耕还林条例》，强化地方政府实施退耕还林工程的责任，根据《退耕还林条例》第七条"国家对退耕还林实行省、自治区、直辖市人民政府负责制"的规定，国家林业局副局长张永利代表国家林业局与25个退耕还林工程省

(自治区、直辖市)人民政府和新疆生产建设兵团签订了2012年度退耕还林工程责任书。2012年度退耕还林工程责任书包括4个部分内容：①建设任务，明确了2012年国家下达给各工程省(自治区、直辖市)和新疆生产建设兵团的退耕还林工程建设任务；②省级人民政府责任，主要是切实巩固退耕还林成果、逐级落实年度建设任务、强化工程管理和监督等；③国家林业局责任，主要是下达计划、审核实施方案、制定和完善退耕还林工程各项管理规定、组织工程实施和检查监督等；④对未履行责任所采取的惩罚措施。 (王维亚)

【2012年度省级退耕还林工程实施方案】 根据《退耕还林条例》第二十条"省、自治区、直辖市人民政府林业行政主管部门根据国家下达的下一年度退耕还林计划，会同有关部门编制本行政区域内的年度退耕还林实施方案，经国务院林业行政主管部门审核后，报本级人民政府批准实施"的规定，在国家发展改革委、国家林业局联合下发《关于下达退耕还林工程配套荒山荒地造林2012年中央预算内投资计划的通知》(发改投资〔2012〕2351号)后，国家林业局办公室下发了《关于做好2012年省级退耕还林实施方案编制和审核工作的通知》(办退字〔2012〕125号)，提出编制和审核实施方案的具体要求。在各工程省区编制上报省级实施方案后，退耕办于9月初组织召开省级实施方案审核会，对各工程省区和新疆生产建设兵团上报的省级实施方案进行集中审核，并下达了审核意见。 (王维亚)

【2011年退耕还林工程责任书执行情况通报】 根据国家林业局2011年组织的退耕还林工程管理实绩核查、退耕还林工程阶段验收和全国营造林综合核查结果，退耕办对各工程省区2011年退耕还林工程责任书执行情况进行了汇总，以《国家林业局关于2011年度退耕还林工程责任书执行情况的通报》(林退发〔2012〕256号)向各工程省(区、市)和新疆生产兵团进行通报，并强调要切实承担起应负的各项责任，进一步强化工程管理，努力提高造林质量，维护好退耕农户的合法权益，切实巩固退耕还林建设成果，稳步推进退耕还林工程建设。 (王维亚)

【关于2011年度退耕还林工程群众举报办理情况的通报】 2011年度国家林业局退耕办批转到有关工程省区的群众举报共45件，截至2012年4月底，各省全部反馈了办理情况。《国家林业局退耕还林办公室关于2011年度退耕还林工程群众举报办理情况的通报》(退工字〔2012〕16号)将办理情况通报给各工程省区，并强调要进一步提高认识，增强办理群众举报的责任心和使命感，努力提高群众举报办理的水平和质量，扎实做好群众举报办理工作，保护好广大退耕农户的切身利益，认真做好退耕还林成果的巩固工作。 (王维亚)

【国家林业局办公室关于退耕还林采伐问题的复函】 针对《湖北省林业厅关于退耕还林采伐有关问题的请示》(鄂林退〔2011〕344号)，2012年6月5日，国家林业局办公室以《关于退耕还林采伐问题的复函》(办资字〔2012〕102号)进行答复，明确了退耕还林采伐的有关问题：①按照《退耕还林条例》的规定，原政策补助期满后，在不影响整体生态功能的前提下，报经有关主管部门批准，退耕还林者可以对其所有的林木申请采伐。②采伐要严格履行林木采伐审批程序，依法纳入限额采伐和凭证采伐管理。依法确定采伐年龄，因地制宜选择采伐方式，不得大面积皆伐和超强度采伐，严禁借机复耕复垦。对乱砍滥伐、复耕复垦等破坏退耕还林成果的行为，要依法打击，严肃处理。③采伐后必须及时更新造林，确保林地性质不变。采伐生态公益林，造林更新必须确保生态公益林性质不变，确保生态公益林面积不减少和区域生态功能不受影响。④采伐更新验收后，各级林业主管部门要及时调整和更新退耕还林合同和有关档案资料，确保档案数据与实地情况一致。⑤国家实施退耕还林工程，最根本的目的是恢复和增加森林植被，改善生态状况，提高生态功能，促进退耕还林地区经济社会的可持续发展。鉴于目前退耕还林尚处在巩固成果的关键时期，各级林业主管部门一定要严格把握政策和程序，加强宣传、正确引导、强化监管，确保退耕还林成果的巩固和发展。 (汪飞跃)

【国家林业局退耕还林办公室关于开展2012年度退耕还林工程省级复查工作的通知】 为全面掌握退耕还林工程建设情况，为2012年全国营造林综合核查工作打好基础，2月22日，国家林业局退耕还林办公室印发了《关于开展2012年度退耕还林工程省级复查工作的通知》(退核字〔2012〕7号)，对各工程省(含自治区、直辖市、新疆生产建设兵团、部队)2012年度退耕还林工程省级复查工作进行了部署，要求：①各工程省要认真组织开展县级自查工作，在省级复查工作开始前，组织本省退耕还林工程县认真开展自查工作。②准确把握复查内容。省级复查内容为国家下达的2011年度宜林荒山荒地造林和封山育林计划任务完成情况和2008年度宜林荒山荒地造林计划任务的保存情况。③省级复查工作要严格按照《国家林业局关于印发〈退耕还林工程建设年度检查验收办法〉的通知》(林退发〔2009〕294号)的规定执行。④及时、准确上报复查结果。

(曹海船)

【全国退耕还林工程2012年度阶段验收工作座谈会】 3月15～16日，国家林业局退耕还林办公室在贵州省遵义市召开了全国退耕还林工程2012年度阶段验收工作座谈会。国家林业局5个直属林业调查规划(勘察)设计院的有关领导和阶段验收技术负责人以及全国25个工程省(区、市)林业厅(局)及新疆生产建设兵团林业局退耕办主任参加了会议。国家林业局退耕办主任周鸿升出席会议并讲话，国家林业局退耕办副主任吴礼军、总工程师敖安强分别主持了会议。会议听取了2012年省级验收进展情况和国家级验收前期准备情况汇报，座谈交流了工作经验，参观退耕还林工程现场，对下一步的阶段验收工作提出了2项要求：①精益求精，确保质量；②严肃纪律，廉洁奉公。会议还对2012年退耕还林的其他重点工作进行了部署：①上下联动，共同促进重启退耕地造林工作的落实；②采取有效措施，按时完成年度工程建设任务；③高度重视群众来信来访工作，妥善处理好信访事件；④强化以森林经营为主体的退耕

还林工程质量管理；⑤高度重视信息宣传工作；⑥进一步做好效益监测工作。（曹海船）

【全国退耕还林工程2012年度阶段验收工作总结会议】 9月19～20日，国家林业局退耕还林办公室在内蒙古自治区赤峰市组织召开了2012年全国退耕还林工程阶段验收工作总结会议。国家林业局5个直属林业调查规划（勘察）设计院的有关领导和阶段验收技术负责人，全国25个工程省（区、市）林业厅（局）及新疆生产建设兵团林业局退耕办主任参加了会议。国家林业局退耕办主任周鸿升出席会议并讲话，国家林业局退耕办副主任吴礼军主持了会议。会议观摩学习了内蒙古自治区退耕还林工程现场，通报了2012年度阶段验收结果，全面总结了2012年退耕还林工程阶段验收工作，座谈交流了阶段验收及其他退耕还林工作情况，并对今后的阶段验收和其他退耕还林工作提出了7项要求：①继续扎实做好成果巩固工作；②认真组织实施2012年度的荒山荒地造林任务；③着力加强森林经营管理，促进退耕还林内涵式发展；④进一步加强案件查处和群众举报办理工作；⑤认真组织开展2012年度管理实绩核查工作；⑥高度重视宣传和信息报送工作；⑦精心筹划2013年阶段验收工作。（曹海船）

【国家林业局办公室通报表扬退耕还林工程2012年度阶段验收工作集体】 9月11日，国家林业局办公室印发了《关于表扬退耕还林工程2012年度阶段验收工作集体的通报》（办退字〔2012〕143号），对北京市园林绿化局、河北省林业厅、山西省林业厅、内蒙古自治区林业厅、安徽省林业厅、江西省林业厅、重庆市林业局、四川省林业厅、贵州省林业厅、甘肃省林业厅、宁夏回族自治区林业局和国家林业局调查规划设计院、国家林业局西北林业调查规划设计院等阶段验收工作表现突出的集体进行通报表扬。（曹海船）

【2012年退耕还林工程管理实绩核查】 9月28日，国家林业局下发《关于开展2012年退耕还林工程管理实绩核查工作的通知》（林退发〔2012〕235号）。2012年退耕还林工程管理实绩核查以退耕还林工程责任书执行情况为重点，主要包括以下4个方面内容：①2011和2012年度工程实施进展情况；②工程管理情况；③成果巩固情况；④存在突出问题的整改情况。在各工程省（含自治区、直辖市、生产建设兵团）组织本省的工程县开展自查的基础上，国家林业局组织核查组分别到各工程省进行核查，对每省随机抽取若干个工程县进行深入调查。核查工作采取听取工作汇报、查看管理文件、查看技术资料和图表、调查外业小班、核对有关数据、走访退耕农户了解情况等方式进行。核查结果显示，截至2012年9月底，全国累计完成退耕还林工程建设任务2746.41万公顷，其中退耕地造林926.41万公顷，荒山荒地和封山育林1820万公顷。落实退耕地造林管护责任面积为913.33万公顷，占完成面积的99.3%；落实荒山荒地造林（含封山育林）管护责任面积为1806.67万公顷，占完成面积的99%。完成退耕还林工程林权登记发证面积2273.33万公顷，占工程完成总面积的84%，其中退耕地造林林权登记发证面积840万公顷，占完成面积的95%；荒山荒地造林（含封山育林）林权登记发证面积1426.67万公顷，占完成面积的78.3%。（曹海船）

【国家林业局关于开展2013年度退耕还林工程退耕地还林阶段验收工作的通知】 10月24日，国家林业局下发《关于开展2013年度退耕还林工程退耕地还林阶段验收工作的通知》（林退发〔2012〕255号），对2013年退耕还林工程阶段验收工作进行了安排部署。2013年度阶段验收范围为国家计划安排的2005年退耕地还生态林面积，以及申请补查的2011年和2012年阶段验收不合格面积。验收内容主要包括面积保存、造林质量和工程管理等情况。阶段验收工作采取省级全面检查验收和国家级重点核查验收相结合的方式进行。省级全面检查验收由各工程省（含自治区、直辖市和新疆生产建设兵团）林业主管部门组织开展，对国家计划内的2005年退耕地还生态林建设情况进行全面检查验收；国家级重点核查验收由国家林业局各直属林业调查规划（勘察）设计院实施，对全面检查验收上报的各工程县2005年退耕地还生态林抽取约50%的面积进行核查验收。有关工程省申请的2011年和2012年阶段验收不合格面积的补查工作，由承担相应国家级重点核查验收任务的单位同步完成。阶段验收工作由国家林业局退耕还林工程阶段验收工作领导小组统一领导，国家林业局退耕还林办公室具体负责。通知要求：①各工程省林业主管部门和局各直属林业调查规划（勘察）设计单位要高度重视阶段验收工作，将其作为加强工程管理、提高工程建设质量、巩固和发展退耕还林成果的一项重要工作抓实抓好。要加强领导，统筹安排，落实责任，妥善解决工作中遇到的问题，确保阶段验收工作顺利进行；②要按照《退耕还林工程退耕地还林阶段验收办法》的要求，认真做好政策和技术培训工作，确保验收工作质量；③在阶段验收工作中，各验收单位要认真填写有关表格，做好小班验收图的绘制工作，保证验收质量；④在阶段验收工作中，要加强监督检查工作，严肃工作纪律，任何单位和个人不得以任何理由、任何形式干扰阶段验收工作的正常进行，严禁弄虚作假和违法违纪现象的发生。（曹海船）

【退耕还林记者行活动】 10月22日～11月3日，退耕办协调宣传办组织《人民日报》、新华社、中央人民广播电台、《经济日报》《科技日报》《第一财经日报》《农民日报》《中国绿色时报》等8家中央主要媒体记者，分赴吉林、辽宁、云南、广西4省区开展退耕还林记者行活动，以"巩固退耕还林成果，关注退耕农户生计"为主题，深入偏远的山区乡村实地采访退耕还林成果巩固情况和农民生计状况，正面宣传报道退耕还林工程建设成效。10月下旬，各媒体陆续发表文章20多篇，其中中央人民广播电台11月1日《新闻和报纸摘要》头条播出了《退还青山，收获金山，退耕还林功德无量》。（李　砾）

【"学习雷锋精神，我与退耕农户结对子"活动】 围绕改善退耕农户民生问题，国家林业局退耕办开展了"学习雷锋精神，我与退耕农户结对子"活动，分别在内蒙古、陕西、甘肃、青海、宁夏、新疆6个退耕还林工程省(区)，每省(区)选择2户退耕造林、管护工作做得好的农户与退耕办职工结对子，退耕办职工出资资助其子女上学，改善其家庭生活条件。同时，结对农户作为退耕还林的信息联络员，及时反映当地退耕还林的新情况、新问题。　　　　　　　　　　　　　　　　(汪飞跃)

京津风沙源治理工程

【工程建设进展】 2012年是《京津风沙源治理工程规划》实施的最后一年，国家下达5省(区、市)投资17亿元，其中林业建设项目投资11.45亿元。全年共完成林业建设任务52.53万公顷，占年度计划任务的100%。其中：人工造林20.71万公顷；飞播造林5.43万公顷，封山(沙)育林26.39万公顷。

到2012年，国家已累计安排京津工程资金479亿元。其中，中央预算内投资安排209亿元，财政专项资金安排270亿元。工程建设累计完成营造林752.61万公顷(其中退耕还林109.47万公顷)，草地治理933.33万公顷，暖棚1100万平方米，饲料机械12.7万套，小流域综合治理1.54万平方千米，节水灌溉和水源工程共21.3万处，易地搬迁18万人。

【工程重要贡献】 工程实施12年来，在党中央、国务院的正确领导下，在有关部门和工程区各地的共同努力下，工程建设取得了显著成效。一是建成了4条生态防护屏障，防灾减灾功能显著增强。工程区初步建成了锡林郭勒盟浑善达克沙地南缘、乌兰察布市阴山北麓、冀蒙边界、毛乌素沙地东缘4条生态防护林带。工程区自然灾害损失率呈明显下降趋势，从2000年的2.2%下降到2010年的0.6%，工程发挥防灾减灾效果相当明显。二是沙尘天气减少，生态环境显著改善。北京市空气质量二级以上天数由2000年的177天提高到2010年的286天，10年间年优良天气数量增加了109天，增加61.6%，空气质量明显改善。三是林草植被迅速增加，生态防护体系不断完善。第七次全国森林清查(2004～2008年)结果显示，工程区森林覆盖率为15.01%，比第六次森林清查(1999～2003年)时的10.94%增长了4.07个百分点。2010年全国草原监测结果表明，工程区内植被盖度比非工程区平均提高15个百分点。四是沙化土地明显减少，蓄水保土功能增强。据第四次全国荒漠化和沙化土地监测，1999～2009年，京津工程涉及的5个省区沙化土地总面积减少116.3万公顷，占5省区沙化土地总面积的2.56%。随着林草植被的恢复和覆盖度的提高，工程区土壤的侵蚀强度明显下降，土壤风蚀总量由2001年的11.91亿吨下降到2010年的8.46亿吨，降低了29%。工程区释尘总量由2001的0.31亿吨下降到2010年的0.26亿吨，减少了16.2%。五是经济社会稳步发展，可持续发展能力不断增强。据统计，1999～2010年5省(区、市)75个县GDP总值逐年增长，GDP总量由1999年的1041.1亿元增长到2010年的6096.3亿元，增长了4.9倍，年均增长17.4%。工程区农民人均纯收入从1999年1956.3元增长到2010年的4084.8元，增长了1.09倍，年均增长6.9%，增速与全国平均水平持平。据北京师范大学开展的工程效益监测与评估显示，工程区可持续发展能力提高，工程建设对区域可持续发展贡献率保持在24.7%～28.3%。

(防治荒漠化管理中心)

三北防护林体系建设工程

【综　述】 2012年，西北、华北、东北各地坚持以植树造林为重点、以生态修复为核心、以规模治理为抓手、以提质增效为主线，大力推进五期工程建设科学发展。据统计，全年完成造林育林825 926.67公顷，占年度计划任务的120%，其中：人工造林497 506.67公顷，封山(沙)育林328 420公顷。工程建设凸显出规模大、速度快、质量好、效果佳的良好态势。

实施特点

绿色新政理念日益深化，林业生态建设平台和载体不断创新　生态也是财富，抓生态就是抓发展正在成为各级党委、政府的执政共识，推行绿色新政、促进绿色发展、再造绿水青山正在成为各级党委、政府执政为民的着力点和突破口，林业建设的地位在提升、深度在推进、内涵在丰富，平台和载体在不断创新。天津、辽宁、吉林、青海、新疆等省(区、市)在近年召开的党代会上明确提出了生态立省或建设生态省的发展战略，把林业建设纳入了党委政府的工作全局。

市场化改革取向日趋明显，工程建设营造林机制不断活化　各地充分发挥市场机制在配置资源中的基础作用，工程建设营造林机制市场化改革进程明显加快。青海省面向社会推行“申报制”造林试点，选择有综合实力的社会主体参与工程建设，2012年完成申报制造林面积5073.34公顷，涉及农户达6000多户，开启了多元化造林新模式。山西省推行“大户牵头、土地流转、统一栽植、农民分红”的营造林模式，变一家一户、零星造林向大户牵头、规模治理、基地化方向发展。

多元化投入机制正在形成，工程建设投入和保障能力不断增强　各地充分发挥中央投资的杠杆和导向作

用，不断开拓工程建设投资渠道，工程投入主体逐步由单纯依靠国家投入，向国家、地方和企业以及个体等多方投入转变。内蒙古鄂尔多斯去年市、县两级财政投入造林资金50多亿元，用于城区、景区、园区、通道区"四区"绿化。河北省推行"政府主导、部门筹资、社会集资、劳务代资"的多元化投融资机制，撬动各类社会主体投资生态建设近10亿元。山西朔州、吕梁等市建立"以煤换绿"补偿机制。2012年，造林投融资均超出20多亿元。甘肃武威把治沙造林作为干部职工"走基层、转作风"的重要载体，仅去年秋季就组织全市干部职工开展义务压沙造林6666.67公顷。

民生林业蓬勃发展，工程建设的内涵和外延不断拓展　各地坚持以人为本，在深挖林业增收致富功能的同时，更加注重改善人居环境、建设美丽家园，民生林业的路子越走越宽广。甘肃省去年主攻绿色通道建设，在全省主要交通沿线实施六大造林绿化重点工程，全力打造以常青树与落叶树、针叶树与阔叶树相结合的绿色长廊，绿化里程近1200千米。天津市统筹推进城乡林业发展，大力实施郊野公园建设，2012年又在武清等地建成郊野公园3处，面积近80平方千米，成为人们休闲娱乐的好去处。新疆大力推进特色林果业提质增效、转型升级，2012年新增林果面积54 266.67公顷。截至2012年年底，全区林果种植面积已达133.33万公顷，产量700多万吨，产值300多亿元，林果业收入占全区农民人均收入的20%以上，主产区已达40%，林果业发展好的县(市)高达70%。山西、陕西、甘肃等省(区)在提升传统苹果等林果产业的基础上，将核桃、红枣、仁用杏等作为发展"一县一业""一村一品"的重要内容，呈现出区域化、基地化、优质化、产业化的发展格局。

精品意识日益强化，工程建设的质量和效益不断提升　各地树立全面质量管理的理念，加快推进由过去的重结果质量管理向全过程质量管理转变。吉林省严把造林设计关，对重点工程项目实施方案、作业设计一律由省级规划设计单位编制，由林业厅统一审批，确保规划设计的科学性。山西省坚持抓重点、出精品的理念，确立了实施三大精品循环圈、建设4个百万亩基地的发展思路，打破行政界线，实行统一规划、分步实施、规模发展，在全省不同类型区树立了一批可圈可点的精品工程，可以说县县有精品，处处有亮点。

【四期工程总结评估】　在2011年工作的基础上，三北防护林建设局认真吸收各方面专家的意见，对三北四期工程自评估和后评估报告进行修订完善，编印出版《三北四期工程总结评估报告》，对四期工程建设成就、经验以及面临的困难和问题进行全面系统的总结，对下一步的发展提出意见和建议。同时，以国家林业局名义向国务院专题报告三北防护林体系四期工程建设情况。

【五期工程规划】　按照国家林业局有关三北五期工程规划编制的要求，三北局会同计财司、规划院对《三北五期工程规划》建设范围、建设重点、建设内容、措施政策等做进一步修订完善，通过了国家林业局局务会议的审定。配合中咨公司完成五期工程规划的现场考察、规划评估等工作。8月22日，国家发展改革委正式批复启动三北五期工程。规划营造林总任务1646.67万公顷，退化林分修复193.6万公顷，总投资902.1亿元。

【国务院三北防护林工作会议】　年初组建会议筹备机构，着手开展各项筹备工作。8月25日，国务院在山西朔州召开了三北防护林工作会议，国务院副总理回良玉出席会议并做重要讲话，国家林业局赵树丛局长对五期工程建设进行了动员部署。会后，三北局及时对各地学习贯彻会议精神进行了安排部署，并就各地学习贯彻情况向国家林业局作专题报告。

【工程督导检查】　结合"督导检查年"活动和"定点联系"工作，不断强化督导检查职能。①组织开展造林质量督导检查。为督促各地抓好工程建设任务的落实，年初下发通知对工程建设春季造林和督导检查工作进行专门的安排部署。5月初，组织3个春季造林督导检查组，分赴三北地区9个省(区)的33县(区)，采取现场核查、座谈研讨、查阅资料等方式，对各地春季造林、百万亩人工林基地建设及营造林质量管理等进行全面督导检查，及时掌握了工程建设总体态势，总结归纳工程建设特点和许多行之有效的经验做法，探索发现一些制约工程建设的困难和问题，并将督导检查情况专题向国家林业局作报告。此外，配合国家林业局对甘肃、青海春季造林、森林抚育等进行督导。②出台重点项目检查验收办法。按照推动百万亩人工林基地建设的总体部署和工作要求，在广泛调查研究、征求各方意见的基础上，制定并下发《三北防护林体系建设工程重点项目检查验收暂行办法》，从组织方式、实施单位、检查验收内容以及年度检查与竣工验收等方面，对工程重点项目考核与评价的标准和要求进行明确与规范，为加强重点项目检查验收提供制度依据。

【工程组织管理】　①加快工程立法工作。为依法建设和管理三北工程，组织开展《三北防护林工程管理条例》立法的前期准备工作，对立法依据、必要性、主要内容等进行调研和咨询，向国家林业局上报立法计划申请。②加强工程管理制度建设。在深入调查研究的基础上，研究拟定《三北防护林体系建设管理办法》，并征求各省区林业主管部门、国家林业局有关司局的意见，计划上报国家林业局审批。在国家林业局科技司的指导下，研究制订了《三北防护林评估技术规程》，对评估技术方法、标准、路线、程序等进行规范设计。该《规程》已上报国家林业局科技司审批。③加强工程监测评价。会同中科院对三北防护林生态环境效应、农田防护林效益进行遥感动态监测研究，为客观地评价工程建设效益提供定量依据。继续加强工程监测体系建设，组织开展了科尔沁沙地41县营造林管理信息系统软件升级和技术操作培训，在科尔沁沙地营造林管理信息系统全面建成的基础上，又开展毛乌素沙地营造林管理信息系统建设工作，启动陕西省的7个县(区)，开展营造林管理信息系统的建设工作。

【工程科技】　①三北工程优秀科技推广项目和优秀科

技论文评选工作。为激励广大科技工作者的积极性，组织对各地近些年来实施的科技推广项目进行了评选，拟评选表彰一批优秀科技推广项目。截至12月底，已推荐上报评选项目63个。与此同时，联合《防护林科技》编辑部，组织开展优秀论文评选活动，共征集科技论文94篇，评选出84篇拟在《防护林科技》三北工程专刊上刊发。②黄土高原精品林业工程观摩活动。为总结、借鉴、推广黄土高原水土流失治理适用技术及治理模式，我们组织有关省区对晋、陕、甘、宁4省8市16县26个现场进行观摩考察，交流经验，发现问题，找准方向，为黄土高原综合治理开辟思路。③开展前瞻性专题研究工作。针对工程建设面临的重大技术、政策"瓶颈"问题，确立"沙区提质增效""黄河中上游水土流失治理"等5个研究课题，列支专项经费开展研究。目前，外业调查已完成，正在进行内业汇总整理。研究成果必将对推动三北工程科学发展提供良好的支撑。

【工程宣传】 围绕"四期工程总结、五期工程启动"这一主题，开展丰富多彩的宣传报道活动。①组织拍摄了电视专题片。组织人员深入冀、晋、蒙、吉、黑、陕、宁、新等省(区)，拍摄电视纪录片——《绿染三北》，以大量生动鲜活的事例和影视资料，综合反映三北工程建设取得巨大的成就。专题片外景拍摄现已结束，进入后期制作阶段，2012年底制作完成。配合国家林业局宣传中心积极开展《大地寻梦》电视片采访宣传工作，重返三北风沙线，已连续播出专题节目11期。②集中开展四期总结、五期启动大会宣传。在《中国绿色时报》开设"聚焦三北工程"专栏，累计刊发宣传四期工程建设成就和展望五期工程报道文章10篇。协调《人民日报》刊发赵树丛局长署名文章《三北工程是生态建设的伟大实践》。邀请中央有关媒体开展"记者访三北"采访报道活动。会议召开之际，邀请各方媒体集中开展宣传报道，据不完全统计，网络、报纸、广播、电视以三北工程为主题的宣传报道达100篇次以上，掀起了宣传、关注三北工程的新高潮。③开展"走基层"宣传报道。邀请中央电视台、《人民日报》等媒体记者深入河北、内蒙古、宁夏等工程建设一线，开展"走基层、访三北"系列宣传活动。

【机关"两建"工作】 创新形式促学习。以加强党的先进性建设和执政能力建设为根本，开展丰富多彩的党建学习宣传活动。举办"三北大讲堂"，先后邀请知名专家开展"行政强制法""集体林权制度改革""十八大报告解读"等5次讲座；组织开展书法、绘画、摄影征集活动，举办《阅读·诚信·责任》为主题的演讲比赛，开展"营造风清气正发展环境活动"和以"爱岗敬业、勤政为民"为主题的勤政警示教育月活动。

(三北防护林业建设由刘冰供稿)

长江流域等防护林工程建设

【综　述】 2012年，长江流域等防护林工程建设深入贯彻落实《林业发展"十二五"规划》和2012年全国林业厅局长会议精神要求，按照加强"两湖两库"、南水北调沿线，南北盘江、左右江，太行山北段和海河流域等重点区域和流域生态建设的部署要求，不断加快工程建设，完善法规标准，强化工程管理，巩固建设成果，提升综合防护功能。长防、珠防、沿海、太行山绿化4个防护林工程投入资金达25.3亿元，包括中央基本建设投资14.7亿元，其中沿海6.25亿元、长防5.2亿元、珠防2.05亿元、太行山0.80亿元；地方投资8.9亿元；社会投资及群众投工投劳折合资金1.7亿元。4个防护林工程共完成建设任务33.06万公顷，其中人工造林12.81万公顷，封山育林20.25万公顷。山西、辽宁、福建、江西、西藏、陕西、河南和天津等8个省市完成2012年下达任务。长江流域等防护林工程建设使工程区森林资源稳步增长，林种树种结构进一步优化；森林的涵养水源、保持水土等生态功能不断增强，防御台风、干旱、洪涝、泥石流等自然灾害的能力逐步提高；有效改善了农业生产条件和农村生活环境，加快了工程区农村产业结构调整，为长江流域等重点区域生态安全、社会经济可持续发展，生态文明、美丽中国建设作出新贡献。　(覃庆锋)

【长防、珠防、平原和太行山绿化4个防护林工程三期规划编制完成】 2012年，长防、珠防、平原和太行山绿化4个防护林工程三期规划编制工作进入收尾阶段。按照专项规划审批程序的要求，5月和8月，造林司(绿化办)分别配合组织召开了珠防、太行山绿化三期工程规划；长防、平原绿化三期工程规划专家评审会议。规划文本顺利通过专家评审，并于12月通过局务会议审定后颁布执行。长防工程三期建设范围涉及青海、西藏等17个省(区、市)1026个县(市、区、林业总场、自然保护区管理局)，总面积达2.2亿公顷，比长防二期增加了446万公顷。造林任务1278万公顷，比二期增加590.28万公顷。低效林改造任务906.24万公顷，比二期增加277.1万公顷。规划完成后预计工程区将增加森林面积379.26万公顷，森林覆盖率达到39.3%，提升1.3个百分点。珠防工程三期建设范围涉及广西、广东6个省(区、市)37个市(州)215个县，工程区总面积4163.63万公顷，比珠防二期增加了28个县，114.46万公顷。人工造林和封山育林总任务261.47万公顷，比二期增加33.59万公顷，低效林改造任务131.15万公顷，比二期增加31.34万公顷。规划完成后预计工程区将增加森林面积153.37万公顷，森林覆盖率达到60.48%，提升3.68个百分点。太行山绿化工程三期建设范围涉及北京、河北、陕西、河南4个省78个县(区、市、国有林管局)。营造林任务135.23万公顷。低效林改造任务46.12万公顷，比二期增加

1.04万公顷。规划完成后预计工程区将增加森林面积79.56万公顷，森林覆盖率提升9.7个百分点。平原绿化工程三期建设范围涉及北京、天津等24个省(区、市)923个县(市、区、旗)。计划人工造林492.44万公顷，修复防护林带128.07万公顷，农林间作85.88万公顷。规划完成后预计工程区森林覆盖率达到18.7%，提升1.6个百分点。基本农田林网控制率增加20%，达到95%以上。四项防护林规划的颁布实施是贯彻落实党的十八大关于建设生态文明，实施重大生态修复工程科学部署的重要措施，对进一步优化国土空间开发格局，确保重要生态区域生态安全，推进生态林业、民生林业建设具有重要意义。 (覃庆锋)

【工程管理】 一是积极协调推进出台《长江流域、珠江流域、沿海防护林体系建设和太行山绿化等工程管理办法》，进一步规范工程管理，提升工程建设质量。二是协调将《沿海防护林管理条例》列入2012年国家林业局立法计划，汇总完成11个部(委、局、办)关于《沿海防护林管理条例》有关修改意见和建议。三是在配合完成2012年长防等防护林工程中央预算内投资计划和农业综合开发林业生态建设投资安排的基础上，督促各地完成工程建设年度计划任务，及时上报工程进度统计。四是完成《全国沿海防护林工程中期评估报告(2001—2010年)》。两次组织召开专家座谈会，查漏补缺，找准问题，完善文本；并组织召开专家审定会议通过专家审定。 (覃庆锋)

【兴林增粮项目】 为服务国家粮食生产能力到2020年比2008年新增千亿斤的战略布局，保障国家粮食安全，以平原绿化工程为有效载体，积极参加了国家发改委组织召开的全国高标准农田建设总体规划编制工作启动会和全国高标准农田建设总体规划编制工作协调会，参与总体规划中农田林网建设现状、建设标准和任务、保障措施等主要章节的撰写，争取以农田林网建设为主的平原绿化工程建设在8亿亩高标准农田建设总体规划中占有足够份额。组织召开了部分省平原绿化座谈会，讨论修改了平原绿化建设标准、办法，形成了《表彰平原绿化先进县(市、区、旗)办法(修改稿)》、《全国平原绿化建设标准(修改稿)》等。编制完成《中央财政支持平原地区兴林增粮示范建设项目实施方案(初稿)》，在加大调研力度、摸清情况的基础上，力争2013年启动实施。 (覃庆锋)

【生物措施治理水土流失工作】 一是筹备中央苏区生态文明建设现场会议，起草并下发《关于福建省长汀县全国生态文明建设和现代林业建设示范县授牌决定的请示》《全国绿化委员会、国家林业局关于将福建省长汀县作为全国生态文明建设和现代林业建设示范县的决定》。二是组织赴福建长汀开展了生物措施治理水土流失调查研究。三是积极参加水利部总结推广长汀水土流失治理经验座谈会，完成参会报告，提出有关生物措施治理水土流失两点建议。 (覃庆锋)

【工程建设宣传】 一是在《中国绿色时报》专版宣传江苏、浙江等5省长江流域防护林10年建设成就。二是撰写完成《中国的绿色增长——党的十六大以来中国的发展》涉及长防工程的5篇宣传稿，包括“长江流域防护林体系建设工程——为了长江的安澜”“珠江流域防护林体系建设工程——为了流向香港、澳门的清水”“全国沿海防护林体系建设工程——构筑万里海疆的绿色生态屏障”“太行山绿化工程——构筑华北平原生态屏障”“平原绿化建设工程——意料之外的中国最大木材生产基地”等文章，有效扩大了工程建设宣传，营造工程建设良好社会氛围。 (覃庆锋)

重点地区速生丰产林基地建设工程

【速丰林基地工程建设情况综述】 重点地区速生丰产用材林基地建设工程自2002年启动实施以来，截至2012年年底，19个项目省(区)累计完成营造林945.4万公顷。其中，2012年当年完成65.4万公顷，工程建设继续保持较快增长的态势。初步形成了以粤桂琼闽地区为代表的南方工业原料用材林产业带，以长江中下游地区与黄河中下游地区为代表的中东部工业原料用材林产业带，以东北、内蒙古地区为代表的北方工业原料用材林产业带。工程的实施有效地增加了木材供给，推动了林业产业发展，对维护国家木材安全，改善生态改善民生，调整产业结构，应对气候变化发挥了重要的作用。

【特殊林木项目综述】 为加快特殊树种培育的步伐，增加大径级用材供给能力，应对国家战略急需，2012年继续在河北、山西、辽宁、吉林、黑龙江、浙江、安徽、山东、湖北、海南、西藏、陕西等12个省(市、区)49个林场实施特殊林木项目，安排中央投资5200万元，培育特殊林木8933.3公顷。为规范项目管理，1月下发《关于做好特殊林木培育工作的通知》，要求有关省区制定项目管理办法，制订技术规程。11月，与计财司在湖北联合召开全国特殊林木后备资源培育工作座谈会，进一步提高培育特殊林木的重要性，总结两年来的工作经验、研究部署下一步工作。

【《全国木材战略储备生产基地建设规划(2013～2020年)》编制工作】 在2011年启动规划编制的基础上，2012年继续推进规划编制工作。一是年初召开《规划》工作会议，进一步明确编制工作的指导思想和需要把握的重要问题。二是积极协调国家发展改革委、财政部，局计财司等部委、司局意见。三是继续开展4个课题研究。四是制定了配套管理办法和技术规程。五是8月

《规划》征求了局内27个司局的意见，11月底发文向各省政府征求意见。六是开展木材战略储备基地调研。七是召开座谈会，对《规划》基地建设涉及的苗木、肥料、用工等市场价格和需要国家补助的整地、栽植、施肥、幼林抚育、间伐等营造林环节进行了探讨，充分听取基层意见。八是完成《规划》专家征求意见稿，准备专家论证会。

【启动实施木材战略储备基地示范项目建设】 为加快中国木材战略储备基地建设步伐，遵照局党组指示精神，2012年在福建、广西、广东、湖南、云南、河南、江西等7省区率先开展木材战略储备基地示范建设，为全国木材战略储备基地建设探路子、做示范、出经验。2012年共安排中央资金2.28亿元，建设木材战略储备基地94 600公顷。主要工作包括：编制项目实施方案，并通过专家论证，印发各地执行；召开示范项目座谈会，将建设任务、培育模式等情况与7省(区)进行对接；与相关省区联合制定了项目技术规程及相关管理办法，积极督导有关省(区)落实好配套资金，全力保障示范项目的实施；加强基层管理和技术人员培训，开展项目建设经验交流；开展专题调研，先后赴7个示范省区开展木材示范项目多层次调研活动。

(重点地区速生丰产林基地建设工程由马藜供稿)

森林培育与生态建设

05

林木种苗生产

【综　述】 据全国30个省(自治区、直辖市)，内蒙古、吉林、龙江、大兴安岭森工(林业)集团公司，新疆生产建设兵团种苗管理部门上报的年报统计，2012年全国共采收林木种子2783万千克，同比下降11%。减少原因主要是红松等树种结实为欠年，严重的地方甚至颗粒无收。

1. 种子贮存与使用　2012年采收前种子库存量为272万千克，实际用种量为2258万千克。

2. 良种基地生产　2012年全国良种基地共生产种子170万千克(种子园产种量65万千克，母树林产种量105万千克)，比2011年减少187万千克，主要因黑龙江、吉林两省红松母树林几乎绝收所致。2012年全国良种基地生产穗条31.2亿条(根)，其中采穗圃生产穗条24亿条(根)、良种繁殖圃生产穗条7.2亿条(根)，比2011年增加8.7亿条(根)。

3. 采种基地生产　2012年全国采种基地共采收种子631万千克，占全国林木种子采收量的22.7%，比2011年减少375万千克。黑龙江省居减幅榜首，减少228万千克；吉林省其次，减少189万千克。

4. 苗木生产　2012年全国共完成育苗面积91.6万公顷，其中新育苗面积27.2万公顷，占育苗总面积的29.71%。国有、乡村集体和个体育苗面积分别占育苗总面积的13%、5.27%和81.73%，与2011年相比，国有育苗面积比重减少1.63个百分点，乡村集体育苗面积比重增加0.25个百分点，个体育苗面积比重增加1.38个百分点，个体育苗面积所占比重连续两年超过80%。

2012年育苗总量为571亿株，除留圃苗木外，实际用于造林绿化的苗木量为174.6亿株，其中生态公益林苗木87.4亿株，经济林苗木31.9亿株，其他林种苗木55.3亿株。2012年实际用苗量中31.32%来自国有单位，5.44%来自乡村集体，还有64.24%来自个体。

2012年容器育苗产量为102亿株，良种苗产量150亿株，与2011年相比，容器苗产量增加16亿株，良种苗产量增加12亿株。

5. 林木种苗工程建设投资完成　2012年全国林木种苗工程项目投资完成总计155 497万元，其中国家投资完成41 602万元，地方配套投资完成113 895万元。主要用于省级种苗示范基地、良种基地、采种基地、苗圃和基础设施建设，投资范围涉及全国26个省(区、市)，内蒙古、吉林、龙江、大兴安岭森工(林业)集团公司，新疆生产建设兵团。

6. 林木种子基地建设　截至2012年年底，全国林木良种基地建设面积88.7万公顷，其中：种子园2.22万公顷、母树林15.03万公顷、采穗圃1.32万公顷、良种繁殖圃0.43万公顷、测定林0.81万公顷、收集区0.47万公顷、良种示范林67.8万公顷、其他0.62万公顷。2012年全国采种基地可采种面积68万公顷。

7. 育苗单位　截至2012年年底，全国共有苗圃43.4万个，国有、乡村集体和个体所占比例分别为1.74%、1.33%和96.93%。在国有苗圃单位中，林业系统内部的苗圃有5405个。　(李　焰)

【国务院办公厅印发《关于加强林木种苗工作的意见》】
12月26日，国务院办公厅印发《关于加强林木种苗工作的意见》(国办发〔2012〕58号，以下简称《意见》)。这是党的十八大胜利召开以后，在全面推进生态文明建设的关键时期下发的重要文件，也是新中国成立以来国务院首次就林木种苗行业发展提出指导意见，《意见》的出台对加快我国林木种苗事业发展，建设生态文明具有重大而深远的意义。《意见》明确了今后一个时期我国林木种苗发展的指导思想、基本原则、发展目标。

(丁明明)

【第二批国家重点林木良种基地】 为进一步加强林木良种基地建设与管理，增强林木良种生产供应能力，提高林木良种使用率，推进我国林木良种化进程，国家林业局在2009年确定第一批国家重点林木良种基地的基础上，对现有省级重点林木良种基地进行调研、筛选、评定，确定了第二批国家重点林木良种基地95处。

(丁明明)

【国家林业局下发《国家重点林木良种基地考核办法》(试行)】 为加强国家重点林木良种基地建设与管理，切实提高国家重点林木良种基地生产管理水平，依据《国家重点林木良种基地管理办法》，12月31日国家林业局印发了《国家重点林木良种基地考核办法(试行)》(办场字〔2012〕230号，以下简称《办法》)。《办法》共十一条。　(丁明明)

【第二批国家重点林木良种基地发展规划批复】 2012年国家林业局对确定的第二批95处国家重点林木良种基地(2010～2015年)发展规划进行批复。批复对各基地的规划建设目标、建设规模和达到的种子生产能力都进行详细的核实，并对基地的经营管理提出明确要求。

(鲁新政)

第二批国家重点林木良种基地名单

城市	基地
北京市1处	北京市十三陵林场国家白皮松良种基地
河北省4处	衡水市中心苗圃场国家白蜡良种基地 遵化市魏进河林场国家板栗良种基地 盐山县国家抗盐碱树种良种基地 河北省林木良种繁育中心国家榆树、核桃良种基地

（续）

城市	基地
山西省 4 处	关帝山国有林管理局吴城国家油松良种基地 大同市长城山林场国家华北落叶松良种基地 太行山国有林管理局海眼寺林场国家油松良种基地 中条山国有林管理局国家华山松良种基地
内蒙古自治区 4 处	内蒙古林木良种繁育中心国家沙生植物良种基地 包头市全巴图林场国家杨树良种基地 通辽市林研所国家杨树良种基地 杭锦旗国家柠条锦鸡儿良种基地
辽宁省 3 处	桓仁县老秃顶子国家落叶松良种基地 凌海市红旗林场国家油松、刺槐良种基地 辽宁省森林经营研究所国家红松、落叶松良种基地
吉林省 4 处	四平市石岭国家落叶松良种基地 吉林省林木种苗繁育推广示范中心国家杨树良种基地 通化县三棚林场国家红松良种基地 龙井市开山屯国家红松良种基地
黑龙江省 4 处	黑龙江省森林与环境科学研究院国家杨树、樟子松良种基地 五常市宝龙店国家落叶松良种基地 黑龙江省林木良种繁育中心国家落叶松、红松良种基地 佳木斯市孟家岗林场国家红松、落叶松良种基地
江苏省 3 处	江都市江都镇国家柳树良种基地 靖江市国家中山杉良种基地 吴江市苗圃国家耐水湿树种良种基地
浙江省 4 处	庆元县国家珍贵树种良种基地 兰溪市苗圃国家木荷、马尾松良种基地 天台县华顶林场国家黄山松良种基地 舟山市林科所国家海岛特色树种良种基地
安徽省 2 处	泾县马头林场国家湿地松、火炬松良种基地 祁门县林场国家枫香良种基地
福建省 4 处	上杭县白砂林场国家马尾松、杉木良种基地 光泽县华桥林场国家杉木良种基地 霞浦县杨梅岭林场国家柳杉良种基地 安溪县白濑林场国家福建柏良种基地
江西省 4 处	安福县陈山林场国家杉木良种基地 峡江县林木良种场国家松类、油茶良种基地 永丰县官山林场国家枫香、楠木良种基地、 安远县牛犬山林场国家杉木良种基地
山东省 4 处	山东省林科院国家白蜡良种基地 乐陵市国有园艺场国家枣树良种基地 山东省林木种质资源中心国家珍稀树种良种基地 东营市试验林场国家白蜡良种基地
河南省 2 处	温县国家毛白杨良种基地 洛宁县国家核桃良种基地

（续）

城市	基地
湖北省 4 处	麻城市五脑山林场国家油茶良种基地 太子山林管局国家马尾松良种基地 湖北省林科院石首国家杨树良种基地 兴山县国家核桃良种基地
湖南省 4 处	桂阳县国有苗圃国家马尾松良种基地 桃源县国家湿地松良种基地 安化县林科所国家马尾松、杜仲良种基地 资兴市天鹅山林场国家杉木良种基地
广东省 2 处	韶关市曲江区小坑林场国家杉木、油茶良种基地 江门市新会区国家相思良种基地
广西壮族自治区 4 处	广西林科院国家油茶、红锥良种基地 派阳山林场国家马尾松、八角良种基地 贵港市覃塘林场国家马尾松良种基地 岑溪市国家油茶良种基地
重庆市 2 处	大足县国家香樟、光皮树良种基地 万州区国家木姜子良种基地
四川省 4 处	高县来复森林经营所国家马尾松良种基地 凉山州国家油橄榄良种基地 通江县林科所国家银杏良种基地 广元市朝天区林科所国家核桃良种基地
贵州省 2 处	天柱县国家油茶良种基地 赫章县国家核桃良种基地
云南省 2 处	马关县倮洒国家杉木良种基地 楚雄市紫溪山林场国家华山松良种基地
西藏自治区 1 处	西藏自治区林科院国家杨树、柳树良种基地
陕西省 3 处	安康市汉滨区国家油茶良种基地 宜君县国家核桃良种基地 略阳县国家杜仲良种基地
甘肃省 4 处	徽县国家侧柏良种基地 武威市良种繁育中心国家杨树、樟子松良种基地 天水市麦积区码头苗圃国家杨树良种基地 瓜州县国家胡杨良种基地
青海省 2 处	西宁市湟水林场国家杨树良种基地 黄南州麦秀林场国家紫果云杉良种基地
宁夏回族自治区 2 处	宁夏林木良种繁育中心国家杨树良种基地 六盘山林业局二龙河国家华北落叶松良种基地
新疆维吾尔自治区 4 处	青河县林管站国家大果沙棘良种基地 吉木萨尔县林木良种试验站国家榆树、沙棘良种基地 尼勒克林场国家杨树良种基地 玛纳斯县平原林场国家杨树、榆树良种基地
内蒙古森工集团 1 处	乌尔旗汉林业局国家兴安落叶松良种基地
吉林森工集团 1 处	三岔子林业局国家红松良种基地

（续）

城市	基地
龙江森工集团 3处	黑龙江省林科院国家落叶松良种基地 苇河林业局国家红松、落叶松良种基地 桦南林业局国家樟子松、落叶松良种基地
中国林科院 2处	中国林科院湛江国家桉树良种基地 中国林科院凭祥国家西南桦、柚木良种基地
东北林业大学 1处	东北林业大学国家白桦良种基地

【林木种苗工程项目投资与建设】 为提高良种使用率，改善林木种苗质量，国家在中央预算内投资中安排林木种苗专项资金，支持全国林木种苗工程建设。

林木种苗工程项目投资 2012年中央预算内投资计划下达林木种苗工程建设投资20 000万元，投资规模与2011年持平。其中：地县级林木种苗机构能力建设投资4267万元，林木良种基地建设投资9173万元，林木种质资源收集保存库建设投资5204万元，林木采种基地建设投资565万元，其他投资791万元，依次占该项目中央预算内投资的21.33%、45.86%、26.02%、2.83%、3.96%。与2011年相比，地县级林木种苗质检机构建设增加了6.36%，林木良种基地和种质资源收集保存库分别降低了2.03%和5.83%，采种基地与其他投资占当年投资比例增加了0.75%。

林木种苗工程项目建设 2012年建设林木种苗工程项目116个，建设规模10 936.7公顷（其中新建3580.7公顷，续建7356公顷），比2011年建设规模增加了2686.9公顷。建设林木良种基地项目67个，林木种质资源保存库项目30个，采种基地项目3个，种苗繁育基地等其他项目5个，开工建设规模依次为8037.5公顷、2149.3公顷、266.6公顷、483.3公顷，分别占建设规模的73.5%、19.6%、2.5%、4.4%；建设了11个省的地县级林木种苗机构能力项目，其中新开工建设4个省（区），续建7个省（区）；在建设过程中，计划建成项目50个，建设规模达6943公顷。 （于滨丽）

【全国林木种苗工程项目检查】 3月5日国家林业局国有林场和林木种苗工作总站（以下称场圃总站）以林场综字〔2012〕16号文下发了《关于开展全国林木种苗工程项目检查工作的通知》，制定了工作方案。检查范围针对2001～2010年国家批复建设的各类林木种苗工程项目，检查重点为省级林木种苗示范基地、林木良种繁育中心、林木良种基地、林木种质资源库建设项目。检查主要内容：一是工程设计与施工情况。项目总体设计和作业设计审批情况；项目施工情况；建设标准执行情况；建设地点和主要建设内容有无重大变更及批准情况等。二是资金使用和管理情况。建设资金到位和使用情况包括：国家预算内基本建设投资、省内各级配套资金以及其他用于项目建设的资金到位和使用情况；建设资金管理情况包括：资金使用制度、是否专款专用，是否存在挤占、挪用建设资金等违规现象。三是项目建成后生产经营、项目建设发挥作用情况。项目的生产能力和经营管理情况；科技创新和带动示范情况；项目实际发挥效益情况。四是林木种苗工程项目建设与管理中存在的主要问题，原因分析、解决问题的对策和建议。检查方式采取自查与重点抽查相结合的方式进行。

检查工作开展情况 检查工作是各省（区、市）、森工集团、生产建设兵团林业主管部门全面自查与国家林业局场圃总站重点抽查相结合的方式进行。

①各地自查 北京、内蒙古、吉林、安徽、福建、浙江等二十多个省（区、市）林业厅（局）高度重视，转发了《通知》，按要求进行了全面的自查和总结。内蒙古自治区结合实际情况，全面部署项目检查工作，采取项目单位自查，盟市全面检查，自治区重点抽查的方式进行了全面检查。对已验收项目，对照验收报告进行了补充调查。对已竣工未验收和未竣工项目，已查明原因，并已落实尽快竣工、验收。截至10月31日，除上海外，均完成了自查工作并报送了检查报告。场圃总站在此基础上完成了全国林木种苗工程项目检查报告。

②重点抽查 场圃总站组织了两个检查组，分别由张周忙、尹刚强副总站长带队，综合处、行业处、执法处抽调人员组成检查组。检查组分别对广东、广西、河南、山东、浙江、福建、陕西等7个省（区）的林木种苗工程项目进行重点抽查。抽查工作采取汇报、座谈、现地查看、查阅档案材料等形式对项目建设进行检查，特别对项目的工程设计与施工情况、资金使用和管理情况、项目建成后生产经营和作用发挥情况以及项目建设与管理中存在的主要问题等进行重点了解。通过检查，所查省区项目管理比较规范，监督管理措施到位，省级种苗管理机构在项目立项、检查验收等环节切实发挥了作用，种苗工程项目切实发挥了成效，为林业重点工程的顺利实施起到了基础和保障作用。

工程项目建设成效 种苗工程项目建设实施以来，取得了显著成效。改善了林木种苗的生产条件，扩大了林木种苗生产面积，提高了林木种苗产量和质量。种苗生产逐步由数量保障型向质量效益型转变。初步形成了以种子生产基地为主体，非基地生产为补充的种子生产体系，以省内调剂为主，国家宏观调控相结合的种子供应体系，以市场为导向，国家、集体、个人等多种经济成分共同发展的苗木生产供应体系，种苗生产朝着生产基地化、质量标准化、品种多样化目标迈进。由国家、省质量监督检验中心和地市县种苗质量检验站组成的林木种苗质量检验体系初步形成。全国主要造林树种良种使用率由2002年的20%提高到51%，部分商品林和经济林树种良种使用率已达到70%左右。

①种苗生产能力明显增强 通过林木种苗工程项目的实施，解决了项目建设单位水、电、路、房等长期难以解决的基础设施问题，而且还建设了自控温室、组织培养、全光喷雾扦插等一批现代化种苗繁育设施，使种苗繁育手段实现了根本性转变，由过去的大田生产粗放式管理，向高科技、工厂化容器育苗快速繁育转变，苗木生产由单一传统的大田育苗向现代设施快繁育苗方向迈进，林木种苗生产供应能力显著增强，通过工程建设全国新增种子生产能力1400多万千克，优质苗木生产能力近40亿株。

②基础保证能力得到提升 实施国家林木种子检验中心、省级林木种苗基础设施和地县级种苗基础设施项

目建设。至2012年内蒙古自治区、湖南省、河北省3个省级种苗质量检验站晋升为国家级，国家级种子检验中心发展为5个。内蒙古自治区种子经包衣及丸粒化加工处理后，播种量大大减少，有效降低造林成本，提高飞播治沙造林的质量，推进重点工程用种精品化。包头市稀土高新区苗木冷贮中心项目的建成使用，促进贮苗技术、设备和管理水平的提高，缓解植树造林不同时节的种苗供需矛盾。

③基地建设科技含量增强　成功建立一大批优良乡土树种和引种成功的外来树种良种基地，在建的种子基地广泛应用了先进的良种选育技术、组培、嫩枝扦插等苗木快繁技术得到广泛应用；通过种苗工程项目建设，开展了杉木第三代遗传改良、马尾松定向改良等，建立了一大批良种试验测定林。宁夏回族自治区在种苗工程项目中积极推行针叶树工厂化容器育苗技术、阔叶树育苗腹膜技术、节水灌溉技术、机械化起苗等新技术，由一季供苗变为常年供苗，缩短了育苗年限，提高苗木质量。北京市通过种苗工程建设，示范推广桧柏、白皮松、北美鹅掌楸等优良树种、品种和无性系苗木1300多万株，种条600多万根，有6家苗圃获得ISO9001－2000国际质量体系认证，18家苗圃获得全国质量信得过种苗基地。福建省构建杉木三代、马尾松二代育种群体，注册“洋林”“闽林”等多个林木良种商标。

④促进种苗产业化发展和农村产业结构调整　林木种苗产业已经成为一些地区的经济增长点。浙江省通过实施种苗工程项目，不仅大大提高了全省的种苗生产能力，而且带动了社会资本对种苗产业的投入，促进了全省种苗生产技术的提高和种苗品种结构的优化。山东省种苗产业产值已超过百亿。

⑤收集保存了一批林木种质资源　十年间全国建设的几百处良种基地，在完成良种生产任务的同时，保存了一大批林木种质资源。（于滨丽）

【中央财政林木良种补贴试点实施情况督查】　为全面掌握林木良种补贴试点工作进展和落实情况，确保林木良种补贴试点任务顺利完成，2月29日，国家林业局办公室下发《关于开展林木良种补贴试点实施情况监督检查工作的通知》(办场字〔2012〕39号)。按照《通知》的要求，国家林业局组成了4个调研组分赴福建、浙江、广东、广西、山东、河南、陕西、山西、江苏、湖北等10个省(区)对林木良种补贴试点实施情况进行监督检查，实地检查26处国家重点林木良种基地和10处良种苗木培育基地。最终形成了6份调研报告和题为“中央财政林木良种补贴试点实施情况督查报告”的总报告。赵树丛局长和张建龙副局长对《中央财政林木良种补贴试点实施情况督查报告》做重要批示。财政部也对林木良种补贴试点实施情况进行充分肯定。（赵　兵）

【国家种质资源收集保存库项目通过竣工验收】　5月7～8日，国家林业局国有林场和林木种苗工作总站建设的国家沙柳、麻疯树、油桐、油松等4个种质资源保存库建设项目，顺利通过专家评审。国家林业局对该项目进行了竣工验收，并以林规批字〔2012〕273号文件予以批复。验收会议由国家林业局计财司主持，参加会议的有国家林业局计财司、场圃总站、规划院、造价总站、中国林科院、竹藤中心等单位的有关专家，会议形成项目验收组。验收组听取了场圃总站对国家沙柳、麻疯树、油桐、油松等种质资源保存库建设项目建设情况以及初步验收等方面的汇报，依据相关文件、合同和财务资料，并对位于湖南省湘西土家族苗族自治州永顺县青天坪镇的国家油桐种质资源保存库建设项目进行了现场踏查。（韩文兵）

【开展打击制售假冒伪劣林木种苗工作】　按照国务院《关于进一步做好打击侵犯知识产权和制售假冒伪劣商品工作的意见》(国发〔2011〕37号)要求，国家林业局积极采取有效措施，开展打击制售假劣林木种苗工作，全国共查处制售假冒伪劣种苗、无证无签生产经营种苗等方面立案案件和办结案件213件，涉案金额440多万。制定印发了《国家林业局打击制售假劣林木种苗和保护植物新品种权以及软件正版化工作实施方案》。成立以张建龙副局长为组长的国家林业局打击侵犯知识产权和制售假冒伪劣商品工作领导小组，局办公室、造林司、政法司、计财司、科技司、驻局监察局、信息办、场圃总站、宣传办、退耕办、治沙办、速丰办、科技中心等13个单位为成员单位。各省(区、市)、四个森工局以及新疆生产建设兵团制定了本地区实施方案，成立了有关处室参加的领导小组。召开电视电话会议进行动员部署。山西、吉林、江西、湖南等4个省做了典型发言。中央电视台、中央人民广播台、《人民日报》、新华社、《农民日报》《法制日报》《中国绿色时报》等多家媒体到会采访报道。积极参与全国打假办组织的一系列规章制度的起草和制定工作，包括《企业诚信档案数据交换平台管理制度》《中国打击侵权假冒工作网运营管理办法》《关于做好打击侵犯知识产权和制售假冒伪劣商品工作中行政执法与刑事司法衔接的意见》等。强化信息沟通。先后下发《关于加强打击制售假冒伪劣林木种苗工作的信息报送工作的通知》和《关于统计林木种苗假冒伪劣案件查办情况的函》，组织印发打击制售假劣林木种苗和保护植物新品种权专讯。（周景莉）

【林木种苗质量监督抽查工作】　国家林业局办公室下发《关于部署开展2012年林木种苗质量抽查工作的通知》(办场字〔2011〕200号)，委托国家级林木种苗质检机构对河北、安徽、河南、广东、广西、云南、青海省(区、市)林业重点工程造林使用的林木种苗质量进行抽查。同时部署其他省(区、市)进行自查。抽查内容包括：林木种子、苗木质量情况，林木种苗生产者、经营者和使用者档案情况，林木种子生产经营许可、标签制度执行情况，采种林确定和采种期公告情况，主要林木品种审(认)定情况，林木种苗质量自检情况，林木种子来源情况等。国家林业局以林场发〔2012〕243号文件对抽查结果进行通报。

2012年，国家共抽查林木种子样品81个、苗木92批，涉及55个树种(品种)、61个县、58个单位。林木种子样品合格率为90.1%，较2011年的88.4%上升1.7个百分点。苗木苗批合格率为94.7%，较2011年的93%上升1.7个百分点。其中，所涉及的58个单位中，档案内容齐全的单位40个，占69.0%；应当具备林木种子生产经营许可证的54个单位中，有林木种子生产经营许可证的单位52个，占96.3%；51个单位实行了自检，自检率为94.4%；抽查的55个树种（品种）中，列入主要林木目录的树种（品种）42个，审（认）定通过作为林木良种的19个，占45.2%；应当确定采种林和公布采种期的24个县中，确定了采种林并向社会公告的县级林业主管部门8个，占33.3%；抽查的81个种子样品均来源清楚，92个苗批中，来源于种子园的2个苗批，占2.2%。（周景莉）

【全国油松良种基地技术协作组成立】 6月12日在山西省太原市举办了油松良种基地技术协作组成立大会。共有来自7个省（区、市）15个国家油松重点良种基地的负责人、省种苗站负责人及部分科研院所的专家50余人参加成立大会。

全国油松良种基地技术协作组是继杉木、马尾松、油茶、落叶松之后成立的第五个树种的良种基地技术协作组，旨在根据全国林木种苗发展规划和良种需求，结合油松产地的特点，指导制定不同地区油松遗传改良的策略和技术路线、良种基地建设规模和建设方向，协调区域间或省际油松良种选育和基地建设，实现技术和信息共享，为我国油松遗传改良和国家油松良种基地建设提供先进和实用技术支撑。协作组由北京林业大学教授沈熙环任组长，成员由国内长期从事油松良种选育的科研院所的专家和15个国家油松重点良种基地的技术负责人组成，协作组办公室设在北京林业大学。

（赵　兵）

【全国林木种苗站站长座谈会】 7月27～29日在内蒙古满州里市召开全国林木种苗站站长座谈会。共有来自31个省（区、市）以及内蒙古、吉林、龙江、大兴安岭森工（林业）集团公司和新疆生产建设兵团林木种苗站的负责人共70多人参加此次会议。国家林业局场圃总站杨超总站长出席会议并做讲话。会上，就各省区贯彻落实全国林木种苗工作会议采取的具体措施、林木良种补贴试点实施中的具体做法和存在的问题以及新形势、新任务下林木种苗事业发展等方面的问题进行了认真的座谈和交流，并对做好今后林木种苗工作提出建议。

（赵　兵）

【《全国林木种苗规划》实施情况座谈会】 11月21～24日在云南召开《全国林木种苗规划》实施情况座谈会。与会的有关省（区、市）林木种苗站负责种苗项目的同志汇报了落实《全国林木种苗发展规划》的有关政策、措施，交流林木种苗工程项目建设管理情况，研究讨论《林木种苗工程管理办法》并提出了相关建议。会上，张周忙做重要讲话，肯定有关省、市落实《全国林木种苗发展规划》所取得的成绩，要求各地种苗管理机构要认清当前林木种苗工作面临的新形势和新任务，转变观念，扎实工作，全面履行引导、规范、监管和服务职能，积极做好林木种苗工程建设管理工作。（韩文兵）

【林木种苗执法经验交流会】 4月10～12日在成都召开全国种苗行政执法经验交流会。在成都，会议总结交流了近年来各地林木种苗行政执法工作开展情况，尤其是打击制售假劣林木种苗工作情况；研究讨论《种子法》及其配套法规的修改意见；会议还邀请法律专家讲解林木种苗行政执法程序，解答《种子法》实施过程中的疑难问题。全国31个省（区、市）及4个森工集团、新疆生产建设兵团种苗站分管站长、执法科长，南北方林木种子检验中心负责人等80余名代表参加会议。

（周景莉）

【林木种苗质量检验员培训】 10月27～29日，在福建省厦门市举办林木种苗质量检验员培训班。内容是林木种苗质量检验理论知识、检验技术，《种子法》配套法规和标准等。参加培训的人员有来自各省（区、市）、森工集团、新疆生产建设兵团种苗站种苗质量检验人员，经国家林业局许可从事林木种苗经营企业的种苗质量检验人员，共计106人，经考核合格，由国家林业局颁发《林木种苗质量检验员证》。（苗　健）

【全国林木种苗信息交流与指导会议】 9月27日，在新疆乌鲁木齐市召开全国林木种苗信息交流与指导会议。参加会议的有省（区、市）、计划单列市林业厅（局），内蒙古、吉林、龙江、大兴安岭森工（林业）集团，新疆生产建设兵团林业局，国家林业局林木种苗质量检验中心的林木种苗信息工作的负责人、信息员以及从事林木种苗信息工作的专家共计120人。会议邀请两位专家分别讲授"物联网在林木种苗上的应用"和"网站建设与管理"。组织代表们参加了新疆呼图壁国家级苗木交易市场揭牌暨新疆首届苗木花卉博览会。

（李　焰）

【南北方国家重点林木良种基地主任培训班】 6月11～14日和10月27～29日分别在山西省太原市和湖北省咸宁市举办北方和南方国家重点林木良种基地主任培训班。共有来自全国30个省（区、市），内蒙古、龙江、大兴安岭森工（林业）集团公司和新疆生产建设兵团的226处国家重点良种基地的负责人、省种苗站负责人、种苗行业科科长及部分从事林木遗传育种的专家400多人参加了培训。（赵　兵）

【林木种苗生产经营许可证核发】 按照《林木种子生产经营许可证管理办法》规定，3月中旬，对各地2012年林木种子生产、经营许可证发放及管理情况进行了调度。各地通过广泛宣传、严格执法检查等活动，进一步落实林木种子许可制度，据统计，全国发放林木种子生产经营许可证160 962份，发证率仍然保持在90%以上。其中，2012年国家林业局新核发林木种子经营许可证16个，延续24个，注销16个。（周景莉）

【林木种苗引进】 2012年共从美国、加拿大、澳大利亚、荷兰、比利时、日本、丹麦、中国香港等国家和地区进口林木种子26 515吨，苗木888.54万株，种球14 819万粒。其中松、杉、柏、槭树、桉树、水果、干果等各类林木种子523.82吨；早熟禾、黑麦草、高羊茅、狗牙根等草坪种子25 853.4吨；鸡冠花、一串红、仙客来、蝴蝶兰、百合、郁金香、唐菖蒲等花卉种子137.8吨；百合、郁金香、唐菖蒲等花卉种球14 819万粒。

（赵　兵）

【国家级苗木花卉市场】 截至2012年年底，国家林业局在东北、西北、华东、华中4个大区域内，共审批了4个国家级苗木花卉市场，它们分别是2006年审批的安徽三岗国家级苗木花卉市场、2008年审批的山东昌邑国家级苗木花卉市场、2011年审批的吉林柳河国家级苗木交易市场、2012年审批的新疆呼图壁国家级苗木交易市场。 （李 焰）

【行政许可受理送达情况】 国家林业局场圃总站共承担6项行政许可事项，2012年主要办理了其中的5项，依次为林木种子经营许可证核发、向境外提供或从境外引进林木种质资源审批、采集或采伐国家重点保护种质资源审批、国家级森林公园设立、撤销、合并、改变经营范围或变更隶属关系审批、林木种苗进口审批。国家林木种子质量检验机构资质考核这一许可事项，没有接到申请人申请，没有办理。截至12月31日，共受理行政许可申请2214件，做出行政许可准予决定2149件，不予许可决定1件。发出考察通知书43份，补正通知书19份。申请人申请撤销行政许可1件，发出不予受理通知书1件。送达行政许可决定及通知书2214件。 （韩文兵）

【《中国马尾松种质资源》出版】 国家林业局场圃总站主持编撰的《中国马尾松种质资源》一书是近30多年来马尾松育种研究和良种生产实践的总结。该书内容丰富、重点突出、资料完整、图文并茂，是一部既有科学理论又有实践经验的科技专著，对于马尾松良种基地建设具有十分重要的实际意义。 （鲁新政）

【国家种苗网站建设】 国家种苗网开通运行10年来，始终坚持服务林农、服务社会的原则，为种苗生产者、经营者、管理者提供信息交流平台。截至2012年年底，已有网站注册会员532 674人，月访问量达43 787人次，发布各类林木种苗信息513 789条。

2012年国家种苗网站增加了国家重点林木良种基地技术协助组动态、走进国家重点林木良种基地两个专题栏目，栏目设置贴近工作实际，突出了“林以种为本，种以质为先”的行业发展理念，为引导林木种苗生产和服务社会提供了更多更好的信息资讯。 （李 焰）

【林木品种审定】 2012年全国共审（认）定通过了包括用材树种、经济林树种及观赏品种在内的林木良种475个，其中国家林业局林木品种审定委员会审（认）定通过了53个品种，并以国家林业局2013年第9号公告公布。

北京、河北、内蒙古、辽宁、福建、山东、湖北、湖南、广西、四川、重庆、贵州、云南、青海和新疆等15个省（区、市）审（认）定公布了林木良种422个。这些品种是经过严格的选育程序，基本达到了一定的选育年限，具有规范的区域试验，在生产中得到广泛使用的品种。 （鲁新政）

森林培育

【综 述】 根据国家林业局下达的造林600万公顷、中幼林抚育700万公顷、义务植树25亿株的全年营造林生产计划，各地加强组织领导，采取有效措施，抢抓机遇，不误林时，扎实推进造林绿化，取得明显成效。据统计，2012年完成造林面积617.7万公顷，完成全年计划任务的103%；中幼林抚育766.2万公顷，完成全年计划任务的109.5%；有6亿人次参加义务植树，植树26亿株，完成全年计划任务的104%。

工作部署 3月27日，国务院在北京隆重召开全国造林绿化表彰动员大会，回良玉副总理出席会议并作重要讲话，对造林绿化工作又一次高位推动。全国绿化委员会、国家林业局下发通知，从8个方面部署2012年造林绿化工作。全国绿化委员会办公室在广东增城召开全国绿化办负责人会议，研究贯彻全国造林绿化表彰动员大会精神，进一步部署推进全民义务植树和造林绿化工作。各省区市相继召开工作会、动员会、现场会，印发通知、意见、决定，全面部署春季、雨季、秋季造林绿化，提前完成规划设计、落实地块、订购苗木、技术培训、挖穴整地等各项工作，做到早研究、早部署、早动员、早准备、早开展。内蒙古、山东、四川等地超前制定落实种苗生产和供应计划。广东省通过扩大育苗规模，引导社会资金参与育苗，建立省级保障性育苗基地，加强育苗技术指导，保障全省林业重点生态工程建设。广西、海南等地将乡土树、珍贵树苗木提前发送到农户家中。安徽省组织林业技术人员提前深入造林现场。福建省为抓好雨季、秋季造林，通过组织自查摸底，逐片逐段核实造林成活情况，认真测算补植补造所需的苗木数量，同时开展整地、挖穴、起垄、排水等前期工作。

筹集建设资金 2012年林业生态建设和保护投资达1604.1亿元，占全部林业投资额的48.0%。中央财政林木良种、造林、森林抚育补贴规模继续扩大，安排补贴资金86.48亿元，其中，造林补贴资金为2011年的4.6倍，先期支付补贴资金比例由补贴总额的50%提高到70%；森林抚育补贴资金达56.8亿元，集体林抚育补贴对象由国家级公益林扩大到所有公益林，补贴“普惠制”进程加快。加大了珍贵树种培育的扶持力度，珍贵树种培育示范基地建设稳步推进。中央安排专项资金，启动实施全国木材战略储备基地示范建设。碳汇造林试点进一步推进。国家级公益林全部纳入森林生态效益补偿范围，中央财政补偿基金规模达到109亿元。森林保险保费补贴试点范围扩大到17个省份，中央财政保费补贴6.8亿元。地方也加大了造林绿化投入。北京市投资100亿元，开展平原造林绿化。辽宁省地方各级财政投入造林绿化资金达200多亿元。吉林省城乡绿化投入资金达40多亿元，其中，吉林市绿化美化项目投资1.1亿元，通化市规划的绿化美化重点工程上千万元的项目达11个。河南省加大地方财政投入，经验收合格，造林每公顷补助2250～2700元，森林抚育每公顷补助1350元。浙江省全年投入绿化资金85.2亿元，新增平原绿化3.1万公顷，达到年度任务的108.7%。福建省级财政开始安排5.2亿元资金补贴造林，市、县两级财政配套。河北省各级财政出资开展非规划林地造林，其中，邢台市对农户每公顷补贴3.3万元，连补8年，营造国省道绿化带。内蒙古自治区各盟市也都加大了资金投入力度，其中，鄂尔多斯市全年投入50多亿元用于城乡造林绿化。青海省将人工造林补助标准增加到1.5万元/公顷，部分地区提高到1.9万元/公顷。黑龙江省筹集资金3.2亿元投入雨季、秋季造林，巩固、提升春季造林绿化成果。

监督考核工作 各级林业部门认真开展造林绿化督导检查工作。国家林业局组成6个督查组，每组由司局领导带队，分赴河北、山西、内蒙古、吉林、黑龙江、福建、江西、四川、贵州、甘肃、宁夏、青海等12省区开展了春季造林绿化督查工作。地方各级林业主管部门也相继组织开展春季、雨季和秋季造林绿化督导，采取领导包片、技术人员蹲点，深入一线，落实任务，督促进度，及时发现和解决实际问题。各地建立完善造林绿化考核制度，层层签订责任书，形成一级抓一级、层层抓落实的推进机制。河北省林业厅受省政府委托，与各地市政府签订《“十二五”森林覆盖率和森林蓄积量“双增”目标责任书》，将造林绿化纳入各地市领导干部年度考核指标体系。山西省通过督查等方式，对各地市的春季造林绿化工作进行量化打分，并作为年度目标责任考核的重要依据。吉林省各地通过实行一票否决、加大分值比重等办法，加强造林绿化考核工作。黑龙江省政府对各地市造林绿化责任书执行情况和任务完成情况进行检查验收，并作出综合评价，考核评价结果通报全省。贵州省将完成全年营造林任务和全省森林覆盖率增加1个百分点，纳入省政府2012年50项重点工作之一进行督办。湖南省政府将义务植树尽责率纳入对各地市政府林业建设综合考核指标，在百分值中占10分。宁夏2012年首次将造林绿化工作纳入各级政府领导的考核范围，银川等地加强对乡镇等基层政府、组织造林绿化的考核工作，考核结果与领导干部的任用直接挂钩。

科技支撑服务 全国造林绿化树种和林分类型更为科学合理，乡土树种造林面积359.4万公顷，占全部造林面积比重的64.2%，比2011年提高1个百分点；营造混交林面积204.6万公顷，占全部造林面积比重的36.6%，比2011年提高3个百分点。国家进一步完善了森林抚育规程，启动了森林经营样板基地建设。各地也进一步加强了科学造林。河北、内蒙古、宁夏等地科学确定造林密度和配置方式，积极推广应用苗木浸泡、座水栽植、覆膜造林等抗旱造林技术。山西省大力推广荆条覆盖、石片覆盖、双株栽植等抗旱保水和防鼠、兔危害实用技术，长治市注重与科研单位和院校联姻，实施了百千万乡土技术人才培训工程，推广了径流整地等抗旱造林先进技术，全面实行造林、营林、管林一体化的合同制管理制度，有效提升了造林质量。安徽省先后多次组织对乡镇林业站、造林公司、造林大户等开展技术培训。山东省加大营造混交林力度，混交比例与往年同期相比提高3个百分点。福建、湖北等省组织林业科技人员深入乡村、林区、山头开展技术咨询和现场指导，向林农发放实用技术手册。江西省积极推广良种壮苗造林和营造针阔混交林，在良种壮苗使用上着重推广应用了“高产油茶优良无性系嫁接苗”“乡土速生优质树种——陈山红心杉良种壮苗”，油茶项目造林的高产油茶无性系嫁接苗使用率达到100%。湖南省在造林绿化工作中充分推广应用测土配方技术，指导林农适地适树、科学造林，同时，出动万名技术人员进村入户，蹲点指导，把科学造林技术送到了山头地块，造林成活率和造林质量显著提升。广东省实施林业科技创新工程，开展树种选择、良种选育、配置模式、栽培技术等科技攻关，研究不同的补植、抚育、改造、更新、利用技术，并加以示范推广。广东省财政已连续3年每年投入2000万元专项用于造林绿化等林业科技创新与应用，建成商品林示范基地630多个、面积达16.7万多公顷。贵州、四川等省开展油茶、核桃、优质乡土阔叶树种培育技术示范活动。陕西、甘肃、青海等地注重林水结合，大力推广优良乡土树种、耐旱灌木树种和滴灌造林等抗旱造林适用技术，提高苗木成活率。

存在不足 一是部分省区冬春旱情较重，加之现有宜林荒山荒地立地条件普遍较差，给推进造林绿化向纵深发展加大了难度；二是造林绿化资金投入不足，机制不完善；三是林区、山区营造林作业道路、水利灌溉等配套设施建设滞后；四是栽植大树、忽视乡土树种、树种单一、整地和造林方式粗放等在一些地方还存在，科学造林的意识亟待强化；五是珍贵、优质乡土、特色经济林木种苗培育滞后，种苗供应结构有待优化；六是营造林生产计划、统计、核查办法有待完善。

（周力军）

【全国绿化委员会办公室发布《2011年中国国土绿化状况公报》】 为大力宣传2012年各地区、各部门在造林绿化和林业生态建设上的重大举措和取得的显著成绩，进一步激发社会各界支持和参与造林绿化事业，推进生态文明和美丽中国建设，3月12日，全国绿化委员会办公室发布《2011年中国国土绿化状况公报》。公报全面反映全民义务植树、国家重点工程造林、部门绿化、森林保护等实际进展、取得成绩和经验做法，指出了当前存在的困难和问题，提出了2012年造林绿化总体思路。植树节前后，新华社、《人民日报》《经济日报》《中国绿色时报》以及中国网、中国林业网、新浪、搜狐等几十家新闻媒体全文登载或摘要登发公报，宣传效果很好。

（周力军）

【国家林业局组织开展2012年春季造林绿化督查工作】 为深入贯彻落实全国造林绿化表彰动员大会和2012年全国林业厅局长会议精神，扎实推进春季造林绿化工作，稳步实施《全国造林绿化规划纲要（2011～2020年）》和《林业发展“十二五”规划》，国家林业局于4月下旬至5月中旬组织开展了春季造林绿化督查工作。通过督查，全面掌握义务植树、林业重点工程造林、面上造林、森林抚育以及中央财政造林补贴、森林抚育补贴试点情况，实地督促造林绿化进度，总结提炼各地经验做法，及时发现面临的新困难、新问题，研究提出推进造林绿化工作的对策措施，确保2012年各项造林绿化任务按期保质保量完成。春季造林绿化督查工作，由造林绿化管理司牵头组织，造林、资源、林改、计财、科技司派出司局级领导，分别担任各督查组组长，场圃总站、工作总站、天保办、三北局、退耕办、治沙办、速丰办、经研中心等单位派人参加有关督查组，组成6个督查组，分赴河北、山西、内蒙古、吉林、黑龙江、福建、江西、四川、贵州、甘肃、宁夏、青海等12省区进行督查。督查工作开始之前，国家林业局副局长张永利专门进行部署动员，督查结束后听取各组汇报，并对进一步做好造林绿化工作提出指导意见。　（周力军）

【全国绿化委员会 国家林业局就做好造林绿化工作发出通知】　为贯彻落实中央经济工作会议、中央农村工作会议、全国冬春农田水利基本建设电视电话会议和全国林业厅局长会议精神，切实做好2012年的造林绿化工作，以优异成绩迎接党的十八大胜利召开，全国绿化委员会、国家林业局发出《关于做好2012年造林绿化工作的通知》(全绿字〔2012〕2号)。

通知指出，落实造林绿化《纲要》，实现林业“双增”目标，任务十分繁重而艰巨。各地、各部门要进一步增强造林绿化工作的责任感和紧迫感，及早动手，认真研究，统筹谋划，全面部署好2012年造林绿化工作。通知指出，工程造林是造林绿化的主体，各地要扎实做好林业重点工程造林工作。通知强调，全民义务植树是推进中国造林绿化的重要途径。要认真落实义务植树属地管理制度，依托机关、部队、学校、企事业单位以及基层政府、街道办事处、社区居委会等各级各类组织，大力开展义务植树活动。通知提出，要坚持以城带乡、以乡促城、城乡联动，统筹推进城乡绿化协调发展。中国造林绿化重点向西部地区转移，造林立地条件越来越差，难度越来越大，必须紧紧依靠科技进步，加快造林绿化步伐。通知强调，要积极探索新形势下推进造林绿化的新机制、新办法、新措施。建立健全造林绿化目标责任制，完善考核内容，充实荒山荒地造林、义务植树、城乡绿化、森林抚育、林业有害生物防治等考核指标，科学制定考核办法，建立奖惩机制。通知要求，高度重视造林绿化成果的保护，特别要进一步加强森林防火、林业有害生物防控和森林资源保护工作。

（周力军）

【中央财政造林补贴试点】　2012年，中央财政造林补贴试点规模进一步扩大，中央财政安排造林补贴试点资金25.24亿元，其中，2012年新增造林任务补贴22.39亿元(包括直接补贴20.82亿元，间接费用1.57亿元)、2010年直接补贴剩余的50%部分(2.85亿元)。与2011年相比，年度新增造林任务补贴资金增长3倍多；当年拨付直接补贴提高到中央财政下达直接补贴资金总额的70%。此外，财政部、国家林业局于12月31日联合印发的《中央财政林业补贴资金管理办法》，将山西、内蒙古、陕西、甘肃、青海、宁夏、新疆等省区灌木林补助标准提高到3000元/公顷，其他补贴标准不变。具体举措：

一是下发意见，安排部署试点工作。财政部、国家林业局联合下发《关于开展2012年造林补贴试点工作的意见》(财农[2012]59号)，明确了试点原则、范围，资金规模、补贴对象和标准、资金拨付政策以及相关工作要求。二是出台办法，规范试点检查验收管理。国家林业局制定出台了《中央财政造林补贴试点检查验收管理办法(试行)》(林造发[2012]9号)，明确了试点检查验收对象、技术标准、工作程序及相关部门责任，并按照县级检查、省级验收和国家级核查的三级检查验收形式对中央财政造林补贴试点工作进行管理与监督。办法的出台，对准确掌握全国造林补贴试点情况，监测评价试点建设成效以及为兑现补贴资金及管理决策提供依据等起到积极作用。三是开展检查，完成补贴资金兑现。按照财农〔2010〕103号文件和《中央财政造林补贴试点检查验收管理办法(试行)》，下发《国家林业局关于组织开展2010年中央财政造林补贴试点省级验收工作的通知》(林造发〔2012〕117号)，部署各试点省开展了2010年度造林补贴试点省级验收工作，完成了2010年造林补贴试点剩余50%补贴资金的拨付。在省级验收的基础上，国家林业局组织开展了2010年度造林补贴试点国家级核查工作，对河北、内蒙古、黑龙江、福建、湖南、四川、甘肃等7省区的17个试点县进行了核查，总结了试点成效，分析了存在问题，提出了推进试点工作的建议。　（张　华）

【珍贵树种培育示范建设】　2012年，国家继续推进珍贵树种培育示范基地建设，安排中央预算内林业基本建设投资6250万元，在全国27个省(区、市)的93个国有林场和国有林业局，对降香黄檀、檀香紫檀、水曲柳、核桃楸、黄波罗等54个珍贵树种开展培育示范，建设任务8880公顷，其中新造7080公顷，改培1800公顷。截至2012年，国家累计投入中央计划内基本建设资金2.35亿元，建设规模达到4.69万公顷，其中新造3.35万公顷，改培1.34万公顷，建设单位涉及400多个县、场、局，初步形成覆盖全国的珍贵树种培育示范基地建设体系。

为进一步加强珍贵树种培育示范基地建设管理，加快推进珍贵树种培育示范建设工作，国家林业局围绕珍贵树种培育示范基地和国家珍贵树种培育示范县建设，组织开展了《国家珍贵树种培育示范县管理办法(试行)》和《国家珍贵树种培育示范建设成效考核评价办法(试行)》编制工作。　（张　华）

森林经营

【综　述】　在国家林业局党组的正确领导和财政部等有关部门的大力支持下，紧紧围绕林业“双增”目标，服务生态林业、民生林业发展大局，各级林业部门扎实推进森林抚育经营工作。截至2012年年底，全国完成中幼龄林抚育面积766.17万公顷，为计划任务的109.5%，比2011年增长4.46%；完成中央财政森林抚育补贴试点抚育任务212.52万公顷，占补贴试点计划任务的61.9%。森林抚育经营工作力度不断加大，成效日益显现，为全面推进森林经营工作奠定了坚实基础。主要成效和做法：

宏观指导 召开了全国森林抚育经营现场会，集中总结了中央财政森林抚育补贴试点成效，全面部署了今后一个时期的森林抚育经营工作。赵树丛局长专门听取会议筹备情况汇报并作出重要批示，强调要把森林抚育经营放到推进生态文明、建设美丽中国、实现中华民族永续发展的战略高度全力推进。张永利副局长代表局党组出席大会并讲话。召开了全国天保工程区公益林管护与森林抚育工作现场会，张永利副局长出席会议并讲话，对天保工程区公益林管护和抚育提出了要求。积极争取并实现中央财政森林抚育补贴试点任务、资金规模进一步扩大。2012年中央财政安排森林抚育补贴试点资金56.76亿元，较2011年增加5.46亿元，南方集体林区抚育潜力大省补贴规模进一步扩大。在《我国森林抚育经营现状及潜力分析》研究基础上，启动开展了《全国森林经营中长期规划》编制前期准备工作。

制度体系建设 召开森林经营法律制度建设座谈会，刘于鹤老部长等10余位专家、学者参会，研究提出了建立森林经营规划制度、森林经营方案制度、森林经营补贴制度、激励约束制度等建议。会同财政部出台了《林业补贴资金管理办法》，进一步规范了森林抚育等补贴资金管理。修订出台了《森林抚育检查验收办法》《森林抚育作业设计规定》，强化了保留郁闭度、保留胸径、保留目的树种3项指标。召开了森林抚育经营技术标准研讨会，研究建立森林抚育技术标准框架体系，完成了森林抚育规程等5项国家和行业标准修订。印发了《中央财政森林抚育补贴政策成效监测实施办法》。完成《国家职业大典》相关职业的修订工作，新增森林经营类职业2个、修订1个，为森林经营职业化、专业化奠定了基础。

完善政策 会同财政部农业司先后赴湖北、广东、陕西、四川、甘肃、湖南等省份开展林业补贴等财政政策调研，跟踪政策执行情况，广泛听取基层对进一步加大财政扶持力度的意见建议。中央财政森林抚育补贴对象范围有所扩大，集体林抚育补贴对象由国家级公益林中的人工林扩大到所有公益林中的人工林。出台了《国家林业局关于国有林场森林经营方案编制和实施工作的指导意见》，提出到2015年基本实现按森林经营方案编制采伐限额、制定年度生产计划和开展森林经营活动，为建立以森林经营方案为核心的国有林场经营管理制度，推进国有林场森林经营科学化、规范化奠定了坚实基础。重视森林抚育经营重点建议办理，组织到吉林、安徽、浙江实地调研，听取3省全国人大代表及当地林业职工和林农对森林抚育工作的意见建议，在广西南宁召开了森林抚育经营重点建议办理座谈会。重点建议办理工作得到了全国人大常委会办公厅联络局的高度评价。

检查督导 严肃通报了2010年度森林抚育补贴检查验收结果，对存在问题的12个省级单位发出整改通知书，并跟踪整改成效。认真落实赵树丛局长、张永利副局长在《关于2010年中央财政森林抚育补贴试点检查验收情况的简要报告》上的重要批示精神，造林、资源、计财、天保等7个司局单位联合赴东北、内蒙古重点国有林区调研森林抚育经营工作，并召开座谈会，及时查找分析国有林区森林抚育存在的问题，提出对策建议报局领导。会同财政部召开中央财政森林抚育补贴试点国家级抽查工作启动会，组织局规划院、华东院、中南院、西北院共同开展国家级抽查。各直属院按照新修订的检查验收办法，认真组织培训，严格开展抽查工作。2011年度森林抚育补贴试点总体情况良好，面积核实率达到98.5%，上报面积合格率96.5%，核实面积合格率98.0%。新疆生产建设兵团面积核实率为54.0%，天津市未完成抚育补贴生产任务。全国作业设计合格率87.6%，主要存在抚育对象错误、抚育方式不合理、作业设计不规范等问题。部署开展了2010—2011年度森林抚育补贴试点资金专项稽查工作，稽查省级试点单位7个、县级试点单位27个。被查单位在项目管理、资金使用等方面均按要求建章立制、落实责任，没有重大违规违纪情况。发现存在的主要问题是个别试点单位扩大资金开支范围，合同管理、资金管理和会计基础工作不规范等。通过反馈稽查结果，有关违规问题得到了及时整改。

开展示范样板建设 认真落实局领导指示，在全国各类森林经营示范单位中，确定了15个全国森林经营样板基地，出台了《关于开展森林经营样板基地建设的指导意见》，为探索具有中国特色的森林经营道路积累经验。积极开展《国际森林文书》履约示范单位建设，国际司、造林司、资源司等单位联合赴辽宁省清原县、江西省崇义县开展履约示范单位建设调研，推动履约示范单位加强森林经营工作。认真指导地方开展样板林示范建设，把样板林作为抚育作业培训的基地和推广实施的标杆；指导县、乡镇林业站协助开展森林抚育作业设计、检查验收、技术服务等工作，总结适宜的工作模式、方法和经验，带动各地森林抚育经营水平提高。

科技支撑水平 通过国家科技支撑、行业专项、948计划等项目平台，重点围绕森林可持续经营技术、森林资源保护与多目标经营技术、森林生态系统健康维护技术、林分综合经营动态规划技术等方面开展技术引进、科学研究和试验示范工作。启动了一批森林经营技术研究与推广示范项目。加强中央财政森林抚育补贴试点成效监测合作网络建设，确定了浙江农林大学等5家合作单位，组织完成了辽宁、浙江、吉林森工、内蒙古森工等4个省级单位的森林抚育经济社会效益监测工作。

人才队伍建设 经过各地各单位推荐，建立了森林经营专家库。组织开展森林抚育经营补贴试点国家级抽查培训会，对首次参加国家级抽查的技术人员进行政策、技术和廉政培训，确保检查工作质量。完成了28个省区6700多名乡镇林业站站长能力培训与测试工作，把森林经营知识作为乡镇林业站站长能力测试的重点内容，提高基层林业工作站森林经营管理技术水平。采取继续教育、专题讲座、电视讲座、知识竞赛、实地指导等多种形式，以造林、抚育作业设计为重点，对基层林业技术人员开展了有针对性的森林经营实用技术培训。部分省区通过公开招聘，择优录用大中专毕业生和其他优秀人才到基层林业站工作，增加技术人员比例，充实基层森林经营技术人才队伍。

存在的主要问题：一是森林经营法律法规不健全；二是政策扶持不到位；三是监管措施不配套；四是标准规范相对滞后；五是技术管理人才匮乏。（蒋三乃）

【中央财政森林抚育补贴试点】 2011 年度，中央财政森林抚育补贴试点共安排 35 个试点省份、2402 个县级试点单位抚育任务 306.94 万公顷，安排补贴资金 51.3 亿元。2012 年，国家林业局组织局规划院和各直属院对 2011 年度中央财政森林抚育补贴试点进行了国家级抽查。检查结果显示：

森林抚育补贴试点任务完成情况良好 在财政部的大力支持下，2011 年森林抚育补贴试点任务规模增加到 306.94 万公顷。各级上报完成 306.95 万公顷；抽查面积 52 857.9 公顷，核实面积 52 073.36 公顷，抽查核实率 98.5%。

森林抚育质量总体水平较高 各地在推进森林抚育补贴试点工作中，严格按照森林抚育技术规程和作业设计规定，严把作业设计和施工作业关，综合考虑小班作业地点、抚育方式、抚育对象、环境影响、资源保护等因素，因林施策、注重实效，突出生态效益、兼顾社会和经济效益，森林抚育补贴试点作业质量合格率 95.2%，作业设计合格率 87.6%。

森林抚育相关管理制度逐步完善 为加强森林抚育补贴项目管理，国家林业局修订印发了《森林抚育检查验收办法》《森林抚育作业设计规定》，各试点单位结合当地实际细化了相关管理制度和技术规程，进一步完善了森林抚育绩效考核、作业施工责任追究、作业设计按程序审批等相关抚育管理制度。多数试点省份在国家森林抚育技术规定的基础上，细化编制了符合当地实际的抚育经营技术规定，确保森林抚育有章可循、有据可依。此次检查，试点省份综合评价平均得分 94.6 分，试点单位综合评价平均得分 95.0 分，充分说明各地高度重视并认真贯彻落实森林抚育补贴政策。

森林抚育综合效益初步显现 森林抚育补贴政策的实施，对于优化森林结构、促进林农和职工就业增收起到了积极作用。一是经过抚育的林分林木平均胸径明显提高，被压木、病腐木得到有效清理，过密林分郁闭度得到有效降低，林分生长环境明显改善。二是直接增加了林农、职工就业机会与收入。据统计，2011 年度森林抚育试点省份劳务总收入约 40 亿元，受益人口约 410 万人，年人均增收 3700 元左右，创造就业机会 5000 万个工日。三是森林抚育剩余物为林业产业发展提供了优质低价的原材料，提高了资源利用率，有效带动了区域林下经济、森林旅游和相关林业产业发展。

森林抚育科技支撑能力进一步增强 各地结合森林抚育补贴试点工作，积极探索符合当地实际的实用森林抚育管理和技术模式，开展森林抚育成效监测评估，加快森林抚育技术标准体系建设。高度重视技术培训，加强对基层林业部门的管理和技术人员、林场职工、林农及专业施工队进行现场技术培训和安全知识教育，理论培训和实际操作相结合，有效提高了森林抚育管理、技术、施工人员业务素质和管理水平。

总体来看，各试点省份和试点单位深入贯彻落实中央林业工作会议精神和财政部、国家林业局有关要求，认真组织开展 2011 年度森林抚育补贴试点工作，加强组织领导，强化管理制度，严格质量管理，森林抚育补贴试点取得了可喜成绩，综合效益初步显现。但是，通过检查也发现，在补贴试点中还存在一些不容忽视的问题，主要表现为：个别省份的试点单位存在不按设计施工、施工作业不规范等问题；一些试点单位组织管理不到位，作业设计审查批复、县级自查走过场，作业设计质量较差；少数试点省份没有严格执行森林抚育补贴政策，抚育任务安排不合理；一些试点单位技术力量薄弱，施工人员掌握技术要点不到位、责任心不强，施工监管不到位，造成应采未采、超强度采伐、剩余物处理不规范等问题，影响了抚育成效。（蒋三乃）

【全国森林抚育经营现场会】 11 月 27～28 日，在广西壮族自治区凭祥市召开全国森林抚育经营现场会，会议集中总结了中央财政森林抚育补贴试点实施以来森林抚育经营工作的成效和经验，认真分析当前森林抚育经营工作面临的新形势，全面部署今后一个时期的森林抚育经营工作。赵树丛局长对会议作出长篇重要批示，强调要把森林抚育经营放到推进生态文明、建设美丽中国、实现中华民族永续发展的战略高度全力推进。张永利副局长出席并作重要讲话，强调要由森林抚育转向全面经营。中国科学院唐守正院士出席会议作科学森林经营报告，财政部农业司领导莅临指导。（刘 羿）

【全国森林经营样板基地建设】 优中选优，在全国各类森林经营示范单位中，确定了北京市西山试验林场、河北省塞罕坝机械林场、辽宁省清原县、吉林省汪清林业局、黑龙江省哈尔滨市丹清河实验林场、浙江省建德市、福建省永安市、江西省崇义县、湖南省永州市金洞林场、广西壮族自治区国有高峰林场、四川省洪雅林场、陕西省延安市黄龙山林业局、甘肃省小陇山林业实验局、大兴安岭林业集团公司松岭林业局、中国林科院热带林业实验中心等 15 个全国森林经营样板基地，下发了《关于公布全国森林经营样板单位名单的通知》。组织召开南北森林经营样板基地建设座谈会，根据地方实际和国家林业局推进样板单位的指导思想，出台了《关于开展森林经营样板基地建设的指导意见》，要求各样板基地以科学发展观为指导，以转变林业发展方式为主线，以实现森林可持续经营为目标，以提高森林质量效益为核心，创新机制，完善森林经营理论、技术和管理体系，为全面提升中国森林经营水平提供典型模式和成功经验。（刘 羿）

【履行《国际森林文书》示范单位建设】 指导北京市西山试验林场、黑龙江省哈尔滨市丹清河实验林场、江西省崇义县、湖南省永州市金洞林场、四川省洪雅林场、陕西省延安市黄龙山林业局等 6 个单位开展履行《国际森林文书》示范单位建设。国家林业局造林司、国际司、资源司联合赴江西省崇义县开展履约建设调研，要求崇义县等履约单位认真学习《国际森林文书》的内涵，与当地森林经营实际相结合，创新探索履约工作模式，不断提升森林可持续经营水平，充分发挥对内展示、对外宣传的示范作用。 （刘　羿）

森林公园

【综　述】 2012年森林公园建设发展继续保持良好态势。截至2012年底，森林公园总数达2855处(含国家级森林旅游区1处)，规划总面积1738.21万公顷，分布遍及除港澳台的31个省(区、市)，由国家级、省级和县(市)级森林公园共同构成的森林公园建设发展体系更加完善合理。

管理力度进一步增强 3月29日，国家林业局森林公园管理办公室与政法司共同组织成立《森林公园条例》起草小组并正式启动起草工作，年底前完成第一次意见征求和修改。5月31日、7月9日和11月28日，《陕西省森林公园条例》《内蒙古自治区森林公园管理办法》《甘肃省森林公园管理条例》陆续公布，至此出台森林公园专项法规的省份达11个。北京、河南、广西、四川、云南、青海等6省(区、市)林业部门受委托对本地区森林公园建设经营活动进行监督检查。内蒙古自治区国有林场和森林公园管理局于11月7日经自治区编办批复建立；山西省森林公园管理中心在全省事业单位改革分类认定中被划为公益一类；辽宁省林业厅批复国有林场管理局加挂森林公园保护与发展中心的牌子。哈尔滨市阿城区林业局收回横头山国家级森林公园松峰山景区的经营管理权，同时分设金龙山、吊水壶、松峰山、金水河四大景区管委会。

基础设施条件持续改善 浙江省财政安排800多万元扶持森林公园建设，福建从省级财政资金中安排专项资金1000万元启动森林公园建设，山西省安排落实森林公园建设资金950万元。福建灵石山国家森林公园本年度共完成投资6000多万元，建成蝴蝶溪游步道、休闲木屋、生态文明展馆等设施，成为全省展示海峡林业文明的窗口。据不完全统计，2012年我国森林公园共投入建设资金430多亿元，其中340亿元来自招商引资。截至2012年年底，森林公园共拥有游步道6.42万千米，旅游车船3.36万台(艘)，接待床位78.31万张，餐位141.49万个，职工总人数达16万人，基础设施状况和接待服务环境持续改善。

资源保护工作不断强化 海南省林业厅对全省森林公园内的近3万公顷森林投保，运用市场手段为森林公园构筑起一道新的安全屏障。吉林净月潭国家森林公园为减少水体污染，取缔了全部燃油船只，所有运营船只一律采用环保和符合国家排放标准的动力系统，同时对上游耕地进行回购并用于种植树木，防止水土流失和农药化肥对生态环境的侵害，目前每年新增森林面积达100公顷。湖北安陆古银杏国家森林公园对百年以上古银杏挂牌建档、落实管护责任，并投入100多万用于修建围栏、护坡以及输营养液、防虫治病等保护措施。据统计，2012年森林公园共投入47.98亿元专门用于资源保护和培育，全年新营造风景林11.25万公顷，改造林相17.14万公顷，森林公园的资源质量和景观品位不断提高。

生态文化传播作用突出 河南石漫滩国家森林公园相继建成游客中心、森林博物馆、地质科普教育基地、民间艺术表演场地、植物专类园、科普长廊、各类标示牌等一大批生态文化设施，宁夏花马寺国家森林公园投资4361万元建设了哈巴湖生态博物馆、花马湖科研宣教中心。内蒙古红花尔基樟子松、额济纳胡杨、好森沟、恩格贝等森林公园，相继建设起森林博物馆、科普展馆、长廊、林业工人雕塑群等生态文化的内涵，额济纳胡杨国家级森林公园建立了以"怪树林"为主的警示教育基地，并新建了胡杨林科普展馆。黑龙江加格达奇国家森林公园以生态文化展室为中心，新建生态文化长廊700延长米，设置形态各异的宣传标牌34块，撰写生态文化科普知识34篇，制作各种植物标牌169块，向公众传播林业科普知识，并经中国科协评审认定为全国科普教育基地。2012年由国家林业局、教育部、共青团中央命名的10家"国家生态文明教育基地"中有6处森林公园。

森林旅游开发效益显著 河北省林业厅在《河北林业》刊登了森林公园专版，陕西省林业厅改版的林业信息网上开设了"森林公园管理专栏"，并与省旅游局协调，将每年的4月确定为"陕西森林旅游宣传月"，建立了森林公园宣传的长效机制。山东五莲山国家森林公园先后举办"好客山东"贺年会——新年祈福法会、第六届"五莲之春"杜鹃花节、"清凉五莲"啤酒节、九仙山"七夕"文化节等活动，在央视、山东卫视、《半岛都市报》、《城市信报》以及城市公交、LED大屏幕、网络等不同的媒体上开展宣传。上海共青国家森林公园先后举办"2012上海菊花展"、首届"森林芳香植物展""第十一届都市森林百花展" 等主题活动，仅森林百花展活动期间游客量达到37.5万人次；广东流溪河国家森林公园组织举办"第九届广东从化流溪竹笋节""2012流溪泼水狂欢节""第十一届广东从化流溪梅花节暨首届流溪红叶节"等活动，特别是"十一"期间组织的大型歌舞表演、飞翔流溪湖观白鹭、中秋赏月田家乐和幸福广东骑绿道游等四大节庆活动，游客人数和旅游收入分别增长19.3%和38.3%，创下历史同期新高。2012年森林公园共接待游客5.48亿人次，占国内旅游总人数的18.5%，直接旅游收入达453.3亿元，分别比2011年增长17.1%和20.4%。

生态休闲公众乐享实惠 继北京市和湖北省之后，陕西省林业厅推出汇集省内20余处知名森林公园门票、票面总价值946元、售价仅108元的"惠游陕西"邮资明信片，山东省林业厅推出包括39处森林公园在内的53个景区、票面总价值2558元、售价98元的"好客山

东·森林旅游”年票，江西省林业厅推出售价100元的“江西风景独好·森林旅游”年票，则涵盖包括50处森林公园在内的55家景区，票面价值达2600元。同时，不少森林公园还对公众实行免票开放，2012年有777处森林公园免收门票，享受到森林公园生态休闲福利的游客达1.42亿人次，占游客总数的25.9%。

带动区域发展卓有成效 河北省遵化市林业局多次举办培训班，以致富实例引导农民依托森林公园兴办农家院创收，县域内的清东陵国家级森林公园、鹫峰山省级森林公园周边目前已建度假村、农家院、餐馆300多家，拥有床位6000多张、餐位8000多个，直接、间接旅游从业人员达3万多人。大连西郊国家森林公园建设了一批花园式农民新村，现有农家乐业户60余家，床位1500张，就餐座位4000余个，2012年接待游客近60万人次，全年各种旅游收入突破7500万元。河南跑马岭省级森林公园逐步完善形成“公司+基地+农户”的一体化经营机制，从基地采购的农林副产品比例达到70%，带动农户1360余户。青海坎布拉国家森林公园则从收入中划拨专门资金，按每人每年1000元的标准给核心景区内4个行政村群众发放补助。内蒙古好森沟国家森林公园周边发展形成野生动物养殖园、野猪养殖基地、山木耳养殖基地、旅游渡假村等旅游产业基地，当地居民年人均收入由4000元提高到现在的2万元；山东日照海滨国家森林公园附近渔民利用休渔期搞民俗旅游，仅此一项每户平均可增收3万元。广东省森林公园带动地方经济产值超过100亿元，带动400多个村脱贫致富，受益农村人口300多万人，间接带动36 518农村人口从事森林旅游业。2012年森林公园共带动创造社会就业岗位66万个，社会综合产值超4200亿元。

国家花木专业园建设发展 2012年洛阳国家牡丹园、鄢陵国家花木博览园和邳州国家银杏博览园共投入建设资金4090万元，接待游客777万人次，综合收入达3.88亿元。 （许　晶）

【《国家级森林公园总体规划规范》公布施行】 2月23日，国家林业局公布《国家级森林公园总体规划规范》（LY/T2005—2012），自7月1日起施行。该标准由国家林业局森林公园管理办公室提出并归口，包括前言、范围、规划性引用文件、术语和定义、总则、一般规定、专项规划、分期建设规划、投资估算及效益评估、规划成果与深度规定、附录等内容。标准明确提出森林公园功能分区类型包括核心景观区、一般游憩区、管理服务区和生态保育区等，同时要求建设用地总量原则上不应超过森林公园陆地面积的3%。5月20日，国家林业局下发《国家林业局关于编制国家级森林公园总体规划有关问题的通知》（林规发〔2012〕130号），对国家级森林公园总体规划的编制时限、编制单位资质、编制程序、规划报送、规划的基本内容等具体问题提出要求。 （许　晶）

【国家森林公园主任及森林旅游高级人才培训班】 6月3～8日，在福州市举办，来自全国的森林公园主管人员共计102人参加了培训，国家林业局森林公园管理办公室主任杨超、副主任杨连清参加了闭班前的学员讨论并做重要讲话。本次培训由福建农林大学承办，课程设置有《国家森林公园总体规划的理论与实践》《国家森林公园的管理与建设》《福建森林人家品牌创新与发展》《生态文化载体与建设》等课堂教学，还有参观福州国家森林公园、旗山“森林人家”、夜游闽江等现场教学。 （李吉龙）

【2012年度全国森林公园工作座谈会】 7月16～17日，在青海省西宁市召开，各省级林业主管部门森林公园和森林旅游处室负责同志60余人参加会议。会议由国家林业局森林公园管理办公室副主任杨连清主持，听取各省对贯彻海南全国森林旅游工作会议情况、《森林公园条例》（草案初稿）以及森林公园工作存在问题和建设的汇报，杨超主任对下一步森林公园和森林旅游工作进行部署并提出要求。 （许　晶）

【中国森林公园发展30周年纪念大会】 9月19日，在湖南省张家界市召开，各省（区、市）林业厅（局）和森工（林业）集团公司、各有关森林公园以及新闻媒体代表300余人参加会议。会议由国家林业局森林公园管理办公室主任杨超主持，国家林业局党组副书记、副局长张建龙发表重要讲话，湖南省副省长徐明华出席会议并致辞。会议还对湖南张家界等30家“最具影响力森林公园”和梅方泉等360名“森林公园建设表现突出个人”给予通报表扬。 （许　晶）

【赵树丛局长发表署名文章纪念中国森林公园发展30周年】 9月25日，国家林业局局长赵树丛分别在《经济日报》和《中国绿色时报》发表标题为《充分发挥森林公园在改善生态和改善民生中的重要作用——写在我国森林公园发展30周年之际》的署名文章。 （许　晶）

【2012国家森林公园国际论坛】 12月8日，以“国家森林公园的角色和影响”为主题的2012国家森林公园国际论坛在湖南省长沙市举办。论坛由国家林业局森林公园管理办公室、湖南省林业厅及中南林业科技大学共同举办，国家林业局副局长张建龙，湖南省副省长徐明华出席开幕式并致辞。在论坛上，来自联合国教科文组织、世界自然联盟、美国国家公园署、美国林业署、美国大峡谷国家公园、佐治亚大学、西佛尼吉亚大学、德国国家公园协会、德国下奥德河谷国家公园、加拿大国家公园署、埃尔伯塔大学、芬兰环境部、芬兰自然遗产署、澳大利亚格里菲斯大学、韩国大邱大学以及中科院地理研究所、中南林业科技大学、福建农林大学等多家单位的近30名官员和学者，以及各省（区、市）林业厅（局）、森工（林业）集团公司和森林公园有关主管人员共150人围绕国家森林公园的规划、管理和可持续发展等专题进行了探讨与交流，并就加强森林公园国际合作和交流，探索森林公园与周边社区建立伙伴关系的有效途径等内容达成《长沙共识》。 （许　晶）

【国家级森林公园行政许可办理】 依照《国家级森林公园设立、撤销、改变经营范围或者变更隶属关系审批管理办法》相关规定，2012年国家林业局先后做出25项行政许可决定，准予设立游子山等18处国家级森林公园，准予大连大赫山等6处国家级森林公园改变经营范围，准予奇台南山国家级森林公园变更公园名称。截至2012年年底，我国共设立国家级森林公园764处，规划总面积1038.6万公顷。（许　晶）

【森林旅游与发展】 2012年3月21日，国家林业局批复设立森林旅游管理处，具体负责森林旅游的各项行业管理工作。在大力推进森林旅游行业管理的基础建设、大力加强森林旅游的宣传推介、搭建平台、拓展触角、凝聚力量、营造气势等方面取得了良好成绩，森林旅游发展呈现出欣欣向荣的新气象。

1. 在国家林业局内部形成了整合各种林业资源，合力打造森林旅游品牌、合力推进森林旅游发展的共识。2月29日，召开了国家林业局森林旅游工作领导小组第一次会议，会议要求场圃总站切实履行好局森林旅游工作领导小组办公室的职责，加强与各单位的沟通协调，认真谋划并积极推动各项森林旅游工作；要求相关司局、单位按照局党组的要求，各司其职，积极支持森林旅游工作。由此，形成了以国家林业局森林公园管理办公室牵头协调、各相关司局、单位积极配合的森林旅游行业管理协调机制。

2. 在全国形成了各级林业部门上下一心，把森林旅游纳入各级林业工作重点加以大力推进的良好局面。有超过20个省(区、市)成立了森林旅游工作领导小组，5个省区召开了森林旅游工作会议，6个省出台了加快森林旅游发展的意见或决定。

3. 部门联合、区域合作工作走上一个新的台阶。有10省(区)的林业厅与省旅游局签订关于推进森林旅游发展的合作框架协议，山东、广西、青海、江苏等省(区)是两部门共同出台加快发展的意见，广西林业厅、广西旅游局还共同组织举办森林旅游培训班。另外，广东省林业厅、广西林业厅签订了《粤桂林业产业战略合作框架协议》，其中提出双方互相推介森林旅游景区景点，为推动森林旅游发展的省际合作做出了有益的尝试。

4. 森林旅游工作引起了省、市两级党委政府的高度重视。山西省政府在听取林业厅关于全国森林旅游工作会议的情况汇报后做出重要批示，要求林业、旅游两部门加强沟通，共同做好工作；并在省政府处理意见中明确指出，"发展森林旅游对我省意义重大，可促进我省旅游转型提质发展，为林业建设注入新的活力，拟请省林业厅、旅游局据此制定我省发展森林旅游的意见报省政府研究。"重庆市安排市发改委、林业局等部门专题研究制定红池坝森林旅游规划，并从道路交通等基础设施上大力支持；要求长江绿化工程建设要与森林旅游规划相结合，大力发展景观林，促进森林旅游的发展，等等。

5. 森林旅游宣传推介力度加强，森林旅游的媒体曝光率提高。国家林业局森林公园管理办公室与中央电视台七套联合摄制15集大型电视纪录片《中国国家森林公园》。建设中国森林旅游网。开展向社会公开征集中国森林旅游专用标志的活动。另外，不同层次、不同形式的森林旅游推介活动风起云涌，森林旅游的社会影响力得到了大力提升。

6. 森林旅游产业规模进一步壮大。截至2012年年底，全国共建立森林公园数量2855处，总面积1738万公顷；其中国家级森林公园764处，国家级森林旅游区1处，面积1205万公顷。各级湿地公园数量488处，总面积180万公顷；其中国家级湿地公园213处，面积158万公顷。各级林业自然保护区数量2150处，总面积12 486.5万公顷；其中国家级自然保护区286处，面积7713.82万公顷。2012年全国森林旅游人数达6.8亿人次，占2012年国内旅游人数(29亿人次)的23.4%；森林旅游直接收入618亿元；森林旅游创造社会综合产值4400亿元，占2012年国内旅游消费(22 200亿元)的19.8%；森林公园、湿地公园、林业自然保护区从事森林旅游管理和服务的人员数量20.6万人，其中导游和解说人员数量2.8万人；森林公园、湿地公园、林业自然保护区的接待床位总数150万张，接待餐位总数247万个。（陈鑫峰）

油茶产业与发展

【综　述】 2012年全国油茶产业发展工作紧紧围绕提高油茶产业发展质量和效益这一主题，不断开创油茶产业发展新局面，全国油茶产业发展呈现出强劲的发展态势。全国油茶基地面积发展到383.3公顷，2012年油茶籽产量达179 000万千克，茶油产量45 000万千克，产值达390亿元。2012年全国新造油茶林25.87万公顷，低产林抚育18万公顷。发展成效日益显著。14个省(区、市)共繁育油茶良种苗木8.3亿株，可出圃苗木5亿多株。同时，开展了以油茶为重点的打击制售假冒伪劣种苗专项行动，苗木质量进一步提高。14个省(区、市)油茶新造林面积比上年增长18.75%，质量进一步提升。两年生苗和容器苗造林比例不断提高，各类技术的综合集成应用，提高了造林技术含量。同时更加注重林地复合经营，通过积极发展林下养殖、林下种植，既以短养长，提高了经济收益，又以耕代扶，促进了幼林生长。

民生林业作用进一步增强。湖南、江西、广东、福建、重庆等省区涌现出一大批依靠油茶产业致富典型。

政策扶持和资金投入力度进一步加大。2012年全国投入油茶产业的资金达到68亿元，其中各级政府投入资金26亿元，企业投入22亿元，造林大户和林农投入20亿元。财政部下发《关于整合和统筹资金支持木本油料产业发展的意见》，整合现代农业、扶贫、农业综合开发等37.9亿元资金，用于以油茶为主的木本油料产业发展。省市县也都出台了相应的扶持政策，吸引大量资金投入到油茶产业中。

国家科技支撑计划、林业行业公益性科研专项等一批重大项目在油茶产业各个环节取得了多项技术突破，《油茶雄性不育杂交新品种选育及高效栽培技术和示范》科技成果获得国家科技进步二等奖。“国家油茶工程技术研究中心”正式落户湖南省林科院。

油茶产业发展的社会影响进一步扩大。参与油茶产业发展的企业达到1300家，油茶专业经济合作组织增加到1800多个，社会资本不断积聚油茶产业。

（张超英）

【第五次全国油茶产业发展现场会】 10月8～10日，国家林业局在安徽省六安市召开了第五次全国油茶产业发展现场会。国家林业局局长赵树丛出席会议讲话，副局长张建龙主持会议，安徽省人民政府副省长梁卫国、国家发展改革委投资司、财政部农业司以及国家农业综合开发办公室等单位的有关同志应邀参加会议。安徽省林业厅、六安市人民政府、湖南科技学院、广东山马农林科技发展有限公司、重庆市彭水县平安乡油茶专业合作社等5家单位在会上做典型发言，介绍他们的成功经验和做法。会议还组织参观了金寨县安徽大别山科技开发有限公司、六安市裕安区安徽裕民农业生态有限公司油茶丰产林示范基地和大别山公司的茶油加工基地。

（欧国平）

【全国油茶产业重点企业座谈会】 5月10日，在广西桂林召开听取企业对进一步推进油茶产业又好又快发展措施和对策的意见与建议。国家林业局2011年认定的第一批43家油茶产业重点企业的负责人以及国家林业局油茶办、14个省(区、市)油茶办相关同志参加会议。

（欧国平）

【第二批100个全国油茶产业发展重点县】 为充分发挥油茶产业发展重点县在推动油茶产业发展中的辐射、示范和引导作用，2012年7月4日，国家林业局、国家发改委联合发文(发改投资〔2012〕1977号)确定了第二批100个全国油茶产业发展重点县。（欧国平）

【印发《油茶高产栽培示范园建设指南》和《油茶低产林改造示范园建设指南》】 为充分发挥油茶龙头企业在推动油茶产业发展中的示范辐射带动作用，进一步推进油茶高产原料林基地建设，促进油茶规模化种植、集约化管理、科学化经营，全面提升全国油茶产业质量效益和发展水平，推动油茶产业健康快速发展，国家林业局组织专家制定了《油茶高产栽培示范园建设指南》和《油茶低产林改造示范园建设指南》，12月21日，下发《国家林业局办公室关于印发〈油茶高产栽培示范园建设指南〉和〈油茶低产林改造示范园建设指南〉的通知》(办规字〔2012〕226号)。

《指南》分别对油茶高产栽培示范园和油茶低产改造示范园建设的原则、综合指标、技术措施、科技措施予以了详细规定，是各油茶发展省区建设油茶高产栽培示范园和油茶低产改造示范园的指导性文件。

（欧国平）

【《国家林业局关于进一步加强油茶种苗生产管理工作的通知》】 2012年3月12日，国家林业局以林场发［2012］48号文下发。通知针对油茶种苗生产中存在的一些不容忽视的问题，提出四点要求。一要继续坚定不移地按照“四定三清楚”组织种苗生产供应。二要着力培育“三苗”，全面提升种苗质量。实行分系育苗、推广容器育苗、培育两年生大苗(统称为“三苗”)是全面提高油茶种苗质量的重要措施，通知要求各地要认真总结并推广“三苗”培育经验，把培育“三苗”作为提高种苗质量的重要抓手来抓。三要强化油茶种苗执法，严厉打击违法行为。四要进一步加强采穗圃建设与管理。

（张超英）

【全国油茶技术协作组年会暨良种基地建设发展研讨会】 9月21～22日在云南腾冲召开。会议主题为油茶良种与产业发展。参加会议的有全国油茶技术协作组部分科研教学单位专家，14个油茶发展省(区、市)种苗站及油茶办负责人，部分良种基地技术负责人、部分油茶企业负责人等110余人参加会议。国家林业局场圃总站副总站长尹刚强、中国林科院副院长褚富祥、中国林科院亚热带林业研究所王浩杰所长出席会议。会议分别从我国油茶良种及产业发展、油茶种质资源建设及新品种选育、采穗圃生产经营管理、种苗繁育新技术等方面进行深入研讨和座谈。会议还邀请我国著名油料专家、中国农业科学院油料作物研究所所长王汉中研究员就我国食用油料生产现状、发展趋势作专题报告。全体与会代表参观考察了位于腾冲县马站乡的腾冲红花油茶古树基地、腾冲县西山坝腾冲红花油茶苗圃及低产林改造样板林。（张超英）

【全国油茶办主任和种苗站长座谈会】 3月5日在北京召开。会议总结交流了2011年各省区市油茶产业发展工作情况，研究部署了2012年油茶工作。国家林业局油茶办主任、计财司副司长郝燕湘主持会议并讲话，全国14个油茶分布省(区、市)油茶办主任及种苗站站长，国家林业局造林司巡视员于建亚、科技司副巡视员杜纪山、场圃总站副总站长尹刚强及局油茶办有关人员参加会议。

会议强调，2012年油茶工作的核心是提高油茶产业发展的质量和效益，这一年是油茶产业发展的关键之年，各地一定要在认真总结前几年经验的基础上，对油茶产业发展形势作出正确的判断，制定出切实可行的措施，进一步推动本省区油茶产业科学发展。

（张超英）

【《粮油市场报》“油茶视界”专栏】 为加大对油茶产业的宣传力度，提高社会对茶油及油茶产品的认知度，为油茶产业发展创造宽松的社会环境，国家林业局油茶产业发展办公室与粮油市场报社联合在《粮油市场报》开辟“油茶视界”专栏，同时在中国粮油网、粮油市场手机报、粮油市场报智能客户端传播。专栏主要刊登油茶产业政策、油茶市场动态及焦点热点话题、业内专家观点、油茶实用技术推广和新技术介绍、省(市、县)油茶产业典型经验报道、油茶加工企业典型经验报道等，全方位宣传油茶产业发展成就和动态。2012年共刊出《国宝油茶迎来产业发展春天》《茶油：以健康品质抢占高端油市场》等14篇宣传稿件。取得了很好的宣传效果。（张超英）

【全国森林旅游示范区试点工作座谈会】 3月31日，在浙江省温州市召开。国家林业局森林公园管理办公室、浙江省林业厅、温州市人民政府的相关领导以及10家“全国森林旅游示范区试点单位”的主要负责人和试点单位所在省(区、市)林业厅(局)森林公园主管处室负责人等30余人参加会议。座谈会由国家林业局森林公园管理办公室杨连清副主任主持。在会上，10家试点单位就森林旅游示范工作的基本思路、主要目标、总体规划、领导机构、管理体制、经营机制、扶持政策、投入渠道等方面进行了汇报交流，并就如何推动示范区建设工作提出了意见和建议。国家林业局森林公园管理办公室主任杨超做总结讲话。（陈鑫峰）

【国家林业局森林旅游工作领导小组第一次会议】 2月29日召开，会议由张建龙副局长主持，12个司局、单位的有关领导和处室负责人参加会议。会议要求各单位充分认识加快森林旅游发展的重要性，充分认识林业部门整合各种资源、统筹发展森林旅游的重要性。会议要求国家林业局国有林场和场圃总站切实履行好局森林旅游工作领导小组办公室的职责，加强与各单位的沟通协调，认真谋划并积极推动各项森林旅游工作；要求相关司局、单位按照局党组的要求，各司其职，积极支持森林旅游工作。由此，真正形成了以场圃总站牵头，各相关司局、单位积极配合的全国森林旅游行业管理协调机制。会后形成《国家林业局局长办公专题会议纪要》，送局领导和各相关司局、单位。（陈鑫峰）

【研究确定六十一条全国森林旅游带】 4月，在各省(区、市)研究推荐的基础上，国家林业局森林公园管理办公室遴选提出了全国61条精品森林旅游带，经签报局领导同意确定。61条精品森林旅游带覆盖我国主要的森林旅游发展区域，涵盖森林、湿地、荒漠和生物多样性的各种资源类型，包含森林公园、湿地公园、林业自然保护区、沙漠旅游区等主要森林旅游景区类型，反应主要的森林旅游产品发展方向。61条森林旅游带已纳入即将颁布的《全国森林旅游发展规划纲要(2012－2020年)》，并将作为下一步拟定精品森林旅游线路的重要依据之一。（修新田）

【建设并开通中国森林旅游网】 9月19日，在纪念中国森林公园发展三十周年暨2012中国湖南张家界国际森林保护节开幕式上，国家林业局张建龙副局长宣布中国森林旅游网正式开通。中国森林旅游网的建设宗旨是为行业服务、为景区服务、为社会服务，在宣传行业政策、扩大行业影响、提高行业管理信息化水平中发挥重要作用。它是展示我国丰富的森林旅游资源和产业发展成就、反映我国森林旅游行业管理现状和产业发展导向、提供大众化森林旅游知识普及和旅游信息服务的公益性、权威性网站，是森林旅游行业重要的宣传平台、资料平台、创造平台和沟通平台。（修新田）

【全国森林旅游专用标志的征集和设计】 6～9月，国家林业局国有林场和林木种苗工作总站向社会公开征集全国森林旅游专用标志的设计作品，共收到投稿作品334幅，评出优秀作品10幅。10～11月，设计人员在吸收投稿作品优秀理念和表达手法的基础上，对“全国森林旅游专用标志”进行专业设计，并征求有关领导和专家的意见，对设计方案进行多次修改和调整。12月，场圃总站站务会研究通过专用标志设计方案，经签报局领导同意，确定为国家林业局官方标志并商请国家工商总局备案。（修新田）

中国森林旅游
CHINA FOREST TOURISM

【2012中国(温州)森林旅游节】 3月31日，由国家林业局、浙江省人民政府联合主办的2012中国(温州)森林旅游节在温州永嘉县楠溪江畔开幕。浙江省副省长、温州市委书记陈德荣，国家林业局森林公园管理办公室主任杨超，温州市委副书记、市长陈金彪，温州市政协主席包哲东等领导参加开幕式。森林旅游节历时1个月，期间举行了“三月三”畲族风情节、万人绿道生态游、“春之声”诗歌朗诵会、全国山地户外运动锦标赛、森林旅游产品博览会暨户外旅游用品展销会等一系列活动。（刘国栋）

【《中国国家森林公园》开播】 国家林业局森林公园管理办公室与中央电视台第七频道《科技苑》栏目共同策划摄制了15集大型电视纪录片《中国国家森林公园》。纪录片每集拍摄一个国家森林公园，根据公园特点突出一个主题，播放时长23分钟。该纪录片重点是解读森林公园动植物资源的稀有性和独特性，探究国家森林公园中丰富而有魅力的自然奥秘，同时展示森林公园的秀美风光和风俗文化。12月24～28日，《云南宝台山国家森林公园》等前5集纪录片已在中央电视台七套《科技苑》栏目播出，赢得社会各界的广泛好评。（刘国栋）

【建立全国森林旅游信息统计和发布机制】 5月，国家林业局森林公园管理办公室经过与国家林业局保护司、湿地办协商研究，提出面向森林公园、林业自然保护区、湿地公园的全国森林旅游信息统计指标体系。该体系由景区数量、景区面积、游客人数、景区收入、景区从业人员数量、景区接待能力等6个类型、20个指标构成。同时，建立由相关司局、单位分别组织各地报送森林旅游信息，由国家林业局森林公园管理办公室负责汇总、发布等各项具体工作的森林旅游信息管理机制，并将此作为相关司局、单位的一项常态化工作。（修新田）

【首次组团考察台湾森林旅游】 8月29日～9月4日，国家林业局国有林场和林木种苗工作总站组成包括10省(区、市)林业厅森林旅游管理人员的考察团共17人，对台湾森林旅游相关情况进行为期7天的考察。考察地包括森林游乐区、风景区、自然教育园区、自然教育中心、林场等多种类型。考察期间，还与台湾相关各方以座谈会、见面会、介绍会等形式进行深入探讨。通过考察和交流，对台湾森林旅游相关工作有了比较全面的了解，并为建立两岸森林旅游长效合作机制打下基础。（陈鑫峰）

防沙治沙

【防沙治沙政策及其执行情况】

沙化土地封禁保护补助政策情况 按照《防沙治沙法》的有关规定和2012年中央一号文件关于"启动沙化土地封禁保护补助试点"的要求，国家林业局组织有关方面专家就沙化土地封禁保护区建设问题开展了专题调研，并与国办秘书二局及发展改革委、财政部相关司局等进行了多次沟通协调，研究提出了沙化土地封禁保护补助试点条件、试点范围、建设内容、补助标准、资金测算及筹措方式等。经商财政部同意，拟按照中央的有关要求，将沙化土地封禁保护补助试点资金纳入2013年财政预算，从2013年开始启动实施沙化土地封禁保护补助试点。

省级政府防沙治沙目标责任期末综合考核情况 在2011年开展省级政府防沙治沙目标责任期末综合考核外业调查的基础上，按照《省级政府防沙治沙目标责任考核办法》确定的评分标准，经过认真研究、分析、汇总相关资料，初步确定考核结果为：内蒙古自治区、河北省、山西省、辽宁省、陕西省、宁夏回族自治区防沙治沙工作扎实，超额完成了防治任务，落实了相关措施，取得了明显成效，为工作突出的省份；黑龙江省、吉林省、甘肃省、新疆维吾尔自治区、青海省、新疆生产建设兵团、西藏自治区为工作合格的省份。考核结果经国务院审定后，向各有关部门和省级政府进行了通报，并将考核结果函报中央组织部作为对省级政府领导班子和领导干部综合考核的重要依据。通过考核，切实提高了地方各级政府和有关部门防沙治沙的责任意识，有力促进了地方各级政府防沙治沙问责制度的建立和完善。同时，进一步凸显了林业部门在生态建设中的重要地位，彰显了林业部门依法行政的能力。

全国防沙治沙规划(2011～2020年)情况 在2011年编制工作的基础上，对《全国防沙治沙规划(2011～2020年)》初稿进行了系统修改和完善。通过召开规划编制工作专家咨询会、征求国家林业局各有关司(局)和各有关部委及地方政府的意见等形式，听取了各有关方面对规划的意见，对规划进行了多次修改完善。通过了国家林业局科学技术委员会组织的专家论证，会签了发展改革委、财政部、国土资源部、环境保护部、水利部、农业部，按程序报请国务院审批。

【荒漠化公约履约和国际合作】 一是参加各项国际会议、履约专项研究与区域合作进程，包括参与联合国可持续发展峰会的成果案文研究、与会谈判、边会组织等，参加荒漠化公约"十年战略"工作组会议，科技委专家会议，东北亚荒漠化、土地退化和干旱网络第一届指导委员会会议，东北亚环境合作机制研讨会等，通过深入参与国际进程，提升了中国的国际影响力和话语权；二是加强对内宣教和对外宣传，积极参加荒漠化公约"土地生命奖"全球申报活动，通过全社会征集强化了国内宣传工作，中国所推荐的项目均入围终选，对外展现了中国治理典型的风采，承办公约亚洲区域媒体会，使中国治沙业绩在亚洲各国得到广泛宣传；三是依据公约新规，组织人员经过收集材料、研究论证等一系列工作编写并向公约提交了2012年《国家履约报告》，系统、客观、全面地体现中国履约情况；四是大力推进中非防治荒漠化合作，举办荒漠化防治国际高级研修班，来自非洲法语国家近30名司处级官员应邀来华研修，有力推动了荒漠化防治南南合作进程，得到良好的国内外反响，认真落实习近平副主席与埃及外长会谈精神，组团赴埃与埃农业部进行技术交流座谈与考察，探讨并切实推动在埃援建技术示范中心工作；五是积极开展双、多边交流和项目执行，包括举办中阿经贸合作论坛下的防沙治沙分论坛，接待巴基斯坦司局级防沙治沙考察团，在京组织召开中蒙联合治理示范项目国际研讨会，执行中德合作北方荒漠化防治框架项目，与联合国粮农组织合作开展对菲律宾和南亚四国的土地退化评估技术培训，通过各项目下的专题研究、技术培训和专家咨询等，促进了中央到地方、国内到国际的经验互动，有效推动了区域合作；六是积极参与双、多边合作进程，为与美、日、朝、韩、突尼斯、南非、海合会组织、亚信组织等多个国家和国际组织的林业部门合作献计献策，参与合作谈判与协调。

【南方岩溶地区石漠化综合治理】 2008年2月1日，国务院批复了《岩溶地区石漠化综合治理规划大纲(2006～2015年)》，工程建设范围涉及贵州、广西、云南、湖南、湖北、重庆、四川、广东8省(区、市)的451个县(旗、市、区)。2011年，国家进一步加大了石漠化综合治理力度，石漠化综合治理重点县由100个扩大到200个，2012年又扩大到300个。2012年下达投资18亿元，下达林业建设任务355 819.07公顷，其中人工造林80 120.23公顷，封山育林275 698.84公顷。

2012年工程共完成林业建设任务为31.73万公顷，其中：人工造林7.68万公顷，封山育林24.05万公顷。

截至2012年年底，工程累计完成林业建设任务79.68万公顷，其中：人工造林22.11万公顷，封山育林57.57万公顷。

【全国石漠化监测和沙化监测】

发布第二次石漠化监测结果 为了掌握岩溶地区石漠化现状及最新变化动态，2011年国家林业局组织开展了第二次石漠化监测工作。监测范围涉及湖北、湖南、广东、广西、重庆、四川、贵州、云南8个省(区、市)的463个县，监测工作从2011年年初开始，2012年5月中旬结束，历时近一年半。共组织技术人员4000多人参加，调查图斑231万个，建立了包括4万余个GPS特征点、近亿条信息在内的石漠化监测信息系统，掌握了2005～2011年中国石漠化动态变化情况。

监测结果显示，截至2011年，中国石漠化土地面积为1200.2万公顷，占监测区国土面积的11.2%，占岩溶面积的26.5%。与2005年相比，石漠化土地净减少96万公顷，减少了7.4%；年均减少16万公顷，缩减率为1.27%（20世纪90年代末为年均扩展1.86%、“十五”期间年均扩展1.37%）。结果表明，中国土地石漠化整体扩展的趋势得到初步遏制，由过去持续扩展转变为净减少，岩溶地区生态状况呈良性发展态势，但局部地区仍在恶化，防治形势仍很严峻。与2005年相比，岩溶地区生态状况呈现以下几个重要变化：

一是石漠化状况普遍改善。从分省情况看，8省（区、市）石漠化状况全部出现逆转。从重点区域看，除云南曲靖珠江源区因连续干旱影响，石漠化年均扩展6.8%外，其他重点区域都呈好转态势。贵州毕节地区石漠化年均缩减率为1.4%，三峡库区石漠化年均缩减率为0.7%，珠江中上游河池、百色地区石漠化年均缩减率为3.5%，湘西武陵山区石漠化年均缩减率为2.4%。

二是石漠化程度明显减轻。轻度石漠化面积增加75.2万公顷，增加了21.1%；中度、重度、极重度石漠化分别减少了12.3%、25.8%和41.3%；轻度石漠化比重增加了8.5个百分点，而重度和极重度石漠化的比重下降了5.9个百分点。

三是植被状况显著改善。岩溶地区植被盖度明显好转，区域植被总盖度提高了4.4%；植被结构也有明显改善，乔木型和灌木型的比例增加2.2%，无植被类型的面积减少0.8%。

四是生态状况呈好转趋势。生态状况改善的面积为408.0万公顷，占9.0%；稳定类面积为3901.5万公顷，占86.8%；继续退化面积为187.3万公顷，占4.2%。改善的面积比继续退化面积高4.8个百分点。

五是坡耕地的石漠化呈加剧趋势。发生在坡耕地上的石漠化土地增加了4.34万公顷，年均增加0.72万公顷，其中失去耕种条件的面积为2.86万公顷，年均以0.48万公顷的速度弃耕，坡耕地质量进一步下降。

中国石漠化防治呈现出良好态势，主要是党中央、国务院高度重视，地方各级党委、政府真抓实干，广大人民群众艰苦努力的结果，一系列生态保护与治理措施的实施，对遏制石漠化扩展发挥了极其重要的作用。监测结果显示，人工造林种草和植被保护对石漠化逆转发挥着主导作用，其贡献率达72%；土地压力减轻和农村能源结构调整促进的植被自然修复贡献率为18%；实施农业工程与农业技术措施贡献率为7%；其他措施的贡献率为3%。

但是，石漠化防治当前取得的成绩还是初步的、阶段性的，岩溶地区生态状况依然十分脆弱，石漠化防治形势依然严峻。

一是防治任务依然艰巨。目前还有12万平方千米石漠化土地、基岩裸露度高，成土速度十分缓慢，立地条件越来越差，治理成本越来越高，要使岩溶地区的生态状况显著改善，需要经过长期的艰苦努力。

二是驱动因素依然存在。石漠化地区多是老、少、边、穷地区，现有国家扶贫重点县227个，贫困人口超过5000万，人口密度相当于全国的1.5倍，人口压力大，极易产生对生态资源的破坏现象。

三是生态系统依然脆弱。石漠化地区植被以灌木居多，大部分植被群落处于正向演替的初始阶段，稳定性差，稍有外来破坏因素影响就可能出现逆转。

四是人为逆向干扰活动依然严重。边治理、边破坏的现象仍很突出，特别是毁林开垦、樵采薪材的现象还较严重，陡坡耕种、过度放牧等现象还大量存在，给建设成果巩固带来严重压力。

五是自然灾害影响依然频繁。受全球气候变化影响，干旱、冰冻等极端灾害天气频繁发生，森林火灾多发，森林病虫害严重，对森林植被安全构成直接威胁。

石漠化是岩溶地区最为严重的生态问题，制约着区域经济可持续发展，影响扶贫攻坚进程，威胁民生，是重大的国计民生问题。加大石漠化防治力度，意义十分重大。我们将按照党中央、国务院的要求，强化措施，真抓实干，密切配合，通力合作，按照依法防治、综合防治、科学防治的要求，努力推进石漠化防治工作。

【沙尘暴灾害监测及应急处置工作】 2012年春季，中国北方地区共发生10次沙尘天气过程，影响西北、华北、东北等13省（区、市）375个县（市），人口约1.2亿，造成的直接经济损失约为8100万元。按类型统计，强沙尘暴2次，沙尘暴4次，扬沙4次；按月份统计，3月份2次，4月份6次，5月份2次。与往年同期相比，2012年度沙尘天气具有5个特点：一是首次沙尘天气过程出现在3月20～22日，是近10年来出现首次沙尘天气过程最晚的一年；二是2012年度共发生10次沙尘天气过程，高于2011年同期，低于近11年均值（14.3次）；三是沙尘天气强度较2011年偏强，较近年总体偏弱；四是沙尘天气主要起源于南疆盆地、甘肃河西走廊和内蒙古西部、科尔沁沙地等地，东北西部沙尘天气偏多；五是北京遭受2次浮尘天气影响，低于2011年同期（3次），低于近11年同期均值（4.4次）。

2012年，按照《重大沙尘暴灾害应急预案》要求，认真做好沙尘暴灾害应急处置工作。一是年初与中国气象局联合开展春季沙尘天气趋势预测分析会商，会商结果上报国务院。二是下发了《国家林业局关于认真做好2012年春季沙尘暴灾害应急处置工作的通知》，全面部署沙尘暴灾害应急处置工作。三是发挥卫星遥感、沙尘暴地面站、短信平台作用，开展沙尘暴灾害监测工作。四是加强部门间交流和沟通协调，召开了沙尘暴灾害应急处置工作部际协调会议。五是举办了沙尘暴灾害应急人员培训班，提高应急队伍应急处置的能力及水平。六是加强重点预警期应急值守，收集遥感监测和地面监测信息，及时掌握沙尘暴灾害发生、发展情况。七是在北方12省区建立了近400人的信息员队伍，完善信息报送制度，切实做好沙尘暴灾害信息日报、周报、季报、半年报和年报工作。八是加大沙尘暴灾害预防常识、灾害情况、应急处置等方面宣传力度。九是加强沙尘暴灾害应急体系建设，开通了沙尘暴灾害应急处置短信平台（升级版），规范沙尘暴地面站管理。

（防沙治沙由林琼供稿）

林业应对气候变化

【综　述】 2012 年，林业应对气候变化工作扎实推进，取得新的进展。一是加强林业应对气候变化工作组织领导和宏观指导。组织召开了国家林业局应对气候变化领导小组会议，研究制定了《2012 年林业应对气候变化重点工作安排》，印发了《落实德班气候大会决定加强林业应对气候变化相关工作分工方案》，明确了当前及今后一个时期林业应对气候变化的重点任务。二是加快推进全国林业碳汇计量监测体系建设。研究提出了 2012 年体系建设工作思路和计划安排，编制了试点工作方案和实施方案，试点范围已覆盖全国一半以上地区。通过试点，初步建成了全国森林碳汇计量监测基础数据库和参数模型库。三是探索推进林业碳汇交易。配合国家碳排放权交易试点，指导北京等 7 个试点省市开展本地区林业碳汇本底测算，编制省级温室气体排放林业清单，推进开展可交易碳汇量和交易规则研究。加强碳汇造林试点管理，推进碳汇交易储备库建设。四是建立健全林业碳汇标准规范。组织修订了《国家林业局林业碳汇计量监测管理办法》《造林项目碳汇计量监测方法学》，编制完成《竹林项目碳汇计量监测方法学》。《碳汇造林技术规定》和《造林项目碳汇计量监测方法学》已列入 2012 年林业行业标准制修订计划。五是积极参与国家气候政策制定。组织审定了《中国气候变化第二次国家信息通报》林业碳汇数据，根据第二次信息通报相同口径方法，对第一次信息通报林业碳汇数据进行了重新测算，测算结果已经国家发展改革委上报国务院。完成《“十二五”控制温室气体排放工作方案》林业部门分工方案。参与《国家应对气候变化规划(2011—2020 年)》《国家适应气候变化总体战略》编制以及国家应对气候变化立法进程。六是开展气候履约。积极参与 IPCC 有关报告指南的编写和评审工作。组织报送林业应对气候变化灰色文献，配合完成《应对气候变化，中国在行动(2012)》电视宣传片和画册制作以及《中国应对气候变化的政策与行动 2012》编写等。　（章升东）

经济林管理

【综　述】 2012 年，紧紧围绕发展民生林业、建设生态文明的总目标，积极加强经济林行业管理，扎实推进经济林产业健康有序发展。一是组织召开全国重点省(区)经济林处长工作座谈会。河北、山西、安徽、山东、河南、湖北、湖南、陕西 8 省林业厅负责经济林工作的处长参会。会议研讨了推进经济林工作的政策、措施、规划编制等内容，进一步理清了发展思路。二是开展特色经济林产业发展专题调研。先后组织 3 个调研组，分赴河北、湖北、四川、云南、陕西、新疆等省(区)，通过听取省、市、县情况汇报，召开不同层次座谈会，走访有关企业、专业合作社及农户，实地查看生产基地等，对地方经济林产业发展现状、经营模式、产品加工、开发利用、市场营销等情况作了全面了解。通过实地调研，充分认识到发展特色经济林对拉动山区经济发展，促进农民增收就业，维护国家粮油安全等方面的重要作用。三是研究编制经济林产业规划。为有效指导经济林产业发展，进一步增强规划的操作性和针对性，在 2011 年工作基础上，组织编制《全国特色经济林产业千县富民发展规划(2011 ~ 2020 年)》，2012 年年底规划文本通过专家评审和局务会审定。四是起草《国家级核桃示范基地验收认定暂行办法》，征求河北、山西、新疆等 14 个核桃重点省(区)和相关司局的意见，以局办文印发《国家级核桃示范基地验收认定暂行办法》至各省(区、市)林业厅(局)组织实施。五是由国家林业局和新疆维吾尔自治区人民政府共同举办了 2012 新疆特色林果产品(广州)交易会。　（杨淑艳）

林业生物质能源

【综　述】 发展生物质能源，是开发利用林业剩余物、木本油料能源植物、木本淀粉植物、灌木林等林木生物质资源替代化石能源。2012 年，通过扎实抓好试点示范、能源林基地建设等工作，有效推动了林业生物质能源产业稳步发展。一是加强宏观管理和科技指导。积极做好《林业生物质能源发展规划(2011 ~ 2020 年)》颁发工作。组织编制能源林培育指南，以国家林业局文件颁发了《灌木能源林培育利用指南》和《无患子原料林可持续培育指南》(林造发〔2012〕129 号)。规范管理，提高能源林基地建设水平。二是调整国家林业局林业生物质能源领导小组成员和组建科研支撑机构。配合人事部门，对国家林业局林木生物质能源领导小组成员作了调整。与国家能源局共同组织成立了国家能源非粮生物原料研发中心和非粮生物原料标准化技术委员会林业分技术委员会，2012年在北京召开了成立大会。该机构的建立，为生物能源产业发展提供有力的科研支持。三是积极确认行业龙头企业，发挥示范带动作用。确认湖南省未名创林生物能源有限公司生物柴油基地为国家林业局"林油一体化示范基地"，确认内蒙古自治区毛乌素生物质热电有限公司为国家林业局"沙林电一体化示范基地"。举办了全国林业生物质能源发展高级研讨班，推广"林油一体化示范基地"典型经验。四是加快能源林基地建设。配合财政部做好生物原料林基地财政补贴工作，加强基地建设监督检查管理，能源林基地建设取得初步成效。五是开展相关国际合作。3月26日，与内蒙古自治区政府和毛乌素生物质热电有限公司共同组织召开了联合国可持续发展大会第三次会间会；组织与法国开发署合作开展甘肃省文冠果、福建省无患子生物柴油合作项目，促进中国生物柴油试点示范产业链建设；考察瑞典利用林业剩余物开展生物质热电联产情况，组织引进瑞典热电联产项目生物原料收集设备，借鉴瑞典的经验和技术，建设林业生物质能源热电(生物质颗粒)联产项目。六是按照财政部在"十二五"期间建设绿色能源示范县计划安排，开展"绿色能源示范县"备选县调研等工作。推进利用林业剩余物生产成型燃料和气、热、电等绿色能源产业。（王桂芝）

【成立非粮生物质原料标准委员会和林业分技术委员会】 2012年，国家林业局与国家能源局共同组织，在北京召开了能源行业非粮生物质原料标准委员会和林业分技术委员会成立大会。该标准委员会主要承担生物能源发展领域的技术标准制定，推动生物能源产业技术进步。（王桂芝）

【举办全国林业生物质能源发展高级研讨班】 在湖南组织举办全国林业生物质能源发展高级研讨班。并在研讨班期间为湖南未名创林生物能源有限公司举办"林油一体化示范基地"揭牌仪式，树立试点示范典型企业。（王桂芝）

【林业生物能源原料基地建设取得初步成效】 到2012年，国家财政共补助生物能源原料基地建设10余万公顷，补助经费30 702万元。推进和改造能源林基地建设20多万公顷。共有10个企业的实施方案在国家林业局进行了备案，备案原料林面积31万公顷。（王桂芝）

【印发能源林培育利用技术指南】 组织专家编制《灌木能源林培育利用指南》和《无患子原料林可持续培育》，并以国家林业局文件颁发，为解决沙地灌木能源林可持续培育提供科学指导。（王桂芝）

【开展生物能源国际合作】 与法国开发署开展生物柴油合作项目。甘肃省报送的兰州市、白银市文冠果生物柴油项目和福建省报送的源华能源科技无患子生物柴油示范项目已列入国家发展改革委和财政部项目清单。与瑞典合作的利用林业剩余物开展生物质热电联产项目已在吉林省延边市林区筹备建设。（王桂芝）

林业产业

06

林业产业

【综　述】 2012年我国林业产业继续保持强劲发展势头，产业规模不断扩大，产业结构进一步优化，新兴产业快速发展，提供了日益丰富的林产品。林业产业总产值达到3.95万亿元(按现价计算)，比2011年增长28.94%。自2001年以来，林业产业总产值的平均增速达到22.88%。

分产业看，第一产业产值13 748.52亿元，占全部林业产业总产值的34.85%，同比增长24.35%；第二产业产值20 898.30亿元，占全部林业产业总产值的52.97%，同比增长25.23%；第三产业产值4804.09亿元，占全部林业产业总产值的12.18%，同比增长68.44%。近年来，林业三次产业的产值结构逐步调整，不断优化，已由"十五"末期的52∶41∶7，调整为现在的35∶53∶12，林业二、三产业所占比重逐年增大，产业结构进一步优化。 (田　野)

【全国人造板、林产化工规划编制工作启动】 人造板工业和林产化学工业是我国林业产业的重要支柱，是我国林产品进出口贸易的主体。为引导人造板及林产化工行业健康发展，国家林业局计财司委托林产工业规划设计院编制《全国人造板产业发展规划(2011～2020)》以及《全国林产化工产业发展规划(2011～2020)》。

为做好《全国人造板产业发展规划(2011～2020)》以及《全国林产化工产业发展规划(2011～2020)》编制工作，林产工业规划设计院分四组至全国各省(区)进行了摸底调研工作，并邀请各省(区)林业产业主管部门负责人以及行业专家对规划编制工作进行指导。

(田　野)

【全国林业产业重点工作座谈会】 2012年4月13日，全国林业产业重点工作座谈会在铁岭召开，全国12个省(区)林业厅产业处长(主任)、相关单位专家近40人参加了会议。会议由中国林业产业联合会副秘书长陈圣林主持，辽宁省林业厅副巡视员史广海、国家林业局计财司产业发展处周泽峰处长参加会议并讲话。座谈会进行了经验交流。辽宁、湖北、浙江省代表分别介绍了本省林业特色区域命名认定经验、省级林业产业化龙头企业认定经验、名牌林产品认定经验。

座谈会还就《国家级林业产业化龙头企业认定管理办法(征求意见稿)》《国家级林产品加工贸易示范区认定管理办法(征求意见稿)》等文件进行了讨论。并研究了首届中国国际森林食品交易博览会筹备方案。

(田　野)

【2012年全国林业产业工作座谈会】 2012年全国林业产业工作座谈会5月24日在湖北省武汉市召开。会议全面分析了中国林业产业现状和面临的形势，指出中国林业产业发展仍旧存在巨大潜力和空间，对2012年全国林业产业工作进行了贯彻落实和安排部署。会议要求各级林业产业部门，在把生态建设放在首位的同时，重视林业产业发展，抢抓机遇，促进现代林业产业做大做强，努力使中国林业产业成为国民经济的重要支柱产业之一。

会议还分析了中国林业产业取得突破性发展的客观因素：一是林业改革激活了各种生产要素，为林业产业发展注入了强大活力；二是国家鼓励发展低碳经济政策，为林业产业发展提供了有利的宏观环境；三是经济全球化，为林业产业发展提供了重要的原材料和广阔的市场；四是林业政策不断完善和投入增加，为林业产业发展提供了有力保障。

会议要求各级林业部门进一步认清林业产业的特点和优势，继续发掘林业产业的巨大潜力；抢抓机遇，努力促进现代林业产业做大做强。会议进一步认清中国林业产业具有五大特点和优势：一是林业产业是生态产业，林业一、二、三产业都具有明显的生态效应；二是林业产业是碳汇产业，森林被认为是陆地上最经济的"吸碳器"和最大的"储碳库"，木材产品也具有巨大的储碳功能；三是林业产业是循环产业，森林是全球利用太阳能和土地资源生产生物量及产品的规模最大的循环经济体，不仅可以生产可降解、无污染的绿色产品，还可实现永续不断地循环利用；四是林业产业是生物产业，随着生物技术革命的产生和发展，林业生物质能源、生物质材料、生物制药等已成为具有强大生命力的战略性新兴产业，成为继信息产业之后新的经济增长点和未来国际竞争的战略制高点；五是林业产业是惠农富民的民生产业，林业提供的物质产品和精神产品是改善民生、满足人民群众新期待新需求的重要方面。

会上，来自各省(区、市)林业产业行政主管部门、行业协会及部分重点企业的代表们各抒己见，对林业产业发展进行了广泛而充分的交流，对当前林业产业发展提出了许多建设性意见。在此基础上，会议对2012年全国林业产业重点工作进行了认真研究和安排部署。

(田　野)

【2012中国(伊春)国际森林产品博览会】 2012年9月3～6日，国家林业局和黑龙江省人民政府共同举办了2012中国(伊春)国际森林产品博览会。本届森博会以"走进林都伊春，让生活更精彩"为主题，设立展场面积2万平方米，分为综合展区、木制工艺品、木质家具、木质日用品、森林食品、国内四大森工集团、林业发展成果、森林文化、旅游、台湾地区及国外综合等十大展区，500多个展位。来自韩国、朝鲜、日本、俄罗斯、美国、阿拉伯等11国、港澳台地区及全国各地的500余家企业、3000多名中外客商和20万观众参加了本届森博会。森博会期间，签订产业合作项目14项，总签约额达9.86亿元，展会现场实现交易额1500余万元，与60多家采购商达成意向贸易订单近6亿元。

(刘亚楠)

【第九届中国林产品交易会】 2012年9月19～22日，

国家林业局和山东省人民政府共同举办了第九届中国林产品交易会。围绕“传播绿色，聚集财富，塑造品牌，富民兴林”的办会主题，到会企业630余家，展位总数达到840个，展品包括木质建材、木质工艺品、家具、苗木花卉、林业机械等十大类一万多个品种。来自美国、澳大利亚、韩国、新加坡、马来西亚、中国台湾、中国香港等12个国家和地区以及国内18个省(区、市)的客商和观众约18.7万人参加了交易会。大会共签订投资和销售合同及协议187个，内资金额202.6亿元，外资金额2.4亿美元。其中交易会签订投资和销售合同及协议163个，金额32.9亿元，现场交易额1.26亿元；投资贸易洽谈会签订内资合同及协议19个，金额169.7亿元，外资合同及协议5个，金额2.4亿美元。

(刘亚楠)

【首届中国森林食品交易博览会暨第三届中国(铁岭)榛子节】 2012年9月26~28日，国家林业局和辽宁省人民政府共同主办了首届中国森林食品交易博览会暨第三届中国(铁岭)榛子节。首届森交会以“绿色、健康、兴企、惠民”为主题，旨在广泛宣传优质森林食品的“生态、安全、优质、营养”特性，以市场化运作方式，重点引进中粮集团、沃尔玛、北京物美、北京京客隆等大型经销商和采购商参会，设立3万平方米展会面积，6大展区和国际标准展位2000个。6大展区包括主题展企业区、森林食品集团专区、特色区域专区、油茶专区、重点省专区、新产品专区，参展产品包括山野菜、干鲜果、中药材、食用菌、香料、饮料、油料、蜂产品、竹笋、人工驯养繁殖的野生动物产品等十大类森林食品，以及森林食品保鲜、加工和包装类的设备、技术及产品。森交会为全面展示我国森林食品产业发展的新成果，扩大森林食品影响力，搭建森林食品经贸交流合作平台，培育和拓展森林食品市场，推动全国森林食品行业健康快速发展，促进林业产业转型升级和林农增收有重要作用。 (刘亚楠)

【第五届中国义乌国际森林产品博览会】 2012年11月1~4日，国家林业局和浙江省人民政府共同主办了第5届中国义乌国际森林产品博览会。本届森博会以“森林为民，绿色发展”为主题，共有来自全球36个国家和地区的1418家企业参展，设国际标准展位3329个，展览面积6.4万平方米，参展商品达10万种。设立展区13个，特别设立国际馆、台湾农林精品展、中国木(竹)雕展、中国义乌国际茶产业博览会、创意林业产品展等特色展区。吸引了来自88个国家和地区的采购商、参观者到会参观采购，总人数达到60.6万人次；参会国内外采购团队37个，其中境外团队15个；实现成交额42.32亿元，其中外贸成交额21.54亿元，占总成交额的50.1%，并达成数千项投资、贸易、经济技术合作协议(意向)。第五届森博会还开展了优质产品、第二届中国木(竹)雕展优秀作品及金雕手、首届中国创意林业产品大赛和组织工作先进单位评选活动。

(刘亚楠)

【第八届海峡两岸林业博览会暨投资贸易洽谈会】 2012年11月6~9日，国家林业局和福建省人民政府在福建省三明市举办了第八届海峡两岸林业博览会暨投资贸易洽谈会。本届林博会以“层次适当、规模适度、市场运作、注重实效”为办会精神，共有展品4000多种，涵盖农林业、工矿业、建筑业、旅游业、生物产业、文化创意、社会事业等行业。邀请到1051家境内外企业参展，其中有意向、有实力的客商196个团组、2059人参会参展、实地考察、对接洽谈，共签约项目133项，总投资221.9亿元，包括亿元以上合同项目70项，5亿元以上合同项目7项。4天林博会期间，参观购物人数达12.8万人次，现场销售总额达2918万元；永安林业、青山纸业、金森林业等上市公司自主筹办订货会，实现林产品贸易总额20.7亿元；配套推介会推出200个招商项目，邀请342家企业到会推介、洽谈、对接，签约项目61项、总投资123.1亿元。林博会期间，还举办了第四届中国福建花王评选暨花卉精品展、海峡两岸生物医药产业对接活动、家具发展座谈会、第七届闽台花卉交流合作研讨会等活动。 (刘亚楠)

【全国竹筷发展会议】 2012年11月23日，全国竹筷发展会议在湖南省益阳市召开。会议旨在座谈交流竹筷发展的现状及经验，分析和解决行业存在的突出问题，进一步争取国家政策支持，扩大生产和出口，促进竹筷产业健康稳定发展。国家林业局发展规划与资金管理司副司长、全国木材行业管理办公室主任(正司级)孙建，中国食品土畜进出口商会副会长杨胜军，湖南省林业厅副厅长唐苗生和省商务厅、省检验检疫局以及湖北省林业厅、福建省林业厅、江西省森林工业局等部门的负责同志，全国20多家竹产业企业的代表参加会议。益阳市委常委、副市长彭建忠出席会议并致辞。 (田 野)

农业综合开发和特色产业

【颁布了《国家农业综合开发林业生态示范项目和名优经济林等示范项目管理实施细则》】 为适应新颁布的《国家农业综合开发部门项目管理办法》(国农办〔2011〕169号)的相关要求，进一步完善农业综合开发林业项目管理，国家林业局计财司组织对2009年出台的《国家农业综合开发部门项目管理办法林业项目实施细则(试行)》(办计字〔2009〕93号)进行了修订。修订过程中，国家林业局计财司充分征求了有关省(区、市)和相关业务司局的有关意见，并会同国家农发办结合国家农业综合开发相关管理制度进行了反复研究，经局长办公会审定后，出台了《国家农业综合开发林业生态示范项目和名优经济林等示范项目管理实施细则》。

【完成了2012年度农业综合开发项目组织和投资计划下达工作】 2012年，国家农业综合开发林业项目投资继续较大幅度增加。共安排中央财政资金59 139万元，比2011年增加12 062万元，增幅26%。其中，林业生态示范项目16 838万元，名优经济林等示范项目42 301万元，用于扶持木本油料的资金达到3亿元。按照国家农业综合开发项目管理相关规定，国家林业局计财司会同国家农发办，分别于5月和7月以《国家林业局、国家农业综合开发办公室关于2012年农业综合开发林业生态示范和名优经济林等示范项目计划的批复》(林规发〔2012〕146号)和《国家林业局、国家农业综合开发办公室关于2012年新增农业综合开发名优经济林等示范项目计划的批复》(林规发〔2012〕192号)下达了2012年农业综合开发林业项目计划。

【完成了2013年农业综合开发林业项目组织、评审和报送工作】 一是下发了申报指南。2012年6月，国家林业局计财司会同国家农发办下发了《2013年农业综合开发林业项目申报指南》，明确了2013年项目建设的指导思想、扶持重点和申报要求。二是争取2013年投资指标。积极协调国家农发办，围绕生态屏障建设、保障粮油安全、巩固集体林权制度改革成果等工作，争取落实了2013年项目中央财政投资70 967万元，比2012年增加11 828万元。国家林业局计财司研究提出了2013年农发林业项目分省投资方案上报国家农发办。同时，下发2013年农发林业项目申报方案，组织各省开展2013年项目申报工作。三是组织开展项目评审工作。在各省上报项目的基础上，10月23～28日，国家林业局计财司组织召开了2013年农业综合开发林业项目专家评审会，来自中国林科院、北京林业大学、北京果林所，国家林业局规划院、设计院等有关单位相关生态、经济林、花卉以及经济学方面的专家，对726个农业综合开发林业项目进行了综合评审。四是研究提出了2013年农发林业项目初步计划。在评审的基础上，国家林业局计财司对专家意见进行了汇总、研究，经与有关司局、直属单位沟通，研究提出了2013年农业综合开发林业项目初步计划上报国家农发办。

【开展了农业综合开发项目综合检查工作】 按照国家农发办有关要求，国家林业局计财司于7月份下发通知，对2011年实施的项目综合检查工作进行了布置。在各省自查的基础上，于9～10月组织专家赴内蒙古、安徽、湖北3省进行了抽查，并形成检查报告上报国家农发办。

【完成了2011年农发项目统计工作】 组织有关省于4月底以前完成了统计报表的编制工作，并在国家农发办会审通过后正式上报国家农发办。

【组织召开了第五次全国油茶产业发展现场会】 为加快油茶产业发展，进一步提升油茶产业质量效益，国家林业局于10月9～10日在安徽省六安市组织召开了全国油茶产业发展现场会，赵树丛局长出席会议并作重要讲话，张建龙局长在会上作了报告。会议全面总结了近年来油茶产业发展的成效与经验，以提升质量效益为主题，对当前存在的问题与对策进行了研究分析，部署了2013年和今后一个时期的重点工作。

【扩大油茶产业发展重点县范围】 为进一步扩大油茶重点县的示范效应，根据各省要求，国家林业局计财司积极协调国家发展改革委，在原来100个油茶产业发展试点县的基础上，又新增100个县，共计200个县，作为全国油茶产业发展重点县，可以更好地通过以点带面，稳步推进油茶产业发展。

【进一步加强油茶种苗生产及管理工作】 根据当前全国油茶产业发展的形势和任务，针对目前种苗生产中存在的突出问题，为切实加强今后一段时期油茶种苗生产管理工作，下发了《国家林业局关于进一步加强油茶种苗生产及管理工作的通知》，明确要求继续坚定不移地按照"四定三清楚"组织种苗生产供应，着力培育"三苗"(实行分系育苗、推广容器育苗、培育两年生大苗)，全面提升种苗质量。

【制订了《"高产栽培示范园"和"低产林改造示范园"建设指南》】 为充分发挥油茶龙头企业在推动产业发展中的示范辐射带动作用，进一步推进高产原料林基地建设，促进规模化种植、集约化管理、科学化经营，研究制订了《"高产栽培示范园"和"低产林改造示范园"建设指南》，全面提高油茶产业发展的质量效益。

【召开3次油茶产业发展座谈会】 一是3月5日，在北京召开14个油茶发展省区油茶办主任暨种苗站站长座谈会，总结交流了2011年各省区市油茶产业发展工作情况，研究部署了2012年油茶工作。二是5月10日，在广西桂林召开了全国油茶重点企业负责人座谈会，充分听取企业对油茶产业发展现状及存在的问题，座谈研讨了今后一个时期促进油茶产业发展的意见与建议等有关情况。来自14个油茶发展省的油茶办以及43家全国油茶产业发展重点企业的负责人参加了座谈会。三为贯彻落实第五次全国油茶产业发展现场会精神，及时总结推广湖南科技学院产学研成果，11月11日，在湖南永州召开了油茶产业发展座谈会，现场参观了湖南科技学院油茶示范基地等建设情况，并就提高油茶产业的质量和效益进行了座谈。14个省区油茶办主任及部分专家参加了座谈会。

【加强油茶产业发展宣传工作】 从3月24日起在《粮油市场报》开辟"油茶视界"专栏，连续对油茶产业发展进行了宣传报道；此外，与中央电视台合作拍摄《油茶》科普片，力争2013年春节前后播出，以提高茶油的市场认知度，为油茶产业发展创造良好的社会氛围。

【统筹做好其他木本油料的发展工作】 一是做好油用牡丹产业发展试点工作。为贯彻落实回良玉副总理关于做好油用牡丹试点工作的批示精神，2012年，国家林业局计财司通过农业综合开发安排山东省菏泽市油用牡丹示范基地项目6个，安排中央财政资金1000万元。

二是开展了长柄扁桃产业发展调研工作。7月10～13日，国家林业局有关人员陪同全国政协环资委副主任贾治邦赴陕西榆林市、内蒙古鄂尔多斯市就长柄扁桃产业发展问题进行了专题调研。调研组现场考察了陕西省神木县长柄扁桃种植基地，并召开了长柄扁桃产业发展座谈会，对长柄扁桃良种选育、资源普查、规划编制等工作提出了相关建议。

【举办了中国(常宁)油茶旅游文化节】 12月18日，国家林业局会同湖南省人民政府共同举办中国(常宁)油茶旅游文化节，国家林业局总工程师陈凤学出席了开幕仪式并作讲话。 （刘跃祥　韩非）

花卉行业管理

【综　述】 在行业指导方面，取得了“两突破”“一加强”和“一进展”。“两突破”，即圆满完成了《全国花卉产业发展规划(2011～2020年)》编制任务；组织开展了“花卉产业发展扶持政策”专题调研，提出了推进全国花卉产业发展扶持政策体系框架，为争取花卉产业扶持政策提供依据。“一加强”，即召集14个分支机构的会长或秘书长举行了工作座谈会，出台了《分支机构开展活动管理办法(暂行)》，加强了分支机构管理和建设。“一进展”，即花卉市场流通体系建设取得进展，组织召开了全国花卉物流发展座谈会，着手筹建中国花卉协会市场流通分会，指导、支持组建了专业花卉物流公司。

【《全国花卉产业发展规划(2011～2020年)》编制】 在2011年工作基础上，召开专题会议，反复修改完善，形成了《全国花卉产业发展规划(2011～2020年)》(以下简称《规划》)征求意见稿和评审稿。6月19日，通过专家评审。9月17日，经计财司司务会讨论通过。12月25日，经国家林业局第10次局务会审议通过，确定由国家林业局和中国花卉协会分别印发全国林业系统和花协系统实施。

【“花卉产业发展扶持政策”专题调研】 上半年组织全国各省(区、市)花卉协会完成面上调研，下半年会同国家林业局造林绿化管理司、国有林场和林木种苗工作总站、《中国绿色时报》等单位，分4个组分赴8个省(区、市)开展重点调研，共走访了10多个花卉产地或消费地，考察了近50家具有地方代表性的花卉企业，召开了30多次座谈会，获得了大量第一手资料，提出了推进全国花卉产业发展扶持政策体系框架，为争取花卉产业扶持政策提供依据。

【2011中国花木产业年度人物评选】 与中国绿色时报社共同主办“2011中国花木产业年度人物”评选活动，得到了各省(区、市)的积极响应，共有北京等22个省(区、市)的40位候选人报名参评。经专家评审，最终确定李敏等10人为“2011中国花木产业年度人物”。

（高立鹏）

森林资源
保护与林政管理

07

森林资源保护

林业有害生物防治

【综　述】 2012年，由于北方受到暖冬和倒春寒、南方受到干旱等极端天气的影响，中国林业生物灾害继续沿袭高发多发态势，呈现了偏重发生和局部成灾的局面。全国主要林业有害生物发生面积1177万公顷，与2011年发生面积基本持平，其中：虫害发生846万公顷，病害发生131万公顷，鼠(兔)害发生200万公顷。另外，有害植物发生17万公顷。

2012年，全国共完成防治面积783万公顷，累计防治作业面积1748万公顷。主要林业有害生物成灾率控制在4.5‰以下，无公害防治率达87.03%以上，测报准确率达85%以上，种苗产地检疫率达95%以上，基本实现了国家林业局规定的目标管理任务指标。国家重点治理的松材线虫病、美国白蛾、林业鼠(兔)害、薇甘菊、钻蛀性害虫等重大林业有害生物防治成效显著，未发生重大林业有害生物灾害、扰民事件。松材线虫病总体得到控制，县级疫区总数由185个减少到179个，实现县级发生区、发生面积和病死树数量继续多年"三下降"。美国白蛾发生面积比2011年下降9%，风景区、交通要道两侧及重大活动场所周边等区域的叶片保存率在90%以上，村庄及周边地区的叶片保存率在80%以上。鼠兔害发生面积与2011年总体持平，危害程度较2011年有所减轻。松毛虫、松蚧虫、杨树蛀干害虫面积继续呈现下降趋势。

【防控举措】 按照局党组的总体部署，2012年林业有害生物防治主要采取了以下措施：

狠抓松材线虫病等重大林业有害生物防控 一是建立"双线"防控责任制。在国家林业局代表国务院与各省(区、市)人民政府签订了2011～2013年重大林业有害生物防控责任书后，地方各级政府之间、各级林业主管部门之间签订了重大林业有害生物防控责任状，进一步明确了防控责任。二是加强防控指挥机构、防治机构建设。各省(区、市)成立了由省政府分管领导任指挥长，有关部门(行业)领导参加的重大林业有害生物防控指挥机构，明确了办事机构，建立了政府统一领导、部门分工协作的工作机制。三是落实防控资金投入。中央继续加大林业有害生物防治资金投入，中央预算内投资计划下达防控基础设施建设资金3亿元，安排了107个监测预警、检疫御灾、防治减灾体系基建项目。中央财政下达防治补助专项资金2亿元，用于松材线虫病、美国白蛾等重大林业有害生物及突发生物灾害的预防和治理。中央财政安排1000个国家级中心测报点补助资金3000万元，加大对主要林业有害生物监测、预报工作的补助。地方各级政府重视程度提高，防控资金的投入都有不同程度的增加，各省(区、市)省级财政防控资金投入共计达到4.56亿元。四是加强动员部署和工作检查。国家林业局及时召开松材线虫病防治工作研讨会、美国白蛾防控工作会议、全国飞机防治作业现场交流会，对重大林业有害生物防控重点工作进行了部署。各省(区、市)以省政府或防控指挥部名义召开林业有害生物防控工作会议，部署本地区防控工作，逐步把防治工作纳入了政府重要议事日程。各地组织开展了责任制落实情况检查、考核，对防治工作业绩突出的给予表彰；对工作落后的予以通报批评。

监测预报体系建设　一是完善监测预报制度。国家林业局成立了第二届林业有害生物监测预报专家咨询组，先后印发了《主要林业有害生物成灾标准》《关于实行舞毒蛾信息专项报告制度的通知》《国家森林病虫害预测预报补助项目资金管理办法(试行)》，完善了《国家林业有害生物监测预报补助经费项目定额标准》，与中国气象局建立了预测预报趋势会商机制，实行了周报、月报和年度发生趋势预测发布等制度。二是加强监测预报机构建设。按照"最及时的监测、最准确的预报、最主动的预警"总要求，国家林业局成立了第二届林业有害生物监测预报专家咨询组，进一步加强了以国家级测报点为中心的林业有害生物监测预警网络体系建设，完善了数据采集与传输系统，基本建成了国家、省、市、县、乡5级监测预警网络体系，初步实现了对新传入的危险性林业有害生物及时发现、突发性病虫早期预警和常发性病虫准确预报。三是加强监测预报预警信息发布管理。在新疆叶城召开了全国林业有害生物生产性预报现场会，总结交流推广了基层生产性预报经验，对新形势下如何加强监测预报的公共服务职能进行了部署。全国共发布生产性林业生物灾害预测预警信息4683条，发布森防动态信息15 032条。国家林业局印发了"松材线虫病疫情出现新情况""警惕白蜡枯梢病传入我国"警示通报，在中央电视台及时发布了西南地区林业有害生物、杨扇舟蛾、美国白蛾等食叶害虫预警信息，为广大林农群众和林业生产经营单位及时采取防控措施提供了有力的指导，取得了较好的防灾减灾效果。四是加快防治服务公共平台建设。研究制定了国家网络森林医院、地方网院、防治专题片制作等7个管理办法。在已建成国家网络森林医院的基础上，已建成省级地方分院28个，基本形成了国家、省、市、县4级专家服务体系，用户访问750多万人次，有效解决了林农防治知识不足、基层技术力量薄弱的问题。

植物检疫工作 先后印发了《国家林业局关于切实加强林业植物检疫工作的通知》《国家林业局办公室关于开展林业植物检疫追溯工作的通知》，对严格执行检疫制度、健全检疫协作机制、强化检疫执法、加强队伍建设和管理、加大检疫监管、检疫追溯试点等工作提出了具体要求。国家林业局成立了新一届全国林业检疫性有害生物审定委员会，调整委员会职责，开展了全国林业有害生物风险评估，重新确定了林业检疫性、危险性有害生物名单。2012 年 4 ~ 11 月，国家林业局组织开展了"绿盾 2012"全国林业植物检疫执法检查行动，在各省自查基础上，国家林业局组织了 6 个督察组对河北等 18 个松材线虫病、美国白蛾防控重点省区的防控目标责任制落实、松木和松材线虫病疫木管理、国内林木种苗等生产经营活动的管理、国外引进林木种苗、花卉及繁殖材料管理等情况进行了督查，有效打击了违法行为，提高了林业植物检疫地位，初步遏制了林业有害生物传播扩散势头。

防治机制创新 辽宁、吉林、黑龙江及内蒙古 4 省区召开了防控合作暨美国白蛾疫情发生趋势会商会议，签订了《东北四省区林业有害生物灾害防控合作协议》，全面启动了联防联动机制。华东沪、苏、浙、皖 4 省(市)签署了检疫执法框架协议，建立了联合开展检疫执法合作机制。广东、广西建立了松材线虫病、薇甘菊等重大外来林业有害生物防控联防联治机制。在福建省尤溪县、黑龙江省哈尔滨市阿城区开展防治公共服务试点。

林业有害生物防治法制建设和突发有害生物灾害应急处置 组织修订了《森林病虫害防治条例》，完成了《林业有害生物防治条例修订》草案稿。开展了《重大外来林业有害生物灾害应急预案》修订工作。针对安徽省美国白蛾突发疫情、贵州省安龙县突发松材线虫病疫情和内蒙古大青沟国家级自然保护区内樟子松林异常大面积枯死现象，国家林业局紧急组织有关专家开展现场调查，查明了病死原因，提出并采取了应急措施。此外，国家林业局还对长白山林区松毛虫应急处置效果进行了评估，派员深入一线指导当地开展应急防治。

【全国林业植物检疫执法检查行动】 2012 年，国家林业局组织开展了以"保双增目标，护生态安全，促绿色增长"为主题的"绿盾 2012"全国林业植物检疫执法检查行动，行动取得了丰硕成果，达到了预期目的。各地林业部门在注重发挥系统内有关单位协作优势的同时，主动加强与农业、公路、铁路、交通、电力、通信、质监等相关部门联合开展执法检查。据统计，全国共组织不同层次、不同规模的执法检查行动 2.58 万次，出动执法人员 16.71 万人次，与相关部门联合检查 9587 次，开展区域联合检查 2642 次。全国共检查苗木、花卉基地(市场)4.36 万个，检查种苗、花卉 75.13 亿株，检查普及型国外引种试种苗圃 148 个，检查涉木企业 9.95 万家，检查竹、木材等 3066.6 万立方米，检查木质包装箱、线缆盘 71.6 万个；查处案件总数 4336 起，涉案竹、木材 6.13 万立方米，涉案木质包装箱、线缆盘 2.05 万个，涉案种苗、花卉 880.3 万株，涉案金额 1.02 亿元，处罚金额 662.4 万元。重庆市南川区林业局查获一起违规调运带疫松材门条的案件，区人民法院依法判决姜某妨害动植物检疫罪，判处有期徒刑 6 个月，成为全国查判的首例妨害动植物检疫刑事案件。全国林业植物检疫执法检查行动有效打击了违法行为，遏制了林业有害生物传播扩散的势头。

【出台的有关政策、标准及办法】 《国家林业局关于印发〈主要林业有害生物成灾标准〉的通知》(林造发〔2012〕26 号)。《标准》分别对松材线虫病、美国白蛾、鼠(兔)、薇甘菊和检疫性有害生物及非检疫性有害生物成灾指标做出了具体规定，并对相关指标做出了界定和说明。《国家林业局办公室关于印发〈国家森林病虫害预测预报补助项目资金管理办法(试行)〉的通知》(办规字〔2012〕176 号)。管理办法对林业有害生物监测预报工作的中央财政专项经费的使用原则、使用范围、支出内容、项目申报、资金管理等做出了具体规定。

(林业有害生物防治由防治处供稿)

自然保护区建设

【全国野生动植物保护与自然保护区建设管理工作交流会】 2012 年 2 月 20 ~ 21 日，全国野生动植物保护与自然保护区建设管理工作交流会在深圳市召开，各省、自治区、直辖市林业厅(局)，内蒙古、龙江、大兴安岭森工(林业)集团公司，新疆生产建设兵团林业局，各计划单列市林业局的分管领导及保护处处长参加了会议。会议听取了吉林、浙江、江西、广东、广西、四川、云南、新疆等地经验介绍，听取了欧阳志云研究员关于《我国自然保护区建设与管理面临的挑战与对策》、马克平研究员关于《对林业系统生物多样性保护的几点认识》的专家讲座，总结回顾了 2011 年全国的自然保护工作，部署了 2012 年的工作任务。 (张云毅)

【林业自然保护区新增 24 处】 全国林业部门进一步推动《全国林业自然保护区发展规划》的实施，围绕东北虎、雪豹、兰花等珍稀濒危物种的拯救，典型生态系统和重点生态区域的保护划建自然保护区，据统计，全国新建林业系统自然保护区 24 处，新增面积为 217.47 万公顷。新增国家级自然保护区 23 处。目前，中国林业系统自然保护区总数达 2150 处，总面积 12 486.50 万公顷，占中国国土总面积的 13%。经国务院批准的国家级自然保护区 286 处。这些自然保护区的建立对维护生态和生物多样性、促进可持续发展具有重要作用。

(李 忠 祖维忠)

【开展晋升国家级自然保护区及范围调整工作】 2012

年3月，林业系统国家级自然保护区评审委员会对山西等16个省(区、市)人民政府申报晋升国家级的自然保护区以及国家级自然保护区范围调整进行了评审。根据评审委员会的评审结果，山西灵空山、内蒙古青山等17处自然保护区申请晋升国家级自然保护区，辽宁努努尔虎山、黑龙江牡丹峰等5处自然保护区申请自然保护区范围调整通过了评审。（安丽丹）

【加强保护区基础设施建设】 为提高自然保护区管理能力，加强基础设施建设，2011年国家林业局批复了26个国家级自然保护区基础设施建设可行性研究报告，累计批复总投资22 386万元；并根据各地自然保护区建设管理情况，下达中央投资资金3亿元用于国家级自然保护区基础设施建设，保护区管护能力得到进一步提高。（安丽丹）

【推进示范国家级自然保护区建设】 为落实《全国林业自然保护区发展规划》，加强示范自然保护区建设管理，野生动植物保护与自然保护区管理司组织专家研究并重新修订下发了《林业示范自然保护区建设实施方案编写指南》，以此指导国家级示范自然保护区方案编制和评审工作。同时，组织专家对已上报示范国家级自然保护区实施方案的自然保护区进行了实地考察论证，根据专家评审结果，国家林业局批复了湖北神农架、黑龙江丰林、上海崇明东滩、云南西双版纳、云南白马雪山、陕西长青、甘肃莲花山、宁夏贺兰山等8个示范国家级自然保护区建设实施方案。（安丽丹）

【开展自然保护区政策研究】 为了研究解决影响自然保护区建设发展全局性问题，保护司组织开展了“东北、内蒙古重点国有林区自然保护区建设管理”和“全国自然保护区内集体林管理”调研工作，深入研究提高重点国有林区自然保护区建设管理质量，更好地发挥重点国有林区自然保护区作用；积极探索在集体林改的形势下，自然保护区内集体林“优质优补”等方面的政策和措施。为了加强林业在国家自然遗产保护工作的重要作用，更好地履行林业部门在生物多样性保护方面的国际义务，保护司还组织开展了《自然遗产管理体制研究》和《〈生物多样性公约〉履约机制研究》两项工作研究。这些研究成果，为更好地发挥林业在美丽中国、生态文明建设中的重要作用，强化林业管理和生物多样性保护提供了重要的政策基础。（李　忠）

【组织开展国家级自然保护区总体规划和生态旅游规划的编制、审查、审批等工作】 为更好地指导自然保护区建设管理工作，全面提高自然保护区建设管理水平和管理能力，强化了对国家级自然保护区总体规划的审查和生态旅游规划的审批工作，提升了自然保护区法律法规和相关规划技术标准、规程的执行力。组织完成26个省(区、市)55个国家级自然保护区总体规划的编制和审查工作，其中：通过保护司审批的总体规划38个；组织完成10个省(区、市)12个国家级自然保护区生态旅游规划的编制和审查工作，对其中10个国家级自然保护区生态旅游规划通过了审批。截至2012年年底，全国286处国家级自然保护区中，已有264处编制并由国家林业局批复了自然保护区总体规划。（王治明　李　忠）

【开展自然保护区管理能力培训】 2011年5月9～15日在北京举办第十六期国家级自然保护区领导干部培训班，61位国家级自然保护区的主要负责人接受了培训。此项培训自1998年至今，累计培训了国家级自然保护区管理局局长达760多人。主要就国家有关自然保护区建设管理的法规、政策，生态保护和自然保护区建设管理的基本理论和技术，国内外有关自然保护区管理的先进理念和做法等内容进行了培训。通过开展培训活动，使国家级自然保护区的主要领导更加明确所在岗位的性质和任务，掌握自然保护区的核心工作和思路，能够更好地完成好生态建设的重任。（郭红燕）

【执行中美自然保护议定书】 经国家林业局审批，保护司组团于2012年10月13～27日赴美国执行中美自然保护议定书附件十一“自然保护区/避难所规划、管理和法规政策”项目任务，对美国鱼和野生动物避难所、国家公园及历史遗迹纪念地等进行了为期15天的深入考察活动。重点考察了美国避难所管理、资金与预算、生境(湿地)恢复、栖息地管理、外来物种防控、避难所基础设施建设与维护、宣传教育及保护志愿者服务等内容。（郭红燕　李　忠）

野生动物保护与繁育

【国家林业局部署对乱捕滥猎滥食野生动物违法行为的综合治理】 2012年冬季，乱捕滥猎滥食候鸟等野生动物的违法犯罪活动呈重新抬头迹象。国家林业局高度重视，先后两次下发紧急通知并召开电视电话会议，在全国范围内部署了一系列专项执法行动：一是要求各地组织力量，确保对野生动物的主要分布区域、生存繁衍区域、集群活动区域和候鸟的重要繁殖地、越冬地、停歇地、迁飞通道等巡护看守；二是会同有关执法机关对花鸟市场、餐馆饭店、野生动物产品集散地、重点交通运输路线、重要进出境口岸和边境贸易活动进行全面清查；三是派出多个工作小组赴各地进行专项督促检查。通过上述综合治理，查办野生动物案件647起，收缴野生动物70 943只(国家重点保护野生动物2973只)、制品3699件(国家重点保护野生动物制品1093件)、皮张4493张(国家重点保护野生动物皮张56张)，有效遏制了乱捕滥猎滥食野生动物的违法活动势头。同时，国家林业局还积极会同有关部门，着手从立法、执法、宣传教育等方面完善野生动物保护长效机制。

【开展全国野生动物加工经营监督检查】 2012年6～10月，国家林业局野生动植物保护与自然保护区管理司按照野生动物法律法规的要求，会同国家林业局政策法规司、国家濒危物种进出口管理办公室、中国野生动物保护协会和中国科学院动物研究所、北京林业大学、东北林业大学等科研院所的专家，组成4个工作组，分赴全国各地对养熊取胆情况和象牙及蟒皮乐器加工经营情况开展了一次全面监督检查，深入了解养熊取胆、象牙及蟒皮乐器加工经营行业现状，严查非法从业行为，查找有关经营活动及技术条件不达规范要求等问题，并有针对性地提出整顿或改进意见，有效促进了全行业技术条件及规范化管理水平的整体提高。 （李林海）

【扬子鳄扩大放归自然】 2012年4月15日，浙江长兴县尹家边扬子鳄保护区举行了扬子鳄放归自然活动，全国政协委员、中国野生动物保护协会会长赵学敏，浙江省人大常委会副主任程渭山，省政协副主席陈艳华等领导及300余名嘉宾共同出席扬子鳄放归自然活动，此次活动共野外放归扬子鳄120条，活动现场还举行了扬子鳄科普展、鸟类摄影展、动物铜雕展、动植物绘画展等一系列科普活动。6月12日，安徽扬子鳄国家级自然保护区举行了第八次扬子鳄野外放归活动，向野外放归了6条人工繁育的扬子鳄，使该自然保护区累计放归自然扬子鳄数量达到48条，且放归自然的扬子鳄不仅适应了当地野外生境，并实现自然条件下产卵5窝88枚，孵出幼鳄54条，标志着扬子鳄野外放归取得阶段性成果。

【野马扩大放归自然及野骆驼首次放归自然】 继2001年国家林业局在新疆维吾尔自治区卡拉麦里山自然保护区将27匹野马成功放归自然后，2012年9月6日，国家林业局在敦煌西湖国家级自然保护区实施了野马扩大放归自然，将21匹野马放归到该自然保护区。同时，还将4峰野骆驼实施了首次放归自然。甘肃省林业厅、武威市林业局、酒泉市林业局、甘肃濒危动物保护中心、甘肃敦煌西湖、盐池湾、安南坝国家级自然保护区及敦煌市有关人员及新闻媒体的300余人参加了放归仪式。

【全国第二次陆生野生动物资源调查检查验收工作启动】 根据全国第二次陆生野生动物资源调查总体安排，全国第二次陆生野生动物资源调查专家委员会办公室于2012年11月28日发布了《全国第二次陆生野生动物资源调查检查验收办法(试行)》(以下简称《检查验收办法》)，并开始组织专家赴各地对2011年、2012年安排的资源调查项目展开实地检查，启动了全国第二次陆生野生动物资源调查检查阶段性验收工作，对该调查项目的组织管理、技术队伍、调查方法、技术规范、基础资料及图件等各方面进行了全面检查，确保各项调查的准确性、可靠性。检查验收结束后，国家林业局将对如期完成且质量合格的调查项目适时发布调查结果。

【中日、中澳、中韩候鸟保护协定双边工作会议和中日韩朱鹮保护研讨会】 2012年11月1～4日，中、日、韩在韩国召开了中日韩朱鹮保护研讨会，总结了朱鹮保护及国际合作取得的成效、经验及教训，研讨了促进朱鹮繁殖及野生种群的恢复、栖息地管理等技术和措施，提出了今后加强合作的方向和计划，特别对中国在支持日本、韩国恢复朱鹮种群方面所做的工作表示了高度赞赏。随后于11月5～9日，中、日、澳、韩分别召开了中日政府间第十四次候鸟保护工作会议、中澳政府间第十次候鸟保护工作会议和中韩政府间第三次候鸟保护协定工作会议，回顾了自上次会议以来各国加强鸟类保护的情况及实施合作项目的进展，提出了今后加强保护及合作的优先领域和项目，旨在进一步推动东亚—澳大拉西亚迁飞途径上迁徙鸟类的保护及国际合作，为大量鸟类的迁飞提供更有效的安全保障。

【第七届中国洞庭湖(岳阳)国际观鸟节】 为在全社会进一步促进公众保护鸟类意识的提高，2012年12月7～9日，由国家林业局、湖南省人民政府主办，中国野生动物保护协会、湖南省林业厅、岳阳市人民政府承办的第七届中国洞庭湖(岳阳)国际观鸟节在湖南省岳阳市举行。本届观鸟节以“让鸟儿自由飞翔”为主题，涵盖了爱鸟护鸟文艺表演、观鸟比赛、国际鹤类保护与可持续发展研讨会、《八百里洞庭美如画》生态人文公益画展、东洞庭湖自然保护区30年回顾展览、颁奖典礼等系列主题活动。国家林业局副局长张建龙、湖南省副省长徐明华等领导出席开幕式并致辞，来自世界自然基金会、国际湿地公约局、美国鱼和野生动物管理局等国际组织、10多个国家的政府官员、专家和全国50多家媒体、30个观鸟会、51个国家级示范自然保护区的代表、20多个行业的观摩人员和数万游客参加了观鸟节系列活动。 （野生动物保护与繁育由张云毅提供）

野生植物保护管理

【极小种群野生植物保护工程规划颁布】 2012年3月20日，国家林业局和国家发展改革委联合印发《关于印发〈全国极小种群野生植物拯救保护工程规划(2011～2015)〉的通知》(以下简称《规划》)，全面推进极小种群野生植物拯救保护工作。《规划》目的是在国家生态建设整体战略指导下，以保护生物多样性、维护生态平衡为出发点，坚持加强资源保护、积极恢复发展、合理开发利用的方针，以保护极小种群野生植物不灭绝为根本，以原生地种群拯救和生境保护为重点，以就地保护、近地保护、迁地保护和种质资源设施保存为重要手段，完善保护管理和科研监测体系，加大科技支撑和宣传教育的投入力度，加强对外交流与国际合作，促进物种资源的良性循环和可持续发展，实现野生植物保护事业的健康发展。《规划》确定120种野生植物作为工程一期拯救保护对象，开展拯救保护试点，为期5年。

【第二次全国重点保护野生植物资源调查工作启动】 根据《野生植物保护条例》有关规定，为全面摸清中国野生植物资源状况和动态变化，国家林业局决定开展第二次全国重点保护野生植物资源调查并于2012年4月24日召开启动部署会议，要求全国各地区依据《全国重点保护野生植物资源调查工作大纲》和《全国重点保护野生植物资源调查技术规程》开展调查工作。截至2012年年底，各省都成立了资源调查工作领导小组和调查专家委员会，组织编制了《工作方案》和《实施细则》，部分省已经启动实施保护工作，并且收到良好的效果。

【植物园植物物种资源迁地保护工作指导意见出台】 2012年10月13日，国家林业局、住房城乡建设部、中国科学院联合印发了《关于加强植物园植物物种资源迁地保护工作的指导意见》。该意见从认识加强植物园野生植物迁地保护的重要意义、加强植物园野生植物迁地保护的指导思想和基本原则、加强植物园野生植物迁地保护的主要任务、加强植物园野生植物迁地保护的组织领导和资金投入4个方面提出意见，指导植物园继续在保护生物多样性、储备生物战略资源、传播生态文化、建设生态文明中发挥作用，进一步加强植物园在野生植物物种资源迁地保护中的重要作用。

（野生植物保护管理由张云毅提供）

濒危野生动植物进出口管理和履约

【综　述】 2012年，野生动植物进出口管理和履行《濒危野生动植物种国际贸易公约》工作不断加强，成效显著。

野生动植物进出口行政许可管理　一是完善规章制度，进一步研究修改《野生动植物进出口证书管理办法(征求意见稿)》《对国外确认证书工作细则》《进出口证明书和物种证明被许可人监督检查管理办法》，起草《被许可人信用评估制度(草案)》，研究下发《实施〈"十二五"期间进口种子种源免税政策管理办法〉的办法》。二是加强行政许可工作。会同林业、渔业部门做好对实验动物、欧洲鳗鲡、龙鱼、兰科植物等物种的贸易审批和管理，及时解决实际问题；对动植物展览、博览等管理服务开展研究；加入"国家电子口岸建设协调指导委员会"，启动"进出口审批系统建设"工作，推进和海关等联网工作进程。全年核发野生动植物允许进出口证明书和物种证明59 500多份。三是推进行政许可监督管理，下发《被许可人行政许可监督检查工作方案(2011年度)》，对被许可人实施进出口情况开展集中监督检查；开发了被许可人行政许可检查信息数据库和信用评估数据库。2012年开展行政许可书面检查505家，实地检查172家，走访调研文化、古玩、动物毛皮、宠物等市场75个，涉及物种种类如兰花、象牙、猩猩、红珊瑚、沉香、冬虫夏草等80多种。

履行濒危野生动植物种国际贸易公约　一是推进建立部门履约执法协调机制。组织召开部门间CITES执法工作协调小组第二次联席会议，推动建立地方部门履约执法协调机制，在全国范围内成立15家省级部门间CITES执法工作协调小组。二是推进完善法律法规。协助最高人民法院、最高人民检察院、国家林业局、公安部、海关总署联合下发《关于破坏野生动物资源刑事案件中涉及的CITES附录I和附录II所列濒危物种及其制品价值核定有关问题的通知》；广泛征求了各地对涉及审理野生动植物刑事案件的两个司法解释的修订意见。三是推进物种调查评估。全面实施两爬和大宗贸易物种调查监测工作，开发启用监测动态管理系统；启动冬虫夏草资源与贸易调查、红松贸易评估以及食蟹猴、入药蛇类、鲟鳇鱼等专项贸易物种的调查和评估工作；组织召开沉香物种调查总结会；稳妥地推进非致危性判定的实施工作。四是组织开展公约第16次缔约国大会的相关议题准备。妥善处理龟鳖类、隼类、雉类、苏眉和鲨鱼等物种的提案应对工作；开展了对莽山烙铁头蛇、安吉小鲵列入公约附录、修改沉香注释、进出口证书确认等提案准备工作。与美国鱼和野生动物局就龟鳖形成联合提案。五是推进开展履约执法行动。积极组织各办事处配合国家林业局和海关总署开展"网上非法交易濒危物种清理活动""非法经营利用象牙""国门之盾"和"捕食行动"等行动，会同林业、农业、海关、森林公安，分别在各地组织对进出口口岸、市场、商店等场所开展清理非法贸易、摆卖等整治工作，协调开展物种产品鉴定，查获一批非法案件，执法成果显著，公约秘书长向中国部门间公约执法工作协调小组授予公约秘书长证书；组织编写《监测非法猎杀大象(MIKE)工作方案》并协调实施；协调东盟、南盟、东南非野生动植物执法网络等有关组织及国家，积极准备组织亚非20余国开展"眼镜蛇行动"，针对非法贸易大型猫科动物、犀牛、大象、穿山甲等敏感物种开展多国专项执法行动；向公约秘书处提交《亚洲大猫保护与贸易控制国家报告》和《大象保护与贸易控制国家报告》。六是举办、参加国际会议。与公约秘书处联合组织召开了公约电子许可系统建设研讨会，推动贸易许可管理科学化、效能化进程；召开中国—东盟履约执法对话会、非洲野生动植物保护和履约官员研修班，承办东盟野生动植物非法贸易特别调查组会议，推进双边和多边履约管理和执法交流与立场协调；组织参加了公约第62次公约常委会、动物委员会议、植物委员会议，积极参与与我国密切相关的议题谈判工作，重点处理好了海马、实验用猴、龟鳖类、鲨鱼、蛇类、大宗贸易回顾、水生物种列入附录标准、周期性回顾附录注释、热带木材、交易目的代码等重点议题，完成预定任务；派员参加公约执法特别会议、公约药用植物研讨会、中部非洲控制野生动植物犯罪会议、南亚野生动植物执法网络第一次会议、老虎分布国高官会、第二届老虎分布国部长级会议、中欧暨中德履约对话会、保护雪豹国际会议以及东南亚 MIKE 项目指导委员会会议，积极宣传介绍中国履约工作，处理相关问题。七是扩大对外交流。组织赴美进行《中美自然保护议定书》下 CITES 管理业务交流；组织赴欧盟协调缔约国大会立场；组织赴印度尼西亚、马来西亚开展业务访问活动，对金龙鱼、亚洲龟鳖类等物种管理经验开展考察和履约经验交流；协调和推进与越南、肯尼亚分别签订履约和执法方面的"合作备忘录"；组织接待了公约秘书长、公约秘书处执法部、越南公约代表团，接待印尼履约访华团、蒙古国公约代表团和东盟野生动植物鉴定技术代表团来访；组团赴台湾地区进行贸易管理交流；组团赴香港特区开展管理执法培训、参加中央及港澳特区政府 3 方年度履约协调会。邀请美国和东盟司法鉴定专家来华与中国濒科委等单位进行业务交流，并组织中国有关专家赴美培训。八是组织开展培训活动。举办涉及对企业、海关培训 38 批次，培训人员 2400 多人。举办中蒙边境口岸中方执法人员培训班，组织召开控制非法运输濒危物种培训研讨等。

（张　旗）

【濒危野生动植物种国际贸易公约电子许可系统建设研讨会】 于 2012 年 5 月 9 ~ 11 日由国家濒管办、《濒危野生动植物种国际贸易公约》秘书处联合在广州举办。来自新加坡、泰国、印度尼西亚等亚洲地区有关公约缔约国、中国香港和澳门特区、南美、非洲、世界海关组织和联合国环境规划署世界保护监测中心等 14 个国家（地区）、2 个国际组织共 60 名代表参加会议。国家林业局副局长印红、公约秘书长约翰·斯甘伦出席会议并讲话。会议围绕公约有关电子许可的决议和决定，研究确定推进濒危物种贸易电子许可的原则、措施与方法，并探讨解决存在的困难和问题，旨在加强亚洲地区 CITES 缔约国电子许可系统的能力建设，加快电子许可系统的开发应用。会议达成两方面共识：一是在电子许可建设项目设计方面，会议强调要加强南南合作，共享各方技术与经验，形成 CITES 各区域间的合作伙伴关系；二是在项目资金方面，会议建议充分利用多边、双边资金机制以及非政府组织、私营企业等多种渠道，在国际、区域和国家层面支持电子许可项目，加强技术共享和南南合作。会议期间，印红副局长与公约秘书长举行了会谈；公约秘书长向中国部门间履约执法工作协调小组颁发了公约秘书长表彰证书。（张　旗）

【濒危野生动植物种国际贸易公约常委会第 62 次会议】 于 2012 年 7 月 23 ~ 27 日在瑞士日内瓦举行，由中华人民共和国濒危物种进出口管理办公室常务副主任孟宪林为团长，外交部、农业部、国家林业局、香港渔农自然护理署等单位共 10 人组成的中国代表团参加会议，中国野生动物保护协会以及中国中医药协会派代表参加会议。

本次会议通过大会讨论和工作组磋商的方式对近 58 项议题进行了讨论研究，内容涉及议事规则、与联合国环境署关系、财政问题、科学委员会报告、公约战略规划、与其他机构协作、公约与生计、能力建设、决议回顾、公约完善与执法、大宗贸易回顾、贸易控制措施、海上引进、附录列入标准、商业性繁殖注册、若干履约热点物种贸易与执法（类人猿、虎豹、藏羚羊、象、犀牛、蛇、龟鳖、鲟、苏眉、大叶桃花椰木等）。会议中，与会代表严格遵循"与会对案"，分工协作，积极配合，全面认真深入地参与各项相关议题的研究讨论和决策。同时，代表团本着"全面参与会议讨论，重点处理好利害关系问题，广泛开展履约交流合作"的原则，与相关国家和非政府组织进行广泛接触，了解各方动态，阐述中国关于敏感物种的政策，寻求各方理解支持，积极为国家争取利益，参会工作取得成效。

（史蓉红）

【2011 年度被许可人实施野生动植物进出口行政许可情况专项监督检查】 为进一步贯彻执行《行政许可法》和《濒危野生动植物进出口管理条例》，切实履行行政许可监督检查职责，强化行政许可后续监管，国家濒危物种进出口管理办公室组织开展了 2011 年度被许可人实施野生动植物行政许可情况专项监督检查工作。国家濒管办各办事处对行政许可监督检查工作高度重视，通过书面和实地检查等方式及时发现存在问题，提出解决问题的措施和建议。通过此次行政许可监督检查，既加强了濒管办系统依法行政和廉洁从政工作，进一步提高了办事处改进管理方式、积极服务管理相对人的自觉性；同时，也增强了经营者遵约守法开展野生动植物进出口活动的意识，纠正并警示、震慑了违法违规经营行为。

（鲁兆莉）

【冬虫夏草资源和贸易状况调查评估】 2012 年，国家濒管办与中国医科院药用植物研究所合作，组织冬虫夏草重点产区和主要出口地的四川、西藏、青海、甘肃、云南、广东辖区的办事处，对 2010 ~ 2012 年冬虫夏草的资源、利用、人工培植、出口和走私状况开展调查评估。调查评估结果显示，近年来，我国冬虫夏草的利用需求和利用量不断加大，资源消耗总量难以控制，人工培植尚不具备推广价值，采挖活动对草原生态环境造成了一定影响。为此，调查评估报告建议要着力建立冬虫夏草储量监测工作机制，以"野生促繁"的方式加快资源增长，搞好产学研结合，打造知名品牌，提高产品附加值，促进冬虫夏草资源保护与可持续利用。

（张　月）

【简化许可程序，做好欧洲鳗鲡溯源管理工作】 为支持中国鳗鱼业发展，做好欧洲鳗鲡及其制品再出口管理和服务工作，2012 年，国家濒管办会同农业部水生野生动植物保护办公室向各地有关部门及行业协会联合下发《关于欧洲鳗鲡及其产品再出口有关事宜的通知》等一系列管理文件，通过核定欧洲鳗鲡及其产品再出口配额、确定进出口许可简化程序、强化溯源统计及核销管理措施等，进一步推动欧洲鳗鲡产品再出口活动的有序、规范、便捷进行，促进中国鳗业稳定发展。

（遇达祎）

湿地保护管理

【全国湿地保护工程"十二五"规划获国务院批准】 8月4日，由国家林业局牵头、国家发展改革委等其他9个部门共同编制的《全国湿地保护工程"十二五"实施规划》得到国务院批准，11月，国家林业局牵头会同国务院其他9个部门印发至各省(区、市)政府执行。《规划》确定了"十二五"期间湿地保护工程、湿地恢复与综合治理工程、可持续利用示范工程以及能力建设工程，总投资129.87亿元。 (王福田)

【湿地保护工程项目建设】 为落实湿地保护工程项目任务，组织项目审核组对59个湿地保护工程项目进行了技术审核，提报了2012年湿地保护工程项目建议方案。按照《全国湿地保护工程实施规划(2005～2010)》，2012年7月4日，国家发展改革委、国家林业局下发了《关于下达湿地保护工程2012年中央预算内投资计划的通知》(发改投资〔2012〕1978号)，投入中央预算内资金2.4亿元，安排实施林业湿地保护工程项目34个，开展了湿地保护工程项目检查评估。委托国家林业局西北调查规划设计院，完成了2012年湿地保护工程项目检查评估工作，形成了《全国湿地保护工程项目检查评估报告》。 (王福田)

【中央财政湿地保护补助项目】 2012年，继续开展中央财政湿地保护补助项目建设。财政部于2012年6月21日下发了《关于拨付2012年湿地保护补助资金的通知》(财农〔2012〕135号)，安排中央财政湿地保护补助资金2亿元，实施了91个林业湿地保护补助项目。

(王福田)

【湿地资源调查】 2012年，全国最后一批8个省市全面完成了调查任务。年初，国家林业局湿地资源调查工作领导小组办公室在云南丽江组织召开了全国湿地资源调查2012年启动会，举办了培训班，3家中央技术支撑单位着手遥感和地理信息数据准备、配套技术资料编制等工作。8省市陆续成立了调查工作组织机构、组建调查队伍、落实配套资金，上报了本省湿地调查实施细则和工作方案。领导小组办公室及时组织召开了专家技术咨询会，对自然湿地保护率、青海盐沼湿地、三沙市湿地调查等问题进行了研讨，解决了技术上的难题，确保各地调查严格遵循《全国湿地资源调查技术规程》。上半年，各省陆续启动了湿地资源调查工作，举办了省级培训班。3家中央技术支撑单位对外业调查工作进行了现地指导。据统计，8省市共有46个单位、10 908人参加调查工作，区划湿地班块6.8万个，获取数据4730多万条。部署开展了全国湿地资源调查数据汇总和成果报告编写工作。组织开展了评价试点。确认国家重要湿地11处。继续开展国际重要湿地监测。组织制定了《全国1公顷以上湿地有机碳调查初步方案》。 (王福田)

【湿地科学研究】 湿地生态系统健康功能价值评价指标体系，通过了国家林业局科技委专家论证会论证。专家认为，指标体系构建科学合理、可操作性强，填补了中国湿地生态系统定量监测评价领域的空白，适用于对不同类型的湿地进行快速评价。 (王福田)

【湿地公园建设】 组织举办了2期国家湿地公园培训班，培训人员278人次。组织完成新申报92处国家湿地公园(试点)专家实地考察；召开了2012年国家湿地公园专家评审委员会会议，对拟建92处国家湿地公园进行了技术审查，其中85处通过了评审，并在拟建国家湿地公园所在地进行了公示。目前，全国国家湿地公园达到298处，总面积达178万多公顷，保护湿地面积118万多公顷。 (王隆富)

【湿地保护立法】 《湿地保护条例(第三次征求意见稿)》在正式征求了20个部门的意见之后，国家林业局针对部门提出的意见与国土资源部、农业部、环境保护部、水利部、住房与城乡建设部、国家海洋局等部门进行了协调和沟通。与国务院法制办共同对该条例草案进行了修改和完善。组织起草了《湿地保护管理规定(送审稿)》(部门规章)，于2013年5月1起实施。

(王隆富)

【湿地保护宣传教育】 与中央人民广播电台联合开展了《中国湿地报告》大型系列报道，《政务直通车》在电台、网络"双直播"，连续19天集中播发报道190多篇。2012年2月2日"世界湿地日"的主题是"湿地与水资源保护"，湿地日期间，国家林业局在《人民日报》发表了专题文章，印发宣传张贴画8000张。中央电视台《新闻联播》节目多次播出了有关湿地保护的新闻。"湿地中国"网发挥了宣传主阵地作用。通过广泛宣传，人们的湿地保护意识显著提高，营造了良好的湿地保护氛围。

(王隆富)

【湿地公约第十一届缔约方大会】 《湿地公约》第十一届缔约方大会于7月5～14日在罗马尼亚首都布加勒斯特举行。由国家林业局牵头，外交部、水利部、农业部、国家海洋局、中国气象局、香港特别行政区渔农自然护理署、北京林业大学等单位共同组成的中国政府代表团参加了会议。代表团积极参与大会磋商和相关活动，妥善处理涉华敏感问题，较好地维护了国家利益。会议结束后，向国务院提交了出席本次会议的情况报告。

(方 艳)

【中国加入湿地公约20周年纪念】 国家林业局于12月14日在人民大会堂召开了纪念中国加入《湿地公约》20周年座谈会。国务院副总理回良玉出席会议并作了重要讲话。国家林业局局长赵树丛做了题为《加强湿地保护，建设生态文明》的讲话。中央及国务院有关部门的负责同志、湿地公约秘书长等国际组织代表参加了会议。

(方 艳)

【国家履约委员会第五次会议】 中华人民共和国国际

湿地公约履约办公室与国家海洋局海洋生态环境保护司共同承办了中国履行《湿地公约》国家委员会第五次会议。外交部、发改委、财政部、环保部、水利部、农业部等15个单位代表出席了会议。会议总结回顾了上年度履约工作情况，研究提出了2012年工作思路与举措，并就社会关注关心的部分国际重要湿地存在的问题进行了专题研究，提出了切实可行的治理措施，并就湿地保护管理中的一些重要问题达成了共识。（方　艳）

【国际合作与交流】 为期两年的"中澳环境发展伙伴项目——湿地管理政策、指南与能力建设"项目结束。召开了项目成果汇报会。该项目成为中澳环境发展伙伴项目(ACEDP)众多子项目中，在政府机构、科研部门、NGO和私营企业等各类伙伴关系合作方面的最好典范之一。按照中德"中国湿地生物多样性保护合作项目"框架，召开了成果总结会，执行了赴德国、西班牙考察任务。中美经济与战略对话——中美能源和环境合作框架下的"中美湿地合作十年行动计划"和"中国国家林业局和美国内政部关于自然保护交流与合作议定书附件十一"项目，组织了双边人员交流互访活动。全球环境基金(GEF)5期项目获得GEF理事会批准，组织召开了项目文件编制启动会。与湿地国际、世界自然基金会等签署了年度备忘录。参加了世界保护联盟第五届世界保护大会。举办了三期香港米埔湿地管理培训班。

（方　艳）

【国际重要湿地调研】 参加了多部门联合调研组或牵头组织的调研活动，分别对陕西、内蒙古的红碱淖湿地，四川若尔盖和湖南洞庭湖国际重要湿地保护面临的湿地面积萎缩、沙化程度加深、杨树等外来植物入侵等突出问题进行了专题调查研究，找到问题存在的症结，提出切实有效的解决办法。（方　艳）

野生动物疫源疫病监测与防控

【有序推进野生动物疫源疫病监测防控体系建设】 国家林业局积极与国家发展改革委、农业部等相关部门协调，完成了第一期最后50个国家级监测站的投资安排和可研编制，搭建起以350处国家级监测站为主体、以768处省级监测站和一大批市县级监测站为补充的野生动物疫源疫病监测防控网络体系，并将野生动物疫源疫病监测防控工作纳入2012年5月20日印发的《国家中长期动物疫病防治规划(2012～2020年)》(国办发〔2012〕31号)，监测防控能力建设得到有效保障，发展空间得到进一步扩展。为切实促进各地监测防控体系建设有序进行，2012年9月10日国家林业局野生动植物保护与自然保护管理司，在新疆组织召开全国野生动物疫源疫病监测防控体系建设现场经验交流会，深入总结交流了监测防控体系建设中的成功经验和良好做法。

【首次确诊藏羚羊传染性胸膜肺炎疫情】 2012年8月底起，西藏自治区那曲地区的藏羚羊出现不明原因死亡，数量持续增加，涉及范围不断扩大。针对这一突发情况，国家林业局于9月22日组织野生动物疫源疫病监测总站、长春野生动物疫病研究中心的有关专家，赴现场开展样品采集和流行病学调查工作。经国家林业局长春野生动物疫病研究中心实验室检测分析，10月7日确诊致死原因为丝状支原体山羊肺炎亚种引起的藏羚羊传染性胸膜肺炎。该病为国内外首次在藏羚羊种群中发生，对珍稀濒危野生动物种群安全造成了巨大危害。截至2012年12月31日，疫情共导致2249只藏羚羊在内的2366只野生动物死亡，涉及那曲地区的双湖区、班戈县、申扎县、尼玛县4个县(区)、7个乡(镇)、14个村(塘)，参照《国家特别重大、重大突发公共事件分级标准(试行)》并结合往年疫情等级判定情况，经专家综合评定为较大野生动物疫情。

【初步形成野生动物疫源疫病监测防控新模式】 为实现野生动物源性重大传染病由被动防控向主动预警的转变，充分发挥野生动物疫源疫病监测防控的前沿哨卡、首道屏障作用，2012年4月18日，国家林业局野生动植物保护与自然保护管理司印发重要野生动物疫病主动预警试点工作实施方案(护动函〔2012〕32号)，正式启动了主动预警试点工作。经过多年的前期探索，初步形成了以主动监测为基础、以专家会商为支撑、以风险预警与管理为方向的野生动物疫源疫病监测防控新模式，并将对提升监测防控能力和整体水平发挥十分积极的作用。

【开展野生动物疫源疫病监测防控联合督查】 为进一步强化重点区域野生动物疫源疫病监测防控工作，根据国家林业局一季度重点工作安排，国家林业局保护司于2012年3月中旬统筹有关单位的力量，组成4个专项督导调查组赴广东、广西、福建等13个重点省(区、市)，对春季野生动物疫源疫病监测防控工作开展情况、野生动物驯养繁殖场检查及各项防控措施落实等情况进行了专项督导检查，并委托局驻各地森林资源监督办对其他省区进行了督查，查找了监测防控工作的不足，提出了改进的思路，确保候鸟禽流感等野生动物疫情监测防控工作取得实效。

【开展野生动物疫源疫病监测防控技能培训】 为切实提高一线人员的监测防控实践技能，2012年5月和8月，国家林业局在东北林业大学和内蒙古图牧吉国家级自然保护区共举办3期野生动物疫源疫病监测防控培训班，对上海、福建、江西、内蒙古等省(区、市)的近200人进行了野生动物识别、监测工作的组织与管理、水鸟安全捕捉与环志、样品采集等专项技能培训。

（野生动物疫源疫病监测与防控由张云毅提供）

大熊猫保护管理

【中国首只经过系统野化训练的人工繁育大熊猫放归自然】 2012年10月11日，由国家林业局和四川省政府主办的人工繁育大熊猫“淘淘”放归自然仪式在四川省雅安市石棉县举行，将首个经过系统野化训练的人工繁育大熊猫“淘淘”放入石棉栗子坪省级自然保护区的森林中，并对其开展跟踪监测和科学研究。大熊猫“淘淘”是在中国大熊猫保护研究中心卧龙野化培训基地的自然环境中出生，并随母兽共同接受系统性野化训练的大熊猫幼仔，此次大熊猫放归标志着中国大熊猫拯救繁育工作步入新的历史阶段。国家林业局党组书记、局长赵树丛，国家林业局副局长印红，四川省委常委、副省长钟勉出席仪式。 （张德辉）

【中法大熊猫保护合作研究正式启动】 根据2011年12月中国动物园协会与法国博瓦勒动物园签署的中法大熊猫保护合作研究协议，来自成都大熊猫繁育研究基地的两只大熊猫“圆仔”和“欢欢”于2012年1月15日抵达巴黎，作为中法友好的使者开始了为期10年的旅法生活，也正式启动了中法大熊猫合作研究项目。

（张　玲）

【中新大熊猫合作启动】 根据2009年11月中国野生动物保护协会与新加坡野生动物保育集团签署的中新大熊猫保护合作研究协议，来自中国保护大熊猫研究中心的一对大熊猫“武杰”和“沪宝”于2012年9月6日抵达新加坡，正式启动了中新大熊猫合作研究项目。2012年11月28日，国家林业局局长赵树丛出席了新加坡河川生态园大熊猫馆开馆仪式并致辞。大熊猫“武杰”和“沪宝”（新加坡名“凯凯”和“嘉嘉”）正式与新加坡民众见面，受到了民众的热烈欢迎。 （张德辉）

【5·12地震灾害后大熊猫重返卧龙】 2012年10月30日，四川卧龙中国大熊猫保护研究中心举行了仪式，欢迎18只大熊猫从雅安碧峰峡基地重返卧龙，这是5·12地震后4年多来，首批返回卧龙重建基地的大熊猫，也标志着卧龙自然保护区的灾后重建工作基本完成。

中国保护大熊猫研究中心原卧龙基地在2008年汶川特大地震中遭受重创，32套大熊猫圈舍严重被毁。60多只大熊猫被寄养到广州、福州、上海等相关单位，其余熊猫则被转移到雅安碧峰峡基地紧急安置。震后新建的研究中心神树坪基地距原址约22千米，总建筑面积近2万平方米，约为原基地的20倍。该项目由香港特区政府援助，按绿色三星标准设计。基地分为大熊猫饲养、野化培训和野生动物公众教育三大功能区，有59套大熊猫圈舍、兽医院，大熊猫过渡、野化培训区等配套硬件设施。

卧龙、都江堰、雅安碧峰峡3个基地组成的中国保护大熊猫研究中心，将成为全国规模最大、世界一流的大熊猫科研与自然保护教育基地，提升中国大熊猫保护与科研水平。 （张　玲）

森林防火

【综　述】 2012年，继连续4年实现“三下降”（即森林火灾次数、受害森林面积和森林火灾伤亡人数3项重要指标的下降）后，又成为新中国成立以来火灾损失（受害森林面积和人员伤亡）最少的一年。森林防火有多项工作实现了突破：国家森防指成员单位牵头进行森林防火检查，《森林火险预警与响应工作暂行规定》正式颁布，卫星热点核查“零报告”和“有火必报”制度首次实行，批复项目中央投资超过20亿，表彰奖励争取到省部级劳模指标，召开了中蒙第一次边境地区森林防火联防会议并达成7项共识，森林航空消防覆盖到16个省（区、市）、265万平方千米、森林部队直升机投入实战应用。

加强领导力量 国务院调整充实了国家森林防火指挥部主要领导和成员。国家森防指协调发改委、财政部、公安部、农业部等成员单位，派出21个工作组赴各地检查防火工作。国家林业局赵树丛局长逢会必提严格落实森林防火行政首长负责制，并指示召开了6次视频调度会议、下发50多份文电，有针对性地部署森林防火工作。财政部、国家税务总局对1101台森林消防专用车辆免征购置税，外交部积极协调边境森林防火工作，气象部门加强气象服务，工信、民政、交通、公安、铁道、教育、农业等部门为做好森林防火工作提供了强有力的保障，武警森林部队实施了远程机动驻防和靠前驻防，确保部门分工责任制落到实处。

加强宣传教育 开通森林防火官方微博和“手机报”，组织开展森林防火吉祥物诞生5周年宣传活动，制作发放《森林防火知识读本》和《画说森林防火》。协调中央电视台、中央人民广播电台等主流宣传媒体，及时播发火险等级预报、播报森林防火常识和火灾扑救进展，在《人民日报》“十八大林业特刊”中推出森林防火宣传专版。据不完全统计，2012年中央电视台共播发森林防火新闻60多条，《中国绿色时报》刊发森林防火文章300多篇，有力地营造了森林防火良好宣传氛围。

加强预警监测 实现与中央气象台森林火险天气预报视频会商，组织召开春、夏、秋3次火险形势会商会；国家森防指制作森林火险气象等级预报320期，高森林火险天气警报128期。发布卫星监测图像8200余幅，监测热点6360个。全国森林火险预警示范体系项目通过验收，558个国家级森林火险监测站并网使用。指导各地积极推进省级森林火险预警系统建设，辽宁、安徽、海南等地基本建设完成。各地反馈林火1600余起，热点反馈率达98.7%。

加强应急处置 国务院组织修订森林火灾应急预案，国家森防指先后出台了信息发布、火情研判、前指规范等7个工作制度，派出了14个火场工作组指导云南晋宁、河北承德等地的火灾扑救。制定实施武警森林部队"南兵北用""铁路运兵""靠前驻防"工作方案，提前向重点省区调拨扑火装备，有效应对高森林火险形势。森林航空消防空中发现各类林火163起，参与扑救154起(其中吊灭飞行207架次、洒水4394吨，机降索降飞行218架次、4254人，化灭飞行48架次、喷洒灭火药液66吨，运送扑火物资10吨)。

加强队伍建设 完成全国森林防火专业队伍建设调研统计工作，着手制定《国家森林防火指挥部 国家林业局关于进一步加强森林消防队伍建设的意见》，指导各地积极推进森林消防队伍标准化建设，目前地方专业(半专业)、应急及群众消防队伍达到了350万人。加强了业务培训，举办了各级指挥员培训班6期，培训干部300余名。森林航空消防覆盖16个省(区、市)，森警直升机一大队投入实战，二大队组建正在积极推进。

加强基础保障 国家林业局批复森林防火建设项目190个，批复中央投资22.13亿元，提前下达了12亿元森林防火基本建设投资计划。森林防火中长期发展规划全面实施，全国火情瞭望监测覆盖率由45.3%提高到63.1%，森林防火通信覆盖率由53.7%提高到67.7%，火灾综合防控能力得到全面提升。协调财政部，紧急追加森林航空消防和物资储备经费。森防指办公室本级预算实现了20%的增长。 (李新华)

森林火灾

【全国森林火灾情况】

火灾次数 2012年全国共发生森林火灾3966起，为1998年以来的近15年中火灾次数最少的一年，比近3年(2009～2011年)平均值下降3411起，下降幅度达46.2%。其中一般火灾2397起，较大火灾1568起，重大火灾1起，无特大火灾发生。一般火灾和较大火灾分别比近3年平均值下降了43.5%和49.6%，而重大火灾比近3年平均值下降21起，下降幅度达95.5%。与2011年相比，森林火灾次数减少28.5%，其中一般火灾、较大火灾和重大火灾次数分别减少19.9%、38.5%和88.9%，而特大火灾则与2011年持平，仍然为0起。

火灾损失 2012年全国森林火灾受害森林面积13 948公顷，比近3年平均值下降了25 687.4公顷，下降幅度达64.8%。因森林火灾伤亡21人，比近3年平均值减少82人，减少幅度为79.6%。其中，轻伤、重伤和死亡人数分别为6人、2人和13人，分别比近3年平均值减少80.6%、91%和73.8%。2012年因森林火灾死亡的13人中，四川省4人，湖南省3人，广东省2人，吉林省、安徽省、重庆市和西藏自治区各1人。与2011年相比，受害森林面积减少48.2%，森林火灾伤亡人数减少76.9%，其中死亡人数减少71.1%，受伤人数比2011年减少82.6%。2012年我国再次取得森林火灾次数、受害森林面积和森林火灾伤亡人数3项重要指标的进一步全面下降。其中，受害森林面积和森林火灾伤亡人数是新中国成立以来最低的一年，而森林火灾次数成为近15年来最低的一年。这一巨大成绩的取得，既有2012年全国大范围气候条件优越，总体上风调雨顺的有利因素，更重要的是在党中央的正确领导下，各级政府和广大军民对森林防火工作高度重视，预防和扑救森林火灾措施得力，坚持打早、打小、打了的正确方针，坚持不懈的努力才取得2012年全国森林防火工作的胜利。

火灾扑救 2012年，全国扑救森林火灾共出动62.1万个人工日，出动车辆5.2万辆(台)次，分别比近3年平均值减少43.4%和42.6%。共出动飞机359架次，比近3年平均值减少63.7%。投入扑救森林火灾经费3.42亿元，比近3年平均值增加了154.7%。这些数据进一步证明了森林防火工作应坚持以预防为主，对森林防火工作的重要性应大力宣传，做到家喻户晓，深入人心。平时应保障并适当增加森林火灾防控和扑救的资金投入。一旦发生森林火灾，一定要坚持打早、打小、打了的正确方针，将火灾消灭在萌芽状态，避免小火酿成大灾，杜绝重特大火灾的发生。这样才能减少国家和人民群众的经济损失，节省大量的人力物力，更重要的是有利于维护林区的社会稳定和秩序。不断引进和采用先进技术和装备，提高森林火灾扑救工作的快速机动能力，提高指挥扑救的科学性，增强快速处置应急事件的效率，最大限度地减少森林火灾造成的损失，确保国家和人民的生命财产安全，将是森林防火工作长期坚持的一项重要任务。

火灾原因分析 2012年全国因雷击火引发的森林火灾次数为34起，其他自然火引发的森林火灾次数为3起，分比2011年下降了63.8%和66.7%。因非生产性火源引发的森林火灾次数为2320起，因生产性火源引发的森林火灾次数为1121起，分别比2011年减少12.2%和43.0%。而未查明原因的森林火灾400起，比2011年下降了46.5%。2012年全国发生的森林火灾中，人为因素引发的森林火灾仍然占已查明火源的森林火灾总次数的90%以上。其中，上坟烧纸、烧荒烧炭和野外吸烟引发的森林火灾分别占已查明火源的森林火灾次数的43.6%、21.6%和4.8%。而小孩玩火以及痴呆人弄火引发的森林火灾各占已查明火源的森林火灾次数的2.7%

重大森林火灾 2012年全国仅发生1起重大森林火

灾。3月27日16时，西藏自治区山南地区桑日县增期乡发生一起重大森林火灾。

森林火灾“三率” 2012年森林火灾发生率（起火灾/10万公顷森林）为2.03，森林火灾控制率（公顷受害森林面积/每起森林火灾）为3.52，森林火灾受害率（受害森林面积/森林总面积）为0.071‰（按全国森林面积19 545万公顷计算）。 （韩学林）

【森林火灾综合分析】 2012年我国西南、华南等部分地区相继遭遇持续干旱天气，森林火险等级居高不下，一些地方森林火灾频发，加之俄罗斯、蒙古等邻国的森林火灾多次威胁我边境，森林防火形势十分严峻。在党中央、国务院的坚强领导下，各级党委政府精心组织、积极应对，各相关部门认真履职、通力合作，最大限度地减少了森林火灾发生和灾害损失。2012年全国共发生森林火灾3966起，为1998年以来的近十五年中火灾次数最少的一年，其中一般火灾2397起，较大火灾1568起，重大火灾1起，无特大火灾发生。

2012年全国森林防火工作，有以下5个特点：

各级领导高度重视 党中央、国务院高度重视森林防火工作。胡锦涛总书记、温家宝总理、回良玉副总理等中央领导同志曾先后多次作出重要指示。温家宝总理在政府工作报告和国务院全体会议上的讲话中，特别强调要加强防灾减灾能力建设，做好森林火灾等灾害防治工作。回良玉副总理数十次作出重要批示，亲自出席全国春防会议安排部署森林防火工作，出访期间还亲自打电话询问森林火灾扑救情况并作出重要指示。国务院调整充实了国家森防指主要领导和成员，国务院应急办加强了对森林防火的总协调、总指导。国家林业局党组多次召开专题会议，加强业务学习、听取情况汇报、研究部署森林防火工作。赵树丛局长亲自检查指导、指挥火灾扑救，并对加强“制度、机制、信息、平台”建设提出具体意见。武警总部主要领导和森林指挥部主要负责同志亲自安排森林防火工作，多次深入驻林区部队检查指导。国家森防指专家组积极建言献策，充分发挥作用。北京、河北、山西、内蒙古、辽宁、吉林、黑龙江、山东、河南等省（区、市）党政主要领导亲自检查指导森林防火工作，江苏、浙江、安徽、湖北、湖南、四川、贵州、云南、新疆等省（区）党政主要领导分别对森林防火作出指示、提出要求。

防范措施积极有效 国家森防指先后召开6次视频调度会议、下发50多份文电，有针对性地部署森林防火工作，并派出20多个工作组深入基层检查指导。国家林业局赵树丛局长亲自带队赴黑龙江省视察指导森林防火。国家发改委、财政部、公安部、农业部等成员单位有关领导分别带队深入各地检查督导。紧要期，国家森防指派出工作组赴重点地区开展蹲点督查。国家旅游局、总后勤部等部门积极部署辖区森林防火工作。各级监察部门积极配合做好火案查处和责任追究工作。天津、江苏、海南、新疆兵团及时召开会议，安排部署森林防火工作。吉林、云南等省发布森林防火命令，山西、江西等省实行“厅领导包片、处级干部包县”制度，福建、河北、广西等省（区）对重点县实行了集中整治。

宣传教育深入人心 国家森防指提早下发了《2012年春季森林防火宣传工作方案》，会同教育部门发放3万册《森林防火知识读本》，组织开展森林防火吉祥物诞生5周年宣传活动，开通森林防火官方微博和“手机报”，全面加强宣传教育。在中宣部、广电总局、国新办等部门的大力支持下，中央电视台等主流媒体及时预报火险等级、播报防火广告、报道火灾扑救情况。黑龙江省开展了“5·6”大火25周年警示宣传，北京、上海、广东、重庆、陕西等省市开展了“文明祭扫，平安清明”主题宣传，山东、河南、四川、西藏等省区开展了森林防火进校园活动，云南、甘肃、青海等省强化了旅游景区宣传，内蒙古、吉林、黑龙江、大兴安岭森工集团组织开展了形式多样的巡回宣传活动。

应急能力大幅提升 国家森防指制定了《处置东北内蒙古地区森林火灾应急预案》，提前向重点省区调拨1.8万多套扑火装备，启动国家应急预案10余次，先后派出14个工作组赴火场一线指导火灾扑救。在总参、空军和民航局等部门的大力支持下，共租用近百架飞机执行森林航空消防任务，发挥了航空消防快速高效作用。地方森林消防队伍严阵以待，快速出动，高效处置，发挥了重要作用。武警森林部队实施了远程机动驻防和靠前驻防，成功处置森林火灾400多起，发挥了主力军和突击队作用。国家森防指和气象局及时会商火险形势，发布高火险预警信息28次、高火险天气警报128期，通报卫星热点5710个。武警部队制定了森林防火专项预案，参与扑救森林火灾1000多起。内蒙古、黑龙江等省（区）编制了境外火、雷击火应急处置预案，把扑火物资和兵力提前投放到重点地区。京津冀晋蒙、川渝陕等省（区）强化资源共享，提升了省际森林火灾联防联控能力。

保障能力不断增强 外交部积极协调边境森林防火工作。国家发展改革委提前下达投资计划，组织开展了森林防火规划中期评估工作。财政部加大经费投入，保障了重点业务开展。气象部门加强气象服务，及时实施火场人工影响天气作业。工信、民政、交通、公安、铁道、教育、农业等部门为做好森林防火工作提供了强有力的保障。国家林业局各司局、各单位特别是驻各地专员办，对森林防火工作给予了大力支持、作出了重要贡献。国家森防指组织召开了中蒙第一次边境地区森林防火联防会议，举办了6期森林防火指挥员培训班，发布了7项森林防火工作制度，实行了卫星热点核查“零报告”和“有火必报”制度。吉林省出台《重大林业灾害应急资金和物资储备制度》，云南省修订发布《森林防火条例》，浙江省健全人工增雨工作机制，山东省加强森林消防队标准化建设，辽宁、宁夏、新疆等省（区）加强了信息化建设。 （韩学林）

【西藏自治区“3·27”森林火灾】 3月27日16时，西藏自治区山南地区桑日县增期乡发生林火，火场林相以乔木和灌木林为主。火灾发生后，当地立即组织人员扑救。但因当地山高坡陡、沟深、风大物燥，扑救难度大。28日下午15时许，火灾现场突起大风，火势迅速向东西南侧蔓延，至3月31日，火势基本得到控制。自4月1日起，扑救工作转入火情监测和扑灭暗火阶段，4月3日，火灾全部扑灭。经查，本次火灾系浙江某公司地质勘测作业时野外爆破引发，火灾受害森林面积100公顷，属重大森林火灾。扑火共出动人员7891人，出动车辆874辆，投入扑火机具2395台，扑火所耗费用209万元。火灾中未造成人员伤亡。（王　岩）

【阻击蒙古国“4·18”境外森林草原火灾】 2012年4月18日，蒙古国境内多起森林草原火灾，先后蔓延至我国内蒙古自治区东乌珠穆沁旗、阿尔山市、新巴尔虎左旗等边境一线，火线最长达到160多千米，热点数高达160多个，国家森林防火指挥部会同内蒙古自治区人民政府积极应对、科学处置，紧急调集2600余人依托边境防火隔离带进行迎面点烧，在最短时间内解除了蒙古国火灾对我国边境地区的威胁，取得了这场罕见境外大火阻击战的最终胜利。（王　岩）

森林防火重要会议及活动

【中蒙召开第一次边境地区森林防火联防会议】 4月17日，中蒙两国森林防火部门在内蒙古自治区呼伦贝尔市召开了中蒙第一次边境地区森林防火联防会议。本次会议是按照《中华人民共和国政府和蒙古国政府关于边境地区森林、草原防火联防协定》和《中华人民共和国政府和蒙古国政府关于边境地区森林、草原防火联防协定实施细则》的精神，由国家森林防火指挥部、国家林业局主办，内蒙古自治区森林防火指挥部具体承办的双方第一次森林防火部门高层会议。会上，中蒙双方介绍了各自森林防火工作中好的经验和做法，探讨交流了双方共同关心的问题，并就建立联络站、建立会晤制度、建设防火隔离带、建立信息通报制度、落实紧急跨境支援和强化合作交流等具体事宜达成了一致。会后，国家森林防火指挥部专职副总指挥杜永胜和蒙古国国家紧急事务管理局副局长特·巴达日拉共同签署了会议纪要。双方一致认为，本次会议，是中蒙两国森林防火事业的一座重要里程碑，必将进一步促进今年和以后中蒙双方边境森林防火工作的快速、持续、健康发展。国家森林防火指挥部办公室副主任焦德发、国家林业局国际合作司副司长章红燕、内蒙古自治区林业厅厅长高锡林、专职指挥阿勇嘎、呼伦贝尔市副市长王国林及蒙古国各边境省区紧急救灾部门负责人出席了会议。（王　岩）

【召开全国秋冬季森林防火工作电视电话会议】 9月6日，国家森林防火指挥部、国家林业局召开全国秋冬季森林防火工作电视电话会议。会议的主要任务是深入贯彻落实全国森林草原防火工作电视电话会议精神，传达学习国务委员、公安部部长孟建柱和国家森防指总指挥、国家林业局局长赵树丛的重要指示，通报春夏季森林防火工作情况，安排部署秋冬季森林防火工作，进一步督促落实十八大期间各项森林防火措施和林区安全维稳处突工作，确保秋冬防期间不出大的问题。国家森林防火指挥部副总指挥、国家林业局副局长孙扎根，国家森防指专职副总指挥杜永胜，武警森林指挥部主任何宏成少将等领导出席会议。（李新华）

【召开全国森林防火、森林公安工作座谈会】 12月3日，全国森林防火、森林公安工作座谈会在江苏省苏州市召开。国家森林防火指挥部副总指挥、国家林业局副局长孙扎根出席会议并讲话，国家森林防火指挥部专职副总指挥杜永胜主持会议。会议强调，2013年，全国森林防火和森林公安工作要以党的十八大精神为统领，紧紧围绕建设生态林业和民生林业的总体要求，完善制度机制，加强队伍建设，强化基础保障，提升综合防控能力，全面防控森林火灾，严厉打击涉林违法犯罪，最大限度地减少森林火灾发生和灾害损失，全力维护生态安全和林区社会稳定，为建设生态文明和全面建成小康社会作出更大贡献。江苏、江西、广西、河北、黑龙江、四川、内蒙古、湖北、云南等省（区）林业厅（局）和武警森林指挥部在会上作了发言。会议观摩了江苏省苏州市森林火灾防范基础设施和专业消防队伍建设的好做法。（李新华）

【国务院办公厅发布修订后的《国家森林火灾应急预案》】 12月17日，国务院办公厅在原《国家处置重、特大森林火灾应急预案》的基础上，正式发布修订后的《国家森林火灾应急预案》。新预案扩展了森林火灾应急处置的指导范围，规范了应急处置工作流程，明确了地方各级政府及有关部门的职责分工，规定了森林火灾应对工作分级响应的原则，明确了国家层面森林火灾应对工作的四个响应等级，并对森林火灾的预警响应、信息报告、后期处置、综合保障等方面工作作出了规定。《国家森林火灾应急预案》的修订，坚持了统一领导、军地联动，分级负责、属地为主，以人为本、科学扑救的指导思想，贯彻了近年来党中央国务院对森林防火工作的一系列指示精神，体现了近年来森林防火工作的实践经验，也体现了国务院各有关部门、地方政府和专家的集体智慧。新预案与原预案相比，定位更加准确、结构更加合理、内容更加全面、职责更加清晰、措施更加具体，指导性、适应性、可操作性更强。（王　岩）

【全面推进森林防火指挥员培训工作】 2012年，国家森防指办公室在北京、南京、哈尔滨、重庆、呼和浩特市、井冈山等地共举办森林防火指挥员培训班7期，培训内容包括林业形势与森林防火发展、国外林火管理、森林防火行政管理、森林防火基础理论、森林火灾扑救的组织与指挥、林火原理在灭火实践中的应用、《森林防火中长期发展规划》解读、森林航空消防、基层森林消防专业队建设、我国森林火灾扑救手段与装备现状、森林火灾应急预案制定及响应、森林火灾扑救原理与扑

2012 年全国森林火灾分月统计表

月份	森林火灾次数					火场总面积（公顷）	受害森林面积（公顷）			损失林木		人员伤亡（人）				其他损失折款（万元）	出动扑火人工（工日）	出动车辆（台次）		出动飞机（架次）	扑火经费（万元）
	共计	一般火灾	较大火灾	重大火灾	特大火灾		共计	其中原始林	其中人工林	成林蓄积（立方米）	幼林株数（万株）	共计	轻伤	重伤	死亡			共计	其中汽车		
全年累计	**3966**	**2397**	**1568**	**1**	**0**	**43 171**	**13 948**	**1138**	**11 306**	**283 827.5**	**7703.054**	**21**	**6**	**2**	**13**	**10 801.54**	**621 053.5**	**52 188**	**41 170**	**359**	**34 178**
1月	79	57	22	0	0	459.1	130.79	1.2	124.31	6226.27	153.248	1	0	0	1	207.493	24 316	2098	1903	1	508.91
2月	264	197	67	0	0	2226.9	620.72	62.82	446.79	20 173.31	73.062	0	0	0	0	628.48	41 930	4092	3337	36	513.28
3月	934	609	324	1	0	9235.2	2497.1	239.29	1827.5	42 367.34	429.834	14	5	2	7	1186.026	140 467	11 603	8902	84	7933.2
4月	2141	1210	931	0	0	20 733	8185.4	475.77	7078.6	167 720.7	6267.914	6	1	0	5	2871.301	282 642	23 343	18 214	25	10768
5月	296	163	133	0	0	8750.8	1847.5	330.64	1211.9	30 872.71	107.212	0	0	0	0	727.37	95 440	7860	6289	199	12 006
6月	35	28	7	0	0	391.75	104.79	6.776	97.88	2413.9	0.907	0	0	0	0	49.348	19 455.5	1271	1257	14	2183
7月	12	10	2	0	0	19.675	17.735	0.005	17.73	128.22	3.28	0	0	0	0	11.152	394.5	61	36	0	4.302
8月	12	7	5	0	0	34.761	20.081	0.051	20.03	718.2	1.701	0	0	0	0	8.22	2500.5	104	192	0	120.25
9月	13	6	7	0	0	34.838	28.651	0	28.651	498	0.217	0	0	0	0	3.86	989	134	61	0	4.845
10月	88	29	59	0	0	1047.8	424.19	16.6	386.56	12 249.64	26.435	0	0	0	0	5093.111	8705	1218	654	0	99.7
11月	33	25	8	0	0	120.61	50.357	4.08	46.277	348.61	2.738	0	0	0	0	5.58	1118	154	78	0	6.3
12月	59	56	3	0	0	117.01	20.73	0.8	19.93	110.6	636.506	0	0	0	0	9.6	3096	250	247	0	29.95

火安全及战例分析、武警部队在灭火作战中应把握的几个问题、防火检查的组织与实施等多个方面。培训的对象涵盖省级防火办主任、地市级人民政府分管领导、专职指挥、国家林业局驻各地专员监督办专员、武警部队森林防火指挥员等，共417名学员参加了培训。

（王　岩）

【组织开展边境森林防火隔离带建设考察活动】　8月27日～28日，国家森林防火指挥部办公室在新疆阿勒泰地区组织开展了2012年度边境森林防火隔离带建设考察活动。内蒙古、吉林、黑龙江、云南、广西、新疆、西藏等7个省（区）的森林防火专职指挥（分管副厅长）、防火办主任及阿勒泰地区、阿尔泰山国有林管理局、武警新疆森林总队有关负责同志参加了此次考察活动。活动期间，与会同志实地考察了阿勒泰地区哈巴河县中哈边境森林防火隔离带建设情况，听取了新疆维吾尔自治区的经验介绍，并就各自边境森林防火隔离带建设工作中的成功经验和存在问题进行了专题座谈。国家防火办焦德发副主任出席考察活动并讲话，总结了近年来全国边境森林防火隔离带建设工作取得的成绩，分析了重要性和形势的严峻性，并就下一步工作进行了安排部署。

（王　岩）

【下发《关于加强森林防火培训工作的意见》】　为深入贯彻科学发展观，提高各级森林防火管理人员的理论水平和实际工作能力，2月，国家森防指下发《关于加强森林防火培训工作的意见》（国森防〔2012〕6号），对于进一步加强森林防火培训工作提出具体的意见。《意见》指出了森林防火培训工作的总体目标，明确了分级培训和岗位培训两大原则，分别针对分管领导和管理人员、各级扑火指挥员和基层防火管理人员、扑火队伍等不同人群细化了培训的主要内容，并就培训方式和操作环节提出了具体的要求。（王　岩）

【国家森林防火指挥部培训专家师资库成立】　为进一步提高森林防火培训质量，建立高素质的培训师资队伍，2012年3月，国家森林防火指挥部培训专家师资库正式成立，胡海清等40名同志被聘任为专家师资库人选。专家师资库的成立，是国家森林防火指挥部着眼长远，着力提升森林防火工作核心竞争力的重大举措，必将有力提高国家森林防火指挥部森林防火培训质量，提高基层领导和指挥员业务素质，促进森林防火事业持续、健康、快速发展。（王　岩）

【组织开展2011年度典型森林火灾扑火案例评析活动】　为进一步加强扑火组织指挥工作，总结典型森林火灾扑救中的经验教训，国家森防指办公室于12月25～26日在福建省厦门市组织召开了2011年度典型森林火灾扑火战例评析会，会上，河北、山西、黑龙江、浙江、山东、湖南、四川、云南、新疆9省（区）和武警新疆森林总队、森林指挥部机动支队讲解演示了2011年度典型森林火灾扑救战例。来自13个省（区）的专职指挥、防火办主任以及中国林科院、南京森林警察学院的有关专家对战例进行了座谈评议，提出了具体的修改意见。武警森林指挥部、福建省林业厅有关负责同志参加了会议。国家防火办焦德发副主任出席活动并讲话。

（王　岩）

【举办第四届专职指挥专题座谈会】　国家森林防火指挥部办公室于7月4～5日，在内蒙古鄂尔多斯市举办了以“专职指挥搞研究”为主题的第四届省级森林防火专职指挥专题座谈会。来自内蒙古、吉林、黑龙江、福建、广东、四川、云南7省（区）的专职指挥以及内蒙古大兴安岭林管局、黑龙江大兴安岭林管局、黑龙江森工总局防火办主要负责人在座谈中，分别就计划烧除的利与弊、扑救森林火灾的投入与保护效益、扑火装备急需标准化大型化、森林防火工作责任制的考核、生物防火林带建设的必要性以及媒体应对等方面的工作谈了自己的研究成果。中国林科院、北京林业大学、东北林业大学、南京森林警察学院好广东省林科院的专家代表在座谈中进行了讲评。国家森林防火指挥部办公室自2009年起，已先后在江苏南京、湖北神农架、四川西昌召开了三次“专职指挥谈防火”系列座谈会，为进一步健全森林防火理论体系，更好地指导森林防火实践起到了积极的引导作用。（闫　厚）

【开展中央投资森林防火项目执行情况专项检查】　为进一步加强对中央投资森林防火项目的管理和监督，确保森林防火项目管理规范，运行安全，切实发挥资金使用效益，2012年8～9月，国家林业局计财司、防火办共同组成调研组，对辽宁、吉林、江西、湖南、甘肃、陕西、青海、新疆8个省（区）2009～2011年中央投资防火项目进行了专项检查。专项检查采取听取汇报、实地察看、意见交流等相结合的方式进行，重点检查项目前期准备、项目实施阶段的“四制”（项目法人、招投标、监理、合同）执行以及实物工程量的完成情况等。

2012年12月，防火办在全国森林防火建设项目管理培训座谈会上对专项检查情况进行了通报。一是项目实施进展缓慢，项目完工率低。2009～2011年国家林业局累计下达8省（区）森林防火项目101个，中央投资7.3亿元。截至检查前，共完成项目37个，占下达资金项目的37%，在建项目64个，占下达资金项目的64%；中央投资完成3.3亿元，占中央投资的44%，地方投资完成7912万元，占地方投资的32%。湖南、陕西、甘肃、青海森林火险预警系统、通信系统、信息指挥系统建设项目，新疆乌鲁木齐国家物资储备库项目，陕西宝鸡航空护林站建设项目，吉林敦化航空护林站升级改造项目仍处于初步设计编制阶段或招投标阶段，尚未开工建设。二是擅自调整建设内容，初步设计与可研批复不符，建设施工与初步设计不符。陕西省黄帝陵森林重点火险区综合治理二期项目，初步设计与可研批复不符，可研批复土建工程新建蓄水池10座、营房500平方米、储备库100平方米、库房80平方米，而初步设计只批复土建工程新建综合用房1156平方米。甘肃省太子山林区森林重点火险区重点治理项目，建设施工与可研、初步设计不符，新建瞭望塔改为维修瞭望塔，防火阻隔道路、物资储备库建设不到位。甘肃省陇南森林重点火险区综合治理项目，擅自扩大建设范围，擅自改变建设内容，岷江林业总场初步设计批复新建瞭望塔7座，实建2座；批复新建物资库378平方米，实建不足100平方米。三是项目实施不规范，法人制、合同制、招投标制、监理制执行不到位。有的项目建设单位将资金拨付给工程所在地单位，而不是拨付给工程承建单位，资金拨付缺乏依据；有的项目存在内部人员设计、本单位组织施工、合同签订不规范、不履行招标程序、工程监理不到位等现象。新疆阿勒泰森林火险区综合治理项目、青海大通森林火险区综合治理项目缺少监理规划、监理日志、监理报告。四是前期论证不充分，项目实施难度大。一些单位重项目申报、轻项目实施，重资金争取、轻项目管理，项目前期论证不充分，技术路线和建设重点不符合当地实际，往往导致项目刚刚批复就要变更，建设内容和投资额度在初步设计中调整幅度较大，有的在项目实施过程中随意变更，违反基本建设程序，增加项目实施难度。五是地方财政困难，配套资金难以落实。项目实施地区多处边远山区，经济发展落后，地方财政困难，配套资金落实难度较大，森林防火项目建设投入存在较大缺口，严重影响项目的实施进度、建设质量和竣工验收。（李　杰）

森林消防体系建设

【《全国森林防火中长期发展规划》开展中期评估】 为确保《全国森林防火中长期发展规划》(2009～2015年)顺利实施，及时发现和研究解决规划执行中存在的问题，2012年国家林业局配合中国国际工程咨询公司对《规划》执行情况进行了中期评估。中期评估工作自3月初开始，6月中旬结束，历时3个多月时间。3月8日，国家林业局办公室下发了《关于组织开展全国森林防火中长期发展规划(2009～2015年)建设情况中期自评估工作的通知》，要求各地4月10日前上报自评估报告。4月23日至5月11日，中资公司组织专家组赴内蒙古、黑龙江、湖北、河南四省(区)，对12个市、县(旗)进行了现场调研，考察了指挥中心、视频监控系统、瞭望塔、航空护林站、物资储备库等基础设施以及专业队伍建设情况，并召开了多次现场座谈会。6月15日，中国国际工程咨询公司印发了《关于全国森林防火中长期发展规划建设情况的中期评估报告》。评估报告指出，规划实施3年来成效显著，各项建设取得较大进展；规划执行中存在部分建设内容滞后、项目建设标准偏低、地方配套资金落实困难等问题；建议进一步加大年度基本建设投入力度，对规划进行必要调整，调整国有重点林区、中西部集中连片贫困地区中央和地方出资比例，及时组织编制"十三五"全国森林防火发展规划等。2012年12月，国家发展改革委、国家林业局联合向国务院报送了规划实施情况的报告，针对规划中期评估中存在的问题提出了下一步规划调整的意见和建议。

（李　杰）

【举办《全国森林防火中长期发展规划》执行培训班】 为进一步贯彻落实国家林业局党组关于加强项目资金管理工作的有关批示精神，2月15～16日，国家森防指办公室在江西省南昌市组织举办了《全国森林防火中长期发展规划》执行培训班。培训班共有来自各省(区)、有关单位近80名代表参加，国家森防指专职副总指挥杜永胜亲自出席会议并发表重要讲话。会议特别邀请国家林业局计财司、武警森林指挥部等有关单位专家分别就项目申报要求、武警森林指挥部装备建设管理、森林防火通信发展趋势等内容进行了培训。同时，为便于各地交流学习，培训班安排了典型发言和分组讨论，编印了森林防火项目管理工作手册。（李　杰）

【全国森林火险预警示范系统正式投入运行】 11月28日，国家森防指办公室组织专家对"全国森林火险预警示范系统建设项目"技术验收通过，整个系统投入正式运行。国家林业局2009年1月批复"全国森林火险预警示范系统建设项目"正式启动，项目在全国重点林区选择具有代表性的地方，建设439个森林火险监测站和109个森林火险因子采集站，建立36个国家和省级森林火险预警中心(分中心)。同时，建立森林可燃物数据库、与气象部门通信专线、国家森林火险预警支撑系统等。该系统投入运行后，实现对监测站点附近森林火险等级的实时监测；每日发布未来72小时全国森林火险等级预报；出现四级以上高火险时，发布区域性高森林火险警报；每旬发布一次全国或重点林区森林火险趋势预测报告；发生重大森林火灾时，可制作发布火场实时气象、火险报告。该系统的运行，标志着我国国家级森林火险预警系统初步建立，进一步规范了森林火险形势分析和火险等级预报发布工作，建立、健全了国家森林火险预报系统，全面提升我国森林火灾预警和综合防控能力。（王新岩）

【《森林火险预警与响应工作暂行规定》发布执行】 依照《森林防火条例》《国家森林火灾应急预案》等规定，在广泛征求专家和各地防火部门意见后，国家森防指办公室制定《森林火险预警与响应工作暂行规定》，于10月23日正式发布执行。该规定明确了森林火险等级概念和预警分类标准，规定了森林火险预报与预警的制作和发布规范，制订了各类森林火险预警响应措施和要求。该规定的执行，对提高森林火险预警的准确性，突出响应的时效性，保证森林火险预警与响应工作高效有序进行，有效预防森林火灾发生，最大限度地减少森林火灾损失具有重要意义。规定发布后，各地森林防火部门结合本地实际情况，制定了本地区森林火险预警与响应工作实施细则。（王新岩）

【国家林业局应急平台项目通过验收】 9月17日，国务院应急办在京组织专家对"国家应急平台建设项目"进行验收，由国家森防指办公室组织实施的"部门应急平台技术研发与示范项目(林业局)"子课题顺利通过验收，项目研发系统正式投入使用。2006年年底该课题正式批复立项，2007年全面开始研发工作，国家林业局森林防火预警监测信息中心具体负责研发工作，中国林科院资源信息研究所和北京大陆康腾科技有限公司作为协作单位参与课题研究，2009 年课题组完成全部研发内容。主要建设内容包括：编制完成《国家林业局应急平台总体建设方案》；研发了包括森林火灾、重大森林病虫害防治、沙尘暴防治和野生动物疫病防治 4 类林业灾害在内的国家林业局应急信息综合管理系统；建立了林业应急数据库服务系统，实现了信息发布、数据共享、数据传输和交换等功能；通过政务外网实现了国家林业局应急管理网络系统和国务院应急平台的互联互通。通过该课题的研发，初步搭建了国家林业局应急平台体系，实现国家林业局各部门之间的应急处置联动，完成了与国务院和各省级应急平台的互联互通，实现了视频通信和信息、数据的共享与交换，有效提升了林业灾害及突发事件的综合处置能力。（王新岩）

【对森林防火科研项目进行验收】 7 月，国家森防指办公室组织专家对 2007 年以来中央财政下达 300 万元森林防火科研项目进行验收，共验收了防扑火机具、通信指挥、监测预警、软科学等 4 类 11 个科研项目，所有项目按照合同规定要求和内容，经专家组鉴定，具有创新性、先进性、实用性等特点，并全部通过验收。其中，获得国家专利 2 项，软件著作权 2 项，5 个项目产品通过国家有关部门质量检测中心检测，发表论文 8 篇，产品销售额近 6000 万元，所有项目均在森林防火工作中产生了直接和间接经济和社会效益，为推动森林防火工作创新发展做出了重要贡献。（聂坤华）

【举办全国森林火险预警示范系统应用技术培训班】 “全国森林火险预警示范系统建设项目”于 2012 年上半年完成全部建设内容。7 月 4 ~6 日，国家森防指办公室在青岛市举办“全国森林火险预警示范系统应用技术培训班”，来自各省级防火办、预警中心负责预警系统建设管理的领导或预警系统管理员，各森林火险因子采集站的管理员近 150 人参加了培训。培训期间，安排了森林火险预警的基础理论、森林火险预警系统的主要软硬件设备的技术要求和维护管理要求，森林可燃物等火险因子的采集和上报等内容的培训，对全国森林火险预警系统的运行维护和省级森林火险预警系统建设提出了具体要求。此次培训，对全国森林火险预警示范系统项目建设进行了全面总结，对各级系统管理员进行了全面、深入的专业技术培训，为整个系统正式投入运行后的科学、规范管理，确保系统长期稳定、可靠运行，充分发挥系统效能奠定了扎实的技术保障基础。（王新岩）

【举办全国森林防火应急通信技术培训班】 为进一步加强火场应急通信，特别是 VSAT 应急卫星通信的规范管理，提高应用能力，充分发挥应急卫星通信在火灾处置中的保障作用，国家森防指办公室于 12 月 5 ~7 日在贵州省贵阳市举办了一期全国森林防火应急通信技术培训班，各省级和重点地区防火办主管应急通信的领导或技术人员 50 余人参加了此次培训。培训期间，介绍了最新应急卫星通信技术状况，讲授了全国森林防火应急卫星通信系统的应用与维护，以及“一键对星”便携式卫星小站的使用和维护，并进行了实际操作演练。（王新岩）

【卫星林火监测热点实行“零报告”制度】 3 月 27 日，国家森林防火指挥部总指挥，国家林业局党组书记、局长赵树丛同志作出重要批示，凡卫星监测有热点的省（区）都要实行“零报告”制度。从此，国家森林防火指挥部在全国建立并严格执行了卫星林火监测热点“零报告”制度。其主要内容是，国家林业局森林防火预警监测信息中心及各监测分中心发布的卫星监测热点，各级森林防火部门要在 2 小时内反馈核查信息；反馈为林火的，要按照有火必报的要求，详细报告火灾发生和扑救情况；反馈为非林火的，也要说明具体情况。（张子辉）

【赴火场工作组应急通信保障】 为认真贯彻国家森林防火指挥部领导关于加强森林火灾应急处置能力建设，特别是加强应急通信保障工作的指示精神，2012 年，国家森林防火指挥部办公室成立了赴火场应急通信保障组，购置了赴火场应急通信设备，升级了火场侦查标绘系统，开展了应急通信业务培训，进一步提升了应急通信装备水平和业务能力。先后派出 6 名保障组成员赴火场一线开展应急通信保障工作，确保了森林火灾应急处置前线同国家森林防火指挥中心之间的通信畅通。（张子辉）

【森林火灾卫星遥感监测】 2012 年，国家林业局森林防火预警监测信息中心定期维护保养森林火灾卫星遥感监测系统，保证该系统正常运行；进一步加强对东北、西南、西北林火监测分中心的业务指导，认真做好卫星林火监测日常值班工作；积极协调中国资源卫星应用中心等单位，加强对较大森林火灾的跟踪监测和灾后损失评估工作。据统计，全年共制作和发布监测图像 8250 余幅，监测到热点 6360 个，其中反馈为林火 1620 起，同 2011 年相比，热点数下降了 37%，林火数基本持平；同时，对北京昌平等 11 起较大或较为敏感的森林火灾进行了跟踪监测，利用高分辨率卫星影像，对云南易门和晋宁森林火灾过火面积进行了评估。（张子辉）

【全国卫星林火监测培训班】 该培训班于 6 月 18 ~22 日在湖北省襄樊市举办，主要培训了风云三号卫星林火监测图像处理软件应用、遥感卫星在林火监测工作中的应用、ARCGIS 在火灾监测中的应用、资源及减灾卫星在森林防火工作中的应用、卫星林火监测成果浏览和反馈方法等内容。培训班还总结了近年来卫星林火监测工作情况，分析了当前卫星林火监测工作面临的形势，部署了今后一个时期卫星林火监测工作重点。国家林业局东北、西南和西北卫星林火监测分中心，各省级森林防火部门的业务骨干参加了培训。（张子辉）

森林航空消防

【森林航空消防建设稳步推进】 国家林业局历来高度重视和大力支持森林航空消防事业发展。2012年，批复建设了山东、广东、新疆3处航空护林站，协调部队派出了22架直升机支援森林航空消防工作，推进了武警森林部队直升机支队飞行二大队组建和一大队直升机实战应用，首次调动武警森林部队直升机支队2架直-8直升机赴大兴安岭执行森林航空消防任务，首次在山东、重庆两省（市）开展了春季森林航空消防业务，森林航空消防综合能力显著增强。2012年，北京、河北、山西、内蒙古、辽宁、吉林、黑龙江、江西、山东、广东、河南、广西、重庆、四川、云南、新疆等16个省（区、市）开展了森林航空消防工作，总航护面积达265万平方千米，占国土总面积的27.6%。全年共租用飞机184架次，其中直升机104架次，固定翼飞机80架次。主要执行巡逻报警、火场侦察、火场急救、空投空运、吊桶灭火、机（索）降灭火、化学灭火、防火宣传等任务。全年累计飞行3100架次，6540小时，其中，机降、索降4254人次，洒水4394吨，喷洒灭火药液66吨，空中发现火场163个，参与扑救火场154个，运送扑火物资10吨，配合地方森林防火部门开展了防火宣传，投撒防火传单20万份。特别是在云南昆明“3·18”“3·28”和大兴安岭松岭区南瓮河“6·2”等森林大火扑救中发挥了至关重要的作用。 （周生瑞）

武警森林部队

【概 况】 中国人民武装警察部队森林指挥部（简称森林指挥部），正军级。1999年2月10日，根据国务院、中央军委国发〔1999〕6号文件，武警森林部队实行武警总部和国家林业主管部门双重领导管理体制，组建森林指挥部，设司令部、政治部、后勤部，下辖内蒙古、吉林、黑龙江、云南4个森林总队和森林指挥学校。2002年9月10日，根据总参谋部〔2002〕第137号文件批复和武警总部〔2002〕武司字第283号命令，森林部队落实新编制，调整4个森林总队机关编制序列名称，由处（室）改为科（室）建制。2002年10月10日，根据国务院、中央军委关于组建武警四川、西藏、新疆森林总队有关问题的批复（国函〔2001〕164、165、166号），成立武警四川、西藏、新疆3个森林总队。2006年9月1日，根据武警部队（武司〔2006〕169号）文件《关于院校和训练机构体制编制调整有关问题的通知》精神，黄金技术学校、森林指挥学校和水电技术学校合并组建为警种指挥学院，正师级，隶属森林指挥部领导管理。2007年11月28日，根据国务院、中央军委关于组建武警森林机动支队、福建省、甘肃省森林总队有关问题的批复（国函〔2007〕122、123号），组建森林指挥部机动支队（旅级）；组建福建省森林总队、甘肃省森林总队（正师级）。2008年6月26日，福建省、甘肃省森林总队，森林指挥部机动支队正式成立。2009年7月，森林指挥部直升机支队在黑龙江省大庆市正式成立。2011年7月，根据武警部队司令部《关于院校和训练机构体制编制调整改革有关问题》（武司〔2011〕210号）文件精神，10月1日，武警警种指挥学院移交武警部队领导管理。

指挥部机关驻北京市海淀区紫竹院路118号。

指挥部领导和指挥部各部门正职领导

主　任　王佐明（4月退）　少将

司令员　何宏成　少将（4月任，广东总队原总队长；12月改任，森林指挥部原主任）

第一政治委员　贾治邦（8月免，国家林业局局长兼）

赵树丛　（8月任，国家林业局局长兼）

政治委员　亢进忠　少将

副主任 李全海（12月退）少将

副司令员　金林炎　少将（12月改任，森林指挥部原副主任）

魏凤桐　少将（12月任，森林指挥部原参谋长，同月晋升少将警衔）

副政治委员　聂增龙　少将

参谋长　魏凤桐　大校（12月任森林指挥部副司令员）

彭小国　大校（12月任，武警部队司令部办公室原主任）

政治部主任　徐元鸿　少将（12月晋升少将警衔）

后勤部部长　崔进福　大校

【概 述】 2012年，各级围绕迎接保卫学习贯彻十八大，认真贯彻武警党委和指挥部党委部署要求，注重正规建设部队、提升标准质量，狠抓工作落实，任务完成出色，总体发展均衡，建设基础更加牢固，官兵思想政治坚定，精神状态比较好，实现了“两个确保”（确保部队高度稳定和集中统一，确保以执勤处突为中心的各项任务圆满完成）。

思想政治建设　着眼特殊政治年份，贯穿全年狠抓严守政治纪律和组织纪律，注重从思想上政治上掌控部队。突出抓好“7·23”重要讲话和十八大精神的学习贯彻，严格落实党委中心组带机关理论学习制度，武警部队首长2次给予批示肯定。深入开展“赞颂科学发展成就、忠实履行职责使命，永远做党和人民的忠诚卫士”教育活动，集中组织上党课、过集体组织生活，确保部队政治坚定、绝对可靠。坚持按纲施教，严格落实教育制度，教育秩序日趋正规。重视抓好经常性思想工作和个别人排查、心理测查、基层法律服务工作，加强任务中的政治工作指导，开展第二届“绿色卫士”评选表彰和支队之歌创作活动，部队保持了思想稳定和纯洁巩固。甘肃森林总队被武警部队表彰为预防职务犯罪工作先进单位。新闻报道连续2年武警部队积分第一。

现代化建设 进一步完善一体化指挥管理信息平台建设，运用信息化手段加强部队教育、训练、管理、指挥的意识和能力不断增强。抓好装备升级改造和配备，补齐通用装备和灭火主战装备缺编的50%，加强重装备的训练使用，发挥装备整体效能。启动重点人才定向培养计划和灭火专业人才职称论证，分级分类举办190个班次的干部培训和164个班次的骨干培训，预任中队主官轮训、新毕业学员岗前培训和干部经常性培训成效明显，提高了履职尽责能力。福建森林总队龙岩支队被评为武警部队人才培养先进单位。狠抓以防火灭火为核心的“五种力量”建设，举办参谋长集训，深入研究推进“五个转变”的具体举措；持续加强指挥部直升机支队建设，飞行一大队圆满完成79架次灭火飞行任务，二大队筹建工作稳步推进。

中心任务完成情况 修订《军事训练与考核大纲》，召开训练动员誓师大会，开展信息化条件下训练试点，组织教练员集训比武，按纲施训的意识和履行使命的能力不断增强。内蒙古森林总队教导队被武警部队评为先进教导队。立足大事之年无大火，制定重特大森林火灾扑救预案和国庆、十八大期间专项灭火预案，修订完善中心工作11个法规文件，牢固确立“预防为主、靠前驻防、快速行动、重兵投入、联合作战、全程指挥”的理念，精心指导春秋防工作，24小时扑灭率达100%。全年动用兵力14.6万余人次，参加灭火作战475起，防火执勤3738次，抢险救灾55次，吉林森林总队防火经验在全国林业系统作了介绍，云南森林总队灭火经验在新华社内参刊发。云南省、四川省、甘肃省、西藏自治区森林部队维稳备勤任务完成圆满。

正规化建设 着眼确立标准，在福建森林总队召开正规化建设现场会进行全面规范，严格按达标总体计划督导落实，有37%的机关和70%的基层单位达标。指挥部接受正规化达标检查验收被武警部队评为优秀。坚持依法从严治警，狠抓条令学习月活动和安全隐患排查治理，突出防范政治安全、任务安全、日常安全和经济安全，加强涉密载体、网络和手机管理，全部队实现“三无”(无刑事案件、无责任事故、无严重违纪问题)，35个支队连续5年以上实现“三无”。

基层建设 全面推行《森林部队落实〈纲要〉实施办法》，举办按纲抓建五级联动网上集训，广泛开展“三学”活动和应用性操作性培训，在福建森林总队和指挥部机动支队开展按纲抓建规范试点，网上集训做法和基层日周月季经常性工作《规范手册》被总部转发推广。重视加强“三个一线”(一线指挥部、一线战斗堡垒、一线带兵人)建设，采取电视讲评会、书面通报等形式，加大工作落实督导力度，基层建设的全面性、规范性不断增强。指挥部加强党支部建设的做法在武警部队基层建设工作会议上作介绍，涌现出“全国创先争优先进基层党组织”康定中队党支部、“全军党建带团建先进党委”锡盟支队党委、“全军优秀基层干部”王其刚等一批先进单位和个人。

干部队伍建设 制定出台干部“五位一体”机制和任职资格标准，注重用标准条件调控干部使用，狠抓转业替补工作，严把任职经历、专业对口、训用一致、晋升比例关，切实把干部选准配强。积极协调干部选调补充，专业干部短缺问题有效缓解，干部首次实现满编。坚持公开公平公正选拔任用干部，调整使用253名团以上干部，部队上下比较认可，树立了靠素质立身、凭实绩进步的鲜明导向。

后勤标准化保障 研究制定全面建设现代后勤目标任务标准和实施规划。坚持按标准建设、按标准保障，完善各类经费供应、库室面积和营具配套标准，加强“四项设施”建设，官兵生活条件持续改善。指挥部被国家财政部表彰为预算绩效管理优秀单位。狠抓应急保障，突出后勤专业训练，稳妥推进各项改革，综合保障效能大幅提升。

党委班子领导核心作用发挥明显 突出抓好“讲政治、顾大局、守纪律”学习教育活动，着力在查找问题、整改落实上下工夫，进一步增强各级班子的政治意识、大局意识、责任意识和纪律意识。深入抓好民主集中制学习教育，举办三级党委书记网上培训，规范党委工作运行，着力提高议事决策质量，总部首长给予批示肯定。指挥部机动支队党委被武警部队表彰为先进党委。大力改进作风，建立落实党委决策部署工作检查督促机制，注重提高考察帮建质量，召开专项座谈会推进重难点问题解决，严格落实廉政党课、领导干部过双重组织生活等制度，逐级作出廉政承诺，持续抓好风气建设，增强了班子的凝聚力战斗力。指挥部被武警部队表彰为退休干部移交安置工作先进单位。

【党委二届八次全体(扩大)会议】 1月5～6日，森林指挥部党委二届八次全体(扩大)会议在北京召开。会议传达学习军委扩大会议、全国政法工作会议、全国林业厅局长会议和武警党委二届二次全体(扩大)会议精神，总结分析2011年工作，安排部署2012年任务。国家林业局党组副书记、副局长赵树丛，国家森防指副总指挥、国家林业局党组成员、副局长孙扎根和国家森防指专职副总指挥杜永胜到会指导，赵树丛副局长作重要讲话。指挥部党委副书记、主任王佐明代表指挥部党委常委会作题为《深入贯彻主题主线，持续提升标准质量，加快森林部队现代化建设步伐》的工作报告。指挥部党委书记、政委亢进忠作题为《讲标准、重质量、抓落实、上层次，全面推进森林部队现代化建设》的重要讲话。指挥部副政委聂增龙总结讲评“加强党性修养、锤炼思想作风”教育整顿活动情况。会议期间，召开了军事后勤和政治工作分组会议，对口部署工作，表彰基层建设和安全工作先进单位。

【扑救森林火灾】 4月9日，河北省承德市承德县、兴隆县、营子区两县一区交界处突发森林火灾，严重威胁当地国有林场和人民群众生命财产安全。森林指挥部机动支队紧急出动两个梯队500余名官兵，跨区机动200多千米投入火场参加灭火战斗，有效保护近千亩国家森林资源免受烧毁，挽回经济损失近千万元，得到各级领导及群众的充分肯定。

【赵树丛局长莅临森林部队考察】 4月18～20日，国家林业局局长赵树丛一行工作组莅临黑龙江森林总队哈尔滨支队、大兴安岭地区支队漠河大队检查春季防火工作。赵树丛局长听取两个支队春防工作情况汇报，视察部队营区建设、灭火装备和车辆性能展示以及火场心理行为训练和水泵训练，实地检查哈尔滨支队前进指挥所开设情况，对黑龙江省森林总队春防准备工作给予高度肯定。

【许长有荣获年度特别贡献奖】 4月22日，由全国绿化委员会、国家林业局、中国绿化基金会、中国生态文明研究与促进会主办，人民网、国家林业局宣传办和绿色中国杂志社联合承办的大型公益活动“绿色中国行——走进北京暨2011绿色中国年度焦点人物颁奖盛典”在北京隆重举行。福建省森林总队副政委许长有荣获年度特别贡献奖。

【召开宣布命令大会】 5月9日，森林指挥部召开宣布国务院、中央军委命令大会。武警部队副司令员戴肃军宣布国务院、中央军委命令：批准武警森林指挥部主任王佐明退休；任命武警广东省总队总队长何宏成为武警森林指挥部主任，并作重要指示。国家林业局副局长张建龙出席会议并讲话。国家林业局森林防火指挥部专职副总指挥杜永胜、办公厅主任张鸿文、公安局局长王海忠，武警部队政治部干部部转业办主任杨万良等出席会议。

【郭伯雄副主席接见西藏森林总队和基层领导】 7月12～13日，中央军委副主席郭伯雄在西藏驻军及武警部队考察时，接见了西藏森林总队党委和林芝支队党委班子部分成员。郭副主席在与林芝支队潘宝存政委握手时，简要询问了部队编制、官兵生活、执行任务和装备配备情况。郭副主席在武警西藏内卫总队机关接见驻拉萨武警部队师以上领导干部，西藏森林总队总队长谭尔林、副总队长刘继飞、于永湖，副政委寇先敏、政治部主任赵国清参加接见。

【举办森林灭火指挥员培训】 7月15～19日，武警部队在内蒙古森林总队教导队举办首次由警地协同的全武警部队森林灭火指挥员培训。国家林业局、武警部队及各内卫总队作勤处处长、森林部队作训科科长，共55人参加培训。培训通过理论讲解、专家辅导、战例评析、装备展示、观摩演练、参观见学和讨论交流等方法，围绕林火基本原理、灭火组织指挥、灭火安全、部队协同作战等内容进行系统学习。

【党委二届九次全体(扩大)会议】 7月24日，森林指挥部党委二届九次全体(扩大)会议以电视会议形式召开。会议全面分析上半年部队建设形势，进一步明确下半年任务和工作指导问题。会议由指挥部党委书记亢进忠、副书记何宏成主持，指挥部党委委员出席会议，指挥部后勤部副部长、机关处长及各总队、机动支队、直升机支队党委班子成员列席会议。亢进忠同志代表指挥部党委常委会作题为《认清形势，务求实效，圆满完成年度工作任务》的工作报告；何宏成同志作题为《解放思想，开拓进取，推动森林部队建设创新发展科学发展》的重要讲话。

【抢险救灾】 8月13日，甘肃省迭部县卡坝乡突降暴雨引发山洪泥石流等自然灾害，造成尼欠村交通、通讯、电力完全中断，农田基础设施等损失严重。甘肃森林总队陇南支队迭部大队全体官兵投入抢险战斗，清理泥土、抢修公路1.5千米，清理淤泥道路2千米、木材50余根、淤泥100余立方米，拆除危房1间。

8月14日，四川省阿坝州卧龙镇突降暴雨，导致卧龙至小金方向的303省道，山体滑坡约1000立方米、受堵距离约500米、被困群众30余人、被困车辆14辆。四川森林总队阿坝州支队卧龙中队官兵展开营救，将遇险群众全部救出。

12月5日，新疆森林总队伊犁支队出动44名官兵，紧急赶赴伊犁哈萨克自治州克伯克于孜乡参加抢险救灾任务。经过4小时连续奋战，抢修温室40余座，清扫100余座温室12 000余立方米积雪，为地方挽回经济损失120余万元。

【三级党委书记网上培训】 8月28～29日，森林指挥部举办三级党委书记网上培训。培训紧紧围绕学习贯彻胡锦涛主席重要讲话精神，认真贯彻民主集中制原则，提高党委领导部队科学发展、基于信息系统的体系作战、带领部队完成多样化军事任务能力主题进行。指挥部政委亢进忠以《认真贯彻落实民主集中制原则，努力提高党委集体领导水平》为主题作辅导讲话，指挥部主任何宏成作培训总结讲话，邀请国防大学、解放军西安政治学院专家教授作辅导报告，5个单位进行研讨交流发言。指挥部、各总队、机动支队部门以上领导和机关处科长以及支队党委班子成员参加培训。

【英模群体】

一等功——康定县森林中队 2012年2月27日，武警部队为武警四川森林总队康定县中队记一等功。驻守在海拔3500米的康定高原的康定县中队，担负着甘孜州康定、泸定、九龙、丹巴四县2.5万平方千米的森林防火灭火、生态资源保护和驻地维稳备勤任务。中队自组建以来，按照“五句话”(政治合格、军事过硬、作风优良、纪律严明、保障有力)总要求建设全面过硬的中队，中队建设年年有变化，年年有发展。中队党支部连续7年被表彰为先进基层党组织。中队针对部队驻守康定高原，氧气含量只有内地60%，自然环境艰苦恶劣，隐蔽斗争形势复杂严峻的实际，坚持用党的创新理论建队育人、用当代革命军人核心价值观引领官兵成长、用先进军事文化凝神聚气，深入抓好性质宗旨、理想信念、战斗精神、职能使命教育，广泛开展“学藏语、唱藏歌、跳藏舞”活动，筑牢了官兵忠于使命、献身使命、不辱使命的思想根基。涌现出了武警部队表彰的“优秀思想工作骨干”、森林部队十大“森林卫士”鲁勇等一批先进典型。中队出动兵力1.1万余人次，扑救九龙“6·8”、道孚“12·5”等重特大森林(草原)火灾53起，有效发挥了森林部队不可替代的作用。特别是“3·14”事件后，中队连续奋战40余天，圆满完成重要目标安全警卫和交通要道设卡巡逻任务，协助公安机关抓捕首恶分子、犯罪嫌疑人300余名，为维护驻地社会稳定作出重要贡献。中队定期组织官兵深入村寨维修电器、巡诊送药、清扫街道，先后义务献血5.4万毫升，修建“爱民路”50余千米，维修“连心桥”10余座，建造“绿色卫士林”33余公顷，为驻地小学筹建“春苗图书室”捐款捐物10万余元，资助16名藏族辍学儿童重返校园，密切了警民关系，促进了民族团结。中队被康定县委县政府表彰为拥政爱民先进单位，中队长王其刚被四川省委省政府表彰为民族团结进步模范个人。

第二届森林卫士——郭喜　郭喜，男，汉族，河北省万全人，1984年12月出生，2002年12月入伍，初中文化，中共党员，现任内蒙古森林总队大兴安岭支队莫尔道嘎大队七中队班长，中士警衔。入伍以来，他始终把本职岗位作为实现人生价值的舞台，扎根警营做奉献，立足本职创佳绩，十年如一日坚守在祖国边陲。他始终注重学习，积累6万余字的读书笔记和12本工作日记，自学攻读大专学历，2010年被指挥部表彰为学习成才先进个人。先后参加大小灭火战斗39次，创造了在奇乾中队服役时间最长、军事素质最好、参加灭火作战最多的历史纪录。特别是在2006年5月，北部原始林区发生森林火灾，严重威胁边防某连前沿哨所和油库，他带领突击小组连续作战10多个小时，提前6小时完成前指下达的灭火作战任务。为解决营区政治环境建设滞后问题，参与制作了“绿色长廊”“生态乐园”“白桦书卷”和“使命标语”等文化建设；针对大雪封山后食品物资运送困难，官兵日常生活受限等实际，组织官兵建立了“百宝箱”，改变了以往一颗螺丝钉难倒众人的日子；自费400余元购置了各类技术书籍，中队的发电员、司炉员、炊事员、饲养员、修理员、理发员等都是他手把手教会的，他被官兵誉为奇乾中队的“兵王”。先后荣立三等功1次、6次嘉奖，多次被评为优秀士兵、优秀班长，并荣获首届森林部队绿色卫士提名奖。

第二届森林卫士——奈玛那　奈玛那，男，蒙古族，内蒙古自治区开鲁人，1976年9月出生，1997年12月入伍，本科学历，中共党员，现任吉林森林总队延边朝鲜族自治州支队敦化大队敦化中队代理排长，四级警士长。入伍15年来，先后参加100余次灭火战斗、70余次防火执勤任务，为保护国家森林资源、保卫生态文明建设作出突出贡献。2001年4月，在龙井中朝边境灭火战斗中，他带领灭火战斗突击班，创造了扑灭火线3.5千米的优异战绩。2002年8月，在执行内蒙古北部原始林区灭火战斗任务中，他带领全班创造了7战7捷的佳绩。2003年5月，在参加黑龙江呼玛地区增援灭火战斗中，他主动请缨带领战士担任扑打火头任务，始终冲在最前面。2006年6月，在黑龙江嘎拉山火场灭火攻坚战中，在8小时内转战行程30多千米，带领10名战士组成尖刀组扑打火头5处，扑打清理火线15余千米。先后带出9个先进班，21人入党，10人荣立三等功，27人走上班长岗位，10人考入警校。被国务院扑火前线总指挥部授予“扑火尖兵”荣誉称号，被解放军四总部评为优秀士官人才奖一等奖，被吉林省委省政府表彰为连续30年无重大森林火灾模范个人，荣立二等功2次，三等功4次，4次被评为优秀共产党员，荣获首届森林部队绿色卫士提名奖。

第二届森林卫士——马日史初　马日史初，男，彝族，四川省布拖县人，1983年7月出生，2000年12月入伍，初中学历，中共党员，现任黑龙江森林总队大兴安岭地区支队漠河大队十四中队班长，上士警衔。马日史初入伍12年来，从一名不会说汉语、不会写汉字的彝族青年，成长为能流利运用汉语、自觉践行党的创新理论的“士兵理论学习之星”，创造的5000米跑16分31秒成绩为支队记录，被树为军事训练标兵。他担任班长时，全班在支队比武竞赛中，勇夺7个课目中的4个第一、3个第二和总成绩第一名的好成绩；干种养殖员时，被誉为“种菜能手”和“养猪大王”。他弘扬美德，助人为乐，多次为失学儿童和困难群众捐钱捐物。他始终感党恩、听党话、跟党走，扎根北疆，默默奉献。2012年，大兴安岭地委行署和黑龙江森林总队相继作出《关于开展向马日史初同志学习的决定》，各大媒体也相继对他的事迹进行报道，蓝天出版社公开出版发行他的10万字报告文学《展翅兴安》，他的事迹在部队内外产生了积极影响。他先后荣立二等功1次，三等功3次，6次被评为优秀士兵，7次被评为优秀士官，被总队表彰为优秀共产党员和种养殖能手，被指挥部表彰为学习成才先进个人。

第二届森林卫士——孙海生　孙海生，男，汉族，黑龙江省杜尔伯特蒙古族自治县克尔台乡人，1974年7月出生，1992年12月入伍，大专学历，中共党员，现任福建森林总队三明市支队泉州大队大队长，少校警衔。入伍21年来，他勇猛顽强、机智果敢，在200多次灭火战斗中屡立战功，先后参与扑救云南安宁“3·29”、丽江“4·12”、中缅边境“2·3”、沙县“2·12”等重特大森林火灾和抗击台风、抢险救灾等急难险重任务，疏散、转移群众上千人，挽回经济损失近千万元。2008年他抽组到三明支队泉州大队任职后，为高标准完成大队新营房选址、征地、拆迁、营建、正规化建设等工作，他经常在当地政府部门和林业部门之间“东奔西跑”达10余万千米，家里妻儿生病也顾不上，任劳任怨一心扑在工作中。在他的不懈努力下，泉州大队成为全总队首家搬迁入住的单位，“四配套”(生活设施、训练设施、执勤设施、文体设施)建设走在全总队前列。由他倡导提出的“保护青山、拒绝用火、文明祭扫”活动在驻地引起了强烈反响。大队连续3年被总队表彰为先进基层党组织、基层建设先进大队，被指挥部表彰为四项设施建设先进单位，被泉州市表彰为拥政爱民模范单位。个人3次荣立三等功，2次被指挥部评为优秀带兵干部，3次被省(市)评为森林防火先进个人，5次被评为优秀党员，12次受到嘉奖。

第二届森林卫士——温德圆　温德圆，男，汉族，云南富源县人，1979 年 9 月出生，1997 年 12 月入伍，大专文化，中共党员，现任云南森林总队昆明市支队直属大队二中队班长，四级警士长。入伍 15 年来，他刻苦学习党的创新理论，干一行、爱一行、专一行、精一行，圆满完成 180 余起森林火灾扑救、260 余次抢险救灾等极难险重任务。他先后参加增援黑龙江大兴安岭“5・30”、中缅边境“2・21”等重特大森林火灾灭火作战。2012 年在易门、安宁“3・18”灭火战斗中，他不顾个人安危，科学组织 140 名地方群众成功脱险；在 2009 年“7・9”楚雄姚安抗震救灾中，他和战友在一线连续奋战 14 天，受到胡锦涛主席的亲切接见。他掌握萨克斯、葫芦丝等 10 余种乐器演奏技巧，他的文艺作品荣获云南省首届“林业杯”文艺汇演一等奖，6 幅剪纸作品分别被国家林业博物馆和云南省博物馆收藏。他所在班被支队树为精武标兵和训练尖刀班，荣立集体三等功。先后 8 次被评为优秀士兵，2 次被云南省表彰为防火先进个人，被武警部队表彰为优秀带兵班长，被指挥部表彰为优秀共产党员、学习成才先进个人、践行当代革命军人核心价值观先进典型，被云南省委宣传部树为云岭楷模，荣立二等功、三等功各 1 次。

第二届森林卫士——梅建波 梅建波，男，汉族，云南省景洪人，1981 年 3 月出生，2000 年 12 月入伍，中专学历，中共党员，现任西藏森林总队那曲大队代理排长，上士警衔。入伍 12 年来，他出色完成了维稳处突、武装巡逻、野生动植物保护等 10 余次重大任务。2010 年 5 月西藏“高原利剑”野生动植物保护行动中，他冲锋在前，协助森林公安抓获 2 名犯罪分子。2006 年“7・28”那曲地区执勤，他顾全大局，出色完成任务，受到那曲地委、行署以及驻地群众的一致好评。他先后教育转化 8 名后进战士，所带战士 2 人考入警校，12 人入党，13 人改转士官，16 人立功受奖，45 人获得大专以上文凭。在家庭经济非常困难的情况下，先后向灾区捐款 3 万余元，长期资助 6 名孤儿学生，义务照顾 2 名孤寡老人，被驻地群众誉为“金珠玛米呀咕嘟”。2007 年被总队评为十大艰苦创业标兵，2008 年被指挥部评为优秀士官人才三等奖，多次被总队评为优秀士官和优秀共产党员，先后 3 次荣立三等功，3 次当选优秀士兵。

第二届森林卫士——马赵飞 马赵飞，男，汉族，陕西省渭南人，1980 年 12 月出生，1998 年 12 月入伍，大专学历，中共党员，现任甘肃森林总队兰州大队副大队长，上尉警衔。入伍 14 年来，先后参与组织灭火作战、抢险救灾、防火执勤 260 余次，带出 5 个先进班，2 个先进中队。在参加舟曲特大山洪泥石流抢险救援中，他带领中队 30 名官兵在救援一线连续奋战 28 个昼夜，转移受困群众 21 人，清理搬运物资 12 吨、坍塌房屋 18 间，挖出搬运遇难者遗体 16 具，出色完成救援任务。在扑救 2005 年黑龙江嘎拉山特大森林火灾、2011 年甘肃连城自然保护区森林大火中，他科学指挥，带领官兵在火场连续奋战 20 几个日夜，保住 66 余公顷的母树林。他热爱驻地、热爱人民，营救摔落山崖的游客，组织扑救木器厂和古建筑牡丹亭火灾，在部队驻地引起强烈反响。他模范带头，刻苦钻研军事训练工作，16 次在各类比武中夺魁。先后荣立二等功 2 次、三等功 1 次，2010 年被甘肃省委、省政府、省军区表彰为舟曲特大山洪泥石流抢险救灾模范、拥政爱民先进个人和十大陇人骄子候选人，2011 年被指挥部政治部表彰为学习成才先进个人，连续 2 年被总队表彰为优秀共产党员、优秀基层带兵干部，2012 年被提名为全国绿化奖章候选人。《甘肃卫视》《经济日报》、新华网等媒体多次报道他的先进事迹。

第二届森林卫士——孟宪洪 孟宪洪，男，汉族，山东省邹城人，1981 年 6 月出生，2001 年 12 月入伍，大专学历，中共党员，现任新疆森林总队巴州支队阿克苏大队四中队中队长，中尉警衔。入伍 11 年来，他讲政治、顾大局，以忠于职守、勇上一线的实际行动践行了当代革命军人核心价值观。2009 年乌鲁木齐“7・5”事件发生后，他先后率领执勤小组完成警戒、封控、清查、扬威造势等任务 160 余次，配合公安机关抓获可疑分子 76 人。进入常态化维稳备勤后，他连续战斗在执勤一线 100 余天，每天睡眠时间不足 5 个小时。尤其在处置“9・21”阿克苏地区首起公交车被砸、司机被殴打事件中，他准确判断、冷静处理、不顾安危、果断出击，带领 6 名战士将 3 名犯罪嫌疑人制服，及时组织有效的封控隔离和政策宣传，在最短时间内恢复了正常秩序，有效保护了人民群众的生命财产安全，防止了大规模维汉冲突事件的发生，受到军地首长的高度肯定。他带头宣传和维护民族团结，担任 3 所小学的校外辅导员，资助了 3 名少数民族贫困生，捐款 6000 多元，被驻地誉为爱民模范。荣立二等功 1 次，被解放军四总部表彰为执行新疆维稳任务先进个人，是森林部队出席武警部队党代表会议代表。

第二届森林卫士——苏建慧 苏建慧，男，汉族，内蒙古自治区乌盟人，1981 年 10 月出生，1998 年 12 月入伍，本科学历，中共党员，现任森林指挥部机动支队四大队副大队长，上尉警衔。入伍 14 年来，他坚持理论学习，拓宽学习范围，做学习笔记 30 余万字。参加扑救森林火灾 60 余起，每次都能胜利完成任务。2005 年，在扑救“5・16”红花尔基樟子松母树林火灾的战斗中，率先垂范，打火头攻险段，带领全排出色完成了阻截火头的任务。2011 年在“4・12”河北抚宁跨区增援灭火作战中，带领 25 名官兵组成突击队，保卫重要军事目标的绝对安全；在“4・29”山西阳泉灭火作战中，危急关头他临危不乱，带领 100 名官兵成功避险。2012 年在“3・23”北京市香山林区森林火灾扑救任务中，科学组织、果断决策，有效避免了小火酿成大灾。担任中队长 4 年来，带领中队先后赴湖北黄石、山西忻州、安徽黄山，河北秦皇岛、北京房山、怀柔、香山等地靠前驻防，出色完成了任务，受到各级领导的高度赞扬。曾荣立二等功 1 次，三等功 3 次，2011 年被河北省政府评为防火先进个人，2 次被指挥部表彰为优秀共产党员、优秀四会教练员，荣获首届森林部队绿色卫士提名奖。

第二届森林卫士——王兴坤 王兴坤，男，汉族，1978 年 9 月出生，1997 年 8 月入伍，本科学历，中共党员，现任森林指挥部直升机支队飞行一大队大队长，一级飞行员，少校警衔。他工作积极，爱岗敬业，在改装培训、接机试飞、转场授装等工作中积极发挥骨干带头作用，尤其是在参加“绿色卫士—11”演习中表现出色，高标准地完成直升机侦查火线、索降、机降、吊桶灭火、编队转场等演示课目，受到武警部队、森林指挥部首长的高度赞誉。“绿色卫士—11”演习前，为了不分散精力，高标准完成好参演任务，他悄悄将妻儿送回辽宁老家，将全部精力投入到参演课目的训练中，严谨细致地抓好谋划、组织、实施、安全等各个环节。演习期间，他带领12名飞行员，出动1个机组，参加2个场次的分练、7个场次的合练、2次预演、1次正式演习，每次动作完成的质量都比较高，为演习任务的圆满完成作出重要贡献，大队和个人均荣立三等功。作为大队长，他能够与教导员密切配合，既抓好飞行训练任务的完成，又坚持按纲抓建，注重打牢大队全面建设基础，飞行大队在2011年被支队表彰为基层建设先进单位，大队党支部被森林指挥部表彰为先进党支部。

（武警森林部队由管黎丽供稿）

森林公安

【综　述】 2012年，全国森林公安工作实现了“四提升、四拓展”：屡破涉林大案要案提升了队伍战斗力，解决历史遗留警衔问题，提升了队伍凝聚力，中央财政转移支付创历史新高提升了队伍保障力，执法资格等级考试提升了民警的法律素养；打击领域拓展到网络犯罪和非法贸易，林区警务合作由5大区域拓展到515个基层合作区域，缉枪治爆、禁种铲毒工作由大面积国有林区拓展到相关集体林区，信息化建设“强力推进年”拓展到实质性进展阶段。

强化依法办案，拓展执法打击领域 开展了打击野生动物及其制品网络犯罪和非法贸易专项行动，清查整治古玩城、花鸟市场等重点场所5962处，敦促国内15家大型网站与论坛加强网络监管，清理取缔摊点店面等7155个、非法网店628家，查获破坏野生动物资源案件700余起，收缴野生动物13万余头（只）、制品近2000件、皮张147张，荣获了《濒危野生动植物国际贸易公约秘书长表彰证书》。督促各地快速核查、依法查处舆情披露的野生动物捕杀、林地非法占用等问题，集中督办了央视《焦点访谈》栏目和全国打黑除恶办公室关注的一批恶性案件，指导云南、北京、天津等地成功侦破特大非法制售虎豹骨酒和出售运输象牙制品等一批大要案件。

加强林区安保，提升维稳处突能力 全面部署重点时段特别是十八大期间的林区安保工作，不断深化林区警务合作联席机制，稳妥处置了甘肃舟曲、四川阿坝、青海班玛、广西南宁等8起群体突发事件。深入开展“三访三评”深化“大走访活动”，化解林区矛盾纠纷20 636起，化解信访积案3380件，为群众办实事、做好事、解难事63 300件。东北、内蒙古等国有林区开展了“缉枪治爆”“禁种铲毒”“打四黑除四害”“林区安全消防保卫战”、集中整治“三超一疲劳”和酒驾等专项行动，累计收缴各种枪支1829支、子弹39 768发、毒气弹一枚，铲除罂粟7.5万株、缴获毒品46.2千克、查获千克以上大案12起，并有2起毒品大案的查获受国家禁毒办通报表扬。

加强执法建设，提高民警执法素质 制定中级执法资格考试大纲，研发执法资格等级考试管理信息系统，组织安排2.9万名民警参加考试。深化派出所等级评定工作，报请公安部完成了一级至五级公安派出所的命名和认定工作，4个单位被公安部命名为全国公安机关执法示范单位。完成2011年森林看守所等级评定，确定二级所11个，三级所9个，8个未达标所被挂牌治理。重新修订、修改《森林公安派出所等级评定办法》《国家林业局森林公安局处置林区重大突发事件预案》和《国家林业局森林公安局公务用枪管理委员会工作细则》。

加强信息化建设，提升科技强警能力 启动了信息化建设“强力推进年”，出台了《关于加强信息化建设的指导意见》，确定了15个省级单位为信息化示范建设单位，召开了信息化建设全国推进会和重点省区座谈会。截至目前，森林公安网整体接入率达到87%，较去年上升了20个百分点。民警公安网计算机配备率达到74%，信息化培训率达到80%。累计投入资金4.6亿元，江西、山东、湖北、湖南、云南和内蒙古大兴安岭、黑龙江大兴安岭等7个单位建成了警综平台。

加强能力保障，推动基础保障工作 会同发改委、财政等有关部门，加快推进森林公安发展规划的编制。积极推动市县级森林公安业务技术用房建设，各地纳入到省级政法基建“十二五”规划项目数1996个，总投资46.9亿元。争取中央预算内基本建设投资4300万元，清理化解地方基建债务总计约8.07亿元。下达中央转移支付资金5.886亿元，贵州、新疆、甘肃等西部欠发达地区全力争取省级配套资金。国家林业局批复火案侦查项目12个，总投资1.77亿元，其中中央投资5312万元。

加强队伍管理，进一步提高队伍素质形象 协调公安部，稳妥解决了13个省（区）916人的历史遗留未授衔问题。推动森林公安机关主要领导“进班子或高配”，全国省、市、县、派出所四级比例达到了56%、47%、56%和65%。加强干部协管工作，先后10次派出工作组，对天津、福建等11个省（区）19名拟任领导干部履行干部协管手续。加强教育培训，组织完成干部首任、民警初任及司晋督培训20期，指导15个省（区）建成独立或协作型教育训练基地。全年审核审批警籍46人、警衔7355人。为309名牺牲、病故民警家属发放优抚金474.5万元，完成4名英烈子女保送入学、9位英模亲属参加资助计划。启动涉警负面舆情监测工作，在全国开展违反“五条禁令”问题集中整治工作，全国违法违纪案件数和民警数同比分别下降了45%和44%。组织开展了“我心中的公安英雄，我身边的爱民模范”推荐和“最美警察”评选活动，7名森林公安英模代表受到胡锦涛、温家宝等中央领导的接见。推动人民警察核心价值观教育实践，举办第一届“森林公安卫士杯”演讲比赛。《森林公安史志》编撰取得重要进展。

（李新华）

森林公安重要活动

【孟建柱听取森林公安工作汇报】 8月22日，国务委员、公安部部长孟建柱听取国家林业局森林公安局工作汇报，就进一步加强森林公安工作和森林公安队伍建设作出重要指示。孟建柱强调，要积极适应中国经济社会发展的新形势和生态文明建设的新要求，充分发挥森林公安职能作用，加强基层基础建设，健全完善工作机制，着力提升能力水平，切实维护生态安全、守护一方平安，为发展现代林业、建设生态文明作出新的贡献。孟建柱指出，党和国家高度重视林业建设，把发展林业作为实现科学发展的重大举措、建设生态文明的首要任务、应对气候变化的战略选择。他要求，各级公安机关要给予森林公安更多的关注和支持，帮助森林公安解决发展中遇到的困难和问题。同时，他还就国家林业局长期以来对森林公安工作的重视给予了充分肯定。公安部常务副部长杨焕宁、副部长黄明也分别听取了汇报。

（张晓辉　敖孔华）

【十八大林区安保专项督察】 国家林业局、公安部高度重视十八大林区安全保卫工作，国务委员、公安部部长孟建柱专门作出重要指示，国家林业局赵树丛局长提出明确要求，孙扎根副局长主持召开全国电视电话会议，对十八大召开前后的林区安全和稳定工作作出专题部署。国家林业局森林公安局确定了以林区平安促全国稳定、以全国稳定保首都稳定、以首都稳定保十八大安全的工作总要求，提出“坚决防止重大涉林违法犯罪活动发生，坚决防止重大突发事件和涉林群体性事件发生，坚决防止队伍内部管理问题发生”的工作总目标。为确保各项安保措施落到实处，9月12日～11月14日，国家林业局森林公安局启动实施了森林公安机关党的十八大林区安保维稳现场督察工作，组织15支机动警务督察队和各地督察力量深入基层开展现场督察。吉林、黑龙江、江西、湖北、山东、山西、内蒙古、浙江、安徽、河南、广东、重庆、四川、贵州、云南、甘肃等省（区、市）相继开展了大力度、高密度的督察活动，有力推进了各项安保维稳措施的落实。

（张晓辉　敖孔华）

【野生动物执法专项督察】 11～12月，在全国打击破坏野生动物资源违法犯罪专项行动期间，为确保打击成效，国家林业局森林公安局专门派出5支机动警务督察队，赴福建、江西、湖南、湖北、广东、广西、海南、陕西、宁夏9个省（区）进行专项督察。督察队共抽查了上述省区37个地级、46个县级森林公安机关和16个派出所工作，巡视了7个自然保护区和6个野生动物栖息地，暗访检查了140余个市场（饭店），形成了19份督察报告。从督察情况看，专项打击行动呈现四个特点。一是领导重视，高位推动。二是突出重点，重拳出击。三是部门联动，合力整治。四是加大宣传，教育公众。

（张晓辉　敖孔华）

【违反“五条禁令”问题集中整治活动】 1月20日～3月15日该活动在全国森林公安系统开展。国家林业局森林公安局专门制定了整治方案，组织开展了案例警示教育和专项督察活动。组织民警重温“五条禁令”、《公安机关人民警察纪律条令》等纪律规定，提高了遵规守纪的自觉性；深入排查公务用车、公务用枪等方面存在的漏洞和薄弱环节，采取了相应改进措施，制定完善了管理制度；派出督察队员开展现场督察，进一步规范了基层日常管理工作，确保了春节、“两会”等重点、敏感时期队伍和林区社会稳定；对整治活动期间个别地方发生的违令案件，督促当地进行了深刻反思，研究制订了整改措施，追究了有关人员责任。通过1个月工作，森林公安系统集中整治活动取得了预期成效。公安部刘金国副部长、国家林业局孙扎根副局长充分肯定了这项工作，公安部纪委监察局简报专门刊发了森林公安系统的做法。（张晓辉　敖孔华）

【森林公安纪律作风建设】 2012年，全国森林公安机关坚持政治建警、从严治警方针，坚持强化教育和严格管理相结合，加强人民警察核心价值观教育，开展了“三访三评”深化“大走访”活动，组织开展了违反“五条禁令”问题集中整治、执法安全自查整顿等专项活动。国家林业局森林公安局不断强化队伍常态化教育监督管理工作，坚持按季度通报民警违法违纪情况；加大重大违法违纪案件督办力度，第一时间通报案件查处结果；及时转办核查和跟踪督办信访案件，按季度分析通报信访情况，查找分析信访原因，从源头上加以改进。各地森林公安机关结合实际，采取了一系列有针对性的教育管理措施。在加强教育、预防和监管工作的同时，各地还坚决查处了一批违法违纪案件，民警违法违纪问题得到有效遏制。2012年，全国森林公安机关民警违法违纪案件、涉案民警数同比比分别下降了45%和44%。

（张晓辉　敖孔华）

森林公安队伍建设

【森林公安机构及人员】 截至2012年12月，除上海市外，全国30个省级行政区域（包括22个省，5个自治区、3个直辖市）共建立森林公安机构近7000个，实有警力60 000多人，30岁以下占15.93%、31～40岁占29.54%、40～50岁占36.98%，50～60岁人占17.55%。大专及以上文化程度较去年增加了2.6个百

分点，占总警力的84.2%。（居宪彬　韩光）

【森林公安机关领导干部协管工作】 根据森林公安机关领导干部双重管理有关规定，国家林业局森林公安局严格执行对省级森林公安机关领导干部的协管工作，2012年，先后14次组成考核组，对14个省级森林公安机关的20位领导干部任免履行了协管程序。经过不懈努力，目前，全国共18个省级森林公安机关一把手实现了进班子或高配。（居宪彬　韩光）

【森林公安警衔评授工作】 截至2012年12月，评授警衔53 191人（含专业技术231人），占总警力的87.45%。其中，警监231人（含专业技术38人），警督36 874人（含专业技术116人），警司15 986人（含专业技术77人），警员100人。6月28日，国家林业局局领导主持召开了"解决森林公安历史遗留未授衔人员问题"专题会议，在国家林业局、公安部等下发了文件，彻底了解决了森林公安912名民警的历史遗留警衔问题。（居宪彬　韩光）

【森林公安教育训练】 2012年，全国森林公安机关共组织各类培训2892期（次），培训民警90 990人（次）。一是落实"三个必训"情况：国家林业局森林公安局在南京警官培训中心和长春林业公安培训中心举办司晋督训练班13期1670人，领导干部首任训练班3期450人，新录用民警初任训练班16期（含委托各省组织新警培训班9期）1873人；基层一线实战训练825期22 819人；警员、警司、警督晋升培训169期6357人。二是各种业务培训情况：省、市、县三级组织各种业务培训共1866期57 821人次。2012年，首届全国公安院校教学技能大赛中，南京森林警察学院取得了学生四项全能一等奖2名、二等奖2名、三等奖4名，教师现场教学二等奖2名、三等奖2名，本科组团体三等奖的良好成绩。南京森林警察学院和长春林业公安培训中心向公安部上报5项教学成果申报材料，其中"警察院校文化素质教育体系的构建与应用"荣获一等奖，"野生动植物物证技术实践教学体系的构建与研究"荣获二等奖。（居宪彬　韩光）

【森林公安立功创模】 2012年，全国森林公安系统有353个集体受到奖励，占机构总数的5.06 %。其中，有20个单位被授予荣誉称号，37个单位荣立二等功，179个单位荣立三等功，117个单位受到嘉奖；有2176人受到奖励，占总警力的3.57%。其中，2人被授予"全国公安系统二级英雄模范"荣誉称号，5人荣获"全国特级优秀人民警察"称号，1人荣获"任长霞式公安局长"称号，4人获"爱民模范"称号，30人获"全国优秀人民警察"称号，13人荣立一等功，135人荣立二等功，724人荣立三等功，1303人受到嘉奖。5月18日，公安部组织召开全国公安系统英雄模范立功集体表彰大会，森林公安系统组团参加了大会，7名英模代表受到胡锦涛总书记、温家宝总理等中央领导同志的亲切接见。5月20日，国家林业局党组书记、局长赵树丛接见了出席公安英模表彰大会的森林公安英模代表。（居宪彬　韩光）

【森林公安优抚工作】 2012年，按照公安部、财政部《因公牺牲公安民警特别补助金和特别慰问金管理暂行规定》（公通字〔2004〕49号）等有关规定，对符合1980～2002年特别慰问金条件的208名因公牺牲民警的家属发放特别慰问金，对符合2003年以来特别补助金发放条件的11名因公牺牲民警的家属发放了特别补助金。根据公安部、民政部、财政部联合印发了《关于发给公安机关做出特殊贡献的牺牲病故人民警察家属特别抚恤金的通知》规定，对1995年1月1日以来符合一次性特别抚恤金发放条件的67名牺牲病故民警家属发放了一次性特别抚恤金。对35名英烈、因公致残及特困民警子女发放了助学金。选派1名英烈子女参加由公安部组织的英烈子女代表团赴香港、澳门访问。为9名英模家属申报"中国贫困英模母亲建设银行资助计划"资助金。推荐4名英烈子女保送就读公安院校。2012年共有14名森林公安民警因公牺牲，32名森林公安民警因公负伤，67名森林公安民警在职病故。（张　卫）

【警务督察队伍建设】 按照中央通报和公安部党委决定，国家林业局森林公安局在全国森林公安机关组织开展了向刘金国学习活动，以其"感动中国、无愧人民"的先进事迹和"两袖清风、一心为公"的高尚情怀，引领森林公安队伍特别是纪检监察和警务督察队伍建设。组织全国近4万名森林公安民警参加了《公安机关督察条例》知识竞赛活动，国家林业局森林公安局荣获竞赛组织奖。根据工作需要，国家林业局森林公安局对原有机动警务督察分队人员进行了调整，并新增河北、辽宁、福建、湖南、四川、贵州及黑龙江大兴安岭等7支机动警务督察分队，数量达到22支，人数达到102人。组织表彰了18名优秀机动警务督察队员，完成森林公安系统535名督察人员基本信息录入和督察证换发工作。进一步推广、规范了《公安督察工作情况综合统计月报表系统》《公安民警违法违纪案件、线索受理查办系统》使用工作，提升了纪检督察工作信息化水平。（张晓辉　敖孔华）

【表彰"清网行动"先进个人和集体】 5月26日～12月15日，公安部在全国公安机关部署开展了网上追逃专项督察"清网行动"。为激励先进，鼓舞士气，公安部2012年3月31日通报表扬了全国公安机关"清网行动"成绩突出的1485个集体和1485名个人。其中包括8个森林公安集体和8名个人。8个集体分别是：黑龙江大兴安岭地区漠河县公安局、吉林省森林公安局督察室、福建省古田县公安局森林分局、江西省森林公安局、河南省森林公安局、湖北省随县森林公安局、湖南省邵阳市邵东县森林公安局和广东省肇庆市公安局森林分局。8名个人分别是：陈青、贡献、游名寄、宋建国、赵中、李远光、马建红和王兴。4月12日，国家林业局森林公安局授予刘鑫垚等30人"清网尖兵"荣誉称号，对"清网行动"中成绩突出的河北省承德市森林公安局等32个集体和张建平等26名个人给予了通报表扬。（张晓辉　敖孔华）

【"三访三评"专项督察】 根据公安部统一部署，2012年上半年，国家林业局森林公安局在全国森林公安机关组织开展了"三访三评"深化"大走访"活动。为深入推进这项活动深入开展，4月中旬至5月底，国家林业局森林公安局采取点名抽查和由省区自行组织的方式，对基层开展“三访三评”活动进行了专项督察。4月14日至25日，国家林业局森林公安局广东、内蒙古、山西机动警务督察队分队分别对贵州、辽宁和甘肃3省森林公安机关开展“三访三评”活动情况进行了督察。督察队员通过听取汇报、座谈交流、查看台帐、收集影视图片资料等方式，详细了解了上述3省13个市(州)、31个县(市)森林公安机关及其派出所“三访三评”活动开展情况，会同所到之处的森林公安机关一起总结了成绩，分析了不足，提出了整改意见。此外，河北、山西、内蒙古、吉林、黑龙江、浙江、安徽、福建、江西、山东、湖北、广西、海南、四川、陕西、新疆等省(区)自行组织了专项督察。其中，内蒙古、福建、安徽、江西、山东、新疆等省(区)森林公安局成立专项督察领导小组，局长亲自担任组长；河北以基层所(队)为重点，采取警务评议、交叉督察、暗访督察等多种形式，及时督促整改工作中的问题；吉林、陕西省同时对《公安机关人民警察纪律条例》《公安机关人民警察内务条令》和“五条禁令”等执行情况进行了督察。通过此次专项督察，进一步提升了各级森林公安机关对“三访三评”活动的重视程度，深化了活动成效，强化了队伍管理，和谐了警民关系。据统计，开展“三访三评”活动期间，全国森林公安机关共化解林区矛盾纠纷2万余起，化解信访积案3380件，为群众办实事、做好事、解难事6万多件。　（张晓辉　敖孔华）

【森林公安信访工作】 2012年，国家林业局森林公安局受理信访案件82起(同比上升9.3%)，涉及民警45人。截至年底，共办结78起，结案率95.1%。从信访案件类别看，失职渎职类案件59起，占72%；违反警务、人事纪律和廉洁自律规定11起，占13.4%；其他情况12起，占14.6%。从信访案件发案时间看，发生在当年的案件20起，占全部案件的24.4%；发生在2012年之前的62起，占75.6%。从信访案件涉及地区看，黑龙江森工系统12起，占全国的14.6%；吉林省9起，占11%；内蒙古自治区、江西省各7起，分别占8.5%；河北省、辽宁省各6起，分别占7.3%；黑龙江省、河南省、福建省各4起，分别占4.9%；广西自治区、四川省、贵州省各3起，分别占3.7%；山西省、广东省、新疆生产建设兵团各2起，分别占2.4%；北京、江苏、浙江、海南、云南、陕西、青海、黑龙江大兴安岭各1起，分别占1.2%。　（张晓辉　敖孔华）

【森林公安宣传工作】 2012年是森林公安宣传工作迈出重要步伐、取得突出实效的一年。年初，国家林业局森林公安局组织召开宣传工作座谈会，邀请中央主流媒体记者参加，研究探讨了新形势下加强宣传工作的措施和办法，明确了2012年宣传工作思路和重点，建立了与中央媒体的日常联系渠道。依托《人民公安报》社森林公安记者站，调整充实了通讯员队伍，实现了省级森林公安机关全覆盖，拓展了新闻稿件的来源渠道。实施主动宣传策略，先后5次组织中央电视台、《人民日报》《新华社》《农民日报》《法制日报》《人民公安报》《中国绿色时报》等媒体记者，赴基层采访报道森林公安工作和森林公安先进典型。按照公安部统一部署，围绕推荐“我身边的爱民模范、我心中的公安英雄”和评选“最美警察”，组织征集了近百份主题宣传材料，经筛选向公安部推荐了26人，其中4名民警受到公安部表彰。全国公安系统英雄模范立功集体表彰大会召开后，国家林业局森林公安局集中采写报道了19名民警的感人事迹，组织5名民警参加了国家林业局政府网和搜狐网在线访谈，充分展现了英模的良好风采。组织制作了《守护绿色家园的忠诚卫士——中国森林公安发展概述》视频介绍片，会同中央电视台拍摄了《追捕盗猎者》《寻雕记》等纪录片和《中国警察》外场镜头，制作播出了“共同的家园——保护野生动物 我们在行动”等专题片，集中报道了森林公安查处野生动物案件情况，播出后取得了良好社会反响。协调《人民公安报》发表了候鸟保护专题报道，《中国绿色时报》刊发了森林公安信息化建设专版和“三访三评”专栏，中国林业网刊发了森林公安十年建设成果。《绿色中国》杂志第361期以“剑指大山铸警魂”为题，报道了十七大以来森林公安系统涌现出来的英模事迹。各地森林公安机关也围绕本地执法办案和专项打击、队伍正规化建设、“三访三评”深化“大走访”和人民警察核心价值观教育实践活动等开展了一系列宣传活动。　（张晓辉　敖孔华）

【森林公安宣传工作座谈会】 1月5日该座谈会在北京召开。会议通报了2011年宣传工作开展情况和2012年宣传工作安排意见，会议充分肯定了2011年全国森林公安工作成效，指出第四届“我最喜爱的人民警察”评选宣传力度大，“清网”和“亮剑”等专项行动宣传效果好，大运会安保服务工作、建立林区警务合作组织等重大警务部署宣传及时，“创新林区社会管理，服务现代林业建设”专题宣传深入，基层警营文化活动丰富，为推动森林公安中心工作营造了良好氛围。会议指出，2012年森林公安宣传工作要加强策划，主动宣传，保持新颖，丰富手段，挖掘深度，系统报道，充分展示森林公安工作成果，充分展现森林公安民警风采，进一步扩大社会影响，为森林公安发展提供有力的精神动力和良好的舆论氛围。　（张晓辉　敖孔华）

【“我身边的爱民模范、我心目中的公安英雄”推选活动】 2012年2月中旬~6月下旬，公安部组织人民网、新华网、中国警察网、腾讯网等网络媒体开展了“我心中的公安英雄、我身边的爱民模范”推选活动(以下称“双推”活动)。根据安排，“双推”活动分为“清网尖兵”“社区名警”“爱民模范”“铁血警探”“执法标兵”“警务能手”等6个主题，每个主题持续20天左右。期间，国家林业局森林公安局组织各级森林公安机关，发动林区群众广泛参与、积极推荐心中的公安英雄和身边的爱民模范。经逐级推选上报，全国共征集到主题宣传材料90个。国家林业局森林公安局择优向公安部推荐了21人，公安部选登了14人的事迹材料，其中黑龙江省大兴安岭漠河县公安局治安大队副大队长田坤被公安部、人力资源和社会保障部评为全国特级优秀人民警察；四川省米易县森林公安局民警付华被公安部评为全国优秀

人民警察。（张晓辉　敖孔华）

【"最美警察"评选表彰活动】 7月下旬～10月下旬，公安部组织中央主要新闻媒体和网站，策划开展了"最美警察"媒体推介活动。3个月时间，人民网、新华网等各大媒体网站共推荐了1134名"最美警察"候选人。国家林业局森林公安局向公安部推荐了吉林省红石森林公安分局第一派出所副所长陈立军、江西婺源县森林公安局局长王毅、湖南省古丈县森林公安局默戎森林派出所所长向智勇、湖南省宁远县森林公安局民警彭海燕等4名人选，人民网将陈立军和王毅2人纳入媒体推介名单。最终，陈立军入选50名"最美警察"代表，并荣获个人一等功。10月18日，陈立军及其同事和群众代表做客搜狐网，深情回顾了他扎根基层18年，调解林农纠纷、救助孤寡老人、资助失学儿童、千方百计为群众排忧解难，被辖区群众誉为"贴心人""好兄弟"的感人故事，公安部和国家林业局网站进行了同步直播，10月20日《人民公安报》、10月22日《中国绿色时报》进行了联动报道。10月26日上午，公安部邀请50名"最美警察"代表来到北京，接受了国务委员、公安部部长孟建柱的接见。26日下午，国家林业局赵树丛局长接见了陈立军。（张晓辉　敖孔华）

【人民警察核心价值观教育实践活动】 根据公安部统一部署，2012年3～12月该活动在全国森林公安系统开展。活动呈现出五个特点。一是领导重视，认识到位，动员部署深入。二是围绕主题，学深悟透，准确把握价值观内涵。三是文化育警，丰富形式，增强活动吸引力。四是培养典型，褒扬先进，营造良好活动氛围。五是结合实际，突出主业，积极转化活动成果。森林公安系统人民警察核心价值观教育实践活动受到公安部充分肯定，公安部《公安宣传工作》简报专门刊发了其做法和经验。（张晓辉　敖孔华）

【第一届"森林卫士杯"演讲比赛】 2012年6月30日，国家林业局森林公安局在江苏省南京市举办了以"弘扬人民警察核心价值观，忠实履行森林卫士职责"为主题的全国森林公安第一届"森林卫士杯"演讲比赛。各省（区、市）、内蒙古大兴安岭、黑龙江森工、黑龙江大兴安岭、新疆生产建设兵团森林公安局以及南京森林警察学院、长春林业公安培训中心选派了36名选手参加比赛。经大赛专家评委会评判，共评出一等奖1名，二等奖3名，三等奖6名，单项奖4名，优秀奖26名，组织奖6个。参赛选手结合森林公安承担的职责使命，自身从警经历和职业体验，从日常工作、打击犯罪、服务群众等不同方面，生动诠释了人民警察核心价值观内涵，全面展现了森林公安队伍立警为公、执法为民，爱岗敬业、无私奉献的精神风貌。（张晓辉　敖孔华）

【森林公安摄影书画作品获奖】 2012年，经公安部批准，全国公安文联组织开展了首届全国公安摄影艺术展和首届全国女警官书画作品展作品征集评选活动。森林公安局共征集并向全国公安文联推荐了近400幅摄影作品和30名森林公安女民警的33幅书法、美术作品。经评选，云南省西双版纳州森林公安局常宗波的摄影作品《拯救》荣获首届全国公安摄影艺术展银牌奖，陕西省森林公安局王毅的摄影作品《陇州社火——从化妆到巡游》、青海省玛可河森林公安局赵金德的摄影作品《雪牧》荣获优秀奖，国家林业局森林公安局获组织奖。11月16～17日，全国公安文联在江苏省苏州市举办首届全国公安摄影艺术作品展览会，常宗波的《拯救》作品参加展出。经评选，四川省南充市西充县森林公安局女民警唐华创作的书法作品获首届全国女警官书画作品展优秀奖。12月5～6日，全国公安文联在山东省聊城市举办首届全国女警官书画作品展，唐华以及内蒙古乌海市森林公安局女民警刘静琴、云南省玉溪市澂江县森林公安局女民警王艳琼、陕西省森林公安局女民警田静创作的作品在展会上展出。12月7日，国家林业局森林公安局向全国通报表扬了上述获奖人员。

（张晓辉　敖孔华）

【森林公安理论和文艺作品大赛】 国家林业局森林公安局于2012年组织开展了全国森林公安理论和文艺作品大赛。此次大赛共收到参赛作品364件，其中论文48篇，诗歌散文72篇，小说19篇，相声小品9篇，摄影绘画作品211幅，影视作品5个。经过专家评选，按类别共评出一等奖6名，二等奖13名，三等奖16名，优秀奖24名，特别奖29名，组织奖13个。

（张晓辉　敖孔华）

【编写《中国森林公安志》】 2011年9月，国家林业局森林公安局正式启动《中国森林公安志》编纂工作，并委托南京森林警察学院承担具体编写任务。2012年，史志编写工作有效推进。一是11月12日，国家林业局森林公安局正式成立编纂委员会和编写组，并聘请10位已退休的森林公安老同志组成顾问组，为编写工作提供了组织和人员保障。二是国家林业局森林公安局和编写组10余次召开会议，研讨会商编写工作方案、编写大纲和编纂中遇到的问题。三是3月20日和9月21日，编写组先后两次赴国家林业局收集相关资料，调阅各类档案2000余件。同时，查阅了中央档案馆、中国第二历史档案馆、南京图书馆、南京大学图书馆、南京林业大学图书馆、台北国史馆的馆藏资源。四是国家林业局森林公安局两次下发文件，收集和调取各省（区、市）森林公安相关资料，提出史志编写工作要求。编写组成员还实地走访了云南、青海、黑龙江森工等森林公安机关，寻访当事人征集线索。五是编写组人员加强业务知识学习，规范了资料搜集、整理、保管制度，规定了编纂凡例，总结积累了修志工作经验。截至2012年年底，编写组共收集掌握了与森林公安有关的上万份文献材料，整理形成了近百万字的资料长篇及附录内容。资料跨越2000多年，地域上涵盖20多个国家，介绍了世界主要国家森林保护、林业管理机构建设等方面情况，基本梳理清楚了中国森林警察的历史发展沿革、新中国成立以来森林公安组建、发展、壮大等基本情况。

（敖孔华　苏小波）

【森林公安微博检查考核】 根据公安部统一部署，国家林业局森林公安局2012年9月中旬至10月中旬，在全国森林公安系统对微博建设、管理、运行等情况进行了检查考核。掌握了全国森林公安微博开设和运行情况。截至2012年9月15日，全国森林公安机关共开设政务微博55个(其中省森林公安局2个，地市森林公安局13个，地市所属部门、县级及以下森林公安机关40个)，民警个人工作微博19个(其中处级干部6个，处级以下干部13个)。为加强森林公安微博建设，国家林业局森林公安局转发了《公安部关于加强公安微博建设管理工作的意见》，对全国森林公安微博建设、管理、运行等工作提出总体要求。内蒙古、江西、重庆、云南、宁夏等5省(区)森林公安局出台了微博管理制度，大部分已建立政务微博的市、县森林公安局和派出所也建立了相应的管理办法，提升了微博建设管理工作的科学化、规范化水平。在此次检查考核中，关闭了5个维护不力、内容更新不及时的民警个人工作微博。检查考核结束后，国家林业局森林公安局对工作成效突出的百花山森林公安派出所(北京市门头沟区百花山森林公安派出所)、绿盾110(安徽省泾县森林公安局)、卧龙特区森林公安局(四川省汶川卧龙特别行政区森林公安局)、云岭森警(云南省森林公安局)、北极公安(黑龙江省大兴安岭森林公安局)等5个政务微博进行了通报表扬。（张晓辉　敖孔华）

森林公安执法办案

【全国森林公安机关查处刑事案件情况】 2012年，全国森林公安机关共立刑事案件29 441起(其中重特大案件2718起)，同比上升14.6%；破刑事案件24 770起(其中重特大案件2051起)，同比上升15.4%；打击处理违法犯罪人员28 296人；收缴林木892 248立方米、野生动物546 174头(只)，涉案金额达17.1亿元。森林和野生动物刑事案件呈现以下特点：一是森林、野生动物刑事案件发案数仍处高位，对资源的破坏性强。二是盗伐、滥发林木犯罪发案数、林木损失占比最大，对森林资源破坏严重；非法狩猎案件出现较大反弹，同比上升九成。三是破坏国家重点保护植物资源和非法收购、运输、出售珍贵、濒危野生动物及其制品案高发，网上野生动物及制品非法交易日趋增多，已成为破坏野生动物资源违法犯罪的新形式。四是非法占用农用地、森林火灾案件持续高发，严重破坏了森林资源。

（耿永平）

【全国森林公安机关办理行政案件情况】 2012年，全国森林公安机关共查处行政案件223 085起，同比上升4.1%；处罚违法人员386 938人次，收缴林木树木和木材748 243立方米、野生动物473 213头(只)，涉案金额12.5亿元。森林和野生动物行政案件呈现以下特点：一是森林行政案件与去年基本持平，全年共受理森林行政案件210 578起，同比上升4%，其中违法运输木材案、滥伐林木案、盗伐林木案、擅自改变或者占用林地案分别占全部案件的23.1%、20.3%、12.4%和9%，二是流通领域的违法行为占森林行政案件较大比重，违法经营加工木材案件7566起、违法运输木材案件48 628起、违法收购明知是盗伐滥伐的林木案件12 285起，合计占全部案件的32.5%，同比上升3.6%。三是野生动物行政案件的发案数量明显回落，全年共受理野生动物行政案件5090起，同比减少17.3%，其中非法狩猎案件1228起、违法猎捕野生动物案件735起，同比分别下降50.5%和27%。（朱晓玉）

【督办大要案件】 2012年，国家林业局森林公安局通过下发督办函、转办通知书和赴实地督办等方式，督办各类案件121起。其中，国家林业局对赵树丛局长批示的河南荥阳市广武镇寨子峪村毁林案、央视《焦点访谈》报道的河北省迁西县非法占地采矿案、全国打黑除恶专项斗争协调小组办公室转来的海南省儋州市王某等人涉嫌盗伐林木案进行了核查督办。在森林公安局的统一指挥、督导下，成功侦破了云南省南药梁河制药有限责任公司特大非法制售虎豹骨酒案、天津市沈阳道非法出售运输象牙制品案、北京市程田古玩城非法出售运输象牙制品案等一大批大要案件。同时，针对新闻媒体和人民群众高度关注的湖南省桂东、炎陵县捕杀候鸟情况、江西省抚州市资溪县非法猎捕、杀害猕猴案和天津市大港区毒杀东方白鹳案，森林公安局先后多次派出工作组赴实地督办，及时查清了案情，扭转了负面舆论效应，在全社会营造了良好的野生动物保护氛围。通过大要案件督办，严厉打击了破坏森林和野生动物资源违法犯罪，遏制了破坏森林和野生动物资源违法犯罪上升的势头，有效保护了我国的生态安全。（耿永平）

【开展打击野生动物及其制品网络犯罪和非法贸易专项行动】 森林公安局于4月9日~18日在全国范围内组织开展了专项打击行动，严厉打击了野生动物及其制品网络犯罪和非法贸易活动，极大地提高了广大人民群众保护野生动物的意识，产生了良好的社会效果。据统计，全国共出动森林公安民警和其他执法人员近10万人次，查获破坏野生动物资源案件700余起，打击处理违法犯罪人员1031名，打掉犯罪团伙13个，收缴野生动物13万余头(只)、野生动物制品近2000件、野生动物皮张147张，涉案总价值近700万元。此次行动，有力地打击和遏制了线上、线下野生动物及其制品非法贸易活动，斩断了国内收藏、拍卖、宠物行业中的不法利益链条，涉及敏感物种的网上违法信息锐减，国内外社会对行动给予高度赞誉，中国因此获颁全球第12份《CITES秘书长表彰证书》。（耿永平）

【打击破坏野生动物资源违法犯罪专项打击行动】 森林公安局于2012年11月27日至12月31日在全国范围内组织开展了打击破坏野生动物资源违法犯罪专项打击行动。在各级林业主管部门、公安部门的领导下，各级森林公安机关充分发挥职能作用，迅速行动，重拳出击，对非法经营野生动物的重点场所、重点部位进行了治理整顿，侦破了一大批大案要案，有效扭转了局部地区破坏野生动物资源违法犯罪不断上升的局面，切实保护了野生动物资源。行动期间，全国森林公安机关共出动警力 302 595 人次、车辆 234 072 台次，查办野生动物案件 4821 起，打击处理违法犯罪人员 2809 人，收缴野生动物 276 100 只、制品 9546 件、皮张 4597 张，全部涉案价值达 3423.3 万元。（耿永平）

【部署重点时段林区安保工作】 按照公安部和国家林业局统一部署，国家林业局森林公安局在元旦、春节、“两会”“五一”、国庆、“十八大”等重点时段，结合林区实际，下发《关于切实加强林区安全保卫工作的通知》《关于切实做好“五一”期间林区安全保卫工作的紧急通知》《关于做好国庆期间林区安全保卫工作的通知》《关于深入贯彻孟建柱同志指示精神切实做好林区安保工作的通知》和《关于切实做好党的十八大林区安全保卫工作的通知》等，要求各地增强政治责任感和工作紧迫感，举全警之力、集全警之智，坚决防止重大涉林违法犯罪活动发生，坚决防止重大突发事件和涉林群体性事件发生，坚决防止队伍内部管理问题发生。各级森林公安机关特别是东北、内蒙古等大面积国有林区森林公安机关按照森林公安局和当地公安机关的部署，紧紧抓住影响林区治安稳定的突出问题，加大治安防控和打击整治力度，密切配合森林防火部门，确保无重大涉林案事件和重特大森林火灾发生，全国林区社会治安大局稳定。（朱晓玉）

【深入开展缉枪治爆专项行动】 按照公安部关于组织开展缉枪治爆专项行动的统一部署，国家林业局森林公安局成立了领导小组，下发《国家林业局森林公安局关于深入推进缉枪治爆专项行动的通知》，向公安部专项行动领导小组办公室报送了工作简报 12 期，及时挖掘集中清查收缴行动、《通告》宣传贯彻工作和专项行动中的典型事例加以宣传，并在年底行动结束时对全系统工作情况及战果进行了全面总结。全国特别是大面积国有林区森林公安机关，按照《2012 年全国缉枪治爆专项行动工作方案》和国家林业局森林公安局的要求，在当地公安厅的具体部署下，分别成立了以主要领导任组长的专项行动领导小组，结合本地实际，制订工作方案、深化措施，进一步加大了对涉枪涉爆犯罪的查控打击力度。累计共收缴各种枪支 1829 支、子弹 39 768 发；“60”型炮弹一发、毒气弹一枚；炸药 4281 千克、导火索 4076 米、雷管 14 571 枚；共检查涉枪涉爆单位 232 家，发现并整改安全隐患 77 处；查破涉枪案件 22 起，抓获涉枪涉爆犯罪嫌疑人 61 名。（韩彦君）

【林区禁种铲毒工作进一步加强】 根据国家禁毒委员会对进一步加强全国禁种铲毒工作的部署要求，2012 年 5 月 29 日，国家林业局制定出台了《关于进一步加强林区禁种铲毒工作的实施意见》，明确了进一步加强林区禁种铲毒工作的指导思想、目标任务、具体措施，对当前和今后一个时期的林区禁毒特别是禁种铲毒工作作出了全面部署。各级森林公安机关不断丰富侦查手段，严厉打击林区毒品违法犯罪，有效防止了林区非法种植毒品原植物问题反弹，为全国禁毒工作作出了积极贡献。国家林业局森林公安局、甘肃省森林公安局、内蒙古大兴安岭森林公安局、大兴安岭林业集团公司禁毒委员会办公室、吉林省黄泥河森林公安局、河南省鄢陵县森林公安局等 6 个单位被国家禁毒委员会办公室表彰为 2012 年全国禁种铲毒工作优秀组织单位。此外，2012 年重点省区森林公安机关共办理或协助办理毒品刑事案件 103 起，抓获犯罪嫌疑人 249 名，缴获各类毒品 102.08 千克。办案数、抓获犯罪嫌疑人数、缴获毒品数分别比 2011 年上升 84%、289%、61%。（汶 哲）

【命名全国森林公安机关新一轮执法示范单位】 按照公安部关于组织申报新一轮全国公安机关执法示范单位的统一部署，2012 年 4 ~ 12 月，国家林业局森林公安局在全国森林公安系统部署开展了新一轮执法示范单位申报命名活动。各省级森林公安机关对申报命名的单位逐一进行了实地考察，当面征求了当地林业、公安、检察、法院等部门的意见。国家林业局森林公安局在书面审查的基础上，派出 21 个工作组对通过初审的候选单位进行了实地复查。四川省洪雅县森林公安局、内蒙古大兴安岭莫尔道嘎森林公安局、北京市公安局大兴分局榆垡森林派出所、浙江省淳安县公安局森林警察大队等 4 个单位被公安部命名为“全国公安机关执法示范单位”。河北省张家口市森林公安局高新区分局被国家林业局森林公安局命名为“全国森林公安机关执法示范单位”。（汶 哲）

森林公安警务保障

【刑侦基础工作建设】 2012 年，森林公安机关着力打基础、增后劲，刑侦基础工作取得明显进展：一是会同公安部五局为全国 1525 个森林公安刑侦机构编制了机构代码，为下一步应用地方公安的基础信息、案件信息、情报信息三大基础数据平台奠定了基础。二是与公安部五局研商森林和野生动植物案件数据元和代码标准，力争将公安、林业相关信息最大限度地整合共享，实现业务流与信息流的互联、融合，不断提升情报信息对森林公安打击犯罪工作的支撑能力。三是以建立森林公安追逃数据平台为切入点，逐步提高森林公安深度应用情报信息的能力，培养一批贴近实战的专业情报人员。四是协调公安部五局，为各地设立刑事鉴定机构提供政策、法律等方面的支持和帮助，以适应新刑事诉讼法对刑事案件鉴定工作的要求。五是根据当前形势研判工作的需要，对森林和野生动物案件月报表系统进行升级改造，进一步完善统计分析功能。（耿永平）

【跨区域警务合作】 按照公安部对区域警务合作的总体部署，国家林业局森林公安局指导有关省(区)组织召开了南方8省(区)、西部7省(区)、东北内蒙古林区、中东部地区、泛西南地区5大警务合作区第二届联席会议，推动了警务合作向宽领域、全方位、深层次、务实性方向发展，林区警务合作不断深化。在森林公安信息系统首页开辟了“森林公安区域警务合作”栏目，为各省搭建警务合作信息交流与宣传平台。各级森林公安机关按照《国家林业局森林公安局关于建立跨区域林区治安防范合作机制的指导意见》，在强力推进警务合作机制的基础上，加速在信息共享、巡防联动、联合整治、互援共处、办案协作等方面合作，制度建设逐渐强化、合作模式推陈出新、合作领域已拓展到515个基层区域，基础林区警务合作格局进一步稳固，森林公安整体防控能力显著提升。 (朱晓玉)

【全国森林公安民警举行首次中级执法资格考试】 根据《公安机关人民警察执法资格等级考试办法》规定，按照公安部的统一部署，2012年国家林业局森林公安局统一组织实施了全国森林公安民警首次中级执法资格考试，制定下发《森林公安机关人民警察中级执法资格考试大纲》，依托南京森林警察学院成立考务办公室，组织研发执法资格等级考试管理信息系统。为充分发挥考试的引导、激励作用，在公安部规定的中级执法资格考试必考人员范围基础上，国家林业局森林公安局进一步规定，省级森林公安机关执法勤务类机构负责人、地市级森林公安机关分管领导和执法勤务类机构负责人、县级森林公安机关领导班子成员和执法勤务类机构负责人、森林公安派出所负责人为中级考试必考人员。2012年首次考试中，全国共有2.9万余名民警报名参考，其中必考人员2.25万人，自愿报名0.65万人。2012年11月24～25日、12月8～9日，国家林业局森林公安局在全国80个考点、728个考场，分两个批次、8个场次举行了全国森林公安民警首次中级执法资格考试，共向各考点派驻监考负责人180名。公安部法制局局长、执法资格等级考试办公室主任孙茂利带领公安部巡考组对北京考点进行了全程巡考，对森林公安系统的考试组织工作给予了充分肯定。 (汶 哲)

【全国森林公安信息化建设】 2012年是国家林业局森林公安局确定的全国森林公安机关信息化建设“强力推进年”。一年来，全国各级森林公安机关以进一步提升警务信息化能力为目标，以深入开展信息化建设“强力推进年”活动为抓手，以加强领导、加大投入、典型示范、强化培训、狠抓落实为主要措施，积极行动、强力推进，信息化建设力度远超常年，并取得阶段性工作成效。截至2012年年底，全国各级森林公安网整体接入率达到89%，较2011年底大幅提升22个百分点，其中县级以上机关和设在乡镇派出所的公安网接入率达到97%。全国森林公安民警计算机配备率达到110%。民警信息化培训率达到131%。在15个省级信息化示范建设单位中，13个单位已完成警综平台建设任务。全年森林公安用于信息化建设的投入达到5.4亿元。 (贺 飞)

【出台森林公安信息化建设指导意见和年度工作要点】 国家林业局森林公安局于2012年5月4日正式印发了《关于加强森林公安信息化建设的指导意见》。该指导意见明确了今后一个时期森林公安信息化8项基础建设任务、5大应用系统和3大数据库建设，是指导森林公安信息化建设的纲领性文件。另外，还研究印发了《2012年全国森林公安信息化工作要点》，全面提出并细化了开展公安网接入、计算机配备和人员培训等3个100%达标建设和推进15个省级警综平台建设的年度任务。 (贺 飞)

【15个省级森林公安信息化示范建设单位】 为加强森林公安信息化示范建设和典型引路，2012年国家林业局森林公安局遴选出北京、河北、内蒙古、辽宁、吉林、江西、山东、河南、湖北、湖南、广西、云南、青海和内蒙古大兴安岭、黑龙江大兴安岭共15个森林公安局，作为省级森林公安信息化示范建设单位。一年来，15个省级示范单位对信息化建设有关政策争取、经费投入、机构人员等各方面都给予重点保障，信息化建设走在了全国前列。截至2012年年底，13个单位基本完成警综平台建设任务。 (贺 飞)

【森林公安信息化建设指导和业务培训】 2012年国家林业局森林公安局先后5次办班办会，深入研究解决森林公安信息化建设面临的有关重大问题，督促指导各省级森林公安机关切实加强此项工作。一是于1月13日召开重点省区信息化建设座谈会，调研掌握各地森林公安信息化建设情况。二是于5月10日召开全国森林公安推进信息化建设电视电话会，全面部署各项重点工作。三是于6月12～13日在南京举办森林公安信息化建设业务培训班，邀请专家授课讲解。四是于7月23日在湖北举办首批重点省区信息化建设座谈会，对北京、河北、辽宁、山东、湖北、广西、青海7个单位提出要求。五是于9月12日在黑龙江大兴安岭举办第二批重点省区信息化建设座谈会，对内蒙古、吉林、江西、河南、湖南、云南和内蒙古大兴安岭、黑龙江大兴安岭8个单位提出要求。 (贺 飞)

【全国森林公安装备和基础设施建设培训班】 国家林业局森林公安局于11月28～29日在湖北咸宁举办了全国森林公安装备和基础设施建设培训班。各省(区、市)森林公安局(处)及南京森林警察学院、长春林业公安培训中心等单位共68人参加了培训班。各地代表总结介绍2012年本省(区、市)森林公安装备基建工作的主要做法、下步工作思路、有关意见和建议等情况。国家林业局森林公安局副局长焦德发在总结讲话中肯定了全年森林公安装备基建工作取得的成绩，客观分析了当前工作形势、机遇和问题，并全面部署了2013各项重点工作。此次培训班效果显著，意义深远，对进一步推动全国森林公安警务保障工作具有重要促进意义。

(贺 飞)

【全国森林公安治安和法制业务培训班】 国家林业局森林公安局于11月15～17日在河南省许昌市举办了全国森林公安治安和法制业务培训班。各省级森林公安机关分管领导，治安、法制部门负责同志，大连、青岛、宁波、厦门、深圳市森林公安机关负责同志，南京森林警察学院有关负责同志100余人参加培训。培训班重点研究了"十八大"林区安保工作，交流了派出所基层基础工作和执法示范单位创建的先进经验，并邀请专家对修改后的《刑事诉讼法》进行了讲授辅导。国家林业局森林公安局张萍副局长出席培训班并对有关工作进行了全面部署。此次培训对各级森林公安机关切实增强林区治安防范能力、提升民警执法水平起了积极推动作用。

（朱晓玉）

【森林公安派出所等级评定】 按照公安部对派出所等级评定工作的部署，国家林业局森林公安局组织全国森林公安机关对全国4301个派出所开展了2011年度森林公安派出所等级评定工作。一是要求各级森林公安机关通过制定和完善评定工作方案，落实考核评定、申报审批工作，层层公示，逐级申报；二是根据53条评定标准，通过听取汇报、实地检查、开展座谈等方法，对各省申报材料逐一审核、严格把关；三是按照公安部要求，组织开展了一级派出所复核工作，经多次沟通协调，森林公安系统向公安部申报的一级派出所全部通过审查。2011年度，全国森林公安系统共有一级公安派出所123个，占全国森林公安派出所总数的2.9%；二级公安派出所496个，占派出所总数的11.5%；三级公安派出所1783个，占派出所总数的41.5%。为贯彻落实全国公安厅局长座谈会精神，加强派出所基层基础建设，根据派出所等级评定结果，国家林业局森林公安局对全国四、五级派出所情况进行了统计汇总及摸底，为进一步推动派出所正规化建设奠定了基础。（朱晓玉）

森林资源与林政管理

【综　述】 2012年，森林资源管理与监督按照国家林业局党组的部署，认真落实全国林业厅局长会议精神，坚持围绕中心、服务大局，各项工作稳步推进。

森林资源监测

森林增长指标考核评价 森林增长指标年度考核评价是国家"十二五"规划《纲要》实施情况考核评价的内容之一。为切实做好森林增长指标考核评价工作，国家林业局依据《森林增长指标年度考核评价实施方案》，制定了《森林增长指标年度考核评价实施办法》及操作细则，并提交国家发展改革委将《实施办法》纳入了《国家考评办法》。在各省历次森林资源清查结果的基础上，结合林业统计数据和"十二五"规划确定的各省营造林任务，完成了各省森林面积和蓄积变化的初步测算，将"十二五"期间森林面积净增量目标分解落实到各省。

第八次森林资源清查 召开了清查工作前期会，审定了2012年复查省的工作方案和技术方案。在天津、山东、广东、重庆、四川、云南6省（市）开展了复查工作，复查面积129万平方千米，调查固定样地3.9万个，判读遥感样地35万个。对2011年度完成复查的6省（区、市），在森林资源清查成果基础上开展了汇总分析工作，形成了《第八次全国森林资源清查2011年度清查主要结果报告》，于6月底正式公布使用。成立了第八次清查全国汇总分析工作机构，制订了全国汇总实施方案，做好第八次清查全国汇总准备工作。下发了《关于做好2012年全国生物量调查建模工作的通知》，编制了建模工作技术规范，完成了样本野外采集和内业分析测定工作。

森林资源监测体系优化 在全国森林资源"一体化"监测总体思路的基础上，重点围绕改进完善国家森林资源清查体系进行了研究。以解决年度出数问题为重点，确定了先"森林资源年度变化的宏观测算"，再"森林资源年度数据的宏观监测"，最终过渡到"落实到山头地块的森林资源年度监测"的三步走发展思路。结合广东省的森林资源清查复查工作，在广东省开展了综合监测试点，将年度出数方案纳入试点范畴，开展了高分辨率遥感应用和大样地年度监测，研究探索森林资源年度出数及一类、二类数据协调的技术方法。本着"积极稳妥"的原则，对改进和完善第九次清查体系问题进行了认真研究。开展了全国森林资源数据库维护和数据更新工作。

林业调查规划设计行业管理 召开了全国林业调查规划设计单位资格认证管理工作会议，制定下发了《林业调查规划设计单位资格认证管理办法》。组织中国林业工程建设协会下发了《林业调查规划设计单位资格认证管理办法实施细则》《林业调查规划设计单位资质专家评审办法》和《林业调查规划设计单位资格认证程序管理规定》，明确细化了林业调查规划设计单位资格认证的申请、受理、审核、监督等事项，为资格证书换发做好了准备。

国家级公益林管理 下发了《国家林业局关于国家级公益林补充区划审核结果的通知》，向各省公布了区划成果。目前，全国区划界定国家级公益林1.24亿公顷。同时，下发了《国家林业局办公室关于进一步做好国家级公益林区划落界工作的通知》，指导各地开展国家级公益林落界工作，确保国家级公益林落界数据与"国家重点公益林管理信息系统"小班基础信息数据库一致，与省、县级林地保护利用规划成果相衔接。完善了《国家级公益林管理办法》，研究制定了《中央财政森林生态效益补偿基金绩效考核评价参考评价体系》，起草了《关于开展中央财政森林生态效益补偿基金绩效评价试点工作的通知》，配合财政部推进国家级公益林监测与评价的试点工作。《国家级公益林区划界定办法》已经通过行业标准审定。

林业数表编制 组织开展对部颁二元立木材积表的检验工作，起草《林分断面积—蓄积量标准表编制技术规程》，编制了《林业数表编制规划（2013～2017年）》。对2012年林业数表制修订数据进行了入库，督促指导内蒙古、辽宁、黑龙江、福建、贵州、湖南、安徽以及龙江森工集团等单位开展林业数表制修订示范工作。

森林资源利用监管

林木采伐管理 开展调查研究，推进林木采伐管理政策的完善。分别提出了关于森林采伐管理有关问题的解剖分析和政策建议，天然林保护工程区森林抚育和东北、内蒙古重点国有林区森林区划调整中森林采伐管理的具体意见，国家级自然保护区枯死木采伐清理的意见。下发了《国家林业局办公室关于退耕还林采伐问题的复函》，印发了《中央财政森林抚育补贴政策成效监测实施办法》。继续开展重点国有林区"两项检查"工作，制定了《东北内蒙古重点国有林区伐区调查设计质量检查技术规程》和《东北内蒙古重点国有林区伐区作业质量检查技术规程》两项林业行业标准。启动湖南省木材运输管理系统与采伐管理系统整合试点，举办全国林木采伐管理培训班，开发研制了东北、内蒙古重点国有林区林木采伐发证系统，在北京等12个省(区、市)安装运行了全国林木采伐管理系统。取消了毛竹采伐限额审批、集体林区木材生产计划等4项行政审批，国家林业局本级办理采伐林木行政审批80件。

森林可持续经营管理 对2004年启动的全国7个森林可持续管理示范点的试点成效进行了阶段性总结，继续推进全国200个森林资源可持续经营管理试点，试点单位全部完成了试点实施方案的编制。国家标准委发布了《森林经营方案编制与实施规范》和《简易森林经营方案编制技术规程》两个行业标准，为中国建立森林经营方案制度，全面推进森林可持续经营工作奠定了坚实的基础。

国家林业局与瑞典宜家(IKEA)集团合作开展了森林经营方案实施与评价项目，在广东省西江林场、福建省永安市林业局、黑龙江省大海林林业局3个单位开展森林经营方案实施评价。召开了蒙特利尔进程国家报告编制工作会议，组织编制了中国森林可持续经营国家报告。开展了森林可持续经营管理履约示范基地建设筹备工作，起草了履约示范基地建设方案。编制提交中芬林业工作组第17次会议项目建议书，指导北京、四川等10省(区、市)开展森林可持续经营管理培训研讨。

木材运输管理 起草了关于规范木材运输检查的通知，向国务院纠风办提交了《国家林业局2011年治理公路"三乱"工作总结和2012年重点工作安排》，参与了2012年全国治理公路"三乱"部级协调工作会议，与交通部、公安部、农业部和国务院纠风办联合对2012年"三乱"治理工作做了安排部署。联合监察部驻国家林业局监察局对广东、海南两省林业系统治理公路"三乱"和木材检查站管理工作进行了督导检查。举办了全国一级木材检查站站长培训班，对全国木材运输管理系统的运行进行维护，对2011年及2012年3个季度的全国木材运输情况进行了汇总分析。

林地林权管理

全国林地保护利用规划纲要编制 通过实地督导、召开片区督导会、约谈等方式，逐省进行林地落界工作督导落实，各省林地落界工作全部完成并通过国家林业局验收。研发了全国林地"一张图"数据库管理系统，完成了全国林地"一张图"拼接和入库工作。全国省级规划文本审查基本完成，国家林业局正式回复了28个省的规划审查意见，19个省的省级规划已经省级人民政府批准，25个省完成了县级规划文本编制。召开了全国林地"一张图"年度更新调查试点工作部署会，制定了试点工作方案、技术方案和实施细则，组织各省制定了试点工作方案和操作细则，开展全国技术培训，在黑龙江、安徽、贵州、新疆4省(区)以及其他省(区、市)各1个县级单位开展了林地"一张图"年度更新调查试点。

占用征收林地审批 对《占用征收征用林地审核和审批管理办法》和《森林植被恢复费征收使用管理暂行办法》进行了修改，起草了《关于从严控制矿产资源开发等项目占用东北、内蒙古重点国有林区林地的通知》。下达了2012年占用征收林地年度定额，对北京、福建等省请示提前使用2013年定额和国家备用定额的项目进行了审查。全国共审核审批占用征收林地项目19 455项，面积130 814公顷，收取森林植被恢复费82.62亿元。参与了国家发展改革委组织的清理整顿高尔夫球场工作，与中国石油天然气集团公司联合开展石油天然气钻井及配套设施建设项目使用林地政策研究，对19个省的主体功能区规划进行了审查，对全国低丘缓坡开发利用林地情况进行了调查摸底。

林权管理工作 下发了《关于进一步加强林地确权登记发证工作的通知》，召开了全国林地林权管理工作会议和两次全国林权管理工作座谈会，多次向国务院办公厅、国务院法制办、中农办就集体林地确权登记发证工作进行了汇报。对福建三明市沙县、龙岩市新罗区和广东梅州市蕉岭县林权登记发证情况进行专题调研，根据调研意见，向中办法规局回复了"国家林业局办公室对《中共中央办公厅 国务院办公厅关于印发〈关于进一步加强国土资源管理工作的意见〉的通知》意见的函"，向国办回复了《国家林业局关于农村集体土地所有权确权登记颁证问题意见的报告》，并针对黑龙江和湖南两省林地确权登记发证问题向国务院法制办回复了《国家林业局办公室关于国务院法制办征求对黑龙江省林地确权登记发证有关问题意见的函》和《国家林业局关于林地确权登记法律适用有关问题的复函》。修订完成了《林地和林木权属登记办法》，制定了林权登记发证流程规定和各环节格式文本，规范林权登记发证工作。

森林资源监督

林政案件督查督办 发函督办破坏森林资源案件55起。现地督办了黑龙江省清河林业局违规移植树木案、浙江省开化县违法处理非法运输木材案、四川油建公司非法占用林地案、陕西省澄城县毁坏林地案、辽宁省抚顺县毁林开垦案等一批重大案件，将辽宁省抚顺县毁林开垦案和黑龙江省清河林业局违规移植树木案的查处情况，报告了回良玉副总理，并分别提出了加强树木采挖移植和林地管理的相关措施。起草了《森林资源保护管理约谈办法(内部试行)》，对约谈工作进行了规范。

森林资源监督检查 组织开展了采伐限额、占用征收林地、"三总量"检查和营造林综合核查等专项检查。采伐限额检查了全国36个县的258个乡(镇、林场)；占用征收林地情况检查了全国165个县的占地项目4850项，调查到期临时占用林地653项，调查森林植被恢复费使用情况3104项；"三总量"检查了东北内蒙古重点

国有林区的9个林业局；营造林综合核查了全国331个县，核查面积32.2万公顷；占用征收林地行政许可被许可人监督检查了国家林业局审核同意或批准的207项建设项目占用征收林地情况；保护发展森林资源目标责任制检查了80个县的责任制建立和执行情况。下发了《通报》和《整改通知》，督促在2011年检查核查中发现问题的单位进行整改，并对江苏丹阳、湖北随县、内蒙古松山区的整改情况进行了督办。

森林资源监督建设　对北京专员办进行了监督业务培训，指导北京专员办与山西、北京、河北、天津进行工作对接。整理编印了《2011年度森林资源监督报告汇编》，在青海西宁举办了第十四期森林资源监督干部培训班。

重点国有林区体制改革　结合国家林业局“三进三同三提升”大型调研实践活动和林业重大问题调研，对大兴安岭十八站林业局、吉林和龙林业局的国有林区改革进行了调研。对《东北、内蒙古重点国有林区森林资源管理体制改革的意见》进行了修改完善。对黑龙江农垦系统体制机制和经营机制改革进行调研，借鉴黑龙江垦区改革发展的做法和经验。组织了国有林管理人员赴美国就国有林管理体制、森林资源经营理念和法律制度等内容进行了学习考察。　（陈　昱）

林地林权管理

【林地林权管理工作会议】　4月12日，国家林业局在北京召开了全国林地林权管理工作会议。在京局领导，各省（区、市）林业厅（局），内蒙古、吉林、龙江、大兴安岭森工（林业）集团公司，新疆生产建设兵团林业局的分管领导、资源处处长和规划院院长以及国家林业局各司局、相关直属单位的主要领导参加了会议。国家林业局党组书记、局长赵树丛做了重要讲话，从宏观战略的高度把握国际国内形势，充分阐释了加强林地林权管理在发展现代林业、促进绿色增长、保障生态安全、建设生态文明中的重要意义；从树立责任意识，落实林地林权管理任务，对强化林地林权管理工作提出了明确要求。国家林业局副局长张建龙做了主题报告，对30年来林地林权管理取得的重大成就进行了系统总结，对贯彻落实赵树丛局长的重要讲话精神和当前林地林权管理的重点工作做出了全面部署，对2012年森林资源管理各项重点工作做出了具体安排。会议的召开，对于全面做好以林地林权管理为核心的森林资源管理各项工作，发展现代林业、建设生态文明、推动科学发展、实现绿色增长具有重要指导意义。　（陈　昱）

【林权管理情况】　2012年林权管理的重点是加强制度建设，完善有关政策规章，建立林权规范化管理的长效机制。完成了对《林木和林地登记发证管理办法》（国家林业局2000年1号令）的修订，制定了林地林木登记工作流程范本，进一步规范了林地林木登记各类申请审批表格及受理、审查、公示、核准等全部登记发证环节的格式文书。

4月，国家林业局召开了专门的全国林地林权管理工作会议，总结了改革开放以来中国林权管理30年的工作成效，提出加强林权管理制度性建设的要求。赵树丛局长强调，加强林地管理和森林资源管理必须明晰产权。实践证明，只有权属清楚、责任明确，才能管理有序、保护有力。张建龙副局长指出，林地确权登记法证制度是林地保护管理的核心内容。20世纪80年代末，原林业部开始组织对国有林地确权发证，到1990年已经对90%以上的国有林地登记发证。国有林包括两个部分，一部分是东北、内蒙古等重点国有林区，发证接近0.33亿公顷；另一部分是国有林场，发证接近0.6亿公顷。2008年，中共中央国务院部署全面推进集体林权制度改革以来，全国完成了1.73亿公顷集体林地的勘界确权任务，已有1.51亿公顷林地完成了登记发证任务，确认了集体林地所有权和农民的林地承包经营权。2012年8月，国家林业局召开重点林区林权管理工作会议，研究对重点林区林地权属管理问题的长效机制。自1989年国务院部署重点林区国有林业局林权登记发证以来，重点林区经营面积3236.51万公顷范围内，总经营单位103个（其中包括87个国有林业局），已发证单位101个，发证面积3061.56万公顷，发证面积占国家区划经营面积的比例为94.59%，未发证单位2个（黄泥河和天桥岭林业局），未发证面积174.95万公顷，未发证面积占国家区划经营面积的比例为5.41%。会议认真总结了重点林区林地权属管理工作，分析了存在的问题，研究加强林权管理的对策。同期，国家林业局召开了林权登记发证管理系统建设座谈会，研究完善2001年发布实施的林权登记系统，研究了林地宗地登记代码编码规则，决定尽快建立全国林权登记信息管理系统和登记档案资料查询平台，健全林权登记档案管理和查询制度，实现林权登记信息全国联网，保障对林权变动情况实施有效监管。

4月，针对多省林业主管部门询问的国土资源部《（国土资发〔2011〕）60号》和《关于农村集体土地确权登记发证的若干意见》（国土资发〔2011〕）178号）两个文件所规范的农村集体土地确权登记发证是否包括林地问题，国家林业局下发《国家林业局关于进一步加强林地确权登记发证工作的通知》（林资发〔2012〕47号），明确答复不包括林地，并要求各地严格按照《森林法》及其实施条例的规定，依法开展林地的确权登记发证工作，尽快完成农村集体经济组织林地所有权登记发证工作。7月，向国务院上报《国家林业局关于农村集体土地所有权确权登记颁证问题意见的报告》（林资字〔2012〕39号）。9月，向国务院法制办秘书行政司回复了《国家林业局办公室关于国务院法制办征求对黑龙江省林地确权登记发证有关问题意见的函》（办函资字〔2012〕232号）。11月，针对《湖南省人民政府法制办公室关于林地确权登记法律适用有关问题的请示》，向国务院法制办回复了《国家林业局关于林地确权登记法律适用有关问题的复函》(林函策字〔2012〕208 号)，依法明确了林业局对集体林地登记发证的意见和态度。12 月，就芬兰斯道拉恩索集团租用广西林业集团国有林地一事，回函广西林业厅，要求其加强对外资适用中国林地的监管，对涉外林权登记等事项作了规范。

(王晓丽)

【全国省、县级林地保护利用规划编制基本完成】 省级林地保护利用规划以《全国林地保护利用规划纲要》为指导和总控，以省级单位为单位编制，其中包括内蒙古、吉林、龙江、大兴安岭森工(林业)集团公司、新疆生产建设兵团，共 36 个省级单位。县级林地保护利用规划，在省级林地保护利用规划总控下编制，科学合理地界定林地范围，对林地进行分区、分类、分级、分等，并落实到山头地块。目前，省、县级规划编制已全部完成，北京、江西等 20 个省级规划已经省人民政府批准并颁布实施，安徽、福建等 10 个省(区)的省级林地规划已经报省政府，县级规划已有 30% 经县人民政府批准实施。省、县级林地保护利用规划审批工作将在 2013 年全面完成。 (韩爱惠)

【全国林地“一张图”建设全面完成】 全国林地“一张图”建设于 2010 年 10 月正式启动，于 2012 年年底全面建成。在两年多的时间里，召开了 30 余次工作部署、技术研讨和技术培训等相关会议，共出台了 4 个行业标准、5 个规范性文件；全国共投入 5 万余人，耗资 10 多亿元。通过遥感底图制作、林地落界、汇总建库 3 个主要工作环节，共区划了 6800 多万个林地图斑，总调查数据 3 亿多组，数据量高达 100TB。

林地“一张图”，第一次按统一标准、统一时点精准划定林地位置和边界，将全国林地落到山头地块，形成直观反映全国林地范围和森林资源分布、无缝拼接、数字化的“一张图”。第一次实现了全国范围内林地保护利用规划的全覆盖，将林地功能分区、森林分类、质量分等、保护分级等林地保护利用规划信息上图入库。第一次综合利用“3S”技术，构建了国家、省、市、县多尺度林地空间数据库，产出涵盖地类、林地权属、林种、起源等信息，国家和地方协调一致的“一套数”。第一次采用统一坐标系，建立全国林业地理信息系统，建成三维立体的林地电子沙盘图，将林业决策置于可视化现实场景。 (韩爱惠)

【全国林地“一张图”更新调查与应用逐步推进】 全国林地“一张图”是一个开放的、不断更新的数据库，如果不及时更新，将成为一张死图，失去它最根本的意义。为保持林地“一张图”的现势性和时效性，坚持了“建用并举”的原则，推进林地“一张图”的更新和应用工作。为此，在“一张图”建设的同时，就着手研究林地变更调查工作，采用两期高分辨率遥感影像和现地核实相结合的方法，将林地转入转出、森林转入转出的林地变化情况更新到林地“一张图”数据库中，把占用征收林地地块、新造人工林地块、森林灾害地块等林地利用现状和变化信息，及时直观地反映在“一张图”上。2012 年，在黑龙江、安徽、贵州、新疆 4 省(区)以及其他省(区、市)的 33 个县先期开展了林地“一张图”年度更新调查试点。 (韩爱惠)

【全国审核审批占用征收林地情况】 2012 年，全国(不含台湾省，下同)共审核占用征收林地项目 15 601 项，审核同意面积 114 319.6181 公顷；批准临时占用林地和直接为林业生产服务的工程设施占用林地项目 3854 项，批准面积 16 494.29 公顷；征收森林植被恢复费 826 152.57万元。其中，国家林业局审核占用征收林地项目 318 项，审核同意面积 37 933.14 公顷；批准临时占用林地和直接为林业生产服务的工程设施占用林地项目 123 项，批准面积 7781.55 公顷；征收森林植被恢复费 312 382.79 万元。各省(区、市、新疆生产建设兵团)林业主管部门审核占用征收林地项目 15 283 项，审核同意面积 76 386.48 公顷；批准临时占用林地和直接为林业生产服务的工程设施占用林地项目 3731 项，批准面积 8712.74 公顷；征收森林植被恢复费 513 769.78 万元。附 2012 年度占用征收林地审核审批情况统计表

(胡长茹)

【全国占用征收林地定额使用情况】 全国“十二五”期间占用征收林地总额为 56.48 万公顷(年均 11.29 万公顷)，2012 年全国占用征收林地年度定额为 12.59 万公顷，其中，下达各省林地定额 11 万公顷，国家备用定额 1.59 万公顷。根据《占用征收林地定额管理办法》有关规定及全国各省 2012 年占用征收林地年度定额使用情况，2012 年国家林业局和各省级林业主管部门审核同意建设项目实际使用占用征收林地定额 10.9 万公顷。其中，实际使用下达各省的林地定额 9.15 万公顷，有 10 个省提前使用 2013 年度林地定额 0.66 万公顷，有 9 个省申请使用 2012 年国家备用定额 1.09 万公顷。

(胡长茹)

【国家林业局占用征收林地行政许可被许可人监督检查】 为落实《行政许可法》有关规定，根据《国家林业局征占用林地行政许可被许可人监督检查办法》和《国家林业局关于委托征占用林地行政许可被许可人监督检查工作的通知》，2012 年，国家林业局组织 15 个派驻森林资源监督机构(以下统称专员办)开展了占用征收林地行政许可被许可人监督检查工作。经统计，检查工作从 3 月开始，至 10 月底全面完成内外业工作，各专员办共投入 289 名检查人员，检查了 207 项国家林业局审核审批的占用征收林地建设项目，涉及 230 个县(市、区、局、团场)。

在检查的 207 项占用征收林地建设项目(包括配套的辅助工程)中，159 项建设项目依法使用林地；48 项建设项目不同程度存在超审核(批)范围使用、异地使用等问题，违法违规使用林地面积 125.12 公顷。

(付长捷)

【全国占用征收林地情况检查结果】 2012 年，国家林业局对全国 34 个省(区、市、公司、兵团、集团，以下简称省份)的 165 个县级单位 2011 年以来占用征收林地情况进行了检查。检查主要结果如下：

主要结果 共检查占用征收林地项目 4850 项，实际占用征收林地面积 22 939.6 公顷，其中：经过林业主

管部门审核(批)的项目 4110 项、面积 21 363.1 公顷，项目审核率 84.7%、面积审核率 93.1%。共查出违法占用征收林地项目 789 项，其中无任何审核(批)手续 738 项、越权审核(批)2 项、异地占用 2 项、超审核(批)面积占用 44 项、超期限占用 3 项，面积 1663.2 公顷；毁林开垦 97 起，面积 104.4 公顷。

与 2011 年检查结果相比，项目和面积审核率分别下降 4.2 个和 1.6 个百分点。项目审核率下降幅度较大的是辽宁、海南、福建、四川、龙江森工集团、甘肃、江苏、贵州、广西，分别下降 39.0、35.5、31.9、20.2、20.0、19.0、17.0、11.6、11.2 个百分点；辽宁和海南项目审核率较低，分别为 25.3%、55.4%。面积审核率下降幅度较大的是：海南、辽宁、安徽、河北、云南，分别下降 50.5、33.0、24.0、16.3、12.2 个百分点；海南和辽宁面积审核率较低，分别为 46.5%、56.7%。有 13 个省份的项目审核率有所上升，其中山东、黑龙江、吉林省的项目审核率上升幅度较大，分别上升 47.7、22.1、20.5 个百分点；有 14 个省份的面积审核率有所上升，其中江苏、陕西、山西省的面积审核率上升幅度较大，分别上升 32.1、26.5、21.4 个百分点。广东、内蒙古森工集团、吉林森工集团、大兴安岭林业集团和新疆生产建设兵团的项目和面积审核率均为 100%，其中广东和吉林森工集团连续 3 年项目和面积审核率均达 100%。

与 2011 年检查结果相比，森林植被恢复费项目和费用收缴率分别下降 5.8 个和 2.4 个百分点。项目收缴率下降幅度较大的是辽宁、海南、福建、江苏，分别下降 42.2、35.1、32.5、24.2 个百分点；辽宁和海南项目收缴率较低，分别为 25.3%、55.4%。费用收缴率下降幅度较大的是海南、安徽、辽宁、云南，分别下降 52.4、32.9、28.3、16.0 个百分点；海南、安徽费用收缴率较低，分别为 43.5%、65.1%。有 11 个省的项目收缴率有所上升，其中山东、重庆上升幅度较大，分别上升 47.7、30.2 个百分点；有 11 个省份的费用收缴率有所上升，其中江苏、山西上升幅度较大，分别上升 18.1、17.8 个百分点。

突出问题 总体看，大多数地方都能够依法使用林地，林地保护意识有所增强，但是一些地方违法占用林地的现象仍然比较突出，林地保护管理的形势依然十分严峻。与上次检查结果相比，本次检查县级单位平均违法项目数和面积分别增加 1.6 项和 1.7 公顷，存在违法项目的县数比例增加 5.9 个百分点，违法项目发生率明显增加。主要表现在几个方面：一是经营性建设项目违法占用征收林地问题突出。一些地方政府依法使用林地意识淡漠，造成商业性开发建设、工业园区建设等乱占林地问题突出。海南省保亭县宾馆、房地产开发等违法项目共 33 项，面积 234.2 公顷。二是采石采矿侵占林地屡禁不止。本次检查发现的未经林业部门审核(批)的采石采矿等违法占用林地项目数达到 305 项、面积 477.5 公顷，占违法项目总数的 38.7%、面积的 28.7%。在辽宁省朝阳县发现采石采矿违法项目 13 项，面积 62.9 公顷，在努鲁儿虎山国家级自然保护区内，竟然有 10 起采矿违法占用林地项目，面积达 15.7 公顷；云南省勐海县采石采矿违法项目共 13 项，面积 42.6 公顷，其中勐海鑫汇矿业有限公司采矿项目超审核(批)面积占用林地 10.2 公顷。三是违法占用公益林地问题严重。本次检查发现违法占用防护林地和特种用途林地的项目数达到 165 项，面积 210.8 公顷，占违法项目总数的 20.9%、面积的 12.7%。黑龙江省汤原县亮子河铁矿有限责任公司采矿项目违法占用防护林地面积 9.6 公顷。四是有组织毁林开垦依然存在。检查发现，一些地方政府和企业为追逐经济利益，有组织毁林开垦。贵州省都匀市大坪镇政府对大坪镇营盘村大茶园土地进行开发造成毁林开垦，面积达 10 公顷；新疆维吾尔自治区佳禾草业科技有限公司在乌苏市西大沟镇毁林开垦，面积达 10.8 公顷。

原因分析 一是中西部地区在承接东部地区产业转移过程中，地方政府搭台招商引资，各类工业园区违法用地现象突出。二是为发展经济和优化投资环境，地方政府对企业和公司圈占林地资源、滥采矿产资源采取保护主义，甚至干扰林业主管部门依法查处。三是国家或地方一些重点建设工程无视林地管理法律法规，未批先占、边干边办手续；四是为调整农村产业结构或追逐利益，政府或企业在农业综合开发过程中，利用权力或依仗资本优势，无视法律规定，有组织地毁林开垦；五是一些地方政府和林业主管部门对违法占用林地行为监管缺位，打击力度疲软。 （柏建伟）

森林资源利用监管

【全国森林采伐限额执行情况】 2012 年，各地高度重视森林资源保护，严格林木采伐审批，加强林木采伐、木材运输监管，全国森林采伐消耗继续得到有效控制。据统计，2012 年度全国森林采伐限额为 2.75 亿立方米(不包括省级林业主管部门按照国家林业局印发的《商品林采伐限额结转管理办法》的规定审批结转的采伐限额)，实际发放林木采伐许可证允许采伐的林木蓄积量(即发证采伐量)为 1.2 亿立方米，不足采伐限额的一半。除吉林森工集团、内蒙古森工集团、中林集团、天津市、龙江森工集团、大兴安岭林业集团的发证采伐量占采伐限额的 80% 以上外，其他省(区、市)的发证采伐量均大大低于采伐限额，表明各地林木采伐审批全都控制在采伐限额之内，没有超限额审批林木采伐的情况。从国家林业局 2012 年对 26 个省(区、市)的 36 个县(局)进行的采伐管理检查结果看，实际林木采伐总量只占采伐限额总量的 39.2%，比 2011 年的检查结果低 2.8%，平均林木采伐发证率、发证合格率和伐区凭证采伐率分别为 78.6%、88.4% 和 97.7%，均低于上年度检查结果。 （谢守鑫）

【全国林木采伐管理培训班】 9月24~26日，国家林业局资源司在四川成都举办了全国林木采伐管理培训班。各省(区、市)林业厅(局)，内蒙古、吉林、龙江、大兴安岭森工(林业)集团公司以及各派驻森林资源监督机构负责林木采伐管理的负责人或业务骨干100多人参加了培训。培训期间，资源司副司长袁少青全面分析了全国林木采伐管理面临的形势和存在的问题，提出了加强和完善林木采伐管理的意见，并对当前林木采伐管理的重点工作进行了部署。国家林业局调查规划设计院副院长唐小平结合国内外情况，就森林采伐与可持续经营的关系和相互作用、森林采伐管理的发展趋势等做了专题授课。四川省林业厅、国家林业局驻成都监督专员办有关领导出席并致辞。 (靳爱仙)

【全国林木采伐管理系统启动运行】 为切实加强全国林木采伐管理，进一步提高林木采伐管理工作的信息化水平，推进政府在线办事，提高工作效率，国家林业局资源司组织研建了全国林木采伐管理系统。该系统在湖南省试点运行1年，经过多次修改与完善，从系统设计、基本功能、总体框架、技术指标等多个方面达到了在较大范围推广应用的技术要求。2012年9月，《国家林业局关于在北京等12省区市启动运行全国林木采伐管理系统的通知》(林资发〔2012〕228号)下发，决定于2012年10月1日起，在北京、河北、山西、辽宁、黑龙江、安徽、山东、河南、湖北、湖南、广东、云南等12个省(区、市)正式启用全国林木采伐管理系统。9月24日，在资源司组织召开的全国林木采伐管理培训班上，系统研建单位国家林业局调查规划设计院对系统技术架构、主要功能、技术指标与参数等进行了全面介绍和操作演示，听取了各地对系统推广应用和网上审批办证等方面的具体意见和需求。 (靳爱仙)

【国家林业局明确退耕还林林木采伐政策】 6月，就《湖北省林业厅关于退耕还林采伐有关问题的请示》(鄂林退〔2011〕344号)，《国家林业局办公室关于退耕还林采伐问题的复函》(办资字〔2011〕102号)主送湖北省林业厅，并抄送各有关省(区、市)林业厅(局)，明确函复：按照《退耕还林条例》的规定，原政策补助期满后，在不影响整体生态功能的前提下，报经有关主管部门批准，退耕还林者可以对其所有的林木申请采伐。同时明确指出，国家实施退耕还林工程，最根本的目的是恢复和增加森林植被，改善生态状况，提高生态功能，促进退耕还林地区经济社会的可持续发展。为此，特别强调：①采伐要严格履行林木采伐审批程序，依法纳入限额采伐和凭证采伐管理。依法确定采伐年龄，因地制宜选择采伐方式，不得大面积皆伐和超强度采伐，严禁借机复耕复垦。对乱砍滥伐、复耕复垦等破坏退耕还林成果的行为，要依法打击，严肃处理。②采伐后必须及时更新造林，确保林地性质不变。采伐生态公益林，造林更新必须确保生态公益林性质不变，确保生态公益林面积不减少和区域生态功能不受影响。③采伐更新验收后，各级林业主管部门要及时调整、更新退耕还林合同和有关档案资料，确保档案数据与实地情况一致。鉴于目前退耕还林尚处在巩固成果的关键时期，国家林业局要求各级林业主管部门一定要严格把握政策和程序，加强宣传、正确引导、强化监管，确保退耕还林成果的巩固和发展。 (谢守鑫)

【国家林业局明确外籍人士申请办理林木采伐许可证要件】 2012年10月，就《福建省林业厅关于外籍人士或其组织自行营造的森林无林权证如何核发采伐许可证的请示》(闽林政〔2012〕49号)，《国家林业局关于外籍人士及其组织申请采伐林木问题的复函》(林资发〔2012〕258号)主送福建省林业厅，并抄送各省(区、市)林业厅(局)和内蒙古、吉林、龙江、大兴安岭森工(林业)集团公司，明确函复：林权证是林地、林木权属的法律凭证。外籍人士及其组织申请采伐其自行营造的林木，需要提交其对申请采伐林木具有所有权的有效证明。林业主管部门可以将外籍人士及其组织与相应林地林权证持有者签订的林地租赁合同(协议)和该林权证复印件以及造林验收单等作为申请采伐林木所有权的有效证明。在林木权属明确、无争议且没有《中华人民共和国森林法实施条例》第三十一条所规定的不得核发林木采伐许可证情形的情况下，审核发放采伐许可证的部门，在年森林采伐限额内可以依法发放林木采伐许可证。林资发〔2012〕258号文件为外籍人士及其组织申请采伐和林木采伐许可证核发提供了政策依据。 (谢守鑫)

【全国木材检查站站长培训班在京举办】 为认真贯彻落实全国林业厅局长会议精神，进一步认清当前森林资源保护管理面临的形势，强化木材流通领域的监督管理，提升木材运输执法队伍依法行政的能力和水平，筑牢反腐倡廉思想防线，切实巩固林业系统治理公路"三乱"成果，促进木材运输检查工作健康发展，全国木材检查站站长培训班于2012年9月11~15日在国家林业局管理干部学院举办，来自28个省(区、市)林业厅(局)和内蒙古、龙江、大兴安岭森工(林业)集团公司木材运输检查管理部门和全国一级木材检查站的85名学员参加了学习培训。培训班开设了《我国木材运输执法检查工作形势及发展趋势》《林业反腐倡廉教育》《林业行政执法有关问题》《森林法有关问题》和《木材运输管理系统及木材检查站管理》等5个专题讲座，分组交流研讨了当前木材运输检查和木材检查站建设存在的问题与建议，实地考察了狼牙山革命教育基地和大兴区榆垡木材检查站建设。

培训班围绕提升木材运输执法队伍依法行政的能力和水平这个主题，设计了中国木材检查工作形势及发展趋势、林业反腐倡廉教育、林业行政执法、森林法修订、木材运输管理系统及木材检查站管理等专题讲座，分组讨论了木材运输检查工作、木材检查站建设存在的问题，提出了做好木材运输检查相关工作的意见与建议，实地考察了狼牙山革命教育基地和大兴区榆垡镇木材检查站建设。 (张厚武)

【全国木材运输管理系统启动运行情况】 自2011年在全国部署全国木材运输管理系统以来，国家林业局采用远程协助和现场实施两种方式，帮助23个省(区、市)建立了木材运输和检查系统省级平台，并为湖南、江西等4个省(区)开发了内外网交换系统。到2012年年底，除福建省外，全国各省(区、市)均已启动运行全国木材运输管理系统，由国家林业局托管的有天津、山西、山东、海南、西藏、宁夏、新疆7个省(区、市)，在林业系统内网运行的有内蒙古、江西、湖南3个省(区)，系统整体运行良好。存在的问题，一是部分省级中心的服务器访问速度很慢，导致数据下载超时；二是少数省级中心不重视数据备份，导致服务器或客户端系统出现问题时数据无法恢复；三是一些办证点客户端系统出现问题，由于没有及时备份，安装新客户端时，不能还原数据库，导致数据无法正常上传和正常统计。为确保系统正常运行，要求各省区市明确一个数据库管理员，对数据库做双机热备，当一台数据库服务器发生意外时可及时启用备用数据库服务器。　（张厚武）

【全国木材运输情况】　据不完全统计，2012年全国共有木材运输证办证点3720个，其中湖南、广东、安徽、云南、河北5个省办证点数量超过200个。2012年全国共签发木材运输证635.5万份，木材运输量20 758.6万立方米，竹材运输量67 138.6万株。签发木材运输证的数量以广西、浙江、广东、江苏、山东5省(区)多，5省(区)木材运输量占全国木材运输总量的63.3%。

（张厚武　杨雪清）

【东北、内蒙古国有森工企业2012年度木材生产计划】　根据《森林法》《森林法实施条例》《国务院批转林业局关于全国“十二五”期间年森林采伐限额审核意见的通知》(国发〔2011〕3号)、《东北、内蒙古等重点国有林区天然林资源保护工程二期实施方案》和《大小兴安岭林区生态保护与经济转型规划(2010—2020年)》的有关规定，《国家林业局关于下达东北、内蒙古国有森工企业2012年度木材生产计划的通知》(林资发〔2011〕310号)下达东北、内蒙古国有森工企业2012年度林木总采伐量为908.1万立方米，其中主伐158.95万立方米、占17.5%，抚育采伐495.64万立方米、占54.6%，更新采伐124.32万立方米、占13.7%，其他采伐129.19万立方米、占14.2%；木材总产量为420.7万立方米，其中主伐100.75万立方米、抚育采伐206.18万立方米、更新采伐70.88万立方米、其他采伐42.89万立方米。抚育采伐(计划)平均出材率41.6%。　（谢守鑫）

【全国森林可持续经营管理试点情况】　2012年全国森林可持续经营管理试点工作全面推进。一是2011年启动的全国200个单位的森林可持续经营管理试点示范工作稳步推动，各省(区、市)都召开了专门会议布置试点工作，组织各试点单位编制了试点实施方案，编辑了2期《全国森林资源可持续经营管理试点工作简报》，对部分试点单位的好做法、好经验进行了宣传报道。二是对2004年启动的全国7个森林可持续经营试点示范单位的试点成果进行了阶段性总结，编成《中国森林可持续经营探索与实践》一书。三是正式发布了《森林经营方案编制与实施规范》和《简明森林经营方案编制技术规程》两个行业标准，四是与外事部门合作，在已经启动的森林可持续经营管理试点单位中，选择6个单位启动了《国际森林文书》示范基地建设工作。　（崔武社）

【全国森林抚育成效监测开展情况】　8月，国家林业局印发《中央财政森林抚育补贴政策成效监测实施办法(试行)》(林资发〔2012〕207号)的通知，旨在建立对中央财政森林抚育补贴政策成效的长期跟踪监测网络，及时反映政策执行情况，科学掌握森林资源动态变化，客观评价政策产生的生态、经济和社会效益，为完善中央财政森林抚育补贴政策提供决策依据。

《办法》明确，成效监测分为森林资源及生态监测和经济社会效益监测，由国家、省和县三级共同组织实施。国家林业局负责制定成效监测技术方案，建立全国成效监测数据库，检查指导各地成效监测工作，组织开展国家级典型抽样和专题调查，撰写全国成效检测报告。省级林业主管部门负责制定省级成效监测实施方案，统一布设和调查森林资源及生态监测固定样地，组织开展全省经济社会效益监测，建立省级成效监测数据库，撰写省级成效监测报告。县级单位协助国家和省级林业主管部门开展成效监测工作，建立、维护和协助调查固定样地，选取和协助调查经济社会效益监测样本。国家林业局每年抽取一定比例的省级单位，检查成效监测实施情况和工作质量。　（崔武社）

【全国森林采伐限额执行情况检查】　2012年国家林业局对全国26个省(含自治区、直辖市，下同)的36个县(含区、市、旗，下同)的2011年度森林采伐限额执行情况进行了检查。检查主要结果如下：

检查结果总体评价　2011年度是执行“十二五”期间年森林采伐限额的第一年，各地按要求及时将限额分解落实到编限单位，并采取得力措施加强监管，林木采伐管理政策基本得到落实，林木采伐许可证(以下称采伐证)管理和伐区作业质量管理工作日趋规范。

检查的36个县年林木采伐量均控制在采伐限额以内，36个县的总采伐量占总采伐限额的39.2%，与2010年度的42.0%相比，下降了2.8个百分点。在检查的1187个有证伐区中，有1083个伐区的采伐量未超采伐证规定数量，占检查伐区总数的91.2%，比2010年度有了较大提升。

36个县的发证率、发证合格率、伐区凭证采伐率分别平均为78.6%、88.4%、97.7%。其中，辽宁省朝阳县和义县、内蒙古自治区巴林左旗、吉林省珲春市和东丰县、浙江省开化县、福建省龙海市、山东省临清市、四川省广元市利州区等9个县的发证率达100%；内蒙古自治区和林格尔县、黑龙江省依安县和肇东市、吉林省珲春市和东丰县、福建省上杭县和龙海市、江西省兴国县、山东省临清市、河南省郸城县等10个县的发证合格率达100%；河北省迁安市、辽宁省义县、内蒙古自治区和林格尔县、吉林省东丰县、河南省郸城县、广西壮族自治区北流市和武宣县、陕西省白河县和洛南县、重庆市大足区、新疆维吾尔自治区阜康市等11个县的伐区凭证采伐率达100%。

存在的主要问题　检查结果表明，尽管林木采伐管理水平有了很大的提高，总采伐量未超总采伐限额，但还存在以下主要问题：①个别地方超采伐证规定采伐(滥伐)；②无证成片采伐；③发证合格率低；④个别地方森林抚育补贴试点项目未按设计开展；⑤部分伐区作业设计质量低。

原因分析 经对检查发现的问题进行分析梳理，主要有以下几方面的原因：①林改后产权主体和管理对象的多元化、分散化、零星化，基层林业主管部门应对千家万户管理服务，难以监管到位，导致无证采伐林木总量较大。②个别地方采伐管理人员业务水平较低，在林木采伐许可证核发、伐区调查设计等方面存在诸多错误，导致出现了发证合格率较低，超证采伐等问题。③个别地方为套取森林抚育补贴经费，实际采伐很少，有的甚至不采伐。 （王　鹏）

森林资源监测

【完成第八次全国森林资源清查2012年6省清查工作】 根据国家林业局第八次全国森林资源清查工作的总体部署，2012年资源司组织对天津、山东、广东、重庆、四川、云南等6省(市)开展了第八次森林资源连清复查工作，复查面积129万平方千米，调查地面固定样地3.9万个，判读遥感样地35万个，组织完成了全国东北地区白桦、西南地区云杉、栎类、桦木等6个乔木树种(组)森林生物量调查建模工作，并对2011年组织完成的北京、河北、江西、西藏、甘肃、新疆等6省(区、市)的主要清查成果进行了审定、分析和发布。

（张　敏）

【审核发布第八次全国森林资源清查2011年6省主要清查结果】 全面审核了2011年复查的北京、河北、江西、西藏、甘肃、新疆等6省(区、市)的清查成果，开展了汇总分析，编写了《第八次全国森林资源清查2011年度清查主要结果报告》以及《第八次全国森林资源清查第三批6省(区、市)森林资源清查主要结果》，扎实做好第八次清查第三批6省(区、市)森林资源清查成果审定与发布工作。

根据《中华人民共和国森林法》的有关规定，中国实行森林资源定期清查制度，每年复查约1/5的省份，5年完成一轮全国清查工作。2011年是第八次全国森林资源清查的第三年，完成了北京、河北、江西、西藏、甘肃、新疆等6省(区、市)森林资源清查工作，共调查地面样地11.83万个，判读遥感样地86.70万个。6省(区、市)森林资源清查主要结果如下：

北京市：森林面积58.81万公顷(其中有林地面积58.73万公顷)，森林覆盖率35.84%。活立木总蓄积1828.04万立方米，森林蓄积1425.33万立方米。有林地面积中，天然林21.58万公顷，人工林37.15万公顷；森林蓄积中，天然林639.68万立方米，人工林785.65万立方米。乔木林每公顷蓄积量33.22立方米，生态功能等级达到中等以上的面积占81%。

河北省：森林面积439.33万公顷，森林覆盖率23.41%。活立木总蓄积13 082.23万立方米，森林蓄积10 774.95万立方米。有林地面积中，天然林173.93万公顷，人工林220.90万公顷；森林蓄积中，天然林5091.14万立方米，人工林5683.81万立方米。乔木林每公顷蓄积量34.65立方米，生态功能等级达到中等以上的面积占88%。

江西省：森林面积1001.81万公顷(其中有林地面积1001.81万公顷)，森林覆盖率60.01%。活立木总蓄积47 032.40万立方米，森林蓄积40 840.62万立方米。有林地面积中，天然林663.21万公顷，人工林338.60万公顷；森林蓄积中，天然林29 718.74万立方米，人工林11 121.88万立方米。乔木林每公顷蓄积量51.70立方米，生态功能等级达到中等以上的面积占90%。

西藏自治区：森林面积1471.56万公顷(其中有林地面积849.13万公顷)，森林覆盖率为11.98%。活立木总蓄积228 812.16万立方米，森林蓄积226 207.05万立方米。有林地面积中，天然林844.25万公顷，人工林4.88万公顷；森林蓄积中，天然林226 050.30万立方米，人工林156.75万立方米。乔木林每公顷蓄积量266.59立方米，生态功能等级达到中等以上的面积占97%。

甘肃省：森林面积507.45万公顷(其中有林地面积271.91万公顷)，森林覆盖率11.28%。活立木总蓄积24 054.88万立方米，森林蓄积21 453.97万立方米。有林地面积中，天然林168.94万公顷，人工林102.97万公顷；森林蓄积中，天然林18 622.14万立方米，人工林2831.83万立方米。乔木林每公顷蓄积量86.79立方米，生态功能等级达到中等以上的面积占86%。

新疆维吾尔自治区：森林面积698.25万公顷(其中有林地面积236.15万公顷)，森林覆盖率4.24%。活立木总蓄积38 679.57万立方米，森林蓄积33 654.09万立方米。有林地面积中，天然林142.15万公顷，人工林94.00万公顷；森林蓄积量中，天然林27 627.43万立方米，人工林6026.66万立方米。乔木林每公顷蓄积量187.81立方米，生态功能等级达到中等以上的面积占79%。

清查结果显示，6省(区、市)森林资源总体上呈现出数量增加、质量提高的发展态势。清查结果客观反映了6省(区、市)近5年来林业建设和改革发展所取得的成效。主要体现在：一是森林资源数量增加。林地面积净增184.70万公顷，森林面积净增140.12万公顷，森林蓄积净增11 398.43万立方米。二是森林质量有所提高。天然乔木林每公顷蓄积量增加2.90立方米，人工乔木林每公顷蓄积量增加0.20立方米，乔木林平均胸径增加0.1厘米。三是公益林面积比例上升。有林地中公益林面积比例上升1.63个百分点，升至66.49%；商品林的面积比例下降1.63个百分点，降至33.51%。四是林木采伐消耗继续向集体林转移。集体林木年均采伐消耗量增加16.72%，国有减少23.88%；集体林木采伐消耗量占采伐消耗总量的比例提高8.47个百分点，达到76.72%。五是个体经营的森林资源比例上升。个体经营的林地、有林地和人工林面积比例分别上升

2.54、5.42和8.11个百分点，达到20.28%、38.06%和67.98%，个体经营者已成为人工林经营的主体。

清查结果也显示，6省（区、市）森林经营水平不高，森林质量偏低，生态功能较差的状况仍未改变。商品林经营状况好的面积仅占27%。除成过熟林较多的西藏、新疆和甘肃外，北京、河北和江西乔木林每公顷蓄积量分别只有33.22立方米、34.65立方米和51.70立方米，远低于全国平均水平；人工乔木每公顷蓄积量6省（区、市）平均只有49.50立方米。森林生态功能指数6省（区、市）平均仅0.56。乔木林平均郁闭度只有0.55，中龄林和近成过熟林郁闭度0.2～0.4的面积占22.43%，林分过疏问题比较突出。加强森林经营、提高森林质量、增强森林功能，仍是当前和今后一段时期中国林业建设的重要任务。（张　敏）

【全国森林资源监测体系优化完善】 优化完善全国森林资源监测体系，统一全国清查数据时点，实现森林资源年度出数，是森林资源监测的一项重点工作。在全国森林资源"一体化"监测确定的总体思路基础上，2012年重点围绕森林资源年度出数、改进完善清查体系进行研究。完成的主要工作包括：一是年初针对全国政协罗富和副主席的有关建议，就改进和完善国家森林资源连清体系，组织人员进行了专题研究，提出了"集中全面清查、中间简化复查""每年均匀开展、各省均查1/5样地""抽样调查与区划调查协调一致、基于本底数据开展年度更新"等3种改进方案。二是以解决年度出数问题为重点，研究提出了森林资源年度出数的总体思路和技术方案，确定了先"森林资源年度变化的宏观测算"，再"森林资源年度数据的宏观监测"，最终过渡到"落实到山头地块的森林资源年度监测"的三步走发展思路。三是结合2012年广东连清复查，将年度出数方案纳入广东综合监测试点范畴，开展了高分辨率遥感应用和大样地年度监测试点，研究探索森林资源年度出数及一类、二类数据协调的技术方法。四是本着"积极稳妥"的原则，对改进和完善第九次清查体系问题进行了认真研究，通过专家集中研讨提出了"清查时序不变＋年度变化监测"和"集中全面清查＋年度变化监测"两个初步改进方案，为2013年准备第九次清查方案提前做好准备。（闫宏伟　曾伟生）

【国家级公益林管理工作】 国家级公益林区划界定工作和中央财政森林生态效益补偿基金制度的实施，有效推动了林业分类经营和分区施策。截至2012年，全国已区划界定国家级公益林1.24亿公顷，中央财政森林生态效益补偿累计超过300亿元。经过近年来的保护、管理和经营，国家级公益林的单位面积蓄积量稳步增长，森林群落结构趋于完整，森林生态功能明显增强。

①下发了《国家林业局关于国家级公益林补充区划审核结果的通知》（林资发〔2012〕183号），向各省公布了国家级公益林补充区划结果，保障中央森林生态效益补偿基金制度的实施。

②夯实国家级公益林管理基础工作。在林资发〔2012〕183号文件下发后，各地按照通知要求，积极开展国家级公益林落界工作。为促进国家级公益林落界质量进一步提高，并且尽可能解决林农要求调出国家级公益林的问题，起草下发了《国家林业局办公室关于进一步做好国家级公益林区划落界工作的通知》，要求各省要高度重视此次国家级公益林区划落界工作，以林资发〔2012〕183号文件公布的审核结果为控制数，对符合林资发［2009］214号文件调出规定的，集体林权制度改革过程中已确权到户的国家级公益林，林权权利人要求调出，要单独上报一并调出。要求各地切实将国家级公益林落实到小班地块，确保国家级公益林区划落界数据，与"国家重点公益林管理信息系统"小班基础信息数据库一致，与省县级林地保护利用规划成果（林地"一张图"）相衔接。

③不断完善《国家级公益林管理办法》。考虑到全国林地"一张图"建设与国家级公益林管理工作关系密切，2012年，对《办法》做了进一步补充完善。一是突出了国家级公益林落界成图等基础工作要以全国林地"一张图"为平台，切实做好国家级公益林落界成图工作等；二是明确规定建立国家级公益林森林生态效益补偿基金绩效评价制度。

④研究推进国家级公益林管理绩效考评工作。2012年推进了国家级公益林监测与评价的试点工作，选取了辽宁、黑龙江、福建、湖南、广东、青海作为试点省。试点工作重点评价森林生态效益补偿资金的落实情况、国家级公益林的管护成效和社会、生态效益，从工作实绩和实施效果两个方面确定评价指标。工作实绩指标：一是包含国家级公益林落界成图、日常管理、保护管理、经营管理等公益林管理方面的评价内容；二是包含资金使用规范性、资金拨付进度、资金执行进度等资金管理方面的评价内容。实施效果指标：一是包含国家级公益林的面积、质量等森林资源变化方面的效果评价；二是包含国家级公益林的森林碳汇、生物多样性、生态效益、社会效益等功能效益方面的效果评价。绩效评价工作采用定性分析与定量评价相结合的方法，实事求是地反映补偿基金制度的实施效果。试点工作以试点省开展自评价为主，试点省根据本省国家级公益林管理和补偿基金制度实施情况，研究确定绩效评价的具体指标，划分评分标准，制定评价技术方法，形成绩效评价体系，并据此开展绩效评价工作。在试点省工作的基础上，财政部、国家林业局将开展局部性考核评价，并结合全国情况，研究制定国家层面的绩效评价指标、标准，优化完善评价方法。

⑤加快《国家级公益林区划界定办法》的标准工作进程，召开了行业标准专家审定会，做好了"办法"上升为"标准"必要的准备工作。（白卫国　闫宏伟）

【2012年全国营造林综合核查工作】 全国营造林综合核查工作有效解决了营造林上报和统计中的"时间差、空间差、统计差、工程及方式差"问题，挤掉了面积水分；全国营造林面积核实率由2001年的60.2%提高到目前的95%，核实面积合格率由2001年的73.5%提高到前的85%以上，促进了全国营造林质量和管理水平大幅提高。

2012年综合核查工作以服务林业"双增"目标、落实科学发展为宗旨，优化核查方法，提高技术手段，强化分析评价，进一步反映各地实现“双增”目标方面的新措施、新机制、新成就，揭示营造林工作中存在的突出问题，为提高营造林质量、确保“双增”目标实现提供了决策参考。一是以“十二五”年均造林任务为基准，依据综合核查结果，评价各省造林任务完成情况。二是结合林地保护利用规划成果，通过现地核实，分析规划林地造林、资源恢复实际水平。三是探索地理信息、卫星定位等高新技术的集成应用，建立外业核查小班图形数据库，探索与林地“一张图”管理、全国森林资源数据年度更新等衔接的技术途径。四是反映了各地贯彻落实《林业发展“十二五”规划》和《全国造林绿化规划纲要（2011～2020年）》和实现“双增”目标情况。五是为适应新形势发展需要，组织开展综合核查改革专题研究，就核查对象、核查重点、核查工作量、核查目的、核查技术手段和建立工作新机制等进行了深入研究和探索，为开创综合核查工作新局面奠定基础。

2012年综合核查共抽查35个省（区、市、集团公司、兵团）、331个县、1017个乡、33 255个小班和57个播区，核查面积达32.2万公顷。产出《2012年全国营造林综合核查总报告》《关于2012年全国营造林综合核查情况的简要报告》、全国各重点工程核查报告（7份）、全国各省级单位和4个监测区核查结果报告（39份）以及全国核查通报。

【全国营造林综合核查主要结果】

2011年度营造林实绩 2011年度全国营造林上报完成总面积654.71万公顷，经核查，2011年度全国营造林核实总面积为620.09万公顷，合格总面积为587.36万公顷，分别比2010年度增加17.72万公顷、14.79万公顷。其中，人工造林（更新）核实面积407.31万公顷（其中人工造林372.96万公顷），合格面积387.14万公顷（其中人工造林353.13万公顷），分别比2010增加29.27万公顷、28.63万公顷。封山育林核实面积194.06万公顷（其中无林地、疏林地封育148.26万公顷），合格面积184.71万公顷（其中无林地、疏林地封育141.49万公顷），与2010年度相比分别减少10.92万公顷、18.53万公顷。飞播造林核实面积18.72万公顷，合格面积15.51万公顷，与2010年度相比，核实面积减少0.63万公顷，合格面积增加4.69万公顷。

相关年度全国营造林成效 2008年度人工造林（更新）保存状况以及2006年度封山育林和飞播造林成效总面积468.55万公顷。其中，2008年度人工造林（更新）面积保存率92.5%，保存面积330.95万公顷，与2007年度同比上升0.7个百分点。2006年度封山育林成效率94.7%，成效面积122.39万公顷，与2005年度同比上升3.2个百分点。2006年度飞播造林成效率67.2%，成效面积15.21万公顷，与2005年度同比上升12.7个百分点。

林业重点工程 2011年度全国林业重点工程营造林核实总面积为303.62万公顷，合格总面积为282.78万公顷。其中，人工造林（更新）核实面积158.51万公顷（其中人工造林158.50万公顷），合格面积149.63万公顷（其中人工造林149.62万公顷）。封山育林核实面积126.38万公顷（其中无林地、疏林地封育104.41万公顷），合格面积117.63万公顷（其中无林地、疏林地封育97.65万公顷）。飞播造林核实面积18.72万公顷，合格面积15.51万公顷。

相关年度全国林业重点工程营造林成效率91.5%，成效总面积264.50万公顷，同比上升1.9个百分点。其中：人工造林（更新）保存率91.2%，保存面积141.91万公顷；封山育林成效率96.3%，成效面积108.40万公顷；飞播造林成效率68.2%，成效面积14.20万公顷。

2012年全国营造林综合核查结果反映：①年营造林面积和成效面积继续保持较高水平。2011年度营造林核实总面积和合格总面积分别为620.09万公顷和587.36万公顷，相关年度的营造林成效总面积达到468.55万公顷。②林业重点工程继续发挥着重要的作用。林业重点工程营造林核实面积303.62万公顷、合格面积282.78万公顷，相关年度营造林成效总面积接近266.67万公顷。③地方投资造林大幅度增加。2011年地方投资造林核实面积达248.79万公顷，与2010年相比增长了19.4%。在营造林总面积中，有17个省地方投资的比例超过60%，上海、湖南、福建、重庆、江西、广西等6省（区、市）超过了80%。④营造的商品林比重有所增加。2011年全国商品林造林比例为54.1%，比2010年度提高2.3个百分点；其中，核桃、油茶、板栗等木本粮油树种造林比例达到21.5%，比2010年度提高7.6个百分点。

2011年全国营造林取得了显著成绩，但也存在一些不容忽视的问题。主要表现在：一是部分省的营造林数量与“十二五”规划的年均造林任务还有较大差距；二是一些省非林地造林比例大；三是个别地方重点工程不按相应的要求造林，虚报、重报的问题仍然存在。

【森林增长指标考核评价】 森林增长指标年度考核评价是国家“十二五”规划《纲要》实施情况考核评价的重要内容之一。该项工作从2011年上半年开始准备，已历经一年半时间，整体进展顺利。2012年主要完成：一是对《森林增长指标年度考核评价实施方案》从工作和技术层面进行了细化，分别形成了《实施办法》和《操作细则》，并3次组织专家进行研讨和论证，还与相关司局进行了专题交流和有效沟通。《实施办法》确定的考评思路和方法，专家们一致认为，是目前条件下最合适、最可行的方案；考核评价指标可行、方法科学、程序规范，具有可操作性。二是按照《实施办法》确定的考评方法，以各省历次森林资源清查结果为基础，结合各类林业基本统计数据，完成了各省森林面积和蓄积变化的初步测算；并利用多种分辨率的遥感资料，开展了各省森林资源年度变化宏观遥感分析和重点区域变化地块的遥感区划，为全面开展森林增长指标考评奠定了基础。三是以国家森林资源清查结果为基础，根据“十二五”规划确定的各省营造林任务，结合《全国造林绿化纲要》确定的各省森林覆盖率目标以及近十年来的造林任务完成情况和保存成林状况，将“十二五”期间森林面积净增量目标进行了分解落实，并下发各省征求意见。四是按国家发展改革委的统一步调开展工作，向国家发展改革委提交了《森林增长指标年度考核评价实施办法》，并纳入《国家“十二五”规划〈纲要〉实施考核评价办法》，由国家发展改革委统一发至各省征求意见。同时继续开展遥感宏观监测和相关统计测算，为随时开展考核评价工作做好准备。 （曾伟生　闫宏伟）

【制定林业调查规划设计行业单位资格认证管理规范】

为落实《国务院关于取消第二批行政审批项目和改变一批行政审批项目管理方式的决定》（国发〔2003〕5号），规范林业调查规划设计资质管理，提高林业调查规划设计技术水平及成果质量，2012年，国家林业局制定印发了《林业调查规划设计单位资格认证管理办法》（林资发〔2012〕19号）（以下简称《办法》）。

《办法》规定，在中华人民共和国境内从事森林资源、生态状况等领域调查规划设计及监测评价活动的单位，应当具备林业调查规划设计资质。国家林业局林业调查规划设计资质专家评审委员会负责对申请单位的资质进行评审。中国林业工程建设协会负责受理申请、核发资质证书等林业调查规划设计资质的日常管理工作，并报国家林业局备案。国家林业局负责全国林业调查规划设计资质的监管，各省（区、市）林业主管部门负责本辖区内林业调查规划设计资质的监管。林业调查规划设计资质等级分为甲级、乙级、丙级和丁级。甲级资质分为甲A级、甲B级两个档次。持有甲、乙、丙级林业调查规划设计资质的单位，应当是具有独立法人资格的企业、事业单位。《办法》进一步规定了各林业调查规划设计资质等级的必备条件、认定程序和证书管理等事项，明确了林业调查规划设计单位发生单位分立或者合并、单位名称或者单位法定代表人发生变更、因破产或者其他原因终止林业调查规划设计业务等情况的，应当申请办理资质变更或者终止手续。

《办法》要求，中国林业工程建设协会应当定期对从事林业调查规划设计的持证单位进行检查，加强行业自律，凡持证单位出现违法违规行为的，按照相关法律法规进行处理。国家林业局负责对中国林业工程建设协会资质认证工作的监督检查，并根据备案情况对已经核发资质证书的单位进行不定期抽查，对抽查中发现的问题责成中国林业工程建设协会限期纠正。

根据《办法》规定，国家林业局研究成立了国家林业局林业调查规划设计专家评审委员会，各地按《办法》要求申报林业调查规划设计资质，全国共有2600余家单位提交了资质申请材料，林业调查规划设计资质认证工作有序推进。 （白卫国　闫宏伟）

【启动《中国森林可持续经营国家报告》编制工作】 “蒙特利尔进程”是加拿大政府于1993年发起成立的国际政府间技术论坛，旨在制定欧洲以外的全球温带及北方森林保护与可持续经营标准体系。其七大标准已纳入到联合国《国际森林文书》，成为衡量和评价森林可持续经营进展的核心要素和重要工具。目前，该进程共有美国、加拿大、俄罗斯等12个成员国，覆盖世界上90%的温带和北方森林、50%的全球森林面积。2003年起，蒙特利尔进程建立国家报告机制，要求各成员国定期编报国别报告。本次报告是中国首次从政府层面，向国际组织提报综合反映新时期中国森林可持续经营进展的国别报告。主要任务是依据蒙特利尔进程2009年颁布实施的《温带和北方森林保护与可持续经营标准与指标体系》，结合中国林业和森林资源管理实际，对七大标准共计54项指标进行统计分析与综合评价，力求系统、全面反映中国森林可持续经营状况。

为做好此次国家报告编制工作，国家林业局成立了由张建龙副局长任组长、17个相关司局和单位主管领导组成的报告编制领导小组，并成立了由蒋有绪、唐守正等多名院士专家参加的专家咨询组。在领导小组的领导下，资源司会同国际司组织开展了以下工作：一是深入研究，做好技术准备。组织编制了国家报告编制工作方案，拟定了国家报告提纲、报告编制数据需求和各司局数据清单，制定了国家报告编制工作办法。期间，资源司牵头组团参加了蒙特利尔进程组织的第22次工作组会议、第13次技术组会议和标准指标研讨会。二是强化领导，全面部署编制任务。张建龙副局长于2012年4月27日专门召开了17个单位参加的局编制蒙特利尔进程领导小组会议，研究部署报告编制工作，并提出了加强领导、协调配合、突出重点、科学准确等4项具体要求。5月25日，资源司组织召开了局国家报告编制技术研讨会，全面启动报告编制工作。三是加强协调，抓好资料收集分析。6～8月，各有关单位按照任务分工，对照数据需求清单，陆续开展统计资料、监测成果和报告材料的收集整理和分析工作，提交了初步分析结果。四是精心组织，科学编制国家报告。2012年9月至2013年2月，组织中国林科院、局规划院、经研中心等单位的40余名专家和技术人员，综合各司局提交的成果数据、权威科研成果和历史资料，分别54项指标进行了统计分析、指标测算，汇总编制形成国家报告初稿。 （张　敏）

林政执法

【重大森林资源行政案件督查督办情况】 2012年，根据国务院领导、国家林业局领导的批示精神，通过派工作组赴现地督办、约谈等方式对湖北省利川市非法占用林地案、内蒙古翁牛特旗毁林案、黑龙江省清河林业局违规移植树木案、浙江省开化县违法处理非法运输木材案、四川油建公司非法占用林地案、陕西省澄城县以土地整理名义毁坏林地案、内蒙古敖汉旗破坏森林资源案、安徽省休宁县毁林案等案件进行了督办，引起了当地党委政府的高度重视，采取得力措施，认真查处违法违规案件，取得了良好的督办成效。就辽宁省抚顺县毁林开垦案和黑龙江省清河林业局违规移植树木案的查处情况，报告了回良玉副总理，并分别提出了加强树木采

挖移植和林地管理的相关措施。（王　鹏）

【全国林业行政案件统计分析情况】 2012 年全国共发生林业行政案件 27.44 万起，查处 27.19 万起，查处率为 99.09%，具体情况如下：

林业行政案件统计结果

案件发生情况　在发生的林业行政案件中，各类主要案件为：非法收购、运输木材 12.55 万起，滥伐林木 3.84 万起，盗伐林木 2.08 万起，违法占用征收林地 1.92 万起，非法经营、加工木材 1.19 万起，毁坏林木、苗木 0.81 万起，违反森林植物检疫规定 0.34 万起，非法收购、出售、运输野生动物及其产品 0.17 万起，非法猎捕野生动物 0.13 万起，违反林木种苗管理规定 0.05 万起，非法驯养、繁殖野生动物 0.02 万起，其他案件 4.34 万起。

案件处理情况　2012 年，全国共查处林业行政案件 27.19 万起，查处率为 99.09%。全国共收回林地 2416.75 公顷，没收苗木 1.07 亿株、木材 43.92 万立方米、种子 1.11 万千克，没收野生动物 38.10 万只，挽回经济损失共计 14.57 亿元，责令补种树木 1257.95 万株，行政处罚人数 28.95 万人次。

林业行政案件发生原因、特点及趋势

与 2011 年相比，2012 年全国林业行政案件有以下特点：①林业行政案件发生总量持续下降。近五年来中国林业行政案件发生数呈持续下降趋势，2012 年全国林业行政案件发生总量同比减少 1.23 万起，下降 4.29%。②非法收购、运输木材案件占比首次低于 50%。据统计，非法收购、运输木材案件在历年案件发生总数中均占有半数以上的比例，2012 年该类案件发生量占比首次降至 45.75%，成为全国案件发生总量下降的主因。③高额利润和供求矛盾促使案件频发。土地调整、集体与农户林木所有权和利益分成不明确、种粮与种树的政策性补贴差距大、木材市场需求旺盛和作案成本较低等现实情况，影响了部分群众的种树和护树的积极性，致使盗伐、滥伐案件时有发生。④西部地区案件发生总量有所上升。2012 年内蒙古等 14 个西部地区的林业行政案件发生总量为 10.01 万起，较 2011 年同期增加 0.51 万起，上升 5.37%，发生总量为全国的 36.49%；损失林地 2879.39 公顷，占全国的 39.51%，较 2011 年同期增加 103.94%，西部地区林业行政执法力度仍需进一步加强。⑤政府行为林业行政案件明显增加。与 2011 年同期相比，政府行为造成的案件发生数量明显上升，上升幅度达 224.28%；公民、企业和其他违法行为造成的案件发生数量，均较 2011 年同期有所减少。⑥林地保护形势依然严峻。与 2011 年同期相比，违法占用林地案件数量有所减少，但造成的林地损失比 2011 年同期高 35%，有 20 个统计单位林地损失数量高于 2011 年同期水平。

林业行政执法和案件管理着力抓好的几项工作

一要加大监管力度，强化林地保护管理工作；二要适应形式发展要求，加强源头执法和管理；三要做好林业行政案件受理，严格督查督办程序；四要提高执法能力，建立健全林业行政执法队伍；五要强化责任落实，切实规范林业行政案件统计分析工作。（班　奇）

【国家林业局森林资源行政案件稽查办公室受理举报案件办理情况】

案件发生情况　2012 年，稽查办共受理并批转群众举报林业行政案件 84 起。其中：举报政府行为违法案件 8 起、占 10%，举报企业法人违法案件 19 起、占 22%，举报村组负责人违法案件 37 起、占 44%，举报其他行为主体人 20 起、占 24%；举报盗伐林木案件 15 起、占 18%，滥伐林木案件 17 起、占 20%，毁坏林木和苗木案件 35 起、占 42%，非法征占用林地案件 12 起、占 14%，反映其他林政案件 5 起、占 6%。

案件办理情况　2012 年受理的 84 起林业行政案件，全部按领导批示转发到相关省林业主管部门办理。要求各地反馈查处情况的案件 60 起、占案件总量的 71%，到期未反馈案件 13 起、占 22%，这些省区市分别是：内蒙古 3 起，辽宁、吉林各 2 起，北京、山西、黑龙江、湖南、宁夏、大兴安岭各 1 起。

案件特点和存在问题　一是举报案件呈下降趋势。2012 年共受理林业行政案件 84 起，与 2011 年同期受理的林政案件 107 起相比减少了 23 起。

二是举报村组负责人违法和毁林案件突出。与 2011 年同期相比略有下降，分别减少了 1 起和 10 起。

三是各省案件发生的情况不平衡。举报案件较多的单位有：内蒙古(9 起)，河北(8 起)，吉林(7 起)，黑龙江(6 起)，辽宁、浙江（各 5 起)，山西、山东、河南、湖南(各 4 起)。

四是查处反馈率低。要求反馈的 60 起案件中，除 13 起未到反馈期外，有 13 起逾期未反馈，占要求反馈的 22%。（宋文龙）

森林资源监督

【综　述】 2012 年，森林资源监督机构紧紧围绕“改善生态、改善民生”林业建设的主要职责和中心任务，开拓进取，稳步推进森林资源管理和监督工作，为“推进生态文明、建设美丽中国”发挥了重要作用。

认真开展林地保护管理监督　①认真开展占用征收林地行政许可被许可人监督检查。组织各派驻监督机构对 207 个项目进行监督检查，发现违法违规林地项目 48 项，面积 125 公顷。针对检查中发现的问题，各监督机构向驻地林业主管部门进行了通报，下达督办通知，督促违法使用林地问题及时得到处理和整改。②积极组织开展林地保护管理的专项监督检查行动。内蒙古专员办联合有关部门开展了打击毁林开垦专项行动，破获非法占用林地案件49起，查处行政案件614起，打击处理违法犯罪人员663人。福州专员办联合江西省林业厅对20个县(市、区)开展了占用征收林地监督检查活动，发现不规范使用林地项目476起。黑龙江专员办组织开展了全省林地林权综合执法检查行动，对发现的违法违规问题，提出了整改意见。合肥专员办积极参与安徽省林地保护管理清理整顿专项行动，对一些久拖不决、地方查处难度大的挂牌案件进行了督办。③开展林地保护的日常监督。内蒙古、长春、龙江、大兴安岭专员办严格执行材料审核和现地查验制度，全年共审查征占用林地项目200余项。大兴安岭专员办就地区招商引资、工业园区建设使用林地问题提出了建议，指导集团公司对现有的林地状况进行了摸底和自查。成都专员办组织了80次林地检查，共检查65个县区，罚款423.67万元，避免林业资金损失6000万元。广州专员办开展了林地资源保护管理监督年活动，促进各地严格保护现有林地资源。西安专员办对监督区10个市、20多个县(区)保护利用规划编制和林地“落界”工作、自然保护区建设管理进行专项督查检查调研。

扎实推进森林资源采伐利用管理监督 ①认真完成“三总量”检查工作。采取抽签的方式，结合应用遥感判读，对重点国有林区9个林业局的“三总量”情况进行了检查。检查发现7个局存在违法占用林地问题，面积39.88公顷；6个局存在无证采伐问题，面积88.02公顷，蓄积997.88立方米；2个局存在超证采伐问题，超采蓄积78立方米；3个林业局存在滥伐问题，滥伐蓄积103立方米。对检查中发现的问题，监督机构下发了整改通知，提出了整改的建议和要求。②开展森工企业局伐区调查设计和作业质量(两个1%)核查工作。随机抽取了1912个小班进行了检查，结果显示，“四大家”伐区调查设计质量合格率平均为92.2%，伐区作业质量合格率平均为71.1%。针对发现的问题，监督机构下发监督整改意见书129份，提出监督检查意见436条，督促相关单位对737名责任人给予处罚。③严格执行林木采伐许可证核发制度。内蒙古、长春、龙江、大兴安岭专员办严格执行两项检查结果与核发林木采伐许可证相挂钩制度，对达不到规定合格率的，坚决不予核发或者整改后缓发采伐证，确保了限额制度、凭证采伐等制度的严格执行。④进一步加强木材凭证运输和经营加工监督。内蒙古专员办协调相关部门，开展了凭证运输木材制度执行情况检查，木材凭证运输率保持在了99.9%以上。长春专员办对吉林省梅河口市、临江市林业局等所属的23个木材经营加工厂(点)经营管理情况进行了联合检查，依法依纪处分7人，并发出整改意见。大兴安岭专员办对全区公路、铁路木材检查站等管理部门抽查50余次，开展了木材加工企业专项清理整顿，建议依法取缔木材加工厂点5家，无证木片厂点8家。上海专员办对东阳、绍兴等地木材进口企业开展执法调研工作，对规范企业守法经营活动，打击违规违法走私活动起到了积极作用。

严格执法，认真督查督办破坏森林资源案件 ①做好国家林业局通报问题的整改。各派驻监督机构根据森林采伐限额执行情况检查、林地检查结果通报及占用征收林地检查存在问题的整改通知精神，及时与驻地林业主管部门召开专题督办会议，认真分析问题和原因，研究制定整改方案，督促地方政府和林业主管部门依法整改。②督查督办了一批重大案件。重点督查督办了河北省平山县合河口乡非法采矿毁林案、广西横县花茶局违法使用林地案、广东陆丰建豪华墓地案、雅居乐惠州白鹭湖项目违法占用林地等多起案件。内蒙古专员办对人民网和新华社等媒体报道的内蒙古赤峰市敖汉旗牛古吐乡将600公顷防沙林低价外包、滥伐林木等问题，配合国家发展改革委、国家林业局调查组赴敖汉旗进行了专题调查。据统计各派驻监督机构全年共完成督查督办案件300余起。

扎实做好保护发展森林资源目标责任制检查工作 各派驻监督机构对全国31个省(区、市)的80个县(市、旗、区)人民政府2011年保护发展森林资源目标资源责任制建立和执行情况进行了检查。结果表明，全国应当建立责任制的2730个县级人民政府中，有2264个已经建立，占总数的83%。对检查中发现的问题进行了督促改进，切实提高了被检县(市、区)对保护发展森林资源目标责任制的重视，为加强森林资源保护管理提供了重要保障。 （董　冶　沙永恒）

【森林资源监督报告】 2012年，国家林业局14个派驻森林资源监督机构分别向30个省(含自治区、直辖市、集团公司、兵团)提交了《森林资源监督报告》。

监督报告系统地反映了各地森林资源保护管理的宏观态势 保护发展措施得力，森林资源增长显著；认真分解落实“十二五”采伐限额，采伐管理改革不断深化；林地保护利用规划编制工作进展顺利，林地保护管理工作进一步加强；木材运输及经营加工管理工作更加规范；投入与保护力度加大，重点生态公益林保护工作有效加强；森林资源监测稳步有序；加强法制建设，规范森林资源管理秩序；严厉打击涉林违法行为；森林可持续经营稳步推进；保护发展森林资源责任制建立进展顺利；野生动植物保护工作进一步加强。

监督报告客观指出了各地森林资源管理存在的问题 违法使用林地问题严重，林地保护管理形势严峻；生态建设任务艰巨，地方投资配套不到位；基层林业机构资金投入不足、体制不顺、建设薄弱；保护发展森林资源目标责任制的建立和执行工作需要进一步推进；湿地、野生动植物保护管理工作仍需加强等。

监督报告据实提出了监督建议 加强林地保护，高标准地完成省县两级林地保护利用规划编制，进一步加强占用征收林地审核审批，依法加大对违法占用林地的打击力度；继续高位推动保护发展森林资源目标责任制的建立和落实；省级政府进一步高度重视基层林业机构建设工作，切实加强基层林业机构和队伍建设；深入推进重点国有林区森林可持续经营管理体系建设，抓好森林抚育补贴试点、森林资源可持续经营管理试点，提高森林质量；进一步理顺木材检查站管理体制，充实力量，根据实际调整好布局等。

监督报告引起了相关省领导的高度重视 山西、内蒙古、辽宁、吉林、上海、浙江、福建、江西、山东、河南、湖南、重庆、四川、贵州、云南、西藏、陕西、青海、宁夏等19个省(区、市)的党委、政府主要领导

或分管领导对监督报告作出了批示。（段秀廷）

【第十四期森林资源监督干部培训班】 7月23～27日，国家林业局第十四期森林资源监督干部培训班在青海省西宁市举办。国家林业局各派驻森林资源监督机构专员、综合处长、业务处长、财会人员，吉林省林业厅、内蒙古、龙江、大兴安岭森工（林业）集团公司、延边州林管局的分管领导、资源处长，部分东北、内蒙古重点国有林区驻森工企业局监督机构负责人，各国有林管理分局局长共计96人参加了培训。

（董　冶　沙永恒）

【东北、内蒙古重点国有林区森工企业局长培训班】 为切实加强东北、内蒙古重点国有林区森林资源经营管理，12月21日，国家林业局在长春举办了东北、内蒙古重点国有林区森工企业局长森林资源管理培训班。国家林业局党组成员、中央纪委驻国家林业局纪检组组长陈述贤，森林资源管理司司长、森林资源监督管理办公室主任郝燕湘在培训班上分别作了讲话。培训班总结了近年来东北、内蒙古重点国有林区取得的成就，分析了当前面临的新情况、新问题，对进一步加强森林资源管理工作，牢固树立依法经营、科学经营意识，提出了新的要求。（王　鹏）

【北京专员办完成业务对接，正式开展工作】 4月20～27日，国家林业局驻北京森林资源监督专员办事处先后与山西省、北京市、河北省、天津市林业厅（局）召开业务工作对接会，将原来由西安专员办代管山西省的森林资源监督业务和由国家林业局森林资源监督管理办公室负责的北京、河北、天津3省（市）的森林资源监督业务正式移交北京专员办，北京专员办的业务全部对接完毕，标志着北京专员办正式开展工作。至此，国家林业局森林资源监督机构均按照中央编办批复调整后的监督区域，理顺了监督关系，确保了监督业务的全面展开。

（董　冶　沙永恒）

【东北、内蒙古重点国有林区“三总量”检查情况】 2012年7～9月，国家林业局对内蒙古的甘河、大杨树林业局，吉林的敦化、松江河林业局，黑龙江的南岔、五营、绥棱、绥阳林业局以及大兴安岭林业集团公司的图强林业局共9个国有森工企业局，应用遥感技术，开展了“三总量”（采伐、运输、销售）检查，并在绥棱林业局开展了多阶多期遥感应用试点。检查主要结果如下：

检查工作基本情况 2012年，共164人参加了检查工作，实际工作日1380个。外业检查了77个林场的277个小班，检查总面积354公顷。内业检查了9个林业局的各管理部门、基层生产和木材运输单位以及木材加工厂点的统计、财务报表、账簿、台账册，记账凭证、原始凭证、各类野账、产品验收单等约76 674份，重点录入主要林木产品木材销售发票、铁路运输货票、木材运输证、木材销售合同、调令等64 857份。

主要问题 从对9个林业局森林采伐限额制度执行情况的检查结果看，大规模超限额采伐的现象基本得到了遏制，但仍然存在4个方面突出问题。一是违法占用林地。二是无证采伐。三是超证采伐。四是滥伐（串树种采伐）。

原因分析 发生这些问题的主要原因有以下几个方面。一是重点国有林区管理体制不顺。作为对森林资源实施行政管理的林业局，又是以经营利用森林资源为主业的企业法人，森工企业具有多种身份、享有多项权利，承受多方负担，对森林资源无偿享有、自管自用，行政约束相对软弱，资源性、结构性、社会性矛盾突出。二是片面追求经济利益。森工企业面临着企业要发展，上级要利润，职工要生活的多重压力，偏重经济效益，造成森林资源不合理消耗。三是部分企业经营者法治意识淡薄，管理漏洞多。四是森林资源承载力不足，导致一些伐区难以按规程采伐。（柏建伟）

【2012年保护发展森林资源目标责任制检查情况】 2012年，是保护发展森林资源目标责任制建立和执行情况检查工作全面开展的第二年，在深入总结2011年检查经验的基础上，下发了《国家林业局办公室关于印发〈保护发展森林资源目标责任制检查方案〉的通知》（办督字〔2012〕52号），统一了检查标准，保障了检查的公正和公平。各派驻森林资源监督机构按照“注重建立、兼顾执行，注重县级、兼顾省级”的指导方针，精心组织，扎实工作，圆满完成了检查任务。

检查结果 2012年责任制检查全国共检查了80个县，检查结果于12月向全国进行了通报。检查结果显示，在80个被检查县中，获得“优秀”评级的68个，占全部被检县的85%；获得“良好”评级的9个，占全部被检县的11%；获得“中等”评级的3个，占全部被检县的4%。

取得成效 通过检查，监督机构履行了中央编办赋予的主要职责，提高了地方政府保护发展森林资源的责任意识，有效推进了全国县级人民政府保护发展森林资源目标责任制的普遍建立。截至2012年10月底，全国2730个应当建立责任制的县级政府中，共有2264个已经建立，占总数的83%，其中，544个县是在2012年建立的。天津、吉林、安徽、湖南、海南、贵州、新疆等7个省（区、市）人民政府下发了关于建立保护发展森林资源目标责任制的文件，有力地推动了当地责任制的建立和执行工作。

存在问题与下一步工作 各地工作进展不平衡，全国仍有466个应当建立责任制的县尚未建立，一些县建立的责任制还不规范，考核指标不具体、落实措施不得力、奖惩不到位等。下一步，一是要进一步提高认识、强化措施，把推动建立县级人民政府保护发展森林资源目标责任制作为贯彻落实十八大精神，建设生态文明的重要措施进一步抓紧抓好，争取2013年应当建立责任制的县全部建立起来。二是不断完善责任制的内容，建立和规范森林覆盖率、蓄积量、林地保有量等约束性指标考核体系，加强责任制落实情况的考核，明确奖惩措施，促进森林资源双增长。三是国家林业局各派驻森林资源监督机构要进一步做好责任制建立与执行情况检查，配合省级林业主管部门，督促被检查县落实整改措施，切实做到检查一县、规范一县、带动一片。

（段秀廷）

林业政策
法规与体制改革

08

【林业政策】

完成规范性文件清理工作 根据国务院有关要求，国家林业局开展了规范性文件清理工作。2012年先后两次组织有关人员集中进行清理。经过多次协调，形成了国家林业局规范性文件清理结果，经局务会审议通过后，以2012年第9号公告的形式发布了规范性文件的清理结果。截至2011年12月31日，核定继续有效194件，失效或废止107件。

同时，结合规范性文件清理工作，加强了规范性文件管理工作。4月份在四川省都江堰市召开了规范性文件合法性审查工作座谈会，启动了规范性文件管理办法的起草工作。经过多次研究讨论，并结合规范性文件清理过程中发现的情况，起草了《国家林业局规范性文件制定和管理办法》。经局务会讨论通过后，以林策发〔2012〕252号发布执行。该文件的执行，极大地加强了国家林业局的规范性文件管理工作，深入推进依法治林工作。

完成支持中国集体林权改革政策、法律和制度建设并促进知识交流项目(GCP/CPR/038/EC) "支持中国集体林权改革政策、法律、制度建设并促进国际交流"项目由欧盟资助、联合国粮农组织和国家林业局共同执行，2012年是项目的收官之年。项目的圆满实施，取得了丰硕成果，并将有关成果推广应用到了林业发展中。项目依托项目省、县开展研究和实践，主要取得了以下成果：

研究探索了中国林改后有关林业政策 围绕林农合作组织、林权流转、参与式森林经营这3个主要内容，中外项目专家共对项目点进行了50多次深入的调研，共完成130多份项目研究报告，结合中国的相关林业政策，提出了未来发展措施，并在项目点进行了实践。项目成果集中体现在了已经出版的《中国集体林区农民林业专业合作组织研究》《中国集体林区林权交易中心现状与发展对策研究》《林农合作组织实践教程》和《参与式森林经营方案编制的协助者指南》等书中。

大力推进项目成果的应用 项目办积极将项目研究成果应用到林业政策制定和《森林法》修改中。结合项目研究，国家林业局先后出台了规范林权流转、促进林农合作组织发展的相关政策规定，大力建立和规范各项制度和行为，充分应用研究成果，努力巩固提高林改成果，并在《森林法》修改中积极借鉴和参考项目研究的成果。

加强了项目点有关人员的能力建设 开展对项目点林业部门、林农合作组织成员和林农关于合作组织建设与管理、参与式森林经营、经营能力等方面的培训，组织项目点之间的相互交流考察，提供电脑、网络等办公设备和服务，方便他们和大市场对接。支持了一个省级交易所作为项目的省级林权交易示范中心，完善了有关软硬件设施和交易制度。

广泛开展了交流借鉴 通过出国考察、参加国际会议等，宣传中国林改的经验和成效，介绍项目成果，借鉴国外林业管理的先进理念和经验，用于生产实践。出版10期项目通讯，介绍项目进展，扩大了项目影响。11月底召开了林权改革国际研讨会暨项目总结会，来自10多个国家和地区的代表广泛交流了林改的经验，并对林改的前景进行了展望分析。 (颜国强)

【林业立法】

森林法修改工作 一是根据2011年12月8日国家林业局局务会议审议《森林法(修改草案)》(草稿)的要求，2012年2月份召开了林业厅局长、院士专家北方片和南方片座谈会。根据座谈会的意见，进一步修改完善《森林法(修改草案)》，同步草拟了《森林法实施条例(修改草稿)》。在多次征求意见并专门协调的基础上，列出了需要增加、修改的条目，其中增加的条目5大类、26小项，修改的条目7大类、16小项，为下一步修改完善草案打下了基础。

自然遗产保护法立法工作 对国务院办公厅征求意见的《自然遗产保护法(草案)》，积极与国土资源部、农业部、水利部、环保部、国家海洋局、建设部等部门交流意见，提出了国家林业局的明确意见，并多次就该法制定的必要性问题向全国人大常委会、全国人大常委会法工委和国务院法制办进行了汇报。

《湿地保护条例(草案)》协调工作 根据《湿地保护条例(草案)》征求意见的情况，分别到国土资源部、农业部、水利部、国家海洋局、建设部等部门进行了沟通，在此基础上进一步修改完善，并及时向国务院法制办汇报了湿地立法中存在的问题。支持和指导地方加快湿地立法，形成全国湿地立法的良好局面。

部门规章立法工作 起草、修改了《集体林权制度改革档案管理办法》《陆生野生动物疫源疫病监测防控管理办法》《国家林业局委托实施野生动植物行政许可事项办法》《湿地保护管理规定》《中华人民共和国植物新品种保护名录(林业部分)(第五批)》，并已经完成了部门规章立法审查工作。对《林业生物遗传资源获取和惠益分享管理办法》《国家重点保护野生动植物驯养繁殖许可证管理办法》等，进行了初步的立法审查。

与林业立法有关的其他工作 配合全国人大农委完成了《中华人民共和国农业技术推广法》修改工作；制定颁布了2012年林业立法工作计划；办理征求国家林业局意见的法律法规规章草案的答复意见和"两会"建议案等，对与林业密切相关的《环境保护法》《旅游法》《农业保险条例》等予以重点研究、切实维护林业职责。

(巴连柱)

【林业执法监督】

林业综合行政执法工作 一是召开了林业综合行政执法示范点单位座谈会，对开展示范点建设存在的困难和问题进行了探讨，并对示范点建设工作提出了要求，进一步统一了思想，提高了认识；二是正式下发了林业综合行政执法示范点单位名单，对林业综合行政执法示范点单位名单进行了确认，共保留林业综合行政执法示范点单位86个。

规范林业行政执法行为工作 一是继续做好林业行政执法证核发工作，2012年继续为北京、浙江等5个省(区、市)的执法人员核发林业行政执法证18 774套，确保了各地执法人员持证上岗、依法执法；二是完成林业行政处罚文书修改工作，对国家林业局2000年发布的林业行政处罚文书做了全面的修改完善；三是做好制定林业执法人员培训大纲的基础工作，组织对各地出台的地方性法规、规章进行了全面梳理，形成了林业地方性法规规章汇总表(省级)。截至2012年年底，共有林业地方性法规规章414部，其中地方性法规245部，地方政府规章169部；四是召开了全国林业行政执法人员管理系统终验会议，完成了系统终验工作，为全国林业行政执法人员信息实时管理和执法证核发工作提供了坚实的保障和基础。

行政复议工作 一是依法办理行政复议案件，2012年国家林业局共收办行政复议案23件，比2011年增加了53.3%。所有收办案件已经全部办结，其中，不予受理1起，作出维持决定4起，采用协调方式处理12起，申请人主动撤回6起。二是积极探索行政复议案件有效办理形式，在办理信息公开案件中，要求当地林业主管部门认真关注当事人要求，及时公开有关信息材料，妥善化解了有关行政争议。在办理四川、湖南、贵州多起林地复议案件中，针对案件中反映出来的林地征占用行政许可过程存在的普遍问题，认真研究梳理，并督促地方对相应的许可行为进行规范。对于当事人反映的人事关系、民事纠纷等不属于复议受理范围的问题，耐心解释说服，积极引导当事人通过正确的渠道反映诉求、解决问题。三是召开了全国林业行政复议案例研讨会，对2011年以来多发的林地类、信息公开类林业行政复议案件进行了研讨，交流了各地区林业行政复议案件办理经验。四是做好国务院法制办要求部署的有关工作，完成了国家林业局林业行政复议机构设置和行政复议人员配备情况的调查、上报工作，完成了行政复议法修订草案的意见反馈工作，选取4起林地行政复议案件，编写成为具有示范、指导意义的复议典型案例，对国家林业局近年来办理的行政复议案件进行了整理归档，提高了行政复议工作的规范化水平。五是完成了有关行政诉讼案件材料的起草上报工作，按照北京市第二中级人民法院的要求，认真准备了有关案件背景情况的书面材料。

(吕　振)

【林业行政许可】

行政许可管理制度 一是继续推进行政许可公告修改工作，进一步明确并简化申请人需要提交的材料及申报程序，进一步规范行政许可行为；二是召开行政许可实施情况监督检查座谈会，总结2011年行政许可专项监督检查工作，部署对2004年以来国家级自然保护区有关行政许可项目实施情况的监督检查工作；三是制定了《行政许可项目资金定额标准》，对行政许可项目资金的支出范围等进行规范；四是举办林业行政许可窗口工作人员培训班，促进全国林业行政许可工作的交流，进一步提高行政许可窗口工作人员的能力和水平。

行政审批制度改革工作 按照国务院通知要求，对国家林业局144项行政审批项目进行了清理、核对，并提出意见，经国务院审核，国务院第六批公布取消和调整的林业行政审批项目7项，国务院审改办取消的林业行政审批项目4项。同时，经认真研讨、论证，对广东省行政审批制度改革先行先试方案中涉及国家林业局的2项行政许可项目，提出了意见。按照国务院审改办关于核对第一批拟公布的林业行政许可项目目录的要求，上报了国家林业局建议保留的由国家林业局实施的行政许可项目37项，法律、行政法规、国务院决定设立由省级以下林业主管部门实施的行政许可项目40项。

日常程序审查 2012年，共实施林业行政许可事项160 883件(准予许可156 142件，不准予许可4741件)。其中，按具体承担单位计：国家林业局机关办理许可6515件(准予许可5888件，不准予许可等627件)；植物检疫机构准予许可3519件；濒管系统办理许可59 718件(准予许可59 707件，不准予许可11件)；国家林业局驻内蒙古自治区森林资源监督专员办事处办理许可19 860件(准予许可19 618件，不准予许可242件)；国家林业局驻长春森林资源监督专员办事处办理许可13 307件(准予许可13 192件，不准予许可115件)；国家林业局驻黑龙江森林资源监督专员办事处办理许可45 680件(准予许可42 668件，不准予许可3012件)；国家林业局驻大兴安岭林业集团公司森林资源监督专员办事处办理许可12 284件(准予许可11 550件，不予许可734件)。

(姚　萍)

【林业普法】 2012年，根据《全国普法办公室关于印发〈2012年全国普法依法治理工作要点〉的通知》(普法办〔2012〕1号)文件的要求，国家林业局按照林业系统“六五”普法规划及年度普法工作要点确定的重点内容，积极开展普法工作，取得一定成效。

制定印发年度工作要点 根据《全国普法办公室关于印发〈2012年全国普法依法治理工作要点〉的通知》(普法办〔2012〕1号)文件的精神，结合林业系统“六五”普法规划的总体部署和年度重点工作安排，制定并印发了《2012年林业系统法制宣传教育工作要点》(办策字〔2012〕51号)。

举办林业普法骨干培训班 按照“六五”普法规划中“开展法制宣传教育工作者学习培训活动，提高专职法制宣传教育工作者的业务能力”的要求，2012年5月，在湖北省武汉市举办了全国林业普法骨干培训班。各省级林业主管部门60余名普法骨干参加了培训。培训期间，对刑事诉讼法修正案、林业行政处罚文书格式及执法案例进行了讲解和评析，交流了各省普法工作情况。

组织年度普法考试 在“12·4”全国法制宣传日期间，结合林业行业特点，继续将“12·4”法制宣传日活动与林业系统年度普法考试结合起来。通过考试，有力地带动了广大干部职工学法的热情，进一步推动了“六五”普法工作的深入开展。

(李　权)

集体林权制度改革

09

【综　述】 2012年是“十二五”时期承上启下之年，是集体林权制度改革明晰产权的收官之年，更是全面启动深化改革的关键之年，在国家林业局党组的正确领导下，坚持以科学发展观为指导，高举生态和民生两面大旗，认真筹划抓落实，积极推进谋发展，切实做好集体林权制度改革工作。

明晰产权确权发证

确权发证基本完成　截至2012年12月底，全国已确权面积1.80亿公顷，占各地纳入集体林权制度改革面积的99.05%，其中2012年新确权169.4万公顷。全国已经发放林权证1亿本，发证面积累积达1.74亿公顷，占已确权林地总面积的96.37%，其中2012年新增发证面积1566.67万公顷。林改以来，共有8981.25万农户领到了林权证，其中2012年新增197万户。另据不完全统计，全国各级自然保护区、国有林场等国有林业单位经营集体林地面积436.70万公顷，已确权发证347.76万公顷，占经营面积的79.63%；其中发证到户226.67万公顷，占经营面积的51.91%。

家庭承包经营率66.79%　全国已确权面积1.80亿公顷中，家庭承包经营面积1.20亿公顷(包括自留山2640万公顷、均山到户8226.67万公顷、联户承包1160万公顷)，占已确权面积的66.79%，比2011年提高了0.31个百分点；集体经营面积4140万公顷(包括集体股份经营2813.33万公顷，集体统一经营1326.67万公顷)，占22.99%；其他形式经营面积1840万公顷(包括大户承包833.33万公顷，其他形式经营1006.67万公顷)，占10.22%。

林权证到户率60.01%　全国发证户数8981.25万户，占涉及林改的1.50亿农户的60.01%。

各项政策落实

生态效益补偿　各地落实国家级生态公益林补偿面积为5080万公顷，其中2012年新增补偿面积574.13万公顷；中央财政补偿资金到位75.28亿元，个别省份尚在落实中；地方配套资金5.64亿元，平均每公顷补偿159.30元。有26个省(区、市)逐步建立了地方森林生态效益补偿基金制度，补偿地方公益林2353.33万公顷，其中2012年新增366.67万公顷；补偿金额38.32亿元，其中省级财政31.33亿元，市县财政6.98亿元，平均每公顷补偿162.75元。地方公益林每公顷平均补偿标准较高的省(区、市)有：北京市600元、江苏345元、海南300元、浙江285元、江西240元、广东240元、福建210元、河北180元、安徽165元。

林权抵押贷款　全国有26个省(区、市)开展了林权抵押贷款工作。抵押贷款面积累积385.37万公顷，贷款金额792.31亿元，比2011年增加了49.52%，平均每公顷贷款20559.9元。其中：农民抵押贷款面积193.67万公顷，抵押贷款金额346.20亿元，比2011年增加了35.24%，农民户均贷款1.78万元。

森林保险　有23个省(区、市)开展了森林保险，共计投保面积6100万公顷，比2011年(下同)增加了18.48%，保险金额4075.56亿元，增加24.26%；保费10.92亿元，增长37.95%；其中政策性补贴8.90亿元，增加31.68%；平均每公顷保险金额约6682.05元，平均每公顷保费17.85元，保费费率0.27%。

林权管理服务机构　全国林改工作机构基本保持稳定，各地建立经编办批准成立的林权管理服务机构1296个，其中2012年新增86个。有25个省(区、市)成立县级及以上的林权交易服务机构(包括综合服务中心中设立的交易机构、与林权管理机构有重叠)1186个，2012年新增121个，增加11.36%。全国共成立了852个资产评估机构，其中有资质的资产评估机构500个，据不完全统计，有资质的森林资源资产评估人员达3657人。

集体林地流转面积1280万公顷　全国累积发生集体林地流转面积1280万公顷，占已确权林地的7.12%，其中2012年新增流转面积202.31万公顷。已发生的流转中通过林权交易机构流转的面积403.54万公顷，占流转面积的31.48%。按流转方式统计，已流转面积中转让513.21万公顷、入股140.28万公顷、出租转包524.18万公顷、其他流转104.41万公顷，转让面积占已流转面积的40.03%。流转总金额947.27亿元，平均每公顷7388.55元。按流转对象统计，流转到本集体经济组织以外的有898.44万公顷，占70.08%。

专业合作组织　全国共建立林业专业合作组织11.15万个，其中2012年新增1.37万个，增长14.05%；加入合作组织的农户1356.32万户，占林改涉及农户的9.06%；合作组织经营林地面积1586.67万公顷，占已确权林地的8.79%。合作组织中，林业专业合作社3.74万个，2012年新增5683个，增长17.94%，加入林业专业合作社的农户为623.27万户，林业专业合作社经营的林地面积为651.19万公顷，占已确权林地面积的3.61%。

林下经济发展和农民增收

林下经济　2012年全国林下种植、林下养殖、森林景观利用以及相关林产品采集加工规模均比2011年有较大幅度增长。据不完全统计，全国林下经济产值达3601.24亿元，比2011年增加1519.63亿元，增长71.98%。林下经济总产值中林下种植1668.42亿元，林下养殖829.70亿元，森林景观利用524.29亿元，林下产品采集加工578.83亿元。林下经济相关专业合作社1.22个。参与林下经济的农户4550.13万户。

农民增收效益显著　林改涉及1.50亿农户，5.68亿农民。据不完全统计，2012年林改县农民人均年收入为7114.51元，比2011年增加679元，增长10.55%；其中来自林业的收入1369.95元，比2011年增加172.10元，增长14.37%，来自林业的收入占总收入的19.26%，比2011年提高0.65个百分点；来自林下经济的收入453.64元，比2011年增加86.90元，增长23.70%，林下经济收入占林业收入的33.11%，比2011年提高2.50个百分点。

【全国深化集体林权制度改革工作会议暨林下经济现场会】 2012年9月23～24日，由林改司主办的全国深化集体林权制度改革工作会议暨林下经济现场会在辽宁省本溪市召开。赵树丛局长到会并做重要讲话，全面总结了改革取得的显著成效，系统阐述了深化改革的重要意义，确定了“改革、稳定、规范、服务、发展”的工作思路，为深化改革工作指明了方向。来自中央和国务院单位，国家林业局相关司局、直属单位，各省、自治区、直辖市林业厅(局)，内蒙古、吉林、龙江、大兴安岭森工(林业)集团公司，新疆生产建设兵团林业局负责人出席了会议。

【出台《国务院办公厅关于加快林下经济发展的意见》】 提出了扶持林下经济发展的“七项任务”和“五项政策措施”，成为继中央10号文件后深入推进林改的又一重大决策。

【完善相关政策】 一是明确了深化改革的重点工作。张建龙副局长部署了深化改革的6项重点工作，即认真落实和稳定农村林地家庭承包经营制度、大力发展林下经济、着力推进林业专业合作组织建设、进一步规范林权流转、不断完善各项强林惠林政策，努力实现“生态受保护，林农得实惠”。二是组织起草了《关于进一步完善政策，深化集体林权制度改革的意见(征求意见稿)》，提出了进一步完善林改的有关政策，准备争取以国务院文件下发。

【明晰产权、承包到户工作】 一是组织起草并下发了《国家林业局关于进一步做好集体林地明晰产权、承包到户工作的通知》，对做好明晰产权、承包到户这项事关改革最核心、最基础的工作做了进一步的强调和部署。二是组织人员深入浙江省安吉、临安等地调研集体林地承包经营纠纷调解仲裁和自然保护区中的集体林补偿问题，进一步了解情况，总结经验。三是配合国务院办公厅督查室，深入广东和贵州两省，对集体林权制度改革进展情况进行了督查。四是举办了维护农民林业合法权益培训班，交流了林权纠纷调处工作经验，部署了下一步重点工作。

【推进林下经济发展】 一是积极推动规划编制工作。启动《全国集体林地林下经济发展规划》编制工作。二是积极争取有关扶持政策。有关部门初步同意对林药、林菌两种发展模式进行财政支持。三是大力营造发展林下经济的良好氛围。与《林业经济》期刊社、中国林业经济学会共同组织开展了“林下经济发展大家谈”征文活动。

【推动农民林业专业合作组织建设】 一是建立了工作机制。成立了国家林业局林业专业合作组织工作领导小组。二是明确了工作思路。首次召开了全国农民林业专业合作组织建设会议暨培训班，全面总结了经验成绩，分析了存在问题，提出了下一步工作思路和措施。三是开展了培训。邀请中央农村工作领导小组、中国人民大学、供销合作总社等单位的专家和领导进行了授课。四是加大宣传力度。国家林业局首次作为主办单位之一，与全国人大、农业部、工商总局等部门举办了《农民专业合作社法》颁布5周年纪念活动。五是加大示范带动。命名了28个农民林业专业合作社建设示范县。8家农民林业专业合作社被评为“中国50佳农民专业合作社”。

【推进林权管理服务工作】 一是配合政法司完成了《集体林权制度改革档案管理办法》的审查工作。二是组织编制了《全国林权管理服务中心“十二五”建设规划》。三是积极开展林权交易场所清理整顿工作。按国务院要求组织各省(区、市)对辖区内林权交易场所进行了摸底，开展了清理整顿，并初步建立了林业主管部门审核制度。四是修改并报审《集体林权流转管理办法》。五是积极推进林改管理信息化。福建、辽宁、江西、浙江、山西、湖南、云南等多个省份都研发了林权管理服务全省联网信息系统。

【配合有关部门开展重点工作调查研究】 一是在张建龙副局长、印红副局长带领下，参与九三学社中央赴福建省关于“进一步深化林权改革 推进林业与林业碳汇发展”为主题的调研，形成了上报党中央、国务院的报告。二是陪同国务院办公厅赴广西深入调研林下经济发展，为出台林下经济文件提供支撑。三是根据局领导批示，会同银监会赴云南省调研林权抵押贷款情况，提出了政策建议。四是与中农办联合调研林业专业合作组织，为起草中央一号文件提供参考。五是陪同北京大学课题组，深入6个省对林下经济进行了调查研究。六是认真开展林改统计工作，以数据为基础，分析存在问题，提出政策建议。

【宣传和对外交流活动】 一是配合完成了局里的重大宣传活动。积极参与《中国的绿色增长》稿件撰写工作，为《人民日报》特刊专版组织撰写提供稿件。二是配合政法司与联合国粮农组织、美国产权与资源组织、北京大学共同举办林权改革国际研讨会暨粮农083项目，向国际社会介绍中国集体林改的做法和成效，交流了经验。三是与凤凰卫视合作，播发了30多期林改节目，在海内外取得了很好的影响。四是积极开展交流。向美国大使馆、瑞士环境保护署考察团、瑞典林主协会介绍了中国林权制度改革的有关工作情况，陪同瑞典方面开展了考察。五是争取将林权制度改革的内容列入中奥、中德、中英、中瑞等双边合作的框架中，为下一步开展交流合作奠定了基础。六是组织完成了赴德国、赴奥地利的林业产权制度改革与管理培训工作。

(集体林权制度改革由林改司供稿)

林业科学技术

10

【综　述】 2012年是全面实施"十二五"规划、推动林业科学发展的重要之年。林业科技工作以邓小平理论、"三个代表"重要思想和科学发展观为指导，深入贯彻落实中央和党组决策部署，紧紧围绕服务生态林业和民生林业发展，全面系统谋划发展、突出重点强化支撑、扎实有序推进创新，取得了十分可喜的成绩，主要表现在以下几个方面：

科学谋划，绘就林业科技发展蓝图　为贯彻落实全国科技创新大会精神，动员全行业加快科技创新、支撑生态林业和民生林业发展，9月24日，国家林业局在京隆重召开了全国林业科学技术大会。赵树丛局长主持会议，回良玉副总理出席会议并作重要讲话。会议系统总结了党的十六大以来中国林业科技工作取得的重大成就，表彰奖励了82个林业科技工作先进集体和133名先进个人，深刻分析了当前林业改革发展面临的形势和任务，动员部署了当前和今后一个时期林业科技工作。会议的召开进一步在全行业统一了思想，振奋了精神，凝聚了力量，明确了任务，为推动中国生态林业和民生林业科学发展注入了强劲动力。会议主题鲜明、内容丰富、成果丰硕，对当前和今后一个时期林业和林业科技工作具有十分重要的指导意义。

会议发布了《林业科学和技术发展"十二五"规划》，围绕贯彻落实林业发展和国家科技"十二五"规划，以支撑现代林业建设为目标，规划了"八大"科技任务，力争到2015年，基本建立起适应现代林业发展的国家林业科技创新体系，在新品种创制、森林经营、林业生物产业、信息技术、生态环境改善与治理、应对气候变化、区域林业等研究领域取得重大突破，林业科技进步贡献率达到50%。

会议印发了《国家林业局关于加快科技创新　促进现代林业发展的意见》，突出强调了科学技术在发展现代林业、建设生态文明、推动科学发展中的根本作用，从科技创新、成果转化、标准建设、领域拓展、平台建设、国际合作、人才培养、体制改革和组织领导等9个方面，提出了今后一个时期贯彻落实创新大会和中央一号文件精神的指导性意见。

会后，全国上下迅速掀起了贯彻落实大会精神、开创林业科技工作新局面的阵阵热潮。国家林业局通过《林业要情》连续刊发了各地贯彻落实会议精神情况。据初步统计，全国有28个省级单位正积极筹备召开林业科技大会，拟出台19个加快林业科技发展的文件，颁发18项林业科技"十二五"发展专项规划，制定150多项推动科技工作的具体措施。

强化支撑，服务生态林业和民生林业发展　综合考虑生态安全、能源安全、木材安全、应对气候变化等国家对林业的战略需求，兼顾满足森林培育与经营、木本粮油、林下经济等区域林业发展需求，组织实施了一批重大科技项目，着力解决生态建设和产业发展的重大共性关键技术，为生态林业和民生林业发展构建了完善的技术支撑体系。

生态科技助推林业生态提质增效　围绕林业生物种业发展、森林资源培育与经营、生态建设与保护、林业灾害防控、林业增汇减排等林业生态建设领域，重点开展了乡土和珍贵树种良种选育、森林结构与功能调控、陆地生态系统服务功能评估、重大病虫害防控技术理论、森林增汇与碳计量等专项研究、试验示范与推广应用，产生了一大批创新性成果，为促进森林面积和蓄积增长，提升林业生态服务功能，减少林业灾害损失，提高应对气候变化能力提供了科技支撑。在基础研究方面，完成了毛竹基因组测序，建立了首个竹类植物基因数据库，为世界第三大数据库。在种质创新方面，筛选出优质高抗林木种质12个，主要造林树种良种使用率提高31%，实现了杨树第四代品种更新。在困难立地造林方面，建立造林及植被恢复综合配套技术和模式22项，造林成活率和保存率提高8%以上。在森林经营方面，首次建立国家层面的森林健康状况诊断和评价指标体系，提出了典型森林类型经营技术规程17个。在应对气候变化方面，初步阐明了森林与气候变化的响应关系，构建了森林碳汇综合监测与评估方法体系。

民生科技引领林业产业转型升级　围绕林农增收致富和林业发展方式转变，组织实施了林产资源开发利用、生物基产品加工制造、林业生物质能源转化利用、竹藤花卉开发等一批项目，经过科技创新、技术服务、标准质检，推动了林农增收致富、产业转型升级和林业绿色发展。突破了节能节材环保木材生产关键技术，综合节约率提高10%以上；利用农林废弃生物质，成功研制高附加值生物基新材料，初步开发出替代化石燃料的高品位生物燃料和液化油产品；推广了木本粮油树种丰产栽培、林特资源开发及高效利用、重大林业有害生物防治等先进实用技术，建立科技示范基地600多个，培训林业专业技术人员和林农5万多人次；选育了57个油茶优质高产新品种，建立了50个标准化示范区、10条精深加工生产线，年均亩产值增收达千元以上，产品附加值增加1倍以上；在15个省市推广应用核桃丰产栽培技术26万多公顷，平均亩产量提高15%以上；选派2000多名林业科技特派员，仅福建建瓯竹林年均亩产提高600多元，实现竹业总产值53.7亿元；启动了木地板和人造板生产质量监督，开展了核桃、枣、油茶等林产品质量监测，有效促进了林产品质量提升，保障了林产品质量安全。

开拓进取，林业科技工作实现新突破　2012年林业科技快速发展，取得了丰硕成果和重要进展，实现了新的突破。共组织实施林业科技项目1000余项，总经费达8.9亿元，共取得重要科技创新成果300余项，获得国家科学技术奖励6项，发布国家标准和行业标准118项、国际标准9项，推广应用新品种、新技术450多项。

条件能力再上新水平　印发了《全国林产品质量检验检测机构建设规划(2011～2020)》。起草了重点实验室、科技推广体系和工程技术研究中心等发展规划，批复了7个局级工程技术(研究)中心、2个生物产业基地、10个国家林业局林产品质检中心和2个标委会。木材工业国家工程研究中心获得国家工程研究中心重大成就奖。生态站建设加快推进，召开了全国林业生态站工作现场会，完成了与退耕办、天保办等工程效益监测对接，新建了13个林业生态站，成立了国家林业局生态定位观测网络中心。林木遗传育种国家重点实验室筹建工作有序推进。木竹产业技术创新战略联盟逐渐壮大，探索了产学研合作新经验。依托行业专项，培养了19个创新团队和11名青年创新人才。实施了12项出国(境)智力引进计划项目，引进外国专家22人。

科技领域谋得新发展 森林认证全面推进，颁布了2项森林认证国家标准，扩大了森林认证试点范围，培训了一批森林认证审核员，基本建立了中国森林认证体系，国际互认取得重要进展。建立了林业知识产权研究中心、战略联盟、保护试点和预警机制，开展了知识产权宣传周系列活动。授予林业植物新品种权117项，组织开展了打击侵权专项行动。制定了《林业转基因安全管理条例》，受理了行政许可6项，开展转基因安全监测36项，加强林业遗传资源获取与惠益分享管理，启动了全国油茶遗传资源调查编目，完成《中国林木遗传资源国家报告》。

合作交流获得新进展 积极履行植物新品种保护、生物安全管理等国际公约，开展国际涉林公约履约对案研究，协助编写蒙特利尔进程等国家报告，举办竹藤绿色经济与包容发展高层论坛，中美共建中国园项目取得重要进展，全面推进"土地退化防治管理与政策支持"伙伴关系项目。签署国家林业局与中国科学院全面战略合作框架协议。中国林科院与国际热带木材组织等7个国际组织签署了合作协议，与金砖五国建立了常态化林业科技合作机制，与潍坊、营口等市人民政府就环渤海地区盐碱地治理与开发签订了全面科技合作协议。举办了第五届中国生态文化高峰论坛、第十届中国林业青年学术年会、森林可持续经营国际学术研讨会等学术活动。

科技影响赢得新提升 在《中国绿色时报》推出了"聚焦2012年中国林业科技重大创新系列报道""关注国家科技支撑计划林业项目"等专栏，被新华网、中国网、搜狐、网易等数十几个知名网站转载报道。围绕森林对暴雨洪灾的消减作用、对PM2.5的调控作用等热点问题进行了专题报道。在国家林业局门户网开设了"全国林业科技大会"专题。开展了全国生态文化示范基地、示范企业和全国生态文化村等命名活动，举办了"十一五"林业科技成就展览，举办了"林业科技活动周"科普系列活动，命名全国林业科普基地40个，新建竹藤科普展厅1个，完成第三届梁希奖评选工作。这些活动普及了林业科技知识，提高了社会公众对林业的认识，显著提升了林业科技影响力。 (科技司综合处)

林业科学研究

【国家科技支撑计划项目】 2012年4~7月，"主要林木花卉新品种选育与扩繁""荒漠化综合治理与修复技术研究与示范""商品林定向生产关键技术研究与示范""森林可持续经营关键技术研究与示范""竹藤资源培育与高附加值加工利用技术研究""生物质低能耗固体成型燃料装备研发与应用"等第二批6个国家"十二五"科技支撑林业项目共28个课题获得科技部正式立项启动。2012年10月18日"森林火灾综合防控技术研究与示范"项目通过科技部组织的项目可行性研究与论证。

(科技司计划处)

【国家林业公益性行业科研专项】 获财政部、科技部批准2012年81个项目立项，批复经费较2011年度增长5000万元。项目主要结合林业的重点需求，围绕解决生态建设关键技术瓶颈，支撑产业结构调整与升级，开展林业理论与前沿技术研究以及实用技术开发等方面开展相关研究，攻克重大共性关键技术，培育战略性新兴产业的创新技术，满足区域性、培育性、实用性、带动性地方林业发展需求。

完成了2012年度到期行业专项项目的验收工作，通过验收42项，认定成果50项，新产品、材料73种，新技术新工艺51项，新装置18项，专利69件，标准31项，论文、专著525篇(部)。

2012年度国家林业公益性行业科研专项项目一览表

序号	项目编号	项目名称
1	201204101	森林生态服务功能分布式定位观测与模型模拟
2	201204102	森林经营对生态系统碳水耦合变化的影响机理研究
3	201204103	珍稀濒危筇竹保护与退化竹林恢复技术研究
4	201204104	东江水源林对水量丰枯动态的调控研究
5	201204105	黄淮海农田防护林体系多尺度水分利用的同步监测与评价
6	201204106	上阔下竹复合生态系统构建及优化技术研究
7	201204107	国际林产品贸易中的碳转移计量与监测及中国林业碳汇产权研究
8	201204108	京津城市森林生态服务功能研究
9	201204110	滇西北(藏区)森林植被演替特征及其恢复技术研究
10	201204201	典型湖沼湿地生态系统服务功能评价研究
11	201204202	土地荒漠化综合治理效益遥感监测技术研究
12	201204203	高寒沙地防护林生态服务功能研究
13	201204204	基于阈值理论的湿地生态退化与生态需水研究
14	201204205	风积沙产业化利用及其迹地植被营建技术研究
15	201204210	重金属污染土壤的林木修复机理与调控技术研究
16	201204301	热带珍贵树种良种选育和高效培育技术研究
17	201204302	白桦三倍体制种技术研究
18	201204303	黎蒴等华南重要乡土树种良种选育研究

序号	项目编号	项目名称
19	201204304	米老排和火力楠种质创新与繁育关键技术研究与示范
20	201204305	白榆种质资源收集保存及良种选育研究
21	201204306	抗逆基因资源功能性评价关键技术研究
22	201204307	重要树种种质资源保存与可持续利用关键技术研究
23	201204308	秦岭观赏树种资源保护、选育与繁育技术研究
24	201204309	吉林长白山珍贵阔叶树种保育关键技术研究
25	201204311	杨树抗锈病主要候选基因克隆研究
26	201204312	盐肤木新品种选育与示范
27	201204315	南京椴种质资源收集、保护与开发利用
28	201204320	红松果材兼用林良种选育与定向培育技术研究
29	201204401	板栗产业链环境友好丰产关键技术研究与示范
30	201204402	特色小浆果良种选育及产业化技术开发与示范
31	201204403	南方重要木本油料和药材模式树种长期育种技术研究
32	201204404	薄壳山核桃良种筛选与配置技术研究与示范
33	201204405	珍贵树种钩栗良种选育及栽培关键技术研究
34	201204407	南方鲜食枣规模化经营技术研究与示范
35	201204409	木瓜种质资源收集保存与新品种选育
36	201204410	高产优质油橄榄高效培育与加工利用关键技术研究
37	201204411	油茶优质种苗自动嫁接技术研究
38	201204414	经济林产品质量安全标准指标体系研究
39	201204420	甜角良种筛选及果用林定向培育技术研究与示范
40	201204501	重大森林病虫灾害防控技术的关键理论基础
41	201204502	秦岭天然次生公益林抚育经营关键技术研究
42	201204503	云杉矮槲寄生成灾主因及生态控制关键技术研究
43	201204504	天保工程区天然公益林抚育经营关键技术研究
44	201204506	山核桃有害生物绿色防控技术研究与示范
45	201204507	中国森林火灾碳释放评估技术研究
46	201204508	国家森林火险等级系统中火险计算技术研究
47	201204509	大小兴安岭用材林精细化经营技术研究
48	201204510	森林资源一类与二类调查体系耦合关键技术研究
49	201204512	南方几种森林类型公益林经营技术研究
50	201204515	机载实时监测林火关键技术及其集成应用研究
51	201204518	林地薇甘菊生态控制关键技术研究
52	201204601	目的林药组分资源定向培育与高值化产品开发
53	201204602	资源昆虫高效培育与新产品研发
54	201204603	秦巴山区重要林药泛素化筛选与规范化栽培关键技术研究
55	201204604	亚热带野生观赏植物多样性保育及扩繁技术研究
56	201204605	杜仲分子育种关键技术研究
57	201204606	林药单面针资源培育利用技术研究与示范
58	201204607	花用桂花优良品种选育与应用示范
59	201204609	百合野生资源评价与多倍体育种技术研究
60	201204610	南方林下饲用植物开发利用关键技术研究
61	201204612	珍贵林药多穗柯资源培育及开发利用研究
62	201204614	长白山林蛙高效养殖及利用关键技术研究与示范
63	201204701	大跨度竹质工程构件制造关键技术研究与示范
64	201204702	家具用速生材改性及应用关键技术研究与示范
65	201204703	实木复合门机械化制造与环保涂装技术研究
66	201204704	低成本无烟高效阻燃木质材料制造关键技术研究
67	201204705	泡桐装饰材新产品研发及优良品系选育研究
68	201204707	《细木工板》和《实木地板》等4项ISO国际标准研制
69	201204708	速生人工林木材微波预处理特性与机制研究
70	201204709	节能环保型热处理木材关键技术及产业化示范
71	201204711	西南退耕还竹区麻竹林经营技术研究
72	201204712	梓木增重改良与实木家具制造关键技术研究
73	201204715	竹材自动去青去黄提质增效工艺与技术开发
74	201204801	高品质生物基燃料油定向催化合成产业化技术
75	201204802	绿色节能木塑门窗关键技术研究与示范
76	201204803	林木生物质全溶及功能材料制备技术与示范
77	201204804	落叶松树皮高值化利用关键技术与示范
78	201204806	山桐子新品种选育及定向培育技术研究
79	201204807	废弃人造板制备高性能活性炭电极关键技术及机理
80	201204811	特色芳香油料山苍子高效加工利用关键技术研究
81	201204812	柳树能源林及生态修复兼用型新品种选育

2012年度国家林业公益性行业科研专项验收项目认定成果一览表

序号	成果名称
1	杉木人工林生态系统碳通量及驱动机制研究
2	退耕还林工程建设效益监测评价技术体系
3	古树健康快速诊断与维持集成技术
4	太行山“聚土集雨”工程技术
5	京津风沙区葡萄园固沙与减灾技术研究
6	濒危植物篦子三尖杉保育技术
7	农田防护林负面效应调控技术
8	中国沙漠地区生态地理区划
9	陕北风沙区煤矸石山快速复垦治理技术

序号	成果名称
10	华北土石山地人工油松林更新诱导技术
11	中国传统菊花品种产业化生产技术
12	果用无患子原料林培育技术
13	蓝莓种质资源综合评价与定向高效培育技术
14	蓝莓花青素高效制备与胶囊化技术
15	林火统一通信网关设备
16	森林火场因子自动采集器
17	利用茉莉酸类外源植物激素诱导落叶松抗虫性增强技术
18	白桦高效转基因技术
19	松梢螟植物源农药研制及应用
20	马尾松人工林林下植被生态经营技术
21	以生物防治松褐天牛为主的松材线虫病控制技术
22	花绒寄甲松褐天牛生物型的人工大量繁育和保存技术
23	毛株油料能源林高效培育技术
24	泡桐种质资源收集与基因库、育种群体建立技术
25	滇中高原水土保持林稳定高效经营技术
26	山地型城市森林营建的关键指标体系
27	舞毒蛾综合防控技术
28	北方屋面植物材料筛选技术
29	脲醛树脂秸秆/木材复合中密度纤维板制造技术
30	辣木净水剂制备和净水技术
31	沙旱生灌木枝条综合高效利用技术
32	苦杏仁精深加工关键技术
33	生物质流化床制备合成气技术与装备
34	植物多酚型稀有金属络合剂开发及产业化
35	多花黄精育苗及林药复合高效栽培技术
36	黄精活性成分高效提取及利用技术
37	正丁醇同步提取油脂与高附加值产品
38	竹材原态多方重组材料制造技术
39	抑烟型阻燃中密度纤维板生产技术
40	木质产品耐光色牢度检测和等级评定技术
41	杉木地板功能化制备技术
42	华北土石山区基于生态功能优化的主要针叶树种人工林密度调控技术
43	华北土石山地人工油松林更新诱导技术
44	秦岭落叶松人工林近自然化经营途径与技术
45	秦岭锐齿栎林生态系统健康评价理论和方法
46	北京山区典型森林生态系统健康恢复与经营关键技术
47	冀北山区主要针叶树种人工林健康评价与密度优化技术
48	天山云杉人工林生态系统健康评价与经营技术
49	天然林系统优化经营技术
50	生态公益林经营类型划分及压缩技术

（科技司计划处）

【国家重大基础研究计划（“973”计划）】 2012年10月，国家林业局联合中国科学院、教育部等单位申报的“复杂地表遥感信息动态分析与建模”项目获科技部批准立项。“木材形成的调控机制研究”项目实施进展顺利，从分子生物学角度探究了影响纤维素合成与木质部细胞分化的重要蛋白作用机制，并首次对胡杨进行了基因组测序、基因注释及全基因组标记开发，成功进行了簸箕柳基因组测序及基因功能注释。（科技司计划处）

【国家高技术研究发展规划（“863”计划）】 2012年6～7月，“数字化森林资源监测技术”“星机地综合定量遥感系统与应用示范（一期）”“农林有害生物调控与分子检测技术研究”3个项目正式启动实施。

（科技司计划处）

【国家科技基础性工作专项】 2012年9月组织申报的“中国森林植被调查”“华北山区经济树种种质资源收集和保存”等两个项目获得科技部正式批复立项。

（科技司计划处）

【引进国际先进林业科学技术计划项目（“948”项目）】 2012年度批准新立项“948”项目79项。主要围绕林业良种培育、林业产业发展、生态建设与保护、国际前沿新技术等领域开展先进技术引进、创新与示范。完成了2012年度到期“948”项目的验收工作，通过验收75项，开发出具有自主知识产权的新产品、新技术、新工艺、新装置107项。认定成果61项，专利29件，标准3项，论文343篇（其中9篇SCI，20篇EI）、专著7部。

2012年度“948”项目一览表

序号	项目编号	项目名称
1	2012-4-01	二次纤维薄页包装纸生产中酶处理关键技术引进
2	2012-4-02	果品农药多残留快速检测技术引进
3	2012-4-03	漆酶高产菌株及配套发酵、纯化技术引进
4	2012-4-04	羟基喜树碱控释载体硅质体制备技术引进
5	2012-4-05	天然生漆黏土与改性生漆涂料加工技术引进
6	2012-4-06	特异性木豆内生真菌生产木豆芪酸技术引进
7	2012-4-07	鹅掌楸属生物活性组分高效筛选技术引进
8	2012-4-08	超级活性炭生产关键技术引进
9	2012-4-09	溶解浆清洁生产关键技术引进
10	2012-4-10	高活性纤维素酶菌株产酶优化技术引进
11	2012-4-11	灵芝β-活性多糖高效提取和发酵技术引进
12	2012-4-12	林特产品超声波雾化干燥技术引进
13	2012-4-13	松香制备农药乳化剂关键技术引进
14	2012-4-14	林农废弃物快速热解技术引进
15	2012-4-15	松针制备绿色无公害作物生长促进剂技术引进
16	2012-4-16	基于HPLC的生物活性成分在线筛选与鉴定技术引进
17	2012-4-17	油茶粕蛋白降血压肽制备关键技术引进
18	2012-4-18	木质纤维素糖基平台关键技术引进
19	2012-4-19	车载自热式林木生物质快速热裂解液化技术引进
20	2012-4-20	高强度纤维增强木质复合材料制造技术引进
21	2012-4-21	连续平压热压机自动板形纠偏控制技术引进
22	2012-4-22	高分子聚合凝胶阻火灭火技术引进
23	2012-4-23	葡萄副梢机械修剪技术引进

序号	项目编号	项目名称
24	2012-4-24	自走轻便型森林火灾高效风力灭火遥控机制造技术引进
25	2012-4-25	引进林业产业技术评估、集成与创新
26	2012-4-26	木塑托盘制造新技术引进
27	2012-4-27	重型木结构工程材制造应用技术引进
28	2012-4-28	木质纤维微波连续液化关键技术引进
29	2012-4-29	顺向木条层积材(PSL)制造关键技术引进
30	2012-4-30	陡坡山地森林择伐作业技术及其设备引进
31	2012-4-31	灌木仿形平茬先进技术引进
32	2012-4-32	意大利石松种质资源及其培育技术引进
33	2012-4-33	欧洲冬青优良种质资源及高效繁育技术引进
34	2012-4-34	越南黄花梨种源及培育技术引进
35	2012-4-35	刺槐原产地野生育种群体引进
36	2012-4-36	新西兰麻种质资源及快繁技术引进
37	2012-4-37	黑松球果早期性别控制技术引进
38	2012-4-38	高生物量灌木柳遗传资源及培育技术引进
39	2012-4-39	北美小干松优良遗传资源及高效育种技术引进
40	2012-4-40	引进林业种质资源与经营管理技术评价、集成与创新
41	2012-4-41	杞柳基因组拼接技术引进
42	2012-4-42	木本植物高效遗传转化及外源基因清除技术引进
43	2012-4-43	乔木类买麻藤优良品种及培育技术引进
44	2012-4-44	野牛草克隆构型 SRAP 辅助聚合回交育种技术引进
45	2012-4-45	卡西亚松种质资源及无性繁殖技术引进
46	2012-4-46	湿地松高产脂遗传资源与定向选育技术引进
47	2012-4-47	猴面包树耐旱种源与繁殖栽培技术引进
48	2012-4-48	非洲重要特有经济竹子种质资源引进
49	2012-4-49	竹类植物生态环保型分子育种技术引进
50	2012-4-50	耐旱桉树种质资源及其定向选育技术引进
51	2012-4-51	悬铃木遗传资源及育种技术引进
52	2012-4-52	大花蕙兰新品种组培繁育及产业化技术引进
53	2012-4-53	珍贵林下药用植物东革阿里种质资源及培育技术引进
54	2012-4-54	木本花卉山月桂遗传资源及快速育种技术引进
55	2012-4-55	软籽石榴品种资源及集约培育技术引进
56	2012-4-56	欧洲榛新品种及坚果采后处理与储藏技术引进
57	2012-4-57	切花红掌新品种及高效栽培技术引进
58	2012-4-58	三倍体红叶卫矛定向育种技术引进
59	2012-4-59	远缘杂交芍药重要亲本及高效繁育技术引进
60	2012-4-60	观赏型北美四照花类种质资源及繁育技术引进
61	2012-4-61	以色列鲜食枣品种及培育新技术引进
62	2012-4-62	猕猴桃新品种及分子育种研究技术引进
63	2012-4-63	地被银桦新品种及繁育技术引进
64	2012-4-64	育苗基质理化性状精准化调控技术引进
65	2012-4-65	大伏革菌优良菌种及其防病技术引进
66	2012-4-66	容器苗底部渗灌技术引进
67	2012-4-67	灌木一次性雾插成苗技术引进
68	2012-4-68	林木抗旱丛枝菌根真菌及菌剂生产技术引进
69	2012-4-69	人工林多功能经营及模拟预测技术引进
70	2012-4-70	松材线虫内寄生真菌菌株及生产技术引进
71	2012-4-71	林分综合经营动态规划技术引进
72	2012-4-72	流动沙地植被恢复一体化技术引进
73	2012-4-73	污染湿地水处理系统技术引进
74	2012-4-74	地质灾害多发区滑坡生态毯植被恢复技术引进
75	2012-4-75	利用柳树生态系统处理污水技术引进
76	2012-4-76	林草一体化高稳定性生态护坡技术引进
77	2012-4-77	欧洲地中海地区荒漠化监测和评估系统引进
78	2012-4-78	林业碳收支模型 CBM-CFS3 引进
79	2012-4-79	基于高性能计算机的气候变化与林业关系模型引进

2012 年度“948”验收项目认定成果一览表

序号	成果名称
1	马来沉香优良品种及培育技术
2	檀香人工林高效培育技术
3	台湾优良海防阔叶树种引进及配套造林技术
4	印度小桐子优良种源选择
5	银杏果用优良无性系筛选及配套栽培技术
6	菲油果新品种及配套栽培技术
7	红皮梨新品种及栽培技术
8	平欧杂交榛组培微繁技术
9	铁线莲优良品种繁育技术
10	玛咖丰产优质培育技术
11	冬青优良品种筛选及快繁技术
12	蓝靛果优良无性系及繁育技术
13	观赏针叶树苗木高效繁育技术
14	优质装饰家具材树种红椿优良家系选择与培育技术
15	多重 PCR 扩增环境样本的芯片通量检测诊断杨树溃疡病技术
16	超富集镉转基因杨对土壤镉污染修复技术体系
17	多氯联苯污染土壤的植物和微生物修复技术
18	湿地生态系统保护与管理关键技术
19	网格法湿地生态恢复技术
20	库区消落带生态治理关键技术
21	基于非线性偏最小二乘优化模型的竹林碳汇遥感估算方法
22	雷击火实时预测系统
23	吉林省森林火险天气预报系统
24	森林火灾及环境信息无线远程监测系统
25	枣实蝇监测与防控技术
26	经营单位级森林多目标经营规划决策技术及软件系统

序号	成果名称
27	城市森林生态效益评估系统
28	杜仲绿原酸和杜仲松脂醇二葡萄糖苷分离提纯技术
29	防腐防霉竹定向刨花板制造技术
30	木质纤维清洁高效制备技术
31	麻楝和灰木莲种源/家系选择及栽培技术
32	义安油茶繁育技术
33	芍药属引进新品种扦插繁殖技术
34	观赏海棠引选与快繁技术
35	峡谷石漠化地区植被恢复材料常绿岩垂草及繁育栽培技术
36	杂交鹅掌楸高效遗传转化体系
37	松杉人工林高效复合菌根菌肥制作及应用技术
38	植被景观动态评价技术
39	人工湿地净化稻田退水技术
40	林业容器微灌技术
41	森林疫霉调查监测及快速检测鉴定技术
42	利用蛀干昆虫作为指示昆虫开展森林健康评价的方法
43	木霉菌剂制作保存及其对樟子松枯梢病的防治技术
44	基于无人机遥感的林业有害生物预警监测技术
45	荒漠化能量水平衡遥感监测系统
46	三聚氰胺磷酸盐复配硼酸锌抑烟型阻燃剂制备技术
47	全降解环保木质基复合材料制造技术
48	压缩层厚度可控的实体木材层状压缩技术
49	木材水热真空柔性干燥技术
50	茶油酶法制取及茶皂素回收技术
51	浮选柱回收脱墨浆渣中纤维的生产技术
52	野漆树蜡紫外脱色和加氢制备日本野漆蜡精细品技术
53	生物油淀粉胶粘剂制备工艺技术
54	高品质多羟基二苯甲酮生产新工艺
55	固定化细胞生物催化制备生物柴油新技术
56	湿地松横割采脂技术
57	亚临界流体萃取与分子蒸馏提取精制茶油技术
58	多功能林内作业机
59	原木激光定位微波检尺及视频识别的数字化材积检测技术
60	拉曼显微技术测定植物细胞壁木质化程度的方法
61	移动式林间就地加工木颗粒成套装备

（科技司计划处）

【国家林业局重点科研计划项目】 2012年新立项国家林业局重点科研计划项目7项，总经费247万元。完成了2012年度到期局重点项目的验收工作，通过验收7项，认定成果7项。新产品、材料26种，新技术新工艺8项，专利7件，标准6项，论文38篇(其中5篇SCI，2篇EI)。

2012年度国家林业局重点科研项目一览表

序号	项目编号	项目名称
1	2012-01	南方人工林土壤健康监测技术
2	2012-02	林木鼠(兔)害调控与效益评价技术体系
3	2012-03	无患子皂苷及生物柴油性能评价与高效制备技术
4	2012-04	林业在生态文明建设中的功能测评技术
5	2012-05	西北地区枣树水肥一体化关键技术
6	2012-06	杉木诱变育种技术
7	2012-07	国有林场森林资源经营及优化管理技术

2012年度国家林业局重点科研计划项目验收认定成果一览表

序号	成果名称
1	大熊猫亲子鉴定新方法
2	早实核桃标准化栽培技术
3	功能型香菇优质丰产栽培技术
4	紫斑牡丹杂交新品种选育
5	南方桤木人工林生态系统可持续经营技术
6	森林火灾无线宽带智能监控网络
7	油茶炭疽病生物防治技术研究

（科技司计划处）

【陆地生态系统定位观测研究网络建设】 截至2012年年底新建生态站13个，局生态站总数达113个，其中森林站75个、湿地站21个、荒漠站17个。

11月6~8日，召开了国家林业局生态站工作现场会。系统总结了“十一五”期间生态站网工作的成功经验，并对下一步工作进行了科学规划和全面部署，明确了今后发展的方向和目标，为今后推动生态站网观测研究和管理工作更好更快发展奠定了基础。

10月15日，国家林业局成立了国家林业局生态定位观测网络中心，主要负责组织开展全国林业生态定位观测科学研究，组织实施生态效益监测、生态服务功能评估以及生态站联网观测研究工作，负责生态站网络具体建设及日常运行，进一步提高生态站网的观测研究能力和对外合作水平。

林业生态站名录

序号	生态站名称
1	江西大岗山森林生态系统定位观测研究站
2	海南尖峰岭森林生态系统定位观测研究站
3	黄河小浪底森林生态系统定位观测研究站
4	广东珠江三角洲森林生态系统定位观测研究站
5	河南宝天曼森林生态系统定位观测研究站
6	山东昆嵛山森林生态系统定位观测研究站
7	长江三峡库区(秭归)森林生态系统定位观测研究站
8	广东湛江桉树生态系统定位观测研究站
9	宁夏六盘山森林生态系统定位观测研究站
10	云南普洱森林生态系统定位观测研究站
11	浙江钱江源森林生态系统定位观测研究站
12	海南东寨港红树林湿地生态系统定位观测研究站
13	四川若尔盖湿地生态系统定位观测研究站
14	浙江杭州湾湿地生态系统定位观测研究站
15	青海三江源湿地生态系统定位观测研究站

序号	生态站名称
16	甘肃民勤荒漠生态系统定位观测研究站
17	青海共和荒漠生态系统定位观测研究站
18	云南元谋荒漠生态系统定位观测研究站
19	库姆塔格荒漠生态系统定位观测研究站
20	贵州普定荒漠生态系统定位观测研究站
21	内蒙古磴口荒漠生态系统定位观测研究站
22	山西黄土高原森林生态系统定位观测研究站
23	北京首都圈森林生态系统定位观测研究站
24	山西太岳山森林生态系统定位观测研究站
25	长江三峡库区(重庆)森林生态系统定位观测研究站
26	宁夏盐池荒漠生态系统定位观测研究站
27	黑龙江帽儿山森林生态系统定位观测研究站
28	黑龙江漠河森林生态系统定位观测研究站
29	黑龙江凉水森林生态系统定位观测研究站
30	黑龙江三江平原湿地生态系统定位观测研究站
31	江苏下蜀森林生态系统定位观测研究站
32	湖南会同森林生态系统定位观测研究站
33	云南玉溪森林生态系统定位观测研究站
34	云南滇池湿地生态系统定位观测研究站
35	陕西秦岭森林生态系统定位观测研究站
36	河北塞罕坝森林生态系统定位观测研究站
37	北京燕山森林生态系统定位观测研究站
38	河北小五台山森林生态系统定位观测研究站
39	河北丰宁沙地生态系统定位观测研究站
40	山西太行山森林生态系统定位观测研究站
41	内蒙古大兴安岭森林生态系统定位观测研究站
42	内蒙古大青山森林生态系统定位观测研究站
43	内蒙古赛罕乌拉森林生态系统定位观测研究站
44	内蒙古鄂尔多斯森林生态系统定位观测研究站
45	内蒙古特金罕山森林生态系统定位观测研究站
46	内蒙古乌梁素海湿地生态系统定位观测研究站
47	内蒙古呼伦贝尔沙地生态系统定位观测研究站
48	内蒙古阿拉善荒漠生态系统定位观测研究站
49	内蒙古浑善达克多伦沙地生态系统定位观测研究站
50	内蒙古达拉特荒漠生态系统定位观测研究站
51	辽宁冰砬山森林生态系统定位观测研究站
52	辽宁白石砬子森林生态系统定位观测研究站
53	辽宁辽东半岛森林生态系统定位观测研究站
54	辽宁辽河平原森林生态系统定位观测研究站
55	辽宁章古台荒漠生态系统定位观测研究站
56	吉林松江源森林生态系统定位观测研究站
57	吉林莫莫格湿地生态系统定位观测研究站
58	吉林查干湖湿地生态系统定位观测研究站
59	黑龙江扎龙湿地生态系统定位观测研究站
60	江苏盐城滨海湿地生态系统定位观测研究站
61	江苏太湖流域湿地生态系统定位观测研究站
62	浙江天目山森林生态系统定位观测研究站
63	浙江凤阳山森林生态系统定位观测研究站
64	浙江西溪湿地生态系统定位观测研究站位
65	安徽黄山森林生态系统定位观测研究站
66	安徽大别山森林生态系统定位观测研究站
67	福建武夷山森林生态系统定位观测研究站
68	福建泉州湾红树林湿地生态系统定位观测研究站
69	江西鄱阳湖湿地生态系统定位观测研究站
70	山东黄河三角洲森林生态系统定位观测研究站
71	山东泰山森林生态系统定位观测研究站
72	山东青岛森林生态系统定位观测研究站
73	河南鸡公山森林生态系统定位观测研究站
74	河南黄淮海农田防护林生态系统定位观测研究站
75	河南禹州森林生态系统定位观测研究站
76	河南原阳黄河故道沙地生态系统定位观测研究站
77	湖北神农架森林生态系统定位观测研究站
78	湖北洪湖湿地生态系统定位观测研究站
79	湖南洞庭湖湿地生态系统定位观测研究站
80	广东沿海防护林森林生态系统定位观测研究站
81	广东南岭森林生态系统定位观测研究站
82	广东东江源森林生态系统定位观测研究站
83	广西大瑶山森林生态系统定位观测研究站
84	广西漓江源森林生态系统定位观测研究站
85	广西友谊关森林生态系统定位观测研究站
86	广西北海湿地生态系统定位观测研究站
87	海南文昌森林生态系统定位观测研究站
88	重庆武陵山森林生态系统定位观测研究站
89	重庆三峡湿地生态系统定位观测研究站
90	四川卧龙森林生态系统定位观测研究站
91	四川峨眉山森林生态系统定位观测研究站
92	贵州喀斯特森林生态系统定位观测研究站
93	云南高黎贡山森林生态系统定位观测研究站
94	云南滇中高原森林生态系统定位观测研究站
95	西藏林芝森林生态系统定位观测研究站
96	陕西榆林荒漠生态系统定位观测研究站
97	陕西黄龙山森林生态系统定位观测研究站
98	甘肃祁连山森林生态系统定位观测研究站
99	甘肃兴隆山森林生态系统定位观测研究站
100	甘肃白龙江森林生态系统定位观测研究站
101	甘肃敦煌西湖湿地生态系统定位观测研究站
102	甘肃临泽荒漠生态系统定位观测研究站
103	甘肃黑河流域中游湿地生态系统定位观测研究站
104	甘肃小陇山森林生态系统定位观测研究站
105	宁夏贺兰山森林生态系统定位观测研究站
106	新疆天山森林生态系统定位观测研究站
107	新疆阿尔泰山森林生态系统定位观测研究站
108	新疆塔里木河流域胡杨林生态系统定位观测研究站
109	新疆精河荒漠生态系统定位观测研究站
110	黑龙江雪乡森林生态系统定位观测研究站
111	黑龙江牡丹江森林生态系统定位观测研究站
112	黑龙江小兴安岭森林生态系统定位观测研究站
113	黑龙江嫩江源森林生态系统定位观测研究站

(科技司计划处)

林业科技成果

【成果统计与奖励】 国家科技支撑项目“油茶产业升级关键技术研究与示范”顺利通过验收，建立高产品种和高效栽培示范基地105个，营建采穗圃23个，油茶繁育基地12个，建立油茶精深加工、副产物利用等中试生产线10条。42项林业公益性行业专项项目通过验收，认定成果40项；75项“948”项目通过验收，认定成果61项；7项局重点项目通过验收，认定成果7项。2012年共登记林业科技成果共474项，其中，软科学类2项，基础理论类20项，应用技术类452项。“天然林保护与生态恢复技术”“林木育苗新技术”“木塑复合材料挤出成型制造技术及应用”“竹木复合结构理论的创新与应用”“超低甲醛释放农林剩余物人造板制造关键技术与应用”5项成果获国家科技进步二等奖。

2012年获国家科学技术奖的林业项目

项目名称	主要完成人	主要完成单位	奖　项
与森林资源调查相结合的森林生物量测算技术	唐守正、张会儒、曾伟生、李海奎、胥辉、雷渊才、贺东北、徐济德、王琫瑜、陈永富	中国林业科学研究院资源信息研究所、国家林业局中南林业调查规划设计院	国家科技进步二等奖
天然林保护与生态恢复技术	刘世荣、臧润国、代力民、陆元昌、刘兴良、孟广涛、史作民、沈海龙、谭学仁、蔡道雄	中国林业科学研究院森林生态环境与保护研究所、中国科学院沈阳应用生态研究所、中国林业科学研究院资源信息研究所、四川省林业科学研究院、云南省林业科学院、东北林业大学、辽宁省森林经营研究所	国家科技进步二等奖
林木育苗新技术	张建国、许洋、王军辉、张俊佩、裴东、许传森、谢耀坚、袁冬明、徐虎智、毛向红	中国林业科学研究院林业研究所、国家林业局桉树研究开发中心、浙江宁波鄞州区林业技术管理服务站、河北省林业科学研究院	国家科技进步二等奖
木塑复合材料挤出成型制造技术及应用	王清文、秦特夫、李大纲、刘嘉、李坚、王伟宏、宋永明、许民、郭垂根、谢延军	东北林业大学、中国林业科学研究院木材工业研究所、南京林业大学、中国资源综合利用协会、南京赛旺科技发展有限公司、湖北普辉塑料科技发展有限公司、青岛华盛高新科技发展有限公司	国家科技进步二等奖
竹木复合结构理论的创新与应用	张齐生、陶仁中、孙丰文、刘金蕾、蒋身学、费本华、吴植泉、朱一辛、许斌、关明杰	南京林业大学、新会中集木业有限公司、国际竹藤中心、南通新洋环保板业有限公司、湖南中集竹木业发展有限公司、嘉善新华昌木业有限公司、诸暨市光裕竹业有限公司	国家科技进步二等奖
超低甲醛释放农林剩余物人造板制造关键技术与应用	时君友、顾继友、郭西强、李成元、朱丽滨、陈召应、张士成、郭立志、安秉华、南明寿	北华大学、吉林辰龙生物质材料有限责任公司、吉林森林工业股份有限公司、湖北福汉木业有限公司、敦化市亚联机械制造有限公司、东北林业大学	国家科技进步二等奖

（科技司综合处）

林业科技推广

【中央财政林业科技推广示范资金专项】 按照国家财政预算的有关要求，2012年中央财政林业科技推广示范资金4.0亿元，共支持385个项目。其中，跨区域重点推广示范项目89项，资金1.0亿元，推广成果涉及木本粮油树种丰产栽培；林下种植、养殖及林农复合经营；森林经营等技术。其他推广示范项目250项，资金2.5亿元，推广成果涉及林木优良品种及繁育；困难立地植被恢复；森林资源培育及林业信息化管理；特色经济林(花卉)品种繁育及丰产栽培；林特资源开发及高效利用；林业生物质能源树种培育及林业剩余物加工利用；重大林业有害生物防治及森林防火等技术，共在全国30个省(区、市)实施。 (科技司推广处)

【林业科技成果国家级推广项目】 2012年林业科技成果国家级推广项目资金1653万元，共组织实施推广项目73项。项目主要涉及木本粮油等优良经济林品种繁育及丰产栽培、优良生态树种及生态环境建设、森林抚育经营、林业生物质能源、林特资源开发及高效利用、木材加工利用、重大森林病虫害防治及森林防火等技术。

国家林业局2012年度林业科技成果国家级推广项目表

项目名称	承担单位
困难立地机械化集雨植被恢复技术示范与推广	国家林业局调查规划设计院
灰斑古毒蛾综合控制技术推广	国家林业局森林病虫害防治总站
森林火灾扑救指挥管理系统推广示范	南京森林警察学院
集成化林火动态监测与精确定位技术示范与推广	南京森林警察学院
祁连山中、低山地低密度、高效水源涵养林营建技术推广示范	中国林科院荒漠所
若尔盖高寒沙地植被恢复技术推广应用	中国林科院荒漠所
核桃优良品种无性繁殖技术推广与示范	中国林科院林业研究所
微生物肥料在油茶育苗及造林中的推广应用	中国林科院林业研究所
基于空间结构优化的森林经营技术推广	中国林科院林业研究所
蓝变木材热处理改性技术产业化示范	中国林科院木材工业研究所
人造板甲醛释放量快速检测技术的应用与推广	中国林科院木材工业研究所
木纤维/麻纤维/合成纤维三元复合材料推广应用	中国林科院木材工业研究所
树莓栽培科学区划及优良品种推广	中国林科院森林生态环境与保护研究所
潜在植被恢复技术在自然保护区功能区划中的推广应用	中国林科院森林生态环境与保护研究所
双条杉天牛化学信息素引诱技术林间应用推广示范	中国林科院森林生态环境与保护研究所
中国红树林资源动态监测技术与应用	中国林科院资源信息研究所
桉树速生丰产林生产经营过程智能决策支持系统技术推广	中国林科院资源信息研究所
油橄榄叶抗氧化剂的加工技术及其功能产品产业化推广	中国林科院林产化学工业研究所
杨木纤维基可降解高分子材料制备技术示范	中国林科院林产化学工业研究所
薄壳山核桃高产良种推广	中国林科院亚热带林业研究所
油茶高产新品种高效栽培技术示范推广	中国林科院亚热带林业研究所
大规格茶花快速培育技术示范	中国林科院亚热带林业研究所
南方矿山废弃地植被恢复技术推广与示范	中国林科院亚热带林业研究所
单叶省藤和黄藤高效培育技术推广	中国林科院热带林业研究所
桉树速丰林地力维持与可持续经营技术推广示范	中国林科院热带林业研究所
澳大利亚肯氏南洋杉良种高效栽培	中国林科院热带林业研究所
药用石斛繁育与栽培关键技术推广示范	中国林科院资源昆虫研究所
塔拉生态经济林高效栽培示范与推广	中国林科院资源昆虫研究所
构树优良种质及短周期培育技术示范推广	中国林科院资源昆虫研究所
华南岩溶地区生态经济型高效经营模式集成推广	中国林科院热带林业实验中心
干旱区节水型绿洲防护体系示范区建设	中国林科院沙漠林业实验中心
无刺皂荚新品种及产业化高效栽培技术推广	国家林业局泡桐研究开发中心
桉树皮轻型有机基质加工技术推广	国家林业局桉树研究中心
竹材原态弧形重组技术产业化推广与示范	国家林业局北京林业机械研究所
棕榈藤采割新技术推广与示范	国家林业局北京林业机械研究所
竹资源遥感监测及信息化管理技术示范推广	国际竹藤网络中心
环保型竹材天然防护剂的制备关键技术推广	国际竹藤网络中心
寒地黑木耳新品种“兴安1号”推广	大兴安岭林业集团公司
农林废弃物生产花木栽培基质技术推广与示范	北京林业大学
山西西部黄土高原生态经济园林景观型植被建设技术推广与示范	北京林业大学
黄土半干旱区节水抗旱造林技术推广与示范	北京林业大学
三峡库区低山丘陵区水土保持型植物群落建设技术	北京林业大学
数字林业综合软件技术与应用	东北林业大学
基于WebGIS森林资源监测技术推广示范	东北林业大学
退化草牧场防护林营造与植被恢复技术推广	东北林业大学
黑龙江省重度盐碱地生态治理与植被恢复技术研究	东北林业大学

项目名称	承担单位
林业生物质就地深加工木颗粒技术推广	东北林业大学
落叶松人工林优质无节大径材定向培育技术推广示范	东北林业大学
油茶专用生物有机肥与土壤质量维护技术集成示范推广	南京林业大学
杂交鹅掌楸细胞工程种苗工程化繁育及其推广应用	南京林业大学
南方地区高产、高效杨树人工林定向培育技术体系的推广与应用	南京林业大学
稳态燃烧烟雾机及病虫害防治技术推广	南京林业大学
环境友好型秸秆板家具制造技术推广	南京林业大学
基于重组中性纤维素酶的绿色生物脱墨技术的应用推广	南京林业大学
人造板甲醛释放量抽吸法测定方法及其装置的推广	南京林业大学
高强度高耐磨杨木混凝土模板制造技术推广	南京林业大学
油茶林健康经营关键技术示范推广	中南林业科技大学
林下特色药用植物缬草快速繁殖与产业化示范	中南林业科技大学
低丘红壤地区毛竹低质低产林复壮技术推广与示范	中南林业科技大学
环保型松木脱脂保色技术示范推广	中南林业科技大学
湘江流域山丘红壤重金属污染区森林植被恢复技术推广	中南林业科技大学
不霉不蛀黑竹制造关键技术推广应用	中南林业科技大学
汽车内饰件用竹纤维制造技术应用示范	中南林业科技大学
困难地栾树定向培育技术推广	中南林业科技大学
solo系列番木瓜优质高效栽培技术推广	西南林业大学
大型丛生竹优良材用品种高效培育示范推广	西南林业大学
料慈竹林高效培育技术推广示范	西南林业大学
秦巴山区枇杷栽培技术推广	西北农林科技大学
“陕北长枣”良种推广	西北农林科技大学
核桃低产低效林改造及增长栽培技术示范与推广	西北农林科技大学
秦岭冷杉天然种群恢复与人工林建设技术推广与示范	西北农林科技大学
抗旱耐寒花椒良种高效栽培技术示范与推广	西北农林科技大学
仁用杏花果防冻剂示范与推广	西北农林科技大学

（科技司推广处）

【农业科技成果转化】 根据科技部、财政部《关于2012年度农业科技成果转化资金项目立项的通知》，国家林业局组织推荐了2012年度农业科技成果转化资金项目共26项，科技部批复立项20项，国拨经费1200万元。项目主要由中国林科院、国际竹藤网络中心等直属科研单位承担。

2012年度农业科技成果转化资金项目

项目名称	承担单位
渤丰杨优良品种成果转化及生产示范	中国林科院林业研究所
银杏叶热敏性活性物减压超声提取和低温喷雾成型产业化技术	中国林科院林产化学工业研究所
新型生物炭肥料的推广应用及产业化	国家林业局竹子研究开发中心
低成本三元共聚环保型木材胶制备技术开发	中国林科院林产化学工业研究所
“无核1号”豆柿良种中试及丰产栽培技术示范	国家林业局泡桐研究开发中心
竹加工剩余物液化及其在聚氨酯泡绵中的产业化应用	中国林科院亚热带林业研究所
高效红树林PGPB菌剂的中试及其应用示范	中国林科院热带林业研究所
变压吸附精制氢气活性炭加工关键技术开发	中国林科院林产化学工业研究所
金沙江流域退耕还林高效林药模式及技术成果转化	中国林科院资源昆虫研究所
全冠景观茶花高效培育技术	中国林科院亚热带林业研究所
辣木优良品种制种与栽培技术示范	中国林科院资源昆虫研究所
少球悬铃木新品种及高效栽培技术中试与示范	国家林业局泡桐研究开发中心
水泥模板用竹基纤维复合材料产业化推广与应用	中国林科院木材工业研究所
一次性压贴热塑性树脂实木复合地板制造技术	中国林科院木材工业研究所
网袋容器育苗技术推广与示范	中国林科院林业研究所
“华仲1号”杜仲良种及快繁技术示范	国家林业局泡桐研究开发中心
纳米氧化物改性聚丙烯酸酯水性家具涂料开发	中国林科院木材工业研究所
茶油品质控制及精品茶油研发技术应用示范	中国林科院亚热带林业研究所
胶合木用竹木复合连接件的制造与示范	国际竹藤中心
竹杉集成材构件的制造与示范	国际竹藤中心

（科技司推广处）

【构建林业科技成果转化平台】 为加强林业工程(技术)研究中心的管理，国家林业局科技司组织中国林业科学研究院、国际竹藤中心、中南林业科技大学、西南林业大学、江西省林科院以及湖南林科院等相关人员召开了国家林业局工程技术研究中心建设座谈会；组织有关专家编制了《国家林业局工程技术研究中心发展规划》(2012～2020)初稿；完成了国家林业局特色森林资源工程技术研究中心、国家林业局林业装备工程技术研究中心、国家林业局桉树培育工程技术研究中心、国家林业局热带珍贵树种培育工程技术研究中心、国家林业局西南核桃工程技术研究中心、国家林业局西南风景园林工程技术研究中心、国家林业局能源林研究中心(合肥)等7个局级工程技术研究中心的认定和批复工作。继续开展林业生物产业基地认定工作，批复了陕西韩城国家花椒生物产业基地；组织召开云南大姚国家核桃生物产业基地评审会。 (科技司推广处)

【开展编制《全国林业科技推广体系建设规划》】 为加快推进全国林业科技推广体系建设，满足新时期林业建设和发展的科技需求，2012年3月上中旬，由国家林业局科技司，国家林业局规划院，浙江、湖南和陕西省林业科技推广总站等5个单位组成调研组，对浙江、湖南和陕西省开展相关调研工作，并编制了《全国林业科技推广体系建设规划》(2011～2020年)。

(科技司推广处)

【全面推进科技特派员制度】 为深入贯彻落实中央一号文件精神，进一步加强部门联合推动机制，国家林业局科技司在2012年加强组织领导、创新选派模式、强化扶持推动，推进全国林业科技特派员科技创业行动深入开展，取得了良好效果。2012年共组织各省(区、市)林业厅(局)选派3177多名林业科技特派员进行科技特派员科技创业行动，促进了一大批林业科技成果的推广应用，提高了行业科技进步水平和林农科技素质，为深化集体林权制度改革、推动林业全面发展和带动林农增收致富发挥了重要作用。 (科技司推广处)

【加强林业科技推广项目管理】 加强对各类到期计划项目的监理、验收或查定。2012年6月10日，国家林业局科技司下发了《国家林业局科技司关于做好国家林业科技推广计划项目现场查定和验收准备工作的通知》(科推字〔2012〕32号)，并组织专家对2012年到期的中央财政林业科技推广示范资金跨区域重点推广示范项目和林业科技成果国家级推广项目进行现场查定和验收。同时，加强对农业科技成果转化资金项目的监理和验收。2012年对2010年和2011年批复立项的36个农业科技成果转化资金项目进行了监理，组织专家对所有监理项目实施地进行了现场检查。11月，组织有关专家对纳入2012年验收计划的20个项目进行了现场检查和集中验收，20个项目全部通过专家验收。

(科技司推广处)

【强化项目绩效评价工作】 为了规范和管理中央财政林业科技推广示范资金项目管理，加强绩效评价的监督。国家林业局科技司对各省上报的2011年中央财政林业科技推广示范资金省级管理工作绩效自评报告及相关材料进行了全面初审，并由财政部农业司、国家林业局科技司组成检查组，分别到四川、重庆、江西、山东、甘肃、浙江、海南、辽宁、河北、湖北等10个重点省(区、市)检查并调研省级管理工作绩效评价情况，督导各地进一步加强项目管理。通过开展中央财政林业推广示范资金项目省级管理工作绩效评价工作，有效推动了林业科技推广示范资金项目的科学实施，切实促进了财政资金使用效益的充分发挥。 (科技司推广处)

【积极参与《农业技术推广法》审定工作】 2012年，国家林业局科技司参加了全国人大常委会组织召开的《农业技术推广法(修订草案)》审定会议，积极提供林业科技推广工作的相关材料，使其为进一步强化林业科技推广工作和推广体系建设提供法律保障。

(科技司推广处)

林业标准化工作

【林业国家标准】 经国家质量监督检验检疫总局、中国国家标准化管理委员会批准，2012年发布林业国家标准33项。

2012年发布的林业国家标准目录

序号	标准编号	标准名称	代替标准号
1	GB/T 14176-2012	林业机械 以汽油机为动力的便携式割灌机和割草机	GB/T 14176-2003 GB/T 14177-2003
2	GB/T 18961-2012	林业机械 便携式割灌机和割草机 词汇	GB/T 18961-2003
3	GB/T 20456-2012	林业机械 便携式油锯 被动式锯链制动器性能要求及测试方法	GB/T 20456-2008
4	GB/T 18960-2012	林业机械 便携式油锯 词汇	GB/T 18960-2003
5	GB/T 19387-2012	便携式油锯 锯链制动器性能测试方法	GB/T 19387-2008
6	GB/T 19365-2012	林业机械 移动式和自行式林业机械 术语、定义和分类	GB/T 19365-2003

序号	标准编号	标准名称	代替标准号
7	GB/T 20448. 1-2012	自行式林业机械 滚翻保护结构实验室试验和性能要求 第1部分：通用机械	GB/T 20448-2006
8	GB/T 28682-2012	杜鹃盆花产品质量等级	
9	GB/T 28680-2012	八仙花切花产品等级	
10	GB/T 28669-2012	燃料用竹炭	
11	GB/T 28685-2012	洋桔梗切花产品等级	
12	GB/T 28681-2012	百合、马蹄莲、唐菖蒲种球采后处理技术规程	
13	GB/T 28683-2012	蝴蝶兰栽培技术规程	
14	GB/T 28684-2012	蝴蝶兰种苗质量等级	
15	GB/T 28951-2012	中国森林认证 森林经营	
16	GB/T 28952-2012	中国森林认证 产销监管链	
17	GB/T 28987-2012	结构用规格材特征值的测试方法	
18	GB/T 28986-2012	结构用木质复合材产品力学性能评定	
19	GB/T 28985-2012	建筑结构用木工字梁	
20	GB/T 6491-2012	锯材干燥质量	GB/T 6491-1999
21	GB/T 28989-2012	富贵竹生产技术规程	
22	GB/T 28996-2012	涂装水泥刨花板	
23	GB/T 28993-2012	结构用锯材力学性能测试方法	
24	GB/T 28997-2012	舞台用木质地板	
25	GB/T 28992-2012	热处理实木地板	
26	GB/T 28995-2012	人造板饰面专用纸	
27	GB/T 28991-2012	油茶良种选育技术	
28	GB/T 28999-2012	重组装饰单板	
29	GB/T 29000-2012	单板干燥节能技术规范	
30	GB/T 28988-2012	花卉主要刺吸式害虫检测规程	
31	GB/T 28990-2012	古建筑木构件内部腐朽与弹性模量应力波无损检测规程	
32	GB/T 28998-2012	重组装饰材	
33	GB/T 28994-2012	木质楼梯	

（科技司标准处）

【林业行业标准】 经国家林业局批准，2012年发布林业行业标准103项。

2012年发布林业行业标准目录

序号	标准编号	标准名称	代替标准号
1	LY/T 2004-2012	国家森林城市评价指标	
2	LY/T 2005-2012	国家级森林公园总体规划规范	
3	LY/T 2006-2012	荒漠生态系统服务评估规范	
4	LY/T 2007-2012	森林经营方案编制与实施规范	
5	LY/T 2008-2012	简明森林经营方案编制技术规程	
6	LY/T2009-2012	县级林地保护利用规划制图规范	
7	LY/T2010-2012	自然保护区生态旅游设施建设通则	
8	LY/T2011-2012	林业主要有害生物调查总则	
9	LY/T2012-2012	林种分类	
10	LY/T2013-2012	森林可燃物的测定	
11	LY/T2014-2012	森林火灾名称命名方法	
12	LY/T2015-2012	大熊猫饲养管理技术规程	
13	LY/T2016-2012	陆生野生动物廊道设计技术规程	
14	LY/T2017-2012	养鹿场良好管理规范	
15	LY/T2018-2012	野生动物饲养管理技术规程 食蟹猴	
16	LY/T2019-2012	林业科技期刊编排规范	

序号	标准编号	标准名称	代替标准号
17	LY/T2020-2012	林业科学技术研究课题档案数字化管理规范	
18	LY/T2021-2012	基于TM遥感影像的湿地资源监测方法	
19	LY/T2022-2012	应施检疫的林业植物产品代码	
20	LY/T2023-2012	枣实蝇检疫技术规程	
21	LY/T2024-2012	轻型直升机喷洒防治林业有害生物技术规程	
22	LY/T2025-2012	红脂大小蠹防治技术规程	
23	LY/T2026-2012	应用寄生蜂防治松突圆蚧技术规程	
24	LY/T2027-2012	紫茎泽兰防控规程	
25	LY/T2028-2012	西南山地退化天然林恢复规程	
26	LY/T2029-2012	北方引水灌溉区冬贮苗等水造林技术规程	
27	LY/T2030-2012	落叶收集法快速测定落叶天然林叶面积指数的技术规程	
28	LY/T2031-2012	麻疯树嫁接技术规程	
29	LY/T2032-2012	麻疯树优树选择技术规程	
30	LY/T2033-2012	油茶籽	
31	LY/T2034-2012	油茶果采后处理技术规程	
32	LY/T2035-2012	杏李生产技术规程	
33	LY/T2036-2012	油橄榄栽培技术规程	
34	LY/T2037-2012	木荷培育技术规程	
35	LY/T2038-2012	橄榄丰产栽培技术规程	
36	LY/T2039-2012	黎蒴培育技术规程	
37	LY/T2040-2012	北方杏鲍菇栽培技术规程	
38	LY/T2041-2012	黄藤和单叶省藤组培快繁技术规程	
39	LY/T2042-2012	九叶青花椒丰产栽培技术规程	
40	LY/T2043-2012	寿竹笋用林栽培技术规程	
41	LY/T2044-2012	葛根栽培技术规程	
42	LY/T2045-2012	黄皮树栽培技术规程	
43	LY/T2046-2012	海州常山苗木繁育技术规程	
44	LY/T2047-2012	悬铃木育苗技术规程	
45	LY/T2048-2012	葎叶蛇葡萄育苗技术规程	
46	LY/T2049-2012	华中五味子栽培技术规程	
47	LY/T2050-2012	柳树薪炭林栽培技术规程	
48	LY/T2051-2012	半干旱地区樟子松塑料容器苗培育及造林技术规程	
49	LY/T2052-2012	棕榈藤藤材缺陷	
50	LY/T2053-2012	木材的近红外光谱定性分析方法	
51	LY/T1284-2012	木材防腐剂对软腐菌毒性实验室试验方法	LY/T1284-1998
52	LY/T2054-2012	锯材机械加工性能评价方法	
53	LY/T2055-2012	木镜	
54	LY/T2056-2012	木粉腻子	
55	LY/T2057-2012	室内装修用木方	
56	LY/T2058-2012	实木地板坯料	
57	LY/T2059-2012	木结构用钢钉	
58	LY/T1068-2012	锯材窑干工艺规程	LY/T1068-2002
59	LY/T1069-2012	锯材气干工艺规程	LY/T1069-2002
60	LY/T1156-2012	木板皮	LY/T1156-1994
61	LY/T1200-2012	机台木	LY1200-1997
62	LY/T1294-2012	直接用原木　电杆	LY/T1294-1999
63	LY/T1295-2012	铁路货车锯材	LY/T1295-1999
64	LY/T1296-2012	载重汽车锯材	LY/T1296-1999
65	LY/T1352-2012	毛边锯材	LY/T1352-1999
66	LY/T1513-2012	乐器锯材　钢琴锯材	LY/T1513-1999

序号	标准编号	标准名称	代替标准号
67	LY/T1002-2012	车立柱	LY/T1002-1991
68	LY/T2060-2012	室外用模压刨花制品	
69	LY/T2061-2012	木质模压工业托盘	
70	LY/T1115-2012	乒乓球拍用胶合板	LY/T1115-1993
71	LY/T2062-2012	防虫胶合板	
72	LY/T2063-2012	萱草种苗生产技术规程	
73	LY/T2064-2012	安祖花盆花生产技术规程	
74	LY/T2065-2012	百合种球生产技术规程	
75	LY/T2066-2012	香石竹鲜切花设施栽培技术规程	
76	LY/T2067-2012	紫花地丁种子生产技术规程	
77	LY/T2068-2012	桔梗种子生产技术规程	
78	LY/T2069-2012	狼尾草属观赏植物育苗技术规程	
79	LY/T1531-2012	东北、内蒙古国有林区林业企业能量平衡测试通则	LY/T1531-1999
80	LY/T2070-2012	没食子酸生产综合能耗	
81	LY/T2071-2012	细木工板生产综合能耗	
82	LY/T2072-2012	木材干燥生产综合能耗	
83	LY/T2073-2012	浸渍纸层压木质地板生产综合能耗	
84	LY/T1286-2012	刨花干燥机节能监测方法	LY/T1286-1998
85	LY/T2074-2012	竹材胶合板生产综合能耗	
86	LY/T1287-2012	人造板热压机节能监测方法	LY/T1287-1998
87	LY/T1529-2012	胶合板生产综合能耗	LY/T1529-1999
88	LY/T1324-2012	余甘子类树皮	LY/T1324-1999
89	LY/T2075-2012	紫胶蜡	
90	LY/T1064-2012	异长叶烯	LY/T1064-1992
91	LY/T1325-2012	毛杨梅树皮	LY/T1325-1999
92	LY/T1326-2012	橡椀	LY/T1326-1999
93	LY/T2076-2012	手持式森林测高器	
94	LY/T1620-2012	园林机械 旋刀步进式电动草坪割草机	LY/T1620-2004
95	LY/T1518-2012	林业机械 开沟式植树机	LY/T1515 ~ 1518-1999
96	LY/T1056-2012	森林工程　林业架空索道　设计规范	LY/T1056-1991
97	LY/T1133-2012	森林工程 林业架空索道 使用安全规程	LY 1133-1993
98	LY/T2077-2012	电动碎枝机	
99	LY/T2078-2012	林业工厂化育苗软质容器通用苗盘	
100	LY/T2079-2012	园林机械　手扶果岭覆沙机	
101	LY/T2080-2012	园林机械　以汽油机为动力的手持式草坪修边机	
102	LY/T2081-2012	便携式储能灭火水枪	
103	LY/T2082. 1-2012	基于森林生态系统作用的森林工程装备系统设计审核导则　第1部分：总纲	

（科技司标准处）

【林业国家标准计划项目】 经国家标准化管理委员会审查，批准林业国家标准计划项目25项。

2012年度林业国家标准计划项目汇总表

序号	计划编号	项目名称
1	20121517-T-432	细木工板
2	20121516-T-432	增强型胶合木
3	20121515-T-432	木结构胶粘剂胶合性能基本要求
4	20121514-T-432	木结构剪力墙静载和循环侧向载荷试验方法
5	20121513-T-432	锯切薄板
6	20121512-T-432	锯材检验术语
7	20121511-T-432	结构用木质覆面板保温墙体试验方法
8	20121510-T-432	结构用胶合板
9	20121509-T-432	胶合木结构 构件用木质复合层板
10	20121508-T-432	红木
11	20121507-T-432	农业和林业机械及园艺机具 步进控制和手持控制机械 热表面可触及性的测定

序号	计划编号	项目名称
12	20121506-T-432	农林拖拉机和机械、草坪和园艺动力机械　操作者操纵机构和其他显示装置用符号　第4部分：林业机械用符号
13	20121505-T-432	林业机械 锯链防甩射系统　试验方法和性能要求
14	20121504-T-432	紫胶原胶
15	20121503-T-432	紫胶虫种胶
16	20121502-T-432	森林生态系统服务功能评估规范
17	20121501-T-432	森林生态系统定位研究站建设规范
18	20121500-T-432	森林生态系统定位观测指标体系
19	20121499-T-432	森林生态系统长期定位观测方法
20	20121498-T-432	古树名木养护与复壮技术规范
21	20121497-T-432	古树名木评价标准
22	20121496-T-432	阿月浑子(开心果)坚果质量等级
23	20120648-T-432	笋干
24	20120647-T-432	生物质原料分析方法 多糖及木质素的测定
25	20120646-T-432	生物质原料分析方法 抽提物的测定

（科技司标准处）

【林业行业标准计划项目】　2012年，国家林业局批准林业行业标准制修订计划项目201项。

2012年度林业行业标准计划项目汇总表

序号	计划编号	项目名称
1	2012-LY-001	碳汇造林技术规程
2	2012-LY-002	造林项目碳汇计量监测指南
3	2012-LY-003	国家植物园评定规范
4	2012-LY-004	野生植物回归自然实验规范
5	2012-LY-005	林业信息系统安全评估准则
6	2012-LY-006	林业数据库更新管理规范
7	2012-LY-007	林业信息数据字典编制规范
8	2012-LY-008	森林资源数据库建设技术规范
9	2012-LY-009	森林资源管理信息系统应用导则
10	2012-LY-010	武夷山区森林经营技术规程
11	2012-LY-011	国家森林资源连续清查固定样地标准
12	2012-LY-012	油茶抚育技术规程
13	2012-LY-013	林木种子检验仪器技术条件
14	2012-LY-014	主要针叶造林树种种子园营建技术
15	2012-LY-015	容器育苗技术规程
16	2012-LY-016	主要针叶造林树种优树子代遗传测定技术规程
17	2012-LY-017	珍贵稀有濒危动物
18	2012-LY-018	植物新品种特异性、一致性、稳定性测试指南　梓树属
19	2012-LY-019	植物新品种特异性、一致性、稳定性测试指南　油茶
20	2012-LY-020	植物新品种特异性、一致性、稳定性测试指南　沙棘
21	2012-LY-021	植物新品种特异性、一致性、稳定性测试指南　松属
22	2012-LY-022	植物新品种特异性、一致性、稳定性测试指南　桦木属
23	2012-LY-023	植物新品种特异性、一致性、稳定性测试指南　红花檵木
24	2012-LY-024	植物新品种特异性、一致性、稳定性测试指南　忍冬属
25	2012-LY-025	火力楠培育技术规程
26	2012-LY-026	高效氯氰菊酯微囊悬浮剂安全使用技术规程
27	2012-LY-027	花木展览会检疫技术规范
28	2012-LY-028	薇甘菊防治技术规程
29	2012-LY-029	八齿小囊防治技术规程
30	2012-LY-030	生物防火林带经营管护技术规范
31	2012-LY-031	盆栽竹芋生产技术规程
32	2012-LY-032	朱顶红种球质量等级
33	2012-LY-033	中国花木之乡评选指标
34	2012-LY-034	荒漠生态系统远程数据采集与传输技术规程
35	2012-LY-035	荒漠生态站数据管理规范
36	2012-LY-036	金丝楸无性系嫩枝扦插育苗技术规程
37	2012-LY-037	落叶松温室容器育苗技术规程
38	2012-LY-038	平欧杂种榛育苗技术规程
39	2012-LY-039	麻栎炭用林培育技术规程
40	2012-LY-040	森林土壤 氮的测定
41	2012-LY-041	森林土壤 钾的测定
42	2012-LY-042	森林群落结构及生态过程监测规范
43	2012-LY-043	林业重点生态工程效益监测技术规范
44	2012-LY-044	林业重点生态工程效益数据管理规范
45	2012-LY-045	西部半干旱地区灌木林复壮技术规程
46	2012-LY-046	食用林产品产地环境通用要求
47	2012-LY-047	竹笋中重金属含量测定 原子吸收光谱法
48	2012-LY-048	竹笋中农药残留测定 气相色谱法
49	2012-LY-049	薄壳山核桃坚果
50	2012-LY-050	桉树丰产林经营管理技术规程
51	2012-LY-051	茶杆竹栽培技术规程
52	2012-LY-052	蛇皮果栽培技术规程
53	2012-LY-053	西南桦无性系工厂化育苗技术规程
54	2012-LY-054	预油漆装饰板
55	2012-LY-055	纤维刨花板
56	2012-LY-056	人造板工业清洁生产审核指南
57	2012-LY-057	人造板吸音性能测定 小混响室
58	2012-LY-058	木地板用紫外光固化涂料
59	2012-LY-059	木质地板静音性能试验方法
60	2012-LY-060	木质门窗用材规范
61	2012-LY-061	木材和木制品交易规范通则
62	2012-LY-062	木质门安装与验收规范
63	2012-LY-063	拼接实木板
64	2012-LY-064	木结构建筑墙用木挂板

序号	计划编号	项目名称
65	2012-LY-065	结构用指接材胶粘剂评价测试方法
66	2012-LY-066	结构用木材强度等级
67	2012-LY-067	结构用木材材料术语
68	2012-LY-068	硫酸钙复合活动地板基材
69	2012-LY-069	木材工业用玉米淀粉基胶粘剂
70	2012-LY-070	挤压木塑复合板材
71	2012-LY-071	木质菜板
72	2012-LY-072	木质移动门
73	2012-LY-073	乙酸异龙脑酯
74	2012-LY-074	载硫脱汞专用活性炭
75	2012-LY-075	莰烯
76	2012-LY-076	虫白蜡
77	2012-LY-077	五倍子生产技术规程
78	2012-LY-078	链式刮板运输机
79	2012-LY-079	连续平压热压机
80	2012-LY-080	纵向刨切机
81	2012-LY-081	指榫开榫机
82	2012-LY-082	卡轴旋切机通用技术条件
83	2012-LY-083	鼓式削片机通用技术条件
84	2012-LY-084	光环投影定心机
85	2012-LY-085	旋风分离器
86	2012-LY-086	木门门锁、铰孔槽组合加工机
87	2012-LY-087	林业机械 手扶步进式割灌机
88	2012-LY-088	园林机械 以汽油机为动力步进式草坪用起草皮机
89	2012-LY-089	园林机械 以汽油机为动力背负式高压细水雾灭火机
90	2012-LY-090	林业机械 车载式稳态燃烧烟雾机
91	2012-LY-091	园林机械 步进式电动草坪松土机
92	2012-LY-092	林业机械 苗圃起苗机
93	2012-LY-093	林业机械 阻挡抛射物的操作者防护外壳上使用的玻璃和隔板材料 试验方法和性能要求
94	2012-LY-094	手持便携式林业机械 可再利用性和可回收利用性计算方法
95	2012-LY-095	林木工厂化育苗 育苗穴盘
96	2012-LY-096	森林工程生态系统作用 作业运行审核导则 第1部分：总纲
97	2012-LY-097	森林工程生态系统作用 工程设计审核导则 第4部分：抚育采伐
98	2012-LY-098	竹质工程材料螺栓连接力学性能测试方法
99	2012-LY-099	竹质工程材料胶合强度试验方法
100	2012-LY-100	竹材工程材料通用技术要求
101	2012-LY-101	建筑用防腐竹材
102	2012-LY-102	圆竹物理力学性能试验方法
103	2012-LY-103	竹炭术语及产品分类
104	2012-LY-104	蓝莓干果

序号	计划编号	项目名称
105	2012-LY-105	大兴安岭森林抚育技术规程
106	2012-LY-106	古树名木复壮技术规程
107	2012-LY-107	非洲凤仙生产技术规程
108	2012-LY-108	四季秋海棠生产技术规程
109	2012-LY-109	特色月季栽培技术规程
110	2012-LY-110	绿化地表土保护技术规范
111	2012-LY-111	月季品种DNA指纹鉴定
112	2012-LY-112	花椒生产技术规程和产品质量等级
113	2012-LY-113	柳树品种DNA指纹鉴定
114	2012-LY-114	油松人工林经营技术规程
115	2012-LY-115	枣大球蚧检疫技术规程
116	2012-LY-116	华北地区河溪植被缓冲带建设技术规程
117	2012-LY-117	东北东部山地森林经营技术规程
118	2012-LY-118	毛赤杨育苗技术规程
119	2012-LY-119	蓝靛果忍冬栽培技术规程
120	2012-LY-120	松纵坑切梢小蠹防治技术规程
121	2012-LY-121	小黑杨培育技术规程
122	2012-LY-122	森林火情调度处置规范
123	2012-LY-123	山新杨培育技术规程
124	2012-LY-124	林业有害生物喷雾防治技术规程
125	2012-LY-125	森林食品基地认定技术规程
126	2012-LY-126	家具用竹材胶合板
127	2012-LY-127	竹基生物质成型燃料
128	2012-LY-128	铁皮石斛栽培技术规程
129	2012-LY-129	霍山石斛种苗繁育及栽培技术规程
130	2012-LY-130	杉木组织培养育苗技术规程
131	2012-LY-131	油茶整形修剪技术规程
132	2012-LY-132	切花芍药栽培技术规程
133	2012-LY-133	皂荚育苗技术规程
134	2012-LY-134	双钩异翅长蠹检疫技术规程
135	2012-LY-135	乌桕采穗圃营建技术规程
136	2012-LY-136	油茶无性系芽苗砧嫁接技术规程
137	2012-LY-137	油茶多抗有机肥生产技术规程
138	2012-LY-138	野生雉类救护技术规程
139	2012-LY-139	松材线虫PCR检测技术规程
140	2012-LY-140	桉树枝瘿姬小蜂防控技术规程
141	2012-LY-141	枫香培育技术规程
142	2012-LY-142	西南桦培育技术规程
143	2012-LY-143	长叶烯
144	2012-LY-144	芳樟醇型樟树组培苗生产技术规程
145	2012-LY-145	江南油杉栽培技术规程
146	2012-LY-146	接骨木栽培技术规程
147	2012-LY-147	千头椿栽培技术规程
148	2012-LY-148	林业植物检疫检验实验室建设规范
149	2012-LY-149	圈养大熊猫繁殖技术规程
150	2012-LY-150	山苍子栽培技术规程

序号	计划编号	项目名称
151	2012-LY-151	四川桤木速生丰产林培育技术规程
152	2012-LY-152	腊梅苗木质量等级
153	2012-LY-153	白夹竹栽培技术规程
154	2012-LY-154	双孢菇林下栽培技术规程
155	2012-LY-155	核桃嫁接技术规程
156	2012-LY-156	自然保护区建设项目生物多样性影响评价技术规范
157	2012-LY-157	云南松低效林改造技术规程
158	2012-LY-158	泡核桃培育技术规程
159	2012-LY-159	黄土高原退化小流域生态系统修复技术规程
160	2012-LY-160	黄土丘陵沟壑区水土保持林建设技术规程
161	2012-LY-161	油橄榄采穗圃营建技术规程
162	2012-LY-162	油橄榄高接换优技术规程
163	2012-LY-163	天山云杉培育技术规程
164	2012-LY-164	荒漠河岸植被恢复技术规程
165	2012-LY-165	大青杨培育技术规程
166	2012-LY-166	薇菜生产技术规程
167	2012-LY-167	集成材生产综合能耗
168	2012-LY-168	林区木材生产综合能耗
169	2012-LY-169	森林消防车辆喷涂颜色、标志图案及安装警报器、标志灯具要求
170	2012-LY-170	榛蘑
171	2012-LY-171	银狐饲养技术规程
172	2012-LY-172	马鹿人工授精操作技术规程
173	2012-LY-173	鳄鱼饲养场建设和管理规范
174	2012-LY-174	养熊场建设和管理规范
175	2012-LY-175	民族乐器锯材　柳琴用材
176	2012-LY-176	民族乐器锯材　阮用材
177	2012-LY-177	自然保护区生物多样性保护价值评价技术规程
178	2012-LY-178	梅花切花生产技术规程
179	2012-LY-179	大熊猫栖息地植被恢复技术规程
180	2012-LY-180	红花玉兰繁育技术规程
181	2012-LY-181	森林土壤调查技术规程
182	2012-LY-182	华北山区生态公益林抚育技术规程
183	2012-LY-183	西伯利亚红松育苗技术规程
184	2012-LY-184	白桦温室容器育苗技术规程
185	2012-LY-185	绿头鸭饲养技术规程
186	2012-LY-186	象牙及其制品鉴定技术规范
187	2012-LY-187	水曲柳种子区
188	2012-LY-188	中山杉良种扦插繁殖技术规程
189	2012-LY-189	利用 SSR 标记鉴别油茶品种技术规程
190	2012-LY-190	柠条播种育苗技术规程
191	2012-LY-191	榉树大苗培育技术
192	2012-LY-192	青钱柳播种育苗技术规程
193	2012-LY-193	屋顶绿化景观设计导则
194	2012-LY-194	对孟烷
195	2012-LY-195	过氧化氢蒎烷
196	2012-LY-196	篦子三尖杉栽培技术规程
197	2012-LY-197	南方鲜食枣栽培技术规程
198	2012-LY-198	油茶高接换冠技术规程
199	2012-LY-199	伯乐树培育技术规程
200	2012-LY-200	观光木培育技术规程
201	2012-LY-201	沿江(河)、滨海(湖)沙垄沙地生态系统定位观测指标体系

（科技司标准处）

【全国林业标准化示范区项目】 围绕木本粮油作物发展，在14个油茶种植省区开展了46个油茶标准化生产示范区建设，推动油茶标准实施示范，提高油茶产业发展水平，带动地方经济发展和农民增收。

2012年林业标准化示范区项目汇总表

序号	省区	项目名称	项目承担单位
1	浙江	浙江省常山县油茶良种集成推广标准化示范区建设	常山县林业技术推广中心
2	浙江	浙江省淳安县油茶高效生态栽培技术标准化推广与示范	淳安县营林管理站
3	浙江	浙江省青田县油茶丰产栽培技术标准化示范区建设与推广	青田县林业技术推广站
4	安徽	潜山县油茶标准化示范区建设项目	潜山县林业科技推广中心
5	安徽	舒城县油茶标准化示范区建设项目	舒城县林业科学技术推广中心
6	安徽	金寨县油茶标准化示范区建设项目	金寨县林业技术服务管理中心
7	安徽	徽州区油茶标准化示范区建设项目	徽州区林业科技推广中心
8	安徽	宁国市油茶标准化示范区建设项目	宁国市林业技术推广站
9	福建	福建省油茶标准化示范区建设	福建省林业科学研究院
10	江西	江西省渝水区油茶标准化示范区建设	渝水区林业技术推广站
11	江西	江西省袁州区油茶标准化示范区建设	袁州区油茶技术推广站
12	江西	江西省昌江区油茶标准化示范区建设	国营景德镇市昌江区林场
13	江西	江西省东乡县油茶标准化示范区建设	东乡县林业科学研究所
14	江西	江西省兴国县油茶标准化示范区建设	兴国县林业技术推广站
15	河南	光山县油茶标准化示范区建设	光山县林业科学研究所
16	湖北	阳新县油茶标准化示范区建设	湖北省林业科技推广中心

序号	省区	项目名称	项目承担单位
17	湖北	京山县油茶标准化示范区建设	湖北生态工程职业技术学院
18	湖北	通城油茶标准化示范区建设	湖北省林木种苗管理总站
19	湖北	嘉鱼县油茶标准化示范区建设	湖北省林木种苗管理总站、咸宁市推广中心、咸宁市国有林场管理处
20	湖南	道县油茶标准化示范区建设	湖南科技学院
21	湖南	湘潭县油茶标准化示范区建设	湖南省林业科学院
22	湖南	桃源县油茶标准化示范区建设	湖南省林业科学院
23	湖南	常宁市油茶标准化示范区建设	湖南省林业科学院
24	湖南	岳阳市经济开发区油茶标准化示范区建设	湖南省林业科学院
25	广东	广东省五华县油茶标准化示范区	五华县林业技术推广站
26	广东	广东省高州市油茶标准化示范区	茂名市林业科学研究所
27	广东	广东省乳源县油茶标准化示范区	韶关市林业科学研究所
28	广东	广东省龙门县油茶标准化示范区	惠州市林业科学研究所
29	广东	广东省罗定市油茶标准化示范区	云浮市林业科学研究所
30	广西	广西巴马县油茶造标准化示范区建设	广西壮族自治区林业科学研究院
31	广西	广西岑溪市油茶标准化示范区建设	岑溪市林业技术推广站
32	广西	广西八步区油茶标准化示范区建设	广西壮族自治区林业科学研究院
33	广西	广西灌阳县油茶示范区建设	桂林市林业科学研究所
34	广西	广西田林县油茶标准化示范区建设	田林县林业科技推广站
35	重庆	重庆市梁平县油茶标准化示范区建设项目	重庆市梁平县林木种苗和林业科技站
36	四川	容县油茶标准化示范区建设	容县林业科技推广中心
37	贵州	贵州省天柱县油茶标准化示范区建设	天柱县林业科技推广站
38	贵州	贵州省玉屏县油茶标准化示范区建设	玉屏侗族自治县营林项目推广站
39	贵州	贵州省黎平县油茶标准化示范区建设	黎平县林业科技推广站
40	贵州	贵州省册亨县油茶标准化示范区建设	册亨县林业科技推广站
41	贵州	贵州省碧江区油茶标准化示范区建设	铜仁市碧水区林业科技推广站
42	云南	云南省腾冲县油茶标准化示范区建设项目	云南省林业科学院
43	云南	云南省广南县油茶标准化示范区建设项目	云南省林业科学院
44	云南	云南省富宁县油茶标准化示范区建设项目	云南省林业技术推广总站
45	云南	云南省建水县油茶标准化示范区建设项目	红河州林业科学研究所
46	陕西	安康市油茶标准化示范区建设	安康市林业技术推广中心

（科技司标准处）

【《全国林产品质量检验检测机构建设规划（2011～2020）》正式发布】 为适应国民经济发展需要，保障林产品质量安全，促进产业健康发展，规范市场有序竞争，加强全国林产品检验检测体系建设，国家林业局正式印发了《全国林产品质量检验检测体系建设规划（2011～2020）》（简称《规划》）。《规划》明确了全国林产品质量检验检测体系建设的指导思想、基本原则和建设目标，对全国林产品质量检验检测体系建设进行了合理布局，强化了全国林产品质量检验检测机构的能力建设，提出了《规划》实施的保障措施。规划建设国家林业局产品质检中心共91个，省级综合性林产品质量检验检测中心31个。《规划》将成为未来几年内规范中国林产品质量检验检测体系建设的指导性文件。

（科技司标准处）

【国家林业局林产品质量检验检测中心（南宁）】 2012年，根据《行政许可法》和《国家林业局产品质量检验检测机构管理办法》的要求，按照行政许可审批有关规定，国家林业局批准依托广西壮族自治区林业科学研究院成立了国家林业局林产品质量检验检测中心（南宁），授权开展木质林产品质量检验检测工作。

（科技司标准处）

【林产品质量安全监测项目】 2012年，国家林业局开展了林产品质量安全监测项目。在河北、山东、浙江等18个省（区、市）组织开展了共2640批次的核桃、枣、板栗、竹笋、油茶等可食林产品质量安全监测工作，监测了这5类产品的重金属含量、农药残留量等指标。经商质检总局同意，重点对北京、河北、山东、黑龙江、江苏、浙江等18个省（区、市）的425家实木复合地板企业和浸渍胶膜纸饰面人造板企业进行了行业监督抽查，重点监测了这两类产品的甲醛释放量和物理力学性能相关指标。（科技司标准处）

【林业标准化培训班】 2012年5月，国家林业局科技司在贵州省贵阳市举办了全国林业标准编写培训班。来自林业科研、教学、生产、管理等单位的200多人参加了培训。主要结合林业特点，针对林业系统的标准化现状，重点培训了《标准化工作导则　第1部分：标准的结构和编写》（GB/T1.1-2009），同时介绍了林业标准体系情况，如何采用国际标准以及如何编写强制性标准等内容；并对标准项目管理、财政补助经费管理、林业标准化项目绩效评价等内容进行了详细的讲解。其目的在

于进一步提高林业标准编写人员的标准化水平，提高标准的编写质量。（科技司标准处）

【林产品质量检验检测技术培训班】 为进一步加强国家林业局林产品质检机构建设，提高林产品质量检验检测人员业务能力，做好2012年林产品质量检验检测工作，根据《国家林业局办公室关于印发2012年度面向地方林业部门业务培训班计划的通知》（办人字〔2012〕56号）的要求，国家林业局科技司于6月在四川省成都市举办了2012年林产品质量检验检测技术培训班。重点培训了林产品质检机构相关管理规定，食用林产品质量安全检验检测技术，木质林产品抽样和检验检测技术，林产品质检机构能力建设和管理，并探讨了当前林产品质量监管工作现状及设想，交流了各质检机构建设和检验检测技术经验。各质检机构负责人和技术专家60多人参加培训，通过培训提高了质检人员的业务水平，为下一步做好林产品质量监管工作打下基础。

（科技司标准处）

【全国油茶标准化示范区建设现场经验交流会议】 2012年10月，国家林业局科技司在湖南长沙组织召开了全国油茶标准化示范区建设现场经验交流会。会议参观了油茶标准化示范区，交流了林业标准化示范区建设的工作经验，并部署了全国油茶标准化示范区建设工作。油茶标准化示范区建设推动了油茶标准实施，促进了油茶标准化栽植，推动了油茶产业健康快速发展。

（科技司标准处）

【全国森林消防和林业有害生物防治标委会成立】 2012年7月16日，全国森林消防和林业有害生物防治标准化技术委员会在京成立。国家森林防火指挥部副总指挥、国家林业局副局长孙扎根在成立大会上指出，标准全球化已成为世界经济和科技发展大势，标准化水平已成为衡量一个国家科技与经济发展水平的重要标志。森林消防和林业有害生物防治是国家应急管理和减灾工作的重要内容，肩负着保护森林资源、维护国土生态安全的重任。两个标委会的成立，对加强森林消防和林业有害生物防治的标准化与法制化建设，全面提升林业灾害防控能力具有重要意义，并对这两个标委会的工作提出具体要求。国家标准化管理委员会总工程师于欣丽出席会议并讲话，国家森林防火指挥部专职副总指挥杜永胜出席会议。孙扎根和于欣丽为两个标委会委员颁发了证书。

（科技司标准处）

【林产品标准化和质量安全监测管理技术培训团】 经国家外国专家局批准，由国家林业局引进智力办公室派遣，中国"林产品标准化和质量安全监测管理技术培训团"一行14人，于11月28日至12月18日赴美国进行了为期21天的林产品标准化和质量安全监测管理技术培训和实地考察。培训团人员来自全国林业产业、科技、质检、宣传等部门单位的有关管理和科技人员。在美期间，培训团采取专业培训、实地考察和座谈讨论等相结合的方式。这次培训主要集中在洛杉矶、华盛顿和纽约3个城市，考察培训活动内容丰富，涉及美国森林资源概况、林产品种类、林产品质量与标准化以及木材及其制品质量监管与销售体系建设等诸多内容。从林产品生产企业到木材及其制品相关协会，从市场考察到建材超市，从木材加工产品到林纸生产，从学校集中培训到沿途考察，较为全面地了解了美国林产品的现状和未来发展趋势，对林产品质量监管和国内林业企业走出困境均有较好的借鉴作用。（科技司标准处）

【国际标准化工作】 2012年，组团赴美国参加了国际标准化组织林业机械技术委员会（ISO/TC23/SC15）全体成员国年会，赴新西兰参加了国际标准化组织木材技术委员会（ISO/TC89）全体成员国年会，赴瑞士拜访了国际标准化组织（ISO）总部，探讨了中国林业行业实质性参与国际标准化活动，并积极参与相关国际标准研讨论证，不断提高中国林业在国际标准化领域的影响力。

（科技司标准处）

【林业植物新品种保护】 2012年，国家林业局认真落实《植物新品种保护条例》等相关法规，切实加强林业植物新品种工作，积极履行审批职责，强化保护、促进转化，林业植物新品种工作成效显著。

申请与授权 全年受理新品种申请222件，总申请量达到1084件，其中国内申请861件，占总申请量的79%；国外申请223件，占21%。已授权169件，授权总数达到500件，其中国内申请授权数量约占79%；国外申请授权数量约占21%。授权的植物种类中，观赏植物约占67%；林木约占21%。这充分表明，林业植物新品种权的申请和授权数量在大幅增加，林业植物新品种保护事业已经进入快速发展时期。

宣传推介 高度重视宣传推介工作，不断提升林业植物新品种保护意识。一是汇编出版了《中国林业植物授权新品种（2010～2012）》一书，该书将成为品种权人、品种使用人沟通的桥梁，成为新品种转化应用与维权的重要依据。二是举办林业植物新品种宣传推介活动，主要对中国林科院获得的27个杨属和桉属授权新品种，北京林业大学获得的14个林木和20个观赏植物授权新品种，山东省林科院获得的9个林木和3个核桃授权新品种作了重点推介。河北省林科院、浙江省金华市婺城区万盛园艺场分别与河北省鹿泉市龙腾果品种植专业合作社、浙江森禾种业股份有限公司签订了新品种权转让许可合同。三是举行林业植物新品种保护与应用交流研讨会，就"中国林木花卉种业发展现状与对策建议""林业植物新品种转化应用现状与对策""强化林业植物新品种创制转化"等相关问题分别进行了研讨和交流。

（王　琦）

【林业生物安全管理】 2012年，国家林业局继续加强生物安全管理，完善制度、加强监测，生物安全管理的各项工作稳步推进。

林业转基因行政许可 2012年共受理"转TPSP和OTSAB基因耐逆草地早熟禾（ST1、ST2、ST3、ST4、ST5）中间试验"等6项林业转基因生物安全行政许可申请，经专家实地查看与审查，作出"国家林业局关于同意转TPSP和OTSAB基因耐逆草地早熟禾（ST1、ST2、ST3、ST4、ST5）中间试验行政许可的决定"等7项行政许可决定。通过林业转基因生物安全行政许可项目的实施，有力地保障了林业生态安全，促进了林业生物技术的发展。

林业转基因生物安全监测 安排"转BADH基因四

倍体刺槐”环境释放和生产性试验安全性监测等8项林业转基因生物安全性监测项目。通过转基因生物安全监测项目的实施，为加强我国林业转基因生物安全管理，获取有关转基因生物安全的第一手数据提供了有利条件，有力地保障我国林业转基因生物安全。3月召开了2008年度监测项目结题汇报会，对2008年的监测项目进行了验收，对监测工作进行了阶段性的总结。

油茶遗传资源调查编目工作 国家林业局启动开展了全国油茶遗传资源调查编目工作，下发《国家林业局关于开展全国油茶遗传资源调查编目工作的通知》(林技发〔2012〕161号)，召开了油茶遗传资源调查编目工作启动暨技术培训会，国家林业局副局长孙扎根出席会议并发表讲话，来自全国17个省(区、市)和中国林科院的120多名代表参加会议。2012年大部分油茶产区都开始了遗传资源的外业调查工作。

中国林木遗传资源国家报告 应联合国粮农组织(FAO)的要求，2012年完成《中国林木遗传资源国家报告》，并按程序上报FAO。经FAO授权，组织有关专家将《国家报告》翻译成英文版本。通过此项工作，对中国林木遗传资源状况有了基本的了解，为进一步加强林木遗传资源的管理奠定了基础。

国际履约工作 科技中心派员参加了在印度召开的《名古屋议定书》政府间委员会第二次会议、《生物安全议定书》第六次缔约方会议和《生物多样性公约》第十一次缔约方会议。通过参加这些会议，使我们及时了解了在生物安全与遗传资源方面国际履约的新动向，为切实维护国家利益做出了努力。 (王　琼)

【林业植物新品种执法】 按照国务院的总体部署，切实加强植物新品种权行政执法工作，有效地打击了侵犯植物新品种权行为。

强化执法 国发〔2011〕37下发后，积极推荐国家林业局打击侵犯知识产权和制售假冒伪劣商品工作领导小组成员，认真研究制定打击侵犯植物新品种权行为实施方案，配合场圃总站完成国家林业局打击制售假劣种苗和保护植物新品种权以及软件正版化工作实施方案。同时，按照局领导“分别安排布置”的要求，结合今年林业知识产权宣传周活动，在4月26日召开的全国林业植物新品种保护与应用交流会上，对打击侵犯植物新品种权工作进行了具体部署，并于5月11日，下发了《国家林业局办公室关于严厉打击侵犯植物新品种权行为的通知》(办技字〔2012〕91号)，要求各级林业主管部门建立健全植物新品种权行政执法体系，加强行政执法队伍建设，加强培训，提高执法人员素质，加大植物新品种权行政执法能力建设，保证行政执法机构正常开展执法工作，加强宣传引导，形成打击侵犯植物新品种权的强大态势。

完善法规 为了进一步规范植物新品种权审批和行政执法行为，组织起草了《植物新品种权行政执法管理办法》，进一步明确程序和责任，规范行政执法行为，提高执法质量。同时，配合场圃总站向国务院法制办提出修改《植物新品种保护条例》中罚则的要求，并提供具体的修改方案，以加大植物新品种权侵权、假冒行为的处罚力度。

健全体系 组织专家开展有关品种测试标准的制定工作，2012年完成并发布了6项植物新品种测试林业行业标准。同时启动了月季品种DNA图谱数据库构建工作，已对700多个月季品种进行采样，开始DNA图谱测试。此数据库完成后，将对我国月季品种的侵权取证提供有力的支撑。

加强宣传 为了进一步提高全社会植物新品种权保护意识，营造打击侵犯植物新品种权的强大氛围，采取多种形式加强宣传，召开研讨会、出报刊专版、编制宣传册，取得了较好的效果。据科技发展中心组织的“林业授权品种应用情况调查”显示，全国有70%的新品种使用人不仅知道新品种保护，而且能明确区分新品种保护和良种审定。

起草测试管理规定 测试结果是授予品种权的依据，为了规范测试程序，控制测试质量，保证结果的可靠性，科技发展中心组织专家组起草植物新品种测试管理规定，明确测试机构和品种权申请人的责任和义务，明确测试流程和各环节的责任，规定测试方法和时限，使测试工作有章可循。

组织培训 为了提高现有技术人员的测试水平，增强测试机构的测试能力，通过举办研讨会和培训班的形式，开展技术讲座和现场操作培训，不仅培养了测试技术人员，也大大提升了测试水平，使测试工作得到进一步加强。

编制测试指南 按照国际植物新品种保护公约(UPOV)对品种测试的要求，品种测试需依据相应的测试指南进行。为此，科技发展中心组织国内相关科研院所起草不同植物种(属)的测试指南8项，已签订相应合同。同时组织相关专家讨论技术路线和技术关键，保证测试指南的质量。经积极争取，UPOV批准我国专家牵头修订UPOV核桃属测试指南。

(周建仁　马梅　孙淑)

【林业认证工作】 2012年，科技发展中心立足于健全认证体系，完善技术规范，扎实推进森林认证工作，取得了显著成效。

森林认证管理 按照《国家林业局关于加快推进森林认证工作的指导意见》精神，制定了《关于开展森林认证工作有关问题的通知》(征求意见稿)，规范了认证机构的申请与授权等程序，起草了《森林认证项目管理办法》(征求意见稿)和《森林认证审核员注册规则》(讨论稿)，发布了《森林认证项目申报指南》，有效保障了中国森林认证体系的正常运转。

标准体系建设 《中国森林认证 森林经营》《中国森林认证 产销监管链》两项国家标准已于11月20日发布，12月1日正式实施；《中国森林认证 森林生态环境服务》和《中国森林认证 森林生态环境服务审核导则》两项行业标准已通过专家审定；完成了森林经营认证操作指南等11项技术规范公开征求意见工作。

试点示范 在吉林、黑龙江、江西、福建、河北、山东、浙江、北京等省(市)开展国有林、集体林、人工林、竹林、森林生态环境服务和生产经营性珍贵濒危稀有物种等领域的认证试点项目，试点范围和规模不断扩大。

国际互认 按照森林认证体系认可计划(PEFC)的

互认要求，全面修改了中、英文的互认文件，聘请国际专家对互认材料进行了全面预评估，同时广泛征求意见，根据预评估结果以及各方反馈，对互认材料再次进行了完善和调整，于8月正式提交PEFC秘书处，经国际公开招标，PEFC秘书处已确定评估公司，签署合同后将开始评估程序。

宣传推广 开通了森林认证体系网站，印制了宣传袋、信纸等宣传材料，组织编印中英文对照的宣传册；完成了森林认证产品纳入政府采购目录研究报告的讨论稿；选择大型林产品加工企业进行调研，以企业社会责任为切入点，交流和探讨了以大众消费产品为载体、通过认证标识向社会宣传森林认证的合作方式，并达成共识；组建森林认证利益方论坛，邀请企业参与森林认证体系建设，调动社会力量参与森林认证。

能力建设 加强认证基础培训，编写了《森林认证审核员指导手册》，举办了第二期审核员培训班，53人参加培训，其中48人通过了认证认可协会组织的考试，为全面推动森林认证工作进一步提供了人才保障；指导中林天合开展业务培训和审核实践，多次与相关主管部门沟通和协调，为认证机构正常开展工作提供了有力支持和保障；对吉林、江西和山东等省申报成立森林认证机构的材料进行审核，经批准已向认监委推荐了3家机构。

森林认证评估 配合认监委对吉林汪清林业局、黑龙江新青林业局以及中林天合等3个单位开展了评估工作，评估的内容涵盖了森林认证的规范性、有效性和认证机构的符合性与社会责任，通过评估活动，各利益方一致认为森林认证制度的实施效果显著，得到了认监委和认可委的充分肯定。

森林认证效益监测与评价 通过问卷调查等方式，对通过认证的企业进行了调查，完成了森林认证影响监测与评价报告初稿，为全面推行森林认证工作提供了决策依据。 (于玲 陈光)

【引进国外智力工作】 按照“抓管理、抓重点、抓成果”的基本思路，以落实《国家引进国外智力“十二五”规划》为主线，以引进国外高层次人才、提高出国(境)培训质量和效益为重点，开展了引智出国(境)培训、引进人才、基地建设等工作，全年共派遣人员出国(境)培训115人，引进国外专家27人次。

出国(境)培训 坚持控制总量、优化结构、提高质量的原则，共派出出国(境)培训团组7个(审批类团组6个、审核类团组1个)，培训人员115人。重点执行了赴德国“林业产权制度改革与管理培训”“防护林可持续经营与利用培训”，赴美国“公有林管理培训”“林产品标准化和质量安全监测管理技术培训”“国有林区管理体制改革培训”，赴俄罗斯“森林保护管理法制建设培训”，赴巴西“森林修复与人工林管理技术培训”等培训项目，培训质量和效益进一步提高。

引进人才 坚持“以我为主、按需引进、突出重点、讲求实效”的方针，立足林业发展需求，加大引进国外高层次人才和紧缺人才力度，全年共执行24项引进国外技术、管理人才项目(包括20项引进国外专家项目、4项引智示范推广项目)、1项高端外国专家项目，共引进专家27人次。同时，积极组织推荐人选申报“外国专家友谊奖”。中国林科院引进的澳大利亚籍专家罗杰·詹姆斯·阿诺德获得2012年中国政府“友谊奖”，并出席颁奖大会，成为国家林业局第12位获奖专家。

引智基地 为促进引智成果的消化、吸收、创新、示范和推广，近年来在国家外国专家局的大力支持下，建立国家引进国外智力成果示范推广基地7个，2012年度仍在5年命名有效期内的推广基地有4个。包括“杨树新品种选育”“亚热带珍优树种引进”“清洁制浆生产技术及高浓废水治理”以及“园林植物材料引进及应用”示范推广基地。2012年度，引智基地着重开展了国外专家引进、国内学术交流、成果推广等工作，充分发挥了引智基地的辐射带动作，取得了较好的经济效益和社会效益。 (龚玉梅)

【林业知识产权】 全国林业系统继续深入贯彻落实《国家知识产权战略纲要》和《国家林业局关于贯彻实施〈国家知识产权战略纲要〉的指导意见》，切实推进林业知识产权创造、运用、保护和管理工作，不断提高林业知识产权工作水平，大力开发和利用知识产权资源，取得了显著成效。

加强研究 为加强林业知识产权工作，整合相关研究资源，系统开展林业知识产权研究和信息服务，经国家林业局批准，在国家林业局科技发展中心指导下，依托中国林业科学研究院林业科技信息研究所成立了国家林业局知识产权研究中心，主要开展林业知识产权发展战略与政策研究、林业植物新品种保护制度和对策研究以及林业生物遗传资源保护机制研究，为主管部门提供决策支持；跟踪国内外林业知识产权动态，实时监测和分析林业行业相关领域的专利动态变化，开展林业重点领域知识产权预警机制研究，国际林业知识产权制度与规则研究，为林产品国际贸易、国际履约和谈判提供技术支撑；整合国内外林业知识产权信息资源，建设林业知识产权基础数据库，维护和管理“中国林业知识产权网(http://www.cfip.cn)”，建立网上林业专利动态决策分析系统，从事林业知识产权宣传与技术培训，开展国内外合作交流与人才培养，为行业和社会提供林业知识产权信息咨询服务。研究中心的成立，有利于进一步整合林业知识产权研究力量，对林业知识产权重大问题系统开展研究，为林业知识产权管理更好地提供支撑。

重视宣传 开展知识产权宣传周活动，组织开展了系列宣传活动，编辑出版了《2011林业知识产权年度报告》，有效提升了林业行业知识产权保护意识。举办了一期林业知识产权培训班，重点培训了林业领域专利申请概况与申请实务、专利分析与预警等知识，考察了西安丰园果业科技有限公司的杏新品种转化应用，林业科技主管人员和科技人员70多人参加了培训。

强化预警 重点在建立预警机制上下工夫，建立了重点出口林产品知识产权预警指标体系，发布《木地板锁扣技术专利分析报告》，完成《重组材专利技术分析报告》，编辑出版《世界林业知识产权动态》，为林业主管部门和企业提供信息预警服务。

开展试点 两批共55家林业知识产权试点单位积极采取措施探索加强知识产权工作的做法和经验，全面提升了知识产权管理水平，试点工作取得了显著成效，第一批26家试点单位已通过验收。

促进转化 组织实施了“环境安全型木塑复合人造板及工程材料”等5项林业专利技术产业化推进项目，推动了产学研结合，有力促进了林业科研单位专利技术的转化应用，带动了林业产业转型升级。

专利获奖 通过评审筛选，国家林业局推荐的浙江大庄实业集团有限公司申报的“竹重组型材及其制造方法”和张齐生、王明庥2位院士推荐的久盛地板公司申报的“实木地板加工方法” 获得第十四届中国专利优秀奖，为林业争得了荣誉。 （龙三群 吴世军）

【履行国际公约情况】 以维护国家利益为核心，加强研究、完善履约、国际合作与对台工作迈上新台阶。参加了2012年度国际植物新品种保护公约（UPOV）技术委员会、理事会等系列会议，参加《名古屋议定书》政府间委员会第二次会议、《生物安全议定书》第六次缔约方会议和《生物多样性公约》第十一次缔约方会议。参加东亚植物新品种保护论坛，扩大我国林业植物新品种保护在东亚地区影响的重要途径。通过参加履约会议，使我们更加了解国际履约新动向，更好地维护国家利益。开展了加入国际植物新品种保护公约（UPOV）1991年文本研究，承担3项UPOV国际测试标准编制工作，在国际规则制定中争取更多话语权，很好地履行了我国的责任和义务，提升了我国的国际影响。

开展对台新品种 为了落实《海峡两岸知识产权保护与合作协议》，国家林业局已经联合农业部出台《关于台湾地区申请人在大陆申请植物新品种权的暂行规定》，并已和台湾地区建立了品种权工作组会议机制。3月在昆明举办“两岸植物新品种保护工作组暨测试技术研讨会”，并就植物新品种保护与测试技术体系的建立和进展情况进行了交流。11月，科技发展中心胡章翠主任带队赴台参加了“2012两岸植物新品种鉴定技术交流”活动，促进了两岸在植物新品种保护领域的深入合作。

开展多边、双边知识产权谈判 在中欧知识产权工作组第十次会议、第十一次会议以及中欧知识产权对话会议上取得了明显成果，国家林业局作为中欧知识产权合作的新成员，在中欧知识产权合作项目中将率先启动“中欧植物新品种保护合作研究”项目。在中瑞自贸区协定知识产权章节的多轮谈判中，就植物新品种保护问题进行了谈判，维护了国家利益。与韩国林木植物新品种保护部门就植物新品种保护达成了谅解备忘录，建立了中韩林木植物新品种保护合作与交流的平台。

（王琦 李启岭）

林业信息化

11

【综 述】 2012年，林业信息化工作认真贯彻落实局党组关于"加快林业信息化，带动林业现代化"的重要部署，坚持"五个统一"、坚持信息化服务林业大局、服务司局、服务基层、服务林农"四个服务"的工作理念，科学谋划、周密部署，扎实推进各项工作，取得多项重要突破，为林业信息化可持续发展奠定了坚实基础。

制定发展规划 组织编制《中国林业云发展规划》《中国林业物联网发展规划》《中国智慧林业发展规划》，进一步深化顶层设计。编纂印发了《中国林业信息化发展报告2012》"中国林业信息化"系列丛书，系统总结、推介林业信息化建设成果。发布了2012年全国林业信息化发展水平评测报告，推动林业信息化工作科学发展。

推动战略合作 与北京林业大学、国家林业局干部管理学院正式签署战略合作框架协议，建立全国林业信息化教育基地、全国林业信息化培训基地。开展"国家林业信息化服务产业园"战略合作。联合清华大学、中国电信等单位，积极推动智能林业物联网应用示范项目实施，组织申报了物联网关键技术研发及产业化项目，申报了4个林业物联网应用国家标准项目，推进了示范项目实施方案的编制。与中国绿色碳汇基金会合作，创建中国绿色碳汇基金会林业信息化专项基金，积极支持碳汇基金会开展网络碳汇植树活动。

树立典型示范 及时总结示范省建设的好经验、好做法，积极组织开展林业信息化示范市、示范县建设，树立典型，培养典型。整体推进林业信息化工作。先后对甘肃、辽宁、吉林等省(区、市)进行专题指导，组织开展湖南、辽宁等省(区、市)林业信息化系列推介活动。再次是测评促动，在总体测评的基础上，组织开展了各地各单位网站绩效评估和单项指标评估。

强化工程管理 完成林业资源综合监管服务体系试点建设项目，开发森林资源监管、湿地资源监管、荒漠化资源监管、生物多样性资源监管等4个子系统，通过国家和省级交换平台，可方便提取业务数据。扩建了林业信息化基础平台，包括多级数据交换中心建设、林业应用服务架构平台建设和多元数据转化与集成系统建设，实现了国家林业局和省级两级资源数据的交换和共享，"全国林业一张图"取得重大进展，标志着林业信息化由基础建设向核心业务拓展。启动实施了国家卫星林业遥感数据应用平台建设项目，提供对林业资源综合监测所需的各类遥感信息及数据处理系统、数据产品发布系统以及综合监测遥感数据产品，通过多源卫星遥感数据的集中接入、管理、生产和分发，实现林业各监测专题的遥感信息及平台共享，并与国家林业局现有的公共基础信息、林业基础信息、林业专题信息以及政务办公信息等整合，提高林业监测的效率。积极推进"金林工程"、北斗示范应用、云计算平台、林农信息服务、林权交易平台等项目的审批立项，通过实施这些项目，将进一步提高林业信息化综合水平和服务能力。建设了全行业信息安全等级保护综合管理系统，完成信息系统等级验收，通过等级测评，实现了等级保护工作制度化、常态化。

拓展应用服务 中国林业网站群规模进一步扩大，新建国有林场、森林公园、种苗基地、自然保护区子站1000个。整合全国市县级林业门户网站，打造林业系统国家、省、市、县4级网站群。精心做好信息发布，不断完善优化中国林业网，网站信息发布量、访问量快速攀升，访问量突破7亿人次。全年通过中国林业网发布各类政务信息30万余条，举办在线访谈和在线直播活动20多次。国家林业局办公网信息发布量突破100万条，访问量突破100万人次。中国林业网每日信息发布量突破100万字，每日访问量突破100万人次，由部委网站第十名跨越到第四名，取得历史性突破，荣获了中国政府网站领先奖、运维管理奖、精品栏目奖等重大奖项。将国家林业局互联网出口带宽由100兆扩容至200兆，大大提高了网站的访问服务速度和质量。积极开展全国林业信息化十件大事、全国林业十大关键词、全国林业信息化十大关键词评选和"信息改变林业"网络故事征文大赛、"生态林业铸辉煌、民生林业的脊梁"访谈、鹦哥岭专题等活动。不断修改完善国家林业局综合办公系统，建立综合办公系统群，扩大京外和国家林业局院外直属单位办公自动化系统，实现全局全网全覆盖无遗漏，选定15个专员办先行推开。移动办公全线推开，司局级领导做到了全部实现移动办公，彻底打破了传统办公方式的时空限制，大大提高了办公效率。

加强队伍建设 组织成立中国林业网编辑委员会。省级林业主管部门拥有信息化独立机构的已达27家，占省级机构总数的2/3。积极开展林业信息化培训工作，加强林业信息化队伍建设。与有关高校联合建设了林业信息化教育基地、培训基地，举办各种林业信息化培训班，重点培训OA系统使用、移动办公系统使用、信息安全等级保护等方面的内容，提高林业信息化素质。

完善标准制度 加强制度建设，研究制定了机房、安全保密、协作组会议、综合办公系统管理等几十项运行维护管理制度和基本管理制度。加强资金管理，印发了《林业信息网络资金管理办法》等制度，规定林业信息网络项目支出预算由信息办归口管理，为今后实现林业信息化资金统筹安排提供了制度保障。加强舆情监测，规范了信息发布审批机制，强化了网络泄密失密防范工作，密切关注网络舆情，编辑《今日网情》近100期，确保国家林业局领导及时掌握相关舆情。加强标准建设，林业信息化标准稳步推进，有5项标准即将正式颁布实施，14项标准完成评审上报工作。

【首届全国林业信息办主任协作组会议召开】 8月3日，首届全国林业信息办主任协作组会议在内蒙古赤峰召开，国家林业局信息办主任李世东发表了题为《融合与创新》的讲话，王福东副主任主持会议。会议传达学习了赵树丛局长的重要批示和全国林业厅局长会议精神，总结了上半年林业信息化建设进展，分析了当前发展形势，研究了下半年重点工作，发布了2011年全国林业信息化发展水平评测结果，通报了2012年上半年中国林业网信息采用情况，听取了内蒙古林业信息化发展情况介绍，观看了内蒙古林业信息化建设成果演示，学习了云计算、物联网等信息化前沿技术，开展了技术交流与研讨。

【全国林业信息化发展水平评测】 3～7月，组织开展了2011年全国林业信息化发展水平评测工作，并印发了《2011年全国林业信息化发展水平评测报告》(办信字〔2012〕119号)。2011年全国各地林业信息化发展水平平均总得分66.59分，最高得分95.20分(辽宁)，最低得分为32.00分(西藏)。辽宁、湖南、北京、福建、浙江、广东、江西、河南、上海、内蒙古排在前10名。

【全国林业网站绩效评估】 2011年对中国林业网各司局、各直属单位50个子站和全国各省(区、市)林业厅局42个子站的建设与运行维护情况进行了全面绩效评估，按照《全国林业网站绩效评估标准》和《全国林业网站绩效评估办法》，评选出了全国林业十佳网站和国家林业局十佳网站。

全国林业十佳网站：首都园林绿化政务网、福建省林业厅网站、江苏林业网、上海市林业局网站、河南省林业厅网站、浙江林业网、广东林业网、湖北省林业厅网站、辽宁省林业厅网站、湖南林业信息网。

国家林业局十佳网站：保护司子站、信息办子站、政法司子站、公安局(防火办)子站、计财司子站、基金总站子站、工作总站子站、西北院子站、规划院子站、林科院子站。

【全国林业信息化十件大事评选】 为总结2012年全国林业信息化发展成就和建设成果，推动林业信息化建设持续快速发展，2012年12月28日至2013年1月10日，中国林业网(国家林业局政府网)组织开展了“2012年全国林业信息化十件大事”评选活动。评选活动得到广大网友及社会各界的积极响应和热情参与，先后有300多万人次参与投票。

2012年全国林业信息化十件大事 中国林业网进入部委网站前四名，荣获中国互联网最具影响力政府网站；国家林业局综合办公系统荣获中国电子政务最佳实践提名奖；“全国林业一张图”建设取得重要突破；“金林工程”等一批重点工程取得实质性进展；首套“中国林业信息化”丛书出版发行；首届全国林业信息办主任协作组会议成功召开；首批全国林业信息化示范市、示范县正式确立；首届“信息改变林业”故事网络征文大赛成功举办；湖南林权数据库等多个省级工程建成；甘肃省成为西部地区林业信息化建设一大亮点。

【中国林业信息化大事记】

1月9日 全国林业信息化工作座谈会暨信息办成立三周年总结会召开，国家林业局信息办正式发布《中国林业信息化发展战略研究》成果。

2月3日 国家林业局信息办开展2011年全国林业信息化发展水平评测工作。

2月14日 中编办电子政务中心副巡视员宋庆一行到国家林业局信息办调研，就政府网站建设管理、网站信息服务、办公自动化系统运行管理等内容座谈讨论。

3月1日 国家林业局网络带宽扩至200兆。

3月14日 国家林业局办公室印发《国家林业局2011年政府信息公开年度报告》。

3月29日 第三届中国政府网站、政务微博最佳实践经验交流暨综合影响力评估总结表彰大会在成都举行。中国林业网荣获2011年度管理创新型政府网站、中国政府网站领先奖荣誉称号。

4月29～30日 2012中国智慧城市大会在北京国际会议中心隆重召开，国家林业局信息中心荣获智慧城市贡献单位称号。

5月7日 由国家林业局信息办主办的全国林业系统首届信息安全等级保护培训班在国家林业局管理干部学院开班。

5月23日 国家林业局林业资源综合监管服务体系试点建设项目通过了项目终验。

5月31日 国家林业局内网访问量突破100万人次。

6月11日 国家林业局信息办、国家林业局管理干部学院在京签署关于加强林业信息化培训合作的框架协议。

7月18日 中国林业网京内信息员培训会在京组织召开。

7月30日 国家林业局办公室印发《2011年全国林业信息化发展水平评测报告》。

8月3日 首届全国林业信息办主任协作组会议在内蒙古赤峰市召开。

10月18日 全国林业信息安全工作电视电话会议召开。

11月13日 在广西北海市召开的2012政府网站集约化建设与精品栏目颁奖大会上，中国林业网“最新资讯”栏目获得政府网站信息公开精品栏目奖，国家林业局信息办主任李世东被授予政府网站最佳管理者。

11月16日 首片中国信息林植树活动在北京市园博园举行。

12月5日 第十一届(2012)中国政府网站绩效评估结果发布暨经验交流会在北京人民大会堂隆重召开。中国林业网(国家林业局政府网)在本次绩效评估中，综合排名列73个部委网站第四名，首次进入前五名。

12月6～7日 2012中国电子政务论坛暨“中国电子政务十年实践进程”最佳案例颁奖大会在国家行政学院召开，国家林业局组织申报的“国家林业局综合办公系统”荣获中国电子政务最佳实践提名奖。

12月7日 2012中国智慧政府发展年会暨第七届中国特色政府网站评选大会在京隆重举行。中国林业网(国家林业局政府网)获得部委网站运维管理奖，国家林业局信息办主任李世东获得部委电子政务优秀工作者荣誉称号。

12月9～10日 12项林业信息化重点行业标准在全国林业信息数据标准化技术委员会2012年年会暨标准审查会上审定通过。

12月20日 国家林业局信息办、北京林业大学在京签署《关于加强林业信息化教育合作的框架协议》。

12月27日 中国政府网发布2012年中国优秀政府网站综合影响力评估结果，中国林业网获评2012年度中国互联网最具影响力政府网站和2012年度快速发展型政府网站。

12月31日 首届“信息改变林业”故事网络征文大赛评选结果揭晓。 (林业信息化由张会华供稿)

林业教育与培训

12

林业教育与培训

【地方县级党政领导干部林业专题培训】 受中共中央组织部委托，国家林业局于2012年4月17日~4月26日，在江西省南昌市举办了地方党政领导干部林业产业发展专题研究班，来自全国26个省(区、市)的58名分管林业工作副县(市)长参加了培训。

研究班坚持领导报告、专家讲座、交流研讨和现场考察等方面的有机结合，聘请了江西省政协副主席、原江西省林业厅厅长刘礼祖同志等国内知名专家学者，为学员开设了"生态建设理论""林业突发事件应对及危机管理""森林防火""林业产业发展现状趋势及要点""深化林业改革，促进产业发展""产品市场培育与品牌建立""林下经济""森林生态旅游""江西省林业建设与产业发展""浙江安吉竹产业"等10个专题讲座，还安排了两次交流研讨和两天的实地参观。通过培训，学员从不同侧面了解了林业产业发展的现状，交流、借鉴了林业工作、特别是林业产业发展的成功经验，提升了领导本地区生态林业、民生林业建设能力。 (吴友苗)

【县林业局长培训】 按照中央关于加强基层干部培训工作的有关要求，为帮助县林业局长及时了解和掌握林业方针政策，分享林业建设的优秀经验，进一步提升领导林业工作的能力和水平，国家林业局于2012年10月17日~25日举办了县林业局局长培训班，共有来自全国30个省(区、市)和新疆生产建设兵团的73名县林业局局长参加了此次培训。

培训围绕当前林业新形势新任务，按照政策法规、林业专业知识、个人能力提升等几大模块，安排设计了系统科学与创新思维、行政沟通与协调、战略机遇期内的国家安全、林业主要法律制度、林业形势与任务、林业应对气候变化、森林防火、林业有害生物防治、荒漠化治理、绿色经济、"林业产业发展""长汀经验介绍"等13门有针对性和实效性的专题讲座。通过培训，学员们补充了林业新知识和现代思维观念，进一步丰富了理论素养，完善了知识结构，对提高自身科学发展的能力，更好开展今后的工作，起到了重要的促进作用。

(陈峥嵘)

【林业专业技术人才高级研修】 为全面加强湿地生态系统保护与恢复管理，提高湿地保护和恢复队伍专业技术水平，2012年7月9日~14日，人力资源社会保障部、国家林业局在北京联合举办了湿地生态系统保护和恢复技术人员能力建设高级研修班，来自全国各省(区、市)林业厅(局)，内蒙古、吉林、龙江、大兴安岭森工(林业)集团公司，新疆生产建设兵团林业局，国家林业局规划院、华东院、西北院等单位从事湿地管理、科研等方面工作的中高级专业技术人才共66人参加了培训。研修班邀请国家林业局湿地保护管理中心、中国农业科学研究院、中国科学研究院、南京林业大学、世界自然基金会有关领导和专家学者，就当前国内外湿地工作现状、存在的问题及发展趋势，湿地与生态旅游，湿地恢复技术，湿地建设和管理理念等进行讲解。学员们实地考察了北京市野鸭湖湿地保护和恢复情况，研讨了当前湿地保护与恢复工作存在的问题，并就进一步加强湿地管理等工作提出了意见建议。通过研修，培训学员进一步认清了当前湿地建设、保护、恢复工作面临的形势，明确了湿地工作的方向和要求，同时也增强了加快湿地生态系统保护和恢复工作的紧迫感、责任感和使命感。 (陈峥嵘)

【林业知识培训】 为进一步加强林业干部队伍建设，帮助新进入林业系统工作的不具备林业专业知识背景的干部更好地适应岗位工作要求，国家林业局于2012年8月13~26日举办了第二期林业知识培训班，来自全国各省(区、市)林业厅(局)和国家林业局机关、直属单位的97名学员参加了培训。

培训班围绕当前发展现代林业，构建林业三大体系，保护和建设好"三个系统一个多样性"的要求，精心设计了森林生态、森林培育、森林资源调查与监测、森林病虫害防治、森林防火、荒漠化治理、湿地生态系统保护、森林生态多样性保护、林业生态建设、林业信息化建设、集体林权制度和林业产业化发展等专题讲座，全面介绍了林业专业知识和当前林业工作的重点，并组织考察了辽宁省清原县的森林经营、林下经济以及实验林场的浑河源头、红松原始次生林等。通过培训，学员较为系统地学习和掌握了林业基本知识。

(陈峥嵘)

【新疆林业干部培训】 2012年5月7日~6月6日，国家林业局人事司、新疆维吾尔自治区林业厅在北京联合举办了第五期新疆林业干部培训班。来自新疆维吾尔自治区林业厅机关、厅直属单位副处级以上干部和12个直属林场的党政主要领导共57名学员参加了学习。

培训班针对新疆区域特点及林业发展实际，聘请了中央党校、国家行政学院、中国人民大学、国防科技大学、北京林业大学、中国林科院以及国家林业局等多位行业内外的专家学者授课，开设各种知识类专题讲座30讲，培训内容涵盖林业特色、时事热点、领导能力、管理科学以及综合素质等方面，同时组织专家座谈2次，到北京顺义、延庆以及陕西省等地进行现场教学4次，现场教学内容涉及北京林业建设、北京市森林质量与健康、北京林果基地建设和陕西生态建设、林业产业发展等。

培训班遵循理论联系实际的原则，坚持专家学者讲座与领导干部业务辅导相结合，课堂学习、专题研讨与现场观摩相结合。通过培训，学员们进一步解放了思想，明确了当前林业工作的新形势和新任务，增强了做好本职工作、加快新疆林业发展步伐的责任感和使命感，提高了总揽全局、依法行政、科学决策的履职能力。

为贯彻落实《国务院关于进一步促进新疆经济社会发展的若干意见》和国家林业局林业援疆工作座谈会精神，全面加强新疆林业干部队伍建设，从 2010 年起，国家林业局有计划、有步骤地加大对新疆林业干部培训支持力度。截至 2012 年年底，已有 360 名来自新疆林业厅机关、直属单位处级领导、所属林场党政领导和县市分管林业的党政领导干部，840 名新疆林业专业技术人员参加了国家林业局组织的林业援疆培训，基本完成对新疆处级林业领导干部和专业技术骨干轮训一遍的任务。

（吴友苗）

【司处级领导干部任职培训】 为进一步提升司处级领导干部履职能力，国家林业局于 2012 年 7 月 3 日 ~13 日和 2012 年 11 月 7 日 ~11 日分别在北京举办了第 17 期处级干部任职培训班和第 7 期司局级干部任职培训班，共培训 29 名处级干部和 44 名司局级干部。

培训班遵循理论联系实际的原则，专家学者讲座与领导干部业务辅导相结合，促进了学员的理论素养和履职能力的提高；课堂学习和现场观摩相结合，提高了教学质量，保证了学习效果；专题讲座与学员交流互动相结合，进一步解放了思想，强化责任意识和机遇意识，增强了做好本职工作的自觉性和主动性。通过培训，学员进一步明确了当前工作面临的新形势和新任务，提升了专业水平和综合素养，提高了总揽全局、依法行政、科学决策的履职能力。（陈峥嵘）

【司局级干部选学及网络学习】 2012 年，国家林业局共有 80 名司局级干部参加了中央组织部组织的司局级干部选学，学习内容围绕党和国家在政治、经济、文化、社会、外交、国防等方面的重大战略部署，相关新知识、新技能和新信息内容以及完善知识结构和提高人文素养等方面，选学课程达 193 次，约 3720 课时。除了选学课程外，全体学员还统一参加了中央党校的必修课学习。

2012 年 10 月，根据中央对干部学习的新要求，结合信息化发展的情况和干部对教育培训工作提出的新期待，中组部启动了干部网络学院建设。国家林业局共有 298 名司局级干部积极报名参加网络学院学习。

通过学习，学员们进一步提高了理论水平，增强了党性修养，提升了解决实际问题的能力。（陈峥嵘）

【在职培训及初任培训】 2012 年 5 月 14 日 ~25 日国家林业局在北京举办了公务员在职培训班，共培训 41 人。培训班围绕当前国家形势与政策把握、公务员个人能力提升等方面，设置了生态建设理论、生态文明与可持续发展、战略机遇期内的国家安全、政府应急管理的挑战与对策、林业“十二五”发展规划解读、公文写作、如何做好机关档案管理工作、公务员职业道德、公务礼仪等课程，并特别安排了体质健康与中医养生等有关个人身心健康方面的内容，在学员当中引起强烈反响与共鸣，取得了较好的培训效果。培训班还安排了以公务员法及干部教育培训相关文件为主题的知识竞赛和现场考察学习。

国家林业局第三期新录用人员初任培训班 2012 年 8 月 3 ~8 日在北京举办，共培训 35 名新录用人员。培训班精心设计了“生态文化”“职业生涯规划”“公文起草和会议的筹备与管理”“行政公文写作、流转与公文系统应用”“公务员职业道德”“公务礼仪”“青年人才的学习与成长”等专题讲座通过培训，学员们掌握了知识，拓宽了思路，明确了方向，增强了合力。（陈峥嵘）

【党员干部现代远程教育林业专题教程制播】 根据中共中央组织部的统一部署，2012 年，国家林业局以宣传林业方针政策、传播科学知识和实用林业技术、弘扬生态文明为重点，开展了全国党员干部现代远程教育林业专题教材制播工作，先后制作了《林业好榜样》《林下经济财富宝典》等系列专题片，重点推介如何充分利用林地资源发展林下经济以及在生态林业、民生林业建设中的其他典型经验和先进人物。全年共完成了 52 期林业专题教材制作任务，向中组部报送了 171 个课件计 2940 分钟林业节目。（吴友苗）

【合作共建涉林高等院校】 为引导涉林高校更好地服务现代林业建设，2012 年，国家林业局加大合作共建涉林普通高等院校力度，分别与 4 省（区、市）人民政府签署协议，合作共建有关涉林普通高等院校。

1 月 7 日，内蒙古自治区人民政府与国家林业局合作共建内蒙古农业大学协议签字仪式在京举行。时任国家林业局局长贾治邦，内蒙古自治区主席巴特尔分别代表双方签署协议。国家林业局副局长赵树丛，自治区副主席王玉明致辞。根据协议内容，国家林业局将在林业高等教育、科技创新、生态工程建设技术支撑等领域给予内蒙古农业大学长期、全面的支持，在科研团队建设、信息沟通、智力引进、国际交流与合作等方面给予指导。同时，支持内蒙古农业大学开展涉林特色优势学科建设和多层次林业科技人才培养模式改革。内蒙古自治区将安排专项经费，用于双方共建重点学科、重点实验室、科研平台和师资队伍建设。加大政策和资金支持力度，加强内蒙古农业大学基础设施建设，支持内蒙古农业大学面向基层定向培养涉林本科和研究生层次的急需人才，加快培养林业管理人才，充实基层林业机构管理力量，积极为现代林业服务。

5 月 7 日，山东省人民政府与国家林业局合作共建山东农业大学签字仪式在济南举行。国家林业局局长赵树丛、山东省人民政府副省长孙伟分别代表双方签署协议。国家林业局副局长张建龙、山东省人民政府副省长贾万志分别致辞。根据共建协议，国家林业局将在高等林业教育、林业科技创新、生态工程建设等方面给予山东农业大学长期、全面的支持，在重点学科、重点实验室、林业工程技术研究中心、生态系统定位研究站建设等方面给予指导支持，在公益性行业项目、引进国际先进林业科学技术等方面给予重点支持。山东将重点支持山东农业大学加强科研平台和师资队伍建设，完善产学研协作机制，面向基层定向培养林业管理和技术人才等，积极支持其为现代林业服务。

7 月 18 日，福建省人民政府与国家林业局在福州签订了合作推进林业改革与发展框架协议，协议内容之一是双方合作共建福建农林大学。福建省人民政府省长苏树林、国家林业局局长赵树丛分别代表双方签署协议。时任福建省委书记孙春兰和国家林业局副局长张建龙等领导出席签字仪式。根据协议，国家林业局在工作部署、政策扶持、有关投入等方面对福建农林大学给予支持，福建省政府也将从政策和投入方面加大对福建农林大学的支持力度。双方还将大力支持福建农林大学涉林优势学科建设和多层次林业人才培养模式改革，支持福建农林大学早日将局省重点森林培育学科建成国家重点学科；大力支持福建农林大学林业科学研究和创新平台建设，扶持福建农林大学重点实验室、工程研究中心等建设，并在林业科技类项目方面予以倾斜支持；大力支持福建农林大学深化服务海西现代林业发展。依托福建农林大学成立南方现代林业人才培养基地，开展对基层技术人员、林农大户等的学历教育、继续教育和技术培训，支持福建农林大学集中两岸专家围绕现代林业发展的重大技术问题开展联合攻关。

11月5日，河南省人民政府与国家林业局合作共建河南农业大学签字仪式在京举行，河南省人民政府副省长刘满仓、国家林业副局长张建龙局分别代表双方签署协议，国家林业局局长赵树丛等领导出席签字仪式。根据协议，国家林业局、河南省政府将共同支持河南农业大学发挥学科优势，突出办学特色，深化教育教学改革，联合河南省各类林业教育与科研资源，共同开展林业科学研究、林业高等教育和林业行业培训等工作，为完善林业社会化服务体系、推进现代林业建设提供坚实的人才保障和科技支撑。　（吴友苗）

【国家林业局高等职业教育精品课程】 经国家林业局组织的专家评审，10门课程被评为国家林业局精品课程(第二批)，分别是：福建林业职业技术学院郑郁善的园林植物栽培与养护、广西生态工程职业技术学院苏杰南的森林资源经营管理、江苏农林职业技术学院李晓华的园林植物栽培、辽宁林业职业技术学院满姝的情境导游服务、云南林业职业技术学院林向群的植物引种栽培技术、江西环境工程职业学院叶超飞的林业财务会计、黑龙江生态工程职业学院齐向东的家具造型设计与室内陈设、宁波城市职业技术学院胡仲义的草坪建植与养护、黑龙江林业职业技术学院李淑芹的花艺设计、辽宁林业职业技术学院李艳杰的森林病虫害防治。林业高职精品课程荣誉称号有效期为5年。　（吴友苗）

【国家林业局高等职业教育示范性实训基地】 为充分发挥示范性实训基地在林业人才培养、服务当地经济社会发展、促进校企融合中的先导和辐射作用，切实为林业职业教育实训基地建设发挥示范带头作用，按照《国家林业局办公室关于组织开展国家林业局高等职业教育重点专业评审等工作的函》(办人字〔2011〕135号)要求，经各院校申报、资格审查、专家现场评审、网上公示等步骤，山西林业职业技术学院的森林生态旅游专业实训基地、辽宁林业职业技术学院的森林资源调查与监测实训基地、黑龙江林业职业技术学院的林业技术综合实训基地、江西环境工程职业学院林业有害生物控制技术实训基地、湖南环境生物职业技术学院野生动物保护示范性实训基地和广西生态工程职业技术学院园林花卉实训基地等6个实训基地被确定为国家林业局高等职业教育示范性实训基地。国家林业局要求，各相关职业院校要充分利用示范性实训基地的优质资源，学习、借鉴先进理念和经验做法，紧密结合当地经济社会发展实际及现代林业发展需要，不断加强自身基地建设，全面提升现代林业人才培养的质量和水平。　（吴友苗）

北京林业大学

【制订支撑生态文明建设行动计划】 北林大党委学习党的十八大精神，研究讨论学校在生态文明建设中的地位和作用，出台学校层面的支撑生态文明建设行动计划。一是全面深化生态文明教育。二是进一步凝练方向，加强生态文明科学研究。三是加强生态文明宏观战略咨询。四是大力拓展生态文化传播，发挥引领示范作用。五是统筹兼顾推进生态文明美丽校园建设。

【举办“绿色校庆”年活动】 10月16日，北京林业大学建校60周年庆祝大会在国家体育馆举行。学校收到了中共中央政治局常委、国务院总理温家宝的题词：“知山知水求真知，树木树人树高材”。中共中央政治局委员、国务院副总理回良玉，中共中央政治局委员、国务委员刘延东，全国人大常委会副委员长、民革中央主席周铁农，全国政协副主席张思卿，全国人大常委、民进中央副主席王佐书等党和国家领导人发来贺词、贺信，向学校建校60周年表示热烈祝贺。中共中央委员、全国人大常委会副委员长乌云其木格，中共中央委员、全国政协副主席白立忱，全国政协副主席罗富和、原全国政协副主席张怀西等出席庆祝大会。

校庆期间，学校以“绿色校庆”为主题，开展了校训、校歌等的征集活动，举办“绿色摇篮”晚会等多场文艺演出，举办了林业教育改革与发展暨纪念林业教育110周年学术研讨会，第二届森林科学论坛——森林可持续经营国际学术研讨会等30多场学术活动，出版《北林校史(2002～2012)》《北林学者》等书籍，举办校史展、生态摄影展等，举办首届绿色产业发展高端论坛等活动。

【举办高层次学术研讨会】

林业教育改革与发展暨纪念林业教育110周年学术研讨会　主题为林业教育改革与发展。来自全国30多所农林院校、中国林业出版社、地拓科技等多家企业代表，20多家新闻媒体记者共计260余人参加了本次会议。

会议举办专题演讲16场，征集教学管理、教学改革论文20篇，论文经专家评审录用后，将结集出版。会上还进行了中国工程院原副院长沈国舫院士《一个矢志不渝的育林人——沈国舫》的新书发布。

第二届森林科学论坛——森林可持续经营国际学术研讨会 以“应对气候变化中的森林经营”为主题，举行专题报告15场，造林分会场举行专题报告18场，中国林学会理事长江泽慧教授、国际林联主席尼尔森·科克教授和来自20余个国家的近300名专家学者出席了会议。

第十届国际克隆植物生态学研讨会 围绕“全球变化背景下植物克隆生长的生态学效应”这一主题，来自14个国家的34位克隆植物生态学专家、学者和学生做了口头报告，26位学者和学生做了展板报告，充分展示了国内外克隆植物生态学研究的最新成果。

首届林业经济国际论坛 国内外近100位学者做了主题发言或参与了讨论。近10人作了报告，20多个学者作了分组会议主题报告。在为期两天的论坛中的，学者们围绕大会主题和“林业碳汇与应对气候变化”“森林资源管理”“林权制度改革”等分主题展开了讨论。

鹤类保护与可持续农业国际研讨会 来自11个国家的近40名国际专家、30余名来自国内科研院所和保护区的专家与代表参加了会议。与会专家围绕鹤类保护与可持续农业发展的理论与实践开展研讨，分享经验，最终形成面向国际社会的鹤类保护建议。

【成立林木资源高效培育与利用协同创新中心】 12月29日，由北京林业大学牵头，联合中国林科院、国家林业局速生丰产林管理办公室、东北林业大学、南京林业大学等单位成立了中国第一个林业协同创新中心——林木资源高效培育与利用协同创新中心。该中心的重点研究任务包括：速生、优质、高抗林木良种选育关键技术，林木高效培育、经营与保护关键技术，林木资源高效利用关键技术，林木资源培育与利用政策体系。

【“211工程”三期建设获中央财政奖励】 “211工程”三期，北林大重点建设了森林资源培育、森林可持续经营与保护、生态脆弱区水土保持与荒漠化防治、园林与人居生态环境、木本植物生长发育与逆境生物学、全球变化背景下森林及湿地生态系统保护、林木育种分子基础与良种工程、木质环境友好材料与能源转化工程、中国现代林业建设经济管理理论与政策体系构建等9个重点学科项目以及创新人才培养、师资队伍建设2个项目。

由于成效显著，在教育部办公厅、国家发展改革委办公厅、财政部办公厅联合下发的表彰名单中，北林大榜上有名，获得1360万元中央专项资金奖励。

【完成第二轮人事聘任和绩效津贴改革】 北林大历时9个月，完成第二轮聘期编制及岗位设置、岗位聘用和校内绩效津贴改革。1659名教职工进入相应岗位，实现了专业技术职务评审和岗位聘用分离，建立起以岗位职责为重点、以业绩考核为核心的校内岗位聘用体系。学校加强与改革配套的聘用管理制度建设，针对教师、非教师及辅导员制定了新的职务评审办法，出台了《北京林业大学人才培养与科技奖励办法的暂行规定》。

【校地合作推动政产学研用一体化】 6月17日，北京林业大学与辽宁省林业厅签订了产学研合作协议书。校长宋维明和辽宁省林业厅厅长曹元在协议书上签字，共同将校地合作推向了深度融合的新阶段，携手探索以人才为基础、科技为依托、企业为主体、项目为载体、产业化目标的产学研合作新机制。

7月25日，学校与河南省林业厅签署了共同推进中原经济区建设林业科学发展框架协议。校党委副书记全海代表学校签署协议，为学校充分发挥人才、智力优势，依托河南省林业科技推广和林业招商引资的政策优势，全面服务河南林业生态建设提供更加广阔的舞台。

10月17日，学校与重庆市南川区政府签订政产学研用合作框架协议。校长宋维明、南川区区长曹清尧代表双方签字。双方探索以人才为基础、科技为依托、项目平台为载体、产业化为目标的合作机制。在人才培养、教育培训、科研合作、科技成果转化、科技创新平台建设等领域开展全面合作。

北林大还与山东泰安市、北京延庆县签署了战略合作框架协议，并与国家林业局信息办、中国福马机械集团、北京家具行业协会等签署了合作协议。

【召开第十次教学工作会】 9月26～27日，北林大召开第十次教学工作会议，全面贯彻落实高教30条，回顾了第九次教学工作会以来北林大本科教学工作所取得的成绩，总结了经验，同时，分析了目前本科人才培养所面临的形势和任务、机遇与挑战，重点对如何围绕学校发展目标开展本科教学工作、如何处理好“教”与“研”、“教”与“学”的关系、如何抓好本科教学工作的重点环节等方面提出了思考和意见。出台加强本科教学改革的20条措施。

【新增一个高等学校学科创新引智基地】 “树木发育及逆境适应性的分子机制”创新引智基地，获批教育部2013年度“高等学校学科创新引智计划”(简称“111计划”)创新引智基地。该基地旨在通过聚集海外分子遗传学与发育生物学的领军人物，围绕树木生长与抗逆性状分析等重要科学问题，开展相关领域的实质性合作研究。

【荣获国家风景园林竞赛大奖】 9月5～7日，第49届国际风景园林师联合会(IFLA)世界大会在南非开普敦召开，北京林业大学园林学院研究生的设计作品《漂浮的城市，漂浮的模块》从众多作品中脱颖而出，再次斩获国际风景园林师联合会学生竞赛唯一大奖。

【启动3项国家林业公益性行业专项重大项目】 2月24日，北京林业大学盐池荒漠生态系统定位研究站被水利部正式命名为第四批国家水土保持科技示范园区。是目前全国唯一一个高校与地方共建、共管的示范园区。

5月29日，北林大花卉种质创新与产业化示范基地启动仪式在学校小汤山基地举行。校党委书记吴斌和校长宋维明共同为基地揭牌。该基地搜集了2700多个木本和野生草本花卉的种(含品种)。

10月，北林大林业生物质能源国际科技合作基地被科技部认定为国家示范型国际科技合作基地。该基地由北林大和德国哈尔博格学院德中青年科技创新中心共同建设。

【陈俊愉逝世】 中国共产党党员、中国工程院资深院士、北京林业大学教授陈俊愉因病于2012年6月8日10时58分，在解放军总医院逝世，享年95岁。他担任中国园艺学会副理事长、中国花协梅花蜡梅分会会长及梅国际登录权威(IRA)，享受政府特殊津贴。

【新增3个重点实验室和1个工程技术研究中心】 5月，北林大3个实验室被认定为北京市重点实验室，分别是，林木生物质化学实验室、森林资源生态系统过程实验室和林业食品加工与安全实验室；园林植物工程中心被认定为北京市工程技术研究中心。

【新增两个中外合作办学本科专业】 北林大与加拿大不列颠哥伦比亚大学合作举办木材科学与工程、生物技术3+2本科专业获教育部批准，从2013年开始正式招生，每年每专业招生30人。项目学生前三年在北林大进行英语强化和专业课程学习，后两年赴加拿大不列颠哥伦比亚大学学习，达到毕业要求可同时获得两校本科学士学位。

【完成世界首张梅花全基因组精细图谱】 12月27日，由北林大教授领衔完成的“梅花基因组”研究论文在Nature Communications在线发表。梅花全基因组测序研究由国家花卉工程技术研究中心、深圳华大基因研究院以及北京林福科源花卉有限公司等3家单位通力合作完成，研究项目构建完成了世界首张梅花全基因组精细图谱。

【举办绿桥、绿色长征系列活动】 举办“高擎团旗，绿色长征”2012年绿桥、绿色长征活动，“低碳生活，绿色北京”首都大学生第28届绿色咨询活动、青春志愿林种植活动、“绿色北京1+1”志愿服务活动项目、低碳“V”行动等。开展2012年全国青少年绿色长征——“情系母亲河”流域科考实践活动，举办2012年全国青少年生态环保社团指导教师培训班。北林大荣获“绿动北京”首都大学生环保社团文化节优秀组织奖。

【召开学校第十次团代会】 会议回顾九次团代会以来的发展历程，总结发展经验，阐释“红绿相映，全面发展”育人理念。选举产生北林共青团第十届委员会、常务委员会、书记、副书记。

召开团学联谊会成立十周年庆典大会，增选联谊会副会长、执委，动员历届北林团学人关心北林团工作的开展和北林团员青年的成长成才；设立北林大青年绿色成长基金，支持团干部理论学习、校园文化建设、绿色环保活动等。 (北京林业大学由高斌、张勇供稿)

东北林业大学

【综　述】 2012年，东北林业大学(简称东北林大)设有研究生院、17个学院和1个教学部，有9个博士后科研流动站、8个一级学科博士点、44个二级学科博士点、19个一级学科硕士点、136个二级学科硕士点、10个种类33个领域的专业学位硕士点和63个本科专业。拥有2个一级学科国家重点学科、12个二级学科国家重点学科、6个国家林业局重点学科、1个黑龙江省重点学科群、7个黑龙江省重点一级学科；有林木遗传育种国家重点实验室、国家重点野外科学观测台站(帽儿山森林生态系统定位站)、生物资源生态利用国家地方联合工程实验室(黑龙江)，有1个教育部“长江学者和创新团队发展计划”创新团队，有3个教育部重点实验室，4个国家林业局重点实验室，5个黑龙江省重点实验室，7个省教育厅重点实验室；有1个教育部工程研究中心，1个高等学校学科创新引智基地，2个国家林业局生态系统定位研究站，1个省中试基地，1个省哲学社会科学研究基地，3个省普通高校人文社会科学重点研究基地，2个省中小企业共性技术研发推广中心；有东北林业大学大庆生物技术研究院、植物资源生态与分子工程研究院等48个研究机构；有帽儿山实验林场、凉水实验林场等8个校内实习基地和214个校外实习基地。

学校现有教职工2765人，其中：教学人员1494人，包括教授300人、副教授506人，具有博士学位601人，硕士学位671人；中国工程院院士2人及受聘两院院士6人，“长江学者”特聘教授3人，国家杰出青年基金获得者1名，新世纪优秀人才支持计划入选者31人，享受国务院政府特殊津贴专家33人，国家有突出贡献中青年专家3人，省部级有突出贡献中青年专家16人，全国“百千万人才工程”人选4人，“新世纪百千万工程”人选6人，龙江学者特聘教授9人、讲座教授3人，全国优秀博士学位论文获得者5人。近年来，有国家教学名师奖获奖者2人，全国优秀教师5人，省级教学名师奖获得者7人，省级优秀教师6人，全国“五一”劳动奖章获得者、全国五一巾帼标兵和省级模范教师5人。2012年，毕业本科生4577人，全日制在校生达23 217人，其中：博士研究生963人，硕士研究生3110人，本专科生19 087人，留学生57人。教学行政用房面积370 490平方米，学生宿舍面积148 280平方米，教学科研仪器设备总值5.29亿元，图书馆面积41 765平方米，馆藏纸质文献200.59万册。

【刘延东考察东北林大】 5月20日，中共中央政治局委员、国务委员刘延东考察学校工作。黑龙江省委书记吉炳轩，省委副书记、省长王宪魁，常务副省长刘国中，教育部党组副书记、副部长杜玉波等领导陪同考察。刘延东参观了生物资源生态利用国家地方联合工程实验室(黑龙江)，对学校的生物资源生态利用研发工作给予较高评价；考察了动物毛皮标本馆，肯定了学校在毛皮动物人才培养和科技支撑方面所作出的重要贡献。她希望东北林大发挥林业行业优势，通过生物资源的生态利用为国家能源和医药工业作出进一步贡献；利用好东北丰富的森林资源，更好地推动经济社会发展；积极探索建立中国特色社会主义现代大学制度，以提高质量为核心，走内涵式发展道路；加强科学研究与以企业为主体进行产学研相结合，提高服务经济社会发展能力，为创建科技强国作贡献。

【举办60周年校庆活动】 7月8日，东北林大举行庆祝建校60周年大会。回良玉、刘延东等为学校建校60周年发来贺信。全国政协副主席、致公党中央主席、科技部部长万钢，黑龙江省委副书记、省人民政府省长王宪魁等领导出席了庆祝大会。海内外嘉宾、校友和师生代表约5000人参加大会。会上，万钢和王宪魁共同为中国林业行业首个国家级重点实验室——东北林业大学林木遗传育种国家重点实验室揭牌。校庆活动期间，学校还举办了大学校长高端论坛、“优秀校友报告会”“林业对中国经济、社会发展的影响与贡献”等20余场学术研究报告会。

【召开东北林大第十二次党代会】 12月30日，中共东北林业大学第十二次代表大会胜利召开。吴国春代表中共东北林业大学第十一届委员会作了题为《解放思想，改革创新，凝心聚力，科学发展，全面加快特色鲜明的高水平研究型大学建设步伐》的报告。大会选举产生了中国共产党东北林业大学第十二届委员会和纪律检查委员会；选举吴国春为党委书记，胡万义、孙正林、陈文慧为党委副书记，选举陈文慧为纪委书记、刘九庆为纪委副书记。学校确定了到建校70周年(2022年)时，使学校综合实力稳居国内同类高校前列；到建校80周年(2032年)时，把学校建设成为特色鲜明的高水平研究型大学；到建校100周年(2052年)时，把学校建设成为世界一流的林业大学的奋斗目标。

【学校行政领导班子换届和部分成员调整】 7月13日，学校召开部分中层干部大会，宣布学校新一届行政班子和陈文慧、陈文斌同志职务变动情况。教育部任命杨传平为东北林业大学校长，曹军、孙正林、赵雨森、李斌、李顺龙为东北林业大学副校长。陈文慧任中共东北林业大学委员会常委、副书记、纪律检查委员会书记。

【教育部与黑龙江省人民政府共建东北林业大学】 3月1日，教育部与黑龙江省人民政府共建东北林业大学签约仪式在北京举行。教育部部长袁贵仁、黑龙江省省长王宪魁分别代表教育部和黑龙江省政府签署协议，共建东北林业大学。

【获国家科技进步二等奖3项】 12月19日，由学校教师主持和参与的科研项目，斩获3项国家科学技术奖。其中，王清文教授主持完成的项目“木塑复合材料挤出成型制造技术及应用”获得国家科技进步奖二等奖；顾继友教授和沈海龙教授分别参与完成的“超低甲醛释放农林剩余物人造板制造关键技术与应用”和“天然林保护与生态恢复技术”等2个项目也同时获得国家科技进步奖二等奖。

【新增4个博士后科研流动站】 8月29日，在第八批博士后科研流动站申报评审中，学校新增博士后科研流动站4个，分别为生态学、风景园林学、交通运输工程、马克思主义理论。目前，学校博士后科研流动站已增加到9个，涵盖8个一级学科博士点和1个二级学科博士点。

【成立国家林业局猫科动物研究中心】 6月25日，国家林业局猫科动物研究中心在东北林大挂牌成立。该中心将致力于整合中国猫科动物研究智力资源，打造国内猫科动物保护生物学研究的信息与合作平台，引进国际先进的保护和研究理念，推广先进的研究和保护技术，培养高水平的猫科动物研究人才，推动中国野生动物保护事业发展。

【1个国家级实验教学示范中心获批】 8月21日，东北林大野生动物实验教学示范中心被批准为“十二五”国家级实验教学示范中心。这是继2008年林学实验教学中心和2009年森林工程实验教学中心被教育部评为国家级实验教学示范中心之后，学校获批的第三个国家级实验教学示范中心。

【获全国林业工作先进集体称号】 9月24日，在全国林业科学技术大会上表彰了为全国林业科技发展作出突出贡献的先进集体和先进个人。东北林大林学院、帽儿山实验林场分别获得全国林业工作先进集体荣誉称号；学校三人获得全国林业科技工作先进个人荣誉称号。

【1人获2012海峡两岸林业敬业奖励基金】 10月14日，李坚院士荣获2012海峡两岸林业敬业奖励基金。该基金是台湾中兴大学森林系已故教授刘业经的学生为纪念老师的功绩，特于1995年出资设立的，以奖励在林业中作出重要贡献的教学和科技人员，每年颁奖一次。

【获中国高校校报好新闻一等奖】 11月29日，中国高校校报协会公布了2011年度中国高校校报好新闻评奖结果，校报好新闻获一等奖2篇、二等奖2篇、三等奖1篇，获奖等级位居全省高校之首。11月23日，在第二届中国高校电视奖评选中，学校选送作品获新闻类节目二等奖和专题类节目优秀奖。

【召开第二届中国东北盐碱地生态环境修复国际学术研讨会】 5月25日，第二届中国东北盐碱地生态环境修复国际学术研讨会在东北林大盐碱地生物资源环境研究中心召开。来自日本东京大学、中国清华大学、南开大学的7位国内外专家参会就中国东北盐碱地生态环境修复问题进行交流。

【高层次人才队伍建设】 2012 年，东北林大曲冠证、王晓春、赵鹏、程玉祥、沈静 5 人获得新世纪优秀人才支持计划；柳参奎、高大文、单炜 3 人享受 2012 年国务院政府特殊津贴；花军享受省政府特殊津贴。

【思想政治教育工作特色鲜明】 2 月 29 日，学校在全国大学生思想政治教育处长论坛上作典型发言介绍主题推进式教育的实践与经验。5 月 11 日，学校主题推进式教育工作荣获教育部高校文化传承创新研究优秀成果一等奖，并在会上作典型发言。东北林大被评为黑龙江省学生工作先进集体。1 人获 2011 中国大学生年度人物入围奖和第二届黑龙江省大学生年度人物；1 人被评为黑龙江省首届大学生道德模范人物；1 个学生社团被评为黑龙江省首届大学生道德模范团体。

【国际交流与合作不断推进】 有 147 人次外国专家来校访问。与莫斯科国立林业大学、日本北见工业大学等国外 4 所大学和科研单位续签，与美国华盛顿州立大学、加拿大新布伦瑞克大学等 7 所大学新签合作协议或学生交流协议。与中国台湾地区 5 所高校签署合作协议或学生交换协议。学校成为来华留学生中国政府奖学金高校。学校共有 31 个代表团 67 人次出国访问。

【科研获奖】 学校共获各级各类科研立项 624 项，获得各类科技奖励 79 项，其中：国家科技进步二等奖 3 项，黑龙江省科技奖 16 项，第四届梁希青年论文奖 37 项，黑龙江省高校科学技术奖 7 项。申请专利 119 件，授权专利 225 件。《东北林业大学学报》荣获"第四届中国高校优秀科技期刊"奖；《林业研究(英文版)》获得"2012 中国国际影响力优秀学术期刊"。

【学生比赛获奖】 3 月，学校大学生艺术团选送的文艺作品在全国第三届大学生艺术展演活动中获艺术表演类甲组二等奖 2 项，三等奖 1 项，学校获得优秀组织奖；在黑龙江省第二届"TRIZ"杯大学生创新设计大赛中获一等奖 1 项、二等奖 3 项、三等奖 2 项、优胜奖 16 项；3 月 5 日，绿色使者志愿者协会荣膺全国绿色领袖营香港区精英赛一等奖。6 月，学校荣获黑龙江省高校校歌大赛一等奖。7 月 26 日，东北林大学生在 2012 全国大学生管理决策模拟大赛中获总决赛二等奖。8 月 23 ~ 25 日，东北林大学生在大学生智能汽车竞赛全国总决赛中获得二等奖。10 月 27 日，东北林大短剧《天路》在第三届中国校园戏剧节上获"优秀剧目奖""校园戏剧之星""组织奖"3 项奖项。11 月，学校学子在 37 届 ACM/ICPC 国际大学生程序设计竞赛亚洲赛区中获 3 枚铜牌。12 月，东北林大学生在 2012 全国大学生数学建模竞赛中获全国二等奖 1 项，省一等奖 3 项，省二等奖 5 项，省三等奖 4 项，获奖数量创历史新高。12 月，在第五届国际大学生雪雕比赛中荣获一等奖。东北林大被黑龙江省文化厅评为第十届黑龙江省大学生冰雕比赛优秀院校组织奖，在第十九届全国雪雕比赛中荣获特别奖。

(东北林业大学由朱立明供稿)

南京林业大学

【概　述】 2012 年，南京林业大学各类全日制在校学生 25 795 人(含三本 9897 人)，其中博士研究生 658 人，硕士研究生 2535 人。招收本科生 6731 人(含三本 2664 人)，毕业本科生 5560 人(含三本 1715 人)。招收博士研究生 125 人，硕士研究生 972 人，毕业博士研究生 104 人，硕士研究生 917 人。教职工 1870 人，其中，专任教师 1199 人，中国工程院院士 2 人，长江学者奖励计划特聘教授 1 人，江苏特聘教授 5 人，国家杰出青年基金获得者 1 人，研究生导师 476 人。具有正高职称 189 人，副高职称 429 人。学校占地面积 686.33 公顷(包括新庄主校区、句容下蜀校区、南方学院淮安校区、白马教学科研基地、江宁工程培训中心等)。

全校有 19 个学院及研究生院、体育教育部和公有民办南方学院。有 8 个博士后流动站、7 个一级学科博士点、37 个二级学科博士点、19 个一级学科硕士点、77 个二级学科硕士点和 23 个专业学位授权领域。有 1 个一级学科国家重点学科(林业工程)，5 个二级学科国家重点学科(生态学、林木遗传育种、林产化学加工工程、木材科学与技术、森林保护学)，1 个江苏省一级学科国家重点学科培育点，4 个江苏省高校优势学科等。有林木遗传与生物技术省部共建教育部重点实验室、江苏省速生木材及农作物秸秆材料工程研究中心、国家林业局南方林木种子检验中心等科研机构。

全校有 61 个本科专业面向全国招生，其中，国家级特色专业建设点 6 个，省级品牌专业 6 个，省级特色专业 10 个。有国家级人才培养模式创新实验区 1 个，国家级优秀教学团队 1 个，国家级精品课程 3 门，有国家级实验教学示范中心 2 个。具有招收外国留学生和港、澳、台地区学生的资质，有与加拿大合作的两个中外合作办学项目。

2012 年举办了办学 110 周年暨独立建校 60 周年庆典，启用了"诚朴雄伟，树木树人"校训。首获科技部"发展中国家技术培训班项目承办单位"资质，中外合作办学项目"林学"及"木材科学与工程"专业获教育部批准。新增勇强、葛玉峰 2 名江苏特聘教授 。

2012 年增设 3 个博士后流动站。入驻南京白马国家农业科技园区，与溧水县人民政府签署 220 公顷征地协议。承办了第十届中国林业青年学术年会，900 余人参会。与南京森林警察学院、美国密西西比州立大学、西藏自治区林业厅、淮安市人民政府等签署了合作协议。参加了江苏省耐盐植物产业技术创新战略联盟和南京市农业科技创新联盟。

学校获全国高校学生公寓管理服务先进单位、江苏省教学工作先进高校称号。薛建辉教授被评为第十届江苏省优秀科技工作者，尹佟明教授被授予江苏留学回国先进个人，张齐生院士获加拿大阿尔伯塔省友谊奖，赵曜、李垚获2013届全国林科十佳毕业生，蒋守龙获首届华语大学生微电影节特别奖。邵晓峰教授专著《中国宋代家具》获中国大学出版社优秀学术著作一等奖，张智光等著《绿色中国》由中国环境科学出版社出版。

【校领导班子调整】 8月17日，南京林业大学召开学校领导班子换届宣布大会。根据江苏省委统一部署，省委决定，曹福亮继续任南京林业大学校长；薛建辉、赵林、李萍萍、赵茂程、王浩继续任南京林业大学副校长；王培君任南京林业大学副校长，免去其江苏省教育科学研究院、江苏教育学院副院长职务；万福绪、施季森因年龄原因任南京林业大学副校级调研员，免去南京林业大学副校长职务。叶国英任南京林业大学党委副书记、纪委书记，免去其副校长职务；赵茂程任南京林业大学党委副书记；王培君任南京林业大学党委委员、常委；张树泉因年龄原因任南京林业大学副校级调研员，免去其党委副书记、常委、纪委书记职务；万福绪因年龄原因，免去其党委副书记、常委职务；施季森因年龄原因，免去其党委常委职务。王国聘因提任南京晓庄学院院长，不再担任南京林业大学党委委员、常委、副校长职务。9月，南京林业大学召开了第15次党代会，封超年任党委书记，叶国英任纪委书记。

【获国家科技进步二等奖】 张齐生院士等完成的“竹木复合结构理论的创新与应用”获2012年度国家科技进步二等奖。该项目在国内外率先构建了竹木复合结构理论体系，提出竹木复合结构的“等应力设计”准则。针对依靠进口的热带硬木制作的集装箱底板、大径级原木加工的客货车车厢底板、进口高强覆膜清水混凝土模板及各种珍贵木材加工而成的室内地板，开展了各种竹木复合结构的设计、产品试制及应用推广。截至2011年年底，课题组先后在南方竹材主产区建设多家工厂，近三年累计生产竹木复合集装箱底板30万余立方米，高强覆膜竹木复合混凝土模板7万余立方米，各类车厢底板4万余立方米，家用竹木复合地板60万余立方米，累计销售收入23亿余元。

【承办第十届中国林业青年学术年会】 该会议于9月2日在南京林业大学召开，以锐意创新，改善生态，造福民生为主题。开幕式由中国林学会副理事长兼秘书长赵良平主持，全国政协人口资源环境委员会副主任、国际木材科学院院士、中国林学会理事长江泽慧致开幕词。大会颁发了第十一届中国林业青年科技奖、第四届梁希青年论文奖、第三届梁希科普奖、第三届梁希优秀学子奖。参会代表900余名，征集论文600余篇，论文内容有林木遗传育种、森林培育、森林保护、资源利用、园林规划等方面的研究成果。

【入驻南京白马国家农业科技园区】 该科技园区是科技部批准的国家农业科技园区。2月15日，南京林业大学出席园区重大项目开工奠基仪式，省委常委、南京市市委书记杨卫泽，江苏省副省长徐鸣分别为项目揭牌并讲话。南京林业大学白马教学科研基地主要分为树木园、种质资源收集区、繁殖栽培示范区、工程技术集成示范区、生产与技术示范推广区和公共服务区等六大功能区，规划建设一个国际先进、国内一流，集现代林业科技创新、展示与转化，林业科研、培训与科普教育等功能于一体的现代化林业科研、生产与推广示范园区。1月20日，南京林业大学与溧水县人民政府签署了南京林业大学白马教学科研基地项目征地协议，项目用地面积约220公顷，位于南京市溧水县白马镇白袁公路西侧，南至宁杭高速，北至南京农业大学项目用地，西至方庄机耕地，东至白袁公路。

【主办第四届制浆造纸与生物技术国际研讨会】 该会议于11月7日在南京林业大学举行。会议由南京林业大学、江苏省制浆造纸重点实验室主办，中国国家自然科学基金委员会资助。来自美国、瑞典、日本等14个国家和地区近400名代表参会。研讨会上，美国北卡罗莱纳州立大学的理查德·菲利普斯教授作了“未来纸张将如何生产”报告，日本东京大学松本雄二教授作了“木质素的化学结构与反应性能之间的定量关系”报告，中国科学院上海生命科学研究院李来庚教授作了“木材生产的分子工具的发展”报告。会议的召开对推动制浆造纸的科学研究，合理利用植物纤维资源，促进制浆造纸与相关的生物科学技术的发展等意义深远。会议收到学术论文268篇。

【参与建设全国首个林业协同创新中心】 12月29日，全国第一个林业协同创新中心“林木资源高效培育与利用”协同创新中心揭牌仪式在北京林业大学举行，该中心由北京林业大学牵头，联合中国林科院、国家林业局速生丰产林管理办公室、南京林业大学、东北林业大学等单位共同建设。南京林业大学校长曹福亮教授参加“林木资源高效培育与利用”协同创新中心揭牌。该中心以增加森林面积和森林蓄积量为主要目标，满足美丽中国建设和中国木材安全需求，建成国际先进的林木资源高效培育与利用学术和技术创新高地，优秀人才汇聚和拔尖创新人才培养的核心基地。中心的重点研究任务是速生、优质、高抗林木良种选育关键技术，林木高效培育、经营与保护关键技术，林木资源高效利用关键技术，林木资源培育与利用政策体系等。

【中外合作办学项目获教育部批准】 6月，南京林业大学与加拿大不列颠哥伦比亚大学(以下简称UBC大学)合作举办的“林学”和“木材科学与工程”专业两个本科教育项目正式获教育部批准，成为南京林业大学首次获批的中外合作办学项目。项目学制5年，前3年在南京林业大学学习基础课程、专业基础课程和部分专业课程，符合条件的学生第四年赴UBC大学学习，完成学业的学生获中加双方学校文凭。9月，首届53名“林学”及“木材科学与工程”专业中外合作办学项目新生开学。

【举办竹子种植与加工技术培训班】 5月20日，发展中国家竹子种植与加工技术培训班学员到南京林业大学学习。南京林业大学开设涉及竹子生物学、植物营养诊断与施肥、中国森林资源与利用、中国林木遗传育种、中国木材工业现状及竹子植物生理研究、组织培养等8场专题讲座。组织学员参观了林木遗传育种实验室、农作物秸秆中心等。培训班由中华人民共和国商务部主办、国家林业局竹子研究开发中心承办，南京林业大学承担部分培训课程。来自尼泊尔、哥斯达黎加、塞舌尔、埃塞俄比亚、尼日利亚、利比里亚、墨西哥、乌拉圭、秘鲁、泰国、印度等18个国家的29名学员参加培训。

【参加江苏省耐盐植物产业技术创新战略联盟】 该联盟于3月16日在江苏省南通市举行成立大会。南京林业大学成为秘书长单位，校长曹福亮教授担任专家委员会名誉主任，科技处处长勇强教授任副理事长，高捍东教授任秘书长。联盟由22家从事耐盐植物育种、快繁、栽培、深加工、沿海滩涂盐碱地改良的知名科研院所和企业组成，其中企业11家、高校4家、研究机构7家。产品包括林木、花卉、蔬菜、牧草、果树、能源作物等种类。联盟的成立，将进一步推进涉农产业产学研合作，加快农业科技创新与产业化进程，有利于整合行业科技资源，集成行业的技术研发，组织瓶颈技术创新攻关，加快研究成果共享与转化，优化耐盐植物产业链，推动产业整体升级，提高江苏省耐盐植物行业在国内外的竞争能力和市场占有率，带动江苏省耐盐植物产业的整体发展。

【增设3个博士后科研流动站】 3月，根据人力资源和社会保障部、全国博士后管理委员会《关于新设增设和确认博士后科研流动站的通知》，南京林业大学获准新设机械工程博士后科研流动站，因学科调整，获准增设生态学和风景园林学2个博士后科研流动站。至此，南京林业大学博士后科研流动站已达8个，分别为机械工程、生态学、风景园林学、林业工程、生物学、林学、农林经济管理、轻工技术与工程。

【23个专业获江苏省重点专业】 8月，南京林业大学机械类、土木类、轻工类、交通运输类、林业工程类、林学类、农业经济管理类、设计学类等8个专业类和1个专业(英语专业)共23个专业被江苏省教育厅评为江苏省重点专业。据悉，本次重点专业遴选，全省有49所本科院校参评，确定“十二五”高等学校重点专业566个(含推荐改革试点项目)，其中本科重点专业364个，高职高专重点专业202个。

【2013届全国林科十佳毕业生】 12月6日，“北美枫情杯”2013届全国林科十佳毕业生评选结果在北京揭晓。南京林业大学赵曜、李垚分别获得研究生组十佳毕业生和本科生组十佳毕业生称号，另有6名研究生和5名本科生获得优秀毕业生称号。南京林业大学被授予2013届全国林科十佳毕业生评选活动优秀组织奖称号。全国80余所林科研究生培养单位和300余所涉林院校5万余名毕业生参评。

【参与共建南京钟山生命科学园】 8月16日，南京林业大学副校长薛建辉教授出席在南京理工大学举行的该科学园揭牌仪式。仪式由南京市玄武区区委常委、副区长苏郑主持。江苏省委常委、南京市委书记杨卫泽为南京钟山生命科学园揭牌。南京林业大学、南京大学、南京理工大学、东南大学、南京农业大学、江苏省农科院等12家单位的相关领导与玄武区区长徐曙海签订了合作共建南京钟山生命科学园的协议。该科学园的建立将融合高校、政府和企业的优质资源，提升协同创新能力，有利于科技成果转化、产学研合作，进一步发挥南京林业大学生物技术领域的人才、学科、资源优势。

【与常州市武进区农业科技对接】 4月13日，该对接洽谈会在南林大厦举行。南京林业大学副校长薛建辉教授、武进区副区长郑政平出席了洽谈会。洽谈会上，森林资源与环境学院、木材工业学院、风景园林学院、艺术学院和竹类研究所的教授与武进区企业负责人进行了面对面洽谈，对企业提出的技术难题进行了详细解答并确定了合作意向，加强了校地产学研合作关系。

(南京林业大学由钱一群供稿)

中南林业科技大学

【综　述】 2012年，中南林业科技大学设有20院1系1部。拥有5个博士后科研流动站，5个一级学科博士点，27个二级学科博士点，13个一级学科硕士点，71个二级学科硕士点，4个硕士专业学位授权类别，14个硕士专业学位授权领域。拥有2个国家特色重点学科、3个国家重点学科、4个国家林业局重点学科、2个湖南省优势特色重点学科、11个湖南省重点学科。

学校拥有1个国家重点野外科学观测研究站，2个国家工程实验室，1个国家级实验教学示范中心，1个国家林业局重点开放性实验室，2个湖南省设计(研究)中心，6个省级重点实验室，4个省级基础课示范性实验室，4个省级实践教学示范中心。学校占地面积130.85公顷，建筑面积101.3万平方米。固定资产总值23.8亿元，设备总值3.53亿元，图书馆藏书277万册，办有《中南林业科技大学学报》(自然科学版、社会科学版)《经济林研究》《家具与室内装饰》等公开发行的学术刊物。

学校现有全日制在校学生3.4万余人。教职工2270人，其中，教授210人，副教授653人。有国务院学位委员会学科评议组成员2人，国家级有突出贡献的专家3人，省部级有突出贡献的专家18人，省部级跨世纪学术、技术带头人重点培养对象22人，湖南省芙蓉学者特聘教授5人，享受国务院政府特殊津贴73人。1人获全国杰出专业技术人才，2 人入选新世纪百千万人才工程国家级人选名单，1 人入选国家千人计划，1 人入选湖南省百人计划，2 人入选湖南省科技领导人物，8 人入选湖南省新世纪 121 人才工程一、二层次名单。1 人获全国野外科技工作突出贡献者，1 人获全国五一劳动奖章，3 人进入教育部跨世纪优秀人才培养计划，11 人获全国优秀教师，1 人获中国青年科技奖，3 人获霍英东教育基金奖。

【获两项“国家科技进步奖”】 2012 年 2 月 14 日，从 2011 年度国家科学技术奖励大会上传来讯息，由中南林业科技大学谭晓风教授主持完成的“南方砂梨种质创新及优质高效栽培关键技术”成果和林亲录教授主持完成的“稻米深加工高效转化与副产物综合利用”成果获 2011 年度国家科学技术进步二等奖。

【入选国家发展改革委、教育部“中西部高校基础能力建设工程”100 所高校行列】 国家发展改革委、教育部于 2012 年启动“中西部高校基础能力建设工程”，安排专项资金支持中西部地方本科高校基础能力建设，中南林业科技大学成功入选，对于进一步改善办学条件、提高人才培养质量、推进教学改革、加强教师队伍建设、增强学校综合实力和核心竞争力具有重大意义。

【全面实现一本招生】 从 2012 年起中南林业科技大学正式全面进入本科一本招生，成为湖南省 5 所新增一本招生高校之一。学校以此为契机，加大宣传力度，完善相关政策，严把招生环节，一本招生省份由 2011 年的 14 个增加到 2012 年的 24 个(居湖南省新增一本招生高校之首)，本科一批录取率近 80%，生源质量大幅度提高。学校被评为湖南省招生工作先进单位。

【召开第六次党员代表大会】 2012 年 1 月 9 日，中南林业科技大学召开第六次党员代表大会。大会提出了“建设省属高水平教学研究型大学”的目标，经过酝酿和民主选举，产生了学校第六届委员会和第四届纪律检查委员会。

【教学质量工程建设】 学校党委将 2012 年确定为“教学质量年”，研究制订了“教学质量年”工作实施方案，认真组织开展了“校级教学名师评选”“青年教师教学能手评选”“大学生研究性学习与创新性实验”等 7 项质量工程，进一步完善了提升教学质量的措施和制度。

2012 年，中南林业科技大学教学质量工程建设取得新成绩。1 个国家级教学示范中心和 2 个省级实践教学示范中心顺利通过验收，3 门省级精品课程通过验收资助，3 个专业获批为省级“十二五”专业综合改革试点项目，5 部教材列入“十二五”规划教材，23 项教改课题获得省级立项。全年立项大学生研究性学习与创新性实验计划省级项目 20 项、校级项目 24 项。学校学生获得被誉为世界工业设计“奥斯卡”的“红点奖”、第五届全国大学生机械创新设计大赛一等奖、湖南省“挑战杯”大学生创业计划大赛银奖等。学校教师有 1 人获得湖南省第七届徐特立教育奖，1 人被评为湖南省优秀教师，1 人获湖南五四青年奖章，2 人获湖南省青年教学能手，5 人获省级教师教学竞赛奖。

【师资队伍建设】 坚持引进与培养并举，继续实施人才强校战略和高层次人才带动战略，新增国家“千人计划”人选 1 人、湖南省“百人计划”人选 1 人、教育部“新世纪优秀人才支持计划”人选 1 人、湖南省科技领军人才 2 人。全年引进博士 40 人，在职教师中 26 人获博士学位、27 人考取博士研究生，专任教师具有博士学位的比例提高到近 30%。另有 7 人被评为湖南省青年骨干教师，19 位教师出国(境)学习工作达 6 个月以上。

【科研工作】 科研经费实现新的增长，2012 年度到账科研经费 1.1 亿元，超额完成 8000 万元的年初目标。全年立项国家级自科项目 43 项，省部级 132 项；立项国家级社科项目 2 项，省部级 84 项；发表核心论文 936 篇，SCI、EI、CSSCI 等收录论文 387 篇；获教育部和省级各类科研奖励 13 项；授权专利 243 项；加强与行业和社会的联系合作，积极参与协同创新；签订科技服务、技术转让等横向项目 200 余项，建立科普、产学研等基地 30 多个。提升期刊学术影响，《中南林业科技大学学报》和《经济林研究》入选全国中文核心期刊。

【新增 2 个博士后科研流动站】 2012 年 8 月 29 日，国家人力资源和社会保障部与全国博士后管委会发文(人社部发〔2012〕48 号)，公布了第八批博士后科研流动站申报工作的评审结果。中南林业科技大学生态学和风景园林学两个一级学科获准增设博士后科研流动站；林学和生物学两个原有博士后科研流动站获准确认。至此，中南林业科技大学生物学、林学、林业工程、生态学和风景园林学等 5 个具有博士学位授予权的一级学科均设有博士后科研流动站。

【湖南绿色发展研究院正式落户】 2012 年 10 月 21 日，湖南绿色发展研究院在中南林业科技大学正式挂牌成立。该院将整合省内外资源，着力构建服务绿色湖南建设、支撑湖南实现绿色崛起的大型跨学科、应用性、开放式、综合型研究基地和产学研平台。原湖南省委书记、湖南省人大常委会主任周强致信祝贺，湖南省委副书记梅克保、国家林业局副局长孙扎根出席揭牌仪式。

【国际交流与合作】 对外交流合作更加活跃，举办了土木工程与基础设施新进展国际会议、生物质材料科学与工程国际会议、国家森林公园国际论坛等高水平国际学术会议。国际教育继续拓展，留学生人数同比上升 10%；新增两个国际教育实验班计划专业；获批美国蒙哥马利奥本大学环境科学专业本科教育项目，实现了学校教育部本科项目零的突破；积极申报中外合作办学机构——中南林业科技大学班戈国际学院；成功入选国家留学基金管理委员会“优秀本科生国际交流项目选派学校”；学校获长沙市公安局全市涉外学校(共 75 家)外事管理工作先进单位第一名。

(中南林业科技大学由李波涛、吴佳娣供稿)

西南林业大学

【概　况】　2012年，西南林业大学设有18个教学单位，有一级学科硕士点11个，二级学科硕士点53个，专业硕士学位点4个；3个一级学科被列为省级立项建设博士学位授权学科，12个一级学科被列入省硕士学位授权点“十二五”建设规划，2个一级学科被列为“十二五”省级优势特色重点建设学科，林学一级学科被列为省院省校教育合作咨询共建重点学科。国家林业局重点学科2个，省级挂牌重点学科5个，“十二五”省级优势特色重点学科2个。据教育部2013年1月29日发布的2012年全国高校学科评估结果显示：西南林业大学的林学并列全国第5位、林业工程位居全国第5位，风景园林学并列全国第6位，生物学、生态学、城乡规划学、机械工程也进入排名，本科专业及方向69个。全校教职工1135人，其中：专任教师中具有高级专业技术职务任职资格的人数为361人，正高职人数为109人，省级教学名师10人，国家级突出贡献专家1人，省级突出贡献专家6人，享受国务院特殊津贴者31人，享受省政府特殊津贴者9人，云南省技术创新人才1人，云南省中青年学术技术带头人21人。2012年，全日制在校生14 437人、全日制硕士研究生1184人、外国留学生43人、预科生60人。学校占地80.33公顷，校舍建筑面积40.96万平方米；教学科研仪器设备总值1.1亿元；文献馆藏资源总计106.43万册，电子图书22.6万册。

【制定2012版本科人才培养方案】　组织完成《西南林业大学2012版本科人才培养方案》，“2012版人才培养方案”包括16个院(部)69个专业(方向)，由理论、实践、课外三大教学体系构成。新版人才培养方案主要特点是建立通识教育平台，减少课堂教学学时，增加实验课、实践课、选修课比重，强化创新学分。这次本科人才培养方案的制订，是西南林业大学教育改革、提高本科教学质量取得的阶段性成果。

【新增本科专业3个】　在教育部公布的2012年度普通高等学校本科专业设置备案或审批结果中，西南林业大学汉语国际教育、地理科学、建筑学3个专业获得批准，西南林业大学专业(方向)达到69个。

【6个本科专业及方向纳入云南省一本批次录取】　为不断提高生源质量，通过与上级主管部门的深入沟通和积极争取，西南林业大学在争取一本层次招生工作方面获得了重大突破，不仅获得一本层次的招生资格，还一次性将林学、林学(双外语)、林学(经济林)、园林、木材科学与工程(家具工程)、木材科学与工程(材料工程)等6个本科专业及方向纳入云南省一本层次招生专业。

【获云南省第七届高等教育教学成果奖5项】　在云南省人民政府公布的关于云南省第七届高等教育教学成果奖励的决定中，西南林业大学获得5项成果奖，《林科类本科人才培养模式改革的理论与路径选择》获得一等奖，获得二等奖4项：《高等数学分层次教学研究》《大学生就业创业教育》《基于〈木材学〉课程群的教学团队建设探索与实践》和《西南林业大学林业类特色专业建设的研究与实践》。

【西南林业大学—北京林业大学共建“林学一级学科”启动会举行】　3月6日，西南林业大学与北京林业大学共建“林学一级学科”启动会在西南林业大学举行。北京林业大学林学院韩海荣院长、王新杰副院长，西南林业大学胥辉副校长、林学院庄翔麟书记、石卓功院长、张大才副院长、何承忠副院长以及林木遗传育种学科的老师代表参加会议。胥辉副校长首先从立项、合作共建、实现目标方面，就关于启动林学一级学科专业综合改革项目工作进行了简要介绍，韩海荣院长从学科发展方向、理清学科优势、构建学术优势团队3方面提出了意见和建议，提出可立足西南、面向全国，从国家建设、行业需求方向进行学科建设，以及“3+1”模式学科发展目标规划、创新科技平台、学科队伍梯度建设等内容，双方在共建林学一级学科有关方面达成了共识。

【南京林业大学—西南林业大学共建协同创新中心框架协议签字仪式举行】　7月20日，南京林业大学—西南林业大学共建协同创新中心框架协议签字仪式在西南林业大学国际交流中心举行。西南林业大学副校长杜官本、南京林业大学副校长薛建辉以及双方相关人员出席签字仪式。双方将以协同创新中心为平台，本着“精诚合作、优势互补、资源共享、共同发展”的宗旨，平台内实现“开放、流动、竞争、联合”的机制，在学科建设、人才培养、科学研究和技术创新等方面全面合作。以体制机制改革为着力点，促进创新要素的深度融合，集聚和培养一批拔尖创新人才，产出一大批重大标志性成果，充分发挥高等学校教育作为科技第一生产力和人才第一资源重要结合点的独特作用，在国家林业科技创新发展中作出更大贡献。

【国家林业局西南风景园林工程技术研究中心获批】　西南林业大学申报的国家林业局西南风景园林工程技术研究中心项目经过申报、建设、会议答辩、专家评审、现场考察及国家林业局审查等环节，已获批准。该中心的建立是西南林业大学园林学科建设的一件大事，对风景园林一级学科建设将产生重大影响，西南林业大学将按照工程技术研究中心相关管理办法要求，加强机制创新，认真做好科学研究和社会服务，为促进中国风景园林事业发展作出积极贡献。

【亚太森林组织昆明培训中心成立】 11月12日，亚太森林恢复与可持续管理组织(亚太森林组织)昆明培训中心揭牌仪式在西南林业大学举行。国家林业局副局长印红和云南省政府副秘书长杨杰致辞并共同为中心揭牌。印红指出，推广可持续的生产方式和消费模式，保护和经营自然资源是实现可持续发展的总体目标和根本要求；促进自然资源和生态系统的综合、可持续管理是实现可持续发展的重要途径之一；森林是支撑经济社会可持续发展的重要自然资源，对实现可持续发展具有重要和不可替代的作用。成立亚太森林组织昆明培训中心是亚太森林组织顺应区域林业发展需求，紧密围绕生态和民生两大主题，与云南省林业厅、西南林业大学经过4年务实合作的阶段性成果，是促进亚太森林组织能力建设活动系统化、规范化和专业化的重要举措。亚太森林组织是胡锦涛主席2007年在澳大利亚召开的第十五次APEC领导人非正式会议上倡议成立的，自2009年以来，围绕“林业与乡村发展”“森林资源可持续管理”两大主题成功举办了7期培训研讨班，培训了亚太地区18个经济体近120名林业官员。培训班得到了各经济体高度认可和参训学员的普遍欢迎，为亚太各经济体林业官员培训和交流提供了重要的平台。

【获批省级创新团队2个】 云南生态旅游本土化与创新研究团队获批云南省哲学社会科学创新团队；西南林业大学高原湿地科学团队获批云南省科技创新团队。

【博士授予单位检查验收工作】 2012年，西南林业大学紧紧围绕新增博士授予单位建设规划目标，结合中期检查专家提出的意见和建议，整改存在的问题，在资源整合、支撑学科建设、科研创新平台整合与提升等方面狠抓落实，多次召开相关会议，研究部署迎接验收工作。一是明确了授权学科负责人、学院主要领导和工作班子的责任；二是申博办公室制订了工作方案和实施计划；三是针对存在的不足和突出问题，采取了切实有效措施，突出特色与亮点；四是纪检监察部门负责督办，对失职渎职人员进行问责；五是做好学科评议组专家的工作，争取验收工作的主动。12月，云南省学位委员会将西南林业大学的林学、林业工程、风景园林学等3个拟授权学科的《立项建设博士学位授权一级学科简况表》予以公示，公示无异议。

【学科整体水平提高】 西南林业大学现有一级学科11个，二级学科42个，2012年全国高校学科评估结果显示：西南林业大学的林学并列全国第五位、林业工程位居全国第五位，风景园林学并列全国第六位，生物学、生态学、城乡规划学、机械工程也进入排名。学科整体水平与前两轮相比有明显提高，学科建设成效进一步彰显，极大地提高了西南林业大学学科的声誉。

【启动《普洱市生物多样性保护与利用规划(2012~2021)》编制工作】 普洱市环境保护局委托西南林业大学开展的《普洱市生物多样性保护与利用规划(2012~2021)》编制工作正式启动。2012年2月29日规划编制小组一行6人赴普洱与普洱市环保局、林业局、农业局、旅游局等生物多样性主管部门进行交流，就规划编制工作征求意见，听取各方的需求和建议，广泛开展资料收集工作；规划编制小组还对无量山、哀牢山等区域生物多样性热点进行了调研，聆听基层一线保护工作者的声音，为规划编制奠定基础。《普洱市生物多样性保护与利用规划(2012~2021)》是云南省在州一级开展的第一个生物多样性保护专项规划，对未来该区域的生物多样性保护工作有重要指导意义。

【承担云南省167个自然保护区基础调查与评价项目】 3月21日，国家环境保护部召开全国自然保护区基础调查2011年工作总结暨2012年启动会议，西南林业大学承担2011~2013年云南省167个自然保护区的基础调查与评价项目，调查内容包括自然保护区基础信息调查；自然保护区建立、管理相关资料；自然保护区基础调查数据、范围及功能区划实地调查并审核，对自然保护区管理条件进行评价等。

【《云南纳帕海省级自然保护区总体规划》通过评审】 4月20日，由西南林业大学承担完成的《云南纳帕海省级自然保护区总体规划》评审会举行。评审会由云南省林业厅主持，评审专家组由来自中国科学院昆明植物研究所、中国科学院昆明动物研究所、国家林业局昆明勘察设计院、云南大学、云南师范大学、云南省林业调查规划院、云南省社会科学院等单位的7位专家组成，参加评审会议的还有云南省财政厅、农业厅和旅游局的相关领导。刘强博士代表规划编制组进行了汇报，专家组听取规划编制单位的汇报，审阅了相关材料，经评议认为《总体规划》充分考虑到主要保护对象的生态需求，科学地划定了核心区、季节性核心区和实验区，功能区划合理，符合纳帕海湿地自然保护区的实际需求；《总体规划》目标明确，内容和措施具有较强的科学性和可操作性，对保护区的建设和管理具有较强的指导意义，最后一致决定该《总体规划》通过评审。

【“大湄公河次区域森林资源管理”研讨班举行】 7月11日，西南林业大学与湄公学院共同主办的“大湄公河次区域森林资源管理”研讨班在云南昆明举行。这是亚太森林组织继2010年以来主办的第二次面向大湄公河次区域经济体的研讨班，25名学员为来自柬埔寨、中国、老挝、缅甸、泰国和越南6个经济体的林业官员和研究人员。国家林业局国际合作司巡视员金普春、亚太森林组织副秘书长鲁德、西南林业大学党委书记陈宝昆、西南林业大学副校长郑毅、云南省国际区域合作办公室主任金诚、湄公学院代表王泽华出席了开班仪式，西南林业大学党委副书记、云南生物多样性研究院院长李永和主持了开幕式。金普春主任表示，中国外交部和国家林业局大力支持亚太森林组织和西南林业大学、湄公学院举办本次研讨会，希望借助亚太森林组织这一重要区域合作平台，不断加强大湄公河次区域经济体的林业交流与合作。本次研讨班邀请了来自联合国粮农组织、国际示范林网络、印度尼赫鲁大学等机构的多名国际专家及国内知名学者授课，以主题报告、案例分析、分组讨论等形式，通过回顾大湄公河流域森林资源管理现状和总体情况，分享和探讨森林对促进和提高流域治理的积极作用。本次研讨班为期 11 天。

【全国林业院校图书情报工作委员会暨中国林业教育学会图书馆工作委员会第 21 次会议】 9 月 21 日，全国林业院校图书情报工作委员会暨中国林业教育学会图书馆工作委员会第 21 次会议在西南林业大学召开。开幕式由西南林业大学图书馆馆长徐正会主持，西南林业大学校长刘惠民到会讲话，副校长赵乐静代表西南林业大学致辞，全国林业院校图书情报工作委员会主委刘勇代表图工委致辞。参加本次会议的有北京林业大学图书馆、东北林业大学图书馆、北华大学图书馆、内蒙古农业大学图书馆、西北农林科技大学图书馆、南京林业大学图书馆、南京森林警察学院图书馆、中南林业科技大学图书馆、宁波大学园区图书馆、浙江农林大学图书馆、福建农林大学图书馆和西南林业大学图书馆。会议论文集收到学术论文 54 篇。

【"学习杨善洲　绿化彩云南　建设生态校园"植树活动启动仪式举行】 6 月 25 日，云南省杨善洲绿化基金会与西南林业大学共同发起"学习杨善洲　绿化彩云南　建设生态校园"植树活动启动仪式举行，云南省委原副秘书长、云南省杨善洲绿化基金会常务副理事长李森，云南省科协副主席李仁等相关部门领导与西南林业大学 100 多名师生种植滇润楠、香樟、元宝枫、石楠等品种树木 1000 多株。该活动获得西南林业大学师生、校友、国际友人募集款 13.23 万元，同时得到云南姜氏科技有限公司、云南森宝林业有限公司、云南山河园林有限公司、云南交林林业勘察绿化有限公司等多家爱心企业、人士的捐赠。

【杜官本教授参加国家科学技术奖励大会并领奖】 2 月 14 日，国家科学技术奖励大会在北京人民大会堂举行，西南林业大学杜官本教授主持的"防潮型刨花板研发及工业化生产技术"项目获得国家科技进步二等奖，杜官本教授作为课题主持人出席了在人民大会堂举行的国家科学技术奖励大会，并作为获奖代表上台领奖。该获奖项目技术具有重大技术创新，低碳环保，节能减排，产业化程度高，对推动行业技术进步和产业结构调整及转型升级有重大意义，现已在全国 41 家企业推广应用，产品获美国 CARB 认证，近三年新增产值 35 亿元以上，新增利税 4 亿元以上，经济效益显著。该奖项既是西南林业大学自 1978 年独立建校以来获得的第一个国家科技进步二等奖，也是西南林业大学长期以来高度重视科学研究工作取得的标志性成果。

【石漠化治理专家李乡旺教授】 西南林业大学李乡旺教授率领的团队，18 年如一日开展石漠化治理，研究 50 多种树种，筛选出 10 个适宜品种，中止了滇东南 300 年的石漠化进程，让巨石密布的"石头山"变成山林密布的天然氧吧，也使云南省石漠化治理走在了全国前列。李乡旺教授先进事迹主要表现在以下 3 个方面：一是从在职期间至退休后，前后 18 载，无私奉献，不求索取，全身心投入开远、建水、个旧等地石漠化山地治理研究，在学术上取得了许多成果；二是经常深入到基层、农村和石漠化山区，把理论研究成果应用到石漠化山地的治理，走出了一条云南石漠化治理的特色路子，建水、开远、蒙自、弥勒等地推广他的石漠化治理模式，石山变成了绿洲，恢复了生物多样性的生态屏障，创造了人间奇迹，而且推广面积广达 3.33 万多公顷；三是在高海拔冷凉石漠化山区发现了新的耐寒速生品种——开远滇杨，在高寒石漠化山区推广成功，为老百姓找到了一条脱贫致富的好路子，既造福于当地群众，又为解决高海拔山区石漠化问题找到了新树种，适宜在云南省同类山区推广应用。

【樊国盛教授当选中国传统村落保护和发展专家委员会委员】 据住房和城乡建设部等部门《关于成立传统村落保护和发展专家委员会及工作组的通知》，西南林业大学园林学院院长樊国盛教授被住房和城乡建设部、文化部、国家文物局、财政部聘为传统村落保护和发展专家委员会委员。该委员会由国内 26 名从事村落保护和发展的建筑学、民俗学、艺术学、美学、风景园林学、经济学和社会学等学科领域的全国知名专家组成。

【获首届中国昆明泛亚国际观赏苗木展览会优秀组织奖和花灌木金奖】 11 月 4 日，由云南省林业厅、云南省住房与城乡建设厅、昆明市人民政府、中国绿化观赏苗木协会联合主办的首届中国昆明泛亚国际观赏苗木展览会在彩云北路小古城云南植物王国胜利闭幕，西南林业大学参展的成果喜获优秀组织奖，引进培育的帝王花喜获花灌木金奖，展出的帝王花是西南林业大学主持的国家 948 项目"优良山龙眼科木本切花植物栽培技术引进"项目成果的一部分，从南非引进后栽培于西南林业大学苗圃，《中国花卉报》等多家新闻媒体对西南林业大学展出的帝王花表现出了浓厚兴趣。

【北京林业大学贺庆棠教授作学术报告】 5 月 10 日，著名森林生态学家和森林气象学家、北京林业大学原校长、生态学博士生导师贺庆棠教授在西南林业大学作《现代林学森林与林业暨我国林业主要问题》学术报告，报告加深了大家对专业的理解，对林业知识有了进一步的延伸，对中国林业发展中存在的问题及今后的发展方向有更加明确和清晰认识。5 月 11 日，贺庆棠教授作了题为《建设生态文明——我国国情与当代青年的历史责任》学术报告，本次报告不仅构建了关于生态文明的基本知识框架，更引发了师生对于中国建设生态文明的深深思考。

【国际中国环境基金会副总裁 Samuel Sage 教授作学术报告】 1 月 6 日，国际中国环境基金会副总裁 Samuel Sage 教授在西南林业大学作了题为"Renewing Natural Processes in An Urban Area——An American Perspective"的报告，该报告主要围绕城市环境生态问题，特别是生态保护与修复，水环境治理等科学问题。

【两部著作入选当代云南社会科学百人百部优秀学术著作丛书】 "当代云南社会科学百人百部优秀学术著作

丛书”遴选1949年10月1日后出生的作者和2009年12月31日前出版的成果，丛书旨在整体推出云南社科优秀成果，打造社科品牌和学术精品，进一步推动云南省哲学社会科学繁荣发展，推动“两强一堡”战略目标的实施。西南林业大学赵乐静教授《技术解释学》、木基元教授《云南历史文化名城研究》入选该丛书。

【科研工作】 2012年，获批科研项目447项，合同经费7447.17万元，到位经费6397.78万元，其中国家自然科学基金项目40项，国家社科基金项目3项，国家基金获批项目数比2011年增加38.71%，经费增加43.19%。2012年获得云南省科技成果奖3项，其中科技进步二等奖1项、三等奖1项，自然科学三等奖1项。获云南省哲学社会科学优秀成果奖三等奖1项，出版各类著作25部，发表论文680篇，其中被SCI、EI、ISTP收录65篇；获得专利5项。

（西南林业大学由校办供稿）

南京森林警察学院

【概　述】 2012年，南京森林警察学院(以下简称学院)设治安系、森林消防系、侦查系、刑事科学技术系、警务管理系、信息技术系、警务技战术系、思政部、教学实训基地和继续教育部。国家林业局警官培训中心、森林消防指挥培训中心、森林公安司法鉴定中心和林业职业教育研究中心挂靠在学院。学校占地总面积76.2公顷，总建筑面积近20万平方米。学院拥有教学仪器设备总值7497万元，图书馆馆藏文献总量达271万册，其中纸质图书57万册。全日制在校生4712人，2012年实际录取新生为1240人，其中本科生1103人，专科生137人。学院警官培训中心根据《公安机关人民警察训练条令》《森林公安机关人民警察训练办法》的规定，认真贯彻落实“三个必训”和森林公安队伍正规化建设的要求，认真做好教学管理和学员管理工作，圆满完成了年度教育训练任务。一年来，共举办各类培训班21期，参训学员达2198人次。其中森林公安计划内15期，1944人次；计划外4期，163人次。森林防火计划内2期，91人次。

【科技立项】 2012年，学院共组织申报各级各类科研项目47项，立项39项。组织申报评奖4项，获奖1项。组织验收或查定项目7项(其中省公安厅项目6项，“948”项目1项)。

【教学质量工程建设】 年初学院全面启动本科教学质量与教学改革工程，其中本科课程基本建设立项158门，经过一年建设，已完成并且获得结项课程153门；同时学院还启动了本科专业建设工程，共有9个专业作为本科重点专业立项建设。《警察院校文化素质教育体系的构建与应用》获2012年公安部教学成果一等奖，《野生动植物物证技术实践教学体系的构建与研究》获2012年公安部教学成果二等奖。刑事科学技术专业被确定为江苏省重点专业立项建设；公安信息技术实践教育中心被确定为省级实践教育中心建设点。组织申报国家级大学生实践创新训练项目20项，省级大学生实践创新训练项目30项，均获得批准立项。

【师资队伍建设】 学院高度重视师资队伍建设，积极引进各类人才，并加大对中青年教师的培养力度。学院共有教职工373人，其中专任教师237人。专任教师队伍结构不断优化，教师中具有正高级职称者25人，副高级职称者74人，中级职称者104人，具有高级职称人数占41.78%；具有博士学位22人，硕士学位123人，具有博士、硕士学位教师的比例持续增长，达到61.19%；40岁以下青年教师占64.56%，41～50岁中年教师占25.74%。现有国家级高校教学名师1人，省级高校教学名师1人，江苏省优秀教学团队2个，江苏省“333工程”第三层次培养对象2人，享受国务院政府特殊津贴专家4人，江苏省“青蓝工程”中青年学术带头人3人。学院聘请具有较高学术造诣和突出工作业绩的兼职教授、兼职教官参与教学、培训和科研工作，近年来共从全国各地公安机关和院校聘请兼职教授31人、高级教官41人、教官20人。

【毕业生就业】 2012年，学院共有毕业生1473名，截至2012年11月底，学院毕业生就业率为86.69%。

学院毕业生就业方向主要是基层公安队伍、武警公安边防总队及其他企事业单位。1277名已就业毕业生中，584名毕业生进入公务员队伍，占已就业毕业生总数的45.73%，其中进入森林公安队伍的有31人，占已就业毕业生总数的2.43%；94名毕业生充实到武警边防总队工作，占已就业毕业生总数的7.36%；98名毕业生进入事业单位工作，占已就业毕业生总数的7.67%，501名毕业生派遣回原生源地，准备参加国家及各省组织的公务员考试和政法干警考试。

【学院获“2010～2011年度江苏省高等学校和谐校园”荣誉称号】 1月13日，江苏省教育厅发出《关于公布2010～2011年度江苏省高等学校和谐校园评选结果的通知》(苏教社政〔2012〕2号)，学院被授予2010～2011年度江苏省高等学校和谐校园称号。

根据《省教育厅关于在全省高校深入开展和谐校园创建活动的通知》精神，学院于2011年下半年认真组织了“2010～2011年度江苏省高等学校和谐校园”自评申报工作，各有关部门和单位对照评选标准，进行了认真自查自评，完成并上报了学校和谐校园创建工作自评报告和各项申报材料。通过省教育厅组织专家评审、省教育厅党组会议研究审定，最终共有南京大学、南京森林警察学院等58所高校获评2010～2011年度江苏省高等学校和谐校园。

【学院基层团组织被共青团江苏省委命名为2011年度"江苏省基层团建示范点"】 为进一步发挥典型的示范引领作用，推动团的基层组织建设和基础工作再上新台阶，共青团江苏省委在《关于命名2011年度"江苏省基层团建示范点"的决定》(团苏委发〔2012〕3号)中，将100个基层团组织命名为2011年度"江苏省基层团建示范点"。学院治安系团总支被命名为2011年度"江苏省基层团建示范点"。

【《中国森林公安志》编写座谈会在学院召开】 2月24日，《中国森林公安志》编写工作座谈会在南京森林警察学院举行。国家林业局森林公安局局长王海忠出席会议并讲话。学院党委书记王邱文、院长张高文、党委副书记林平出席会议，国家林业局森林公安局相关处室负责人、国家林业局管理干部学院、东北林业大学和云南、江西、内蒙古大兴安岭、黑龙江森工森林公安局有关专家、《中国森林公安志》编写组全体成员参加会议。

林平副书记代表编写组通报了编写进展情况。与会专家研究讨论了编写大纲，提出了修改意见和建议，并结合各自参与志书编写的经历，介绍了宝贵的经验和做法体会。

【胡建刚教授入选江苏省第四期"333高层次人才培养工程"第三层次培养对象】 根据江苏省人才工作领导小组《关于确定江苏省第四期"333高层次人才培养工程"第三层次培养对象的通知》(苏人才〔2011〕15号)，学院胡建刚入选省第四期"333高层次人培养工程"第三层次培养对象，管理期从2011年至2015年。

【学院成为2012年江苏省公务员笔试考点】 2012年江苏省公务员考试笔试于3月11日在全省举行，学院作为南京市考点之一，对本次考试进行了认真组织。

2012年度江苏省公务员公共科目笔试在全省14个考区，166个考点同时进行。对于此次考试，学院领导高度重视，张治平常务副院长、陶珑副院长专门组织召开协调会议进行动员部署，教务处、招就处精心设置考场，严格遴选监考人员，认真安排考务工作。在院办、学生处、保卫处、后勤处等多部门的通力合作下，在学院全体师生的大力支持下，圆满完成了考试的各项任务。

【全国公安英烈子女保送生考试举行】 4月25～26日，由公安部统一组织的2012全国公安英烈子女公安普通高等院校保送生统一考试在南京森林警察学院举行。来自全国各省、自治区、直辖市及边防、铁道、交通、森林公安机关推荐的72名英烈子女保送生参加了统一考试，其中森林公安系统有4名烈士子女参加考试。

【江苏省录用公务员(人民警察)面试工作举行】 5月13日，2012年江苏省录用公务员(人民警察)面试工作在学院举行。学院根据省人社厅公务员局、省公安厅有关此次考录工作的具体要求，明确责任，精心组织，周密安排，认真抓好考务工作的各环节，保证了本次考试规范有序进行。考试期间，学院常务副院长张治平、副院长傅冰钢陪同江苏省人社厅公务员局副局长李刚领导对面试工作进行了巡视。江苏省公务员主管部门和省公安机关的领导对学院为此次考录公务员(人民警察)所做的工作给予了充分的肯定，并表示衷心感谢。

【学院学生在全国大学生英语竞赛中再创佳绩】 5月13日，学院岳媛等9位同学在2012年(第14届)全国大学生英语竞赛决赛中取得优异成绩。岳媛同学以学院预赛第一名的成绩被选拔参加在东南大学举办的决赛，最终荣获D类(体育类和艺术类本科生和非英语专业高职高专类)特等奖。洪刘俊杰、夏新两位同学分别荣获C类(非英语专业本科生)、D类一等奖；张雅洁、陆静君两位同学荣获C类二等奖，巴浩翔同学荣获D类二等奖；戴雨晴、丛梦颖、余华蕾3位同学荣获C类三等奖，谭雅文同学荣获D类三等奖。

【共青团南京森林警察学院第一次代表大会、南京森林警察学院第二次学生代表大会召开】 6月13日，共青团南京森林警察学院第一次代表大会、南京森林警察学院第二次学生代表大会在学院大报告厅召开。共青团江苏省委学校部部长俞锋，共青团江苏省委组织部副部长朱熹，院党委书记王邱文，院党委副书记李明、林平，江苏省学联驻会执行主席刘星佑，近30所南京高校的团委和学生会嘉宾，学院各系分管学生工作的负责人以及175名团代会正式代表、184名学代会正式代表出席大会。

【全国林业职业教育工作座谈会在学院召开】 6月15日上午，全国林业职业教育工作座谈会在学院召开。国家林业局人事司副司长丁立新、人事处处长吴友苗、部分林业职业院校的领导以及职教中心全体人员参加了座谈会。这次会议主要围绕5个方面的问题开展讨论：一是关于起草《国家林业局关于大力发展林业职业教育的意见》的问题；二是关于筹建全国林业职业教育集团的问题；三是关于申报教育部国家紧缺人才培养方案的问题；四是关于国家林业局高职示范实训基地的评选问题；五是关于举办全国林业职业院校职业技能大赛的问题。

【全国森林公安第一届"森林卫士杯"演讲比赛在学院举行】 6月30日，国家林业局森林公安局在学院举办了全国森林公安第一届"森林卫士杯"演讲比赛。国家林业局森林公安局局长、公安部第十六局局长王海忠，公安部、国家林业局、江苏省公安厅、江苏省委宣传部、江苏省农林厅、南京市委宣传部等相关部门领导以及学院党政领导班子出席了演讲比赛。比赛由国家林业局森林公安局督察处处长张晓辉主持。

经过一天的激烈角逐，36名选手从不同侧面和不同角度，通过鲜活的内容和感人的事例，用饱满的热情和富有诗意的语言，生动诠释了人民警察核心价值观的深刻内涵，全面展现了广大森林公安民警立警为公、执法为民，爱岗敬业、无私奉献的精神风貌。赛场精彩纷呈，演讲催人奋进。36 名参赛选手共决出一等奖 1 名，二等奖 3 名，三等奖 6 名，优秀奖 26 名，单项奖 4 名，组织奖 6 个。

【学院参赛队在首届全国公安院校教学技能大赛中取得优异成绩】 8 月，公安部在大连举行首届全国公安院校教学技能大赛，学院荣获团体三等奖，其中 2 名教师荣获二等奖，2 名教师荣获三等奖，2 名学生荣获一等奖，2 名学生荣获二等奖，4 名学生荣获三等奖。

【学院参赛队在江苏第五届"仙林成才杯"模拟法庭大赛中取得优异成绩】 11 月 17 日，江苏第五届"仙林成才杯"模拟法庭大赛圆满落下帷幕，学院参赛队在此次比赛中取得了团体第一名、合议庭方第一名以及被告（辩护）方第一名的优异成绩，这是学院连续五年来参加该项赛事取得的最好成绩。

【与南京林业大学签署校际合作框架协议】 12 月 15 日，学院与南京林业大学合作协议签约仪式在南林大厦 3 楼报告厅举行。南京林业大学党委书记封超年、校长曹福亮、副校长薛建辉和我院党委书记王邱文、院长张高文、常务副院长张治平出席签约仪式。两校有关职能部门负责人参加签约仪式。

南京林业大学校长曹福亮和我院张高文院长共同签署了校际合作框架协议。根据协议，我院和南京林业大学将立足于现有的友好合作基础，进一步加强在师资共享、人才培养、科研合作、学术交流、图书资源共享、科研仪器互惠使用、学校改革发展思路和举措等方面的合作交流力度，积极拓展更加广阔的合作空间，以期建立优势互补、资源共享、互惠互利、共同发展的长期友好合作关系。

【与南京市公安局举行警务合作共建框架性协议签约仪式】 12 月 25 日，学院与南京市公安局隆重举行警务合作共建框架性协议签约仪式，南京市副市长、市局党委书记、局长徐锦辉以及黄亚玲、胡小翔、裴军、葛孝先、谢根明等市公安局领导与学院领导王邱文、张高文、张治平、陶珑、吉小林共同出席签约仪式。南京市公安局办公室、人事处及学院相关部门负责人参加了仪式。签约仪式由学院党委书记王邱文主持。

徐锦辉副市长与学院党委书记王邱文共同为警务合作共建基地揭牌，南京市公安局常务副局长黄亚玲与学院院长张高文分别代表南京市局和学院签署了警务合作共建框架性协议。

【学院师生在全国公安院校"青春 理想 警徽"主题征文活动中获奖】 12 月 26 日，全国公安院校"青春 理想警徽"主题征文颁奖仪式暨公安院校校园文化建设经验交流会在湖北警官学院举行。学院杨光同学的诗歌作品《警徽》获征文活动一等奖，宣传处夏桂林老师的散文作品《特警儿女》获二等奖，毛俊南同学的散文作品《牧养回忆》、吴霜同学的散文作品《咏月吟花》分别获三等奖；学院获征文组织奖。

（南京森林警察学院由夏桂林供稿）

林业教育信息统计

2012/2013 学年初普通高、中等林业院校和其他高、中等院校林科基本情况汇总

单位：人

名称	学校数（所、个）	毕业生数	招生数	在校学生数	毕业班学生数	教职工数	
						合计	其中：专任教师
总　计	—	**148 436**	**163 727**	**523 362**	**165 499**		
一、研究生	157	8454	9218	31 460	12 711	—	—
1. 高等林业院校	6	4614	5598	18 969	7837	11 671	7425
2. 其他高等院校（林科）	136	3453	3138	11 119	4398	—	—
3. 科研单位	15	387	482	1372	476	—	—
二、普通本专科生	242	39 425	44 050	170 343	40 788	—	—
1. 普通高等林业院校	7	24 774	27 098	105 105	24 617	—	—
2. 其他普通高等院校（林科）	235	14 651	16 952	65 238	16171	—	—
三、高等职业院校学生	119	30 904	33 682	98 656	31 633	—	—
1. 高等林业（园林）职业学校	13	22 872	24 808	72 372	23 034	5674	3882
2. 其他高等职业学校（林科）	106	8032	8874	26 284	8599	—	—
四、中等职业院校学生	427	69 653	76 777	222 903	80 367	—	—
1. 中等林业（园林）职业学校	24	17 917	17 145	52 426	18 227	2979	1809
2. 其他中等职业学校（林科）	403	51 736	59 632	170 477	62 140	—	—

2012/2013 学年初普通

学校名称	总 计	教学及辅助用房					
		计	教 室	图书馆	实验室、实习场所	专用科研用 房	体育馆
一、学校产权建筑面积	**3 831 576**	**1 731 390**	**536 630**	**189 623**	**766 107**	**57 264**	**149 660**
北京林业大学	332 295	131 454	37 779	22 521	50 379	11 555	9220
东北林业大学	890 798	362 821	80 126	41 765	179 948	10 761	40 845
南京林业大学	699 884	310 648	73 360	31 146	169 503	—	26 700
浙江农林大学	425 026	203 613	121 982	18 813	24 470	24493	4933
中南林业科技大学	824 405	404 351	118 185	34 933	200 845	9395	37 124
西南林业大学	483 936	245 917	83 761	29 814	119 203	1060	12 079
南京森林警察学院	175 232	72 586	21 437	10631	21 759	—	18 759
二、正在施工面积	76 228	61 753	15 789	—	45 964	—	—
北京林业大学	65 328	50 853	15789	—	35 064	—	—
东北林业大学	—	—	—	—	—	—	—
南京林业大学	—	—	—	—	—	—	—
浙江农林大学	—	—	—	—	—	—	—
中南林业科技大学	10 900	10 900	—	—	10 900	—	—
西南林业大学	—	—	—	—	—	—	—
南京森林警察学院	—	—	—	—	—	—	—
三、非学校产权建筑面积	120 362	104 944	79 717	601	23 826	—	—
北京林业大学	—	—	—	—	—	—	—
东北林业大学	—	—	—	—	—	—	—
南京林业大学	—	—	—	—	—	—	—
浙江农林大学	—	—	—	—	—	—	—
中南林业科技大学	120 362	104 944	79 717	601	23 826	—	—
西南林业大学	—	—	—	—	—	—	—
南京森林警察学院	—	—	—	—	—	—	—

高等林业院校校舍情况

单位:平方米

会 堂	行政办公用房	生活用房						教工住宅	其他用房
		计	学生宿舍	学生食堂	教工单身宿舍	教工食堂	生活福利及其他用房		
32 106	**239 751**	**1 450 500**	**1 134 273**	**132 181**	**66 375**	**13 858**	**103 813**	**391 251**	**18 684**
—	21 171	179 670	147 602	6368	7153	—	18 547	—	—
9376	69 875	207 515	161 719	24 482	4806	—	16 508	250 587	—
9939	63 425	263 478	205 587	22 638	21 622	9501	4130	48 900	13 433
8922	33 179	188 234	154 093	22 358	10 724	—	1059	—	—
3869	33 063	340 101	284 910	23 573	3600	3857	24 161	46890	—
—	8179	184 966	130 034	19 774	8744	500	25 914	44 874	—
—	10 859	86 536	50 328	12 988	9726	—	13 494	—	5251
—	14 475	—	—	—	—	—	—	—	—
—	14 475	—	—	—	—	—	—	—	—
—	—	—	—	—	—	—	—	—	—
—	—	—	—	—	—	—	—	—	—
—	—	—	—	—	—	—	—	—	—
—	—	—	—	—	—	—	—	—	—
—	—	—	—	—	—	—	—	—	—
—	—	—	—	—	—	—	—	—	—
800	4800	12 218	6600	1258	400	1258	1102	—	—
—	—	1600	—	—	—	—	—	—	—
—	—	—	—	—	—	—	—	—	—
—	—	—	—	—	—	—	—	—	—
—	—	—	—	—	—	—	—	—	—
800	4800	10 618	6600	1258	400	1258	1102	—	—
—	—	—	—	—	—	—	—	—	—
—	—	—	—	—	—	—	—	—	—

2012/2013 学年初普通高等林业院校教职工情况

单位：人

学校名称	教职工数										
	总计	校本部教职工									
		合计	专任教师						行政人员	教辅人员	工勤人员
			小计	正高级	副高级	中级	初级	无职称者			
总　计	**11 671**	**11 081**	**7425**	**1211**	**2462**	**3133**	**446**	**173**	**1888**	**1035**	**733**
北京林业大学	1750	1656	1147	229	499	350	10	59	248	184	77
东北林业大学	2765	2429	1494	300	506	566	78	44	389	388	158
南京林业大学	1870	1769	1199	185	322	606	86	—	339	109	122
浙江农林大学	1525	1501	1010	154	330	464	52	10	275	145	71
中南林业科技大学	2248	2235	1493	209	483	667	100	34	416	84	242
西南林业大学	1140	1129	845	109	248	376	86	26	127	113	44
南京森林警察学院	373	362	237	25	74	104	34	—	94	12	19

学校名称	教职工数			其他人员			
	科研机构人员	校办企业职工	其他附设机构人员	聘请校外教师	离退休人员	附属中小学幼儿园教职工	集体所有制人员
总　计	**83**	**147**	**360**	**1077**	**4587**	**33**	**144**
北京林业大学	—	57	37	289	760	33	—
东北林业大学	10	68	258	13	1131	—	144
南京林业大学	37	22	42	270	1027	—	—
浙江农林大学	8	—	16	88	2	—	—
中南林业科技大学	13	—	—	209	1081	—	—
西南林业大学	11	—	—	160	408	—	—
南京森林警察学院	4	—	7	48	178	—	—

2012/2013 学年初普通高等林业院校资产情况

学校名称	占地面积(平方米)			图书资料		拥有教学用计算机(台)	多媒体教室座位数(个)	语音实验室座位数(个)	固定资产总值(万元)	
	总面积	其中		合计(万册)	其中：当年新增(万册)				计	教学、科研仪器设备资产
		绿化用地	运动场地							
一、学校产权	**9 872 296**	**4 015 728**	**495 461**	**1055.39**	**35.77**	**51 781**	**92 225**	**7902**	**905 377.58**	**199 384.07**
北京林业大学	468 796	124 750	56 505	162.7	7.1	9243	13 972	658	176 742.98	50 348.41
东北林业大学	1 287 559	400 000	100 291	200.59	11.7	9141	17 313	1400	164 225.56	52 907.19
南京林业大学	3 730 262	1492 104	66 475	155.1	5.5	7484	14 048	1546	119 672.27	33 088
浙江农林大学	1 547 074	748 044	64 681	165.22	5.39	5892	15 111	700	136 713	20 074.78
中南林业科技大学	1 307 246	586 000	52 175	180	—.3	11 403	18 337	2392	101 159.8	21 953.98
西南林业大学	802 737	258 628	70 118	135.33	3.73	5559	7307	898	156 800.72	15 031.96
南京森林警察学院	728 622	406 202	85 216	56.45	2.05	3059	6137	308	50 063.25	5979.75
二、非学校产权	**20 000**	**10 000**	**—**	**—**	**—**	**—**	**1585**	**420**	**—**	**—**
北京林业大学	—	—	—	—	—	—	—	—	—	—
东北林业大学	—	—	—	—	—	—	—	—	—	—
南京林业大学	—	—	—	—	—	—	—	—	—	—
浙江农林大学	—	—	—	—	—	—	—	—	—	—
中南林业科技大学	—	—	—	—	—	—	1585	420	—	—
西南林业大学	—	—	—	—	—	—	—	—	—	—
南京森林警察学院	20 000	10 000	—	—	—	—	—	—	—	—

2012/2013 学年初普通高等林业院校和其他高等院校、科研院所林科研究生分单位情况

单位：人

单位名称	毕业生数	招生数	在校学生数	毕业班学生数
总　计	**8454**	**9218**	**28 469**	**11269**
一、博士生	**972**	**1380**	**5893**	**3083**
1. 高等林业院校	394	640	2902	1641
北京林业大学	146	265	1048	528
东北林业大学	103	197	963	571
南京林业大学	104	126	658	411
中南林业科技大学	41	52	233	131
2. 林业科研单位	94	113	379	156
中国林业科学研究院	94	113	379	156
3. 其他高等院校(林业学科)	484	627	2612	1286
二、硕士生	**7482**	**7838**	**22 576**	**8186**
1. 高等林业院校	4220	4958	13076	4754
北京林业大学	1121	1267	3363	1207
东北林业大学	934	1193	3110	1029
南京林业大学	917	958	2520	1002
浙江农林大学	373	475	1194	449
中南林业科技大学	511	633	1705	628
西南林业大学	364	432	1184	439
2. 其他高等院校(林业学科)	2969	2511	8507	3112
北京大学	3	5	14	2
中国人民大学	1	5	9	4
中国农业大学	48	59	122	22
北京农学院	23	13	45	18
北京师范大学	8	8	23	7
首都师范大学	10	3	23	14
中央民族大学	8	6	26	8
中国科学院大学	18	22	68	27
南开大学	13	9	30	11
天津科技大学	5	3	11	4
天津师范大学	16	15	44	15
河北大学	10	9	35	15
河北科技大学	7	8	23	7
河北农业大学	89	61	222	82
河北师范大学	17	17	55	19
河北科技师范学院	—	2	2	—
山西大学	21	14	38	12
山西农业大学	36	60	159	44
山西师范大学	21	—	22	14
内蒙古大学	6	17	44	13
内蒙古科技大学	—	4	4	—
内蒙古农业大学	103	75	233	79
内蒙古师范大学	19	15	49	19
辽宁大学	—	5	5	—
辽宁工程技术大学	5	4	17	6

（续）

学校名称	毕业生数	招生数	在校学生数	毕业班学生数
沈阳农业大学	95	54	242	110
辽宁师范大学	9	10	28	9
沈阳师范大学	—	2	2	—
吉林大学	6	5	17	6
吉林农业大学	36	35	110	34
东北师范大学	12	12	46	11
北华大学	12	9	26	8
佳木斯大学	—	2	2	—
黑龙江八一农垦大学	1	3	5	1
东北农业大学	80	39	169	69
哈尔滨师范大学	16	16	52	15
齐齐哈尔大学	11	—	15	3
牡丹江师范学院	—	5	5	—
复旦大学	1	8	21	9
同济大学	4	—	—	—
上海交通大学	16	—	15	9
华东师范大学	12	18	57	19
上海师范大学	22	14	63	26
上海财经大学	2	2	4	2
南京大学	19	20	53	11
苏州大学	17	18	49	20
河海大学	3	3	7	1
南通大学	—	3	3	—
南京农业大学	80	102	331	122
南京师范大学	22	22	67	24
江苏师范大学	7	—	13	9
扬州大学	11	5	24	12
浙江大学	26	33	105	33
浙江师范大学	64	68	147	67
杭州师范大学	11	13	33	10
合肥工业大学	13	1	19	10
安徽农业大学	60	84	242	66
安徽师范大学	22	10	35	14
淮北师范大学	17	2	36	18
厦门大学	12	9	26	8
福建农林大学	133	86	380	156
福建师范大学	11	10	32	12
南昌大学	14	11	31	11
江西农业大学	50	42	150	56
江西师范大学	10	2	8	3
江西财经大学	1	3	8	2
山东大学	2	3	9	3

（续）

学校名称	毕业生数	招生数	在校学生数	毕业班学生数
山东建筑大学	7	2	12	6
山东轻工业学院	—	2	2	—
山东农业大学	83	61	251	91
青岛农业大学	29	17	60	20
山东师范大学	18	20	61	20
曲阜师范大学	7	6	21	7
聊城大学	9	2	19	10
烟台大学	—	3	3	—
华北水利水电学院	6	4	11	4
郑州大学	3	10	16	3
河南科技大学	5	5	16	5
河南农业大学	43	35	132	48
河南大学	12	11	40	15
河南师范大学	17	12	47	18
信阳师范学院	4	4	10	2
武汉大学	10	13	25	12
长江大学	4	3	17	6
华中农业大学	122	75	323	125
华中师范大学	8	13	60	34
湖北大学	1	3	8	2
湖北民族学院	2	5	11	4
中南财经政法大学	—	1	3	—
三峡大学	—	2	2	—
吉首大学	6	10	24	4
中南大学	1	—	11	10
湖南农业大学	17	17	66	28
湖南师范大学	16	14	41	10
中山大学	14	20	53	13
华南农业大学	91	66	239	86
华南师范大学	29	20	63	23
深圳大学	4	—	7	6
广州大学	—	2	2	—
仲恺农业工程学院	5	7	41	17
广西大学	60	43	167	66
广西师范大学	16	12	38	13
海南大学	48	32	136	56
重庆大学	—	—	1	1
西南大学	98	58	267	113
重庆师范大学	—	3	3	—
四川大学	25	22	90	37
西南科技大学	24	10	79	32
四川农业大学	137	101	361	134

（续）

学校名称	毕业生数	招生数	在校学生数	毕业班学生数
四川师范大学	—	3	3	—
西华师范大学	10	5	14	4
贵州大学	53	46	147	55
贵州师范大学	14	14	43	17
云南大学	25	18	56	20
昆明理工大学	6	7	34	14
云南农业大学	53	53	163	65
云南师范大学	5	2	12	4
西藏大学	2	11	16	—
西北大学	10	10	21	8
西安理工大学	3	3	8	3
长安大学	1	—	—	—
西北农林科技大学	207	189	604	211
陕西师范大学	29	19	52	20
陕西理工学院	10	4	4	—
兰州大学	24	40	108	32
兰州交通大学	—	—	1	—
甘肃农业大学	28	39	118	37
西北师范大学	17	15	49	19
青海大学	2	3	15	5
青海师范大学	7	7	23	11
宁夏大学	5	6	13	4
塔里木大学	—	4	4	—
新疆农业大学	29	23	86	35
石河子大学	18	17	48	19
新疆师范大学	3	4	16	7
3. 科研单位	293	369	993	320
中国林业科学研究院	152	206	504	164
中国农业科学院研究生院	6	7	22	7
中国科学院沈阳应用生态所	10	7	23	6
中国科学院上海生命科学研究院	1	20	38	3
中国科学院南京土壤研究所	12	15	41	11
江苏省植物研究所	13	15	47	17
武汉植物研究所	14	11	46	18
中国科学院华南植物研究院	25	17	54	20
中科院成都山地灾害与环境研究所	1	4	10	2
中科院成都生物研究所	7	6	17	5
中国科学院昆明植物研究所	14	12	45	18
中国科学院西双版纳热带植物园	9	15	48	18
水土保持与生态环境研究中心	18	17	49	16
中国科学院西北高原生物研究所	1	5	12	3
中国科学院新疆生态与地理研究所	10	12	37	12

2012/2013 学年初普通高等林业院校和其他高等院校、科研院所林科研究生分学科情况

单位：人

专业名称	毕业生数	招生数	在校学生数	毕业班学生数
总　计	**8454**	**9218**	**28 469**	**11 269**
一、博士生	**972**	**1380**	**5893**	**3083**
1. 林业学科小计	851	1182	5081	2636
林木遗传育种	33	63	216	103
森林培育	88	84	404	224
森林保护学	41	44	203	112
森林经理学	34	47	196	104
野生动植物保护与利用	11	30	124	67
园林植物与观赏园艺	44	42	225	128
水土保持与荒漠化防治	32	69	233	109
森林工程	14	23	146	97
木材科学与技术	35	57	250	130
林产化学加工工程	22	28	117	55
林业经济管理	41	68	390	254
其他	456	627	2577	1253
2. 林业院校和科研单位其他学科	121	198	812	447
草学新专业	5	4	19	11
城市规划学新专业	17	19	70	35
动物学	—	1	2	1
发育生物学	2	4	21	11
风景园林学	—	11	11	—
机械电子工程	—	2	2	—
机械工程	—	7	7	—
机械设计及理论	21	5	96	74
机械制造及其自动化	—	2	2	—
农业经济管理	4	19	69	33
生态学	46	77	331	186
生物化学与分子生物学	6	13	39	18
生物学	—	4	5	1
微生物学	4	7	27	12
细胞生物学	4	4	22	12
水生生物学	—	3	3	—
食品科学与工程	1	2	5	—
遗传学	2	5	20	11
载运工具运用工程	4	2	15	12
制浆造纸工程	4	3	31	24
思想政治教育	1	4	14	5
作物遗传育种	—	—	1	1
二、硕士	**7482**	**7838**	**22 576**	**8186**
1. 林业学科小计	4410	3991	13 135	4717
森林工程	59	65	185	59
木材科学与技术	172	189	521	164
林产化学加工工程	84	95	282	94
林木遗传育种	122	166	447	135
森林培育	244	256	785	266

（续）

专业名称	毕业生数	招生数	在校学生数	毕业班学生数
森林保护学	157	166	480	151
森林经理学	185	180	565	198
野生动植物保护与利用	109	108	302	98
园林植物与观赏园艺	959	350	2225	995
水土保持与荒漠化防治	255	279	900	319
林业经济管理	91	69	210	73
其他林业学科	1973	2068	6233	2165
2. 林业院校和科研单位其他学科	3072	3847	9441	3469
材料加工工程	9	8	22	6
材料物理与化学	—	7	7	—
材料学	18	11	35	12
草学	14	13	40	14
测试计量技术及仪器	13	—	22	12
茶学	—	1	1	—
车辆工程	8	17	41	12
城乡规划学	169	42	368	168
道路与铁道工程	33	22	76	30
地图学与地理信息系统	53	45	143	49
动物学	31	26	95	34
动物遗传育种与繁殖	2	5	14	4
俄语语言文学	—	6	6	—
发酵工程	7	4	13	3
发育生物学	16	18	42	13
法学	—	25	25	—
法学理论	6	6	19	6
翻译	—	34	56	22
防灾减灾工程及防护工程	—	1	1	—
风景园林	313	307	586	279
风景园林学	76	180	312	74
概率论与数理统计	—	5	5	—
高分子化学与物理	11	12	60	20
工程	128	545	900	355
工商管理	—	136	160	24
管理科学与工程	58	45	146	49
国际贸易学	10	13	35	7
国际商务	—	8	22	14
果树学	3	7	15	5
汉语言文字学	8	6	19	7
行政管理	39	33	109	42
化学工艺	17	12	43	16
化学	—	15	15	—
环境工程	28	17	57	21

（续）

专业名称	毕业生数	招生数	在校学生数	毕业班学生数
环境科学	70	17	165	79
环境科学与工程	6	72	92	12
环境与资源保护法学	95	22	172	77
会计	—	33	58	25
会计学	31	25	68	12
机械电子工程	7	14	30	8
机械工程	8	11	11	—
机械设计及理论	49	20	104	43
机械制造及其自动化	33	23	86	30
计算机软件与理论	8	11	29	9
计算机系统结构	—	4	4	—
计算机应用技术	54	34	138	62
技术经济及管理	4	5	12	3
检测技术与自动化装置	21	9	30	12
建筑学	—	15	15	—
交通信息工程及控制	2	6	11	2
交通运输规划与管理	12	7	25	9
结构工程	28	25	119	42
金融学	6	4	16	5
科学技术哲学	18	—	30	15
控制理论与控制工程	21	22	55	15
林业	33	134	239	105
伦理学	16	14	39	14
旅游管理	29	28	77	26
马克思主义发展史	—	6	6	—
马克思主义基本原理	9	11	35	12
马克思主义中国化研究	32	25	70	21
美学	—	4	4	—
民商法学	—	10	10	—
模式识别与智能系统	—	3	3	—
农产品加工及储藏工程	10	16	48	16
农林经济管理	—	11	11	—
农业电气化与自动化	5	4	13	2
农业机械化工程	4	11	23	4
农业经济管理	24	41	88	21
农业生物环境与能源工程	5	6	17	5
农业推广	344	489	856	367
农业资源与环境	18	6	21	10
企业管理	88	27	168	69
桥梁与隧道工程	20	18	61	24
人口、资源与环境经济学	10	10	29	8
人文地理学	—	4	4	—

（续）

专业名称	毕业生数	招生数	在校学生数	毕业班学生数
软件工程	—	7	7	—
设计学	52	138	260	70
设计艺术学	152	1	325	180
生理学	10	10	26	6
生态学	183	163	543	218
生物工程	—	7	7	—
生物化工	12	10	32	11
生物化学与分子生物学	36	56	150	50
生物物理学	17	20	50	16
生药学	31	17	55	20
食品科学	25	5	48	21
食品科学与工程	—	5	14	4
市政工程	—	1	1	—
蔬菜学	—	2	2	—
水生生物学	12	9	33	9
思想政治教育	23	31	106	37
特种经济动物饲养	5	7	17	5
统计学	13	12	34	9
土木工程	—	33	33	—
外国语言学及应用语言学	36	30	100	38
微生物学	42	50	127	40
细胞生物学	24	19	74	26
宪法学与行政法学	—	10	10	—
心理学	—	12	12	—
岩土工程	10	11	35	13
药物化学	9	4	20	10
仪器科学与技术	—	8	8	—
遗传学	22	24	66	18
艺术	—	92	155	33
英语语言文学	40	23	87	36
应用化学	16	15	47	17
应用数学	16	7	35	15
应用统计	—	9	21	12
应用心理学	11	—	30	15
有机化学	—	5	5	—
载运工具运用工程	25	27	78	25
哲学	—	14	14	—
植物营养学	12	11	34	8
制浆造纸工程	41	27	91	34
资产评估	—	9	13	4
自然地理学	7	17	34	7

2012/2013 学年初普通高等林业院校和其他高等院校林科分学校学生情况

单位：人

学校名称	毕业生数			招生数			在校学生数			毕业班学生数		
	合计	本科生	专科生	合计	本科生	专科生	合计	本科生	专科生	合计	本科生	专科生
总　　计	**39 425**	**36 542**	**2883**	**44 050**	**42 835**	**1215**	**170 343**	**165 735**	**4608**	**40 788**	**39 039**	**1749**
一、普通高等林业院校	**24 774**	**22 399**	**2375**	**27 098**	**26 251**	**847**	**105 105**	**101 503**	**3602**	**24 617**	**23 191**	**1426**
北京林业大学	3160	3160	—	3352	3352	—	13 224	13 218	6	3274	3263	11
东北林业大学	4577	4577	—	4701	4701	—	19 087	19 087	—	4656	4656	—
南京林业大学	3845	3845	—	4067	4067	—	15 898	15 898	—	3729	3729	—
浙江农林大学	3162	3162	—	3538	3538	—	13 813	13 813	—	3394	3394	—
中南林业科技大学	5777	4853	924	6399	5689	710	24 355	22118	2237	5826	5072	754
西南林业大学	2802	2802	—	3801	3801	—	14437	14 437	—	3077	3077	—
南京森林警察学院	1451	—	1451	1240	1103	137	4291	2932	1359	661	—	661
二、其他高等院校(林科)	**14 651**	**14143**	**508**	**16 952**	**16 584**	**368**	**65 238**	**64 232**	**1006**	**16 171**	**15 848**	**323**

2012/2013 学年初普通高等林业院校和其他高等院校林科分专业学生情况

单位：人

专业名称	毕业生数			招生数			在校学生数			毕业班学生数		
	合计	本科生	专科生	合计	本科生	专科生	合计	本科生	专科生	合计	本科生	专科生
总　　计	**39 425**	**36 542**	**2883**	**44 050**	**42 835**	**1215**	**170 343**	**165 735**	**4608**	**40 788**	**39 039**	**1749**
一、林科专业	**18 531**	**18 023**	**508**	**20 961**	**20 593**	**368**	**81 275**	**80 263**	**1012**	**19 994**	**19 660**	**334**
1. 林业工程类	2450	2450	—	2967	2967	—	10 742	11 195	—	2644	2644	—
森林工程	367	367	—	373	373	—	1512	1512	—	364	364	—
木材科学与工程	1663	1663	—	1994	1994	—	7627	7627	—	1833	1833	—
林产化工	318	318	—	478	478	—	1603	1603	—	331	331	—
林业工程类新专业	102	102	—	122	122	—	—	453	—	116	116	—
2. 森林资源类	3582	3582	—	3900	3900	—	15172	15172	—	3846	3846	—
林学	2438	2438	—	2532	2532	—	10488	10488	—	2630	2630	—
森林资源保护与游憩	822	822	—	971	971	—	3299	3299	—	742	742	—
野生动物与自然保护区管理	322	322	—	397	397	—	1385	1385	—	394	394	—
森林资源类新专业	38	38	—	421	421	—	649	649	—	80	80	—
3. 环境生态类	12 182	11 674	508	13 712	13 344	368	53 439	52 427	1012	13 252	12 918	334
园林	11 382	10 874	508	9441	12 008	368	48 845	47 833	1012	12 288	11 954	334
水土保持与荒漠化防治	800	800	—	1035	1035	—	3926	3926	—	964	964	—
环境生态类新专业	—	—	—	301	301	—	668	668	—	—	—	—
4. 农林经济管理类	317	317	—	382	382	—	1469	1469	—	252	252	—
农林经济管理	317	317	—	382	382	—	1469	1469	—	252	380	—
二、林业院校非林科专业	**20 894**	**18 519**	**2375**	**23 089**	**22 242**	**847**	**89 068**	**85 472**	**3596**	**20 794**	**19 379**	**1415**
安全工程	46	46	—	—	—	—	26	26	—	26	26	—
包装工程	156	156	—	196	196	—	720	720	—	166	166	—
保险	—	—	—	40	40	—	156	156	—	45	45	—
材料成型及控制工程	56	56	—	67	67	—	213	213	—	55	55	—
材料化学	96	96	—	169	169	—	608	608	—	131	131	—
财务管理	91	91	—	189	189	—	212	212	—	58	58	—
草业科学类新专业	54	54	—	67	67	—	251	251	—	53	53	—
测绘工程	162	162	—	199	199	—	699	699	—	160	160	—
测控技术与仪器	86	86	—	51	51	—	206	206	—	61	61	—
朝鲜语	24	24	—	29	29	—	110	110	—	22	22	—
车辆工程	145	145	—	245	245	—	884	884	—	192	192	—

（续）

专业名称	毕业生数			招生数			在校学生数			毕业班学生数		
	合计	本科生	专科生	合计	本科生	专科生	合计	本科生	专科生	合计	本科生	专科生
城市管理	56	56	—	—	—	—	175	175	—	57	57	—
城市规划	272	272	—	285	285	—	1222	1222	—	265	265	—
地理信息系统	221	221	—	287	287	—	1013	1013	—	208	208	—
电气工程及其自动化	189	189	—	154	154	—	757	757	—	187	187	—
电气信息工程	—	—	—	48	48	—	128	128	—	—	—	—
电子科学与技术	40	40	—	76	76	—	208	208	—	30	30	—
电子商务	103	103	—	121	121	—	422	422	—	113	113	—
电子信息科学类	—	—	—	234	234	—	234	234	—	—	—	—
电子信息科学与技术	60	60	—	53	53	—	223	223	—	60	60	—
动画	44	44	—	175	175	—	609	609	—	107	107	—
动物科学	86	86	—	113	113	—	389	389	—	65	65	—
动物医学	58	58	—	89	89	—	232	232	—	55	55	—
俄语	82	82	—	77	77	—	324	324	—	100	100	—
法学	373	373	—	422	422	—	1588	1588	—	397	397	—
法语	50	50	—	84	84	—	330	330	—	41	41	—
风景园林	206	206	—	287	287	—	1327	1327	—	284	284	—
高分子材料与工程	185	185	—	268	268	—	1066	1066	—	262	262	—
给水排水工程	50	50	—	124	124	—	370	370	—	57	57	—
工程管理	292	292	—	258	258	—	1142	1142	—	276	276	—
工程力学	26	26	—	47	47	—	107	107	—	24	24	—
工商管理	300	300	—	291	291	—	1202	1202	—	347	347	—
工商管理类	—	—	—	105	105	—	105	105	—	—	—	—
工业工程	72	72	—	79	79	—	297	297	—	60	60	—
工业设计	560	560	—	473	473	—	1957	1957	—	541	541	—
公共管理类	—	—	—	79	79	—	79	79	—	—	—	—
公共事业管理	82	82	—	171	171	—	668	668	—	148	148	—
旅游管理	—	—	—	—	—	—	163	—	163	—	—	—
商务英语	79	—	79	—	—	—	—	—	—	—	—	—
商品花卉	46	—	46	66	—	66	125	—	125	36	—	36
电子信息工程	393	393	—	306	306	—	1563	1563	—	437	437	—
电子商务	122	—	122	133	—	133	263	—	263	71	—	71
国际商务	141	—	141	95	—	95	260	—	260	78	—	78
艺术设计	160	—	160	101	—	101	299	—	299	99	—	99
会计电算化	235	—	235	224	—	224	518	—	518	151	—	151
酒店管理	141	—	141	91	—	91	609	—	609	319	—	319
广播电视新闻学	—	—	—	38	38	—	136	136	—	28	28	—
广告学	300	300	—	282	282	—	961	961	—	228	228	—
国际经济与贸易	451	451	—	593	593	—	2068	2068	—	382	382	—
国际商务	—	—	—	78	78	—	231	231	—	49	49	—
过程装备与控制工程	71	71	—	49	49	—	203	203	—	58	58	—
汉语言	34	34	—	39	39	—	136	136	—	26	26	—
汉语言文学	119	119	—	157	157	—	569	569	—	121	121	—
行政管理	51	51	—	46	46	—	188	188	—	50	50	—
化学	44	44	—	48	48	—	176	176	—	39	39	—

（续）

专业名称	毕业生数			招生数			在校学生数			毕业班学生数		
	合计	本科生	专科生	合计	本科生	专科生	合计	本科生	专科生	合计	本科生	专科生
化学工程与工艺	277	277	—	204	204	—	976	976	—	289	289	—
化学生物学	—	—	—	37	37	—	37	37	—	—	—	—
环境工程	210	210	—	262	262	—	1029	1029	—	239	239	—
环境科学	268	268	—	238	238	—	944	944	—	258	258	—
会计学	984	984	—	839	839	—	4498	4498	—	1099	1099	—
机械电子工程	—	—	—	204	204	—	612	612	—	114	114	—
机械设计制造及其自动化	966	966	—	699	699	—	3515	3515	—	858	858	—
计算机科学与技术	699	699	—	516	516	—	2254	2254	—	671	671	—
建筑环境与设备工程	89	89	—	67	67	—	307	307	—	80	80	—
建筑学	59	59	—	164	164	—	674	674	—	48	48	—
交通工程	67	67	—	55	55	—	307	307	—	79	79	—
交通运输	430	430	—	459	459	—	1768	1768	—	437	437	—
教育学类新专业	—	—	—	—	—	—	65	65	—	—	—	—
金融学	248	248	—	285	285	—	1266	1266	—	269	269	—
经济学	52	52	—	102	102	—	296	296	—	43	43	—
景观建筑设计	65	65	—	98	98	—	330	330	—	70	70	—
旅游管理	495	495	—	441	441	—	1771	1771	—	450	450	—
农村区域发展	38	38	—	40	40	—	158	158	—	34	34	—
农学	59	59	—	135	135	—	361	361	—	62	62	—
农业机械化及其自动化	45	45	—	33	33	—	179	179	—	48	48	—
农业资源与环境	62	62	—	70	70	—	269	269	—	60	60	—
汽车服务工程	52	52	—	94	94	—	303	303	—	54	54	—
轻化工程	170	170	—	175	175	—	761	761	—	182	182	—
热能与动力工程	114	114	—	204	204	—	644	644	—	151	151	—
人力资源管理	132	132	—	155	155	—	593	593	—	133	133	—
人文教育	—	—	—	—	—	—	26	26	—	—	—	—
日语	329	329	—	219	219	—	902	902	—	236	236	—
软件工程	106	106	—	122	122	—	452	452	—	107	107	—
商务英语	—	—	—	54	54	—	103	103	—	—	—	—
社会工作	86	86	—	78	78	—	329	329	—	84	84	—
社会体育	30	30	—	31	31	—	122	122	—	29	29	—
摄影	44	44	—	—	—	—	138	138	—	42	42	—
生态学	77	77	—	113	113	—	412	412	—	69	69	—
生物工程	144	144	—	152	152	—	241	241	—	142	142	—
生物技术	294	294	—	265	265	—	1154	1154	—	292	292	—
生物科学	150	150	—	82	82	—	616	616	—	155	155	—
生物科学类	—	—	—	210	210	—	210	210	—	—	—	—
食品科学与工程	421	421	—	378	378	—	1474	1474	—	356	356	—
食品质量与安全	51	51	—	136	136	—	365	365	—	97	97	—
市场营销	331	331	—	256	256	—	1089	1089	—	280	280	—
数学类新专业	—	—	—	90	90	—	90	90	—	—	—	—
数学与应用数学	90	90	—	110	110	—	413	413	—	105	105	—
数字媒体艺术	57	57	—	63	63	—	399	399	—	112	112	—
泰语	—	—	—	40	40	—	87	87	—	—	—	—

（续）

专业名称	毕业生数			招生数			在校学生数			毕业班学生数		
	合计	本科生	专科生	合计	本科生	专科生	合计	本科生	专科生	合计	本科生	专科生
体育教育	49	49	—	40	40	—	185	185	—	45	45	—
通信工程	113	113	—	210	210	—	707	707	—	169	169	—
统计学	128	128	—	138	138	—	521	521	—	125	125	—
土地资源管理	27	27	—	118	118	—	178	178	—	23	23	—
土木工程	810	810	—	918	918	—	4360	4360	—	892	892	—
网络工程	—	—	—	32	32	—	92	92	—	—	—	—
文化产业管理	63	63	—	61	61	—	236	236	—	58	58	—
物理学	47	47	—	44	44	—	158	158	—	44	44	—
物流工程	197	197	—	192	192	—	740	740	—	198	198	—
物流管理	71	71	—	159	159	—	512	512	—	108	108	—
物业管理	—	—	—	55	55	—	368	368	—	115	115	—
消防工程	32	32	—	53	53	—	183	183	—	36	36	—
心理学	80	80	—	—	—	—	154	154	—	85	85	—
信息工程	—	—	—	51	51	—	94	94	—	—	—	—
信息管理与信息系统	354	354	—	239	239	—	1117	1117	—	316	316	—
信息与计算科学	243	243	—	275	275	—	1027	1027	—	263	263	—
艺术类	—	—	—	288	288	—	288	288	—	—	—	—
艺术类新专业	111	111	—	123	123	—	475	475	—	106	106	—
艺术设计	999	999	—	949	949	—	4515	4515	—	1101	1101	—
音乐表演	40	40	—	58	58	—	213	213	—	47	47	—
印刷工程	21	21	—	83	83	—	241	241	—	59	59	—
英语	560	560	—	568	568	—	2408	2408	—	635	635	—
应用化学	130	130	—	160	160	—	613	613	—	142	142	—
应用生物科学	—	—	—	45	45	—	80	80	—	—	—	—
应用物理学	27	27	—	—	—	—	48	48	—	25	25	—
应用心理学	—	—	—	77	77	—	149	149	—	—	—	—
园艺	161	161	—	188	188	—	791	791	—	187	187	—
越南语	—	—	—	35	35	—	35	35	—	—	—	—
政治学与行政学	39	39	—	47	47	—	212	212	—	54	54	—
植物保护	86	86	—	116	116	—	415	415	—	93	93	—
植物生产类新专业	49	49	—	60	60	—	236	236	—	54	54	—
中药学	60	60	—	—	—	—	153	153	—	57	57	—
种子科学与工程	—	—	—	28	28	—	57	57	—	—	—	—
资源环境与城乡规划管理	191	191	—	200	200	—	869	869	—	202	202	—
自动化	254	254	—	266	266	—	1081	1081	—	235	235	—
治安学	—	—	—	476	476	—	1121	1121	—	—	—	—
侦查学	496	—	496	419	419	—	1752	1246	506	281	—	281
公安学类新专业	—	—	—	208	208	—	565	565	—	—	—	—
治安管理	624	—	624	137	—	137	853	—	853	380	—	380
信息网络安全监察	126	—	126	—	—	—	—	—	—	—	—	—
刑事技术	205	—	205	—	—	—	—	—	—	—	—	—

2012/2013 学年初普通高等林业院校分专业学生情况统计表

学校	专业	毕业生数	招生数	在校学生数	毕业班学生数
北京林业大学	**学生总数**	**4427**	**4884**	**17629**	**4998**
	其中:林业学科、专业学生	1220	1437	5075	1613
	占学生总数的比例(%)	27.56	29.42	28.79	32.27
	一、研究生合计	**1267**	**1532**	**4411**	**1735**
	(一)博士小计	146	265	1048	528
	1. 林业学科	112	213	830	412
	林木遗传育种	6	16	53	24
	森林培育	10	14	73	38
	森林保护学	8	10	33	14
	森林经理学	11	14	65	38
	野生动植物保护与利用	3	7	32	19
	园林植物与观赏园艺	9	19	65	30
	水土保持与荒漠化防治	13	23	73	28
	森林工程	2	5	15	9
	木材科学与技术	6	19	53	19
	林产化学加工工程	4	12	30	8
	林业经济管理	16	25	145	93
	其他林业学科	24	49	193	92
	2. 其他学科	34	52	218	116
	(二)硕士小计	1121	1267	3363	1207
	1. 林业学科	395	446	1197	442
	林木遗传育种	15	22	71	24
	森林培育	25	27	90	32
	森林保护学	19	22	66	22
	森林经理学	20	22	68	24
	野生动植物保护与利用	13	17	49	15
	园林植物与观赏园艺	54	48	175	65
	水土保持与荒漠化防治	40	59	150	51
	林产化学加工工程	13	23	59	19
	其他林业学科	70	206	469	210
	2. 其他学科	726	821	2166	765
	二、本专科生合计	**3160**	**3352**	**13218**	**3263**
	(一)本科小计	3160	3352	13218	3263
	1. 林科专业	713	778	3048	759
	水土保持与荒漠化防治	89	96	384	96
	木材科学与工程	82	92	352	83
	园林	197	170	751	201
	林产化工	31	28	109	27
	森林资源保护与游憩	19	—	80	26
	野生动物与自然保护区	33	44	126	28
	林学	96	—	320	105
	林业工程类新专业	102	122	453	116
	森林资源类	—	156	156	—
	农林经济管理	64	70	317	77
	2. 其他专业	2447	2574	10170	2504
东北林业大学	**学生总数**	**5614**	**6091**	**23160**	**6256**
	其中:林业学科、专业学生	1025	1132	4175	1353
	占学生总数的比例(%)	18.26	18.58	18.03	21.63
	一、研究生合计	**1037**	**1390**	**4073**	**1600**
	(一)博士小计	103	197	963	571
	1. 林业学科	67	141	706	421
	林木遗传育种	5	8	44	24
	森林培育	1	6	22	13
	森林保护学	10	9	40	32
	森林经理学	5	4	26	16

（续）

学校	专业	毕业生数	招生数	在校学生数	毕业班学生数
	野生动植物保护与利用	5	13	60	34
	园林植物与观赏园艺	—	1	12	8
	水土保持与荒漠化防治	2	7	26	16
	森林工程	2	7	45	40
	木材科学与技术	12	16	63	35
	林产化学加工工程	5	4	28	17
	林业经济管理	7	17	110	74
	其他林业学科	13	49	230	112
	2. 其他学科	36	56	257	150
	(二)硕士小计	934	1193	3110	1029
	1. 林业学科	178	264	642	219
	林产化学加工工程	2	6	12	4
	林木遗传育种	9	22	37	8
	森林培育	6	14	22	2
	森林保护学	13	19	45	12
	森林经理学	14	19	59	19
	野生动植物保护与利用	15	20	38	8
	园林植物与观赏园艺	19	21	54	17
	森林工程	15	17	35	6
	其他林业学科	85	126	340	143
	2. 其他学科	756	929	2468	810
	二、本专科生合计	**4577**	**4701**	**19087**	**4656**
	(一)本科小计	4577	4701	19087	4656
	1. 林科专业	780	727	2827	713
	林产化工	47	49	200	48
	森林资源保护与游憩	50	61	215	49
	林学	115	91	384	110
	森林工程	108	101	402	103
	木材科学与工程	147	143	567	141
	园林	146	92	372	90
	野生动物与自然保护区	91	88	318	88
	森林资源类新专业	—	29	59	—
	农林经济管理	76	73	310	84
	2. 其他专业	3797	3974	16260	3943
南京林业大学	**学生总数**	**4866**	**5151**	**19076**	**5142**
	其中:林业学科、专业学生	887	1098	3830	1201
	占学生总数的比例(%)	18.22	21.31	20.07	23.57
	一、研究生合计	**1021**	**1084**	**3178**	**1413**
	(一)博士小计	104	126	658	411
	1. 林业学科	83	84	488	309
	林木遗传育种	9	7	33	19
	森林培育	8	10	47	28
	森林保护学	7	3	38	26
	森林经理学	4	2	19	15
	野生动植物保护与利用	1	1	5	2
	园林植物与观赏园艺	6	4	35	24
	水土保持与荒漠化防治	4	8	27	11
	森林工程	6	5	41	27
	木材科学与技术	8	8	63	44
	林产化学加工工程	3	10	32	15
	林业经济管理	8	11	72	52
	其他林业学科	19	15	76	46
	2. 其他学科	21	42	170	102
	(二)硕士小计	917	958	2520	1002
	1. 林业学科	358	287	830	340
	林学新专业	—	1	3	1
	林木遗传育种	15	21	47	12

（续）

学校	专业	毕业生数	招生数	在校学生数	毕业班学生数
	森林培育	20	23	66	21
	森林保护学	13	20	55	17
	森林经理学	15	11	34	11
	野生动植物保护与利用	1	1	4	1
	园林植物与观赏园艺	40	20	73	29
	林业工程新专业	29	23	72	25
	森林工程	7	9	29	10
	林产化学加工工程	10	17	48	14
	其他林业学科	208	141	499	199
	2. 其他学科	559	671	1690	662
	二、本专科生合计	**3845**	**4067**	**15898**	**3729**
	(一)本科小计	3845	4067	15898	3729
	1. 林科专业	446	727	2512	552
	园林	64	136	449	83
	林产化工	30	52	156	33
	森林工程	25	25	100	26
	林学	140	189	667	155
	木材科学与工程	154	271	996	224
	农林经济管理	33	54	144	31
	2. 其他专业	3399	3340	13386	3177
中南林业科技大学	**学生总数**	**6329**	**7084**	**26293**	**6585**
	其中:林业学科、专业学生	793	823	2990	836
	占学生总数的比例(%)	12.53	11.62	11.37	12.70
	一、研究生合计	**552**	**685**	**1938**	**759**
	(一)博士小计	41	52	233	131
	1. 林业学科	30	32	151	88
	林木遗传育种	—	2	6	4
	森林培育	9	8	33	18
	森林保护学	5	2	9	7
	森林经理学	2	5	16	6
	森林工程	4	5	31	19
	木材科学与技术	3	3	20	10
	林产化学加工工程	4	1	6	3
	其他林业专业	3	6	30	21
	2. 其他学科	11	20	82	43
	(二)硕士小计	511	633	1705	628
	1. 林业学科	152	136	471	174
	野生动植物保护与利用	3	2	7	1
	园林植物与观赏园艺	30	10	66	27
	森林工程	9	4	20	8
	林产化学加工工程	9	3	19	11
	森林保护学	4	7	17	3
	森林经理学	25	22	58	20
	林木遗传育种	2	1	1	—
	森林培育	11	12	39	14
	园林植物与观赏园艺	22	1	34	24
	其他林业专业	37	74	310	66
	2. 其他学科	359	497	1234	454
	二、本专科生合计	**5777**	**6399**	**24355**	**5826**
	(一)本科小计	4853	5689	22118	5072
	1. 林科专业	611	655	2368	574
	林学	108	156	588	153
	木材科学与工程	127	125	412	92
	园林	184	118	568	159
	林产化工	47	55	160	37
	森林资源保护与游憩	47	46	146	35
	森林工程	59	82	240	44

（续）

学校	专业	毕业生数	招生数	在校学生数	毕业班学生数
	农林经济管理	39	73	254	54
	2. 其他学科	4242	5034	19750	4498
	(二)专科小计	924	710	2237	754
	1. 其他专业	924	710	2237	754
西南林业大学	**学生总数**	**3166**	**4233**	**15621**	**3516**
	其中:林业学科、专业学生	954	971	3692	983
	占学生总数的比例(%)	30.13	22.94	23.63	27.96
	一、研究生合计	**364**	**432**	**1184**	**439**
	(一)硕士小计	364	432	1184	439
	1. 林业学科	188	220	614	242
	林木遗传育种	7	10	27	10
	森林培育	15	13	37	13
	森林保护学	11	13	37	13
	野生动植物保护与利用	9	13	44	12
	园林植物与观赏园艺	23	9	48	23
	农业经济管理	7	5	25	11
	森林工程	3	6	26	11
	森林经理学	12	12	50	17
	其他林业学科	101	139	320	132
	2. 其他学科	176	212	570	197
	二、本专科生合计	**2802**	**3801**	**14437**	**3077**
	(一)本科小计	2802	3801	14437	3077
	1. 林科专业	766	751	3078	741
	林学	176	147	502	112
	森林资源保护与游憩	98	90	373	95
	野生动物与自然保护区管理	39	39	143	35
	园林	175	132	738	180
	水土保持与荒漠化防治	37	51	193	43
	森林工程	66	69	268	59
	木材科学与工程	79	101	491	137
	林产化工	32	60	172	39
	农林经济管理	64	62	198	41
	2. 其他专业	2036	3050	11359	2336
浙江农林大学	**学生总数**	**3535**	**4013**	**15007**	**3843**
	其中:林业学科、专业学生	557	480	1934	634
	占学生总数的比例(%)	15.76	11.96	12.89	16.50
	一、研究生合计	**373**	**475**	**1194**	**449**
	(一)硕士小计	373	475	1194	449
	1. 林业学科	166	142	470	177
	森林工程	3	3	3	—
	林产化学加工工程	7	3	3	—
	林学新专业	—	2	2	—
	林木遗传育种	12	14	46	13
	森林培育	19	17	73	27
	森林保护学	14	9	45	20
	森林经理学	18	15	44	15
	野生动植物保护与利用	—	4	4	—
	园林植物与观赏园艺	53	14	109	56
	其他林业学科	40	61	141	46
	2. 其他学科	207	333	724	272
	二、本专科生合计	**3162**	**3538**	**13813**	**3394**
	(一)本科小计	3162	3538	13813	3394
	1. 林科专业	391	338	1464	457
	林学	74	84	320	101
	园林	114	55	299	128
	木材科学与工程	162	149	599	165
	农林经济管理	41	50	246	63
	2. 其他专业	2771	3200	12349	2937

2012/2013学年初高等林业院校教职工情况

单位：人

学校名称	教职工数										
	总计	校本部教职工									
		合计	专任教师						行政人员	教辅人员	工勤人员
			小计	正高级	副高级	中级	初级	无职称者			
总　计	**5674**	**5513**	**3882**	**175**	**969**	**1420**	**971**	**347**	**696**	**546**	**389**
山西林业职业技术学院	313	292	219	4	44	73	71	27	31	19	23
辽宁林业职业技术学院	482	406	263	17	56	87	58	45	83	37	23
黑龙江林业职业技术学院	624	617	298	40	94	89	59	16	165	75	79
黑龙江生态工程职业学院	497	497	239	25	78	90	34	12	76	102	80
安徽林业职业技术学院	125	125	96	1	27	38	19	11	6	6	17
福建林业职业技术学院	373	359	288	2	65	78	113	30	22	37	12
江西环境工程职业学院	601	594	391	24	66	134	133	34	98	90	15
湖北生态工程职业技术学院	412	412	299	2	38	65	129	65	56	32	25
湖南环境生物职业技术学院	923	923	730	33	205	348	137	7	75	76	42
广西生态工程职业技术学院	385	349	258	9	63	108	26	52	51	13	27
云南林业职业技术学院	503	503	438	5	129	172	120	12	18	20	27
甘肃林业职业技术学院	436	436	363	13	104	138	72	36	15	39	19
宁夏防沙治沙职业技术学院											

学校名称	教职工数			其他人员			
	科研机构人员	校办企业职工	其他附设机构人员	聘请校外教师	离退休人员	附属中小学幼儿园教职工	集体所有制人员
总　计	**1**	**20**	**140**	**1302**	**2003**	**—**	**—**
山西林业职业技术学院	—	—	21	116	72	—	—
辽宁林业职业技术学院	—	—	76	64	201	—	—
黑龙江林业职业技术学院	—	—	7	101	520	—	—
黑龙江生态工程职业学院	—	—	—	61	202	—	—
安徽林业职业技术学院	—	—	—	93	62	—	—
福建林业职业技术学院	1	13	—	121	83	—	—
江西环境工程职业学院	—	7	—	127	107	—	—
湖北生态工程职业技术学院	—	—	—	133	82	—	—
湖南环境生物职业技术学院	—	—	—	166	291	—	—
广西生态工程职业技术学院	—	—	36	113	225	—	—
云南林业职业技术学院	—	—	—	95	107	—	—
甘肃林业职业技术学院	—	—	—	112	51	—	—
宁夏防沙治沙职业技术学院	—	—	—	—	—	—	—

2012/2013 学年高等林业职业学校和其他高等职业学校林科分学校基本情况

单位:人

学校名称	毕业生数	招生数	在校学生数	毕业班学生数
总　　计	**30904**	**33682**	**98656**	**31633**
(一)高等林业职业学校	**22872**	**24808**	**72372**	**23034**
山西林业职业技术学院	1893	2096	5477	1705
辽宁林业职业技术学院	1333	2164	5149	1464
黑龙江林业职业技术学院	2306	2303	6244	1912
黑龙江生态工程职业学院	1965	1171	4718	1684
安徽林业职业技术学院	628	991	3120	1048
福建林业职业技术学院	1511	2100	5550	1601
江西环境工程职业学院	1683	1944	6006	2062
湖北生态工程职业技术学院	1893	2691	7156	2045
广西生态工程职业技术学院	2018	2045	5884	2026
云南林业职业技术学院	1788	1628	5967	1959
甘肃林业职业技术学院	2458	2913	8420	2671
湖南环境生物职业技术学院	3396	2718	8553	2857
宁夏防沙治沙职业技术学院(林科专业)	—	44	128	—
(二)其他高等职业学校(林科)	**8032**	**8874**	**26284**	**8599**

2012/2013 学年高等林业职业学校和其他高等职业学校林科分专业基本情况

单位:人

专业名称	毕业生数	招生数	在校学生数	毕业班学生数
总　　计	**30 904**	**33 682**	**98 656**	**31 633**
(一)林科专业	**12 980**	**14 759**	**42 857**	**13 804**
林业技术	1541	1794	4509	1389
园林技术	9275	9576	29 792	9887
森林资源保护	149	218	605	190
野生植物资源开发与利用	116	92	339	64
野生动物保护	18	26	46	—
自然保护区建设与管理	57	42	87	—
森林生态旅游	407	294	963	382
林产化工技术	34	—	96	75
木材加工技术	83	138	431	175
森林工程技术	20	—	8	—
人造板自动化生产技术	—	31	73	—
家具卖场设计与管理	—	107	253	45
木材加工机械应用技术	128	95	266	95
高尔夫场地管理	—	72	169	44
林业信息技术	—	30	76	—
经济林栽培与利用	—	27	131	75
森林防火指挥与通讯	—	38	38	—
林业经济信息管理	61	59	169	66
林业信息工程与管理	41	104	274	100
数字林业技术	37	46	108	39
商品花卉	477	525	1428	465

（续）

专业名称	毕业生数	招生数	在校学生数	毕业班学生数
都市林业资源与林政管理	—	26	61	35
城市园林	536	1419	2935	678
(二)非林科专业	**17 924**	**18 923**	**55 799**	**17 829**
包装技术与设计	37	40	111	54
财务管理	68	74	180	71
茶艺	—	29	29	—
产品造型设计	9	—	9	9
城镇规划	211	125	478	152
畜牧兽医	83	47	191	76
导游	32	32	98	25
道路桥梁工程技术	480	431	1332	412
地理信息系统与地图制图技术	146	130	438	159
电脑艺术设计	44	100	297	83
电气自动化技术	—	51	90	16
电子商务	172	164	556	210
雕刻艺术与家具设计	104	113	249	90
动漫设计与制作	65	70	209	38
房地产经营与估价	75	38	155	75
服装设计	32	18	71	31
给排水工程技术	77	43	192	81
工程测量技术	204	305	854	282
工程测量与监理	45	153	256	50
工程机械运用与维护	—	9	24	—
工程监理	233	191	886	325
工程造价	499	916	2318	595
工商企业管理	—	24	63	19
工业环保与安全技术	28	—	—	—
广告设计与制作	42	112	275	64
广告与会展	23	18	30	5
国际贸易实务	14	13	22	9
焊接技术及自动化	50	23	58	20
护理	1770	1346	4144	1370
环境工程技术	—	53	138	38
环境监测与评价	211	142	576	209
环境监测与治理技术	349	251	772	265
环境艺术设计	542	511	1534	534
会计	606	631	2094	826
会计电算化	1285	1306	3415	1047
会计与审计	98	428	1143	318
会展策划与管理	54	56	151	46
机电一体化技术	276	359	970	205
机械制造与自动化	—	124	288	58
计算机多媒体技术	—	7	27	—

（续）

专业名称	毕业生数	招生数	在校学生数	毕业班学生数
计算机辅助设计与制造	32	—	—	—
计算机网络技术	310	248	1197	477
计算机系统维护	34	25	84	34
计算机信息管理	173	45	235	101
计算机应用技术	393	352	1032	392
家政服务	30	108	213	62
家具设计	19	20	62	19
家具设计与制造	241	388	896	183
建筑工程技术	1066	1563	4466	1293
建筑装饰工程技术	86	124	353	140
金融与证券	48	107	226	41
经济管理	75	110	319	79
景观设计	—	62	86	—
景区开发与管理	30	28	86	32
酒店管理	501	458	1292	417
连锁经营管理	11	56	104	10
楼宇智能化工程技术	—	35	70	—
旅游管理	314	211	623	211
旅游英语	58	36	92	30
绿色食品生产与检验	—	49	49	—
模具设计与制造	49	49	107	37
汽车电子技术	71	91	236	72
汽车技术服务与营销	195	181	521	153
汽车检测与维修技术	104	172	374	86
汽车运用技术	68	118	301	110
软件技术	182	99	295	104
商务管理	15	33	92	22
商务英语	183	79	394	207
涉外护理	—	98	440	168
涉外旅游	20	2	16	10
生物技术及应用	314	157	593	180
生物制药技术	140	122	412	174
食品生物技术	39	12	58	28
食品营养与检测	132	153	533	197
市场开发与营销	67	83	209	58
市场营销	347	340	1015	337
视觉传达艺术设计	11	23	68	68
室内检测与控制技术	—	—	39	13
室内设计技术	1319	1457	4426	1372
市政工程技术	43	29	196	73
数控技术	110	74	220	72
数控设备应用与维护	47	28	113	43
水产养殖技术	4	—	—	—

（续）

专业名称	毕业生数	招生数	在校学生数	毕业班学生数
水利工程	—	98	170	—
水土保持	225	48	294	190
通信技术	33	172	172	—
投资与理财	28	31	207	79
图形图像制作	161	150	474	165
网络系统管理	10	—	10	10
网站规划与开发技术	9	—	9	9
文秘	116	90	360	141
物联网应用技术	—	24	24	—
物流管理	590	533	1469	466
物业管理	50	10	41	17
新闻采编与制作	27	32	57	8
新闻与传播	21	3	31	17
学前教育	37	224	422	65
药学	289	164	622	213
医学检验技术	115	166	466	133
医药营销	—	18	18	—
艺术设计	13	8	53	35
印刷图文信息处理	5	—	—	—
营销与策划	116	139	377	111
影视动画	12	18	68	33
应用电子技术	121	124	318	73
应用俄语	25	10	54	32
应用化工技术	—	58	116	—
应用日语	—	—	13	13
应用英语	—	—	17	17
园艺技术	507	430	1261	415
中药	106	48	204	74
中药制药技术	40	26	101	31
助产	176	188	587	177
装潢艺术设计	109	—	190	82
装饰艺术设计	1	3	50	28
资产评估与管理	45	80	305	95
资源环境与城市管理	92	120	373	128

2012/2013 学年初普通中等林业

学校名称	教职工	校本部职工数						
		合计	专任教师					
			计	正高级	副高级	讲师	助理讲师	教员
中等林业(园林)职业学校	**2979**	**2972**	**1809**	**1**	**640**	**649**	**414**	**105**
北京市园林学校	106	106	60	1	18	26	14	1
天津市园林学校	56	56	35	—	11	17	6	1
涿鹿县宝峰寺林业中学	28	28	25	—	4	15	6	—
内蒙古扎兰屯林业学校	123	123	102	—	57	22	12	11
内蒙古大兴安岭林业学校	196	196	108	—	59	36	13	—
沈阳市园林学校	40	40	35	—	9	20	6	—
韩家园林业局教师进修学校	19	19	18	—	1	2	9	6
黑龙江省林业卫生学校	185	185	114	—	33	24	26	31
铁力林业局教师进修学校	10	10	10	—	3	4	3	—
朗乡林业局职业中学	41	41	29	—	5	17	7	—
黑龙江省伊春林业学校	145	145	78	—	47	9	22	—
黑龙江省齐齐哈尔林业学校	193	193	115	—	51	23	41	—
上海市园林学校	154	154	67	—	12	34	21	—
福建三明林业学校	153	153	121	—	40	35	42	4
河南省林业学校	238	236	164	—	54	57	46	7
湖北省园林工程学校	113	113	53	—	20	11	14	8
广东省林业职业技术学校	326	326	143	—	49	46	28	20
广西壮族自治区桂林林业学校	106	106	83	—	13	49	21	—
贵州省林业学校	153	153	86	—	28	41	17	—
普洱林业学校	64	59	45	—	18	16	11	—
陕西省榆林林业学校	196	196	113	—	47	52	14	—
甘肃省庆城县太白梁林业中学	14	14	14	—	3	5	6	—
甘肃省庆阳林业学校	119	119	83	—	26	42	15	—
新疆林业学校	201	201	108	—	32	46	14	16

(园林)职业学校教职工基本情况

单位:人

			校办厂(场)职工	附设机构人员	兼任教师(不在教职工数中)
教辅人员	行政人员	工勤人员			
380	**315**	**468**	**2**	**5**	**294**
20	9	17	—	—	11
5	3	13	—	—	8
3	—	—	—	—	—
1	7	13	—	—	43
11	23	54	—	—	—
4	—	1	—	—	—
—	—	1	—	—	—
25	30	16	—	—	17
—	—	—	—	—	—
4	5	3	—	—	—
21	24	22	—	—	—
21	9	48	—	—	—
12	49	26	—	—	—
11	12	9	—	—	105
16	19	37	2	—	36
27	8	25	—	—	—
77	37	69	—	—	25
11	9	3	—	—	6
29	12	26	—	—	14
6	—	8	—	5	8
24	40	19	—	—	12
—	—	—	—	—	—
19	6	11	—	—	7
33	13	47	—	—	2

2012/2013 学年中等林业(园林)职业学校和其他中等职业学校林科分学校基本情况

单位:人

专业名称	毕业生数	招生数	在校学生数	毕业班学生数
总　　计	**69 653**	**76 777**	**222 903**	**80 367**
(一)中等林业(园林)职业学校	**17 917**	**17 145**	**52 426**	**18 227**
北京市园林学校	271	130	726	251
天津市园林学校	147	311	1210	139
涿鹿县宝峰寺林业中学	120	183	559	96
内蒙古扎兰屯林业学校	866	710	4971	2660
内蒙古大兴安岭林业学校	627	620	2764	703
沈阳市园林学校	56	31	147	70
白山市林业职业高级中学	67	52	52	—
黑龙江省林业卫生学校	2377	2336	7020	2633
朗乡林业局职业中学	32	31	67	20
黑龙江省伊春林业学校	1764	1685	3869	1913
黑龙江省齐齐哈尔林业学校	560	705	1783	577
上海市园林学校	154	155	675	201
福建三明林业学校	2465	2772	6480	1755
河南省林业学校	1061	1014	2721	813
信阳林业学校	1071	—	—	—
湖北省园林工程学校	332	378	1495	791
广东省林业职业技术学校	1045	1428	4707	1506
广西壮族自治区桂林林业学校	619	780	2310	1036
贵州省林业学校	698	1347	2964	902
普洱林业学校	313	82	513	213
陕西省榆林林业学校	438	392	1301	553
甘肃省庆城县太白梁林业中学	502	355	1643	708
甘肃省庆阳林业学校	1450	1424	3223	—
新疆林业学校	882	224	1226	687
(二)其他中等专业学校(林科)	**51 736**	**59 632**	**170 477**	**62 140**

2012/2013学年初普通中等林业(园林)职业学校和其他中等职业学校林科分专业基本情况

单位:人

专业名称	毕业生数	招生数	在校学生数	毕业班学生数
总　　计	**69 653**	**76 777**	**222 903**	**80 367**
(一)林科专业	**60 929**	**67 276**	**196 787**	**71 587**
林业	10 287	8064	26 952	11 172
园林	28 759	48 459	140 079	46 511
木材加工	2801	4699	11 023	4589
森林资源保护与管理	2754	2556	8492	3941
生态环境保护	1220	259	395	269
林产化工	28	105	177	70
农林类新专业	15 080	3134	9669	5035
(二)非林科专业	**8724**	**9501**	**26 116**	**8780**
采矿技术	53	—	17	17
茶叶生产与加工	105	—	83	83
城市轨道交通运营管理	—	62	79	—
宠物养护与经营	—	15	22	—
畜禽生产与疾病防治	131	170	470	—
船舶制造与修理	2	—	—	—
道路与桥梁工程施工	211	62	239	76
地质调查与找矿	—	—	45	45
地质与测量	13	—	—	—
电气运行与控制	35	96	201	46
电子电器应用与维修	—	47	71	—
电子技术应用	143	—	37	37
电子商务	304	214	662	267
电子与信息技术	87	32	104	45
动漫游戏	50	87	160	43
法律事务	25	—	—	—
房地产营销与管理	16	—	17	9
服装设计与工艺	50	38	141	63
工程测量	4	—	—	—
工程造价	43	26	115	37
工商管理	235	88	326	138
工业与民用建筑	16	—	—	—
光电子技术	13	—	—	—
果蔬花卉生产技术	29	86	118	12
焊接技术应用	28	10	40	11
航空服务	8	—	—	—
呼叫咨询	—	—	47	20
护理	2209	2297	6850	2551
化学工艺	44	22	118	65
会计	522	822	1880	524
机电技术应用	25	28	66	28
机电设备安装与维修	53	105	353	162
机械加工技术	123	—	26	19
机械制造技术	35	—	—	—
计算机平面设计	237	217	608	157
计算机速录	—	—	24	14

（续）

专业名称	毕业生数	招生数	在校学生数	毕业班学生数
计算机网络技术	163	84	282	105
计算机应用	1469	1177	2769	991
家具设计与制作	58	196	399	169
建筑工程施工	20	52	223	119
建筑装饰	9	8	10	2
经济作物生产经营	—	—	79	13
酒店服务与管理	95	49	404	282
康复技术	—	24	24	—
客户信息服务	—	25	32	1
口腔修复工艺	74	79	493	233
旅游服务与管理	157	86	317	81
美发与形象设计	—	15	81	21
美术设计与制作	38	32	112	30
模具制造技术	10	—	—	—
农村电气技术	1	179	799	518
农村经济综合管理	57	271	1021	361
农村医学	—	51	122	46
农业机械使用与维护	7	205	939	290
农业机械数控加工技术	—	24	42	—
农业与农村用水	—	127	164	—
汽车运用与维修	189	514	1116	147
商务俄语	9	—	—	—
商务英语	—	—	7	—
生物技术制药	16	—	—	—
石油工程与汽修	639	—	85	—
石油天然气开采	—	—	34	—
市场营销	4	49	156	60
市政工程施工	9	82	273	40
数控技术应用	151	91	305	147
通信运营服务	—	—	36	—
文秘	335	319	1055	313
物流服务与管理	—	—	12	12
物业管理	—	—	27	15
现代农艺技术	185	27	182	114
学前教育	—	442	586	33
眼视光与配镜	41	52	132	45
药剂	1	23	79	31
运动训练	10	—	—	—
中草药种植	1	692	728	38
中药制药	125	2	72	54
种植	2	—	—	—

林业对外开放

13

【综　述】 2012年，我国林业国际合作积极参与多边磋商，维护国家利益；建立部门间合作机制和系统内联动机制，积极履行国际公约和其他多双边协议，树立中国负责任大国形象；争取外援和援外项目并举。新签署了《中华人民共和国国家林业局与卡塔尔国环境部关于林业、荒漠化防治以及野生动植物保护的谅解备忘录》《中华人民共和国国家林业局与加拿大公园管理局关于保护地事务合作的谅解备忘录》《中华人民共和国国家林业局与墨西哥合众国环境和自然资源部关于林业合作的谅解备忘录》3个政府间和部门间协议(备忘录)；共争取到由国家林业局、农业部、国土资源部共同执行的德国援助项目350万欧元；国际热带木材组织无偿援助项目金额约15万美元；德援混合贷款2个项目1800万欧元；在努力争取国外无偿援助资金的同时，争取到商务部、科技部对外援助培训项目14个，共计人民币近1500万元。全年共审批590批、1938人次的出访和来华，其中派出团组406批、1279人次，请进184批、659人次。　（黄一川）

林业重要外事活动

【贾治邦局长出访印度、尼泊尔】 应印度环境与森林部、尼泊尔森林与土壤保护部的邀请，国家林业局局长贾治邦率团于2月18~28日对印度、尼泊尔进行了访问。访问期间，贾治邦局长分别与印度环境与森林部副部长查特吉、尼泊尔森林与土壤保护部部长穆萨尔曼举行了会谈，听取了两国林业情况介绍，并与印度和尼泊尔就进一步加强林业合作与交流交换了意见。贾治邦局长还出席了中印林业工作组第三次会议，考察了印度的城市林业、德里郊区的植被恢复工程，并参加了植树活动；出席了中尼林业工作组第一次会议，考察了加德满都水源涵养林。　（夏　军）

【赵树丛局长出访新加坡、马来西亚】 应新加坡野生动物保育集团和马来西亚自然资源和环境部的邀请，赵树丛局长于2012年11月27日至12月6日率团访问新加坡、马来西亚。在新加坡，赵局长出席了河川生态园大熊猫馆开馆仪式并在仪式上致辞，与新加坡总理公署部长、内政部兼贸工部第二部长易华仁就生物多样性保护与合作进行了会谈，并考察了新加坡绿化美化情况。在马来西亚，赵局长与马来西亚自然资源和环境部副部长万·哈斯玛女士就森林可持续经营、应对气候变化、野生动植物保护、林业产业等领域进行了工作会谈，一致同意继续推进双边林业合作谅解备忘录的商签工作，建立两国林业部门间长期合作机制，加强信息和技术交流，并就促进亚太森林可持续经营和恢复网络发展、建立亚太林业部长级会议机制等交换了意见。代表团还访问了沙捞越州林业局、州木材产业发展组织等部门，实地考察了马当野生动物保护中心和国家公园。

（王　骅）

【赵树丛局长出席中美打击木材非法采伐及相关贸易论坛第四次会议】 3月7~8日中美打击木材非法采伐及相关贸易双边论坛第四次会议在北京召开，国家林业局副局长赵树丛率由国家林业局、商务部、海关总署组成的中国代表团，与美国驻华大使骆家辉率领的国务院、贸易代表办公室、司法部等组成的美国代表团参会。会议交流了中美林产品贸易木材合法性认定方案及策略研究项目、海关数据交换机制的进展、介绍了中美与其他国家开展打击非法采伐及相关贸易双边合作情况、《中国企业境外可持续经营利用指南》试点情况、讨论了《雷斯法案修正案》实施问题、论坛未来合作重点等议题。此外双方就科研、产业协会、企业和NGO参与打击非法采伐、促进合法贸易进行了座谈。　（夏　军）

【联合国粮农组织总干事来访】 10月1日，国家林业局局长赵树丛在北京会见了来访的联合国粮农组织(FAO)总干事达席尔瓦一行，这是达席尔瓦今年1月就任总干事以来首次访华。双方回顾了长期以来在林业领域开展的良好合作。赵树丛局长向总干事介绍了中国林业建设与发展的最新举措，特别是中国在发展民生林业、集体林权改革和森林可持续经营等方面采取的措施和行动。达席尔瓦对中国林业取得的成就表示赞赏，并对中方2011年承办"联合国粮农组织第二届亚太林业周暨第24届亚太林委会会议"表示感谢。达席尔瓦强调FAO高度重视与中方在林业领域的合作，并向中方介绍了FAO在林业领域的最新战略和规划。双方同意今后将继续在林权改革、森林资源监测、森林可持续经营和人员往来等领域进一步加强合作。　（肖望新）

【陈述贤组长出访肯尼亚和纳米比亚】 8月14~23日，应肯尼亚野生动物保护管理局和纳米比亚环境旅游部邀请，陈述贤组长率中国林业代表团赴纳米比亚和肯尼亚两国进行访问，旨在增进中国与上述两国在林业领域的双边合作，探讨建立固定的合作渠道，并在《濒危野生动植物种国际贸易公约》(CITES)第16届缔约国大会召开前夕就履约相关事宜协调立场。

出访肯尼亚期间，国家林业局与肯尼亚野生动物保护管理局进行了富有成效的交流。双方介绍了两国CITES履约工作的基本情况，同意在野生动植物保护领域，特别是CITES履约领域加强合作，并择机建立正式合作渠道。

出访纳米比亚期间，纳米比亚环境与旅游部长南蒂·恩戴特瓦女士和副部长赫润古先生与中国代表团进行了会谈。双方同意在以往良好合作的基础上，继续加强野生动植物保护管理领域的合作，推动建立部门间的正式合作渠道。　（肖望新）

【中日韩三国发表《关于森林可持续经营、荒漠化防治和野生动物保护合作的联合声明》】 5月12日，第五次中日韩领导人会议期间，中国、日本和韩国政府在北京发布了《关于森林可持续经营、防治荒漠化和野生动物保护合作的联合声明》。中日韩三国同为东北亚地区的林业大国，有着友好互利的长期双边林业合作关系。根据声明，三国将通过建立林业对话机制等方式全方位加深三方在森林可持续经营、荒漠化防治和野生动物保护领域的林业合作，为三国及地区林业的可持续发展贡献力量。（张　仰）

【以色列自然保护与国家公园管理局局长访华】 2012年8月28日至9月5日，以色列自然保护与国家公园管理局局长戈德斯坦访华。张建龙副局长与戈德斯坦局长就自然保护区的建设与管理，商签部门间自然保护协议等交换了意见，戈德斯坦局长还与国家林业局相关司局共同探讨了双方在相关领域的合作重点，为开辟中以林业合作新渠道打下了坚实基础。戈德斯坦局长还赴四川考察了中国自然保护区建设管理情况。（张　仰）

【中瑞(士)签署《关于加强林业合作的会议纪要》】 2012年10月31日，印红副局长在北京会见了瑞士联邦环境署副署长安德里亚斯·高兹先生。双方签署了《关于加强林业合作的会议纪要》，同意在林业政策和法律法规、森林和气候变化、森林保护、水土保持、木材加工和市场以及林业科研和教育等领域，通过交换信息、交流专家、互派考察组、培训和教育、共同举办研讨会等方式，开展互惠合作，推进实质性合作。

（王　骅）

林业对外科技交流与合作

【中卡签署《关于林业、荒漠化防治以及野生动植物保护的谅解备忘录》】 1月18日，国务院总理温家宝与卡塔尔首相哈马德在多哈共同出席了签字仪式，外交部部长杨洁篪代表国家林业局与卡塔尔环境部长穆罕默德签署了《中华人民共和国国家林业局与卡塔尔国环境部关于林业、荒漠化防治以及野生动植物保护的谅解备忘录》。卡塔尔是位于亚洲西南部卡塔尔半岛的阿拉伯国家，属热带沙漠气候，多平原和沙漠，在植树造林、荒漠化防治及野生动植物保护利用方面与中国合作潜力较大。双方将根据协议规定，在抗旱树种造林、荒漠化防治及野生动植物保护等领域开展多种形式的交流与合作。

（张　仰）

【中加签署自然保护谅解备忘录并举行工作组第一次会议】 2月8日，国务院总理温家宝与来访的加拿大总理哈珀在北京共同出席了签字仪式，国家林业局局长贾治邦与加拿大外长贝尔德签署了《中华人民共和国国家林业局与加拿大公园管理局关于保护地事务合作的谅解备忘录》，双方将在国家公园、自然保护区、森林公园、湿地公园管理、濒危野生动植物保护、生态旅游等领域开展合作。根据该谅解备忘录，10月22日中加自然保护联合工作组第一次会议在北京举行，双方介绍了本国自然保护的情况，同意制订行动计划，推动安徽黄山国家森林公园与加拿大班夫国家公园开展结对合作。会后加方代表团一行赴安徽黄山考察。（夏　军）

【中墨签署《关于林业合作的谅解备忘录》】 10月15日，赵树丛局长与墨西哥环境和自然资源部部长艾尔维拉在北京签署了《中华人民共和国国家林业局与墨西哥合众国环境和自然资源部关于林业合作的谅解备忘录》。墨西哥位于南美洲，地形复杂，气候多样，森林广袤，生物多样性丰富，是南美林业大国之一。森林及动植物资源利用空间大，与中国林业合作潜力较大。根据备忘录，双方将在造林、森林恢复、森林可持续经营，林产品加工利用、森林与气候变化、荒漠化防治等领域开展多种形式的合作与交流。（张　仰）

【中美科技联委会会议】 第十四届中美科技合作联委会2012年5月1日在北京举行，科技部长万钢与美方总统科技助理、白宫科技政策办公室主任霍尔德伦共同主持。国家林业局副局长印红出席会议并就生物多样性保护做专题发言，详细介绍了中国生物多样性保护取得的成绩与面临的挑战，积极评价了中美自然保护交流机制在推动两国生物多样性保护全面发展及全球自然保护协作中发挥的重要作用，就未来中美自然保护领域的科技交流合作提出了开展定期对话、扩大人员交流、深化技术合作、创新合作方式等具体建议。（夏　军）

【中加林业工作组第六次会议】 中加林业联合工作组第六次会议2012年3月26日在北京举行，国家林业局与加拿大林务局率团出席。会议回顾了上次会议以来的合作情况，分别介绍了两国林业发展现状，一致同意在林产品贸易和打击木材非法采伐、木材产品标准化体系、森林可持续经营、国际示范林网络等7个优先领域开展合作。国家林业局与加拿大自然资源部1998年签署了部门间合作备忘录，此后双方举行了5次联合工作组会议，在平等互利的基础上开展了多领域的合作。

（夏　军）

【中蒙第一次边境地区森林防火联防会议】 2012年4月16～17日，中蒙第一次边境地区森林防火联防会议在内蒙古呼伦贝尔召开，国家森林防火指挥部副总指挥杜永胜与蒙古国国家紧急事务管理局副局长巴拉日达分别率团参加会议。会议回顾了1999年《中蒙边境森林防火联防协定》签署以来的合作情况，一致同意促进两国边境地区森林防火协调，积极开展边境森林防火联防工作。会后双方签署了中蒙第一次边境地区森林防火联防会议纪要，就在以下领域加强合作达成一致：建立联络站，畅通信息沟通；建立定期会晤和紧急会晤机制；建设边境防火隔离带；建立中蒙两国边境地区森林火灾信

息通报机制；完善紧急情况下跨境支援机制；建立中蒙两国森林防火合作与交流机制。（张 仰）

【中奥森林可持续经营研讨会】 根据中奥林业工作组2011年至2013年工作计划，4月24～26日，中奥森林可持续经营研讨会在奥地利欧希亚赫林业培训中心召开。国家林业局有关司局和浙江、山西、湖北、黑龙江省份林业部门代表参加了会议和会后考察。会议交流了两国在森林可持续经营、小规模林地经营、私有林主协会等方面的发展情况和经验，并通过实地考察和现场演示，提升了中方代表团对奥地利林业生产安全、林业培训教育、机械采伐运输、国家公园管理等方面的理解和认识。（王 骅）

【中芬林业工作组第17次会议】 6月13日，中芬林业工作组第17次会议在芬兰约恩苏召开。会议回顾了2011～2012年在森林防火、中国集体林权改革、多功能森林经营、林业发展方式和机制4个优先领域下开展的各项活动，确定了2013～2014年的优先合作领域，具体包括中国林权改革和芬兰发展私有林、森林可持续经营(包括森林清查、森林经营规划以及相关方式和技术)、生物质能源的可持续利用、在国家和地区(省份)层面上的林业政策发展(包括在国际层面与政策相关的探索)。会议还充分讨论了中芬双方提出的15个合作项目，确定了《中芬抗震节能型木结构技术合作》《中芬云杉属杂种对气候变化的响应及其在中国的适应性研究》《森林可持续经营研修》《芬兰企业境外林业投资合作政策及管理体制交流》等合作项目，决定进一步研究在生物质能源、林业机械化采伐等方面的合作建议，并共同规划中芬现代林业发展示范项目，综合考虑两国在森林经营、生物质能源、森林清查、私有林发展等方面的合作，在中国选定地区进行示范、试点建设。6月15日，中芬林业科研研讨会在约恩苏召开。（王 骅）

林业经济技术交流与合作

【中德技术合作中国低碳土地利用项目启动】 7月27日，中德技术合作中国低碳土地利用项目签署执行协议并正式启动实施。德国联邦环境、自然保护与核安全部出资350万欧元，委托德国国际合作机构(GIZ)负责执行项目。商务部担任中方主管机构，农业部、国土资源部和国家林业局作为实施机构。项目林业部分由国家林业局调查规划设计院林业碳汇监测中心负责执行，湖南省作为项目试点省，共同参与项目实施。（王 骅）

【中德财政合作南方森林可持续经营框架项目研讨会】 根据中德财政合作南方森林可持续经营框架项目总体工作计划和2012年度实施方案，中德财政合作南方森林可持续经营框架项目研讨会于6月20～22日在湖北宜昌召开。来自国家林业局有关司局，安徽、福建等项目省的代表以及德国复兴信贷银行官员和德国咨询公司专家代表约60人出席了会议。与会代表围绕"森林经营指南及相关国家政策""中国南方集体林区省级森林可持续经营指南的制定与实施"和"林业推广服务与小农户能力建设"等3个主题进行研讨。会后代表们考察了湖北德援一期项目造林成果。（余 跃）

【中德财政合作南方森林可持续经营框架项目协调小组第四次会议】 12月4日，中德财政合作南方森林可持续经营框架项目第四次协调小组会议在北京召开。框架项目协调小组成员单位等10个有关业务司局和安徽、湖南等南方9个中德合作项目省的代表，以及中方专家约40人参加会议。会议听取了2012年项目年度工作报告暨项目总结报告与项目工作总结，并就项目的整体影响与成效评价、项目结束后的可持续性、如何将外援项目与中国的森林可持续经营工作结合起来、明年中德财政合作造林项目20周年庆典活动等议题进行了热烈讨论。（余 跃）

【中德财政合作陕西云南项目】 4月11～25日，由德国复兴信贷银行林业专家哈斯先生任组长的评估组一行3人先后对中德财政合作陕西二期造林项目与云南二期造林项目进行了终期评估。评估组对陕西二期与云南二期项目均克服了种种恶劣的客观条件，圆满完成了造林任务并均达到了99%的造林存活率表示赞赏，其中陕西二期项目还超额完成了造林任务。评估组肯定了两个项目所取得的显著的生态、制度与社会经济影响，分析了两个项目在未来管护方面所面临的风险，并据此提出了项目在巩固发展方面的建议。（余 跃）

【中德财政合作陕西贷款项目和河北二期项目】 2012年9月2～15日，由德国复兴信贷银行项目经理Hahl先生任组长的评估组一行3人先后前往陕西榆林和河北承德，对榆林长城沿线沙地治理和生物多样性保护贷款项目进行可行性考察，并对河北小农户造林项目(河北二期)进行了终期评估。在陕西榆林，通过评估组与省市县各级项目办的讨论，双方商定了项目目标、项目模式、资金分配以及报账程序。尔后，评估组对河北二期项目进行了终期检查。在此期间，考察团考察了所有的4个项目县(丰宁、滦平、隆化、围场)。与省市县项目办、县政府和农民代表进行了讨论，并考察了所有造林类型的样地。考察组认为，河北项目达到了项目预定目标，造林任务完成得很好，造林类型也比较成功。（余 跃）

林业多边国际交流与合作

【联合国可持续发展大会】 6月11～24日，印红副局长率中国林业代表团赴巴西里约热内卢出席联合国可持续发展大会(简称"里约+20大会")。联合国193个成员国近130位国家元首和政府首脑出席会议。中国国务院总理温家宝在会上发表了《共同谱写人类可持续发展新篇章》的演讲，宣布了包括帮助发展中国家培训加强生态保护和荒漠化治理等领域的管理和技术人员，向有关国家援助森林保护设备在内的四项援助举措。在会前三轮政府间谈判的基础上，大会围绕可持续发展和消除贫困背景下的绿色经济以及可持续发展机制框架两大主题进行了深入的讨论，最终通过了会议成果文件《我们憧憬的未来》。森林、生物多样性、荒漠化、土地退化和干旱以及山区发展等林业议题在大会成果文件中突显重要地位。

会议期间，印红副局长出席了国家林业局主办的"绿色经济背景下的中国林业"主题边会并做主旨讲话。联合国森林论坛秘书长简·麦凯尔平、国际竹藤组织总干事古珍和世界自然基金会保护主任拉斯·古斯塔夫森作为特邀嘉宾出席并致辞。与会各国、国际组织和民间团体代表近百人参加了边会。

印红副局长还出席了国家林业局主要负责的"迈向绿色经济的中国企业"主题边会并致开幕辞。《联合国防治荒漠化公约》执行秘书吕克·纳卡贾、全国工商联副主席、亿利资源集团总裁王文彪出席会议，有关林业企业进行了专题介绍。 (肖望新)

【湿地公约缔约方会议】 7月5～14日，国家林业局副局长张永利率领由外交部、水利部、农业部、林业局、海洋局、气象局和香港特区政府组成的中国政府代表团出席了《湿地公约》第11届缔约方会议。来自130多个国家、30多个国际组织的近1000名代表出席了会议。本次会议在联合国可持续发展大会之后举行，重点强调湿地在可持续发展中的重要作用。会议围绕"湿地、旅游和休闲"这一主题，重点了审议公约行政管理、财政预算、公约秘书处归属、战略计划调整、国际重要湿地、区域动议等决议草案。代表团积极开展多双边高层会晤，深入参与大会磋商和相关活动，妥善处理涉及中国的敏感问题，开展了湿地保护宣传活动。此外，代表团还出席了公约第44次和45次常委会会议以及亚洲区域协调会等。

参会期间，张永利副局长会见了《湿地公约》秘书长安纳达·特尔格，就中国在湿地保护方面所开展的主要工作、下一步履约工作重点和对湿地公约未来发展的主张交换了意见。张永利副局长还在会议期间会见了罗马尼亚环境与森林部国务秘书康奈尔先生，探讨了两国林业部门森林资源、湿地保护和履约、森林可持续经营、荒漠化防治和自然保护方面开展合作的可能性，并签署了会谈纪要。 (肖望新)

【大森林论坛2012年年会】 10月22～25日，国家林业局森林防火指挥部专职副总指挥杜永胜率团出席了在美国新墨西哥州圣达菲市举行的大森林论坛2012年年会。来自巴西、加拿大、秘鲁等8个国家林业管理机构的近40位代表应邀出席了会议。与会代表围绕"21世纪的森林治理：社区、景观和机构"这一主题进行了广泛研讨和深入交流。杜永胜就过去一年中国林业面临的机遇与挑战、气候变化背景下的森林资源管理、集体林权制度改革、林业机构改革、林业投资与产业发展、森林防火等议题阐述了中方的观点。与会代表对中国林业发展所取得的成就、积累的经验和对世界林业发展产生的积极影响给予了高度评价。与会代表还实地考察了当地印第安人保留地在森林火灾后的生态恢复项目。

会议期间，杜永胜会见了美国林务局局长汤姆·泰德维尔和副局长莱斯莉·维尔登，双方就如何进一步加强中美林业合作深入交换了意见。此外，中国代表团还与秘鲁、巴西、加拿大、印尼和墨西哥等国代表就双边林业合作事宜进行了充分的沟通与交流。 (肖望新)

【卡塔尔多哈气候变化大会】 11月26日至12月8日，来自各国政府、联合国机构、政府间和非政府组织及媒体的9000多名代表在卡塔尔首都多哈参加了《联合国气候变化框架公约》(简称"公约")第18次缔约方大会。大会由公约第18次缔约方会议、《京都议定书》第8次缔约方会议、《京都议定书》(简称"议定书")第二承诺期谈判工作组会议、"巴厘岛路线图"谈判工作组会议、德班平台谈判工作组会议、公约附属科技咨询机构会议、公约附属执行机构会议和部长级会议组成。联合国秘书长潘基文、第67届联合国大会主席塞尔维亚外长武克和卡塔尔埃米尔阿勒萨尼、科威特埃米尔萨巴赫、吉布提总统盖莱、加蓬总统邦戈等国元首，以及近百名部长、部长级官员出席了会议。

多哈气候大会完成了南非德班气候大会确定的主要任务。会议通过了被称之为"多哈气候之门"的一揽子决定。首先，确保了议定书第二承诺期(2013年1月1日到2020年12月31日)的实施，维护了公约和议定书基本框架、"共同但有区别责任"原则。其次，为落实发达国家2009年在哥本哈根气候变化大会上做出的资金承诺，制定了具体工作计划，以解决2013～2020年的资金缺口，落实到2020年支持发展中国家的资金每年达到1000亿美元的目标；启动了应对发展中国家因气候变化影响造成损失和破坏的国际机制；对发展中国家关注的技术转让、适应、减少毁林和森林退化排放等行动的资金和技术方法、能力建设等未解决问题也制定了进一步的工作计划。在此前提下，大会决定结束为期5年的"巴厘岛路线图"谈判进程，确定了今后3年开展德班平台工作组谈判的时间表和阶段目标，对推进全球应对气候变化行动起到了积极作用。

此次大会的涉林议题主要是：如何为发展中国家实施减少森林碳排放和增加森林碳汇行动(简称 REDD +)提供长期资金支持；如何在发展中国家建立森林监测体系，以测量、报告和核实 REDD + 结果；如何采取更全面的方法核算林业等土地利用活动引起的碳排放和碳吸收，这些议题深受各方关注。会议期间，发展中国家要求发达国家应加大公共资金支持力度，激励发展中国家实施 REDD + 行动，认为评价发展中国家实施 REDD + 行动成效，不仅要关注减少的碳排放或增加的碳吸收，还要对实施 REDD + 行动对保护生物多样性等贡献予以补偿，森林减缓和适应行动需协同进行。因存在较大分歧，会议未能就林业议题达成实质性成果。但各国间的深入交流，深化了对林业在应对气候变化中的独特作用的认识，将进一步推进全球森林可持续经营。

（王春峰）

林业民间合作与交流

【综　述】 2012 年，对外合作项目中心紧紧围绕国家林业局的中心工作，全面贯彻全国林业厅局长会议精神，继续巩固与欧、美、亚洲重点国家的民间交流与合作。为配合我国集体林权制度改革，加强了与瑞典农民联合会、世界各国林主及私有林主协会的联系，共同在林农合作组织、森林可持续经营和森林认证等领域探讨开展合作；中日绿化合作新争取到 76 个项目，援助金额 7.6 亿日元；与世界自然基金会等 6 家国际非政府组织共同召开工作年会，签署 2012/2013 年度的合作备忘录，明确合作项目 152 个，总预算金额 3323 万元人民币；积极履行对世界自然基金会等非政府组织业务主管单位职责，与世界自然基金会签署了《国家林业局与世界自然基金会的合作原则机制》；参与组织实施"纪念中日邦交正常化 40 周年"友好植树活动；先后与合作伙伴就森林可持续经营管理、绿色经济、木材非法采伐及相关贸易等议题，组织召开不同形式、不同规模的国际研讨会等，不断推进林业国际民间合作与交流的深入开展。

（孙念军）

【中日森林可持续经营管理研讨会】 2 月 24 ~ 25 日，国家林业局相关部门与日本国际协力机构共同举办的中日森林可持续经营管理研讨会在浙江省临安市举行。国家林业局有关司局和浙江省林业厅、临安市人民政府等单位领导出席了研讨会。日本国际协力机构中国事务所、日本农林水产省林野厅等日方机构高级官员、专家、企业界代表出席了研讨会。会议围绕中日森林可持续经营管理等主题进行了深入的交流和研讨。

【中日民间绿化合作 2012 年工作年会】 2 月 28 日 ~ 3 月 3 日在日本东京举行。双方就中日民间绿化合作委员会第十三次会议、纪念中日邦交正常化 40 周年友好植树活动交换了意见，并就项目年度检查、森林档案编制、少儿绘画比赛评审等情况进行了积极的沟通。

【中日合作"中国西部地区林业人才培养项目"】 3 月 15 日，中日技术合作"中国西部地区林业人才培养项目"在国家林业局管理干部学院举行了中期评估暨第三次联委会。会上，报告了一年来项目实施进展情况和新年度工作计划。会前中日双方组成了项目中期评估团，根据国际标准，从妥当性、有效性、效率性、影响性、独立发展性 5 个方面，对项目实施进行全面的评估，并给予积极评价。中日双方签署了项目联合评估协议备忘录。

【小渊基金项目少年儿童绘画参赛作品评审会】 4 月 22 日，由国家林业局对外合作项目中心和日中绿化交流基金主办、北京林学会承办的中日民间绿化合作小渊基金项目少年儿童绘画参赛作品评审会在北京举行。经过评委现场投票表决，最终评出一等奖 5 名、二等奖 10 名、三等奖 25 名。

【中日小渊基金河北大城县生态造林项目揭碑仪式】 4 月 15 日在廊坊市大城县举行，同时举行纪念中日邦交正常化 40 周年友好植树活动。河北大城县生态造林项目由河北省林业局和日本杯网协会共同实施。根据项目实施计划，2012 年 ~2014 年 3 年期间造林 200 公顷。

【中日民间绿化合作安徽省淮北市石质山生态恢复示范项目】 5 月 29 日举行启动仪式。中日民间绿化合作安徽省淮北市石质山生态恢复示范项目自 2011 年开始实施，建设期为 3 年，日方投资约 2100 万日元。

【中日人与朱鹮和谐共存的地区环境建设项目第二次联合协调委员会】 6 月 7 日，由国家林业局和日本国际协力机构(以下简称 JICA)合作实施的人与朱鹮和谐共存的地区环境建设项目第二次联合协调委员会会议在陕西省商洛市召开。国家林业局野生动植物保护与自然保护区管理司、对外项目合作中心、中国林科院、陕西省林业厅、河南省林业厅以及日本驻华使馆、JICA 中国事务所的有关官员和该项目在华日方专家出席了会议。会上，修改了项目运行实施计划，通过 2011 年度项目实施情况和 2012 年度项目实施计划。并签署了本次联委会备忘录。

【中日合作四川省地震灾后森林植被恢复项目中期评估会】 6 月 12 日，在四川成都举行。5 月 30 日 ~6 月 12 日，中日技术合作"四川省地震灾后森林植被恢复项目"中日双方联合中期评估团，根据国际标准，对项目实施进行了全面、客观、细致的评估。中日双方签署了项目联合评估协议备忘录。

【中日民间绿化合作委员会第十三次会议】 7月5日在内蒙古自治区包头市举行。会议由国家林业局国际合作司副司长章红燕与日本外务省亚洲大洋洲局参赞山野内勘二共同主持。会议回顾了中日民间绿化合作2011年度项目执行情况、项目检查结果、资金使用情况，审议通过了2012年度项目实施方案和重点领域。

【小渊基金新年度项目磋商会】 8月29日~9月3日中日民间绿化合作2012年项目磋商会在日本东京举行。国家林业局对外合作项目中心副主任刘立军和日中绿化交流基金事务局长梶谷辰哉共同主持了中日民间绿化合作2012年项目磋商会。双方就2012年度新项目实施情况、以及落实中日民间绿化合作委员会第十三次会议精神和合作项目转型发展等问题交换意见。

（以上由许强兴提供）

【瑞典农民联合会代表团访华并参加研讨会】 根据国家林业局对外合作项目中心与瑞典农民联合会所签署的合作谅解备忘录，以瑞典家庭林主联合会主席Hammar先生为团长的瑞典代表团于11月6~11日来华访问，并参加了7日在北京举行的中瑞林业合作研讨会。双方就中国林权制度改革、瑞典林主协会的运营以及本国的林产品贸易情况和需求等方面进行了沟通与探讨，进一步明确了中瑞林业合作需求，为推动更加深入且广泛的实质性合作打下了良好的基础。随后代表团分别赴浙江和广东就中国林权制度改革后农民合作运行情况进行了实地考察。（余　跃）

【中瑞（典）合作斯凯孚（SKF）造林项目第三次项目指导委员会会议】 2月17日在国家林业局召开。会议由斯凯孚中国区总裁艾澜德先生主持，国家林业局对外合作项目中心常务副主任苏明、辽宁省林业厅副厅长武兰义等出席了会议。与会代表听取了辽宁省林业厅2011年项目进展汇报以及来自瑞典农业科学大学的项目国际专家的技术报告，审议并通过了2012年项目实施计划，确定2012年项目造林规模为120公顷。（余　跃）

【赴辽宁检查斯凯孚造林项目】 8月1~4日，由国家林业局、瑞典斯凯孚（中国）有限公司以及瑞方林业专家代表组成的联合检查组分赴辽宁省阜蒙和岫岩县，对中瑞合作斯凯孚造林项目实施情况进行中期检查，并就双方开展合作的新地点进行可行性考察。检查组认为，该项目实施3年来的造林幼树长势良好，生态效果已初显：项目区的植被率明显提高，有效减少了地表径流及水土流失，对周边农田起到一定的保护作用，改善了项目区的小气候。（余　跃）

【澳大利亚林业代表团来访】 根据中澳农业合作协议2012年工作计划，以西澳大利亚默多克大学戴尔教授为团长的澳大利亚林业代表团于10月8日来华进行考察和交流，期间分赴北京、陕西和广东考察了不同条件下的人工林情况，并就林业应对气候变化、碳汇再造林及干旱地区水资源管理等议题与中国的专家、学者和政府官员进行了充分的讨论与交流。（杨璎铭）

【第四次中瑞（典）合作辽宁造林项目委员会会议】 根据中瑞合作造林项目2012年工作计划，第四次中瑞合作辽宁造林项目委员会会议于10月24日在京召开。国家林业局对外合作项目中心常务副主任苏明，辽宁省林业厅副厅长武兰义，斯凯孚集团中国区总裁艾澜德等项目指导委员会成员出席会议。会议听取了中瑞合作辽宁造林项目2012年工作情况、联合检查验收报告和第二造林点考察意见，审议并签署了2013年中瑞合作辽宁造林项目实施计划。2013年项目计划在辽宁岫岩县和阜新县实施造林和森林经营项目，总投资达370万人民币。

（杨璎铭）

【与美国艾博金公司座谈】 8月27日，国家林业局对外合作项目中心常务副主任苏明会见了美国艾博金公司区域经理Greg Mann先生一行3人，国有林场和树木种苗工作总站派员参加了会见，双方就共同感兴趣的问题进行了会谈。美方介绍了该公司在苗木育种和采用先进的生物技术促进林苗生长的主要成果、经营理念与合作模式，中方介绍了中国林业产业与苗木研究的现状。双方就可能合作的领域进行了交流。（杨璎铭）

【与保护国际基金会2012年合作年会】 7月13日在北京召开，来自保护国际、国家林业局有关司局、直属单位以及有关省（区）林业厅（局）相关部门负责人参加了会议。双方在总结上一年度项目成果和经验的基础上，对2012/2013年度的合作项目进行磋商并达成共识，形成《国家林业局与保护国际基金会2012年年会备忘录》。根据《备忘录》，将与保护国际基金会在淡水资源保护、中国森林标准、林业碳汇和气候变化、野生动物疫病防控和贸易防控及自然保护区和野生动物廊道建设等领域开展合作，并在青海、四川和云南省（区）实施项目试点，预算援助资金约900万元人民币。（王　智）

【与大自然保护协会2012年合作年会】 于7月12~13日在北京召开，来自大自然保护协会、国家林业局有关司局、直属单位，以及有关省（区）林业厅（局）的30多位代表参加了会议。会议期间，双方在总结上一年度合作项目成果和经验的基础上，对2012/2013年度的合作项目进行了磋商并达成共识，形成《国家林业局与大自然保护协会2012年年会备忘录》。2012/2013年度，将与大自然保护协会在保护地、生物多样性保护、气候变化和森林可持续经营等领域开展合作，并在内蒙古、四川和云南省（区）实施项目试点，预算援助资金约800万元人民币。（荣林云）

【与世界自然基金会2012年合作年会】 2012年年会于8月31日在北京召开，来自世界自然基金会、外交部、民政部、国家林业局有关司局、直属单位，以及有关省、市（区）林业厅（局）的50多位代表参加了会议。会上，双方在总结上一年度合作成果和经验的基础上，对2012/2013年度的合作项目进行了磋商，并达成共识，形成《国家林业局与世界自然基金会2012年年会备忘录》。2012/2013年度，将与世界自然基金会在湿地保护与管理、野生动植物保护、森林保护与可持续经营等领域开展合作，共同实施40多个自然保护项目，预算

援助资金5000万元人民币。（荣林云）

【与国际野生生物保护学会2012年合作年会】 于8月23日在北京举行。来自国际野生生物保护学会、国家林业局有关司局、直属单位，以及有关省（区）林业厅（局）相关部门的负责人参加了会议。会议听取了国际野生生物保护学会工作报告以及各省与学会合作项目执行情况，讨论并通过《国家林业局与国际野生生物保护学会2012年年会工作计划》，并就合作项目达成共识。该年度，国际野生生物保护学会将与中国相关林业单位在野生东北虎及其栖息地的保护、野生动物贸易控制管理以及扬子鳄保护等领域开展16个合作项目，预算援助资金约320万元人民币。（胡元辉）

【与湿地国际2012年合作年会】 3月29日在北京举行。国家林业局湿地保护管理中心、对外合作项目中心、湿地国际—中国办事处以及有关省区的代表参加了会议。与会双方回顾了上一年度合作项目的执行情况，并拟定2012/2013年度合作计划。2012/2013年度，双方将共同开展19个合作项目，预算援助资金300万元人民币。（王　智）

【与世界自然保护联盟2012年合作年会】 11月16日在北京召开，国家林业局相关司局、直属单位、北京市园林绿化局的代表及世界自然保护联盟在华办公室项目负责人参加了会议。会议期间，世界自然保护联盟的代表通报了目前在中国开展的工作。双方讨论了《国家林业局与世界自然保护联盟2012年年会备忘录》，并就合作项目初步达成了共识。2012/2013年度，世界自然保护联盟将与中国林业相关单位在森林景观恢复与森林可持续管理等领域共同开展12个合作项目，预算援助资金约300万元人民币。（胡元辉）

【《中国国家林业局与世界自然基金会合作原则机制》】 2012年10月31日，正在瑞士访问的国家林业局孙扎根副局长与世界自然基金会执行副总干事默根签署了《国家林业局与世界自然基金会合作原则机制》。国家林业局作为境外非政府组织在华活动的业务主管单位，2007年协助世界自然基金会北京代表处在民政部登记。为明确职责、规范合作、加强管理，经多次协商，双方共同拟订并签署了该《机制》。（胡元辉）

【林业与绿色经济国际研讨会】 4月18～19日，国家林业局对外合作项目中心、经济发展研究中心在京共同举办了“林业与绿色经济国际研讨会”。国家林业局张永利副局长出席了会议开幕式并作重要讲话，哥斯达黎加环境与能源部前部长、保护国际副总裁卡洛斯·罗德古斯，以及国家发改委、国务院发展研究中心、清华大学等国内外的组织和机构的领导、专家和代表共160余人参加了会议。

研讨会围绕“林业在绿色经济中的作用与优势潜力”“绿色发展中的国家政策及经验分享”“绿色经济实践、案例及发展”等议题展开讨论，旨在更深入地探讨绿色经济内涵，分享各国关于绿色增长的实践和经验，分析林业在绿色经济中的地位，探讨发挥林业在绿色增长中的优势和潜力，促进林业发展方式转型，推动中国乃至全球林业的绿色发展。（胡元辉）

【世界自然保护联盟第五届世界自然保护大会】 9月6～15日在韩国召开了第五届世界自然保护大会。与会期间，国家林业局参会人员，认真应对涉中国利益提案，达到了预期的目标，主要成果包括教育部原副部长章新胜当选世界自然保护联盟主席；成功对鄱阳湖、养熊场等敏感提案进行重新修订。（荣林云）

【中国林业经济学会世界林业经济专业委员会换届会议】 为进一步发挥专业委员会参与林业建设的作用，中国林业经济学会世界林业经济专业委员会换届会议于4月19日在京举行。会议选举产生了主任委员、副主任委员，提名并通过了秘书长和副秘书长人选，会议还讨论通过了下一年度工作计划。（胡元辉）

【《国际森林文书》】 2012年，《国际森林文书》履约工作取得积极进展，逐步完善了履约专家机制、国际合作机制，启动12个履约示范单位建设，开展《国际森林文书》培训工作，编写并向联合国提交《中国履行〈国际森林文书〉国家进展报告》，参与了联合国森林问题相关会议。

专家机制建设 2012年履行《国际森林文书》专家机制进一步完善，并形成了包括国家林业局有关司局、科研单位、林业院校和地方林业部门在内的20多位专家学者组成的专家队伍，及时启动“履行国际森林文书战略研究”“国际森林资金机制问题研究”和“《国际森林文书》分类、解读研究”等工作，为履行《国际森林文书》和联合国森林问题谈判提供了有力的支撑。

国际合作 对外合作项目中心与联合国粮农组织、联合国森林论坛等国际组织就履约工作建立了密切的合作关系；此外，履行《国际森林文书》、推动森林可持续经营、开展示范单位建设等工作已经纳入了中加、中奥、中瑞（典）等林业双边合作的重点领域。

示范单位建设 5月，国家林业局启动了履行《国际森林文书》示范单位建设工作，选择了辽宁省清源满族自治县、福建省永安市、浙江省临安市、吉林省汪清林业局、甘肃省小陇山林业实验局、河北省塞罕坝机械林场、江西省崇义县、黑龙江省哈尔滨市丹清河林场、北京市西山林场、陕西省延安市黄龙山林业局、四川省洪雅林场、湖南省永州市金洞林场（永州市金洞管理区）等12单位作为我国第一批履行《国际森林文书》示范单位。示范单位建设将以森林可持续经营理论为指导，按照《国际森林文书》的基本要求，通过合理规划、科学经营，不断总结不同类型森林的可持续经营模式，探索建立森林可持续经营的政策体系、技术体系和保障体系，搭建森林可持续经营经验分享平台和国际森林问题对话平台，为生态林业、民生林业建设服务。

培训研讨会 5月，国家林业局与联合国粮农组织、联合国森林论坛在北京举办了首次履行《国际森林文书》培训研讨会。中外专家向与会代表解读了《国际森林文书》的背景和内容、对中国林业的意义和作用，研讨了中国履行文书的有效途径、如何推广国内外森林可持续经营的先进理念与模式，并结合中国林业实际以及本区域特色和国际需求，探讨了具有中国林业特色的森林可持续经营技术与管理模式。会上宣布启动履行《国际森林文书》示范单位建设工作。

向联合国提交《中国履行〈国际森林文书〉的国家进展报告》 国家林业局对外合作项目中心组织有关司局和单位共同编写，并向联合国提交了《中国履行〈国际森林文书〉国家进展报告》。"关于履行《国际森林文书》和实现全球森林目标的联合国秘书长报告"，对中国林业发展给予了充分的肯定，特别提到中国通过开展植树造林和森林资源保护，实现了森林覆盖率大幅增长；通过实施林业重点生态工程建设和林权制度改革，有效地改善了农民生计；通过开展12个示范单位建设和相关培训工作，创造性地履行了《国际森林文书》。

（以上由郭潇潇提供）

亚太森林网络管理

【综　述】 2012年，亚太森林网络管理中心（亚太森林组织秘书处）以亚太森林组织向区域性国际组织发展为主线，以示范项目、政策对话、能力建设、信息共享等活动为支撑，以扩大亚太森林组织国际影响力和吸引力为重点，开拓创新，积极进取，各项工作顺利推进。

机构建设 ①积极推动亚太森林组织国际化，取得积极进展。亚太森林组织指导委员会第二次会议和联络员第三次年会通过了新修订的《亚太森林组织运行章程》。文件规定了亚太森林组织的发起背景、权力、宗旨和目标、机构设置和管理模式、财务管理、成员权利义务和发展程序，为亚太森林组织国际化指明了道路。会后，19个亚太经济体主管部门和4个国际组织正式书面确认接受新修订的《亚太森林组织运行章程》。②积极探索融资机制，确保亚太森林组织资金的可持续性。按照民政部《社会团体设立专项基金管理机构暂行规定》和《社会团体分支机构、代表机构登记办法》，已正式向民政部申请成立亚太森林组织专项基金，并与有关企事业单位签署了100万元的捐赠意向书。目前，民政部正在履行审批程序。③进一步加强亚太森林组织秘书处的规范化运作水平。制定了人员聘用、出差管理、员工培养、资产管理等制度，促使相关工作开展有章可循。

伙伴关系 ①决策咨询机构和联络员进一步壮大。国际热带木材组织（ITTO）加入组织指导委员会，墨西哥加入联络员工作机制。截至2012年年底，共有17个APEC经济体、9个非APEC经济体及5个国际组织加入了组织联络员机制。②与国际组织积伙伴关系进一步加强。亚太森林组织与联合国粮农组织森林与林场基金（FFF）、亚太林业研究机构协会（APAFRI）分别签署了合作协议，主要在亚太地区开展能力建设、政策规划、试点示范实施项目等方面开展技术合作，并积极推动与世界自然保护联盟（IUCN）亚太办公室和世界银行的合作事宜。截至2012年年底，亚太森林组织已与国际热带木材组织（ITTO）、IUCN、FFF、APAFRI、亚太地区社区林业培训中心（RECOFTC）5个国际组织签署了合作协议。③教学和科研机构积极参与亚太森林组织活动。亚太地区有40多所林业大学参加了亚太森林组织建立的亚太林业院校长会议机制。

为将协议转化为实际行动，推动务实合作，拓展伙伴关系，亚太森林组织批准了由ITTO牵头执行的"加强马来西亚沙捞越流域社区林业管理"项目；启动了由APAFRI牵头执行的"实现向森林可持续经营转变比对分析"项目和由联合国大学（UNU）牵头执行的基于东南亚大陆跨境生态安全保护的可持续森林恢复与管理老挝、缅甸中国云南示范项目；与IUCN北京办事处、世界自然基金会（WWF）北京办事处、大自然保护协会（TNC）等国际组织于10月在广西成功举办红树林保护研讨会。此外，亚太森林组织还积极利用外交部专项捐款基金，同湄公学院合作，成功举办了大湄公河次区域森林资源管理国际培训班，并借此活动与湄公学院建立了合作关系；资助太平洋共同体秘书处（SPC）召开了森林碳评估研讨会。

示范项目 2012年，集中精力完善项目理念、提升项目质量和树立组织形象。①研究确定亚太森林组织项目活动的理念。根据亚太森林组织的宗旨和目标，系统总结和分析已实施项目的情况，根据组织自身发展需要和发展中经济体林业发展的实际需求，研究确定亚太森林组织项目发展思路，即：总结、提炼和推广森林可持续经营的良好实践、政策和模式。②进一步明确亚太森林组织项目活动指导原则：服务外交、服务林业对外开放，推进组织国际化；立足周边，面向亚太，关注中亚和非洲；努力做到树旗帜、抓精品、立形象、建规则、促多赢。③进一步加强项目长远规划。将外联处更名为规划发展处，增加了项目规划职能，突出抓好项目长远规划。按照立足周边、突出重点区域的原则，以大湄公河次区域为突破口，启动了国别政策研究，并于2012年10月在广西召开了大湄公河次区域林业合作重点领域研讨会。④推进项目管理规范化建设。一是进一步规范项目管理内部流程，明确项目管理内部顺序和重点环节，制定项目内部审批程序和标准格式文件。二是制定项目审批和执行程序，拟定项目申请、审评立项、项目协议、拨款、监测、评估、报告、结题等流程，并制定相关格式文件。三是建立单项项目管理体系，抓住项目从审批立项到执行结题的各环节要点，时时监测记录项目执行情况。四是建立项目技术支持体系。充分利用区域专家资源为项目建立技术支持体系，确保项目设计合理，项目实施科学系统。

截至2012年，共实施试点示范项目11个，资金总额700多万美元。项目共涉及20个经济体。加拿大英属哥伦比亚大学、联合国大学、北京林业大学等大学申请和承担了亚太森林组织试点示范项目。2012 年，新启动项目 3 个，安排资金 1500 万元；审批 2013 年项目 4 个，项目资金规模 1200 万元。

政策对话 ①积极利用亚欧会议平台，推动务实区域合作。加强同外交部的沟通与协作，积极参与第九届亚欧首脑会议成果设计。结合张建龙副局长 2012 年 7 月访问老挝时同老挝农林部达成的会谈纪要，提出了在老挝实施亚欧森林可持续经营项目的建议。该建议被外交部和国办采纳，作为温家宝总理所提 4 项倡议之一，写入《第九届亚欧首脑会议主席声明》。②积极推动亚太经合组织林业部长级会议机制化。为加强亚太地区林业高层的交流与合作，亚太森林组织在 2011 年参与组织在北京圆满召开首届亚太经合组织林业部长级会议的基础上，通过多方协调与磋商，促成第二届亚太经合组织林业部长级会议于 2013 年 8 月在秘鲁举办，有效地推动了亚太经合组织林业部长级会议机制化。

能力建设 2012 年，进一步推动能力建设培训活动向系统化和专业化发展。为加强能力建设活动的体系化、规范化和专业化，经局领导批准，亚太森林组织与西南林业大学合作于 2012 年 11 月在西南林业大学成立了亚太森林组织昆明培训中心。成功举办"大湄公河次区域森林资源管理"和"亚太区域混农林业与乡村发展"两个国际研讨班，培训了来自亚太区域 15 个经济体的 35 名林业官员，进一步加强了各方对亚太各经济体林业经营发展状况的了解。截至 2012 年年底，已围绕林业与乡村发展和森林资源管理两大主题成功举办了 9 期培训班，共培训了亚太地区 18 个经济体 170 多名林业官员。奖学金项目资助 11 个经济体的 24 名学员。培训班和奖学金项目受到发展中经济体的欢迎和高度赞誉。

信息共享 ①完成了英文版网站的第二次改版，从 4 个方面得到改进。一是增设了学习园地和数据库，实现了音频、视频、图片和数据资料的在线共享；二是优化并丰富了能力建设，实现了专题培训班内容扩充和奖学金项目信息展示；三是提升了网站功能，实现了网站新闻订阅功能；四是增设了林业企业信息平台。②为更好地服务于国内林业发展大局，2012 年 8 月创办了《亚太林业》，旨在定期收集整理并编译亚太区域林业新动向、新做法、新趋势，服务国内林业研究和决策。③同有关单位合作先后编写出版了《中国林业生态建设》《中国森林资源管理》英文书籍、《亚太发展中经济体森林资源可持续管理》报告；完成了《三北防护林》英文版宣传短片；翻译出版了联合国粮农组织《森林退化的测量与评估》专业期刊(中文版)、首届 APEC 林业部长级会议各经济体代表讲话集《加强区域合作促进绿色增长》；整理出版了 2011 年《森林资源管理学员报告》和《林业与乡村发展研讨班学员报告》。

国际金融组织贷款项目

【林业综合发展项目实施工作】 世行贷款"林业综合发展项目"已实施 2 年，国家林业局世行中心和 5 个省项目办紧紧围绕项目目标开展实施工作，受到了世界银行等有关方面的高度赞扬。截至 2012 年 12 月 31 日，整个项目已营造多功能人工林 54 342.5 公顷、修复现有人工林 18 205.9 公顷、修建集水窖 417 个；项目已采购办公设备 600 台；扶持组建农民协会 20 个；为支持林改工作，项目完成各级培训、国内外考察和专家咨询 14.94 万人日。森林经营方案编制工作已完成。监测与评价工作全面展开，如期向世行提交了《基线调查报告》。项目新造的多功能人工林和修复的现有林，经各级检查验收，达到了项目规定的质量标准。

项目按计划完成了提款报账、落实了配套资金。项目累计使用世行贷款资金 2917.93 万美元，占贷款总额 1 亿美元的 29.2%；配套资金累计到位 28 878.58 万元，占累计计划的 106.6%。 (董 晖)

【亚洲开发银行贷款西北三省林业生态发展项目】 2012 年 1 月，国家林业局亚行办下发了《项目管理办法》和《项目财务管理办法》；分 3 次对 3 省(区)、17 市、55 县的基层项目管理人员举办了业务培训，450 人次参加了培训。内容涉及项目管理、财务、采购、审计、信息系统等。5 月，会同亚洲开发银行对项目实施情况进行了实地检查，下发了《项目启动备忘录》，对项目实施未来一段时间工作提出了明确的要求。3 省区项目机构按照备忘录要求，按时办理了项目转贷手续，开立了贷款和配套资金专用账户，及时提交了项目工程和货物国内竞争招标采购的首份招标文件，项目采购开局良好。

(万 杰)

【欧洲投资银行支持中国气候变化框架贷款林业项目按计划开展建设】 欧洲投资银行支持中国气候变化框架贷款林业项目包含内蒙古清洁发展机制造林项目和江西生物质能源林示范项目两个子项目。其中：内蒙古清洁发展机制造林项目完成造林 18 896.2 公顷，占下达计划的 74.2%；完成作业道建设 192 千米，占下达计划的 100%；完成网围栏建设 15.9 千米，占下达计划的 100%。完成建设投资 23 345 万元人民币，提款报账 800 万美元，折合 5267.6 万元人民币，占贷款额的 19.9%。江西生物质能源林示范项目共完成造林 19 065 公顷，占项目总计划的 102.0%。建设营林林道 279.0 万米、建设油茶管护棚 2430 平方米，采购车辆 12 辆，开展培训 1.7 万人次。截至 2012 年年底，项目经过省级核查验收的合格实施内容需要支付贷款资金 11 645.76万元人民币；经江西省项目办对各项目县报账材料审核并向省财政厅申请支付贷款资金，省财政厅已向各项目县下拨贷款资金 9611.56 万元人民币。

(万 杰)

中国—GEF 干旱生态系统土地退化伙伴关系项目

【项目总体进展】 2012 年是中国—全球环境基金干旱生态系统土地退化防治伙伴关系发展承上启下的关键年。伙伴关系第一个十年建设即将结束，"土地退化防治管理与政策支持"项目顺利通过了亚洲开发银行和全球环境基金(GEF)的中期评估，进入全面攻坚期；第二个十年建设战略框架成功获准，"干旱生态系统可持续土地管理综合战略"项目获得亚洲开发银行批复，正式向 GEF 提交了第五增资期的"中国西部适应气候变化的可持续土地管理"项目申报文本。一年来，项目进一步推动了 IEM 理念和土地退化防治战略与行动计划的宣传、示范、融入与实施，在中国西部建立了一套跨部门、跨行业、跨区域的三位一体的土地退化监测与评价指标体系，在土地退化防治与增加植被碳吸收、成本效益分析、公私伙伴关系、综合性生态补偿机制等领域开展了富有成效的探索性研究，与非洲荒漠化国家、GEF、ADB、WB、IFAD、FAO、UNCCD 等国际组织及伙伴关系下其他项目开展了广泛交流合作，显著提升了伙伴关系的国际影响。

【项目中期评估】 2012 年 2 月 22 日至 3 月 2 日，由亚洲开发银行和全球环境基金(GEF)官员与专家组成的代表团对 PRC—GEF 土地退化防治管理与政策支持项目进行了中期评估，同时，对伙伴关系的建设情况进行了学习性考察。评估代表团听取了中央项目协调办和执行办汇报，对青海和甘肃两个项目省进行了实地考察调研，与伙伴关系框架下 8 个项目代表、6 个省区项目办代表以及联合国防治荒漠化公约中国履约委员会代表、LADA项目代表等进行了座谈，详细听取了项目进展、成效、影响及存在问题的汇报和多利益群体对伙伴关系发展的建议。期间，伙伴关系项目指导委员会主任、全国政协人口环境资源委员会副主任江泽慧会见了评估团和考察团代表，就伙伴关系第二阶段(2013～2022 年)发展战略达成了合作意向。

【召开项目指导委员会全体委员会议】 2012 年 3 月 28 日，中国—全球环境基金(PRC—GEF)干旱生态系统土地退化防治伙伴关系项目指导委员会在北京召开了全体委员会议，重点审议了"土地退化防治管理与政策支持项目"2011 年工作报告和 2012 年工作计划。项目指导委员会主任江泽慧主持会议并做了重要讲话，国家发展改革委、财政部、全国人大法工委、国务院法制办、国家林业局、水利部、农业部、国土资源部、科技部、环保部、中国气象局和中国科学院等 12 个成员单位代表出席会议，亚行咨询专家代表、国内咨询专家代表及中央项目执行办全体工作人员列席会议。

【高层推动伙伴关系发展】 2012 年 6 月 27～29 日，中国—全球环境基金(PRC—GEF)干旱生态系统土地退化防治伙伴关系项目指导委员会主任、全国政协人口资源环境委员会副主任江泽慧，中央项目办主任、国家林业局科技司副司长胡章翠等赴甘肃考察伙伴关系项目，与甘肃省委书记、省人大常委会主任王三运，省长刘伟平，省政协主席冯健身等就推动土地退化防治问题进行了会谈，深入甘肃省定西市安定区赵家铺示范点进行了实地考察。

【启动"干旱生态系统可持续土地管理综合战略"技术援助】 经与财政部国际司、亚洲开发银行、全球环境基金等沟通与协调，"干旱生态系统可持续土地管理综合战略"技术援助项目于 2012 年 9 月 17 日正式获得亚洲开发银行批准，标志着中国—全球环境基金干旱生态系统土地退化防治伙伴关系第二个十年(2014～2023 年)建设框架正式启动。干旱生态系统可持续土地管理综合战略的技术援助内容包括 4 个方面：确定伙伴关系发展战略范围；制定融资计划，在中央和省区实施伙伴关系发展战略；加强机构建设，推动伙伴关系发展战略的实施；制定中国—全球环境基金干旱生态系统土地退化防治伙伴关系第二个十年发展战略(2014～2023 年)。

(科技司综合处)

国有林场和
林业工作站建设

14

国有林场改革与发展

【综　述】 2012年，在国家高度重视生态文明建设的大背景下，各地抓住机会，加大力度，推动国有林场改革、基础设施建设等工作。国有林场发展整体势头良好，林区职工生活明显改善，改革发展呈现了新的突破，国有林场建设和发展取得了显著成绩。

截至2012年年底，全国有国有林场4855处，经营面积0.77亿公顷，其中林业用地面积0.58亿公顷，森林面积0.45亿公顷，森林蓄积量23.4亿立方米，分别约占全国林业用地面积、森林面积和森林蓄积量的19%、23%和17%。在0.58亿公顷的林业用地总面积中，公益林面积0.6亿公顷，其中国家重点公益林0.4亿公顷，2465个国有林场纳入了中央森林生态效益补偿范围。国有林场现职工总数75万人，其中在职48万人，离退休27万人。2012年国有林场职工实发工资总额58.2亿元，拖欠包括退休金、医药费在内的工资费用54.5亿元。在职职工人年均工资13 664元，较2011年增加1698元，离退休职工养老金人年均16 247元，比上年增加1740元。

现全国国有林场总资产1023.3亿元，其中：流动资产273.1亿元，包括固定资产和林木资产的非流动资产750.2亿元。2012年国有林场总负债427.3亿元，其中流动负债332.9亿元，非流动负债94.4亿元。不含林木资产的资产负债率77.9%。总收入183.3亿元，比2011年增加35.9亿元；其中营业总收入148.1亿元，比2011年增加25.1亿元，包括承包户上交、补贴收入在内的营业外收入35.2亿元，比2011年增加10.8亿元。2012年国有林场营业总成本166.4亿元，比2011年增加31.6亿元。2012年国有林场财政资金收入153亿元，比2011年增加49.2亿元，其中基本建设投资33.9亿元，比上年增加9.8亿元，财政投入119.1亿元，比上年增加39.3亿元。

以木材采伐的种植业是国有林场营业收入与利润主要的组成部分，全年种植业营业总收入101.3亿元。另外，非林木产业发展较快，经济效益初现，实现营业收入28.1亿元。（郝　明）

【国有林场改革进展】 国有林场和国有林区改革小组对江西、湖南等7个试点省的国有林场改革试点实施方案进行了审查和修改，并就修改后的实施方案征求了试点省意见，已基本达成一致。一是国家林业局8月召开局务会议专门研究了国有林场改革问题，进一步统一了国有林场改革思路，即"明确国有林场的功能定位、理顺国有林场的管理体制、创新国有林场的经营机制、完善支持国有林场发展的政策体系"。二是中央财政明确了支持国有林场改革的财政政策。重点用于解决国有林场职工社会保险和分离办社会职能问题。中央财政已先期下达12亿元资金，用于支持湖南、江西、浙江、安徽、山东和甘肃等6省的国有林场改革试点。

（李建锋）

【国有林场基础设施建设】

继续做好国有林场危旧房改造工作　2012年确定改造国有林场危旧房9.5万户，中央安排危旧房改造资金9.5万元。从2012年开始，国家首次安排了1.87亿元国有林场危旧房改造供热等配套基础设施建设投资，极大地支持了国有林场危旧房改造，解决了国有林场职工的切实困难，受到了林区群众的欢迎。

开展了国有林场危旧房改造互检工作　为了切实掌握各地国有林场危旧房改造情况，及时发现问题并督促整改，国家林业局场圃总站抽调河北、山西、内蒙古、浙江、福建、江西、湖北、广西、海南、贵州、陕西、甘肃等12个省(区)的人员组成4个检查组赴8个省(区)开展国有林场危旧房改造互检工作，召开项目检查工作总结会，并将有关情况向局领导进行汇报。

国有林场其他基础设施发展情况　国务院批复《全国农村饮水安全工程"十二五"规划》，明确将国有林场319万饮水困难职工纳入规划范围。国有林场道路建设纳入农村公路建设规划范围，交通部已确定安排投资近10亿元。（李建锋）

【国有贫困林场脱贫】 2012年共安排国有贫困林场扶贫资金3.2亿元，比上年增加3000万元。扶贫资金支持建设28个省(区、市)的720个国有贫困林场，共752个项目。资金主要用于4个方面。一是省级林业主管部门管理费320万元，占扶贫资金总量的1%；二是支持贫困林场改善生产生活条件，安排基础设施建设项目634个，扶贫资金25 952万元，占资金总量的81.1%；三是支持贫困林场发展生产，安排种植业、养殖业等生产发展项目118个，扶贫资金5632万元，占资金总量的17.6%；四是开展人员培训，共培训林场干部和技术人员560人次，安排资金96万元，占资金总量的0.3%。

主要建设内容　新建和维修改造贫困林场和职工危旧房面积17万平方米，维修和新建林区道路1263.6千米，打机井144眼，建蓄水池68个，铺设输水管道284.5千米，新建和改造输电线路223.7千米，营造速生丰产林3012.13公顷，培育珍稀树种183.33公顷，毛竹林低产改造约187公顷，新建设和改造苗圃459公顷。

培训管理人员　国家林业局国有林场和林木种苗工作总站在京组织了3期国有林场场长培训班。来自浙江、福建、广东、海南、重庆、贵州等省的300多名国有林场场长参加培训。（杜书瀚）

【国有林场表彰和宣传工作】 国家林业局授予北京市八达岭林场等48个国有林场"全国生态建设突出贡献奖先进集体"，授予北京市西山试验林场场长周荣伍等79人"全国生态建设突出贡献奖先进个人"，广西壮族自治区天峨县林朵林场还获得了中华全国总工会授予的"五一劳动奖状"。

组织各省收看了电影《完美人生》，号召全国国有林场系统学习山东原山林场书记孙建博先进事迹；在京组织国有林场场长收看"时代先锋"郑培宏报告会，宣传山东大沙洼林场场长郑培宏先进事迹。

场圃总站、信息办、中国林业网络电视台联合组织《民生林业的脊梁》——国有林场场长系列访谈，从全国选择8个有代表性的优秀国有林场的场长来京进行电视访谈，全面总结了国有林场在民生林业和生态建设方面作出的突出贡献。访谈在中国林业政府网、中国网络电视台等网络媒体播出。（郝　明）

林业工作站建设

【综　述】 2012年，是党和国家发展进程中具有重大历史意义的一年。一年来，工作总站深入贯彻落实中央经济工作会议、中央农村工作会议和全国林业厅局长会议精神，紧紧围绕国家和林业工作大局，坚持面向基层、服务基层，坚持素质强站、质量建站，与全国各地林业工作站一道，开拓创新，扎实工作，行业工作取得了"两项新提升，五项新成果"：①编制实施了《全国林业工作站"十二五"建设规划》，修订了《乡镇林业工作站工程建设标准》，行业建设水平实现了新提升。②制定实施了《乡镇林业工作站能力测试实施办法》《乡镇林业工作站人员廉洁履行职责的若干规定》，行业管理措施实现了新提升。③建成了林业工作站站长培训测试题库、乡镇林业工作站站长远程培训初级平台，行业培训取得新成果。④研发了全国林业工作站管理服务触摸屏查询系统，积极推行"一站式"服务，行业社会服务取得新成果。⑤编纂了《全国林业工作站名录》，行业本底调查取得新成果。⑥提前完成全国林业行政案件统计分析报告，增设了分省情况分析汇总，行业林政案件统计分析取得新成果。⑦与中国人保财险联合出台了《关于深化互动合作 进一步推动森林保险发展的指导意见》，森林保险规范化管理取得新成果。全年，狠抓了9个方面工作：

调查研究 针对重点工作和行业情况，开展了多层次、多内容的广泛调研。①开展了系统调研。先后派出由站领导带队的4个调研组，重点对辽宁、江西、山东、河南、湖南、四川、安徽、江苏等8省有代表性的典型地区的14个县、21个乡镇林业工作站进行了深入调研，积极研究解决当前影响林业工作站系统长远发展的机制性、体制性障碍问题。②开展了管理调研。对湖北、江西、福建、新疆等部分省区的林业工作站展开新时期发展方向和建设重点的研究，积极探索林业工作站实行科学管理、分类指导的方向。③开展了森林抚育经营调研。对河南等省区的林业工作站承担森林抚育经营情况展开专题研究，突出探讨了影响基层林业工作站职能作用发挥的问题及对策。④开展了渎职犯罪调研。对云南等部分省区展开了基层林业工作站人员渎职犯罪情况研究，重点剖析了乡镇林业工作站渎职犯罪居高不下的根源。⑤开展了森林保险基层合作调研。多次深入江西实地参观乡镇林业工作站和三农保险服务站，摸清了各级林业部门与人保财险在森林保险工作中的分工与合作情况以及乡镇林业工作站在协助开展森林保险业务过程中存在的困难和问题。⑥开展了林业工作站科技推广工作调研。初步摸清了全国林业工作站系统承担科技推广工作的总体情况，通过赴河南、陕西的实地考察调研，进一步了解了乡镇林业工作站在开展科技示范、推广工作中所发挥的作用以及存在的主要困难和障碍。⑦开展了部门间调研。多次与农业部、水利部等有关部门开展座谈交流，学习借鉴乡镇畜牧兽医站、水利站等基层站的管理和建设经验，多方探索林业工作站科学发展的有效途径。通过调研，有力地促进了全国林业工作站的建设与发展，机构队伍保存稳定，现有乡镇林业工作站27 772个，12.9万人；人员经费纳入地方财政比例达到85.4%。

基础建设 ①以国家林业局文件印发《全国林业工作站"十二五"建设规划》，明确了"十二五"期间，全国林业工作站建设的指导思想、基本原则、编制依据及建设原则、目标、布局和相关保障措施等。同时也对林业工作站管理体系建设、全国林业重点工程区林业工作站建设重点县、标准化林业工作站建设、基层林业人才队伍建设、基层林业社会化服务能力等工作做出了总体部署要求。②积极指导吉林、河北、广西、四川4个省区开展林业工作站建设管理模式建设，继续探索在集体林权制度改革进程中，全国林业工作站在科学管理、合理布局、机构设置、编制核定、队伍优化、资金投入、基础设施建设、职能发挥等方面有效手段和措施。指导30个重点林区乡镇林业工作站管理服务能力建设，组织开展为林农提供林业行政办证、林权管理、森林资源流转、科技信息、政策法律咨询等"一站式"服务试点。③开展林业工作站重点县建设。根据重点县建设的相关要求，在对2011年度实施的重点县进行抽查验收，认真总结建设经验的同时，经各省区逐级申报、逐级审核，2012年在全国又选取了127个县市区开展了林业重点工程区林业工作站建设重点县工作，不断改善林工作业站工作条件，大力推进林业工作站"管理规范、设施完善、队伍精干、办事高效、保障有力"的建设目标。④推进标准化林业工作站建设试点。在对近年来组织实施的标准化林业工作站试点进行检查验收、认真总结经验的基础上，根据标准化林业工作站建设试点的有关要求，在全国初步遴选了140个乡镇林业镇作为标准化建设试点，积极发挥试点单位在林业工作站标准化建设中的典型引路和示范带动作用。全年，中央和地方为林业工作站共投入建设资金6.8亿元，比上一年增加4.8%。其中，新疆超过1亿元，基层林业工作站的站容站貌有效改观。

业务培训 ①组织林业工作站站长培训测试。下发了《2011年度乡镇林业工作站站长能力测试情况通报》

《2012年林业工作站行业培训及站长能力测试工作初步安排通知》，在对2011年站长能力测试进行总结经验的同时，对做好2012年乡镇林业工作站站长能力测试工作作出了部署要求。编印了《乡镇林业工作站站长应知应会1000题》，共印制3.5万本分发至各地乡镇林业工作站。会同有关部门和专家，修订了《乡镇林业工作站能力测试实施办法》《加强乡镇林业工作站工作人员廉洁履行职责的若干规定》。制订了《乡镇林业工作站站长能力测试督查实施方案》，对督查范围、方法、内容等方面提出了具体要求。全年共完成天津、河北、山西、内蒙古、辽宁、吉林等28个省(区、市)的6700多名乡镇林业工作站站长能力培训与测试工作。②指导开展林农培训。积极借鉴农业开展的“农民阳光培训”工程的有效做法，在北京、内蒙古、河南等3省(区、市)开展了林农培训试点工作，指导试点省份认真制订林农培训试点工作方案和展开培训工作。③组织开展全国林业行政案件统计分析人员培训。为加强工作指导和经验交流，在江西省对全国的100余名林业行政案件统计分析人员进行了培训，通报了全国林业行政案件统计分析情况，分析总结了案件发生特点和规律，学习了林业行政案件统计分析系统，对各地在工作中遇到的问题进行了释疑解惑。④组织开展全国林业行政案件稽查人员业务培训。为进一步加强林业行政案件管理和稽查工作，提高案件管理和稽查人员业务素质，邀请国家林业局监察局、资源司和南京森林警察学院的专家学者，在甘肃对全国的120余名林业行政案件稽查人员进行了培训，重点学习了林业行政案件查处程序、林业行政处罚的法律适用以及预防涉林职务犯罪问题，有效地提高了业务工作能力。

案件稽查 ①统计分析2011年度全国林业行政案件。组织全国林业行政案件统计分析员对2011年全国林业行政案件作出了分析报告，对2012年森林资源管理重点提出了对策与建议。在此基础上，5月14日，以国家林业局名义印发了《2011年全国林业行政案件统计分析情况的通报》。②积极受理和督办林政案件。全年，全国各级林业工作站共有6.5万名人员执行委托执法，共查处林业行政案件7.6万起，占全国林业行政案件查处总量的28.1%。工作总站共受理并批转群众举报信件62件，处置举报电话1000多个。各地对批转的举报信件给予了高度重视，吉林、江苏、浙江、河南、广东、四川、贵州、新疆、龙江集团等地和单位能够及时查处并反馈处理结果。③健全完善工作制度。为进一步加强案件管理工作，明确责任，规范运行，对2004年实施的《国家林业局森林资源行政案件稽查办公室工作制度》进行了修订完善，目前修订工作基本完成。组织黑龙江、北京、浙江、福建等10多个省(区、市)在北京对《林木林地权属争议处理办法》共同进行了修改，形成了一致意见。对国家林业局森林资源行政案件稽查工作领导小组、国家林业局林权争议处理领导小组及办公室等组成与运行，研究并提出了工作建议。④统计分析2012年度林业行政案件。通过早部署、早安排、勤督促，收集、汇总完成了2012年全国各地的林业行政案件统计数据和分析报告，工作进度比往年提前了3个月左右，同时还新增了分省情况汇总。

森林保险 ①推动森林保险工作的科学和规范管理。通过深入调研、细致谋划，与人保财险联合制定了《关于深化互动合作 进一步推动森林保险发展的指导意见》，从提升森林保险服务能力和水平、规范森林保险运作和管理两大方面，提出了提高森林保险产品的科学性和通俗性、加强森林保险基层服务网络建设、提高森林保险工作的专业化水平、建立相应的工作和激励机制等8项指导性意见。②积极推进森林保险基层服务网络建设。针对森林保险基层服务机构不健全、服务能力不足的问题，积极发动，倡导和鼓励各级林业工作站大力支持、积极协助森林保险基层服务网络建设，并结合自身条件给予办公场所、人力、技术等方面的扶持，切实将服务触角延伸至林业一线，实现“保险服务面对面”，有效提升森林保险服务林农的及时性和便捷性。③进一步完善了沟通联系机制。建立了联席会议制度，针对森林保险的规范管理、基层服务网络建设、保险经纪公司的引入、巨灾风险分散机制构建等问题，联合局计财司、人保财险等部门召开联席会议近10次；建立了信息通报制度，明确了按季度以《森林保险专报》的形式通报人保财险森林保险工作进展情况的工作机制。④积极推动工作进程。跟踪调查森林保险工作的覆盖变化、理赔情况和经济社会影响，总结各地在森林保险实施方案、操作方式中的成功经验和主要做法，积极引导基层规范管理、健全机制，大力宣扬建立符合林业特点的林业风险管理制度和运作模式，全力推动森林保险工作进展。截至2012年年底，中央财政森林保险保费补贴工作已扩大到17个省(区、市)，总参保面积5380万公顷，各级财政的保费补贴比例超过80%。

指导服务 ①组织指导植树造林。全年，全国林业工作站积极组织、指导林业重点工程绿化规划、作业设计，积极开展和带动社会参加植树造林，共组织指导完成造林370万公顷，封山育林123万公顷，四旁植树20亿株，育苗33万公顷。②积极开展林业科技推广活动。建立站属科技示范基地101万公顷，推广面积181万公顷，建立站办林场1155个，积极做好“新品种、新技术”与“林农”的对接，促进林业实用技术进村入户，进一步提高了广大林农的增收致富和应用先进技术的能力。③大力支持林下经济发展和农民专业合作组织建设。指导扶持林业经济合作组织2.6万个、会员数239万人，带动农户609万户，连接基地面积332.2万公顷。同时，加强了对1.1万个联办林场的业务指导和管理。④积极推动森林抚育经营。在辽宁、安徽、浙江、福建、江西、广西等6省区开展了编制非国有林简易森林经营方案试点，组织指导乡镇林业工作站认真开展森林抚育经营作业设计、检查验收、技术服务等工作，通过以现场培训、实地操作，以会代训等多种方式，指导各地以行政村、合作经济组织、林业大户等为单位编制简易森林经营方案，适时跟踪检查林木抚育工作的进度和质量，确保森林抚育对象合理、抚育方式正确、抚育工作安全可控。同时，在北京组织辽宁、河南、安徽等省召开了部分省、县林业工作站森林抚育经营试点工作座谈会，对林业工作站开展森林抚育经营工作的途径和需求进行了讨论。

行业宣传 ①规范工作制度。研究制订了《2012年林业工作站行业宣传工作方案》，加强了对林业工作站在建设生态文明、促进绿色增长、服务林业大局中重要作用的宣传。重新确定、核实了省级林业工作站信息员队伍，规范了信息报送流程，对涉及宣传林业工作站先进典型、先进人物的稿件，加大了审查力度，确保信息内容的全面、准确、真实。②表彰奖励先进。对2011年度各省级林业工作站站务信息进行了统计汇总，对14个信息报送先进单位、14名先进个人进行了通报表扬。组织各地参评全国生态建设突出贡献奖，全国50个集体和78名个人受到表彰奖励。③大力宣传典型。与《中国绿色时报》《中国林业》《绿色中国》等媒体合作，配合新闻媒体"走、转、改"活动，组织媒体、记者下到基层，开展"林业工作站·基层行"系列采风活动，发表文章10余篇，广泛宣传乡镇林业工作站先进典型及先进人物。制定《工作简报》和"林业工作站"子站信息宣传工作规定，进一步提高了《工作简报》和"林业工作站"子站的宣传效果和质量。

协作配合 坚持"立足本职、围绕中心、配合司局、服务基层"的思想，积极协作配合各司局展开林业重点工作。①配合资源司，调处辽宁、内蒙古两省区土地纠纷，修订《林木林地权属争议处理办法》。②配合计财司，拟订《关于加快推进森林保险工作的指导意见》，举办全国森林保险工作座谈会暨森林保险政策培训班。③配合林改司，举办了全国农民林业专业合作组织建设工作会议暨培训班，参与农民林业专业合作社工作建设有关工作。④配合造林司，参与对四川省春季造林绿化督查，在7个省区开展了编制非国有林简易森林经营方案试点。⑤配合监察局，赴河南、云南等省参与涉林职务犯罪调查。⑥配合防火办，参与北方重点林区春季森林防火工作督查。

机关建设 ①修订完善了站管理工作制度，进一步规范了工作秩序，实现了以制度管人、管事。②充分发挥党支部和工会的作用，精心制订了"基层组织建设年"、"十二五"普法宣传教育活动、创建党建品牌活动等工作方案、积极组织全站人员学习国家和林业政策、法律法规，全站人员的勤政、廉政水平进一步提高。③组织开展了8期"微型课堂"活动，实现了工作学习化、学习工作化，提高了全站同志"坐下来能写、站起来能讲，走出去能做"的综合素质，进一步增强了团队凝聚力。"微型课堂"被国家林业局评为"学习活动品牌"。

（唐　伟）

【全国林业工作站站(处)长座谈会】 为认真学习贯彻党的十八大精神，切实增强林业工作站系统的保障水平和服务本领，2012年12月13～14日，工作总站在北京组织召开全国林业工作站站(处)长座谈会，各省(区、市)林业工作站的负责同志和总站全体人员参加了会议。

会议重点学习了党的十八大精神。一致认为，党的十八大确立"生态文明建设"的新国策，提出"美丽中国"的新内涵，为中国林业发展带来了重大机遇。林业工作站是林业部门的有机组成部分，是林业生产经营实施组织管理的最基层机构，是联系政府和林农之间的纽带，承担着政策宣传、资源管护、林政执法、生产组织、科技推广和社会化服务等职能和作用，必将伴随着全社会对林业的重视而备受重视，必将伴随着林业的发展而加快发展。

会议集中交流了工作经验，深入分析了问题与不足。目前还存在一些影响林业工作站长远发展的体制性约束、机制性障碍，主要集中在：部分地方县、乡两级林业工作站机构不稳，管理体制不顺，造成人才流失和监督约束脱节，影响了职能作用的发挥。一些地方林业工作站经费投入少、专业骨干少、年轻人员少等问题突出，工作和人才队伍出现了断层，弱化了职能作用的发挥。部分省区基层林业工作站无自有站房、无机动车辆、无通信工具、无现代化办公设备的现象普遍存在，管理和服务手段十分落后，制约了职能作用的发挥。这些问题严重阻碍了整个林业工作站系统的科学发展，必须认真加以解决。

按照国家林业局局长赵树丛在局务会上提出的林业工作站建设要坚持"全覆盖、多格局、服务型"的原则的指示要求，针对现阶段林业工作站建设发展中的问题，会议研究提出了当前和今后一个时期全国林业工作站系统的6项重点工作：

稳机构 跟踪掌握各地机构改革动态，力争把握先机，把握主动，确保现有机构在新一轮的地方改革中不受到大的冲击和削弱。深入调查研究，加强工作指导、示范引导，因地制宜地恢复被撤并站或重新逐步建立管理两个以上乡镇的区域站或中心站。以《森林法》修改为契机，力争通过法律、地方法规等形式，把林业工作站机构固定下来，为乡镇林业工作站建设确立法律地位。

强管理 理顺管理体制，积极推行乡镇林业工作站实行"条块结合，以条为主"的县级林业主管部门"垂管"或县、乡"双管"模式，确保指挥高效、政令畅通。建立完善工作制度，以制度管人管事，努力形成以人为本的管理机制。加大工作考评与指导力度，探索建立省级林业工作站年度工作综合考评机制，努力保持行业行动一致，形成合力抓工作。

打基础 推进《全国林业工作站"十二五"建设规划》，指导各地研究制订本省区发展规划。抓好重点县和标准站建设，发挥示范指导、典型引路的作用，确保建设质量。争取多方支持，拓展经费渠道，扎实推进基础设施、设备建设，积极改善基层林业工作站的办公条件。

提素质 加大站长能力测试力度，争取提前完成培训计划。大力开展分级培训、专题培训、岗位培训力度，进一步扩大培训规模。探索建立完善有利于调动干部职工积极性、创造性的工作机制，吸引人才，留住人才，努力建设一支政治强、业务精、作风硬、服务好的林业工作站队伍。

树形象 深入开展创建"文明窗口"活动，规范岗位权力，降低廉政风险。大力开展行业宣传，挖掘先进典型及先进人物，多渠道、多角度宣传展示工作成效，提高"上镜率"，扩大"知名度"，营造关心、关注林业工作站建设发展的良好社会氛围。

抓服务 强化造林有责、护林有责的思想，积极指导造林绿化、森林保险、纠纷调处，保护好森林资源。充分发挥自身优势，为林农"出点子""做样子"，促进民生林业。推行"一站式"服务，寓管理于服务之中，在服务中实现管理。充分发挥林业部门执政能力、行业作风形象的"显示终端"作用，"问计于民，问需于民，问政于民，问效于民"，广泛凝聚全社会建设生态林业、民生林业的力量。（唐 伟）

【全国林业工作站"十二五"建设规划】 为加强对全国林业工作站建设的管理和指导，国家林业局2012年5月31日印发了《全国林业工作站"十二五"建设规划》（林规发［2012］145号）。《规划》深入贯彻落实中央林业工作会议和《林业发展"十二五"规划》精神，以"双增目标"为核心，以保障"集体林权制度改革深入推进"为重点，以"兴林富民、改善民生"为着力点，全面提升林业工作站建设标准化、规范化、科学化水平，充分发挥政策宣传、资源管护、林政执法、生产组织、科技推广和社会化服务等职能作用，为发展现代林业，建设生态文明，推动科学发展提供坚实的基础保障。

《全国林业工作站"十二五"建设规划》认真总结了全国林业工作站"十一五"建设成就、建设经验和存在问题，论述了林业发展的新形势对林业工作站工作的新要求，明确了"十二五"期间全国林业工作站建设的指导思想、基本原则、编制依据及建设原则、目标、布局和相关保障措施等。同时也对林业工作站管理体系建设、全国林业重点工程区林业工作站建设重点县、标准化林业工作站建设、基层林业人才队伍建设、基层林业社会化服务能力等方面提出了具体要求。（建设处）

【乡镇林业工作站工程建设标准】 为适应现代林业建设和改革发展对乡镇林业工作站提出的新要求，进一步规范乡镇林业工作站工程建设，提高工程建设的科学决策和管理水平，2012年9月28日，国家林业局印发了《乡镇林业工作站工程建设标准》（林规发［2012］241号）。标准共分六章二十条。第一章总则，主要说明乡镇林业工作站工程建设的指导思想、原则和应具备的条件；第二章乡镇林业工作站的设置和等级划分，主要规定乡镇林业工作站设置的条件和等级划分标准；第三章人员配备，规定不同等级乡镇林业工作站人员配备标准；第四章主要建设项目与工程量，规定不同等级乡镇林业工作站建筑工程项目和工程量；第五章主要设备，规定乡镇林业工作站需要配备的设备种类；第六章建设用地和环境保护，规定乡镇林业工作站建设用地应遵循的原则和用地指标。

《乡镇林业工作站工程建设标准》是在1992年原林业部编制并颁布实施的《区、乡（镇）林业工作站工程项目建设标准》基础上，按照《关于工程项目建设标准编制工作暂行办法》的要求，结合当前林业建设和改革的新形势进行修订的，新修订的《乡镇林业工作站工程建设标准》的出台，将进一步提升全国乡镇林业工作站建设科学化、规范化、标准化水平，充分发挥乡镇林业工作站的政策宣传、资源管护、林政执法、生产组织、科技推广和社会化服务等职能和作用，为现代林业建设提供强有力的支撑保障。（建设处）

【全国林业站本底调查关键数据】 截至2012年年底，全国有地级林业站253个，管理人员2478人，有县级林业站2052个，管理人员21 323人。与2011年相比，地级林业站减少29个，管理人员增加5人，县级林业站增加43个，管理人员增加471人。全国共建立乡镇林业站27 772个，其中，管理体制为县级林业主管部门派出机构的站有8794个，占总站数的31.7%；县、乡双重管理的站有6237个，占22.4%；乡镇管理的站12 741个，占45.9%。与2011年相比，全国乡镇林业站数量减少171个，派出机构的比例降低了2.3个百分点，双重管理的比例减少了2.7个百分点，乡镇管理的比例增加了5个百分点。全国乡镇林业站核定编制111 060人，现有在岗职工129 314人，其中，长期职工127 954人，与2011年相比，核定编制数减少5862人，在岗职工人数减少1360人，长期职工减少2924人。在岗职工中，经费渠道为财政全额的有99 471人，占77.7%，比2011年增加0.5个百分点；财政差额9855人，占7.7%，比2011年减少0.1个百分点；林业经费8889人，占7.0%，与2011年持平；自收自支9739人，占7.6%，比2011年减少0.4个百分点。

2012年，各地通过开展多种形式、多种渠道的培训，提高林业站职工队伍的综合素质。在林业站长期职工中，大专以上学历62 257人，占50.3%，比2011年增加了1.7个百分点；中专、高中学历51 879人，占42%，比2011年减少2.1个百分点；初中以下文化程度9546人，占7.7%，比2011年减少0.4个百分点。全国完成林业站站长培训19 016人次，比2011年增加48.5%；站员培训52 530人，比2011年增加10%；完成站长能力测试6741人。林业站职工参加林业大中专班、农广校中专班、专业证书班毕业生人数为2701人，在校生人数为2621人，新入学人数为971人。

2012年，全国完成林业站基本建设投资68 104万元，比2011年增加了3134万元。其中，国家投资15 007万元，地方配套53 097万元。全国新建乡镇林业站340个，1206个林业站新建了办公用房，715个站配备了通讯设备，997个站配备了机动交通工具。

（建设处）

【林业重点工程区林业工作站建设重点县工作】 2012年，为积极顺应集体林权制度改革和现代林业建设的新形势，提高林业站建设水平，进一步强化林业站服务林业中心工作的支撑和保障能力，在全国选择了127个县（市、区）开展了林业重点工程区林业站建设重点县工作，为近1500个乡镇林业站配备了必要的设施设备。

（建设处）

【标准化林业工作站建设试点】 为探索全国不同区域、不同林业重点工程区的林业工作站建设模式，积累经验、树立典型，发挥示范带动作用，使林业工作站更好地履行所担负的职责，充分发挥其在现代林业建设中的基础保障作用。2012年，在全国选取140个林业站继续开展标准化林业工作站建设试点工作。（张志刚）

【重点林区乡镇林业站管理服务能力建设】 2012年，在林权制度改革等重点林区，选择30个重点乡镇林业站，开展重点林区乡镇林业站管理服务能力建设，进行为林农提供林业行政办证、林权管理、森林资源流转、科技信息、政策法律咨询等"一站式"服务的试点，做到林业站与林农接触"零距离"。根据项目建设要求，认真编制了项目建设实施方案，完成了《全国林业站管理服务触摸屏查询系统软件》的研发编制工作。

（张志刚）

【林业工作站建设管理模式工作】 在前期林业站模式建设研究的基础上，2012年，在河北、吉林、广西、四川4个省区开展林业站建设管理模式建设，继续探索研究在集体林权制度改革进程中，全国林业站工作在科学管理、合理布局、机构设置、编制核定、队伍优化、资金投入、基础设施建设、职能发挥等方面的有效手段和措施，研究新时期林业站的发展方向和建设重点，充分发挥林业站职能作用，保障林权制度改革顺利进行。

（张志刚）

【全国林业工作站本底调查人员培训班】 为做好全国林业工作站本底调查关键数据年度更新工作，准确掌握2012年全国林业工作站的建设情况，进一步提高林业工作站的规范化、科学化管理水平，国家林业局林业工作站管理总站于2012年12月3～5日在河南郑州举办了全国林业工作站本底调查人员培训班，全国省级林业站管理部门负责本底调查的人员参加了学习培训，潘世学总站长出席并作了重要讲话。对全国本底调查工作开展情况进行了总结和回顾，结合贯彻学习十八大会议精神，分析了当前林业站工作面临的新形势、新机遇，提出林业站工作要重视基层、深入基层、了解基层、服务基层，要认真把握机遇，重点抓好基层，全面提升林业站的管理水平和服务能力。要提高对本底调查工作重要性的认识，加强对本底调查工作的领导，加强本底调查人员培训，提高人员综合素质，不断加强管理、强化力量，务求本底调查各项工作有部署、有检查、有落实。培训班还结合各省在开展本底调查工作中存在的问题，对乡镇林业工作站基本情况，地、县林业工作站及管理人员情况，乡镇林业工作站人员素质和培训情况，乡镇林业工作站建设投资情况，乡镇林业工作站职能作用情况，乡村林场基本情况等本底调查年度数据更新中应该注意的事项进行答疑解惑。培训期间，各省代表还进行了座谈讨论、经验交流和现场参观。 （张志刚）

【编制全国林业工作站名录】 为加强对林业站建设的科学化管理和分类指导，方便全国林业工作站系统更好地沟通和交流，提高林业站的管理水平和服务能力，进一步推动林业站工作更好地服务和保障现代林业建设和集体林权制度改革。根据本底调查成果，国家林业局工作总站组织编制了《全国林业工作站名录》，印发各级林业工作站管理部门，供各地参考。 （张志刚）

【国家林业局修订下发《乡镇林业工作站站长能力测试实施办法》】 为开展乡镇林业工作站站长能力测试工作，规范能力测试工作程序，切实提高林业站干部队伍的素质和能力，国家林业局修订下发了《乡镇林业工作站站长能力测试实施办法》（林站发［2012］234号，以下简称《办法》）。《办法》对乡镇林业工作站站长能力测试实施的内容、要求、方式以及各省级林业主管部门的职责、义务做出了规定，明确了乡镇林业工作站站长须5年参加一次能力测试。《办法》明确了国家林业局工作总站负责编制总体规划、安排年度计划、组织指导、测试督查、效果评价及培训证书印发。省级林业主管部门负责确定参加测试人员、时间地点、组织培训和考务安排；通过测试的人员由国家林业局工作总站统一制发“林业工作站站长岗位培训证书”，作为检验林业站站长能力水平的重要依据。《办法》进一步明确了国家林业局工作总站对各省（区、市）能力测试实行监督检查制度，同时要求各省多方筹措资金，积极争取纳入地方部门预算，保证林业站长培训和测试工作的资金投入。《办法》还明确了对年满50周岁的和边疆、牧区、少数民族聚居地区的少数民族林业站长参加能力测试的优惠政策。《办法》的制定将进一步推动乡镇林业工作站站长能力测试工作的规范化和制度化，达到“以测促培，以培促能”的目的，进一步促进乡镇林业站工作的不断发展。 （郭露平）

【乡镇林业工作站工作人员廉洁履行职责若干规定正式实行】 2012年7月，国家林业局印发了《国家林业局关于加强乡镇林业工作站工作人员廉洁履行职责的若干规定》。这是国家林业局为贯彻落实好《农村基层干部廉洁履行职责若干规定（试行）》，进一步加强乡镇林业工作站廉政建设，促进乡镇林业工作站工作人员廉洁履行职责的重要举措。

《规定》共9条，明确了廉洁履行职责的指导思想；明确了依法公开办事程序和有关林业收费标准及依据，严禁向群众乱摊派、乱罚款、乱收费；明确禁止了滥用职权、侵害群众合法权益，利用职务之便谋取不正当利益，搞不正之风、损害党群干群关系等18种行为；明确了对林业站负责人执行《规定》的检查考核要求。《规定》还要求县级林业主管部门，每年按照干部管理权限对林业站负责人执行本规定的情况进行一次检查考核，并加强对林业站廉政教育培训，促进林业站全体干部职工自觉贯彻执行本规定。 （罗　雪）

【行业宣传工作取得长足进步】 在全国林业站系统上下的共同努力下，林业站的行业宣传工作取得了明显进展，初步建立了相对稳定和运转高效的信息宣传队伍以及畅通有效的行业宣传渠道，林业站信息宣传的质量和水平有了显著提升，其中，“中国林业网”的“工作总站”子站全年共采用全国各地林业站站务信息共计452条，比2011年同期增长了近30%；整合后的工作总站唯一的《工作简报》2012年全年共刊发6期。在推动行业宣传上，工作总站与《中国绿色时报》《绿色中国》等新闻媒体开展了以“健全机构队伍，理顺管理体制、加强林业站基础设施建设、林业站充分发挥职能作用、创新林业站管理，提高服务能力、提高林业站队伍整体素质”为主要内容的“林业站·基层行”典型系列宣传活动，组织编发稿件10余篇。通过多种渠道，及时刊登了新出台的有关加强林业站工作的政策、措施，宣传了林业站在生态林业和民生林业建设中发挥的重要作用，宣传了在各项林业工作中涌现出的林业站先进典型，起到了激励林业站干部职工积极投身林业站事业，引导全社会进一步关注林业站、关注林业发展的重要作用，对于进一步加强林业站建设、稳定林业站机构、提高林业站队伍的整体素质、发挥林业站职能具有十分重要的意义。

（郭露平）

林业计划统计

15

林业规划编制

【全国湿地保护工程"十二五"实施规划】 2012年11月，国家林业局以林规发〔2012〕273号印发了《全国湿地保护工程"十二五"实施规划》。《规划》实施期限是2011～2015年。《规划》的主要目标：初步建立以湿地自然保护区、国家湿地公园为主体的湿地保护管理体系，基本形成自然湿地保护网络；开展围垦湿地恢复、湿地补水、污染防控、有害生物防治、栖息地改善等湿地综合治理工程，恢复、修复湿地11.65万公顷，初步扭转自然湿地面积萎缩和重要湿地生态功能退化的趋势；实施农牧渔综合利用示范项目、红树林合理利用示范项目及湿地合理利用社区扶持项目，使中国湿地资源逐步走上合理利用轨道；重点加强与国家和省级层面湿地保护能力建设，加强湿地调查监测、宣传教育与科技支撑体系建设，使中国湿地保护管理能力得到全面提升。《规划》主要任务：一是保护工程。加强自然保护区、国家湿地公园的建设，在"十一五"野生稻保护小区建设的基础上，建立14处野生稻等野生植物保护小区；二是湿地恢复与综合治理工程。按照沼泽、近海与海岸、湖泊、河流4种类型开展湿地恢复与综合治理，在26个重点地区共实施110个湿地恢复项目，恢复各类湿地11.65万公顷；三是可持续利用示范工程。建设农牧渔一体化综合利用示范区项目22项，开展红树林合理利用示范基地项目3项，开展湿地合理利用社区扶持项目1项；四是能力建设。完善中国湿地资源调查监测、宣传教育、科技支撑和湿地生态效益补偿机制。

【三北防护林体系建设五期工程规划(2011～2020年)】 2012年9月，国家林业局以林规发〔2012〕215号印发了《三北防护林体系建设五期工程规划(2011～2020年)》。《规划》实施期限是2011～2020年。《规划》的主要目标：到2020年，五期工程规划任务完成后，将在三北地区新增森林面积988.4万公顷，为工程区森林覆盖率贡献2.27个百分点；50%以上可治理沙地面积得到初步治理；50%以上水土流失区治理面积得到有效控制，80%以上的农田实现林网化，60%以上的退化林分得到有效修复。《规划》主要任务：仍以扩大和恢复森林植被为主要任务，建设内容以工程造林为主，兼顾32年来林分出现的质量问题，适度开展退化林分修复，并为提高质量，加强管理，加快建设国土生态安全体系、加快发展林业产业体系、加快推进生态文化体系建设、加强林地保护与管理、着力提高造林质量和森林质量、深化林业改革、加快林业科技创新、加快改善林区民生、建立健全林业防灾减灾和应急体系、加快推进林业信息化、扩大林业对外开放、加强林业法制建设等。

【林业科学和技术"十二五"发展规划】 2012年7月，国家林业局以林规发〔2012〕171号印发了《林业科学和技术"十二五"发展规划》。《规划》实施期限是2011～2015年。《规划》的主要目标：到2015年，中国将基本建立起适应现代林业发展的国家林业科技创新体系，在新品种创制、森林经营、林业生物产业、信息技术、生态环境改善与治理、应对气候变化、区域林业等研究领域取得重大突破，林业科技创新能力显著增强，林业科学事业得到全面发展，林业科技进步贡献率达到50%，重要科技成果总数达到2000项，林业专利数量增加一倍。《规划》主要任务：一是突破林业关键领域核心技术；二是超前部署林业高新技术研究；三是前瞻性开展林业基础科学研究；四是加强林业科技成果推广应用；五是全面加快林业技术标准化与质量监督体系建设；六是抓好林业科技创新平台建设；七是完善林业科技发展保障服务体系；八是推进现代林业理论和发展战略研究。

【全国野生动植物保护与自然保护区建设"十二五"发展规划】 2012年2月，国家林业局以林规发〔2012〕31号印发了《全国野生动植物保护与自然保护区建设"十二五"发展规划》。《规划》实施期限是2011～2015年。《规划》的主要奋斗目标：到2015年，建立8000个乡镇野生动植物保护和疾病防控监测站；确保95%以上的国家重点保护野生动物种类和国家级自然保护区以外60%的国家重点保护野生动物重要栖息地得到有效保护；全国林业系统自然保护区数量达到2120处，占国土面积13%左右，国家级自然保护区数量达到305处，面积7750万公顷；新建国家级野生动物疫源疫病监测站1765处，监测覆盖率达323处；建立生态文明和生态道德教育的科普基地200处。《规划》的建设重点和任务：一是极度濒危的野生动物拯救和保护工程；二是极小种群野生植物拯救工程；三是自然保护区建设工程；四是野生动物疫源疫病监测防控体系建设；五是国家重点科研与技术服务体系建设。 (陈嘉文 覃鑫浩)

林业基本建设投资

【林业基本建设投资】 2012年是"十二五"承上启下之年，是现代林业建设的关键年。一年来，围绕顺利实现林业"十二五"发展规划目标，以发展现代林业、建设生态文明、推动科学发展作为首要任务，以加快发展、推进改革、改善民生、强化基础为重点，继续优化投资结构，努力提高投资效益，进一步加强重点和薄弱环节，切实发挥好中央投资对加快转变林业经济发展方式和结构调整的引导作用，为全面推动现代林业建设继续提供支撑保障条件。全年共落实林业基本建设投资180.86亿元，与2011年基本持平。

按照全国林业厅局长会议要求，围绕实现“双增”目标，统筹考虑现代林业建设需求，依据新情况，按照新要求，全面落实各项林业投资。在突出生态体系建设的同时，适当兼顾产业和生态文化体系发展需求。不断强化林业发展改革服务保障和林区民生保障两大基础建设，增强林业发展后劲。继续实施以生态建设为主的林业发展战略，不断加快重点生态工程建设步伐，生态建设和保护投资保持较高水平，直接用于生态建设和保护的投资达到106亿元，占总投资的59%。结合林业生态建设实际，继续加强了三北、沿海等防护林工程建设，全年落实投资34亿元。大幅度增加林区基础设施建设投资。继续深入推进百万亩人工林基地等重点区域治理工程，在防护林工程投资中安排75%以上投资专项用于重点区域治理工程。启动实施木材战略储备基地示范工作，安排中央投资1.08亿元用于福建、广西等7省区木材战略储备基地试点。继续优化整合投资结构，在不改变现有管理模式和不减少投资规模的前提下，将科技支撑项目调整用于国家级生态定位站建设，进一步加大林业科技支持力度。

【林业民生工程】 林业棚户区(危旧房)改造取得重大成绩，林区民生得到明显改善。全年安排林业棚户区危旧房改造投资达55.12亿元，其中国有林区棚户区安排投资39.5亿元，安排改造任务26.3万户；国有林场危旧房改造安排投资15.6亿元，安排改造15.6万户。到2012年年底，中央投资131亿元，安排改造任务140.8万户，竣工入住90万户。林区棚户区改(危旧房)供热等配套基础设施建设安排投资11.13亿元。林区民生得到极大改善，人均居住面积由13.1平方米提高到24.5平方米。林区生产力布局进一步优化调整，生产区和生活区逐步分离，为国有林区和国有林场体制机制改革创造了有利条件。城镇化进程有序推进，逐步解决了林区职工居住、供电、给排水、医疗、教育、交通等一系列长期以来未能解决的难题，对增强城镇功能、提升职工生活水平将产生重要作用、深远影响。

（张利明　孙嘉伟　郭　伟）

林业经济运行

2012年是中国经济与社会发展极为重要的一年，也是林业改革与发展的关键之年。党的十八大把建设生态文明纳入中国特色社会主义事业“五位一体”总体布局，并作为党的重大行动纲领写入党章。一年来，国家林业局党组和各级林业部门以科学发展观为指导，全面贯彻落实党的十八大精神，以建设生态文明为目标，以改善生态和改善民生为总任务，加快发展现代林业，努力克服各类自然灾害对林业生产建设造成的不利影响，生态建设和保护进一步加强，林业产业快速发展，林区民生和基础设施建设成效显著，林业改革发展深入推进，林产品进出口贸易稳定增长，林业各项事业取得新成就。

【生态建设与保护】 改善生态是林业的根本任务。当前中国生态状况十分脆弱，林业生态建设的任务仍然繁重。近年来，中央投资补助涉及林木种苗、造林、森林抚育经营、生态补偿、林业机具等林业生态建设的各个生产环节，全国每年以600万公顷的造林计划任务大规模推进，收效显著。

营造林总体状况 2012年造林绿化工作稳步推进，全国共完成荒山荒地造林面积559.58万公顷，比2011年减少6.68%。其中人工造林382.07万公顷，飞播造林13.64万公顷，无林地和疏林地新封山育林163.87万公顷，其中人工造林占全部造林面积的68.28%。西部12个省区(含新疆兵团)共完成造林面积295.18万公顷，占全部造林面积的52.75%。

2012年，国家进一步完善森林抚育规程，启动了森林经营样板基地建设，森林抚育经营由试点转向全面推开。截至2012年年底，共完成中幼龄林抚育面积766.17万公顷，比2011年增长4.46%；完成低产低效林改造面积70.75万公顷，比2011年减少10.31%；完成有林地造林面积58.15万公顷；更新造林30.51万公顷；四旁(零星)植树23.94亿株。林木种苗管理工作不断强化，开展了打击制售假劣林木种苗专项行动，林木种子和苗木合格率分别达到90.1%和94.7%。全国林木种子采收量、苗木产量和育苗面积分别为2.78万吨、570.78亿株和91.56万公顷。

2012年造林绿化从林种用途、树种类型以及结构类型上更加注重生态效能和抗灾能力的发挥，特点较为突出。

生态公益林所占比重明显提高 从林种用途看，在全部造林面积中，用材林77.44万公顷、经济林110.11万公顷、防护林365.08万公顷、薪炭林4.11万公顷、特种用途林2.84万公顷，占全部造林面积的比重分别为13.84%、19.68%、65.24%、0.73%和0.51%。生态公益林(防护林和特种用途林)占全部造林面积的比重为65.75%，比2011年提高近4个百分点。

乡土树种造林所占比重有所提高 从树种类型看，乡土树种的造林面积为359.39万公顷，占全部造林面积的比重为64.23%，比2011年提高1个百分点。乡土树种造林比重的提升有利于生物多样性保护，增加对不良环境的抵抗力。

混交林造林比重占3成以上 从结构类型看，混交林面积为204.55万公顷，占全部造林面积的比重为36.55%，比2011年提高3个百分点，混交林利于减少

病虫危害和森林火灾，特别在涵养水源、保持水土、防风固沙等方面发挥更为突出的作用。

国家林业重点生态工程 2012年国家林业重点生态工程深入实施，共完成造林面积275.39万公顷，占全部造林面积的49.21%。其中天保工程、退耕还林工程(不含京津工程退耕)、京津风沙源治理工程和三北及长江流域等重点防护林体系工程分别为48.52万公顷、65.53万公顷、54.17万公顷和107.18万公顷，占全部造林面积的比重分别为8.67%、11.71%、9.68%和19.15%。各级地方政府造林、企业造林、大户造林等社会造林面积284.19万公顷，占全部造林面积的比重达到50.79%，比重比2011年提高2.38个百分点。社会造林面积首次超过国家林业重点生态工程造林面积，社会造林和国家林业重点生态工程造林二分天下的发展局面已经形成。

天然林资源保护工程 2012年，全国天然林资源保护二期工程启动实施，森林管护、公益林建设、森林改造培育等工程建设内容顺利推进。

2012年工程区木材产量进一步调减，为1044.46万立方米，比2011年减少6.27%，仅占全国木材总产量的12.78%。

2012年天保工程完成造林面积48.52万公顷，其中人工造林13.79万公顷，飞播造林5.97万公顷，无林地和疏林地新封山育林28.75万公顷。中、幼龄林抚育面积168.15万公顷。森林管护面积为11 409万公顷，其中国有林管护面积7042万公顷，集体和个人所有的国家级公益林面积1989万公顷，集体和个人所有的地方公益林面积2378万公顷。自1998年工程实施以来，15年间工程已累计完成人工造林310.83万公顷、飞播造林341.27万公顷、新封山育林807.65万公顷。

天保工程区项目实施单位年末人数为82.72万人，其中在岗职工60.47万人，离开本单位保留劳动关系人员21.00万人，其他从业人员1.24万人。在岗职工年平均工资为24 736元。在岗职工参加基本养老保险人数为52.73万人，在岗职工参加基本医疗保险人数为55.42万人。

退耕还林工程 2012年退耕还林工程共完成造林面积67.45万公顷(含京津风沙源工程中1.92万公顷)，其中荒山荒地造林46.11万公顷，无林地和疏林地新封山育林21.34万公顷。西部12个省区(含新疆兵团)共完成38.57万公顷的退耕工程任务，占退耕工程总造林面积的57.18%。

2012年涉及粮款兑现的退耕地面积为787.25万公顷。全年粮食补助资金81.54亿元，生活费兑现金额35.67亿元。全年粮款兑现涉及2477万农户。

自1999年工程试点以来已累计完成退耕地造林906.30万公顷，荒山荒地造林1580.08万公顷，新封山育林268.15万公顷。累计粮食补助资金总计1980.16亿元，累计生活费兑现金额总计299.46亿元。

京津风沙源治理工程 2012年，国务院批准了《京津风沙源治理二期工程规划》，建设范围扩大到6个省(区、市)的138个县，增加了林草植被保护、工程固沙等林业建设内容。

2012年，京津风沙源治理工程共完成造林54.17万公顷，其中人工造林22.76万公顷，飞播造林5.43万公顷，无林地和疏林地新封山育林25.97万公顷。草地治理面积1.80万公顷，小流域治理面积4.18万公顷，治理总面积达到60.15万公顷。另外，建设暖棚59.74万平方米；购置各类饲料机械6351台；完成水利配套设施9188处；生态移民1295人，涉及267户。

京津风沙源治理工程实施12年来累计完成治理总面积达到1027.06万公顷，其中林业工程685.45万公顷，草地治理237.26万公顷，小流域治理104.35万公顷。在林业工程中，累计完成人工造林335.67万公顷、飞播造林94.28万公顷、新封山育林255.50万公顷。

三北及长江流域等防护林体系建设工程 2012年，三北五期工程规划正式获批实施，增加了退化林分修复和百万亩人工林基地建设内容。2012年，三北工程共完成造林67.87万公顷，其中人工造林40.34万公顷，飞播造林0.67万公顷，无林地和疏林地新封山育林26.86万公顷。

长江、珠江等防护林体系建设工程持续推进，完成了三期规划编制工作。长江流域防护林工程完成造林面积15.79万公顷，沿海防护林工程完成造林面积14.54万公顷，珠江流域防护林工程完成造林面积5.16万公顷，太行山绿化工程完成造林面积3.81万公顷。

在三北及长江流域等防护林体系建设工程全部造林面积中，防护林面积所占比重为90.99%，其中水土保持林和防风固沙林所占比重最高，分别达到了29.56%和26.35%。另外，完成低产低效防护林改造面积1.09万公顷。

自2001年以来，三北及长江流域等防护林体系建设工程累计完成人工造林827.40万公顷、飞播造林29.78万公顷、新封山育林489.21万公顷。其中，三北工程累计完成人工造林510.82万公顷、飞播造林10.78万公顷、新封山育林259.74万公顷。

野生动植物保护及自然保护区建设工程 2012年，野生动植物保护及自然保护区建设工程突出加强自然保护区基础设施和能力建设，启动了极小种群野生植物拯救保护工作，新增林业系统国家级自然保护区23处。截至2012年年底，林业系统自然保护区达到2150处，总面积1.25亿公顷，占全国国土面积的13.01%，其中，国家级自然保护区286处，面积7713.82万公顷。

年末实有自然保护小区4.86万个，总面积1205万公顷。野生植物就地保护点688个，总面积424万公顷。野生动物种源繁育基地4137个，其中商业性野生动物驯养繁殖单位3993个。野生植物种源培育基地976个。野生动物观赏展演单位342个，植物园117个，狩猎场154个。野生动植物保护管理站4383个，野生动植物科研及监测机构626个，鸟类环志中心(站)95个。全国从事野生动植物及自然保护区建设的人员达5.02万人，其中各类专业技术人员1.48万人。

湿地保护与恢复工程 2012年，国务院批准了《全国湿地保护工程"十二五"实施规划》，全年共恢复湿地2万公顷，新增湿地保护面积9万公顷和68处国家湿地公园试点，确认了11处国家重要湿地。截至2012年年底，国际重要湿地为41处，面积达到371万公顷，湿地示范区面积达到374万公顷。

【林业产业发展和林业民生工程】

林业在改善民生方面的作用越来越大。林业产业链条长、类别多，特别是林业为社会和人们提供了丰富的生态建设产品、生活用品和美化产品。2012 年，中国林业产业继续保持强劲发展势头，产业规模不断扩大，产业结构进一步优化，新兴产业快速发展，提供了日益丰富的林产品。林业棚户区(危旧房)改造是林业的惠民工程，近年来在国家相关扶持政策的推动下，林业棚户区(危旧房)改造进展顺利。

林业产业发展

林业产业总产值　2012 年林业产业总产值达到 3.95 万亿元(按现价计算)，比 2011 年增长 28.94%，产业规模不断扩大。自 2001 年以来，林业产业总产值的平均增速达到 22.88%。

分产业看，第一产业产值 13 748.52 亿元，占全部林业产业总产值的 34.85%，同比增长 24.35%；第二产业产值 20 898.30 亿元，占全部林业产业总产值的 52.97%，同比增长 25.23%；第三产业产值 4804.09 亿元，占全部林业产业总产值的 12.18%，同比增长 68.44%。近年来，林业三次产业的产值结构逐步调整，已由“十五”末期的 52∶41∶7，调整为目前的 35∶53∶12，林业二、三产业所占比重逐年增大，产业结构进一步优化。

第一产业中，包括干鲜果品、茶、中药材以及森林食品等在内的经济林产品种植与采集业产值为 7751.88 亿元，所占比重最大，为 56.38%；第二产业中，包括锯材、人造板等在内的木材加工及木竹制品制造业产值为 8233.95 亿元，所占比重最大，为 39.40%。木竹浆造纸业产值为 4751.52 亿元，木竹家具制造业产值为 2794.39 亿元；第三产业中，林业旅游与休闲服务业产值为 3522.55 亿元，所占比重最大，为 73.32%，全年涉林旅游和休闲的人数达到 14.82 亿人次。发展速度最快的产业主要是一些新兴产业，包括林业旅游与休闲服务业、油茶产业、野生动物繁育与利用业等，增长速度分别达到 89.07%、57.71% 和 39.39%。

分地区看，东部地区林业产业总产值为 20 538.51 亿元，占全部林业产业总产值的 52.06%；中部地区林业产业总产值为 7621.26 亿元；西部地区林业产业总产值为 7395.70 亿元；东北地区林业产业总产值为 3895.43 亿元。东部地区林业产业总产值的增速最快，所占比重也最大，与其他地区的差距进一步拉大。林业产业总产值超过 3000 亿元的省份共有 5 个，分别是广东、山东、浙江、江苏和福建。

木材安全保障

木材战略储备基地建设。2012 年，福建、广西、广东、湖南、云南、河南、江西等 7 省区率先开展木材战略储备基地示范建设，安排中央投资 2.28 亿元(其中中央基本建设资金 1.08 亿元，中央财政资金 1.2 亿元)，建设木材战略储备生产基地 9.46 万公顷。截至 2012 年年底，7 个示范省区共完成建设任务 9.02 万公顷，占计划任务的 95.4%。

速生丰产用材林基地建设。2012 年，速生丰产用材林基地建设共完成各类造林 38.01 万公顷，其中荒山荒地造林 26.84 万公顷，更新造林 7.40 万公顷，非林业用地造林 3.77 万公顷。另外完成改培面积 3.28 万公顷。

木材生产及林产工业

1. 木材产量。2012 年，全国商品材总产量与 2011 年基本持平，为 8174.87 万立方米。在全部木材产量中，原木产量 7494.37 万立方米，薪材产量 680.50 万立方米。商品材产量较大的省份都集中在中国集体林区，分别是广西、广东、福建、山东、云南、安徽、湖南，这些省区的商品材产量都超过 400 万立方米。此外，全国农民自用材采伐量 700.09 万立方米，农民烧材采伐量 2056.80 万立方米。

2. 锯材与木片、木粒加工产品产量。2012 年，锯材产量为 5568.19 万立方米，比 2011 年增长 24.84%。木片、木粒加工产品 2906.93 万实积立方米，比 2011 年增长 29.93%。

3. 人造板产量。2012 年，受国内房地产调控和国际社会购买力下降的双重影响，木质家具生产和建筑装饰行业受到冲击，中国人造板产量增速放缓。全年人造板总产量为 22 335.79 万立方米，比 2011 年增长 6.77%。

在全部人造板产量中，胶合板 10 981.17 万立方米，比 2011 年增长 11.26%，占全部人造板产量的 49.16%；纤维板 5800.35 万立方米，比 2011 年增长 4.28%，占全部人造板产量的 25.97%，其中中密度纤维板产量为 5022.45 万立方米；刨花板产量 2349.55 万立方米，比 2011 年减少 8.20%，占全部人造板产量的 10.52%；其他人造板 3204.71 万立方米(细木工板占 58.28%)，比 2011 年增长 9.44%，占全部人造板产量的 14.35%。另外单板产量为 3492 万立方米，人造板表面装饰板产量为 1.92 亿平方米。

从分省情况看，山东、江苏、广西、河南、安徽、河北 6 省(区)产量均超过 1000 万立方米，6 省(区)人造板产量共计 16 392.56 万立方米，占全国人造板总产量的 73.39%。

4. 木竹地板产量。2012 年木竹地板产量近年来首次出现负增长，为 6.04 亿平方米，比 2011 年减少 3.94%。在木竹地板产量中，实木木地板 1.25 亿平方米，占全部木竹地板产量的 20.75%；复合木地板 3.71 亿平方米，占全部木竹地板产量的 61.33%；其他木地板 0.59 亿平方米；竹地板 0.49 亿平方米。江苏省和浙江省是木竹地板产量最大的省份，产量分别达到 1.44 亿平方米和 1.19 亿平方米。

5. 林产化工产品产量。2012 年，全国松香类产品产量 141.00 万吨，与 2011 年基本持平。松节油类产品产量 18.74 万吨，比 2011 年增长 3.12%。樟脑产量 1.14 万吨，冰片产量 925 吨，栲胶类产品产量 6926 吨，紫胶类产品产量 2494 吨。

经济林、竹、油茶、花卉产业　2012 年，经济林产品产量稳定增长，各类经济林产品总量达到 1.42 亿吨，比 2011 年增长 6.50%。从产品类别看，水果产量为 12 227 万吨，比 2011 年增长 6.59%；干果产量为 987 万吨，比 2011 年增长 6.47%；毛茶等林产饮料产品的产量为 184 万吨；花椒、八角等林产调料产品的产量为 58 万吨；竹笋干、食用菌等森林食品产量为 308

万吨；杜仲、枸杞等木本药材的产量为130万吨；油茶等木本油料产量为177万吨；松脂、油桐等林产工业原料产量179万吨。

2012年竹材产量为16.44亿根，比2011年增长6.81%，其中毛竹11.15亿根，篙竹5.29亿根。竹产业产值达1224亿元。

近年来，中央不断加大油茶产业发展的扶持力度，中央财政木本油料产业发展资金增加到37.9亿元，油茶产业发展重点县增加100个。2012年，油茶种植面积达到350万公顷，当年新造油茶林23.59万公顷，低产林改造11.42万公顷。繁殖圃517个，苗木产量12.44亿株，油茶籽产量为173万吨，比2011年增长16.73%。从事油茶良种苗木培育、种植、茶油以及其他副产品生产加工的企业有1643个，油茶产业产值达387亿元。

2012年，花卉种植面积96.91万公顷，比2011年增长12.40%，花卉种植业产值达到1265亿元。切花切叶185亿支；盆栽植物34亿盆；观赏苗木124亿株；草坪5.24亿平方米。具有一定规模的花卉市场4200多个，花卉企业4.30万个，其中大中型花卉企业9000多个；花卉从业人员463万人，花农129万户；控温温室面积和日光温室面积分别为4006万平方米和16 658万平方米。

林业主要产品销售价格 2012年全国主要林业工业产品销售价格涨跌互现。木材综合平均价格为每立方米757元，与2011年基本持平；竹材综合平均价格为每根8元，与2011年略有增长；锯材综合平均价格为每立方米1213元，比2011年上涨5.94%；木片综合平均价格为每实积立方米716元，比2011年下降16.84%；木地板综合平均价格为每平方米158元，比2011年上涨19.70%；胶合板综合平均价格为每立方米1868元，比2011年下降9.14%；中密度纤维板综合平均价格为每立方米1505元，比2011年下降11.42%；刨花板综合平均价格为每立方米1103元，比2011年上涨3.37%。林化产品中，松香综合平均价格为每吨11 184元，比2011年下降13.20%；栲胶综合平均价格为每吨13 296元，比2011年上涨68.75%；紫胶综合平均价格为每吨42 607元，比2011年上涨148.47%。

林业民生工程 林业棚户区(危旧房)改造是国家保障性安居工程建设重要内容，具体包括国有林区棚户区改造和国有林场危旧房改造。截至2012年年底，林业棚户区(危旧房)改造已累计安排中央投资201.2亿元，安排改造任务140.8万户，已竣工入住近90万户。其中，2012年安排改造任务41.95万户，中央投资66.24亿元。自2008年以来，林业棚户区(危旧房)改造工作取得巨大成绩，一是极大改善了林区民生，使林业职工告别了潮湿阴暗的棚户区，住进宽敞明亮、配套设施齐全的新楼房；二是有力促进了林业改革，各地撤并和整合了一批林场(所)，推进生产区和生活区逐步分离，推动了国有林区和国有林场改革；三是切实推进了城镇化进程，林业部门不断调整优化林区生产生活布局，积极融入国家城镇化建设战略，形成了许多新的林业小区和小城镇。

【集体林权制度改革】 2012年，各地认真贯彻落实《中共中央 国务院关于全面推进集体林权制度改革的意见》，不断加大工作力度，着力深化改革，取得了明显成效。截至2012年年底，全国除上海和西藏以外29个省(区、市)已确权面积1.80亿公顷，占各地纳入集体林权制度改革面积的99.05%，明晰产权的任务已经完成，其中2012年新确权169.40万公顷。截至2012年年底，全国已经发放林权证1.00亿本，发证面积累积达1.74亿公顷，占已确权林地总面积的96.37%。林改以来，共有8981.25万农户领到了林权证，占涉及林改的1.50亿农户的60.01%。有26个省(区、市)开展了林权抵押贷款工作，累积抵押贷款面积达385.37万公顷，累计抵押贷款金额792.31亿元，平均每公顷贷款2.06万元。各地建立经编办批准成立的林权管理服务机构1296个，其中2012年新增林权管理服务机构86个。全国累积发生集体林地流转面积1280万公顷，占已确权林地的7.12%。全国共建立林业专业合作组织11.15万个，加入合作组织的农户1356.32万户，占林改涉及农户的9.06%。

【林业投资】 2012年，中央财政补贴普惠制进程明显加快，林木良种、造林、森林抚育补贴试点资金规模继续扩大，国家级公益林全部纳入森林生态效益补偿范围，森林保险保费补贴试点范围扩大到17个省份。林业棚户区(危旧房)改造和配套设施建设投资规模保持较高水平，国有林区(林场)道路、电网改造、广播电视也都纳入了国家相关规划。林业投资规模再创新高。

林业建设资金到位情况 2012年，实际到位各类林业建设资金3366.45亿元，比2011年增长22.66%。按来源分，国家预算资金1556.35亿元，占资金总量的46.23%，国内贷款(主要为林业贴息贷款)、利用外资、自筹资金和其他资金为328.39亿元、31.64亿元、1064.87亿元和316.40亿元，分别占资金总量的9.75%、0.94%、31.63%和9.40%。国家预算资金中，中央资金为847.02亿元，地方资金为709.33亿元。

林业投资完成情况 2012年，全部林业投资完成额达到3342.09亿元，比2011年增长26.95%，其中国家投资完成1245.40亿元，占全部林业投资完成额的37.26%。全部林业投资完成额中，按照项目管理的且计划总投资在500万元以上的林业固定资产建设项目完成投资1274.01亿元，占全部林业投资完成额的38.12%。

按建设内容分，用于生态建设与保护方面的投资为1604.12亿元，占全部林业投资完成额的48.00%；用于林木种苗、森林防火、有害生物防治等林业支撑与保障方面的投资为222.88亿元；用于林业产业发展方面的资金为820.71亿元；用于林业棚户区改造和其他林业社会性基础设施建设资金245.46亿元；其他资金448.92亿元。

分地区看，东部地区林业投资完成额952.93亿元，占全部林业投资完成额的28.51%；中部地区林业投资完成额502.72亿元，占全部林业投资完成额的15.04%；西部地区林业投资完成额1445.94亿元，占全部林业投资完成额的43.26%；东北地区林业投资完成额430.87亿元，占全部林业投资完成额的12.89%。

2012年，林业系统全年房屋施工面积达到2024.13万平方米，竣工面积1368.89万平方米，分别比2011年减少4.31%和0.12%。其中，住宅施工面积为1767.06万平方米，竣工面积为1152.09万平方米，住宅竣工价值125.90亿元。

林业利用外资情况 2012年，中国林业利用外资项目为262个，实际利用外资规模5.18亿美元，比2011年减少69.53%，其中国外借款0.90亿美元，外商直接投资4.08亿美元，无偿援助0.20亿美元，分别占林业实际利用外资总规模的17.28%、78.85%和3.87%。林业实际利用外资金额占全国外商直接投资的0.46%。

【林业系统从业人员和劳动工资】 截至2012年年底，全国林业系统各种经济类型单位共计45 060个，其中企业2271个，事业单位38 525个，机关4264个。

2012年林业系统年末人数共计161.55万人，比2011年减少2.50%。其中在岗职工126.24万人，离开本单位仍保留劳动关系人员28.64万人，其他从业人员6.67万人。在岗职工按所属行业分，木材及竹材采运企业、国有林场和林业工作站位居前三位，分别为42.26万人、35.95万人和11.01万人。

林业系统在岗职工年平均工资达到28 105元，比2011年增长19.03%。

分地区看，东北地区林业系统在岗职工年平均工资最低，仅为22 154元，但比2011年增长26.80%，增速最快；东部地区林业系统在岗职工年平均工资最高，达到38 685元；西部地区林业系统在岗职工年平均工资为32 372元；中部地区林业系统在岗职工年平均工资为24 254元。分行业看，林业工程技术与规划管理业年平均工资最高，为53 488元，木竹家具制造业年平均工资最低，为12 379元。

【林业灾害发生和安全生产情况】

林业灾害发生情况

森林火灾 2012年，全国共发生森林火灾3966起，受害森林面积1.39万公顷，因灾伤亡21人，同比分别下降28.5%、48.1%和76.9%，继连续4年实现"三下降"后，成为新中国成立以来火灾损失(受害森林面积和人员伤亡)最少的一年。森林防火工作取得显著成效，卫星热点核查"零报告"和"有火必报"制度首次实行，卫星热点2小时反馈率达98.7%，火灾24小时扑灭率达97.1%。

林业有害生物 2012年，全国主要林业有害生物发生面积1177万公顷，与2011年发生面积基本持平，其中：虫害发生846万公顷，病害发生131万公顷，鼠(兔)害发生200万公顷。另外，有害植物发生17万公顷。全年主要林业有害生物成灾率控制在4.5‰以下，无公害防治率达87.03%以上，测报准确率达85%以上，种苗产地检疫率达95%以上。

安全生产情况 2012年，林业安全生产有序开展，林业生产事故伤亡人数比2011年大幅减少。轻伤、重伤和死亡分别为477人次、46人次和61人，比2011年减少211人次、8人次和21人。

【主要林产品进出口贸易】 2012年，受欧盟、日本市场需求不振和国内房地产市场调控的影响，中国传统的优势林产品如木家具、胶合板、纸产品等出口显著下滑，一些主要用于建筑业的针叶材进口也显著减少，林产品出口增速持续放缓，进口呈现负增长。但是受美国整体经济温和复苏的影响和带动，新兴市场国家的需求进一步趋稳，整体向好迹象显著。根据海关统计数据汇总分析，2012年全国林产品进出口总值为1188.3亿美元，比2011年减少1.1%。其中，出口额575.7亿美元，比2011年增长5.0%；进口额612.6亿美元，比2011年减少6.3%。

主要林产品进口情况 2012年原木进口量3789.3万立方米，金额72.5亿美元，分别比2011年减少10.5%和12.4%；锯材进口量2066.8万立方米，金额55.2亿美元，分别比2011年减少4.3%和3.5%；纸及纸板纸制品进口量325.4万吨，金额46.0亿美元，分别比2011年减少6.4%和9.0%；纸浆进口量1646.4万吨，金额110.4亿美元，分别比2011年增长14.0%和减少7.5%；木家具进口量636.8万件，金额6.0亿美元，分别比2011年增长15.8%和9.1%。

主要林产品出口情况 2012年木家具出口量2.9亿件，金额183.3亿美元，分别比2011年减少0.7%和增长7.1%；纸及纸板纸制品出口量606.5万吨，金额109.8亿美元，分别比2011年增长1.1%和6.3%；木制品出口金额45.2亿美元，比2011年增长7.7%；胶合板出口量1003.3万立方米，金额48.0亿美元，分别比2011年增长4.8%和10.5%。

(注：以上数据除林产品进出口为海关数据外，其他均为林业统计年报数据。)

(刘建杰 于百川 姜喜麟)

林业利用外资和海外开发

【林业利用外资工作】 一是扎实做好欧洲投资银行2.5亿欧元林业专项贷款工作。欧投行林业专项框架贷款协议于2012年2月13日在北京签订。项目建设内容主要包括森林可持续经营管理、生物质能源、木本粮油及应对气候变化碳汇造林领域。二是积极争取将亚洲开发银行贷款木本油料项目、世界银行贷款珍稀树种保护与发展项目列入国家贷款滚动规划中。三是跟踪调度正在实施的"欧投行2500万欧元江西生物质能源林项目""欧投行2500万欧元内蒙古碳汇造林项目""世界银行一亿美元林业综合发展项目""亚洲开发银行一亿美元'西北三省区'林业生态发展项目"进展情况，协调解决实施中存在的问题，总结经验，切实发挥示范带动作用。

【境外林业投资合作工作】 会同商务部与俄罗斯工贸部举行了中俄森林资源开发利用合作常设小组第十次会议，并将对俄三期森林资源合作规划(伊尔库茨克州规划)送交俄方征询意见。搭建政、银、企合作交流平台，2012年9月18日与国家开发银行签署《开发性金融支持林业发展合作协议》，明确在实施林业"走出去"战略等林业六大领域加强合作。积极稳妥推进林业援外工作，在2012年3月召开的对外援助部际协调机制第二次全体会议上，增补国家林业局为成员单位。在中非合作第五届部长级会议上，将"森林保护与管理"作为援非重点领域之一纳入中非合作论坛新举措。林业物资、设备对外援助取得新进展，已落实加蓬、刚果(布)、喀麦隆、柬埔寨等4国的林业物资、设备援助工作。

【林业国际热点问题】 落实中美打击木材非法采伐及相关贸易双边论坛成果，继续推进与美方的合作进程。3月上旬召开了由赵树丛局长和骆家辉大使分别担任双方团长的双边论坛第四次会议。在中欧双边协调机制下，开展合法木材来源跟踪研究，实施中欧联合FLEGT培训和模式项目。在APEC框架下，推动打击非法采伐进程，中国与美国、俄罗斯、印度尼西亚和加拿大成为了非法采伐和相关贸易专家组战略计划起草小组的成员。继续推进中日、中澳、中印尼打击非法采伐及相关贸易合作进程。积极应对林产品国际贸易壁垒，指导协会组织企业做好相关林产品出口的"反补贴、反倾销"的应对工作。与有关国际组织、NGO等单位开展合作，在俄罗斯、圭亚那中资企业继续开展《中国企业境外森林可持续经营利用指南》试点工作，树立中国企业良好形象。

【林产品对外贸易工作】 一是召开了林产品国际贸易研究中心第三届年会。二是按月做好林产品进出口贸易统计分析工作。三是启动了中国林产品指标机制，并发布了7期FPI30、FPI地板指数。四是会同海关总署加贸司审核通过了7个林产品单耗标准。与海关总署合作共同编辑出版《林产品单耗标准及单耗课题研究汇编》。五是配合领导出访做好重点国别林产品贸易统计分析工作。六是按照国家机电办的要求，完成了国家林业局机电产品进出口有关工作。七是加强宣传工作，继续在《中国林业产业》《中国绿色时报》《国际商报》以及网络等媒体开展林业对外贸易的有关宣传工作，解读相关政策，介绍相关动态。 (付健全　荆涛)

林业扶贫和对口支援

【国家林业局组织编制林业扶贫攻坚规划】 依据《中国农村扶贫开发纲要(2011~2020年)》，结合国务院批复的11个集中连片特殊困难地区区域发展与扶贫攻坚规划及《林业发展"十二五"规划》等，国家林业局立足滇桂黔石漠化片区等11个片区林业发展实际，组织编制了《全国林业扶贫攻坚规划(2012~2020年)》和各片区林业扶贫攻坚规划。规划在全面总结《中国农村扶贫开发纲要(2001~2010年)》实施10多年来林业扶贫工作经验的基础上，根据当地的实际情况，认真分析查找新形势下林业扶贫攻坚工作面临的形势和问题，提出了到2020年林业扶贫攻坚的总体目标、总体布局、建设任务、发展方向及政策保障措施，为今后一个时期林业扶贫攻坚工作的有序开展提供行业指导。

【国家林业局出台片区林业扶贫政策】 实行林业重点工程全覆盖。国家林业局本着兴林富民的原则，把天然林资源保护、退耕还林和巩固退耕还林成果、防护林体系建设、野生动植物保护和自然保护区建设、防沙治沙和荒(石)漠化治理、湿地保护与恢复等林业重点工程与扶贫攻坚紧密结合，力争连片特困地区所有的县、市、区，都能得到相关林业重点工程的支持。实行林业投资倾斜政策。对滇桂黔石漠化片区的林业投入实现"三个高于"政策，即："十二五"的投入高于"十一五"；县级平均投入高于全国县级平均水平；林业投入增幅高于国家给予林业的投入增幅。

【国家林业局与水利部共同组织建立部际联系会议制度】 国务院确定国家林业局与水利部共同作为滇桂黔石漠化片区联系单位，国家林业局与水利部组织相关部门成立了滇桂黔石漠化片区部际联席会议，制定了联席会议制度。由局领导带队赴广西进行了专题调研(总调研报告得到了回良玉副总理的肯定)；与国家发展改革委、水利部、国务院扶贫办共同组织了滇桂黔石漠化片区区域发展与扶贫攻坚启动会，回良玉副总理到会讲话，赵树丛局长参会并讲话；并组织召开了片区工作联席工作会议。

【国家林业局与水利部共同组织干部挂职扶贫】 国家林业局与水利部共同制定了扶贫干部选派方案，局选派15名干部到滇桂黔石漠化片区扶贫挂职，并在广西壮族自治区召开挂职干部对接会议。2012年是国家林业局选派挂职扶贫干部挂职最多的一年，这将对促滇桂黔石漠化片区生态、经济、社会的协调发展作出积极贡献。

【国家林业局计财司组织智力扶贫】 国家林业局计财司委托国际竹藤中心举办了五期林业扶贫培训班，聘请国内知名竹类专家和油茶专家讲授竹材加工利用与创新技术、竹资源丰产培育技术、竹林病虫害防治技术、竹与竹制品艺术、油茶良种繁殖及高产栽培与低产林改造技术、茶油营养品质及加工质量控制技术等课程，共培训林业部门生产第一线管理人员、技术人员、种植大户、林农等430人。委托中国绿色时报社向贵州、广西九万大山19个贫困县380个乡镇林业站每期发送《中国绿色时报》500份。使基层群众及时了解国家林业的方针政策，了解林业脱贫致富的各类信息。

【援青工作座谈会】 2012年6月，国家林业局局长赵树丛、副局长张建龙赴青海调研，召开了援青工作座谈会。下发了《国家林业局关于支持青海进一步加强生态保护和建设的意见》，国家林业局会同青海省签订了《国家林业局青海省人民政府共同推进青海省林业生态建设合作备忘录》，批复了国家林业局对口支援县——班玛县林业发展规划。 （赵 戈）

【援疆工作】 组织中国林科院编制完成了《新疆伊犁河谷百万亩生态经济林工程总体规划》；召开了京内专家和新疆各有关部门参加的两次论证会；将规划文本正式转送新疆人民政府。举办了两期新疆林业干部技术培训班，培训122人。向国家发展改革委按季度报送林业援疆情况。配合中央政法委完成了《新一轮对口援疆工作专刊——中央部委卷》的供稿工作。

【国家林业局与部分片区省级政府签订合作协议】 2012年，国家林业局与云南省签订了《国家林业局 云南省人民政府加快建设生物多样性宝库和西南生态安全屏障战略合作协议》，与安徽省签订了《国家林业局 安徽省人民政府关于推进安徽省"千万亩森林增长工程"建设生态强省的合作协议》，与福建省签订了《国家林业局 福建省人民政府合作推进深化集体林权制度改革框架协议》。根据国家颁发对有关省和地区的支持意见，印发了《国家林业局关于支持贵州省加快林业发展的意见》《国家林业局关于支持赣南等原中央苏区加快林业发展的意见》。

【国家林业局参与中东西部发展规划编制】 按照国家发展改革委的要求，2012年初上报了东北振兴、西部开发2011年工作总结和2012年计划，参与了《东北地区"十二五"振兴规划》《西部大开发"十二五"规划》的编制工作，《2012年促进中部地区崛起工作要点》拟定工作。配合国家发展改革委西部司完成了西部生态文明示范工程试点13个市和74个县的批复工作。

（郝学峰 赵戈）

林业建设项目批复

【森林防火项目】 共审批森林防火项目192个，批复总投资319 880万元，其中中央投资220 444万元，地方配套投资99 436万元。

序号	项目名称	批复文号	批复投资(万元)		
			合计	中央	地方
	合 计		**319 880.0**	**220 444.0**	**99 436.0**
1	湖北国家森林防火物资储备库建设项目	林规批字〔2012〕2号	1400.0	1400.0	—
2	江西井冈山国家级自然保护区火险综合治理建设项目	林规批字〔2012〕12号	595.0	357.0	238.0
3	河北省石家庄市森林重点火险区综合治理二期项目	林规批字〔2012〕20号	2061.0	1237.0	824.0
4	河北省保定市森林重点火险区综合治理二期建设项目	林规批字〔2012〕21号	2937.0	1762.0	1175.0
5	河北省承德市森林重点火险区综合治理三期工程项目	林规批字〔2012〕22号	2175.0	1305.0	870.0
6	山西省关帝山国有林场重点火险区综合治理建设项目	林规批字〔2012〕23号	2660.0	1596.0	1064.0
7	山西省太岳山国有林区森林重点火险区综合治理建设项目	林规批字〔2012〕24号	2505.0	1503.0	1002.0
8	内蒙古通辽市森林重点火险区综合治理三期工程建设项目	林规批字〔2012〕25号	2240.0	1792.0	448.0
9	内蒙古自治区包头市土默特右旗九峰山森林重点火险区综合治理项目	林规批字〔2012〕26号	1206.0	965.0	241.0
10	内蒙古乌兰察布市集宁区森林重点火险区综合治理工程建设项目	林规批字〔2012〕27号	1028.0	822.0	206.0
11	内蒙古自治区包头市森林重点火险区综合治理项目	林规批字〔2012〕28号	1853.0	1482.0	371.0
12	内蒙古呼伦贝尔市免渡河、红花尔基林业局森林重点火险区综合治理三期工程项目	林规批字〔2012〕29号	2178.0	1742.0	436.0
13	内蒙古呼伦贝尔市乌奴耳、巴林林业局森林重点火险区综合治理三期工程项目	林规批字〔2012〕30号	1859.0	1487.0	372.0
14	内蒙古兴安盟五岔沟、白狼林业局森林重点火险区综合治理三期工程项目	林规批字〔2012〕31号	2195.0	1756.0	439.0

（续）

序号	项目名称	批复文号	批复投资(万元)		
			合计	中央	地方
15	内蒙古呼伦贝尔市柴河、南木林业局森林重点火险区综合治理三期工程项目	林规批字〔2012〕32 号	2075.0	1660.0	415.0
16	内蒙古绰尔林业局森林重点火险区综合治理三期工程建设项目	林规批字〔2012〕33 号	1545.0	1236.0	309.0
17	内蒙古满归林业局森林重点火险区综合治理三期工程建设项目	林规批字〔2012〕34 号	1505.0	1204.0	301.0
18	内蒙古毕拉河林业局森林重点火险区综合治理三期工程建设项目	林规批字〔2012〕35 号	1824.0	1459.0	365.0
19	内蒙古克一河林业局森林重点火险区综合治理三期工程建设项目	林规批字〔2012〕36 号	1825.0	1460.0	365.0
20	内蒙古大杨树林业局森林重点火险区综合治理三期工程建设项目	林规批字〔2012〕37 号	1593.0	1274.0	319.0
21	内蒙古伊图里河林业局森林重点火险区综合治理三期工程建设项目	林规批字〔2012〕38 号	1558.0	1246.0	312.0
22	内蒙古得耳布尔林业局森林重点火险区综合治理三期工程建设项目	林规批字〔2012〕39 号	1841.0	1473.0	368.0
23	内蒙古图里河林业局森林重点火险区综合治理三期工程建设项目	林规批字〔2012〕40 号	1432.0	1146.0	286.0
24	内蒙古绰源林业局森林重点火险区综合治理三期工程建设项目	林规批字〔2012〕41 号	1371.0	1097.0	274.0
25	内蒙古莫尔道嘎林业局森林重点火险区综合治理三期工程建设项目	林规批字〔2012〕42 号	1790.0	1432.0	358.0
26	内蒙古阿尔山林业局森林重点火险区综合治理三期工程建设项目	林规批字〔2012〕43 号	1624.0	1299.0	325.0
27	内蒙古大兴安岭林区森林航空消防设施建设项目	林规批字〔2012〕44 号	2055.0	1644.0	411.0
28	辽宁绥中森林重点火险区综合治理工程建设项目	林规批字〔2012〕45 号	1020.0	408.0	612.0
29	吉林省汪清林区森林重点火险区综合治理三期建设项目	林规批字〔2012〕46 号	2163.0	1730.0	433.0
30	吉林省安图林区森林重点火险区综合治理三期建设项目	林规批字〔2012〕47 号	1498.0	1198.0	300.0
31	吉林省白城市德龙岗林区森林重点火险区综合治理二期建设项目	林规批字〔2012〕48 号	1168.0	700.0	468.0
32	黑龙江省塔河县国有林场重点火险区综合治理建设工程	林规批字〔2012〕49 号	706.0	565.0	141.0
33	黑龙江省嘉荫县森林重点火险区综合治理三期工程	林规批字〔2012〕50 号	1660.0	996.0	664.0
34	黑龙江省黑河市森林重点火险区综合治理三期工程	林规批字〔2012〕51 号	2815.0	1689.0	1126.0
35	黑龙江垦区小兴安岭区域农场森林重点火险区综合治理二期工程	林规批字〔2012〕52 号	688.0	413.0	275.0
36	黑龙江省佳木斯市森林重点火险区综合治理工程建设项目	林规批字〔2012〕53 号	2255.0	1353.0	902.0
37	黑龙江省齐齐哈尔市森林重点火险区综合治理三期工程	林规批字〔2012〕54 号	2035.0	1221.0	814.0
38	黑龙江省鹤岗市林区重点火险区综合治理工程(三期)	林规批字〔2012〕55 号	1776.0	1066.0	710.0
39	黑龙江垦区东部半山区域农场森林重点火险区综合治理二期工程	林规批字〔2012〕56 号	770.0	462.0	308.0
40	黑龙江省黑河市重点林区森林消防水源地工程建设项目	林规批字〔2012〕57 号	1530.0	918.0	612.0
41	黑龙江省大海林林业局森林重点火险区综合治理工程	林规批字〔2012〕58 号	1222.0	733.0	489.0
42	黑龙江省清河、兴隆、双丰林业局森林重点火险区综合治理工程	林规批字〔2012〕59 号	2236.0	1789.0	447.0
43	黑龙江省亚布力、苇河、山河屯林业局森林重点火险区综合治理工程	林规批字〔2012〕60 号	2534.0	1520.0	1014.0
44	黑龙江省沾河林业局森林重点火险区综合治理工程	林规批字〔2012〕61 号	2267.0	1814.0	453.0

（续）

序号	项目名称	批复文号	批复投资(万元)		
			合计	中央	地方
45	黑龙江省红星、乌伊岭林业局森林重点火险区综合治理工程	林规批字〔2012〕62 号	2275.0	1820.0	455.0
46	黑龙江省美溪、五营林业局森林重点火险区综合治理工程	林规批字〔2012〕63 号	2200.0	1760.0	440.0
47	黑龙江省友好、上甘岭林业局森林重点火险区综合治理工程	林规批字〔2012〕64 号	1993.0	1594.0	399.0
48	黑龙江省东京城林业局森林重点火险区综合治理三期工程	林规批字〔2012〕65 号	1548.0	929.0	619.0
49	黑龙江省森工直属林场森林重点火险区综合治理工程	林规批字〔2012〕66 号	1292.0	775.0	517.0
50	黑龙江省森工伊春林区森林消防水源地工程建设项目	林规批字〔2012〕67 号	1422.0	853.0	569.0
51	黑龙江省森工林区森林火灾侦查系统建设项目	林规批字〔2012〕68 号	2016.0	605.0	1411.0
52	大兴安岭加格达奇林业局森林重点火险区综合治理三期工程	林规批字〔2012〕69 号	1974.0	1579.0	395.0
53	大兴安岭阿木尔林业局森林重点火险区综合治理三期工程	林规批字〔2012〕70 号	1698.0	1358.0	340.0
54	大兴安岭图强林业局森林重点火险区综合治理三期工程	林规批字〔2012〕71 号	1712.0	1370.0	342.0
55	大兴安岭西林吉林业局森林重点火险区综合治理三期工程	林规批字〔2012〕72 号	1996.0	1597.0	399.0
56	大兴安岭十八站林业局森林重点火险区综合治理三期工程	林规批字〔2012〕73 号	1845.0	1476.0	369.0
57	大兴安岭新林林业局森林重点火险区综合治理三期工程	林规批字〔2012〕74 号	1870.0	1496.0	374.0
58	大兴安岭塔河林业局森林重点火险区综合治理三期工程	林规批字〔2012〕75 号	2456.0	1956.0	500.0
59	黑龙江省大兴安岭林业集团公司森林防火隔离带开设机设备购置建设项目	林规批字〔2012〕76 号	1185.0	948.0	237.0
60	黑龙江大兴安岭航空森林消防直升机取水池建设项目	林规批字〔2012〕77 号	1003.0	802.0	201.0
61	黑龙江大兴安岭森林火灾案件侦查系统建设项目	林规批字〔2012〕78 号	234.0	70.0	164.0
62	江苏南京市森林重点火险区综合治理工程项目	林规批字〔2012〕79 号	2022.0	809.0	1213.0
63	江苏环太湖区域森林重点火险区综合治理工程项目	林规批字〔2012〕80 号	1218.0	487.0	731.0
64	江苏省森林火灾案件侦查系统建设项目	林规批字〔2012〕81 号	791.0	237.0	554.0
65	安徽省黄山市森林重点火险区综合治理三期工程建设项目	林规批字〔2012〕82 号	2355.0	1413.0	942.0
66	安徽省九华山地区森林重点火险区综合治理三期工程建设项目	林规批字〔2012〕83 号	2320.0	1392.0	928.0
67	安徽省六安市森林重点火险区综合治理三期工程建设项目	林规批字〔2012〕84 号	2200.0	1320.0	880.0
68	安徽省森林火灾案件侦查系统建设项目	林规批字〔2012〕85 号	705.0	212.0	493.0
69	江西省修河源森林重点火险区综合治理二期工程项目	林规批字〔2012〕86 号	840.0	672.0	168.0
70	江西省井冈山森林重点火险区综合治理三期工程项目	林规批字〔2012〕87 号	2235.0	1788.0	447.0
71	江西省瑞昌市森林重点火险区综合治理二期工程项目	林规批字〔2012〕88 号	475.0	285.0	190.0
72	江西省明月山森林重点火险区综合治理二期工程项目	林规批字〔2012〕89 号	1345.0	807.0	538.0
73	江西省武夷山森林重点火险区综合治理二期工程项目	林规批字〔2012〕90 号	2635.0	1803.0	832.0
74	江西景德镇森林重点火险区综合治理三期建设项目	林规批字〔2012〕91 号	1415.0	913.0	502.0
75	江西省武功山森林重点火险区综合治理二期工程项目	林规批字〔2012〕92 号	1179.0	860.0	319.0
76	江西省森林火灾案件侦查系统建设项目	林规批字〔2012〕93 号	1977.0	593.0	1384.0
77	山东省日照市森林重点火险区森林防火综合治理工程建设项目	林规批字〔2012〕94 号	1171.0	586.0	585.0
78	山东潍坊市沂山山系森林重点火险区森林防火综合治理工程建设项目	林规批字〔2012〕95 号	2093.0	960.0	1133.0
79	山东省森林火灾案件勘查系统建设项目	林规批字〔2012〕96 号	1189.0	357.0	832.0
80	湖北省襄阳市森林重点火险区综合治理工程二期项目	林规批字〔2012〕97 号	2703.0	1768.0	935.0
81	湖北省孝感市森林重点火险区综合治理二期工程	林规批字〔2012〕98 号	1805.0	1083.0	722.0
82	湖南省永州市江永县高泽源国有林场等 6 个国有林场重点火险区森林防火综合治理项目	林规批字〔2012〕99 号	1682.0	1009.0	673.0
83	湖南省森林火灾案件侦查系统建设项目	林规批字〔2012〕100 号	2525.0	758.0	1767.0
84	广东省河源北片森林重点火险区综合治理工程建设项目	林规批字〔2012〕101 号	2445.0	978.0	1467.0
85	广东省河源南片森林重点火险区综合治理工程建设项目	林规批字〔2012〕102 号	2520.0	1008.0	1512.0

（续）

序号	项目名称	批复文号	批复投资(万元)		
			合计	中央	地方
86	广东省省属国有林场森林重点火险区综合治理工程建设项目	林规批字〔2012〕103 号	2676.0	1070.0	1606.0
87	广东省森林火灾案件侦查系统建设项目	林规批字〔2012〕104 号	2320.0	696.0	1624.0
88	广西壮族自治区湘江源森林重点火险区综合治理三期工程建设项目	林规批字〔2012〕105 号	1687.0	1350.0	337.0
89	广西壮族自治区百色革命老区森林重点火险区综合治理三期工程建设项目	林规批字〔2012〕106 号	1685.0	1348.0	337.0
90	广西壮族自治区桂林市北部桂湘省界森林重点火险区综合治理三期工程建设项目	林规批字〔2012〕107 号	1660.0	1328.0	332.0
91	广西壮族自治区河池市九万山地区森林重点火险区综合治理三期工程建设项目	林规批字〔2012〕108 号	1878.0	1502.0	376.0
92	广西壮族自治区东兰革命老区森林重点火险区综合治理三期工程建设项目	林规批字〔2012〕109 号	1505.0	1204.0	301.0
93	广西壮族自治区河池市瑶族聚居区森林重点火险区综合治理三期工程建设项目	林规批字〔2012〕110 号	1493.0	1194.0	299.0
94	广西壮族自治区环桂林市区森林重点火险区综合治理三期工程建设项目	林规批字〔2012〕111 号	1486.0	1189.0	297.0
95	广西壮族自治区右江干热河谷森林重点火险区综合治理三期工程建设项目	林规批字〔2012〕112 号	1575.0	1260.0	315.0
96	广西壮族自治区龙滩库区森林重点火险区综合治理三期工程建设项目	林规批字〔2012〕113 号	1446.0	1157.0	289.0
97	广西壮族自治区漓江生态区森林重点火险区综合治理三期工程建设项目	林规批字〔2012〕114 号	1995.0	1596.0	399.0
98	广西壮族自治区森林火灾勘查系统建设项目	林规批字〔2012〕115 号	1711.0	513.0	1198.0
99	四川省乐山市森林重点火险区综合治理三期工程建设项目	林规批字〔2012〕116 号	2060.0	1648.0	412.0
100	四川省攀枝花市森林重点火险区综合治理三期工程建设项目	林规批字〔2012〕117 号	2052.0	1642.0	410.0
101	四川省凉山彝族自治州越西县、凉北县森林重点火险区综合治理三期工程建设项目	林规批字〔2012〕118 号	1655.0	1324.0	331.0
102	四川省凉山彝族自治州喜德县、甘洛县森林重点火险区综合治理三期工程建设项目	林规批字〔2012〕119 号	1960.0	1568.0	392.0
103	四川省凉山彝族自治州会理县、会东县森林重点火险区综合治理三期工程建设项目	林规批字〔2012〕120 号	1990.0	1592.0	398.0
104	贵州省森林火灾案件侦查系统建设项目	林规批字〔2012〕121 号	619.0	186.0	433.0
105	云南省景东等 3 个国有森工局重点火险区综合治理项目	林规批字〔2012〕122 号	1534.0	1227.0	307.0
106	云南省昭通市森林重点火险区综合治理二期工程	林规批字〔2012〕123 号	2047.0	1638.0	409.0
107	云南省丽江市森林重点火险区综合治理三期项目	林规批字〔2012〕124 号	2738.0	2190.0	548.0
108	云南省森林火灾案件侦查系统建设项目	林规批字〔2012〕125 号	2428.0	728.0	1700.0
109	西藏(林芝地区)工布江达县重点火险区综合治理森林防火建设项目	林规批字〔2012〕126 号	1247.0	1247.0	—
110	陕西延安黄龙山重点火险区综合治理项目	林规批字〔2012〕127 号	1080.0	864.0	216.0
111	陕西省延川县森林重点火险区综合治理工程建设项目	林规批字〔2012〕128 号	895.0	716.0	179.0
112	陕西省韩城市森林重点火险区综合治理项目	林规批字〔2012〕129 号	967.0	774.0	193.0
113	陕西省甘泉县森林重点火险区综合治理项目	林规批字〔2012〕130 号	896.0	717.0	179.0
114	陕西省陇县陈仓区森林重点火险区综合治理工程建设项目	林规批字〔2012〕131 号	1016.0	813.0	203.0
115	陕西省蒲城、澄城县森林重点火险区综合治理工程建设项目	林规批字〔2012〕132 号	795.0	636.0	159.0
116	陕西省宝鸡市秦岭森林重点火险区综合治理二期工程建设项目	林规批字〔2012〕133 号	1010.0	808.0	202.0
117	陕西省城固县森林重点火险区综合治理二期工程建设项目	林规批字〔2012〕134 号	702.0	562.0	140.0

（续）

序号	项目名称	批复文号	批复投资(万元)		
			合计	中央	地方
118	陕西省重点国有林区森林重点火险区综合治理工程建设项目	林规批字〔2012〕135号	2050.0	1640.0	410.0
119	陕西省汉中市森林重点火险区综合治理二期工程建设项目	林规批字〔2012〕136号	2446.0	1957.0	489.0
120	陕西省延安黄桥森林重点火险区综合治理三期工程建设项目	林规批字〔2012〕137号	2366.0	1893.0	473.0
121	陕西省华山森林重点火险区综合治理二期工程建设项目	林规批字〔2012〕138号	909.0	727.0	182.0
122	陕西铜川市森林重点火险区综合治理三期工程项目	林规批字〔2012〕139号	1565.0	1252.0	313.0
123	甘肃省金昌市森林重点火险区综合治理建设项目	林规批字〔2012〕140号	1824.0	1459.0	365.0
124	甘肃小陇山林区陇南区域森林重点火险区综合治理二期工程建设项目	林规批字〔2012〕141号	1173.0	938.0	235.0
125	甘肃省白龙江林区森林重点火险区综合治理三期工程建设项目	林规批字〔2012〕142号	1943.0	1554.0	389.0
126	甘肃省平凉市森林重点火险区综合治理工程建设项目	林规批字〔2012〕143号	2110.0	1688.0	422.0
127	甘肃祁连山林区森林重点火险区综合治理三期工程建设项目	林规批字〔2012〕144号	1933.0	1546.0	387.0
128	甘肃省森林火灾案件侦查系统建设项目	林规批字〔2012〕145号	1190.0	357.0	833.0
129	青海省班玛县森林重点火险区综合治理项目	林规批字〔2012〕146号	913.0	730.0	183.0
130	青海互助县森林重点火险区综合治理项目	林规批字〔2012〕147号	990.0	792.0	198.0
131	青海西宁市大通县森林重点火险区综合治理三期工程项目	林规批字〔2012〕148号	740.0	592.0	148.0
132	青海省级森林防火物资储备库建设项目	林规批字〔2012〕149号	540.0	162.0	378.0
133	新疆伊犁哈萨克自治州直属县市平原天然林区森林重点火险区综合治理二期工程建设项目	林规批字〔2012〕150号	1946.0	1557.0	389.0
134	新疆博尔塔拉蒙古自治州森林重点火险区综合治理二期工程建设项目	林规批字〔2012〕151号	1693.0	1354.0	339.0
135	新疆昌吉回族自治州北部荒漠林区森林重点火险区综合治理二期工程建设项目	林规批字〔2012〕152号	1139.0	911.0	228.0
136	新疆阿勒泰地区平原天然林区森林重点火险区综合治理二期工程建设项目	林规批字〔2012〕153号	1745.0	1396.0	349.0
137	新疆生产建设兵团农五师森林重点火险区综合治理工程项目	林规批字〔2012〕154号	1069.0	855.0	214.0
138	黑龙江省牡丹江森林重点火险区综合治理三期工程建设项目	林规批字〔2012〕159号	2420.0	1452.0	968.0
139	贵州省贵阳市森林重点火险区综合治理二期工程项目	林规批字〔2012〕172号	2121.0	1697.0	424.0
140	黑龙江五常市森林重点火险区综合治理二期工程项目	林规批字〔2012〕202号	1445.0	867.0	578.0
141	云南迪庆州森林重点火险区综合治理三期建设项目	林规批字〔2012〕227号	1979.0	1583.0	396.0
142	黑龙江宾县森林重点火险区综合治理二期工程项目	林规批字〔2012〕236号	1365.0	819.0	546.0
143	湖北省鄂西北地区森林防火通信系统建设项目	林规批字〔2012〕155号	2421.0	1453.0	968.0
144	宁夏回族自治区森林防火通信系统建设项目	林规批字〔2012〕156号	1792.0	1434.0	358.0
145	新疆生产建设兵团森林火险预警系统建设项目	林规批字〔2012〕158号	216.0	173.0	43.0
146	湖北省鄂东南地区森林防火通信系统建设项目	林规批字〔2012〕161号	1920.0	1152.0	768.0
147	山东省航空护林站建设项目	林规批字〔2012〕162号	1196.0	478.0	718.0
148	新疆生产建设兵团森林防火通信系统建设项目	林规批字〔2012〕163号	2000.0	1600.0	400.0
149	吉林省森林防火通信系统(白山、通化片区)二期建设项目	林规批字〔2012〕164号	1419.0	851.0	568.0
150	新疆维吾尔自治区航空护林站建设项目	林规批字〔2012〕165号	1986.0	1589.0	397.0
151	新疆维吾尔自治区天山西部、阿尔泰山林区森林防火通信系统建设项目	林规批字〔2012〕166号	1897.0	1518.0	379.0
152	新疆维吾尔自治区天山东部林区森林防火通信系统建设项目	林规批字〔2012〕167号	1816.0	1453.0	363.0
153	广东省航空护林站建设项目	林规批字〔2012〕168号	1890.0	756.0	1134.0
154	四川省甘孜藏族自治州北部高山高原区森林防火通信系统建设项目	林规批字〔2012〕169号	1757.0	1406.0	351.0
155	山东省森林防火信息指挥系统建设项目	林规批字〔2012〕171号	1687.0	675.0	1012.0

（续）

序号	项目名称	批复文号	批复投资(万元)		
			合计	中央	地方
156	辽宁省西部森林防火通信系统建设项目	林规批字〔2012〕175 号	2271.0	908.0	1363.0
157	吉林省森林防火通信系统(西部片区)森林防火通信系统建设项目	林规批字〔2012〕177 号	789.0	473.0	316.0
158	四川省川西南山区森林防火通信系统建设项目	林规批字〔2012〕178 号	2152.0	1722.0	430.0
159	四川省凉山彝族自治州西部高山峡谷区森林防火通信系统建设项目	林规批字〔2012〕179 号	1528.0	1222.0	306.0
160	四川省阿坝藏族羌族自治州北部高山高原区森林防火通信系统建设项目	林规批字〔2012〕180 号	1188.0	950.0	238.0
161	四川省甘孜藏族自治州南部高山峡谷区森林防火通信系统建设项目	林规批字〔2012〕181 号	1755.0	1404.0	351.0
162	四川省阿坝藏族羌族自治州南部高山峡谷区森林防火通信系统建设项目	林规批字〔2012〕182 号	1492.0	1194.0	298.0
163	吉林省森林防火通信系统(延边片区)森林防火通信系统建设项目	林规批字〔2012〕183 号	1460.0	1168.0	292.0
164	吉林省森林防火通信系统(吉林、辽源片区)森林防火通信系统建设项目	林规批字〔2012〕184 号	1115.0	669.0	446.0
165	吉林省森林防火通信系统(长春、四平片区)森林防火通信系统建设项目	林规批字〔2012〕185 号	924.0	554.0	370.0
166	江西省赣南森林防火数字通信系统建设项目	林规批字〔2012〕186 号	2563.0	2050.0	513.0
167	江西省赣东森林防火数字通信系统建设项目	林规批字〔2012〕187 号	2620.0	1572.0	1048.0
168	内蒙古大兴安岭林区森林防火微波通信系统改扩建项目	林规批字〔2012〕189 号	2484.0	1987.0	497.0
169	辽宁省东北部森林防火通信系统建设项目	林规批字〔2012〕190 号	2254.0	902.0	1352.0
170	湖南省西部地区森林防火通信系统建设项目	林规批字〔2012〕191 号	2207.0	1324.0	883.0
171	湖南省南部地区森林防火应急通信系统建设项目	林规批字〔2012〕192 号	2534.0	1520.0	1014.0
172	河南省豫北森林防火通信系统建设项目	林规批字〔2012〕193 号	2430.0	1458.0	972.0
173	河南省豫南森林防火通信系统建设项目	林规批字〔2012〕194 号	2360.0	1416.0	944.0
174	黑龙江省森工林区森林防火通信系统建设项目	林规批字〔2012〕195 号	2504.0	1502.0	1002.0
175	甘肃省省级森林防火物资储备库建设项目	林规批字〔2012〕203 号	410.0	123.0	287.0
176	黑龙江省森工林区森林防火省级物资储备库建设项目	林规批字〔2012〕204 号	488.0	146.0	342.0
177	江西省南昌国家级森林防火物资储备库建设项目	林规批字〔2012〕205 号	1223.0	1223.0	—
178	吉林省长春国家森林防火物资储备库建设项目	林规批字〔2012〕216 号	1108.0	1108.0	—
179	南方航空护林总站成都站直升机场建设项目	林规批字〔2012〕228 号	2014.0	2014.0	—
180	南方航空护林总站江川直升机场暨南方森林航空消防训练基地建设项目	林规批字〔2012〕229 号	2655.0	2655.0	—
181	内蒙古自治区中部森林防火信息指挥系统建设项目	林规批字〔2012〕242 号	1980.0	1584.0	396.0
182	内蒙古自治区东部森林防火信息指挥系统建设项目	林规批字〔2012〕243 号	2092.0	1674.0	418.0
183	重庆市森林火灾案件侦查系统建设项目	林规批字〔2012〕245 号	654.0	196.0	458.0
184	云南省滇西北片区森林防火应急机动通信系统建设项目	林规批字〔2012〕269 号	1622.0	1298.0	324.0
185	安徽省省级森林防火物资储备库建设项目	林规批字〔2012〕270 号	403.0	121.0	282.0
186	云南省滇中片区森林防火应急机动通信系统建设项目	林规批字〔2012〕276 号	1624.0	1299.0	325.0
187	内蒙古自治区森林火案勘查系统建设项目	林规批字〔2012〕295 号	1587.0	473.0	1114.0
188	山西省晋南片森林防火通信系统建设项目	林规批字〔2012〕307 号	1681.0	1009.0	672.0
189	山西省晋东南片森林防火通信系统建设项目	林规批字〔2012〕308 号	1686.0	1012.0	674.0
190	吉林长白山国家级自然保护区森林防火远程视频监控系统建设项目	林规批字〔2012〕310 号	1767.0	1414.0	353.0
191	内蒙古大兴安岭满归航空护林机场建设项目	林规批字〔2012〕313 号	1658.0	1326.0	332.0
192	内蒙古大兴安岭林区森林防火信息指挥系统建设项目	林规批字〔2012〕315 号	1676.0	1341.0	335.0

【国家级自然保护区建设项目】 共审批国家级自然保护区基础设施建设项目30个，批复总投资54 605万元，其中中央投资44 213万元，地方配套投资10 392万元。

序号	项目名称	批复文号	批复投资(万元)		
			合计	中央	地方
	合计		**54 605.0**	**44 213.0**	**10 392.0**
1	江西九岭山国家级自然保护区基础设施建设项目	林规批字〔2012〕5号	1939.0	1551.0	388.0
2	安徽扬子鳄国家级自然保护区基础设施二期建设项目	林规批字〔2012〕6号	1551.0	1240.0	311.0
3	西藏色林错黑颈鹤国家级自然保护区二期建设项目	林规批字〔2012〕157号	1603.0	1603.0	—
4	陕西长青国家级自然保护区部分灾害复建项目	林规批字〔2012〕160号	1354.0	1076.0	278.0
5	甘肃白水江国家级自然保护区野外巡护监测系统建设项目	林规批字〔2012〕196号	1826.0	1826.0	—
6	内蒙古额尔古纳国家级自然保护区基础设施二期工程项目	林规批字〔2012〕210号	1675.0	1340.0	335.0
7	吉林雁鸣湖国家级自然保护区基础设施二期工程项目	林规批字〔2012〕211号	1792.0	1434.0	358.0
8	甘肃小陇山国家级自然保护区基础设施二期工程建设项目	林规批字〔2012〕212号	1508.0	1206.0	302.0
9	云南文山国家级自然保护区基础设施二期工程项目	林规批字〔2012〕213号	1750.0	1400.0	350.0
10	黑龙江双河国家级自然保护区基础设施二期工程建设项目	林规批字〔2012〕214号	1561.0	1249.0	312.0
11	宁夏哈巴湖国家级自然保护区基础设施三期工程建设项目	林规批字〔2012〕215号	1350.0	1080.0	270.0
12	湖南炎陵桃源洞国家级自然保护区基础设施二期工程项目	林规批字〔2012〕225号	1825.0	1460.0	365.0
13	四川马边大风顶国家级自然保护区基础设施三期工程建设项目	林规批字〔2012〕232号	1352.0	1082.0	270.0
14	山西五鹿山国家级自然保护区基础设施三期建设项目	林规批字〔2012〕233号	1391.0	1113.0	278.0
15	吉林波罗湖国家级自然保护区基础设施建设项目	林规批字〔2012〕234号	2133.0	1706.0	427.0
16	湖南高望界国家级自然保护区基础设施建设项目	林规批字〔2012〕235号	2170.0	1707.0	463.0
17	陕西桑园国家级自然保护区基础设施建设项目	林规批字〔2012〕239号	2037.0	1630.0	407.0
18	内蒙古高格斯台罕乌拉国家级自然保护区基础设施建设项目	林规批字〔2012〕240号	2323.0	1858.0	465.0
19	甘肃兴隆山国家级自然保护区基础设施三期工程建设项目	林规批字〔2012〕246号	1630.0	1304.0	326.0
20	山西黑茶山国家级自然保护区基础设施建设项目	林规批字〔2012〕256号	2336.00	1869.00	467.00
21	黑龙江友好国家级自然保护区基础设施建设项目	林规批字〔2012〕257号	2030.00	1624.00	406.00
22	黑龙江扎龙国家级自然保护区基础设施三期工程项目	林规批字〔2012〕261号	2572.00	2002.00	570.00
23	黑龙江凉水国家级自然保护区基础设施三期工程项目	林规批字〔2012〕262号	1875.00	1436.00	439.00
24	重庆雪宝山国家级自然保护区基础设施建设项目	林规批字〔2012〕263号	2363.00	1890.00	473.00
25	重庆阴条岭国家级自然保护区基础设施建设项目	林规批字〔2012〕264号	2228.00	1782.00	446.00
26	黑龙江绰纳河国家级自然保护区基础设施建设项目	林规批字〔2012〕265号	2016.00	1613.00	403.00
27	辽宁白狼山国家级自然保护区基础设施建设项目	林规批字〔2012〕282号	2305.0	1844.0	461.0
28	黑龙江三江国家级自然保护区宣教基础设施建设项目	林规批字〔2012〕289号	2165.0	1732.0	433.0
29	黑龙江挠力河国家级自然保护区基础设施三期建设项目	林规批字〔2012〕294号	1945.0	1556.0	389.0
30	吉林黄泥河国家级自然保护区基础设施建设项目	林规批字〔2012〕317号	2060.0	1648.0	412.0

【林业有害生物防治项目】 共审批林业有害生物防治基础设施建设项目13个，批复总投资11 710万元，其中中央投资7075.8万元，地方配套投资4634.2万元。

序号	项目名称	批复文号	批复投资(万元)		
			合计	中央	地方
	合　计		**11 710.0**	**7075.8**	**4634.2**
1	宁夏西部地区林业有害生物综合防控体系基础设施建设项目	林规批字〔2012〕1号	826.0	660.8	165.2
2	山西中部地区危险性林业有害生物应急防控体系建设项目	林规批字〔2012〕217号	812.0	487.0	325.0
3	北京市重点区域杨树食叶害虫综合防治体系建设项目	林规批字〔2012〕218号	1311.0	787.0	524.0
4	内蒙古大兴安岭林区林业有害生物监测预警体系建设项目	林规批字〔2012〕221号	1274.0	1019.0	255.0

（续）

序号	项目名称	批复文号	批复投资(万元)		
			合计	中央	地方
5	河北省南部林业有害生物防控体系基础设施建设项目	林规批字〔2012〕230 号	1042.0	625.0	417.0
6	吉林省西部美国白蛾疫情应急防控体系基础设施建设项目	林规批字〔2012〕231 号	1081.0	649.0	432.0
7	内蒙古大青山西段生态脆弱区林业有害生物综合治理基础设施建设项目	林规批字〔2012〕286 号	603.0	482.0	121.0
8	河南省南水北调中线工程豫北区域林业有害生物防控体系基础设施建设项目	林规批字〔2012〕287 号	761.0	457.0	304.0
9	山东省滨州市林业有害生物天敌繁育中心建设项目	林规批字〔2012〕288 号	547.0	219.0	328.0
10	辽宁东部浑江流域林业有害生物防控能力基础设施建设项目	林规批字〔2012〕296 号	1800.0	1080.0	720.0
11	福建省闽中林业有害生物天敌繁育场建设项目	林规批字〔2012〕297 号	596.0	238.0	358.0
12	宁波市松材线虫病免疫生物制剂生产基地建设项目	林规批字〔2012〕298 号	504.0	151.0	353.0
13	山西省林业有害生物天敌繁育及机械化释放基础设施建设项目	林规批字〔2012〕299 号	553.0	221.0	332.0

【森工非经营性建设项目】 共审批森工非经营性建设项目 8 个，批复总投资 6462 万元，其中中央投资 5384 万元，地方配套投资 1078 万元。

序号	项目名称	批复文号	批复投资(万元)		
			合计	中央	地方
	合　计		**6462.0**	**5384.0**	**1078.0**
1	大兴安岭韩家园林业局中学建设项目	林规批字〔2012〕4 号	690.0	632.0	58.0
2	黑龙江绥棱林业局职工医院改扩建项目	林规批字〔2012〕7 号	771.0	617.0	154.0
3	黑龙江省兴隆林业局实验学校(集中办学)改扩建工程项目	林规批字〔2012〕8 号	1027.0	822.0	205.0
4	大兴安岭林业集团总医院消毒中心建设项目	林规批字〔2012〕208 号	843.0	674.0	169.0
5	内蒙古大兴安岭森林资源资产评估管理中心改造项目	林规批字〔2012〕222 号	176.0	140.0	36.0
6	贵州普定荒漠生态系统定位研究站建设项目	林规批字〔2012〕275 号	675.0	675.0	—
7	黑龙江省亚布力林业局中学集中办学建设项目	林规批字〔2012〕281 号	1623.0	1298.0	325.0
8	陕西省森林工业职工医院电力系统整体改扩建项目	林规批字〔2012〕293 号	657.0	526.0	131.0

【直属单位基础设施建设项目】 共审批直属单位建设项目 49 个(包括初步设计 21 个、可研报告 28 个)，批复总投资 39 282 万元。

序号	项目名称	批复文号	批复投资(万元)		
			合计	中央	地方
	合　计		**39 282.0**	**39 282.0**	**—**
一	直属单位初步设计		22 633.0	22 633.0	—
1	中国林科院广东南岭森林生态系统定位研究站建设项目初步设计	林规批字〔2012〕9 号	498.0	498.0	—
2	竹藤科学与技术重点开放实验室改建项目实施方案	林规批字〔2012〕15 号	645.0	645.0	—
3	局内外网安全等级保护建设项目初步设计	林规批字〔2012〕16 号	899.0	899.0	—
4	中国林科院林木育种国家重点实验室设备购置项目初步设计	林规批字〔2012〕220 号	2056.0	2056.0	—
5	南京森林警察学院警官培训楼改造工程初步设计	林规批字〔2012〕241 号	752.0	752.0	—
6	国家林业局森林资源与环境管理重点实验室食品设备购置项目实施方案	林规批字〔2012〕244 号	316.0	316.0	—
7	国家林业局泡桐中心研究生及青年职工宿舍与附属用房建设工程初步设计	林规批字〔2012〕271 号	816.0	816.0	—

（续）

序号	项目名称	批复文号	批复投资（万元）		
			合计	中央	地方
8	南方航空护林总站保山站长岭直升机场建设项目初步设计	林规批字〔2012〕277 号	1334.0	1334.0	—
9	南方航空护林总站西昌站盐源直升机场建设项目初步设计	林规批字〔2012〕278 号	1224.0	1224.0	—
10	南方航空护林总站丽江站白沙直升机场建设项目初步设计	林规批字〔2012〕279 号	1420.0	1420.0	—
11	中国林科院钱江源森林生态系统定位研究站基础试验设施建设项目	林规批字〔2012〕283 号	472.0	472.0	—
12	中国林业科学研究院热带林业研究所尖峰试验站森林防火基础设施建设项目初步设计	林规批字〔2012〕290 号	630.0	630.0	—
13	中国林科院沙林中心实验林场居民区道路、场地硬化改造工程初步设计	林规批字〔2012〕291 号	530.0	530.0	—
14	中国林科院海南尖峰岭热带树木园改扩建工程初步设计	林规批字〔2012〕292 号	1706.0	1706.0	—
15	国家西北荒漠化沙化实验监测基地工程建设项目初步设计	林规批字〔2012〕301 号	2914.0	2914.0	—
16	中国林业科学研究院热带林业实验中心科研综合楼建设工程初步设计	林规批字〔2012〕302 号	1961.0	1961.0	—
17	广西友谊关森林生态系统定位研究站建设项目初步设计	林规批字〔2012〕303 号	380.0	380.0	—
18	国家林业局林业机械质量检验检测中心（哈尔滨）基础设施建设项目初步设计	林规批字〔2012〕304 号	696.0	696.0	—
19	南方国家桉树种质资源库建设项目初步设计	林规批字〔2012〕305 号	825.0	825.0	—
20	国际竹藤中心热带森林植物种质资源保存与研究基地建设项目调整设计概算	林规批字〔2012〕306 号	1127.0	1127.0	—
21	国家林业局森防站林业有害生物及野生动物疫源疫病监测预报国家级信息系统改扩建项目初步设计	林规批字〔2012〕309 号	1432.0	1432.0	—
二	可研报告批复		16649.0	16649.0	—
1	南京森林警察学院学生宿舍 F 组团建设项目	林规批字〔2012〕17 号	2826.0	2826.0	—
2	局经研中心胜古南里办公区维修改造工程项目	林规批字〔2012〕18 号	120.0	120.0	—
3	国际竹藤中心图书馆建设项目	林规批字〔2012〕19 号	640.0	640.0	—
4	中国林科院沙林中心实验林场森林防火综合治理工程建设项目	林规批字〔2012〕14 号	943.0	943.0	—
5	中国林科院情报楼节能改造修缮工程项目	林规批字〔2012〕197 号	1307.0	1307.0	—
6	大兴安岭林业勘察设计院新建综合用房与设备更新工程	林规批字〔2012〕198 号	468.0	468.0	—
7	国家林业局桉树中心实验楼改造工程建设项目	林规批字〔2012〕199 号	945.0	945.0	—
8	局森林病虫害防治总站实验室仪器设备购置项目	林规批字〔2012〕200 号	370.0	370.0	—
9	局林产工业规划设计院技术档案资料室设施维修改造项目	林规批字〔2012〕206 号	507.0	507.0	—
10	局林产工业规划设计院朝内大街 130 号院区基础设施改造项目	林规批字〔2012〕207 号	377.0	377.0	—
11	国际竹藤中心安徽太平试验中心南区基础设施建设项目	林规批字〔2012〕209 号	913.0	913.0	—
12	中国林科院（南京）科技园科研辅助用房建设工程	林规批字〔2012〕219 号	1378.0	1378.0	—
13	中国林科院林业科学数据共享中心改扩建工程项目	林规批字〔2012〕223 号	502.0	502.0	—
14	中国林科院亚林所试验林场森林防火综合治理工程建设项目	林规批字〔2012〕224 号	554.0	554.0	—
15	中国林科院泡桐研究开发中心原阳实验基地科研基础设施建设项目	林规批字〔2012〕226 号	783.0	783.0	—
16	国家林业局华东林业调查规划设计院数据中心建设项目	林规批字〔2012〕188 号	547.00	547.00	—
17	中国保护大熊猫研究中心河道治理和防洪堤建设项目	林规批字〔2012〕170 号	1505.00	1505.00	—
18	国家林业局天然林保护工程管理业务应用系统建设项目	林规批字〔2012〕176 号	1964.00	1964.00	—
19	中国林科院亚热带林业实验中心实验林场森林防火工程建设项目	林规批字〔2012〕237 号	500.0	500.0	—

（续）

序号	项目名称	批复文号	批复投资(万元)		
			合计	中央	地方
20	中国林科院热带林业实验中心森林防火基础设施项目	林规批字〔2012〕238 号	704.0	704.0	—
21	中国林科院热带林业研究所基础设施改造项目	林规批字〔2012〕247 号	2181.0	2181.0	—
22	国家林业局云计算平台建设项目	林规批字〔2012〕272 号	2389.0	2389.0	—
23	国家林业局退耕还林工程管理系统建设项目	林规批字〔2012〕280 号	297.0	297.0	—
24	中国林业科学研究院林产化学工业研究所万吨级松脂深加工中试基地项目	林规批字〔2012〕285 号	2536.0	2536.0	—
25	国家林业局昆明勘察设计院自然保护区及野生动植物西南监测中心建设项目	林规批字〔2012〕300 号	1760.0	1760.0	—
26	北京门头沟城郊森林生态系统定位研究站建设项目	林规批字〔2012〕311 号	476.0	476.0	—
27	云南普洱森林生态系统定位研究站建设项目	林规批字〔2012〕312 号	651.0	651.0	—
28	中国绿色时报记者站设备购置项目	林规批字〔2012〕316 号	395.0	395.0	—

【林业科技教育基础设施建设项目】 共审批林业科技教育基础设施建设项目16个，批复总投资8738万元。

序号	项目名称	批复文号	批复投资(万元)		
			合计	中央	地方
	合计		**8738.0**	**8738.0**	**—**
1	国家林业局林产品质量检验检测中心(合肥)设备购置项目	林规批字〔2012〕248 号	323.0	323.0	—
2	国家林业局经济林育种栽培重点实验室仪器设备购置项目	林规批字〔2012〕249 号	503.0	503.0	—
3	甘肃省荒漠化与风沙灾害防治国家重点实验室仪器设备购置项目	林规批字〔2012〕250 号	1313.0	1313.0	—
4	内蒙古西鄂尔多斯森林生态系统定位研究站建设项目	林规批字〔2012〕251 号	506.0	506.0	—
5	内蒙古杭州西溪湿地生态系统定位研究站建设项目	林规批字〔2012〕252 号	473.0	473.0	—
6	内蒙古河北丰宁荒漠生态系统定位研究站建设项目	林规批字〔2012〕253 号	621.0	621.0	—
7	黑龙江凉水森林生态系统定位研究站建设项目	林规批字〔2012〕254 号	548.0	548.0	—
8	云南滇中高原森林生态系统定位研究站建设项目	林规批字〔2012〕255 号	416.0	416.0	—
9	黑龙江雪乡森林生态系统定位研究站建设项目	林规批字〔2012〕258 号	535.0	535.0	—
10	安徽大别山森林生态系统定位研究站建设项目	林规批字〔2012〕259 号	440.0	440.0	—
11	四川峨眉山森林生态系统定位研究站建设项目	林规批字〔2012〕260 号	480.0	480.0	—
12	辽宁辽河平原森林生态系统定位研究站建设项目	林规批字〔2012〕266 号	538.0	538.0	—
13	甘肃小陇山森林生态系统定位研究站建设项目	林规批字〔2012〕267 号	482.0	482.0	—
14	广西漓江源森林生态系统定位研究站建设项目	林规批字〔2012〕268 号	489.0	489.0	—
15	陕西黄龙山森林生态系统定位研究站建设项目	林规批字〔2012〕274 号	526.0	526.0	—
16	黑龙江扎龙湿地生态系统定位研究站建设项目	林规批字〔2012〕284 号	545.0	545.0	—

（王新凯　曾德梁）

全国营林生产主要指标 2012 年与 2011 年比较

指　标　名　称	单　位	2012 年	2011 年	2012 年比 2011 年增减 (%)
一、荒山荒(沙)地造林面积	**公顷**	**5 595 791**	**5 996 613**	**-6.68**
(一)按造林方式分				
1. 人工造林	公顷	3 820 704	4 065 693	-6.03
其中:竹林面积	公顷	41 424	74 580	-44.46
2. 飞播造林	公顷	136 409	196 931	-30.73
3. 无林地和疏林地新封	公顷	1 638 678	1 733 989	-5.50
(二)按经济成分分				
1. 公有经济造林	公顷	3 009 993	2 947 928	2.11
①国有经济造林	公顷	1 506 978	1 467 113	2.72
②集体经济造林	公顷	1 503 015	1 480 815	1.50
2. 非公有经济造林	公顷	2 585 798	3 048 685	-15.18
(三)按林种用途分				
1. 用材林	公顷	774 398	1 019 320	-24.03
2. 经济林	公顷	1 101 053	1 218 281	-9.62
3. 防护林	公顷	3 650 842	3 688 827	-1.03
4. 薪炭林	公顷	41 145	36 805	11.79
5. 特种用途林	公顷	28 353	33 380	-15.06
(四)按树种类型分				
其中:速生树种	公顷	755 149	926 657	-18.51
乡土树种	公顷	3 593 927	3 790 122	-5.18
珍贵树种	公顷	60 563	52 081	16.29
(五)按结构类型分				
1. 纯林	公顷	3 143 007	3 523 366	-10.80
2. 混交林	公顷	2 452 784	2 473 247	-0.83
二、有林地造林面积	**公顷**	**581 520**	**416 352**	**39.67**
1. 林冠下造林	公顷	150 484	119 864	25.55
2. 飞播营林	公顷	—	—	—
3. 有林地和灌木林地新封	公顷	431 036	296 488	45.38
三、更新造林	**公顷**	**305 065**	**32 6641**	**-6.61**
四、四旁(零星)植树	**万株**	**239 418**	**245 776**	**-2.59**
五、年末实有封山(沙)育林面积	**公顷**	**24 140 908**	**23 481 113**	**2.81**
六、森林抚育				
1. 低产低效林改造面积	公顷	707 499	788 810	-10.31
2. 未成林抚育作业面积	公顷次	9 396 281	12 800 526	-26.59
3. 成林抚育面积	公顷	11 875 006	11 322 527	4.88
其中:中、幼龄林抚育面积	公顷	7 661 686	7 334 450	4.46
4. 抚育改造出材量	立方米	7 714 467	7 400 849	4.24
其中:中、幼龄林抚育出材量	立方米	5 736 525	5 362 034	6.98
七、林木种苗				
1. 林木种子采收量	吨	27 831	—	—
2. 当年苗木产量	万株	5 707 761	5 305 505	7.58
3. 育苗面积	公顷	915 643	769 168	19.04
其中:本年新增育苗面积	公顷	272 013	219 512	23.92

注:2012 年起林业统计制度对林木种子采收量指标含义进行重新界定,具体指用于育苗、直播或飞播等造林用途的林木种子,不包括食用、药用和提取食用油、工业用油的林木种子。

各地区营林生产

地　区	有林地造林面积				更新造林	四旁(零星)植树(万株)	年末实有封山(沙)育林面积
	合　计	林冠下造林	飞播营林	有林地和灌木林地新封			
全国合计	**581 520**	**150 484**	**—**	**431 036**	**305 065**	**239 418**	**24 140 908**
北　京	10 752	133	—	10 619	760	200	144 199
天　津	—	—	—	—	—	401	26 014
河　北	25	25	—	—	3524	10 261	867 221
山　西	4368	—	—	4368	—	10 415	890 167
内蒙古	—	—	—	—	14 018	3423	3 518 739
内蒙古集团	—	—	—	—	214	23	—
辽　宁	4299	1769	—	2530	8771	7330	1 101 398
吉　林	93 189	61 465	—	31 724	13 124	1605	690 961
吉林集团	23 229	23 229	—	—	1019	11	215 647
黑龙江	58 096	33 630	—	24 466	26 402	1370	1 032 914
龙江集团	33 092	33 092	—	—	26 402	209	610 981
上　海	—	—	—	—	—	93	—
江　苏	3335	—	—	3335	—	10 964	28 357
浙　江	6537	850	—	5687	13 852	2946	999 001
安　徽	15 703	—	—	15 703	—	12 854	514 248
福　建	83 883	25 018	—	58 865	16 052	3907	601 693
江　西	28 423	2864	—	25 559	18 139	18 414	1 045 282
山　东	2210	10	—	2200	5707	19 606	238 906
河　南	—	—	—	—	—	21 919	347 384
湖　北	33 782	1263	—	32 519	4374	12424	1 048 160
湖　南	30 161	—	—	30 161	21 489	13 352	915 758
广　东	63 660	9131	—	54 529	78 088	6961	286 047
广　西	11 766	998	—	10 768	50 424	5744	1846 116
海　南	—	—	—	—	13 807	2138	125 074
重　庆	11 801	—	—	11 801	4514	9498	406 891
四　川	—	—	—	—	4333	26 126	924 170
贵　州	—	—	—	—	—	4263	610 149
云　南	102 733	13 328	—	89 405	4935	10 740	1 370 936
西　藏	—	—	—	—	520	251	123 973
陕　西	6066	—	—	6066	—	11 541	891 670
甘　肃	4131	—	—	4131	—	5673	842 993
青　海	—	—	—	—	—	2049	989 757
宁　夏	—	—	—	—	—	717	292 970
新　疆	6600	—	—	6600	2232	2233	1 419 760
新疆兵团	3333	—	—	3333	98	189	285 490
大兴安岭	—	—	—	—	—	—	—

主要指标完成情况

单位:公顷

森林抚育						林木种苗			
低产低效林改造面积	未成林抚育作业面积（公顷次）	成林抚育面积		抚育改造出材量（立方米）		林木种子采集量（吨）	当年苗木产量（万株）	育苗面积	
		合计	其中:中、幼林抚育面积	合　计	其中:中、幼林抚育出材量			合　计	其中:本年新增育苗面积
707 499	**9 396 281**	**11 875 006**	**7 661 686**	**7 714 467**	**5 736 525**	**27831**	**5 707 761**	**915 643**	**272 013**
907	8115	85 099	54 648	8487	4607	28	27 942	9920	649
—	83 852	96757	50 681	21 875	9045	—	5938	7803	2425
3633	393 450	451 021	324 210	152 533	137 250	539	263 400	55 101	22 184
360	52 631	204 052	100 282	46 251	46251	782	509 347	53 551	23 738
8021	306 326	1 166 415	768 563	877 422	829 724	2993	349 725	22 343	6792
—	14 860	356 885	356 885	566 569	566 569	—	11072	78	22
7113	189 812	103 197	72 600	358 540	197 556	1853	443 745	20 418	7459
4599	621 070	394 285	223 823	1 442 094	1 103 587	716	202 318	9333	1684
42	217 841	87 630	44 945	183 371	179 118	61	17 089	136	41
461	588 869	681 299	640 833	906 710	515 505	118	226 551	10 682	3242
—	184 372	507 918	507 869	83 261	76 003	16	57 140	442	104
24	11 334	40 838	8577	—	—	—	8809	11 235	171
5679	107 225	338 715	209 705	118 619	83 591	—	262 075	120 573	18 851
16 761	86 067	238 021	139 873	154 071	109 558	34	414 920	120 833	14 403
12 165	311 655	600 527	317 873	616 890	381 787	527	79 210	69 750	1200
16 802	765 038	243 848	186 724	207 090	156 858	44	49 203	1636	599
30 755	318 397	228 471	163 137	161 966	138 827	109	310 265	72 653	31 278
13 270	655 219	943 966	706 585	315 252	220 749	2135	456 942	76 467	33 451
10 424	768 510	514 660	382 792	353 799	228 969	1054	151 598	20 027	14 351
25 123	354 975	388 716	284 677	266 461	163 940	1346	119 805	30 640	15 270
162 420	391 320	351 095	279 611	201 994	174 295	296	79 898	1647	1557
45 378	191 668	275 015	225 418	21 215	11 126	39	79 698	8185	4249
7151	603 593	863 917	387 384	302 493	128 772	333	110 662	13 459	5357
—	33 110	252 433	41 052	2432	—	5	10 101	1513	117
24 186	73 686	84 608	78 608	14 673	13 673	164	119 931	24 532	5479
62 076	80 000	145 586	117 534	26 389	26 320	1138	96 555	17 999	8610
18 173	155 569	120 754	71 756	312 958	265 722	1531	104 102	2936	2100
91 459	18 763	140 182	133 186	245 320	223 378	5008	114 738	4320	2285
12 667	—	11 867	11 867	—	—	—	—	—	—
55 154	233 618	268 172	205 999	14 865	9795	3228	382 877	22 856	9069
2225	84 486	301 877	224 240	21 624	15 007	1421	307 848	25 665	12 512
13 107	30 440	25 107	1474	1214	—	149	30 601	2892	1082
2067	523 401	372 157	219 349	—	—	1402	273 737	30 558	8583
37 740	1 354 082	1 743 615	829 891	2750	2153	837	100 939	45 872	13 242
437	328 380	394 943	128 208	2350	2153	34	103 56	986	500
17 599	—	198 734	198 734	538 480	538 480	2	14281	244	24

林业重点工程

指　　标	总　计	天然林资源保护工程	退耕还林工程	京津风沙源治理工程	
					合　计
一、本年完成造林面积	**2 753 932**	**485 203**	**655 271**	**541 690**	**1 071 768**
（一）按造林方式分					
1. 人工造林	1 471 213	137 938	447 185	227 605	658 485
2. 飞播造林	120 741	59 739	—	54 336	6666
3. 无林地和疏林地新封	1 161 978	287 526	208 086	259 749	406 617
（二）按林种用途分					
1. 用材林	183 466	11 833	115 220	12 553	43 860
2. 经济林	260 157	20 366	176 324	12 629	50 838
3. 防护林	2 278 743	447 129	344 335	512 059	975 220
4. 薪炭林	20 779	—	16 156	3923	700
5. 特种用途林	10 787	5875	3236	526	1150
二、低产低效防护林改造面积	**10 935**	**—**	**—**	**—**	**10 935**
三、年末实有封山育林面积	**14 129 944**	**6 251 058**	**1 867 154**	**2 481 372**	**3 530 360**
四、全部林业投资完成额	**5 283 825**	**2 186 318**	**1 977 649**	**356 646**	**630 274**
其中：国家投资	4 050 116	1 710 230	1 545 329	321 863	380 467

建设情况

单位:公顷,万元

三北及长江流域等重点防护林体系建设工程						野生动植物保护及自然保护区建设工程
三北防护林工程	长江流域防护林体系工程	沿海防护林体系工程	珠江流域防护林体系工程	太行山绿化工程	平原绿化工程	
678 737	**157 942**	**145 394**	**51 578**	**38 117**	**—**	**—**
403 431	89 906	109 974	30 487	24 687	—	—
6666	—	—	—	—	—	—
268 640	68 036	35 420	21 091	13 430	—	—
12 941	13 549	6535	10 404	431	—	—
38 523	7720	1944	1678	973	—	—
626 299	136 513	136 347	39 348	36 713	—	—
648	52	—	—	—	—	—
326	108	568	148	—	—	—
2116	**3598**	**3321**	**1767**	**133**	**—**	**—**
2 303 647	**448 368**	**376 465**	**213 274**	**188 606**	**—**	**—**
325 088	**99 667**	**165 824**	**25 796**	**13 899**	**—**	**132 938**
210 938	40 869	96 239	19 977	12 444	—	92 227

各地区按造林方式和按林种用途分的造林面积

单位:公顷

地　区	总　计	按造林方式分			按林种用途分				
		人工造林	飞播造林	无林地和疏林地新封山育林	用材林	经济林	防护林	薪炭林	特种用途林
全国合计	**5 595 791**	**3 820 704**	**136 409**	**1 638 678**	**774 398**	**1 101 053**	**3 650 842**	**41 145**	**28 353**
北　京	35 752	22 171	—	13 581	—	574	34 090	—	1088
天　津	5357	5357	—	—	984	976	3397	—	—
河　北	312 360	209 013	20 002	83 345	28 806	31 267	251 258	402	627
山　西	302 851	225 253	2333	75 265	1733	61 739	226 194	13185	—
内蒙古	781 617	357 339	65 071	359 207	9820	13 300	756 364	2133	—
内蒙古集团	345	345	—	—	345	—	—	—	—
辽　宁	246 667	140 000	—	106 667	13 362	17 851	215 423	—	31
吉　林	28 166	27 833	—	333	4135	300	23 731	—	—
吉林集团	—	—	—	—	—	—	—	—	—
黑龙江	162 299	108 960	—	53 339	13 891	4052	142 708	46	1602
龙江集团	—	—	—	—	—	—	—	—	—
上　海	1168	1168	—	—	—	155	1013	—	—
江　苏	57 341	57 341	—	—	10 116	10 015	36 824	—	386
浙　江	43 923	34 473	—	9450	5327	11 209	25 783	435	1169
安　徽	43 786	32 162	—	11 624	10 022	5842	27 449	154	319
福　建	98 042	98 042	—	—	57 402	11 758	23 249	—	5633
江　西	138 645	127 031	—	11 614	66 682	32 379	37 853	545	1186
山　东	197 956	195 875	—	2081	25 178	49 195	122 277	—	1306
河　南	228 292	205 968	—	22 324	45 506	34 538	147 818	—	430
湖　北	198 578	140 174	—	58 404	67 624	45 534	84 343	217	860
湖　南	404 239	236 487	—	167 752	125 068	48 051	230 908	—	212
广　东	107 512	94 919	—	12 593	27 786	6050	72 617	—	1059
广　西	148 878	124 443	—	24 435	99 553	20 785	26 965	—	1575
海　南	17 734	17 734	—	—	2520	11 052	3113	—	1049
重　庆	206 215	135 414	10 000	60 801	43 561	32 934	124 768	3338	1614
四　川	112 159	58 828	—	53 331	26 829	18 940	66 390	—	—
贵　州	147 704	70 400	—	77 304	22 529	48 989	70 352	4911	923
云　南	544 466	495 424	—	49 042	53 697	404 887	84 407	1195	280
西　藏	72 432	38 395	—	34 037	3042	2823	65 092	1475	—
陕　西	320 287	215 684	39 003	65 600	4856	80 827	234 604	—	—
甘　肃	177 330	110 789	—	66 541	—	28 233	141 076	1200	6821
青　海	135 644	33 387	—	102 257	—	1567	125 477	8600	—
宁　夏	94 814	53 430	—	41 384	—	9006	85 808	—	—
新　疆	210 244	133 877	—	76 367	4369	56 225	146 158	3309	183
新疆兵团	22 923	19 590	—	3333	667	4790	17 466	—	—
大兴安岭	—	—	—	—	—	—	—	—	—

注：全国合计造林面积中包括军事管理区 13 333 公顷人工营造的防护林。

各地区林业重点生态工程造林面积

单位:公顷

地　区	全部造林面积	重点工程造林面积					其他造林面积
		合　计	天然林资源保护工程	退耕还林工程	京津风沙源治理工程	三北及长江流域等重点防护林体系建设工程	
全国合计	**5 595 791**	**2 753 932**	**485 203**	**655 271**	**541 690**	**1 071 768**	**2 841 859**
北　京	35 752	19 230	—	—	17 177	2053	16 522
天　津	5357	5357	—	—	—	5357	—
河　北	312 360	165 268	—	15 038	79 970	70 260	147 092
山　西	302 851	178 972	40 180	49 168	22 985	66 639	123 879
内蒙古	781 617	700 942	116 496	39 972	421 558	122 916	80 675
内蒙古集团	345	—	—	—	—	—	345
辽　宁	246 667	117 970	—	24 663	—	93 307	128 697
吉　林	28 166	21 079	—	7266	—	13 813	7087
吉林集团	—	—	—	—	—	—	—
黑龙江	162 299	111 785	—	37 041	—	74 744	50 514
龙江集团	—	—	—	—	—	—	—
上　海	1168	—	—	—	—	—	1168
江　苏	57 341	16 582	—	—	—	16 582	40 759
浙　江	43 923	12 800	—	—	—	12 800	31 123
安　徽	43 786	37 322	—	21 233	—	16 089	6464
福　建	98 042	17 475	—	—	—	17 475	80 567
江　西	138 645	32 194	—	18 772	—	13 422	106 451
山　东	197 956	46 110	—	—	—	46 110	151 846
河　南	228 292	65 172	4667	24 845	—	35 660	163 120
湖　北	198 578	86 586	23 300	32 850	—	30 436	111 992
湖　南	404 239	52 485	—	23 987	—	28 498	351 754
广　东	107 512	38 827	—	—	—	38 827	68 685
广　西	148 878	40 581	—	17 532	—	23 049	108 297
海　南	17 734	3517	—	1400	—	2117	14 217
重　庆	206 215	47 671	24 669	23 002	—	—	158 544
四　川	112 159	68 331	51 997	16 334	—	—	43 828
贵　州	147 704	41 333	19 333	15 333	—	6667	106 371
云　南	544 466	174 687	40 491	125 036	—	9160	369 779
西　藏	72 432	20 276	3333	8057	—	8886	52 156
陕　西	320 287	193 165	74 930	47 764	—	70 471	127 122
甘　肃	177 330	122 421	44 474	20 937	—	57 010	54 909
青　海	135 644	81 711	22 664	16 200	—	42 847	53 933
宁　夏	94 814	45 003	18 669	8333	—	18 001	49 811
新　疆	210 244	175 747	—	47 175	—	128 572	34 497
新疆兵团	22 923	15 443	—	84	—	15 359	7480
大兴安岭	—	—	—	—	—	—	—

注：退耕还林工程中包括军事管理区 13 333 公顷荒山荒地造林。

天然林资源保护工程建设情况

指　　标	单　位	合　计	东北、内蒙古等国有重点林区	长江上游、黄河上中游地区
一、工程区木材产量	**立方米**	**10 444 566**	**4 872 773**	**5 571 793**
其中：人工林木材产量	立方米	5 483 129	307 858	5 175 271
二、荒山荒(沙)地造林面积	**公顷**	**485 203**	**3133**	**482 070**
1. 人工造林	公顷	137 938	1133	136 805
2. 飞播造林	公顷	59 739	—	59 739
3. 无林地和疏林地新封	公顷	287 526	2000	285 526
按林种用途分				
1. 用材林	公顷	11 833	—	11 833
2. 经济林	公顷	20 366	—	20 366
3. 防护林	公顷	447 129	3133	443 996
4. 薪炭林	公顷	—	—	—
5. 特种用途林	公顷	5875	—	5875
三、中、幼龄林抚育面积	**公顷**	**1 681 459**	**1 270 514**	**410 945**
四、年末实有封山(沙)育林面积	**公顷**	**6 251 058**	**1 012 566**	**5 238 492**
五、年末实有森林管护面积	**公顷**	**114 093 967**	**38 026 541**	**76 067 426**
1. 国有林	公顷	70 416 435	38 026 541	32 389 894
2. 集体和个人所有的国家级公益林	公顷	19 892 913	—	19 892 913
3. 集体和个人所有的地方公益林	公顷	23 784 619	—	23 784 619
六、工程区项目实施单位人员情况				
1. 年末人数	人	827 170	655 768	171 402
其中：混岗职工人数	人	79 927	79 326	601
(1)在岗职工	人	604 726	442 705	162 021
(2)其他从业人员	人	12 429	5961	6468
(3)离开本单位保留劳动关系人员	人	210 015	207 102	2913
2. 在岗职工年平均人数	人	577 313	417 843	159 470
3. 在岗职工年工资总额	万元	1 428 060	965 708	462 352
4. 年末实有离退休人数	人	636 477	493 705	142 772
5. 当年离退休人员生活费	万元	1 227 268	914 369	312 899
6. 年末参加基本养老保险人数	人	878 425	691 507	186 918
其中：在岗职工	人	527 340	397 090	130 250
7. 年末参加基本医疗保险人数	人	1 097 209	854 838	242 371
其中：在岗职工	人	554 153	412 696	141 457
七、全部林业投资完成额	**万元**	**2 186 318**	**1 178 523**	**1 007 795**
其中：国家投资	万元	1 710 230	948 891	761 339
1. 公益林建设	万元	114 405	—	114 405
2. 后备资源培育	万元	14 291	14 291	—
3. 森林管护	万元	622 558	276 999	345 559
4. 森林抚育	万元	291 740	223 004	68 736
5. 生态效益补偿	万元	326 835	12 242	314 593
6. 社会保险	万元	424 849	323 375	101 474
7. 政社性支出	万元	338 131	313 303	24 828
8. 其他	万元	53 509	15 309	38 200

退耕还林工程建设情况

指　　标	单　位	合　计	退耕还林工程	京津风沙源治理工程中的退耕还林
一、造林面积	**公顷**	**674 511**	**655 271**	**19 240**
1. 退耕地造林	公顷	—	—	—
其中：生态林面积	公顷	—	—	—
25°以上坡耕地退耕面积	公顷	—	—	—
严重沙化耕地退耕面积	公顷	—	—	—
2. 荒山荒地造林	公顷	461 090	447 185	13 905
3. 无林地和疏林地新封	公顷	213 421	208 086	5335
按林种用途分				
1. 用材林	公顷	115 942	115 220	722
2. 经济林	公顷	182 218	176 324	5894
3. 防护林	公顷	355 169	344 335	10 834
4. 薪炭林	公顷	17 946	16 156	1790
5. 特种用途林	公顷	3236	3236	—
二、年末实有封山(沙)育林面积	**公顷**	**2 043 825**	**1 867 154**	**176 671**
三、当年种草面积	**公顷**	**20**	**20**	**—**
其中：退耕地种草面积	公顷	—	—	—
四、补助粮、款兑现				
1. 当年粮款兑现退耕地总面积	公顷	7 872 464	7 035 733	836 731
2. 自工程实施以来累计粮食补助资金总计	万元	19 801 610	17 883 687	1 917 923
其中：当年粮食补助资金合计	万元	815 416	715 876	99 540
其中：当年新退耕地粮食补助资金	万元	—	—	—
3. 自工程实施以来累计生活费兑现金额总计	万元	2 994 644	2 623 331	371 313
其中：当年生活费兑现金额合计	万元	356 685	285 506	71 179
其中：当年新退耕地生活费兑现金额	万元	—	—	—
4. 当年粮款兑现涉及户数	户	24 773 755	22 544 550	2 229 205
五、全部林业投资完成额	**万元**	**2 226 984**	**1 977 649**	**249 335**
其中：国家投资	万元	1 772 789	1545 329	227 460
1. 粮食补助资金	万元	815 416	715 876	99 540
2. 种苗费	万元	84 364	81 378	2986
3. 生活费补助	万元	356 685	285 506	71 179
4. 巩固退耕还林成果专项资金	万元	748 637	681 120	67 517
5. 其他费用	万元	221 882	213 769	8113

京津风沙源治理工程建设情况

指　　标	单　位	本年实际
一、治理情况		
（一）荒山荒（沙）地造林面积	公顷	541 690
1. 人工造林	公顷	227 605
2. 飞播造林	公顷	54 336
3. 无林地和疏林地新封	公顷	259 749
按林种用途分		
1. 用材林	公顷	12 553
2. 经济林	公顷	12 629
3. 防护林	公顷	512 059
4. 薪炭林	公顷	3923
5. 特种用途林	公顷	526
（二）年末实有封山（沙）育林面积	公顷	2 481 372
（三）草地治理面积	公顷	17 996
（四）暖棚建设面积	平方米	597 440
（五）饲料机械台数	台	6351
（六）小流域治理	公顷	41 840
（七）水利设施	处	9188
（八）生态移民人数	人	1295
（九）生态移民户数	户	267
二、全部投资完成额	**万元**	**418 731**
其中：林业投资完成额	万元	356 646
其中：国家投资	万元	321 863
1. 造林	万元	220 291
2. 科技费用	万元	100
3. 其他	万元	136 255

三北及长江流域等重点防护林体系工程建设情况

单位:公顷,万元

指　标	三北及长江流域等重点防护林体系建设工程						
	合　计	三北防护林工程	长江流域防护林体系工程	沿海防护林体系工程	珠江流域防护林体系工程	太行山绿化工程	平原绿化工程
一、荒山荒(沙)地造林面积	**1 071 768**	**678 737**	**157 942**	**145 394**	**51 578**	**38 117**	**—**
1. 人工造林	658 485	403 431	89 906	109 974	30 487	24 687	—
2. 飞播造林	6666	6666	—	—	—	—	—
3. 无林地和疏林地新封	406 617	268 640	68 036	35 420	21 091	13 430	—
按林种用途分							
1. 用材林	43 860	12 941	13 549	6535	10 404	431	—
2. 经济林	50 838	38 523	7720	1944	1678	973	—
3. 防护林	975 220	626 299	136 513	136 347	39 348	36 713	—
其中:水源涵养林	114 138	41 313	34 089	22 490	8950	7296	—
水土保持林	316 849	194 557	48 399	35 956	18 301	19 636	—
防风固沙林	282 421	263 179	4094	11 342	—	3806	—
农田、牧场防护林	50 999	38 665	4194	8140	—	—	—
护岸护堤林	8893	1585	4106	3202	—	—	—
护路林	9360	3823	2487	3050	—	—	—
4. 薪炭林	700	648	52	—	—	—	—
5. 特种用途林	1150	326	108	568	148	—	—
二、年末实有封山(沙)育林面积	**3 530 360**	**2 303 647**	**448 368**	**376 465**	**213 274**	**188 606**	**—**
三、低产低效林改造面积	**10 935**	**2116**	**3598**	**3321**	**1767**	**133**	**—**
四、全部林业投资完成额	**630 274**	**325 088**	**99 667**	**165 824**	**25 796**	**13 899**	**—**
其中:国家投资	380 467	210 938	40 869	96 239	19 977	12 444	—
1. 造林	529 789	282 288	71 191	142 158	20 442	13710	—
2. 低产低效防护林改造	3348	835	1372	536	605	—	—
3. 种苗	47 666	25 967	9911	10 442	1346	—	—
4. 森林防火	3237	1500	1168	472	97	—	—
5. 病虫害防治	7514	2573	1932	2895	114	—	—
6. 科技费用	3500	1054	258	2067	121	—	—
7. 其他	35 220	10 871	13 835	7254	3071	189	—
五、群众投工投劳(折合资金)	**109 881**	**50 131**	**29 617**	**20 760**	**5721**	**3652**	**—**

林业系统野生动植物保护及自然保护区工程建设情况

指　　标	单　位	本年实际
一、年末实有自然保护区个数	**个**	**2150**
其中：国家级	个	286
二、年末实有自然保护区面积	**百公顷**	**1 248 650**
其中：国家级	百公顷	771 382
三、年末实有自然保护小区个数	**个**	**48 633**
年末实有自然保护小区面积	百公顷	120 543
四、野生植物就地保护点个数	**个**	**688**
野生植物就地保护点面积	百公顷	42 381
五、禁猎(采)区个数	**个**	**1940**
禁猎(采)区面积	百公顷	535 013
六、国际重要湿地个数	**个**	**41**
国际重要湿地面积	百公顷	37 099
七、湿地示范区面积	**百公顷**	**37 412**
八、野生动物种源繁育基地	**个**	**4137**
1. 公益性野生动物救护繁育基地	个	144
2. 商业性野生动物驯养繁殖单位	个	3993
九、野生植物种源培育基地	**个**	**976**
十、野生动植物保护管理站	**个**	**4383**
十一、鸟类环志中心(站)个数	**个**	**95**
十二、野生动物疫源疫病监测站个数	**个**	**1119**
十三、野生动植物科研及监测机构个数	**个**	**626**
在野生动植物科研及监测机构中各类专业技术人员	人	3042
十四、野生动物观赏展演单位	**个**	**342**
1. 动物园	个	192
2. 野生动物园	个	38
3. 马戏团等展演单位	个	112
十五、植物园(树木园)个数	**个**	**117**
十六、狩猎场个数	**个**	**154**
其中：对外国人开放的狩猎场个数	个	26
十七、从事野生动植物及自然保护区建设的职工人数	**人**	**50 204**
其中：各类专业技术人员	人	14 828
十八、野生动植物及自然保护区建设投资完成额	**万元**	**132 938**
其中：国家投资	万元	92 227

林业产业总产值
（按现行价格计算）

单位：万元

指　标	总产值	指　标	总产值
总　计	**394 509 075**	**二、第二产业**	**208 983 022**
一、第一产业	**137 485 185**	（一）涉林产业合计	202 519 627
（一）涉林产业合计	131 336 546	其中：湿地产业	425 998
其中：湿地产业	500 382	1. 木材加工及木、竹、藤、棕、苇制品制造	82 339 457
1. 林木的培育和种植	25 399 504	（1）锯材、木片加工	13 227 800
（1）育种和育苗	9 872 043	（2）人造板制造	45 322 984
（2）造林	9 247 251	（3）木制品制造	18 827 474
（3）林木的抚育和管理	6 280 210	（4）竹、藤、棕、苇制品制造	4 961 199
其中：未成林的抚育和管理	2 360 905	2. 木、竹、藤家具制造	27 943 914
成林的抚育和管理	3 092 030	3. 木、竹、苇浆造纸	47 515 221
2. 木材和竹材的采运	9 634 079	4. 林产化学产品制造	6 340 858
（1）木材采运	7 595 651	5. 木制工艺品和木制文教体育用品制造	4 774 811
①商品材	62 445 85	6. 非木制林产品加工制造业	22 574 149
②农民自用材	537 111	7. 其他	11 031 217
③农民烧柴	813 955	（二）林业系统非林产业	6 463 395
（2）竹材采运	2 038 428	**三、第三产业**	**48 040 868**
其中：除毛竹、蒿竹外的其他竹材	470 276	（一）涉林产业合计	43 253 926
3. 经济林产品的种植与采集	77 518 770	其中：湿地产业	746 781
其中：水果及干果的种植与采集	50 442 366	1. 林业旅游与休闲服务	35 225 496
茶及其他饮料作物的种植与采集	7 185 892	2. 林业生态服务	3 657 572
林产中药材的种植与采集	5 078 420	3. 林业专业技术服务	1 056 291
森林食品的种植与采集	8 933 802	4. 林业公共管理及其他组织服务	3 314 567
4. 花卉的种植	12 652 130	（二）林业系统非林产业	4 786 942
5. 陆生野生动物繁育与利用	3 924 304	补充资料：竹产业产值	12 240 013
（1）陆生野生动物狩猎和捕捉	211 198	油茶产业产值	3 870 771
（2）陆生野生动物饲养	3 713 106	林下经济产值	21 335 421
6. 林业生产辅助服务	2 207 759	全部山区县茶、桑、果产值	15 526 008
（二）林业系统非林产业	6 148 639	全部丘陵县茶、桑、果产值	8 691 582

全国主要林产工业产品产量2012年与2011年比较

主要指标	单位	2012年	2011年	2012年比2011年增减(%)
木材产量	万立方米	8174.87	8145.92	0.36
原木	万立方米	7494.37	7449.64	0.60
薪材	万立方米	680.50	696.28	-2.27
竹材产量	万根	164 412.03	153 929.49	6.81
锯材产量	万立方米	5568.19	4460.25	24.84
人造板产量	万立方米	22 335.79	20 919.29	6.77
其中：胶合板	万立方米	10 981.17	9869.63	11.26
纤维板	万立方米	5800.35	5562.12	4.28
刨花板	万立方米	2349.55	2559.39	-8.20
其他人造板	万立方米	3204.71	2928.15	9.44
木竹地板产量	万平方米	60 430.54	62 908.25	-3.94
松香类产品产量	吨	1 409 995	1 413 041	-0.22
栲胶类产品产量	吨	6926	9129	-24.13
紫胶类产品产量	吨	2494	2966	-15.91

各地区主要林产工业产品产量

单位:万立方米,万平方米,万根,吨

地区	木材	竹材	锯材	人造板					木地板	松香类产品产量	栲胶类产品产量	紫胶类产品产量
				合计	胶合板	纤维板	刨花板	其他人造板				
全国合计	**8174.87**	**164 412**	**5568.19**	**22 335.79**	**10 981.17**	**5800.35**	**2349.55**	**3204.71**	**60 430.54**	**1 409 995**	**6926**	**2494**
北京	14.33	—	—	19.48	—	19.48	—	—	154.60	—	—	—
天津	10.68	—	—	15.80	—	12.50	3.30	—	38.30	—	—	—
河北	74.68	—	211.70	1111.62	369.77	340.18	165.31	236.36	140.00	—	2000	—
山西	12.21	—	1.26	39.03	0.99	19.43	15.60	3.00	—	—	—	—
内蒙古	208.83	—	604.21	83.89	25.41	13.58	26.69	18.22	16.74	—	203	—
内蒙古集团	114.99	—	—	—	—	—	—	—	—	—	—	—
辽宁	191.43	—	280.57	344.25	104.33	117.51	39.93	82.49	3422.80	—	—	—
吉林	344.26	—	149.83	348.75	131.40	87.34	82.60	47.41	3400.46	—	—	—
吉林集团	61.70	—	1.07	57.31	0.37	12.51	43.96	0.47	351.49	—	—	—
黑龙江	301.89	—	528.40	300.76	177.41	56.37	35.36	31.62	661.24	—	—	—
龙江集团	131.13	—	49.02	57.17	3.61	16.53	26.74	10.29	92.79	—	—	—
上海	0.32	—	1.65	22.62	8.64	13.98	—	—	3290.13	—	—	—
江苏	173.41	627	208.34	4018.94	2558.73	748.96	227.30	483.95	14 388.82	—	—	—
浙江	156.93	19 346	314.13	601.66	189.07	119.47	19.02	274.11	11 904.93	17 800	—	—
安徽	495.63	11 496	345.77	1306.41	588.57	331.36	62.83	323.65	5942.40	6059	—	—
福建	570.74	51 401	174.66	787.12	327.23	150.14	141.69	168.05	1745.14	112 355	—	152
江西	286.63	7813	190.93	318.83	120.55	100.30	18.72	79.26	1620.11	93 857	—	—
山东	551.64	—	920.11	6253.67	3575.34	1150.44	1166.70	361.19	6193.77	—	—	—
河南	278.45	160	153.99	1404.47	644.59	365.35	81.29	313.23	276.10	2591	—	—
湖北	258.66	3009	73.99	398.95	73.72	258.44	9.19	57.61	2927.69	13 252	—	—
湖南	467.12	7099	277.18	456.28	207.44	56.81	37.14	154.89	1290.26	31 221	—	3
广东	759.86	13 409	148.58	990.33	210.56	462.30	133.91	183.56	1087.36	97 598	—	455
广西	1668.12	28 775	368.53	2297.45	1318.36	681.47	38.87	258.75	89.11	790 803	4517	—
海南	111.57	2125	64.98	34.17	18.35	6.40	9.00	0.42	16.30	357	—	—
重庆	30.11	434	19.15	71.06	27.86	42.04	0.05	1.12	4.90	810	—	—
四川	246.17	4683	241.02	690.94	198.86	384.31	27.95	79.82	1474.18	2428	—	13
贵州	215.43	649	78.73	69.19	45.49	7.02	0.09	16.58	55.39	5432	—	—
云南	530.13	12 288	155.76	228.48	49.39	152.09	6.76	20.24	269.60	235 432	206	1871
西藏	76.86	—	9.02	0.19	0.19	—	—	—	0.08	—	—	—
陕西	16.37	1097	14.59	88.41	5.22	82.23	0.07	0.88	—	—	—	—
甘肃	4.73	—	—	0.60	0.60	—	—	—	—	—	—	—
青海	1.92	—	0.06	—	—	—	—	—	—	—	—	—
宁夏	1.55	—	—	—	—	—	—	—	—	—	—	—
新疆	35.70	—	12.20	11.34	2.97	8.36	—	—	—	—	—	—
新疆兵团	8.28	—	—	0.12	0.12	—	—	—	—	—	—	—
大兴安岭	78.52	—	18.84	21.11	0.13	12.47	0.19	8.33	20.11	—	—	—

主要木材、竹材产品产量

产品名称	单位	全部产量
木材及竹材		
一、木材	**万立方米**	**8174.87**
其中：热带木材	万立方米	631.09
（一）原木	万立方米	7494.37
其中：针叶原木	万立方米	1321.55
1. 直接用原木	万立方米	3223.28
2. 特级原木	万立方米	64.17
3. 等内加工原木	万立方米	1108.75
其中：针叶原木	万立方米	454.43
4. 造纸用原木	万立方米	531.99
5. 胶合板材	万立方米	1000.23
6. 杉原条	万立方米	471.54
7. 其他原木	万立方米	1094.41
（二）薪材	万立方米	680.50
二、竹材		
（一）竹材	万根	164 412.03
1. 毛竹	万根	111 470.33
2. 篙竹	万根	52 941.70
（二）小杂竹	万吨	1186.37
补充资料：		
1. 按生产单位分的全部木材产量和竹材产量		
（1）系统内国有企业单位生产的木材	万立方米	645.25
（2）系统内国有林场、事业单位生产的木材	万立方米	1228.36
（3）系统外企、事业单位采伐自营林地的木材	万立方米	402.07
（4）乡（镇）集体企业及单位生产的木材	万立方米	634.16
（5）村及村以下各级组织和农民个人生产的木材	万立方米	5265.03
（6）村及村以下各级组织和农民个人生产的竹材	万根	128 675.08
2. 农民自用材采伐量	万立方米	700.09
3. 农民烧材采伐量	万立方米	2056.80

全国主要林产工业产品产量

产品名称	单 位	产 量	产品名称	单 位	产 量
木竹加工制品			4. 人造板表面装饰板	万平方米	19 207.00
一、锯材	万立方米	5568.19	五、木竹地板	万平方米	60 430.54
1. 普通锯材	万立方米	5389.03	1. 实木木地板	万平方米	12 541.06
2. 特种锯材	万立方米	44.07	2. 复合木地板	万平方米	37 063.04
3. 枕木及其他锯材	万立方米	135.09	3. 其他木地板	万平方米	5918.04
二、木片、木粒加工产品	万实积立方米	2906.93	4. 竹地板	万平方米	4908.40
三、人造板	万立方米	22 335.79	**林产化学产品**		
(一)胶合板	万立方米	10 981.17	一、松香类产品	吨	1 409 995
1. 木胶合板	万立方米	9849.70	1. 松香	吨	1 091 832
2. 竹胶合板	万立方米	405.44	2. 松香深加工产品	吨	318 163
3. 其他胶合板	万立方米	726.03	二、松节油类产品	吨	187 393
(二)纤维板	万立方米	5800.35	1. 松节油	吨	159 923
1. 木质纤维板	万立方米	5689.80	2. 松节油深加工产品	吨	27 470
(1)硬质纤维板	万立方米	654.05	三、樟脑	吨	11 444
(2)中密度纤维板	万立方米	5022.45	其中：合成樟脑	吨	10 642
(3)软质纤维板	万立方米	13.30	四、冰片	吨	925
2. 非木质纤维板	万立方米	110.55	其中：合成冰片	吨	—
(三)刨花板	万立方米	2349.55	五、栲胶类产品	吨	6926
1. 木质刨花板	万立方米	2326.29	1. 栲胶	吨	6926
2. 非木质刨花板	万立方米	23.26	2. 栲胶深加工产品	吨	—
(四)其他人造板	万立方米	3204.71	六、紫胶类产品	吨	2494
其中：细木工板	万立方米	1867.66	1. 紫胶	吨	1971
四、二次加工材及相关板材			2. 紫胶深加工产品	吨	523
1. 单板	万立方米	3491.99	七、木材热解产品	吨	794 023
2. 强化木	万立方米	33.12	其中：木炭	吨	360 206
3. 指接材	万立方米	395.42			

全国主要经济林产品生产情况

单位：吨

指 标	产 量	指 标	产 量
各类经济林产品总量	**142 493 140**	9. 松子	80 774
一、水果产量	122 267 474	10. 其他干果	507 692
1. 苹果	33 867 597	三、林产饮料产品(干重)	1 836 507
2. 柑橘	25 546 753	1. 毛茶	1 653 363
3. 梨	16 743 196	2. 可可豆	389
4. 葡萄	9 566 318	3. 咖啡	87 713
5. 桃	11 122 704	4. 其他林产饮料产品	95 042
6. 杏	2 956 350	四、林产调料产品(干重)	582 712
7. 荔枝	1 830 001	1. 花椒	345 202
8. 龙眼	1 553 514	2. 八角	143 778
9. 猕猴桃	898 121	3. 桂皮	81 055
10. 其他水果	18 182 920	4. 其他林产调料产品	12 677
二、干果产量	9 873 247	五、森林食品(干重)	3 080 316
1. 核桃	2 046 904	1. 竹笋干	501 740
2. 板栗	1 979 583	2. 食用菌	1 995 988
3. 枣(干重)	3 668 119	3. 山野菜	390 018
4. 柿子(干重)	1 143 513	4. 其他森林食品	192 570
5. 仁用杏	102 347	六、木本药材	1 298 752
6. 山杏仁	165 251	1. 杜仲	164 461
7. 银杏(白果)	89 611	2. 黄柏	22 119
8. 榛子	89 453	3. 厚朴	165 772

（续）

指　标	产　量
4. 枸杞	204 868
5. 山茱萸	47 040
6. 其他木本药材	694 492
七、木本油料	1 766 167
1. 油茶籽	1 727 708
2. 油橄榄	10 429
3. 文冠果	75
4. 其他木本油料	27 955
八、林产工业原料	1 787 965
1. 生漆	26 027
2. 油桐籽	427 048
3. 乌桕籽	39 467
4. 五倍子	23 190
5. 棕片	55 171
6. 松脂	1 215 065
7. 紫胶(原胶)	1997

全国油茶与花卉产业发展情况

指　标	单　位	产　量
一、油茶产业发展情况		
1. 年末实有油茶林面积	公顷	3 498 865
当年新造面积	公顷	235 916
当年低改面积	公顷	114 238
2. 繁殖圃个数	个	517
繁殖圃面积	公顷	4942
3. 苗木产量	万株	124 362
其中：一年生苗木产量	万株	66 510
二年留床苗木产量	万株	35 576
4. 油茶籽产量	万吨	173
5. 油茶企业	个	1643
二、花卉产业发展情况		
1. 年末实有花卉种植面积	公顷	969 063
2. 切花切叶产量	万支	1 852 986
3. 盆栽植物产量	万盆	343 636
4. 观赏苗木产量	万株	1 240 789
5. 草坪产量	万平方米	52 433
6. 花卉市场	个	4233
7. 花卉企业	个	43 020
其中：大中型企业	个	9007
8. 花农	万户	129.49
9. 花卉从业人员	万人	462.81
其中：专业技术人员	万人	26.86
10. 控温温室面积	万平方米	4006
11. 日光温室面积	万平方米	16 658

速生丰产用材林建设情况

指　标	单位	本年实际
一、各种地类造林面积	**公顷**	**380 082**
1. 荒山荒(沙)地造林	公顷	268 368
2. 更新造林	公顷	73 972
3. 非林业用地造林	公顷	37 742
二、改培面积	**公顷**	**32 819**
三、当年造林和改培面积按投资主体分		
1. 林场(国有、集体)	公顷	85 776
2. 内资企业	公顷	37 507
3. 外资企业	公顷	5856
4. 合资企业	公顷	8367
5. 农户	公顷	239 750
6. 其他	公顷	35 645
四、当年造林和改培面积按培育目的分		
1. 浆纸原料林	公顷	84 589
2. 人造板原料林	公顷	148 862
3. 大径级和珍贵树种用材林	公顷	63 499
4. 其他	公顷	115 951
五、当年造林和改培面积按树种分		
1. 桉树	公顷	119 628
2. 湿地松、火炬松、马尾松	公顷	40 688
3. 杉木、柳杉	公顷	79 335
4. 杨树	公顷	77 117
5. 落叶松、红松、云杉、冷杉、樟子松	公顷	23 052
6. 柚木、楠木、西南桦、桃花心木	公顷	655
7. 水曲柳、核桃楸、黄波罗、椴树	公顷	1078
8. 竹类	公顷	25 418
9. 其他	公顷	45 930
六、全部林业投资完成额	**万元**	**677 191**
1. 国家投资	万元	286 661
2. 国内贷款	万元	7862
3. 利用外资	万元	3740
4. 自筹资金	万元	293 556
5. 其他	万元	85 372

劳动工资统计

林业系统从业人员和劳动报酬主要指标2012年与2011年比较

主要指标	单　位	2012年	2011年	2012年比2011年增减%
一、单位个数	**个**	**45 060**	**46 283**	**-2.64**
二、年末人数	**人**	**1 615 527**	**1 657 022**	**-2.50**
1. 从业人员	人	1 329 057	1 353 961	-1.84
①在岗职工	人	1 262 385	1 312 749	-3.84
②其他从业人员	人	66 672	—	—
2. 离开本单位仍保留劳动关系人员	人	286 470	—	—
三、年末实有离退休人员	**人**	**999 800**	**983 943**	**1.61**
四、在岗职工年平均工资	**元**	**28 105**	**23 611**	**19.03**

注：2012年起林业系统单位从业人员主要指标口径进行调整，其他从业人员和离开本单位仍保留劳动关系人员两个指标与往年数据不进行对比。

地区	总计	按性质分				
		企业	事业	机关	合计	木材及竹材采运企业
全国合计	**45 060**	**2271**	**38 525**	**4264**	**37 682**	**802**
北京	247	2	225	20	172	—
天津	94	—	86	8	86	—
河北	1540	34	1309	197	1268	—
山西	2152	17	2006	129	1922	—
内蒙古	1563	50	1332	181	1308	19
内蒙古集团	53	28	25	—	24	19
辽宁	1531	31	1390	110	1336	3
吉林	1507	230	1182	95	1339	22
吉林集团	43	43	—	—	10	9
黑龙江	1928	178	1611	139	1605	69
龙江集团	193	123	57	13	77	66
上海	39	—	38	1	11	—
江苏	341	41	208	92	238	—
浙江	1019	23	900	96	842	—
安徽	1466	76	1217	173	1192	8
福建	1959	239	1502	218	1602	172
江西	2322	338	1787	197	1976	184
山东	2372	108	2129	135	2073	19
河南	1064	18	879	167	801	6
湖北	1955	63	1741	151	1623	15
湖南	3007	87	2730	190	2578	44
广东	2333	48	2050	235	1866	13
广西	2118	125	1758	235	1702	16
海南	267	54	183	30	175	3
重庆	1137	11	1067	59	1031	1
四川	3519	194	3069	256	3052	89
贵州	2233	79	2012	142	2072	54
云南	1999	89	1661	249	1635	48
西藏	126	5	47	74	47	—
陕西	1587	34	1383	170	1305	8
甘肃	1532	8	1345	179	1284	—
青海	351	13	243	95	242	—
宁夏	282	3	252	27	248	—
新疆	1311	51	1070	190	1039	—
新疆兵团	—	—	—	—	—	—
局直属单位	159	22	113	24	12	9
大兴安岭	73	21	29	23	12	9

系统单位个数

单位:个

按行业分							
农林牧渔业							
国有林场	国有苗圃	林业工作站	木材检查站	种苗站	病虫害防治站	治沙站	其他
4796	**1660**	**19 249**	**2323**	**948**	**1686**	**106**	**6112**
24	15	43	4	5	8	1	72
1	11	52	—	2	5	1	14
144	143	537	25	48	74	7	290
267	133	934	53	75	90	4	366
304	80	474	32	58	79	24	238
—	—	—	—	—	—	—	5
188	33	674	45	53	64	5	271
324	39	674	56	12	42	—	170
—	—	—	—	—	—	—	1
387	66	631	58	47	82	—	265
2	—	—	—	2	2	—	5
1	—	10	—	—	—	—	—
70	36	53	20	3	12	—	44
100	10	438	64	35	62	—	133
137	65	608	107	19	78	—	170
115	56	815	49	20	44	—	331
326	81	802	257	26	69	1	230
150	141	1439	54	62	98	1	109
90	82	157	88	45	99	1	233
237	44	838	148	46	73	8	214
206	77	1476	303	57	63	21	331
253	48	1089	157	16	61	—	229
154	56	688	156	37	77	—	518
33	5	59	43	1	11	—	20
75	9	779	54	21	33	—	59
182	93	2094	144	36	94	—	320
91	30	1290	119	58	89	1	340
169	20	917	73	50	61	3	294
5	20	2	11	1	3	—	5
233	89	400	137	35	44	5	354
266	99	457	49	53	66	9	285
89	24	66	5	3	13	1	41
68	10	110	3	4	18	1	34
107	45	643	9	20	74	12	129
—	—	—	—	—	—	—	—
—	—	—	—	—	—	—	3
—	—	—	—	—	—	—	3

地　区	按　行					
	制　造　业					
	合　计	木材加工及木、竹、藤、棕、苇制品业	木、竹、藤家具制造业	木、竹、苇浆造纸业	林产化学产品制造	其　他
全国合计	**486**	**350**	**30**	**3**	**23**	**80**
北　京	—	—	—	—	—	—
天　津	—	—	—	—	—	—
河　北	13	4	—	—	4	5
山　西	5	—	—	—	—	5
内蒙古	2	1	1	—	—	—
内蒙古集团	1	1	—	—	—	—
辽　宁	14	10	2	—	—	2
吉　林	26	21	—	—	1	4
吉林集团	16	12	—	—	1	3
黑龙江	34	22	2	1	1	8
龙江集团	26	18	2	1	—	5
上　海	—	—	—	—	—	—
江　苏	—	—	—	—	—	—
浙　江	—	—	—	—	—	—
安　徽	47	40	1	—	1	5
福　建	17	3	—	—	4	10
江　西	16	6	2	—	3	5
山　东	78	78	—	—	—	—
河　南	1	—	—	—	—	1
湖　北	28	6	15	—	1	6
湖　南	24	11	4	2	3	4
广　东	19	12	—	—	—	7
广　西	18	14	—	—	1	3
海　南	24	24	—	—	—	—
重　庆	3	2	—	—	—	1
四　川	80	67	3	—	3	7
贵　州	7	5	—	—	1	1
云　南	2	2	—	—	—	—
西　藏	1	1	—	—	—	—
陕　西	8	4	—	—	—	4
甘　肃	2	2	—	—	—	—
青　海	—	—	—	—	—	—
宁　夏	—	—	—	—	—	—
新　疆	15	15	—	—	—	—
新疆兵团	—	—	—	—	—	—
局直属单位	2	—	—	—	—	2
大兴安岭	2	—	—	—	—	2

（续）

业分					
服务业					其他行业
合 计	野生动植物保护和自然保护区管理	林业工程技术与规划管理	林业科技交流和推广服务	其 他	
6511	**747**	**341**	**676**	**4747**	**381**
72	3	6	—	63	3
8	—	—	—	8	—
251	15	4	33	199	8
225	21	13	16	175	—
226	16	8	11	191	27
4	3	1	—	—	24
170	27	13	20	110	11
120	7	7	11	95	22
3	—	—	3	—	14
223	20	7	18	178	66
44	—	4	4	36	46
8	2	3	2	1	20
100	—	—	6	94	3
158	16	4	41	97	19
222	17	10	17	178	5
325	26	31	28	240	15
316	31	26	43	216	14
192	13	8	36	135	29
250	22	11	28	189	12
303	36	27	55	185	1
385	44	59	59	223	20
445	110	7	52	276	3
338	35	13	30	260	60
67	29	1	3	34	1
98	10	11	14	63	5
373	59	15	35	264	14
149	6	1	—	142	5
357	68	9	27	253	5
78	3	1	—	74	—
266	18	23	41	184	8
245	43	8	15	179	1
109	2	3	1	103	—
34	6	1	—	27	—
254	35	1	14	204	3
—	—	—	—	—	—
144	7	10	20	107	1
58	4	4	—	50	1

各地区林业系统单位

地区	总计	按性质分				
		企业	事业	机关	合计	木材及竹材采运企业
全国合计	**1 262 385**	**530 936**	**637 561**	**93 888**	**1 047 517**	**422 590**
北京	12 030	283	10 572	1175	6529	—
天津	735	—	617	118	617	—
河北	27 935	3103	21 115	3717	17 466	—
山西	25 027	156	22 875	1996	20 339	—
内蒙古	104 195	55 051	44 016	5128	94 800	52 824
内蒙古集团	56 186	53 786	2400	—	53 337	52 824
辽宁	23 076	762	20 910	1404	20 085	20
吉林	112 499	74 504	34 487	3508	94 538	51 228
吉林集团	32 382	30 560	1822	—	20 850	20 833
黑龙江	310 256	244 335	60 307	5614	287 101	233 543
龙江集团	252 507	241 916	8057	2534	234 753	233 424
上海	1814	—	1641	173	324	—
江苏	16 166	6960	9073	133	15 725	—
浙江	11 876	503	9347	2026	8687	—
安徽	23 523	1974	19 590	1959	20 010	413
福建	23 658	6099	13 745	3814	16 998	3919
江西	52 101	13 113	32 895	6093	43 044	4250
山东	26 051	2685	21 061	2305	20 290	207
河南	29 786	400	25 676	3710	24 219	86
湖北	28 036	1909	22 587	3540	20 193	259
湖南	50 133	4077	38 981	7075	36 193	1127
广东	30 371	2804	21 356	6211	20 577	304
广西	41 744	2720	35 184	3840	33 834	135
海南	7098	3298	2808	992	5087	626
重庆	8053	266	6592	1195	6122	15
四川	45 811	17 508	22 463	5840	36 466	11 808
贵州	18 888	3222	13 466	2200	15 896	2014
云南	36 883	9793	19 568	7522	26 572	7303
西藏	7379	5679	821	879	6030	—
陕西	37 685	5121	29 879	2685	31 716	3854
甘肃	39 856	4362	31 748	3746	32 612	—
青海	10 237	—	9263	974	9121	—
宁夏	8990	362	8139	489	7067	—
新疆	22 385	5033	14 830	2522	18 068	—
新疆兵团	—	—	—	—	—	—
局直属单位	68 108	54 854	11 949	1305	51 191	48 655
大兴安岭	59 871	54 743	4061	1067	51 191	48 655

在岗职工年末人数

单位:人

按行业分							
农林牧渔业							
国有林场	国有苗圃	林业工作站	木材检查站	种苗站	病虫害防治站	治沙站	其他
359 522	**26 941**	**110 134**	**21 303**	**7647**	**12 327**	**1682**	**85 371**
827	1094	550	66	59	147	25	3761
60	108	223	—	28	72	4	122
7418	1501	2638	281	479	657	121	4371
8709	1925	3921	381	419	636	32	4316
30 725	1915	3630	247	559	799	384	3717
—	—	—	—	—	—	—	513
12 391	482	3141	332	345	540	75	2759
33 303	1546	4603	381	112	360	—	3005
—	—	—	—	—	—	—	17
45 598	898	2292	341	241	396	—	3792
1186	—	—	—	27	19	—	97
41	—	283	—	—	—	—	—
10 055	2157	2429	301	27	75	—	681
3954	130	2115	856	231	386	—	1015
10 995	2325	3161	1218	58	481	10	1349
5759	252	3616	954	54	128	—	2316
25 517	1121	5019	2532	198	413	3	3991
7822	1877	7888	511	422	690	3	870
10 373	2124	3968	2032	665	1121	24	3826
9549	578	5286	1346	428	546	69	2132
15 956	1227	10 575	2804	417	461	142	3484
11 517	637	3747	1357	109	354	—	2552
22 532	703	2819	1233	241	369	—	5802
2927	92	624	225	12	68	—	513
2803	16	2323	202	181	261	—	321
7669	741	7385	804	259	545	—	7255
4480	226	4942	758	227	325	2	2922
5680	86	6769	460	476	417	163	5218
5566	227	41	128	—	12	—	56
14 193	1065	5344	1090	710	733	268	4459
21 978	897	2806	372	512	652	210	5185
6682	223	1149	20	14	121	75	837
4394	247	1350	38	32	187	5	814
10 049	521	5497	33	132	375	67	1394
—	—	—	—	—	—	—	—
—	—	—	—	—	—	—	2536
—	—	—	—	—	—	—	2536

地　区	按　行					
	制　造　业					
	合　计	木材加工及木、竹、藤、棕、苇制品业	木、竹、藤家具制造业	木、竹、苇浆造纸业	林产化学产品制造	其　他
全国合计	**25 600**	**16 268**	**2535**	**59**	**1075**	**5663**
北　京	—	—	—	—	—	—
天　津	—	—	—	—	—	—
河　北	2591	219	—	—	23	2349
山　西	—	—	—	—	—	—
内蒙古	45	5	40	—	—	—
内蒙古集团	5	5	—	—	—	—
辽　宁	409	32	120	—	—	257
吉　林	7340	5340	—	—	291	1709
吉林集团	6190	4219	—	—	291	1680
黑龙江	4732	2309	2093	21	88	221
龙江集团	4497	2165	2093	21	—	218
上　海	—	—	—	—	—	—
江　苏	—	—	—	—	—	—
浙　江	—	—	—	—	—	—
安　徽	762	714	2	—	—	46
福　建	250	30	—	—	194	26
江　西	57	11	3	—	1	42
山　东	2280	2280	—	—	—	—
河　南	5	—	—	—	—	5
湖　北	1320	895	178	—	2	245
湖　南	688	455	77	38	32	86
广　东	228	197	—	—	—	31
广　西	915	497	—	—	320	98
海　南	298	298	—	—	—	—
重　庆	34	33	—	—	—	1
四　川	987	728	22	—	117	120
贵　州	214	204	—	—	7	3
云　南	184	184	—	—	—	—
西　藏	12	12	—	—	—	—
陕　西	709	611	—	—	—	98
甘　肃	1154	1154	—	—	—	—
青　海	—	—	—	—	—	—
宁　夏	—	—	—	—	—	—
新　疆	60	60	—	—	—	—
新疆兵团	—	—	—	—	—	—
局直属单位	326	—	—	—	—	326
大兴安岭	326	—	—	—	—	326

（续）

业分					
服务业					
合计	野生动植物保护和自然保护区管理	林业工程技术与规划管理	林业科技交流和推广服务	其他	其他行业
163 734	**20 557**	**10 182**	**16 746**	**116 249**	**25 534**
5415	74	364	—	4977	86
118	—	—	—	118	—
7800	3024	160	389	4227	78
4688	474	261	283	3670	—
6841	590	226	751	5274	2509
376	312	64	—	—	2468
2440	500	121	415	1404	142
5123	368	839	408	3508	5498
110	—	—	110	—	5232
10 168	332	1269	1260	7307	8255
5219	—	795	992	3432	8038
423	36	54	160	173	1067
265	—	—	130	135	176
2948	321	105	383	2139	241
2469	129	115	226	1999	282
5091	408	451	238	3994	1319
8904	654	417	695	7138	96
3034	252	63	414	2305	447
5419	345	130	624	4320	143
6519	758	437	998	4326	4
12 084	2118	1013	1238	7715	1168
9423	1072	214	1022	7115	143
6105	815	276	862	4152	890
1711	424	140	101	1046	2
1702	172	102	196	1232	195
7571	679	281	488	6123	787
2518	113	2	—	2403	260
9590	1492	128	399	7571	537
1337	390	68	—	879	—
4351	571	467	502	2811	909
6082	1658	177	481	3766	8
1116	18	40	12	1046	—
1923	1389	45	—	489	—
4007	534	234	278	2961	250
—	—	—	—	—	—
16 549	847	1983	3793	9926	42
8312	436	563	—	7313	42

各地区林业系统单位

地　区	总　计	按性质分				
		企　业	事　业	机　关	合　计	木材及竹材采运企业
全国合计	**28 105**	**22 556**	**30 105**	**44 215**	**25 495**	**22 314**
北　京	71 577	32 164	69 942	98 207	64 120	—
天　津	46 306	—	42 421	64 769	42 421	—
河　北	28 718	22 859	29 076	31 489	26 194	—
山　西	30 059	16 037	29 265	40 245	27 827	—
内蒙古	32 436	28 396	34 706	56 554	30 748	28 453
内蒙古集团	28 988	28 441	41 486	—	28 581	28 453
辽　宁	27 425	12 581	27 089	40 950	26 358	34 824
吉　林	24 914	25 351	22 038	44 041	22 699	25 083
吉林集团	30 497	30 812	24 938	—	28 208	28 192
黑龙江	19 893	19 117	21 026	38 499	18 857	19 252
龙江集团	20 218	19 203	40 509	43 876	19 224	19 250
上　海	96 763	—	93 816	125 804	93 737	—
江　苏	21 791	19 442	22 918	54 028	21 485	—
浙　江	60 240	41 294	55 433	87 271	54 223	—
安　徽	25 950	17 772	24 401	49 582	23 763	12 995
福　建	38 160	26 811	40 227	48 574	36 976	24 121
江　西	23 018	18 299	22 607	36 155	20 620	20 793
山　东	31 595	22 873	31 344	39 523	30 835	23 261
河　南	21 240	15 124	20 282	27 962	20 061	11 715
湖　北	22 570	23 139	21 083	31 916	20 336	18 458
湖　南	24 558	20 026	23 680	32 138	22 110	23 725
广　东	39 218	20 147	36 736	56 962	31 888	29 542
广　西	26 834	19 314	26 226	37 700	25 722	15 820
海　南	34 728	26 652	36 795	53 563	32 092	31 799
重　庆	40 350	27 788	38 597	52 756	38 300	26 400
四　川	33 523	28 037	34 737	46 272	31 934	30 863
贵　州	23 590	18 122	24 366	27 959	23 164	14 231
云　南	31 741	23 554	33 114	38 780	29 675	22 607
西　藏	40 964	36 622	45 750	65 967	37 333	—
陕　西	35 004	21 061	36 424	46 216	33 740	19 819
甘　肃	32 615	14 993	32 643	46 968	31 277	—
青　海	31 660	—	29 827	49212	29 580	—
宁　夏	38 047	34 641	37 310	53 028	35 126	—
新　疆	36 456	30 397	35 820	52 375	32 804	—
新疆兵团	—	—	—	—	—	—
局直属单位	31 370	24 626	58 018	53 564	24 510	24 401
大兴安岭	25 903	24 475	39 689	43 654	24 510	24 401

在岗职工年平均工资

单位:元

按行业分							
农林牧渔业							
国有林场	国有苗圃	林业工作站	木材检查站	种苗站	病虫害防治站	治沙站	其他
24 023	**26 188**	**32 485**	**30 351**	**35 702**	**37 440**	**41 441**	**33 022**
77 169	58 757	71 795	74 281	81 530	74 860	82 434	60 496
50 004	33 043	44 981	—	47 823	52 492	50 004	40 171
28 558	20 620	23 469	19 304	23 562	27 837	42 384	25 425
29 831	20 232	26 094	19 473	31 077	32 330	15 444	28 619
29 056	31 475	49 582	48 564	51 766	56 541	49 336	47 145
—	—	—	—	—	—	—	42 595
24 500	18 998	26 593	32 691	32 891	33 818	33 019	32 665
16 734	18 548	29 569	37 728	37 048	34 626	—	35 057
—	—	—	—	—	—	—	47 809
15 926	18 270	28 204	27 408	33 527	31 828	—	23 316
13 283	—	—	—	38 805	41 504	—	25 989
111 444	—	91 216	—	—	—	—	—
13 853	39 176	36 027	32 561	30 383	39 332	—	20 388
44 360	49 919	60 169	56 444	86 472	77 329	—	62 311
20 362	18 699	32 346	29 582	41 959	39 637	—	31 676
38 055	32 461	52 297	36 266	39 182	43 103	—	32 712
17 726	17 425	28 897	30 832	40 082	33 343	29 054	23 316
30 671	25 231	31 174	36 913	36 114	35 619	28 993	32 999
18 651	16 327	21 014	17 689	19 939	21 634	29 406	25 779
18 025	18 424	22 510	22 288	25 770	22 864	24 174	23 052
17 984	17 860	25 062	27 284	30 341	28 280	20 502	27 561
31 352	23 208	30 548	30 810	56 720	44 382	—	36 818
24 851	15 469	25 747	25 038	28 846	32 590	—	30 047
20 540	11 066	29 178	28 504	48 739	44 657	—	95 195
40 683	35 862	38 136	39 580	18 216	43 462	—	41 078
31 294	31 397	34 583	35 014	39 601	39 926	—	30 565
23 227	28 547	26 248	24 987	29 035	26 240	23 814	21 348
33 278	30 221	31 552	33 792	34 570	35 311	33 719	31 838
36 442	47 127	17 344	55 814	—	65 321	—	55 923
31 581	32 189	40 330	37 092	46 234	38 780	48 814	40 594
28 774	31 520	36 244	39 665	35 077	38 482	48 895	35 756
26 793	42 185	37 535	36 574	44 464	47 948	39 710	33 588
32 211	35 937	37 613	43 181	40 856	54 360	34 628	41 210
28 730	32 460	38 521	43 815	44 682	43 565	43 621	36 718
—	—	—	—	—	—	—	—
—	—	—	—	—	—	—	26 551
—	—	—	—	—	—	—	26 551

地　区	按　　行					
	制　造　业					
	合　计	木材加工及木、竹、藤、棕、苇制品业	木、竹、藤家具制造业	木、竹、苇浆造纸业	林产化学产品制造	其　他
全国合计	**21 066**	**21 706**	**12 379**	**21 167**	**23 017**	**21 618**
北　京	—	—	—	—	—	—
天　津	—	—	—	—	—	—
河　北	24 115	25 940	—	—	27 030	23 932
山　西	—	—	—	—	—	—
内蒙古	25 142	45 400	22 609	—	—	—
内蒙古集团	45 400	45 400	—	—	—	—
辽　宁	12 599	40 125	9943	—	—	10 421
吉　林	26 163	27 607	—	—	23 387	21 684
吉林集团	26 612	28 511	—	—	23 387	21 787
黑龙江	14 356	16 025	9367	21 692	23 101	18 134
龙江集团	13 775	15 550	9367	21 692	—	18 048
上　海	—	—	—	—	—	—
江　苏	—	—	—	—	—	—
浙　江	—	—	—	—	—	—
安　徽	18 882	18 950	4800	—	—	18 444
福　建	29 320	13 933	—	—	33 366	20 086
江　西	19 903	14 823	7200	—	31 803	22 099
山　东	21 281	21 281	—	—	—	—
河　南	4749	—	4812	—	—	3600
湖　北	20 447	19 712	31 200	—	16 200	14 146
湖　南	20 471	22 152	22 000	21 000	22 399	7084
广　东	15 616	16 103	—	—	—	12 258
广　西	21 239	24 185	—	—	18 623	14 494
海　南	23 855	23 855	—	—	—	—
重　庆	16 631	16 844	—	—	—	9600
四　川	20 255	20 133	16 182	—	16 877	22 149
贵　州	16 132	16 082	—	—	17 714	15 867
云　南	8269	8269	—	—	—	—
西　藏	52 667	52 667	—	—	—	—
陕　西	24 162	22 647	—	—	—	33 652
甘　肃	10 298	10 298	—	—	—	—
青　海	—	—	—	—	—	—
宁　夏	—	—	—	—	—	—
新　疆	16 000	16 000	—	—	—	—
新疆兵团	—	—	—	—	—	—
局直属单位	25 056	—	—	—	—	25 056
大兴安岭	25 056	—	—	—	—	25 056

（续）

业 分					
服务业					其他行业
合计	野生动植物保护和自然保护区管理	林业工程技术与规划管理	林业科技交流和推广服务	其他	
43 897	**37 680**	**53 488**	**41 639**	**44 477**	**38 499**
79 483	67 231	112 315	—	77 282	103 489
64 769	—	—	—	64 769	—
35 923	42 969	41 607	29 421	31 243	39 537
39 741	32 135	48 221	50 694	39 286	—
53 992	42 648	43 682	49 841	56 297	38 025
30 423	33 087	17 438	—	—	37 543
39 108	38 331	32 335	35 199	40 950	25 537
43 190	41 563	47 116	28 961	44 041	44 208
29 450	—	—	29 450	—	44 009
35 361	24 119	34 118	36 690	35 846	36 718
39 072	—	37 589	35 675	40 379	37 206
107 452	98 625	94 443	94 671	125 804	93 512
33 791	—	—	11 925	53 228	31 564
80 153	58 216	85 673	64 510	85 985	37 950
45 879	31 062	37 860	28 784	49 366	23 506
43 932	33 481	29 203	39 162	46 798	32 614
35 426	40 474	32 039	26 245	36 065	31 409
38 971	35 734	42 165	37 383	39 523	39 474
26 472	21 605	24 426	18 985	27 993	23 018
29 801	25 806	29 075	23 740	32 003	22 500
32 300	26 010	37 499	35 515	32 821	24 441
56 421	54 093	88 037	47 136	57 165	18 226
34 602	27 964	33 815	38 508	35 166	22 617
45 697	36 363	34 884	20 914	53 257	34 896
49 378	40 151	45 751	40 151	52 432	29 824
45 161	42 565	40 810	41 556	45 954	21 784
27 875	26 266	21 384	—	27 959	17 813
38 385	32 113	37 709	36 656	39 726	21 899
59 246	42 275	43 837	—	65 967	—
45 814	44 301	50 235	43 017	45 885	36 095
43 816	37 677	34 821	42 703	47 091	3440
48 763	12 667	54 224	61 667	49 029	—
48 862	46 464	72 630	—	53 547	—
52 072	41 380	81 028	44 151	52 380	54 081
—	—	—	—	—	—
51 757	31 449	88 620	55 017	44 950	18 524
34 375	22 875	52 191	—	33 644	18 524

林业系统按行业分职工伤亡事故情况

国民经济行业	轻　伤 （人次）	重　伤 （人次）	死　亡 （人）
总　　计	**477**	**46**	**61**
一、农、林、牧、渔业	**427**	**37**	**51**
其中：国有林场	115	19	25
木材及竹材采运业	245	9	3
二、采矿业	**3**	**1**	**1**
三、制造业	**27**	**3**	**—**
1. 木材加工及木、竹、藤、棕、苇制品业	22	—	—
2. 木、竹、藤家具制造业	—	—	—
3. 木、竹、苇浆造纸业	—	—	—
4. 林产化学产品制造	1	—	—
5. 其他	4	3	—
四、建筑业	**2**	**—**	**—**
五、其他	**18**	**5**	**9**

固定资产投资统计

林业投资完成情况

单位：万元

指　标	本年实际	指　标	本年实际
一、本年计划投资	**31 954 789**	其中：油茶示范基地建设	181 502
二、自年初累计完成投资	**33 420 880**	核桃示范基地建设	124 481
其中：国家投资	12 454 012	（4）花卉	634 612
1. 生态建设与保护	16 041 174	（5）林下经济	1 036 241
（1）造林	9 404 191	（6）其他	5 219 686
（2）更新	212 783	4. 林业民生工程	2 454 630
（3）森林抚育	1 247 726	（1）棚户区（危旧房）改造	1 823 747
（4）野生动植物保护及自然保护区	140 320	（2）社会性基础设施	531 581
（5）湿地恢复与保护	337 736	（3）其他	99 302
（6）森林生态效益补偿	1 466 896	5. 其他投资	4 489 225
（7）其他（含生态工程补助资金）	3 231 522	其中：财政事业费	1 459 855
2. 林业支撑与保障	2 228 758	**三、本年实际到位资金合计**	**33 664 456**
（1）林木种苗	720 601	1. 上年末结余资金	655 239
（2）森林防火与森林公安	372 256	2. 本年实际到位资金小计	33 009 217
（3）林业有害生物防治	343 479	（1）国家预算资金	15 563 528
（4）科技教育	87 495	①中央资金	8 470 217
（5）林业信息化	24 339	②地方资金	7 093 311
（6）其他	680 588	（2）国内贷款	3 283 945
3. 林业产业发展	8 207 093	（3）债券	32 549
（1）工业原料林	382 792	（4）利用外资	316 427
（2）特色经济林（不含木本油料）	488 450	（5）自筹资金	10 648 742
（3）木本油料	445 312	（6）其他资金	3 164 026

各地区林业投资完成情况

单位:万元

地　区	总　计	其中:国家投资
全国合计	**33 420 880**	**12 454 012**
北　京	1 470 847	860 020
天　津	53 355	49 288
河　北	663 921	446 878
山　西	1 025 047	417 841
内蒙古	1 333 975	1 159 659
内蒙古集团	353 518	311 625
辽　宁	1 456 896	759 411
吉　林	714 638	414 206
吉林集团	199 357	110 395
黑龙江	1 742 134	1 229 763
龙江集团	1 447 370	1 000 880
上　海	96 870	42 635
江　苏	928 670	87 742
浙　江	807 782	401 387
安　徽	452 501	138 449
福　建	2 215 019	263 150
江　西	760 416	269 660
山　东	2513 677	343 542
河　南	976 351	74 038
湖　北	533 859	292 634
湖　南	1 279 005	392 645
广　东	636 673	300 712
广　西	6 903 848	499 059
海　南	142 492	107 637
重　庆	516 676	392 342
四　川	1 773 551	945 631
贵　州	380 000	315 000
云　南	850 074	358 996
西　藏	165 894	135 486
陕　西	749 288	400 645
甘　肃	756 920	423 219
青　海	227 158	193 614
宁　夏	138 955	114 771
新　疆	663 078	323 014
新疆兵团	278 868	42 796
局直属单位	491 310	300 938
大兴安岭	395 075	229 927

全国历年造林面积

单位：千公顷

年 别	造林面积				年 别	造林面积			
	合计	人工造林	飞播造林	新封山育林		合计	人工造林	飞播造林	新封山育林
1949～1952	1707.33	1707.33			1990	5208.47	4353.34	855.13	
1953	1112.93	1112.93			1991	5594.47	4751.80	842.67	
1954	1166.20	1166.20			1992	6030.40	5083.70	946.70	
1955	1710.53	1710.53			1993	5903.40	5044.40	859.00	
1956	5723.27	5723.27			1994	5992.66	5190.24	802.42	
1957	4355.07	4355.07			1995	5214.61	4629.35	585.26	
1958	6098.67	6098.67			1996	4919.38	4314.96	604.42	
1959	5449.67	5442.67	7.00		1997	4354.93	3737.75	617.18	
1960	4143.93	4136.93	7.00		1998	4811.05	4086.00	725.05	
1961	1441.33	1432.33	9.00		1999	4900.71	4276.85	623.86	
1962	1198.73	1188.73	10.00		2000	5105.14	4345.01	760.13	
1963	1530.13	1516.03	14.10		2001	4953.04	3977.32	975.72	
1964	2911.33	2893.23	18.10		2002	7770.97	6896.04	874.93	
1965	3425.33	3403.23	22.10		2003	9118.89	8432.48	686.41	
1966	4533.33	4351.83	181.50		2004	5598.08	5018.89	579.19	
1967	3904.00	3540.99	363.01		2005	3637.68	3221.29	416.39	
1968	3413.33	2858.81	554.52		2006	3838.79	2446.12	271.80	1120.87
1969	3479.33	2753.31	726.02		2007	3907.71	2738.52	118.67	1050.52
1970	3884.00	2976.48	907.52		2008	5353.74	3684.26	154.07	1515.41
1971	4525.13	3404.40	1120.73		2009	6262.33	4156.29	226.34	1879.70
1972	4635.73	3473.33	1162.40		2010	5909.92	3872.76	195.95	1841.21
1973	4982.87	3925.47	1057.40		2011	5996.61	4065.69	196.93	1733.99
1974	5002.47	4114.74	887.73		2012	5595.79	3820.70	136.41	1638.68
1975	4973.73	4437.66	536.07		1949～1952	1707.33	1707.33		
1976	4925.73	4323.06	602.67		1953～1957	14 068.00	14 068.00		
1977	4793.27	4218.54	574.73		1958～1962	18 332.33	18 299.33	33.00	
1978	4496.33	4125.73	370.60		1963～1965	7866.79	7812.49	54.30	
1979	4489.27	3910.27	579.00		1966～1970	19 213.99	16 481.42	2732.57	
1980	4552.00	3940.00	612.00		1971～1975	24 119.93	19 355.60	4764.33	
1981	4110.07	3681.00	429.07		1976～1980	23 256.60	20 517.60	2739.00	
1982	4495.60	4115.80	379.80		1981～1985	31 520.54	27 639.47	3881.07	
1983	6324.40	5603.13	721.27		1986～1990	26 453.27	21403.14	5050.13	
1984	8253.67	7290.74	962.93		1991～1995	28 735.54	24 699.49	4036.05	
1985	8336.80	6948.80	1388.00		1996～2000	24 091.21	20 760.57	3330.64	
1986	5274.00	4158.20	1115.80		2001～2005	31 078.66	27 546.03	3532.64	
1987	5414.20	4207.27	1206.93		2006～2010	25 272.49	16 897.96	966.82	7407.71
1988	5533.27	4574.80	958.47		**1949～2012**	**287 309.09**	**245 074.82**	**31 453.89**	**10 780.37**
1989	5023.33	4109.53	913.80						

注：1. 1985 年以前，造林成活率达到 40% 即统计造林面积，以后为达到 85% 以上统计。

2. 根据《造林技术规程》（GB/T 15776－2006），本表自 2006 年起将无林地和疏林地新封山育林面积计入造林总面积。

全国历年新封山育林和迹地更新面积

单位：千公顷

年份	新封山育林面积	迹地更新面积	年份	新封山育林面积	迹地更新面积
1949～1952		22.53	1990	4910.47	671.50
1953		16.53	1991	6220.47	664.10
1954		38.80	1992	5874.10	673.60
1955		39.20	1993	4795.60	739.20
1956		94.13	1994	4844.44	722.70
1957		55.80	1995	4538.49	750.96
1958		391.13	1996	3659.83	794.75
1959		560.33	1997	3865.81	798.38
1960		483.73	1998	9699.10	806.30
1961		157.07	1999	6704.50	1042.83
1962		106.33	2000	6130.00	919.80
1963		183.00	2001	5821.90	515.29
1964		206.53	2002	2561.36	379.00
1965		238.93	2003	1817.34	285.99
1966		321.00	2004	1196.55	319.31
1967		303.00	2005	1763.00	407.55
1968		240.00	2006	1120.87	408.24
1969		233.00	2007	1050.52	390.91
1970		325.00	2008	1515.41	424.00
1971		307.53	2009	1879.70	344.25
1972		319.00	2010	1841.21	306.71
1973		356.73	2011	1733.99	326.64
1974		362.00	2012	1638.68	305.07
1975		422.00	1949～1952		22.53
1976		420.80	1953～1957		244.46
1977		416.40	1958～1962		1698.59
1978		458.40	1963～1965		628.46
1979		409.33	1966～1970		1422.00
1980		421.93	1971～1975		1767.26
1981	3652.33	442.60	1976～1980		2126.86
1982	5732.00	438.80	1981～1985	26 889.87	2580.47
1983	5678.07	508.80	1986～1990	25 277.07	3308.40
1984	6780.67	552.00	1991～1995	26 273.10	3550.56
1985	5046.80	638.27	1996～2000	30 059.24	4362.06
1986	5736.13	577.40	2001～2005	13 160.15	1907.14
1987	5449.13	703.50	2006～2010	7407.71	1874.12
1988	4646.00	636.90	**1949～2012**	**132 439.79**	**26 124.61**
1989	4535.33	719.10			

注：2004年后新封山育林面积指无林地和疏林地新封山育林面积。

（林业统计由刘建杰、于百川、姜喜麟供稿）

林业财务
会计与资金稽查

16

林业财务和会计

【综　述】 2012年，各级林业计财部门，认真履行职责，强化团队建设，充分发挥干部的积极性和聪明才智，圆满完成了各项工作任务，取得了新的成果，为发展现代林业、建设生态文明、促进绿色增长提供了有力保障。

完善现代林业建设的规划体系 一是制印发了一批林业专项规划。2012年，国务院批复了《湿地保护工程"十二五"实施规划》和《京津风沙源治理二期工程规划》，国家发展改革委批复了《三北防护林体系建设五期工程规划》，国家林业局与国家发展改革委联合印发了《林业有害生物防治建设规划》《全国极小种群野生植物拯救保护工程规划》。同时，还批准印发了野生动植物保护与自然保护区建设"十二五"规划、林业科学和技术"十二五"规划、林业工作站"十二五"规划、木材检查站规划、林产品质检站规划等5个专项规划。二是继续推进一批林业专项规划的编制和报批工作。全国生态保护与建设规划已由国家发展改革委报至国务院，全国防沙治沙规划正在会签相关部门后报送国务院。林业生物质能源规划正在由能源局办文联合国家林业局印发。血防修编规划已报至国家发展改革委。长江、珠江、太行山、平原绿化等防护林体系建设工程规划，特色经济林千县富民、花卉产业、竹产业、国家木材战略储备基地建设、森林旅游、林业机械等规划，森林公安、林业知识产权、林业科技推广等规划，已完成编制、论证等工作。全国林下经济规划，集体林区林下经济规划，国有林区防火应急道路规划，国有林场发展规划纲要，国有林场扶贫规划，全国林木种质资源收集保存与利用规划，甘南、南岭、大别山、秦巴、武陵山等5个国家重点生态功能区生态保护与建设规划，目前正在编制过程中。三是制定了《国家林业局规划管理暂行办法》。

完善现代林业建设的公共财政体系

天保工程政策 联合国家发展改革委、财政部、人力资源社会保障部联合向国务院上报了《关于解决天然林资源保护工程一次性安置职工社会保险问题的请示》（林规字〔2012〕26号）并经国务院领导圈阅同意。联合财政部、人力资源社会保障部印发了《关于切实做好天然林资源保护工程一次性安置职工社会保险补贴政策落实工作的通知》（林规发〔2012〕271号），中央财政安排天保工程一次性安置职工社会保险补贴资金50.57亿元，支持各省解决天保工程安置职工生活困难和社会保障问题。

林木良种、造林、森林抚育等林业补贴试点工作 一是扩大林木良种补贴范围。2012年，中央财政共安排林木良种补贴试点资金4.48亿元，比2011年增加2.48亿元，其中：国家重点林木良种基地补贴1.11亿元，林木良种苗木培育补贴3.37亿元。2012年除继续对全国131处国家重点林木良种基地予以补贴外，对国家林业局公布的第二批国家重点林木良种基地中位于14个集中连片特困地区内的，以及核桃、沙生灌木类型的国家重点林木良种基地26处纳入补贴试点范围。二是扩大造林补贴规模。2012年，中央财政共安排造林补贴试点资金25.35亿元，比2011年增加19.85亿元，增加了3.6倍。按照财政部《关于2012年整合和统筹资金支持木本油料产业发展的意见》要求，2012年在造林补贴资金中安排5亿元用于支持发展油茶、核桃、油橄榄等木本油料产业。三是增加森林抚育补贴规模。2012年，中央财政安排森林抚育补贴资金56.76亿元，比2011年增加5.46亿元，其中：天保工程区31.55亿元，非天保工程区25.21亿元。安排森林抚育面积343.35万公顷，比2011年增加36.41万公顷，其中天保工程区175.27万公顷，非天保工程区168.07万公顷。

农业综合开发资金 2012年，国家农业综合开发林业项目投资继续较大幅度增加。共安排中央财政资金5.91亿元，比2011年增加1.21亿元，增幅26%。其中，林业生态示范项目1.68亿元，名优经济林等示范项目4.23亿元，用于扶持木本油料的资金达到3亿元。

国家预算内基本建设投资 造林生产计划继续高位运行，全年安排生产任务600万公顷，争取中央林业基本建设投资180.86亿元，目前中央投资已全部下达完毕，共计下达林业基本建设投资441.86亿元，其中中央基建投资180.86亿元、地方配套投资261亿元；编制完成并上报了2013年中央预算内林业基本建设投资建议计划。

林业财政专项资金 2012年，在财政部的大力支持下，中央对林业投入进一步加大，中央财政林业专项资金达764.4亿元（不含林业贷款贴息资金和农业综合开发资金），同比2011年增加95.4亿元。

部门预算 2012年初财政部批复下达各项财政部门预算资金为49.23亿元（不含预算内基本建设资金），同2011年财政部批复国家林业局同口径部门预算34.89亿元相比较，预算增加14.34亿元，增长41%。同时，根据林业发展需要和突发情况，积极申请财政追加预算1.19亿元，确保林业重点工作和履行职能支出的需要和临时性重点工作的顺利开展。

林区基础设施建设 协调交通部，将国有林区（场）外联公路、穿越林区公路和林区中有村镇节点的道路约8万千米纳入"全国农村公路信息数据库"和《"十二五"公路交通运输发展规划》，已落实23个省区3844千米建设任务和18.87亿元建设资金。协调国家能源局和国家电网公司，完成国有林区（场）供电保障基础数据调查工作，约71.6万户初步纳入正在编制的《农村电网改造升级"十二五"规划》，已落实资金3.7亿元。协调广电总局，将国有林区（场）未通广播电视网络的48.8万户纳入《全国"十二五"广播电视村村通工

程建设规划》。

林区棚户区危旧房改造工作 全年安排林业棚户区危旧房改造投资达55.12亿元，林区棚户区改(危旧房)供热等配套基础设施建设安排投资11.13亿元。到9月底，林业棚户区、危旧房改造开工率为90%，预计到10月底基本能够全部开工。按照国务院在全国保障性住房工作会议上的指示精神，继续深入推进林区棚户区危旧房改造工作。一是为确保棚户区改造工作顺利开展，组织相关单位对各棚户区改造实施方案进行集中审查并及时批复，做实做细各项前期工作，确保投资有效落实。二是会同发改委、住建部进一步核实2013年林区棚户区、危旧房改造任务量，确保符合政策规定的棚户区和危旧房纳入保障性住房建设规划，为下一步争取投资、落实任务打好基础。

项目储备工作 会同有关单位，对58个湿地项目和182个林木种苗项目进行了审查，形成审查意见作为下达年度资金的依据；积极推进林业碳卫星项目立项争取工作，正式成立了专家组。聘请工程立项咨询专家，并召开碳卫星载荷专家会。向国家发展改革委上报了林业空间基础设施建设需求，并参与国家空间基础设施规划编制工作。

中央财政森林保险保费补贴 印发了《国家林业局关于进一步做好2012年度中央财政森林保险保费补贴工作有关事项的通知》(林规发[2012]27号)，指导省区做好2012年森林保险保费补贴申报工作。2012年财政部批复8个省纳入中央财政森林保险保费补贴范围。目前福建、江西、湖南、辽宁、浙江、云南、广东、广西、四川、河北、河南、安徽、贵州、陕西、湖北、重庆、海南17个省份已纳入中央财政森林保险保费补贴范围。

林权抵押贷款 与银监会政策法规部先后召开两次研讨会讨论《林权抵押贷款管理暂行办法》初稿修改工作，现已送银监会待审批。

积极推动林业产业发展 完成国家级林业重点企业认定和国家级林产品加工贸易示范区认定的各项前期准备工作。会同国家发展改革委工业司，与国家发展改革委、工信部3家联合颁布出台《全国造纸工业"十二五"发展规划》；会同国家质检总局，与国家发展改革委、财政部等9部委联合出台《2012年全国建材市场秩序专项整治工作要点》。组织好2012中国(伊春)森林食品博览会、第八届海峡两岸(三明)林业博览会、第五届中国(义乌)国际森林产品博览会、第九届中国(菏泽)林产品交易会。按各展会的档期相应及时完成。研究制定了《加强林业产业展会(博览会)规范管理工作的意见》的初稿。下发《国家林业局关于切实做好2012年春节期间安全生产工作的通知》《国家林业局办公室关于集中开展安全生产领域"打非治违"专项行动的通知》。组织编撰和完成了《中国安全生产年鉴(2011年)》林业部分章节《林业安全生产》，完成了《人造板企业安全生产标准化评定标准》和《木制品加工企业安全生产标准化评定标准(初稿)》。

发展油茶等木本粮油和特色经济林 协调国家发展改革委，在原来100个油茶产业发展试点县的基础上，又新增100个县，共计200个县，作为全国油茶产业发展重点县。组织召开了第五次全国油茶产业发展现场会以及14个油茶发展省区油茶办主任暨种苗站站长座谈会等3次油茶产业发展座谈会。统筹做好其他木本油料的发展工作，一是做好油用牡丹产业发展试点工作，二是开展长柄扁桃产业发展调研工作，三是积极协调国家发展改革委，争取将油茶、核桃等木本油料纳入正在编制的《全国油料生产能力建设规划》。

林业利用国资工作 一是扎实做好欧洲投资银行2.5亿欧元林业专项贷款工作。欧投行林业专项框架贷款协议于2012年2月13日在北京签订。二是争取新的亚洲开发银行、世界银行贷款项目。继续沟通国家发展改革委外资司，积极争取亚行贷款木本油料项目、世界银行珍稀树种保护与发展项目列入2013年贷款滚动规划中。三是跟踪做好《"十二五"林业利用国际金融组织贷款规划》组织实施工作，同时做好与发改委、财政部的对接。四是跟踪调度正在实施的《欧投行2500万欧元江西生物质能源林项目》《欧投行2500万欧元内蒙古碳汇造林项目》《世界银行一亿美元林业综合发展项目》《亚洲开发银行一亿美元"西北三省区"林业生态发展项目》进展情况，协调解决实施中存在的问题，总结经验，切实发挥示范带动作用。

境外森林资源合作 会同商务部与俄罗斯工贸部举行了中俄森林资源开发利用合作常设小组第十次会议，并共同展开对俄森林资源合作一期、二期规划的评估工作。会同开发银行支持大兴安岭林业集团公司和黑龙江柏杉林国际林业发展有限公司合资的圭亚那森林开发项目，并落实了6690万美元项目贷款。组织有关单位为中国纸业启动圭亚那农林业综合开发项目开展前期调查规划设计工作。与国家开发银行签署《开发性金融支持林业发展合作协议》。会同国家开发银行做好俄远东地区森林资源合作规划的实施推进。起草了《国家林业局关于建设国家进口木材储备加工贸易示范基地的请示》。继续推进境外森林资源合作信息库构建工作。

促进区域协调发展 组织中国林科院编制完成了《新疆伊犁河谷百万亩生态经济林工程总体规划》。召开了京内专家和新疆各有关部门参加的两次论证会。举办了两期新疆林业干部技术培训班，培训人数122人。下发了《国家林业局关于支持青海进一步加强生态保护和建设的意见》；会同青海省拟定了《国家林业局青海省人民政府共同推进青海省林业生态建设合作备忘录》。批复了国家林业局对口支援县——班玛县林业发展规划。与云南省拟定了《国家林业局云南省人民政府加快建设生物多样性宝库和西南生态安全屏障战略合作协议》，与安徽省拟定了《国家林业局安徽省人民政府关于推进安徽省"千万亩森林增长工程"建设生态强省的合作协议》，修订了《国家林业局福建省人民政府合作推进深化集体林权制度改革框架协议》，以上3个框架都已在2012年签署。根据国家颁发对有关省和地区的支持意见，组织拟定印发了《国家林业局关于支持贵州省加快林业发展的意见》《国家林业局关于支持赣南等原中央苏区加快林业发展的意见》。

现代林业建设的统计评价体系 对《2012年林业统计综合报表制度》做了调整和修订，突出加强造林统计、产业统计和投资统计这三大方面。完成《现代林业统计

评价研究》一书编写工作。对林地产出率概念进行了重新界定，对近年的林地产出率数据进行了修订。

建立森林资源资产化管理的制度体系　正式印发了《森林资源资产评估咨询人员管理办法》和《森林资源资产评估咨询人员继续教育制度》两个制度和办法，并完成《森林资源资产评估管理暂行规定》(财企〔2006〕529号)文件稿的初步修订。完成对全国人大法工委《资产评估法(草案)》和中评协《森林资源资产评估准则(征求意见稿)》等的反馈意见。配合和指导人才开发交流中心举办森林资源资产评估咨询人员培训班，共培训森林资源资产评估专业技术人员885人。

完善林业资金和资产使用管理的安全运行体系　完善重大事项决策机制，坚持实行林业项目集体审批制度。注重加强计财工作培训，全年共举办各类计财工作培训班10余次。完成2012年部门预算的批复和向社会公开预算信息工作；完成"林木种质种苗质量监管与保护""林业标准化"和"林政执法与督查"3个项目绩效评价报告，选择"林业科技成果国家级项目推广""野生动物疫病监测和预警系统维护"和"全国湿地资源普查"3个项目作为绩效评价试点项目；完成2013年国家林业局部门预算编制和2011年财务决算编制批复工作。各直属单位按照统一部署，对2011年预算执行情况开展了自查自纠；聘请中介机构对局本级2009～2011年的财务管理和会计核算工作开展了专项审核。在全局范围内按月通报各直属单位预算执行工作情况，召开了3次预算执行座谈会。对资金监管系统("NC")进行了完善，并对使用单位进行了针对性培训等后续服务工作，使"NC"系统基本具备了联网审计条件。

制度建设　《乡镇林业工作站建设标准》经局务会批准发布。《林业工程分类标准》《林业工程名词术语及计量标准》《林业工程制图标准》《竹材胶合板工程设计规范》《森林生态定位研究站建设标准》《国有林场基础设施工程项目建设标准》等6项标准(规范)业经有关单位及专家审查通过。对已成熟的《农田防护林工程设计规范》《刨花板工程设计规范》《中密度纤维板工程设计规范》《人造板生产线热能中心设计规范》《速生丰产用材林工程设计规范》《用材竹林工程设计规范》等6项标准规范报送住房城乡建设部申请批准发布。《国家森林公园设计规范》《水源涵养林工程设计规范》《防风固沙林工程设计规范》《水土保持林工程设计规范》《人造板工程环境保护设计规范》《人造板工程节能设计规范》《人造板工程职业安全卫生设计规范》《人造板饰面工程设计规范》《林产工业工程术语及计量单位标准》等9项标准送审稿已完成专家审查。制定发布了《国家林业局森林资源管理项目资金管理办法》和《国家林业局野生动植物保护与自然保护区管理项目资金管理办法》等5个管理办法，草拟了"林业科技成果国家级项目推广""证书印刷补助费"和"森林公安管理经费"等3个项目资金管理办法初稿。会同相关单位初步完成"森林火灾预防与管理""林业法规修订制定""林业重大问题研究及政策制定"等13个项目资金管理办法初稿。会同财政部制定出台了《关于开展中央财政森林生态效益补偿基金绩效评价试点工作的通知》，起草了《林业补贴资金管理办法》《国有林场改革试点补助资金管理办法》。启动《基本建设财务规则——林业细则》制订工作，并对《林业基建项目竣工财务决算编制办法》进行修订。与财政部联合印发了《财政部关于核定国家林业局执法执勤用车编制的通知》(财农〔2012〕20号)，核定国家林业局执法执勤用车编制66辆。对各在京直属事业单位现有车辆情况进行了统计，并对在京直属单位一般公务用车指标进行初步核定。部署在京单位开展了2013年度土地利用与规划填报工作。开展了森林资源资产研究工作，部署直属单位开展2011年度国有资产决算报表和资产管理信息系统统计报表填报工作，并上报财政部。积极争取机关基础设施改造项目工作。积极协调国管局房地产管理司和局机关服务局，组织编制并申报了国家林业局2013年机关建设项目投资建议方案。组织实施了办公大楼内避雷改造项目、老旧小区环境整治及危旧电梯更新改造项目。组织申报并协调国管局批复了国家林业局幼儿园抗震节能综合改造项目可行性研究报告，初步设计正在审批中。　　(袁卫国)

【预算管理】　2012年，部门预算工作围绕"夯实基础，提高水平，注重实效"的部门预算管理要求，紧紧抓住部门预算资金争取这个中心，进一步加大预算管理，完善规章制度，规范支出管理，切实提高部门预算管理水平。

做好2012年部门预算争取工作　2012年年初财政部批复部门预算资金49.23亿元(不含预算内基本建设投资)，同2011年财政部批复国家林业局同口径部门预算34.89亿元相比较，预算增加14.34亿元，增长41%。预算增加较多主要原因是大兴安岭林业集团公司天然林保护二期工程项目经费增加10.79亿元和石油价格改革补贴增加1.06亿元。同时，根据林业发展需要和突发情况，积极申请财政追加预算1.19亿元，确保了人员津贴的发放和临时性重点工作的顺利开展。

组织2013年部门预算编制工作　2013年部门预算编制，充分考虑机关事业单位的人员支出和正常运转支出需求，重点申请解决包括规范津贴补贴、离退人员津贴、医疗经费挂账、提高人员补助标准等基本支出需求。经积极争取，财政部累计安排2013年部门预算指标52.88亿元，相比2012年年初批复预算数增加3.64亿元，增长7.4%。2013年部门预算重点增加内容包括：一是基本支出预算解决了包括机关事业单位医疗经费挂账、边远津贴、机关参公单位规范津补贴、部分单位补助标准低等一系列涉及单位基本运行和人员稳定的相关经费；二是项目支出预算重点增加了森林防火专项6970.37万元、全国林地保护利用年度变更调查及林业双增指标年度考核3000万元。

及时批复2012年部门预算和2011年部门决算　按照"中央各部门应当自财政部批复本部门预算之日起15日内，批复所属各单位预算"的规定，国家林业局按时将部门预算正式批复下达到预算单位和项目承担单位，做到一个单位一本预算，保证了部门预算批复的及时和完整，为预算单位履行职能和开展专项业务工作创造了条件。同时，根据财政部批复国家林业局2011年部门决算，及时向各单位批复了部门决算。

组织实施国家林业局预算信息公开工作　根据《财

政部关于进一步做好预算信息公开工作的指导意见》，提前做好预算信息公开的准备工作，并报经局领导审核同意后及时通过国家林业局政府网站向社会公开，包括国家林业局2012年部门预算、2011年部门决算、2012年“三公经费”财政拨款预算和2011年“三公经费”财政拨款决算。

开展财政项目定额标准制定工作 根据中央本级项目支出定额标准管理规定，结合国家林业局部门预算项目具体情况，2010年和2011年启动了12个项目定额标准制定工作，2012年继续启动包括森林资源管理与检查、珍稀濒危物种调查监管、森林航空消防地面保障补助、森林航空消防飞行补助费、林产品质量安全监测、森林景观与生态文化资源保护、湿地监测与管理等7个项目在内的定额标准制定工作。对条件成熟的定额标准已向有关单位征求意见，对不成熟的定额标准项目继续协商有关单位进一步完善。下一步对征求意见完善后的定额标准及时予以发布，以指导部门预算的编制工作。

开展财政项目支出预算绩效评价试点工作 根据《财政支出绩效评价管理暂行办法》（财预〔2011〕285号）要求，向财政部报送了2011年选择的林木种质种苗质量监管与保护、林业标准化和林政执法与督查3个项目的绩效评价报告。2012年国家林业局选择“林业科技成果国家级项目推广”“野生动物疫病监测和预警系统维护”和“全国湿地资源普查”3个项目作为绩效评价试点项目。2012年重点围绕绩效目标的设定情况、资金投入和使用情况、为实现绩效目标制定的制度及采取的措施、绩效目标的实现程度及效果等方面开展了现场绩效评价工作。根据财政部绩效评价工作新的要求，选择确定2013年绩效评价试点项目6个，填报绩效评价目标项目13个。为解决绩效评价目标填报的难题，组织各有关司局、直属单位拟定了上述19个项目的绩效评价指标体系，并下发各有关单位，指导各单位填报绩效评价目标，提高了绩效评价目标报送的准确性和有效性。同时，国家林业局2012年度部门预算绩效管理工作获得财政部考核评比一等奖表彰。

制度建设工作 为加强部门预算项目资金管理，规范项目资金使用方向和支出内容，2012年制定发布了《国家林业局森林资源管理项目资金管理办法》《国家林业局野生动植物保护与自然保护区管理项目资金管理办法》《国家林业局国家森林病虫害预测预报补助项目资金管理办法》《国家林业局林业信息网络运行维护项目资金管理办法》和《国家林业局湿地监测与管理项目资金管理办法》等5个办法。同时，将林业科技成果国家级项目推广、证书印刷补助费和森林公安管理经费等3个项目资金管理办法初稿广泛征求相关单位修改意见；会同相关单位初步完成森林火灾预防与管理、林业法规修订制定、林业重大问题研究及政策制定等13个项目资金管理办法初稿。

预算管理工作 组织完成部门决算的编制汇总上报工作，2011年国家林业局部门决算在财政部组织的部门决算评比中连续7年荣获一等奖，受到了通报表扬；及时批复2011年住房改革支出决算，国家林业局2011年住房改革支出决算在财政部组织评比中荣获一等奖。

（徐旺明）

【全国林业行业财政资金收支状况】 2012年全国林业行业预算投入1785.4亿元，其中：中央投入1060.5亿元，地方投入724.9亿元。与2011年相比，预算投入增加283.1亿元，其中：中央投入增加191.3亿元，地方投入增加91.8亿元。全年实际到位资金1761.9亿元，实际支出1724.3亿元。具体如下：

中央预算投入（投资计划） 2012年中央预算林业投入1000亿元，包括基本建设投资178.8亿元，财政投入821.2亿元。①基本建设投资178.8亿元，主要包括棚户区改造66.3亿元，“三北”、沿海等防护林建设工程33.9亿元，退耕还林工程11.4亿元，天然林保护工程12亿元，森林防火11.4亿元，京津风沙源治理工程11.5亿元，野生动植物及自然保护区建设工程3.0亿元，病虫害防治2.9亿元。②财政投入821.2亿元，其中财政专项资金821.2亿元，主要包括：退耕还林工程268.1亿元，森林生态效益补偿基金108.1亿元，天然林保护工程140.8亿元，森林抚育56.8亿元，天然林保护工程一次性安置职工社会保险补贴50.6亿元，造林补贴试点25.4亿元，林木良种补贴试点4.5亿元，林业（含基本建设）贷款贴息13.4亿元，国有林场改革试点补助资金12亿元，林业科技推广示范资金4.0亿元，林业有害生物防治2.0亿元，林业国家级自然保护区补助资金2.5亿元，湿地保护补助资金2.0亿元，国有贫困林场扶贫资金3.2亿元，农业综合开发林业项目5.9亿元。与2011年相比，2012年中央预算投入增加171.3亿元，其中：基本建设投资与2011年基本持平；财政投入增加130.4亿元，主要是新增安排天然林保护工程一次性安置职工社会保险补贴50.6亿元，造林补贴增加19.9亿元，森林抚育增加5.5亿元，森林生态效益补偿基金增加12.5亿元，新增安排国有林场改革试点补助资金12亿元，石油价格补贴增加7.4亿元（退耕还林减少13.3亿元）。

地方预算投入（投资计划） 2012年地方各级财政投入724.9亿元，其中：省级295.2亿元，比2011年增加42.8亿元，地市级157.2亿元，比2011年增加20.4亿元，县级272.5亿元，比2011年增加28.6亿元。按项目分，包括：基本建设投资98.5亿元，财政投入626.4亿元（机构运行支出238.2亿元，财政专项资金388.2亿元）。财政专项资金主要包括：森林培育106.8亿元，森林生态效益补偿基金57.2亿元，森林防火13.8亿元，天然林保护工程5.4亿元，退耕还林工程6.5亿元。与2011年相比，2012年地方预算投入增加91.8亿元，主要是财政投入中财政专项资金（项目支出）支出增加78.5亿元。

资金到位与支出情况 2012年，中央与地方林业行业财政资金到位1761.9亿元，实际支出1724.3亿元，加2011年初结余321.5亿元，年末结余359.2亿元。①基本建设投资。本年实际收到318.0亿元，支出310.2亿元，年末结余94.5亿元（2011年末结余86.7亿元），主要包括棚户区（危旧房）改造结余28.2亿元，天然林保护结余7.8亿元，“三北”、沿海等防护林工程建设结余11.8亿元。②财政资金。本年实际收到1443.9亿元，支出1414.0亿元，年末结余264.7亿元（2011年末结余234.8亿元）。结余较多的主要包括：

财政专项资金结余260.5亿元，主要包括森林生态效益补偿基金43.9亿元，退耕还林工程31.4亿元，天然林保护工程31.0亿元，森林培育35.2亿元。

天然林保护工程财政专项资金　2012年全国天然林资源保护工程(以下简称“天保工程”)财政资金实际收入169.0亿元(不含基本建设投资)，比2011年的162.3亿元增加6.7亿元。具体包括：中央财政专项资金146.9亿元，地方财政补助5.5亿元，利息等其他收入1.9亿元，天保工程实施单位自筹14.7亿元。当年实际支出168.8亿元，年末累计结余31.0亿元。分项收入与支出情况为①森林管护费收入64.8亿元(比2011年减少2.4亿元)，其中：中央财政补助61.0亿元，地方财政补助2.7亿元，天保工程实施单位自筹0.8亿元，其他0.2亿元；全年实际支出64.8亿元。②社会保险补助费收入51.1亿元，其中：中央财政补助48.7亿元，地方财政补助1.3亿元，天保工程实施单位自筹1.2亿元；全年实际支出48.8亿元。③政策性社会性支出收入50.0亿元(比2011年减少0.5亿元)，其中：中央财政补助35.5亿元，地方财政补助0.2亿元，天保工程实施单位自筹12.7亿元，其他收入1.6亿元；全年实际支出51.1亿元。

2012年年末全国天保工程财政资金结余31.0亿元，主要是森林管护费15.4亿元，社会保险费10.0亿元，政策性社会性支出4.1亿元，其他1.5亿元。从省区来看，内蒙古森工集团和四川省最多，达12.4亿元，其次为云南省、龙江森工集团和吉林省，分别结余4.4亿元、3.5亿元和2.5亿元。

造林补贴试点资金　2012年各实施单位共到位造林补贴资金43.3亿元，其中：中央财政补贴25.8亿元，地方财政补贴17.4亿元，利息等其他收入0.07亿元。根据各省决算数据，2012年共支出造林补贴资金38.4亿元，其中种苗费、人工费等直接补贴37.1亿元，作业设计、检查验收费等间接补贴1.3亿元，年末结余6.8亿元(比2011年增加4.4亿元)。

2012年实际完成补贴造林面积98.91万公顷，占计划任务的86.1%。补贴造林范围涉及1426个县(区)，补贴林农67.4万户，补贴林农合作组织3841个，补贴承包经营国有林的林业职工22 284人。

森林抚育补贴试点资金　2012年中央财政共下达森林抚育补贴试点资金57.8亿元，比2011年增加6.5亿元，根据各省决算数据，实际到位补贴资金56.7亿元。地方各级财政落实森林抚育补贴资金3.6亿元。2012年共支出补贴资金58.4亿元，其中：人员工资、机械燃油费等直接费用55.2亿元，作业设计费、检查验收费等间接费用3.2亿元。年末大部分省区补贴资金存在结余，共计15.4亿元，结余量较大的有龙江森工集团4.0亿元，云南省1.9亿元，吉林省1.6亿元。

2012年年底前已开工面积364.03万公顷，占当年计划任务的80.3%，年底已完工面积386.61万公顷。参加抚育单位12 857个，参与抚育人数145.1万人。

森林生态效益补偿基金　2012年各级财政森林生态效益补偿基金预算165.3亿元(比2011年增加18.7亿元)，其中：中央补偿基金108.1亿元，比2011年增加12.5亿元，区划界定面积1.2亿公顷。地方补偿基金57.2亿元，比2011年增加6.2亿元。实际收到补偿基金173.4亿元(比2011年增加24.1亿元)，中央、省级、地市级、县级分别为113.7亿元、45.8亿元、8.0亿元、5.9亿元。根据各省(区、市，下同)决算数据，2012年，省级补偿基金最多为广东省9.5亿元，其次为上海市5.7亿元，江西省5.1亿元。

2012年森林生态效益补偿基金实际支出170.7亿元(比2011年增加33.2亿元)，其中：中央补偿基金支出110.3亿元(比2011年增加24.7亿元)。年末结余46亿元(年初结余为40.8亿元)，其中：中央补偿基金结余33.6亿元。中央补偿基金结余最多的为四川省达8.5亿元，其次为内蒙古自治区4.4亿元、广西壮族自治区3.7亿元。

育林基金

征收与提取情况　2012年，全国征收提取育林基金45.5亿元，其中：林业主管部门征收26.0亿元，国有森工企业和林场(苗圃)等国有林业单位提取15.8亿元，营林产品销售净收入及其他3.7亿元。与2011年相比少征收提取育林基金3.1亿元，主要是国有森工企业和林场(苗圃)少提取4.4亿元。

育林基金征收主要集中在南方集体林区，广西、湖南、福建和江西4省区分别征收育林基金6.2亿元、3.3亿元、3.6亿元和3.0亿元，合计16.1亿元，占全国征收育林基金总额的61.9%。育林基金提取主要集中在吉林省、龙江森工集团、内蒙古重点国有林区，分别为7.4亿元、1.4亿元、0.7亿元，合计9.5亿元，占全国育林基金提取总额的59.7%。

收支情况　林业部门收到(含自提自用)育林基金55.5亿元，其中：国有森工企业、林场与苗圃自提自用11.4亿元，财政和林业主管部门拨入34.6亿元，营林产品销售净收入及其他9.5亿元。全年实际支出61.8亿元，其中：森林培育17.3亿元，有害生物防治1.3亿元，森林防火与扑救4.6亿元，森林资源监测1.7亿元，林业技术推广0.8亿元，营林护林等基础设施建设和设备购置4.1亿元，其他支出31.9亿元(含林业行政事业经费支出6.8亿元)。全国共有24个省区将育林基金用于林业行政事业经费支出，支出最多的为福建省1.6亿元，其次是吉林省1.2亿元，湖南省0.8亿元，江西省0.8亿元。2012年年末，全国育林基金结余87.2亿元，与年初结余93.4亿元相比减少6.2亿元，结余主要集中在东北、内蒙古重点国有林区，共63.5亿元，占全国的72.8%，其中龙江森工集团21.0亿元，吉林省20.0亿元，内蒙古森工集团13.2亿元，大兴安岭林业集团公司9.3亿元。

森林植被恢复费　2012年全国征收森林植被恢复费42.8亿元，征收数额最大的为福建省6.8亿元，其次为江西省5.4亿元，广西壮族自治区4.9亿元。按收入级次分，中央级0.5亿元，省级30.6亿元，地市级1.3亿元，县级10.4亿元。与2011年征收42.5亿元相比，2012年多征收0.3亿元。2012年林业部门实际收到各级财政拨入森林植被恢复费69.7亿元(比2011年增加6亿元)，其中：中央级3.3亿元，省级46.3亿元，地市级4.8亿元，县级15.3亿元。2012年实际支出64.7亿元(比2011年增加9.4亿元)。具体支出资金

用途为：①整地、造林、抚育等营林生产49.5亿元，比2011年增加8.9亿元。②营林管理费、调查规划设计、森林保护等营林费用支出9.5亿元。③其他支出5.6亿元(含林业部门行政事业经费支出1.3亿元)。④年末结余48.5亿元，比2011年增加5亿元。　（邓海艺）

【全国国有森工企业财务状况】 2012年全国国有森工企业财务报表共汇总19个省区972户企业，经营面积5900万公顷，其中林地面积4466.67万公顷；年末职工137.4万人，其中：国有职工65.1万人，混岗职工13.5万人，离退休职工58.9万人；企业总资产994.6亿元；全年营业总收入221.1亿元；实现净利润-2.3亿元，比2011年减少3.3亿元。

资产负债情况　2012年末，全国国有森工企业总资产994.6亿元，其中流动资产449.6亿元(货币资金133.3亿元)、非流动资产545.0亿元(固定资产净值319.6亿元)；总负债678.7亿元，其中：流动负债411.4亿元、非流动负债267.3亿元；所有者权益315.9亿元，其中：实收资本171.5亿元(国家资本158.5亿元)，资本公积181.6亿元，专项储备0.8亿元，盈余公积12.4亿元，未分配利润-84.9亿元，少数股东权益34.6亿元。2012年年末，含林木资产的资产负债率68.2%，比2011年提高0.1个百分点。不含林木资产的资产负债率70.8%，比2011年提高1.8个百分点。

损益情况　2012年全国森工企业营业总收入221.1亿元，比2011年增加4.5亿元；营业总成本257.4亿元(主营业务成本134.2亿元，管理费用86.3亿元，财务费用4.2亿元)，比2011年增加23.5亿元；营业外净收入35.4亿元，比2011年增加16.8亿元。

2012年，盈利企业420户，亏损企业552户，亏损面56.8%，比2011年增加2.2个百分点；亏损企业亏损额15.1亿元，比2011年增加1.1亿元。盈亏相抵，2012年全国森工企业净利润-2.3亿元，比2011年减少3.3亿元。其中，国有林区净利润减少2.6亿元，种植业中的木材营业收入仍是影响整体利润的主要因素。2012年木材平均售价比2011年有所下降，同时国有林区木材产销量大幅下降，导致整体经济效益锐减。集体国有林区净利润减少0.7亿元，除江西净利润比2011年有所增长外，其余集体国有林区净利润均比2011年出现不同程度下滑，森工企业产品较为单一，尚未完全摆脱靠单一的生产维持企业发展的局面。此外，2012年森工企业政策性社会性支出共45.6亿元(比2011年增加3.5亿元)，其中：教育12.8亿元、医疗卫生5.5亿元、公检法司5.7亿元、政府经费8.5亿元、环卫等其他13.1亿元。扣除各级财政补助30.7亿元和事业等收入后，企业损益实际负担政社性支出12.4亿元，也是森工企业净利润减少的主要因素。

收入和利润主要情况及分析　2012年全国森工企业营业收入221.1亿元，比2011年增加4.5亿元；营业利润55.2亿元(剔除营业总成本中管理费用、财务费用等期间费用后的产品或行业销售利润，下同)，比2011年减少8.8亿元。以木材采伐为主的种植业是森工企业营业收入与营业利润的最主要组成部分。2012年，全国森工企业种植业营业收入72.6亿元，占总收入的32.8%；营业利润32.9亿元，占总营业利润的59.6%。详见下表：

2012年全国森工企业营业收入与利润结构　　单位：万元

产业(产品)	营业收入			营业利润		
	本年	上年	增减额	本年	上年	增减额
合　计	**2 210 887**	**2 165 787**	**45 100**	**552 186**	**639 046**	**-86 860**
一、种植业	725 870	981 926	-256 056	329 282	494 018	-164 736
其中：木材	612 816	829 126	-216 310	280 542	422 883	-142 341
二、养殖业	1790	1326	464	506	252	254
三、种养业初加工产品	121 991	99 717	22 274	7258	8066	-808
四、综合利用产品	201 786	223 768	-21 982	8848	11 964	-3116
五、其他	1 159 450	859 050	300 400	206 292	124 746	81 546

按地区分，国有林区营业收入192.7亿元(东北、内蒙古重点国有林区181亿元)，占87%；集体林区收入28.4亿元，占13%。集体林区收入主要集中在福建、江西和广西等3省区，分别为13.4亿元、3.4亿元和6.3亿元，合计占集体林区总收入的81.3%。

主要产品产销情况及分析

木材　全年产量580.6万立方米，比2011年减少135.4万立方米；销量607.6万立方米，比2011年减少170.2万立方米。木材销售收入61.3亿元，比2011年减少21.6亿元。木材平均售价1008.6元/立方米，比2011年降低57.4元/立方米。营业利润28.1亿元，比2011年减少14.2亿元，占森工企业营业利润总额的50.9%，占种植业营业利润的85.4%。从地区分布来看，木材产销主要集中在东北、内蒙古重点国有林区，产量455.5万立方米，占全国的78.5%；销量470.2万立方米，占全国的77.4%。

纤维板　全年产量35.6万立方米，比2011年减少8.9万立方米；销量68万立方米，比2011年增加18.3万立方米；实现销售收入5.6亿元，比2011年减少0.7亿元；平均售价827.9元/立方米，比2011年降低434.2元/立方米；实现营业利润-959.5万元，比2011年减少0.3亿元。纤维板的产量主要在广西、吉林和云南等3省区，分别为17.5万立方米、13.4万立方米、3.1万立方米，合计占全国国有森工企业产量的95.5%。

刨花板　全年产量89.1万立方米，比2011年增加

2.8万立方米；销量76.5万立方米，比2011年减少13.4万立方米；实现销售收入10.2亿元，比2011年减少1.7亿元；平均售价1326.3元/立方米，与2011年基本持平；实现营业利润-1.3亿元，比2011年减少0.3亿元。刨花板产量主要集中在吉林森工集团和福建省，分别为56.7万立方米和25.9万立方米。

税费缴纳和财政资金收入情况

缴纳税费　2012年全国森工企业上缴税费11.5亿元(比2011年增加1.9亿元)，主要包括：增值税3.7亿元、营业税1.8亿元、所得税1.9亿元。缴纳社会保险费36.6亿元，其中：基本养老保险21.7亿元，基本医疗保险11.3亿元。年末未交税费6.4亿元(增值税-0.7亿元，营业税1.2亿元，所得税1.6亿元)。年末欠缴社会保险费5.4亿元，主要是基本养老保险4.3亿元，基本医疗保险0.5亿元。以前年度应返还增值税143万元，本年实际返还2.4亿元，年末应返还1.8亿元。

财政资金收入　2012年森工企业实际收到财政资金248.8亿元(比2011年增加18.3亿元)，其中：基本建设投资72.1亿元(与2011年基本持平)，主要是棚户区改造51.3亿元，天保工程2.9亿元，森工非经营性项目10亿元，比2011年增加4.9亿元。财政投入176.7亿元(比2011年增加16.4亿元)，包括：机构运行支出0.2亿元，财政专项资金170.2亿元(主要是天保工程108.4亿元、森林培育23.1亿元、石油价格补21.8亿元、补偿基金2.6亿元)，其他6.3亿元。

投入按级次分：中央投入223.5亿元(比2011年增加27.2亿元)，包括：①基建投资58.9亿元，比2011年增加5.9亿元，主要是天保工程2.8亿元，棚户区改造40.6亿元；②财政投入164.6亿元，其中财政专项164.2亿元，主要包括天保工程105.6亿元，森林培育23.1亿元，石油价格改革财政补贴21.8亿元，中央财政森林生态效益补偿基金2.0亿元。省级投入22.9亿元，包括：基本建设投资12.8亿元，财政投入10.1亿元。地市级投入1.8亿元，主要为财政投入1.8亿元。县级投入0.6亿元，包括：基本建设投资0.4亿元，财政投入0.2亿元。

社会保险与职工工资福利情况

参保情况　国有职工65.1万人，应参加基本养老保险人数58.8万人，实际参保56.4万人，参保率95.9%；应参加基本医疗保险人数61.2万人，实际参保59.6万人，参保率97.4%；应参加失业保险人数56.7万人，实际参保54.8万人，参保率96.6%；应参加工伤保险人数59.4万人，实际参保58.1万人，参保率97.8%；实际参加生育保险人数54.2万人。离退休职工58.9万人，实际参加基本养老保险49.7万人，参保率84.4%；参加基本医疗保险54.3万人，参保率92.2%。

工资福利情况　全年国有职工工资总额87.5亿元，人年均工资13 444元；离退休职工养老金总额104.8亿元，其中企业负担3.9亿元，人年均养老金17 796元。年末累计拖欠职工工资费用总额2亿元，其中主要包括：职工工资1.7亿元，涉及1.3万人；拖欠医药费0.15亿元；拖欠离退休金0.13亿元，涉及0.37万人。

(邓海艺)

【全国国有林场财务状况】　2012年全国国有林场财务报表共汇总30个省(区、市)4819个国有林场(比2011年增加317个，主要是湖南增加230个)，经营面积6466.67万公顷，其中林地面积4133.33万公顷。年末职工67.8万人，其中：国有职工41.8万人，混岗职工1.5万人，离退休职工24.5万人。年末总资产1250.7亿元，负债506.5亿元，所有者权益744.2亿元。全年营业总收入159.0亿元，比2011年增加11.8亿元，实现净利润10亿元，比2011年减少6.9亿元。

资产负债情况　2012年年末，全国国有林场总资产1250.7亿元，其中：流动资产321.0亿元(货币资金127.8亿元)，非流动资产929.8亿元(固定资产净值163亿元，林木资产627.4亿元)；总负债506.5亿元，其中：流动负债388.4亿元，非流动负债118.1亿元，2012年年末，含林木资产的资产负债率40.5%，比2011年降低1.4个百分点。不含林木资产的资产负债率81.3%，比2011年增加3.2个百分点；所有者权益744.2亿元，其中：实收资本118.7亿元(国家资本62.4亿元)，林木资本570.8亿元，资本公积49.3亿元，盈余公积19.4亿元，未分配利润-14亿元。

损益情况　2012年全国国有林场营业总收入159.0亿元，比2011年增加11.8亿元；营业总成本186.4亿元，比2011年增加21.7亿元；营业外净收入4亿元，比2011年减少1.3亿元。承包户上交净收入8.8亿元，比2011年增加0.6亿元。补贴收入24.4亿元，比2011年增加3.6亿元。2012年全国国有林场实现净利润10.0亿元，比2011年减少6.9亿元。2012年，在4819个国家林场中，盈利林场2688个，亏损林场2131个，占林场总数的55.8%，比2011年增加15.3个百分点；亏损林场亏损额12.2亿元，比2011年亏损3.2亿元。此外，2012年国有林场政策性社会性经费收入4.2亿元，其中：各级财政补助和事业等其他收入3.3亿元，企业自筹0.9亿元。全年共支出2.8亿元(比2011年增加0.1亿元)，其中：教育0.4亿元、医疗卫生0.6亿元、公检法司0.4亿元，政府经费0.6亿元，环卫等其他0.8亿元。

收入和利润主要情况及分析　2012年全国国有林场营业收入159.0亿元，比2011年增加11.8亿元；营业利润56亿元(剔除营业总成本中管理费用、财务费用等期间费用后的产品或行业销售利润，下同)，比2011年减少3.5亿元。

以木材采伐为主的种植业是国有林场营业收入与利润主要组成部分。2012年全国国有林场种植业营业收入100.3亿元，占总收入的63.1%；营业利润43.9亿元，占总营业利润的78.4%。另外，非林非木产业发展比较快，经济效益开始显现，实现营业收入36.5亿元(比2011年增加9.7亿元)，占林场总收入的23%；销售利润11.4亿元，占总营业利润的20.4%，与2011年对比增加1亿元。

按地区分，营业收入最多的是广西壮族自治区、吉林和湖南省(区)，分别是54.2亿元、14.1亿元和10.2亿元。以上3省区合计78.5亿元，占全国49.4%。净利润最多的是广西壮族自治区、吉林和黑龙江省(区)，分别是5亿元、1.4亿元和1.1亿元，以上3省区合计7.5亿元，占全国75%。

2012年全国国有林场营业收入与利润结构　　单位：万元

产业(产品)	营业收入			营业利润		
	本年	上年	增减额	本年	上年	增减额
合　计	**1 589 713**	**1 471 888**	**117 825**	**559 298**	**594 478**	**－35 180**
一、种植业	1 003 353	1 013 661	－10 308	438 627	476 193	－37 566
其中：木材	784 379	810 944	－26 565	349 296	403 032	－53 736
二、养殖业	20 422	19 526	896	3955	5875	－1920
三、种养业初加工产品	78 990	57 385	21 605	2432	5376	－2944
四、综合利用产品	121 710	113 469	8241	272	2700	－2428
五、其他	365 238	267 848	97 390	114 012	104 334	9678

主要产品产销情况及分析

木材　全年产量1063万立方米，比2011年减少47万立方米；销量1149万立方米，比2011年减少268万立方米。木材销售收入78.4亿元，比2011年减少2.7亿元。木材平均售价682.5元/立方米，比2011年上升110.4元。销售利润34.9亿元，比2011年减少5.4亿元，占国有林场总营业利润的62.5%，占种植业营业利润的79.6%。

纤维板　全年产量86万立方米，比2011年增加11万立方米；销量85万立方米，比2011年增加4万立方米；实现销售收入10.9亿元，比2011年增加0.7亿元；平均售价1275元/立方米，比2011年增加了14元；实现销售利润－4800万元，比2011年减少1380万元。纤维板的产量集中在辽宁省和广西壮族自治区，分别为6万立方米和81万立方米。

苗木　销售收入15.2亿元，比2011年增加2.9亿元。实现销售利润5.5亿元，比2011年减少2.6亿元。

旅游服务业　营业收入9.7亿元，比2011年增加4.4亿元。营业利润2.3亿元，比2011年增加0.1亿元。

税费缴纳和财政资金收入情况

缴纳税费　2012年全国国有林场上缴税费4.1亿元(比2011年增加0.8亿元)，其中主要包括：增值税1.8亿元、营业税0.6亿元、所得税0.4亿元。缴纳社会保险费22.6亿元，其中：基本养老保险15.9亿元，基本医疗保险5.2亿元。以前年度应返还增值税26.8万元，本年缴纳0.3亿元，实际返还0.2亿元，年末应返还0.2亿元。

财政资金收入　2012年国有林场实际收到财政资金161.4亿元(比2011年增加12.8亿元)，其中：基本建设投资29.1亿元，比2011年减少3亿元，其中：天保工程2.1亿元，与2011年基本持平，危旧房改造20.2亿元，比2011年减少3亿元，其他基本建设投资6.8亿元。财政投入132.3亿元(比2011年增加15.7亿元)，包括：①机构运行支出32.9亿元，比2011年增加5亿元；②财政专项资金95.1亿元(比2011年增加11亿元)，主要包括天保工程18.9亿元，森林生态效益补偿基18.8亿元，森林培育20亿元，石油价格补贴22.1亿元，贫困国有林场扶贫资金2.6亿元；③其他4.3亿元。

投入按级次分：中央投入99.5亿元(比2011年增加13.3亿元)，包括：①基建投资21.1亿元(含天保工程2.1亿元、危旧房改造14亿元)；②财政投入78.4亿元，其中财政专项77.4亿元(主要包括天保工程18.0亿元，中央财政森林生态效益补偿基金14.1亿元，森林培育17.0亿元，石油价格改革财政补贴21.9亿元)。省级投入24.3亿元(比2011年减少4.6亿元)，包括：基本建设投资6.2亿元，财政投入18.1亿元(其中专项资金10.1亿元)。地市级投入13.4亿元(比2011年增加0.9亿元)，包括：基本建设投资0.9亿元，财政投入12.5亿元。县级投入24.2亿元(比2011年增加3.4亿元)，包括：基本建设投资0.9亿元，财政投入23.4亿元。

职工参保与工资福利情况

参保情况　国有职工41.8万人，应参加基本养老保险人数36.2万人，实际参保31.1万人，参保率85.9%(比2011年增加1.9个百分点)；应参加基本医疗保险人数34.8万人，实际参保28.9万人，参保率83%(比2011年增加0.8个百分点)；应参加失业保险人数23.2万人，实际参保17.3万人，参保率74.6%，与2011年基本持平；应参加工伤保险人数23.8万人，实际参保17.9万人，参保率75.2%(比2011年增加1.7个百分点)；实际参加生育保险人数14.4万人。离退休职工24.5万人，实际参加基本养老保险16.9万人，参保率69%；参加基本医疗保险17.7万人，参保率72.2%。

工资福利情况　全年国有职工工资总额67.4亿元，人年均工资16 134元，比2011年增加2470元。离退休职工养老金总额45.2亿元(其中林场负担13.9亿元)，人年均养老金18 446元，比2011年增加2199元。年末累计拖欠职工工资费用总额54.9亿元，主要包括：拖欠职工工资41.7亿元，涉及12万人；拖欠医药费0.7亿元；拖欠离退休金7.9亿元，涉及3.4万人。

（孔　卓）

【全国国有苗圃财务状况】　2012年全国国有苗圃财务报表共汇总30个省区1665个国有苗圃(与2011年基本持平)，总资产49.5亿元(比2011年增加4.3亿元)，全年总收入14.2亿元，净利润4692万元，比2011年减少2303万元。苗圃总经营面积16.42万公顷，其中育苗面积2.92万公顷，有林地苗圃面积10.09万公顷；年末职工4.7万人，其中国有在册职工2.9万人，离退休职工1.8万人。

资产负债情况　2012年年末，全国国有苗圃总资产49.5亿元，其中：流动资产24.7亿元(其中：货币资金9.5亿元），非流动资产24.8亿元（固定资产净值15.8亿元，林木资产2.2亿元，其他非流动资产0.4亿元）；总负债28.8亿元，其中：流动负债25.2亿元、非流动负债3.6亿元；所有者权益20.8亿元，其中：实收资本14.7亿元（国家资本4.9亿元），林木资本1.9亿元，资本公积4.6亿元，盈余公积1.2亿元，未分配利润-1.6亿元。与2011年相比，国有苗圃资产增加4.3亿元，负债增加3.1亿元，所有者权益增加1.3亿元。2012年年末，含林木资产的资产负债率58.1%，比2011年增加1.3个百分点。不含林木资产的资产负债率60.7%，比2011年增加1.1个百分点。

损益情况 2012年国有苗圃营业总收入14.2亿元，与2011年相比增加1.2亿元。其中主营业务收入12.7亿元（主要是苗木收入9.8亿元），与2011年相比增加0.9亿元；其他业务收入1.5亿元，与2011年相比增加0.2亿元。营业总成本17.0亿元，比2011年增加1.7亿元。营业外净收入0.2亿元，比2011年减少0.2亿元。另外，承包户上交净收入0.3亿元，与2011年基本持平；补贴收入2.8亿元，比2011年增加0.5亿元。2012年国有苗圃实现净利润0.5亿元，与2011年相比减少0.2亿元。年末未分配利润-1.6亿元，比2011年减少0.4亿元。2012年，国有苗圃盈利961个，占57.7%；国有苗圃亏损704个，占42.3%，比2011年增加3.2个百分点，亏损额为0.4亿元，与2011年基本持平。

税费缴纳和财政资金收入情况

缴纳税费 2012年全国苗圃上缴税费1879万元，主要包括：增值税297万元、营业税8667万元、所得税375万元。缴纳社会保险费1.2亿元，其中：基本养老保险8409万元，基本医疗保险2833万元。年末未交税费555万元，主要包括：营业税106万元。年末欠缴社会保险费7457万元，主要是基本养老保险费6621万元。

财政资金收入 2012年苗圃实际收到财政资金8.6亿元，其中：基本建设投资4012万元；财政投入8.2亿元，主要包括：机构运行支出3.6亿元，财政专项资金4.3亿元，其他财政资金0.4亿元。投入级次如下：中央投入3.2亿元（比2011年增加0.8亿元），包括①基建投资0.3亿元（含种苗投资617万元）；②财政投入2.9亿元，其中主要是财政专项资金（主要包括天保工程1718万元，生态效益补偿基金690万元，石油价格改革财政补贴0.6亿元）。省级投入1.1亿元（比2011年增加2651万元），包括：基建投资571万元，财政投入1.1亿元（其中专项资金6773万元）。地市级投入1.4亿元（比2011年减少0.4亿元），包括：基本建设投资131万元，财政投入1.4亿元。县级投入3亿元（比2011年增加2884万元），包括：基建投资346万元，财政投入29 539万元（主要是机构运行支出25 946万元）。

职工参保与工资福利情况

参保情况 年末国有在册职工3万人，参加基本养老保险人数2万人，参加基本医疗保险人数1.8万人，参加失业保险人数1万人，参加工伤保险人数0.9万人，参加生育保险人数0.7万人。离退休职工1.8万人，参加基本养老保险1.2万人，参保率66.7%；参加基本医疗保险1.1万人，参保率61.1%。

工资福利情况 全年国有职工工资总额5.5亿元，人年均工资18 649元（比2011年增加2401元）；离退休职工养老金总额3.3亿元，其中苗圃负担0.75亿元，人年均养老金18 895元。年末累计拖欠职工工资费用总额4.3亿元，其中主要包括：职工工资1.9亿元，涉及5999人；拖欠医药费125万元；拖欠离退休金0.35亿元，涉及5202人。（孔　卓）

林业资金稽查

【综　述】 2012年，国家林业局审计稽查办公室按照国家林业局强化资金管理的总体要求，紧紧围绕确保林业资金安全有效运行这个主题，突出工作重点，创新工作方法，不断加大对重点林业资金的稽查监管力度。

全年共派出12个稽查工作组、41人次、累计109个工作日，对中央财政森林抚育补贴试点资金和天保二期工程项目资金开展稽查，稽查资金总额6.59亿元，重点抽查资金1.28亿元，查出违法违规资金152.83万元。同时，参加国家林业局组织开展的棚户区改造项目督察调研以及计财司、公安局（防火办）组织开展的防火项目投资专项检查工作。

【稽查工作】 2012年，国家林业局审计稽查办公室组织开展了森林抚育补贴试点资金稽查工作，分别对山西、浙江、河南、海南、重庆、青海和宁夏7省（区、市）的森林抚育补贴试点资金的使用管理情况进行了稽查。稽查资金总额为6.59亿元，查出违规金额152.83万元。

【稽查调研】 2012年，国家林业局审计稽查办公室组织开展了对森林抚育补贴试点资金和天保二期工程项目资金的稽查调研工作，分别对广西壮族自治区森林抚育补贴试点资金和新疆维吾尔自治区天保二期中央财政资金的使用管理情况进行了稽查调研。

【加强与外部门业务联系和工作配合】 2012年，国家林业局审计稽查办公室积极加强与局内各有关司局的业务联系和工作配合。参加了国家林业局组织的对湖南、四川、龙江森工、辽宁4省棚户区改造项目的督察调研工作，参加了计财司、公安局（防火办）联合组织的对吉林、辽宁、江西和湖南4省防火投资检查。

【林业资金稽查监管信息系统建设】 2012年，国家林业局审计稽查办公室启动了林业资金稽查监管信息系统建设工作。制订并实施《林业资金稽查监管信息系统实施方案》，确定了系统开发技术单位，签订了系统开发合同，完成了系统顶层设计。

【稽查监管年度报告编撰工作】 2012年，国家林业局审计稽查办公室积极推进稽查监管年度报告编撰工作。组织编制了林业资金稽查年度报告大纲及相关表格，确定了各省(区、市)林业厅(局)及集团公司、兵团编委会委员，组织召开了林业资金稽查监管年度报告编撰研讨会暨编委会会议，对各省(区、市及集团公司、兵团)年度报告编报工作提出了要求。

【稽查工作宣传与交流】 2012年，国家林业局审计稽查办公室继续加强稽查工作的宣传与交流。全年编报稽查工作信息12条，组织各地发布稽查工作信息上千条。

（王　囡）

林业审计

【综　述】 2012年，林业内部审计工作紧紧围绕林业工作大局，立足于林业科学发展，全面履责，突出重点。在不断加大审计力度的同时，狠抓制度建设，强化人员培训和审计结果的落实，取得了明显的成效。

经济责任审计工作 完成对1名局直属单位主要负责人的经济责任审计工作，涉及审计金额7819.56万元，查出违规违纪和管理不规范问题金额111.28万元。

预算执行审计工作 完成了对国家林业局信息中心等7个单位2009～2011年度预算执行情况的审计，涉及审计金额22.42亿元，查出违规违纪和管理不规范问题金额0.72亿元。

内部审计制度建设 重新修订了《国家林业局直属单位领导干部任期经济责任审计规定》，研究制定了《国家林业局内部审计回访规定(试行)》和《国家林业局内部审计意见(建议)整改落实反馈规定(试行)》，使内部审计工作进一步制度化、规范化。

对被审计单位进行回访 对2011年审计查出存在较严重问题的3个单位，派出督导组开展了审计回访，督促整改措施落实到位。通过审计回访，绝大多数审计发现的问题已经整改完毕，有的比较复杂的问题正在逐步整改。

【举办内部审计培训班】 2012年8月，在黑龙江省哈尔滨市举办了内部审计培训班，局直属预算单位内审人员、财务会计人员近130人参加了培训。会上通报了近年来审计发现的主要问题，并对财务人员和内审人员开展了业务培训，以促进各直属单位建立健全内控制度，加强内部管理，增强自我免疫能力。

（局审计稽查办公室）

林业贴息贷款

【综　述】 2012年，林业贴息贷款管理工作紧紧围绕生态林业和民生林业建设的目标任务，着力扩大林业贴息贷款规模，切实加强贴息贷款管理，进一步优化林业信贷和财政贴息政策，全面提升服务大局、服务基层的能力，有效地推动了生态林业、民生林业的发展和现代林业建设。林业贴息贷款规模在连续4年快速增长的基础上，又有较大幅度增长，林业贴息贷款工作再次实现新的突破。

林业贴息贷款规模持续增长 2012年，国家林业局协调财政部下达林业贴息贷款建议计划规模235亿元，总规模比2011年增加35亿元，增长18%。实际落实新增林业贴息贷款257.46亿元，比2011年度增加64.29亿元，增长33%。据统计，2012年度林业贴息贷款累计余额已达398亿元，较2011年增加84亿元，增长27%，落实中央财政贴息资金11.99亿元，较2011年增长2.43亿元，增长25%，中央财政贴息资金、林业贴息贷款均创历史新高。

林业贴息贷款结构情况 2012年，林业贴息贷款大力支持工业原料林、木本油料经济林、林下经济和林业小额贷款项目建设，林业贴息贷款结构进一步优化。据统计，2012年度，在398亿元林业贴息贷款余额总额中，投向有利于改善生态环境和实现林业“双增”目标的工业原料林和沙区、石漠化地区种植业项目建设132亿元，占当年度林业贴息贷款累计余额总额的33%，比2011年度增长39%，中央财政予以贴息4.14亿元。其中，新增林业贴息贷款84亿元，占当年度新增林业贴息贷款总额的33%，同比增长40%，中央财政予以贴息2.5亿元；投向有利于保障国家粮油安全的木本油料产业项目建设67亿元，占当年度林业贴息贷款累计余额总额的17%，比2011年度增长46%，中央财政予以贴息2.01亿元。其中，2012年度新增贴息贷款43亿元，占当年度新增贴息贷款总额的17%，同比增长39%，中央财政予以贴息1.27亿元；投向有利于深化集体林权制度配套改革，帮助广大林农兴林致富的林业小额贷款项目建设66亿元，占当年度林业贴息累计贷款余额总额的17%，比2011年度增长12%，中央财政予以贴息1.95亿元。其中，2012年度新增林业小额贴息贷款48亿元，占当年度新增贴息贷款总额的19%，同比增长15%，中央财政予以贴息1.4亿元；投向有利于巩固林改成果、改善民生的林下经济项目37亿元，占当年度林业贴息累计贷款余额总额的9%，比2011年增加30多亿元，中央财政予以贴息1.08亿元。

林业贴息贷款使用效益 据统计，2012年度，项目单位利用林业贴息贷款及其配套资金营造工业原料林

54.91万公顷，抚育83.35万公顷·次，整地未造林9.68万公顷；新造改造经济林33.6万公顷，种植其他经济作物22.44万公顷。建设林产品加工等多种经营项目600多个，项目总投资329.09亿元，年度投资额183.47亿元。其中，已投产项目533个，林业龙头企业联结农户112.78万户，带动基地面积140多万公顷，创产值396.8亿元，创利税47.41亿元，带动农民年增收53.97亿元，安置就业人员15.81万人；未投产项目121个，预计创产值94.96亿元，创利税12.32亿元，预计安置就业人员4.09万人。

【与金融机构业务合作】 为了全面深化国家林业局与中国农业银行的业务合作，促进双方互利互惠，为现代林业建设提供更好的金融服务，2012年10月30日，国家林业局与中国农业银行在北京签署了"共同推进林业产业建设发展合作框架协议"。国家林业局局长赵树丛、中国农业银行董事长蒋超良出席签约仪式，国家林业局副局长张建龙、中国农业银行副行长郭浩达代表双方签字。签字仪式前，赵树丛、蒋超良举行了会谈。赵树丛局长充分肯定了中国农业银行为发展林业产业、推动集体林权制度改革以及改善生态、改善民生作出的积极贡献，希望双方以此次战略合作协议签署为新起点，进一步加强合作机制、合作平台及合作载体建设，建立规划、政策、信息、林业新项目和金融新产品的对接互享通道，充分发挥农行的融资功能，放大政府支持林业资金的功能效用，共同为建设生态林业、民生林业，推动绿色增长，实现科学发展作贡献。

根据协议，双方将共同推进林业产业建设，做好对林业生产经营者的支持和服务工作。双方将对工业原料林基地、林下经济、木本粮油特色经济林产业、林产工业以及森林旅游产业项目建设等林业十大主导产业予以重点支持，扶持一批主导优势明显、产业特色突出、市场竞争力强、具有示范带动作用的林业产业集群，积极促进林业产业转型升级，充分发挥现代林业在推动绿色增长中的重要功能。农业银行力争在"十二五"期间累计投放不低于1000亿元的林业贷款，并设立与林业生产经营周期相适应的贷款种类，大力推进林权抵押贷款和林农个人信用贷款业务。国家林业局将积极推动林业改革，建立完善促进林业产业发展的政策措施，统筹安排信贷资金与财政贴息等贷款项目专项补助资金，实现有效配置，形成支持合力，共同为推动林业产业改革发展提供更为有力的金融支持。

【全国林业贴息贷款管理业务会】 2012年4月，在辽宁省沈阳市组织召开了全国林业贴息贷款管理业务工作会，财政部、中国人民银行、中国农业银行和中国农业发展银行的有关同志应邀参加了会议。会议对2011年林业贴息贷款管理工作进行了全面总结，深入分析了林业贴息贷款管理工作面临的新形势与新任务，对2012年林业贴息贷款管理工作进行了全面部署，要求林业贴息贷款管理工作要深入贯彻落实全国林业厅局长会议精神，围绕中心，服务大局，全力服务于生态林业和民生林业建设，认真做好林业贴息贷款工作。会上，辽宁、山东、云南省代表介绍了林业贴息贷款项目管理工作先进经验与做法。与会代表结合工作实际，对现行《林业贷款中央财政贴息资金管理办法》实施以来林业贴息贷款管理工作取得的新成效、面临的新问题以及相关工作建议等进行了广泛交流和研讨。

【组织开展林业贴息贷款专项检查】 为了切实加强林业贴息贷款项目检查监督工作，不断提高林业贴息贷款管理水平，2012年3月，国家林业局林业基金管理总站下发了《关于开展对2011年度林业贴息贷款项目及贴息资金检查工作的通知》，全面部署各地林业主管部门对2011年度林业贴息贷款项目和中央财政贴息资金管理情况进行监督检查，重点对贴息贷款项目是否符合规定要求、项目实施情况、贴息资金到位及使用管理情况等进行监督检查。根据各地自查情况，基金总站组成5个工作组分别对辽宁、福建、贵州、广西4省(区)和龙江森工集团进行了重点抽查。针对各地自查及重点抽查中发现的问题，下发了《关于2011年度林业贴息贷款项目检查工作情况的通报》，要求各地林业部门严格按照《林业贷款中央财政贴息资金管理办法》的要求，认真抓好问题的排查及整改工作，切实把林业贴息贷款监督检查工作落到实处。

【开展林业贴息贷款管理业务培训】 2012年9月，在广西壮族自治区南宁市举办了全国林业贴息贷款项目及贴息资金管理培训班。培训班上通报了对2011年度林业贴息贷款项目及贴息资金检查情况，进一步强调各地要切实加强林业贴息贷款项目监督管理工作，落实监管责任，切实发挥林业贴息贷款服务于现代林业建设的重要作用。培训班对申报2012年度林业贷款中央财政贴息资金和2013年度林业贴息贷款计划工作进行了全面部署，对林业贴息贷款建议计划、中央财政贴息资金申报管理、林业贴息贷款项目效益统计及其网上录入、审核等业务进行了专门培训。代表们对2012年度林业贴息贷款建议计划落实情况、实际工作中采取的有效措施和存在的问题等进行了广泛交流和深入讨论。来自各省、自治区、直辖市、计划单列市林业厅(局)、内蒙古、吉林、龙江森工集团、有关中央单位和新疆生产建设兵团林业局的代表90余人参加了培训。（刘文萍）

林业精神文明建设

17

林业纪检监察

【综　述】 2012年，驻局纪检组监察局认真学习贯彻党的十八大精神，按照十七届中央纪委第七次全会和国务院第五次廉政工作会议的部署和局党组关于反腐倡廉的安排，坚持标本兼治、综合治理、惩防并举、注重预防的方针，围绕林业中心工作，服务科学发展大局，会同有关部门扎实推进反腐倡廉各项工作，取得新成效。

加强廉政宣传教育和廉洁自律工作　围绕直属机关党的先进性和纯洁性建设，深入开展理想信念教育、宗旨教育、党性党风党纪教育和从政道德教育。围绕社会主义核心价值体系建设，推进廉政文化创建活动和示范点建设，深入开展鹦哥岭精神等先进典型的学习宣传活动。在推进廉政风险防控工作中，各单位通过开展风险排查，对广大党员干部进行一次廉政风险的集中警示教育。坚持把反腐倡廉教育内容纳入各级党组织民主生活会、中心组理论学习、党支部“三会一课”、党校和干部培训、业务会议之中，组局先后有13人次应邀在有关会议和培训班上进行了廉政专题宣讲。认真贯彻《廉政准则》等党纪党规，严格执行领导干部报告个人有关事项等制度，共实施领导干部报告个人有关事项1319人，干部述职述廉9494人次，同司局和直属单位党政主要负责人谈话5人次，任前廉政谈话98人次，诫勉谈话7人次。

加强反腐倡廉制度建设　认真贯彻落实中央《建立健全惩治和预防腐败体系2008～2012年工作规划》，围绕保障林业资源稳定增长、保障林业资金安全运行、保障林业干部队伍健康成长、保障林区民生改善，推进惩治和预防腐败体系建设。抽调8个省(区、市)林业厅(局)、森工集团的纪检组长(纪委书记)，组成3个调研组，对8个省区林业系统推进惩治和预防腐败体系建设情况进行检查和调研，召开全国林业系统推进惩治和预防腐败体系建设工作座谈会，总结交流经验，探索把握规律，为谋划下一个五年工作打下基础。按照中央纪委《关于开展2012年度推进惩治和预防腐败体系建设自查工作的通知》要求，组织局直属机关各单位开展2012年度推进惩治和预防腐败体系建设自查工作，督促各单位落实各项任务。在有关司局和直属单位的共同努力下，制定出台《国家林业局因公出国管理暂行办法》《关于加强乡镇林业工作站工作人员廉洁履行职责的若干规定》等制度，进一步加大了制度执行力，进一步健全规范和监督权力运行的制度体系。

加强监督检查　按照中央纪委《关于进一步做好加快转变经济发展方式监督检查工作的通知》要求，组织开展对林业棚户区(危旧房)改造工程项目的监督检查工作，派出2个检查组，对4个省区17个中央投资项目的实施情况进行了重点检查，并派出专人参加中央纪委转变经济发展方式检查组的工作。加强执法监察，派出6个督查组，对18个省(区)林业有害生物防控目标责任制落实和林业植物检疫执法工作进行检查。结合干部年终考核和民主生活会工作，组成若干检查组和督导组，对直属机关各单位领导班子和主要负责人贯彻落实党的路线方针政策、执行党的政治纪律等情况进行集中督查。坚持在干部选拔任用和评优评先之前由纪检监察部门进行廉政审核，防止干部带病上岗、带病提拔，全年共对9个单位、67人进行了廉政审核，对直属机关第八次党代会代表推荐人选180人、两委委员推荐人员40人进行资格审查。认真贯彻中央纪委《关于部分中央和国家机关对所属单位开展巡视工作的意见》，积极研究和探索建立党组巡视工作常态化机制，对农业部、质检总局等部委开展巡视工作的情况进行走访调研，邀请中央纪委巡视办做巡视工作专题讲座。

加强案件查办工作　组局共收到信访举报93件，组织初步核实36件，了结30件，立案查处3件；共对6名党员干部实施了党纪政纪处分和组织处理，其中司局级干部4人、处级干部2人，挽回经济损失830余万元。协调有关机关对公安机关错误通缉和抓捕的直属单位1名处级干部及时予以释放。严肃查处全国绿化委员会办公室综合组原主要负责人重大违纪违法犯罪案件，认真做好人民检察院、人民法院建议书的回复工作，督促有关单位汲取教训，强化内部规范管理，有针对性地进行整改，及时堵塞漏洞。针对这一案件暴露出的问题，有关单位严格控制和管理评比达标表彰活动，制定了《关于加强内部管理的若干规定》等内控制度133项，收回违规发放资金4.3万元，清理撤销各类违规银行账户8个。

加强预防工作　加强廉政风险防控机制建设。在直属机关继续深入开展廉政风险集中排查工作，组织各单位开展“回头看”活动，共排查司局级岗位廉政风险点1162个，处级及以下岗位廉政风险点8449个，“三重一大”廉政风险事项363个，新建廉政制度25个，业务制度153个，梳理绘制重点权力运行和业务流程图133张，有针对性地制定风险防控措施4441个。召开国家林业局廉政风险防控工作经验交流会，国家预防腐败局副局长崔海容同志出席会议并给予高度评价。加强对林业系统廉政风险防控工作的指导，黑龙江省森工总局被国家预防腐败局确定为全国廉政风险防控建设工作联系点。加强预防涉林职务犯罪工作。落实林业部门与人民检察院联席会议制度，继续推动联合工作机制在全国林业系统向下延伸。进一步加强与检察机关的工作联系和配合，在全国检察官培训中开设林业专题讲座，与最高人民检察院渎职侵权检察厅联合开展预防涉林职务犯罪专题调研。深入推进行政审批制度改革，国家林业局行政审批项目进一步减少和规范。

加强纠风工作　继续深入开展“小金库”专项治理、公务用车问题专项治理、制止公款出国(境)旅游专项治理等工作，共清查“小金库”2个，清理违规车辆15辆，出国经费实际发生数比预算数减少685.31万元，有力地推动了机关作风好转和效能提升。针对群众反映的乱砍滥伐、林权纠纷、退耕还林等方面的问题，加大林业信访问题的督办力度，共督办有关案件 20 余起。按照《2012 年治理公路三乱工作要点》要求，进一步推动林业部门治理公路“三乱”工作有序开展，积极探索建立木材运输检查管理和预防“三乱”的长效机制。与国务院纠风办联合组成检查组，对广东、海南两省林业系统治理公路“三乱”、木材运输检查执法和木材检查站行风建设情况进行督导检查。在推进集体林权制度改革中加强农村基层党风廉政建设，加强对森林资源流转、林权纠纷处理、林权证发放等林改关键环节的监督检查，加强对林业基层站所人员的管理，规范基层执法行为，维护群众的知情权、参与权、决策权和监督权。

严格执行党风廉政建设责任制 按照责任制要求，积极协助局党组研究、部署和督促落实反腐倡廉工作，组织协调各有关部门的力量，认真落实反腐倡廉各项任务。召开局直属机关“两建”工作会议、全国林业系统党风廉政建设会议，对 2012 年反腐倡廉工作进行全面安排部署。组织协调局党风廉政建设领导小组成员单位对局党组确定的反腐倡廉任务进行分解，印发《中共国家林业局党组关于 2012 年反腐倡廉工作任务的分工意见》，明确任务分工。对中央和国家机关贯彻落实 2012 年反腐倡廉工作任务分工、贯彻落实国务院第五次廉政工作会议精神任务分工中涉及国家林业局的工作，组织有关单位研究制定具体措施，进行责任分解，印发《关于落实国务院第五次廉政工作会议精神任务分工的通知》。坚持把党风廉政建设纳入领导班子、领导干部目标管理考核，完善考核机制，加大监督检查力度，强化考核结果运用，推进工作落实。

加强自身建设 认真学习贯彻党的十八大精神，以十八大精神指导纪检监察工作实践，积极探索推进林业系统反腐倡廉建设的新思路新举措。深入学习科学发展观等马克思主义最新理论成果，深入开展“做党的忠诚卫士、当群众贴心人”主题实践活动和创先争优活动，对干部严格要求、严格教育、严格管理、严格监督。加强对干部的能力培养和锻炼，举办直属机关和林业系统纪检监察干部培训班，选派干部参加各类干部培训班学习。加强内部管理，对组局内部各项规章制度进行修订、补充和完善，强化内部管理的程序化、制度化、规范化。加强调查研究和工作交流，形成了《全国纪检监察机关服务和推动集体林权制度改革情况的调研报告》《以案为鉴 溯源治本——涉林职务犯罪情况分析和治理》等 10 余项调研成果。

【国家林业局廉政风险防控工作经验交流会】 2012 年 3 月 27 日，国家林业局召开廉政风险防控工作经验交流会，认真贯彻落实中央纪委《关于加强廉政风险防控的指导意见》，对局直属机关廉政风险防控工作进行阶段性总结，交流开展廉政风险防控工作的经验做法，推动廉政风险防控工作取得新成效。

国家林业局党组成员、副局长张建龙主持会议，局党组成员、中央纪委驻局纪检组组长陈述贤出席会议并讲话。会议还特别邀请了国家预防腐败局副局长崔海容、中央国家机关纪工委副书记姜永辉出席并做重要讲话。

会议认为，加强廉政风险防控，是构建林业惩治和预防腐败体系的重要举措，也是反腐倡廉建设的一项重要内容。在下一步的工作中，各单位要进一步提高认识，全面推进廉政风险防控工作。一要充分认识廉政风险防控工作的重要意义。开展廉政风险防控工作，是给党员干部拉起一道警戒线，是关心和保护干部的重要措施。二要进一步增强防控措施的有效性。要针对廉政风险和风险等级，依据法律法规、政策规定、廉政要求、工作职责、工作标准，进一步细化和完善防控措施。防控措施要有针对性、可操作性、具体管用、切实可行，特别要突出对高等级风险的防控。三要进一步优化权力结构和运行。四要进一步提高预警处置能力和水平。五要进一步加强动态监控和管理。

崔海容在充分肯定林业工作和林业系统反腐倡廉工作成就的同时，对当前反腐倡廉的形势任务、廉政风险防控工作的总体情况、具体要求进行了强调，并提出两点要求：一是进一步加大推进廉政风险防控工作力度。二是进一步提高有效防控廉政风险的针对性。要加强制度建设，提高制度执行力；要优化权力配置结构，建立权力运行内控机制；要推进权力公开透明运行，加强机关内部公开；要规范行政裁量权，提高科技防控水平；要深入业务工作流程，认真抓好重点领域廉政风险防控。

【全国林业系统党风廉政建设工作会议】 4 月 10 日，全国林业系统党风廉政建设工作会议在云南召开。此次会议的主要任务是深入贯彻落实十七届中央纪委第七次全会、国务院第五次廉政工作会议和全国林业厅局长会议精神，回顾 2011 年林业系统党风廉政建设和反腐败工作，分析林业系统反腐倡廉建设面临的形势，安排部署 2012 年工作。

国家林业局党组成员、中央纪委驻局纪检组组长陈述贤作主题报告，云南省纪委副书记郭志宏到会并致辞。

据统计，2011 年涉林行业渎职犯罪人数为 888 人，贪污贿赂类犯罪 468 人，全国林业行政案件总数 286 707 件，国家林业局信访部门受理群众来信来访总数 7939 件次，同比增长 7%。这些问题和情况反映出行业监管中还存在薄弱环节，落实“管行业就要管行风”的任务比以往任何时候都更为繁重、更为紧迫。

陈述贤强调，林业系统党风廉政建设和反腐败工作要紧紧围绕迎接和学习贯彻党的十八大来部署和推进，全面贯彻党的十七大和十七届三中、四中、五中、六中全会精神，以邓小平理论和“三个代表”重要思想为指导，深入贯彻落实科学发展观，坚持标本兼治、综合治理、惩防并举、注重预防的方针，保持和维护党员干部队伍的纯洁性，加强行风建设，推进惩治和预防腐败体系建设，着力解决人民群众反映强烈的突出问题，突出工作重点，狠抓任务落实，努力开创林业系统党风廉政建设和反腐败工作新局面。一是严明党的政治纪律，加强作风建设，保持和维护林业系统党员干部队伍的纯洁性。二是加强监督检查，推行绩效管理、行政问责，保证中央决策部署和林业重大工作的贯彻落实。三是严肃查办违纪违法案件，加大林业执法监察力度，维护党纪国法和政令畅通。四是坚持改革创新，拓展源头治理领域，完善林业系统惩治和预防腐败体系。五是加大行风建设力度，探索基层党风廉政建设新举措，促进林业行业风气进一步好转。六是加强自身建设，落实党风廉政建设责任制，推进反腐倡廉长期性基础性工作的落实。

【全国林业系统推进惩治和预防腐败体系建设工作座谈会】 8月9日，全国林业系统推进惩治和预防腐败体系建设工作座谈会在甘肃省酒泉市召开。会议总结了5年来全国林业系统推进惩治和预防腐败体系建设工作取得的重要成果和主要经验，交流了各地贯彻落实《建立健全惩治和预防腐败体系2008—2012年工作规划》的主要做法，对下一步工作作出了安排部署，提出了要求。国家林业局党组成员、中央纪委驻局纪检组组长陈述贤在会上指出，全国林业系统惩治和预防腐败体系建设已取得初步成效，未来5年，我国林业建设将进入转型升级的新阶段，林业改革发展任重道远，必须依靠党风廉政建设作为有力保障。

党的十七大以来，全国林业系统认真贯彻中央的要求和部署，紧紧围绕落实《2008—2012年工作规划》，全面推进全国林业系统反腐倡廉建设。经过近5年的努力，具有林业特色的惩治和预防腐败体系基本框架已初步形成，党风廉政建设和反腐败工作呈现出良好的发展态势，林业系统党风政风行风持续好转。

陈述贤强调，未来5年，我国林业建设将进入转型升级的新阶段，迎来加快发展的黄金发展期。林业改革发展任重道远，必须依靠党风廉政建设作为有力保障。进一步推进林业系统惩治和预防腐败体系建设，关键是要紧密结合林业工作实际，在坚决惩治腐败的同时，更加注重治本，更加注重预防，更加注重制度建设，突出林业特色，构建具有林业系统特点的惩治和预防腐败体系。各级林业纪检监察部门要认真履行职责，一要更加注重保障林业资源的稳定增长；二要更加注重保障林业资金的安全运行；三要更加注重保障林业干部队伍的健康成长；四要更加注重保障林区民生的改善。

陈述贤要求，各级林业纪检监察部门要统筹安排，狠抓落实，认真做好下一个5年惩防体系建设的谋划工作。一是抓工作落实，确保《2008～2012年工作规划》和反腐倡廉建设工作圆满完成；二是抓经验总结，提升林业系统惩防体系建设工作水平；三是抓顶层设计，为起草下一个5年工作规划谋划基本思路；四是抓组织协调，形成工作合力。党的十八大召开后，各级林业纪检监察部门要把学习领会和贯彻落实十八大精神作为首要的政治任务抓紧抓好，用十八大精神指导林业纪检监察工作实践，推动形成内容科学、程序严密、配套完备、有效管用的制度体系，以及决策、执行、监督互相制约协调的权力运行结构和运行机制，不断增强从源头上预防腐败工作的实效。

会上，来自福建、山东、广东、四川、贵州、甘肃、青海、新疆8个省(区)林业厅(局)和龙江森工集团的代表做了经验发言。全国各省(区、市)林业厅(局)、新疆生产建设兵团林业局、各森工集团林业局纪检组(纪委)组长(书记)参加了会议。 (杨 威)

国家林业局直属机关党的建设和机关建设工作

【综 述】 2012年，局直属机关党的建设高举中国特色社会主义伟大旗帜，坚持以邓小平理论和“三个代表”重要思想为指导，深入贯彻落实科学发展观，以迎接党的十八大和学习宣传贯彻党的十八大精神为主线，以服务中心、建设队伍为核心，以“一迎五创”和“基层组织建设年”活动为抓手，突出党建重点任务落实，推动党建机制创新，夯实党建工作基础，为发展现代林业，建设生态文明，推动科学发展提供了坚强的思想、政治和组织保证。

狠抓重点任务落实

推进迎接党的十八大和十八大精神学习宣传贯彻工作 这是贯穿全年机关党建工作始终的重大任务。围绕迎接党的十八大，顺利完成了出席党的十八大代表候选人和中央国家机关党代表会议代表推荐提名工作，精心策划喜迎十八大系列主题展览和职工书画摄影展，在机关营造了迎接十八大胜利召开的浓厚氛围。组织开展“当好主力军”、建功“十二五”、迎接“十八大”公文写作技能比赛活动，我局有2篇获中央国家机关公文大赛一等奖，并被评为优秀组织奖。十八大召开后，及时组织党员干部收听收看十八大盛况，召开了传达贯彻十八大精神会议，印发了《关于学习宣传贯彻党的十八大精神的意见》，举办了学习贯彻党的十八大精神司局长理论研修班，在《中国绿色时报》开辟了贯彻十八大精神、开创林业新局面宣传专栏，迅速在林业系统兴起学习宣传贯彻十八大精神的热潮。各单位党组织按照党组要求，采取个人自学、集中办班、专题研讨等各种形式，深入开展学习活动，全面理解和深刻领会十八大精神，增强了贯彻落实的自觉性坚定性。

推进基层组织建设年活动 这是今年中央部署开展的一项重要活动，也是深化创先争优活动的重要举措。针对基层党组织和党员队伍存在的突出问题，制订实施方案，抓好重点环节，确保取得实效。采取发放调查表、党组织书记座谈等方式进行调查摸底，将199个党支部划分为5个类别，定级为“好”的有137个，“较好”的62个。督促指导基层党组织进行换届改选，完成新成立局管社团党组织组建工作，实现了党组织全覆盖。指导基层党支部找准薄弱环节和突出问题，加强整改提高，使基层党组织战斗力、党员队伍素质和党建制度化水平得到全面提升。我局创先争优和基层组织建设年活动受到中组部和中央国家机关工委的充分肯定，工委《信息交流》第57期专题刊发了我局的经验做法，林改司党支部荣获全国创先争优先进基层党组织。

推进廉政风险防控工作 这是中央着眼于从源头上防治腐败，加强对权力运行制约，推进党风廉政建设的重要抓手。在去年工作基础上，我们会同监察局召开廉政风险防控工作经验交流会，组织开展了廉政风险回头看活动，进一步排查风险，制定措施，建章立制。共排查司局级岗位风险点1162个，处级以下8449个，“三

重一大”(重大问题决策、重要干部任免、重大项目投资决策、大额资金使用)廉政风险事项363个，建立廉政制度25项，绘制权力运行图133张，制定廉政风险防控措施4441项。制定了《关于加强直属机关廉政文化建设的意见》，组织观看廉政教育影片，发放廉政教育书籍，进一步教育引导党员干部牢固树立正确的世界观、权力观、事业观，打牢廉洁从政的思想防线。纪工委《纪检工作情况》第15期专题刊发了国家林业局的经验做法。

推动党建机制创新

培育学习载体，推动学习型机关建设　在局党组中心组理论学习基础上，创建“绿色大讲堂”学习制度，邀请有关领导和专家作专题辅导报告，取得良好效果，受到党员干部一致好评。在局党组的示范带动下，各单位纷纷建立业务讲堂、处长讲堂、微型课堂等学习制度，推动了机关学理论、学科学、学知识、学专业良好风气的形成。

培育行业党建载体，推进林业党建工作　经局党组同意，筹备成立了全国林业党建研究会，召开全国林业党建研讨会，建立林业党建区域协作机制，指导了华北、华东、西南、中南片区年会及基层党建研究会。围绕服务生态林业、民生林业两大任务，组织开展一系列调研活动，形成一批有价值的调研成果。

培育青年实践载体，推动机关青年工作　组织机关104名青年，分成8个调研组，深入林业改革建设第一线，开展“根在基层、走进一线——三进三同三提升”青年基层调研实践活动，进一步强化服务基层意识，锻炼了艰苦奋斗作风，培养求真务实精神。组织开办青联网站，启动青年成长讲坛，开展直属机关优秀青年、优秀青年工作者评选表彰活动。举办“国家林业局青年林”植树活动。加强了局青联组织建设，充实了青联工作力量。

夯实党建工作基础

组织纪检工作　精心筹备召开了直属机关第八次党代会，选举产生了新一届直属机关党委纪委。组织《中国绿色时报》记者，深入20个司局和单位，开展“走进基层党支部、总结支部工作法”活动，形成基层支部工作法成果汇编，国家林业局的做法得到中央国家机关工委的充分肯定，5名记者荣获优秀记者。各单位党组织开展了主题党日活动，并进行学习活动、主题党日、党建创新品牌案例申报评选活动，进一步激发了基层党组织活力。举办直属机关党组织书记示范培训班，强化了基层党组织领导一岗双责、两手抓的意识。会同监察局举办了基层党支部纪检干部培训班，强化业务知识学习，提升履行职责能力。

强化宣传教育工作。开展学习贯彻胡锦涛主席在首届亚太经合组织林业部长级会议上的重要讲话活动，会同中国林业出版社印发了《学习体会文集》，对林业系统学习活动提出明确要求。中央媒体和报刊刊发林业党建宣传专稿近500条(次)，局网站“喜迎十八大、开创新局面”专栏刊发消息100余篇，编发一迎五创和基层组织建设年简报40多期。部署了“学习雷锋精神，坚定理想信念”教育活动，举办海南鹦哥岭优秀青年团队先进事迹报告会，营造了学习先进，争当先进的浓厚氛围。

强化了统战群团工作。召开了局机关侨联换届会议、春节团拜会、工会四届三次会议暨妇女工作会议、全国林业体协秘书长年会，组织机关女司长参加人民网“喜迎盛会巾帼情”访谈节目，举办三八妇女节系列讲座培训和女职工座谈会，开展下基层献爱心送温暖慰问服务活动。组团参加全国第十二届冬运会和第七届农民运动会，举办林业系统乒乓球比赛。新成立4个机关文体协会，开展趣味运动会、健步走活动和广播操等各类健身活动，丰富了职工文体生活，促进了文明和谐机关建设。

(周戡供稿)

林业宣传

【综　述】 2012年，宣传办坚决贯彻落实局党组的决策部署，围绕迎接党的十八大召开，以生态林业、民生林业为宣传重点，深入宣传了林业事业的地位和作用，广泛宣传了林业建设的实践和成效，积极繁荣生态文化，扎实开展宣传实践活动，为林业改革发展和党的十八大召开营造了良好的舆论和社会氛围。全年中央主要媒体和新闻网站共刊播林业报道12 000多条次。其中，《人民日报》270多条，一版18条；中央电视台等主流电视媒体1600余条，新闻联播110余条；新华社2600多条次；中央人民广播电台300多条次。中国网、人民网等开辟林业专栏8个、组织专访41次。

党的十八大林业宣传　十八大前，一方面，在林业系统作出专门部署，要求各级林业部门提前准备，将林业纳入各地党委的十八大宣传大盘子，占住位置，突出亮点。另一方面，通过积极争取，在《人民日报》“迎接党的十八大特刊”中推出了8个林业专版和2个林业特刊，集中展现了十年来林业建设的巨大成就。在中央电视台开辟的“喜迎十八大”栏目中，共播发林业报道607条，其中《新闻联播》55条。十八大后，在《人民日报》《经济日报》《学习时报》等刊发赵树丛局长署名文章、林业特刊；组织局属报刊网站开展“贯彻十八大精神 大力推进生态文明建设”系列谈活动，集中刊发有关领导、专家学者的体会文章；宣传办主要负责同志做客人民网强国论坛、中央人民广播电台，解读十八大精神，深刻阐述林业在生态文明建设中的地位和作用。

生态林业宣传　一是造林绿化宣传。围绕共和国部长、中日邦交40周年等植树活动，开展“共建绿色家园，促进绿色增长”为主题的宣传，《人民日报》、中央电视台等媒体刊发局领导专访、国土绿化公报、绿化典型和公益广告等报道400多条。围绕造林绿化表彰动员大会，《人民日报》刊发了回良玉副总理讲话、会议消息、评论和表彰决定，其他主要媒体刊发报道100多条。二是生态保护宣传。协调新华社《国内动态清样》连续刊发5篇《环首都生态现状调查》。协调中央电视台开展“守护候鸟迁徙”系列报道，共播发新闻90余条。围绕大熊猫野外放归，组织媒体刊播相关报道300多条，中央电视台进行了直播。围绕中央和国家林业局关于森林防火的部署，组织媒体对内蒙古、河北、云南等多起火灾进行报道。协调《人民日报》“声音”专栏刊发赵树丛局长文章，协调中央电视台播发森林防火公益广告。三是生态建设宣传。国新办召开了全国第二次石漠化监测结果新闻发布会，新华社刊发了2篇防沙治沙内参，《人民日报》刊发赵树丛局长署名文章，推出了“关注·防沙治沙”3篇系列报道。围绕湿地日、加入湿地公约20周年，组织媒体深入洞庭湖、黄河入海口湿地采访，《人民日报》《经济日报》《瞭望周刊》刊登赵树丛局长署名文章、推出湿地特刊。围绕天然林保护工作现场会组织媒体实地采访，进行了深入报道。

民生林业宣传 一是林改富民宣传。围绕集体林权改革及森林保险、抵押贷款、公益林补偿等政策带来的效应，《学习时报》推出了专版，《经济日报》推出“走基层转作风改文风·林改改变生活”8篇系列报道，并组织媒体对林下经济现场会进行了报道，共刊播消息50多条。二是生态惠民宣传。协调中央媒体赴吉林、辽宁、云南、广西等省区采访退耕还林，集中报道了退耕还林工程利国惠民、改善农民生计的成效，新华社、《科技日报》《第一财经日报》等刊播报道100多条。围绕造林补贴政策试点，组织中央电视台《新闻联播》进行了专门报道。三是产业发展宣传。组织媒体重点宣传了林业产业对拉动内需、转变发展方式、改善民生的作用，仅《人民日报》就刊发林业产业报道20多条。借助中国(伊春)森博会、中国林产品交易会、中国义乌国际森林产品博览会等，组织《人民日报》、中央电视台、新华社等媒体对林业产业发展进行了广泛宣传，共刊播相关新闻200多条。

生态文化工作 一是做好成就展示。在政协第18次常委会期间，举办林业专题展览，贾庆林、王刚、刘延东等中央领导人参观展览，达到了宣传林业、扩大影响的效果。认真做好中宣部主办的迎接党的“十八大”大型图片展览，充分展示了林业建设成就，参观人数达60余万。规范和指导局办公大楼一层大厅布展工作，全年共组织各司局和直属单位举办展览16次。二是做好生态文化调研。组织由局领导带队的3个组，分赴浙江、陕西、黑龙江等6个省区对生态文化进行调研，为起草《加强生态文化建设的指导意见》奠定了良好基础。完成了《生态文化建设保障制度体系研究》课题。三是做好采风创作。组织著名作家陈先义、青年作家尚书到云南、辽宁进行采风，分别创作了5万字和30万字的报告文学。支持社会力量拍摄《野马》《完美人生》《远方的呼唤》等电影电视。完成《生态文化》杂志编辑发行工作。四是做好电视专题片摄制。联合中央电视台、凤凰卫视开办《大地寻梦》《绿野寻踪》和《绿色时空》等电视栏目。特别是《大地寻梦》通过对22个省林业建设进行实地采访拍摄，在凤凰卫视中文台播出节目47期，产生了巨大的影响。6集《湿润的文明》完成了拍摄工作，5集《中国金丝猴》开始外景拍摄。

林业舆论引导 一是及时监测舆情。组织力量对网站、博客、微博进行监测与研判，提出处理意见，以《舆情快报》形式送局领导、业务司局决策参考，全年共编发《舆情快报》20期，二是适时引导舆论。在办好人民网国家林业局官方微博的同时，2012年11月又在新浪网开设了国家林业局官方微博，及时发布权威信息。对活熊取胆和湖南、天津等地非法捕杀候鸟以及江西、广西、广东等地猎杀、走私、贩卖、吃食野生动物等新闻事件，主动应对，变危为机，收到了良好效果。协调中宣部、国新办处理有关林业不实新闻，避免了负面争论和舆论炒作。三是抓好舆情培训。按照局党组的要求，在“绿色大讲堂”第一讲中，请国新办领导和中国传媒大学专家讲授了新形势下如何利用新媒体开展宣传工作等内容。同时，宣传办就微博应用和舆情应对等内容，先后2次邀请传媒专家进行了培训。

林业精神风貌宣传 一是典型事迹宣传。《人民日报》《经济日报》推出专版，报道了福建长汀的先进事迹、北京实施百万亩平原造林、重庆“绿化长江”行动以及辽宁青山工程、广西“绿满八桂”等生态建设的重大举措；中央电视台报道了重庆飞播造林、湖南隆回“绿色银行”等典型经验。二是典型人物宣传。在《人民日报》、中央电视台等媒体的《时代先锋》《身边的感动》《最美中国人》《走基层·我这十年》栏目中，先后报道了内蒙古森工的郑培宏、湖南义务护林30年的刘真茂、云南义务植树31年的8位老人、湖北2位独臂护林员、广西造林护林的88岁庞祖玉、海南27名大学生扎根鹦哥岭自然保护区、吉林古稀老人赵希海“绿色坚守”、黑龙江退休司令金文元护绿等先进事迹。编辑出版《美丽中国的模范建设者》，收集了林业系统240位劳动模范、先进工作者的先进事迹。

国家森林城市创建工作 一是出台了行业标准。历时一年，完成了国家森林城市评价指标林业行业标准的起草、评定工作，2012年2月国家林业局已正式发布实施。二是加强了创建国家森林城市宣传引导。先后组织专家60多人次，对近20个创建国家森林城市的城市进行了理念宣讲和工作指导，并对10个创建国家森林城市城市进行了考察核验。截至12月，全国有22个省区的64个城市在开展创森活动，这些城市2012年投入森林城市建设资金共800.2亿元。三是举办第九届中国城市森林论坛。全国政协副主席王刚和有关方面领导以及60个城市市长、专家学者、各省林业部门负责同志等代表300余人参加论坛。授予呼伦贝尔市等10个城市(区)“国家森林城市”称号。

林业宣传管理工作 一是加强指导督促。下发《2012全国林业宣传思想文化工作要点》，对各省2011年度林业宣传工作进行了量化考核，并对排名前10的省予以表彰奖励，有力地促进了各省宣传工作的开展。二是强化局属报刊图书管理。认真做好局属报刊的核验、审读以及林业图书的检查申报等工作，及时召开新闻出版通气会，做好推进局属报刊非时政类报刊转企改制的服务工作。三是开展国家生态文明教育基地核验工作。根据《国家生态文明教育基地管理办法》，授予武汉大学等10家单位“国家生态文明教育基地”，目前国家生态文明教育基地51家，18个省区市开展了省级生态文明教育基地创建工作。

与各民主党派的联系工作 一是做好“两会”提案、建议工作。2012年“两会”的林业提案、建议数量280多件，加强中央林业机构、林下经济、林业政策等成为

“两会”热点。二是联合全国总工会开展工作。召开了国家林业局与中国农林水利工会第十一次联席会议，确定联合工作方案，联合开展了天保工程区“加强节能减排、促进生态建设”竞赛活动。三是联合全国工商联开展工作。会商全国工商联、中国光彩会制定了联合工作方案，开展第四届光彩事业国土绿化贡献奖评选表彰工作。四是联合农工民主党开展工作。与农工民主党中央联合开展第五届“中国环境与健康宣传周”活动。

（周霄羽供稿）

林业出版

【综　述】 2012年林业出版工作认真贯彻落实党的十七届六中全会精神，坚持科学发展，在局党组的坚强领导下，不断做强出版主业，建设有自身特色的企业文化，继续完善制度建设和推动机制转变，推动以数字出版为龙头的产业升级，不断拓宽发展领域，以服务林业中心工作做好林业出版服务为首要任务，确保团结稳定大局，为推动社会主义文化大发展大繁荣贡献力量，为加快实现强社富民的奋斗目标而努力奋斗。

图书生产稳中有升 2012年共出版图书648种，其中新书402种，包括《生态文明学》《生态文明的基石》等重点书，重印书246种；图书生产码洋1.06亿元；销售码洋5954万元，实洋3764万元；销售回款2630万元，组织预算收入4600万元。以上指标除新书品种一个指标外，均为历史新高。

重点出版工程成效显著 一是出版由国家林业局主编的《发展现代林业 促进绿色增长——学习胡锦涛主席在首届APEC林业部长级会议上讲话体会文集》一书。赵树丛、贾治邦亲自撰写体会文章，以统一全行业思想和行动，全国政协副主席罗富和专门在《人民日报》上对该书发表书评。二是出版迎接党的十八大主题出版重点出版物《中国的绿色增长——党的十六大以来中国林业的发展》(3卷本)。该书为全国迎十八大80种重点图书之一，切合生态文明建设和美丽中国建设主题。局党组会议研究，赵树丛局长亲自任主编，陈述贤组长任编撰组长。十八大前夕，该书作为国家林业局的重点宣传品向党和国家主要领导同志和中央有关部门、各省(区、市)主要负责同志赠阅。三是出版了首批国家出版基金项目、国家“十二五”重点图书规划项目《种子植物名称》(5卷本)，并在全国政协礼堂举行该书出版座谈会。该书对植物学及相关学科领域开展科学研究与国际合作交流及产业发展具有非常重要的学术价值。四是国家新闻出版总署批准我社3种22卷社重点图书增补为“十二五”国家级重点规划图书。至此，我社承担的“十二五”国家级重点规划图书品种增至6种(套)43卷。五是《中国蒙古野驴研究》《中国泥炭地碳储量和碳排放》共5种科技著作被列入2012年度国家科学技术学术著作出版基金项目。《绿野寻踪金丝猴》共5种图书入选2012年全国中小学图书馆(室)推荐书目。

重大工程项目突飞猛进 一是正式启动了国家新闻出版改革发展项目库项目、中央文化产业发展基金项目“中国数字森林博览馆建设与典型示范”。该项目是我国林业新闻出版领域的第一个国家级科研项目，投资总额3300万元，已获国家投资600万元。年初召开专家会议，各部门均在实施子合同计划，新机房准备就绪。二是组织进行中央文化产业基金支持项目“中国林业数字出版与产业服务平台建设项目”申报工作。这是我社第二次申报国家级大型工程项目，实现当年申请，当年立项，当年投资。项目投资总额2100万元，目前国家投入资金500万元已到账。三是根据财政部办公厅《关于中央文化企业编制国有资本经营预算支出项目计划的通知》，我社申报了《控股安徽吴楚科技传播有限责任公司》等项目，其中控股吴楚项目被财政部选入答辩项目。这是我社在两大项目中标后又积极争取的一个新的重大项目，拟控股1100万元，其中申请国家投资800万元。局计资司专门致函财政部给予该项目支持。四是根据国家新闻出版总署部署，组织申报新一轮国家新闻出版改革发展项目库和中央文化产业发展基金支持项目《中国林业出版按需印刷项目》，国内知名专家已签署推荐意见。

无形资产不断增加 一是获得国家互联网出版资质和许可证，为我社开展数字出版奠定基础。二是获得国家电子出版资质和许可证，从此我社拥有出版VCD、DVD的法定权利。三是经教育部批准，获得生物、科学、美术3个学科的中小学教辅图书出版资质。

队伍建设继续加强 一是有1位编辑入选“全国新闻出版行业第三批领军人才”；有2位编辑被国家新闻出版总署推荐为“国家科技奖励评审专家”，并获得国家科学技术奖励工作办公室通过。二是通过网上报名、笔试、面试、集体研究，新招聘应届高校毕业生4名，其中博士1名、硕士3名。同时向社会招聘业务骨干10名。三是对30多人次进行业务学习培训。

【发展现代林业 促进绿色增长——学习胡锦涛主席在首届APEC林业部长级会议上讲话体会文集】 国家林业局主编，2012年2月出版。该书是国家林业局为深入学习贯彻胡锦涛主席在2011年9月首届亚太经合组织林业部长级会议发表的重要讲话精神的体会文章的集成，是国家林业局党组认真研读胡锦涛主席重要讲话的成果，也是对全国林业系统深入学习贯彻胡锦涛主席讲话提出的新要求。对于广大林业干部职工更深入地领会、更加自觉地贯彻、更加有效地落实胡锦涛主席的讲话具有十分重要的指导作用。

【中国的绿色增长——党的十六大以来中国林业的发展】 国家林业局编。2012年10月出版。该书全面系统地总结了党的十六大以来中国林业在实施可持续发展战略、生态建设、西部大开发和应对气候变化等重大问题上发挥的重要作用和取得的巨大成就。全景式记述了

10年来林业发展生态建设惠及民生的战略决策与实施过程及效果，对取得的新成就、理论创新的过程详尽记载。被国家新闻出版总署选为迎接党的十八大主题出版重点出版物。

【城市园林绿化植物选择及应用】 官群智、彭重华主编。2012年11月出版。该书分为总论、各论、植物选择应用表3大部分。介绍了长江中下游地区地理概况，500种长江中下游地区城市露地常见栽培植物的学名、形态特征、生态习性、栽培要点，书后附有中文名、拉丁名索引。是一本专业、实用的城市园林绿化"字典"，可作为城市园林、绿化相关专业及部门的科研人员、设计人员及工程技术人员等的参考用书。

【生态文明学】 廖福霖等著。2012年11月出版。该书主要论述了生态文明的基本概念、生态文明建设的基本原理、基本规律和原则；阐述了生态文明经济的各种表现形态包括创新经济、循环经济等消费型经济及相关理论；生态文化产生的背景、基本要素、基本特征、发展规律，生态文化的构建和生态文化产业的发展对策。该书可作为高等院校应用经济学、生态学等专业教学相关科研人员参考书。

【2011年中国林业产业重大问题调查研究报告】 中国林业产业重大问题调研组主编，2012年6月出版。该书是林业产业重大问题调研工作的年度成果精编，收录了知名专家学者对林业产业热点问题的独家研究成果以及林业行政主管部门对林业产业重点、难点问题的专题调研报告，包含大量实用资料。该书为政府出台有关政策措施提供科学决策依据，为企业选择投资方向与制订发展规划提供有益参考，为社会各界掌握林业产业发展的趋势和政策走向提供参考。

【黔东南苗族侗族自治州林业志(1988～2010)】 黔东南苗族侗族自治州林业局编，2012年12月出版。该书是贵州省黔东南自治州自1988年起到2010年止，对贵州黔东南林业系统主要大事的记载，内容包括大事记、党政机构、森林资源、森林培育、林业重点工程建设、资源林政管理、森工生产、森林公安、森林防火、森林病虫害防治检疫、计划财务、林业扶贫、林场与种苗、林业科教、森林旅游、林业文化、集体林权制度改革、林业人物(62位)及附录等。

【恪守生态规律——人类生存的唯一选择】 石山著，2012年11月出版。该书收集了我国著名生态学专家石山老先生20世纪80～90年代中国关于生态时代、生态建设、生态农业、生态农业县建设的讲稿、公开发表的文章和短论。石山先生耄耋之年仍笔耕不辍，以积大半生的丰富经验，筛选出40篇为中国生态建设大声疾呼的文章，集结成册，以期对中国保护生态环境、科学地发展农林业有所借鉴。

【2012中国林业发展报告(中文版)】 国家林业局编著。2012年10月出版。该书为国家林业局的白皮书，是对外宣传的重要资料。本书作为国家林业局对过去一年中国林业工作的回顾与总结，以及对"十二五"的林业工作的展望，全面记录了过去一年的林业工作，对于科学判断形势，抓住发展机遇，迎接新的挑战，全面开创"十二五"现代林业建设的新局面，意义重大。

【中国马尾松优良种植资源】 秦国锋、周志春主编。2012年12月出版。该书为中国林木种质资源系列丛书之一。全书分为3篇12章，第一篇重点阐明马尾松的主要特点与重要价值、树种的起源分布与栽培历史、种质资源的研究与保育技术；第二篇对不同资源的形成、特点、现状与保育价值分别予以论述；第三篇主要介绍了全国各省(区、市)的马尾松良种基地与经审(认)定的马尾松良种。

【中国木麻黄病虫害】 黄金水、何学友编著，2012年8月出版。该书是第一本系统介绍木麻黄病虫害的专著。全书分上、下两篇，在上篇总论中介绍了木麻黄的引种历史、不同病虫害防治技术并列出木麻黄病虫害名录；下篇按主要病虫害种类，系统介绍了中国相关领域研究的成果，并配有大量第一手的生态图片，图文并茂、实用性强。本书的出版对中国沿海防护林的建设将起到重要的推动作用。

【森林与湿地资源综合监测技术体系研究(丛书)】 2012年11月出版。该丛书一套9本，以人类和多种生物赖以生存和发展的基础——森林与湿地资源为基础和对象，构建了以不断发展的高新技术为依托的森林与湿地资源综合监测技术体系，也为国家客观、快速、全面掌握森林与湿地数量和质量提供了技术支撑，并对宣传全球森林与湿地保护，促进林业管理和生态建设具有重要意义。

【中国观赏园艺研究进展2012】 张启翔编著，2012年12月出版。该书收集了国内外观赏园艺的最新研究成果，范围包括种质资源、引种与育种、繁殖技术、栽培生理、抗性生理、采后生理、应用研究、花卉产业与经营等。

【生态设计观：全球可持续景观佳作(上、下)】 度本编著，2012年6月出版。该书的编写旨在倡导自然、人文与生态景观要素的统一，促进生态、人居环境的可持续发展，从而实现人与自然的全面和谐。在全球范围内精选的百余例近期作品集中地反映了当今世界景观设计的前沿理念与高度。著名景观设计团队及其饱含环保精神与人文情怀的作品将为广大景观设计者、项目开发者和景观爱好者带来无限灵感。

【木材界面学与界面技术】 雷得定等编著，2012年8月出版。木材资源的可持续利用是解决木材资源短缺的根本途径，木材资源的可持续利用必须建立技术创新的基础之上，什么样的技术可以达到这样的目标，木材界面技术，木材界面技术究竟应该解决什么的问题，具体应该包括什么内容，本书对上述问题一一做了系统的、理论上的梳理。

【木结构建筑材料学(木结构建筑教学丛书)】 张宏健、费本华主编，2012年8月出版。该书以现代轻型木结构建筑的基本结构、性能为依据，以木材的宏观、微观基本结构和物理、力学、化学、表面和环境等基本性质为基础、介绍了实木类规格材、胶合板、单板层积材、圆筒形单板层积材、定向刨花板、单板条层积材、普通刨花板和纤维板、集成材和指接材、纤维板、石膏板、木塑复合材料、木质工字梁、轻型木桁架、预切割木构件、木质预制房等各种承重性或非承重性木基建筑材料的性能和检测、基本制备方法和在木结构建筑中的应用，同时介绍了聚醋酸乙烯酯、聚氨酯、环氧树脂、丙烯酸酯、热熔胶和各种热固性树脂等木结构建筑胶黏剂、水泥、混凝土、玻璃、金属、塑料、涂料、石材、烧土、石膏、沥青、绝热、吸声等木结构建筑通用材料的基本性质、用途以及钉、螺钉、齿板等木结构建筑连接件及其典型连接方法，还介绍了机械、振动、应力波、声发射、射线等木质建筑材料主要性能的无损检测与评价方法。

【生态环境建设规划(第2版)】 高甲荣、齐实主编，2012年7月出版。该书是教育部"高等教育面向21世纪教学内容和课程体系改革计划"的研究成果，是面向21世纪课程教材和北京市高等教育精品教材。本书以国家生态环境建设规划为框架，以社会、经济、生态环境系统协调可持续发展为目标，以人类－生态环境为调控对象，系统介绍了生态环境建设规划的基本概念、基本理论和技术方法，详细阐述了水土资源利用规划、水土保持规划、林业生态工程规划、防沙治沙规划、自然保护区规划、草地保护与建设规划、土地整理与复垦规划等的基本内容、编制程序、技术方法。该书是在国家西部大开发和生态环境保护宏观决策的大背景下撰写的一本新教材，其基本特色体现在内容丰富、结构紧凑、方法新颖、实用性强。该书是高等学校水土保持与荒漠化防治专业教材，也可供从事生态环境管理、生态环境保护等机构人员使用。

【城市园林绿地规划(第3版)(高等院校园林与风景园林专业"十二五"规划教材)】 杨赉丽主编，2012年12月出版。该书在第2版的基础上，结合城市规划相关知识阐述了城市园林绿地规划的基本知识和基本理论，以及规划设计的基本方法、技术和经济问题。本教材包括"城市绿地系统规划"和"城市绿地详细规划"上下两篇。上篇在简要介绍城市绿地概念、城市绿地功能及城市绿地发展历程的基础上，着重阐述了城市绿地系统规划的基本原理、规划内容和规划程序等。下篇主要围绕城市中的各类绿地(公园绿地、居住绿地、道路绿地、公共设施绿地、工业绿地、其他绿地等)，阐述其在城市建设中的意义、功能、类型，以及其详细规划的原理、原则、方法和相关技术措施等。

【景观美学】 刘晓光主编，2011年12月出版。该书系统论述了景观审美结构与认知结构的内在联系，指出了在系统论理论视角下中国当代景观理论研究与创作实践中的诸多误区与问题。初步形成了景观美学框架，为景观美学理论研究提供新的途径，为景观设计实践提供新的理论与方法。

【集体林权制度改革】 贾治邦编著，2012年1月出版。该书通过重要论述、媒体采访、重要讲话3部分详细阐述了集体林权制度改革的重大意义，集体林权制度改革的指导思想、基本原则和总体目标，明确集体林权制度改革的主要任务，完善集体林权制度改革的政策措施，加强对集体林权制度改革的组织领导，为发展现代林业、建设生态文明、推动科学发展提供有益的借鉴。

【森林防火知识读本】 国家森林防火指挥部办公室组编，2012年3月出版。该书从培养中小学生的森林防火安全意识入手，在讲解如何应对突发森林火灾的同时，着力强化开展森林防火的宣传工作。通过森林防火宣传，为开展森林火灾的预防以及扑救打下良好的基础。

【野生动物移地保护技术】 黄恭情编著，2012年11月出版。该书在介绍野生动物分布和分类特征、自然界动物概况、动物生理机能同时，介绍有史以来人类移地保护野生动物(自古以来人类将野生动物驯养成家畜、家禽)概况。分析总结了国内外野生动物移地保护工作的经验及有关案例。还有饲养条件下野生动物的饲料、管理、繁殖、疾病防治等实践经验和最新科研成果。

【绿化祖国山河 构建生态屏障】 国家林业局造林绿化管理司编，2012年11月出版。该书稿以画册出版形式，实录了近几年我国长江流域防火林体系建设的辉煌成就。彰显了林业在贯彻可持续发展战略中具有重要地位；在生态建设中具有首要地位；在西部大开发中具有基础地位；在应对气候变化中具有特殊地位等四大地位及实现科学发展，必须把发展林业作为战略举措等四大使命，颂扬先进单位、先进人物的光辉形象，展现了各地的防护林造林工程的科技创新经验，将进一步营造防护林工程建设的良好氛围，有效地推动防护林工程科学发展。

【2012中国国际景观规划设计获奖作品精选(上、下)】 国际园林景观规划设计行业协会主编，2012年12月出版。该书是Idea-King国际景观规划设计大奖(艾景奖)面向全球景观规划设计界公开征集作品集，艾景奖的专业领域包括城市规划设计、公共环境设计、居住区环境设计、风景旅游区规划等。征集的作品分为学生组和专业组，按照项目实施程度分为创意方案类、工程实例类等。艾景奖收集的作品主要是风景园林专业设计师的作品，适合风景园林行业工作者学习和借鉴。

(中国林业出版由段植林供稿)

林业报刊

【中国绿色时报社】 2012年，中国绿色时报社“一报两刊一网”在宣传报道中高举生态林业、民生林业两面大旗，围绕生态文明建设和现代林业发展，抓好报道策划、突出报道重点，强化报道创新，全年共推出重点主题报道26个，策划专题报道100多块，组织系列报道50多组，开设专栏70多个，形成了报道规模和声势，并涌现出一批精品力作和优秀版面。其中，15件作品获中国产经新闻奖，两件作品获得参评中国新闻奖资格；《中国绿色时报》《森林与人类》杂志还获得中国绿化基金会授予的2011生态中国媒体奖。

造林绿化宣传 2012年报纸刊发有关造林绿化报道700多篇、绿化专题报道20多块；突出报道了全国造林绿化表彰动员大会；全面报道了全民义务植树运动开展30年来的成就、经验和措施；以《国土绿化群星谱》专栏为主，连续报道了22个基层造林绿化典型。围绕创建国家森林城市、全国绿化模范城市，推出了10个“创森”“创模”专题。

党的十八大宣传 报纸推出了《喜迎十八大 开创新局面》《科学发展 成就辉煌》《喜迎十八大 基层说变化》《弘扬生态文明 建设美丽中国》《贯彻十八大精神 开创林业新局面》等多个专栏，并开设了《践行雷锋精神 续写时代传奇》专栏及《寻找身边的雷锋》等4个子栏目，作为“喜迎十八大 开创新局面”主题宣传活动的一项重要内容。《中国林业》杂志连续5期刊发7篇长篇通讯，图文并茂地呈现了党的十六大以来林业发生的变化及取得的巨大成就，并刊发了《生态文明，“美丽中国”的最美声音》《美丽中国，在幸福中起航——国家林业局学习贯彻十八大精神司局长理论研修班侧记》。

落实领导批示宣传 报社围绕国家林业局局长赵树丛关于北京造林绿化、林业就业、27名大学生重建海南鹦哥岭自然保护区工作站等宣传报道批示，组织刊发北京造林绿化报道50篇、整版专题报道2块，报社因此荣获首都绿化公益事业先进单位，1人荣获首都绿化公益事业优秀个人；刊发《绿色就业 守望幸福》专栏报道20篇；突出报道了海南鹦哥岭青年团队的事迹；完成了对云南陆良“八老”、广西博白县林区88岁的老共产党员庞祖玉、绿化雁北荒山30载被誉为“树爹”的赵德清等人物的通讯报道，取得了良好的宣传效果。

生态和民生林业宣传 报纸杂志将生态林业、民生林业宣传报道作为重中之重贯穿于全年报道的始终。在生态林业方面集中报道了天保、京津风沙源治理等重大生态工程建设，开设了《力行身边增绿 共建绿色家园》《聚焦三北工程》专栏，刊发了《京津风沙源 绿色大变迁》系列报道，同时对福建长汀水土流失治理、贵州石漠化治理、辽宁青山工程等作了突出报道；在民生林业方面集中报道了林下经济建设、林产品加工和森林旅游产业，并开设了《聚焦林下经济》《富民小康经济林》专栏，推出了浙江现代林业、广东幸福林业系列报道。

森林防火宣传 2012年报纸共刊发森林防火报道300多篇；推出了《森林防火科学发展10年》专题报道；开设了《与威威同行》专栏，普及了森林防火知识，增强了公众的森林防火意识。

林业科技宣传 报纸对全国林业科技大会作了重点报道，推出了《林业科技给力绿色增长》8个系列专题版面，刊发了《聚焦2012中国林业科技重大创新》系列报道和《关注国家科技支撑计划林业项目》专栏报道；开设了《聚焦中国林科院重大科技成果》专栏，全方位报道了林业科技取得的重大成果。

集体林改宣传 报纸杂志对集体林改成效与发展趋势进行了重点报道。报纸刊发了北京大学教授厉以宁等8位知名专家对集体林改的评价与建议，对全国林业专业合作组织建设、林下经济发展等以专栏形式进行了突出报道；开设《我家的林改》专栏，集中报道林农子女谈林改前后农村和家庭的变化。

林业产业宣传 《绿色产业》周刊围绕“扩大内需稳增长、发展产业惠民生”等重点，推出了“关注中国经济林”系列报道等；组织策划了10多个林业专业展会、节会报道。《花草园林》周刊围绕青岛世园会，策划了《聚焦2014青岛世园会》专栏报道，参与并报道了2011中国花木产业年度人物评选活动以及中国北京国际花卉园艺博览会等大型活动。《中国林业》组织策划了油茶产业、沙产业、中国竹业发展、中国乡村旅游等8个专题报道。

森林资源保护宣传 围绕森林、湿地、野生动物等资源保护管理工作，以生物多样性保护、林业有害生物防治等为重点，推出了《生物多样性保护行动》系列报道、《聚焦林业有害生物防治》专栏报道；同时对保护森林资源的优秀护林员、公安民警、森警官兵的事迹进行了宣传。《森林与人类》杂志围绕自然保护区建设、湿地建设、爱鸟周活动等推出了“中国国家重要湿地”“中国最美的森林”等专辑。

全国两会林业宣传 2012年两会期间，报纸共开设专栏4个，刊发文字报道48篇、新闻图片26幅；植树节期间还特别推出了《热点聚焦·代表委员寄语植树节》专题报道。

（林业报刊由杜艳玲供稿）

各省、自治区、直辖市林业

18

北京市林业

【概　述】 2012年，北京市园林绿化局按照“稳中求进”的总基调，以科学发展为主题，以转变发展方式为主线，以改革创新为动力，以推动“三个园林”行动计划为重点，全面落实园林绿化“十二五”发展规划。全市新增造林绿化面积2.47万公顷，新增城市绿化面积1330公顷，森林覆盖率达到38.6%，同比增长1%，林木绿化率达到55.5%，同比增长1.5%，城市绿化覆盖率达到46.2%，同比增长0.6%，人均公共绿地达到15.5平方米，同比人均增加0.2平方米，首都地区488万人次以各种形式参与义务植树活动，市委市政府作出实施平原地区百万亩造林工程(北京用5年时间实现新增森林面积6.67万公顷，以下简称平原造林工程)，年内，在全社会的共同推动和广泛参与下，完成平原造林1.70万公顷，植树1671万株。

【实施平原造林工程】 3月16日，平原造林工程正式启动，按照建设标准，一类项目52.5万元/公顷、二类项目45万元/公顷、三类项目42万元/公顷，工程投资100亿元。平原地区造林工程涉及的14个区县(朝阳、海淀、丰台、石景山、门头沟、房山、通州、顺义、大兴、昌平、平谷、怀柔、密云、延庆)。适宜平原地区绿化主要树种刺槐、旱柳、馒头柳、绦柳、千头椿、榆树、银杏、杜仲、泡桐、国槐；适宜城乡绿化美化主栽树种紫花槐、复叶槭、梓树、丁香、绣线菊、紫叶小檗、金叶女贞、黄杨、大叶黄杨、紫藤、凌霄；适宜低山山区造林的针叶树种侧柏、白皮松、华山松、樟子松、油松；适宜山区造林的针叶树种油松、红松、云杉、落叶松；适宜山区造林的阔叶树种银杏、刺槐、栓皮栎、元宝枫、栾树、白蜡、臭椿、皂荚、黄波罗；小乔木及灌木树种有山桃、山杏、黄栌、火炬树、花椒、紫穗槐、沙棘、锦鸡儿、胡枝子，乡土树种为主体的主要树种选择名录和植物配置模式，造林栽植树种达到针叶、阔叶、灌木及藤本4大类100多个，栽植树种适合北京气候特点、节水耐旱、滞尘作用明显，完成平原造林1.70万公顷，植树1671万株。北京市造林66.67公顷以上地块达到51个，333.33公顷以上4块，666.67公顷以上1块，平原地区666.67公顷以上生态片林达到19块。

【首都第28个义务植树日】 4月1日，全市162.8万人参加义务植树日劳动，16个区(县)机关干部群众、驻地官兵、各界人士参加所在区县义务植树活动，义务植树地块与平原绿化造林工程相结合，义务植树日活动在平原造林工程范围内，海淀、丰台、石景山、大兴、通州、顺义、平谷、怀柔、密云、昌平、延庆、门头沟、房山等全市107个认养点、24个义务植树点，共250.2公顷，义务植树地块与城区见缝插绿、身边增绿工程相结合，义务植树地块与重点造林工程相结合，以共建绿色北京为主题。共栽植各类树木152万余株，超计划任务57%。

【全民义务植树】 4月3日，党和国家领导人胡锦涛、吴邦国、温家宝、贾庆林、李长春、习近平、李克强、贺国强、周永康到北京市丰台区永定河畔参加首都义务植树活动。全国人大领导、全国政协领导，中央军委、四总部首长和驻京部队各大单位的百位将军和指战员，中直机关、中央国家机关的200多位部长和机关干部，参加首都义务植树劳动。市各部门、各区县、各社会单位组织广大干部群众，通过参与植树劳动、抚育管理、认建认养、绿化宣传、购买碳汇等多种途径积极参与首都绿化美化建设。首都绿化美化“六进”(进单位、进学校、进军营、进社区、进乡村、进家庭)活动全面展开，全市大专院校、中小学广泛开展“体验绿化劳动、共建绿色校园”等主题绿化活动，广大妇女深入开展“巾帼·家庭——绿色北京‘百千万’行动计划”等4项主题绿化活动。2012年全市完成义务植树400万株，抚育树木1591万株，认建认养绿地410.9公顷，认养树木11.5万株。社会各界购买碳汇750多万元开展碳汇营造林活动。中央和市、区(县)属1116个单位与700个村结对开展“城乡手拉手、共建新农村”活动，通过各种渠道提供扶持资金7850.1万元，支持新农村植树24.6万株。全年创建首都绿化美化花园式街道4个、花园式社区56个、花园式单位150个、园林小城镇5个、首都绿色村庄80个。

【第三届郁金香文化节】 4月22日至5月15日，第三届郁金香文化节在北京国际鲜花港举行。节庆期间，室外集中展示96个品种400万株郁金香，搭配风信子、洋水仙、番红花等精品球根花卉。室内展出朱顶红、贝母、藏红花、观赏葱等228个花卉优良品种，吸引游客30万人次。

【第四届月季文化节】 5月23日至6月24日，第四届月季文化节在北京植物园、天坛公园、陶然亭公园以及纳波湾园艺公司同时举行。开展月季采摘加工、新品种月季、盆栽月季展、月季种苗及新技术推介会等10多项主题活动，吸引游客50万人次。

【全力应对“7·21”特大暴雨救灾工作】 7月21日，暴雨预警后，全市园林绿化系统立即启动应急预案，重点对城区可能影响交通和居民出行的倒树进行清理和扶正加固，排除积水，全市园林绿化系统共有216支应急抢险队7620名抢险队员参与值守备勤、清理城市倒树、排水抢险等工作，累计投入近10万人次，出动抢险救援车辆2320台次、水泵1200台次，共清理河道、公园绿地淤泥约5万立方米，排查危险树木6万余株，清除渣土垃圾150吨，修复滨河森林公园坍塌路面2000平方米。

【节日景观布置】 9月下旬至11月下旬，北京市围绕展示辉煌成就、烘托氛围这条主线，在天安门广场及长安街等重点地段，开展庆祝中华人民共和国成立63周年、迎接党的十八大景观布置，天安门广场中心布置以“祝福祖国”为主题、以花篮为主景的立体花坛，广场中心花坛直径为50米，花篮最宽处11米，顶高15米。

【第四届菊花文化节】 9月22日至11月18日，第四届菊花文化节在北京国际鲜花港、北海公园、北京植物园、世界花卉大观园举办，北京国际鲜花港以“梦幻海洋”为主题，共种植各类花卉面积近11万平方米，共70多万株菊花、300多万株草花品种；北京植物园花展的主题是“菊香北京”，共展出各色花卉近2000个品种，约40余万株；北海公园以“汴菊秋韵、香艳北海”为主题开展活动；9月26日至10月25日，世界花卉大观园有大立菊、拉链龙、绿雕、艺菊盆景等近千个艺菊作品展出，展览面积5万平方米，展出200余个菊花品种、20余万盆菊花。

【政策法规体系】 12月27日，北京市第十三届人民代表大会常务委员会第三十七次会议通过《北京湿地保护条例》，将于2013年5月1日正式实施。年内，市政府批复《北京市林地保护利用规划(2010～2020年)》，编制完成《北京市湿地公园发展规划(2011～2020年)》。

【城市绿色空间】 年内，市园林绿化局按照规划建绿、立体拓绿、见缝插绿、增绿添彩的总体规划，全市完成绿地建设1330公顷。建成广渠秋韵等20处城市休闲公园，提高公共绿地500米服务半径覆盖率，完成屋顶绿化17万平方米、垂直绿化12.4万延长米、居住区绿化170万平方米，推动四环路等主要干道及联络线的增彩延绿，丰富城市景观；11个新城万亩滨河森林公园基本建成免费开放，十大滨水绿廊建设稳步推进，西城“北京营城建都滨水绿道”一期、顺义潮白河绿道试点已建成开放。

【山区生态建设】 年内，山区生态建设以京津风沙源治理、太行山绿化等国家工程为重点，完成人工造林0.49万公顷，推进房山长周路、密云京承三期等重点绿色通道建设，完成绿化966.67公顷，实施区县、乡镇级公路河道绿化300千米，开展森林健康经营，完成封山育林2.45万公顷、林木抚育4万公顷，实施彩色树种造林1.13万公顷，全市4.67万名生态林管护员开展林木抚育、森林防火、病虫害防治和资源保护，京冀区域合作造林0.67万公顷，植树700余万株；全市组织专业养护队1054支，开展以清除拉拉秧为重点的专项治理。

【森林火灾防控】 年内，全市主要地区设立森林防火检查站395个，全市专业森林消防中队达到109支、2645人，加强森林防火基础设施建设，在重点林区实施直升机巡航，全市接报火警148起，形成一般森林火灾1起，同比下降80%，实现“确保不发生重大森林火灾，确保不发生人员伤亡事故”的预期目标。

【有害生物防治】 年内，北京市不断完善与北京周边地区的区域合作和联防联治机制，累计完成防治作业面积63.8万公顷次，人工地面防控面积56.07万公顷次；飞机防治2314架次，预防控制面积7.71万公顷次，全市果树有害生物发生面积23.13万公顷次，防治面积41.27万公顷次；全年预计林业有害生物发生面积4.10万公顷，实际发生面积40.2万公顷，测报准确率98.12%；实施种苗产地检疫面积1.18万公顷，种苗产地检疫率达到100%；成灾面积20公顷，成灾率仅为0.02‰。测报准确率、无公害防治率分别比国家下达的指标任务提高11.12、18.0个百分点，成灾率比国家下达的指标任务降低了1.28个千分点，全市未发生美国白蛾灾害，全面完成国家林业局下达的“四率”(成灾率、无公害防治率、测报准确率、种苗产地检疫)指标和美国白蛾防控任务。

【资源保护】 年内，市园林绿化局通过审核和优化设计方案，减少征占用林地50多公顷，减少移伐树木9.8万株。推进松山、百花山、野鸭湖、翠湖等自然保护区和湿地建设，新建房山长沟、怀柔琉璃庙2个市级湿地公园和延庆曹官营湿地保护小区，恢复湿地575公顷，抢救复壮古树600余株，加强野生动物疫源疫病监测，开展野生动物及其制品专项打击行动，遏制破坏森林资源和侵占、毁坏林木绿地的违法犯罪行为。

【集体林权制度改革】 年内，市委常委会审议通过《全市关于深化集体林权制度改革的意见》。为巩固主体改革成果提供依据，在全市范围内组织“回头看”和督查工作，加大林权证的发放管理力度，出台集体林权抵押贷款工作的指导意见。大力发展林下经济，积极推进农民依林就业增收，带动就业累计30万余人。

【京津风沙源治理工程建设】 年内，全市京津风沙源治理工程建设工程2.62万公顷，其中荒山造林0.37万公顷(人工造林300公顷、爆破造林670公顷)及封山育林2.25万公顷，涉及昌平、门头沟、延庆、怀柔、平谷、密云和房山7个区县。截至10月20日，全市荒山造林任务全部完成，共栽植苗木375万株。修建步道24.8万米、防火道13.8万米，打机井8眼，配备水泵693台，铺设管线45.6万米，施用肥料257.2万千克。

【推进退耕还林阶段任务】 年内，全市开展退耕还生态林地的补植补造工作，区县完成补植补造面积1399公顷，实现退耕还林面积零流失，面积合格率100%，建档率为100%。全市巩固退耕还林成果专项规划退耕地补植补造1399公顷，观光采摘示范园15个，工程计划投资1966万元，其中安排中央专项资金570万元，市级配套资金1396万元。

【支援和田地区防沙治沙项目】 年内，完成对口支援新疆和田地区防沙治沙项目《农十四师47团10连土地治理及富民工程》和《47团防沙治沙试验示范基地建设项目》，目前工程建设已完成，均进入验收阶段，顺利完成北京市对口支援新疆和田地区交钥匙项目。

【科技支撑】 年内，在城乡绿化建设中，组织实施首都平原百万亩造林科技支撑工程、应对空气PM2.5(指大气中直径小于或等于2.5微米的颗粒物)、香山红叶景观提升、园博会新技术应用、林业有害生物的检测防治等科研计划项目32项。实施科技成果推广项目24项，组织制(修)订国家、行业和地方标准40项，引进新品种500余个。

【果品总收入达44.1亿元】 年内，市园林绿化局调整品种结构、推广有机栽培，全市果树总面积15.4万公顷，全年完成果树发展0.44万公顷、531.6万株，更新老杂劣果树0.8万公顷、58.9万株，年产量9.4亿千克，总收入达44.1亿元。设施果树面积达0.14万公顷、产量达到1665万千克。

【京郊果园采摘】 年内，开展“春华秋实——百万市民观光果园采摘游”系列旅游文化活动，采摘开放果园已达1271个，接待游客近千万人次。采摘果品总量达3858.8万千克，采摘直接收入高达5.1亿元，同比2011年增长14.7%。

【花卉产业】 年内，市园林绿化局组织实施花卉育种研发与良种引进，积极推进花卉产业示范基地建设，全市花卉生产面积达到0.47万公顷，实现产值15.5亿元，大中型花卉交易市场40个，花卉零售店1500个，花卉生产企业280个。

【种苗产业】 年内，市园林绿化局审议通过《北京市林业种子标签管理办法》，2013年1月18日起正式实施。2012年全市共有苗圃1013个，育苗面积1万公顷，总产苗量3亿株，实现产值30亿元，可提供绿化苗木1.28亿株，全市针、阔、花灌木的比例为28：38：34。从美国引进20个彩色树种8000株苗木，建立46.67公顷试验示范区，开展抗逆树种的逆境胁迫研究，彩色树种变色与环境因子的关系研究完善东南二环、八达岭高速西三旗段示范区建设，新增车道沟桥绿地的示范区建设，开展齿叶白鹃梅、槭叶铁线莲、茶条槭、花楸、青榨槭等优异的15种树木的繁育技术研究工作。

【林下经济】 年内，市园林绿化局在平谷区峪子林场重点打造国家级林下经济综合示范基地建设，示范基地共完成各类林下经济模式41.33公顷，在昌平区流村镇黄土洼村和长峪城村、延庆县康庄林场和密云县巨各庄镇蔡家洼村开展油用玫瑰示范推广建设工作，新增建设油用玫瑰面积41.33公顷，在昌平区刘村镇等乡镇选取典型的退耕还林效益比较低的地块进行中草药适宜品种筛选试验示范，完成试种面积37.67公顷，在延庆县张山营镇蔡家河平原地区造林项目区开展林下万寿菊种植，面积达666.67公顷，拓展林下经济发展空间，推广林菌、林药等10种模式，发展林下经济0.25万公顷，年产值2.2亿元，带动农民就业8700多人。

【古树名木保护】 年内，园林绿化局加大古树名木隐患排查及支撑加固工作力度，分析查找古树名木安全隐患，重点加强古树名木的检查监测，组织开展全市古树名木保护管理检查，共检查16个区县和5个局直属单位古树名木928株，涉及34个乡镇(街道)、44个村，其中一级古树176株、二级古树752株。

【蜂产业】 年内，北京市蜂产业稳步发展，全市蜜蜂饲养总量达27万群，养蜂总产值1.5亿元。蜂蜜产量375万千克，蜂王浆产量8.8万千克，蜂花粉产量4.9万千克，蜂胶产量1.4万千克，蜂蜡产量2.1万千克，全市有蜂业专业合作组织79个，有蜂业产业基地56个，有养蜂户1万户，养蜂万元户超过2500户，售蜂收入3320万元，蜂授粉收入1500万元，蜂产品加工产值超过8亿元，出口创汇超过1000万美元。

【野生动物检测体系】 年内，调整全市各级陆生野生动物疫源疫病监测站97个，共监测到野生鸟类2316.58万只，其中雁鸭类210.51万只、鸻鹬类2.76万只、鹭类27.78万只、鸥鹈类2.30万只、小鸟类2071.88万只、猛禽1.34万只。

【野生动物救护】 全年共接收野生动物126种、3995只(条)，共放归各类野生动物3150只(条)，放归率达到78.85%；开展野生动物造成损失补偿，共补偿重点保护陆生野生动物造成财产损失243.8万元；强化野生动物保护执法检查。对海淀区紫竹桥官园花鸟鱼虫市场、朝阳区十里河天娇文化城等5个市场及金源燕莎等3个商场进行执法检查，发放宣传品200余份，收缴野生动物3600多只。开展两次打击野生动物及其制品网络犯罪和非法贸易专项行动，出动人员1842人次，排查古玩城、花鸟鱼虫市场79处，清理取缔企业和非法网店29家，清理整治网站和论坛31个，查处野生动物案件1起，处理违法犯罪人员1人，查处涉案企业2家，收缴野生动物及其制品170只(件)，有力震慑了破坏野生动物资源的违法犯罪活动。

【国际合作与交流项目】 年内，中德财政合作项目近自然森林经营和小型水体生态恢复工程实现突破，全年累计开展近自然森林经营0.26万公顷，在7条小流域完成小型水体生态恢复103千米。中德合作项目采取跨地区(河北和北京)、跨部门(园林绿化和水务)合作机制；中韩合作项目进展顺利，建筑面积900平方米的八达岭森林体验馆主体工程基本完工，即将进入内部装修和展示设备安装阶段。完成400公顷的室外体验区体验线路设计，修建了森林教室、露营地、观景台、观鸟台和生态栈道。

【林政资源管理】 年内，全市共审核征收占用林地78件，征收占用林地面积326.61公顷，临时占用林地24件，临时占用林地面积362.45公顷，直接为林业生产服务项目占用林地6件，占用林地面积8.67公顷，征收森林植被恢复费9863.50万元；共办理树木移伐申请1352件，许可移伐树木25 199株；共审批林木采伐5327件，采伐林木211.04万余株，蓄积26.67万立方米。

【“爱鸟周”和“保护野生动物宣传月”系列活动】 2012年，紧紧围绕“爱鸟护鸟，保护鸟类栖息地，建设绿色北京”主题，在大兴区南海子公园举办“爱鸟周”启动仪式，680余人参加活动。开展“三进”(进社区、进学校、进景区)宣传活动，共发放爱鸟护鸟、保护野生动物宣传袋8000余个、宣传材料36 500余份、宣传单和宣传图册1万份，展示宣传图版120余块，2.2万余人接受宣传。通过进社区、进学校、进景区等宣传形式贴近群众，与群众交流互动，收到良好的效果。

【国家级和市级重点公园】 年内，景山公园、中山公园、劳动人民文化宫等历史名园入选《中国世界文化遗产预选名单》，颐和园等十家国家重点公园已完成总体规划编制进入报审程序。八达岭—十三陵国家级风景名胜区详细规划编制有序推进；颐和园德和园、北海小西天万佛楼等古建筑修缮工程竣工；13处郊野公园旅游配套设施建设完成。大力加强全市公园风景区分级分类管理，确定主要公园名录，国家级和市级重点公园达到46个，精品公园达到91个，公园免费开放比例达到86%，公园和风景名胜区年接待游客2.5亿人次。

【第九届中国国际园林博览会筹办工作】 第九届中国国际园林博览会三大标志性建筑——中国园林博物馆、主展馆、永定塔主体建设基本完成；国内外展园建设初具规模，全国59个城市46个展园建设进度良好，各省市展园完工，特色展园进展顺利。有25个国家的34个城市、机构确定参展，并陆续进场。园区内市政基础工程基本竣工，园区周边地铁、道路建设、环境整治进展顺利。开展2019年世界园艺博览会(A1级)申办工作并得到国际园艺生产者协会正式批准。取得2016年世界月季洲际大会举办权。2013年第十一届中国菊花展、2014年世界葡萄大会等筹备工作顺利推进。

【林业大事】

1月1日 《北京市园林绿化资源损失鉴定工作管理暂行办法》公布实施。

1月4日 怀柔区新城绿地系统规划正式获批。规划期限为2008～2020年。规划总面积2122.6平方千米。

1月11日 国家森林防火指挥部办公室主任、国家林业局森林公安局局长王海忠一行到丰台检查指导森林公安、森林防火工作，慰问森林公安民警及专业森林消防队员。

1月30日 首都绿化委员会召开第31次全体(扩大)会议。市委副书记、市长、首都绿化委员会主任郭金龙主持并讲话，首都绿化委员会办公室主任、市园林绿化局局长邓乃平作关于2012年首都绿化美化建设工作安排的汇报，审议通过2011年度首都绿化美化先进集体、积极分子评比结果。

2月1日 市委书记刘淇主持召开十届市委常委会第232次会议，听取市园林绿化局起草《关于实施平原地区百万亩造林工程的意见》的汇报。

2月2日 第16个“世界湿地日”，市园林绿化局和中国林科院联合召开世界湿地日座谈会。

2月8日 国家林业局批准通州区、延庆县、市共青林场3个单位为全国森林资源可持续经营管理试点单位。

2月14～15日 中共中央政治局常委、全国政协主席贾庆林在北京调研，考察了大兴区南海子公园的建设情况，并全面了解了北京市平原地区植树造林、保护湿地等生态建设项目的进展情况。

2月13～15日 副市长、市平原地区造林工程建设总指挥部总指挥夏占义率队对平谷、密云、怀柔、昌平、大兴5个区县进行调研检查。市政府副秘书长、市总指挥部常务副总指挥安钢，市总指挥部副总指挥、市园林绿化局局长邓乃平参加。

2月22日 北京市在2011年全国营造林实绩综合核查工作中，在全国35个省级单位中排名第三。在全国林业重点工程营造林实绩和成效核查中，北京市与湖南省并列第一。

2月23日 市政府、首都绿化委员会召开首都绿化美化总结表彰暨动员大会。中央政治局委员、市委书记刘淇出席。市委副书记、市长、首都绿化委员会主任郭金龙讲话。副市长、首都绿化委员会副主任陈刚主持，副市长、首都绿化委员会副主任夏占义作了工作报告。首都绿化委员会办公室主任邓乃平宣读了《北京市人民政府、首都绿化委员会关于表彰2011年度首都绿化美化先进集体积极分子的决定》和《致中直机关、中央国家机关部级、驻京解放军、武警部队军职领导干部的感谢信》。

同日 副市长、市平原地区造林工程建设总指挥部总指挥夏占义主持召开总指挥部第一次全体会议。通过了《北京市平原地区造林工程建设领导小组、总指挥部、办事机构职责及组成人员名单》和《2012年度北京市平原地区造林工程建设总体方案》。

2月28日 市园林绿化局治沙办与新疆和田地区签订防沙治沙生态治理项目意向书。

2月29日 全市园林绿化工作会召开。副市长夏占义讲话，副秘书长安钢主持，市园林绿化局局长邓乃平作工作报告。

3月1日 市防火办召开电视电话会议，安排部署全市“两会”期间森林防火工作。

同日 局(办)政务微博“@首都绿化”http：//weibo.com/u/2611712083)在新浪“北京微博发布厅”正式上线。

3月16日 2012年北京市平原地区造林工程建设动员大会和平原地区造林工程建设启动仪式暨植树活动在通州区举行。市长郭金龙主持，副市长夏占义作工作报告，市委书记刘淇作重要讲话。市人大常委会主任杜德印、市政协主席王安顺参加。会后，市领导与各界代表参加植树活动。

3月1～20日 全市开展摸底排查野生动物及其制品网络犯罪和非法贸易情况集中行动。

3月22日 2012年全市公园风景名胜区工作会议召开。

3月24日 共和国部长义务植树活动在大兴区南海子郊野公园举行。中共中央直属机关和中央国家机关各部委、单位，北京市政府共202名省部级领导参加。市长郭金龙参加。

同日 世界自然保护联盟(IUCN)驻华代表朱春全博士、世界自然基金会(WWF)北京代表处林业项目主任韩峥、国际环境与发展研究所(IIED)专家詹姆斯·迈耶斯和卜慧明研究员考察密云新城子镇花园村“密云水库流域森林景观恢复与生计改善”项目。

3月22~24日 中韩合作“北京八达岭地区森林资源保护与公众教育”项目韩方专家组组长黄永炫教授和韩国基坛景观设计事务所尹仁圭所长等专家来北京市中韩项目区开展技术咨询。

3月25日 北京市2012年“爱鸟周”和“保护野生动物宣传月”启动仪式举行。

3月26日 中共中央政治局委员、中央军委副主席郭伯雄到昌平区百善镇参加义务植树劳动。中央军委委员及四总部、驻京部队各大单位、武警部队和军委办公厅等共计101位领导参加。

3月31日 市园林绿化局局长、第九届园博会组委会办公室主任邓乃平主持召开第九届园博会组委会办公室第十二次会议，审定组委会第二次会议材料。

4月1日 首都第28个全民义务植树日。市委书记刘淇和首都市民代表在建国门桥西北角绿地共同植树。市长郭金龙在西城区天宁城市休闲公园广场绿地参加义务植树活动。市人大常委会主任杜德印与市、区、乡镇人大代表在朝阳区温榆河大道共植“人大代表林”。市政协主席王安顺与首都市民一起参加石景山区义务植树活动。市委、市人大常委会、市政府、市政协、北京卫戍区领导与市民一起，积极参加活动。全市共有162.8万人参加义务植树劳动，栽植各类树木152万余株，养护树木467万株，清扫绿地1357万平方米，设立宣传咨询站1037个，发放宣传材料90万份。

4月3日 党和国家领导人胡锦涛、吴邦国、温家宝、贾庆林、李长春、习近平、李克强、贺国强、周永康到丰台区永定河畔参加首都义务植树活动。

同日 首都绿化委员会办公室与全军环保绿化委员会办公室、市教委、市总工会、团市委和市妇联召开首都绿化美化“六进”活动新闻发布会，推进首都绿化美化进单位、进学校、进社区、进乡村、进军营、进家庭活动。

4月13日 第九届园博会组委会办公室组织召开园博会设计师广场专题会。

4月14日 市委书记刘淇，中宣部部长刘云山与首都文化界千名代表一起在昌平区北七家镇海鶄落村平原造林地段参加植树活动，启动首都文化林建设。

4月16日 全国森林草原防火工作电视电话会议召开，会后，北京市立即组织贯彻落实会议精神。市森林防火指挥部总指挥、副市长夏占义讲话，市森林防火指挥部副总指挥、市园林绿化局局长邓乃平分析当前形势，并安排部署下一步工作。

5月1日 平谷区新城滨河森林公园、门头沟区(一期)新城滨河森林公园开园。

5月2日 市委书记刘淇深入到昌平区、顺义区、通州区造林工程地块实地调研检查。市领导吉林、李士祥、牛有成、夏占义参加。

5月11日 副市长陈刚带队，北京市代表团一行26人，参加了第八届重庆园博会闭幕式暨北京第九届园博会接旗仪式。市园林绿化局局长邓乃平、副巡视员廉国钊参加。

5月12日 北京海外学人中心举办2012“北京海外人才创业林”认养活动暨海外学人奥林匹克森林公园长走活动。首都绿化委员会办公室巡视员王苏梅参加。

5月14日 北京市园林绿化局与新疆维吾尔自治区林业厅举行对口支援合作协议签字仪式，市园林绿化局局长邓乃平，党组副书记、巡视员刘宝军，新疆维吾尔自治区林业厅党委书记张小平、厅长尼加提·马合木提参加。

5月15日 市机构编制委员会批复，市平原地区造林工程建设领导小组为市政府议事协调机构，总指挥部在领导小组领导下开展工作。领导小组组长为市委副书记、市长郭金龙，副组长为市领导吉林、牛有成、陈刚、夏占义和市政府秘书长孙康林、北京卫戍区副司令员李建设。总指挥由副市长夏占义担任，领导小组、总指挥部办公室设在市园林绿化局。

5月16日 《北京市野生动物危害预防控制指导手册》发布。

5月18日 16名参加发展中国家应对全球气候变化的林业经营理念与实践管理官员研修班的林业官员，考察北京市八达岭林场森林健康试验示范区。

5月22日 国家林业局局长赵树丛在京调研平原造林工作。

5月23日 第四届北京月季文化节开幕。

5月24日 副市长夏占义带队检查北京城市绿化美化工作，市政府副秘书长安钢、市园林绿化局局长邓乃平参加。

同日 全市公园风景区管理工作会召开。

5月27日 2012年京冀生态水源保护林建设合作项目工作会召开。首都绿化办副主任甘敬参加，河北省、张家口市、承德市林业部门负责同志参加。

5月29日 “北京中日民间友谊林”项目总结会召开。国家林业局对外合作项目中心负责同志、首都绿化办副巡视员张建民参加。北京环境保护基金会秘书长顾家橙主持。

5月31日 国家林业局副局长张永利到朝阳区检查美国白蛾防控工作情况。

6月4日 市防火办召开全市森林防火工作总结会，总结、部署工作。市园林绿化局局长邓乃平参加。

6月7~8日 韩国釜山市环境绿地局局长金荣焕、韩国驻华大使馆农业参赞赵逸镐和韩国国际协力团中国事务所郑胤吉访问市园林绿化局，就两市开展园林绿化国际合作与邓乃平局长、甘敬副主任交流、探讨。

6月10~12日 中科院动物所、中科院植物所、国土部评审中心、国家海洋局等单位专家组成联合评估组对松山、百花山国家级自然保护区评估检查。

6月14~15日 “绿盾2012”北京市林业植物检疫

执法检查行动启动仪式暨检疫执法培训班举办。

19日 土耳其林业水务部参观团到直属森林防火队(航空护林站)参观。

6月21日 第九届中国(北京)国际园林博览会企业捐建设计师展园签约仪式举行。

6月26～29日 北京、天津、河北、山西、内蒙古在京召开2012年华北5省(区、市)森林防火森林公安工作联席会议。会议通过了《京津晋冀蒙交界区森林火灾联合处置应急预案》。国家林业局森林公安局局长王海忠,市园林绿化局局长邓乃平、副局长黄德峰等参加。

7月21日 北京遭遇61年未遇的大雨,"7·21"特大自然灾害导致平原造林受灾面积1158.93公顷,积水面积741.73公顷,倒伏树木2.3万株。

7月23日～8月3日 国家林业局核查小组到北京市开展2012年度退耕还林工程阶段验收国家级核查。

7月26日 东城区园林绿化管理中心成立。

8月8～22日 市园林绿化局在全市范围开展林木绿地养护管理和景观环境治理专项工作。

8月13日 《北京市林地保护利用规划(2010～2020年)》获市政府批准。

8月14日 经市政府同意,北京市主要公园共46个,范围为国家级重点公园和市级重点公园。

8月15日 京津冀森林防火工作联席会议在天津市召开。

况调研。

8月26～27日 "三北四期工程总结表彰暨五期工程启动大会"召开。

8月29日 市园林绿化局完成全市15个区、县以及北京市园林绿化有限公司申报的特、一级绿地的实地检查工作。

8月30日 昌平区半塔郊野公园建成开园。

8月31日 怀柔区首座园林植物组培室建成。

同日 北京市2012年京津风沙源治理工程荒山造林任务全部完成。荒山造林0.36万公顷,栽植苗木375万株。

9月5日 国家林业局防火办副主任焦德发到市直属森林防火队(航空护林站)调研国家物资储备库管理和项目建设情况。

9月11日 住建部国家级风景名胜区执法检查组检查八达岭—十三陵国家级风景名胜区。

9月14日 北京市第三届职业技能大赛绿化工复赛落幕。

9月20～21日 国家林业局退耕办召开2012年度退耕还林阶段验收工作总结会。

9月22～11月18日 第四届北京菊花文化节举办。

9月26日 北京市2013年度森林防火工作表彰动员大会召开。市森林防火指挥部指挥、副市长夏占义讲话,市园林绿化局局长邓乃平作报告。

9月28日 全国森林防火工作视频调度会议召开,国家森林防火指挥部总指挥、国家林业局局长赵树丛讲话。会后,北京市森林防火指挥部副总指挥、市园林绿化局局长邓乃平要求全市各级森林防火机构认真贯彻落实,全面做好"两节"及"十八大"期间全市森林防火工作。

10月1日 怀柔新城滨河森林公园开园。

10月8日 北京市退耕地还生态林和经济林1999～2004年全部完成阶段验收。

10月9～12日 市园林绿化局组织专家检查精品公园创建工作,提出2012年精品公园推荐名单。

10月18日 北京市园林绿化局(首都绿化办)《关于加强全市园林绿化行业文化建设的指导意见》发布。

10月15～18日 全国绿化委员会核查组对石景山区创建全国绿化模范城市(区)工作核查。

10月19日 国土资源部部长、国家土地总督察徐绍史到海淀区考察平原地区造林工程建设情况。

10月19日 副市长夏占义到西城区检查义达里胡同绿化建设成果和北京营城建都滨水绿道建设情况。召开北京市城区绿化美化暨迎接十八大环境布置工作会,夏占义副市长讲话,邓乃平局长主持,周剑平副局长安排工作。

11月1日 新华社、《人民日报》《北京日报》、北京电视台等20多家中央、市属重点媒体到昌平区和延庆县实地考察、采访平原造林工程。

11月3～4日 北京市遭遇近年来最大暴雪。截至11月5日延庆县共发生树木倒伏91 229株,树木折枝591 275株。

11月5日 东城、西城、朝阳、海淀、丰台、石景山6城区野生动物保护执法安全工作座谈会召开。

同日 市园林绿化局召开全市公园风景区工作会。

11月22日 中共中央政治局委员、市委书记郭金龙到通州大运河森林公园考察。市领导赵凤桐、陈刚、夏占义陪同。

11月23日 北京市水利工程建设和2013年平原地区造林工程建设动员大会在北京会议中心召开。市委书记郭金龙作重要讲话,代市长王安顺主持,副市长夏占义对今后4年全市水利建设任务及2013年平原地区造林工作进行部署。

11月28日 西城区、怀柔区和延庆县3区县人民政府、绿化委员会举行首都绿化美化"城乡手拉手,共建新农村"活动签约仪式。

11月28～29日 北京市防控危险性林木有害生物指挥部办公室召开会议总结、交流、部署危险性林木有害生物防控工作。

12月10日 东城区政府专题会议决定柳荫公园、青年湖公园从2013年1月1日起实行免费开放。

12月11～13日 京津沪渝四市绿化协作区会议在重庆市北碚区召开。

12月27日 市十三届人大常委会第三十七次会议表决通过《北京市湿地保护条例》,2013年5月1日正式施行。

12月28日 北京西山国家森林公园通过国家级AAA级景区评定。

同日 丰台花园被授予国家AA级旅游景区。

(北京市林业由齐庆栓供稿)

天津市林业

【概 述】

植树造林 造林任务超额完成。全市共造林1.29万公顷，占计划的112.7%。其中：重点造林工程完成4633.33公顷，占计划的119.6%。全民义务植树工作成效显著。分别组织市党政军领导、市直机关干部和全市大专院校师生以及在津外国专家、留学归国人员代表开展义务植树活动，同时配合新闻媒体进行宣传报道，收到良好效果，义务植树范围和影响不断拓展。截至2012年年底，全市有林地面积达到21.47万公顷，林木覆盖率22.1%。

林政资源管理 ①完成了《天津市林地保护利用规划(2010～2020年)》编制工作并获市政府批准。②做好征占用林地审批工作，全年审核审批56项，征占用林地面积163.5公顷，收取森林植被恢复费721万元。③实行森林采伐限额管理，本着科学合理使用的原则，对采伐证使用管理情况进行督导检查。④配合有关单位开展了清理整治全市高尔夫球场和违法占地活动。⑤森林资源二类调查工作基本完成，目前正在进行数据核实。⑥指导完成了1万亩新建苗圃工程。

森林病虫害防治 召开了天津市美国白蛾防治工作动员会。完成三代美国白蛾防治工作，全市美国白蛾防治作业面积18.62万公顷，其中地面施药作业面积13.14万公顷，飞机防治作业面积1.8万公顷，人工剪网2.61万公顷，施用病毒1.07万公顷。共出动106 794人次，35 039车次，动用药械1710台套。第三代防治作业完成后，市防控办组织了检查验收，全市有农业区县防后平均有虫株率为0.05%，主要风景区、交通要道两侧及重大活动场所周边等关键部位，叶片保存率97.48%；村庄及周边等其他地区，叶片保存率91.23%，达到了国家林业局下达的防控指标。其他林业有害生物全年防治作业面积7.78万公顷，其中春尺蠖防治作业面积1.21万公顷，杨扇舟蛾防治作业面积4.45万公顷，光肩星天牛防治作业面积0.96万公顷，杨树病害防治作业面积1.14万公顷。

森林防火 加强森林防火工作组织领导，传达全国森林防火电视电话会议精神，统一全市上下做好森林防火重要性的思想认识。进一步落实了“谁主管、谁负责”的森林防火责任制。森林防火工作已取得连续22年无重大森林火灾的成绩。加大森林防火项目投入，制定了市级重点火险区综合治理规划；实施重点时期、重点地区火险排查，及时下发火险隐患整改通知；组织开展森林防火宣传活动，在重点林区设立警示宣传板；召开京津冀3省市联防工作会议，建立了区域森林防火联动机制；成功处置了蓟县“3·29”森林火情，避免了重大森林火灾的发生。

野生动植物保护与管理 ①组织野生动物资源外业调查，共发现鸟类68种，特别是观测到全球极危物种白鹤73只，成为突破性发现。②开展野生动物救护工作，救护国家二级重点保护野生动物70余只，市级保护动物300余只。③森林公安局在“亮剑行动”“利剑行动”中，会同北京、河北、内蒙古森林公安局联合查处贩运、倒卖野生动物案件，查获国家保护野生动物425只，有力打击了破坏野生动物违法犯罪行为。④及时有效处置了北大港东方白鹳中毒事件。相关部门和局领导在第一时间赶赴案发现场进行处置，积极组织力量开展救治，事件进展情况随时上报国家林业局和市政府主管领导，坚持每天做好工作记录，配合公安部门两周之内将案件成功告破。

党建工作 ①坚持抓好理论学习。加强中心组理论学习，完善处级以上领导干部培训调训工作机制，落实了基层党支部集中学习制度。②修改完善了《天津市林业局党委会议制度》，坚持重大问题集体讨论研究决定。③深入开展保持党的纯洁性教育，广大党员干部党的意识、政治意识、危机意识、责任意识不断增强，工作作风更加扎实深入。④组织开展创先争优活动，评选表彰了先进党支部3个、优秀党务工作者3名、优秀党员11名。⑤加强基层党支部建设。制定了《党的组织生活制度》《党支部工作细则》《发展党员工作细则》；建立了市种苗站党支部，完成了13个基层党支部的调整和换届选举工作。⑥进一步推进党风廉政建设。认真落实党风廉政建设责任制，抓好廉政风险防控机制建设，对重点工程资金和林业专项资金进行了审计检查。

机关自身建设 ①先后出台并修改完善了《天津市林业局局长办公会议制度》《天津市林业局财务管理暂行办法》等10多项制度，并组织了学习培训，机关的办文、办事能力和工作效率明显提升。②加强应急值班值守。积极应对“惠森集访”事件，圆满完成了市第十次党代会、达沃斯论坛、国际矿业大会和十八大期间的维稳任务。③抓好机关食堂管理和办公楼的维护改造，办公和生活条件进一步改善。④直属单位建设稳步发展。

【市级重点造林工程】 2012年，市级重点工程共完成造林面积4633.33公顷，植树496.6万株。其中：①津晋高速绿化工程由于土地流转等问题未能完成，完成土方8万立方米。②京沪高铁联络线绿化工程。共完成造林面积600公顷，植树5.1万株，完成土方3.4万立方米。③滨保高速绿化工程。共完成造林320公顷，植树52.8万株，完成土方121.3万立方米。④成片林地绿化工程。共完成造林面积2533.33公顷，植树216万株。⑤环城绿化工程。共完成造林面积93.33公顷，植树19.3万株。⑥园区绿化工程。共完成造林面积0.23万亩，植树25.8万株。⑦重要通道绿化工程。共完成造林面积900公顷，植树109.9万株，完成土方73.9万立方米。

【爱鸟周】 2011年4月15～21日，由天津市林业局、滨海新区农业局主办，天津市野生动植物保护管理站、滨海新区大港城乡一体化办公室承办，天津市野生动物救护驯养繁殖中心、天津市林业局森林公安局、滨海新区大港农业服务中心协办的以“走进湿地、保护候鸟”为主题的第三十一届爱鸟周宣传活动正式举办。市林业局局长张宗启出席首日活动，市林业局副局长王海静参加活动并致辞。

活动中，市野保站、市林业局森林公安局、大港城乡一体办等相关部门工作人员和护鸟志愿者对非法猎捕鸟类的鸟网等不法设施进行了清除，就地销毁鸟网100余片。同时，在甜水井闸口、北大港水库各出入口等多个区域悬挂“爱鸟护鸟”宣传标语12余幅，并深入居民区入户发放宣传页300余份。来自华夏未来少儿艺术中心的小朋友代表和工作人员一起将已救治痊愈的16只野生鸟类放归自然，其中包括国家一级重点保护鸟类玉带海雕1只、国家二级重点保护鸟类灰鹤2只。通过爱鸟周宣传活动，公众对湿地及鸟类资源有了更多的了解。同时，增强了法律意识和生态文明意识，震慑了非法猎捕鸟类等不法行为，也使公众更加关注野生动物及其栖息地保护，促进了人与自然的和谐发展。

【林业有害生物防治】 ①落实目标管理责任制。2012年全市林业有害生物发生面积4.96万公顷，全部进行了有效防治，其中无公害防治面积4.81万公顷，无公害防治率为96.95%；主要林业有害生物的平均测报准确率为95.55%；全市应施产地检疫种苗面积0.64万公顷，全部实施了产地检疫，种苗产地检疫率达到100%；全年成灾率为0。全面完成了国家林业局下达的成灾率2.5‰、无公害防治率95%、测报准确率90%、产地检疫率99%的指标。②全面开展“绿盾2012”检疫执法检查。成立由张宗启局长任组长的“绿盾2012”林业植物检疫执法检查行动领导小组，召开全市“绿盾2012”林业植物检疫执法检查行动动员会，下发了《天津市“绿盾2012”林业植物检疫执法检查行动方案》，并组织检疫人员深入涉林企业，开展植物检疫法律、法规宣传，同时加强检疫管理，规范各级检疫机构的档案管理，保障各项活动顺利开展。本次行动全市共召开专题会议13次，其中市级1次、区县级12次；举办培训班2期，培训150人次；组织执法行动110次，与其他部门联合执法22次，共出动执法人员1091人；检查苗木花卉基地107个，检查涉木企业117家，检疫种苗花卉811.99万株，检疫木材等23.27万立方米，检查木质包装箱、线缆盘2.2万个，重点工程造林苗木检疫率达100%；发放各类检疫执法宣传材料14 922份。③防止松材线虫病入侵。根据《天津市“绿盾2012”林业植物检疫执法检查行动方案》的要求，各区县对调运、加工、经营、使用松木及其制品情况进行全面检查，对公路、铁路、电力、通信、采矿等工程建设中运输、存储、使用、废弃松木及其制品(含电缆盘、光缆盘、包装箱等)进行重点检查，对辖区内已备案的从事松木生产、加工、贸易的企业的样品进行抽样调查，对全市463家涉木企业进行了走访和调查，重点对113家松木生产、加工和经营企业备案登记，建立统一档案，实施检疫监管，检查木质包装箱、线缆盘等22 006个，未发现携带松材线虫病。

【全市造林绿化工作动员会】 11月9日，市政府召开2012～2013年度造林绿化工作动员会议，总结去年冬今年春造林绿化工作，部署今年冬明年春造林绿化任务。副市长李文喜出席会议并做重要讲话。市政府秘书长王宏江主持会议。市林业局局长张宗启安排部署今年冬明年春造林绿化任务。滨海新区、北辰区、武清区、静海县政府负责同志作了典型发言。市有关部门负责同志，滨海新区和有农业区县主要负责同志及分管负责同志，塘沽、汉沽、大港管委会主任和分管副主任参加了会议。李文喜充分肯定了天津市造林绿化工作取得的成就。关于郊野公园规划和建设工作，李文喜作了部署。

【郊野公园建设】 针对天津市城市周边和滨海新区缺少成片森林的现实，在研究制定《2011～2015年造林绿化规划》时，市领导提出在环城四区和滨海新区开展郊野公园建设。规划“十二五”期间建设7个郊野公园，截至2012年年底。北辰郊野公园一期工程已基本完成，造林绿化900公顷，初步形成了集生产、生活、休闲旅游等多功能于一体，水绿相融、和谐自然的生态景观。西青郊野公园完成一期工程土方190万立方米，造林36.67公顷；东丽郊野公园完成一期工程土方20万立方米。滨海新区和津南区郊野公园规划正在修改完善中。

【天津市第二次陆生野生动物资源调查】 1月11～13日，天津市第二次陆生野生动物资源调查发现鸟类15种、2263只。其中，国家一级保护鸟类遗鸥261只，列入《濒危物种动物红皮书》中的鸟类黑嘴鸥425只，其他受保护鸟类1577只。本次调查发现的黑嘴鸥数量为北京师范大学监测十年来数量最多的一次。

【林业大事】

2月9日 市林业局召开造林绿化工作座谈会。市林业局局长张宗启出席会议并讲话。副局长齐龙云、吴学东参加会议。会议由吴学东主持。滨海新区及有农业区县林业主管部门主要负责同志参加会议。

3月29日 市林业局召开深入开展保持党的纯洁性教育活动动员大会。局党委书记陶润立作动员讲话，局长张宗启主持会议，局党委副书记李春国作部署，局领导班子成员王海静、齐龙云、吴学东、李果丰出席会议。局机关全体党员、直属单位领导班子成员和离退休党支部书记参加了会议。

3月31日 本市召开春季造林、森林防火和美国白蛾防治工作会议，市委常委荀利军、副市长李文喜出席会议并讲话。市政府副秘书长于忠诚，市委农工委书记、市农委主任张国庆，市林业局党委书记陶润立、局长张宗启出席会议。市市政公路局、市农垦集团负责同志，滨海新区、有农业区县分管区县长及林业部门主要负责同志参加会议。

4月15日 第三十一届爱鸟周宣传活动在北大港湿地自然保护区拉开帷幕。市林业局局长张宗启出席首日活动，市林业局副局长王海静参加活动并致辞。天津市财政局、天津市野生动物保护协会等相关部门负责同志，护鸟志愿者以及新闻媒体的记者共100余人参加了活动。

5 月 2 日 市委农工委任命张宗启为市林业局(市绿化委员会办公室)党委委员、副书记；王志信为市林业局(市绿化委员会办公室)党委委员、副书记；李春国不再担任市林业局(市绿化委员会办公室)党委副书记、党委委员职务，退休；免去王海静市林业局(市绿化委员会办公室)副局长、党委委员职务(津党农干〔2012〕17 号)。

5 月 8 日 市林业局召开“绿盾 2012”林业植物检疫执法检查行动专项会议，传达国家林业局启动“绿盾 2012”全国林业植物检疫执法检查行动电视电话会议精神，部署天津市林业植物检疫执法检查工作。

5 月 29 日 市林业局召开党员干部会议，传达学习市第十次党代会精神，研究部署当前工作。局党委书记陶润立传达市第十次党代会精神并部署工作。会议由局长张宗启主持，局领导王海静、李春国、齐龙云、吴学东、李果丰出席会议。局机关处级干部和全体党员、直属单位领导班子成员、濒危办北京办事处负责同志和离退休党支部书记参加了会议。

5 月 21 ~23 日 市林业局在团泊湖温泉宾馆举办了天津市林业行政许可(行政审批服务)培训班，局机关有关处室、站，区、县林业行政主管部门负责行政许可工作的同志参加了培训。

5 月 27 ~30 日 国家森林资源连续清查天津市第四次复查工作会议暨技术培训班在蓟县召开。市林业局局长张宗启出席会议并讲话，国家林业局规划设计院总工程师张煜星、副总工程师魏建祥及蓟县政府副县长田建国出席会议。会议由市林业局副局长吴学东主持，市林业工作站、市林业调查规划设计院和各区县林业部门的相关领导、技术人员共 120 余人参加了会议及培训。

7 月 25 日 市委副书记何立峰到市林业局调研并召开座谈会。市委办公厅相关同志及市林业局领导班子成员参加座谈。座谈过程中，何立峰就林业有关工作做了讲话，市林业局局长张宗启作了汇报。

8 月 14 ~16 日 京津冀 3 省市在天津市宝坻区召开了森林防火联席会议。北京市园林绿化局、天津市林业局、河北省林业厅森林防火工作分管领导，森林防火指挥部办公室负责同志出席会议。

8 月 24 日 市委农工委任命李果丰为市林业局(市绿化委员会办公室)副局长(副主任)，免去其天津市林业局办公室主任职务；李俊柱任天津市林业局党委委员(津党农干〔2012〕33 号)。

8 月 28 日 市林业局在静海县举办了国家湿地公园申报培训班。市林业局副局长吴学东出席开班仪式并致辞。本次培训班邀请了国家林业局湿地保护管理中心领导授课。部分区县政府相关部门领导及全市有农业区县林业行政主管部门分管领导和负责同志参加了培训。

9 月 6 日 天津市森林防火指挥部组织部分成员单位参加了全国秋冬季森林防火工作电视电话会议，并就贯彻落实会议精神召开了专题会议。天津市人民政府副秘书长、天津市森林防火指挥部副总指挥于忠诚出席并讲话。市森林防火指挥部副总指挥、市农委副主任沈欣，市林业局副局长齐龙云出席会议。

10 月 18 日 国家林业局农村林业改革发展司司长张蕾一行 6 人来天津市静海县考察调研林下经济工作。

10 月 25 日 市政府在市规划局召开会议，审核西青区郊野公园规划方案，听取市郊野公园建设工程指挥部办公室关于全市郊野公园规划建设进展情况的汇报。副市长熊建平、李文喜，副秘书长于忠诚出席会议。市农委、市发改委、市建交委、市财政局、市规划局、市国土房管局、市水务局、市林业局、市市政公路局以及西青区负责同志参加会议。

11 月 1 日 市野保站会同市林业局森林公安局联合召开了全市严防乱捕滥猎候鸟等野生动物非法活动会议。

11 月 9 日 市政府召开 2012 ~2013 年度造林绿化工作动员会议，总结去年冬今年春造林绿化工作，部署今年冬明年春造林绿化任务。副市长李文喜出席会议并讲话。市政府秘书长王宏江主持会议。市林业局局长张宗启安排部署造林绿化任务。滨海新区、北辰区、武清区、静海县政府负责同志作了典型发言。市有关部门负责同志，滨海新区和有农业区县主要负责同志及分管负责同志，塘沽、汉沽、大港管委会主任和分管副主任参加了会议。

11 月 21 日 市林业局召开造林绿化工作座谈会，听取各区县和市林业局各督导组关于冬季造林进展情况的汇报，具体分析目前各区县存在的主要问题。市林业局局长张宗启出席会议并讲话。有农业区县林业主管部门主要负责同志参加会议。

11 月 29 ~30 日 由国家林业局濒管办副主任周亚非、国家林业局北京专员办副专员向可文等 6 人组成的督导组来津，就天津市野生动物保护情况及东方白鹳中毒事件的处置情况进行督查、指导。市林业局局长张宗启、党委副书记王志信、副局长李果丰、党委委员李俊柱以及市野保站、市林业局森林公安局负责同志分别参加了座谈和市场检查活动。

12 月 10 日 市委农工委任命王祥明为天津市林业局(市绿化委员会办公室)办公室主任(试用期一年)；冯学良任天津市林业局(市绿化委员会办公室)调研员(津党农干〔2012〕47 号)。

12 月 11 ~13 日 市林业局举办了学习十八大精神报告会、中心组学习和处级干部培训班。局党委书记陶润立主持中心组学习，出席报告会和培训班学习体会交流会并讲话。党委副书记王志信主持报告会和培训班学习，局领导班子成员参加了中心组学习并出席报告会和培训班学习体会交流会。

12 月 13 ~14 日 市林业局召开全市林业统计工作培训会议，市林业局副局长齐龙云出席会议，有农业的区县农经委、林业局和塘沽、汉沽、大港一体办负责林业统计工作的科长，林业统计人员及财务人员参加了会议。

12 月 14 ~16 日 市野保站负责同志及相关工作人员赴北大港湿地为在此滞留的东方白鹳、苍鹭等迁徙候鸟投喂食物，大港城乡一体化办公室、大港农业服务中心野保站及志愿者协助完成本次投喂工作。

12 月 31 日 市委农工委决定，王志信不再担任市林业局(市绿化委员会办公室)党委副书记、党委委员职务，退休(津党农干〔2012〕52 号)。

(天津市林业由王浩供稿)

河北省林业

【概　述】 2012年，河北省林业建设在国家林业局和河北省委、省政府的坚强领导下，全省林业干部职工积极进取，扎实工作，圆满完成全年各项目标任务。

造林绿化　坚持把京津风沙源治理、退耕还林、三北防护林、太行山绿化、沿海防护林等重点工程作为增林扩绿的主体，突出抓了平山等10个3万亩以上造林大县、平泉等10个万亩以上封山育林大县，全年完成造林29.6万公顷，为目标任务的106%。2012年全国营造林核查河北省合格率达到97.2%，高出全国平均水平2.5个百分点。全省义务植树1.2亿株，省委书记张庆黎等30位省领导参加了省会义务植树活动，新建义务植树基地1.31万公顷。完成中幼林抚育20万公顷，进一步优化了林地利用结构和林种结构，森林蓄积量稳步增长。邢台市开展了规模空前的造林绿化攻坚战，邯郸市大力推进"森林邯郸"建设，石家庄、承德、张家口、保定启动了创建"国家森林城市"活动，唐山、秦皇岛、廊坊、沧州、衡水坚持高标准规划、大手笔建设，打造了一批亮点工程。

产业发展　以10个果品特色县和10大果品龙头企业为抓手，推进7大优质特色果品基地建设，完成结构调整和树体改造13.6万公顷，新增高标准基地14.33万公顷，新建观光采摘果园229个，全省果品总产量达到132亿千克，为任务目标的130%，81家果品企业被命名为省级农业产业化龙头企业。完成省级果品质量安全检测2000批次，抽检合格率达到99.6%。举办了首届河北省名优果品擂台赛、中国·迁西栗花节暨板栗产业博览会、中国·黄骅冬枣采摘节。全省林药、林菌、林禽等林下种养业经营规模达到15万公顷，新建涿鹿水谷峪等5处省级森林公园，河北省坝上森林入选"中国最美森林"。全省林板产量达到1168万立方米。新增花卉种植面积0.4万公顷。全省林业产业总产值首次突破千亿元大关，达到1040亿元。

资源管护　针对春季森林火险等级持续走高的严峻形势，严格落实防火责任制，全面强化野外火源管理、隐患排查整治、火灾应急扑救等措施，成功处置了滦平"3·29"等火灾，全省森林火灾数、森林受害面积同比分别下降23.9%、42.6%，火灾受害率0.06‰，低于0.3‰的控制目标。切实加大松材线虫病、美国白蛾等主要危险性病虫害防控力度，林业有害生物成灾率0.18‰，低于4.3‰的控制目标。武安青崖寨晋升为国家级自然保护区，新建银河山等4个省级自然保护区；国家林业局正式批准建设永年洼等3个国家级湿地公园，新建沽源葫芦河等2个省级湿地公园，完成了全省第二次湿地资源调查。编制了省、县两级林地保护利用规划。严格执行林木采伐限额制度和征占用林地审核制度，开展了"绿盾2012"检疫执法、保护森林资源监督检查等专项行动，成功破获了廊坊安次"4·19"滥伐林木、津秦高铁非法占用林地等重特大案件，全省查处涉林违法案件6929起，有效保护了森林资源安全。

林业改革　组织开展了集体林权制度改革市级验收，全省累计明晰产权553.07万公顷，登记发证532.6万公顷，分别占总任务的100%和96.3%。省委省政府农村工作领导小组出台了《河北省推进集体林权制度配套改革的意见》，进一步明确了林权流转、林权管理、林木采伐、金融支撑等政策措施。全省新增林权流转管理服务机构7个，累计达到65个，完成林地流转19.7万公顷，流转金额5.7亿元，落实林权抵押贷款4.2亿元。河间、赤城被列为全国林权制度改革管理服务建设试点，河北省被列入森林保险中央财政补贴区域。全省建立林业专业合作社1266个，平山被确定为全国林业专业合作社示范县。国有林场改革试点工作进展顺利，编制了国有林场改革试点方案。

保障能力　一是林业队伍专业能力提升。深入开展党的十八大精神学习、宣传活动，积极推进创先争优、基层建设年活动和党风廉政建设，与国家林业局管理干部学院联合举办了非林专业干部、县林业局长和国有林场场长培训班。二是资金项目争取晋位。落实省级以上林业投资40.8亿元，同比增长11.8%，中央投资位居全国第四位。新增国家级重点公益林20.47万公顷，总面积达到172.33万公顷。三是科技支撑能力增强。开展了林业科技服务年活动，新上国家和省级林果科研、推广项目22个，丰宁荒漠生态站获国家批准立项，编制修订国家行业标准和省级地方标准29项，新增国家重点林木良种基地4个，全省林业基本情况数据库和森林资源管理地理信息系统投入使用，自主研发了林产品交易平台。四是依法治林扎实推进。制定了行政执法过错责任追究细则等制度规定，全年办结行政许可申请610件。成立了河北省林业司法鉴定中心。五是国有林场危旧房改造进展顺利。新开工建设2822户，为任务目标的110%，开工率在全国名列前茅。

【河北省林业局更名为河北省林业厅】 2012年2月25日经中央编办批准，河北省林业局更名为河北省林业厅，由省政府直属机构调整为省政府组成部门。此举旨在进一步强化省级林业部门职能，加强对全省林业改革发展的组织、协调、指导、监督，确保顺利完成省委、省政府确定的林业建设目标任务。3月26日上午，河北省林业厅揭牌仪式在厅机关举行。省政府副省长沈小平，国家林业局总工程师陈凤学，省委副秘书长王国发，省政府副秘书长曹振国，国家林业局有关司局、省委省政府相关部门以及河北农大负责同志出席揭牌仪式。

【河北林业实施"四个十工程"】 为加快转变林业发展方式，确保顺利完成森林覆盖率、森林蓄积量"双增"目标，全面推进果品产业强省建设，围绕"增林扩绿、林果并重、改善生态环境、推动经济发展”的总体思路，河北省从2012年起，实施林果业发展“四个十工程”，每年选择“10个3万亩以上造林大县、10个万亩封山育林县、10个果品特色县、10个果品龙头企业”，进行集中支持和重点扶持，带动形成布局合理、优势突出、特色明显的造林绿化和林果产业发展格局。

为推动“四个十工程”顺利实施，河北省林业厅主要采取以下措施：一是国家重点工程造林计划优先保证3万亩以上造林大县、万亩封山育林县的建设任务。二是林果产业发展项目资金重点向果品特色县、果品龙头企业倾斜。三是统筹省级专项资金对“四个十工程”实施以奖代补。四是组织林业科研单位，开展面向“四个十工程”的科研攻关、技术指导和咨询服务。五是加强督导检查和绩效评估，严格奖惩措施，确保建设成效。

【河北省人民政府印发《关于加快建设果品产业强省的意见》】 2012年2月2日，河北省人民政府印发《关于加快建设果品产业强省的意见》，《意见》要求切实抓好优势果品生产基地建设。在太行山、燕山浅山丘陵向阳缓坡优势产区，发展高档苹果生产。到2015年，新建苹果基地6.67万公顷，全省苹果总面积达到26.67万公顷，总产量达750万吨以上，优质果率每年增加2个百分点以上。在冀中平原沙地优势产区，建设高标准优质梨出口基地。到2015年，全省梨总面积稳定在20万公顷，总产量达600万吨以上，传统品种与优新品种比例由目前的2∶1调整到1∶1。在太行山、燕山岗坡次地，发展优质薄皮核桃种植，快速扩大基地规模。到2015年，新建核桃基地13.33万公顷，全省核桃总面积达到26.67万公顷，总产量达30万吨以上，实现面积翻一番、产量翻两番。在太行山和黑龙港优势产区，建设高标准红枣生产基地。到2015年，全省红枣总面积稳定在33.33万公顷，总产量达120万吨以上，制干与鲜食品种比例由9∶1调整到8∶2。在燕山优势产区，建设完善高标准优质板栗出口基地。到2015年，全省板栗总面积稳定在23.33万公顷，板栗总产量达40万吨以上。在桑洋河谷和冀东滨海优势产区，建设优质葡萄生产基地。到2015年，新建葡萄基地3.33万公顷，全省葡萄总面积达到10万公顷，总产量达150万吨以上。在环京津、环省会、环中心城市和小城镇周边，建设桃、樱桃等一批集生态文化、旅游观光、生活体验于一体的绿色有机果品观光采摘基地，培育果品产业新的增长极。到2015年，建成高标准特色果品观光采摘园1000余个。《意见》提出，要大力发展果品产业化经营。培育壮大龙头企业，依托优势果品生产基地，加快贮藏、营销、加工龙头企业建设。鼓励龙头企业围绕更新改造、延伸链条、开发新上，谋划建设一批投资亿元以上的大项目。抓住大企业竞相扩张的有利时机，引进一批重大项目。重点培育浓缩果汁、核桃、葡萄酒、红枣、仁用杏等果品产业集群，放大规模效应。力争到2015年，全省年产值超10亿元的省级果品龙头企业达到20家，果品贮藏率达40%以上，加工率达30%以上。

【三北防护林五期工程正式启动】 2012年8月22日，国家发展改革委正式批复了《三北防护林体系建设五期工程规划(2011～2020年)》。三北防护林五期工程涉及河北省承德、秦皇岛、唐山、廊坊、保定、石家庄、沧州、衡水等8市58个县(市、区)，与三北四期工程相比，五期工程范围新增加了保定、石家庄、沧州、衡水等4市的32个平原县。规划造林绿化总面积61万公顷，其中封山育林25万公顷，人工造林31万公顷，飞播造林5万公顷。同时增加了退化林分的修复和中幼林抚育等建设内容。五期工程的实施，填补了河北省平原地区造林没有工程支撑的空白，对于加快工程区造林绿化步伐、迅速提高林木覆盖率起到重要保障作用，也使得环京津绿化屏障建设更加完善。

【《河北林业》自2012年4月起变双月刊为月刊】 根据《河北省新闻出版局关于〈河北林业〉变更刊期的批复》(冀新出审批字〔2012〕10号)，《河北林业》杂志从2012年4月起，变双月刊为月刊。《河北林业》按照“三个三分之一”的版面布局，秉承“宣传林业政策，交流典型经验，普及科技知识，倡导生态文明”的宗旨，集理论性、权威性、时效性、知识性及趣味性于一体，充分发挥林业期刊的职能作用，塑造林业宣传品牌，为河北林业改革和发展营造良好的舆论氛围。

【河北省林业厅开通政务微博】 为适应新形势发展要求，充分利用好微博这一网络平台，河北省林业厅在人民网、新华网、新浪网、腾讯网和燕赵都市网同步开通了政务微博，注册认证名为“河北林业”。河北省林业厅政务微博以服务民生为宗旨，立足全省林业发展，按照有关规定公开政务信息，宣传林业政策法规、普及林业科普知识、弘扬先进生态文化。通过开展专题林业宣传，树河北林业形象，河北林业改革和发展营造良好舆论氛围。河北省林业厅政务微博2012年共发布林业信息和林业科普知识1000余条，累计吸引粉丝12万个，知名度和影响力在持续提升。

【新增国家级公益林面积20.47万公顷】 2012年7月17日，国家林业局下发了《关于国家级公益林补充区划审核结果的通知》，批准增补河北省国家级公益林20.47万公顷，至此，全省国家级公益林面积达到172.37万公顷，每年可享受国家生态效益补偿基金2.25亿元。河北省从2001年开始，作为11个试点省份开展了中央财政森林生态效益补偿项目(国家级公益林)试点工作。经过10年的努力，国家级公益林规模不断扩大，管理逐步规范，一方面，有效促进了生态建设，为建设京津绿色屏障、维护河北省生态安全、生物多样性保护和经济社会可持续发展发挥了重要作用；另一方面持续增加了村集体和林农的收入，为部分国有林场解困提供了资金支持。

【“绿盾2012”林业植物检疫执法检查行动】 2012年4～10月，河北省全面开展了“绿盾2012”河北省林业植物检疫执法检查行动，共组织行动1235次，出动执法人员6414人次，与相关部门联合检查383次，与相关区域联合检查112次。共检查苗木花卉基地2039个，涉及苗木4.96亿株；检查普及型国外引种试种苗圃3

个；检查涉木企业3805家，涉及木材78.5万立方米；检查木质包装箱、线缆盘1.9万个。共查处案件344起，案件涉及竹木材1752立方米，涉及木质包装箱和线缆盘3913个，涉及种苗花卉45.3万株，涉案金额135.3万元，处罚金额22.91万元。

此次检查行动对检疫检查站、苗圃等的检查率达到90%以上，对木材、果品、花卉、中药材经销加工单位检查率达到了80%以上，对规模较大、影响较广、有代表性的单位检查率达到了98%以上。通过执法检查建立了涉木企业联系报检制、检疫信息公开制度、公布监督电话等长效机制，为今后检疫执法工作顺利开展奠定了基础。

【出台《河北省推进集体林权制度配套改革的意见》】 为了进一步巩固集体林权制度改革成果，推进配套改革，促进林业发展、农民增收，2012年12月8日河北省委省政府农村工作领导小组印发了《河北省推进集体林权制度配套改革的意见》。《意见》从提高思想认识、深化主体改革、规范林权流转、加强林权管理、推进采伐改革、建立合作组织、发展林下经济、完善金融支撑、加大财政支持、加强组织领导等10个方面提出了完善集体林权制度改革的措施和意见，对全面推进配套改革工作起到重要的推动作用。《意见》明确，农民或其他经营主体从集体经济组织取得的用材林、经济林、薪炭林的森林、林木所有权和林地使用权，可依法流转。国家级公益林的森林、林木所有权和林地使用权暂不进行转让方式的流转，但在不改变公益林性质的前提下，可采取转包、出租、入股等方式流转，用于发展林下种植业、养殖业、采集业或森林旅游业。对主体改革后仍由集体统一经营管理的森林、林木和林地，在明晰产权、承包到户前，原则上不鼓励流转。采伐经济林、房前屋后及在耕地上栽植的林木不纳入采伐限额管理。对纳入森林采伐限额管理的商品用材林，以县、乡、村或森林经营主体为单位编制森林经营方案，以县级林业主管部门批准的森林经营方案为依据安排林木采伐，优先安排采伐限额指标。县级以上林业主管部门要合理分配使用森林采伐限额，简化采伐审批程序，为农民或其他经营主体提供优质便捷的服务。积极引导发展林果业专业合作社和家庭合作林场、股份制林场等林业合作组织，推进适度规模经营。各级政府要鼓励和支持林果业专业合作社承担造林绿化、公益林管护、速生丰产林和现代果品产业基地、产品初加工和储藏设施建设项目。努力扩大林果业专业合作社的覆盖面，力争“十二五”期末，全省新增林果业专业合作社1000个，总数达到3000个，覆盖农民100万户以上。对符合税收相关规定的林下经济产品，依法享受有关税收优惠政策。支持符合条件的龙头企业申请国家相关扶持资金。经县级以上林业主管部门批准，农民和其他经营主体可在所经营的林地范围内修筑直接为林下经济服务的工程设施，包括培育生产种子、苗木和动植物养殖等设施，不需办理建设用地审批手续。

【林果工作会议】 2012年10月18～19日，河北省林果工作会议在邢台市召开。副省长沈小平出席会议并讲话。各设区市分管副市长、林业局局长，50个林果重点县分管副县长，省林业厅等20多个厅局及单位相关负责同志参加了会议。沈小平在讲话中指出，要牢固树立生态就是生命、环境就是资本的理念，采取有效措施，加快林业发展步伐，在“增、护、用、活”上下工夫。就果品强省建设，沈小平强调，建设优势基地要突出抓好区域化布局、良种化栽培、标准化生产和专业化营销；壮大龙头企业要在“强、引、育”上下工夫；打造知名品牌，要重点抓创建、抓质量、抓宣传；要注重技术创新、科技示范和技术推广；要强化保障措施，做到规划引导到位、体系建设到位、政策扶持到位、合力落实到位。

【“林业科技服务年”活动】 2012年是河北省林业厅确定的“林业科技服务年”，省厅成立了领导小组，制订了详实可行的实施方案，3月份在衡水市饶阳县举行了启动仪式，进行了安排部署，葛会波副厅长出席启动仪式并讲话。启动仪式后，全省各地按照省厅的统一部署，积极行动，立足实地制订实施方案，狠抓落实，通过专题技术讲座、专家小分队、科技大集等多种形式，深入林场、农户和果园，认真开展技术指导、技术培训、技术咨询，发放科技图书、赠送新型生产资料等活动，为林果农提供了全方位的技术服务，取得了扎实成效。据统计，2012年全省科技人员共下乡4.14万人次，举行大型科技下乡活动407场次，举办各类形式的培训班达5610场次，培训林果农129.1万人次，发放技术资料140.9万份，推广林果新技术206项次，建立科技示范点325个，引进林果新品种263个次，取得了17.4亿元的经济效益。

【首届名优果品擂台赛】 2012年9月26日，河北省首届名优果品擂台赛在廊坊举办。本次擂台赛各地共选送苹果、梨、红枣、核桃、板栗、葡萄、桃、柿子、大杏扁等9个树种的参赛果品400多个。经专家集中评比、打分和省果桑花质检中心现场检测，共评出河北富岗食品有限公司“富岗牌苹果”、廊坊市广阳区尚源果蔬专业合作社“冀香牌五九香梨”等20个金奖，元氏县西岭核桃专业合作社“西岭牌核桃”等40个银奖，沧州康宇枣业优先公司“康宇牌”金丝小枣等60个铜奖。

【林业大事】

3月3日 河北省自然生态摄影研究会正式成立。

3月17日 河北省领导张庆黎、赵勇、付志方等，与省会干部群众、驻石家庄部队官兵共2000余人，来到位于石家庄西部鹿泉市的省会义务植树基地参加义务植树活动。

4月19日 河北省春季造林绿化现场调度会在邢台市召开。省林业厅厅长、党组书记王海洋做了题为《学习邢台经验　加大工作力度　进一步掀起全省造林绿化新高潮》的重要讲话。

6月19日 由中国经济林协会、河北省林业厅、唐山市政府主办，中国经济林协会板栗工作委员会、迁西县政府承办的中国·迁西栗花节暨板栗产业博览会在河北省迁西县板栗博物馆广场开幕。

（河北省林业由袁媛供稿）

山西省林业

【概　述】 2012 年，山西林业按照“山上治本、身边增绿、产业富民、林业增效”的发展思路，以林业六大工程为载体，造林绿化、森林资源保护、集体林权制度改革、林业产业发展取得明显成效。

造林绿化　坚持区域布局、突出重点、整体推进，科学整合布局国家和省级造林绿化工程，形成了以太行山和吕梁山为重点的“两山”造林工程，以路网、水网为重点的“两网”绿化工程，以干果经济林、速生丰产林为重点的“两林”富民工程，以城市近郊区、生态脆弱区为重点的“两区”增绿工程，以国有林区为重点的“双百”精品示范工程，全力加以推进。全年完成营造林 30.72 万公顷，占年度任务 30.13 万公顷的 102%，比 2011 年度增加 1.45%。其中，人工造林 22.53 万公顷，封山育林 7.96 万公顷，飞播造林 0.23 万公顷；四旁树植树 10415 万株。在造林绿化面积中，“两山”造林工程 16.84 万公顷，“两网”绿化工程 1.52 万公顷，“两林”富民工程 5.52 万公顷，“两区”增绿工程 5.52 万公顷，“双百”精品工程 1.32 万公顷。

森林资源保护　加强森林防火工作，省政府与各市签订森林防火责任状，王君省长、郭迎光副省长 14 次作出森林防火批示，省政府、省森林防火指挥部、省林业厅先后召开 10 次会议，下发文件明电 35 个，对森林防火工作进行安排部署；严格森林防火重点治理县管理制度和事前问责制度，追究火灾事故相关责任人 58 人。全年发生森林火灾 21 起、荒火 56 起，分别比 2011 年下降了 47% 和 48%，森林火灾受害率为 0.033‰，未发生一起重大森林火灾和人员伤亡事故。加强林业有害生物防控，及时发布有害生物发生趋势，层层签订“2011～2013 松材线虫美国白蛾等重大林业有害生物灾害防控工作”目标责任书，科学实施防控，全年发生林业有害生物 22.54 万公顷，防治 14.47 万公顷，林业有害生物成灾率 0.74‰。组织开展“林保”整治、打击野生动物及其制品网络犯罪和非法贸易活动、打击盗挖苗木、树木违法犯罪活动、象牙等濒危物种及其制品非法贸易清理整治等专项行动，查处各类森林和野生动物案件 2993 起，打击处理各类违法犯罪人员 5619 人次。编制完成《山西省林地保护利用规划(2010～2020 年)》。加强自然保护区管理，黑茶山自然保护区晋升为国家级自然保护区。开展全省湿地资源调查，外业工作基本完成。

集体林权制度改革　加快推进林权证发放，截至 2012 年年底，全省发证面积 557.53 万公顷，发放林权证 131 万本，发证率达到 96.3%。积极推进配套改革，林权抵押贷款开始起步，农业发展银行、农业银行、农村信用社等金融机构共向 5 个市、10 个县、25 个乡镇、85 个行政村的 115 个农户提供林权抵押贷款 1.35 亿元，抵押面积 1.07 万公顷。

林业产业　坚持发展和管理并重，新发展核桃、红枣、仁用杏等干果经济林 6.17 万公顷。积极引导农民发展个体育苗、合作制育苗，加大种苗生产力度，新育苗 2.42 万公顷。新建森林公园 21 处，全年森林旅游人数达到 917 万人次，门票收入 1.5 亿元。林下经济经营面积发展到 30.7 万公顷，从业人员 155 万人，经营者人均收入 1600 余元。全省林业总产值 311.5 亿元，比 2011 年增长 22%。

林业科技　围绕困难立地植被恢复、干果经济林增产增效、森林可持续经营、森林资源保护，加大科技创新力度，新启动研究攻关项目 19 个，在研项目 105 个。省林科院承担的“山西 10 个优良阔叶乡土树种选育”“防裂设施枣园高效栽培技术”“黄土丘陵防护林营造综合配套技术”“通道绿化中杨树丰产林培育技术”“欧洲山杨引种”“杨树新品种引种选育”“黄土丘陵区基于生态需求理论的抗旱造林技术”“河岸植被带建设技术”，省林业技术推广总站承担的“米槐优育无性系选育及丰产栽培技术”、省生态学会承担的“山西珍稀濒危植物调查及主要树种繁育技术研究”，晋中市林科所承担的“蕤核人工驯化与繁育技术”等 11 个研究项目通过省级鉴定。省林科院承担的“山西枣优良品种选育及栽培技术研究”“油松良种选育及试验示范”分别获得省科技进步二、三等奖。加快林业标准化体系建设，组织制定了《容器苗脱袋造林技术规范》《白皮松育苗技术规程》《林权档案管理规程》《枣裂防腐技术规程》《植被恢复监测技术》《煤矸石场植被建设技术规程》等 6 项地方标准，通过省质量技术标准局审查。加强林业科技成果和实用技术推广，在 43 个县和 9 个省直林业局实施示范推广项目 54 个，应用科技成果 40 多项、先进实用技术 10 项。

对外开放　加强中日林业合作，继续实施中国黄土高原林业新技术及管理方法推广普及项目，举办林业工程管理、经济林、生态林和用材林培训班四期，培训学员 303 名，县、乡(镇)林业技术员 254 名，造林大户 21 名；中国黄土高原植被恢复山西示范林营造、土地沙化与水土流失治理示范林营造、山西省五台山绿化等中日民间绿化交流基金项目完成造林 466.7 公顷。

林业投资　全省林业投资总量 82.97 亿元，比 2011 年增长 12.6%。其中：中央投资 23.27 亿元，省级投资 13.59 亿元，市级财政投资 10.27 亿元，县级财政投资 24.37 亿元，社会林业投资 11.47 亿元。

【山西省继续实施天然林资源保护工程】 2012 年 1 月 18 日，山西省人民政府办公厅印发了《关于继续实施山西省天然林资源保护工程的意见》(晋政办发〔2012〕5 号)(以下简称《意见》)。《意见》指出，在实施好国家级天保二期工程的同时，省人民政府决定，继续实施省级天保二期工程。《意见》规定，天保二期工程在全面落实中央补助政策的同时，按照事权划分原则，建立完善地方补助政策，实行目标、任务、资金、责任“四到县

（林局）”管理。《意见》要求，各级人民政府和国有实施单位切实加强组织领导，保障工程顺利实施；有关部门要按照事权划分，各负其责，密切配合，形成推动工程建设的合力。各级政府要建立地方森林生态效益补偿基金制度，积极探索国有林区、林场改革路径，加快构建单位性质与基本职能匹配的国有林管理体制。

【山西省林业厅向基层派出“三员”】 2012年3月19日，省林业厅召开下乡联县住村服务基层工作会议，向全省115个农业县派出260名干部，实行“厅级干部联市、处级干部联县”制度，开展领导干部包村增收、干部下乡住村活动。各下乡联县工作组由综合指导员、信息服务员、科技特派员等“三员”组成，重点指导服务所联系的县做好植树造林、森林防火、县级林地保护利用规划编制和林地落界工作。

【省城党政军民义务植树】 2012年4月8日，省委书记、省人大常委会主任袁纯清，省委副书记、省长王君，省政协主席薛延忠等省党政军领导和太原市干部群众、少先队员700余人，在太原市尖草坪区义务植树。袁纯清强调，各级领导干部要牢固树立栽树就是栽历史、栽人文、栽政绩的理念，提高绿色发展意识，发挥模范带头作用，弘扬实干苦干精神，积极参与植树劳动，从中体会劳动的艰辛，锤炼良好的作风，保持先进纯洁的本色。在“十二五”规划中，全省确定了每年植树26.67万公顷、森林覆盖率年均提高1%的宏伟目标。从省级领导到广大干部群众，都要坚持栽树、年年栽树，一直栽下去，栽出一片绿色，为三晋大地披上一层绿装，使山西的天更蓝、山更绿、水更清，共同创造健康、幸福、美好的新生活。王君省长要求，广大干部职工要大力弘扬右玉精神，充分动员全社会力量，一代一代持之以恒地抓下去，一个山清水秀、环境友好、和谐宜居的新山西就会展现在我们面前。王君叮嘱林业部门的同志，不仅要进一步加大工作力度，把树种好，确保栽一处、活一处、成林一处，而且要倍加珍惜造林绿化的成果，把林木管护好、经营好，特别要扎实做好森林防火工作，严防森林火灾。李小鹏、高建民、汤涛、李兆前、陈川平、王建明、聂春玉、杜善学、刘云海、申联彬、李政文、靳善忠、王雅安、张建欣、任润厚、郭迎光、郭良孝、周然、李潭生、卫小春、王宁、负自博、曾广超、左世忠等省党政军领导一起参加了义务植树。

【王云龙在山西大同朔州调研造林绿化】 2012年5月16～18日，全国人大常委会委员、农业与农村委员会主任委员王云龙在大同和朔州考察。调研组深入大同市文瀛湖湿地公园、机场大道、云冈峪，朔州市的右玉县、平鲁区、山阴县和怀仁县，实地察看两市的城市绿化、通道绿化、荒山绿化、种苗基地等植树造林工作情况，并对两市坚持山上治本与身边增绿统筹发展，增绿与增景同步，增量与增收并重，持续不断开展大规模植树造林活动，努力改善生态环境的做法给予充分肯定。

【森林旅游发展合作框架协议】 2012年5月29日，省林业厅与省旅游局共同签署《关于推进森林旅游发展的合作框架协议》，李永林厅长、席小军局长分别代表省林业厅、省旅游局在协议书上签字。协议规定，省林业厅、省旅游局将在建立完善以城郊型森林公园为主体的森林旅游公共休闲服务体系和以山野型森林公园为主体的森林旅游产业体系，推进森林旅游法制建设，推动森林旅游示范建设，提升森林旅游经营水平，加强森林旅游品牌建设，加大森林旅游宣传推介，加大项目资金支持，建立联席会议制度等10个方面加强合作，共同推进森林旅游发展。协议的签署标志着林业、旅游部门在深度合作、携手推进森林旅游发展的长效机制方面迈出了历史性的一步，对全面加强森林风景资源的保护和科学利用，促进森林旅游与文化旅游融合，构建三晋旅游产业体系，提升旅游质量水平，满足人民群众多样化旅游休闲消费需求，实现兴林富民、建设旅游强省有着十分重要的作用。

【省直国有煤炭林场移交林业系统管理】 2012年6月8日，山西省人民政府办公厅印发《关于山西省5户重点煤炭企业林场移交工作实施方案的通知》（晋政办发〔2012〕39号），省林业厅抽调8个省直林局资源、财务、公安、人事等方面169人，组成27个接收小组，6月9日到6月底，对同煤集团、焦煤集团、阳煤集团、晋煤集团、潞安集团等5户重点煤炭企业所属27个林场进行了接管。加上2011年太岳林局接收的2个林场，共接管林地面积11.02万公顷，职工69人，25个林场场部(2个林场无独立场部)、作业区50个、瞭望塔10个、建筑物总面积32 488平方米，其他附属设施、办公设备、交通工具等资产净值164万元。按照就近集中、适度规模的原则，将其整合为25个林场。截至2012年年底，省直国有林场达到147个，林地总面积142.67万公顷。

【山西省造林绿化现场会】 2012年8月21～23日，山西省人民政府在大同、朔州两市召开造林绿化现场会。省委副书记、省长王君出席会议并讲话，省人大常委会副主任安焕晓、副省长郭迎光、省政协副主席卫小春、省军区副司令员负自博出席会议。各市市长、副市长，林业局局长，各县县长，省直有关单位负责人参加会议。会议要求，各地各部门和各单位要充分认识加快造林绿化、改善生态环境的重大意义，牢固树立生态文明理念，认真贯彻落实党中央、国务院关于加强生态文明建设的一系列方针政策和决策部署，把造林绿化、加强生态建设作为一项长期任务。围绕“十二五”林业发展目标，大力实施绿化山西生态兴省战略，重点实施好太行山和吕梁山“两山”造林工程，进一步提高森林覆盖率；实施好“绿色路网”和“绿色水网”“两网”绿化工程，着力打造绿色景观；实施好干果经济林和速生丰产林“两林”富民工程，有效促进农民增收；实施好大城市郊区和矿区“两区”增绿工程，切实改善人居环境；实施好新造乔木林100万亩、改造灌木林100万亩的“双百”示范工程，进一步发挥典型样板的示范带动作用；实施好天然林保护和森林资源综合保护“双保”管护工程，确保森林资源得到有效管护，发挥更大的功能和效益。通过扎实推进造林绿化“六大工程”，进一步扩大全省植被范围、提高森林覆盖率，为人民群众创造更好的生产生活环境。

【山西省造林绿化先进市县】 2012年8月20日，山西省人民政府印发《关于表彰全省造林绿化先进集体的决定》(晋政发〔2012〕28号)，授予大同市、朔州市全省造林绿化先进市称号，各奖励50万元；授予大同县、怀仁县、中阳县、左权县、沁源县、泽州县、蒲县、乡宁县、临猗县、垣曲县等10个县山西省林业生态县称号，各奖励30万元。

【山西省林业生态“八创”活动先进单位和个人】 2012年8月21日，山西省绿化委员会、山西省林业厅下发《关于表彰全省林业生态“八创”活动先进单位和个人的决定》(晋绿字〔2012〕11号)，对在2012年全省林业生态“八创”活动中涌现出来的45个先进单位和个人进行表彰。

林业生态乡(镇) 娄烦县娄烦镇、大同县聚乐乡、朔州市平鲁区向阳堡乡、右玉县威远镇、五台县台怀镇、繁峙县繁城镇、柳林县薛村镇、晋中市榆次区庄子乡、平遥县段村镇、平定县冠山镇、壶关县店上镇、屯留县张店镇、高平市马村镇、安泽县府城镇、古县石壁乡、绛县么里镇、平陆县三门镇、夏县裴介镇。

林业生态村(社区) 太原市杏花岭区长沟村、左云县三屯乡刘家窑村、灵丘县红石塄乡上北泉村、朔州市朔城区张蔡庄乡崎庄村、怀仁县马辛庄乡鲁沟村、岢岚县大涧乡吴家庄村、榆社县云竹镇东庄村、阳泉市郊区桃林沟村、潞城市潞华办事处北庄村、长子县丹朱镇下霍村、晋城市城区北石店镇大车渠村、泽州县北义城镇刘轩窑村、翼城县王庄乡辛史村、曲沃县北董乡、新绛县龙兴镇东木赞村、万荣县南张乡东苏冯村、闻喜县神柏乡史家坡村。

林业生态大户 山西华宏农林业开发有限公司董事长薛保成、山西华灯投资有限公司董事长胡永哲、静乐县浩正农业开发有限公司总经理王占国、中阳县森源林牧有限公司董事长刘建文、山西云林种植有限公司总经理韩二锁。

林业生态厂(矿)区 大同煤炭集团有限责任公司燕子山矿、襄垣县七一煤化集团矿区、山西晋城无烟煤矿业集团有限责任公司寺河矿、大同煤炭集团有限责任公司、阳泉煤业(集团)有限责任公司五矿。

林业生态学校 山西大学。

林业生态单位 太原铁路局、中国人民解放军66173部队、山西联盛农业开发有限公司。

【全省林业“六大工程”建设先进单位】 2012年8月21日，山西省绿化委员会、山西省林业厅印发《关于表彰全省林业“六大工程”建设先进单位的决定》(晋绿字〔2012〕10号)，授予古交市、浑源县、应县、柳林县、太谷县、阳泉市郊区、平顺县、陵川县、山阴县、原平市、永济市、保德县、临县、昔阳县、武乡县、洪洞县、新绛县、运城市林业局、太原市小店区、大同市南郊区、盂县、高平市、岚县、和顺县、临汾市林业局、忻州市林业局、长治市林业局、省太岳山国有林管理局、省吕梁山国有林管理局、省管涔山国有林管理局“六大工程”建设先进单位。

【“绿化山西、生态兴省”建设中成绩突出的优秀县委书记、县长】 2012年8月22日，山西省劳动竞赛委员会印发《关于为在“绿化山西、生态兴省”建设中成绩突出的优秀县委书记、县长记功表彰的决定》(晋竞发〔2012〕23号)，为张齐山(太原市万柏林区区委书记)、魏民(太原市杏花岭区区委书记)、董志刚(大同市新荣区区委书记)、李广林(左云县县长)、郭连厚(朔州市朔城区区委书记)、李俊(朔州市平鲁区区委书记)、张钰祥(岢岚县县委书记)、张旭光(孝义市市委书记)、徐宇平(交口县县长)、段燕翔(祁县县委书记)、王继堂(寿阳县县委书记)、王银旺(平定县县委书记)、郜双庆(黎城县县委书记)、田志明(沁县县委书记)、秦建孝(沁水县县委书记)、郭行杰(永和县县委书记)、毛益民(吉县县委书记)、程明温(襄汾县县长)、王志峰(运城市盐湖区区委书记)、张秀武(夏县县委书记)等20名同志各记个人一等功一次。

【国务院在山西召开三北防护林四期工程总结表彰暨五期工程启动大会】 2012年8月26~27日，国务院在山西朔州市召开三北防护林四期工程总结表彰暨五期工程启动大会。中共中央政治局委员、国务院副总理回良玉出席会议并作重要讲话。回良玉指出，山西对林业高度重视，支持有力，可圈可点；山西造林绿化成绩显著，确实令人振奋，可喜可贺；山西植树造林中体现的强大精神力量，确实让人震撼，可歌可泣；山西造林绿化有许多好的典型，可看可学。省委书记、省人大常委会主任袁纯清，省委副书记、省长王君看望了与会代表，省委副书记金道铭代表省委、省政府致辞。会议代表参观了朔州市造林绿化工程建设现场。

【省林业厅领导集体督查造林绿化工程】 为加快推进绿化山西，确保完成年度林业目标任务，2012年省林业厅在春季、秋季组织开展了两次厅领导集体督查造林绿化工程，春季从南到北，秋季从北到南，对11市115个农业县(市、区)和9个省直林业局造林绿化工程进行督查，现场听汇报，随机抽工程，重点查质量。督查结束后，对11个市造林绿化情况进行了量化打分和情况通报，并向省政府专题报告了督查情况。

【山西省林业系统开展向赵德清同志学习活动】 2012年6月14日，新华社内参刊登文章《赵德清：绿化雁北荒山30载被誉为“树爹”》，省委书记袁纯清作出批示，要求进一步总结赵德清同志的工作经验，宣传他的先进事迹。省林业厅下发《关于开展向赵德清同志学习的通知》，决定在全省林业系统开展向赵德清同志学习的活动。赵德清同志是大同县林业局局长，30多年来淡泊名利，扎根地处毛乌素沙漠边缘的大同县，坚持苦干实干，讲求科学，组织和带领群众大搞植树造林，使全县林业得到了快速发展，林地面积从1998年的3.11万公顷增加到6.11万公顷，森林覆盖率由18.9%提高到28.6%，实施完成京津风沙源治理工程5.49万公顷，在贫瘠干旱的雁北地区筑起了一道京津生态屏障，区域内每年6级以上大风的天数由44天减少到10天左右，实现了小风不起尘、大风不扬沙，生态环境得到根本改观。2007年，大同县被国家授予全国治沙防沙先进县，并连续两年被授予全省造林绿化先进县。赵德清同志先后4次受到国家表彰，荣获全国造林绿化劳动模范，被全国绿化委员会授予全国绿化奖章。

【全国优秀共产党员荆保山先进事迹被搬上舞台】 2012年12月12日，运城市临猗县眉户剧团创作演出的现代戏《守望》在山西省演艺中心演出。《守望》的主人公为全国优秀共产党员、山西省运城市平陆县国营林场护林员荆保山。故事从荆保山上中条山当护林员开始，讲述了他煤气中毒、遭遇盗林团伙，此后又遇女儿出嫁、妻子病重、老父去世等不平凡的经历，形象地刻画了荆保山为国家守护好林场还是守护家庭、照顾亲人的两难抉择，塑造了新时代共产党员的新形象。

【林业大事】

1月4日 省政府召开冬季森林防火工作电视电话会议，郭迎光副省长出席会议并安排部署当前森林防火工作。

1月6日 省政府召开省松材线虫病等重大林业有害生物防治领导组会议，省政府副秘书长王纯参加会议并讲话。

2月2日 省政府在太原市召开全省林业工作会议，省人大副主任郭海亮、副省长郭迎光、省政协副主席卫小春出席会议。郭迎光副省长讲话。同日，省林业厅召开全省林业局长暨党风廉政建设工作会议。

2月7日 国家林业局印发《关于公布第二批国家重点林木良种基地的通知》(林场发〔2012〕25号)。山西省关帝山国有林管理局吴城国家油松良种基地、大同市长城山林场国家华北落叶松良种基地、太行山国有林管理局海眼寺林场国家油松良种基地、中条山国有林管理局国家华山松良种基地等4处确定为国家重点林木良种基地。至此，全省国家重点林木良种基地数量达到8处。

2月12日 王君省长就2月8日五台县发生的森林火情作出批示：森林防火任务很重，每年都有多次火灾发生，要认真总结和接受教训，有针对性地采取措施，做好森林防火工作。

2月14日 2011年度国家科学技术奖评选结果揭晓，山西省林业科学研究院与山西省农业科学院果树研究所共同完成的《枣育种技术创新及系列新品种选育与应用》、山西省林业科学研究院参与完成的《核桃增产潜势技术创新体系》2项科研成果荣获国家科学技术奖二等奖。

3月6日 省林业厅与省气象局共同签订《关于森林防火与气象合作框架协议》。

3月12日 郭迎光副省长在《山西日报》发表署名文章《大力开展植树造林 加快建设绿化山西》。

3月16日 省政府任命任建中同志为山西省林业厅副厅长，同时免去其总工程师职务。

4月10日 省委常委、常务副省长李小鹏深入到所住村左权县柏峪村，实地调研当前林业生产开展情况。

4月5日 省林业厅、省野生动植物保护协会与临汾市人民政府联合举行全省第31届“爱鸟周”活动启动仪式。

4月16日 省政府召开全省森林防火工作电视电话会议，省森林防火指挥部总指挥郭迎光出席会议并讲话，省森林防火指挥部副总指挥、省人民政府副秘书长王纯主持会议，省森林防火指挥部常务副总指挥、省林业厅厅长李永林通报了2012年以来森林防火工作情况和当前的形势。

4月17日 省人大副主任、省总工会主席郭海亮带领省总工会130多名干部职工，在省实验苗圃阳曲县泥屯镇基地参加义务植树活动。

5月17~18日 郭迎光副省长在忻州市检查大运高速公路通道绿化工程建设，并深入大同市南郊区、左云县和新荣区调研造林绿化工作。

6月11~14日 北方省区国家重点林木良种基地主任培训会暨全国油松良种基地技术协作组成立大会在太原召开。

6月28~29日 省人大常委会副主任郭海亮带领农工委有关同志，就野生动物保护“一法一办法”执法情况在晋城市和历山国家级自然保护区调研。

8月1~5日 国家林业局副局长印红在山西调研自然保护区管理体制和野生动植物保护工作。

8月4~5日 全省天保二期工程现场观摩推进会在沁源县和太岳林业局召开。

8月16日 省政府任命刘虎山同志为省林业厅总工程师，尹福建同志为省林业厅副巡视员。

9月14~15日 全省林业技术推广工作座谈会在晋城市召开。

11月6日 省政府召开冬季森林防火电视电话会议，全面安排部署党的十八大期间和冬季全省森林防火工作。副省长、省森林防火指挥部总指挥郭迎光出席会议并讲话。

12月19日 省林业厅召开2013年省级转型综改标杆项目规划设计电视电话培训会，安排部署2013年通道绿化和吕梁山生态脆弱区植被恢复标杆项目规划设计工作，并进行技术培训。

12月25日 省政府任命李更同志为省森林公安局局长(副厅长级)。

(山西省林业由谢英杰、冀瑞平供稿)

内蒙古自治区林业

【概　述】

发展与成就

林业生态建设　①造林绿化。全区共完成林业生态建设面积78.1万公顷，占全年计划的102%，其中完成人工造林35.7万公顷，飞播造林6.5万公顷，封山(沙)育林35.9万公顷。完成中幼林抚育12.2万公顷，义务植树7600多万株，四旁植树3178.7万株，补植补造15.5万公顷。北京军区在商都县的5年义务植树活动圆满结束，5年共完成造林面积3667公顷，种植各类树木240多万株，成活率达90%以上。②重点工程。分解下达2012年天保工程资金和任务，编制了天保工程二期年度实施方案，完成天保工程三级核查、一次性安置职工社会保险补助实施方案和资金申请工作，公益林建设、森林管护、森林培育经营等工作开展顺利。分解退耕还林工程建设任务2.7万公顷，落实了巩固成果专项资金。编制了2012年巩固退耕还林成果实施方案，开展了退耕还林成果巩固和阶段验收工作，配合国家林业局在内蒙古召开了全国退耕还林工程阶段验收工作总结会议，内蒙古自治区连续5年被评为阶段验收先进省区。三北五期工程进展顺利，与四期工程相比规模扩大，建设内容由封、造增加为封、飞、造，投资标准提高。召开了全区三北四期工程总结表彰暨五期工程启动会议。京津风沙源治理工程二期规划已报国家林业局，工程范围由30个旗县增加到70个旗县，工程内容增加了工程固沙。③防沙治沙。在国家七部委代表国务院对13个省区省级政府防沙治沙目标责任的考核中，内蒙古自治区被确定为工作突出省区。④对外合作。林业对外合作继续深入。欧洲投资银行内蒙古碳汇造林项目、与美国大自然保护协会合作内蒙古盛乐国际生态林示范项目、日元贷款内蒙古风沙治理等项目进展顺利，中德财政合作赤峰市造林项目和中韩合作内蒙古巴彦淖尔市乌兰布和沙漠治理项目已顺利通过外方组织的项目验收评估，并得到有关国家、国际金融组织和国内主管部门的高度赞誉，赢得了良好的国际声誉。⑤林木种苗生产能力加强。全区共采集林木种子299万千克，完成育苗面积2.2万公顷，其中新育苗0.67万公顷、容器育苗4.1亿袋；开展了打击制售假劣林木种苗专项行动，强化了种苗质量监管工作。特别是企业投资参与育苗生产的积极性大幅提高，乌审旗、阿鲁科尔沁旗、和林格尔县、五岔沟等地，企业带动下的区域性大型育苗基地开始显现。乌审旗育苗基地被国家林业局命名为“国家级林木种苗基地”。

森林资源管理　①编制完成《内蒙古自治区林地保护利用规划(2010～2020年)》。全区109个旗县级林地保护利用规划、林地“一张图”编绘基本完成。②积极争取国家林业局继续给予内蒙古宜林地不占定额指标的支持性政策，增加用地指标2166.6公顷。③坚持优先保障基础设施、重点工程和民生项目用地，从严限制矿产、商业性开发用地，规范用地行为，全年审核审批征占用林地项目842项、面积0.88万公顷，收取森林植被恢复费5.4亿元。④严格落实林地占补平衡，返还森林植被恢复费6.25亿元，安排植树造林面积5.19万公顷，是同期征占用林地面积的3.9倍。⑤开展了临河区、克什克腾旗等6个旗县的森林可持续经营试点，建立商品林、公益林差别化经营管理体系，完善林木采伐管理改革，推进森林科学经营。⑥完成呼伦贝尔市阿荣旗等5个旗县的森林资源二类调查和全区营造林实绩、林木采伐、征占用林地和森林植被恢复项目综合核查。⑦积极推进森林资源管理信息系统建设，完成林权档案管理、营造林作业设计软件系统开发和鄂尔多斯市等地的森林资源数据改造入库，培训系统操作人员300多人次。

森林资源保护　①森林草原防火。继续执行厅领导防火分片包干制度，全面加强各项预防和扑救措施，实现了“力争不发生大的人为森林草原火灾，力争不发生人员伤亡事故”的工作目标。全区共发生森林火灾57起，其中一般火灾26起，较大火灾31起，受害森林面积649.21公顷，森林火灾受害率0.027‰；共发生草原火灾31起，其中一般火灾15起，较大火灾11起，重大火灾3起，特大火灾2起，受害草原面积12.17万公顷，草原火灾受灾率1.38‰；所有火灾均在最短时间内被成功扑灭，当日灭火率达到98.9%，其中森林火灾当日灭火率100%。成功堵截蒙古国和俄罗斯境外火21次。有20个先进集体和70名先进个人受到自治区政府表彰。②林业有害生物防治。进一步落实防治责任，强化检疫工作，加强灾害预警能力，完善监测预警网络建设，防治水平不断增强。全区共发生林业有害生物面积102.9万公顷，其中轻度51.6万公顷，中度32.1万公顷，重度19.2万公顷。通过积极采取措施，实现有效防治48.4万公顷。③野生动植物、湿地保护管理及自然保护区建设。内蒙古高格斯台罕乌拉自然保护区、内蒙古古日格斯台自然保护区晋升为国家级自然保护区。开展了24处重要湿地日常监测工作，国家林业局批建6处国家湿地公园，继续组织实施湿地保护工程和湿地保护补助项目。开展了全区野生动物保护执法检查工作，陆生野生动物疫源疫病监测和濒危野生动植物物种进出口管理得到强化。成立了自治区濒危物种履约执法协调小组。会同国家林业局驻内蒙古森林资源监督专员办对7个盟市的野生动物保护进行了执法检查。④打击涉林违法犯罪。组织开展了保护过境候鸟、打击违法征占用林地等专项行动，有力打击了涉林违法犯罪活动。积极开展林区缉枪治爆和禁毒工作，维护了林区治安稳定。全区共受理各类森林及野生动植物案件34 836起，侦破、查处34 565起，综合查处率99.2%，共挽回直接经济损失7119.9万元。⑤森林生态效益补偿。组织编制了年度和新增补偿基金实施方案，健全了森林生态效益补偿检查验收制度，与自治区财政厅联合制定了《内蒙古自治区森林生态效益补偿检查验收办法》，开展了三级检查。2012年国家投入内蒙古森林生态效益补偿资金12.8亿元，国家级公益林补偿面积达到1033.3万公顷。全区三级地方财政投入地方森林生态效益补偿资金2900万元，补偿面积64.7万公顷。

林业产业　对首批龙头企业运行情况进行了监测，开展了第二批龙头企业的评选认定，自治区政府办公厅公布了第二批33家自治区级林业产业化重点龙头企业，自治区级林业产业化龙头企业总数达到61家。组织相关盟市，做好第五届中国义乌国际森林产品博览会参展工作。积极参与筹办青岛世界园艺博览会各项展会活动。继续推进内蒙古肉苁蓉地理标志认证工作。落实林业产业扶持项目22项，扶持资金1150万元。2012年全区林业产业总产值244亿元，农牧民人均林业收入430元。

林业改革　全区集体林权制度改革取得重大成果和明显成效，明晰产权、承包到户的改革任务基本完成，配套改革有序推进。2012年，全区共确权集体林地75.3万公顷，发放林权证1246.7万公顷。至此，全区累计确权集体林地2173.3万公顷，确权率99.71%，发放林权证177万本，发证林面积2166.7万公顷，占确权面积的99.69%，确权率、发证率均超过国家要求。新成立县级林权管理服务中心12个，总数达到48个，完成了杭锦旗林权管理服务中心建设国家试点项目；新建农牧民林业专业合作社53家，总数达到151个，入社农牧户2.17万户；累计办理林权抵押2万公顷，贷款3.71亿元。在广泛调研的基础上，会同财政厅、保监局，编制了《内蒙古自治区森林保险方案》，已上报自治区政府。

生态文化体系建设　积极参加全国绿化模范单位、国家生态文明教育基地创建以及全国生态文化村、全国生态文化示范企业遴选命名活动。新增1个全国生态文化教育示范基地和3个全国生态文化村，内蒙古全国生态文化教育示范基地和全国生态文化村总数分别达到4个和8个。组织召开了全区森林旅游工作会议，配合内蒙古团委开展了"保护母亲河""蒙京津冀青少年生态实践基地"启动等活动，配合国家和自治区有关部门在呼伦贝尔市召开了第九届中国城市森林论坛，呼伦贝尔市成为内蒙古第三个"国家森林城市"。成立了自治区林业厅团委，开展了庆"五·四"青年节主题实践座谈、"绿林杯"林业行业乒乓球比赛等活动，丰富了职工的文化生活。

支撑保障能力建设　①林业法制建设。出台了政府规章《内蒙古自治区森林公园管理办法》，制定并报送了2013～2017年立法建议，制定了《内蒙古自治区林业厅"六五"普法依法治理工作规划》，"六五"普法工作全面启动，林业行政执法进一步规范，行政执法监督力度加大。②林业科技。针对部分地区春季干旱的情况，组织专家编写印发了《内蒙古抗旱造林技术要点》；召开了全区控根快速育苗技术推广现场会；加强了林业标准化工作，全区已经立项正在制订和修订的林业地方标准20多项，《流动沙丘沙障设置技术规范》《森林资源资产评估核查技术规程》2项地方标准和行业标准《穿沙公路生物沙障种植技术规程》通过专家审定；加强了科技项目管理工作，共验收项目30多个，出台了《内蒙古自治区中央财政林业科技推广示范资金项目管理办法》和《内蒙古自治区中央财政林业科技推广示范资金项目档案管理办法》；评选表彰了"十一五"林业科技成果19项；达拉特荒漠站和包头黄河湿地定位站通过国家林业局的专家论证，目前，全区定位站已达12个。③信息化建设。改版升级了门户网站群；林业信息化示范盟市和示范单位建设工作有序推进，确定了国家林业信息化示范盟市1个、示范旗县2个，开展了工程建设领域项目信息公开和诚信体系建设工作。强化了网络保密和安全检查。政务公开工作取得成效。④危旧房（棚户区）改造。危旧房（棚户区）开工户数为7090户，竣工1944户，开工率100%；落实改造工程供热基础设施补助配套资金2.73亿元，补助18 926户。⑤国有林场扶贫工作。争取国家林业局国有贫困林场扶贫资金1400万元，用于改善32个贫困国有林场的生产生活条件。

存在问题

①个别地区作业设计不够科学规范，抚育、补植等措施不到位，工程区禁牧不彻底，旗县自查验收流于形式，在一定程度上导致营造林质量效益不高。②未批先占、少批多占，违法滥占林地问题在个别地方依然突出。③集体林权制度主体改革工作质量有待提高，特别是林改档案建设与管理还不规范，配套改革相对滞后，林下经济总量小，需要进一步做大做强。④截留、滞留、挤占、挪用建设资金等违纪违规问题在一些地区依然存在，尤其是在森林植被恢复费的使用上表现更为突出。

【国家林业局与自治区政府签署合作协议共建内蒙古农业大学】　1月7日，国家林业局与自治区政府在北京签署协议，合作共建内蒙古农业大学，相约共同努力，加强合作，突出办学特色，力争把内蒙古农业大学建设成为祖国西部高水平大学，为服务现代林业建设和内蒙古自治区"富民强区"提供更好的人才、智力和科技支持。

国家林业局局长贾治邦、自治区政府主席巴特尔签署合作协议。国家林业局副局长赵树丛和自治区政府副主席王玉明分别讲话。国家林业局副局长孙扎根出席签字仪式，自治区政府秘书长常海主持。

赵树丛指出，内蒙古农业大学具有60年办学历史，是培养高级林业人才和林业科技创新的重要基地，为促进区域经济社会发展和林业生态建设作出了积极贡献。国家林业局与内蒙古自治区政府签署合作共建内蒙古农业大学协议，就是要发挥各方优势，共同推动高等林业教育事业科学发展，培养更多更好的高层次林业人才。国家林业局将从高等林业教育、科技创新能力、林业学科建设等各个方面，加强对内蒙古农业大学的支持，与内蒙古自治区政府一起团结携手，加强合作，共同努力，把内蒙古农业大学建设成为祖国西部高水平大学。

王玉明指出，内蒙古自治区政府与国家林业局合作共建内蒙古农业大学，将使内蒙古农业大学在涉林学科建设、人才培养、科学研究和社会服务等方面及时得到国家林业局的指导、帮助和支持，必将更好地促进学校的改革和发展，更好地促进林业科技进步和成果转化，推动全区的林业发展。

根据协议，国家林业局和内蒙古自治区政府将共同支持内蒙古农业大学作为自治区重点大学进行重点建设，保持办学特色，发挥学科优势，培养高级林业人才，开展对县级及其以下单位林业管理干部、专业技术人员等从业人员的在职培训和学历教育，为完善林业社会化服务体系、推进现代化林业建设提供坚实的人才保障。内蒙古农业大学将充分发挥优势，进一步加大服务林业建设的力度。

【自治区人民政府安排部署2012年全区森林草原防火工作】 2月21日，自治区人民政府在呼和浩特市召开了全区森林草原防火工作会议，全面总结了2011年全区森林草原防火工作，安排部署了2012年工作。同时，自治区人民政府与各盟市签订了防火责任状。

会议由自治区政府办公厅副巡视员任茂主持，自治区副主席王玉明、自治区林业厅厅长高锡林、自治区防火指挥部专职副总指挥阿勇嘎、武警内蒙古森林总队政委张维国、自治区防火指挥部成员单位人员、各盟市分管森林草原防火工作的副盟市长、林业局局长、防火办主任、自治区森林公安局民警参加了会议。

王玉明副主席指出：2012年，全区防火工作的总体思路是，以科学发展观为统领，坚持以人为本、预防为主、积极消灭的工作方针，坚持政府全面负责、部门齐抓共管、社会广泛参与的工作机制，坚持依靠法制、依靠科学、依靠群众的工作原则，坚持因地制宜、分类指导、分区施策的工作举措，坚持专群结合、军地协同、各方支持的工作方式，全面落实责任制度，加强基础设施和队伍建设，强化预防扑救的能力和手段，最大限度地减少火灾损失，为建设生态文明、推动科学发展、构建和谐社会而全力做好森林草原防火工作。总的目标是：力争不发生重特大人为火灾，力争不发生人员伤亡事故，力争火灾当日扑灭率保持在95%以上。

针对2012年全区春季森林草原防火面临的形势，高锡林厅长指出：总体来看，2012年春季森林草原火险气象形势非常严峻，平均气温偏高1℃左右，降水偏少10%～20%，并受2011年植被长势偏好和地面可燃物载量偏多的影响，2012年春季森林火灾和草原火灾都将呈多发趋势。各地要利用当前有利时机，抓紧修订应急预案，强化培训演练，按照规程开展计划烧除，及时清除路边杂草，积极组织开设林缘和边境防火隔离带，切实落实好森林草原火灾防控的各项措施，确保不出大的问题。

【自治区党政军领导参加大青山义务植树活动】 4月16日上午，自治区党委书记胡春华、自治区主席巴特尔等领导来到自治区党政军义务植树基地参加2012年的义务植树活动。

自治区党政军领导杨俊兴、李佳、张力、乌兰、曹征海、那顺孟和、雷·额尔德尼、呼尔查、杭桂林、刘新乐、王波、云峰、张秀、王清泉等与自治区党政机关、中国石化内蒙古分公司、内蒙古军区、武警内蒙古总队、中(小)学校及社会团体等单位的干部群众、部队官兵、共青团员和少先队员代表约1500人参加了义务植树。

在植树基地，胡春华书记和巴特尔主席等领导同志听取了大青山南坡综合整治方案和大青山前坡生态保护规划方案汇报，参观了义务植树展板，挥铲培土、提水浇灌，为植树基地栽种下了棵棵优质品种树木。

在植树过程中，胡春华书记、巴特尔主席不时向参加植树的自治区林业厅和呼和浩特市负责人详细询问林业建设相关情况。胡春华书记指出，植树造林，绿化祖国，保持可持续发展是我国的基本国策。我们要按照中央要求，动员各方面力量，加强植树造林，改善生态环境，筑牢我国北方重要生态安全屏障。巴特尔主席叮嘱相关部门负责人，植树造林一定要注意提高成活率，要切实落实责任，运用多种手段努力提高营造林质量。

【中蒙第一次边境地区森林防火联防会议在呼伦贝尔市召开】 为加强中蒙两国边境地区森林防火协调联络，积极开展边境森林防火联防工作，4月16～17日，中蒙两国森林防火部门在呼伦贝尔市召开了中蒙第一次边境地区森林防火联防会议。

国家森林防火指挥部专职副总指挥杜永胜、国家森林防火指挥部办公室副主任焦德发、国家林业局国际合作司副司长章红燕、自治区林业厅厅长高锡林、防火指挥部专职副总指挥阿勇嘎、武警内蒙古森林总队总队长肖燕波、呼伦贝尔市副市长王国林、蒙古国国家紧急事务管理局副局长特·巴达日拉以及蒙古国边境省区紧急事务局和国家森防指、国家林业局、内蒙古自治区及所属边境盟市的有关负责人出席了会议。

会上，中蒙双方回顾了自1999年《关于边境地区森林、草原防火联防协定》签署以来的合作行动，对双方在边境森林防火合作领域取得的进展给予了肯定，同时就两国间的合作事宜双方进行商定后达成共识：一是建立联络站，畅通信息沟通。按照《联防协定》和《〈关于边境地区森林、草原防火联防协定〉实施细则》，依托两国边境地区林业部门，抓紧推进在我国的呼伦贝尔市、兴安盟、锡林郭勒盟和蒙古国的乔巴山、西屋尔特建立对应联络站。二是建立定期会晤和紧急会晤机制。中蒙双方对应的边境森林防火联络站应每年举行定期会晤，商讨防火形势、应对措施及需共同做好火灾预防和扑救的事项。遇有突发边境森林火灾时，双方联络站应及时进行紧急会晤，交换火情信息，研究扑救措施，落实支援等事宜。三是建设边境防火隔离带。双方应在边界两侧各开设50～200米宽隔离带，有效防止火灾烧入、烧出。四是建立中蒙两国边境地区森林火灾信息通报机制。当边境地区发生火灾且有蔓延过境的危险时，双方应及时向对方提供卫星图像和火情信息，并采取积极措施控制火情。五是完善紧急情况下跨境支援机制。边境地区发生森林火灾后，双方应及时向对方提供救援，并准备好必要的救援人员和物资。六是建立中蒙两国森林防火合作与交流机制。中蒙双方每年互派专业和管理人员进行防火考察和业务培训。

会后，国家森林防火指挥部专职副总指挥杜永胜和蒙古国国家紧急事务管理局副局长特·巴达日拉共同签署了会议纪要。

【呼伦贝尔市人民政府与自治区林业厅签署合作共建扎兰屯林业学校协议】 4月15日，呼伦贝尔市人民政府与自治区林业厅就合作共建内蒙古扎兰屯林业学校事宜签署协议。自治区林业厅厅长高锡林，副巡视员乔云，呼伦贝尔市市委书记罗志虎，市委常委、秘书长王伟，副市长王国林出席签字仪式。

高锡林指出，内蒙古有富集的森林资源，在我国有着非常重要的资源和区位优势。"十二五"期间，全区承担着400万公顷林业生态建设面积的重要任务，责任重大，任务艰巨。这就要求自治区各盟市特别是呼伦贝尔市要全力支持林业的稳定发展，其中不容忽视的一项重要工作就是要全力加强林业的队伍建设和科技支撑。这次自治区林业厅和呼伦贝尔市政府合作共建内蒙古扎兰屯林业学校有着非常重要的意义。合作期间，在原有管理体制不变的情况下，自治区林业厅在基础设施建设、师资队伍培养等多个方面将给予帮助和支持。希望在两级部门的合作推进下，将内蒙古扎兰屯林业学校办得更好，为林业的发展输送更多的优秀人才。

罗志虎说，近年来，自治区林业厅对呼伦贝尔市林业发展、生态保护与建设给予了大力支持，此次又与呼伦贝尔市合作共建内蒙古扎兰屯林业学校，支持林业学校开展涉林优势特色专业建设和多层次林业技能型人才培养模式的改革，支持林业学校提升实训能力和开展林业应用技术的研究。呼伦贝尔市委、市政府也将进一步加大在专项经费安排、提升产学研能力、扩大学校培训范围和服务功能等方面，给予学校更大的支持力度。希望林业学校抓住用好合作共建这个机遇，突出办学特色，提升办学水平，扩大办学规模，进一步提高林业学校服务现代林业建设的力度，为全市林业发展提供更好的人力、智力和科技支持，为自治区发展现代林业、建设生态文明、促进科学发展作出更大贡献。

自治区林业厅副巡视员乔云、副市长王国林代表双方签署共建协议。

【中韩合作内蒙古乌兰布和沙漠治理工程项目通过终期评估】 4月19～21日，以韩国国际协力团中国事务所所长郑胤吉为团长的韩方项目评估团对中韩合作内蒙古乌兰布和沙漠治理工程项目进行了终期评估。

中韩合作内蒙古乌兰布和沙漠治理项目，是韩国政府委托韩国国际协力团与内蒙古自治区合作开展的治沙造林建设项目，建设期为2008～2010年，项目总投资200万美元，韩国援助资金100万美元，地方配套资金100万美元，项目实施单位为巴彦淖尔市林业局。该项目主要建设内容为：人工造林1000公顷，其中沙障设置880公顷，打组合井37眼，修作业路21千米，新建塑料温室一座。项目建设还包括项目工作用车辆和办公设备建设、中方赴韩管理和技术研修、韩方技术指导等内容。工程实施以来，巴彦淖尔市政府在乌兰布和沙漠实施了全面禁牧，项目区进行了网围封育，项目区林草植被迅速恢复，风沙危害基本得到了控制，农牧业生产条件明显改善，带动了当地经济的快速发展。

通过评估，韩方评估团对中韩合作内蒙古自治区巴彦淖尔市乌兰布和沙漠治理工程项目实施5年来所取得的成绩给予了充分肯定。评估团认为，中韩合作内蒙古自治区巴彦淖尔市乌兰布和沙漠治理工程项目经过近5年的实施，项目取得了初步成效：一是增加林地1000公顷，提高了植被盖度；二是降低了风速，减轻了风沙对当地的危害；三是通过项目的实施，农牧民积极参与项目建设，增加周边农村剩余劳动力就业机会，增加农牧民经济收入500万元；四是项目建成后，可利用项目区梭梭进行人工接种肉苁蓉，可加快当地的沙产业发展，实现可观的经济收入；五是通过双方的技术交流与合作，引进学习了韩方先进的管理理念和绘线造林、自动化育苗、容器补植等多项先进技术，并将之用于巴彦淖尔市林业生态建设中，增强了当地群众的环保意识，提高了林业建设的整体水平。评估团认为项目达到了预期设计目标。

【北京军区内蒙古自治区京津风沙源治理商都义务植树表彰大会举行】 4月28日上午，北京军区内蒙古自治区京津风沙源治理商都义务植树总结表彰大会在商都县举行，北京军区司令员房峰辉、自治区党委书记胡春华、国家林业局局长赵树丛、解放军总后勤部基建营房部副部长张忍奎讲话，北京军区政委刘福连主持大会，自治区主席巴特尔宣读联合表彰通报。军地有关领导黄汉标、杜永胜、董明祥、陈建、王海儒、杨俊兴、连世秀、薛爱国、薛凝冰、刘振立、刘建、李佳、符太增、曹征海、杭桂林、王玉明、娜仁、海力斯和自治区林业厅高锡林、李树平、呼群等参加表彰大会并参加植树。北京军区部分单位和商都县七台镇人民政府等14个军民融合共建义务植树基地先进集体和郭杰、李树平等40个先进个人受到通报表彰。

房峰辉表示，虽然部队已圆满完成商都基地义务植树任务，但改善生态环境、建设绿色屏障的任务还很重。今后，北京军区要继续深入贯彻落实党中央、中央军委和胡锦涛主席的决策指示，继续把造林绿化作为建设和谐社会、建设生态文明的有力举措，作为推进军民融合式发展的重要实践，作为部队开展多样化军事任务和人民军队义不容辞的责任，一如既往地参加和支持地方经济社会建设。

胡春华指出：北京军区连续5年在商都县开展大规模义务植树活动，把300多平方千米荒芜贫瘠的土地变成茁壮成长的森林，为内蒙古的生态建设作出了突出贡献。全区各族干部群众要向北京军区广大官兵学习，向受到表彰的先进单位和个人学习，发扬艰苦奋斗精神，积极投身到植树造林、绿化祖国的实践中，把我们的家园建设得更加美好。全区各级各地要把林业生态建设作为生态环境保护的重中之重，继续实施好"三北"防护林、天然林保护、京津风沙源治理、退耕还林等重点生态工程，力争在"十二五"期间完成林业重点生态建设任务400万公顷。

赵树丛局长说，北京军区、内蒙古自治区认真贯彻中央指示精神，扎实推进绿化工作，为增加内蒙古绿色资源做了大量卓有成效的工作。当前，我国正处于全面建设小康社会的关键时期，要进一步增强植树造林的使命感、责任感，深入开展植树造林工作，继续投身国家的植树造林绿化活动。

表彰会结束后，军地领导与北京军区官兵、自治区有关部门负责人、乌兰察布市负责同志及商都县干部群众一同参加了义务植树活动。

【全区森林公安系统举办"弘扬人民警察核心价值观 忠实履行森林卫士职责"主题演讲比赛】 为深入贯彻落实党的十七届六中全会精神，进一步推动森林公安文化建设，深化森林公安民警核心价值观教育，增强森林公安民警的责任感和使命感，自治区森林公安局于5月24日在呼和浩特市举办了"弘扬人民警察核心价值观，忠实履行森林卫士职责"全区森林公安系统主题演讲比赛。

此次比赛评委由共青团内蒙古自治区委员会、内蒙古大学、内蒙古人民广播电台、内蒙古日报社等单位的专家、教授担任。自治区政法委、编办、人社厅、公安厅、林业厅、团委、公务员局、森林公安局、铁路公安局、民航公安局、海关缉私局等单位领导出席了比赛并为获奖选手颁奖。

比赛过程中，24名参赛选手紧扣"忠诚、为民、公正、廉洁"主题，结合工作实际，声情并茂、铿锵有力、生动细致地讲述了身边感人至深、催人奋进的先进典型事迹和自己对森林公安这个特殊职业的深刻理解与感悟，弘扬了人民警察顽强拼搏、奋勇争先的职业精神，抒发了人民警察对党、对人民的无限忠诚，诠释了"以林为业、以警为荣"的坚定理念，表达了自己对森林公安事业的深厚情感。选手们精彩的演讲得到了评委们的一致肯定。经过一天的激烈角逐，评委根据选手的警容风纪、演讲内容、语言艺术、舞台形象、综合印象等方面进行了评比，评选出一等奖3名、二等奖3名、三等奖6名。

【亚洲防治土地退化、荒漠化及干旱区域媒体研讨会在赤峰举行】 5月23~25日，由联合国防治荒漠化公约秘书处、国家林业局、新华通讯社和韩国山林厅联合主办的亚洲防治土地退化、荒漠化及干旱区域媒体研讨会在内蒙古自治区赤峰市举行，来自韩国、印度、乌兹别克斯坦、泰国、越南、孟加拉等国的40多位媒体记者和官员出席了研讨会。

本次研讨会是6月下旬在巴西里约热内卢举行的联合国可持续发展大会之前的一次媒体准备会，会议将就荒漠化公约亚洲履约情况、中国的经验和挑战、公众媒体的作用等专题进行研讨。会议旨在向亚洲区域新闻记者展示荒漠化防治的可行性和有效性，并通过媒体传播提高公众意识，影响政策决策。

联合国防治荒漠化公约副秘书长曼苏尔·恩戴耶说，中国在世界荒漠化防治事业中发挥着重要的作用，希望中国与更多国家和地区分享成功经验。同时，媒体是经验传播不可或缺的纽带，有能力也有义务激发公众对荒漠化和土地退化问题的关注。

与会期间，代表们参观考察了赤峰市林西县新城子镇七合堂村蒙古野果经济林、翁牛特旗图哈线和苏都线综合治理工程、松山区太平地农田防护林工程等治理典型。

【自治区领导到林业厅检查指导工作】 7月4日下午，自治区党委副书记李佳，自治区副主席王玉明，自治区党委副秘书长、农牧办主任于清理，自治区党委副秘书长胡丰，自治区政府办公厅副巡视员任茂等领导同志到自治区林业厅检查指导工作。

自治区领导同志首先看望慰问了林业厅机关工作人员，之后与林业厅领导进行了座谈。自治区林业厅厅长高锡林汇报了自治区林业基本情况、近年来林业工作简要回顾、2012年上半年工作开展情况和下半年工作安排。

在听取汇报后，李佳副书记指出，林业厅为了自治区生态保护和建设作出了突出贡献。林业厅这支队伍，很有战斗力，素质很高。国家林业局对内蒙古的林业工作是充分肯定的，自治区党委、政府对林业厅的工作也是非常满意的。他强调，能够带出这样一支优秀的队伍，关键是有一个强有力的领导班子。以高锡林同志为班长的林业厅班子，是一个善于谋全局、能够抓大事、作风务实、工作高效的领导集体。正是由于有这样一个好班子，全区林业工作呈现出的亮点很多，成绩也很突出，生态建设实现了"双增"和"双减"，集体林权制度改革力度不断增大，国有林场、国有林区改革积极推进。

对于今后的工作，李佳指出，内蒙古是中国北方重要生态安全屏障，是森林资源大区、荒漠化大区、生态建设大区和林业投入大区，生态地位举足轻重。自治区生态仍很脆弱，做好生态建设和保护工作，非常重要，也非常关键。一是要按照自治区党委、政府作出的安排部署，继续推进。二是根据2012年林业工作安排和"十二五"总体规划，凝心聚力，抓好落实。三是要加强督促检查和调查研究，确保各项工作落实到位。

对于林业厅提出请求解决的问题和建议，李佳副书记都给予了认真答复。

【全区森林草原防扑火工作暨表彰会议在呼和浩特市召开】 6月29日，自治区人民政府在呼和浩特市召开全区森林草原防扑火工作暨表彰会议。会议由自治区人民政府办公厅副巡视员任茂主持，自治区主席巴特尔、副主席王玉明、自治区防火指挥部领导以及各盟行政公署、市人民政府、自治区各委办厅局、各大企事业单位及有关单位和人员参加了会议。

会上，自治区防火指挥部副总指挥、林业厅厅长高锡林对2012年春防工作情况进行了通报，总结了森林草原防扑火组织领导、宣传教育、火案查处、火源管控、火灾扑救、基础设施建设等方面的工作，并对夏秋季防火形势进行了深入分析。自治区副主席王玉明作了重要讲话，对下半年防火工作进行了周密安排和部署。王玉明副主席要求各地加强组织领导工作，落实各项责任制度；积极开展预防工作，减少各类火灾的发生；抓好宣传教育，提高全民责任意识；强化火灾扑救工作，有效降低灾害损失；加强防火设施建设，增强综合防控能力；搞好防扑火队伍建设，进一步夯实工作基础；有效开展联防联控，形成齐抓共管的工作格局；严格火案查处工作，推进依法治火进程，力争取得2012年森林草原防火工作的全面胜利。

大会对呼伦贝尔市人民政府等20个先进集体和邓贤良等70名先进个人进行了表彰，并授予武警内蒙古森林总队大兴安岭加格达奇大队等5个单位荣誉称号。

【第九届中国城市森林论坛举办】 7月9～10日，第九届中国城市森林论坛在呼伦贝尔市举行。中共中央政治局委员、全国政协副主席关注森林活动组委会主任王刚作重要讲话。自治区党委书记胡春华、国家林业局局长赵树丛、《经济日报》总编辑张小影分别致辞。全国政协机关党组书记、副秘书长孙怀山主持开幕式。国家林业局党组成员、中纪委驻国家林业局纪检组组长、关注森林活动组委会副主任陈述贤宣读了《全国绿化委员会、国家林业局关于授予内蒙古自治区呼伦贝尔市等10城市"国家森林城市"称号的决定》，全国政协人口资源环境委员会副主任、关注森林活动组委会副主任江泽慧宣读了《国家林业局、教育部、共青团中央关于命名武汉大学等10家单位为"国家生态文明教育基地"的决定》，并分别授牌。自治区政协主席任亚平，自治区党委常委、秘书长符太增，自治区副主席王玉明，自治区政协副主席杨成旺出席开幕式。10位市长和专家在论坛上进行了演讲。

【自治区人民政府召开三北四期工程总结表彰暨五期工程启动大会】 为深入贯彻《国务院办公厅关于进一步推进三北防护林体系建设的意见》，落实国务院三北防护林四期工程总结表彰暨五期工程启动大会和回良玉副总理讲话精神，10月30日，自治区人民政府在呼和浩特市召开了三北四期工程总结表彰暨五期工程启动大会。自治区人民政府副主席王玉明，自治区党委农牧办、政府办公厅、发展和改革委员会、财政厅、人力资源和社会保障厅、林业厅的负责同志，各盟市分管盟市长、分管秘书长、林业局局长，全区三北防护林四期工程建设先进集体和先进个人代表，自治区林业厅各处室、直属单位负责人等共计100多人参加了会议。

这次会议是对过去成绩经验的总结、表彰，也是对继续推进三北工程建设的动员。会上，自治区人力资源和社会保障厅、林业厅对在三北防护林四期工程建设作出突出贡献的25个先进集体和40名先进个人进行了表彰。呼伦贝尔市、通辽市、鄂尔多斯市、突泉县、乌拉特前旗人民政府作了典型发言。王玉明副主席作了重要讲话，他充分肯定了全区三北防护林四期工程建设取得的成就，分析了面临的形势，从加强组织领导、落实好五期规划、加大资金投入和管理、提高建设质量和成效、创新体制机制、巩固建设成果等方面对五期工程进行了全面安排部署。并要求各地在新的历史条件下，加快推进三北防护林体系建设，深入贯彻落实科学发展观，坚持保护和建设并重，围绕防沙治沙和水土保持两大任务，大力保护和扩大林草植被，建立以森林植被为主体、林草结合的国土生态安全体系，加快建设祖国北方重要生态屏障，促进人居环境和生态状况的不断改善，推动自治区走上生产发展、生活富裕、生态良好的文明发展道路。

【鄂蒙两省区生态建设领域战略合作备忘录签字仪式在武汉举行】 为了深入贯彻落实中央政治局委员、自治区党委书记胡春华9月14日会见湖北省政协杨松主席一行时的会谈精神，进一步扩大双方政府间的交流，深入推进两省区生态建设领域战略合作，使双方合作上升到一个新的水平，12月6日，自治区副主席王玉明一行赴武汉市，同武汉市人民政府签署了《鄂蒙两省区生态建设领域战略合作备忘录》。湖北省政协副主席李宗柏、湖北省人民政府副秘书长梅祖恩、武汉市原副市长袁善腊、武汉市政府副市长邢早忠、武汉市政府副秘书长程介儒、内蒙古自治区党委副秘书长于清理、自治区政府副巡视员任茂、自治区林业厅厅长高锡林、自治区发改委副主任杨崇义、内蒙古林科院院长郭中等领导出席了签字仪式。

签订的备忘录内容有：一是鄂蒙双方政府继续在内蒙古自治区开展生态建设领域战略合作5年；二是继续合作开展荒漠藻综合固沙技术熟化研究，同时积极建成国家级生物综合治沙工程技术研究中心和北方一流沙生植物园，沙生植物园项目总投资2000万元，双方政府各出资1000万元；三是建立双方政府联席会议制度，定期协商解决项目合作出现的问题和相关事宜。

（内蒙古自治区林业由张爱军供稿）

内蒙古森林工业集团

【概　述】 2012年内蒙古森工集团（林管局）木材生产由229万立方米一步调减到110万立方米，企业经济转型进入关键期，通过积极营销、开源节支、挖潜增效、大力发展转型产业，保证了生产经营的平衡运行。实现林业产业总产值52.56亿元，较2011年增长33.33%；林木产品销售完成148.2万立方米，实现营业收入18.8亿元，其中主产品销售完成9.26亿元，平均售价868.41元/立方米，剔除棚户区改造配套支出，实现利润2435万元，全面完成了自治区国资委下达的各项任务目标。（金明举）

【生态建设】

天保工程 深入实施天保二期工程，坚决执行国家木材减产和生态保护政策，严格资金管理，编制完成了集团公司与各林业局两级天保工程实施方案，完成了内蒙古大兴安岭林区《天保工程森林管护办法》《天保工程二期考核办法》《天保工程档案管理办法》的修订工作，对《森林管护巡护记录》《森林管护责任书》《天保工程考核责任书》进行了补充完善。积极开展天保工程实施效果监测准备工作，上报了《内蒙古大兴安岭林区天保工程生态效益监测和生态定位监测建站需求情况报告》。配合国家林业局完成了对2011年度天保工程核查工作。

（张铁军）

资源管理　严格执行林地征占用定额管理办法，全年审批长期占用林地382公顷，节约定额360.68公顷。严厉打击破坏森林资源的违法犯罪活动，编制了《内蒙古大兴安岭林区林缘守护恢复预案》和《内蒙古大兴安岭林区林地红线管控预案》，开展专项行动，打击毁林开垦和非法占用林地案件，全年共立案调查涉林案件736起，其中刑事案件65起，查处行政案件666起，打击违法犯罪人员720人，清查回收恢复林地495.7公顷。编制上报了《林区林地保护利用规划》，按时完成林区县级林地保护利用规划落界工作。严格执行森林采伐限额和三总量管理制度，加强木材运输管理，木材凭证运输率达100%。（张大楼）

森林经营　增加投入，改进造林方式，提高营林成效，全年完成人工更新造林560.1公顷，为计划的100.1%；育苗78.5公顷，为计划的359.1%；完成森林抚育28万公顷，人工促进更新0.41万公顷，母树林经营1.34万公顷，种子园经营169.7公顷，作业合格率100%。（张大楼）

森林灾害防控　启动了森林防火智能监控的前期工作，强化火源管理，增强应急反应和扑火能力建设，全年共发生森林火灾8起，受害森林面积353.9公顷，受害率为0.043‰，当日灭火率为100%，火灾次数和受害面积同比分别下降74%和36%，为历史最好年份。林业有害生物防治计划11.7万公顷，完成7.9万公顷。当年林业有害生物成灾率0.73‰，无公害防治率达到95%，测报准确率达89.5%，苗木产地检疫率达到100%，圆满完成了国家林业局下达的“四率”指标。（王　东）

【企业改革与管理】

科学设立组织机构　2011年9月森工集团现代企业制度试点启动。为保证现代企业制度顺利实施，2012年森工集团董事会成立了战略委员会、提名委员会、薪酬与绩效考核委员会、审计与风险控制委员会4个专门委员会，并下设了工作机构，明确了工作职责。同时成立董事会办公室，为董事会、监事会有序运转提供了工作保障。（袁红民）

建立健全规章制度　依法修订《内蒙古森林工业集团公司章程》和森工集团《董事会议事规则》《党委常委会议事规则》《总经理办公会议事规则》《董事会专门委员会工作条例》。制定了公司重大信息披露制度、投资管理办法、派驻二级单位监事会(执行监事)职责范围和管理办法，做到有章可循、有规可守。

全年共召开3次董事会会议，审议表决了生产建设计划、财务预决算、经营责任目标等14项议案。向阿尔山、图里河等4个森工公司和矿业公司派驻了监事，为推进全资子公司法人治理结构建设进行了探索。（袁红民）

【产业发展】

项目建设　2012年内蒙古森工集团共争取国家和自治区批复各类项目76个，批复总投资40.8亿元，获得国家和自治区投资17.6亿元，分别是2011年的1.4倍、1.9倍和1.6倍。其中生态项目15个，总投资2.4亿元，涵盖防火综合治理、良种基地建设、生态监测项目、防火无人机项目和防火通讯项目等。启动实施重点火险区综合治理三期工程，微波通讯干线改造及航空消防基础设施建设、种苗基地建设和湿地生态监测项目。民生项目上，争取到国家、自治区棚改供热、小区道路、饮水等基础设施配套投资3.4亿元，有效缓解了企业资金配套压力。转型项目上，拓展了自治区资源型城市可持续发展、战略性新兴产业、国有资本金投资、旅游发展基金等专项补贴投资渠道，争取到位资金6600万元。（赵玉忠）

生态旅游　根据林区旅游资源分布情况，分“南部”“东部”“北部”3个板块重点打造精品旅游景区，启动建设了阿尔山核心景区基础设施、毕拉河达尔滨森林公园一期、阿里河相思谷、莫尔道嘎白鹿岛二期、根河房车营地等旅游产业项目，森林旅游业稳步推进。全年累计接待游客52.6万人次，旅游综合收入2.89亿元，社会从业人员14 357人，分别较2011年增长48.38%、19.4%和16.7%。（张　亮）

赴俄采伐　按照新体制、新机制积极推进对俄资源开发合作，扩展合作空间。全年赴俄采伐劳务输出481人次，累计采伐木材40.6万立方米，过货原木22.15万立方米，实现营业额4788.76万美元。

林下经济　按照“发展森林经济、打造百年森工”的转型发展思路，结合林区比较优势，将森林畜牧业、林下经济植物和菌类开发加工业、水资源综合开发利用等作为林区产业转型的主攻方向。召开林区林下资源开发利用管理工作会议，制定实施《内蒙古大兴安岭野生经济资源管理办法(试行)》，规范了林区林下资源开发利用方式，为发展林下资源加工龙头项目奠定了基础。与根河市政府合作推进了中北部林区驯鹿养殖项目；大杨树林业局蓝莓人工种植面积达到62.7公顷；毕拉河口、甘河对口山、绰尔河口、莫尔道嘎鸭脖湾水利工程前期工作启动。（张　宏）

【改善民生】

增加工资　通过强化林下采集管理、扶持发展家庭经济、引导参与旅游服务、实行管护生产一人多岗等措施多渠道提高职工群众收入。按照20.5%的比例为职工增长工资，使林区在岗职工年人均工资达到28 988元。

棚户区改造　努力筹措资金积极推进棚户区改造工程，当年启动棚户区改造项目20个，2012年改造规模为2.6万户，建筑面积130万平方米，开工率达100%，含2011年结转交付使用29 149户，入住率为76.6%。按照以商补改的思路，启动实施棚户区改造异地建设海拉尔百万平方米项目，首期竣工后将有8600户林区职工迁居海拉尔。

完善社会保障体系　认真开展养老账户清查活动，完成1120名人员社保入库工作，办理了624名退休人员工龄核改养老金补发。完成离退休、遗属数据与国家“金保工程”数据对接入库核对。协调认定大集体特殊工种近5000人，协调将林区近4万名“老工伤”全部纳入呼伦贝尔市工伤保险统筹。落实老干部住房补贴政策；解决了未授衔退休民警待遇问题；开展厂办大集体改革；争取了一次性安置人员养老医疗保险补贴政策。

打造稳定环境　高度重视信访稳定工作，高效解决事关民生的重大问题，信访形势持续好转。2012年林

区个体访批次、人数同比分别下降22%、24%；集体访批次、人数同比分别下降23%、26%。（岳连鹏）

【党建和精神文明建设】

坚持"三心"原则，按照"三步走"战略，认真实施《关于加强林区党建工作的意见》，全面提升党建工作科学化水平。以建设学习型党组织、深入开展创先争优活动为重点，全年完成培训26 280人次，提高了各级干部知识素养和引领科学发展的能力。完善《林区中层后备干部管理暂行办法》，规范了各企事业单位的干部选拔任用工作。以宣传贯彻党的十八大精神、林区开发建设60周年等重要政治、庆祝活动为契机，全面推行宣传思想文化工作项目化管理，为林区"创新发展、转型崛起、富民兴林"提供了思想保证和舆论支持。按照《建立健全惩治和预防腐败体系2008～2012年工作规划》目标，注重教育、健全制度，加强监督、标本兼治，初步构建了具有林区特色的反腐倡廉制度体系。林业工会围绕发展大局，深入开展双增双节、合理化建议、劳动竞赛等活动，激发了广大职工当好创新发展、转型崛起"主力军"的热情。拓宽扶贫帮困渠道，促进家庭经济发展，注重发挥帮扶中心作用，形成了"输血"与"造血"并重的扶贫帮困新格局。共青团组织深入贯彻林区党建带团建工作会议精神，大力开展青年思想文化工程、创新创效工程、育人助力工程、权益维护工程和强基固本工程，夯实了团建工作基础，发挥了助手和后备军作用。（刘万军）

【林业大事】

3月21日 内蒙古森工集团召开第一届董事会第一次会议。会议传达学习了自治区国资委批复的《中国内蒙古森林工业集团有限责任公司章程》及相关议事规则，对提交会议的《聘任董事会秘书以及设立董事会办公室议案》等7项议案进行了审议表决。

4月10～15日 2012年内蒙古·香港经贸合作活动周在香港举办。森工集团总经理、林管局局长巴树桓等率森工集团(林管局)代表团参加经贸洽谈。

5月1～2日 自治区党委副书记、自治区主席巴特尔一行到阿尔山调研，重点对阿尔山森林资源保护、林业生态工程建设和森林旅游业发展进行考察。

5月20～27日 森工集团(林管局)开展北部原始林区武装"三清"专项行动。行动出动飞机6架次、车辆28辆、人员200余名。

5月30日 森工集团(林管局)荣获内蒙古自治区最具社会责任感企业称号。

6月16～22日 内蒙古大兴安岭林区——北京科技活动周在北京举行。本次科技周活动以"科技引领 转型崛起 富民兴林"为主题，是内蒙古大兴安岭林区开发建设60年来首次高规格、高起点、大规模的对外科技交流活动。

7月4日 自治区人大常委会副主任、总工会主席呼尔查率调研组到林区调研。

7月25日 2012年全国林业碳汇计量监测体系建设内蒙古森工试点启动暨技术培训会在乌尔旗汉森工公司举行。

8月1～2日 林区家庭经济现场经验交流暨表彰大会在阿里河森工公司召开。中国农林水利工会主席盛明富，自治区总工会副主席郑祖敏出席会议并讲话。

8月24～26日 首届全国党建与企业思想政治工作理论创新论坛在井冈山举行。内蒙古森工集团(林管局)党委获首届全国党建与企业思想政治工作理论创新单位称号。

8月26日 森工集团(林管局)召开内蒙古大兴安岭林区开发建设60周年暨"兴安脊梁"表彰大会。国家森林防火指挥部副总指挥、国家林业局党组成员、副局长孙扎根，内蒙古自治区副主席、公安厅厅长马明，呼伦贝尔市市委书记罗志虎出席大会并致辞。

9月23日 内蒙古大兴安岭林区棚户区改造海拉尔百万平方米项目开工庆典仪式在海拉尔东山新区举行。（内蒙森工由杨建飞供稿）

辽宁省林业

【森林资源状况】 全省林地面积达到714.29万公顷，占国土总面积的48.2%，其中，有林地面积达到571.69万公顷，活立木蓄积量达到3.01亿立方米，森林覆盖率达到40.23%、林木绿化率达到45.86%。全省生态公益林总面积394.73万公顷，其中：国家级公益林面积240万公顷、省级公益林面积154.73万公顷。辽宁的森林覆盖率、有林地面积和活立木蓄积指标总体上位居全国中等的水平。

【林业建设成就】 2012年，辽宁省林业系统全面超额、优质高效地完成了各项工作任务，取得重大成效，其中造林绿化的作业面积、资金投入、质量效果，林业产业发展水平、产值增长速度均创历史最好水平；青山工程全面开展；集体林权制度改革、森林资源管理和保护等工作继续处于全国先进地位。

【生态建设】 全省完成造林绿化面积53.87万公顷，是年度计划的102.4%，是2011年的103.1%。其中，人工造林41.67万公顷、封山育林10.69万公顷、飞播造林1.51万公顷。全省大规模造林绿化工程累计完成114.97万公顷，超额完成了规划任务。全省造林核实率达99.49%，合格率达92.35%，为近年来最好水平。全省投入造林绿化资金305.11亿元。其中，省级以上投入12.65亿元、市县财政投入145.77亿元。

【青山工程】 全省共投资51.3亿元，完成治理面积

18.4万公顷。其中，矿山生态治理完成0.43万公顷，为年度计划任务的105%；“小开荒”还林和坡地造林绿化工程分别完成10.03万公顷、6.87万公顷；围栏封育工程完成围栏里程548千米。鞍山市示范工作积极推进，创造了“六个结合”、“四造”和“一矿一策”“一路一策”“一山一策”等经验。省人大审议通过了《辽宁省青山保护条例》，已于2012年10月1日起正式施行。省政府批准实施了《辽宁省青山保护规划》，对全省青山治理与保护分区施策、分类保护，是辽宁省生态保护历史上的突破。全省有13个市、93个县区成立了青山保护工作领导小组，11个市和63个县区设立了青山保护工作机构。2011年6月，国家林业局局长赵树丛专门视察调研了辽宁省青山工程实施情况，并高度评价：“青山工程是统筹人与自然关系的伟大实践。”

【林权改革】 全省主体改革基本完成，确权面积535.90万公顷，占应改面积的99.63%，调处纠纷15 058起，调处率99.4%，1520万人参与改革，群众满意率在98%以上。抓了20个集体林权制度改革示范村，电子档案软件开发和应用试点工作进展顺利，出台了全国首个《农村林地承包仲裁机构建设标准》。进一步深化了配套改革，全省林权管理服务中心(含窗口)总数达52个、林业合作组织2876个、专业协会1041个、以林抵押贷款60.29亿元。2011年9月下旬，在辽宁省本溪市召开的全国深化集体林权制度改革工作会议暨林下经济现场会上，赵树丛局长评价辽宁林改和林下经济发展“具有典型和示范意义”。

【林业经济】 实现林业总产值1500亿元，同比增长21%。新开发林地经济10万公顷，累计达153.33万公顷。在2012年全省评出的9个“一县一业示范县”中，开原市彩色苗木、宽甸县石柱参、庄河蓝莓获省政府“一县一业产业示范县”称号。园区建设稳步推进，招商引资成果丰硕。彰武中国北方家具基地累计完成投资51.5亿元，销售收入实现50亿元；台安现代化木业产业集群累计完成投资12.8亿元，销售收入实现2.9亿元。各地完成招商引资签约项目76个，签约额达236.8亿元。全省各类林产品加工企业新增106家，累计达到5970家。成功举办了首届中国森林食品交易博览会，成交额达32.88亿元。

【森林资源管护全面加强】 完成了林地保护利用规划编制工作，实现了全省林地“一张图”，结余林地定额800公顷；严格采伐管理，全省实际执行年森林采伐限额为202.4万立方米，仅为国家批准辽宁省年森林采伐限额的37.8%；积极争取国家支持，新增国家级公益林面积11.05万公顷，获得国家资金补偿的公益林面积达到240万公顷；森林防火实现三下降，全省共发生森林火灾51起，森林火灾发生次数、过火森林面积和受害森林面积与2011年同期相比实现三下降，当日扑灭率达到100%；林业有害生物防治力度加大，全省防治面积57.79万公顷，防治作业面积74.71万公顷，防治率达86.67%，成灾率0.54‰，低于规定指标2.46个千分点。

【沈阳市林业信息化建设】 按照“三级建站”“四级联网”“一网打尽”的建设理念，围绕“终端入户辐射带动信息服务”的示范主题，坚持“实际、实用、实效”原则，不断加快示范市建设步伐。分3个波次推进网站提质升级。召开网站论证会、网站评价会和“学网、用网、建网”经验交流会推进网站改版升级，为林农果农、网民大众提供一个了解林业的便利平台。新网站以“3+3+2”模式推出3大黄金栏目、3个特色子网、2个特色子站的架构，开设新的服务、宣传窗口，拓展了为林农、果农服务功能。按照“三纵两横”提高完善了网络功能。在前期已建4家县站、10家乡站基础上，增建3个乡级中心站，完成了森林资源重点地区的网络化布局。建设200户林业中心户，完成全市林业专业合作社、协会、大户的全市信息网络化布局。沈阳市林业远程监控已建设完成，PDA已投入使用，无人机已基本成型，移动通讯指挥可以作为以后建设方向进行研究。

【大连市社会化造林】 大连市全面动员、深入发动、重点工程、社会造林、义务植树全面推进，全社会造林护绿蔚然成风。全市机关、学校、医院、厂矿、部队等企事业单位和社会团体踊跃植树造林，涌现出一大批造林绿化先进单位，花园式单位和青山生态系统工程建设先进个人，公民义务植树尽责率进一步提高，有220万人次参加义务植树，建设了“政协林”“工会林”“巾帼林”“青年林”“双拥林”等一批纪念林。

【鞍山市创森工作】 鞍山市把大力开展造林绿化、建设生态鞍山作为经济社会发展的重要目标和内容，把创建国家森林城市作为一项生态惠民工程，坚持城市、农村向森林化方向发展，城乡建设与生态维护统筹规划，开发改造与植树造林同步进行，产业发展与环境保护齐头并进，着力建设环境优美的和谐鞍山，形成了鞍山创森特色。一是坚持高水平规划，创新森林城市建设理念。二是实施“五四”工程，依托创森改善生态环境。三是推进全民创森，大力营造绿色文化氛围。历经3年多的森林城市创建工作，使鞍山森林覆盖率已达到46.4%，建成区绿地率37.9%，绿化覆盖率38.5%，人均公园绿地面积10.4平方米，水岸绿化率85%，道路绿化率87.5%。“国家森林城市”是目前评价一个城市绿化成绩的最高荣誉，最能反映城市生态建设整体水平。7月9日在第九届中国城市森林论坛上，鞍山市被全国绿化委员会、国家林业局授予国家森林城市称号。

【抚顺市资源管护】 全市共办理木材运输证17 980份、林木采伐许可证1750份、木材经营加工许可证83份、征占用林地审批36份，缴纳植被恢复费1679.48万元。妥善处理重点工程建设征占用林地工作，认真协调工程建设单位与被征占林地单位和群众的关系。湿地公园建设实现突破。狠抓森林防火工作，确保全市森林资源安全，实现连续27年无重大火灾发生。顺利完成森林病虫害防治工作，共完成防治总面积2.56万公顷，防治率为76.9%。严厉打击破坏森林资源违法犯罪行为。全市森林公安机关共侦破查处各类林业案件98起，其中刑事案件18起。

【本溪市林下经济发展】 全市发展林下经济1.47万公顷，全市林下经济总面积超过20万公顷。全国推广本溪市林下经济经验现场会议9月24日召开，本溪市林下经济发展模式得到了国家林业局、全国各地代表的肯定，林下经济成为全国的发展样板。本溪获评中国刺五加之乡，桓仁县获评中国山参之乡，关门山森林公园获评全国生态文明教育基地。在9月26日的全国首届森林食品交易博览会上，本溪市又被评为中国森林食品产业示范基地，全国仅评10个，本溪市排名第一。

【丹东市生态精品工程】 按照园林城市创建目标，各县(市)区、各部门高标准、高档次打造绿化精品工程。住建部门突出抓好了城区绿化，实施6大类23个绿化项目建设，进一步提高城市出口路、公园绿地、城市水系等绿化档次。新城区重点实施了文化广场、行政广场等园林景观建设和13条街路的绿化工程，提高了新区的绿化效果。交通部门突出抓好高速公路出口路绿化工程，形成乔灌草相结合的景观效果。水利部门对重点河流实施枫杨护岸生物工程措施，增强了河道生态防护功能。林业部门组织开展了乡村绿化，重点实施了荒山造林、沿海防护林、城郊荒山和村屯绿化工程，提升森林覆盖率。宽甸、凤城、东港县(市)加大城镇绿化建设力度，改善了城区生态环境和景观环境。振安区、元宝区、振兴区突出抓好小区绿化及绿地，提高了城市总体水平。

【锦州市集体林权配套改革】 主体改革进一步深化。针对部分乡村集体经营比重过大和部分承包合同到期问题，各级林业部门按照"十步流程"要求，进一步梳理，指导组织林改。截至目前，全市林改完成率99%。确权到户率99%。林地承包合同进一步规范。出台了《林地承包流转办法》，对流转的各种情况进行规范。2012年，共签订新合同29份。林业抵押贷款进一步推进。出台了《关于进一步规范林业抵押贷款的通知》，对贷款的程序、贷款的评估、贷款的使用、林权证的保存及林业部门的审查备案都进行了规范明确，使林业抵押贷款良性发展，全市超过6亿元。

【营口市林业有害生物防治工作】 营口市打响了森林病虫害防治工作常态化管理的硬仗，做到"早观测、早查防、早除治"，严格松材线虫疫情监测，加强美国白蛾防治，确保全市无公害防治率95%(计划指标86%以上)，全市成灾率为0.9‰(计划指标3‰以下)。市林业局分别与各市(县、区)签订了林业有害生物与松材线虫病、美国白蛾防控责任状。狠抓春季苗木产地检疫工作，会同园林、高速公路、港务集团、公路处、监狱、火车站等部门，实施"三天一检查，五天一督察，十天一通报"制度。及时发现问题，适时采取措施，做到及时解决。

【阜新市植树造林】 全市共完成营造林作业面积10.60万公顷，是2011年的139.6%，也是有史以来最多的一年。其中人工造林8.60万公顷，封山育林2万公顷。人工造林按工程分，13.33万公顷经济林建设工程完成6.77万公顷；退坡地造林工程完成1.82万公顷。全面实施省"万村万树"绿色村庄建设工程，启动和完善620个行政村的村屯绿化，重点完善190个村，栽植树木132.4万株。完成义务植树1060万株，建设义务植树基地30个。完成世界银行贷款造林0.3万公顷，是计划的115%。完成2011～2012年度中央财政森林经营补贴试点任务0.90万公顷。同时，经市政府批准，成功申报了欧洲投资银行贷款造林项目，完成了项目的配套资金及还款承诺。

【辽阳市林业产业】 全市新开发林地经济面积1563.33公顷，完成预期目标万亩的235%；新增中药材种植面积200公顷，新增花卉面积133.33公顷，改造老残果园面积0.13万公顷，创建市级果树标准示范园10个，均完成全年计划的100%；新成立10家相关产业协会或农民专业合作社；涉林农民年人均林地经济相关产业收入达到827元。

【铁岭市以榛子产业为主的林业产业开发】 新增榛林面积0.53万公顷，其中新植0.33万公顷、垦复0.2万公顷，全市榛林面积达到8.27万公顷，产果面积达到4.67万公顷。新建标准园0.67万公顷，全市标准园达到4.67万公顷，产量达到3500万千克，产值达到38亿元，增幅16.9%，山区农民人均榛子收入突破1800元。2011年度土地整理榛子开发项目完成验收，效果良好，同时启动了2012年度项目。以速生丰产林为主的木材生产基地8.67万公顷；种苗花卉基地1.33万公顷；以榛子为主的经济林面积12.67万公顷；山野菜、林下参等中药材面积3.2万公顷；新增林蛙放养量1.8亿只；新增其他林下养殖家畜(禽)存栏40万只。林业"一县一业"主导产业建设成绩突出，开原市被中国林业产业联合会命名为"中国彩色苗木产业第一县"，并获批省政府"全省一县一业示范县"。

【朝阳市国有林场职工危旧房改造工作】 省政府下达给鞍山市国有林场危旧房改造任务334户，目前，主体工程已经全部完成，开工总户数为334户，完成建筑面积27 061平方米，超计划2000平方米；完成总投资2465万元，超计划180万元。国家又新增拨水电配套资金37.92万元。已有183户搬进了新居，151户待分配。至此，朝阳市国有林场危旧房改造工作保质保量地实现了当年建设、当年竣工、当年进住的目标。

【盘锦市科技推广服务及林业站建设】 盘锦市在积极开展营造海防林、林下食用菌种植等试验的同时，广泛推广ABT生根粉、盐碱土壤改良技术等林业新技术，并引进中绥4号杨、中阳9杨、沙兰杨等杨树速生新品种；承担了中央财政林业科技推广资金项目及两项市级科技推广项目；完成《盘山县耐盐碱树种良种基地建设项目》的可研报告论证工作，并获省发展改革委批复；积极参加送科技下乡活动和"科普之冬"活动。共培训林农800人次，技术咨询158次，发放林业科普及实用技术宣传资料5种3000多份；组织两县举办各类培训班10期，培训林农1000人次，发放林业科普宣传资料

4000 多份。基层林业站实现县林业主管部门垂直管理，人员工资纳入县财政预算，使基层林业站职能作用得到充分发挥，为全市林业社会化服务及造林和资源保护作出积极贡献。

【葫芦岛市基层基础建设】 葫芦岛市注重推动基层林业站建设，提高基层林业站的业务和管理水平，举办基层林业站长培训班 3 期，培训人员 160 余人次，新建标准化林业站 12 个，建昌县成功申报林业站建设重点县。深入开展"百乡千村林农科技致富行动""林业专家进村入户""赶科普大集"和"科普之冬"等惠农活动，重点推广 3 项林业实用技术，建立各类示范基地 6 个，科技示范村 10 个，扶持科技示范户 260 个；组织举办各类林业实用技术培训班 28 期，培训人员 1800 余人次，利用新闻媒体开展林业科普 21 次，热线答疑 400 余次，发放各类实用技术资料 4000 余份。强化了"林以种为本、种以质为先"的理念，全市共收调林木种子 13.67 万千克；完成林业育苗 693.33 公顷，其中新育 396.27 公顷，超计划 9.5%；总产苗木 1.03 亿株，基本满足了全市造林需求。

【绥中县林业产业】 全县林业产值逐年增加，年均增长率达到 10%，林业年产值由 2011 年的 13.8 亿元增加到 2012 年的 15.2 亿元。林业已成为全县经济建设新的增长点，在促进农村经济结构调整，扩大城乡就业，增加农民收入方面，发挥着越来越重要的作用。

【昌图县森林经营工作】 按照全县森林经营方案要求，完成了林木采伐限额 9.44 万立方米，生产木材 6 万立方米，优先残次林、低产低效林更新改造。开展杨树中幼林抚育间伐，完成抚育间伐 1.25 万立方米，提高林分质量和林业综合效益。（辽宁省林业由王树森供稿）

吉林省林业

【概　述】 2012 年，在吉林省委、省政府的正确领导下，在国家林业局的指导和大力支持下，坚持以生态文明建设、促进绿色发展为主题，紧紧围绕加快林业经济强省建设总目标，全体林业职工开拓创新，真抓实干，全面完成了各项生产建设任务。以造林绿化为重点的生态建设成效明显；林业总产值创历史新高达到 1150.95 亿元；连续 32 年无重大森林火灾；集体林权和国有林场改革进展顺利；退耕还林、"三北"防护林五期工程建设任务按期完成；林业投资额度再创历史新高；民生工程成果显著；林区社会繁荣稳定；全省林业发展建设取得了新的成就。

【生态建设】 2012 年，完成各类生态建设任务 12.14 万公顷，其中人工造林面积 2.78 万公顷，无林地和疏林地新封面积 333 公顷，林冠下造林面积 6.15 万公顷，有林地和灌木林地新封 3.17 万公顷。退耕还林、"三北"防护林建设两大重点工程共完成各类生态建设任务 5.35 万公顷，占总生态建设任务的 44.08%，其中人工造林面积 2.07 万公顷，占人工造林总面积的 74.53%；无林地和疏林地新封面积 333 公顷，占无林地和疏林地新封总面积的 100%；林冠下造林面积 687 公顷，占林冠下造林总面积的 1.12%；有林地和灌木林地新封 3.17 万公顷，占有林地和灌木林地新封总面积的 100%。

在完成林业重点生态工程建设任务的同时，完成更新造林 1.31 万公顷，比 2011 年增长 61.66%；低产低效林改造面积 4599 公顷；成林抚育面积 39.43 万公顷，比 2011 年增长 26.62%；幼林抚育作业面积 62.11 万公顷。当年苗木产量 28.0 亿株，当年林木种子采集量 2903 吨，育苗面积 1.57 万公顷。

【林业投资】 2012 年，吉林省到位各类建设资金总额 71.41 亿元，到位资金同比增长 11.07%。其中，中央资金 41.52 亿元，同比增长 14.17%，占林业资金到位总量的 58.14%；地方资金 8.58 亿元，同比增长 48.77%，占林业资金到位总量的 12.01%；国内贷款和债券 0.24 亿元，同比下降 90.26%，占林业资金到位总量的 0.35%；利用外资（合人民币）0.36 亿元，同比下降 43.03%，占林业资金到位总量的 0.51%；自筹资金和其他资金 20.71 亿元，同比增长 8.89%，占林业资金到位总量的 28.99%。

【林业产业】 近年来，吉林省先后建成 1 个国家级林业产业园区和 9 个省级林业产业园区，建成龙头企业和产业基地 142 个。形成了以森林培育业、木材加工业、森林绿色食品和医药业、森林生态旅游业、林木种苗花卉业、沙地经济和生态草业、林区矿产业和清洁能源等 8 大产业为主体的林业经济发展格局。2012 年，林业产业总产值 1 150.95 亿元，比 2011 年增加 124.69 亿元，增长 12.15%，在全国列第 12 位。其中，第一产业产值 311.72 亿元，第二产业产值 700.49 亿元，第三产业产值 138.74 亿元，分别比 2011 年增长 9.34%、12.50% 和 17.07%。生产木材 344.26 万立方米，比 2011 年减少 90.01 万立方米，其中原木产量 340.47 万立方米，薪材产量 3.79 万立方米；木材采运产值 36.90 亿元。锯材产量 149.83 万立方米，木片、木粒加工产量 8.83 万实积立方米，锯材、木片加工产值 39.25 亿元。人造板产量 348.75 万立方米，其中胶合板 131.40 万立方米，纤维板 87.34 万立方米，刨花板 82.60 万立方米，产值 89.92 亿元。木地板产量 3 400.46 万平方米，其中实木地板 483.87 万平方米，复合木地板 2 798.37 万平方米，其他木地板 118.22 万平方米，产值 51.70 亿元。木制家具总产量 317.65 万件（套），产值 33.20 亿元。木浆造纸业产值 42.01 亿元。中药材加工制造、坚果加工、山野菜、食用菌加工、葡萄酒和果汁产值307.45亿元，产值占全部林业产业总产值的26.71%，其中，中药材加工制造业产值236.59亿元，坚果加工产值25.71亿元，山野菜、食用菌加工产值11.84亿元，葡萄酒和果汁饮料制造业产值17.30亿元。森林旅游接待1 372.6万人次，旅游与休闲服务收入62.13亿元；经济林产品的种植与采集业产值157.86亿元；花卉产业产值13.53亿元；林蛙、鹿、狐、野猪、山鸡等为主的野生动物驯养产业产值9.79亿元。

【林业科研与技术推广】 2012年，向国家林业局和省科技厅申报林业科技项目69项，其中向国家林业局申报2013年度公益性行业专项6项、“948”项目2项，2012年度中央财政林业科技推广15项、林业科普项目6项、林业软科学项目6项；向吉林省科技厅申报农业科技转化项目2项、“十二五”国家科技计划农村领域备选项目15项、2013年度吉林省科技发展计划项目17项。2012年，国家林业局下达了15个中央财政科技推广转化项目、2个公益性行业专项、1个“948”项目，总资金额度突破2000万元。扶持林业产业化龙头企业和产业基地100户(个)，带动职工、农户3万户，创建企业技术中心10个，选派1000名科技特派员培训和指导林农大户和困难林户10万户。各级林业主管部门和林业科研、推广单位分别开展了“科技下乡”“科技帮扶”“科学普及”等活动，选派科技特派员深入企业、场圃、农民合作社和林业职工、林区群众家中，对中草药种植、野生动物驯养繁殖、林木种苗培育、林业病虫害防治等基层和林农急需的技术进行指导和培训。

【森林防火】 吉林省提出全年无重大森林火灾的目标。2月9日，吉林省林业厅提请省政府发布了《2012年森林防火命令》、制定了《2012年全省森林防火工作要点》和《2012年全省森林防火宣传教育方案》。省政府于3月20日和9月6日召开了森林防火工作视频会议。进入春防期，全省出动宣传车1.03万台次、人员8.2万余人次，印发森林防火命令35万份，防火宣传单150万份，各类森林防火横幅标语6.5万幅，防火旗30万面。严格要求全省乡镇、林场级以上单位落实24小时值班和领导带班制度，时刻保证人员在岗在位和信息畅通。春、秋防期间，33支专业森林消防队、263支半专业森林消防队和7000余地方扑火力量全部进入集中待命状态，并积极开展训练演练。森林部队对重点部位实行靠前驻防，确保做到有火就近出动。吉林省航空护林中心3架直升机对高火险区域实行全面巡护。截至2012年年末，全省共发生森林火灾41起，其中一般森林火灾26起，较大森林火灾15起；过火总面积177.8公顷，受害森林面积57.98公顷，森林火灾控制率为4.3公顷/次，森林火灾受害率为0.007‰。实现连续32年无重大森林火灾。

【林业有害生物防治】 吉林省预测林业有害生物发生面积为24.13万公顷，实际发生面积为26.32万公顷，测报准确率为91.69%；全省林业有害生物成灾面积为3200公顷，现有林地面积为825.7万公顷，成灾率为0.39‰。全省林业有害生物无公害防治面积为21.57万公顷，无公害防治率为89.4%；全省应施种苗产地检疫面积900公顷，实施种苗产地检疫面积900公顷，种苗产地检疫率达到100%。均达到或超额完成国家林业局下达吉林省的林业有害生物防治“四率”指标任务。

【林政稽查】 吉林省各级林政稽查部门充分发挥职能作用，依法查处了一大批林业行政案件，有效保护了森林资源安全。全省发生各类林业行政案件1.68万起，其中盗伐林木案件4909起；滥伐林木案件1063起；毁坏林木、苗木案件279起；违法征、占用林地案件51起；违法运输木材案件1309起；非法收购、经营、加工木材案件188起；乱捕滥猎野生动物案件19起，其他林业行政案件9002起。经过各级林政稽查工作人员努力共查处案件1.65万起，案件查处率为98.2%。依法处罚各类涉林行政违法人员1.84万人次，收缴木材878.59立方米，收回林地829.71公顷，为国家挽回直接经济损失1000余万元。

【森林公安】 吉林省各级森林公安机关共破获各类涉林案件9099起。其中森林刑事案件609起(重大30起、特大20起)，行政案件8465起；野生动物刑事案件7起(特大3起)，行政案件18起。收缴木材4469立方米，收回林地6991公顷，查处违法人员2.69万人，罚款3000余万元，为国家挽回经济损失4420余万元。为全面加强林区治安管理，开展“缉枪治爆”“打四黑、除四害”“禁毒劲风2号”和“公务用枪安全大检查”4个专项行动，共出动警力4900余人次，车辆2100余台次，收缴社会非法民用枪支1206支、子弹3.02万发、炸药130公斤、雷管8965枚、导火索4161米；铲除毒品原植物21万株，侦破涉毒案件9起；检查配枪单位50个，枪弹库44个，核查配枪人员2631人；检查各类场所217处，消除各类安全隐患300余处。破获各类刑事案件714起，其中重特大案件261起，“缉枪治爆”专项行动战果在全国森林公安系统排名第一。

【野生动植保护】 吉林省结合国有林区冬季盗猎高发期和西部春季候鸟迁徙捕杀多发期特点，开展清山清套严厉打击违法盗猎活动。出动人力9600人次、车辆1100台次，收缴铁子、黏网、套子等猎具3200多套，查获各种非法猎捕、经营的野生动物个体1100多头(只)，严厉打击了各种犯罪活动。成立“吉林长白山远东豹的分布和数量专项调查”调查队，加大东北虎远东豹保护调查与监测。对长白山远东豹的重点分布区(珲春、汪清)进行了专项调查，确认位于珲春、汪清的老爷岭南部有远东豹8~11只。利用远红外相机已采集到4只东北虎和3只远东豹的影像资料，确认吉林省长白山区有野生东北虎8~10只。通过对虎、豹资源调查与监测，确定东北虎、远东豹重点分布区域和保护措施。2012年，从省财政争取项目资金完成了1526起野生动物损害补偿案件的复核、核查和认定工作，补偿金额374.1万元，补偿案件受理率达100%。被国家林业局确定为全国野生动物肇事补偿试点省，获得补偿试点补助资金160万元。

【天然林资源保护工程】 工程区年末实有森林管护面积385.6万公顷。木材产量147.7万立方米，比上年下降33.48%，占全省木材总产量的42.91%。工程区年末在岗职工5.99万人，离开本单位保留劳动关系2.44万人。参加基本养老保险人数为8.69万人，其中在岗职工59 789人；参加基本医疗保险人数8.93万人，其中在岗职工5.84万人。工程全年完成投资14.25亿元，其中国家投资11.39亿元，占工程总投资的79.96%。

【国有林场改革】 在延边朝鲜族自治州和吉林、通化、白山部分县(市)的国有林场进行了政策性森林保险试点工作，共有32个县(市)和三湖保护区管理局参加森林保险试点工作。保险公益林面积107.60万公顷，商品林面积46.05万公顷。

【集体林权制度改革】 编制"吉林省林权登记发证管理系统"，在全国率先把林权登记发证工作与地理信息系统相结合，提高了林权登记发证工作的科学性和准确性。截至2012年年末，林权登记发证面积达191.33万公顷，发证率达80%；累计发放林权抵押贷款3.3亿元，其中农民抵押贷款金额达1.6亿元。

【林木种苗】 投入80万元完善吉林省种苗网，构筑种苗信息交流平台，使林木种苗工作步入网络化、市场化发展的快车道；确定了汪清县、敦化市、露水河林业局、临江林业局等15个县(市)的国有林业局为试点单位，建立了1.5代林木良种生产基地；建立了吉林省林木种苗专家库，成立了吉林省国家重点林木良种基地建设技术指导专家委员会，制定了"吉林省国家重点林木良种基地建设技术指导专家工作规范"。

【退耕还林】 完成任退耕还林1.82万公顷，兑现粮食补助资金29 597万元，生活补助费7304万元，种苗补助4282万元。完成工程建设投资50 154万元，其中国家投资49 808万元，占总投资的99.31%。工程实施以来，已累计兑现粮食补助资金387 032万元，生活补助费67 294万元，有23万户农民从中受益，退耕还林工程在增加农民收入和减轻贫困方面发挥了重要作用。

【"三北"防护林五期工程】 完成生态建设任务3.53万公顷，其中人工造林1.38万公顷，林冠下造林136公顷，有林地和灌木林地新封2.13万公顷。完成工程投资9237万元，其中国家投资8896万元，占总投资的96.31%。吉林省"三北"防护林五期工程以进一步突出防沙治沙、农田防护林更新改造、村屯绿化为主攻方向，通过大力营造防风固沙、水源涵养、水土保持等防护林，使沙漠化土地得到了有效治理，水土流失现象得到了有效控制，通过更新改造原有农田防护林，形成了网带片、乔灌草相结合的高标准农田防护林体系，为今后国家粮食主产区的稳产高产提供了防护屏障。

【荒漠化治理】 吉林省加大了防沙治沙宣传力度，在"6·17"世界荒漠化和干旱日期间在西部的白城、松原开展防沙治沙宣传月活动。省林业厅与白城市政府在白城开展了"治理国土荒漠化、白城大造林行动"大型募捐活动，提高群众治理"荒漠化"意识。共组织募捐活动20场次，捐款捐物折合人民币3000余万元；得到香港中电捐款30万元。针对松原市境内"三个风沙源"的治理，吉林省重点抓2个防沙治沙建设点。①第二松花江右岸沙带建设点。采取容器育苗造林，固定沙丘，建设防风固沙林带，遏制了风沙前移。②在沙地建设生态经济型林业综合开发建设点。采取以防为主，防、治、用相结合的原则，采用大苗冻坨移植、选择经济收入高的树种造林，加大营林措施，提高成活率，增强防护效能。在沙化耕地高标准农田防护林建设上，对风沙危害严重的地块，采取15 ~25公顷小网眼的小网格林带，用乔灌结合，针阔结合的方法，选用优质壮苗，采用"大坑大水"的方式造林。对区内标准不高、质量较差、防护功能较低的防护林，进行完善、提高、补造和改造。在荒漠化治理的同时，重点抓白城市10个荒漠化治理示范基地建设，形成荒漠化治理与经济效益结合的方式，达到既治理荒漠化土地又增加收入的效果。洮南市桑树示范基地已经生产加工出降糖的桑叶茶、桑叶咀嚼片和桑葚酒；柠条基地发展林下养鸡、养野兔产业，鸡、兔数量达5万多只，2012年产值达到360多万元；五味子基地、欧李基地、仁用杏基地、山杏基地建设良好；沙枣、大榛子、文冠果和枸杞长势良好，效益突出。

【自然保护区建设】 截至2012年年底，全省林业系统建立和管理的自然保护区达33个，总面积239.84万公顷。其中有长白山、向海、莫莫格、龙湾、三湖、珲春、天佛指山、雁鸣湖、哈尼、波罗湖、黄泥河11个国家级自然保护区，面积88.68万公顷。拥有国际重要湿地1处，面积10.5万公顷；自然保护小区6个，面积0.9万公顷；野生动物种源繁育基地12个，野生植物种源培育基地16个，野生动植物保护管理站108个，鸟类环志中心(站)2个，野生动植物科研及监测机构35个，从事野生动植物及自然保护区建设的职工人数达1655人。2012年工程完成投资4303万元，其中国家投资4240万元，占总投资的98.53%。野生动植物保护及自然保护区的建立，使区内资源得到有效保护，野生动植物种群规模扩大，有效地保护着吉林省大部分濒危和珍稀野生动植物资源及其赖以生存的栖息环境。

【湿地管理】 4月23日，吉林省人民政府第三次常务会议通过《吉林省湿地保护规划》。其目标和任务是："通过《规划》的实施，使湿地保护管理体系健全、完善；湿地保护管理机构设置科学合理，协调机制运行顺畅；湿地保护管理能力有较大提高，湿地调查监测、宣传教育和湿地科研工作全面发展；湿地法制体系健全，破坏湿地的违法行为基本杜绝；全省53%的自然湿地和90%的重要湿地得到有效保护，湿地面积萎缩、功能退化的趋势基本得到遏制，湿地总面积有所增加；湿地保护与合理利用形成良性循环。进一步加强湿地生态旅游、湿地动植物和矿产资源开发利用，并逐步形成产业化、规模化。"编制了《重要湿地生态补水长效机制可行性研究报告》和《重要湿地生态补水长效机制实施方案》，把向海国际重要湿地、莫莫格国家级自然保护区和梅河口磨盘湖、大安牛心套保等国家湿地公园作为长效补水试点单位。与水利部门沟通协调，为莫莫格实施人工措施补水6000万立方米，为白鹤的停歇栖息创造了有利的条件，2012年秋，白鹤在莫莫格停歇数量达3800多只，占全球白鹤总数的97%。为牛心套保国家湿地公园补水5000万立方米，促进了苇、稻、蟹经济循环模式健康协调发展。加快推进湿地恢复工程建设，落实到位国家湿地保护补助资金500万元(莫莫格300万元、大安牛心套保200万元)，为加大湿地保护、监测和湿地恢复工作力度奠定了基础。

【创建绿色家园行动】 完成造林总量14.51万公顷，比2011年增长1.1%。清理回收林地成果初步显现。其中人工造林5.25万公顷，更新5.12万公顷，封山育林4.14万公顷；完成森林抚育22.09万公顷，占第二个10年绿美规划目标的203.5%；完成城市、县城新增绿地面积820公顷，占规划目标的139.3%；完成村屯绿化2236个，占规划目标的122.2%；完成公路、铁路、河流绿化1448.4千米，占规划目标的127.1%；完成义务植树3902.7万株，建立完善义务植树基地270个，面积1486.67公顷，分别占规划目标的151.7%、129.8%、165.9%，义务植树尽责率87.0%，比2011年提高了0.2个百分点。造林绿化质量明显提升，造林平均成活率达到88.9%，比2011提高0.4个百分点。

【民生实事】 吉林省结合林业棚户区改造，推进国有林区基础设施建设，争取中央预算内投资2702万元，开展国有林区公益性基础设施项目12个，其中改造林区职工医院4处，改造林业局局址给水设施7处，完成7.2万户林业棚户区(危旧房)配套供热建设任务。棚户区改造开工4.16万户，完工2.2万户。截至2012年年底，累计开工16.86万户，开工率100.36%；已完成棚户区改造14.36万户，竣工率85.48%；主体完工户数达到14.84万户，占建设任务的88%。

【职工队伍、人员情况】 截至2012年年底，吉林省林业系统拥有各类经济单位1 507个，比2011年减少70个单位。其中，国有单位1469个，城镇集体单位7个，其他类型单位31个，分别占林业系统单位的97.5%、0.5%和2.0%。其中，企业230个，事业1182个，机关95个，分别占单位总数的15.3%、78.5%和6.2%。林业系统在册职工总数150 194人，比2011年下降4.57%。其中，在岗职工112 499人，比2011年下降5.22%。在岗职工中女性职工33 821人，占在岗职工总数的30.06%。其中，专业技术人员25 074人，占在岗职工总数的22.29%。从业人员主要集中在木材采运企业和地方国有林场，共有职工119 865人，占全部在册职工的79.81%。(人员情况精确到个位)

【林业大事】

2月7日 国家林业局印发《关于公布第二批国家重点林木良种基地的通知》(林场发〔2012〕25号)，吉林省又有5家基地获批。至此，全省已有10家国家级林木良种基地。

2月13日 全省林业局长会议在南湖宾馆召开，省政府副秘书长刘延春主持，副省长王守臣讲话。

2月14日 省政府办公厅下发《关于提前做好森林防火区农田剩余物清理工作的紧急通知》(吉政办明电〔2012〕15号)。

3月2日 省政府召开吉林省第25次绿化委员会全体会议暨春季造林绿化动员电视电话会议，副省长王守臣到会并讲话。

3月7日 省林业厅印发《吉林省林业厅重要森林火灾应急处置方案》(吉林防〔2012〕86号)，全面明确处置重要危险性森林火情时，林业厅机关处室业务分工。

3月23日 吉林省第十一届人民代表大会常务委员会第三十一次会议讨论通过《吉林省林地保护条例》，2012年5月1日起施行。

4月20日 吉林省林业厅在四平市组织召开"东北四省区林业有害生物灾害防控合作暨美国白蛾疫情发生趋势会商会议"。辽宁、吉林、黑龙江和内蒙古四省区林业厅分管领导参加了会议，国家林业局森防总站潘宏阳副站长到会并讲话。

4月22日 《中日合作吉林省九台市生态防护(水土保持)林建设项目》(2012～2014)在九台市卢家林场正式启动实施。省林业厅厅长张德新主持仪式，日本宫城县日中友好协会会长江幡武、省人大常委会副主任王云岫为植树纪念碑揭幕，省政府副秘书长刘延春、日本宫城县日中友好协会会长江幡武、九台市市长史长友分别在启动仪式上致辞，启动仪式由省林业厅厅长张德新主持。

4月23日～26日 国家森林防火指挥部派出由财政部农业司褚利明副司长带队的森林防火督查组对吉林省春季森林防火工作进行督查。检查组采取明察与暗访相结合、听取汇报和实地检查相结合等方式，分别检查了舒兰市、敦化市、龙井市、延吉市，上营森林经营局及露水河林业局、白河林业局、八家子林业局和龙林业局等重点林区的森林防火工作。

5月9日 吉林省林业厅与中国农业银行股份有限公司吉林省分行就共同支持林农、林业专业合作组织和林业企业发展，在长春举行战略合作协议签字仪式。省政府副省长王守臣出席仪式。

5月15日 王儒林省长主持召开省政府专题会议，研究支持白城市发展有关问题。林业厅涉及向海湿地保护和开发问题。

6月21日 省林业厅联合省林业产业协会举办了"吉林木门十佳企业"授牌仪式，共有22户企业被授予"吉林木门十佳企业"称号。张德新厅长在仪式上作重要讲话。

6月29日～30日 东北、内蒙古四省区第四次森林防火联防会议在吉林省抚松县召开。国家森林防火指挥部副总指挥杜永胜应邀出席会议并讲话。

7月16日 吉林省民政厅印发《关于同意成立吉林省林场协会的批复》(吉民管〔2012〕41号)，标志着吉林省林场协会正式成立。

7月27日 省政府印发《吉林省集体林权制度配套改革实施方案》(吉政发〔2012〕28号)。

8月21日 吉林省林业厅"吉林省林业信息化专网建设项目"被电子政务理事会评为"2012电子政务创新应用奖"。

8月22日 省林业厅在敦化市召开"千名处长进千村"帮扶对接会，新任的16名帮扶处长到敦化市与所帮扶对象进行现场对接。栾胜宽副厅长到会并讲话。

8月22日 省政府在敦化市召开全省绿化美化现场工作会议，省政府副秘书长刘延春主持，副省长王守臣讲话。

9月19日 国家林业局森林公园管理办公室、国家林业局森林公园保护与发展中心举办"中国森林公园发展30周年"评选活动，吉林省内唯一一家森林公园——吉林拉法山国家森林公园被评为全国30家"最具影响力森林公园"之一。

9月24日 在北京召开的全国林业科学技术大会上，吉林省9个单位和延边林业集团于华等14人分别被评为全国生态建设突出贡献奖先进集体和先进个人。

9月25日 铁岭举办的首届中国森林食品博览会，吉林省有5名个人和2家单位，被授予"林业产业突出贡献奖"；吉林派诺生物技术股份有限公司等4家企业和6名个人被评为"林业产业创新奖"。

10月17～20日 吉林省首届"技师杯"林业行业技能竞赛暨省林业技师学院实训基地揭牌仪式在敦化市举行。张德新厅长出席会议并讲话。

10月19日 中国野生动植物保护协会授予龙井市"中国松茸之乡"称号；授予松江河林业局"中国天麻之乡"称号；授予舒兰市"中国东北林蛙养殖之乡"称号。

10月26日 省政府在长春市春谊宾馆召开吉林省三北防护林四期工程总结表彰暨五期工程启动大会。省政府副秘书长刘延春主持，副省长王守臣讲话。

10月31日 省政府办公厅印发《关于加快林下经济发展的意见》(吉政办发〔2012〕63号)。

11月16日 省林业厅和省气象局签订"林业气象灾害防御合作协议"，将人工增雨纳入气象服务森林防火范畴。

11月19日 省林业厅召开全省林业科学技术大会，张德新厅长在会上作重要讲话。会议印发了《吉林省林业科技中长期发展规划(2011－2020年)》，对37个全省林业科技工作先进集体和125名林业科技先进工作者进行了表彰。

11月29日 省政府新闻办公室召开吉林省森林生态服务功能新闻发布会。张德新厅长到会宣读新闻发布稿并回答记者的提问。发布会由省政府新闻办公室主任张志伟主持，金德友副厅长、中国森林生态系统定位研究网络管理中心主任、首席专家王兵回答记者的提问。

11月30日 吉林省实现连续32年无重大森林火灾。

12月21日 东北、内蒙古重点国有林区森工企业局长森林资源管理培训班在长春南湖宾馆召开。

12月21日 省政府批准建立吉林伊通河源省级自然保护区(吉政函〔2012〕176号)。

(吉林省林业由芦　静　于善国供稿)

吉林森工集团

【概　述】

森林资源 2012年，吉林森工集团(以下简称集团)完成造林2.7万公顷，中幼龄林抚育4.7万公顷。森林覆盖率达到90.7%，比2011年提高0.1%。活立木总蓄积达到1.77亿立方米，比2011年增加200万立方米。乔木林公顷蓄积达到141.58立方米，位居全国第三、四大森工集团之首。森林蓄积比2011年净增300万立方米。珍贵树种蓄积比重达到21.5%，比2011年提高1.2%。针阔混交林面积比例达到86.5%，比2011年提高0.6%。森林碳储量达到7616万吨，比2011年增加130万吨。全年未发生大面积森林病虫害，实现辖区连续32年无重大森林火灾。推进林木良种基地建设和苗木移植驯化工作，绿化苗木实现销售收入1450万元。建设外埠速生林2000公顷。

经济运行 克服房地产持续调控、建材市场需求不旺和木材进一步减产等诸多不利因素的影响，推进由传统资源垄断型向完全市场竞争型发展模式的战略转移，开拓市场，调整产业产品结构，集团经济呈现持续健康快速发展的良好态势，主要经营指标再创历史最好水平。实现总产值143.54亿元，比2011年增长16%，木材产值9.7亿元，占6.8%。实现销售收入80.8亿元，增长30%，其中，木材收入10.2亿元，占12.6%。实现利润总额5.6亿元，增长40%，净利润3亿元，增长37%，木材净利润3060万元，占10%。截至2012年年底，资产总额达195亿元，比年初增长58%，净资产52.8亿元，增长50%。中长期融资比重由26%上升到36%，资产负债率73%，融资成本比2011年降低1800万元。

产业结构 建筑地产和金融板块实现销售收入17.3亿元，占总收入的21%；利润总额5.8亿元，占盈利企业利润总额的64%，成为集团利润来源的主力军。森林食品保健和商业贸易板块实现销售收入7.2亿元，占总收入的9%；利润总额538万元，占盈利企业利润总额的1%，成为集团新的经济增长点。人造板、地板和家具板块实现销售收入18.9亿元，占总收入23%，成为支撑集团发展壮大的基础。森林矿产水电和森林生态旅游板块稳步发展，实现销售收入5.3亿元，占总收入的6.5%。一、二、三产业比例由2011年的37:40:23调整为2012年的31:37:32。

市场开拓 研究制订了加工企业营销模式指导意见和木材销售奖励办法。组建经营运行产销管理中心，设立了电子商务处和中森电子商务公司。与华润集团合作，拓展在零售、地产、新能源、软资源等领域的交流与合作。股份公司与曲美家具等大客户建立战略合作关系，扩大了客户资源。金桥地板集团开发怀古等新型实木复合地板投放市场，在俄罗斯销售自有品牌地板2.16万平方米。泉阳泉饮品公司完成5升、600毫升水外包装设计和2升水瓶型技术改造，与中石化、吉林体彩中心等进行异业合作，产品进入专营超市。

经营管理 开展"节本降耗、提质增效"活动，管理费用比预算降低3%，3项费用支出占销售收入同比下降了0.8%。木材生产企业科学组织伐区设计，加强木材生产各环节的定额管理，节省了成本费用；加工企业组织生产线改造维修，改进生产工艺，提高了生产效率和产品质量。成立风险防控委员会和风险管理处等机构，对项目建设和资金投入实施了风险管控；金融企业坚持对项目进行调查、论证和风险评估，规避了经营风险。健全资产监督管理体系，进行监管制度建设，规范日常监管，开展专项监督检查，确保国有资产的保值增值。坚持党政工齐抓共管，加强隐患排查治理和作业现场安全管理，全年实现无生产安全重伤事故、无生产安全死亡事故、无重大工业火灾工作目标。

资本运作 发行8.7亿元中期票据，年节约财务费用1200万元。采取银行借款和结构性融资等方式，筹集资金31亿元，以低成本资金满足高收益项目需求。通过收购丰华矿业、东北亚总部、云龙木业、森晟房地产和万宁润达实业等公司股权，实现绝对控股，集团以12.6亿元资本掌控了56.3亿元资产，优化了集团资产结构。

改革创新 实施集团机关基本薪酬制度改革，推行全员绩效考核制度，建立员工工资收入动态管理机制。各林业局适应二期天保要求，调整压缩管理机构和非生产人员，组建中心林场，设置森林管护机构。研究组建经营运行产销管理中心，制订销售奖励办法，推行营销工作一把手负责制，推动了营销模式的创新。

民生工作 完成37万平方米棚改工程，7000多户林区群众入住新居。支付员工薪酬总额18.3亿元。在岗员工年均收入38 230元，同比增长17%。离退休人员统筹外支出8830万元。为104户困难员工提供创业贷款220万元，包保困难员工1360户，190户困难员工脱贫。完成了8500多名老工伤人员伤残等级鉴定工作。解决了通化林化厂359名退休人员工伤、医疗保险问题。湾沟林业局顺利完成天禹水泥公司股权转让工作，参股员工溢价收回股本，并实现平稳就业。白石山林业局在黄松甸地区投资865.8万元新建了水源地和净水厂，解决了员工群众吃水难问题。各林业局为员工提供林地、原材料和创业贷款等扶持措施，发展林下经济，实现收入9000万元，年人均1.1万元。

党建和思想政治工作 开展"双为"主题实践活动，抓了党委能力建设，组织32名处级干部参加了中央党校培训。落实"三级联建"责任体系和"四位一体"监督格局。全年对23个项目实施效能监察，节省资金2600多万元。集团在全省推进会上介绍了廉政风险防控机制建设试点经验。开展了"企业文化繁荣年"活动和"知足感恩、算账对比、建设集团"教育。落实职代会和局务公开、厂务公开制度。开展党的十八大等重要会议期间的信访稳控工作，抓了平安和谐企业建设和社会管理创新，林区社会和谐稳定。

【森工大事】

1月18日 吉林省人大副主任刘润璞，吉林省政协副主席常显玉等领导出席集团2012年工作会议。

2月16日 吉林省文明办代表中央文明委向集团授予"全国文明单位"荣誉证书和牌匾。

5月24日 吉林省纪委书记陈伦到集团调研指导工作。

5月13～14日 国家林业局原党组成员、纪检组长、中国林业文学艺术工作者联合会主席杨继平到集团调研生态文化建设工作。

6月29日 集团召开创先争优暨"双为"活动表彰大会。

8月6～9日 集团与华润集团达成战略合作意向。

8月30～31日 第三届东北、内蒙古四大森工集团年会召开，集团董事长、党委书记柏广新率队参加并发表讲演。

9月1日 集团董事长、党委书记柏广新参加中国企业500强发布暨中国大企业高峰会高层圆桌会并发表讲演。

10月17日 集团召开"知足感恩、算账对比、建设集团"报告会。

11月23日 集团召开领导干部大会，传达贯彻党的十八大精神。

12月14日 吉林省委宣讲团党的十八大精神报告会在集团举行。

（吉林森工集团由刘力武　吴在军供稿）

黑龙江省林业

【概　述】 2012年，围绕全省"八大经济区""十大工程"和"十大产业""大美龙江"等建设，集中心思抓发展，凝心聚力谋大事，千方百计攻难关，开展了扎实有效的工作，取得了显著成效。

造林绿化 全省上下围绕省林业厅党组确定的"四个重点，一个加强"的造林绿化思路，广泛发动，排艰克难，深挖潜力，齐心并力推进造林绿化持续快速发展。全年共完成造林23.44万公顷，为计划任务的117.2%，其中人工造林完成10.77万公顷，封山育林完成12.67万公顷。三北工程完成造林18.89万公顷，为省政府责任目标的118.08%。全省共完成育苗面积1.02万公顷，占计划0.73万公顷的139%；生产各类苗木16.94亿株，其中可用于2013年造林绿化的商品苗6.9亿株；采收各类林木种子10.2万千克，占计划5

万千克的204%；母树林、种子园(采种基地、良种基地)抚育和作业生产完成0.33万公顷，占计划0.27万公顷的122.5%。全省种苗基地供种率达到了75%，全省基本实现县域种苗自产、自育和自给。采取大苗木、多树种，乔冠结合的绿化方式，实行层次搭配、综合景观设计，完善和新绿化村屯2998个；部分县、市采取工程招标形式，实行园林化设计施工，打造出了绿色通道新亮点，共绿化道路3543千米，形成了以公路绿化为主架的规模绿色长廊；着力营造良好城乡居民生态环境，打造区域绿色景观，在城乡、乡村等结合部营造片林3.93万公顷，其中，营造1000亩以上的大片林35块，500亩到1000亩片林137块；以民生为主，凸显造林者的经济效益，积极发展生态经济林，全省营造北方寒地小浆果和红松、榛子等坚果林0.75万公顷，保护8万多公顷；组织了全省党政军群社会各界举行大型义务植树活动，全省军民踊跃参与，共栽植了17片纪念林，义务植树6000万株，新建义务植树基地880个。打造了一大批村屯、道路、科技园区、旅游名镇、休憩公园等绿化亮点。

资源管护 森林防火采取了一些超常规的新举措：①在督促检查上：全省各级森防指坚持开展常规的森林防火检查，省林业厅还组织了36个检查组，由厅领导带队，对全省进行了5次重点抽查。更具黑龙江特色的是省委、省政府安全生产巡视组的森林防火巡视督察工作是将纪检监察和监督巡视手段用在检查防火上，在关键时期，到重点区域巡视和蹲点近4个月，多次向省委、省政府专题报告巡视情况，省委、省政府主要领导多次批示督办落实解决森林防火问题。②交叉任职收到良好效果。创新联防责任机制，在全省10个市和农垦、森工林区毗邻交错的森林防火联防区域，推行基层干部交叉任职制度，全省共有256名交叉任职干部共担森林防火联防责任。过去火情频发、火案不明、责任不清、经常推诿扯皮的交错区域，2012年没有发生一起火情。③强化火场督查工作。针对扑火过程中出现的出工不出力、推诿扯皮、灭火效率低等弊端，省森防指要求各地成立由纪检、监察、组织、公安等部门组成的火场督查组，在扑火一线全程监督扑火情况。全省组建的各级火场督查组达到154个，落实督查组成员1312人，并对火场督查组成员进行了业务培训。④制度建设工作重新制定了《黑龙江省森林防火扑火工作奖励处罚办法》。通过树立"打小火立大功"的理念，改变了过去主要靠卫星监测热点反馈火情的被动局面。据统计，共有32起森林火灾是在卫星没有监测到的情况下主动上报的，增强了扑救主动性。全年春防期间发生一般森林火灾49起，夏、秋防期森林火灾零发生。全年过火面积1045.53公顷，其中有林地面积236.87公顷，受害率0.01‰，卫星热点及时反馈率和火灾当日扑灭率均达到100%，实现了森林防火"三不发生"的工作目标。为加大森林资源保护力度，黑龙江省在全国率先完成全省林地保护利用规划"一张图"拼接与入库工作。开展了林地保护利用规划大检查和木材检查站清理整顿工作。⑤全面查清森林资源底数。以编制林地保护利用规划为契机，召开了规划编制工作领导小组第二次会议。同时再次征求了发展改革、财政、国土资源等11个部门的意见，认真进行了修改，为保证规划编制质量，加强森林资源管理，派出六个工作组，由全省林地保护利用规划编制工作领导小组成员带队，前往十三个地市，采取听汇报、座谈、实地查看相结合的方法进行检查，并选取近20个县(市)进行了抽查。通过编制林地保护利用规划，彻底查清了全省森林资源底数。⑥征占用林地审批。省林业厅和国家林业局共审核审批占用征收林地项目286项，面积1246.66公顷。其中省厅共审核审批占用征收林地项目280项，面积951.91公顷；上报国家审核审批占用征收林地项目6项，面积294.74公顷。共收取森林植被恢复费6895.29万元，收取林木、林地补偿费6404.42万元。2012年与2011年相比，占用征收林地起数基本持平，但占用征收林地面积减少了35.4%，收取的各种费用减少了22.7%。⑦加强林木采伐管理。全年共受理审批林木采伐许可120项，核发林木采伐许可证2012份。针对各地反映强烈的森林抚育、老龄过熟林采伐、灾害木清理和使用林地项目等林木采伐计划不足的问题，积极采取措施，用省预留采伐限额，及时为有关单位增加了林木采伐限额76.82万立方米。"绿盾2012"林业植物检疫、非法捕猎和经营野生动物等执法检查，开展了打击破坏鸟类资源违法犯罪和野生动物及其制品网络犯罪、非法贸易、非法种植毒品的"禁种铲毒"等多个专项战役，有效地遏止了破坏森林资源和猎捕野生动物案件上升势头。全年林业有害生物发生面积为24.45万公顷，成灾率仅为0.02‰，预测预报准确率达到98%，无公害防治率达到96.3%，种苗产地检疫率100%。共查处、侦破涉林案件6098起；林业行政案件受理3384起；野生动物案件999起。打击处理各类违法犯罪人员5633人次，共收缴木材5211.6立方米，野生动物16万余只(头)。

林业产业 全省推进林业产业项目100个，其中省重点项目41个，总投资183.5亿元，2012年计划投资52亿元；一般项目59项，总投资178.3亿元，2012年计划投资27.5亿元。完成重点项目投资49.1亿元，占全年计划投资的94.2%。通过大项目带动和产业园区建设，集中抓了森林食品、林果、北药、木材精深加工、生态旅游、对俄林业合作开发等林业产业项目。①制定并发布产业发展政策。出台了"关于鼓励招商引资奖励政策""各市(地)林业产业年度考评奖励办法"和"省级林业特设园区认定意见"。②完成省级林业龙头企业认定工作。2012年命名了4家企业为第九批省级林业龙头企业。使全省省级林业龙头企业达到55家。全年林业产业总产值达到1200亿元，比上年增长19.52%，其中林业厅系统预计实现林业总产值630亿元，占52.5%，比上年增长20%。③随着省委省政府"八大经济区""十大工程建设"的实施，黑龙江森林旅游事业有了很大变化，出现了森林旅游事业和森林公园建设快速发展势头。15个旅游名镇建设和一大批风景名胜开发，和对知名森林公园品牌的成功打造，促进了森林旅游事业的快速发展。由省林业厅和地方政府共同合作，组织了横头山国家森林公园首届中国、哈尔滨五花山赏秋节，暨第五届红叶文化节，伊春兴安森林公园举办的伊春旅游文化节和北极村极光旅游文化节等重大旅游文化活动。全年地方林业系统森林公园实现旅游总收入4.26亿元，比上年同期增长了1.25亿元，同比增长41.53%。接待旅游人数由上年的521.74万人，增加到574.47万人，增长10.11%，其中门票收入由上年的3518.94万元，增加到4898.93万元。全年累计投入建设资金6.16亿元，结合“通乡”“通村”工程和旅游名镇建设，旅游线路畅通无阻，宾馆床位、饭店餐位不断增加，车、船游艇等设施设备大增。大批声名显赫、远近闻名的森林公园，如北极村、横头山、茅兰沟、大亮子河、龙江三峡等脱颖而出，形成一大批精品公园。

湿地建设 2月省编委批复，成立黑龙江省湿地保护管理中心，结束了湿地大省没有专门管理机构的历史。制定《黑龙江省“十二五”湿地保护工程实施意见》，首批认定湿地100多万公顷，批建国家和省级湿地公园16个，建立了扎龙湿地长效补水机制，率先在全国实施省级湿地保护资金补助和开展省级湿地建设总结表彰工作，每年获得湿地保护补助资金1000万元，用于实施省级湿地保护补助项目，22处保护区(湿地公园)获得资金，重点用于省级湿地自然保护区和湿地公园的管护、监测和宣教支出，切实加强湿地保护管理与监测。这是黑龙江省首项湿地保护补助资金，对湿地保护工作起到良好的推动作用。

林业改革 全省集体林完成明晰产权面积119.73万公顷，占总面积的99.38%，确权发证面积115.15万公顷，占明晰产权面积的96.17%，有54万户农民和林业经营者获得了林权。全省有林业专业合作组织165家，入社农户达4.3万户。全省农村信用社、龙江银行等商业银行已累计投放林权抵押贷款金额4.11亿元。规范了林权交易场所，启动了森林保险工作，对地方国有森林资源资产处置情况进行清理整顿。

生态文化 省厅出台“关于加强生态文化体系建设的实施意见”，与团省委、省教育厅联合开展了省级生态文明教育基地创建活动。举办湿地论坛、林博会、木博会，并利用植树节、爱鸟周、世界湿地日等契机，举办森林旅游节、湿地文化节等主题活动。拍摄《孙吴大果沙棘》《东宁黑木耳》等专题片在中央电视台播出。香港凤凰卫视“大地寻梦”《再探风沙线》栏目组，从最东边的黑瞎子岛启动行程3000多千米，重走风沙线，播出了两集大型专题纪录片。开展了书法、摄影、绘画等生态创作展示和形式多样的林业社会宣传活动，全年在省级以上媒体刊播林业稿件500多条。

林业国际交流与合作 举办2012中国·鸡西兴凯湖绿色发展国际研讨会，200余名国内外著名专家学者和社会各界人士聚首兴凯湖畔，专题研讨绿色发展之路，共同发出“善待兴凯湖，珍惜兴凯湖，保护兴凯湖”的最强音，并签署《兴凯湖保护宣言》；三江平原湿地保护与可持续发展研讨会；中国·双鸭山东北亚湿地多样性保护论坛，9月16日，省林业厅协同国家林业局湿地保护管理中心、湿地国际中国办事处、双鸭山市人民政府共同承办了主旨为“湿地保护、生态文明、和谐发展”的保护论坛，该论坛以“加强东北亚湿地生物多样性保护”为主题，中外专家深入研讨湿地的服务功能、湿地保护与管理、湿地与水禽保护、湿地与气候变化等热点问题。论坛的举办为黑龙江省的湿地保护工作提供了一个国际性、开放式的研讨与交流平台，充分展示国内外有关城市湿地生物多样性保护的新理念、新成果和新经验，扩大了黑龙江湿地的国际影响力；利用中德合作湿地保护项目，成立了“挠力河流域湿地保护网络联席会”；向亚行申报了“三江平原湿地保护二期项目”；《黑龙江省利用欧洲投资银行贷款可持续森林培育项目可行性研究报告》，被列入欧洲投资银行林业专项框架贷款规划。

林业科技 组织开展2个国家林业公益性行业科研项目和5个省科技攻关项目的实施。开展2011年度省林业科技奖的评审工作，评出一等奖9项，二等奖7项。组织完成了2012年度省科技奖的初审和推荐工作，省厅组织推荐的4个项目获奖，其中一等奖1项、二等奖1项，三等奖2项。

【森林公园】 按照《国家级森林公园管理办法》规定，组织评审了北极村、街津山、三道关3处国家森林公园重新编制的总体规划；延寿县长寿山省级森林公园晋升为国家级森林公园，2012年黑龙江省国家级森林公园达32处；5月21日首次按行政许可审批程序，批准设立泰来县东方红省级森公园；对现有森林公园进行整顿，依法撤销九三、鸽子洞县级森林公园2处，合并省级森林公园2处；组织11处国家森林公园申报国家森林公园专用标志使用授权，并获得国家林业局批准。

【森林、林木和林地流转】 完成了鹤岗林业贸易公司、农垦6个农场4607公顷的森林、林木和林地流转的实物量调查和资产评估工作。其中完成了农垦八五五农场流转的330.92公顷招投标工作，成交额1130万元。

【国有林场危旧房改造】 全省国有林场危旧房改造任务13 563户，其中新建8878户，改造4685户。2011年未竣工8075户。截至2012年年末，开工率100%，完工率51.5%，完工7043户，投入资金43 691.3万元。

【林业站工作】 2012年国家林业局批准黑龙江省7个林业站建设重点县和3个标准化林业站。制定《黑龙江省标准化林业站建设方案》和《黑龙江省标准化林业站考核验收办法》。

【尚志国有林场管理局林业产业发展】 ①木耳栽培。共栽培黑木耳1000万袋，实现利润1500万元，职工人均增收4000元。新建养菌棚110栋，标准化菌孢厂3个。其中，在帽儿山林场投资1000万元新建的菌孢厂已建成投产，日产量为5万袋，年可生产菌孢1000万袋。新建标准化吊袋大棚15座。②水貂养殖。依托帽儿山林场水貂养殖经验，共投资5400万元，新建水貂养殖场9个。采取职工与林场投资入股的经营方式，单位入股51%，职工入股49%，已建成达产，2013年见效。③红松坚果林。共完成林冠下营造红松林约666.67公顷，完成苗圃地红松同砧嫁接6万株，造林地异砧嫁接红松约13.33公顷。

【庆安国有林场管理局生态、产业建设】 注重资源培育，增加资源储备，提高森林覆盖率。春季完成造林

1000公顷，封山育林1333.33公顷。育苗49.15公顷，总产苗1685万株。幼林抚育4646.67公顷次。通过与绥棱、铁力多次沟通协调，明确了6个林班1640公顷林地的权属，庆安县人民政府核发了林权证书。立足于短期效益和长期优势，大力推进森林菌类、森林坚果、森林药材、森林野菜、森林养殖、森林苏打水、森林旅游、森林墓园等八个森林增效项目建设，构造了"一场一品，多场一品，一场多品"的林下经济网架，推进林业增效和群众增收。种植黑木耳316万袋、北虫草60万瓶，养殖森林黑猪1000头、森林鸡2.8万只，望龙山国家森林公园夏季接待游客突破8万人次。全年实现总产值1.9067亿元，实现利润600万元。

【省森林与环境科学研究院科研项目】 开展科研课题及推广项目26项，其中国家林业局3项、省科技厅2项、省林业厅19项、自选2项；申报各类项目29项，正式立项6项，其中1项国家公益性行业科研专项任务书已下达，1项国家948项目合同正在签订。全年有3项课题通过了省科技厅、省林业厅技术鉴定。有5项科研成果获奖：1项获省政府科技进步三等奖，3项获省林业科技进步一等奖，1项获二等奖。1项推广项目通过验收，2项标准通过审定。被国家林业局命名为全国生态建设突出贡献单位。

【黑龙江省林业监测规划院林地保护利用规划编制】 全省林地保护利用规划编制工作，在2011年完成县级图班落界和文本编写的基础上，2012年坚持高标准严要求，对林业厅、大兴安岭、森工数据汇总，切割图斑18万个、标准化图形及属性数据147万个，形成了林地"一张图"、资源"一笔数"，完成省级规划文本编写工作。在4月12日国家林业局林地规划推进会议上，黑龙江省作为典型做了经验介绍。并被确定为全国林地年度数据变更4个试点省之一，试点外业工作正在有序开展。

【林业大事】

1月31日 省林业厅与中国绿色碳汇基金会签订中国石油碳汇林建设示范项目，共60.87公顷，其中，尚志国有林场管理局元宝林场40.87公顷，省森林与环境科学研究院新江实验林场20公顷，总投入100万元，12月前完成项目建设。

2月27日 省政府森林草原防火指挥部办公室印发《黑龙江省森林火险县级单位等级名录》，对全省县级森林经营单位的森林火险等级进行了重新核定。

2月28日 省妇联和省林业厅联合表彰"巾帼春绿行动"先进集体和先进个人，授予哈尔滨市妇联50个集体为"巾帼春绿行动"先进集体，授予汪洁珊等100名同志为"巾帼春绿行动"先进个人。

3月2日 黑龙江省颁布实施由省政府森林草原防火指挥部、省财政厅、省人力资源和社会保障厅联合制定的《黑龙江省森林防火扑火工作奖励处罚办法》，办法规定了奖励方式、奖励范围和标准、评选办法以及处罚办法等内容。

3月9日 黑龙江省林业厅印发《黑龙江省林业厅关于清理整顿林权交易场所的通知》(黑林发〔2012〕44号)。

3月26日 黑龙江省林业厅印发《黑龙江省林业厅行政许可管理暂行办法》并成立省林业厅行政许可工作领导小组，下设行政许可管理办公室。

3月27日 国务院在人民大会堂召开全国造林绿化表彰动员大会，对为国土绿化工作作出突出贡献的先进集体和先进个人进行了表彰，黑龙江省共有16个先进单位和13名个人受到表彰。黑龙江省绿化委员会副主任、省政府副省长吕维峰，省绿化委员会专职副主任张凤仙及黑龙江省受到表彰奖励人员代表参加会议。

4月1日 《黑龙江省林业厅行政许可管理暂行办法》正式实施，对行政许可受理、审查决定、送达许可决定等方面都提出具体要求。

4月15日 省、市、驻军有关领导参加在哈尔滨市天恒山举办的省、市直机关干部和群众代表全民义务植树活动，厅领导蔡炳华、杨克杰、李树铭、张恒芳、张凤仙、李跃民、杨国亭参加植树活动。

4月30日 黑龙江省林业厅组织制定的DB23/T 1465－2012三北防护林工程建设技术规程、DB23/T 1466－2012湿地认定规范、DB23/T 1467－2012《林木种质资源调查技术规程和DB23/T 1468－2012森林害鼠防治技术规程等4项省地方标准开始实施。

同日 省林业厅湿地保护管理中心授予"最美女教师"张丽莉"大美龙江湿地使者"称号，并捐款为张丽莉老师认养了扎龙湿地保护区最漂亮的一对丹顶鹤，希望她早日恢复健康。

6月12日 黑龙江省国有林场和林权制度改革工作领导小组办公室印发《关于贯彻落实〈黑龙江省人民政府办公厅关于清理整顿地方国有森林资源资产处置有关问题的通知〉的通知》(林改办发〔2012〕5号)。

6月17~22日 北海道森林绿化会专务理事阿部昭彦先生为首的日本北海道植树交流团一行9人来黑龙江省参加植树和交流活动，在黑河市卡伦山林场举行了中日友好林纪念碑揭碑仪式，并同黑河学院的学生共同植树500余株。

7月5日 厅长蔡炳华代表省林业厅与宏孚保险经纪有限公司签订保险授权委托书及协议，委托宏孚保险经纪有限公司作为黑龙江省林业厅管辖内森林的保险经纪人，代表省林业厅安排集体林权制度改革后确权发证的集体经济组织、企业和个人以及2007年以来参加全省国有森林、林木和林地流转试点流转给企业、个人、林业职工等所经营的森林保险的相关事宜，委托期限为3年。

7月11~20日 亚行东亚局有关领导检查三江平原湿地保护项目工作，并商谈二期项目事宜，厅长蔡炳华、省纪委驻林业厅纪检组组长王瑞斌会见了亚行项目官员。

8月9日 国家林业局局长赵树丛在省林业厅关于黑龙江省林业厅贯彻落实全国林业厅局长会议和赵树丛局长讲话精神加快推进大美龙江建设情况的报告上批示："黑龙江省认真贯彻省十一次党代会精神和全国林业厅局长会议精神，紧紧围绕改善生态和改善民生，提出了'大美龙江建设'的思路，有目标、有途径、有载体，令人振奋，希望完善规划、完善政策、狠抓落实。国家林业局各有关司局也要给予大力支持，共同保护建设我国北方生态安全屏障，繁荣提升林区的民生水平。”

9月1日和9月7日 香港凤凰卫视《大地寻梦》之“再探风沙线”专题纪录片先后两集播出全省三北防护林10年来建设成效，每集36分钟。

9月10日 省政府在省森林草原防火指挥中心召开2012年秋季全省森林草原防火工作电视电话会议，副省长、省政府森林草原防火指挥部总指挥吕维峰出席会议并做重要讲话，省政府副秘书长金济滨主持会议，黑龙江省森林草原防火指挥部副总指挥、厅长蔡炳华，黑龙江省森林草原防火指挥部专职副指挥、副厅长李树铭出席会议。

10月24日 省委省政府办公厅转发《省林业厅关于全省林业推进“大美龙江”建设的实施意见》。

11月19日 省野生动植物保护协会第三次会员代表大会在长寿国家森林公园生态旅游服务中心召开，省委副书记杜家毫，省政协副主席李延芝，中国工程院院士马建章，中国野生动、植物保护协会副秘书长赵胜利，以及省林业厅、省民政厅、省科协等有关厅局负责同志，重点保护区、林业主管部门、大专院校、科研单位、宣传单位、省直机关及野生动植物经营利用单位的会员代表出席会议，厅长蔡炳华主持会议。

（黑龙江省林业由崔祥娟供稿）

黑龙江森林工业

【概　述】 2012年，在国家林业局和省委、省政府的正确领导下，圆满完成了年度各项工作任务。产业总产值完成441.4亿元，比2011年增长13.3%，产业增加值完成187.7亿元，比2011年增长14.9%，龙江森工经济实现连续四年平稳较快增长。林区生态环境明显改善，产业发展步伐加快，改革开放不断深化，城镇面貌发生巨变，民生工程加快推进，林区社会和谐稳定，党的建设创新发展，干群关系风清气正，森工总体呈现出良好的发展势头，总局被授予“全国五一劳动奖状”。

【主要经济指标】 2012年主要经济指标完成情况：完成产业总产值441.4亿元，比2011年增长13.3%；产业增加值完成187.7亿元，比2011年增长14.9%。实现营林产值124.7亿元；完成木材生产131万立方米，实现产值15.6亿元；木材加工园区19个，林产工业实现产值59.4亿元；种植养殖业实现产值84.9亿元；森林食品业实现产值48.8亿元；北药产业实现产值11.8亿元；森林旅游接待游客709.05万人次，实现产值31.5亿元；新建设风力发电项目4个，装机容量20万千瓦。清洁能源业实现产值3.4亿元

【营林生产】 2012年全林区累计完成更新造林74 162公顷，其中人工更新造林8606公顷，森林改培7190公顷，补植补造58 366公顷；全林区有60.9万人参加义务植树活动，义务植树489.8万株，人均植树8株，尽责率96%。义务植树基地完成466公顷，栽植乔木53万株，灌木46.7万株，栽种花草134万平方米，栽植绿篱18.5万延长米；育苗面积441公顷，其中新播103公顷。总产苗量5.7亿株，其中产成苗9734.46万株；实施病虫害有效防治176 333公顷，测报准确率达97.39%。全区森林抚育完成393 600公顷。

义务植树和绿化

组织人民群众参与共建绿色家园活动 在森工林区弘扬“建绿、爱绿、护绿”的良好风尚。2012年4月16日总局党政领导和各局处干部、各级劳模共300多人，在苇河林业局参加了“劳模林”植树活动，栽植红松、云杉、落叶松、水曲柳、杨树等乡土树种6000余株。各地组织开展了“党员林”“红领巾林”“青年林”“学子林”“结婚纪念林”“三八林”等多种义务植树日主题活动，植树绿化在森工林区蔚然成风。

加大花卉苗木基地产业化发展建设 在2010年建立5处省级绿化苗木花卉基地的基础上，进一步扩大基地建设规模，以5处总局基地为依托，40个林业局各建立1处绿化苗木发展基地，培育林区环境绿化苗木近50个品种，满足林区绿化的需要，也为黑龙江城市、城镇绿化提供丰富的乡土树种，形成林区新的经济增长点。

调整更新造林技术规定 天保二期113 333公顷的营林任务，造林13 333公顷、补植补造8公顷、改培2万公顷的建设项目调节为常规造林13 333公顷，分20个林业局完成，每局666.7公顷，2013年安排造林的，2014年不安排造林。由每公顷330株改为每公顷1650株。实现了13 333公顷任务集中落实便于管理，也可降低成本的目的。对补植补造提出在隔年的中幼林抚育里进行。中幼林抚育要求带状作业，根据林间密度确定地块，密度控制在600～900株/公顷。解决了天窗、空地、株树不够等问题。

【整合撤并林场(所)】 2012年是整合撤并林场(所)的攻坚年。由于森工企业木材大量减产，企业经济收入减少，没有国家政策资金扶持，撤并林场(所)工作难度较大。2012年完成了46个林场(所)机构撤并任务，其中桦南、柴河、通北、美溪、乌马河林业局等单位整合撤并工作成绩突出。

【多种经营】 2012年多种经营产值完成229.4亿元，比2011年增长10.7%。其中，种植养殖业产值84.8亿元，同比增长11.9%；森林食品业产值48.8亿元，同比增长6.2%；北药业产值11.8亿元，比2011年增长19.2%。

粮食产量实现11.5亿千克、黑木耳栽培量17.5亿袋(产量6.8万吨)、养殖大牲畜146.5万头、养禽1591万只、养蜂15.6万箱、人工药材栽培面积达1.6万

公顷。

基地建设 以规模化、标准化、专业化基地建设为重点，推进十大类基地(30个标准化示范基地)建设，制定并出台了《关于推进三十大基地建设的指导意见》，以此带动基地建设上规模、上水平。

种植养殖业。引导企业通过建立农业科技示范园区、发展订单农业、加强农业基础设施建设、推广先进技术应用、调整优化种植结构，规模化、标准化、特色化发展畜牧业等一系列措施提高产量和经济效益；借助国家和省实施强农惠农政策的契机，加大粮食补贴、农机补贴等相关优惠政策的争取力度。全系统共筹措资金13亿元用于农业生产，实际完成播种面积35.67万公顷，产粮豆100万吨，比2011年增长1.2%。2012年争取惠农政策资金约2.7亿元，比2011年增长5%。其中：争取粮食综合直补资金2.2亿元；争取中央及省投资农业综合开发资金1850万元；争取农机补贴资金1000万元；争取国家扶持农机合作社资金1800万元。发展生态科技型、生态品牌型、生态安全型农业，各单位普遍推行"订单引路、科技先行"，通过引进订单，使广大种植户由各自为战向抱团获益转变。

调整种养殖结构。常规养殖项目规模化、集约化、标准化程度明显提高。各林业局根据自己的资源条件与区域优势，注重发展林区特色养殖项目，林蛙、山猪、狐、鹿、獭兔、河蟹等特色养殖在林区普遍开展。

全系统种植白瓜籽2.53万公顷，占总播种面积的7%。在全系统大力推广了黑木耳工厂化制菌、多孔小耳栽培、棚室吊袋栽培、秋耳栽培等实用技术，推进黑木耳专业化、系列化生产经营，实现由传统的数量扩张向质量全面提升转变；2012年全系统黑木耳栽培达17.5亿袋，产黑木耳6.8万吨，已经成为全国最大的黑木耳生产基地。大力推广了蕨菜、薇菜、刺嫩芽等山野菜栽培，培育了规模化的山野菜基地；同时优选蓝莓、树莓等市场前景广阔的浆果项目，开展试点栽培，力争把小浆果做成大产业。全系统蓝莓种植面积达1266.67公顷。全系统人工药材种植面积达1.6万公顷，比2011年增长31 %。以五味子、"两参"、平贝为代表的优势药材品种，规模化、科学化、市场化的生产经营方式基本形成。

新技术得到全面推广。全光下黑木耳栽培、小孔无根开口、液态菌种、春耳秋管以及黑木耳越冬生产等一批实用技术经过多年实践取得了成功(由过去的7钱/袋提高到8钱、9钱甚至是1两/袋)，得到了广大种植户的认可。

北药新品种得以引进和推广。松杉灵芝已发展到30万袋，明年有望突破100万袋；沾河局仿野生麻叶千里光栽培项目，现已建成麻叶千里光药源基地6.67公顷，麻叶千里光栽培基地26.67公顷。

市场体系建设 在加大市场开发力度、搭建销售平台、培养经纪人队伍、"黑森"品牌宣传推广上狠下工夫。成功组织企业参加了第23届哈尔滨国际经济贸易洽谈会、第五届牡丹江木耳节、伊春蓝莓节、新加坡亚太食品博览会、黑龙江绿色食品2012(北京)展销周等大型展会；完成黑森配送中心的建设；在第23届哈洽会上，组织37家重点企业，产品共计8大类、340多个品种。共签订合作项目6个，签约额达9900万元。完成了"黑森"商标第五类图标、字标，第30类图标的续注，并新注册了第32类字标。

2012年牡丹江、松花江、合江所属林业局及带岭林业局"人均收入超2万元林场(所)"数量达320个，占林场(所)总数的84%；"超千万元林场(所)"数量达212个，占林场(所)总数的56%；年收入超10万元、50万元、100万元大户分别为5122个、226个、54个；职工群众年经营性收入预计为2.2万元，比2011年提高22%。

【木材生产销售】 2012年，全省森工系统木材生产完成131万立方米，其中原木128万立主米，薪材3万立方米。实现产值15.6亿元，增加值8.1亿元。木材平均售价1258元/立方米。

①印发了《黑龙江省森林工业总局木材生产目标管理考核办法的通知》，对各林业局效益造材、清选清归、商品化进行了检查，推动各林业局树立"惜木如金，珍惜资源"的思想，狠抓效益造材，多生产市场畅销的高价材，为提高木材售价奠定了基础。原木综合合格率达到98.9%，比2011年提高0.2个百分点，贮木场商品化综合合格率98.7%，比2011年下降0.1个百分点。

②在"效益造材"上下大工夫，精量细造，凡是作业条件好的伐区必须集原条或长材到中楞，提高了大径材、优质材比重。增加了特选材、订制材标准，每立米提高售价200元以上。

③2012年，木材销售形势"先扬后抑"，各企业不断增强市场意识，赢得和提高市场占有比率，坚持做到"抓好源头搞衔接，提升材质保售价"，并把产、销工作有机衔接，在市场形势变幻异常的不利情况下，木材售价稳中有升。

④各企业在创新促销方式上，勇于探索，大胆实践。在总结多年竞价销售经验的基础上，探索出新的销售方式和方法。柴河林业局采取单根竞价，竞卖8根曲柳刨切材，平均售价每根5602元。东方红林业局组织单根木材竞价，累计销售曲、柞、椴等木材297根，每根增收280元。穆棱林业局率先采取了网上竞价销售木材。累计竞价销售木材67567立方米，增加收入120余万元。网上竞价销售木材方式省时省力、方便快捷，充分体现公平、公正、公开的竞价原则，避免了竞价中常见的相互串通压价、欺行霸市、干扰他人竞价等弊端。

【林产工业】 2012年林产工业产值完成59.4亿元，比2011年增加7.8%；产品销售收入56.4亿元，锯材完成46.6万立方米，比2011年减少29.5%；胶合板完成1.9万立方米，比2011年减少17.4%；刨花板完成25.9万立方米，比2011年增加1.2%；中密度纤维板完成15.7万立方米，与2011年持平；细木工板完成9.8万立方米，比2011年减少2%；集成材完成6.8万立方米，比2011年减少33.3%；家具完成7.5亿元，比2011年增加63.0%；卫生筷子完成135.1万标箱，比2011年增加23.4%；强化复合地板完成131.2万平方米，比2011年增加28.0%。

以现有19个工业园区为依托，引进战略投资者，大力发展木材精深加工和综合利用产品。引导其他有条件的林业局开展工业园区建设，为产业发展搭建平台，实现产业集聚。

总结推广牡丹江木材综合加工厂改革与发展经验。牡丹江木材厂因历史原因，企业包袱沉重，一度陷入发展困境。近年来，通过采取加强管理，加快企业技术进步，进行经营机制改革，转变经济发展方式，发展仓储物流产业，开辟新的经济增长点等措施，使企业的经济效益提高、职工收入增加、国有资产保值增值、在册职工全部上岗、企业面貌改善，为同样类型的城市加工企业提供了走出困境的成功经验。

完成松江胶合板厂23194平方米厂房建设、设备安装和厂区主道路面铺设。对德国进口的贴面和浸渍纸生产线进行了全面调试，实现生产经营。

【资源保护和管理】 截至2012年末，森工林区有林地面积由2011年的850.7万公顷增加到853.2万公顷，活立木总蓄积由2011年末7.9亿立方米增加到8.17亿立方米，平均公顷蓄积由2011年末90立方米提高到93立方米，森林覆盖率达到84.6%。

森林资源管护 在资源局设立了森林资源管护部门，积极开展森林资源管护调研工作。起草下发了森林管护管理办法、考核办法。全林区落实管护区901.1万公顷。各天保工程实施单位相继成立了管护机构，制定了管护实施方案，确立了以专业管护为主的管护方式，落实了管护责任区，有80%的林场(所)签订了《森林资源管护责任书》，并设置了管护标牌。

资源林政管理 完成了国家林业局确定的7个森林资源可持续经营试点林业局实施方案的编制工作。组织完成了全省森工林区《全省森工林区林地保护利用规划》和各林业局《林地保护利用规划》编制工作。2012年完成各类工程占用森工林区林地申报审批项目11个，占用林地490.4980公顷。全年共发生林政案件6040起(盗伐林木案件4088起、滥伐林木案件3起、毁坏林木、苗木案件250起、违法征占用林地案件688起、非法收购运输木材案件125起、非法经营加工木材案件7起、其他案件879起)，查处林政案件6040起，查处率为100%。收回林地24.42公顷，挽回经济损失435.4万元，责令补种8198株树木，行政处罚6040人次。案件发生率比2011年同期下降2.6%。清理整顿全林区木材经营加工厂(点)1833家，保留1308家，取缔231家，歇业294家。

森林资源监督 驻林业局专员办100%完成了对驻在局的专项监督检查，驻林区专员办完成了对驻在林区50%林业局的专项监督检查，准确掌握了森林采伐、木材缴库、枝丫材、削片材、食用菌原料管理情况和存在问题。组织开展了“三总量”核查工作，组织森林资源管理监督机构，认真检查了各森林经营单位2011年度“三总量”执行情况。按照国家林业局对2011年“三总量”执行情况检查结果及整改要求，督促落实铁力、金山屯、绥棱、带岭林业局进行责任追究和整改，并将处理情况上报国家林业局。

资源管理林业信息化建设 积极加强与国际林业信息化建设先进国家的交流与合作，促进和提高全省森工林区信息化建设水平。与韩国吉奥美尼亚公司建立了业务联系，韩方无偿捐赠其自主研发、价值200万美元的3个种类、150套林业GIS软件产品，协助构建了林业信息化技术平台。韩国软件专家来哈尔滨对森工集团方80余名专业技术人员进行软件应用培训。培训主要包括制图软件、数据分析软件、卫星影像处理软件等内容，提高了森工地理信息系统应用水平和二次技术开发能力。目前，该项技术已经广泛应用到林地保护利用规划编制、林地专项核查、森林资源监测、数据库建设、森林防火、病虫害监测工作中，效果明显。

【森林防火】 2012年全省森工林区认真贯彻落实国家林业局、黑龙江省对森林防火工作的各项安排部署，较好完成了森防工作的各项任务。全年共发生8起(不含伊春)一般森林火灾，过火总面积31.5公顷，其中有林地面积3.77公顷。所发生的8起火灾，由于发现及时，重兵投入，指挥得力，扑救迅速，火灾均在4小时内被彻底扑灭。8起火灾全部做到了火灾原因不查清不放过、肇事者和责任人得不到处理不放过、整改措施不落实不放过、教训不吸取不放过。

2012年总局、林管局、林业局相继召开各种形式的森防会159次，认真贯彻落实国家林业局、黑龙江省关于做好森林防火工作的安排部署，结合各自实际，将各项森林防火措施落实到位。春、秋两防前，森工林区共派出105个(次)检查组，深入林区督导检查森林防火工作及相关会议贯彻落实情况。

全森工林区逐级落实了537名副处级以上领导包片负责的防火责任区。包片人员定期驻防在责任区，深入到作业点、管护站和居民住户家中，宣传防火知识，检查防火措施，督促隐患整改。进入高火险期，各林业局主要领导、主管领导及各林场(所)副科级以上干部未经批准不得离开本施业区，集中精力抓防火。重点开展了与周边乡(镇)政府、农垦系统等森林防火联防区域基层森林防火干部交叉任职工作，继续落实了局县共建、场村共建，局(场)联防联治包保责任制，在农林交错地带普遍实行了“五户一包、十户联防”的做法，并对入山作业人员、林缘农田承包人员、社会重点人员等逐一明确监控责任人，落实监控措施。2012年秋防，森工与吉林省交界的各林业局之间实行跨省区域森林防火联防协作机制。

严格火源管理，消除火险隐患。始终把火源管理作为防火工作的重中之重，继续执行入山人员实名登记制度，严防火种入山。对农事用火进行疏堵结合、密切监管。遇五级以上大风天，实行封山防火。2012年在火源管理难度大的沾河顶子重点火险区，增设了4处森林公安派出所，增强火源管理威慑力。

加强宣传教育，营造舆论氛围。充分利用广播、电视等各种宣传媒体在全林区进行全方位宣传，通过悬挂防火彩旗、设立防火宣传一条街、开展万人防火签名等方式，进一步扩大宣传声势，大造防火舆论氛围。在林区公路干线、要道口布设了9775块各种固定森林防火标语牌，签订森林防火公约13万份，设立防火宣传一条街，出动各类森林防火宣传车3937台次。构建起了以防火、林政、宣传、旅游、公安等部门以及林场

(所)、居民委为主体的防火宣传教育网络体系。

完善应急机制，做好扑火准备。通过高山瞭望塔、偏远山区流动巡逻队、沿湖(江)快艇巡查、空中飞机载人巡护、核查卫星热点信息等手段，实行森林防火全天候、全方位立体监测。每个林业局都组建了100 ~300人的局级森林消防队，每个林场(所)都组建了15 - 30人的场级森林消防队，在重点火险区组建了8 ~10人一组的快速扑火队，在林区腹地不间断往来巡查。全林区共有8239名专业防火队员布防在森林防火最前沿。

加大基础设施建设力度，提高综合防控能力。2012年总局一次性投入3000万元防火资金，为重点火险区配备了履带式全道路森林消防车、森林防火运兵车、多功能全地形车、风力灭火机、多功能GPS等。各林业局共投入风力灭火机16 727台、各类扑火工具4.5万把(支、套)、指挥车172辆、运输车1043辆、履带式运兵车23辆、水泵553台；配备了太阳能发电机606台、微型发电机855台、通信设备7690部等应急设备。对林区道路、桥涵进行全面养护和检修，对林场(所)、周边村屯、林区重要设施周围实施了防火隔离带开设，不断加大森林防火综合防控能力。

【天然林保护工程】

资金完成情况 按照天保工程二期方案，龙江森工林区2012年天保计划投资548 871万元，实际完成投资548 871万元，其中：森林管护67 585万元、森林抚育89 760万元、后备资源培育6000万元、社会保险补助157 939万元、政社性社会性支出补助227 587万元。

主要工作 按照国家林业局的要求，全面开展了天保工程二期的各项工作。为进一步推进天保工程二期顺利实施，总局对在天保工程一期建设中做出突出成绩的3个先进单位、34个先进个人和6优秀组织单位给予表彰。完成了对2010年度国家级核查发现问题的整改工作，制定下发了用于2011年度天然林资源保护工程省级复查的《黑龙江省森林工业总局天然林资源保护工程2011年度考核办法》。完成了2011年度天保统计数据的汇总工作。组织开展了2011年度天保工程实施情况的企业自查和省级复查工作，全面考核天然林保护工程的各项目标、任务，完成情况，推动天保工程的顺利实施。对绥棱等12个林业局进行复查，占林业局总数的30%。通过了2011年度天保工程实施情况的国家级核查验收和国家级天保工程森林培育绩效考评工作，龙江森工林区在绩效考评中全国排名第一。

存在问题 ①天保工程二期已实施三年了，由于测算基数是2008年的数据，依据工程动态管理的原则，方案的许多标准需要调整，部分内容尚需完善。②随着天保工程和棚户区改造工程的实施，林区的森林资源得到了有效保护，职工的住房条件得到了改善，国有林区的温饱问题基本得到解决，但林区社会自我生存、发展、实现小康和步入良性发展轨道尚需国家政策支持和经济转型来加以实现。

【森林旅游】 2012年，全森工系统累计完成接待旅游709.05万人次，实现产值31.5亿元。其中“十一黄金周”期间，森工所属各重点景区(凤凰山国家森林公园、柴河小九寨风景区、亚布力旅游名镇、平山旅游度假区等)共计接待游客突破11万人次，实现产值3890万元，各景区皆创历史新高，其中游客增长80%，产值及收入增长50%。

①把龙江森工旅游景区纳入全省北国风光旅游开发区中谋划，依托交通干线、中心城市、名胜景区和沿边口岸，形成重点突出、独具特色、互相补充的格局；依托于良好的森林生态景观资源，以小兴安岭、张广才岭、完达山脉为骨架，以各旅游集合区内的旅游城镇和景区景点为基本支撑点，针对不同旅游集合区的资源特点和旅游要素发展进行整合，重点为“平山—亚布力—雪乡—凤凰山”白金旅游带的下步开发奠定了前期规划基础。

②加强行业管理，加大执法力度，对景区建设项目进行规范；对旅游市场秩序进行整治，规范了旅游景区权限的管理，完成了亚布力旅游景区管理权限交接的前期准备工作；组织了亚布滑雪区域内的规范管理，签订了区内合作公约，山河屯、雪乡加大了对家庭宾馆的组织力度，建立了规章制度和公开、公平和监督的机制，提升了服务质量；绥棱林业局生态旅游文化景区被评为3A景区，成为黑龙江省首个小城镇建设3A景区，填补了黑龙江省城镇旅游建设的空白。

③积极向上争取资金、政策支持。2012年，亚布力旅游名镇建设向上争取到了省政府专项资金3000万元，旅游发展金300多万元；大海林灯光滑雪场建设争取到省旅游发展金300多万元。国家林业局、国家发改委给予凤凰山旅游景区基础设施建设资金1000万元。

④加强从业人员在岗培训，推动企业经理人和导游队伍建设。发展旅游职业教育，加快培养复合型旅游人才队伍。

⑤加强旅游安全，提高应急突发事件处置水平。印发了《2012年森工旅游春季防火安全工作实施方案》，重点做好旅游基础设施设备的安全检修和检查工作，督促森工各景区对游人开放的区域内的各种设施设备进行维护，保证游客人身和财务安全。

【招商引资与对外贸易】

招商引资 2012年，森工总局及所属各林管局、林业局大力开展招商引资活动，共计签订合同项目56个，签约总金额103.13亿元，年度签约额首次突破百亿元大关。截至2012年年底，56个项目中38个已开工，开工率69%。56个项目中，有以木醋液、生物新能源木质颗粒加工等为代表的绿色环保无污染项目，有森林生态旅游、绿色生态农业观光项目，这些项目对森工经济转型具有积极的示范意义。2012年，总局把开发区建设作为推动招商引资工作的重点，印发了《关于加快全省森工林区产业园区建设的通知》和《关于产业园区建设具体事项的通知》。23个林业局已建成了14个林业局级产业园，管理局级产业园区5个，总局级产业园区有3个。全省森工林区产业园区规划面积27平方千米，入户企业174户。

对外贸易 截至2012年年底，完成进出口8500万美元，比2011年下降10%，其中，进口额162万美元，出口额8338万美元。5月份黑龙江省进出口检验检疫局为柴河林业局威虎山饮品公司办理了出口的相关手续；为鹤北林业局祥鹤木业公司办理了由二类进一类出口企业手续，使出口产品享受免检和绿色通道政策。

【送家电下乡】 2012年，全省森工林区已累计销售家电下乡产品48 333台(件)、实现销售金额7.95亿元，领取补贴金额1295万元；汽车、摩托车2035台，实现销售金额3898万元，领取补贴金额380万元，林区职工获得补贴1675万元，近3万户林区职工受益。为做好"家电下乡"政策结束后的清算工作，森工总局组织人员参加由国家组织的《家电下乡"政策结束后财政资金补贴、清算工作培训班》。

【新林区建设】 制定下发了《黑龙江森工系统新农村(林区)建设星级评定标准》，着重突出了经济指标，即"三星"级林场(所)居民年人均纯收入要达到1万元、"四星"级要达到1.2万元、"五星"级要达到1.5万元。

2012年完成基础设施建设投资78.46亿元，新建和改造棚户区750万平方米，安置15万户。截至2012年年底，棚户区改造实际完成总投资56.2亿元，其中：中央投资22.5亿元，省配套投资3亿元、其他投资金30.7亿元，已完成新建住房77 775户；完成投资计划的71.6%。城镇绿化率达到40%以上。投资1.6亿元，建设通场公路305.6千米。

现有26个林业局的87个林场(所)申报了三星级以上和以奖代投林场(所)。其中：18个林场(所)申报了"五星级"(四星升级五星9个)、26个林场(所)申报了"四星级"、43个林场(所)申报了"三星级"。

【局县共建】 森工系统与地方签署合作框架协议的单位都积极扩大了合作范围。总局与哈尔滨市签订合作框架协议的各项前期准备工作全部就绪；牡丹江市所属各林业局按照总局与牡丹江市政府签订的合作框架协议要求，积极与周边县(市)合作开发产业项目；绥阳林业局在与东宁县的局县共建合作中又创出了新路，在税收分成上由过去的部分返还达成全部返还，招商引资企业享受东宁县优惠政策，破解了过去企业招商不见利、招商难的瓶颈；绥棱林业局与绥棱县在实施了运行机制、项目建设、社会服务、利益分配、生态建设、文化建设六个一体化建设的基础上，2012年共建领域进一步拓宽，合作项目更加广泛，目前已经确立了教育、医疗、城市建设及生态环保、科学技术、项目建设、文化、警务司法、旅游、森防体系、社会事业等10个方面37项内容的合作框架协议。

【棚户区改造】 全面完成保障房建设各项任务，其中棚改开工建设15万户、经济适用房1680户，连续两年建设工程量位列全省第一名。开展棚户区改造三年决战以来，全林区共计投资220.3亿元，建设保障性住房1916.5万平方米，惠及37.9万户，三年建筑规模相当于开发建设60年来的总和。加大了供热、给排水、道路、环境等城镇基础设施改造和整治力度，林区城镇面貌焕然一新。

【民生工作】 新建和改造局址道路69万平方米，新建通场公路306千米，新增供热面积750万平方米，新增绿地面积36万平方米，城镇绿化率达40.4%以上。创建10个总局级创业孵化园区，培训4.5万人；发放创业扶持资金和小额贷款8000万元；完成21.6万名参保人员的调待工作，退休人员月均养老金达到1282元；城镇居民医疗保险参保人数达到20万人，参保率为98.5%；新建6个林业局老年公寓，完成5所学校标准化建设，新建改扩建幼儿园6所，林场卫生所标准化率巩固在96%以上。全力推进林区和谐稳定，全面完成重要敏感时期信访维稳任务，进京非正常上访比2011年下降36.2%，到省非正常上访比2011年下降42.5%。安全生产、农机监管、质量监督成效明显，社会治安形势良好，群众安全感普遍增强，公共安全满意度达到95%以上。

【党的建设】 深入学习宣传贯彻党的十八大精神，通过办班培训、组织宣讲团下基层巡回宣讲等举措，增强了党员干部用十八大精神武装头脑、指导实践、推动工作的自觉性和坚定性。深入开展基层组织建设年活动，加大"两类"党组织组建力度，开展了党建工作专项述职活动和党建工作联系点、示范点建设，夯实了党的基层组织基础。围绕中心工作开展"三创"活动，形成了奋发向上、争先创优的氛围。加强了干部队伍建设，配齐配强各级领导班子，进一步优化了干部结构，增强了整体功能。开展了加强纪律作风和办公环境建设等活动，森工工作作风和纪律明显转变，工作效能明显提升。加强党风廉政建设，进一步巩固了廉政风险防控机制建设成果，推动"三重一大"决策制度机制创新，营造了风清气正的发展环境。圆满完成各级党代表、人大代表和政协委员推选工作，龙江森工有1人当选党的十八大代表，6人当选省第十一次党代会代表，7人当选省人大代表，7人当选省政协常委和委员，进一步扩大了龙江森工的影响力和知名度，龙江森工的发展得到了广泛认同和支持。

【林业大事】

1月5日 省森林工业总局纪委书记陈德志陪同省纪委监察厅监察综合室副主任、省委风险廉控机制建设林业推进组组长傅晓赴迎春、东京城工业局检查验收风险廉控机制建设工作。

1月14日 全省林产品加工业推进总结表彰大会在哈尔滨召开。黑龙江省副省长吕维峰，国家林业局总工程师陈凤学，省政府副秘书长金济滨，黑龙江省森林工业总局党委书记高金芳、局长魏殿生，黑龙江省林业厅厅长蔡炳华，大兴安岭地区行署专员单增庆出席会议。

1月19日 黑龙江省人民政府省长王宪魁赴亚布力林业局就尝试开发景区资源和促进旅游业发展进行调研。省政府亚布力度假区领导小组常务副组长付晓光，森工总局党委书记高金芳、局长魏殿生陪同调研。

1月25~28日 黑龙江省委书记吉炳轩到亚布力、苇河林业局就森工旅游名镇建设、生态园区、棚户区改造、民生建设等情况调研。省政府亚布力度假区领导小组常务副组长付晓光、省委办公厅主任杨东奇，省森工总局党委书记高金芳、局长魏殿生，副局长马建路、吴爱国，总局党委委员宋淑华，松花江林业管理局党委书记高本瑛、局长李国军陪同调研。

2月1日 黑龙江省委常委、政法委书记黄建盛赴柴河林业局调研天保工程实施、产业建设等工作。森工总局党委书记高金芳、副书记胡传义陪同调研。

2月4～6日 2012年亚布力中国企业家论坛第十二届年会在亚布力召开。国家统计局局长马建堂、民建中央副主席辜胜阴、全国人大财经委员会副主任吴晓灵、黑龙江省政协主席杜宇新、黑龙江省副省长张建星、省政府亚布力度假区领导小组常务副组长付晓光、黑龙江省森工总局党委书记高金芳、亚布力中国企业家论坛轮值主席郭广昌出席本届年会。高金芳书记代表森工总局致词。

2月13日 黑龙江省委、省政府召开全省公路建设三年决战总结表彰大会。森工总局荣获"公路建设三年决战积极贡献单位"称号，伊春、牡丹江、松花江、合江林管局荣获"公路建设三年决战先进单位"称号。森工系统毕卫星、马建路、陈德志、孙文义、孙浩然、许少卿、姜永泰、徐志臣荣获"公路建设三年决战先进个人"称号。

2月14日 全省森工工作会议在哈尔滨召开。会议确定了2012年全省森工工作的指导思想。总局党委书记高金芳、局长魏殿生，国家林业局驻黑龙江省森林资源监督专员赵恩举出席会议并讲话，总局领导胡传义、毕卫星、马建路、吴爱国、姜传军、董杰、陈德志、刘庆林、李文达、王东旭、张维铎、宋淑华出席会议。

2月15日 总局党委书记高金芳、局长魏殿生率森工考察团赴大庆龙凤小镇、新华(大庆)国际石油资讯中心、大庆规划展示馆、福瑞邦生物科技产业园、北国之春梦幻城、大庆油田创业城考察学习，省委常委、大庆市委书记韩学键、市长夏立华接待考察团。

2月22日 省林业工会副主席郭长义带领省城市"一帮一"扶贫解困工程领导小组办公室第三工作组到森工总局检查工作。总局党委书记高金芳，总局党委委员、省林业工会主席刘庆林参加汇报会。

3月5～9日 总局党委书记高金芳，副局长毕卫星，松花江林管局局长李国军、合江林管局党委书记时永录，总局有关局处负责人赴广州、中山、深圳、番禺、北京开展招商引资和项目对接活动。

3月12～15日 总局局长魏殿生，副局长毕卫星，副巡视员王东旭，合江林管局党委书记时永录，总局有关局处负责人赴杭州、宁波、大连开展招商引资和项目对接活动。

3月22日 魏殿生局长在哈尔滨出席由黑龙江省人民政府主办，江苏黄埔再生资源利用有限公司协办，黑龙江省工业和信息化委员会等部门承办的黑龙江省与外埠企业项目交流合作会议。副省长张建星、江苏黄埔再生资源利用有限公司董事长陈光标致辞。魏殿生局长做森工情况推介。

3月26日 黑龙江省委副书记杜家毫赴山河屯林业局调研局县共建、棚户区改造、产业建设等情况。森工总局党委书记高金芳，副局长姜传军，总局办公室主任宋淑陪同调研。

3月27～30日 魏殿生局长率团参加省政府组织的赴香港、广东、浙江经贸合作交流活动。

4月10日 黑河市委副书记、市长张恩亮率团到森工亚布力林业局学习、考察旅游名镇建设。总局党委书记高金芳、局长魏殿生，副局长董杰，总局办公室主任宋淑华陪同考察。

4月12日 哈尔滨市委书记林铎在阿城森工林业园区视察。总局党委书记高金芳、局长魏殿生，副巡视员王东旭，总局办公室主任宋淑华陪同视察。

4月13日 中国农林水利工会副主席江南、黑龙江省总工会主席王悦华出席黑龙江省森工总局第五届劳动模范表彰大会。总局领导高金芳、魏殿生、胡传义、吴爱国、姜传军、董杰、刘庆林、宋淑华出席会议。

4月16日 黑龙江省总工会领导王悦华、孙永成、慈敬元，总局领导高金芳、魏殿生、吴爱国、董杰、李文达、张维铎、宋淑华在苇河林业局参加黑龙江省首届劳模碳汇林植树活动。

4月19日 国家林业局局长、党组书记赵树丛一行到黑龙江省森工总局视察。黑龙江省人民政府副省长吕维峰、副秘书长金济滨，森工总局领导高金芳、魏殿生、毕卫星、马建路、吴爱国、姜传军、董杰、张维铎，国家林业局驻黑龙江省专员赵恩举，副专员左焕玉陪同。

4月20日 总局党委书记高金芳，各管局、林业局王常文、时永录、佟立君、侯绪珉、刘翠兰代表黑龙江森工林区出席黑龙江省第十一次党代会。

4月24日 中共黑龙江省第十一次代表大会选举产生出席党的十八大代表50名。黑龙江省森工总局党委书记高金芳当选。

5月11日 黑龙江省检察院与森工总局涉农(林)惠民座谈会在森工总局召开。黑龙江省检察院党组成员、反贪局局长徐军，总局党委副书记胡传义出席会议。

5月12日 森工总局局长魏殿生会见加拿大FtS公司总裁戴雨林先生一行，双方就长期科技合作进行洽谈。总局副局长毕卫星、马建路、姜传军参加会见。

5月14日 森工总局书记高金芳会见广东省东莞市个体劳动者协会、私营企业协会会长袁世豪一行，双方就木食品领域开展合作进行洽谈。

5月16日 黑龙江省关工委常务主任谢勇带队赴兴隆林业局调研。森工总局党委书记高金芳，总局办公室主任宋淑华，总局关工委主任屈谦陪同调研。

5月17日 森工总局党委书记高金芳、局长魏殿生，副巡视员王东旭会见江苏黄埔再生资源利用有限公司董事长陈光标一行，双方就森工林区农产品开发合作事宜进行洽谈。

5月18日 以中国林业文学艺术工作者联合会主席杨继平为组长的国家林业局生态文化建设调研组到森工总局调研座谈。总局领导高金芳、陈德志、刘庆林、宋淑华参加座谈。

6月5日 黑龙江省省委书记吉炳轩到迎春林业局调研，总局领导高金芳、魏殿生、王东旭、宋淑华陪同调研。

6月7日 黑龙江省副省长孙尧到山河屯林业局凤凰山调研旅游产业。总局领导高金芳、魏殿生、马建路、陈德志，省科顾委主任陈永昌，省科学院党组书记、院长潘忠陪同。

6月14日 《黑龙江省国有重点林区条例》经黑龙江省第十一届人民代表大会常务委员会第三十三次会议通过，自2012年8月1日起实施。

6月15～18日 中国林业产业联合会副秘书长、中国林产工业协会秘书长石峰，中国林科院木材工业研究所所长叶克林，中国林业产业研究会副会长钱小瑜，北京林产工业规划设计院总设计师肖小兵，全国林产品质量检验中心主任吕斌，国家林业局科学技术发展中心原主任黎云昆深入森工林区调研林产工业。

7月2日 黑龙江省人大副主任申立国率省人大党委考察团赴亚布力、绥阳、柴河、东京城林业局考察产业发展和民生工作。森工总局领导高金芳、魏殿生、胡传义、董杰、李文达陪同考察。

7月4日 黑龙江省委副书记杜家毫到亚布力重点旅游名镇调研建设情况。森工总局领导高金芳、马建路陪同。

7月9～11日 国家林业局森林公安局局长、国家森林防火指挥部办公室副主任王海忠率国家林业局森林公安局有关部门一行6人到柴河、东京城林业局、省森林公安局调研。森工总局领导魏殿生、毕卫星、姜传军陪同。

7月25日 森工总局党委书记高金芳陪同黑龙江省政协副主席王涛志到清河林业局调研产业发展和小城镇建设。

7月27日 森工总局召开专家咨询委员会第一次会议。总局专家咨询委员会委员、中国工程院院士、北京林业大学教授尹伟伦，中国工程院院士、东北林业大学教授马建章，中国工程院院士、南京林业大学教授张齐生，黑龙江省社会科学院院长曲伟，黑龙江省人大常委、省社联原主席刘世佳，东北林业大学校长杨传平，北京林业大学人文科学院院长严耕，省林业科学研究院研究员金铁山，省林业设计院院长孙继华参加会议。省政府副秘书长金济滨，总局领导魏殿生、胡传义、马建路出席会议。各委员分别从森工未来的趋势、生态保护、产业发展等多方面阐述了观点。

7月30日 黑龙江省森工总局在省政府新闻发布中心举行新闻发布会，向省内外媒体通报《黑龙江省国有重点林区条例》颁布实施情况。总局领导高金芳、魏殿生、胡传义、毕卫星、吴爱国、姜传军、陈德志、王东旭出席发布会。

7月31日 文化部、国家京剧院在迎春林业局举行京剧重点扶持基地揭牌仪式。这是继山东烟台后国家京剧院第二个京剧重点扶持基地。文化部艺术司司长程桂荣、国家京剧院党委书记杨化玉，森工总局局长魏殿生到会祝贺并致辞。

8月5日 全国人大外事委员会主任、原外交部长李肇星在省政府副秘书长陈涌、总局党委书记高金芳、副局长毕卫星陪同下，深入森工平山同视察。

8月23日 黑龙江省委书记吉炳轩到清河林业局调研园区和基地建设工作。省委常委、秘书长杨东奇，省委政研室主任艾立明，省发改委党组书记王冬光，省财政厅厅长王庆江，省水利厅厅长陆兵，森工总局领导高金芳、魏殿生、姜传军、王东旭、张维铎陪同调研。

8月25日 森工总局局长魏殿生会见香港商报社社长黄杨略一行，双方就战略合作进行交流和座谈，总局党委委员、宣传部部长王春杰参加座谈。

8月30日 第三届东北内蒙古四大森工集团年会在哈尔滨召开，本届的主题是转型发展与新型林区建设。国家林业局副局长张建龙，中国农林水利工会主席盛明富，国家发展改革委、国家林业局、中国绿色碳汇基金会、中国林学会、中国林业产业联合会、东北林业大学、北京林业大学、黑龙江省政府政研室、黑龙江省发改委、内蒙古森工集团、吉林森工集团、大兴安岭林业集团等单位的领导，黑龙江森工总局领导高金芳、魏殿生、毕卫星、董杰、陈德志、王东旭、王春杰、张雷出席会议。

9月13～14日 森工总局领导高金芳、魏殿生陪同黑龙江省老领导孙维本、王海彦、单荣范、张成义、杨光洪、李晨赴柴河林业局视察产业发展、民生建设。

9月18日 全省企业社区建设工作现场会在绥棱林业局召开。黑龙江省副省长、省社区建设领导小组副组长孙永波出席会议并讲话。黑龙江省民政厅厅长杨喜军，省纪委书记杨涛，省森工总局局长魏殿生、副局长姜传军出席会议。

9月20日 黑龙江省委书记吉炳轩、副省长张建星到鹤立林业局调研苗木基地建设。森工总局领导高金芳、魏殿生、胡传义、董杰陪同调研。

9月25日 龙江森工亚布力五花山观赏节暨亚布力旅游名镇运营启动仪式在亚布力启动。黑龙江省人大副主任申立国、省政协副主席赵雨森，省旅游名镇建设领导小组常务副组长付晓光，总局领导高金芳、毕卫星、马建路、吴爱国、董杰出席启动仪式。

10月15日 黑龙江省委常委、省政法委书记黄建盛在森工总局调研廉政风险防控工作。省纪委副秘书长、研究室主任马文同，省纪委常委吕娟，总局领导高金芳、魏殿生、毕卫星、马建路、姜传军、董杰、刘庆林、姜宏伟、王春杰、张雷出席座谈会。

10月30日 森工总局党委书记高金芳接见第四届黑龙江省“六个十佳”和谐单位(家庭)森工获奖代表。绥棱林业局、桦南林业局机关、苇河林业局高级中学和鹤立林业局赵龙家庭分别获得全省十佳和谐企业、十佳和谐机关、十佳和谐校园和十佳和谐家庭称号。

11月5日 森工总局党委书记高金芳随黑龙江省党代表团赴京参加党的第十八次全国代表大会。

11月7日 国家林业局猫科动物研究中心、世界自然基金会北京办事处、黑龙江省森工总局、省林业厅联合举办2012～2013年度野生东北虎保护工作会议。会议为东方红、迎春、穆棱、绥阳林业局，鸟青山自然保护区、大佳河自然保护区6个单位颁发“国家林业局猫科动物研究中心科学研究基地”牌匾。

（黑龙江森林工业由姜东涛供稿）

大兴安岭林业集团公司

【概　述】 2012年，大兴安岭林业集团公司深入实施“把资源管起来，让百姓富起来”发展战略，努力克服全球经济持续低迷、国内经济增速放缓、木材煤炭市场疲软等不利影响，把握关键环节，实施重点突破，强化资源管育和项目建设，产业结构逐步优化，完成生态型花园式新林区建设整体升级阶段性任务，全区经济社会继续保持稳中求进、蓬勃发展的良好态势。实施二期天保工程，主动将木材产量调减到64.3万立方米。根据国家林业局新制定的规程标准，完成更新造林、森林经营等方面技术标准6项、作业技术规程16项、检查验收办法13项。组织实施“兴安四号”专项行动，严厉查处毁坏林地、滥砍盗伐等违法犯罪行为。培育接续产业，推进林区经济转型进程，实现绿色增长。强化林地保护管理，规范林地利用，修订完善《森林防火布防方案》以及《处置重特大森林火灾、集中爆发森林火灾、偏远地区交通不便区域森林火灾等应急预案》，实现林火科学扑救。境外采伐由分段承包经营转变为生产、运输、贮木、加工、销售一体化方式。2012年，实现林业产值376 688万元，增长19.4%；林产工业产值完成22.7亿元，完成年计划103.7%；增加值完成8.1亿元，完成年计划100.1%。集团公司实现产值102.5亿元，增长16.6%。木材产量694 665立方米，比2011年减少18.6%。实现木材采运产值63 242万元，比2011年下降22.3%。完成成林抚育198 734公顷，育苗72公顷，零星植树1.5万株，封山育林110 294公顷，义务植树58万株，当年苗木产量3 770 720株，抚育改造出材量538 480立方米。新增绰纳河和多布库尔两个国家级自然保护区，各类保护区面积达179.1万公顷，占全区面积21.6%，大兴安岭被批准为国家低碳试点城市。森林面积和活立木蓄积分别增加2.32万公顷、1146万立方米，森林覆被率提高0.28个百分点，实现“三增长”，活立木蓄积是天保工程实施以来增长最多的一年。

【生态建设】 实施二期天保工程，主动将木材产量调减到64.3万立方米。组织实施“兴安四号”专项行动，严厉查处毁坏林地、滥砍盗伐等违法犯罪行为，清收林地51.9公顷。查处盗伐林木、非法开垦林地等破坏森林资源案件273起，收缴木材1496立方米，收回林地48.73公顷，依法取缔木材加工厂点5家。实施森林抚育公示制、承包制和实名制，安排营林生产资金3.9亿元，完成森林抚育补贴试点7.31万公顷，森林改培补植补造1.17万公顷。投入春季森林防火资金8139万元，加强防火基础设施建设、火源管理和预警监测，未发生重特大森林火灾，火警当日扑灭率100%。加大自然保护区建设，新增绰纳河和多布库尔两个国家级自然保护区，各类保护区面积达179.1万公顷，占全区面积21.6%，其中，湿地保护区增加到100万公顷，大兴安岭被批准为国家低碳试点城市。森林面积和活立木蓄积分别增加2.32万公顷、1146万立方米，森林覆被率提高0.28个百分点。

【森林防火】 把2012年确定为森林防火责任落实年，制发《大兴安岭地区森林防火责任落实年活动实施方案》。坚持科学扑救，修订完善《森林防火布防方案》以及《处置重特大森林火灾、集中爆发森林火灾、偏远地区交通不便区域森林火灾等应急预案》，细化到林场、林班、山头、地块。靠前布防，驻防队伍由2011年的58支2457人增加到82支2855人，确保在半径80千米范围内就近调兵300～500人。加强与毗邻地市间联防协作，召开森林防火联防会议，签订联防协议。进行火险隐患排查，累计出动“三清”工作组626个1860人次，清除无证入山人员631人，捣毁非法狩猎地窨子31个，没收销毁捕鱼工具98套。全年投入资金10 984.54万元，新建瞭望塔50座，开设米－26直升机吊桶取水池11处，购买水罐车13台、山地轻型森林消防车52台、冲锋舟69艘，隔离带开设机2台，并对水毁道路、桥涵进行维修，完成全区通讯系统维护及超短波数字通讯系统升级测试。10个森林防火项目可研获得批复，总投资15 937万元，其中，国家投资12 661万元。举办林火预防、指挥扑救、通讯技术等森林防火业务培训94次4891人，其中，处级干部283人、科级干部862人，火场督察员147人，火场向导员787人。将森林防火责任“关口前移”，制发《大兴安岭地区森林防火奖惩暂行规定》，严明森林防火奖惩机制。全年发生一般森林火灾10起，其中，2起为高压线脱落引发森林火灾，1起人为火灾，4起雷击火灾，3起为俄罗斯飞火引发森林火灾。过火总面积573.24公顷，其中，有林地面积6.87公顷，林地过火率为0.001‰，远低于1‰的省控指标。火灾当日扑灭率达100%，未发生重特大森林火灾，未发生烧毁林场、村屯现象，未发生人员伤亡事故。

【天保工程】 《大兴安岭林业集团公司天然林资源保护工程二期实施方案》获国家林业局批准。制发《大兴安岭林业集团公司天保工程二期绩效考核办法》及其资金管理、森林管护、森林培育和职工转岗就业实施细则，工程管理更加全面化、系统化、科学化。全年计划木材产量64.3万立方米，实际完成63.1万立方米，完成年度计划98.1%。修订林区林木种苗、更新造林、森林经营和林业有害生物防治等生产操作规程、技术标准和检查验收办法，编制完成《大兴安岭森林培育技术规范》。完成中幼林抚育17.73万公顷、补植补造1.33万公顷。根据国家林业局《天然林资源保护工程二期森林管护办法》，制定《森林管护办法实施细则》，明确森林管护模式、森林管护站设置。按需安排管护人员17 523人，管护责任落实率100%。通过国家"四到省"核查、中幼林抚育检查验收、补植补造绩效考评。全年到位天保工程资金239 042万元。其中，森林管护费58 545万元，社会保险补助费93 585万元，政社性支出49 804万元，补植补造费4000万元，中幼龄林抚育补助资金33 108万元。

【森林资源管理】 严格控制资源消耗，加强"三总量"管理，下发《集团公司调查设计质量管理核查方案》，研发三类调查设计软件，实现调查设计网上审批。全年核查调查设计26万公顷，合格率97.85%。强化林地保护管理，规范林地利用，下发《关于进一步加强林地保护管理的通知》《关于促进林下经济发展、加强资源保护管理的通知》。开展专项执法行动，全年查处各类森林资源案件273起，行政处罚139人，追究刑事责任27人，行政问责15人，罚款53万元，取缔加工厂5家，收回林地48.7公顷，没收木材1496立方米、野生动物及其制品836只(个)，捣毁盗猎窝点15处，拆除猎捕工具2000余件。全年活立木总蓄积较上年度增加1146万立方米，达5.38亿立方米；森林面积增加2.32万公顷，达678.36万公顷；林地面积增加0.36万公顷，达799.69万公顷；森林覆被率增加0.28个百分点，达81.23%。

【森林经营】 根据国家林业局新制定的规程标准，全面完成更新造林、森林经营、林木种苗、林业有害生物防治等方面6项技术标准、16项作业技术规程、13项检查验收办法，编制完成《大兴安岭林区天保工程森林抚育管理办法》《大兴安岭林区天保工程森林资源培育管理办法》。加强保障性苗圃建设，保证造林绿化苗木需求，编制《苗木产业发展推进方案》，全年产苗1.4亿株，采收并验收入库林木种子10 043千克。启动实施森林经营碳汇项目，完成国家林业局下达2万亩森林抚育及碳汇基线调查。推进道路及村屯绿化，完成中俄原油管道漠大线林区伴行公路0 ~9千米绿化设计方案，栽植樟子松8000株，完成村屯绿化337.33公顷。争取大兴安岭森林鼠害综合治理基础设施建设项目和寒温带种质资源收集保存库建设项目等各类项目6个，争取资金1.1亿元。全年完成森林抚育补贴试点19.36万公顷，补植补造1.91万公顷，义务植树102万株。森林抚育补贴试点和补植补造通过国家林业局核查，作业设计质量合格率、作业面积核实率、作业质量合格率均达100%。

【林产工业】 确定"调整经营思维、明确经营思路、完善经营制度、落实经营责任"的总体工作思路，实行"划小核算单位、全员经营管理"的经营模式，实现费用最小化、利润最大化的经营目标。全年林产工业产值22.7亿元，完成计划103.7%；增加值8.1亿元，完成计划100.1%。全年生产木结构建筑34 300平方米，同比增长4.7%。重点项目实现质速同增，宜家木业、库伦斯木业等13户重点项目工业总产值、增加值同比分别增长22.3%和23.7%，拉动林产工业相应指标分别增长8.79%和8.83%。改造工艺技术，优化产品结构，提高深加工终端产品占有率，全年精深加工产值占总产值81.2%，同比提高10.4%，拉动总产值增长7.7%。生物质能源项目初具规模，塔河兴森生物质炭、电联产项目累计投资8000万元，松岭壮志生物质项目燃气产量趋于稳定，质量符合标准，项目通过国家林业局造林司验收，列入全国林业百家绿色能源示范县先期启动范围。制定全区木材加工企业ISO9001质量认证方案，建立质量管理档案，对17家企业的13种20个批次产品进行抽检，合格率100%。推进品牌升级战略，推动"神州北极""华驿""大森林"品牌提档升级。"神州北极"商标被认定为黑龙江省著名商标。神州北极公司被国家工程质量监督管理协会评为"全国木结构质量、安全、信誉AAA级信用示范单位"。成立招商引资组织机构，组织企业参加第23届哈洽会、中国伊春森林产品博览会、第九届中国林产品交易会等6个展会，展示木结构建筑墙体、木构件、地板、木制品和旅游纪念品五大类百余种产品，印制宣传画册3000册，荣获产品金奖16项，产品优质奖6项。

【森林资源调查规划设计】 启动加格达奇林业局森林资源规划调查，编制《加格达奇林业局森林资源规划设计调查技术方案》《加格达奇林业局森林资源规划设计调查操作细则》，开展野生经济植物资源、森林天然更新和森林病虫害鼠害等3项林业专业调查，调查中广泛应用3S技术，运用标准地调查和路线调查的方法获取资料。完成森林资源规划设计调查数据库、森林资源统计表、成果图和调查报告。编制《呼玛河湿地区国家重要湿地确认提纲》《嫩江源头区国家重要湿地确认提纲》，完成成果确认报告编写和制图，组织专家评审并上报国家林业局湿地中心。全年编制完成经营方案和可行性研究报告60余项。

【替代产业】 培育接续产业，推进林区经济转型进程，实现绿色增长。探索发展林下经济，以"一棵树木不能动，一粒粮食不能种"为前提，探索林果、林药、林菌、林养等10种经营模式，重点扶持发展蓝莓、食用菌等五大林下产业，已建立蓝莓、北药等示范基地371处，林下经济实现产值15.2亿元。以北极村旅游名镇为龙头，发展生态旅游业，接待游客352.8万人次，实现旅游收入33亿元，同比增长18%和20%。立足资源优势，重点扶持壮大超越、北极冰等精深加工企业，绿色食品实现产值24.2亿元，增长26.9%。按照"开发一点，保护一面"思路，推进绿色矿山示范区建设，规模以上矿产开发业实现产值18.3亿元，增长20.4%。扩大境外采伐规模，逐步转移木材生产主战场，重点推进在俄罗斯采伐项目，全年生产商品材60.9万立方米，加工板材13.2万立方米。

【招商引资】 将2012年确定为招商引资年，成立招商引资工作领导小组，下设招商部，增加科室、领导职数和人员编制。建立健全招商引资工作机制，制发《大兴安岭地区"十二五"招商引资工作方案》《招商引资工作总体方案四个配套方案》《招商引资项目集中开工报告制度》《异地项目区落户流程》《异地项目区登记政策》等文件。打破地域限制，推进与汕头市、嘉兴市和萧山区缔结友好市地关系，开启跨区域招商合作的新模式，建立常态化宣传推介大兴安岭的招商引资平台。组成专业招商小分队，分赴全国各地开展招商活动，召开推介会34次，发放宣传资料3000余份，接待企业家来区考察34次。2012年，全区招商引资到位资金83.4亿元，完成年计划148.6%，同比增长44%。实际利用外资2346万美元，同比增长20%。省外资金到位增幅在全省排名第二。

【项目建设】 加强项目资金争取和报批，开展实地督促和调研，对重点产业项目进行集中会商会办，及时解决部分产业项目立项、土地审批、环评等问题。全区新签约项目132个，增长55.3%；签约总额246.7亿元，增长46.9%，其中，亿元以上项目71个，占新签项目53.8%。全年履约项目107个，履约率81.1%；开工项目82个，实际落地项目75个，落地率56.8%。引进总部经济项目9个，完成计划225%，3个项目完成缴税285万元。与肇东市、安达市签署项目区框架协议，全年签约异地经济项目8个，其中，3个项目落地区内工业园区，两个亿元以上项目落地肇东、安达项目区。新签约项目、履约项目、开工项目、资金到位率均创新高。55个重点产业项目全部开复工，完成投资29亿元，增长2.2倍。新增入园项目19个，园区企业实现利税6175.6万元，增长25.4%，加格达奇园区晋升为省级重点产业园区。

【生态旅游】 创新市场营销手段，提升管理服务水平，推进旅游项目建设，全年确定重点旅游项目9个，累计完成投资6.26亿元。举办全国自由式滑雪雪上技巧“冠军赛”，打造“中国滑雪基地·世界冠军摇篮”品牌。漠河冰雪汽车越野赛成为黑龙江省2012 ~2013中俄旅游年主题活动之一。举办黑龙江国际养生度假节暨大兴安岭首届多布库尔湿地漂流节，省内外10多家主流媒体和30多家旅游企业、300多位游客在大兴安岭体验到湿地漂流乐趣。开展中俄界江深度游宣传推介，省内主流媒体和重点旅行社对漠河、塔河、呼玛进行深度宣传报道。组织旅游企业赴外地宣传推介旅游产品和线路，参加全国旅游交易会等大型展会10个，与300多家重点客源地旅游企业达成互送旅游团组协议。与中央电视台联合拍摄《幸福之爱在北极村》3集情景剧登陆央视七套栏目，北极村知名度进一步提升。整顿旅游市场，维护旅游者合法权益。培训旅游从业人员，提高从业人员素质，61人参加全国导游员资格考试，25人获导游员资格证书。全年接待各类旅游者352.1万人次，增长17.6%；实现旅游业总收入330 981万元，增长20%。

【民生工程】 保障改善民生，增加职工收入，筹资1.7亿元，为地林直机关、三区公务员和林业职工增长工资。全年完成民生实事35件，财政用于民生支出占总支出51.2%。推进棚户区改造，当年交工36 705户、183.5万平方米，回迁安置10 897户。新建续建公路15条，国道嫩江至白桦段竣工通车，加格达奇运输机场顺利通航。建成“三供两治”项目4个，解决70个村屯(镇场)、3.58万人饮水安全问题。建立社区政策性投入长效机制，新建成农村社区服务中心3个。实施城乡清洁工程，建设完成生态型花园式林场(乡镇)11个、标准化物业小区10个，改造城镇街路279条、临街建筑248栋，新增绿地260万平方米，建成区绿地率40.3%，比全省平均水平高8.8个百分点。完成实验中学和高级中学合并，新建改建公办幼儿园10所，在全省率先实行学前3年免费教育，“两基”工作受国务院表彰。地区医院搬迁新址并升级为三级乙等医院，县级标准化医院全部建成。呼中、新林、松岭3个区全部纳入城镇居民社会养老保险，企业离退休人员人均月增加养老金196元，在全省率先全额补发历史拖欠独生子女父母奖励费2698万元。33件信访积案和47件挂牌管理案件全部化解。

【林业有害生物防治】 制定全区测报、防治、检疫和林业有害生物普查推进方案，修订目标考核办法，落实具体监测任务、责任人、调查时间和上报时间。完善基础设施建设，充实监测调查手段，统一配发监测调查表格、诱捕器及诱芯、诱虫灯、GPS等监测调查设备2000余台套。制定《大兴安岭樟子松种子园疱锈病综合治理方案》，开展无公害药剂防治作业，提升人居环境质量。结合全区林业有害生物检疫工作实际情况和特点，制定《大兴安岭“绿盾2012”林业植物检疫执法检查行动方案》，开展“绿盾2012”林业植物检疫执法检查。开展调运苗木复检，实施严格检疫要求书制度，对调入的种子、苗木等繁殖材料做到种类、数量、来源等情况准确掌握，及时监测疫情，杜绝带疫苗木上山。开展林业有害生物普查，全年捕获蛾类2000余个，制成标本500余个。加强基础设施项目建设，完善应急储备制度，完成“大兴安岭杨树天牛等林业有害生物预防体系基础设施建设项目”和“大兴安岭林业有害生物防控及重点区域预灾体系建设项目”以及617公顷健康示范林年度建设，林内补植容器苗3万株。全年完成林业有害生物防治作业面积4.31万公顷，无化学防治、无公害防治率100%；应施监测面积102.80万公顷，预测发生林业有害生物11.78万公顷，测报准确率97.8%；应施种苗繁育基地产地检疫0.74万公顷，种苗产地检疫率100%，成灾率为零。与国家林业局下达的“四率”指标相比，成灾率降低3%、测报准确率、无公害防治率、种苗产地检疫率分别提高12.8%、18%、5%，实现“一降三提高”的总体目标。

【境外采伐】 编制《大兴安岭境外森林资源开发“十二五”发展规划》和对俄林业投资合作实施意见。发挥木材生产、加工和管理优势，将对俄林业投资合作由简单的输出劳务向合作经营、独资经营方向转变，生产经营方式由以分段承包经营逐步向生产、运输、贮木、加工、销售一体化方向转变。在俄方注册成立公司，购买林地资源，在俄拥有林权总面积101.53万公顷，总蓄积量8225.7万立方米，可采蓄积5167.4万立方米。整合资源，避免分散经营、无序竞争，组建兴安国际林业投资有限公司，林管局注入资金，吸纳各林业局、民营企业、民间资本以独资或股份制形式投资参股，以市场经济机制运行，利润按投资比例分配。总公司下设子公司，由各林业局组建，并将其纳入全区经济发展和社会目标责任制考核之中，增加企业和职工的实际效益，规避投资风险。与黑龙江柏杉林国际林业开发有限公司签署《合作开发圭亚那森林资源协议》，完成股份重组，贷款通过国家开发银行审核，第一批24名工作人员10月抵达圭亚那，开始生产前期的筑路、设备检修等工作。全年境外采伐生产商品材60.98万立方米，完成年计划101.6%，增长20.5%；加工板材13.15万立方米。

【城镇绿化】 突出地方特色，节约绿化建设成本，利用本地自然山体、水体、树种、植被和材料等天然素材，挖掘城市内可利用的绿化空间和乡土树种，达到“取之自然、浑然天成”的艺术景观效果。重点对保障性住房小区、城镇街道和公园实施绿化，集中打造花园式林场、单位、居住区和学校，全区城镇园林绿化综合满意度97%以上。创造性地提出“按项目实施、按工程管理、按设计施工、按进度拨款、按标准验收”的新型管理模式，促进城镇园林绿化工作系统化、规范化、正规化运行。全年安排城镇绿化资金1.95亿元，栽植白桦、沙棘等乔灌木41.7万株，新增绿地面积177.6万平方米。全年建成区绿地率、建成区绿化覆盖率和人均公园绿地面积分别达40.3%、45.1%和26.3平方米，远超黑龙江省平均水平。在全省城市园林绿化考核评比中，大兴安岭行署、加格达奇区、呼玛县、漠河县获全省园林绿化先进市(县)。呼玛县融媒园景观绿化工程获省级城市园林绿化优质工程，漠河县获全省先进苗圃称号，行署住建局等4家单位获花园式单位称号，漠河县沿湖城小区一期工程等3家单位获花园式居住区称号。

【绿色食品产业】 落实地区“产业项目三年攻坚战”绿色食品产业项目推进工作，重点推进绿色食品产业项目12项，其中，省重点推进产业项目3个，地区重点推进项目9个；新开工项目3个，续建项目8个，前期谋划项目1个，累计完成固定资产投资35 253万元，完成年计划147%。制定《大兴安岭绿色食品产业实施方案》，细化分解目标任务，组成工作组2个，实地检查、督办落实养殖计划。完成野生蓝莓集约化基地经营面积1万公顷，人工蓝莓繁育种苗516万株，种植347.33公顷。推广挂袋黑木耳技术和麦饭石黑木耳项目建设，提升黑木耳品质和附加值，实现规模化生产，10万袋规模以上基地64个。举办第四届蓝莓节，设置展位268个，签约合作项目19个，签约总额12.18亿元，同比增加2.06亿元。组织全区32个企业参加第23届哈洽会，参展产品12类786种，其中，有机食品(绿色食品)192种，签约53 265万元。组织参加第十二届齐齐哈尔绿色食品博览会，22家企业携300余种产品参展，北奇神牌黑木耳、蓝莓饮料、蓝莓果干等7种产品被评为畅销产品。全年绿色食品业实现产值24.2亿元，比2011年同期增长26.7%。其中，蓝莓产业实现产值5.3亿元，食用菌养殖完成1.96亿袋，实现产值4.6亿元。

【林下经济】 制发《大兴安岭林业集团公司发展林下经济实施意见(试行)》《五大产业发展推进方案》和《2013～2015年林下经济发展规划》。组织到安徽亳州、辽宁本溪等地考察，学习先进经验。召开全区林下经济技术培训班，全区发展地、县、镇(场)林下经济技术服务站51个。按照《全区林下经济考核方案》和各产业考核细则，严格考核，按推进和发展程度进行排名通报。建立林下经济产业发展基金，全年发放专项资金3872.5万元、小额担保贷款4634万元。引进宛西制药等林下资源深加工企业7户，林下人参种植和黄芪、苍术等名贵药材补植试验成功。完成4种野生药材的品质鉴定，叫响全国野生药材品质最优良地方的品牌。养殖黑木耳1.12亿袋，呼中黑木耳麦饭石添加剂项目投资500万元。新建畜牧业标准化养殖场4个，狐貂、獭兔、羊存栏分别达8.1万只、5万只和16.4万只，养殖水面1173.33公顷。压缩小麦、大豆传统农作物种植面积，种植马铃薯5733.33公顷、水飞蓟3333.33公顷、玉米4666.67万公顷、瓜果蔬菜等经济作物5533.33公顷，示范推广“彩特美”细胞酶技术2.2万公顷。全年落实林下承包面积466.5万公顷，参与人员40 773人，开展实质性经营面积204.1万公顷，建立蓝莓、食用菌和北药等示范基地371处，蓝莓种苗繁育完成397万株，种植260公顷，林下经济实现产值15.2亿元。

【野生动植物保护】 开展“猎鹰行动”“兴安四号”等打击破坏野生动植物资源专项行动，全年出动3300余人次、车辆700余台次，检查市场、宾馆、饭店等431户次，检查车辆400余台次，检查野生动物活动区域418处，清理非法入山人员265人，收缴锁套、铁夹、粘网2500余件，捣毁地窨子15处，收缴野生动物及其制品836只(件)，放飞活鸟1150余只。查处破坏野生动物资源案件29起。专项整治非法采集、贩卖泥炭藓行动，依法查处非法采集、贩运泥炭藓案件6起，处理6人，查扣非法贩运车辆2台。落实野生动物疫情风险隐患治理，制定边境地区联防联控机制。完成大兴安岭中部地区陆生野生动物资源常规调查，调查样区19个，总面积187万公顷。编制完成呼玛河源、砍都河国家湿地公园总体规划。全年环志鸟类62种1513只，其中，南瓮河与北极村环志点有16只重捕记录。结合爱鸟周、宣传月等契机，开展宣传活动，发放宣传单17 000余张，图册200余本，出动宣传车15余次，展示板报14块。在国家林业局组织的“人与野生动物”生态文学作品征文活动中，获优秀组织奖1名、二等奖1名、优秀奖1名。

【自然保护区管理】 组织申报保护区基础设施建设、湿地保护恢复工程和珍稀濒危野生动物物种保护等重点项目，争取项目资金854万元。新增黑龙江多布库尔、绰纳河2个国家级自然保护区，全区林业国家级自然保护区增加到5个，总面积720 124公顷，占全区总面积8.6%。起草《黑龙江双河国家级自然保护区保护条例(草案)》，黑龙江省第十一届人民代表大会常务委员会第三十六次会议审议通过。双河国家级自然保护区基础设施二期建设项目和绰纳河国家级自然保护区基础设施一期建设项目可研报告获报国家林业局批复。呼中国家级自然保护区编制完成《保护区总体规划(2012～2020年)》，实施“打造原始品牌、开发生态景观、突出特色物种、发挥科研功能”的旅游开发规划，新增景观30余处，推广登山、漂流、摄影等旅游项目，全年接待游客2000余人次。南瓮河国家级自然保护区组织开展“破坏野生动物资源违法犯罪”“湿地保护条例执法”“兴安四号”专项检查，联合检查11次。南瓮河国际重要湿地被批准为国家AA级旅游景区。双河自然保护区实行封闭式管理模式，道路与支叉线设立检查站和资源管护站，实行定期和不定期巡护。

【神州北极木业公司经营】 2012年，公司调整经营思维，明确经营思路，完善经营制度，落实经营责任。采取划小核算单位，模拟市场核算，实施全员经营管理模式，制定实施《内部模拟市场化管理实施方案》，解决质量、安全、原料浪费等问题28项，降低成本20%。成立建筑安装公司，将木构件生产和施工分开，实行独立核算。调整产品结构，设备重组，确定各分公司主营产品，实现专业化配套生产。整合资源，实现市场开拓、订单签订、质量标准、研发设计、销售价格、施工安装、售后服务“七统一”，平均售价提高10%，费用降低10%。实行报价倒推制，留足目标利润反推成本，通过减少相应项目和费用来满足客户价格需求，公司平均利润率24.48%。实施《销售奖励办法》，获有价值信息56条，接收订单19项，生产木结构建筑34栋23 732.74平方米，实现销售收入8472万元。实施应收款清收管理办法，清收货款5109万元。2012年8月，公司获全国木结构工程质量、安全、信誉AAA级信用示范单位和全国木结构建筑工程专业承包十佳企业称号。

【国林旅游公司经营】 坚持“创新管理、强化服务、增收节支、树立品牌”的经营理念，建立管理制度、工作流程和工作预案159项，实现制度化管理。建立物资数据库，按需求统一调配。制订《定岗定员方案》，重新公开竞聘上岗。推行成本收益微体核算，组建内部稽核队，实施”立体透明稽查法”，杜绝跑、冒、滴、漏。公司年利润与2011年同期相比翻两番，综合成本下降14%。召开旅游专题推介会，20多家媒体50多家旅游企业参加。建立公司官方网站，全面展示旅游资源和品牌形象。提升企业文化，制定国林理念、国林企训，设计印制《国林专业与制度管理手册》《印象·国林》等宣传品，创办《国林旅游》企业月刊。细化岗位职责和考核机制，实行“十必须十不准”“五做到”等服务规范，旅游淡季管理人员分批到五星级酒店和5A级景区学习培训，提升员工整体素质，接待能力和接待标准明显增强。全年接待重要团组670个，国家级领导5人次，省(部)级领导105人次，厅级领导572人次，公司认知度和美誉度明显提升。

【国林矿业公司经营】 推进重点合作项目，松岭区岔路口钼铅锌矿详查项目投资4.3亿元，取得勘探证和外围详查探矿权。呼中飞虎山铅锌多金属矿勘查项目投资10 030万元，矿区开工建设。松岭区大黑同山铜金矿普查项目完成钻探5700米，发现钼工业矿体37条，钼低品位矿体65条，铜工业矿体1条，铜低品位矿体7条，铅锌低品位矿体1条。引进地质专家两名，任命为公司副总经理，发挥地质专家技术优势，实地踏勘松岭、呼中、呼玛、塔河、新林、韩家园等找矿耙区，筛选有前景的矿区申办探矿权6处。与黑龙江省天久公司合作，组建盛林矿业投资有限公司，争取项目勘查资金1350万元，签订门都里石墨矿霍拉盆石墨矿勘查开发协议。与民营矿业企业合作，获收益300万元，开创与民营企业合作范例。全年公司财源项目到位资金2024万元，开展勘查项目10个，接续合作勘查项目5个，财源资金勘查项目5个，投入勘查项目资金1200万元，实现利润600万元。

(大兴安岭林业集团公司由陈广辉、张羽供稿)

上海市林业

【综　述】 2012年，上海市绿化市容行业紧紧围绕“创新驱动、转型发展”的总方针、“四个率先”“四个中心”的总要求，开拓进取，扎实工作，圆满完成全年各项任务。

加强生态网络规划执行，加快生态建设项目落地，促进“三地”协调发展，优化城乡绿化品质，提升管养水平。全市“环、楔、廊、园、林”绿化系统格局初步形成，生态安全不断巩固，生态功能明显提升。扎实推进生态环境建设项目，完成外环生态专项绿地建设105公顷，相关土地出让金定向支持、捆绑开发用地等政策进一步落实，楔形绿地、大型居住社区防护绿地、郊区新城绿地建设等稳步推进。城乡绿化结构品质持续改善，全市实施绿地改造50公顷以上，开展了虹桥路、太平桥绿地、延中绿地等绿地群落密度调整及功能提升示范点建设。古树名木及古树后续资源得到有效保护。强化社会绿化服务，对1500多人次物业经理开展绿化培训，通过专项巡查考核推动社会绿化长效机制深化。

完成上一轮林业三年发展计划，公益林、经济果林、四旁林和农田林网建设持续推进，林业建设管理绩效评价达到良好水平。加速推进崇明东滩互花米草生态控制及鸟类栖息地优化工程等生态保护重点任务，示范项目效果良好，资金渠道得到明确，东滩科普教育基地接待参观者近11.4万人次。生态保护措施得到巩固加强，实施4000公顷林地抚育改造、1333.33公顷林地基础设施建设和森林公园试点建设。加强野生动植物保护，落实区县野生动植物保护主管部门，初步形成野生动植物疫源疫病监测防控体系。促进林业服务经济民生，实施经济果林“双增双减”政策和“安全优质信得过果园”评选活动，提高经济效益，增加农民收入。

【改造老公园】 完成醉白池、长寿、张堰、川北、岭南、永清苑等老公园改造，提升园容园貌和服务功能。成功举办第26届中国荷花展、优秀灯光作品展、上海花展、顾村公园樱花节、七彩蝴蝶展、辰山秋韵、国际雕塑展等主题游园活动，全国创新的笼舍安全技防系统在上海动物园投入使用，各大公园管理水平和游园秩序有新的提高，2012年全市公园游客量约2.06亿人次。提升行业文明程度，开展绿化文明行业复评，全市51.4%的公园处于优秀水平。

【创建50条示范性林荫道】 完成53条林荫道命名工作。做好2012年林荫道示范点项目推进和指导服务工作。完成《林荫道三年实施规划》和《林荫道建设导则》，征求区县、相关部门和专家意见，修改定稿下发。组织开展林荫道摄影征文比赛，共有64人参与投稿，收到669幅照片，涉及林荫道65条。全年新种补种行道树9000株。

【推进“十二五”规划实施】 落实生态环境建设任务，推进公共绿地景观提升与公园改造，完成年度老公园改造、绿地调整改造近100公顷、53条林荫道命名工作。迎国庆、十八大布置花坛花境20万平方米、组合容器与灯杆花卉1.6万组以上、主题绿化景点50余组。示范植物群落结构调整与功能提升项目，开展群落调整改造、节约型园林、土壤改良修复等关键技术研究。

【规范管理，强化服务】 进行公园管理专题研究，形成《上海市公园分类分级标准(征求意见稿)》，起草《上海创建国家重点公园办法》。完成本年度星级公园的创建工作、文明公园评定工作和老公园改造任务，并结合老公园改造，完善更新植物铭牌；指导专类植物园开展科普展示活动；推动公园绿地认建认养。成功举办上海花展、荷花展、热带兰展等一系列公园主题活动。

【公园安全管理】 加强对公园各类人员的安全教育和培训，明确管理部门、营运单位安全工作责任，落实公园安全管理各项规章制度，完善应急预案。针对节假日游客相对集中，寒暑期学生游客增多，高温、台风、暴雨等情况的特点，开展针对性安全检查，确保公园安全有序。全力做好防汛防台工作，风前加固、绑扎、疏枝16万株，灾后倒伏树木及时得到扶正抢救，全年成功应对“海葵”等五次台风的侵袭。

【全民义务植树绿化宣传活动】 3月，开展“发展低碳经济，促进生态文明”义务植树主题宣传活动。植树节期间，全市共设置200多个市民植树点，300多个绿化集中现场宣传点，发送100多万条绿化公益短信，发送5万多块花时宣传手帕，制作3部绿化宣传电视短片于轨道交通媒体上播放。同时，首次采用网络微访谈等新媒体对义务植树进行宣传。3月16日，上海市领导俞正声、韩正、刘云耕、冯国勤、殷一璀等来到上海市环城绿带长宁区生态专项建设工程400米林带参加植树活动。

【爱绿护绿行动】 2012年，共推出绿化认建认养点117个，包含183万平方米绿地、8.99万株树木、258株古树名木；引导企业实施古树名木公益保险；在各区县开展绿化服务“六进”(进社区、进小区、进军营、进园区、进楼宇、进村宅)和盆花送家庭活动，组织绿化“六进”活动1100余场，送出盆花11.39万余盆；联合新民晚报报社开展百座公园、百万读者365爱绿护绿活动；会同上海市精神文明建设委员会办公室举办“关爱自然，义务植树”志愿者爱绿护绿行动，首个志愿者林在共青森林公园落成。

【立体绿化】 立体绿化示范项目纳入上海市建筑节能减排专项资金扶持政策，明确补贴标准和准入范围。各区县落实扶持资金申报，制定操作指南和合同样本，明确相关奖补资金计划实施程序和审核要求。已下拨2012年度奖补资金执行情况良好。组织制定《上海市屋顶绿化面积折算办法》，立体绿化发展任务纳入上海市“第五轮三年环保行动计划”，2012年共完成30万平方米的立体绿化建设。

【绿地长效管理】 坚持市、区两级绿化部门定期社会绿地巡查考核制度，推动各区县完善投诉托底机制。推进《高校绿化导则》和《道路绿化导则》修订完善。会同本市公路、铁路、水务、地铁、教委等部门开展多次联合检查，督办有关媒体曝光和市民投诉的社会绿地失管失养案件，配合相关部门组织群众绿化和部门绿化有害生物核查防控工作。开展单位绿化指导服务，提高单位绿化建设和管理水平，2012年共有64家单位被评为上海市花园单位。

【居住区绿化管理】 上海市绿化委员会办公室会同市房管部门和物业管理协会，完成居住区绿化课程教案编写工作，包括1500多人次物业经理在内，共2300多人次参加培训，统一市区两级绿化部门对居住区绿化的指导服务内容。修订颁布《上海市居住区绿化调整技术规范》，于2012年10月1日起实施。探索通过居住区绿化内部布局调整、补偿立体绿化等措施，缓解居住区绿化与停车位之间的矛盾。会同办公室联合市房管部门，抽查52家获评满5年的市级园林式居住区，促进居住区绿化长效管理。

【森林防火基础工作】 首次组建以副市长张学兵任总指挥的上海市森林防火指挥部和上海市森林防火专家组。全市93个涉林乡镇与区县政府签订了森林防火责任书。推进森林防火基础设施建设，2012年共新建防火道路130千米、隔离网29千米、预警监测点65个。加强森林防火检查督导，切实抓好重点时段、重点林区的森林防火工作，组织多次森林防火实战演练，开展森林防火检查205次，查处火灾隐患147起。加强森林防火社会宣传，组织专业培训44次，受训2600人次，印发宣传资料、森林防火告知书4万份，设置森林防火宣传牌4104块。

【林业有害生物防控】 组织开展"绿盾2012"上海市检疫执法检查专项行动，开通林业网络医院。加强对美国白蛾、舞毒蛾、木毒蛾等重大危险性有害生物监测力度，全市共布设美国白蛾监测点50个，舞毒蛾监测点50个。做好悬铃木白粉病、煤污病、水杉赤枯病等主要病虫害防控工作，开展突发性、检疫性害虫"扶桑绵粉蚧"疫情治理，集中销毁感疫植物5266包，做热处理33库，疫情得到控制。

【林地管护和征占用管理】 上海市市政府与各区县政府，各区县政府与各乡镇政府分别签订保护和发展森林资源目标责任制，并通过国家林业局对本市保护和发展森林资源责任制考核。严格林地征占用管理，注重批后监管，共审批林业行政许可事项107项，对100项许可事项实施了批后监管。按照全覆盖、制度化、常态化的要求，落实林地日巡查制度，推进林业网格化管理。更新上海市林地资源数据库，开展外业调查和内业上图等更新工作，截至2012年年底，全市林地总面积100 503公顷，其中森林面积81 421公顷，全市森林覆盖率达到12.84%。

【林地功能专题调研】 会同上海市市委研究室、市发改委、市规土局、市旅游局、市发展改革研究院、市郊区促进会等部门组成专题课题组，赴松江、金山、奉贤、宝山、青浦、崇明等区县开展调研，并形成林地综合利用调研报告。会同市农委、市发展改革委、市规划国土局、市财政局、市旅游局等部门研究制定《关于加快林下经济发展促进林地综合利用的意见》，并已上报市政府。

【林业政策和年度实施计划】 推进林地抚育改造0.25万公顷、林地基础设施0.14万公顷；实施经济果林"双增双减"面积4.63万公顷次，其中推广套袋6.1亿只，折合实施面积0.84万公顷；推广无公害农药385吨，折合实施面积1.90万公顷；推广有机肥14.3万吨，实施面积1.88万公顷。指导各区县开展公益林抚育改造、林下经济试点建设，筛选确定9个公益林抚育示范点和10个林下经济示范点，以推动全市林地抚育和林下经济发展。

【"安全优质信得过果园"评选】 对参与创建活动的51家果园，加强果品生产过程监管和果品质量监管，组织5轮果园现场检查，建立果园田间电子档案系统，实现果品生产全过程监管，其中16家果园被评为"2012年度上海市安全优质信得过果园示范园"。

【果树科技队伍建设】 上海市机构编制委员会办公室、市农业委员会、市林业局、市人力资源和社会保障局、市财政局等5部门联合下发《关于进一步加强本市基层农业(林业)公共服务队伍建设的意见》，部署加强乡镇林业工作机构与队伍建设工作。新聘15位乡土专家，使上海市果树乡土专家队伍扩大到37位。编印《乡土专家谈农事》，开展果树栽培技术培训，编发果树栽培技术资料。

【林业科技推广】 推广应用林木良种，重点加强东方杉良种基地建设和示范点建设，2012年提供"东方杉"良种穗条约100万条，在崇明、宝山及江苏盐城等地建立东方杉示范点5个，造林面积54.27公顷，栽植东方杉77 220株，移栽成活率均在90%以上。

【林业政策】 一是片林政策有效落实。会同上海市发展和改革委、市规划和土地管理局、市财政局、市人力资源和社会保障局等单位，推进片林政策实施，完成片林区域新增15 678名农民纳保工作，落实新增市级补贴资金18亿余元，落实区县先期解决农民纳保的结算资金11亿余元。二是新一轮林业建设管理政策基本确定。会同市发展和改革委、市财政局研究制定了2013～2015年新一轮林业三年发展计划与政策，并经市政府常务会议审议通过，其中林业"三防"体系建设、林业保险、林下经济等政策取得重大突破。三是公益林生态补偿政策进一步完善。完成全市公益林面积核定和养护质量考核工作，补偿资金及时下拨各区县，总额达5.69亿元，比2011年增长9.2%，平均每公顷公益林补偿资金达到12 000元。指导各区县制定公益林生态补偿转移支付资金使用管理办法。

【应急服务平台】 上海市林业局组织力量深入现场，开展抗灾自救工作，及时采摘销售已成熟的果品，将"海葵"台风造成的损失降至最低。搭建果品直销平台，在复兴公园、辰山植物园等几大公园开辟柑橘直销通道，20天内销量达50万千克，展示上海柑橘生产的成果，同时帮助橘农化解柑橘"卖难"问题。

【森林旅游】 编制完成《上海市森林旅游发展规划》《上海市森林公园建设导则》等专项规划或技术规范。2012年，上海市森林公园接待游客474万人次，同比增长7.9%，实现门票收入4941万元，同比增长10.2%。海湾国家森林公园成功入选上海市"十大新景新貌"，佘山国家森林公园被评为"中国最具影响力森林公园"。闵行区革新村、崇明县瀛东村、奉贤区潘垫村、浦东新区果园村等4个村被中国生态文化协会评为全国生态文化示范村，本市全国生态文化示范村总数达到6个。

【全国第二次陆生野生动物资源调查前期工作】 上海市林业局委托相关科研单位编制本市第二次全国陆生野生动物资源调查《工作方案》《技术规程》，已落实调查经费，通过全国专家评审会议和本市专家评审会议，明确华东师范大学作为上海市第二次陆生野生动物资源调查实施单位，并召开动员会，布置各区县为全面启动本市全国第二次陆生野生动物资源调查工作做好准备。

【野生动植物保护政策】 首次将野生动物栖息地保护工作纳入上海市林业三年政策(2013～2015年)，今后三年上海市、区两级政府将投入数千万元经费用于保护修复野生动物重要栖息地，保护本土野生动物资源，提升区域内生物多样性。

【非法销售国家重点野生动植物制品市场整治行动】 1月

10日，市野生动物保护管理部门、市公安局治安总队、市工商部门对5个区域内的古玩、花鸟市场非法买卖象牙制品开展联合突击执法检查行动。本次行动共派出54名执法人员，其中公安32人、工商9人、野生动物保护管理人员13人，查获疑似国家重点保护动物制品103件，1名犯罪嫌疑人被警方刑拘，4家商户受到工商处罚。10月，市野生动物保护管理部门再次与市公安局治安总队联合在全市范围内开展象牙等濒危物种及其制品非法贸易清理整治行动——秋隼行动，严厉查处非法出售象牙、买卖重点保护野生动物的行为，清除一批不法流动商贩，查处网上商城、论坛非法销售濒危野生动物及其制品行为，清除网上发布的非法交易信息。

【贯彻249、289号文件专项行动】 9~12月，湖南罗霄山脉、江西资溪等地区发生大规模猎杀野生动物的恶性事件。10月、11月，国家林业局下发《关于严防乱捕滥猎候鸟等野生动物非法活动的紧急通知》(林护发〔2012〕249号)、《关于切实强化野生动物保护执法工作的紧急通知》(林护发〔2012〕289号)文件，要求全国采取有效措施坚决遏制乱捕滥猎候鸟等野生动物的违法行为。上海市野生动物管理部门为此召开专题会议，在全市开展春秋严防乱捕滥猎候鸟等野生动物非法活动的专项执法行动。12月中旬，国家林业局保护司来沪督查落实情况。截至2012年12月底，全市出动3962人次，出动1127车次，开展联合执法49次，收缴非法野生动物及其制品165件，处理违法经营餐馆饭店10家，有效震慑了乱捕滥猎的违法行为。

【各类野生动植物行政许可数量创历年新高】 2012年共为100余家企业(个人)办理各类野生动植物行政许可近1500项，保障企业合法有序利用国内外的野生动植物资源。其中完成1337项CITES物种、国家重点保护野生动植物和外来物种引进的监管，比2011年同期增加约45%；完成140项国家重点保护野生动植物或其产品驯养繁殖、收购出售和经营利用的监管，比2011年同期增加约15.7%；完成自然保护区管理类许可监管3项；组织企业完成了本市野生动物种源免税进口申报3批，免税金额26万元；还协调省际动物利用、植物入境3项。

【野生动植物种源免税进口审批执行情况检查】 开展野生动植物种源免税进口审批执行情况检查，重点是2006年4月1日至2011年12月31日经上海市林业局审核上报国家濒危物种进出口管理办公室批准的免税进口种用野生动植物审批执行情况。截至2011年年底，上海市共进口免税种用野生动植物73批次，引进野生动物44种875头(只)，免税金额1000万元以上。为上海市野生动物繁育科研、迁地保护工作提供了种源保障，也丰富了本市野生动物的展览种类和科普内容。

【上海市第二次湿地资源调查】 2012年正式开展上海市第二次湿地资源调查工作。调查依托华东师范大学河口海岸科学研究院、上海市野生动植物保护管理站、上海市环境科学研究院、上海市地质调查研究院、中国水产科学院东海水产研究所、上海应用技术学院等多家专业机构，历经预调查、外业调查、内业汇总、市级检查、报告编写、数据库和数字湿地系统构建、专家评审等多个阶段，涉及9个区(县)，参与人数159人。截至12月底，基本完成全部湿地调查工作，并形成成果报告评审稿。此次调查共涉及14块重点湿地，基本覆盖上海主要湿地类型和重要湿地，运用3S技术，实现遥感与地面结合的湿地全覆盖调查，以此为基础构建上海数字湿地系统，分析重点湿地生物多样性现状，研究湿地的重要性、湿地利用及受威胁情况，评估湿地保护与管理现状、存在问题，并提出应对建议。

【召开全国湿地保护管理会议】 12月19~20日，全国湿地保护管理工作会议在上海召开。这是由上海市林业局首次承办的全国性林业工作会议。会议总结回顾近年来全国湿地保护管理工作经验，研究部署“十二五”及今后一个时期湿地保护管理工作。国家林业局局长赵树丛、副局长张永利，上海市人民政府副市长沈骏出席会议并讲话。中央有关部委、全国各省(区、市)和计划单列市林业厅(局)、新疆生产建设兵团、各森工集团相关负责人近200人参加会议。

【召开第16个“世界湿地日”纪念研讨会】 2月10日，上海市林业局、上海市旅游局、崇明县人民政府、世界自然基金会(WWF)在崇明东平国家森林公园共同举办上海崇明西沙国家湿地公园揭牌仪式暨湿地生态旅游研讨会。湿地、生态旅游、城市环境保护等方面的专家参加会议，纪念第16个“世界湿地日”，探讨本市湿地保护与生态旅游可持续发展的重大意义和发展思路。

【陆生野生动物疫源疫病监测预警工作】 2012年，陆生野生动物疫源疫病日常监测防控工作有序开展。按照规定执行信息日报告制度，全市5个国家级监测站通过网络向国家林业局监测总站直报监测信息1819份，各级监测站点向市监测站上报日监测报告3263份，向国家林业局监测总站和市重大动物疾病防治中心上报日监测报告180份。为推进检测预警工作，全年共采集各类样本上千份，编发2期《上海市野生动物疫源疫病监测预警参考信息》，起到了较好的预警效果。同时，本市4个国家级监测站完成竣工验收，加强了本市陆生野生动物疫源疫病监测防控的能力。

【绿地林地建设】 2012年，共新建绿地约1060公顷，其中公共绿地500公顷(包括外环生态专项105公顷)，新增林地约666.67公顷，建城区绿化覆盖率达38.3%，人均公共(园)绿地达13.2平方米，森林覆盖率约13%，实现绿化林业建设计划目标和林业三年计划目标。重点推进宝山顾村公园二期、闵行七宝文化公园、浦东滨江二期、外环补天窗等外环生态专项项目，协调推进彭越浦、宝山南大、浦东周康航、浦江鲁汇等结构性绿地和郊区新城绿地建设，积极推进公益林、经济果林、“四旁林”和农田林网建设，加快构建城郊互补、互通、互连的生态廊道。

【落实基本生态网络空间规划】《上海市基本生态网络空间规划》已报市委、市政府批复同意，各区县结合土地利用总体规划编制，落实基本生态网络空间规划所确定的生态空间控制要求，开展生态控制线划示试点，并会同市规划和土地管理局启动生态网络规划实施相关政策研究以及郊野公园规划研究。

【专项规划编制和审查工作】完成对口支援新疆援建4县的绿地系统规划和环卫专项规划编制，推进新一轮大型居住区社区环卫专项规划编制和审查，启动上海国际度假区绿地系统规划和环卫专项规划编制，配合开展世博地区后续利用规划编制。

【行业管理基础】出台《市绿化市容行业城市维护项目目录》《本市绿化市容行业市级城市维护项目管理暂行办法》等规范性文件，组织开展管理培训，规范城维项目管理，提高项目质量和效益。颁布《关于进一步明确本市绿化市容建设工程管理体制和分工的试行意见》，加强建设工程质量安全管理。修订绿化市容统计报表制度，建立统计管理信息系统，组织行业统计业务培训，起草行业综合统计考核办法，完成2011年上海市绿化市容年报编制和发布工作。

开展本市林业碳汇计量监测体系建设工作，实施方案已经国家林业局通过，截至2012年年底，60个样地外业监测调查工作已经结束，碳汇计量监测报告已经完成。

【参与完成本市第一部执法规范性法规制定和颁布】配合上海市人大通过并颁布实施了《上海市城市管理行政执法条例》，并完成《上海市城市管理行政执法程序规定》《上海市城管执法暂扣物品保管和处置管理办法》等配套文件的制定和报备。配合市人大法工委完成《上海市城市管理行政执法条例释义》的编写。

【部署公园绿地无线局域网覆盖工作】开展上海市公园绿地无线局域网建设覆盖运营商招标工作，并结合公园历史和现状，在10座公园内完成无线局域网覆盖建设试点。9月初召开现场推进会，统一部署全市公园绿地无线局域网覆盖建设工作，全年完成70座公园无线局域网覆盖。（上海市林业由胡建文供稿）

江苏省林业

【综　述】截至2012年年底，江苏省林木覆盖面积221.31万公顷，林地面积181.53万公顷，林木覆盖率21.6%，活立木总蓄积量8760万立方米，森林碳汇15 484万吨。结合全省村庄环境综合整治行动计划，深入开展“千村示范、万村行动”绿色村庄建设活动，全年新建绿化示范村1045个，其中标准化示范村164个。扎实开展森林抚育试点示范工作，将抚育重点放在丘陵山区、绿色通道和林业重点县，分类型狠抓示范点和抚育规划示范，完成森林抚育10.3万公顷。编制完成《京沪高铁江苏段生态景观廊道工程总体规划》，全面启动京沪高铁沿线6市绿化工作。在盐城、南通、连云港等盐土地区启动一批绿化示范工程，开展木本油料林、珍贵乡土树种培育、名特优新经济林示范点建设。全省全年参与义务植树3000万人次，植树1亿株，新建义务植树基地208个，营造各类纪念林458个。全省现有国家森林城市3个(无锡市、扬州市、徐州市)，全国绿化模范市、县(市、区)26个、模范单位34个，全国生态文化示范企业(基地)4个，全国生态文化示范村6个，省级以上森林公园62个、湿地公园36个、自然保护区34个，省级生态文明教育基地19个。

森林资源管理　强化森林资源监督管理。2012年全省共发生林政案件1670起，查处1649起，查处率为98.74%，没收木材978立方米，责令补种树木15.5万株，行政处罚1712人次。扎实推进县级林地保护利用规划编制工作。在2011年完成省级规划编制后，2012年江苏省林业局加快推进县级林地保护利用规划编制及林地落界工作，召开专题会议、举办技术培训班、印发《江苏省县级林地保护利用规划文本审查办法》，组织技术力量对87个县(市、区)12 510张影像图、6000多个电子文档、8000多份纸质材料按照国家规定的标准进行审核验收，顺利通过了国家林业局专家组对江苏省林地落界成果的验收检查，认定成果合格。完成了全省林地“一张图”拼接并报送国家林业局。加强公益林管护和林地确权发证管理工作。及时下达公益林管护补助资金，申请中央生态补偿资金815万元，下拨省级生态效益补偿资金9910万元。实现省级以上重点生态公益林林地确权发证工作“全覆盖”目标，维护省级生态公益林面积稳定，按照占补平衡原则对省级生态公益林进行调整，其中调入4685公顷，调出1351公顷。严格林地征收占用的审核审批，按照林地定额管理规定，依法进行林地审核审批，为重点工程服务。2012年，全省共审核审批建设项目占用征收林地156件，面积469.85公顷，征收森林植被恢复费5000多万元。其中审核永久性占用征收林地123件，面积448.62公顷；审批临时占用林地9件，面积10.38公顷；审批直接为林业生产服务的项目24件，面积10.85公顷。规范木材加工、运输管理工作。印发了《关于进一步加强木材及其制品运输管理有关事项的通知》，实行网上办证，全年办理运输证2.5万本，网上开证60万份，对符合木材经营加工企业核发木材加工经营许可证700份；首次将木检站基础建设列入投资内容，对邳州运河、金坛金城、宜兴张渚、盱眙城郊等4个木材检查站共投资120万元建设补助资金。

野生动植物及湿地资源保护　截至2012年年底，全省湿地面积达282.19万公顷，占全省国土面积27.5%，其中自然湿地占68.96%，人工湿地占

31.04%。全省有国际重要湿地2处、国家重要湿地5处。省级以上湿地公园36处，其中国家湿地公园4处，国家湿地公园(试点)7处，省级湿地公园25处，保护以湿地为主的生态系统4.2万公顷。全省湿地类型自然保护区27处，保护面积达72.6万公顷。湿地公园建设步伐加快，重新修订《江苏省湿地公园管理办法》，新建南京八卦洲、江苏沛县安国湖、江苏天目湖、徐州潘安湖、昆山天福等5处省级湿地公园，新申报江苏沛县微山湖湖滨、江苏溧阳天目湖、徐州九里湖等3处国家湿地公园(试点)。湿地保护小区建设成效明显，下发《关于建立湿地保护小区有关事项的通知》《关于切实加强湿地保护管理工作的通知》，指导湿地保护小区建设，全省新建立湿地保护小区24处。太湖流域湿地保护与恢复工作有序进行，修编《太湖流域水环境综合治理国家总体方案》《省太湖流域水环境综合治理实施方案》，部署太湖流域水环境综合治理三期、四期省级专项资金实施项目绩效评估工作，完成2012年度太湖湿地恢复1000公顷，太湖省级专项资金支持湿地保护与恢复项目19个，省级补助资金1.1亿元。濒危物种保护状况逐步缓解，组织实施2012年绿色江苏野生动植物保护项目、国家林业局2012年珍稀濒危物种野外救护与繁育项目、中央林业基本建设小种群动植物保护项目，红豆杉、秤锤树、宝华玉兰、银缕梅、榉树、金钱松、中华虎凤蝶、河麂等省内有自然分布的国家重点保护或珍稀濒危野生动植物生境得到有效保护。野外种群恢复和人工繁育工作稳步推进，大丰麋鹿国家级自然保护区麋鹿种群净增113头，达到1902头，其中野放种群净增14头，上升到196头。全省各动物园的猴类、鹤类、麋鹿、华南虎等科研和种群繁育水平位居全国前列。

林业有害生物防治 2012年，江苏省主要林业有害生物发生面积11.67万公顷，同比上升43.4%，属于偏重发生年份。林木病害发生1.25万公顷，较2011年基本持平，其中松材线虫病发生面积1.03万公顷，比2011年下降6%；林木虫害发生10.33万公顷，较2011年上升42.8%，其中美国白蛾发生面积3.77万公顷，较上年大幅上升，疫情涉及连云港、徐州、盐城、宿迁、淮安5个省辖市、24个县(市、区)、320个乡(镇、场)。全省主要林业有害生物发生特点：松材线虫病发生面积和死树数量呈现双下降；美国白蛾在苏北地区迅速扩散蔓延并呈高发态势；以舟蛾为主的杨树食叶害虫总体发生比去年略重；杨树枝干害虫中的草履蚧危害较轻，天牛危害与常年大体持平；松毛虫仍维持有虫无灾，竹类病虫害发生平稳，有害植物呈加重发生趋势。江苏省林业有害生物监测覆盖率92%，成灾率1.2%，防治面积10.25万公顷，防治率87.8%，无公害防治率86.5%。全省全年美国白蛾疫情监测面积146.67万公顷，监测覆盖率达90%，监测准确率85%以上，防治面积超过13.33万公顷次，飞机防治5.33万公顷次，无公害防治面积12.33万公顷次，无公害防治率88%，美国白蛾快速扩散蔓延态势得到遏制。其中生物防治0.53万公顷次，释放生物天敌7亿头。全省开展"绿盾2012"江苏省林业植物检疫执法检查行动，集中检疫执法行动400余次，出动执法人员2886人次；集中检疫检查林业植物苗圃1654个，检查种苗花卉40 969万株；检疫检查木材加工及其制品利用企业1854家。监测预警能力全面提升，全年各监测预警点累计发出林木病虫情报300多期，2万余份，落实林业有害生物疫情信息周报和月报制度，全面启用"林业有害生物信息报告和管理系统"，不断强化监测预报体系建设，对国家级、省级中心测报点进行全面考核。增强综合防控能力，全省建立省级隔离苗圃1处、生物天敌繁育场3处、药剂药械储备库58个、检疫除害处理设施6处；配备监测防治车46辆、检疫执法车13辆、高扬程车载大型喷雾机械85台、其他各类仪器设备1800多台。

森林防火 全省共发生森林火警、火灾21起，过火总面积4.9公顷，受害面积1.02公顷，仅占2011年同期的35.3%、12.1%和12.4%。抓舆论宣传，将每年的3月15日至4月15日定为森林防火宣传月，全省共印发《森林防火条例》8万余份、防火宣传资料20万份，张贴、悬挂宣传标语、横幅3.8万条，出动宣传车1.4万辆次，新增、翻新固定宣传牌1.2万块，电台、电视台播放宣传公告12万次。抓基础建设，各级财政投入森林防火的建设资金达3.2亿元，全省重点林区亩均投入50多元。新建防火通道400余千米、生物防火林带180多千米、铁丝阻隔围网120千米；增建护林(检查)站80多个。实行"引水上山，蓄水于林"工程，部分重点林区实现以水灭火全覆盖。抓能力提升，在重点林区组建33支森林消防专业队共949人，所需费用均有财政保障。组建由1584人组成的半专业森林消防队50支，由1000人组成的武警内卫部队森林灭火突击队10支，由2800余人组成的民兵(预备役)森林防火应急分队52支。开展技能竞赛和演练，举办各类培训班45期，参加人员3000余人次，增强了实战能力。抓科技创新，省森防指将林火远程数码监控、火险预警、地理信息指挥、数字通信等高科技手段引入森林防火，已建成林火远程数码监控系统16套352路图像，覆盖了65.5%的重点林区；森林火险预警系统44套，基本覆盖全省重点森林防火县区。8月，江苏省林业局与江苏省气象局签订"森林防火与气象服务合作协议"，实现森林火险预测预报资料、森林火险气象等级预报产品和森林火灾监测等成果信息共享。

林业产业 江苏省大力实施杨树等板纸一体化、茶果等特色林产品综合利用、林木种苗花卉、竹业、森林旅游等一批重点林业产业工程，林业产业快速发展，经济效益进一步提升，不仅为经济社会发展提供了木材、纸张、经济林果等丰富的可再生物质产品，而且成为部分县域的重要支柱产业，为区域经济发展和农民增收致富作出重要贡献。2012年全省林业产值达3099亿元，同比上年增长30%以上，位居全国前5位，以占全国0.7%的林地创造了占全国7%的林业产值。杨树总蓄积量7265万立方米，年产原木近700万立方米，生产量居全国第一；人造板产量4053万立方米，居全国第二；木竹地板产量2.4亿平方米，居全国第一；干鲜果品等特色经济林产品产量达342.6万吨。出台《江苏省省级林业产业龙头企业认定和管理办法》，积极培育龙头企业，促进林业产业持续、健康发展。野生动植物产业持续发展，2012年全省新增野生动物驯养繁殖单位70家，批准的驯养繁殖单位达500余家，从业人员1.8万余人，年产值达80亿元。全省河麂、梅花鹿、鳄鱼、实验动物、红豆杉、兰花等特色养殖或培植业规模日益扩展，养殖梅花鹿达1万余头、暹罗鳄等鳄鱼8000余条、实验用猕猴约2000只和食蟹猴约1万只，全省野生动植物进出口贸易额达1500万美元。森林旅游业发展基础进一步夯实，会同省旅游局加快推进森林旅游业发展，签订合作协议并联合出台《加快发展森林旅游的意见》。第五届江苏森林生态旅游节成功举办，建成江宁方山等3处省级森林公园，编制完成游子山、老山和栖霞山国家级森林公园总体规划。修订林业贴息贷款省级专项资金管理办法，2012年全省林业贴息贷款20亿元，财政贴息资金近1亿元，同比上年增长80%以上，在财政投入的示范带动下，各类社会资本加快向林业聚集，非公有制投资林业产业的积极性越来越高。积极搭建林业产业平台，组织相关企业参加"2012中国中部首届绿色家居博览会""第六届国际地板博览会""全国林业产业座谈会""全国林业产业诚信联盟会""山东菏泽中国林产品交易会""第五届森博会"等活动。建立健全全省林产品质量检验检测体系，并在常州市设立江苏省林产品质量检验检测中心。

科技兴林　成立江苏省林业科学技术委员会，加强了林业高等院校、科研院所、科技型企业和相关部门的科技交流与合作，充分发挥专家学者专业覆盖面广、实践经验丰富等优势，开展决策咨询、科研攻关和科技推广等工作，为全省林业改革发展提供智力支持和咨询服务，为林业可持续发展提供科技支撑。争取项目资金，组织实施一批重大林业科技成果示范推广项目。结合绿色江苏建设科技需求，组织各级林业科研、教学、推广单位申报各类林业科技项目，共计立项79项，争取财政资金支持4573.5万元。其中，省林业"三项工程"项目61项、资金2900万元；中央财政林业科技推广示范资金项目8项、资金900万元；国家林业局"948"项目1项、资金50万元；国家林业局公益性行业科研专项项目1项、资金141万元；省科技厅涉林科技项目3项、资金570万元；省质量技术监督局林业地方标准制定项目5项、资金12.5万元。

依法治林　召开全省林业法规处长会议，部署2012年林业法规重点工作，下发《2012年全省林业系统依法行政工作要点》，并发放全省林业行政执法证件，对全省的林业行政案卷进行抽查。林业地方立法实现突破，《江苏省野生动物保护条例》(以下简称条例)颁布施行。5月16日，省十一届人大常委会第二十八次会议对《条例(草案)》进行审议，8月8日，组织召开《江苏省野生动物保护条例》(草案)立法论证会，9月26日，省十一届人大常委会第三十次会议通过，11月25日，在南京举办全省林业系统学习贯彻《江苏省野生动物保护条例》培训班，印发和发放《条例》单行本及《受保护野生动物名录》6000册，12月配合省人大法工委召开《条例》新闻发布会。完成规范性文件的清理、汇编并印刷成册，从2012年开始，江苏省林业局将规范性文件清理和制定纳入项目计划管理。出台《江苏省湿地公园管理办法》《江苏省林业局关于进一步加强木材及其制品运输管理有关事项的通知》《江苏省林业建设项目管理办法》等3个规范性文件和报备工作。

森林公安　规范化执法取得新成效。举办2期《刑事诉讼法》培训班，评定省级执法示范化单位2个、三级派出所21个。省级财政安排每个派出所专项补助20万元用于"三室"规范化项目建设，90%以上的派出所完成改造任务。2012年省财政安排森林公安项目建设900万元，市、县两级林业主管部门配套投入近5000万元，用于森林公安基础设施建设。全省89%的森林公安派出所达到公安部规范化派出所的建设要求，派出所全部配备制式警车，警务保障得到加强。制定《森林公安信息化建设方案》，省财政下拨每所10万元专项补助经费用于信息化建设。80%的森林公安机构已接入金盾网并纳入省公安厅"江苏公安大平台"。森林公安派出所移动办案终端、信息采集仪和民警执法记录仪配备率达到100%。坚持"打防并举"，多次组织全省森林公安机构开展打击破坏森林资源专项行动，共办理行政案件638起，同比增加17%；刑事案件立案52起，同比减少56%，抓获违法犯罪嫌疑人972人，涉案金额600余万元。

林业改革　全省深化林业改革工作取得新的突破。在2011年全省111.43万公顷集体林权制度主体改革全面完成的基础上，2012年全省开展了集体林权制度主体改革"回头看"活动，13个市全面完成"回头看"工作。林业专业合作组织建设再上新台阶，截至2012年年底全省已有各类林业专业合作组织3000多个，经营林地面积7.69万公顷，其中2012年新成立92个，涉及农户1600户。全国首批确定的28个林业专业合作社典型示范县，江苏省句容市名列其中。林下经济发展进入新阶段，开展"林改背景下江苏林下经济发展模式选择及其配套技术和政策保障体系研究""江苏省林下经济发展总体规划研究"2项软课题研究。国有林场改革取得新进展，结合江苏省林业局开展的处级以上干部"三解三促"活动，在全省74个国有林场开展国有林场改革与发展调研。在各林场调研报告的基础上，形成了《提高认识 加快改革切实保护与发展好濒危的江苏生态"核心区"》总调研报告，为推进国有林场综合改革奠定基础。林业支持保护、金融支撑等制度逐步建立和完善。生态公益林补偿标准再次提高，全省生态效益补偿省级补助标准提高到每年每亩25元。林权抵押贷款总量提升，2012年全省林业吸引银行贷款余额13.9亿元，比上年增长14.0%，获得贴息资金9599万元。2012年全省林权抵押贷款5263万元，比上年增长16.9%。推进全省国有林场危旧房改造工作，竣工4483套，开工1447套。加大对国有林场道路、饮水等基础设施建设的扶持力度，《全省国有林场安全饮水实施方案》获批实施，基本解决56个国有林场生活用水困难。

项目资金管理　省级财政对林业建设投入大幅增长，绿色江苏建设专项资金提高到3.36亿元，同比增长26.79%。做好国家林业建设项目可研报告和投资计划编制申报工作，向国家发改委、国家林业局、财政部积极争取国家资金支持3.98亿元。造林补贴、林木良种补贴、森林抚育补贴、湿地保护与恢复项目补助、森林病虫害防治补助、森林生态效益补偿基金、森林公安转移支付等各类政策性补贴补助范围继续扩大，补助标准相应提高。其中林木良种补贴800万元，同比增长

700%；首次对林木种苗进行补贴，新认定14个林木良种，新建13处省级林木良种基地。国有贫困林场扶贫资金1400万元，同比增长16.7%。

林业信息化 按照《江苏省省级机关政府门户网站测评指标体系》及《全国林业网站绩效评估标准》，改版升级"江苏林业网"。新网站设置了"新闻中心、信息公开、公共服务、公众参与"等板块，使用更加方便，界面更加美观。网站互动性得到加强，开设公众留言、征求意见、在线调查、在线直播、在线访谈等栏目，征询民意更加方便。2012年江苏林业网发布信息5900条，获得2012年度"全国林业十佳网站"称号。召开全省林业信息工作座谈会，加大对江苏林业网内容保障工作的考核与通报力度，全省林业政务信息的质量和数量进一步提升。深入推进政务公开，不断完善办公自动化与行政权力网上公开透明运行信息系统的功能，加大行政权力网上公开透明运行工作的推进力度，组织开展自查、督查工作，落实整改措施，优化办事流程，行政效率进一步提高。全年实现网上运转公文652件、办理行政权力事项543件。强化政府信息公开，主动公开各类文件127件。

林业生态文化 11月，江苏省宜兴市成功承办第七届中国竹文化节。7月，徐州市获得国家森林城市称号。宿迁市获全国绿化模范城市称号，高淳县等9个县(市)获全国绿化模范县(市)称号，南师附中等10个单位获全国绿化模范单位称号。高淳县椏溪镇桥李村等4个单位获得"全国生态文化村"称号，连云港市花果山风景区等7个单位获省级生态文明教育基地称号。举办爱鸟周、世界湿地日等形式多样的生态科普知识宣传活动。通过各类载体，广泛宣传绿色江苏建设成就和林业在生态文明建设中的巨大作用，出版《绿色江苏 美好家园》画册，编写完成《江苏古树名木》，《林业成为生态文明建设先行军》等一批文章在《人民日报》《新华日报》《中国绿色时报》等报刊发表。全年编发《江苏林业工作简报》82期，《江苏林业情况》31期，编辑出版《江苏绿化》6期。

【省领导参加义务植树活动】 2月29日，江苏省委书记、省人大常委会主任罗志军，省政协主席张连珍等省领导到南京"明外郭—秦淮新河百里风光带"的麒麟门沧波门段，与省市机关干部一起参加义务植树活动。自2003年省委、省政府作出建设绿色江苏的决策部署以来，全省9年间新增造林面积100多万公顷，林木覆盖率提高到21.2%，年均增加1.1个百分点，绿色江苏建设取得了很大成绩，3月1日，李学勇等省领导到现场植树。省委、省政府提出了落实"六个注重"、实施"八项工程"的要求，生态文明建设工程很重要的内容就是开展植树造林。省绿化委员会成员一同参加了义务植树活动。

【全省林业局长会议】 1月9日，全省林业局长会议在南京市召开。江苏省副省长徐鸣出席会议并讲话。全省新增造林8.51万公顷，林木覆盖率提高到21.2%，林业产值2190亿元，集体林权制度主体改革任务全面完成，资源保护管理安全有序，为促进经济社会发展作出了积极贡献。2012年要继续加快植树造林步伐，抓好生态防护林建设，广泛开展全民义务植树，力争新增造林5.33万公顷，建成1000个省级绿化示范村。培育林产品加工龙头企业，积极发展精深加工，提高林产品附加值。大力推进科技兴林，加强林业科技攻关和新品种、新技术推广应用，提高林业科技贡献率。严格保护森林资源，切实做好森林防火、林业有害生物防控工作。强化体制机制创新，增强林业发展活力，巩固发展绿色江苏建设成果。会议通报了2011年度全省营造林实绩综合核查情况和森林防火工作情况；表彰了2011年度绿色江苏建设先进集体和先进个人。省委胥爱贵副秘书长、省政府杨根平副秘书长出席会议，省林业局夏春胜局长作工作报告。省林业局领导班子全体成员、各市林业局主要领导和分管领导、林业处(站)长，各县(市、区)林业局主要负责同志、省林业局各处室(单位)负责同志参加会议。

【江苏省野生动物保护条例颁布】 《江苏省野生动物保护条例》于2012年9月26日在省第十一届人大常委会第三十次会议上通过，2013年1月1日起施行。《条例》的出台，具有重大意义：为保护全省生物多样性、维护生态平衡和巩固绿色江苏建设成果、实现人与自然和谐共处提供了强有力的法律保障；为全省进一步保护和合理利用野生动物资源，打击和遏制破坏野生动物的违法犯罪行为，提供了明确的执法依据；改变了在重大野生动物疫源疫病监测、野生动物的收容救护、野生动物损害补偿、野生动物保护之间缺乏科学、高效、灵活的协调机制等不合理现状，同时对全省野生动物驯养繁殖产业的进一步发展具有重要的促进作用。

【国家森林城市：徐州市】 徐州市成为江苏省第三个国家森林城市。徐州市自2009年启动创森活动以来，把建设森林城市作为优化生态环境的重中之重，大力拓展造林空间，显著提高城乡绿化水平，全市植树造林3.57万公顷，森林覆盖率达到30.86%，位居江苏省第一，森林面积达到20万公顷，农田林网面积58万公顷，城市建成区绿化面积6724公顷，绿化覆盖率43.97%，人均公共绿地15.24平方米，各项创建指标均超过目标值。尤其是二次"进军荒山"行动，先后投入近6亿元，绿化荒山6133公顷，在全国开创了"石头缝里绣出绿色森林"的成功范例。通过实施显山露水、精品园林等生态工程，徐州市对市区72座山峦、3条河流、7个湖泊全面实施绿化再造，实现了老工业城市环境由"灰"向"绿"的靓丽转身。

【第五届江苏省森林生态旅游节】 10月29日，第五届江苏省森林生态旅游节在高淳县游子山国家森林公园开幕。本届江苏省森林生态旅游节由国家林业局森林公园管理办公室、江苏省林业局、江苏省旅游局、南京市人民政府共同主办，高淳县政府具体承办。江苏省森林生态旅游节已在苏州、南京、扬州、宿迁成功举办四届，展示了全省丰富多彩、高品位的森林风景资源。本次旅游节会的主题是"坚持生态立县，推进绿色发展，支持南京青奥，率先基本实现生态现代化"，旨在让百姓了解全省森林资源，让百姓走进山水森林与大自然亲密接触，体验健康生态生活新理念。在此期间举办了江苏省森林生态旅游工作研讨会、江苏省森林生态旅游洽谈会、江苏省森林生态旅游成果图片展、“游子游山”风光摄影图片展、“我心中的游子山”大型征文、征画、征书法作品、征摄影作品活动、登游子山、环游子山健康行活动、“游子山之恋”相亲活动等。本次旅游节历时1个月，11月29日闭幕。

【省林业局与省气象局签订加强森林防火与气象服务工作合作协议】 8月21日，江苏省林业局与江苏省气象局签订加强森林防火与气象服务工作合作协议，旨在充分发挥气象部门在森林防火工作中的作用，全面提升江苏省森林火灾预警能力，提高森林防火工作的针对性和时效性，有效减少森林火灾的发生和危害。省森林防火指挥部副指挥、省林业局局长夏春胜和省气象局局长翟武全在协议上签字并讲话。协议开展的合作内容包括：建设连接省林业局与省气象局的数据专线，实现森林火险预测预报资料、森林火险气象等级预报产品和森林火灾监测等成果信息实时共享；加强森林火险气象等级监测预警和信息发布工作，开发制作24小时、48小时、72小时全省森林火险气象等级预报产品；充分利用电视、网络、手机等渠道，及时发布森林火险气象等级预报预警信息，扩大预警信息覆盖面，同时开展森林防火宣传，提高相关部门和社会公众的森林火灾防范意识；完善森林火灾监测信息互通机制，双方监测到卫星遥感热点信息后，相互通报情况；完善森林火灾扑救应急联动机制，发生较大森林火灾时，双方及时沟通火灾发生发展情况，气象部门根据火灾扑救需要和天气条件，开展相关应急气象服务工作，适时进行现场应急观测和实施人工影响天气作业等；联合开展对森林火险预警、森林火灾监测等基础理论研究和技术手段研发，不断提高森林火险预警、火灾监测的能力和水平。

（江苏省林业由吴小巧供稿）

浙江省林业

【综　述】 2012年，浙江省林业工作坚持以科学发展观为指导，紧紧围绕林业“双增”目标，加快“森林浙江”建设步伐，全面推进现代林业建设，林业事业继续保持良好的发展态势。全省共完成造林更新6.85万公顷，参加义务植树2360.6万人次，完成植树6798.7万株。实现林业行业总产值达3576亿元。

【林业生态建设】

“1818”平原绿化行动　浙江省委、省政府连续第三年召开全省平原绿化工作座谈会，夏宝龙、李强等主要领导出席会议并作重要讲话。全省共完成平原绿化3.05万公顷，是年度任务的108.7%，总计投入资金85.2亿元。

森林抚育经营　召开全省森林抚育工作现场会，全面落实森林抚育任务，全省完成森林抚育任务22.19万公顷。

生态公益林建设　全省新增省级公益林7.2万公顷，扩面后全省公益林面积达到267.92万公顷，新增优质林分面积5.67万公顷，累计优质林分面积达到210万公顷。

重点林业生态工程建设　加快绿色通道建设，全省新建和改造绿色通道6309千米，绿化面积0.84万公顷。加快重点防护林体系建设，全省完成建设任务1.35万公顷，完成率为105.8%。

【林权制度改革】

主体改革　制定了《浙江省集体林权制度改革工作验收办法》，部署指导各地开展林权勘界发证的“回头看”工作，确保顺利通过国家林业局对全省林权主体改革的验收。

林权抵押贷款和政策性林木保险　全省林权抵押贷款累计超过90亿元，同比增长26%，高于各项贷款平均增速7.6个百分点。全省政策性林木保险面积达到343.6万公顷，占有林地总面积的59%。

林权作价出资　省林业厅与省工商局联合出台了《浙江省林权出资公司登记管理暂行办法》，全省已登记林权出资的公司有18家，已出资林地0.7万公顷，作价金额5.85亿元。

山林纠纷调处　抓好重点纠纷调处，建德与兰溪的16起市际“老大难”积案、仙居与缙云争执了20余年的“五里横”纠纷得到妥善解决，永嘉与仙居、仙居与缙云、宁海与三门等市际热点纠纷矛盾有所缓和。全省共解决山林纠纷449起，落实争议面积近0.2万公顷。

国有林场改革　扎实推进杭州等7个市的全国国有林场改革试点工作，组织编制《浙江省国有林场改革试点实施方案》，经省政府同意报国家发改委审批，已得到财政部的国有林场改革试点资金补助支持。推进国有林场危旧房改造等基础设施建设，落实国有林场职工危旧房改造和水电路配套设施投资5190万元。

【林业产业】

现代林业园区　全省已公布现代林业园区创建点400个，其中以林业为主的综合区45个、林业示范区114个、精品园241个。2012年全省园区共投入资金23.44亿元。

木本油料产业　继续抓好油茶、香榧、山核桃等木本油料提升项目，全省累计投入资金2亿元，完成良种推广面积0.59万公顷、技术推广和生态复合经营面积0.3万公顷。

林下经济　确定在26个重点扶持的综合区开展林下经济发展试点，重点培育一批林下经济典型。结合林下经济发展，加快林区道路建设，完成林区道路建设

8934.2千米，投入建设资金6.13亿元。

森林旅游 召开全省森林旅游工作会议，省林业厅与省旅游局签订了森林旅游发展合作框架协议，华东4省9地市签署了联盟合作约定，指导温州、衢州、桐庐、嵊州等多地举办森林旅游节。

2012中国(萧山)花木节 3月3日，2012中国(萧山)花木节暨第七届中国园林绿化产业交易会在浙江(萧山)花木城隆重开幕。本次花木节由国家林业局、浙江省人民政府、中国花卉协会联合主办。开幕式上举行了"2011年中国花木产业十大年度人物"颁奖仪式。展会吸引了来自全国15个省(市)和美国等5个国家和地区的143家企业参展，共达成销售意向5.9亿元，比2011年花木节增加13%，再创历史新高。

"浙江笋竹产品华北行"活动 3月25～26日，浙江省林业厅、浙江省政府经济合作交流办公室、天津市林业局在天津联合主办"浙江笋竹产品华北行"活动。这是继东北行、西北行、中原行之后浙江举办的又一次笋竹产品的跨省推介活动，旨在让竹笋这一生态健康森林食品走进华北的千家万户。同时，以天津市场为纽带，辐射华北，密切浙江和天津两省市的经济交流，实现南北对接，资源共享，扩大内需。浙江省的60多家笋竹加工企业和天津市100多家超市商场、宾馆餐饮、食品和建材市场等相关企业的采购商和经销商通过本次活动进行了相互间的交流和接洽，部分企业达成了初步合作意向。活动期间还举行了浙津两省(市)笋竹产品销售合作签约和浙江笋竹产品经销商授牌仪式。参加签约的有浙江、天津两省(市)共20家企业，签约的笋竹产品经销额达5500多万元。

第五届中国义乌国际森林产品博览会 11月1～4日，由国家林业局和浙江省政府联合举办的第五届中国义乌国际森林产品博览会在义乌市举办。全球36个国家和地区的1200余家企业参展。设国际标准展位3350个，展览面积6.4万平方米。实现成交额42.32亿元，其中外贸成交额21.54亿元。共有来自88个国家和地区的采购商、参观者到会参观采购。

【森林资源保护】

林地管理 认真组织开展省县两级林地保护利用规划编制工作，省级林地保护利用规划已通过国家林业局审查，县级已全面完成林地落界工作。围绕经济社会发展全局，严格执行《浙江省征占用林地定额管理办法》，认真办理各类征占用林地项目1982个，面积7115.2公顷。

湿地管理 积极配合省人大做好湿地立法工作，《浙江省湿地保护条例》经浙江省第十一届人民代表大会常务委员会第三十三次会议通过。全省新批建5个湿地公园。

森林灾害防控 全省森林火灾受害率0.14‰、发生率2.09起/10万公顷，未发生重特大森林火灾事故、人员伤亡事故和火烧连营事故。狠抓松材线虫病防治，共完成松材线虫病除治面积3.53万公顷，全面完成计划除治任务。

【"关注森林"活动】

生态文明主题植树活动 认真组织春节上班第一天义务植树活动，全省上下联动，各级党政军领导、机关干部、社会团体、团员青年、学校师生、企事业职工、村民代表共计12万多人参加，植树超过45万株。开展系列生态文明主题植树活动，动员全社会关注森林，关注林业，积极投身到森林浙江建设的热潮当中。

森林系列创建 召开全省森林城市创建工作现场会，进一步明确要求，强化措施，抓好落实，成功创建丽水、衢州2个国家级森林城市，7个省级森林城市、49个省级森林城镇、274个省级森林村庄。

生态文化宣传 举办了第十六个"世界湿地日"宣传活动、浙江省野生动植物保护宣传月(爱鸟周)启动仪式暨扬子鳄放归自然活动、"2012浙江生态文化名茶"公众推选活动等，进一步在全社会营造建设生态文明的良好氛围。4个行政村被评为全国生态文化村，命名了24个省级生态文化基地。

【林业支撑保障】

全省林业科技年活动 为深入贯彻中央一号文件，确定2012年为全省林业科技年，成功举办了科技年活动启动仪式、全国林业科技周暨浙江省第九届林业科技周等送科技下乡活动，开展技术讲座和现场指导800多场次，发放科技资料5万余份，为林农提供现场咨询人数2万多人。

重大林业科技项目 与省科技厅联合组织实施浙江省十县百万亩竹产业效益提升工程，并列入全省"十二五"农业科技重大成果转化工程项目，计划投入省重大成果转化专项资金1600万元。

可食林产品质量安全监管 全面开展食用林产品质量安全大整治百日行动，重点开展鲜笋农药残留专项整治，加大农药残留监测力度，共组织抽检了鲜笋(鞭笋)产品111批，抽检合格率为99.10%，所检农药残留全部未检出。

林木种苗 制定出台了《关于加快现代林业种业发展的意见》，明确全省林业种业"十二五"期间的目标任务和政策措施。强化种苗生产供应保障，全面开展"全省珍贵树种进万村行动"，在5450个行政村种植珍贵树种675.8万株，使12万多户农户得到实惠。

【林业大事】

1月14日 浙江省两会期间，省政协召开全省"关注森林"工作会议。省政协主席、省"关注森林"组委会主任乔传秀出席会议并讲话，省人大常委会副主任程渭山和全国政协文史和学习委员会副主任周国富出席会议，省政协副主席陈艳华主持会议，省"关注森林"执委会主任、省林业厅厅长楼国华作2011年全省"关注森林"活动工作报告。

1月29日 全省联动，组织开展义务植树活动。赵洪祝、夏宝龙、乔传秀、李强、葛慧君等领导及杭州市有关领导，到临安青山湖科技城科技大道两侧绿化带，参加义务植树劳动。当天，全省各级党政军领导、机关干部、团员青年、学校师生、企事业职工、村民代表等共计13万多人参加义务植树，植树超过45万株。

2月2日 第十六个"世界湿地日"宣传活动启动仪式在西溪国家湿地公园举行。全国政协文史和学习委员会副主任、省生态文化协会名誉会长周国富，省人大常委会副主任、省生态文化协会名誉会长程渭山，省政协副主席、省生态文化协会会长陈艳华等参加活动。

2月10日 “全省珍贵树种进万村行动”启动仪式在舟山举行，省政协主席、省“关注森林”组委会主任乔传秀参加启动仪式。

2月22日 省委、省政府在绍兴县召开全省平原绿化工作座谈会。省委副书记、省长夏宝龙出席会议并讲话，省委副书记李强主持座谈会。省级有关部门和绍兴市负责人，各市林业部门负责人，20个平原绿化重点县(市、区)党委主要负责人和林业部门负责人参加会议。

3月5日 全国集体林权制度改革处长会议在杭州召开，国家林业局副局长张建龙，林改领导小组顾问黄建兴，林改司司长张蕾，副司长安丰杰、李近如、江机生，浙江省林业厅厅长楼国华、总工程师蓝晓光等参加会议。

3月5日 全省集体林权制度改革座谈会在龙游召开。国家林业局副局长张建龙，浙江省委常委、副省长葛慧君，国家林业局林改司司长张蕾，浙江省委副秘书长、省农办主任章文彪，浙江省林业厅厅长楼国华、总工程师蓝晓光等参加，省政府副秘书长陈龙主持。

4月15日 以“弘扬生态文化 共享自然之美”为主题的2012年浙江省野生动植物保护宣传月(爱鸟周)启动仪式暨扬子鳄放归自然活动在长兴举行。中国野生动植物保护协会会长赵学敏，浙江省人大常委会副主任、浙江省生态文化协会名誉会长程渭山，浙江省政协副主席、浙江省生态文化协会会长陈艳华出席并启动仪式。

5月16日 全国林业科技周暨浙江省第九届林业科技周启动仪式在浦江举行。省政协主席乔传秀出席启动仪式并宣布启动，中国绿化基金会副主席兼秘书长、国家林业局原总工程师卓榕生、省林业厅厅长楼国华、金华市人民政府副市长蔡健参加活动并讲话。国家林业局科技司、浙江省政协、中国林学会、浙江农林大学、国家林业局华东林业规划调查设计院、中国林科院、浙江省科协等领导参加活动。

5月30日 浙江省第十一届人民代表大会常务委员会第三十三次会议通过并正式颁布《浙江省湿地保护条例》，自2012年12月1日起施行。

6月9～13日 香港凤凰卫视摄制组一行深入浙江省淳安、安吉、长兴、天目山自然保护区、温岭、椒江等地进行《大地寻梦》栏目浙江篇的制作拍摄，从多角度分别记录了浙江省的生态林业、竹产业、平原绿化、生物多样性保护与沿海防护林建设。其间，省林业厅厅长楼国华接受专访。

6月28日 绿色中国行“8＋1”对话大型电视访谈活动在浙江丽水举办。中国工程院院士、著名环境工程学家侯立安，北京林业大学校长、博士生导师宋维明，国家林业局森林公园管理办公室、森林旅游管理办公室主任杨超，国家林业局经济发展研究中心主任刘东生，浙江省林业厅副厅长俞坚以及丽水市领导等应邀参加。

7月9日 第九届中国城市森林论坛在内蒙古自治区呼伦贝尔市举行，浙江省丽水市和衢州市被全国绿化委员会、国家林业局正式命名为“国家森林城市”。

9月19日 全省首个林地股份合作社——浦江县大畈乡玉山村林地股份合作社成立。

10月24日 省委、省政府在龙游召开全省“四边”绿化工作座谈会。省委副书记李强参加会议并讲话，省委副秘书长林云举主持会议，省林业厅厅长楼国华对“四边”绿化工作进行了具体部署。省政府副秘书长陈龙，省级有关部门负责人，各市党委副书记或分管市长等参加会议。会后，领导与参会代表进行了义务植树。

11月22日 “中国林权改革：现状、经验及展望”国际研讨会在杭州召开。国家林业局副局长张建龙、浙江省副省长王建满、联合国粮农组织总部林业经济政策与产品司主任Ms. Eva Muller、欧盟代表、国家发展改革委农经司副司长吴晓松及世界产权与资源组织总裁Andy White出席会议并讲话。国家林业局相关司局负责人，欧盟、联合国粮农组织有关官员和国际专家，粮农“038项目”指导委员会成员和有关院校领导，浙江省林业厅厅长楼国华，副厅长邢最荣、俞坚及全国相关省份的林业主管部门代表等参加了会议。与会代表们还到安吉等地进行了实地考察。

12月7日 省扑救重大森林火灾实战演习在永康市石柱镇江姚村举行。国家森林防火指挥部专职副总指挥杜永胜，省人民政府副省长、省森林消防指挥部指挥王建满，省林业厅厅长、省森林消防指挥部副指挥楼国华，省人民政府副秘书长、省森林消防指挥部副指挥陈龙，省武警总队副总队长、省森林消防指挥部副指挥陈朝华，省军区副参谋长、省森林消防指挥部副指挥郑跃，省林业厅副厅长俞坚，全省各市政府分管领导，各市、县(市、区)林业局局长参加活动。省武警总队、森林消防专业队，金华市各县森林消防专业队，永康市各乡镇森林消防专业队参加演练。

(浙江省林业由肖林供稿)

安徽省林业

【概　述】

发展与成就

营林生产　加强组织领导、督查指导，创新造林机制，调动社会造林积极性。据秋季核查验收统计，全省完成成片人工造林9.6万公顷，为近10年来新高，超额完成8万公顷的年度造林任务。特别是省九次党代会作出“打造三个强省”、建设美好安徽的决策部署之后，省委、省政府把加快造林绿化、提高森林覆盖率作为生态强省建设的重点和首要任务，决定实施千万亩森林增长工程，为安徽省林业发展搭建了全新的平台，拉开了全省新一轮造林绿化的序幕。

①重点工程造林全面完成。完成退耕还林工程荒山荒地造林1.4万公顷、长防林1.3万公顷、抑螺防病林0.5万公顷、造林补贴试点造林1.4万公顷、世行五期造林0.6万公顷，其他造林4.5万公顷；完成退耕还林专项规划补植补造0.6万公顷；完成能源林基地造林任务0.8万公顷。

②“三大树种”发展取得新成效。分别新造油茶林、竹林、杨树2万公顷、0.8万公顷、1.3万公顷。特别是油茶产业发展态势良好，六安市被列为全国五个首批国家级油茶产业发展示范市之一，国家林业局在安徽省六安市召开了2012年全国油茶产业发展现场会。

③绿色长廊工程建设深入推进。2012年，在抓好面上绿色长廊建设的同时，继续开展示范工程建设，共新建绿色长廊4801千米。其中，以高速公路和铁路为主的示范工程320千米，国省道公路、铁路、城市出入干道、河渠等新建林带3098千米，完成县乡道公路绿化1390千米。

④全民义务植树活动扎实开展。据统计，2012年全省共完成义务植树1.2亿株(含以资代劳折算数)。共有2939万适龄公民履行了植树义务，义务植树尽责率达78%。其中，直接参加义务植树劳动2350万人次；通过认建认养、以资代劳等其他方式履行植树义务达589万人。

⑤国土绿化创先争优活动稳步推进。继安庆、池州、合肥3市之后，黄山、宣城及宁国市申请创建国家森林城市，相继获得国家林业局批准，六安、滁州市也明确了创建“国家森林城市”目标，“创森”工作扎实推进；淮南市创建“全国绿化模范城市”顺利通过全国绿化委员会复核，广德、桐城、蒙城、石台、颍东等5个县(市、区)，以及合肥稻香楼宾馆等10家单位创建全国绿化模范单位通过验收。

⑥森林经营工作全面加强。完成国家森林抚育补贴试点、外资项目森林抚育10.6万公顷，林业重点工程新封山育林3万公顷。及时开展幼林抚育，造林质量有新的提高，省秋季造林核查结果表明，全省新造林平均成活率达到90.5%。

集体林权制度配套改革　在认真开展“回头看”、巩固主体改革成果的同时，积极探索、不断深化集体林权制度配套改革。一是强化金融保险服务。推动林权抵押贷款工作，重点发展农户以林权证为抵押的免评估可循环的小额贷款，鼓励各地加快组建林业融资担保公司和森林资源收储机构；会同省财政厅、省金融办、省保监局出台了《关于开展森林保险试点工作的实施意见》，安徽省被批准为全国森林保险试点省份。二是加快培育农民林业专业示范合作社。制定了省级示范社创建标准，共评出首批省级林业专业合作社示范社98个，落实500万元财政专项资金予以扶持，宁国市被确认为全国首批农民林业专业合作示范县。三是积极推进林下经济发展。研究制定了《关于加快林下经济发展的实施意见》，报省政府审定下发；积极培育扶持一批具有较大规模、发展潜力大、辐射带动能力强的龙头企业，提高产业组织化程度和抵御市场风险的能力。四是继续推进林权管理服务机构及其信息平台建设。全省已建立林权管理服务中心110个，宁国市、太湖县被列入全国林权管理服务中心建设试点；黄山江南林业产权交易所实现了森林资源网上交易拍卖，全省林权管理服务信息系统加快组建。

森林资源保护管理　一是加快林业立法进程。《安徽省林权管理条例》和《安徽省湿地保护条例》被列入人大立法调研论证类项目，正在加快立法进程；《安徽省森林防火办法》上报省政府即将出台。二是林业执法工作进一步加强。开展“护航行动”等林业执法专项行动，严厉打击各类破坏森林资源的违法犯罪行为。全年共发生林业行政案件23 128起，查处22 613起，案件办结率99.61%；各级森林公安机关共立案各类涉林刑事案件477起，破案362起；抓获各类涉林违法犯罪人员504人，林业行政处罚5026人次。三是不断强化森林资源管理。省政府下发了《关于建立保护发展森林资源目标责任制的通知》；积极推进森林资源可持续经营管理试点工作，开展2011年度全省林木采伐行政许可被许可人检查；认真落实森林采伐限额管理制度，全年纳入限额管理的森林资源消耗量(含临时增加)为322.8万立方米，控制在国家下达的森林采伐限额857.9万立方米以内；启动新一轮森林资源二类调查工作，合肥、滁州、马鞍山市基本完成调查任务。四是严格林地用途管制和定额管理制度。全年实际使用林地3403.5公顷，控制在国家下达的指标内；县级林地保护利用规划编制进展顺利，林地落界工作基本完成，林地“一张图”和数据库建设已通过国家林业局检查验收。

野生动植物资源保护与自然保护区建设　加强自然保护。组织开展了全省第二次湿地资源调查；积极推进保护区总规修编、完善和勘界立桩工作；组织实施了一批自然保护区、湿地保护与恢复建设项目；新建砀山黄河故道、萧县黄河故道、泗县沱河等3处省级自然保护区，总面积7843公顷，填补了安徽省河流型自然保护区的空白；继续做好扬子鳄饲养繁育工作，年度人工产蛋7558枚，孵化幼鳄3209条，是正常年份的2倍多，创历史新高；开展了扬子鳄第八次扩大野外种群放归活动，首次开展了扬子鳄社会认养活动，取得了较好的社会影响；集中开展了为期两个月的野生动物养殖利用专项检查与清理整顿活动，加强重点野生动物的日常监管。

森林防火　进一步强化各级政府森林防火责任制。省政府与各市政府签订了责任书，各地也层层签订责任书，进一步落实了政府、林业部门、森林防火成员单位责任。在《安徽日报》公布了各市和重点山区县和Ⅰ级火险县森林防火重点区域责任人，制定了“约谈机制”。省政府主要领导在春季森林防火期间，在10天内先后3次对森林防火工作作出重要批示。加快专业森林防火队伍建设步伐，组建了38支省、地共建重点森林消防专业队。全省全年共发生森林火灾81次，受害森林面积85.5公顷，森林火灾受害率0.022‰，控制在省政府下达的0.5‰的指标之内，森林火灾次数、受害森林面积和森林火灾受害率同比大幅下降；没有发生重、特大森林火灾和重大人员伤亡事故，没有出现超过24小时的明火。

林业有害生物防治　重点做好松材线虫病、美国白

蛾、杨树食叶害虫等防治工作，扎实推进松材线虫病防治“两年攻坚计划”，全面完成年度除治任务；对新出现的美国白蛾疫情快速出击、组织扑灭，在重点监控区采取严密监测措施，积极预防。积极开展网络森林医院建设，聘请了29位省级网院专家，填充了231种林业有害生物的防治信息基础数据库信息，并建立专家值班制度，为广大林农及其他服务对象提供实时的服务。主要林业有害生物得到有效控制，成灾率0.47‰，无公害防治率78.5%，测报准确率95.64%，种苗产地检疫率95.7%，较好地完成了国家林业局下达的年度“四率”指标。

林业产业　加大林业产业发展扶持力度。积极争取扩大林业项目贷款规模，用好用活林业项目贷款贴息政策，新增林业贴息贷款23.8亿元，居全国第二位；林业贴息贷款存量超过30亿元，获得中央财政贴息资金8979万元，均创历史新高，有力促进了林业龙头企业、林业特色产业做大做强。加强对外联合与合作。与吉林森工集团签订战略合作框架协议，落实合作项目，借力推进林业产业化进程。加快森林旅游业发展。省政府批准印发了《安徽省森林旅游发展规划(2011～2020年)》，林业厅与省旅游局签订了《关于推进森林旅游发展的合作框架协议》；新建省级森林公园4处，新增森林公园面积2400公顷。加快种苗花卉产业发展。制定和下发了《安徽省林木种苗发展规划(2011～2020)》，完成新育苗面积0.7万公顷，新续建林木良种基地0.8万公顷，苗木种植面积已达到8.7万公顷，苗木产值达80多亿元。积极搭建林业市场平台。成功举办了第十届中国合肥苗木花卉交易大会，总交易额13.52亿元；第六届花博会在蚌埠隆重举办，展览和展销总面积达到4.4万多平方米，参观人数达93.8万人次，现场交易额1900多万元。组织参加了第四届中国义乌国际森林产品博览会。

2012年全省林业产业产值达到1599.78亿元，比上年增加427.98亿元，同比增长36.5%。其中第一产业507.65亿元，比上年增加131.45亿元，同比增长34.9%；第二产业875.09亿元，比上年增加227.69亿元，同比增长35.17%；第三产业217.03亿元，比上年增加68.83亿元，同比增长46.47%。宣城、宿州、六安、滁州、黄山、阜阳、池州、安庆等8个市林业产值超过100亿元，砀山、埇桥、广德、宁国、宣州、阜南、霍邱、霍山、南谯、东至等10个县(市、区)林业产值超过50亿元。

2012年全省生产木材495.63万立方米，与上年基本持平；毛竹10 349.52万根，同比上涨20.87%；嵩竹1146.76万根，同比下降25.92%；小杂竹130.21万吨，同比增长338.7%，增长幅度较大。2012年全省水果种植面积12.1万公顷，产量249.78万吨，同比增长9.36%；干果种植面积13.3万公顷，同比增长1.1%，产量18.88万吨，同比下降13.2%；林产饮品种植面积11.2万公顷，同比增长32.72%，产量9.16万吨，同比增长2.47%；林产调料种植270公顷，比上年减少7公顷，产量60吨，比上年减少1332吨；木本药材种植面积0.75万公顷，产量1.36万吨，与上年相比稳中有降。木本油料种植面积9.1万公顷，比去年增长47.3%，产量5.54万吨，同比上涨74.62%。林产工业原料产量1.68万吨，比上年增加0.64万吨；其中松脂1.09万吨，占工业原料64.89%，仍然是最主要的工业原料。

主要经济林产品产量表

产品	单位	产量
苹果	万吨	40.48
梨	万吨	106.56
葡萄	万吨	23.90
桃	万吨	45.86
杏	吨	13 740
猕猴桃	吨	14 010
柿子(干重)	吨	39 694
柑橘	吨	39 214
枣(干重)	吨	9180
核桃	吨	17 305
板栗	吨	116 228
毛茶（干重)	吨	112 062
食用菌(干重)	吨	49 983
竹笋干	吨	26 759
油茶籽	吨	55 309
生漆	吨	405
油桐籽	吨	2730
乌桕籽	吨	120
五倍子	吨	75
棕片	吨	2577
松脂	吨	10 918

主要森林工业产品产量表

产品	单位	产量
一、锯材	万立方米	346.77
二、木片	万(实积)立方米	155.16
三、人造板	万立方米	1306.41
(一)胶合板	万立方米	588.57
1. 木胶合板	万立方米	510.84
2. 竹胶合板	万立方米	49.35
3. 其他胶合板	万立方米	28.38
(二)纤维板	万立方米	331.36
其中：中密度纤维板	万立方米	284.18
(三)刨花板	万立方米	62.83
(四)其他人造板	万立方米	323.65
其中：细木工板	万立方米	195.07
四、二次加工材及相关板材		
(一)单板	万立方米	42.67
(二)人造板表面装饰板	万平方米	580.20
五、木竹地板	万平方米	5942.40

主要林产化学产品产量表

产品	单位	产量
松香	吨	6059
松节油	吨	1725
木炭	吨	49 577

林业科技　①做好林业科研项目储备。共储备中央财政林业科技推广示范项目105项，国家林业行业科研专项等其他项目66项。②加强科技成果推广。围绕科技富民，精心组织实施了一批林农急需实用的林业科技推广示范项目，指导建设了一批高标准林业科技推广示范林和科技兴林致富示范户。③继续推进林业标准化建设，申报立项25个安徽省地方标准和3个林业行业标准。④加强林业科研工作。省林业厅与中国林科院签订了科技合作协议，国家林业局能源林研究中心(合肥)落户中科院合肥物质研究院。针对林业生产中的技术难点，组织林业科技攻关，在林木种苗快繁、特别困难立地造林、血防林建设、丘陵山区植被恢复、农林复合经营和重大森林病虫害防控等技术上取得了一批成果。

林业对外合作　深化林业国际交流。全年完成因公出国任务19批79人次，接待外国官员、专家、友好人士116人。省林业厅与安徽省友好城市日本高知县林业振兴环境部签署了《关于加强林业合作交流备忘录》，在林业技术、人员培训、林业产业等诸多方面，加大合作与交流的力度。认真实施对外合作项目。世行贷款林业综合发展项目(世行5期项目)、中德合作三期项目稳步推进，如期完成全年营造林任务；日本小渊基金造林项目淮北市、舒城县、阜阳市3个市县同时实施，并成功申请怀宁县中日合作"小渊基金"生态恢复示范项目。天柱山生物多样性保护与发展项目、天堂寨生物多样性保护与发展项目已列入2012年度我国利用外资项目规划。

林业项目和资金管理　①依据省委、省政府出台的《安徽省生态强省建设实施纲要》，组织编制了《安徽省千万亩森林增长工程总体规划(2012～2016年)》，经省政府批准印发各市、县人民政府执行。报请省政府批准印发了《全省森林防火中长期规划》《全省林木种苗发展规划》和《全省林业有害生物防治建设规划》，组织编制了《大别山片区林业扶贫开发攻坚规划》。②多方争取加大林业投入。省级以上林业项目建设资金首次突破20亿元，达到20.4亿元，比上年增加3.73亿元，其中：中央资金安排18.34亿元、省级资金安排2.06亿元。造林补贴试点增加到1.5亿元，森林抚育补贴增加到1.5亿元，国有林场改革试点首次安排1.2亿元，林业基本建设投资增加到3亿元。

存在问题　一是森林资源保护管理的任务艰巨。乱批滥占林地、乱砍滥伐林木、乱捕滥猎野生动物等现象在一些地方仍然存在，特别是经济建设与森林、林地保护的矛盾更加突出。2012年国家林业局组织抽查了5个县(市、区)林木采伐、林地征占用方面的情况，或多或少存在问题，有些地方还非常严重。二是提升林业质量效益的任务十分艰巨。林业科技与生产结合不紧，科技贡献率不高，林分质量不高、林种树种结构不合理，林地综合产出率偏低，林业促进农民增收致富作用还不明显。全省单位面积森林蓄积量同比只占全国平均水平的60%。三是加快林业基础建设的任务十分艰巨。全省林业装备水平、信息化建设水平总体上比较滞后，林区基层基础设施建设普遍欠账很多，大多数国有场圃尚未走出经济困境，各级林业部门自身综合实力不强，与建设现代林业的要求还有较大差距。

【安徽省实施千万亩森林增长工程】　2011年底省第九次党代会作出打造"三个强省"、建设美好安徽的战略决策后，省委、省政府把加快造林绿化、提高森林覆盖率作为生态强省建设的首要任务，决定实施千万亩森林增长工程。2012年10月7日，省政府正式出台《关于实施千万亩森林增长工程推进生态强省建设的意见》，确定到2016年，全省新增森林面积1000万亩，森林覆盖率由27.53%提升到33%；全省所有县(市、区)达到或超过目前全国平均森林覆盖率的水平；全省林业总产值达2000亿元以上，山区农民林业综合收入年均增长10%以上。千万亩森林增长工程的主要任务，一是实施三大造林工程。即丘陵增绿突破、山地造林攻坚、平原农田防护林提升等三大造林工程，促进丘陵、山区、平原三大区域林业全面发展，重点是江淮丘陵和江南、淮北丘陵岗地造林绿化。二是开展三项创建活动。即开展森林城镇、森林村庄、森林长廊等三项创建活动，让森林进城、入村、绕路、依水、围田，推进城乡绿化一体化进程，建成一批森林城市、森林城镇、森林村庄和森林长廊。三是大力发展林业经济。坚持市场配置资源，在改善生态的同时，着力培育民生林业，重点扶持一批龙头企业和农民林业专业合作社，努力建成一批规模大、效益好、带动力强的现代林业示范区和产业示范基地，千方百计促进农民增收致富。

千万亩森林增长工程是安徽省林业发展史上迄今最大的生态工程、民生工程。为推进千万亩森林增长工程顺利实施，省委、省政府采取了一系列政策举措：一是切实加强对工程建设的组织领导。省政府印发了《安徽省千万亩森林增长工程总体规划(2012～2016年)》，成立了以省政府主要负责同志任组长的省千万亩森林增长工程领导小组。10月9日，省委、省政府召开了高规格的全省千万亩森林增长工程启动电视电话会议，省委书记张宝顺作出重要批示，省长李斌亲自部署，国家林业局局长赵树丛到会作重要讲话。省政府和国家林业局签署了共同推进安徽省千万亩森林增长工程建设生态强省的合作协议。各地也纷纷成立领导机构、出台文件、召开启动大会，上下联动、齐抓共管。二是实行各级政府目标管理责任制。把千万亩森林增长工程任务纳入各级政府目标管理责任制，省、市、县、乡逐级签订责任书，层层分解目标任务，层层落实责任。把实施情况纳入各级政府年度目标考核和党政领导干部绩效考评，每年考核一次。三是加大资金投入。省政府每年安排5亿元财政资金作为造林补助，对人工成片造林，按省级以上资金每亩不低于300元予以补助，其中石质山地按每亩不低于500元予以补助。整合省级涉林专项资金，对新建森林长廊、实现创建国家级、省级森林城市目标的市、县给予奖补。各市、县也建立专项资金，投入造林绿化。四是发动社会力量参与植树造林。深入开展全民义务植树活动，落实部门造林绿化责任制，组织发动全社会力量积极参与千万亩森林增长工程建设。省领导小组办公室、省林业厅会同省军区、省总工会、团省委、省妇联等单位，启动建设"八一林""工会林""青年林""巾帼林"基地活动；与省国资委、省交通厅、省高速公路集团和省交投集团共同实施高速公路绿化和森林长廊建设；五是深化改革创新林业机制。深入推进林权制度配套改革，加快建立林业要素市场，建立健全林业管理服务体系，完善林权流转和林业投融资体系。鼓励农民开展互利合作，建设多种形式的农民林业专业合作组织，推进林业规模化、产业化经营。鼓励各种社会主体投资林业，引导各类企业参与造林绿化。六是加强技术指导。省领导小组办公室、省林业厅制定印发了《安徽省造林技术导则》和石质山地造林、血防工程造林等7个技术导则与标准，对工程建设提供全面的技术支持。同时，研究出台了工程建设考核办法、检查验收细则和森林城镇、森林长廊、森林村庄等考评办法，为工程造林和创建活动提供了行动规范。到2012年年底，全省共完成造林整地面积19.1万公顷，占计划任务的100.3%，是上年同期的2倍，为2013年春季造林打下了坚实的基础。

【保护候鸟"护航行动"】 为加强野生动物保护，特别是确保候鸟安全迁徙，2012年10月29日至12月10日，安徽省在全省范围内开展了以打击破坏鸟类资源为主要内容的专项行动(代号为"护航行动")。行动期间，各级森林公安机关会同工商、交通等部门，重点摸排、清查非法猎捕鸟类活动猖獗的鸟类栖息地、迁徙停歇地、迁徙通道等地，车站、机场、邮局等重要场所以及交通要道和枢纽地区，非法收购、出售鸟类及其制品的市场、窝点，从源头上杜绝乱捕滥猎野生鸟类的现象，彻底切断野生鸟类及其制品非法流通和交易渠道。全省各级森林公安机关共出动警力3998人次，出动车辆1468台次；立刑事案件8起，破案8起，其中破获特大刑事案件5起，刑拘11人，查处林业行政案件59起，林业行政处罚68人；检查巡护鸟类活动区域660处，清查宾馆、饭店560家，清查市场、窝点434个；收缴野生鸟类49 129只，其中活体31 300只，死体17 829只，收缴其他野生动物814只，收缴其他野生动物制品112千克，收缴猎具99件。

【淮南市获得全国绿化模范城市称号】 淮南市位于安徽省中北部，地处淮河中游，辖一县五区、一个国家级综合实验区，面积2585平方千米，人口243万。多年来，淮南市深入贯彻落实科学发展观，围绕建设资源节约型、环境友好型城市，大力推进绿色低碳发展，着力彰显黑色能源、绿色矿山、高碳产业、低碳发展、五彩淮南、生态城市。2009年底，市委、市政府作出创建全国绿化模范城市的重大决定，创新机制，坚持城矿乡联动，以城带乡、以乡促城，着力打造"城为绿染、水为绿润、人在绿中"的生态宜居城。经过三年多的努力，全市林木绿化率达到22.6%；城市郊区森林覆盖率、乡镇所在地及村绿化覆盖率分别达到20.4%、33.0%、40.9%；城市建成区绿化覆盖率达41.6%、绿地率37.8%，人均拥有公共绿地面积达到12.1平方米；街道主、次干道绿地率分别达到33.7%、22.6%；机关、学校、医院、部队和工业企业、交通枢纽、商业中心的绿地率分别为38.0%、33.5%，各项指标均达到或超过全国绿化模范城市的要求。2012年10月顺利通过全国绿化委员会专家组的核查验收；2013年4月，全国绿化委员会授予淮南市全国绿化模范城市称号。

【淮北市石质山造林成效显著】 2012年度，淮北市完成石质山绿化683.53公顷，该市被全国绿化委员会授予"国土绿化突出贡献单位"等荣誉称号。该市组织编制的《石质山地造林技术规程》成为省级地方标准发布实施，《石质山地营造林技术研究与推广》项目获淮北市科技进步一等奖，石质山"七步造林法"在全国推广。在推进石质山造林中，其主要做法：一是领导重视。淮北市委、市政府把荒山绿化工作作为改善生态环境，把淮北建成为皖北乃至黄淮海地区最宜人居的山水生态城市的重要举措来抓，成立山场绿化工作领导小组，层层签订责任状。每年植树节市领导都深入山场参加义务植树活动。二是加大投入。制定了《城区东部山场绿化规划》，市财政每年投资2000余万元，专门用于山场绿化施工；制定《淮北市封山育林的通告》，有计划地对全市荒山进行封育；出台育苗扶持办法，建立育苗基地，对山场绿化实行定向育苗，对连片面积10亩以上的，每亩补助500元；出台优惠政策引导社会各界积极投身荒山绿化，对开发荒山种植石榴连片50亩以上的，无偿提供苗木，秋季验收凡保存率达到标准的每株再补助1元钱；实施石榴提升计划，对种植石榴的村每村配备一名农民技术员；扶持石榴协会，建立石榴品种展示园和石榴贮藏保鲜库。三是强化技术支撑。开展石质山造林技术研究，摸索出包括炸(挖)穴、客土回填、栽植、多级提水、培大土堆、覆薄膜、修鱼鳞坑等七道工序在内的石质山造林栽植标准；组织专业队栽植，并进行系统岗前培训。四是多部门齐抓共管。市财政部门积极协调落实资金；市国土资源、公安、民政、烈山区、杜集区、相山区对开山炸石、乱葬现象进行集中整治；市、区林业部门和淮北消防支队共同做好森林防火工作；军分区、市妇联、团市委、市教育局、市林业局等单位开展了共建"双拥林""三八林""共青林""成长林"和"我是护林防火宣传员""我给家人捎句话"等活动。五是创新机制。研究制定了荒山春季植苗造林、雨季容器苗造林、封山育林、播种造林等各项石质山生态修复技术方案，荒山绿化由季节造林向常年造林的转变；采取公开招标，专业队施工，以合同明确各方责任权利；采取定向育苗，不仅提高了苗木成活率，而且节约苗木成本70%；采取领导督查、新闻督查和定期督查相结合的办法，对荒山开发实行全方位的督查。

【全国油茶产业发展现场会在安徽省六安市召开】 2012年10月9～10日，国家林业局在安徽省六安市召开全国油茶产业发展现场会。国家林业局局长赵树丛作重要讲话，安徽省副省长梁卫国致辞，国家林业局党组副书记、副局长张建龙主持会议并讲话。国家相关部委、国家林业局有关司局和直属单位负责同志，全国油茶产区14个省(自治区、直辖市)林业厅(局)主要负责同志及油茶办、相关处室负责同志，部分全国油茶产业发展重点县、重点企业、科研院所负责同志共190余人参加了会议。安徽省林业厅、六安市人民政府、湖南科技学院、广东山马农林发展有限公司和重庆市彭水县平安乡油茶专业合作社等单位在会上作典型发言。会议组织与会人员参观了六安市金寨县白塔畈乡万亩油茶造林基地、裕安区独山镇钱店油茶种植示范点和青山乡红桥村蚂蚁山万亩油茶种植示范基地。

【林业大事】

2月21～22日 全省林业局长会议在合肥召开。省委常委、副省长余欣荣出席会议并作重要讲话，省林业厅党组书记、厅长韩柏泉作工作报告。

3月1日 安徽省林业厅和安徽省旅游局在合肥签署《关于推进森林旅游发展的合作框架协议》，共同推动森林旅游业加快发展。省林业厅厅长韩柏泉和省旅游局局长胡学凡代表双方签署框架协议。

3月12日 省政府在合肥举行2011年安徽省国土绿化状况新闻发布会，省绿化委员会副主任、省林业厅副厅长赵波发布《2011年安徽省国土绿化状况公报》。

3月27日 省委书记张宝顺、省长李斌率省暨合肥市领导、省市机关干部和驻合肥部队官兵1500多人，在合肥市滨湖新区参加一年一度的义务植树活动。张宝顺书记在现场接受采访时号召全省人民踊跃投身植树造林，为打造宜居宜业的生态强省而共同奋斗。

4月5日 安徽省第三十一个"爱鸟周"活动在安庆市宜秀区启动。

4月7日 由共青团安徽省委、安徽省绿化委员会、安徽省林业厅共同举办的2012年全省百万青少年"种养纪念树，见证我成长"行动启动仪式在合肥举行。省政协副主席李宏塔出席启动仪式并讲话。

5月2日 省编办下发了《关于全省森林公安机构更名问题的通知》(皖编办〔2012〕66号)，对全省各市、县(市、区)森林公安机构正式进行更名。

5月29～30日 中日绿化交流基金项目——中日合作安徽省淮北市石质山生态恢复示范项目、"小渊基金"万佛湖生态修复示范项目启动仪式分别在淮北市、舒城县举行。日中科学技术协力会议理事长中马弘毅、省林业厅厅长韩柏泉等参加仪式。

6月11～13日 吉林森工集团董事长、党委书记柏广新率团来皖考察安徽省林业产业发展情况。考察团先后到合肥、滁州等地林业企业、单位进行了考察，并与省林业厅签署了"战略合作框架协议"。省长李斌，省委常委、合肥市委书记吴存荣，副省长梁卫国等分别会见考察团一行。

6月14日 全省林业局长会议在合肥召开，专题部署开展千万亩森林增长工程的前期调查、规划等准备工作。

8月17日 梁卫国副省长率省林业厅、财政厅、农委、粮食局等有关单位负责同志，前往吉林省实地考察吉林森工集团。

8月27日 省绿化委员会暨重大林业有害生物防治指挥部召开全体成员会议，研究部署实施千万亩森林增长工程、加快生态强省建设的意见和重大林业有害生物防治工作。梁卫国副省长主持会议并讲话。省林业厅厅长程中才参加并进行汇报。

9月17日 省委书记张宝顺在合肥亲切会见了出席第五届中国生态文化高峰论坛的全国政协副主席杜青林一行。全国政协人口资源环境委员会副主任、中国生态文化协会会长江泽慧、中央纪委驻国家林业局纪检组组长陈述贤等参加会见；省政协主席王明方，省委常委、省委秘书长唐承沛，省政协副主席李宏塔，省政协秘书长王启敏及省林业厅厅长程中才等会见时在座。

9月18～20日 由中国生态文化协会主办，以"文化驱动与绿色发展"为主题的第五届中国生态文化高峰论坛在合肥举行。开幕式上，中国生态文化协会授予安徽省合肥市肥西县三河镇、甘肃省兰州市南北两山绿化区两个单位"全国生态文化示范基地"称号，授予北京市顺义区北郎中村等78个行政村"全国生态文化村"称号。全国政协副主席杜青林为示范基地和示范村授牌。省委副书记孙金龙，全国政协人口资源环境委员会副主任、中国生态文化协会会长江泽慧分别致辞。全国政协人口资源环境委员会副主任、民建中央副主席王少阶，人民日报社副总编辑陈俊宏，中国生态文化协会副会长卫民，全国工商联副主席王文彪，中央纪委驻国家林业局纪检组组长陈述贤，中央纪委驻国家知识产权局纪检组组长肖兴威，外交部参赞乐爱妹，省政协副主席李宏塔以及省林业厅厅长程中才等出席开幕式。

9月19日 安徽省生态文化协会在合肥成立，全国政协人口资源环境委员会副主任、中国生态文化协会会长江泽慧，省政协副主席夏涛为协会成立揭牌。

9月28日～10月4日 以"新时代 新魅力 新生活"为主题的第六届安徽省花卉博览会暨蚌埠现代花卉科技产业园开幕式在蚌埠隆重举行。全国政协人口资源环境委员会副主任、中国花卉协会会长江泽慧，副省长梁卫国，省政协副主席夏涛，国家林业局总工程师陈凤学等出席开幕式，并共同启动开幕球。省林业厅厅长程中才等参加。

10月7日 安徽省人民政府发出"关于实施千万亩森林增长工程推进生态强省建设的意见"(皖政〔2012〕106号)，确定按照"主攻丘陵、巩固山区、提升平原"的思路，实施千万亩森林增长工程，到2016年，全省新增森林面积66.67万公顷，森林覆盖率达到33%；所有县(市、区)森林覆盖率达到或超过目前全国森林覆盖率平均水平；全省林业总产值达2000亿元以上，山区农民林业综合收入年均增长10%以上。

10月9日 省委、省政府在合肥召开全省千万亩森林增长工程启动电视电话会议。会议传达了省委书记张宝顺的重要批示，省长李斌、国家林业局局长赵树丛出席会议并先后发表重要讲话，省委副书记孙金龙主持会议；省委常委、常务副省长詹夏来，省人大常委会副主任沈卫国，副省长梁卫国，省政协副主席张学平，省军区副司令员陈德亮，省武警总队总队长朱永和及省政府秘书长韩先聪出席会议；副省长梁卫国代表省政府与各市政府签订目标责任书。合肥市人民政府、省财政厅、省林业厅主要负责同志在会上发言。

10月9日 省政府与国家林业局在合肥签署《关于推进安徽省"千万亩森林增长工程"建设生态强省的合作协议》。省委书记张宝顺，省长李斌，国家林业局局长赵树丛，省委常委、常务副省长詹夏来，省委常委、省委秘书长唐承沛，以及省政府秘书长韩先聪和省直有关部门负责人出席签署仪式。副省长梁卫国主持签署仪式。

10月9～10日 国家林业局在六安市召开全国油茶产业发展现场会。国家林业局局长赵树丛出席会议并作重要讲话，国家林业局副局长张建龙主持会议。安徽省政府副省长梁卫国到会致辞。

10月26日 国家林业局能源林研究中心(合肥)揭牌仪式在中国科学院合肥物质科学研究院举行。副省长梁卫国、国家林业局科技司司长彭有冬、中科院合肥物质科学研究院副院长李建刚、省林业厅厅长程中才为中心揭牌。

10月26~29日 原林业部部长高德占率全国绿化委员会"创模"核查组，来皖对淮南市创建全国绿化模范城市工作进行核查验收，省林业厅厅长程中才等陪同。

10月29日~12月10日 省林业厅在全省范围内组织开展以打击破坏鸟类资源为主要内容，确保候鸟迁徙安全的专项行动(代号为"护航行动")，共清查各类经营场所1000余家，收缴野生鸟类近5万只。

11月1日 全省林业局长会议在合肥召开，专题部署全省林业部门贯彻落实省委、省政府决策，加快启动实施千万亩森林增长工程工作。

11月2日 由国家林业局、安徽省人民政府主办，国家林业局国有林场和林木种苗工作总站、安徽省林业厅、合肥市人民政府承办的2012中国(合肥)苗木花卉交易大会在国家级苗木花卉专业市场——合肥肥西县中国中部花木城隆重开幕。国家林业局副局长张永利，省委常委、合肥市委书记吴存荣和副省长梁卫国出席开幕式。省林业厅厅长程中才等参加。

11月5~8日 副省长梁卫国率团赴山西省长治市、朔州市右玉县考察造林绿化工作。省政府副秘书长孙正东，省林业厅厅长程中才，省发改委、财政厅负责同志，合肥、滁州、芜湖、宿州市政府分管负责同志和六安市林业局主要负责同志等参加考察。

11月12日~14日 由全国人口资源环境委员会副主任、国际竹藤组织董事会联合主席、国际竹藤中心主任江泽慧和国家林业局副局长孙扎根率队，参加商务部和国家林业局主办的"竹藤绿色经济可持续发展政策部级研讨班"的20多个国际竹藤组织成员国的林业相关政府部门官员，专程来皖考察竹产业情况。副省长梁卫国在合肥会见考察团一行，省林业厅厅长程中才等陪同考察。

11月28日~12月3日 由全国人大农业与农村委员会副主任委员房凤友、王金山、刘振伟带队的全国人大农业与农村委员会调研组一行，专程来皖调研《森林法》修改工作。调研组一行先后深入到安庆和池州市进行实地调研，并召开座谈会广泛听取意见。省人大常委会副主任沈卫国、省政府副省长梁卫国及省林业厅厅长程中才等陪同调研。

(安徽省林业由王小明　李海峰供稿)

福建省林业

【概　述】 2012年，紧紧围绕"生态省"建设，按照发展生态林业、民生林业的要求，紧盯目标、狠抓落实，全省林业保持持续发展的良好势头，各项工作取得明显成效。

造林绿化 2012年，全省完成造林绿化22.09万公顷、占总任务的110.5%。其中，"绿色城市、绿色村镇、绿色通道、绿色屏障"即"四绿"工程投入资金80.3亿元、植树1.4亿株，新增6个省级森林县城，在沈海高速公路福建段两侧完成造林绿化2026.67公顷、占任务的103%。在国务院2012年3月27日召开的全国造林绿化表彰大会上，福建省林业厅作典型发言，并被全国绿化委员会授予国土绿化突出贡献单位。

森林经营 强化森林抚育。全省完成森林抚育53.5万公顷(中幼林20.67万公顷、未成林32.83万公顷)、封山育林49.48万公顷，建设国家木材战略储备基地1.9万公顷，完成国家林业局下达的493.3公顷珍贵树种造林任务，提高了林地生产力和林分质量。调整林种树种结构。开展林分修复和丘陵山地茶、果园生态治理，按照"种苗良种化、'四绿'大苗化、树种多样化、品种珍贵化、色彩季相化、林分高质化、效益最大化"的要求，推行种植阔叶树、珍贵树、有色彩的树，多造混交林、复层林、异龄林，完成林分修复补植10.61万公顷、占任务的106%。转变造林和采伐方式。全面推广不炼山造林，比重超过80%；引导采用良种壮苗、轻基质容器苗造林，主要造林树种良种使用率超过80%；出台扶持政策推动林木主伐由皆伐向择伐转变，全省审批林木择伐面积2.02万公顷、比2011年增加7.4%。

林业产业 林业产业总产值稳步增长。2012年全省林业产业总产值3078.03亿元，比2011年增长20.3%。其中，第一产业601.12亿元、第二产业2403.73亿元、第三产业73.18亿元。产业转型升级加快。木竹加工等传统产业得到提升，林业生物医药等非木质利用为主的新兴产业快速发展，全省森林旅游直接产值55亿元，比2011年增长72%。新增中国驰名商标6枚(累计19枚)、省名牌产品55个(累计165个)、上市企业2家(累计19家)。对外合作和闽台交流持续推进。2012年福建主要林产品进出口总额53.39亿美元。其中，林产品出口33.34亿美元，进口20.05亿美元。闽荷(福建—荷兰)花卉合作交流取得积极进展，签订市场共建、新品种引进、人才培养等合作协议；以台湾农民创业园为载体，大力发展闽台花卉苗木产业，新批办涉林台资企业16家，总投资6774万美元，新引进台湾"五新"技术21项。

林业改革 全省林权登记发证率98.7%，林权证到户率96.1%。全省森林在保面积706.67万公顷，总在保率达92%。全省发放各类林业贷款195.18亿元，比2011年增加38.15%，其中林权证抵押贷款20.8亿元，林业小额贴息贷款9.2亿元。全省新成立林业专业合作社135个，累计成立农民林业专业合作社1758个，涉及农户39.8万户，经营面积42.53万公顷，促进了林业规模经营、集约经营。实施"千万林农增收千元工程"，省政府出台财政资金扶持政策，指导农民发展森林旅游、林下种养殖等林下经济，实现"不砍树也致富"。

资源保护 强化生态公益林和珍贵树木保护。绘制并发布重点生态区位图，加强重点生态区位森林和286万公顷生态公益林保护。新增古树名木挂牌保护9871株、累计4万余株，出台文件规范树木采挖移植和珍贵树木保护管理。强化森林火灾防控。全省发生森林火灾92起、受害面积700公顷，比2011年分别下降77.7%、89.3%，创1989—2012年最好成绩。科学防治林业有害生物。全省主要林业有害生物成灾率为0.38‰，测报准确率达93.5%，无公害防治率达99.7%，种苗产地检疫率达100%。其中松材线虫病发生面积3000公顷，除治率达100%。强化生物多样性保护。出台《福建省人民政府办公厅关于做好自然保护区管理有关工作的通知》，开展10个自然保护区规范化建设试点，新获批国家级和省级自然保护区各1处、累计建设省级以上自然保护区33处。组织开展第16届"世界湿地日"、第30届"爱鸟周"和第22届"保护野生动物宣传月"等活动。维护林区和谐稳定。持续开展打击破坏森林资源专项行动，侦破林业刑事案件1577起，全省林业行政案件发生数量比2011年下降21%，破坏森林资源的态势得到进一步遏制；积极开展林权纠纷调处工作，全省处理林木林地权属争议321起。

科技支撑 林业科技攻关持续推进。福建省林业厅与中国林科院签订第二期科技合作协议，组建国家林业局杉木工程技术研究中心，启动第四期林木种苗科技攻关计划，推进省种业创新与产业化工程项目。新建林木良种基地247公顷，培育造林绿化苗木4.9亿株。有20个项目获2012年度福建省科学技术奖。推广服务水平得到提升。开展12期农村实用技术远程培训，实施科技推广示范项目27个，新增科技示范基地2400公顷，推广"五新"技术29项，林业服务基层能力得到提升。林业"三化"工作有效推进。福建省林业厅与中国电信福建公司签署战略合作协议，健全林政管理业务应用系统，提升林业信息化水平。实施国家农机补贴政策，开展机械化造林试点。加强林业标准的制修订，制修订省地方林业标准10项。

惠林富民政策 福建省政府出台《关于进一步加快林业发展的若干意见》、2012年造林绿化扶持政策和《关于扶持花卉苗木产业发展的意见》等。在全国率先开征森林资源补偿费，用于森林资源培育、保护和管理；从2013年起连续3年，省级财政每年安排3000万元对林下经济发展予以补助，促进林农增收致富。《福建省生态保护财力转移支付办法》把森林覆盖率作为确定支付生态保护激励资金的主要指标之一，进一步惠林富民。

自身建设 危旧房改造进一步加强。国有林场危旧房改造累计竣工2479户、占89.3%，采育场危旧房3523户改造全面开工建设，累计完成投资2.5亿元。机关作风进一步转变。以"创先争优"、精神文明单位创建为载体，扎实开展"下基层、解民忧、办实事、促发展"活动，进一步密切党同基层干部群众的直接联系，机关工作纪律得到加强，文风会风得到改善。表彰全省造林绿化工作先进集体和个人，加大干部轮岗交流力度。服务发展大局有成效。全省审核占用征收林地7890公顷(重点保障项目占81.5%)，有力保障项目建设使用林地需要。林业宣传力度进一步加大。举办首届生态文化高峰论坛和十六大以来福建林业成就展，创建国家生态文明教育基地2个(累计5个)，出版"森林文化丛书"2本。在中央、省级主要媒体刊播林业新闻2600多篇(条)，在国家林业局宣传办对各省林业宣传工作的综合考核中获第四名，连续第二年得到国家林业局通报表扬。党风廉政建设进一步加强。召开厅直属机关第九次党代会，完成机关党委、纪委两委换届，在省直机关率先出台《关于进一步加强和改进机关党建工作的实施意见》，提高机关党建科学化水平。深入开展廉政风险防控、典型案例警示教育和述职述廉活动，进一步完善党风廉政建设制度，推进政风行风建设，保持林业干部队伍的先进性和纯洁性。

【习近平再次对福建省长汀县水土流失治理作重要批示】 继2011年12月10日习近平对《人民日报》有关长汀水土流失治理的报道作出重要批示之后，2012年1月8日，习近平又在《关于支持福建长汀推进水土流失治理工作的意见和建议》上作出重要批示："同意中央七部门调查组关于支持福建长汀推进水土流失治理工作的意见和建议。长汀县曾是我国南方红壤区水土流失最严重的县份之一，经过十余年的艰辛努力，水土流失治理和生态保护建设取得成效，但仍面临艰巨的任务。长汀县水土流失治理正处在一个十分重要的节点上，进则全胜，不进则退，应进一步加大支持力度。要总结长汀经验，推动全国水土流失治理工作。"

【全国林业厅局长会在福建省长汀县召开】 7月21日，国家林业局在福建省长汀县召开全国林业厅局长会议，贯彻落实习近平有关长汀水土流失治理的重要批示精神。会议要求，学习长汀经验，弘扬长汀精神，全面加强生态建设，加快发展现代林业，为改善生态和改善民生作出更大的贡献。国家林业局局长赵树丛强调，长汀县在开展植树造林、治理水土流失工作中形成了宝贵经验，有5个方面值得全国推广。一是坚持科学发展、民生第一。把植树造林、治理水土流失作为改善生态、改善民生的基础、战略、造福工程来抓，一任接着一任干，一张蓝图绘到底。二是坚持依靠改革、依靠群众。将全县23.07万公顷集体林地承包到户、确权发证，激发了群众造林绿化的积极性和创造性。三是坚持尊重规律、依靠科技。因地制宜，适地适树，攻克了南方红壤水土流失区造林、育林等技术难关，确保了造林成活率、保存率、成林率。四是坚持政策扶持、多策并举。采取林草先行、封山禁伐等多种措施，实行大面积封禁与小面积治理、生物措施与工程措施、防护林与经济林等多种综合治理模式，提升了生态建设的合力和成效。五是坚持艰苦奋斗、持之以恒。发扬苏区自力更生、艰苦奋斗的优良传统，咬定青山不放松。

【国家林业局与福建省政府签署合作框架协议】 7月18日，国家林业局与福建省委、省政府在福州签署合作推进林业改革与发展框架协议。根据协议，双方合作建设的主要内容包括深化林业改革、振兴林业产业、实施项目带动、科学管理林地、推进两岸林业合作交流、局省共建林业科研院校6项，目标是通过合作建设，到2015年，福建基本建立林业科学发展的体制机制，促进"增资源、增活力、增效益"，全省净增森林面积30万公顷，林地保有量达913万公顷以上；净增森林蓄积量3800万立方米以上，达5.22亿立方米；森林覆盖率达65.5%，继续保持全国第一；林业产业总产值超过3000亿元，1000万农民人均增收1000元。

【造林绿化情况】 经检查验收，福建2012年造林绿化合格面积22.09万公顷，其中，"四绿"工程14.24万公顷、造林更新7.85万公顷，全省造林绿化重点从山上为主转变为山上山下统筹，山下造林面积首次超过山上。造林绿化工作持续被福建省委、省政府列入为民办实事项目；2月3日，省政府下发《关于切实抓好2012年造林绿化工作的通知》，并下达造林绿化目标责任状；苏树林省长对造林绿化工作作出7次批示，强调抓造林改善生态，抓改革添加活力、抓制度保护资源，抓产业促进增收，为生态省建设再作新贡献。"四绿"工程作为重要的民生工程，城市重点建设片林和森林公园，加大通道林带宽度；村镇重点抓乡村公园和"四旁"绿化；通道重点抓沈海高速福建段两侧绿化；沿路、沿江、沿海和环城等"三沿一环"进行林分补植修复、树种结构调整，提升打造"四季皆绿、四季有花、四季变化"的生态景观带。

【水土流失治理工作】 2012年，福建发挥林业在水土流失治理和生态建设中的作用，完成造林绿化面积22.09万公顷，封山育林49.48万公顷，森林抚育面积53.5万公顷，推进全省水土流失治理工作。加强领导，落实责任。层层签订造林绿化责任状，建立省、市、县、乡、村五级党政主要领导抓造林绿化责任制；选派9个造林绿化工作指导组，开展为期一年的造林绿化指导工作；选派46名厅机关处级干部挂钩27个沈海高速公路福建段森林通道建设县和22个水土保持重点县(市)，督查造林绿化工作；建立"五天一调度、十天一通报"的工作制度。科学规划，加大投入。因地制宜，科学规划，制定水土保持措施，做到能造则造、能封则封、能禁则禁、封禁结合；出台资金补助、贴息贷款、造林免税、择伐补助、经营管理、捐资冠名等6个方面的扶持政策；省级财政下达造林补贴资金5.16亿元资金，地方财政相应加大投入造林绿化配套资金。突出重点，综合治理。引导种植常绿阔叶树种，提倡营造混交林，大力推广不炼山造林，加大森林生态修复，实施封山育林，加大22个水土流失重点县抚育力度，全面开展中幼林抚育，建设生态茶山果园，禁止在丘陵山地新开茶园和25度以上山地新开果园。广泛宣传，营造氛围。加强与中央媒体联系，多次邀请中央媒体记者深入福建基层采访报道；广泛与省内媒体开展合作，宣传林业在水土流失治理中的主体地位和水土流失生态治理成就。创新机制，惠及民生。将生态公益林管护责任、限制性经营权利、政策性补偿与林下利用收益有机结合起来，建立责权利相统一的管护机制；引导林农发展林下经济，发展生态旅游，提高林农自我补偿能力，有效保护森林生态。

【沈海高速福建段森林生态景观通道建设完成】 沈海高速公路福建段两侧完成造林绿化2026.67公顷，占任务的103%。沈海高速公路福建段通道绿化作为2012年造林绿化重中之重，高标准、高规格、严要求，建立各级政府主要领导负总责、各相关部门协同推进的工作机制，坚持"山水田园"统一规划，"乔灌草、花果树"一起上，"带、网、片、点"相结合。平原建设范围为隔离栏外两侧各30米，部分无法形成林带的农田、水体以林网形式扩至300米，山体以斜坡造林形式扩至两侧各100米；按照"造林大苗化、树种多样化、品种乡土化、色彩季相化"的要求，引导多种阔叶树、珍贵树、观花树；实行公共财政投入为主，省级财政安排3亿元专项资金，市(县、区)筹集不足部分；各类经济实体造林贷款在中央财政贴息3年的基础上，省级财政按年息率3%再延长2年。

【花卉产业发展】 福建全力推动花卉苗木产业发展，2012年全省花卉苗木种植面积达4.15万公顷，总产值259.8亿元，实现销售额169.1亿元，出口额8088.5万美元，分别较2011年增长29.32%、40.45%、24.73%和24.71%。其中，种植业总产值160.6亿元，实现销售额96.2亿元；花卉加工与园林工程应用产值60.1亿元，实现销售额37.9亿元；花卉零售与服务业产值39.1亿元，实现销售额35.1亿元。

2012年，全省花卉苗木平均销售额达2.325万元/公顷，继续领跑全国。水仙花、榕树盆景、中国兰花等传统产品继续保持较高的市场占有率，蝴蝶兰、百合、富贵籽及食用药用花卉等增长十分迅速，市场占有率进一步扩大。

【林业有害生物防控】 多次召开全省重大林业有害生物防治工作视频电视电话会、松材线虫病防控工作现场会等重大会议，组织开展检疫执法、松材线虫病检查督导等活动，出台《松材线虫病防控重点县(市、区)管理办法》，部署落实防控工作，2012年全面完成林业有害生物防控目标。全面监测，预警预报准确。监测覆盖率98.5%，测报准确率93.5%。科学除治，疫情及时控制。全省林业有害生物累计发生面积20.53万公顷，成灾率控制在0.38‰；其中松材线虫病面积3000公顷，病死树、枯死木15万株，除治率100%，无公害防治率99.7%，完成国家林业局下达福建的林业有害生物成灾率、无公害防治率、测报准确率、种苗产地检疫率等"四率"指标和松材线虫病防控责任目标。加强执法，防控关口前移。全省启动"绿盾2012"林业植物检疫执法，检查单位3738个，查处违规29起，立案查处率100%；建立检疫封锁工作机制，实行防控关口前移。

【林业项目对接】 在第十届中国·海峡项目成果交易会上，对接项目林业项目成果137项，总投资23.19亿元；现场签约林业项目37项，总投资12.80亿元，福建省林业厅获优秀布展二等奖；对接项目涉及闽台及涉外合作、生物制药与生物质能源、森林食品资源开发与利用、花卉(园林)园艺、木竹材料高效利用、林木良种繁育、高效资源培育与保护、节能节材环保等诸多领域。在第十六届中国国际投资贸易洽谈会上，“投资福建”林业项目共签约项目15个，总投资20.74亿美元，利用外资6.35亿美元。签约项目涉及资源培育、花卉苗木、森林食品、森林药材、生物能源、木竹藤家具、制浆造纸、竹木加工、林产化工、森林旅游等领域。在第八届海峡两岸林业博览会暨投资贸易洽谈会上，现场签约项目133项，总投资221.9亿元，利用区外资金198.2亿元。

【福建省人民政府出台关于进一步加快林业发展的若干意见】 9月24日，福建省政府印发《关于进一步加快林业发展的若干意见》，提出到2015年，全省森林覆盖率达到65.5%，森林蓄积量达到5.22亿立方米，林业产业总产值超过3000亿元，农民涉林收入年均增长12%；到2020年，森林覆盖率超过65.5%，森林蓄积量达到5.42亿立方米，林业产业总产值突破6000亿元，农民涉林收入年均增长12%以上。《意见》要求转变林业生产方式，加强森林资源培育；完善生态补偿机制，强化重点区位生态保护；加快转型升级，提升传统林产加工业；拓展林业新兴领域，大力发展非木质利用产业；加强基层林业建设，夯实林业发展基础。《意见》明确，从2013年起3年内，省级财政安排资金，对择伐作业给予1500元/公顷补助，市、县(区)财政予以配套；从2013年起，对使用重点生态区位商品林、省级生态公益林、国家级生态公益林林地的，分别按照每平方米30元、60元、90元的标准收取森林资源补偿费(2013～2015年交通基础设施建设项目减半征收，所收资金用于高速公路两侧红线内造林绿化)；从2013年起连续3年，省级财政每年安排3000万元对林下经济发展予以补助，市、县(区)财政安排资金予以扶持。

【花卉苗木产业发展扶持政策相继出台】 1月13日，福建省政府印发《福建省花卉产业发展规划(2011～2020年)》；6月27日，福建省政府出台《关于扶持花卉苗木产业发展的意见》，要求各地加大政府支持力度，优化金融信贷服务，落实税收优惠政策，强化科技支撑，加强产销对接，健全市场流通网络，完善社会化服务，加强国际及对台交流合作，加强花卉苗木行业管理，进一步推动全省花卉苗木产业又好又快发展。提出到2015年，全省花卉苗木种植面积5万公顷，产值500亿元以上，实现销售额300亿元以上；到2020年，全省花卉苗木种植面积10万公顷以上，产值1500亿元以上，实现销售额1000亿元以上。

【福建首届生态文化高峰论坛举办】 12月18日，以“弘扬生态文化，推进生态文明，建设美丽家园”为主题的福建首届生态文化高峰论坛在福州国家森林公园举办。论坛为首批30个生态文化村、20个生态文化示范企业授牌，为首批生态文化志愿者服务队授旗，并举行了中国绿化基金会海峡西岸绿化专项基金捐款启动仪式。 (福建省林业由林萍　刘建波撰稿)

江西省林业

【概　述】 2012年，在省委、省政府的正确领导和国家林业局的精心指导下，全省务林人紧紧围绕建设富裕和谐秀美江西的目标，统筹兼顾，稳妥推进，全面完成了林业改革发展各项工作任务，为林业改善生态和改善民生发挥了重要作用。

森林培育　据江西省统计报表反映，2012年全省荒山荒地造林面积为138 645公顷，其中人工造林127 031公顷，无林地疏林地新增封山育林11 614公顷。按林种结构分，完成用材林造林面积66 682公顷，经济林面积32 379公顷，防护林面积37 853公顷，薪炭林面积545公顷，特种用材林1186公顷，分别比2011年下降了6.12%、3.11%、33.52%、66.30%、21.72%。全省公有制经济造林面积为40 458公顷，占造林总面积的29.18%，其中：国有经济造林20 843公顷，集体经济造林面积为19 615公顷；非公有制经济造林98 187公顷，占总造林面积的70.82%，比2011年减少了5.66个百分点，依然为我省各经济成分造林的主力军。

重点工程建设　2012年，江西省退耕还林工程造林18 772公顷，据年报数据反映，工程计划任务量各项指标完成率均达100%。退耕还林工程造林面积占全省当年造林面积的13.54%。2012年完成退耕还林工程总投资60 164万元，其中：粮食补助资金10 277万元，种苗费2696万元，其他费用47 191万元。工程资金来源主要为中央预算基建投资和中央财政专项投资。

2012年，江西省完成重点防护林工程造林13 422公顷，其中：长防林工程造林11 421公顷，珠防林工程造林2001公顷。工程共完成投资6952万元，其中：长防林工程5805万元，珠防林工程1147万元。工程投资方向为：造林5905万元，种苗167万元，森林防火64万元，其他816万元。

野生动植物保护及自然保护区建设　截至2012年年底，全省建成各类自然保护区220个，其中国家级自然保护区11个，建成各类自然保护小区1617处；实有保护区面积达119.43万公顷，其中国家级保护区面积为18.40万公顷，占全部保护区面积的15.41%。

据年报反映，至2012年底，全省拥有326处野生植物种源培植基地，建立各级野生动植物保护管理站76个，从事野生动植物及保护区建设的职工为4244人，其中1132人为专业技术人员，占职工总人数的26.67%。

林业产业及总产值 2012年，江西省林业产业继续保持健康、稳定、较快发展态势。2012年全省林业总产值达1628.20亿元，比2011年增加310.50亿元，增长23.56%，连续保持产值的高位增长。

分产业分析，第一产业产值689.10亿元，第二产业产值560.10亿元，第三产业产值379亿元，分别比2011年增长26.78%、16.12%、29.85%。在林业产业持续增长的同时，江西省林业产业结构略微变化。第一产业比重45.81%，比2011年略微下降了3.49%。第二产业比重34.40%，比2011年下降了2.20%。第三产业比重达23.28%，比2011年上升了5.69%。

2012年，全省生产木材286.62万立方米，竹材7813.43万根，小杂竹12.25万吨；生产各种人造板318.83万立方米(含胶合板120.55万立方米、纤维板100.30万立方米、刨花板18.72万立方米)，木竹地板1620.11万平方米，松香5.71万吨，松节油3.23万吨，樟脑1095吨。生产各类经济林产品总量449.55万吨，其中核桃72吨，板栗2.78万吨，银杏67吨，杜仲2628吨，桂皮22吨，竹笋干1.22万吨，食用菌1.69万吨，油茶籽44.82万吨，乌桕籽325吨，五倍子143吨，棕片2723吨，松脂9.06万吨。

2012年江西林业产业发展主要表现在：一是科技服务产业发展能力加强。开展了新一批龙头企业的监测和认定工作，省级林业龙头企业达254家。樟树工程技术研究中心、油茶产业科技园区等一批林业产业科技园建设进展顺利，促进了樟树资源培育与加工、油茶生产、污染土地生物治理等创新技术的研究。二是林下经济取得较快发展。省财政设立林下经济发展专项资金1000万元，着重对林下经济发展成效突出的县，每年奖励100万元，连续奖补3年以上。2012年，全省林下经济产值达56.91亿元。三是林业特色产业快速发展。2012年，全省新建苗木花卉基地2万公顷，总面积达6.67万公顷，全省专业育苗户达1627家。结合苗木花卉产业，提出污染土地生物治理模式，先后引进江苏阳光集团、台商及上海落羽杉公司等企业，开展污染土地生态治理0.53万公顷。全省油茶林总面积85.53万公顷，其中2012年新造面积3.14万公顷，超国家任务0.67万公顷；低改面积1.92万公顷。全省油茶苗木繁殖圃107个、面积799公顷，油茶苗年产量2.3亿株，油茶籽年产量44.81万吨，油茶企业195家，油茶产业产值达130.18亿元。2012年全省新增野生动植物繁育经营企业177家，总数达1090家，陆生野生动物繁育与利用产业产值15.30亿元。2012年全省森林旅游接待旅客人数4300多万人次，旅游收入达55.40亿元，实现年社会综合产值323.20亿元。

林业建设投资 江西省2012年到位各类林业建设资金总量为763 176万元。其中：国家预算内资金499 087万元，国内贷款32 856万元，利用外资12 119万元，自筹资金141 008元，其他资金78 106万元。增长幅度达33.71%，连续7年保持高位增长。

林业系统机构及从业人员 截至2012年年底，江西省林业系统共有各种经济性质单位2322个，其中：国有经济单位2151个，集体单位4个，其他单位167个。单位个数变化的主要原因是森工企业、国有林场的倒闭、合并和改制。2012年末，江西省林业系统共有在册职工87 980人，其中在岗职工52 101人。江西省林业系统从业人员年均工资稳步增长，2012年林业系统在岗职工年人均工资23 018元，比2011年增加了3636元，增长了18.76%。

【省领导连续四年开展春节植树团拜活动】 1月29日，省委书记苏荣，代省长鹿心社带领四套班子领导同省市机关干部、驻赣官兵、省先进模范代表以及当地群众一起，参加在南昌市瑶湖郊野森林公园开展的以“弘扬生态文明，喜迎十八大”为主题的新春万人植树团拜活动。这是2009年以来，省领导连续4年在春节后上班第一天参加“新春植树团拜活动”。当天，全省共有118万多人次参加新春植树活动，植树939万余株。据统计，2012年全省参加义务植树总人数达2135.60万人次，植树15 230万株。

【全省造林绿化“一大四小”工程建设】 2012年，全省投入造林绿化资金110亿元，完成造林面积19.91万公顷，占造林任务的127.10%，其中山上造林12.94万公顷，山下造林6.97万公顷。全省巩固提升省级以上通道绿化达标里程1337千米，其中高速公路597千米，国道337千米，省道(含旅游公路)403千米。创建“森林园区”89个、“森林乡镇”205个、“森林村庄”3453个。打造一批“十里桂花长廊”“十里香樟长廊”“百里生态旅游风光带”等精品绿化工程。南昌、吉安、抚州和宜春等4个设区市申报创建“国家森林城市”，丰城、峡江等10个县(市、区)申报创建“省级森林城市”。省政府授予吉安市等5个设区市全省造林绿化“一大四小”(“一大”：就是到2010年实现森林覆盖率63%这个大目标；“四小”：就是抓好城市、乡镇、农村、基础设施和工业园区以及矿区等四个方面的绿化)工程建设先进设区市称号、进贤县等52个县(市、区)全省造林绿化“一大四小”工程建设先进县(市、区)称号、胡敏等100人全省造林绿化“一大四小”工程建设先进个人称号。据统计，“一大四小”工程实施4年来，全省投入资金近300亿元，完成造林绿化面积110.06万公顷，高速公路、国省道和旅游公路等通道绿化达标里程7052千米。全省城乡绿化面貌发生了较大变化，绿色生态品牌得到进一步巩固。

【全省“森林城乡、绿色通道”建设】 6月19日，省委书记苏荣指示省林业厅开展省内外调研，拿出意见，争取年底启动全省“森林城乡、绿色通道”建设，对造林绿化“一大四小”工程建设进行延伸延续、提升提高。6月28日，苏荣在省林业厅《关于全省去冬今春造林绿化“一大四小”工程建设督导情况汇报》文件上批示：下力量推进“森林城乡、绿色通道”建设，可以考虑作一个规划。8月19~21日，副省长姚木根率队赴广东省考察高速公路生态景观林带和绿道建设工作。随后，省林业厅在总结全省“一大四小”工程建设经验，充分吸纳广东、江苏等省好的做法，并广泛征示相关部门意见基础上，形成了《关于实施“森林城乡、绿色通道”建设的意见(代拟稿初稿)》。10月29日江西省政府第72次常务会，10 月 30 日江西省委第 30 次常委会通过了《关于实施“森林城乡、绿色通道”建设的意见》。11 月 13 日，江西省委、省政府正式印发《关于实施“森林城乡、绿色通道”建设的意见》，决定在造林绿化“一大四小”工程建设的基础上，再用 5 年时间，由省财政每年投入 3 亿元，在全省范围内实施“森林城乡、绿色通道”建设。重点是开展好森林城市创建、森林乡村创建、通道绿化提升、绿道建设、生态富民产业和森林资源保护等六大工程建设。12 月 3 日，江西省委、省政府在南昌召开全省“森林城乡、绿色通道”建设动员大会，正式启动全省“森林城乡、绿色通道”建设。

【全省林业产权制度配套改革】 省林业厅先后印发《江西省县级林权管理服务中心标准化建设管理规范(试行)》《江西省林权管理服务中心视觉形象识别系统》，推进林权管理服务中心标准化和正规化建设。浮梁、分宜、贵溪、资溪 4 县纳入全国林权管理服务中心建设试点，使国家级试点县(市)增加到 11 个。萍乡市率先成立市级林权管理局。南方林业产权交易所由国务院部际联席会议备案保留并被联合国粮农组织授予“省级林权交易示范中心”称号，全年累计开展林权交易 675 项，成交面积 3.53 万公顷，成交金额 12.10 亿元。林农人均贴息资金由 2010 年的 1634 元增长到 2012 年的 3033 元。全省森林保险面积 873.3 万公顷，有林地参保率 95.1%，居全国前列。赣林担保公司累计为全省 246 户林业企业和林农提供担保贷款 10.56 亿元。全省成立各类林业专业组织 14 832 个，参与农户 241.75 万户，涉及山林面积 488.73 万公顷，其中林业“三防”协会 11 004 个，林业专业合作社 1808 个。崇义等 11 个县被列为首批全国农民林业专业合作社示范县，遂川县列为典型示范县。山林权属争议调处联席会议制、会审制、办结后回访制和法律甄别服务制等机制更加完善，全省新增山林权属争议 730 起，涉及面积 0.99 万公顷，其中调处 678 起，面积 0.81 万公顷。

【全省国有林场改革】 召开了全省国有林场改革工作调度会，出台了《国有林场改革后执行提前退休政策具体操作办法》及《关于未参保国有林场及其职工参加基本养老保险有关问题的通知》等配套政策。赣州等 7 个设区市政府出台了国有林场改革的实施意见。全省国有林场职工参加基本养老保险人数 85 002 人，参保覆盖率 87.40%；参加基本医疗保险人数 91 187 人，参保覆盖率 93.80%。已移交医院(医务所)76 所，占 82.60%；已移交学校 103 所，占 94.50%。18 528 人享受未参保且生活困难的退休职工生活补助资金，人均月生活补助 385 元。47 970 名国有林场职工纳入困难企业参加城镇职工医疗保险补助政策范围。全省 7948 户改造工程任务全面开工，其中竣工 2532 户(套)。38 个国有林场通乡镇级林区公路纳入农村公路建设范围，总里程 130.80 千米，总投资 12 616 万元。

【全省国有森工企业改革】 2010 年，江西启动农垦、粮食、农业、林业、水利、交通运输、商贸流通等七个系统国有企业改革。林业系统 80 家国有森工企业、13 049 名职工纳入国企改革范围。省林业厅成立江西省国有森工企业和国有林场改革领导小组，设立办事机构。实行领导到企业挂点负责制，负责督导和稳定工作。各设区市和县级林业主管部门也成立相应的改革组织机构。11 家省属森工企业和 69 家市、县属森工企业按七个系统国企改革“六个到位”(即：一是多渠道筹措改制资金，确保改制职工的经济补偿金和养老保险、医疗保险按规定落实到位；二是清理偿还拖欠职工应发未发的工资和欠缴的社保费用等；三是妥善做好人员安置工作，改制企业与职工解除原有的劳动关系，建立新型劳动关系；四是转换企业经营机制和建立现代企业制度，完善法人治理结构，使之真正成为市场竞争主体；五是盘活企业资产和招商引资；六是剥离企业办社会职能，实行属地管理)的标准，全部改革到位。纳入改革范围的省属国有森工企业职工 3531 人，其中离退休职工 1362 人；除 37 名企业留守人员外，2132 名应改制人员全部签订解除劳动关系协议。省林业厅采取先改制、后下放的办法，将地处樟树市、永修县的樟树贮木场、樟树人造板厂、涂家埠贮木场 3 家省属森工企业下放到县管，实现平稳过渡。

【森林资源管理与保护】 制定了《江西省湿地保护条例》，修订了《江西省森林防火条例》和《江西省实施〈中华人民共和国野生动物保护法〉办法》。采取“一约谈四暂停”措施(约谈县(市、区)政府主要领导，暂停安排林业项目、暂停征占用林地审批、暂停林木采伐审批、暂停木材加工项目审批)，对林政管理混乱的鄱阳、乐平、乐安 3 县(市)实施重点整治，限期整改。3 县(市)抓获犯罪嫌疑人 70 余人，处理失职渎职干部 20 余人，建立起了保护森林资源的长效机制，林区秩序明显好转。全年共下达木材生产计划 728.50 万立方米，占年度采伐限额的 36.50%，有效控制了森林资源消耗。2012 年全省共完成审核(批)占用征收林地项目 1203 起，面积 7421.29 公顷，征收植被恢复费 4.40 亿元，植被恢复费征收标准达 5.96 元/平方米。全省第一次开展生态公益林省、市、县三级检查验收工作。全省实施公益林补偿面积 340 万公顷，占全省林地面积的 32%，其中国家重点公益林面积 215.82 万公顷，省级公益林面积 124.18 万公顷。补偿标准 15.50 元/亩·年。崇义等 8 个县(市)正式启动了森林可持续经营管理试点工作。省级林地保护利用规划和林地“一张图”建设顺利通过国家林业局审查验收。全省第二次湿地资源调查工作圆满结束。齐云山、阳际峰两处省级自然保护区经国务院批准晋升为国家级自然保护区。新增赣州章江、万年珠溪、上犹南湖、会昌湘江、南城醉仙湖 5 处国家湿地公园。新增鄱阳莲花山国家森林公园。成立了江西森林消防总队，671 支半专业队通过达标验收，森林武警部队营区建设顺利完工。全省共发生森林火灾 43 起，过火面积 1065.36 公顷，受害森林面积 338.66 公顷，同比分别下降 69.70%、70.40%、74.90%，为江西省历史上森林火灾最少、防火成效最好的年份之一，没有发生重特大森林火灾和人员伤亡事故。出台了《松材线虫病防控重点县管理办法》。2012 年，全省松材线虫病疫情发生区共实施除治性采伐松木 74 万余株，除治松林面积0.83万公顷，安全利用及烧毁疫木约50 234立方米。开展了"绿盾2012"林业植物检疫执法检查行动，累计查处案件236起。全面启动12处国家级野生动物疫源疫病监测站基础设施建设，新增疫源疫病监测点50处。在全省范围内持续深入开展了矿山非法侵占林地、鄱阳湖候鸟保护、野生动植物保护专项整治行动、保护古树名木、"一打击两整治"等一系列严打行动。全省共查处各类森林案件23 347起，其中刑事案件3325起，处理违法犯罪人员25 315人，收缴木材3.31万立方米，挽回直接经济损失7959万余元。

【生态文化建设】 成功举办江西省第三届花卉园艺博览交易会、2012鄱阳湖国际湿地旅游文化节暨湿地帐篷观鸟季、《赣风》大型公益晚会和首届中国(九江)鄱阳湖国际名湖友好交流大会。配合中央电视台在鄱阳湖开展白鹤迁徙系列直播报道。省林业厅生态文化展厅、廉政文化展厅被省直属机关工委党校、省社会主义学院、江西师范大学分别作为现场教学实践基地、党外干部省情教育基地和教学实践基地。开展了"鄱阳湖传奇故事"征文活动。参展第二届中国(上海)竹制品博览会、第九届中国林产品交易会、首届中国森林食品交易博览会暨第三届中国(铁岭)榛子节、第五届中国义乌国际森林产品博览会，荣获多个奖项。宜丰县天宝古村等5个村入选"全国生态文化村"，入选数量居全国之首。宜丰县、铜鼓县被中国野生植物保护协会授予"中国南方红豆杉之乡"。资溪县被中国竹产业协会命名为"中国特色竹子之乡"。

【林业自身建设】 在全省林业系统开展了"富民兴赣我先行"党员承诺，"访民情、办实事、转作风、作表率""绿色崛起，党员先行"，机关干部作风突出问题集中整治活动等一系主题实践活动，引导广大党员干部进一步改进机关工作作风，立足岗位创先争优。省林业厅连续七年荣获全省综治先进单位。省森林公安局、省防火办分别荣获全国综合考核"五连冠"和"四连冠"。省森林公安指挥中心大楼顺利开工，打造了一批管理规范、树木林立、环境优美的园林式派出所。省林木育种中心落成并正式投入使用。新获批的6个高速公路木材检查站建设进展顺利。全省新建、改建48个基层林业站。

【林业大事】

1月1日 全省森林防火"平安春季行动"正式启动，省森林防火总指挥部连续第4年组织开展该项行动。

1月9日 省林业厅在南昌召开全省设区市国有林场改革工作汇报会，省国有林场改革办公室主任、省林业厅厅长刘礼祖出席会议。

1月11日 《江西省城市绿化管理办法》和《江西省松材线虫病防治办法》经修改后由省政府公布施行。

1月17日 副省长姚木根到省森林武警部队和省航空护林站走访慰问。

2月3日 政协江西省第十届委员会第五次会议选举省林业厅厅长刘礼祖为政协江西省第十届委员会副主席。

2月6日 副省长姚木根，省政协副主席、省林业厅厅长刘礼祖率团考察广东陈村花卉世界，南昌市市长陈俊卿等随团考察。

2月15日 崇义、武宁、资溪、兴国、修水、遂川、横峰、鄱阳、于都、铜鼓、靖安等11个县被列为首批创建全国农民林业专业合作社示范县。

2月16日 全省造林绿化"一大四小"工程建设现场会在吉安市召开，副省长姚木根，省政协副主席、省林业厅厅长刘礼祖出席会议。会议期间举行了全省高速公路"三纵三横"通道绿化精品提升启动仪式。

2月16日 国家森林防火指挥部专职副总指挥杜永胜到江西调研，副省长姚木根，省政协副主席、省林业厅厅长刘礼祖会见了调研组一行。

2月28日 南方林业产权交易所被欧盟、国家林业局、联合国粮农组织授予"省级林权交易示范中心"称号。

3月1日 副省长姚木根，省政协副主席、省林业厅厅长刘礼祖走访国家林业局并与国家林业局领导进行了座谈。

3月6日 省政府出台《关于大力推进林下经济发展的意见》，提出力争到2015年，全省林下经济发展面积达到200万公顷，林下经济综合产值达到600亿元以上，农民人均增收600元。

3月17~21日 全国政协委员、中央党校原教育长李兴山一行到江西开展林权制度主体改革及配套改革成效评估调研。省政协副主席、省林业厅厅长刘礼祖等陪同调研。

3月29日 省十一届人大常委会第三十次会议表决通过《江西省湿地保护条例》，于2012年5月1日起实施。2003年11月27日江西省十届人大常委会第六次会议通过的《江西省鄱阳湖湿地保护条例》同时废止。

4月1日 副省长、省森林防火总指挥部总指挥姚木根到省森林防火指挥中心视察，省政协副主席、省森林防火总指挥部副总指挥刘礼祖陪同。

4月5日 以"爱鸟护鸟观鸟，共享自然之美"为主题的江西省第31届"爱鸟周"宣传活动启动仪式在抚州市举行。

4月6日 省林业厅召开干部大会，省委组织部副部长冯桃莲宣布阎钢军同志任省林业厅党组书记、厅长，刘礼祖同志不再担任省林业厅党组书记、厅长职务。

4月12日 省政府办公厅印发《关于加快苗木花卉产业发展的意见》。力争到2015年，全省苗木花卉基地种植面积达到10万公顷，实现苗木花卉直接销售产值300亿元，苗木花卉产业综合产值500亿元；到2020年，全省苗木花卉种植面积达到13.33万公顷，实现苗木花卉直接销售产值500亿元，苗木花卉产业综合产值1000亿元。省政府决定成立由分管领导任组长的省苗木花卉产业发展领导小组，领导小组办公室设在省林业厅。

4月17~19日 国家林业局原副局长李育材到江西调研油茶产业发展情况。省政协副主席刘礼祖，省林业厅厅长阎钢军陪同调研。

4月25日 省委书记苏荣，省委常委、省委秘书长赵智勇，副省长姚木根一行到新余市就加强土地污染治理问题进行专题调研，苏荣指出，发展花卉苗木产业是治理污染土地的成功之路。调研期间还看望了省森林公安局亚林分局基层森林公安民警。

4月26日　副省长姚木根在省森林公安局呈报的情况反映上批示："专项行动很有成效，对偷盗古树名木的违法行为应狠狠打击。"

4月28日　省人大环资委、法制委、省人大常委会法工委、省政府法制办、省环保厅、省林业厅在南昌市召开贯彻实施《鄱阳湖生态经济区环境保护条例》和《江西省湿地保护条例》新闻发布会。省人大常委会副主任胡振鹏、魏小琴，省政府党组成员、顾问熊盛文出席，省人大各专工委、省政府有关部门负责同志及近20家新闻单位记者参加会议。

5月14日　省委书记苏荣对全省造林绿化"一大四小"工程建设作出批示："造林绿化'一大四小'工程是大力推进生态与经济协调发展、保护江西青山绿水的一项重大基础性工程。要紧紧围绕建设富裕和谐秀美江西的宏伟目标，扎实推进造林绿化'一大四小'工程建设，切实保护和建设好江西的生态环境，让全省人民永远享受一流的空气、一流的水质、一流的生态、一流的人居环境。"

5月14日　全省造林绿化"一大四小"工程建设年度总结表彰大会在南昌市召开。省长鹿心社出席会议并讲话，省委副书记、省纪委书记尚勇，省人大常委会副主任朱秉发，副省长姚木根，省政协副主席刘礼祖，省政府秘书长谭晓林出席会议。

5月15日　全省林业局长会议在南昌市召开。省林业厅厅长阎钢军出席会议并讲话。

5月18日　修水县森林公安局民警张岸林被评为全国特级优秀人民警察，省森林公安局直属一分局一大队被评为全国优秀公安基层单位，遂川县森林公安局局长古小江被评为全国公安机关爱民模范，婺源县森林公安局局长王毅被评为全国优秀人民警察。

5月29日　省政府办公厅印发《关于加快森林旅游发展的意见》，提出到2015年全省建成各类森林旅游目的地500处，力争全省森林旅游年接待人数达5000万人次、年森林旅游综合总收入达600亿元。

6月4日　省林业厅、省发改委联合印发《江西省苗木花卉产业发展规划(2011～2020)》，提出到2020年实现苗木花卉直接销售产值500亿元，产业综合产值1000亿元。

6月14～15日　省林业厅在宜春市召开全省国有林场危旧房改造工作现场会。厅长阎钢军出席会议并讲话。

6月16～17日　武警森林指挥部政委亢进忠到江西调研，副省长姚木根、省政协副主席刘礼祖会见了亢进忠一行。

7月4日　省委常委、常务副省长凌成兴到鹰潭市调研贵冶周边苗木花卉基地建设情况。

7月13日　井冈山国家级自然保护区被联合国教科文组织第24届人与生物圈计划国际协调理事会批准加入世界生物圈保护区网络，成为目前江西唯一的世界生物圈保护区。

7月18～19日　省委书记苏荣，省委常委、秘书长赵智勇到江西武夷山国家级自然保护区调研，省林业厅厅长阎钢军陪同调研。苏荣指出，像江西武夷山保护区这么好的原始森林已不多见，尤其是2万余亩的原始南方铁杉林、天然柳杉林，均被写入《中国植被》典型地带性群落非常珍贵。武夷山保护区是我省"生态立省、绿色崛起"的最好展示窗口之一。我们要对大自然常怀敬畏、感恩之心，以高度的责任感、使命感、紧迫感为江西守好一座山、护好一片林。

7月23日　省林业厅在南昌召开全省森林资源可持续经营管理试点工作启动会议。厅长阎钢军出席会议并讲话。崇义、武宁、井冈山、靖安、婺源、铜鼓、资溪、浮梁等8个县(市)将于2012年正式启动森林资源可持续经营管理试点工作。

7月24日　省政协副主席陈清华、刘礼祖率省政协港澳台侨和外事委员会、部分省政协常委及委员到省林业厅调研林业生态建设情况。

7月28日　省人大常委会副主任魏小琴到安福县调研森林城市建设和花卉苗木产业情况。

8月2日　省林业厅荣获"2011年全国林业信息化建设十佳单位"称号。

8月13日　省林业厅印发《江西省林业厅关于大力支持赣南等原中央苏区加快林业发展的实施方案》。

8月19～20日　副省长姚木根率江西考察团到广东省考察生态建设和造林绿化工作。

8月31日　省林业厅被省委、省政府评为"全省七个系统国有企业改革先进单位"。

9月5日　省政协副主席刘晓庄率民革、民盟、民建、民进、农工党、九三学社和工商联等界别省政协委员，到南昌市调研苗木花卉产业，省林业厅厅长阎钢军陪同调研。

9月19日　国家林业局授予宜春市明月山"中国森林公园发展三十周年最具影响力森林公园"荣誉称号，授予上饶市林业局局长刘建、宜春市林业局局长陈贻昌等11人"中国森林公园发展三十周年突出贡献个人"荣誉称号。

9月19～22日　省林业厅组织木竹加工、油茶加工、林产化工、森林食品类共16家企业参加在山东省菏泽市举行的第九届中国林产品交易会，并荣获"特别贡献单位"称号，获评交易会"优秀组织奖"和"优秀设计奖"。

9月20～21日　省林业厅被国家林业局评为"2012年退耕还林阶段验收工作先进集体"。

9月24日　省政府在新余市召开全省加快推进农业产业化暨花卉苗木产业水利工程建设现场会，副省长姚木根出席会议并讲话。

9月25日　省政府在南昌召开全省森林防火暨松材线虫病防控工作会议，省长鹿心社对全省森林防火工作作出批示，副省长姚木根出席会议并讲话。

9月26日　省政府在南昌召开江西省鄱阳湖区越冬候鸟和湿地保护工作会议，副省长姚木根出席会议并讲话。

9月27日　省第十一届人大常委会第三十三次会议审议通过《江西省森林防火条例(修订案)》，于2012

年10月1日起施行。

10月8日 省委副书记、省纪委书记尚勇到省防火办看望节日期间坚守岗位的工作人员。

10月8日 江西省第三届花卉园艺博览会在宜春市召开。省长鹿心社出席并宣布花博会开幕，省人大常委会副主任陈达恒出席，副省长姚木根出席并讲话。本届花博会以"秀美江西·绿色崛起"为活动主题，旨在让生态引领生活，着力引导人们注重生态环境，加速绿色产业发展，推动低碳经济，引领低碳生活，使水更清、天更蓝、草更绿、花更艳，生态环境更优美。

10月8日 省林业工作总站等3个单位荣获国家林业局"全国生态建设突出贡献奖"先进集体称号；婺源县大鄣山林业工作站站长孙金焰等4人获"全国生态建设突出贡献奖"先进个人称号。

11月1～4日 中央电视台首次对鄱阳湖白鹤迁徙进行系列报道。

11月5日 "江西风景独好·森林旅游"年票首发式暨"江西绿色旅游网"开通新闻发布会在南昌举行。省人大常委会副主任陈安众、省政协副主席刘礼祖出席开通仪式。

11月13日 副省长姚木根在省森林公安局呈报的《省森林公安局出重拳查大案》上批示："有声势，有突破，也有很好的社会效果。两起典型案件采取适当方式向社会公布，以震慑犯罪，教育群众，更好保护生态安全。"

11月15日 第六届"长江湿地保护网络"年会在江西省鄱阳县召开。会议发表了"保护长江湿地，共建美丽中国"为题的《鄱阳宣言》。

11月20日 候鸟"白鹤3号"在鄱阳湖保护区野化放飞。新华社、中央电视台等新闻媒体全程跟踪报道。

11月27日 中央电视台《新闻直播间》等多档栏目先后播报资溪县存在非法猎捕、销售、经营猕猴、大雁等重点保护野生动物的现象。省委书记苏荣、省长鹿心社、省委政法委书记舒晓琴、副省长姚木根等省领导先后作出重要指示。国家林业局于当天派出督导组赴江西督查。

11月28日 省委政法委、省综治办、省林业厅、省公安厅、省工商局联合召开"全省坚决禁止猎捕野生动物专项工作电视电话会议"，部署在全省范围内立即开展"百日严打"专项行动，严厉打击非法猎杀、出售、收购野生动物的违法犯罪行为，并将保护野生动物列入社会管理综合治理目标管理考核，实行"一票否决"。省林业厅等7部门联合下发《关于坚决禁止非法猎捕野生动物行为的紧急通知》。

11月30日 江西省实施《中华人民共和国野生动物保护法》办法经省第十一届人大常委会第三十四次会议修正通过。

12月3日 省人保厅会同省财政厅、省林业厅联合印发《关于未参保国有林场及其职工参加基本养老保险有关问题的通知》。规定经济状况较差，缴费有困难的国有林场，可以按照当地国有农垦企业职工参保办法，参加城镇企业职工基本养老保险。

12月3日 省政府在南昌市召开全省"森林城乡、绿色通道"建设动员大会。省委副书记尚勇出席会议并讲话，副省长姚木根主持会议，省政协副主席刘晓庄出席会议，国家林业局造林司司长王祝雄到会指导。

12月17日 国家林业局出台《国家林业局关于支持赣南等原中央苏区加快林业发展的意见》。

12月18～19日 省林业厅在抚州市召开全省林下经济发展暨松材线虫病除治现场会，厅长阎钢军出席并作讲话，国家林业局林改司司长张蕾到会指导。

12月26日 江西省森林工业局更名为"江西省林业产业发展管理局"。

12月31日 省政府任命魏运华同志为省林业厅巡视员，免去其省林业厅副厅长职务。

（江西省林业由钟传宇供稿）

山东省林业

【概　述】 2012年，山东林业积极转变发展方式，不断深化集体林权制度改革和国有林场改革，不断提升应急处置、资源管理、支撑保障和信息化开发应用能力，林业生态建设、产业发展和生态文化发展水平有了进一步提高。以森林城市和绿化模范城市创建为载体，创新民营林场发展模式，组织实施水系绿化、荒山绿化等重点工程，全年完成造林19.87万公顷；实施林业产业化经营，全省林业总产值达到4578亿元，比2011年增长76.69%，总量位居全国第一位；集体林权制度配套改革在森林资源资产评估、林业专业合作组织建设、林权管理服务、森林保险和林权抵押贷款等方面均有新的探索和发展，国有林场改革试点顺利推进；森林防火能力在墓地整治、防火通道、林区水源地、防火隔离带和物资储备库建设等方面都有新的突破，全年没有发生重大以上森林火灾和人员伤亡事故。美国白蛾疫情得到有效控制，发生面积同比减少9.38万公顷，发生范围减少了1个市、10个县、190个乡镇；省政府印发实施了《山东省林地保护利用规划》和《山东省湿地保护工程实施规划》，出台了《山东省湿地保护办法》；林业科技创新成效明显，全省林业有12项科技成果获得省科技进步奖，其中一等奖2项；争取省及以上财政资金15.45亿元，同比增长22.9%。落实新增项目贴息贷款27.2亿元，同比增长38%，贷款总额居全国第一位；严格执行森林采伐限额和征占用林地审批制度，批复森林采伐限额28.1万立方米，审核各类建设项目占用征收林地173项，占用征收林地面积886.97公顷。加强林政资源管理，集中开展了"春季行动""野生动物严打行动"等专项行动，查处林业行政案件6804件，行政处罚7068人次；生态文化活动丰富多彩，省林业厅联合省作协开展了林业采风创作活动，编辑出版了《绿色赞歌》一书。举办了首届"美丽乡村生态文明论坛"，开展了生态文明建设征文活动，举办了第二届山东省林业生态艺术摄影展。编撰出版了《齐鲁古树名木》和《山东野生鸟类》，创办了《山东林业产业》杂志。

【省林业厅揭牌仪式】 经中央编办批准，省政府下发了《山东省人民政府关于省林业局机构调整的通知》（鲁政字〔2012〕151号），决定把山东省林业局更名为山东省林业厅，并列入政府组成部门。8月17日，山东省林业厅揭牌仪式举行，国家林业局副局长张建龙、山东省副省长贾万志出席仪式并为山东省林业厅揭牌。山东省委农村工作委员会办公室主任王泽厚主持仪式，山东省机构编制委员会办公室主任李显升宣读《山东省人民政府关于省林业局机构调整的通知》，山东省林业厅厅长贾崇福作了发言。国家林业局人事教育司司长谭光明、计资司巡视员王前进、驻合肥专员办专员薛全福、华东林业调查规划设计院院长傅宾领、华东林业调查规划设计院党委书记刘裕春，山东省财政厅党组成员、省农业开发办主任姜凝，省人力资源和社会保障厅副厅长夏鲁青，省水利厅副厅长尚梦平，省农业厅巡视员林建华，省海洋与渔业厅党组书记、厅长侯英民等出席了揭牌仪式。

【民营林场建设】 潍坊、临沂、东营、滨州、青岛等地积极开展民营林场建设，实现了生态、经济和社会效益的共赢。截至2012年年底，全省共建生态林场176处，新增造林面积12.33万公顷，成为推进绿色山东建设的造林绿化新模式。民营林场的主要做法是“政府主导、流转土地，市场化运作、林场化管理”。“政府主导、流转土地”就是政府统一规划，以各级财政投入为主，把土地从老百姓的手里流转过来，解决造林用地问题。东营市出台《关于加快生态林场建设的意见》，市财政投资2亿多元，租赁土地1.53万公顷，建设生态林场11处。“市场化运作”就是发挥市场配置资源的优势，鼓励民营企业投资林场建设，增强林场发展的活力。“林场化管理”就是把民营林场作为一个管理单位，建立长期有效的经营管理体制，实现林场的可持续发展。

【森林防火能力建设】 各地认真贯彻落实《山东省人民政府关于加强森林防火能力建设确保人民生命财产和森林资源安全的意见》（鲁政发〔2011〕27号），从宣传教育、防火责任、林区墓地、林火监测体系、专业队伍、防火通道及隔离带建设和防火机具装备7个方面，不断提升森林防火能力和水平。一年来，新建宣传标牌5万余块，粉刷张贴标语30余万条，发送手机短信近3亿人次；规范林区墓地搬迁和管理，全省搬迁林内散坟5.5万多座，建设规范化公益性墓地1079处；加强瞭望台、视频监控、指挥中心等预警体系建设，建设固定瞭望台636座，远程视频监控点442个，指挥中心36处；加强消防专业队伍和装备建设，全省建设森林消防专业队伍773支，人数达20 681人；完善森林防火阻隔网络，基本建立起单片面积不大于100公顷的林火阻隔网络；加强防火物资储备，全省建设森林防火物资储备库310处，新增风力灭火机1850台、串联水泵170部、水罐车45部、运兵车30部、储备物资2.7万件（套）。

【第十六次全省绿委成员会议】 2月29日，山东省绿化委员会第16次全体成员会议在济南召开。省林业局局长、省绿化委员会副主任贾崇福通报了近几年全省国土绿化工作情况；省林业局副局长辛福智对《山东省绿化先进评选表彰办法》作了说明；副省长、省绿化委员会主任贾万志出席会议并讲话，省政府办公厅副主任、省绿化委员会副主任高洪波主持会议。会议提出要统筹处理好城市绿化和乡村绿化的关系，统筹处理好部门绿化和全民义务植树的关系，统筹处理好工程造林和社会造林的关系，力争到2015年，全省新增造林66.67万公顷，森林覆盖率达到25%以上，森林蓄积达到1.1亿立方米，适龄公民义务植树尽责率达到85%以上，林业总产值年均增长10%以上，基本形成生态良好、产业发达、文化繁荣的现代林业发展格局。

【航空护林开航仪式】 3月26日，山东省森林防火指挥部在省青少年素质教育中心举行航空护林开航典礼仪式。省林业局副局长刘建武主持开航仪式，国家林业局森林防火预警监测信息中心副主任陈介平作了讲话，山东省森防指副总指挥、林业局局长贾崇福宣布开航。国家林业局防火办航空护林处处长张连生，西南航空护林总站航空护林处副处长邢建武，山东省森防指副总指挥、省政府办公厅副主任高洪波，武警山东省总队、济空航管处、济南军区作战部、中国民用航空交管局、省军区、省编办、山东省人民政府森林防火与有害生物防控指挥部成员以及全省14个森林防火重点市的林业局分管局长、防火办主任和76个森林防火重点县（市、区）分管副县（市、区）长、林业局长等300多人出席开航仪式。陈介平、高洪波、贾崇福为开航仪式剪彩。开航仪式后，大家现场观摩了直升机吊桶灭火与专业森林消防队员配合扑救森林火灾实战演练。

【山东（暖温带）珍稀濒危树种种质资源中心库开工奠基仪式】 5月7日，山东（暖温带）珍稀濒危树种种质资源中心库开工奠基仪式在济南市历城区港沟镇举行。奠基仪式由山东省林业局局长贾崇福主持。省林业局副局长亓文辉介绍了项目情况，国家林业局副局长张建龙，济南市政府副市长李宽端分别进行致辞。施工单位、监理单位代表分别进行了发言。国家林业局局长赵树丛和省政府副省长贾万志共同启动了仪式球。随后，有关单位和部门的领导共同进行了培土奠基。

【《山东省湿地保护办法》发布实施】 12月26日，山东省政府令第257号发布了《山东省湿地保护办法》，这是山东省第一部关于湿地保护的省政府规章，《办法》于2013年3月1日起施行。《办法》共6章39条，主要从湿地保护规划、湿地自然保护区与湿地公园、监督管理、法律责任等方面进行了规范。《办法》将湿地分为国际重要湿地、国家重要湿地、省重要湿地和其他湿地，设立了建设湿地公园的条件和程序。《办法》规定县级以上人民政府应当制定湿地保护及修复政策，合理安排资金投入，建立和完善湿地生态保护补偿制度。《办法》规定因建设公益性设施或者进行其他活动，需要临时占用湿地的，占用单位应当提出可行的湿地恢复方案。湿地恢复方案应当符合湿地保护规划，并经县级以上人民政府林业主管部门同意。《办法》明令禁止围垦、填埋、占用湿地，擅自排放湿地蓄水和违法放牧等8种破坏湿地的行为，并明确了相应的法律责任。

【合作共建山东农业大学签字仪式】 5月7日，国家林业局、山东省政府在济南举行合作共建山东农业大学签字仪式。出席签字仪式的国家林业局领导有：国家林业局局长赵树丛，副局长张建龙，办公厅主任张鸿文，计财司司长封加平，科技司司长彭有冬，人事司司长谭光明，场圃总站总站长杨超；出席签字仪式的山东省领导有：省委常委、副省长孙伟，省人大副主任、山东农业大学校长温孚江，副省长贾万志以及省高校工委、省发改委、省教育厅、省科技厅、省财政厅、省林业局和山东农业大学主要负责人。张建龙副局长和贾万志副省长分别作了致辞讲话，赵树丛局长和孙伟副省长共同签署了协议，省政府秘书长蒿峰主持仪式。

【湿地新闻发布会】 2月2日，省政府新闻办公室召开湿地新闻发布会，省林业局局长贾崇福发布山东湿地保护及2012"湿地年"主题系列活动情况，共青团山东省委副书记张涛、省旅游局副局长窦群、省林业局副局长刘建武分别回答了记者提问。发布会由省政府新闻办公室宣传处处长陈强主持。中央驻山东新闻单位、香港新闻媒体驻山东分支机构、省直及济南市主要新闻单位约60家媒体的记者、17市林业局分管局长及省林业局有关处室、直属机构负责人共100余人参加发布会。齐鲁网进行全程视频、图文直播。

新闻发布会上，省林业局、共青团山东省委、省旅游局、《齐鲁晚报》、大众网等5家单位决定联合开展"2012山东省湿地年主题系列活动"，活动主要有6项内容。一是举办"黄河湿地网络"高层论坛，二是举办"发现美的眼睛"我心中的最美湿地网上评选活动，三是举办"生态与美"湿地风景摄影大赛，编辑出版《山东湿地》大型画册，四是举办"千里走湿地"湿地生态体验走访活动，五是举办"对话湿地"全省湿地知识大赛，六是开展"湿地保护从我做起"湿地志愿者行动。

【第五届山东省花卉博览会】 9月27日～10月8日，第五届山东省花卉博览会在滕州市举办。中国花卉协会副会长、商务部原副部长刘向东，省政协副主席陈光，省林业厅厅长贾崇福，国家林业局场圃总站副总站长张周忙，省林业厅副厅长吴庆刚，省政府新闻办公室副主任、省摄影家协会主席侯贺良，中国花卉协会办公室主任宿友民，中国政法大学艺术学院院长、著名画家唐建，省发展改革委总工程师王广利，中国科技大学艺术系教授、画家张明弘，省计生委宣教中心主任饶琦，省农业厅果茶站站长苏桂林和枣庄、滕州两级市领导出席开幕式。

由省政府主办，省林业局和枣庄市政府共同承办，滕州市政府具体实施的第五届山东省花卉博览会，坚持"突出特色、带动产业、促进发展"的办会理念，突出"花开齐鲁 幸福滕州"节会主题，融入人文、科技、城建三大元素，是一届集展览展示、洽谈交易、文体活动、旅游观光于一体的省级花事盛会。据统计，花博会期间主展馆参观人数达50多万人次；交易区参观、交易人数达26万人次，交易额达2.2亿元；签订花卉合作项目26个，总投资16.2亿元。

【首届黄河三角洲绿化苗木博览会】 5月7～9日，由山东省林业局和滨州市人民政府主办，惠民县人民政府承办的首届黄河三角洲（滨州·惠民）绿化苗木博览会成功举办。国家林业局国有林场和林木种苗工作总站副总站长张周忙、山东省政协副主席陈光、省林业局副局长吴庆刚参加了开幕式，陈光授予惠民县"黄河三角洲苗木交易市场"称号，吴庆刚按动了"中国白蜡网"开通按钮。在开幕式上，表彰了全省种苗和花卉产业十大带头人，举办了"苗木市场与高效生态"主题论坛。首届黄河三角洲绿化苗木博览会吸引参展客商700多家，签定苗木购销合同200多笔，交易额达8000多万元；签约招商引资项目310个，总投资超亿元。

【山东作协林业采风活动】 7月13日，由山东省作家协会和山东省林业局联合举办的主题为"生态 生命 生活"的"山东作家林业行"采风活动在济南启动，这是省作协和省林业局的首次合作。省林业局局长贾崇福和省作协党组书记、副主席杨学锋出席仪式并讲话。启动仪式结束后，30多位作家分3个组进行为期一周的集中采风，随后创作了一批有感染力、影响力和思想性的林业文学作品，并出版了《绿色赞歌》一书，收录采风作品33篇。这些优秀作品热情讴歌了林业系统干部职工立足本职、无私奉献的精神风貌，展现了山东林业改革与发展的生动实践，弘扬了生态文明的时代主题，是近年来山东省生态文化建设和文学创作领域的一项重大成果。

【首届生态文明乡村论坛】 11月22日，山东省首届"美丽乡村生态文明"论坛在邹平县西王村召开。论坛由邹平县韩店镇西王村，寿光市孙家集街道三元朱村，滕州市张汪镇大宗村、洪绪镇龙庄村，莱芜市雪野镇房干村，平邑县九间棚村，章丘市朱家峪村，栖霞市桃村镇国夼村等全省8个全国生态文明村发起。会上，8个村代表分别作了发言，山东省农业大学曹帮华教授作了专题报告。8个全国生态文明村审议并通过了"建设美丽乡村，促进绿色发展"为主题的联合宣言《西王宣言》，倡议8个村牢固树立尊重自然、顺应自然、保护自然的生态文明理念，自觉承担乡村生态文明建设任务。坚持绿色发展的理念，正确处理保护生态与经济发展的关系，着力于发展绿色、低碳、环保、循环经济，致力于建设资源节约型、环境友好型厂矿企业，促进群众增收致富。

【电影《完美人生》山东首映式】 8月23日，电影《完美人生》在山东大厦举行首映式。省政府办公厅巡视员高洪波、省林业厅厅长贾崇福、省残联副理事长徐国勤参加首映式并讲话。高洪波向各市林业局赠送了《完美人生》光盘。

电影《完美人生》是根据国土绿化突出贡献人物、

淄博市原山林场党委书记孙建博的长篇纪实文学《火凤凰》改编而成。电影主人公以孙建博为原型，艺术地再现了他推动林场改革发展的感人事迹，讴歌了林业人艰苦创业、无私奉献的伟大精神。电影《完美人生》由国内著名导演王金明执导，青年演员霍青、老艺术家于东江等担纲主演，9 月份在全国公映。

【百万青年绿林汇活动】 3 月 10 日，以“春天在这里”为主题的山东省百万青年绿林汇活动启动仪式在省青少年素质教育基地举行。团省委书记王磊、省林业局副局长辛福智出席启动仪式并为“百万青年绿林汇”纪念林揭碑。青年代表在启动仪式上发出“从我做起，以实际行动参与造林绿化活动，自觉履行公民植树义务，积极投身生态文明建设”的倡议。该项活动在全省发动 100 万名青少年，统一使用“百万青年绿林汇”标识，在重点流域、水系、青少年绿化基地、城市社区、农村庭院等开展植绿护绿活动，完成造林 0.67 万公顷。随后，济南市各界青少年代表1000 余人参加了植树活动。

（山东省林业厅由刁训禄、王树军供稿）

河南省林业

【综　述】 2012 年，河南务林人奋力拼搏，开拓创新，扎实工作，全面完成了各项工作任务。

造林绿化工作 完成了年度退耕还林工程等国家重点工程和外资造林项目任务，积极推进农田防护林体系改扩建等省重点林业生态工程。据核查，2012 年全省共完成造林 28.39 万公顷，完成中幼林抚育和低质低效林改造 12.45 万公顷。全省义务植树 2 亿多株，全民义务植树尽责率 90% 以上。又有 11 个县（市、区）达到林业生态县创建标准。经评估，2011 年全省林业（林木和湿地）生态效益总价值为 4750.27 亿元。

林业产业 新建以杨树为主的速生丰产林基地 1.65 万公顷，新发展经济林 2.23 万公顷，新发展花卉 1.03 万公顷，种植结构不断优化。积极推进林业产业化集群发展，出台了加快林业产业化集群发展的实施意见。命名了好想你枣业等 253 家省级林业产业化重点龙头企业。试水招商引资工作。加强林产品质量检测，共检测样品 130 批次。全省森林旅游接待游客数量达到 3270 万人次，直接收入比 2011 年增长 12%。全省林业总产值达 1088 亿元。

集体林改 省政府办公厅出台了《关于进一步深化集体林权制度改革的意见》，巩固完善集体林地确权发证成果，对深化集体林改作了全面部署。推进林权抵押贷款，全省集体林地家庭承包率达到 71%；第一次召开林下经济发展现场会，全省林下经济综合产值 103 亿元，较 2011 年增加 37%；建立林权管理服务机构 57 个；林业专业合作社增加到 1798 家，较 2011 年增加 33%，首次命名 80 个农民林业专业合作社示范社。首次举办了森林资产评估培训班，172 人取得资产评估证书。与相关保险公司签订了《统保协议》，第一次将 135.52 万公顷公益林纳入投保范围，在全国率先实施除中央负责补贴外的保费由省财政全额负担。

支撑保障 一是加强依法治林。规范行政处罚裁量权，加强执法监督，推进依法行政，培训行政执法人员 600 多人。全省 105.33 万公顷天然林和 146.67 万公顷生态公益林得到有效保护。出台了《河南省生态公益林管理办法》。健全了林地定额使用按比例控制的管理机制，完成了全省县级林地保护利用规划编制、林地落界工作。认真做好野生动物保护和疫源疫病监测工作。林业综合执法和跨区联动、警务合作执法机制逐步建立，打击成效明显，全省共办理各类涉林案件 1.5 万起，处理了一批违法犯罪分子。二是加强科教兴林，新制定省级以上标准 16 项，取得科研成果 17 项。实施省级以上科技推广项目 23 项，80 多项林木新品种和林业新技术得到推广。全省组织开展科技下乡 4660 次，培训林农 50 多万人次。开展了 65 个专题调研，林业专家咨询组和花卉协会、林学会作用得到充分发挥，6 个生态定位站全部开展监测工作，科技支撑能力稳步提升。省林校完成招生 1600 人，毕业生就业率 91%，顺利通过高专评估，并被列入全省高校设置“十二五”规划。三是林业投入持续增长。全年林业投资突破 106 亿元，其中国家、省两级财政无偿投资达 33.5 亿元，较 2011 年增长 18%，为全年各项任务的顺利完成奠定了坚实的基础。四是加强灾害防控。省政府对 8 年来森林防火先进集体和个人进行了表彰。森林航护实现重点林区全覆盖。全年共发生森林火灾 284 起，森林火灾受害率低于 1‰以下的控制目标，较上个防火紧要期，森林火灾次数和林木损失均降低了 60% 以上。加大了松材线虫病、美国白蛾等防控力度，共发生各类林业有害生物 53.8 万公顷，无公害防治率 93.9%，成灾率低于 4‰的控制目标。五是加强基础设施和信息化建设。新增 4 处国家级湿地公园。采取召开现场推进会、约谈市县林业主管部门主要负责人等形式，加快了 96 万平方米国有林场危旧房改造力度。加强了森林公安办公用房、装备建设，建成和正在建设用房项目 17 个，配发警务装备 1.3 万多台（部）。改善了 9 个县的基层林业站办公条件。加强了网络舆情应对，完善了森林公安网络执法与监督系统，开发完成了全国林业信息化示范省建设的两个主题项目，部分已上线运行。组织开展了全省湿地资源、野生动物、花卉产业调查和森林资源监测等。六是加强队伍和机关作风建设。市、县级森林公安机关领导班子基本配备完毕，二级以上公安派出所达到了 15 个，建立了 125 个标准化林区警务室，加强了晋级、初任干警培训，建立了刑侦人才库。全面加强人才工作和干部培训教育，干部队伍素质有所提升。林科院博士后工作站 2 人进站工作。深入开展争创“五好”基层党组织和机关思想作风整顿活动，开展了森林公安“三访三评”活动，推动了工作作风转变。党风廉政建设和反腐败工作扎实推进，完成了厅直属机关党委、纪委换届工作。厅机关成功连创省级文明单位。工会青年团妇联、后勤服务和老干部工作扎实推进，为林业改革发展提供了有力支持。

生态文化 成功举办并提升了第十二届中国·中原花木交易博览会，组织参加了一系列国际、国内林业和花卉展会活动，扩大了河南林业影响力。新增国家级生态文明教育单位1个、全国生态文化示范村2个、省级生态文明教育单位6个。三门峡市成为河南省第五个国家森林城市，安阳市等3个城市顺利通过全国绿化模范城市验收。历时5年完成的《河南生态文化史纲》已交付印刷。深入开展保护湿地、爱护鸟类等生态文明教育活动，全社会生态文明意识不断提高。

尤为可喜的是，2012年，推进了关系林业长远发展的几件大事。一是组织编制《河南省林业生态省建设提升工程规划》，按照国家提出的“双增”目标要求，结合河南林业实际，从7月份开始，多次召开座谈会，组织编制《河南林业生态省建设提升工程规划》，历经数十次修改，努力做到在持续中提升、在为民中提升、在统筹中提升林业生态省建设水平。目前，《规划》顺利通过了省政府组织的有关院士专家的评审，并列入《中原经济区规划》中。这个规划是今后5年林业发展的纲领性文件，是林业发展的蓝图，将使林业在建设绿色中原、生态中原、美丽河南进程中作用更加明显。二是推进了多项合作协议的签署，省政府与国家林业局签署了合作共建河南农业大学协议，省林业厅与北京林业大学、中国农科院郑州果树研究所等6个高校、科研院所签署了《共同推进中原经济区林业科学发展框架协议》，省林业厅与国家开发银行等5家金融机构签订了《共同推进林业生态省建设提升工程合作协议》，省林业厅与省旅游局、河南黄河河务局、省电力公司签订了相关合作框架协议，密切了科研、教学、金融、旅游、河务、电力与林业生产的联系，为林业改革和发展提供了强有力的科技、人才和金融等支撑保障。三是推进了林业招商引资，召开了全省林业招商引资工作会议，认真谋划林业招商引资项目，完善林业招商引资项目库建设，制定了《河南省林业招商引资目标任务考核办法(试行)》，实施“走出去”，首次赴浙江、福建跨省招商，推介林业产业项目。同时“引进来”，与国家林业局产业联合会在河南省召开诚信联盟和招商推介会。据统计，通过宣传推介，全省已签订各类协议122个，实际到位资金29亿多元，促进了全省林业产业的快速发展。

【全省林业生态建设现场会召开】 2月9日，全省林业生态建设现场会在三门峡召开。会议总结交流了全省林业生态建设经验，通报了2011年林业生态省建设情况，安排部署了2012年林业生态建设任务。

会上还对河南省2011年林业工作完成情况进行了通报。各省辖市政府领导向省政府递交了2012年林业生态省建设目标责任书。三门峡市、漯河市、南阳市、鹤壁市政府有关负责同志在会上作了典型发言。会前，与会代表现场观摩了三门峡灵宝市、陕县荒山造林和城郊大环境绿化工程，产业集聚区中幼龄林抚育工程。

【省林业厅和三门峡市签订协议合作建设现代林业示范市】 2月9日，省林业厅和三门峡市合作建设现代林业示范市框架协议签字仪式在三门峡市举行。副省长刘满仓、三门峡市市委书记杨树平出席仪式。省林业厅厅长王照平和三门峡市市长赵海燕代表双方签署框架协议。此次签约既是加快中原经济区建设的具体行动，也是推进林业生态省建设的重大举措，必将对河南经济振兴和中原崛起发挥重要作用。

【省林业厅与焦作市签订协议共同打造中原经济区经济转型示范市】 省政府印发《焦作市建设中原经济区经济转型示范市总体方案》后，焦作市认真落实《总体方案》提出的各项目标任务，积极主动与省直厅局对接。2月10日，省林业厅与焦作市政府签订了《共同推进焦作林业生态建设 打造中原经济区经济转型示范市的框架协议》，旨在共同推进焦作林业生态建设，为加快中原经济区建设作出应有贡献。

根据协议，省林业厅将支持焦作市建设中原经济区经济转型示范市，构建林业生态网络体系，发展特色林业产业基地，建设繁荣的生态文化体系，建立牢固的林业保障体系，创新林业生态网络体制机制。通过双方共同努力，到2015年，焦作市林木覆盖率达到30.7%，有林地面积达到7万公顷，活立木蓄积量达到470.25万立方米，林业年产值达到40亿元以上，林业资源综合效益价值达到128.45亿元。城市绿化覆盖率、绿地率、人均公共绿地面积分别达到38.1%、34.5%和10平方米以上。

【全省森林公安工作会议】 2月24日，全省森林公安工作会议召开。会议表彰了2011年度绩效考评先进单位，签订了2012年度工作目标责任书。

会议要求，2012年要重点抓好以下5个方面工作：一是下大力气抓好班子队伍建设。要配齐配强各级森林公安机关的领导班子，扎实开展思想教育活动，切实做好招录补充人员工作，建立健全各项工作制度，从严治警，从优待警，争先创优。二是下大力气抓好能力素质建设。建立和完善分级分类培训制度，扎实开展岗位练兵，抓好教育培训，组织好执法资格考试。三是下大力气抓好执法能力建设。牢固树立“破案才是硬道理”的思想，采取强有力的措施，切实推进执法规范化建设、提高办案质量，推进执法能力建设、提升办案数量。抓好林区社会治安防控体系建设，推进执法机制创新，切实履行好森林公安机关在信访处理工作中的职责，加强信息宣传和舆论引导工作。四是下大力气抓好基础设施建设。加快推进办公办案场所建设，切实抓好基层派出所建设，强力推进森林公安信息化工作，搞好警营文化建设。五是下大力气抓好警务保障工作。抓好装备配发，加强装备管理，切实加强财政转移支付资金管理，切实做好经费保障工作。

【全省深化集体林权制度改革工作会议】 2月23～24日，全省深化集体林权制度改革工作会议召开。会议在总结河南省集体林权制度改革确权发证工作、分析全省林改形势的基础上，对2012年工作进行了部署安排。

一要不断完善集体林地家庭承包经营机制，巩固确权发证工作成果，2012 年全省集体林地家庭承包率达到 70% 以上、发证到户率达到 95% 以上；二要认真组织、积极协调，不断创新林权评估机制，力争使林权抵押贷款工作取得新突破；三要积极引导农民依法组建林业专业合作社，协调落实有关政策，组织开展培训，鼓励开展林产品商标注册、品牌创建等活动，促进农民林业专业合作社健康快速发展；四要按照因地制宜、统筹规划、突出特色、发挥优势、讲求实效的原则，大力发展林下经济。会议强调，按照中央文件要求，集体林地面积 200 万亩以上的省辖市和 30 万亩以上的山区县(市、区)应尽快成立林权管理服务常设机构，建立林权管理工作的长效机制。会议还通报了林改工作的有关情况，传达了全国林改统计会议精神，交流了各地林权管理机构建设、林权抵押贷款、发展林下经济及农民林业专业合作社建设方面的经验。

【义务植树】 2 月 27 日上午，在郑州市花园口黄河滩区，省四大班子领导与 300 多名省市机关干部一起挥锹铲土，参加义务植树活动。

【航空护林】 3 月 6 日，省森林航空消防站在伊川县两架森林航空消防直升机协同作业进行森林火场侦查及吊桶灭火演练，进一步提升了地空配合进行防扑火能力。河南省自 2007 年开展航空护林工作以来，承担林区巡护、火场侦查、机降(索、滑降)和吊桶灭火、空运扑火物资和扑火队员、火场指挥、急救、防火宣传等任务，填补了森林航空消防业务的空白。在军、民航管部门的大力支持下，森林航空消防逐步实现了大别山、桐柏山、伏牛山、太行山等重点林区航空护林的全覆盖。河南省开展航空护林作业 4 年来，已累计飞行 500 多小时，巡护、火场侦察及吊桶灭火 180 余架次，抢险救援 1 架次，侦察热点、火场 60 余起，增援火场 30 余架次，洒水 124 桶，空投森林防火宣传单 7 万余份，在全省森林防火工作中发挥了积极作用。

【建立六大林区警务合作区】 4 月 9 日，河南省六大林区警务合作工作机制正式启动。结合中原经济区生态功能区建设要求，全省建立了 6 个林区警务合作区：桐柏大别山地生态区合作区、伏牛山地生态区合作区、太行生态区合作区、平原生态涵养区合作区、黄河滩区生态涵养带合作区及南水北调中线生态走廊合作区。各警务协作区相关省辖市之间将至少每半年、县级之间至少每季度召开一次警务合作会议。建立警务合作区将有利于加强协同、统筹现有林区警务资源，建立“警民联动、区域联防、部门联合”的新型打、防、管、控模式，形成分工合作、高效协调、优势互补的林区治安防控合作机制。此次警务合作的内容，涵盖众多方面。如建立健全巡防联动合作机制，各地森林公安机关划定各自巡区、巡段，合理布建治安卡点。遇有重大警情，先行发现的森林公安机关可组织力量实行跨区域先行控制，形成堵截违法犯罪的快速通道，缩短响应时间。对于带有倾向性、苗头性的林区治安问题，通过召开协作会、片会、例会、网上沟通以及联合调研等形式，加强分析研判，联合排查整治行动，挤压违法犯罪空间。在办理跨区域案件时，按照就近、便利、迅速的原则确定侦办单位。对于已经发生的跨区域重特大破坏森林和野生动植物资源案件，由首先立案的省辖市森林公安机关牵头，并启动跨区域办案协作机制，从协查线索、查缉罪犯、搜集证据、提供技术支持等方面联合开展行动。

在建立省内林区警务合作区的同时，还加强与周边河北、山东、安徽、湖北、陕西、山西 6 省的省际林区警务合作。省际合作原则上由省级森林公安机关牵头，省辖市森林公安机关协调，县级森林公安机关实施。省辖市、县森林公安机关也可根据自身的工作需要，积极与相邻省份的市、县森林公安机关开展跨区域林区警务合作工作。

【“绿盾 2012”】 4 月 28 日，河南省“绿盾 2012”林业植物检疫执法检查行动启动。本次执法检查行动主要开展 4 项检查内容，一是松木和松材线虫病疫木管理、查处情况，检查涉木企业 3732 家，木质包装箱、线缆盘 7987 个，涉松疫木企业仅 1 家，名称为新县三益木业有限公司，该公司是经过省林业厅批准的松树疫木安全加工利用单位；二是国内林木种苗等生产经营活动的管理、查处情况，检查苗木花卉基地 2400 个，检查种苗、花卉 9100 余万株。在复检苗木过程中，发现带有天牛、蚜虫、蚧壳虫、黄刺蛾等一般林业有害生物，均及时进行了除害处理；未发现带有危险性、检疫性林业有害生物；三是对从国外引种活动的管理、查处情况，全省完成了引种审批 2 批次，分别种植在洛阳市孟津县和南阳市桐柏县，均按程序和标准进行了审批，并在繁殖材料入境后及时进行了疫情监管；四是各级林业防治检疫机构及其履职情况，政府之间、林业部门之间分别层层签订了松材线虫病、美国白蛾等重大林业有害生物防控目标责任书，明确了责任和任务；各级政府与林业部门签订“四率”完成目标，将“四率”纳入年度重点工作；落实了松材线虫病、美国白蛾等重大林业有害生物专项防控资金和省级主要林业有害生物防治补助费。

【全省林业法制人员培训】 4 月 22 ~ 28 日，省林业厅举办了两期全省林业系统法制人员培训班。全省林业系统近 600 名法制工作人员和林业执法人员参加了培训。培训班讲授了“林业行政执法基础教育”“行政强制法有关问题解析”“林业行政处罚文书规范”“林业行政处罚实践有关问题解析”等内容，并选取了典型案例进行大会交流。通过这次培训，学员们普遍反映增强了依法行政、依法治林的观念和自觉性，开阔了分析问题的视野，提高了林业行政执法的水平。

【生态文明教育基地】 5 月 29 日，河南省生态文明教育基地命名大会在新乡市举行，会议对焦作市修武县云台山国家森林公园、济源市蟒河林场、三门峡市陕县甘山国家森林公园、洛阳市洛宁县神灵寨国家森林公园、许昌市鄢陵县国家花木博览园和平顶山市白龟湖国家湿地公园 6 家单位进行了表彰并授予“河南省生态文明教育基地”称号。

【三门峡市荣获"国家森林城市"称号】 7月9日，在第九届中国城市森林论坛上，三门峡荣获国家生态最高奖"国家森林城市"称号。2009年以来，三门峡市委、市政府全面启动"国家森林城市"创建工作，并将"创森"作为推动转型发展、建设生态文明、改善民生环境的重要载体，着力构筑"城在林中、林在城中""蓝天碧水青山交相辉映、人与森林和谐共存"的森林城市景观，走出了一条具有黄河沿岸特色的绿色增长、可持续发展之路，"让森林走进城市，让城市拥抱森林"的理念已深入人心。全市森林覆盖率50.72%，城市建成区绿化覆盖率43.7%，城市郊区森林覆盖率44.1%，人均公园绿地面积12.6平方米，全民义务植树尽责率95%以上，现有国家级森林公园4处、省级森林公园5处，实现了河流、道路、城市、森林的"四位一体"。特别是依托黄河湿地建成的天鹅湖国家城市湿地公园，拥有森林3000公顷、水域2000公顷，是目前中国北方最大的城市森林公园、国家4A级旅游景区，已形成了独具三门峡地方特色的城市森林格局。

【发布《2011年河南省林业生态效益公报》】 8月12日，省政府新闻办在三门峡市甘山国家森林公园召开新闻发布会，会议发布了《2011年河南省林业生态效益公报》。

《公报》指出：2011年河南省森林资源总面积552.27万公顷。其中，乔木林面积368.65万公顷，竹林面积2.46万公顷，灌木林面积85.27万公顷，四旁树折合有林地面积80.09万公顷，散生木折合有林地面积14.37万公顷，疏林地折合有林地面积1.43万公顷。河南省湿地资源总面积67.10万公顷(不含水稻田)，湿地组成中，人工湿地17.70万公顷，河流湿地46.10万公顷，湖泊湿地0.30万公顷，沼泽湿地3.00万公顷。全省共有自然保护区35个，面积73.48万公顷，其中，国家级自然保护区11个。省级以上森林公园100处，经营总面积约25万公顷，其中国家级和省级森林公园分别达到30处和70处。

经评估，2011年河南省林业生态效益价值总量为4750.27亿元，其中，森林生态效益价值为3830.10亿元，占80.63%，是林业生态效益的主要部分。全省森林总的碳储量为1.22亿吨，发挥了巨大的碳汇作用，其中，乔木林碳储量为1.09亿吨，竹林碳储量为90.07万吨，经济林碳储量为491.78万吨，灌木林碳储量为756.77万吨。湿地生态效益价值为920.17亿元，占19.37%。森林生态效益构成中，涵养水源效益936.29亿元，保育土壤效益135.71亿元，固碳释氧效益752.14亿元，积累营养物质效益26.58亿元，净化大气环境效益124.09亿元，生物多样性保护效益860.23亿元，防护农田效益298.75亿元，节能减排效益429.71亿元，森林景观游憩效益266.60亿元。湿地生态效益构成中，生物多样性保护价值为16.34亿元，景观游憩的价值为99.20亿元，净化环境的价值为224.50亿元，调蓄洪水的价值为533.73亿元，固定二氧化碳价值为12.97亿元，释放氧气价值为33.43亿元。

【森林旅游工作】 8月28日，省林业厅和省旅游局签订了《关于推进森林旅游发展的合作框架协议》。根据协议，省林业厅和省旅游局共同成立全省林业旅游工作协调小组，统筹规划森林旅游资源的保护和利用；搞好全省森林旅游示范工程及品牌建设；提升服务体系建设水平，促进林业转型和旅游业升级的战略性对接。根据协议，两部门将在7个方面进行合作：一是把发展森林旅游作为两部门合作推进的长期共同任务；二是统筹规划森林旅游发展；三是打造森林旅游目的地体系；四是切实搞好全省森林旅游示范工程及品牌建设；五是加大森林旅游宣传推介力度；六是积极争取资金及政策支持；七是提升服务体系建设水平。

【森林防火部署】 10月27日，省政府召开全省森林防火工作电视电话会议，全面安排部署今冬明春森林防火工作。会议要求，各地各部门切实把思想和行动统一到省委、省政府的决策部署上来，坚决克服麻痹和侥幸思想，坚决杜绝松懈和畏难情绪，采取有效措施，把森林防火抓紧抓实、抓出成效。重点要抓好4方面的工作：一是要以宣传教育为重点，着力筑牢林区群众思想防线；二是要以严管火源为手段，着力巩固火源封堵防线；三是要以加强应急管理为基础，着力提高火情火灾的处置能力；四是要以强化森林防火体系建设为突破口，着力提升火灾防控能力。

会议强调，抓好今冬明春特别是十八大期间的森林防火工作，最重要的是抓好各项措施的落实，尤其是要进一步落实森林防火责任制，各级政府主要负责人是森林防火第一责任人，分管领导是主要责任人。各指挥部成员单位要按照各自责任分工，认真履行职责，切实做好相关工作。要进一步严肃森林防火工作纪律，进入森林防火紧要期，各级森林防火指挥部办公室要实行24小时值班、领导带班和火情零报告制度。要进一步加强森林防火工作督查，各级森林防火指挥部要迅速抽调人员，组成工作组，采取明察暗访等形式，深入各地开展督促检查。要对省政府与各地签订森林防火目标管理责任书执行情况进行考核，真正把各项措施落到实处。要切实做到各级领导一起抓、各个部门一起动、各种手段一起上，努力夺取森林防火工作的全面胜利。

【6项全国林业行业标准通过审定】 11月18日，国家林业局科技司在郑州主持召开全国林业行业标准审定会，对河南省林科院制定的"丁香栽培技术规程"，河南省经济林研究开发中心制定的"泡桐育苗技术规程"，河南农业大学制定的"柞木栽培技术规程""四倍体泡桐苗木繁育技术规程""四倍体泡桐速生丰产栽培技术规程"和"泡桐丛枝病防治技术规程"等6项林业行业标准进行了审定。专家审定委员经过认真讨论和审查，一致认为以上6项全国林业行业标准文字简练，指标科学合理，具有科学性、系统性、可操作性，达到了国际先进水平或国内领先水平，一致同意通过以上6项标准的审定。

【林业执法监督检查】 10月30日~11月11日，省林业厅组成执法监督检查组，开展了全省林业系统执法监督检查活动。检查组通过抽查案卷、听取汇报、座谈交流等形式，对全省10个省辖市10个县(市、区)林业局的行政执法情况进行了实地检查。检查内容包括：执法主体是否合法、行政处罚是否体现裁量标准、是否落实预先法律审核制度等9个方面。本着重在纠正、重在规范、重在提高的原则，检查组每到一地，对于发现的问题，及时与当地林业局有关领导及执法人员交换意见，提出整改意见。通过开展执法监督检查活动，进一步增强了全省林业系统干部职工依法治林、依法行政理念。

【林业招商引资】 11月16日，河南林业招商引资宣传推介会在郑州召开。中国林业产业联合会秘书长王满对河南省林业产业工作给予了充分肯定，称招商引资工作的“请进来、走出去”这种做法在全国是一面旗帜，是一个非常好的创造。

省林业厅分管厅领导在会上就河南的省情、林情、省外客商来河南投资所享受的招商引资优惠政策以及河南省林业招商引资项目情况向到会企业家作了简要介绍，本次会议共邀请了46名浙闽客商及部分全国知名企业家到会，并举行了现场签约仪式。共签订项目投资意向书5个，投资规模达9亿元；签订项目合作协议5个。通过宣传推介活动，河南林业招商引资工作取得了明显成效。

【全省核桃产业发展现场会】 11月22日，全省核桃产业发展现场会在济源市召开。会议认为，核桃无论从经济价值、市场前景、产业发展还是在促进山区林业经济发展和农民增收致富等方面都具有重要意义，小核桃可以成就大产业。但是，河南省核桃产业发展也存在重视不够，发展不均衡，栽培品种混杂，管理粗放，科技支撑不强，产业化经营滞后，精深加工产品少，产品附加值低等问题。会议指出，要抓好核桃产业化集群和产业化基地建设，努力扩大规模；要加快良种苗木繁育和新技术推广，把好种苗质量关；要大力推广丰产栽培技术和加强培训，搞好核桃生产技术服务；要打造知名品牌，拓宽市场渠道；要提高综合利用和精深加工能力，延长产业链；要加大政策扶持力度，支持核桃产业发展。会议要求，各地要切实加强对核桃产业发展的组织领导。各级林业部门要高度重视，充分认识发展核桃产业在发展农村尤其是山区经济中的重要作用，将其发展摆上重要位置，增强责任感。从制定科学规划、加强示范带动等方面努力提高广大林农参与核桃产业发展的积极性，推动全省核桃产业发展再上新台阶。

【野生动物保护】 11月30日，河南省林业厅设立专门机构，严厉打击乱捕滥猎候鸟等野生动物的违法犯罪行为。根据部署，12月5日前，河南各级林业主管部门将对所有野生动物及其产品经营利用场所进行全面检查，尤其是餐馆饭店、花鸟市场、药用野生动物原材料集散地和其他野生动物及产品经营较集中的场所，及时查处违法犯罪行为，为候鸟迁徙保护好绿色通道。河南拥有较多自然保护区、森林公园、湿地公园和国有林场。对于野生动物集中分布区域特别是珍稀濒危野生动物主要活动区域，林业部门将加强野外巡护和看守力量，非法猎捕野生动物、损毁野生动物栖息地、干扰野生动物生息繁衍活动等行为，有望被及时发现和制止。

【《河南林业生态省建设提升工程规划》通过专家评审】 12月8日，《河南林业生态省建设提升工程规划(2013～2017年)》评审会在郑州召开，中国工程院院士尹伟伦、中国科学院院士傅伯杰等9位知名专家参与评审。

评审委员会经过认真评审，对《提升工程规划》给予充分肯定并一致通过评审。《提升工程规划》实施之后，河南省森林覆盖率将显著提高，生态系统稳定性大为增强，人居环境明显改善。全省森林面积、蓄积稳步增加，林种树种结构趋于优化，森林湿地等功能大大增强，木材及其他林产品有效供给稳步增长，林业主导产业快速发展，生态文化体系基本形成，全民生态文明理念明显增强。到2020年，河南全省森林面积将达到420万公顷，森林覆盖率达到25%以上，森林蓄积量达到19 500万立方米以上，林业产业年总产值达到2300亿元以上，形成销售收入10亿元以上的林业产业化集群75个，森林植被总碳储量将有望达到1.14亿吨以上，年林业生态效益达到6600亿元以上。

【全省林地落界顺利通过国家级验收前核查】 11月27日～12月12日，国家林业局华东林业调查规划设计院对河南省林地落界进行了国家级验收前核查，经核查，成果数据达到全国林地“一张图”建设质量要求。

林地落界是省、县级林地保护利用规划编制工作的重要组成部分，是全国林地“一张图”建设的关键与核心，技术复杂、质量要求高、工作量巨大。从2012年5月份开始，全省林业系统立足自身，上下通力配合，克服了一系列技术难题和困难，稳步推进落界工作。为确保质量、加快工作进度，厅党组决定自9月22日起，在郑州市集中进行落界成果纠错、接边、三级验收检查，实行包县人员自查、省辖市之间互检、省级验收检查依次跟进的“三检”措施。全省159个县(市、区)的1000余名技术人员昼夜加班；省规划院40余名技术骨干全程跟踪指导、检查；省辖市林业局派出人员驻会协调、督促，刘有富副厅长亲自部署安排工作，并与其他厅领导多次带领省辖市林业局负责同志现场巡查、慰问。经过两个半月的努力，完成了全省近8000幅影像图(1:1万)编绘制作，区划图斑164万个。在按时向国家林业局提交成果数据的同时，全体工作人员的业务技术能力得到了扎实的锻炼与提高，为进一步推进河南省现代林业发展提供了坚实的技术与人才基础。

【全省林业产业工作会暨银林合作签字仪式举办】 12月21日，省林业厅在郑州举办全省林业产业工作会暨银林合作签字仪式。会议对实施林业生态省建设以来全省林业产业工作进行总结，安排部署今后一个时期全省林业产业工作，6个市、县在会上作了典型发言；公布命名了好想你枣业股份有限公司等253家省级林业产业化重点龙头企业；省林业厅与国家开发银行河南省分行、农业银行河南省分行、邮政储蓄银行河南省分行、上海浦东发展银行郑州分行、河南省农村信用社签署了《支持河南林业生态省提升工程建设合作协议》；5家市县分行与省内部分林业龙头企业签署了贷款合作协议书，协议贷款金额5.18亿元。

(河南省林业由徐忠、杨晓周、张志阳供稿)

湖北省林业

【人工造林与封山育林】 2012年，全省完成荒山荒地造林总面积19.86万公顷，其中人工造林面积14.02万公顷，在人工造林面积中，有竹林面积1242公顷。按林种分，用材林6.67万公顷，经济林4.55万公顷；防护林8.43万公顷；薪炭林217公顷；特种用途林860公顷。按树种分，速生树种7.77万公顷、乡土树种10.25万公顷、珍贵树种1457公顷；按权属分，公有经济成分造林4.9万公顷，其中国有经济成分造林3.46万公顷，集体经济成分造林1.46万公顷；非公有经济成分造林14.93万公顷。在人工造林中，林业重点工程完成人工造林面积4.18万公顷，其中完成天然林资源保护工程人工造林4195公顷，退耕还林工程26 252公顷；长江流域防护林二期工程造林11 368公顷。2012年全省完成无林地和疏林地新封山育林面积58 404公顷，有林地和灌木林地新封山育林面积32 519公顷。2012年，全省共完成中幼林抚育面积28.47万公顷、完成四旁零星植树1.24亿株。2012年，湖北营造林项目资金有较大幅度增加。中央和省级营造林项目资金比2011年增长33.8%。全省上下转变林业发展思路，树立了大营造林的观念，拓宽了营造林工作的领域。加大培植"公司、林业专业合作组织、大户"三大造林主体力度，用市场化、社会化力量，推动造林"专业化、机械化、科技化、四季化"，不断提高造林绿化质量和效益。全省共有407家企业、319个林业专业合作组织、3374个造林面积6.67公顷以上的造林大户。这3类造林主体，已成为湖北省造林绿化的主力军。全省营造林工作全面统筹推进山上与山下、城市与农村、室内与室外、平面与立体造林绿化，坚持"宣传、行政、政策、示范、企业、全民参与"等"六轮齐动"措施，在抓好"山上治本"的同时、着眼"身边增绿"。植树造林督办重点检查"规划设计、种苗质量、栽植质量、抚育管护、检查验收"等5个关键环节，督促"目标责任制、计划奖惩制、项目业主制、质量监理制、资金报账制、实绩通报制"等"六项制度"落实，巩固提升造林绿化质量。在3月国务院召开的全国造林绿化表彰大会上，湖北省林业厅被授予"国土绿化突出贡献单位"。国家林业局2012年第23期、24期《林业要情》分别以《林水结合破解血防多方难题》《机制创新：三大主体已成为湖北造林绿化主力军》为题，专题报道湖北省造林绿化工作，并报送中央领导和中央各部办委。2012年3月16日，《中国绿色时报》以《湖北"665"唱响"绿绿我"》为题，大篇幅报道湖北省造林绿化工作。国家林业局造林司司长王祝雄在9月13日召开的湖北省森林经营现场会上充分肯定湖北造林工作，指出湖北造林工作走在全国前列。湖北部分造林项目管理经验得到国家林业局推广，赵树丛局长在报道湖北省"林水结合"造林的第23期《林业要情》上批示："送卫生部，并转发各地推广。"湖北省碳汇造林被列入全国17个造林试点省和7个碳交易平台建设试点省。

【新农村建设】 2012年，湖北省林业厅组织完成了仙洪试验区、鄂州城乡一体化、88个新农村建设试点乡镇、竹房城镇带等多个层次的新农村绿色家园建设任务。组织开展了一系列大别山革命老区林业建设活动，在长防林、低产林改造等项目计划安排上给予了重点支持，督促完成了"绿色大别山"的造林绿化任务。通过租赁、入股、承包、合作等方式，推动了林权资本化、市场化、社会化，不断推广仙洪试验区林水结合、林路结合模式经验，见缝插绿，见缝补绿。仙洪新农村建设试验区建设范围由原来的14个乡镇增加到36个乡镇（区、办），其中仙桃市8个，洪湖市16个，监利县12个。2012年，试验区沟渠路绿化120.4千米，植树造林62.7万株；村庄绿化21个，植树83.1万株，其中，以樟树、栾树、桂花、景叶白兰、广玉兰等绿化乔木植树3.9万株；农田林网建设面积0.99万公顷，植树77.8万株。试验区共完成林业重点工程造林4666.67公顷。

【集体林权制度改革】 2012年，全省新增确权面积2.44万公顷、发证面积8.41万公顷，新发林权证1.4万本，确权率、发证率分别提高了0.31和0.06个百分点。全省已累计完成确权面积790.38万公顷、发证面积789.99万公顷，确权率、发证率分别为99.92%、99.87%，"两率"均居中部6省第一位。全省林权抵押面积13.24万公顷，贷款农户266.68万户，贷款金额29.65亿元。林权抵押贷款探索林业产业化龙头企业承贷、实现"公司＋基地＋林农"运作模式，进一步消除风险借贷心理，引导林农大胆抵押、金融单位大胆放贷。森林保险试点已被中央财政纳入2012年试点补贴范围。11月，湖北省政府召开全省深化集体林权制度改革工作现场会，省林业厅与3家保险公司正式签订森林保险框架协议。全省共组建县级林权管理服务中心66个，森林资源资产评估机构61个，基本做到了"全覆盖"，奠定了林改工作常态化基础。湖北省出台了《关于大力推进林下经济发展的意见》（鄂政办发〔2012〕75号）《关于加快推进农民林业专业合作组织发展的意见》（鄂林改发〔2012〕285号）等文件，推动林下经济发展多元化、规模化、集群化。全省林下经济经营面积35.07万公顷、年产值120亿元、从业人员200万人，林业专业合作组织2165个、涉及成员56.42万户、年纯收入30多亿元。

【油茶产业发展】 2012年湖北省年末实有油茶林面积15.56万公顷，其中当年新造面积15 171公顷、当年低产林改造的油茶面积6324公顷，全省油茶繁殖圃54个，面积1823公顷，油茶苗木产量8422.02万株。全省油茶籽产量85 140吨。全省油茶产业年产值8.88亿元。全省油茶按照“三苗两园”即分品系育苗、容器育苗、两年生以上大苗，丰产示范园、低产林改造示范园的新要求，开展检查、督办、清理整顿活动，促进了油茶产业持续发展。2012 年湖北省又有 7 个县市纳入全国油茶重点示范县范围，使总数达到 12 个。组织了春季油茶造林及种苗生产专项检查，并下发情况通报。完成了对全省 9 个新建油茶采穗圃的验收，制订了油茶育苗的动态管理办法，开展了油茶定点苗圃育苗质量的交叉检查评比活动。

【林业血防工程造林】 2012 年度全省有 37 个县(市、区)实施林业血防工程，共完成当年造林任务 1.33 万公顷。湖北省政府与省林业厅等省直相关部门签订了 2012 年度血防目标责任书。省林业厅对所联系的黄州区血防联系点，由主管厅领导带队检查督办 4 次，促进了血防综合治理的整体推进。各实施单位编制了县级实施方案，将具体建设目标与任务层层分解落实到基层建设单位，落实到山头地块和田间地头，做到重点突出、布局合理、任务明确。在工程建设中，积极推行项目法人负责制、合同制和监理制。建立和完善规章制度，规范工程管理，把工程建设纳入到法制化、规范化和科学化管理的轨道。省林业厅组织省财政、省发改委、省血防办及相关林业专家对林业血防工程“年度作业设计”进行了评审。各项目县市根据“年度作业设计”组织施工，省林业厅派出工程监理专班对实施质量进行检查与监督。

【国有林场改革与建设】 2012 年全省国有林场 237 个，在册职工人数 1.24 万人。全省危旧房改造任务为 6504 户，其中目标任务 1060 户，追加计划为 5444 户。3 月 29 日，湖北省召开国有林场危旧房改造项目动员会，4 月份，湖北省政府召开专题会议，要求省财政按照国家要求落实配套资金。开展国有林场危旧房改造项目建设统计、督办和通报工作。全年开展了两次国有林场情况调查，基本掌握了全省国有林场基本情况；重点对荆州区、谷城县、兴山县、广水市、武汉市等地林场进行改革论证，筹备开展国有林场改革试点工作，寻找改革突破口；发放国有贫困林场扶贫资金，其中中央下拨资金 1200 万元，省、市、县配套资金 672 万元、林场自筹 587.6 万元，扶持鄂州市沼山林场等 50 个国有林场，重点用于水、电、路等基础设施建设，同时扶持一些国有林场开展经营性项目。中央安排湖北省森林抚育补贴试点资金 1.2 亿元，湖北省将项目全部安排到国有林场实施，共安排林场 210 个，森林抚育任务 7.53 万公顷。转发了《国家林业局关于国有林场森林经营方案编制和实施工作的指导意见》(〔2012〕184 号)，要求各地编制森林经营方案。2012 年，中央安排湖北省广播电视覆盖项目投资 21 万元，购置广播电视覆盖接收设备 660 套。联合省广电局，对林场用户进行核实，分解建设任务。其中，共涉及黄冈等 7 个市州、麻城等 21 个县市区、五脑山等 43 个林场的 1777 户职工家庭。全省国有林场林区道路建设任务为 191 千米，涉及 9 市 17 县 37 个林场；协商省交通厅，争取将分场和工区道路纳入全省农村道路建设规划。全省国有林场共完成造林 2.07 万公顷，其中场外造林 0.43 万公顷；完成采伐迹地更新 0.53 万公顷；进行中幼林抚育 3 万公顷；“双低”改造 1.23 万公顷；育苗 0.23 万公顷。全省有 120 个林场发展苗木花卉、瓜果蔬菜及中药材种植，规模达到 1.53 万公顷，年收入 2.1 亿多元；95 个林场大力发展养禽、畜、蜂等产业，规模达 84.3 万头(箱)，年销售收入近 1.6 亿元。28 个林场开展林产品加工，年销售 4527 万元。73 个国有林场大力发展森林旅游，年收入 1.2 多亿元。部分林场大力发展职工自营经济，目前开展种植业的职工有 2740 户，年收入 5300 多万元；开展养殖业的职工有 2841 户，年收入 5100 多万元，开展森林旅游服务业的职工 1519 户，年收入 3100 多万元。

【外资造林】 2012 年，全省林业利用外资项目 12 个，实际利用外资金额 703 万美元，其中 151 万美元全部为无偿援助。湖北省德援二期项目获德国复兴银行代表团评估赞誉。日本政府贷款项目超计划完成营造林 1.54 万公顷，多报回项目资金 2700 万元，新增造林约 4667 公顷。制订了《湖北省特殊林木培育项目管理暂行办法》，启动了德国政府贷款新项目，确定了德贷项目的转贷协议内容，召开了德贷项目的启动会议，特殊林木后备资源培育项目国家投资额增长 25%。国家林业局安排湖北省特殊林木项目 5 个，总投资 500 万元，比 2011 年增长 25%，占全国总资金 5200 万元的 9.6%；欧洲投资银行贷款项目的争取工作编制了项目建议书；世界银行贷款珍稀树种保护与发展项目纳入国家打捆备选。项目申报文件现已递交国家发展改革委。承办了中德财政合作林业项目座谈会、国家林业局中德财政合作南方框架项目研讨会、国家林业局速丰办特殊林木后备资源培育项目培训班 3 个全国性会议。

【速生丰产林】 2012 年，全省完成速生丰产用材林 17 219 公顷，改造培育面积 700 公顷，其中，浆纸原料林 3470 公顷，人造板原料林 7924 公顷，大径级和珍贵树种用材林 1584 公顷，其他 4941 公顷。按树种分：湿地松、火炬松、马尾松 5850 公顷，杉木、柳杉 1197 公顷，杨树 6214 公顷，落叶松、红松、云杉冷杉、樟子松 518 公顷，竹类 1607 公顷，其他 2533 公顷。完成全部林业投资额 1.27 亿元，其中：国家投资 3689 万元，自筹资金 9025 万元，其他 6 万元。

【义务植树】 2012 年 2 月 14 日，湖北省委书记李鸿忠、省长王国生等省领导与 1000 多名干部群众一起在武汉市江夏区藏龙岛省级湿地公园参加了集体义务植树活动，共栽植广玉兰、桂花等 5000 余株。全年共完成义务植树 10 500 万株，超计划任务 9500 万株的 10.5%。3 月 27 日国务院召开的全国造林绿化表彰动员大会上，湖北省共有省林业厅等 24 个单位获奖。5 ~ 10 月，组织开展了全国绿化模范单位评选推荐工作。全省共推荐全国绿化模范城市 2 个，全国绿化模范县 11 个，全国绿化模范单位 9 个，全国绿化奖章候选人 28 名。10 月 21 ~ 26 日，以国家林业局原副局长李育才为组长的复查组对咸宁、随州两市在创建“全国绿化模范城市”工作进行了复查。湖北省绿委组织开展了 2010 ~ 2011 年度湖北省绿化模范单位、湖北省绿化模范县和湖北省绿化奖章评选表彰活动。共表彰湖北省绿化模范单位163个、湖北省绿化模范县15个、湖北省绿化奖章获得者95名。建立省直八大系统、省军区及高校、驻汉大型企业绿化负责人联席会议制度。分别举办了省直机关、武汉大学、华中科技大学、武钢、省军区和全军等6期绿化知识培训班，参加培训学习人员达到1100人次。分别组织省直部门单位绿化负责人考察武汉市外环绿化，到武汉植物园考察学习，到福建、云南考察学习。8月20日，组织省直八大系统绿化负责人到鄂州省直机关义务植树基地对2012年的植树情况进行了检查，9月3~13日，由省林业厅领导带队组成15个检查组，分别对42个省直机关和24个基层单位的绿化工作进行检查。3月28日，湖北省绿化委员会、省教育厅、省林业厅作出决定，授予武汉中学等100所学校绿色文明校园荣誉称号，并召开表彰大会，为获奖学校颁发了奖牌和证书。建立了中初等学校绿色文明校园评估指标体系，全省中初等学校校园绿化面积已达到5827万平方米，其中今年新增301万平方米，校园绿化覆盖率达到40%以上。各学校还利用“植树节”“地球日”“环境日”等纪念日，广泛开展“绿色校园，美化环境”“我为校园添片绿”等为主题的宣传教育活动，提升了学生生态环保意识。《人民政协报》出版了题为“打造生态湖北 助推跨越发展”的宣传文章，并发至全国“两会”的每位代表。集中宣传了湖北省的林业工作，组织各地各单位踊跃投稿宣传国土绿化工作。先后收到省直部门宣传稿42篇，各地宣传稿15篇，利用各种媒体进行宣传报道。编辑《湖北古树名木》大型画册。转发全国绿化委员会办公室《关于开展古树名木保护情况调研考察的通知》(全绿办〔2012〕9号)文件，组织力量对湖北省古树名木资源情况展开调研，向全国绿委提交了调研报告。根据《湖北省环“一江两山”交通沿线生态景观二期工程实施方案》，完成了林业景观一期工程补植补造和4个绿化景观示范带建设，共完成补植补造408.33公顷，占计划任务的100%。潜江市、夷陵、房县、随县4个示范县(市、区)共栽植苗木200 953株，占计划任务184 680株的108.8%。

【生物质能源林建设】 2012年，省林业厅组织编制了《湖北省生物质能源林发展规划》。全省油料能源林已造林4.67万公顷，主要树种有油桐、乌桕、黄连木、光皮树、樟树、栾树、香椿、南方红豆杉、漆树等；木质能源林已造林4.43万公顷。主要树种有刺槐、枹栎、枫杨、麻栎、栓皮栎、杞木、柠条、铁刀木等。湖北推进林业生物质能源发展，调整林业产业结构，主要从商品林用地比重、产业内容、产品结构进行综合调整，按照经济社会发展对林业产品种类、数量的需求，重点增加林业生物质能源林用地和林业生物质能源产品种类与数量结构的调整，完善林业在社会经济发展中的服务功能，满足新时期经济社会发展对林业的需求。由传统的生物质薪柴能源直接燃烧的消费方式向生物质气化转换成电能、固体成型燃料、生物液体燃油等清洁环保型能源利用方式转变，降低直接燃烧比例，提高清洁能源在能源中的比例。将传统意义的以薪柴为经营目标的薪炭林转变为生物质电能、热能、成型燃料、生物乙醇和生物柴油、生物工业燃气等现代意义上的生物质能源基地林，加大木质能源林、木本淀粉能和木本油料能的生物质能源工业原料基地建设规模与生物质产量的提高幅度，为规模化林业生物质能工业提供原料保障。

【林业碳汇工作】 2012年，湖北省是国家7个碳排放权交易试点省市之一，也是全国17个林业碳汇计量监测体系建设试点省市之一。组织专家完成了《湖北省低碳发展规划》《湖北省温室气体排放清单》编制中“森林碳汇发展规划”“湖北省级土地利用变化与林业2005年、2011年温室气体清单报告”等相关工作，并通过了省发改委组织的专家评审，摸清了全省林业碳汇现状，为开展全省林业碳汇工作奠定了基础。全省林业碳汇计量与监测体系建设成立以省林科院、省林业规划院为主，相关市、州、县林业技术人员参与的林业碳汇计量与监测工作专班。制订了全省林业碳汇计量与监测体系建设试点工作方案，包括样地布设、样地地理分布图等，并报国家林业局林业规划院审批通过。7月5~6日，在武汉召开了全省林业碳汇计量与监测工作启动暨培训会，全省22个项目相关县市的业务领导及技术骨干60多人参加了会议和培训。开展外业调查，已完成了恩施、宜昌、襄阳、十堰、神农架林区等22个县市的外业调查任务，共调查260块样地，780个灌木样方，挖掘土壤剖面125个，测试植物样品3260个，土壤样品375个，按国家要求建立了全省林业碳汇基础数据库。由省发改委牵头，组织相关专家，开展了包括碳交易方案、交易支撑条件、激励机制、目标控制、碳排放交易规则、配额分配、监管措施、注册登记系统、平台建设、管理办法等13个专题的研究工作。已出台了《湖北省碳排放权交易试点工作方案(征求意见稿)》。成立了湖北省林业应对气候变化工作领导小组、湖北省林业碳汇工作领导小组。

【低产林改造】 2012年全省完成低产低效林改造面积3.33万公顷，工程实施的85个县市区严格按照《省人民政府关于推进低丘岗地和低产林改造工作的意见》《湖北省低产林改造总体规划方案》《湖北省低产林改造工程建设管理办法》和《省林业局关于加强和改进低产林改造工作的意见》的政策要求和制度规定，组织各地择优选定改造对象，严格执行技术标准，工程建设省级财政每公顷实际补助3000元，制定了2012年度低改工程项目作业《设计要求》和《审核要点》，认真组织作业设计，委托市州林业局严格设计质量审查，进行审核批复，继续抓了罗田、老河口、通山、桂花林管局、崇阳、京山、松滋、当阳、秭归、恩施市等10个试点。已组织各县市区林业局继续采取“改造对象、整地质量、造林质量、苗木质量、适地适树”5个关键因子一票否决的办法，开展工程建设县级自查和省级核查，确保工程建设质量。

【天然林保护】 2012年，全省天然林资源保护工程荒山荒地造林面积2.33万公顷，其中人工造林4195公顷，新封山育林面积19 105公顷。年末全省实有森林管护面积332.02万公顷，管护人员10 569人。全年全部林业投资完成额 34 841 万元。其中用于公益林建设 4508 万元，用于森林管护 5058 万元，用于森林抚育 2735 万元；用于生态效益补偿 19 172 万元，社会保险 4083 万元，政策性支出 1624 万元，其他 661 万元。共制定出台了《湖北省天然林资源保护工程建设监理实施办法(试行)》《湖北省天然林资源保护工程检查办法》《湖北省天然林资源保护工程二期建设管理办法》等 3 个工程管理办法。突出抓了天保工程 2011 年度各项建设任务的落实及检查验收工作。落实月报制度、开展各项检查以及专项督办等。开展了天保区新增 25.6 万公顷省级公益林的区划界定及核查工作；组织开展了天保工程 2012 年监理工作；完成了天保工程一次性安置人员社保补贴政策落实的省级实施方案制订、数据调查统计等前期工作；完成了天保工程人员数据信息系统数据库建设工作；完成了国家林业局部署安排的天保一期档案检查验收工作，一期 23 个实施单位档案管理全部达标；按照国家林业局和全国农林水利总工会的部署开展了天保工程节能减排活动，推荐宜昌市大老岭林场为全国总工会、国家林业局表彰的参选单位。

【生态公益林】 2012 年，全省生态公益林总面积 351.11 万公顷，其中：湖北省国家级公益林面积 201.83 万公顷，省级公益林面积 92.01 万公顷，县级天保区内集体和个人所有的公益林面积为 57.27 万公顷。落实补偿资金 40 658 万元，其中：国家级公益林补偿资金 28 765 万元，省级公益林补偿资金 9316 万元，县级公益林补偿资金 2577 万元。组织完成了 2011 年度生态公益林省市联合核查，印发了核查情况通报。按照《湖北省生态公益林管理办法》，加大省级公益林资源调整变更、国家级公益林资源核减管理力度。加大对各县市公益林管护体系建设的指导和督办力度，指导各地推行公益林目标管理责任制，抓好森林防火、病虫害防治等应急能力建设。按照国家林业局的统一部署，开展了公益林区划落界及数据库建设工作，将全省国家级、省级公益林和天保区县级公益林区划落界，建立数据库。

【退耕还林工程建设】 2012 年，退耕地配套的荒山荒地造林 2.63 万公顷，年末实有封山育林面积 16 993 公顷。2012 年粮款兑现退耕地总面积 27.34 万公顷，粮食补助资金 52 230 万元，生活费兑现金额 9760 万元，粮款兑现涉及农户 1 356 206 户。全部林业投资完成额 99 844万元，其中粮食补助资金 52 230 万元，种苗费 4686 万元，生活费补助 9760 万元，巩固退耕还林成果专项资金 30 141 万元，其他费用 3027 万元。对到期坡耕地还林及补查面积开展了阶段验收省级复查和国家级核查。国家级核查确认，湖北省面积保存率 99.99%、林权证发放率 100%、建档率 100%、管护率 99.1%、成林率 96.5%。对 2008 年和 2011 年荒山造林及封山育林开展了省级复查和国家级核查。配合省财政厅，提前预拨了全省 73 个工程县 2012 年度退耕还林各类补助资金，并督促各地及时兑现到户。推广先进退耕地林下经济和复合经营模式，提高了退耕地产出效益，促进了农民增收致富。转发了《国家林业局办公室关于退耕还林采伐问题的复函》(办退字〔2012〕102 号)，规范了退耕还林林木采伐管理工作。组织开展了春季荒山造林督办工作，编制上报了《湖北省 2012 年度退耕还林工程效益监测报告》。处理了退耕还林群众信访 13 件。结合省行风政风热线活动、林业资金审计等发现的问题，组织查处了有关工程县存在的退耕还林问题，并发文在全省范围内开展了工程管理问题清查整改工作。

【长江防护林工程】 2012 年，全省 66 个县市区完成工程造林面积 3.04 万公顷，其中人工造林 1.14 万公顷，封山育林 1.91 万公顷。全部林业投资完成额 8677 万元，其中造林资金 5340 万元，改造资金 603 万元，种苗 1443 万元，森林防火资金 240 万元，病虫害防治 138 万元，科技费用 46 万元，其他资金 867 万元。

【自然保护区建设】 2012 年全省实有自然保护区 49 个、面积 919 672 公顷，其中国家级自然保护区 8 个、面积 261 085 公顷。鹤峰木林子经国务院批准晋升为国家级自然保护区；竹山堵河源晋升国家级自然保护区的材料通过评审后已报国务院待批；竹溪十八里长峡、宜昌大老岭晋升国家级自然保护区的材料，通过国家林业局评审后报环保部待评；指导武汉上涉湖、十堰五朵峰、十堰八卦山、黄冈大崎山完成了晋升省级自然保护区的专家评审，报省政府审批；贯彻国务院、国家林业局《关于进一步加强自然保护区管理的通知》精神，在神农架组织召开了全省自然保护区工作座谈会，总结了成绩，分析了问题，提出了对策。严格管理自然保护区内开发活动，对七姊妹山、五道峡、大九湖、网湖、丹江口等保护区因重点工程建设申请调整功能区划的，组织专家实地考察，编制生物多样性影响评价报告，提出措施要求，减少生态破坏。在湖北省生态工程职业技术学院和省园林工程学校分期举办了自然保护区管理、野生动植物保护和疫源疫病监测技术培训班，培训业务骨干 180 多人。

【湿地保护与管理】 2012 年，湖北省境内国际重要湿地 1 个，面积 41 412 公顷。全省湿地示范区面积 35 466 公顷。湖北省成立了省林业厅湿地保护中心，组织完成了湖北省通城大溪、崇阳青山、江夏藏龙岛、浠水策湖、竹山圣水湖、竹溪龙湖、沙洋潘集湖、当阳青龙湖、仙桃沙湖 9 家申报建立国家湿地公园的材料上报及现场审定工作，超额完成目标责任书确定的申报 5 个国家湿地公园的任务。争取湿地项目资金 13 140 万元，300 万美元。完成了湖北省湿地资源调查的成果汇总，完成国家林业局对湖北省湿地资源调查的质量核查。组织召开了全省第一次专门研究湿地保护工作座谈会，推广了香港米埔管理模式与经验。配合省政协，组织有关专家和学者开展了“两江”流域湿地调研活动。接待了国家林业局湿地中心马广仁主任、严承高副主任对湖北省黄冈、武汉、荆门、京山、钟祥等处国家级湿地公园建设的调研和考察活动。组织了湖北省湿地网络成员单位参加国家林业局在江西召开的全国湿地网络年会，组织湖北省有关单位参加了国家林业局湿地中心在深圳举办的湿地大型宣传活动，并荣获大会颁发的优秀奖。参加了湖北省人大、省政协、省政府参事室、中央电视台、中央人民广播电台、香港《大公报》《人民日报》《经济日报》等单位和媒体开展的各类湿地调研工作和宣传报道等活动。做好省人大、省政协代表有关湿地方面的提案回复与沟通工作。制定下发了《湿地项目实施》《湿地补助资金项目实施细则》等规范性文件，指导全省湿地工程建设。争取列入《全国湿地保护工程"十二五"实施规划》的项目湖北共有39个，投资5.4亿元，项目数量和投资额度均名列全国先进水平。湖北省建立国家湿地公园数达到26处，名列全国第一位。

【野生动物疫源疫病监测与防控】 2012年，全省野生动物疫源疫病监测站29个，全省野生动植物科研及监测机构69个，专业技术人员182人。加强疫病监测防控，对421个重点监测点，开展了实时监测，对472条巡查路线，开展了巡查监测。全省监测数据实行网络直报，累计报送国家监测数据9855条。编写了《湖北省野生动物疫源疫病监测标准站建设标准》，省林业厅面向全省林业部门进行了发布，这是国内首份局部地区监测站建设标准。开展了神农架、沉湖等7个国家级监测站的标准化建设，到沉湖、蕲春等地的野外和人工驯养繁殖场所进行采样检测共12次，检测出鸡霉形体等26种病原体。发布了"秋冬季节交替注意预防野生动物疫病传染"趋势预报，指导孝感、武汉、襄阳、十堰、石首等5个市、县处置野生动物异常现象12起，共合理处理死亡野生动物9种122只。与华中农业大学动物科技学院联系，联合申报了《梅花鹿结核病新型诊断技术及卡介苗口服免疫诱饵的研究》项目。按照项目进度，完成了实验室及试剂准备，首批采样梅花鹿新鲜血样30份，进入实验的关键时期。与中科院武汉病毒所联合，共同开展冠状病毒研究，重点开展了人工养殖的果子狸SARS采样检测，累计采取血样、肛拭子、咽拭子120份。与省疾控中心开展合作，围绕"武汉生物城"，搞好实验动物服务及新药生物评价等工作。完成了林麝规模化人工养殖技术研究项目的结题报告，向湖北省委、省政府领导专题呈报了《湖北省野生动物疫源疫病监测与防控形势严峻》的报告，转发了国家林业局监测总站《国家级野生动物疫源疫病监测站节假日应急值守抽查结果的通报》，湖北省假日应急值守在岗率达100%。

【野生动植物保护与管理】 2012年，全省野生动物种源繁育基地与野生植物种源培养基地64个，其中：野生植物种源培养基地13个，野生动植物保护管理站119个，野生动物园2个，植物园2个，狩猎场4个。制订印发了《关于进一步加强陆生野生动植物保护管理的通知》，开展了野生动植物保护执法检查，加强各类涉及野生动植物的行政审批管理。已办理野生动植物行政许可83件，其中：经营利用许可证、准运证37件，驯养繁殖许可证42件，特许猎捕证1件，进出口证明书核发3件。查处破坏野生动植物资源的违法行为。4月1日，在武汉动物园举办了以"爱鸟护鸟观鸟，共享自然之美"为主题的湖北省第30届"爱鸟周"活动启动仪式。积极支持神农架金丝猴保护研究基地建设，在武汉组织举办了"国家林业局(神农架)金丝猴研究基地"揭牌仪式。组织全省林业部门分赴全省各地开展野生动物保护管理检查督办。在高校组织开展了"湖北省保护野生动物宣传月"专题讲座；在社会上举办了"不滥食野生动物、树立文明新风尚"的万人签名活动。与腾讯大楚网联合开展了"我最喜爱的鸟"评选活动，从重点推荐的70种鸟中评选出了湖北省最受民众喜爱的红嘴相思鸟等10种鸟，《湖北日报》等媒体作了跟踪报道。筹办成立了湖北森卫野生动植物司法鉴定所。

【野生动物救护】 2012年，拯救濒危珍稀物种，全年接听救护热线电话7679次，平均每天约21次。组织实施救护行动351次，救护动物7351头(只、条)。组织专家预测野生动物收容救护新趋势，面向全省发布了《湖北省野生动物收容救护趋势预报》，指导全省各地开展野生动物救护工作。3月，开展武汉东西湖小天鹅救护行动，引发武汉市开展了声势浩大的野生动物保护、执法专项行动。4月28日，省森林公安局在武汉市开展"江城闪电行动"，出动警力220多人，突击检查多个农贸市场，一举捣毁非法贩卖野生动物窝点14个；抓获违法犯罪嫌疑人8人，收容救护蛇类、刺猬等野生动物3000余千克，分别在武汉花山、白浒山等6个地点开展了放归行动。加强了救护工作管理，严格执行电话登记、档案管理、野外放生、动物托管、科学饲养等5项救护制度，守住了"救护零投诉"这条底线。

【湖北省新增4处国家重点林木良种基地】 国家林业局公布了2012年第二批95处国家重点林木良种基地，湖北省麻城市五脑山林场国家油茶良种基地、太子山林管局国家马尾松良种基地、湖北省林科院石首国家杨树良种基地、兴山县林科院国家核桃良种基地等4处良种基地名列其中。加上2008年被评为国家级林木良种基地的5处，湖北省共有包括湿地松、杉木、杨树、马尾松、油茶、核桃等9处国家级林木良种基地，每年可以为全省造林绿化提供优良种子5万千克，优良穗条500万株。全省林木良种生产体系基本建成。

【国家首个金丝猴研究基地授牌】 2012年2月23日，国家林业局党组副书记、副局长赵树丛，湖北省副省长赵斌在武汉共同为"国家林业局(神农架)金丝猴研究基地"授牌，神农架林区党委书记钱远坤、神农架国家级自然保护区党委书记王大兴接牌。这是继成都大熊猫研究基地后国家林业局授予的第二块牌子。金丝猴是世界上最珍稀、最美丽的灵长类动物，是中国特有的自然奇珍，是生物多样性保护的旗舰物种之一，更是神农架的名片。1982年，湖北省政府批准在神农架建立了湖北第一个林业类自然保护区，金丝猴列为首要保护对象；1986年，神农架自然保护区晋升国家级；1990年，加入联合国教科文组织"人与生物圈"保护区网。本次国家林业局批准在神农架国家级自然保护区挂牌成立国家林业局(神农架)金丝猴研究基地，为神农架金丝猴保护研究工作带来了机遇，搭建了平台。

【林产工业】 2012年全省林业产业年总产值1109.58亿元，其中第一产业502.37亿元、第二产业426.56亿元、第三产业180.65亿元。全省木材产量258.66万立方米，竹材产量3009.45万根。主要林产品锯材73.99万立方米、木片33.89万立方米，人造板产量398.95万立方米，其中胶合板73.72万立方米，纤维板258.44万立方米，刨花板9.19万立方米，细木工板等其他人造板57.61万立方米。木竹地板2927.69万平方米。构建"政府搭台，企业唱戏，市场运作"运行机制，搭建产业发展平台。组织举办了"2012中国·中部(武汉)首届绿色家具博览会"。共有国内外客商2万多人参会，现场交易额12亿元，合同交易额40.6亿元。参加了省政府香港、广州经贸活动，组团推介，借港、穗"外向型"平台，进一步提高了"鄂"字号林产品美誉度。4次组团参加了黑龙江伊春、山东菏泽、辽宁铁岭、浙江义乌林产品展览会，共获金奖17个、优质奖28个，个人和企业获林业产业森林食品"突出贡献奖"7个、"创新奖"8家，湖北省林业厅获"优秀组织奖"4次。加大林业产业科技园区建设。通过政策引导、招商引资、金融支撑、吸附社会投入等方式，园区建设不断提质增效。全年共招商77亿元，获银行新增贷款21.7亿元，吸附社会资本20亿元，绝大部分落户林业科技产业园。宝源木业、拍马纸业、老河口和蕲春产业园获省级财政调度资金2.9亿元，增强了自身造血功能。全省23个林业科技产业园区实现年产值486亿，占全年总产值的46%。深化项目联姻对接服务。出台了《关于整合项目资金实施"1010工程"的意见》，积极支持林业企业做大做强。联合华中师范大学、湖北省家具协会和咸宁巨宁集团，开展了竹产业和家具产业调研，积极支持潜江滕头公司、邓村绿茶集团、华中家具产业园等企业与金融单位、与大企业集团，开展银企对接和项目合作。省林业产业促进会新增会员50家，先后两次组队赴浙江、福建两省考察林业产业，组织41家林业龙头企业参加贴息贷款申报培训。

【主要经济林产品】 2012年全省主要经济林产品生产情况分别为：水果产量488.09万吨，年末实有种植面积40.72万公顷，年末实有结果面积36.76万公顷，其中：苹果2.03万吨、柑橘315.68万吨、梨61.23万吨、葡萄12.33万吨、桃71.68万吨、杏4604吨、猕猴桃2.26万吨、其他水果22.41万吨。干果产量55.75万吨，年末实有种植面积35.85万公顷，年末实有结果面积28.02万公顷，其中：核桃9.14万吨、板栗39.96万吨、枣2.76万吨、柿子1.91万吨、银杏白果15 337吨。林产饮料产品16.73万吨，年末实有种植面积20.76万公顷，其中：毛茶16.49万吨。林产调料产品4481吨，年末实有种植面积7840公顷，其中：花椒3254吨、桂皮50吨。森林食品15.27万吨，其中：竹笋干7239吨、食用菌11.70万吨、山野菜14 155吨。木本药材8.12万吨，年末实有种植面积8.99万公顷，其中：杜仲1.61万吨、黄柏3974吨、厚朴9327吨、枸杞144吨、山茱萸1952吨、其他木本药材4.98万吨。木本油料8.60万吨，年末实有种植面积15.78万公顷，年末实有结果面积11.87万公顷，其中：油茶籽8.51万吨。林产工业原料8.85万吨，其中：生漆7603吨、油桐籽1.90万吨、乌桕籽2.0万吨、五倍子2767吨、棕片3274吨、松脂3.59万吨。全部经济林产品的种植与采集产值322.68亿元，其中水果及干果种植与采集138.57亿元、茶及其他饮料作物的种植与采集产值85.09亿元、林产中药材的种植与采集24.17亿元、森林食品的种植与采集总产值60.80亿元。竹产业产值12.12亿元。

【苗木花卉】 2012年全省实有国有苗圃44个，在册职工人数661人。林木种子采集量4562吨，育苗面积3.89万公顷，其中本年新增育苗面积7536公顷，当年苗木产量11.67亿株。当年的育种与育苗总产值33.61亿元。年末实有花卉种植面积3.58万公顷。切花切叶产量0.868亿支，盆花植物产量1.24亿盆，观赏苗木产量2.75亿株，草坪产量1029.28万平方米，全省共有花卉市场266个，花卉企业1293个，花卉从业人员11.50万人，全年花卉种植总产值38.54亿元。

【森林公园和森林旅游】 2012年，全省林业旅游与休闲产业3905.61万人次，旅游收入110.43亿元，林业旅游与休闲产业直接带动的其他产业产值219.23亿元，其中全省林业旅游3187.92万人次，旅游收入91.16亿元，林业旅游直接带动的其他产业产值181.93亿元；林业疗养与休闲717.69万人次，休闲收入19.28亿元，直接带动的其他产业产值37.30亿元。对湖北省诗经源、偏头山、九华山、吴家山、安陆古银杏、宜昌大老岭及五峰柴埠溪国家森林公园开展了监督检查工作，制定相关政策推进森林公园森林旅游发展。为国家级森林公园争取专项资金，对优质国家级森林公园总体规划进行补助，推动森林公园总体规划水平和档次提升；争取遗产地森林风景资源保护资金，加大森林公园森林资源保护力度；争取风景林改造项目，提升森林公园内森林、环境资源价值。完成了拟建国家级及省级森林公园的实地考察和可研报告编审工作。组织有关专家对拟建国家级的丹江口森林公园、郧西钖义山森林公园、崇阳森林公园进行实地考察，对创建国家级森林公园提出相关建议，并组织专业人员进行可行性研究报告的编制，风光片和画册制作，组织专家会审《国家级森林公园设立可研报告》。组织专家对拟建保康尧治河省级森林公园进行实地考察和省级森林公园设立可行性论证，指导了偏头山、圣女峰、诗经源等国家森林公园的规划编制工作；对湖北省森林风景资源进行调查，着手编制湖北省森林风景资源名录；对国家森林公园进行监督检查工作，对国家级森林公园的林地征占用手续办理、管理机构设置、管理规章制度制定、规划建设、森林旅游经营等情况进行了核查，按要求办理林地征占用手续；组织森林公园参加了华中旅游博览会等一系列宣传促销，编制了《湖北省森林公园风光册》和《森林旅游地图》；举办了湖北省森林公园管理人才培训班，培训了森林公园管理人员，并组织公园主任赴外省学习森林公园建设经验。与湖北海外国际旅行社、扬子江国际旅行社、宜昌顺达国际旅行社、浙江桐乡春秋国际旅行社、武当山景区、三峡人家风景区、神农架风景区、太子山景区等旅游企业共同打造精品森林旅游线路。与湖北省旅游局承办的每两年举办一次的第六届华中旅游博览会在武汉国际会展中心隆重召开，省林业系统荣获最佳组织奖和优秀展台奖”。组织了省委党校、武汉市委党校、省直工委党校的学员干部、厅直单位干部等到陕西延安、贵州遵义、湖北红安、江西井冈山等地学习及考察。森林国际旅行社的旅游经营游客达到1.8万人次，实现营业收入1316万元，经营利润130多万元。7～8月，组织省林业厅直系统150余名干部职工赴黑龙江学习考察活动。

【野生动物驯养繁殖】 2012年全省野生动物种源繁育基地51个。全年陆生野生动物繁育与利用总产值8.09亿元。加强野生动植物产业开发，制发了《省林业厅关于加快野生动植物产业发展的意见》，荆门梅花鹿、随州猕猴、太子山狩猎场和江汉平原的蛙类、黄冈蛇类、大洪山兰花开发均呈现良好的发展势头，形成了有特色的龙头企业。建立了全省野生动物产业战略联盟，积极筹备分片区、分品种，召开野生动物产业座谈会。与湖北天勤、隆攀等野生动物养殖企业洽谈，在政策、技术上重点扶持野生动物养殖龙头，天勤公司加挂了“湖北省林业厅实验猕猴繁育基地”的牌子。先后深入蕲春、团风、武穴、恩施等8家野生动物养殖企业，了解其生产经营情况，先后16次上门指导服务，编制印发了《省林业厅关于加快野生动植物产业发展的意见》，召开了全省野生动植物产业发展座谈会，听取全省野生动植物产业龙头企业的呼声，帮助他们剖析发展瓶颈，加大支持力度，推动全省野生动植物产业健康快速发展。全省野生动植物产业发展，荆门梅花鹿、随州猕猴、太子山狩猎场和江汉平原的蛙类、黄冈蛇类、大洪山兰花开发均呈现良好的发展势头，涌现出一大批有影响、有市场、有特色的龙头企业。

【林下经济发展】 2012年，全省林下经济总产值25.83亿元，林下经济经营面积35.07万公顷、从业人员200万人，林业专业合作组织2165个、入社会员56.42万户。出台了《关于大力推进林下经济发展的意见》(鄂政办发〔2012〕75号)、《关于加快推进农民林业专业合作组织发展的意见》(鄂林改发〔2012〕285号)等文件，进一步推动林下经济发展多元化、规模化、集群化。

【首届中国中部绿色家居博览会举行】 2012年3月24日，湖北省林业厅联合中南6省林业厅与武汉市政府，在汉口北中国家具CBD举办以“绿色低碳、和谐家居”为主题的“2012中国中部·(武汉)首届绿色家居博览会”开幕式。湖北省委书记李鸿忠、省长王国生致信祝贺。国家林业局党组成员、纪检组长陈述贤，湖北省人大常委会副主任罗辉出席开幕式。李鸿忠书记、王国生省长在贺信中指出，湖北省林业厅联合中南6省林业主管部门，与武汉市政府共同举办此次博览会，为更好地服务绿色家居产业提供了平台，有力推动中部地区绿色家居产业发展和长江中下游城市集群建设。湖北省已初步形成了以汉口北家居CBD为核心的家具物流中心和以武汉、潜江华中家具、汉川金鼓城、红安融园为基础的家具制造基地。武汉“1+8”城市圈，覆盖中部地区500千米范围内，将形成3000亿元庞大规模的家居消费市场，湖北省家居行业打造全国家居制造业第五极的态势初现雏形。湖北省政府副秘书长梅祖恩，中部6省林业厅局、武汉市政府、全国木材行业管理办公室、中国林业产业联合会、中国家具协会、省家具协会、省家居产业促进会等部门领导出席博览会开幕式。

【湖北省荆州市首届花木交易会开幕】 2012年9月26日，荆州市首届花木交易会暨长湖花木大世界开业庆典隆重开幕。荆州市副市长王守卫、省林业厅、省花协、荆州市林业局、各县市区林业局长等领导同志及浙江、广东等地的40多家商户代表出席了本次交易会。长湖花木大世界位于荆州市沙市区锣场镇长湖村318国道1148千米处，占地面积20公顷，总投资8700万元，是市区两级主管部门批准的林业设施项目。园区设置有盆栽花卉区、绿化苗木区、鸟鱼虫根雕玩石区、观光体验区，是一个集花卉欣赏、技术推广、旅游休闲等多功能于一体的大型综合花木园区。

【第二届中国·罗田甜柿节开幕】 2012年10月20日，第二届中国·罗田甜柿节在大别山脚下的罗田县三里畈镇錾字石村隆重开幕。省林业厅、省食品产业发展促进中心、黄冈市、罗田县的领导、嘉宾出席了开幕式，该县部分甜柿加工企业、专业合作社负责人和当地村民赶到现场，中央和省、市一些新闻媒体对开幕式进行了报道。举办中国·罗田甜柿节，是以节促销、以节富民、以节扬名、大力发展甜柿产业的一项有力举措，希望通过节会加强当地甜柿产业对外交流与合作，进一步扩大罗田甜柿在国内市场的知名度和影响力，着力打造精品名牌。现场举行甜柿专业合作社农超对接、农企对接、农旅对接签约仪式，与会的省、市、县嘉宾分别向获得柿乡旅游推荐接待农户、罗田甜柿诚信经营户、优质丰产甜柿树称号的农户授牌。有近3000名省内外游客慕名来到罗田，品美果，赏美景，体验别样农家风情。罗田县栽培甜柿的历史悠久，全县现存成年柿树20多万株，百年以上的大甜柿树就有2735株。该甜柿是全国唯一不经人工脱涩即可食用的自然脱涩品种，脆如苹果甜似蜜，生食口感极好。该县制定了《罗田甜柿产业中长期发展规划(2012～2020年)》，着手从基地建设、生态旅游柿园建设、良种繁育与保护利用、销售加工体系建设、科技推广体系建设等环节给予引导和扶持。同时，该县还积极组织引导农民进行农业产业化的模式推动甜柿产业发展，全县柿农大部分成立或加入股份制企业、专业合作社，实现串户连村规模化种植，27家合作社的种植面积占到全县甜柿种植总面积的75%。全县甜柿栽培总面积达2533公顷，遍及全县12个乡镇，甜柿年总产量达6000余吨，年创产值逾3000万元，全县5万余农民因此受益。

【湖北省咸宁市以万顷竹海打造百亿产业】 湖北省咸宁市召开全市竹产业发展动员大会，并在会上宣读了《市委、市政府关于加快竹产业发展的意见》，明确了以万顷竹海，打造百亿产业的发展目标。咸宁市竹资源丰富，是湖北省竹子主产区、全国“楠竹之乡”，现有竹林面积10.2万公顷，其中楠竹10万公顷、立竹量2.5亿株。为全面提升竹产业水平，推进竹产业跨越发展，把竹产业建成全市的支柱产业、特色产业和富民产业，咸宁市委、市政府在广泛调研基础上提出了加快竹产业发展的“十三条”意见，其中包括设立产业发展基金、加强竹林基地建设、加快建设竹产业园、大力开展招商引资、精心培育龙头企业等，确立了“到2020年，竹林基地发展到12万公顷，实现竹产业总产值100亿元”的发展目标。

【湖北省规模最大生物能源发电厂落户阳新】 由武汉凯迪公司投资3.2亿，年发电量超2亿度，湖北省规模最大的生物能源发电厂即阳光凯迪新能源有限公司在阳新县排市镇工业园动工建设。该发电厂装机容量为3万千瓦，占地面积16.7公顷。其主要燃料为稻草、麦秸、茅草等。建成后，续投50亿元，在排市镇工业园内兴建一个生物质航空煤油、汽油、柴油生产区和一个为农业产品建立的生态冷库以及有机肥、复合肥料厂，探索全新的低碳经济、循环经济、生态经济与县域经济相结合的可持续发展模式。

【湖北省仙桃赵西垸林场建首家水乡森林休闲体验区】 仙桃市林业局2012年重点引进项目——水乡森林世界休闲旅游度假区项目经过前期多轮谈判和考察论证，于10月18日在仙桃市林业局达成意向性签约，项目总投资金额达2.2亿元。该市成功引进水乡森林世界休闲旅游度假区，在湖北省尚属首家。项目分两期完成，一期投资1亿元，二期投资1.2亿元，建设期为6年。项目完工后，建成游客综合服务中心、水乡森林度假村、渔猎时代体验园、森林野营地、平原风情社区、农耕文化体验园6个功能区，预计年总收入达2200万元，年利税500万元，新增就业机会300～500个，对发展仙桃市“十二五”经济建设，带动林场片区经济、社会和谐全面发展，具有重要的推动作用。

【华中家具产业园建设签约会在武昌举行】 2012年4月19日，中国农业银行湖北省分行和潜江市政府在武昌东湖宾馆梅岭礼堂举行“共同推进华中家具产业园建设签约会”。湖北省副省长赵斌、省政府副秘书长梅祖恩出席签约会。参加签约会的还有省政府金融办、省重点办、省农办、省国土资源厅、省林业厅、农行湖北省分行、人行武汉分行、华中家具产业园入园企业、东莞家具企业、武汉家具企业以及潜江市委、市政府、市政协、市直有关单位的领导嘉宾共200余人。在签约会上，湖北省农行副行长余汉良、华中家具产业园董事长邓承旭、潜江市委书记朱汉桥分别致辞。湖北省农行副行长李新平与潜江市市长张桂华签订了共同推进华中家具产业园建设合作备忘录，受省农行委托潜江市农行分别与华中家具产业园及有关入园企业签订了战略合作协议和银企合作协议。本次签约会上农行湖北省分行为华中家具产业园提供总额不低于10亿元的综合授信，此举体现了农行对华中家具产业园巨大发展潜力的充分信任，也为华中家具产业园的健康持续快速发展搭建了良好的融资平台。华中家具产业园于2010年签约落户潜江，纳入湖北省政府“十二五”期间重点在建项目，被国家发改委列为承接东南沿海产业转移示范区，被中国家具协会命名为中国华中家具产业园，被湖北省林业厅授予湖北现代林业华中家具产业园。园区规划占地2000公顷，计划总投资300亿元，建成为集家具和材料研发、生产、销售物流、配套服务为一体的综合新型家具产业园和产业新城，可实现销售收入1000亿元，利税200亿元，提供就业岗位15万个。

【湖北省新增一家油茶精深加工产业园】 2012年2月2日，由湖北省咸宁市通城县黄袍山绿色产品公司投资的通城油茶精深加工产业园正式奠基。该产业园征地20公顷，2012年投资1.9亿元，建成万吨油茶籽冷榨生产线10条、3000吨茶油精炼生产线4条、万吨茶粕浸出生产线8条、4000吨功能强化油生产线1条、1000吨化妆品油注射用油生产线1条、5000吨茶皂素及系列产品生产线1条、万吨饲用蛋白饲料生产线4条、3.5万吨国家食用油储备库、油茶品种园、观赏园。建成后的产业园集观光、旅游、科研、加工于一体，年产值可达30亿元，实现利税6亿元，带动4万余户农民家庭投入油茶种植业，年户平均增收8000余元。

【全国第三家国家级林业生物产业基地授牌】 2012年2月23日，国家林业局党组副书记、副局长赵树丛，副省长赵斌在武汉共同为“湖北五峰国家非木质林产品生物产业基地”授牌，湖北省宜昌市副市长王国斌、五峰土家族自治县县委书记陈华接牌。五峰国家非木质林产品生物产业基地是继福建三明和山东菏泽之后国家林业局授牌成立的第三家国家级林业生物产业基地，也是湖北省唯一的一家国家级林业生物产业基地。

【森林防火】 2012年，全省共发生森林火灾385起，过火面积1205.01公顷，受害森林面积236.24公顷，受害率0.033‰，远低于1‰的标准。与2011年同期相比，森林火灾减少123起，下降24%；过火面积减少1891.27公顷，下降61%；受害森林面积减少439.6公顷，下降65%。没有发生重、特大森林火灾和人员伤亡事故。3月16日，国家森林防火指挥部发文(国森防〔2012〕9号)表扬湖北省发生森林火灾次数、过火面积和受害森林面积实现“三下降”。湖北省森林防火工作综合考评全国第十名，森林火灾当日扑灭率100%，森林火灾2小时反馈率100%。武警森林警察营房主体工程已于1月15日竣工，8月28日，部队正式入住新营房。12月3日，主体工程通过竣工验收。营房附属配套工程已按要求建设到位。全年编发《森林防火简报》29期，向国家林业局报送信息40条，其中35条被国家林业局采用，《中国绿色时报》于11月26日在二版头条大篇幅报道了湖北省抓好十八大期间森林防火工作经验做法。12月5日，《湖北日报》以《“绿色卫士”誓师动员》为题报道了湖北省森林防火进入实战期，盘点全省森林防火形势。国家林业局向湖北省下达森林防火基建项目资金6297万元，组织全省森林防火工作电视电话会议2次，分别于3月20日、8月9～10日、12月6～7日，召开了全省森林防火项目协调会、全省森林火险预警系统建设培训班、赣鄂皖毗连地区护林联防座谈会。

【森林病虫害防治】 2012年，全省森林病虫害防治站73个，从业人员即在册职工人数568人。林业有害生物防治林业建设资金完成投资2093万元。全省林业有害生物发生面积32.52万公顷，成灾面积控制在3.33万公顷，成灾率为3.94‰，无公害防治率95.1%，测报准确率95%，种苗产地检疫率99%，均低于年度目标控制指标。全省“一病两虫”即松材线虫病、松毛虫、杨树食叶和蛀杆害虫等林业有害生物防治总体情况良好。按国家林业局要求开展了“绿盾2012”林业植物检疫执法行动、森防基础项目建设、病虫早期预警、森林网络医院建设、无公害防治等工作。

【森林公安队伍建设】 2012年，全省有19个市州森林公安局局长和62个县森林公安局局长进班子或高配；公开招录了42名新民警，增加了队伍的活力；围绕重点时段和重要活动开展了明察暗访督察活动69次，民警违纪率为零；组织省级培训班14期、市县级培训班282期、培训民警4700余人次；深入开展三访三评深化大走访活动，走访群众36 700余人次，为群众办实事、做好事、解难事2879件。全省森林公安系统中共有17个单位和101名个人分别受到公安部、国家林业局和省公安厅表彰。为全省森林公安配备执法勤务车辆102台、执法办案设备1285台(套)；落实黄冈市森林公安局等11个市、县业务技术用房项目，争取中央投资4861万元，建设规模20 595平方米；全面启动了森林公安派出所规范化改造工作，目前已完成40%；实现了公安网接入率、计算机配备率、民警培训率和网上办案率4个100%，森林公安局、派出所网站建设完成率达到82%；全省大部分地方实现全警配发警务通，350M无线通讯系统和移动警务笔记本的试点工作已全面铺开。警务保障水平在全国森林公安机关走在前列。落实了省森林公安局和九峰分局侦查涉林刑事案件的审查起诉机关和审判机关；成立了湖北信达森林司法鉴定中心、湖北森卫野生动植物司法鉴定所，为林业执法、仲裁和森林公安机关采集涉林违法犯罪证据提供了法律依据。省森林公安局获全省公安机关党的十八大安全保卫工作先进集体称号，省森林公安局刑侦支队获全省先进公安基层单位称号；省森林公安局1人获全省公安机关党的十八大安全保卫工作先进个人称号，1人获全省优秀人民警察称号，1人荣记个人一等功一次，1人荣记个人二等功一次。全年争取项目资金共计8708万元，比2011年增加1020万元。

【森林公安办案】 2012年全省森林公安机关全年共查处各类涉林案件13 106起，其中侦破刑事案件1151起，查处行政案件11 955起；省森林公安局直接督办大要案件140起；综合查处率为98%。处理违法犯罪人员13 614人次，挽回直接经济损失7094万元，责令、督促涉案单位和个人补缴有关林业经费6910万元。实现了办案总量、侦破刑事案件数量、查处行政案件数量、省局挂牌督办案件数量连续两年“四个超历史”。全年开展了“楚天绿剑”“破案攻坚”“江城闪电”“汉十东风”“楚天秋收”“楚天剑兰”等声势浩大的专项行动。

【森林采伐】 2012年，全省网上办理林木采伐许可证89 731份，采伐木材192.09万立方米，采伐楠竹1166.3万根。林地、采伐定额指标均控制在合理指标范围内。优化林业发展环境，将林木采伐审批权限下放到市州林业主管部门。

【林地管理】 2012年，共办理永久占用征收林地1157宗、面积4976.53公顷，依法征收森林植被恢复费4.44亿元；全省严守林地绿色“红线”，编制完成了省县两级林地保护利用规划，全省林地落界“一张图”通过国家验收，开创了林地保护利用“以规划管地、以图管地”的新路径。首次运用林地“一张图”和3S技术采取卫片判读对五峰、浠水、老河口3县(市)近两年的占用征收林地情况进行了全查，并向市县人民政府、林业局通报检查结果，督促整改，追缴植被恢复费600多万元。争取国家林业局支持。在全国林地定额机动指标较少的情况下，增加湖北省南水北调中线工程4121公顷林地定额；安排项目资金415万元，比2011年同期增长38.3%；争取社会各界支持，依法征收森林植被恢复费2.6亿元，增加省级政府基金5200万元。服务省级重点项目，预审占用征收林地项目108个，审核重点工程项目林地151批次，面积2100公顷。

【林业案件】 2012年，全省资源林政系统共发生林业行政案件13 432起，比2011年减少2918起，查处13 335起，查处率99.28%；接待信访65人次，参与调查转办案件66起，查处48起，结案率72.7%。加大林地、采伐的检查力度，查办7起国家林业局督办的重大案件。此外查办省领导批示、新闻曝光的林业行政案件44起。依法打击了各类破坏森林资源的违法行为，有效保护了森林资源成果。

【木材流通管理】 2012年，全省木材检查站148个，从业人员即在册职工人数1371人。共办理木材运输证152 143份，严格木材流通领域监管，对全省木材经营加工企业进行了清理整顿，提出了木材检查站布局调整的优化方案。将木材运输审批权限下放到市州林业主管部门。

【林业工作站】 2012年全省实有林业工作站838个，在册职工人数5561人。组织指导2012年度林业站重点县建设项目的实施。完成了对黄陂区等10个县市区2011年度全国林业站标准站的检查、验收工作；组织指导沙洋县后港林业站等14个站启动了2012年度全国标准化林业站建设项目。于5月15～19日，组织荆州区等14个县市区170名基层林业站站长进行了培训和能力测试工作，经过国家林业局组织专家考评阅卷，全部参试站长均合格。做好《森林保险实施方案》和《森林保险合作框架协议》的起草、修改等相关工作，指导试点县市区乡镇林业站做好森林保险展业宣传等具体工作。11月23日，省林业厅与3家承保的保险公司签订了《森林保险合作框架协议》，《森林保险实施方案》已报送省政府待批准。

【森林资源监测】 2012年，开展了8个试点单位的森林可持续经营工作，积极探索切合本地实际的森林可持续经营管理模式，建立监测评价体系。完成全省森林资源动态监测系统及数据库平台建设，初步建成“全省林地一张图”，实现了林业管理手段向规范化、科学化、信息化迈进的新跨越，基本建成集全省306.9万个森林资源二类调查小班图形及其属性数据等全省林业基础地理信息数据，全省森林资源信息管理系统建设实现了全省“一张图”。该系统已应用于林业征收占用林地变化监测、营造林规划、森林采伐以及林业工程监测管理等方面。该系统先后接受了国家林业局资源司、信息办与湖北省政协、省委巡视组的检查，为全省森林资源管理提供了网络统一操作平台，统一了全省技术标准和数据平台；为各级林业主管部门提供森林资源管理、辅助决策的工具，提高了各级林业单位和部门的业务能力，节省了大量人力、物力和财力；全面升级了森林资源信息管理手段、提高了森林资源信息管理水平，对实现森林资源信息管理的规范化、科学化、信息化具有十分重大的意义。

【林业勘察设计】 2012年，对规划院、设计院实行分类管理。规划院以健全聘用制度和岗位管理制度为重点，设计院制订出台了《职工收入分配办法》《市场经营管理办法》《综合奖励办法》等制度办法，制定了《湖北省林业调查规划院督查工作制度》《关于精简会议提高办事效率的通知》等规章制度，成立了湖北信达森林司法鉴定中心，筹建湖北八方森林资源资产评估有限公司。承担了大冶基地苗木评估，建始县元泰公司林业基地森林资源评估，康欣科技开发有限公司股份公司森林资产评估等项目。合作组建武汉市化工新城绿化公司，合作组建湖北三方生态园林景观工程股份有限公司。全年共培训全省各市、州、县、区技术人员5420人次，为全省培养了一批遥感监测、抽样调查、信息处理的行家里手，实现了全省森林资源监测体系从无到有。完成全省第四次森林资源“二类调查”数据核实与数据编印工作；完成全省林地利用保护规划编制工作。完成了全省91家林调院、队林业调查规划资质认证审核工作。建立林业专家委员会会审制度，对国家级、省级大中型重点林业工程项目进行指导与审定。完成工程咨询资格证书换证工作，并在风景园林专业和建筑专业咨询等级上由原乙级晋升为甲级。先后与南京林业大学、东北林业大学、湖北大学、黑龙江省林业设计研究院签订《合作框架协议》，与湖北省林科院、生态学院、园林技校以及太子山林管局交流合作，进一步提升了管理水平。

【依法治林】 2012年，开展林业法制建设政策研究，承办了全国林业普法骨干人员培训会议，深入推进京山、丹江口、宣恩、兴山、洪湖等5县市全国林业综合行政执法示范县建设。坚持依法行政，简政放权，强化行政许可监督，编制完成了11类179项行政权力和服务事项内部和外部流程图。加快了《湖北省森林资源流转办法》《湖北省湿地保护办法》等规章立法进程。制定了行政审批实施方案和实施计划。建立了首席代表制，实现了一窗式受理，一站式审批，全程代办，限时办结，林业审批高质高效。

【科技推广】 2012年，推广新科技、新成果15项，积极开展“送科技下乡”“科技活动周”活动。向国家、省共申报林业科技推广等项目14项，批复立项“核桃优良品种规模扩繁丰产栽培技术集成示范”等项目8项。重点推广“板栗低改标准化示范”“油茶轻基质配方改良扩繁”“油桐低产林改造”“水源涵养林营建”等4项新技术。重点对油茶、板栗、核桃、油桐、马褂木、枫杨等树种的育苗、嫁接、修剪、抚育、病虫害防治等环节技术，举办各种形式的培训15期，培训技术人员和林农1300多人次。《油茶高产新品种应用和规模化扩繁技术集成与示范》等项目绩效评价获得全省综合排名第一。落实到全省的中央财政林业科技推广项目由2011年的1000万元增加到1600万元，增幅60%，夷陵、阳新、罗田、鹤峰等6个县市共同参与实施的中央财政科技推广项目由2011年的2个增加到4个，增幅为100%，资金由200万元增加到500万元，增幅为150%。扎实推进“厅校、院省、厅所”合作，在全国林业科技大会上，湖北省林业厅作了经验交流，荆门市委书记王玲作了典型发言。完成了2012年度全省科技特派员的选派工作，共选派60名科技特派员上报国家林业局备案。完成了省林业厅挂靠的7个学会、协会的年审工作。

【教育与培训】 2012年，湖北生态学院举办60周年校庆活动，印发了《省林业厅关于成立湖北生态工程职业技术学院六十周年校庆活动领导小组的通知》，做好湖北林学院筹建有关事宜，湖北生态学院做好“双升”工作。向省教育厅报送了《省林业厅关于支持湖北生态工程职业技术学院开展职业教育改革有关工作的函》。湖北生态工程职业技术学院与湖北省园林工程技校共招生3478人，其中生态学院2868人、园林学校610人；输出毕业生2292人，其中生态学院1852人，毕业生就业率达94.6%，园林学校440人，毕业生就业率达98%。加强与中南林业科技大学、华中农业大学、南京林业大学的合作。湖北生态学院举行“北京林业大学湖北继续教育学院”协议签字和揭牌仪式，北京林业大学校长宋维民教授、省林业厅副厅长黄德华亲临现场并致辞。召开了省林业厅教师节慰问座谈会，与生态学院、园林学校班子成员和教师代表进行了座谈。湖北生态工程职业技术学院全年新增专升本学生近千人，实现在校专升本学生2200多人；学院承办了多期行业培训。举办湖北林业技术人才培训班、全省森林公园及森林旅游高级人才培训班、湖北林业技术干部培训班、全省野生动植物保护管理人员培训班、全省森林火险预警系统建设培训班、全省公益林区划落界工作第二期技术培训班，全省林业专业能力提升班，年培训总人数共计700余人，为湖北林业发展提供了人才保障。院教职工在各类学术期刊发表论文近100篇，主编和参编教材20余部，学院与中国林科院开展合作，共同建设石漠化防治与水土保持重点实验室、湖北恩施大峡谷石生态系统定位研究站。学院与浙江远洲集团、武汉富士康集团、武汉吉人食品有限公司等多家企业建立了稳固的校企合作关系，每年选派学生到企业参加生产型教学实习。学院新增了景观设计、建筑工程技术两个专业。加大了校园基础设施建设，完成了约1600万元的建设工程。省园林工程技术学校探索“校企深度融合、工学有机结合”的合作机制，安排风景园林班到大冶实习基地进行了为期2个星期的专业实习；组织三年级学生到多家企业进行顶岗实习。推行“订单式”招生的人才培养模式，做到“招生即招工、毕业即就业”，与武汉湘鄂情酒店签订订单培养协议，由湘鄂情出资对学生进行培养，学生免费学习，将湘鄂情酒店的内部培训要求引入到课堂，以企业的要求作为课程的要求，学生毕业后直接上岗。全年共举办22期培训，结合中央财政推广项目的实施，举办了2期项目规范管理培训班，培训技术人员近200人次，依托厅直科研、推广、教育单位举办培训班20期，培训科技人员超过5000人次。

【林业科研】 2012年，全年验收、鉴定科研成果10项，其中7项获湖北省政府科技奖励；修订林业地方标准13项，全年组织申报各类科技项目80项，立项46项，争取到项目资金3280万元，比2011年增加了44%。省林科院实现总产值3708万元，比2011年同期增长11.7%；全年共申请项目经费3545万元，已立项24项，科研项目合同经费2134万元。较2011年同期增长15.3%。全院共鉴定、验收项目11项。其中验收7项，鉴定成果4项。科技成果获奖6项。获国家林业局授权植物新品种1个、省级良种4个；全院38人次在省内外的21次学术会议开展了学术交流与合作，7人次赴4个国家、地区进行了学术考察与交流。全院组织科技人员在大别山试验示范区及武陵山试验示范区、中国农谷建设、荆州壮腰工程建设、扶贫开发等工作中开展了全方位的科技支撑服务工作。全年与蕲春李时珍禽畜专业合作社共同完成“日本构树林下土鸡生态养殖技术研究与示范”成果鉴定、与荆州市拍马纸业集团签订了产学研合作协议、与湖北拍马纸业有限公司、宝源木业有限公司、巨宁木业有限公司联合申报省科技厅项目3个，院3名专家获得湖北省产学研优秀专家荣誉称号。院试验林场危旧房改造项目于10月28日举办了危旧房项目的开工仪式。

【对外合作交流】 全年共完成了8个批次出国(境)考察与培训，组织了赴印度、印度尼西亚和新加坡的湿地资源保护与林木市场及城市森林管理考察团，赴南非、土耳其的林业资金投入及监管机制考察团，赴美国、加拿大的森林认证机制考察团，赴巴西、阿根廷野生动植物保护考察团，赴澳大利亚、新西兰森林资源管理考察团及赴德国、法国可持续森林经营管理考察团；开展了小渊基金造林项目的实施，5月16日，与省对外友好协会、日本茨城县日中友好协会绿化访华团在孝昌县共同举办了孝昌县中日友好林造林项目纪念碑揭碑仪式。全年共完成了4项外事活动：接待了日本JICA小林信行、西伟秋祝一行专家组，接待了日本茨城县日中友好协会绿化访华团共44人等。全年共完成2项国内大型考察学习活动：组织了4批赴台湾考察学习，组织省林业厅机关干部144人分3批赴黑龙江森工集团考察学习。

【种苗管理】 2012年，全省林木种苗站46个，在册职工人数466人；全省国有苗圃44个，在册职工人数661人。全省林木良种基地建设与推广已初步形成了以国家级良种基地和省级良种基地为支撑，以油茶、杉木、杨树、日本落叶松、湿地松等主要造林树种为主的良种繁育体系。全省林木良种使用率达到56%。组织开展了打击假劣林木种苗和保护植物新品种权专项行动。召开了省林木品种审定主任委员会会议，表决通过审定与认定23个品种。全年共争取各种项目资金4350万元，其中：争取良种补贴项目1780万元，种苗工程项目1040万元，油茶重点示范县项目1100万元。新增水杉国家种质资源库项目15万元。新增4个国家级林木良种基地。全省林木种苗质量监督检验项目已经省发改委批复并上报国家发改委、国家林业局，项目资金总额2200万元。全站完成总产值3800万元，比上年增加27%。省种苗场和园林公司产值超千万，花卉市场、良种推广、花卉租摆、工程监理等营业额增长40%以上。实施了种苗场的改造升级，无纺布轻基质容器生产线建成投产，已生产优质容器1000万袋，控根栽培示范园成为新亮点，研发的拥有完全自主知识产权的亚美马褂木和红花玉兰，目前已完成亚美马褂木示范林33.3公顷、红花玉兰嫁接定植1万株，加速了科技成果转化。

【宣传、信息管理】 2012年，创建了襄阳、咸宁、荆门、恩施、赤壁、宜都6个省级森林城市，宜昌市成为了国家森林城市，钟祥大口森林公园被评为国家生态文明教育基地，完成了9个湖北省生态文明教育基地创建。全省林业系统刊发林业宣传稿件1300余条。4月19日，中央电视台“焦点访谈”栏目播出了“扶‘龙头’，富农民”新闻访谈，集中报道宜昌市扶持林业龙头企业、兴林富民的事迹；《人民日报》于4月20日“身边的感动事”栏目，刊发“一人一手，造就漫山林海”长篇文章，宣传恩施市护林员向德友、吉祖清身残志坚、爱林护林的感人事迹；《经济日报》于5月9日头版刊登《林是“摇钱树”山成“聚宝盆”》长篇通讯，集中反映大悟县林改富民事迹，宣传了湖北省集体林权制度改革成就。争取省财政厅项目资金60万元，用于拍摄“生态文明专题片”。承办第八期全国民营企业家及管理干部林业培训班，召开了第二届湖北省森林城市创建工作会议。林业信息化建设不断加强。湖北省林业网站群建设基本完成，网站信息公开栏目被评为“2012年中国政府网站信息公开精品栏目”。成立了全省林业信息化工作领导小组、全省林业信息化建设专家委员会，制定了《湖北林业信息化管理办法》，拟制了《加快湖北林业信息化发展的若干意见》，修订完善了湖北林业信息化建设管理规章制度。组织开展了全省林业专网的巡检工作，完成了全省19个市级林业部门林业专网和视频会议系统共218台套设备的检查和维护。完成了厅机关内外网物理隔离改造升级和互联网接入的提速升级工作，通过了国务院督检组的抽检和省政府的检查。建成集17个市(州、林区)、8个国家级保护区、57个县(市、区)林业部门和11个厅直单位及28个机关处室网站的湖北林业网站群，湖北林业网统一门户全面改版升级，林业综合办公协作平台建设有序开展。完成了2个全国林业信息化建设示范市、3个市范县的申报工作，争取5个市(县)列入全国林业信息化示范市(县)建设范畴。推进全省林业基础数据库、全省林业基础地理信息共享平台和全省林业省、市、县三级专网等3个项目的申报、立项工作。

【神农架林区野生动植物保护】 神农架林区林管局要求，以五项措施，确保全区野生动植物安全。一是提高全区人民对野生动植物保护的认识。神农架林区是全国天保工程、国家林业建设示范区，野生动植物资源事关全区生态发展，因此保护野生动植物安全十分重要；二是加大宣传力度。进一步加强对保护野生动植物法律法规的宣传，制订出切实可行的宣传措施，使野生动植物保护工作深入人心；三是举办野生动植物工作培训班。培训班面向全区群众，使全区人民更好地投入到野生动植物保护行列中；四是开展打击破坏野生动植物违法行为专项行动。倡导拒食野生动物和保护野生动植物行动，对破坏野生动植物的违法行为从严从重处罚；五是加大特种野生动物养殖和珍稀植物种植。针对林区目前11家特种养殖户，加大监管和技术支持，以确保特种养殖在林区科学发展；同时通过建基地、建野生动植物监测网络等措施，加强保护。

【出台野生动物疫源疫病监测标准站建设标准】 湖北省根据国家林业局《野生动物疫源疫病监测规范(试行)》和《陆生野生动物疫源疫病监测工程项目建设标准》，并结合湖北省监测示范站建设的实践经验，制订出台了《湖北省野生动物疫源疫病监测标准站建设标准》。该《标准》主要对国家级、省级监测站提出了明确的建站标准，市、县级监测站可参照执行。《标准》对野生动物疫源疫病监测标准站的人员、办公、设备等配置以及业务、制度建设等方面做了明确的规定。人员配备上，国家级监测站点必须配备3名以上、省级监测站点必须配备2名以上专职人员；办公基础设施配置上，要有专用的办公室、资料档案室、物资储备仓库等；设备配置上，要有交通工具、野外监测设备、信息传递设备、采样监测设备、应急防护设备等。

【新增9个生态文明教育基地】 湖北省林业厅、教育厅、共青团湖北省委联合发文，授予湖北省野生动物救护研究开发中心、省九峰森林公园、武汉林业集团有限公司、随县七尖峰森林公园、仙桃市赵西垸林场、鄂州市国有麻羊垴林场、潜江市森林公园、远安县桃花岛生态文明教育基地、宣恩县伍家台雪落寨生态文明教育基地等9个单位湖北省生态文明教育基地称号。至此，全省生态文明教育基地增至25个。自2010年省林业厅、教育厅、团省委联合开展创建生态文明教育基地活动以来，全省参与生态文明教育活动的人数累计达420万人次，生态文明教育基地在普及生态知识、增强公民生态意识、弘扬生态文明和加快实施“生态立省”战略、推进“文明湖北”建设中发挥了重要作用。

【林地保护利用规划“一张图”通过国家级检查验收】 湖北省林地保护利用规划“一张图”建设通过国家级检查验收。湖北省林业厅党组书记、厅长王海涛要求，充分利用好，共享、共用“一张图”，在全省林业系统实现共赢。按照国务院《关于全国林地保护利用规划纲要的批复》要求，根据国家林业局的工作部署，省林业调查规划院于6月圆满完成了全省林地保护利用规划“一张图”的建设工作。全省林地保护利用规划“一张图”，为森林资源管理提供了网络统一操作平台，统一了全省技术标准和数据平台；为各级林业主管部门提供森林资源管理，辅助决策的工具，提高了各级林业单位和部门的业务能力，节省了大量人力、物力和财力；全面升级了森林资源信息管理手段、提高了森林资源信息管理水平，对实现森林资源信息管理的规范化、科学化、信息化具有十分重大的意义。

【首批林业司法鉴定机构成立】 2012年9月26日，湖北省林业厅在省林勘院举行湖北信达森林司法鉴定中心、湖北森卫野生动植物司法鉴定所成立揭牌仪式，是湖北省首批成立的林业司法鉴定机构。省林业厅党组书记、厅长王海涛，厅党组成员、副厅长王铭德，厅党组成员、省森林公安局长陈毓安，省司法厅副巡视员刘卫平等领导出席揭牌仪式。两个林业司法鉴定机构的成立为林业执法、仲裁和森林公安机关采集涉林违法犯罪证据提供了法律依据。

【正式启动政策性森林保险试点工作】 湖北省林业厅与3家保险公司正式签订森林保险框架协议，全省政策性森林保险试点工作正式启动。这3家保险公司分别是中国人民财产保险公司湖北分公司、中华财产保险公司湖北分公司和太平洋保险公司湖北分公司。投保农民遇到自然灾害或火灾后就可得到相应的补偿。这次首批列入试点的共有14个县(市)，森林保险费率为每年每公顷48元，农民仅需负担30%～40%，也就是说农民每年每公顷只需交纳15元钱就可以投保，而公益林保费则由政府财政全部负担。根据协定，公益林将全部使用综合保险，经济林可在森林火灾险、综合保险等多种保险中选择投保，保险内容不同保费也不同，但不会超过每年每公顷15元钱。

【林业系统率先成立党建研究会】 8月22日，湖北林业党建研究会成立大会暨全省林业党建工作研讨会在湖北省林业厅召开。这是全国省级林业系统首家成立的党建研究会，也是湖北省省直机关首家成立的党建研究会。会议讨论并通过了湖北林业党建研究会章程和第一届理事会人选，选举产生了第一届常务理事会会长、副会长、秘书长和常务理事。国家林业局直属机关党委常务副书记、全国林业党建研究会副会长高红电到会祝贺。湖北省直机关工委常务副书记、省党建研究会机关专委会主任委员郭玉吉到会祝贺。湖北省林业厅党组书记、厅长王海涛当选为湖北林业党建研究会会长。

【罗田县板栗生产】 罗田县各乡镇、场抢抓晴好天气，开展以板栗花期“三喷”为主的夏季栗园管理，促进板栗丰产增收。罗田是闻名全国的“板栗之乡”，全县板栗种植总面积7万公顷以上，常年产量6万吨。该县在扩大板栗规模生产的同时，注重科技创新。板栗"三喷"技术为该县首创，指在板栗初花期、盛花期和坐果期用3‰的硼砂、3‰的尿素、3‰的磷酸二氢钾加991‰水配成混合液，进行板栗叶面追肥，以提高板栗产量的技术措施。经实践表明，对空苞严重的栗园，板栗"三喷"可实现当年增产30%以上。栗农从科技兴栗中尝到了甜头，全县上下形成一股前所未有的科技热潮，有力地推动了板栗生产的大发展。该县板栗"三喷"工作采取依托各板栗专业合作社组建40多支机防服务队，林业技术人员随队跟踪服务，随时提供技术支持，并实行包片负责，确保栗园全覆盖。

【襄阳市集体林权制度改革】 2012年，襄阳市集体林权制度改革工作以服务林农为主体，在巩固和完善主体改革成果的基础上，进一步加大工作力度，调动社会各方面力量，在深化配套改革上取得5个突破。一是在发展林下经济上有新突破。把发展林下经济，不断增强林农持续增长能力，作为林业建设的重点工作。认真总结推广南漳县发展林下经济的经验，积极引导林农因地制宜选择林下种植(养殖)模式，培育各具特色的林下主导产业，每个县(市)区培养林下经济示范村(户)20个以上。二是在发展农民林业专业合作组织上有新突破。以南漳县首批创建全国农民林业专业合作社示范县为契机，在巩固和完善家庭承包、分户经营体制的同时，结合林改后的实际，引导和鼓励以亲情、友情或资金、技术、产业链为纽带，促进股份林场、家庭合作林场、林业专业合作社、林业专业协会等合作组织建设，力争每个县(市)区建设3个以上规范的林业专业合作组织。三是在推进林业投融资改革上有新突破。按照中央1号文件的要求，加强与金融部门的合作，开展林业小额贴息贷款和抵押贷款工作。按照有关规定，加强林权抵押登记管理等工作，协助金融机构搞好林权抵押贷款，防范信贷风险。四是在政策性森林保险试点工作上有新突破。襄阳市积极争取省林业厅的支持，将襄阳市属的1~2个县纳入试点范围。五是在培育规范森林资源资产流转市场上有新突破。进一步规范林权交易场所的建设和管理，从程序上给予林农平等的竞争和交易机会，防止发生林农失地、失山的现象。积极争取支持，筹备建立鄂西北林权交易中心。

【天门市"合作造林"新模式】 天门市与天门昌兴农林开发有限公司、天源造林有限公司采取合作造林模式，在全市共植树造林230万株。合作造林采取的是"公司+农户"造林模式，即林农出林地，造林公司出资金和技术，高标准实施造林，然后由农户和公司按一定比例分成。采用"合作造林"的方法，一是激发林农造林信心。各林地情况复杂，林农普遍存在缺资金、缺技术、缺苗木的难题，成为制约天门市林业发展的瓶颈。通过"合作造林"让公司与农户达成互惠互利的协议，有利于激发林农的造林信心。二是帮助林农致富。林农自主确定具有林地经营权10年以上、面积1.3公顷或可植杨树1000株以上的土地，由公司无偿提供优质苗木，并在整个生产过程中无偿提供技术服务，林农负责苗木栽植与管护。收益按一定比例分成，真正让林农致富发家。三是达到绿化目的。通过"合作造林"从根本上改变以往由政府办林业的模式，而企业投资造林大大加快了造林绿化的步伐，加强国土绿化，恢复森林资源。

【神农架林管局开展节能减排促进生态建设活动】 神农架林管局开展节能减排、促进生态建设竞赛活动。该局成立了竞赛活动领导小组，召开专题会议，研究部署这项工作。同时，通过新闻媒体、网络等宣传途径，大力宣传"加强节能减排、促进生态建设"竞赛活动意义和节能减排方针政策的现实意义，提高林业职工对节能减排、促进生态建设的认识；并将各单位的竞赛结果纳入年度考核范围，实行一定的奖惩。该局在制订方案时，注重与林业发展、森林资源保护相结合，以竞赛促进工作。与省林科院开展科技合作，研究探索一套适合本地的森林抚育模式，以促进森林资源的增长。同时，还在全区按照不同的地类设置57个永久性固定监测样地，对森林资源和碳汇增长情况进行监测，为林业在生态环境建设中发挥的作用提供科学依据。该局为减少对森林资源的消耗，大力发展清洁能源，推进沼气池建设，解决职工村民生产生活实际问题。该局建立区乡村三级服务网点8个，全区8个乡镇67个村已累计投入资金80多万元，完成沼气池建设8000多口，沼气的推广应用，有效遏止了对林木的依赖，促进了森林资源的保护和生态环境的改善。

【孝感市六措并举强化林业重点工程质量监督】 孝感市林业系统把工程质量与工作责任挂起钩来，实行目标考核制度，增强工程管理人员的责任意识，保证工程建设质量。一是严格技术标准。狠抓"四关"，即严把规划设计关、严把造林整地关、严把种苗关、严把栽植关。二是开展技术培训。对参与工程建设的农户和造林业主进行培训，培养一批工程建设的技术骨干，推广应用良种壮苗、新技术、新成果，提高林业工程的科技含量。三是实行工程监理制。项目县林业局分别与省、市造林绿化工程监理公司签订了林业重点工程监理合同，强化工程全过程管理，提高了造林质量。四是加强管护责任。强化造林地的管理，严打毁林行为，保护造林成果。五是健全质量检查验收制度。按供苗、整地、栽植、管护等生产工序来进行检查验收。实行"谁验收、谁签字、谁负责"的责任追究监管机制，确保建设成果的真实性和可靠性。六是加强建设资金管理。对项目建设资金实行专款专用，规范管理，确保资金安全和人员安全。

【鄂州市梁子湖区建造鄂东南最大珍稀苗木基地】 由浙商投资建设的仁禾公司铁皮石斛生态产业园在湖北省鄂州市梁子湖区梁子镇落地，并全面开工建设。该园区占地21.3公顷，总投资8000万元，建成标准化的铁皮石斛组培快繁育苗温室、设施栽培铁皮石斛及珍稀苗木大棚、扩繁露地栽培区。同时，园区还通过示范栽培和种苗投放，采取"公司+基地+农户"的产业化经营模式，扶持带动周边农户参与苗木栽培，重点发展铁皮石斛、天目琼花、罗汉松、珙桐等珍稀名优品种，辐射发展珍稀苗木种植面积106.7公顷，成为鄂东南最大的珍稀苗木育苗栽培基地。

【宜昌市国家林业重点工程】 湖北省宜昌市抢抓国家和省推进林业生态建设的机遇，扎实推进和实施了国家退耕还林、天然林保护等林业重点工程建设。全市完成了巩固退耕还林成果专项、完成低产林改造任务共1.3万公顷，占省下达计划的129.3%。全市对85万公顷天然林进行了有效管护；完成了2010年度天保工程近2万公顷封山育林建设任务；落实了19.7万公顷国家、省级生态公益林管护措施；开展了天保工程二期实施方案编制工作；启动实施了三峡库区湿地保护与恢复工程。同时，结合实施"4+3"增绿工程，编制了《宜昌市环城森林屏障建设规划》《七大生态走廊建设规划》《林业产业发展规划》，全市"一环、一边、一线、一点"区域共新植生态树7333公顷，600万株；新植核桃、油茶和工业原料林1.1万公顷。

【荆门市推进森林经营工程】 湖北省荆门市以增加森林资源总量、提高森林资源质量、优化森林资源结构、发挥森林多重功能、实现森林可持续经营为主要内容，着力推进森林经营工程，加快国家现代林业示范市建设，实现了林业生态、经济和社会效益的有机统一。全市森林面积达到38.5万公顷，森林蓄积量1323万立方米，森林覆盖率达到36.2%，为推进绿色经济发展和改善人居环境奠定了坚实基础。该市创新理念，优化经营，筑造绿色保障线。按照林随路走、树随渠长、绿随小区增长的原则，通过义务植树、基地造林、碳汇造林、专业造林、认建认养等途径，建设林业板块基地，累计建成12.7万公顷速生丰产林、12.3万公顷特色经济林、9.1万公顷生态公益林、1.5万公顷花卉苗木基地。全面提高森林经营质量，调整林分林种结构，造林模式由单纯的绿化荒山和植造用材林向以种植经济林为主的转变，重点发展京山油茶、钟祥核桃、屈家岭黄桃等板块基地；造林基地由实用型向观赏型转变，形成了207国道、皂当公路、荆潜公路等花卉苗木长廊；林业一二产业向三产业转变，建成百公里森林生态旅游长廊，抚育和发展了长廊周边森林和景观林。该市动员和支持各种经济主体投入森林经营，提高林业生产的集中度，提高林业经营的产出率，推动林业增效、林农增收。招商引资，发挥龙头示范作用。制定涉林优惠政策、宣传林业比较优势，吸引和促进实力型经济实体进入森林经营行列、优质资产注入林业产业、优秀技术人才加入林业工作队伍。先后有许多实力雄厚的企业进入特色经济林木生产、森林观光旅游、花卉苗木种植领域，使林业集聚了大量资金、技术、人才、市场、劳力资本，极大提升了林业生产效率，发挥了良好的骨干带动作用。荆门市委、市政府出台《关于加快国家现代林业示范市建设的决定》《关于加快转变林业发展方式的实施意见》，对开展碳汇造林试点、造林认建认养活动及各经济实体投资林业的优惠政策作出明确规定。增强投入保障，通过争取并整合国家林业项目资金1.4亿元，打包投放森林经营，撬动社会资金投入林业过10亿元。

【咸宁市3家森林公园晋升3A级景区】 经湖北省旅游景区质量等级评定委员会组织评定，湖北省咸宁市崇阳桂花森林公园、通城黄龙山旅游区、咸安鸣水泉生态旅游区达到国家3A级旅游景区质量等级标准，正式晋升3A级旅游景区。至此，咸宁市8个森林公园已有3个3A级景区。咸宁市立足生态优势，以自然保护区、森林公园、特色林区等森林旅游基地为中心，重点打造九宫山风景区、潜山森林公园、黄龙山风景区、富水水库、陆水水库、青山水库、南川水库和鄂南大竹海等8个重点森林旅游景区，取得了良好的生态、经济、社会价值。咸宁市委、市政府继续实施生态立市战略，以良好的生态资源为依托，大力发展森林旅游业。建设以潜山国家森林公园为核心的生态旅游新城，以九宫山为主体的国家5A级景区和全国知名旅游目的地，以嘉鱼牛头山森林公园为依托的三湖连江国家5A级旅游景区，并利用崇阳生态优势，打造华中影视拍摄中心。

【潜江市试验推广杨树机械扦插造林技术】 潜江市林业局针对农村青壮年劳力大量外出务工，植树造林期间农村劳力少和劳动力成本较高的实际情况，组织技术人员通过开展技术革新和试验示范，总结试点推广了一套杨树机械扦插造林技术。该项技术是对传统的人工扦插杨树造林技术的革新和突破，利用小型挖掘机转台回转、动臂升降、斗杆转动和整机行走的仿生工程机械原理，通过机臂将动力传给造林工具铁钎在栽树点形成扦插洞穴，改变了过去通过人工用铁锤打压铁扦形成栽树洞穴的传统方法。通过测试，机械扦插的洞穴深度80～120厘米，比人工扦插洞穴深30～60厘米，完全符合杨树扦插造林的栽植深度，造林成活率可提高到95%以上。采用机械扦插造林技术每株平均耗时1～1.5分钟，人工扦插造林每株平均耗时4～6分钟，造林效率提高了4倍。机械扦插造林还具有边整地边造林的优势，可以大大降低造林成本。机械造林技术适用于道路、沟渠、农田林网、成片林、采伐迹地等各种类型的造林地，对部分人工无法作业的难工难栽地段也可用机械扦插造林。杨树机械扦插造林新技术得到了基层干部群众和林农的普遍拥护支持。

【鄂州市林业局"六结合"推进造林绿化】 鄂州市林业局抢抓春季造林黄金季节，创新"六结合"工作举措，扎实推进造林绿化，着力打造生态宜居城市。市林业局结合"三万"活动，整村推进塘堰整治和村庄绿化。明确市直各部门把"三万"活动与"植万树"活动有机结合起来，整村推进塘堰整治和村庄绿化。按照市委市政府2012年"三万"活动驻村工作组安排意见，"三万"活动责任村即是"植万树"活动责任村。市绿委与市"三万"办联合开展检查验收。要求市、区、镇、村四级联动，组织开展大规模的义务植树活动。各级都要建立义务植树基地，并把义务植树活动延伸到村庄宅旁、村旁、路旁、水旁绿化。通过领导示范、部门参与，带动全民自觉参加义务植树活动，形成合力推进城乡绿化的工作格局。全市106个新社区建设，按照"立生态、造景观、建基地、创效益"理念，坚持"效益优先、兼顾景观"原则，积极开展林业科技创新，大力推进花卉苗木、高效林果等朝阳林业产业进社区；同时大力推进绿化美化进社区、入庭院，促进生态新社区、产业强社区、和谐兴社区建设。全市重点支持发展10个村级集体林业经济基地。以林业项目为载体，整合资源，推行良种、良法造园，推广叶氏杂柑、“长林”和“湘林”系列油茶、南林895杨树、陕西白花泡桐、泽林优质晚熟枣等良种，培育村级集体林业经济支柱产业。全市大力支持和鼓励20个家庭林场建设。整合造林绿化和林果基地建设逐步向大户集中连片发展，积极引导业主大力发展林果类、花卉苗木类和综合经营类家庭林场建设。

【省委巡视组巡视蕲春县林业工作】 2012年5月18日，湖北省委第八巡视组詹才泳组长一行在省林业厅党组成员、副厅长刘晓洪陪同下巡视蕲春县林业工作。黄冈市林业局局长汪柏坤，蕲春县委副书记胡安元、县人大常委会主任陈跃新、副县长邓俊生等市、县领导陪同巡视。巡视组考察了赤龙湖国家湿地公园、蕲春低碳经济产业园、李时珍医药集团和省生态文明教育示范基地三江生态文明旅游度假区。县林业局长叶佑华向巡视组和厅领导汇报了近年来全县林业工作、低碳经济产业园建设和赤龙湖湿地公园等情况。蕲春林业建起了全省第一家低碳经济产业园，新建了赤龙湖国家湿地公园，培植了以湿地松、油茶为主导品种的林业大基地，全方位展开了生态文化体系建设，扎实改善了林业基础设施建设。连续三年被省林业厅表彰为“全省先进林业局”，连续两年被黄冈市委授予“全市林业生态建设先进县”，2011年被县委、县政府授予优化发展环境十佳单位。

【湖北生态工程职业技术学院校庆】 2012年11月10日，湖北生态工程职业技术学院举行建校60周年庆典活动，湖北省委书记李鸿忠、省长王国生发来贺信，国家林业局原局长贾治邦题词，副省长赵斌、中国碳汇基金会董事长刘于鹤出席庆典仪式并讲话，省林业厅党组书记、厅长王海涛主持庆典仪式。省林业厅领导李新水、董祚华、刘晓洪、黄德华、蔡静峰、王铭德、陈年山、陈毓安等也出席庆典仪式。湖北生态工程职业技术学院创建于1952年，是湖北省培养林业高级专门人才的重要基地。庆典仪式上，台湾中州科技大学、湖北康欣科技开发有限公司、黄冈林业学校分别与学院签订合作协议；中国林科院荒漠化研究所与湖北生态工程职业技术学院合作共建实验室授牌仪式；武汉长江绿色工程科技研究开发有限公司向学院捐赠，设立“长绿五德奖学金”并举行捐赠仪式。

【林业大事】

1月15日 湖北省森林防火指挥部、省林业厅在武警驻鄂森林部队新营房所在地——江夏区青龙山林场隆重举行武警驻鄂森林部队营房建设主体工程竣工庆典。国家森林防火指挥部专职副总指挥杜永胜，湖北省人民政府副秘书长、省森林防火指挥部第一副指挥长梅祖恩，武警森林指挥部副政委聂增龙，省森林防火指挥部常务副指挥长、省林业厅党组书记、厅长王海涛，武汉市副市长刘立勇，江夏区常务副区长黄文超等领导为新营房主体工程竣工剪彩。

1月21日 国务院(国办发〔2012〕7号)批准建立湖北木林子国家级自然保护区。

1月29日 湖北省政协副主席、民建湖北省委主委仇小乐率民建湖北省委办公室主任胡纯等一行莅临省林业厅检查指导，并与省林业厅党组书记、厅长王海涛，省林业厅副厅长黄德华等进行了会谈。

2月6日 湖北省政协副主席郑心穗赴省林业厅调研，要求加强长江、汉江流域湿地保护与恢复，做好湖北湿地保护高峰论坛的筹办工作。

2月8日 湖北省副省长赵斌一行到位于荆门市沙洋县曾集镇孙店村的沙洋高档紫薇园现场，对沙洋县五洋路生态景观长廊建设进行检查指导。

2月9日 湖北省在宜昌市召开创建国家森林城市工作汇报会。国家林业局宣传办公室副主任樊喜斌，中国林科院分党组书记叶智，四川林科院副院长、研究员慕长龙等考察组成员，湖北省副省长、宜昌市市委书记郭有明，省林业厅党组书记、厅长王海涛，厅党组成员、纪检组长陈年山及宜昌市领导李乐成、李亚隆等出席会议。

2月10日 受湖北省林业厅邀请，全国政协提案委员会副主任王生铁来林业厅作《弘扬荆楚文化、建设生态文明》的重要报告。

2月12日 湖北省林业厅在位于荆门市“中国农谷”核心区的省太子山林管局召开省林业厅推进“中国农谷”建设加快太子山林管局跨越发展现场办公会，省林业厅党组书记、厅长王海涛等出席会议。

2月14日 湖北省委书记李鸿忠，省委副书记、省长王国生，省政协主席杨松等省领导，到武汉市江夏区藏龙岛省级湿地公园，与省直机关干部、森林武警部队官兵、江夏区干部群众及大学生共1000多人一道义务植树，拉开全省又一年度全民植树、“泼绿”荆楚的序幕。

2月23日 全国林业计划财务工作会议在武汉召开。国家林业局党组副书记、副局长赵树丛出席会议并讲话，湖北省政府副省长赵斌出席会议并致辞。

2月23日 国家林业局党组副书记、副局长赵树丛率办公室主任、科技司、保护司、宣传办、武汉专员办等相关司局负责人一行来到武汉市视察林业工作并在汉口江滩风景区创森纪念林挥锹培土植树造林，参加义务植树。湖北省政府副省长赵斌、省林业厅厅长王海涛、武汉市副市长刘立勇、市林业局局长陈伟等陪同植树。

2月23日 国家林业局党组副书记、副局长赵树丛，湖北省政府副省长赵斌在省林业厅共同为湖北五峰国家非木质林产品生物产业基地及国家林业局(神农架)金丝猴研究基地授牌。

3月1日 湖北省造林绿化现场会在随州召开。湖北省政府副省长赵斌、省政府副秘书长梅祖恩，省林业厅厅长王海涛等出席会议。

3月24日 由湖北省绿化委员会、武汉市人民政府和湖北省林业厅主办，金马凯旋家居CBD、黄陂区人民政府、武汉市林业局、省林业产业促进会承办并以“绿色低碳、和谐家居”为主题的2012中国中部·(武汉)首届绿色家居博览会在武汉市汉口北金马凯旋家居

CBD开幕。湖北省委书记李鸿忠、省长王国生为开幕式发来贺信。国家林业局纪检组长陈述贤，省人大副主任罗辉、省政府副秘书长梅祖恩等领导，湖北、湖南、江西、河南、广东、江苏等省份林业厅局领导，武汉市政府领导，全国木材行业管理办公室、中国林业产业联合会，中国家具协会以及湖北省家具协会、省家居产业促进会领导等出席了此次博览会。

3月27日 国务院在北京人民大会堂召开全国造林绿化表彰动员大会。会议表彰了全国义务植树30周年造林绿化工作作出突出贡献的单位和个人。中共中央政治局委员、国务院副总理回良玉出席会议并作重要讲话。湖北省绿化委员会主任、副省长赵斌，绿化委员会副主任、省林业厅厅长王海涛率湖北获奖代表参加会议。表彰会上，湖北省获得多项全国表彰。

4月1日 湖北省第30届"爱鸟周"活动在武汉市动物园启动。省人大常委会副主任、野生动植物保护协会名誉会长罗辉，省政协副主席、野生动植物保护协会名誉会长郑心穗，省林业厅党组书记、厅长王海涛，省野生动植物保护协会会长李德珍出席启动仪式并致辞。省林业厅党组成员、副厅长李新水主持启动仪式。

4月6日 湖北省人大常委会副主任刘友凡带领调研组到省林业厅召开湖泊保护立法调研座谈会。省人大常委会委员、法制委员会副主任委员胡兆满、栾丽娜，湖北经济学院院长吕忠梅，省人大常委会法规工作室等及省林业厅机关各处室负责人参加了会议。

4月10日 湖北省副省长赵斌、省政府办公厅副秘书长梅祖恩一行在省林业厅党组书记、厅长王海涛，武汉市委常委、常务副市长贾耀斌等陪同下，调研武汉林业工作。赵斌副省长一行来到武汉林业集团，参观了武湖花卉产业化示范基地，然后考察了金马凯旋中国家具CBD。

4月17日 全国森林草原防火工作电视电话会议结束后，湖北省人民政府立刻召开全省森林防火工作电视电话会议，迅速传达贯彻国务院和国家森防指关于做好森林防火工作的重要指示精神，部署当前的森林防火工作，湖北省副省长、省森林防火指挥部指挥长赵斌出席会议并作重要讲话。

5月8日 湖北省委第八巡视组巡视动员大会在省林业厅召开。巡视组组长詹才泳、副组长尚保建、程忠伟，巡视专员褚玲，省林业厅党组书记、厅长王海涛和李新水等厅领导出席了会议。詹才泳作了巡视动员讲话。

5月16日 湖北省林业厅党组书记、厅长王海涛专程到省林业调查规划院，对"全省森林资源一张图"信息管理系统项目建设进行了调研。

5月17日 湖北省委常委、襄阳市委书记范锐平一行赴省林业厅调研，同省林业厅厅长王海涛等厅领导就加快襄阳林业发展进行了工作交流。

5月24日 湖北省副省长郭生练赴湖北生态工程职业技术学院调研。湖北省林业厅党组书记、厅长王海涛，省教育厅副厅长欧阳建平，省林业厅副厅长黄德华，副巡视员向仕斌，省林业厅宣传办、省政府秘书六处、省教育厅相关负责人陪同调研。

5月31日 湖北省政府参事室副主任程登武一行6人到省林业厅调研全省野生动物疫源疫病监测防控工作，召开座谈会，深入了解湖北省生态建设、林业发展及野生动物疫源疫病监测防控工作。国家林业局驻武汉专员办专员何美成，省林业厅党组书记、厅长王海涛等领导出席座谈会。

6月4日 中国林科院院省科技合作工作会议在武汉召开。湖北省人大常务委员会党组副书记、副主任刘友凡，国家林业局总工程师陈凤学出席会议。湖北省林业厅党组书记、厅长王海涛等7个单位负责人在大会上作典型交流发言。

6月13日 湖北省林业厅党组书记、厅长王海涛当选为中国共产党湖北省第十届委员会委员。这是湖北省林业厅有史以来的第一位省委委员。

7月9日 全国绿化委员会、国家林业局作出决定，授予全国10个城市国家森林城市称号，湖北省宜昌市获此殊荣。中共中央政治局委员、全国政协副主席王刚等为获奖城市颁奖。湖北省副省长、宜昌市委书记郭有明出席颁奖仪式。

8月2日 湖北省湿地工作座谈会在洪湖市召开。湖北省副省长赵斌为大会作了书面讲话。国家林业局湿地保护管理中心马广仁主任，湖北省林业厅党组书记、厅长王海涛，荆州市人大副主任任万伦、副市长徐朝平、市政协副主席窦华富以及世界自然基金会香港分会文贤继博士、世界自然基金会中国淡水项目主任雷刚博士等出席会议。会议由湖北省林业厅党组成员、副厅长李新水主持。

8月5日 湖北省自然保护区工作座谈会在神农架召开。国家林业局保护司司长张希武，湖北省林业厅党组书记、厅长王海涛，厅党组成员、副厅长李新水，神农架林区政府常务副区长刘启俊等领导出席会议。会议由厅长王海涛主持。全省各市、州林业局局长，国家级湿地自然保护区、国家湿地公园主要负责人，省级湿地自然保护区、省级湿地公园主要负责人，省林业厅机关相关处室和厅直单位主要负责人和省内主流新闻媒体的记者参加了会议。

8月8日 湖北省委常委、宜昌市委书记黄楚平与省林业厅党组书记、厅长王海涛在宜昌市共同商讨全省和宜昌市林业生态建设和产业发展。

8月16～18日 第23届国际美食博览及茶展在香港会议展览中心盛大举行。湖北省林业厅党组书记、厅长王海涛除参加湖北省委副书记张昌尔率领的湖北高级代表团外，还率湖北林业代表团赴港参展。湖北省委副书记、湖北高级代表团团长张昌尔应邀参加了美食博览和国际茶展开幕式剪彩，并在湖北美食名茶推介会上讲话。

8月23～25日 湖北省委、省政府在神农架林区召开现场办公和三级干部会，省委书记李鸿忠，省委副书记、省长王国生，省委副书记张昌尔等深入林区调研并出席会议，与林区干部群众共商神农架生态保护与绿色发展的对策措施。

8月29日 武警驻鄂森林部队在武汉市江夏区正式揭牌，湖北省森林防火指挥部常务副指挥长、省林业厅党组书记、厅长王海涛，副厅长黄德华、王铭德为武警驻鄂森林部队揭牌。武汉市林业局、江夏区相关领导参加揭牌仪式，省森林公安局长陈毓安主持揭牌仪式。

8月31日 全国林业专业合作组织建设工作会议在北京召开。枝江市林业局作为湖北省唯一代表，在会上进行了经验交流推广并和全国其他27个县(区、市)一起，被确定为全国首批林业专业合作社典型示范县。

9月5日 国家林业局确定的首批10个国家林业局高职重点专业名单出炉。湖北生态工程职业技术学院的室内设计技术专业是其中之一。

9月9日 湖北省随州市国家森林城市建设总体规划通过评审。中国林业科学研究院、中国林学会城市森林分会、北京林业大学、湖北省林业调查规划院等单位专家学者出席评审会。

9月3~6日 由国家林业局、黑龙江省人民政府等单位共同举办的以“走进林都伊春，让生活更精彩”为主题的第二届2012中国(伊春)国际森林产品博览会在伊春市梅花山林都伊春国际博览中心举行。湖北省117名各级林业部门干部职工和涉林企业代表组成了庞大展团奔赴现场参观学习、展示营销，湖北省有14种产品荣获博览会金奖。

9月17日 湖北省林科院喜获全国生态建设突出贡献奖先进集体称号。

9月19日 湖北省咸宁竹子博览馆举行开馆仪式。

10月11日 中国·枣阳国际玫瑰文化节启动。全国政协副主席阿布来提·阿布都热西提，湖北省委常委、襄阳市委书记范锐平，湖北省副省长赵斌、省政协副主席涂勇、省林业厅党组书记、厅长王海涛出席枣阳国际玫瑰文化节启动仪式。

10月16日 中国科学院昆明植物研究所椴树课题研究组蔡杰博士一行，在考察湖北兴山三峡万朝山省级自然保护区内椴树资源时，在小庙垭首次发现红豆杉、华椴珍稀植物群落。

10月29日 湖北省直机关优化发展环境现场会在湖北省交通运输厅召开。湖北省委副书记张昌尔，湖北省委常委、省纪委书记侯长安出席会议并讲话。湖北省委常委、组织部部长楼阳生作书面讲话。省委常委、省委秘书长傅德辉主持会议。74家省直窗口单位和国有企业、金融机构主要负责人参加了会议。

10月28~29日 国家林业局场圃总站主办的首次南方省区国家重点林木良种基地主任培训会议在湖北咸宁召开。国家林业局场圃总站站长杨超出席会议并作了重要讲话，场圃总站副站长尹刚强主持会议并作了大会总结，湖北省林业厅副厅长董祚华、咸宁市市长丁小强出席大会并致辞。南方十五省区省级种苗站代表和112个国家重点林木良种基地主任共计260余人参加此次培训会议。

10月30~31日 第八期全国民营企业家及管理干部林业培训班在湖北武汉举办。国家林业局党组成员、中央纪委驻国家林业局纪检组组长陈述贤出席开班仪式并作重要讲话。国家林业局宣传办主任程红，全国工商联光彩事业部部长、中国光彩事业促进会副秘书长王钢治，国家濒危办武汉办事处主任、国家林业局驻武汉森林资源监督专员办专员何美成，湖北省林业厅党组成员、纪检组长陈年山，中央统战部光彩事业指导中心副主任魏登田等领导和各省市工商联、民营企业家的代表参加了会议。

10月31日 国家林业局党组成员、中央纪委驻国家林业局纪检组组长陈述贤，宣传办主任程红到湖北省赤壁市考察调研森林城市建设工作，湖北省林业厅纪检组组长陈年山，赤壁市委副书记、市长江斌，市委副书记盛文军陪同考察调研。

11月1日 国家林业局党组成员、纪检组组长陈述贤专程到武汉专员办(濒管办)调研。陈述贤组长在国家林业局宣传办主任程红、湖北省林业厅纪检组长陈年山、武汉专员办专员何美成等同志的陪同下，考察武汉专员办(濒管办)的办公场所。

11月4日 湖北省林业厅党组书记、厅长王海涛在省林业厅接见十八大党代表、湖北巨宁森工股份有限公司工程师何柏胜。

11月5日 湖北省政府在武汉召开全省森林防火工作电视电话会议。

11月9日 湖北省政协副主席郑心穗到湖北省林业厅调研森林城市创建工作。

11月9日 湖北省林业厅和国家林业局管理干部学院在武汉签订干部教育培训战略合作协议。湖北省林业厅党组书记、厅长王海涛，国家林业局管理干部学院党委书记李向阳，副院长方怀龙，省林业厅副厅长董祚华、黄德华、王铭德出席签字仪式。

11月1~4日 由国家林业局和浙江省人民政府主办的第五届中国义乌国际森林产品博览会在浙江省义乌市举行。湖北省参展的11家企业获得3个产品金奖、3个优质产品奖。湖北省林业厅还荣获“优秀组织奖”。

11月23日 湖北省政府在宜昌市召开全省深化集体林权制度改革工作现场会。湖北省政府副省长赵斌，省政府副秘书长梅祖恩，国家林业局林改司副司长李近如，湖北省林业厅党组书记、厅长王海涛，省林业厅副厅长黄德华和相关省市部门负责人、宜昌市委市政府相关领导、各市(州)县分管领导及林业局长出席会议。会议由梅祖恩主持。

12月6日 第二届湖北省森林城市创建工作会议在湖北武汉召开。襄阳、荆门、咸宁、恩施、赤壁、宜都6个城市被授予湖北省森林城市称号。湖北省关注森林活动组织委员会副主任、省政协副主席郑心穗到会并作讲话。湖北省关注森林活动执委会主任、省林业厅厅长王海涛介绍了全省关注森林活动的主要情况。

12月6日 湖北省林业厅与随州市人民政府在省林业厅签署合作推进随州市现代林业和生态文明建设备忘录。省林业厅厅长王海涛和随州市长傅振邦代表双方签字。随州市市委书记刘晓鸣，市委常委、市委秘书长涂胜华，副市长冯茂东，省林业厅副厅长董祚华、刘晓洪、黄德华，纪检组长陈年山出席签字仪式。

12月10日 全国生物多样性保护与绿色发展示范基地工作经验交流会，在北京科技会堂举行，将“中国生物多样性保护与绿色发展示范基地”牌匾授予英山。该县成为湖北省唯一获此殊荣的县市。

12月12日 湖北省委宣讲团党的十八大精神报告会在随州神农大剧院举行，湖北省委宣讲团成员、省林业厅党组书记、厅长王海涛作主题辅导报告。随州市市委书记刘晓鸣主持会议。市长傅振邦，市政协主席肖伏清，市委副书记、常务副市长彭明方等随州市领导参加报告会。随州市直单位科级以上干部，各县市区、各乡镇主要负责人，曾都区委中心学习组成员1000多人聆听报告。

12月13日 国家林业局宣传办公室主任、新闻发言人程红，湖北省林业厅党组书记、厅长王海涛应邀参加中组部全国远程办“学习宣传贯彻十八大精神访谈节目”。湖北省林业厅厅长王海涛是此次访谈节目全国唯一的一位林业厅长嘉宾代表。

12月14日 湖北省副省长郭有明到省林业厅调研。

12月25日 湖北省第二届关注森林活动授牌会在洪山礼堂召开。湖北省政协主席杨松、副省长郭有明、省政协副主席郑心穗等省领导出席会议，杨松在会上作重要讲话。会议由省关注森林活动执行委员会主任、省林业厅党组书记、厅长王海涛主持。湖北省政协秘书长王树华、省政府副秘书长梅祖恩出席会议，省关注森林活动组织委员会、执行委员会有关领导，被授牌城市政府领导、各市(州)林业局局长、省林业厅全体机关干部、厅直单位负责人参加会议。

(湖北省林业由彭锦云供稿)

湖南省林业

【概 述】 2012年，全省林业用地1291.3万公顷，湿地面积393万公顷，占国土总面积的18.56%。全省完成营造林86.82万公顷，森林覆盖率57.34%，森林蓄积量4.29亿立方米，林业产业总产值1884亿元，全省森林储碳、放氧、蓄水、固土、保肥等主要生态效益价值8770亿元。

绿色湖南 省委党代会把绿色湖南确立为湖南科学发展的总目标，省委省政府颁布了《绿色湖南建设纲要》，成立了省长任组长、省委副书记和分管副省长任副组长、22个涉绿厅局为成员单位的绿色湖南建设领导小组。周强书记、徐守盛省长分别主持省委常委会、省政府常委会、第一次领导小组会议、绿色湖南建设动员大会研究部署绿色发展任务，揭开了湖南推进生态文明、建设美丽中国的序幕。特别是绿色湖南建设这一涉及方方面面内容和46个省直部门的工作，省委将《纲要》起草任务交给省林业厅，将领导小组办公室设在省林业厅，并赋予组织实施的重任，让林业从默默无闻经营山林的农口部门，开始走向全省经济社会发展的宏观领域和实施省委、省政府重大战略部署的决策前台，林业发展比以前任何时候都更有空间、更富尊严、更受尊重。

绿色总量增长 通过大力开展植树造林、森林经营和资源管护，全省森林和湿地资源不断扩展。全省完成人工造林23.55万公顷，荒山和疏林地封山育林16.6万公顷，改造低产林20万公顷，抚育中幼林26.67万公顷，全面完成国家下达的计划任务。实施优材更替7533公顷，培育无节良材6.75万公顷，完成义务植树1.2亿株。全省新报建国家级自然保护区3处、国家湿地公园5处，建成自然保护区120个、125.66万公顷、森林公园113个、45.4万公顷、国家湿地公园19个、15.6万公顷，分别占国土总面积的5.9%、2.1%和0.7%。全年发生森林火灾922起，森林火灾受害率为0.46‰，控制在国家规定的1‰目标以下。全省林业有害生物成灾率为0.67‰，控制在国家规定的4‰目标以下。全省森林公安机关共办理各类涉林案件16 274起，打击处理违法犯罪人员23 996人，有力地保障了林区社会和谐稳定。

民生林业 一是投入惠民。纳入补偿范围的国家级和省级生态公益林从2008年的200万公顷增加到现在的499.53万公顷，增长1.5倍，而且从2013年开始，省财政将公益林补偿标准每公顷提高30元，全省每年可增加生态公益林补偿近1.5亿元。二是产业惠民。林农收入与产业产值实现同步增长。据调查，全省农民林业收入占人均年收入的比重，由2007年的不到10%增加到2012年的20%以上，部分重点林区县达60%。全省新造高产油茶林3.41万公顷，改造老油茶林6.83万公顷，全省油茶林总面积达129万公顷，茶油年产量15.6万吨、茶油年总产值147亿元；家具企业达1200多家，实现年总产值150亿元；楠竹总面积达88.86万公顷、20.7亿株，实现年总产值136亿元，居全国第二位。森林和湿地等生态旅游实现年收入157.6亿元。三是改革惠民。集体林权制度改革继续深化，成立了107个县级林权交易机构和109个森林资源资产评估机构，流转林地57.88万公顷，流转金额达33.96亿元。实行森林抵押9.11万公顷，获得贷款21.18亿元。656.2万公顷森林纳入森林保险，投入保费1.57亿元，保险金额达374.55亿元。通过降低育林基金征收标准、清理整治乱收费，每年为林农减负让利近8亿元。国有林场改革进入国家层面实施。以青羊湖国有林场为载体的湖南生态文化示范园建设拉开序幕，并进入省政府工作重点。林业危旧房改造全年开工1.5万户，竣工和在建总量达到5万户。四是科技惠民。实施了科技进村入户、科技特派员、技术普及等多项助民工程，免费培训林农和技术人员20万人次。建立了覆盖省内全境，联通省、市、县、乡镇4级的林业专网，完成了全省林权数据建库，林农在家门口就能办理各种行政许可事项，享受林业政策、科技、信息等综合服务。

林业地位 一是政策方面。湖南林业部门牵头推动出台了《湖南省植物园条例》《湖南省长株潭城市群生态绿心地区保护条例》《绿色湖南建设纲要》《洞庭湖生态经济区生态建设规划》等法律法规、政府规章和重大政策文件；承载了全国国有林场改革、造林补贴、政策性森林保险、森林抚育、湿地保护、种苗补贴、国家木材战略储备生产基地、林业信息化、森林可持续经营、林木采伐管理系统建设、林业碳汇计量监测体系等试点和示范建设等11项国家试点。二是机构方面。在争取武警森林部队、国家森林防火物资储备库、国家油茶研究开发中心、国家油茶工程技术研究中心、国家林产品质量检验检测中心、国家林木种苗质量检验检测中心、中华人民共和国濒危物种进出口管理办公室、森林消防航空护林站、亚欧水资源研究和利用中心等9大国字号机构落户湖南的基础上，又成立了省绿建办、青羊湖国有林场等新机构，林业职能和队伍进一步壮大。三是工作典型方面。从省里看，省林业厅连续两年在民意测评中位居省直单位前列，廉政建设、综合治理、安全生产、老干部工作、林业信息化、林业宣传、林业政务信息等多个方面获得先进单位称号。从全国看，先后在全国林业科学技术大会等10余次全国性会议上分别就林业科技、绿色湖南、湿地保护、计划财务、林业产业、党风廉政建设等多领域的工作作典型发言。

行业文化 一是"三感"教育有声有色。2012年9～10月，全省林业系统集中时间在2948个基层单位、近10万名干部职工中开展了以增强"历史使命感、工作责任感、集体荣誉感"为主题的"三感"教育活动，转变了工作作风，推动了行业发展，提升了执政能力，激发了行业活力。二是生态节庆主题鲜明。开展了植树节、张家界国际森保节、湖南家具博览会、洞庭湖国际观鸟节、常宁油茶文化节、世界名花生态文化节等节庆活动，社会公众参与度高，社会影响覆盖面广，提升了生态文明的意识。三是生态文化作品开始起步。《绿色恋歌》《梦萦张家界》《林业之歌》等一批具有湖湘特色、脍炙人口的歌曲、电影、宣传片类的生态文化作品走出湖南、走向全国。凤凰卫视推出3期108分钟的湖南林业专题节目。湖南林业网络电视台开播。《林业与生态》杂志推陈出新改为双月刊，办刊质量和发行数量实现双提升。特别是与生态文明建设主题相吻合的电影《梦萦张家界》完成外景拍摄，其剧本被评为"第四届全国十大生态美文"。

存在问题有综合行政执法滞后，行政执法领域乱作为、不作为现象时有发生；通道林相亟待改善；猎捕鸟类等野生动物现象偶有发生；林下经济规模小、缺特色；林地管理薄弱等。 （胡锋 李邵平）

【《绿色湖南建设纲要》颁布实施】 2012年4月20日，湖南省委、省政府颁布实施《绿色湖南建设纲要》(以下简称《纲要》)。《纲要》颁布后，全省各地深入贯彻学习《纲要》内容，认真部署安排绿色湖南建设行动。7月19日，省委、省政府成立了包括22个涉绿成员单位的绿色湖南建设领导小组，省长徐守盛任领导小组组长。领导小组办公室设在省林业厅。12月19日，省委、省政府召开绿色湖南建设动员电视电话会议，省委书记周强、省长徐守盛发表讲话。 （蒋红星 张运明）

【开展增强"历史使命感、工作责任感、集体荣誉感"教育活动】 2012年9～10月，湖南省林业厅在全省林业系统开展了为期一个月的增强"历史使命感、工作责任感、集体荣誉感"的"三感教育"活动。通过学习动员、谈心交心、对照检查、整改评比4个阶段的学习活动，转变了行业作风，增强了行业凝聚力和战斗力。

（王书男）

【《湖南省植物园条例》《湖南省长株潭城市群生态绿心地区保护条例》出台】 2012年9月27日，《湖南省植物园条例》经湖南省第十一届人民代表大会常务委员会第三十一次会议通过，自2013年1月1日起施行。该条例是全国首次针对区域性的植物园立法，将使湖南植物园的规划、管理和保护有法可依。2012年11月30日，《湖南省长株潭城市群生态绿心地区保护条例》获湖南省第十一届人民代表大会常务委员会第三十二次会议通过，自2013年3月1日起施行。该条例的出台，对长株潭核心生态区的保护、两型社会的建设产生极其重要的推动作用。 （黄锡良 谭 浩）

【国家林业局纪念中国国家森林公园30周年庆典在张家界市举行】 2012年9月19～21日，纪念中国国家森林公园30周年庆典在张家界市隆重举行。纪念活动以"走进森林公园、享受自然之美、传承生态文明"为主题，举行了盛大的开幕式，国际旅游组织为张家界市人民政府颁发了"金桂奖"，召开了中国森林公园30周年庆祝大会。 （张长虹）

【湖南林业第一部生态文化主题电影《梦萦张家界》拍摄完成】 2012年9月，湖南林业第一部描写生态文化主题的电影《梦萦张家界》在张家界市正式开机拍摄。电影剧本由湖南省林业厅邓三龙厅长和罗欣荣一起创作，被评为第四届全国十大生态美文。11月，《梦萦张家界》顺利完成外景拍摄，将于2013年举行公映。

（申福春）

【益阳市获"国家森林城市"称号】 2012年7月，在第九届中国城市森林论坛上，益阳市荣获全国绿化委员会、国家林业局授予的国家森林城市称号，成为湖南省继长沙市之后的第二个获此殊荣的城市。 （李文彬）

【湖南集体林权数据库建设圆满完成】 2012年，全省林权权属数据库建设圆满完成。至此，全省共完成1198.44万公顷林地和9972张标准图幅的林权小班矢量化工作，林权打证数据输机工作量达到了100%，实现了全省林权、资源、测土配方、森林防火、公益林、退耕还林和森林病虫害等林业基础数据的整合。

（胡雨生 徐海文）

【湖南省林业科学院博士后科研工作站成立】 2012年6月26日，湖南林业系统第一个博士后科研工作站——湖南省林业科学院博士后科研工作站正式成立。

（钟武红）

【湖南林业引进外资规模在全国林业厅(局)中排名第一】 2012年，湖南林业引进外资规模在全国林业厅(局)中排名第一。其中，湖南首次直接向国际金融组织申请的林业外资项目——湖南森林恢复和发展项目总投资7.2亿元人民币，欧洲投资银行贷款项目申请总投资5.6亿元。 （李书明）

【湖南省政府重点工程——湖南省森林防火指挥中心主体工程完工】 湖南省森林防火指挥中心于2012年8月

顺利完成主体工程建设。该工程被省政府列为2012年度重点工程，自2009年1月份启动征地、拆迁工作，按计划将于2013年5月1日投入使用。（谭政平）

【首次启动林业碳汇计量监测体系建设】 2012年8月7日，省林业厅在长沙召开了全省林业碳汇计量监测体系建设动员会。2012年9月，成功开展了首次林业碳汇专项调查，在全省77个县市区设置了245个森林碳汇样地和74个土壤样地。12月底，建立了全省林业碳汇基础数据库。（王中超　彭郁葱 马清相）

【湖南省植物园获国家AAAA级旅游景区】 2012年1月9日，《全国旅游景区质量等级评定委员会公告》（2012年第1号）公布：湖南省植物园等52家旅游景区达到国家AAAA级旅游景区标准，批准为国家AAAA级旅游景区。（康用权　牟　村）

【湖南编制完成省、县两级林地保护利用规划】 2012年，《湖南省林地保护利用规划（2010～2020年）》经省人民政府批复，全省125个县市区林地保护利用规划经省林业厅批复，并由县市区人民政府颁布实施，湖南首次建成省县两级林地保护利用规划体系。（朱　昕）

【全国油茶产业发展座谈会在湖南召开】 2012年11月10～11日，全国油茶产业发展座谈会在湖南省永州市召开。国家林业局计资司司长、油茶办主任封加平出席会议并讲话。全国14个油茶主产省区林业厅的油茶办主任参加会议。（王中超　彭郁葱）

广东省林业

【概　述】 2012年，全省新一轮绿化广东开局良好，南粤区域生态安全体系初步建成，林业产业转型升级有新成效，集体林权制度改革闯出新路子，森林资源保护管理有新加强。2008年以来的五年是全省林业发展速度最快、林农得实惠最多、社会影响最广的五年。2012年，全省林业用地面积1097.2万公顷，有林地976.1万公顷，森林（含非林地上的森林）蓄积量4.86亿立方米，森林覆盖率57.7%，林业产业总产值4691亿元，连续位居全国第一。其中，第一产业538亿元、第二产业3258亿元、第三产业895亿元。全省参加义务植树2495.41万人次，植树8133.93万株。全年落实中央和省级林业部门预算及专项资金40.9亿元（中央级专项资金13.4亿元，省级部门预算及专项资金27.5亿元），比上年增长了23.8%，落实贴息贷款22.9亿元。全省完成造林作业面积24万公顷，中幼林抚育44万公顷，封山育林8.4万公顷。到2012年年底，全省已建立各种类型、不同级别的林业系统自然保护区270个，总面积124.51万公顷，其中国家级6个，省级52个，市、县级212个，占全省国土面积的6.93%。

【集体林权制度改革】 全省集体林权制度改革工作进一步深化。全省山林权属更加明晰，完成宗地确权面积940万公顷，林地确权率96.8%；发放集体林地所有权林权证40.9万本，发证面积940万公顷，占全省林改面积的96.6%；发放集体林地使用权林权证108.5万本，发证面积920万公顷，占全省林改面积的93.8%；发放集体山林股份权益证书823万本，涉及林地面积606万公顷。林权管理逐步规范，全省共纠正错、漏登记的林权证4660本，涉及集体林地面积2.2万公顷；开展林业产权交易机构清理整顿，促进林权交易流转规范化，依法办理林权流转1759宗，流转林地面积6万公顷。

【林业重点生态工程建设】 2012年，朱小丹省长在2月29日召开的全省林业工作会议上，代表省政府与各地级以上市市长签订了生态景观林带、森林碳汇、森林进城围城等三项重点工程建设目标责任书，掀起了新一轮绿化广东高潮。生态景观林带建设着眼于打造生态优美的美丽幸福广东，建成连接城乡森林系统的绿色廊道，构建高标准、高质量森林生态景观体系。全省共投入生态景观林带建设资金19.12亿元，其中省财政补助资金3亿元，基本建成2720千米。森林碳汇工程着眼于消灭全省现有的33.33公顷宜林荒山，改造66.66万公顷疏残林、纯松林和布局不合理的速生林，推动林业建设从量的恢复向质的提升转变。全省各级财政共投入森林碳汇工程建设资金13.7亿元，其中省级补助资金6亿元，完成森林碳汇工程面积23.33万公顷，其中，造林作业面积19.87万公顷，封山育林3.47万公顷。森林进城围城工程逐步推进，珠三角地区立足打造粤港澳优质生活圈，以城市增绿、建设森林城市为抓手，扎实推进以森林公园、公共绿地和湿地为主要构成的珠三角城市森林生态系统，全面提升城市生态建设水平。同时，进一步加强生态公益林建设和管理，实现生态公益林面积和补偿标准"双提高"。2012年7月，财政部、国家林业局同意广东省增加国家级公益林69.4万公顷（总面积达到150.8万公顷），每年新增中央财政补偿资金10 067万元。9月，省政府同意扩大26.7万公顷省级生态公益林，全省省级以上生态公益林增加到414.3万公顷，占林业用地面积37.7%。同时，省政府同意，从2013到2017年，全省按每年每亩2元的标准提高生态公益林补偿标准，每年递增补偿资金1.24亿元。2012年，广州、韶关、湛江、茂名、潮州等5市获得省政府授予的"广东省林业生态市"称号。和平县、兴宁市、恩平市、连州市、佛冈县、榕城区等获得省政府授予的"广东省林业生态县"称号。截至2012年年底，全省有11个以上地级市、94个县（市、区）获得省政府授予的林业生态市县称号。

【资源林政管理】 2012 年，广东省认真落实森林资源保护和发展目标责任制，强化森林资源保护，严格实行采伐限额分类管理，严格控制天然阔叶林资源消耗，不断创新森林采伐管理机制，科学调整年度木材生产计划，顺利完成年度“双增”目标，确保森林资源持续稳定增长。认真执行林地定额管理制度，不断健全和完善征占用林地审核审批，按照生态优先、保障重点、综合平衡、分类指导的原则，实行差别化的林地供应和用途管制，创新重大项目的报批机制，加快重点项目用地报批。全年共审核审批征占用林地项目 1067 宗，使用林地面积 1.06 万公顷(其中使用林地定额 0.65 万公顷)，收缴森林植被恢复费 6.8 亿元。全年占用征收林地项目审核率、面积审核率、森林植被费收缴率均为 100%。深化木材流通管理机制改革，建立固定检查和流动巡查执法新机制。全省有 52 个县(区、局)开展了流动执法巡查，有效地遏制了乱砍滥伐林木和无证运输木材违法行为发生。加强野生动植物和湿地资源保护，建成 126 个野生动物疫源疫病监测站点。充分发挥森林公安主力军作用，严厉打击各种涉林违法犯罪行为。2008 年以来，妥善调处山林纠纷 3.47 万宗，解决争议林地面积 41.37 万公顷；共收缴木材近 26 万立方米，挽回直接经济损失近 5 亿元，发展和巩固了造林绿化成果。

【森林灾害防治】 2012 年，广东省进一步加强森林防火责任制建设，不断强化野外火源管理，继续加大森林消防队伍建设，加大航空护林和以水灭火基础设施建设，不断提高森林防火综合保障能力。广东省航空护林站成立，为正处级事业单位。广东省森林防火研究室升格为广东省森林防火研究中心。广州、湛江、云浮、河源等市配备了森林防火专职指挥。省防火办制定《处置森林火情工作守则》。河源、清远和梅州航空护林基地建设加快推进。全省发生森林火灾 65 起，过火面积 821 公顷，其中受害森林面积 364 公顷，与 2011 年同比分别下降了 72.8%、75.6% 和 75.5%，森林火灾受害率仅为 0.04‰，是广东省 60 年来森林火灾次数第二少的一年(2010 年 59 起)，森林火灾当日扑灭率为 100%。佛山、东莞、中山、阳江、湛江、肇庆等地级市没有发生森林火灾。在全省健全完善林业有害生物防治体系，建成并启用“广东省林业有害生物防控指挥中心”，为基层配备了 47 辆检疫执法车辆和 56 套较先进的防治、检疫、监测设备；积极组织开展“绿盾 2012”林业检疫执法行动，有效遏制危险性有害生物传播和扩散；完善区域和部门联防联治机制，建立了林业有害生物灾害服务平台。大力推行生物防治。全省实施防治作业面积 26.65 万公顷，林业有害生物发生面积 36.48 万公顷，比 2011 年减少 0.6 万公顷，全省林业有害生物成灾率为 4.7%。

【林业产业】 2012 年，广东省努力克服国际金融危机带来的严重冲击，坚定不移地推动林业产业发展转型升级，拓展新兴产业，林业产业体系逐步完善。广东省成为全国木材加工产业最发达的地区和家具生产最重要的出口基地，全省木材加工经营单位 2 万多家，24 个林业项目被确定为广东省现代产业 500 强项目，木竹家具年总产值 1000 多亿元，约占全国的 30%。全国最大的浆纸业基地湛江晨鸣纸业有限公司一期工程建成投产，年产木浆 80 万吨。2012 年 11 月，首个国家级木材价格指数“鱼珠·中国木材价格指数”在广州正式发布，显示出广东林业产业在全国的龙头地位。全省林业产业总值 4690.9 亿元，其中，第一产业 538.4 亿元、第二产业 3257.9 亿元、第三产业 894.6 亿元。全省已建成商品林基地 310 万公顷；油茶种植面积超过 13.33 万公顷；珍贵树种种植面积 2.13 万公顷；苗木花卉产业年销售额达 100 多亿元，野生动植物驯养繁殖业年产值 14.2 亿元。森林生态旅游业蓬勃发展，全省已建森林公园 457 处，总面积 106.76 万公顷，占广东省国土面积的 5.94%，其中，国家级 25 处，省级 72 处，市县级 360 处。森林公园年接待游客 8003 万人次，带动地方经济产值超过 100 亿元。

【林业科技】 2012 年，广东省进一步加大林业科技投入，共落实国家和省林业科技项目资金 5000 多万元。广东省林科院首次主持承担国家科技支撑课题和林业公益性行业科研专项重大项目，是唯一承担此类课题的省级林科院所。组织开展主要乡土阔叶树种、景观树种良种选育与应用及林业碳汇计量、高效固碳树种筛选等研究，制定了省地方标准《生态景观林带作业设计技术规范》。实施省林业科技创新专项，收集乡土阔叶树种、珍贵树种、油茶等优良种质资源 3900 多份，初步筛选优良种源/家系/无性系 415 个，樟树、枫香等组培育苗实现了工厂化，建立各类科研试验示范基地 3000 万公顷。有 6 项林业科技成果获省科学技术奖并获省政府表彰，其中，二等奖 2 项、三等奖 4 项；8 项成果获省农业技术推广奖，其中，一等奖 1 项、二等奖 3 项、三等奖 4 项。有 3 项林木花卉新品种申请植物新品种权，14 项获得植物新品种授权，3 个授权品种成功转让。有 7 项广东省地方标准和 4 项林业行业标准发布实施，8 个省级林业标准化示范区通过验收。30 个林产品获得 2012 年度广东省名牌产品称号。

【野生动植物及湿地资源保护】 2012 年，广东省稳步推进第二次野生动植物资源调查各项工作，完成珠三角地区陆生野生动物资源调查。积极加强极小种群野生植物拯救保护，做好四药门花、丹霞梧桐、猪血木等极小种群拯救保护。保护和繁育珍稀濒危物种，苏铁、兰花、木兰科植物、大熊猫、华南虎、鳄蜥、朱鹮、长臂猿等物种的迁地保护、繁育和回归野外等方面取得显著效果。曲江罗坑省级自然保护区连续 8 年人工繁育鳄蜥获得成功，2012 年新出生幼蜥 79 只，野外放归 60 只，人工饲养种群扩大到 205 只。规范敏感物种管理，组织开展象牙定点加工、销售、拍卖以及养熊取胆检查和清理整顿工作。组织开展“2012 冬季行动”“百日行动”以及非法出售象牙专项执法、边境口岸联合执法等专项执法行动，有效遏制了破坏野生动物资源的各类违法犯罪行为。加强野生动物疫源疫病监测防控工作，规范广东省陆生野生动物疫源疫病监测防控和站点建设。努力推动省级湿地保护补助，安排 2000 万元对 17 个省级以上湿地类型自然保护区和 5 个国家湿地公园进行了湿地保护补助。成功申报广东海珠湖湿地公园、东江湿地公园为国家湿地公园试点。全省已建成湿地公园11处，其中国家湿地公园7处、省级湿地公园4处。广泛宣传，不断提高全社会生态保护意识。通过“鸟节”“爱鸟周”和“野生动物宣传月”系列宣传活动，以及在广东省委珠岛宾馆开展“省鸟”白鹇圈养展示工作，有效提高公众保护野生动物意识，树立生态文明理念。

【加快发展林下经济】 2012年，广东省认真贯彻落实国务院办公厅关于加快林下经济发展的意见，积极研究制定有关实施意见，充分利用林地资源、林下空间和森林生态环境优势，大力发展以林下种植、林下养殖、相关产品采集加工和森林景观利用等为主要内容的林下经济。坚持开发与保护并重，在保证森林资源安全的前提下，优先开发利用经济林和用材林地林下资源。在维持和提高生态功能的前提下，依法科学合理利用生态公益林发展林下经济。因地制宜，突出特色，合理选择发展模式和发展项目，宜种则种，宜养则养，聚集生产要素，重点培育区域化的特色产业。实施集约化经营、产业化开发，注重生产、加工、销售环节的配套发展，加快形成种养加一体化、产供销一条龙的产业经营体系。坚持机制创新，加快龙头企业、示范基地、林业专业合作组织建设，扶持龙头典型，抓好大户带动，发挥龙头带动、示范引导的作用，强化科技支撑，提高农民组织化水平，引导林下产业科学发展，提高林下经济综合效益。同时，要求全省各地要加快培育森林食品、森林药材、森林旅游等不同类型、独具特色的林下经济基地，突出抓好2 ~3个连片规模大的林下经济示范基地建设。林地面积100万亩以上的县(市、区)要重点扶持建设1 ~2个林下经济示范基地，推动林下经济规模化、产业化发展。全省林下经济发展起步良好，发展面积达100万公顷，产值达240亿元。

【林业大事】

1月5日 省委书记汪洋在中共广东省委十届十一次会议上强调，要大力推进生态景观林带工程建设，各地要落实资金、解决用地，2012年每个市建设100千米以上的生态景观林带示范段，共同建设生态优美的幸福广东。

1月12日 广东省林业局隆重举行揭牌仪式，正式更名为广东省林业厅，由省政府直属机构调整为省政府组成部门。省委副书记、代省长朱小丹为省林业厅揭牌。

2月27日 省委书记汪洋在2012年度广州地区党政军领导义务植树暨生态景观林带建设总启动仪式上宣布广东省生态景观林带建设全面启动，并参加义务植树活动，共植生态景观林。

2月29日 省政府召开全省林业工作会议，贯彻落实全国林业厅局长会议精神和省委、省政府实施绿色发展战略、建设现代林业强省的决策部署，研究部署开展新一轮十年绿化广东工作。省委副书记、省长朱小丹出席会议并作重要讲话。

3月10日 由省妇联、省林业厅和清远市委、市政府主办，清远市妇联、林业局等协办的“植巾帼百年树·造家庭幸福林——广东省巾帼林工程启动仪式暨清远市义务植树活动”在清远市清城区百花林举办。

3月19日 全省政策性森林保险试点工作动员会在广州召开。

3月20日 省林业厅、广州市林业和园林局联合在大学城湾咀头湿地公园举行以“我为鸟儿种棵树”为主题的第三十一届“鸟节”“爱鸟周”宣传活动启动仪式，并放生了近期执法检查没收的鸟类300只。

4月16日 省政府部署今年广东省森林防火工作。副省长、省森林防火总指挥刘昆出席会议并作重要讲话。

4月25日 广东省政府办公厅印发《广东省生态保护补偿办法》。广东省财政每年将安排生态保护补偿转移支付资金，对生态地区给予补偿和激励。

5月13日 广东省第十一次党代会胜利闭幕，省林业厅党组书记、厅长张育文同志当选为中国共产党广东省第十一届委员会委员。

5月15日 中共中央政治局委员、广东省委书记汪洋代表中国共产党广东省第十届委员会向大会作报告。走生态立省之路，不断提高生态文明建设水平，成为报告中一个突出亮点。

5月30日 由世界自然基金会、汇丰银行、省林业厅及海丰县等共同建立的“广东海丰鸟类自然保护区教育中心及生态教育园”正式启用，标示粤港合作开展的首个大型湿地保护项目圆满结束。

6月12日 省委副书记、省长朱小丹率省直有关部门负责同志来到位于河源市龙川县通衢镇华城村金竹坑的森林碳汇重点生态工程造林示范点，现场检查河源市推进新一轮绿化广东工作进展情况并亲自植树，与当地干部座谈。

7月2日 人保财险广东省分公司与广东省龙眼洞林场、阳光财险广东省分公司与广东省天井山林场正式签订全省政策性森林保险第一张保单，投保面积逾2万公顷，保险金额达1.5亿元。

7月17日 副省长刘昆率省直有关部门到广州市天河区龙眼洞片区调研广东省林木种苗建设工作，强调良种壮苗是实施好林业重点生态工程质量保证。

8月15日 国家林业局会同财政部审核同意广东省补充区划国家级公益林69.4133万公顷。至此，广东省境内国家级公益林将达到150.81万公顷。

8月19日 江西省副省长姚木根率领考察团到广东省增城市、东莞市考察生态建设和造林绿化工作。广东省副省长刘昆在广州会见了考察团，双方表示粤赣将加强生态建设合作与保护。

8月29日 国家林业局批复惠州市创建国家森林城市。

9月5日 广东省出台三大重点林业生态工程建设考核办法。

9月11日 广东省碳排放权交易试点启动暨广州碳排放权交易所揭牌仪式在广州联合交易园区举行。

10月8日 广东省首家林业碳汇计量监测中心在省林业调查规划院正式挂牌成立。

10月13日 省委书记汪洋、省长朱小丹在广州会见国家林业局局长赵树丛，共商省部林业合作大计，努力建设全国一流、世界先进现代大林业。

10月30日 全省生态公益林管理工作会议在广州召开。省政府决定全省再扩大26.667万公顷省级生态公益林，从2013年起至2017年，全省按每年每亩2元的标准逐步提高省级生态公益林效益补偿标准。

11月7日 首批执行广东省森林航空消防任务的直升机先期飞抵清远基地临时起降点，标志着广东省2012年秋冬季－2013年春季森林航空消防工作正式开航。

11月12日 美国驻广州总领事馆环境、科技与卫生副领事史崇理先生和高级顾问王若丞先生到访省林业厅。

11月13日 人保财险广东省分公司及时赔付了广东省西江林业局悦城林场4000亩受灾桉树林，赔付金额20万元，该业务是人保财险广东省分公司承保广东省林业厅直属林场政策性森林保险业务的首宗大额赔案。

11月20日 广东省政府授予广州、潮州、茂名、湛江、韶关等5市"广东省林业生态市"称号。

12月11日 广东省政府通报2011年度全省森林资源保护和发展目标责任制考核情况。

（广东省林业由欧阳学工供稿）

广西壮族自治区林业

【概　述】 2012年，广西林业经济实现了平稳较快发展，生态林业与民生林业齐头并进，造林绿化"三大战役"、林业基础设施建设"五大会战"、林业可持续发展"六大工程"顺利推进，生态文明示范区和林业强区建设工作取得阶段性成果，为促进全区经济社会发展，实现富民强桂新跨越作出了重要贡献。2012年广西林业统计监测结果显示：全区森林面积1446.67万公顷，森林覆盖率达到61.4%，活立木蓄积量达到6.4亿立方米；林业产业总产值达到2194亿元，比2011年增长31.22%。

造林绿化 全区完成植树造林30.78万公顷，森林覆盖率达61.4%。柳州市成为自治区第三个国家森林城市。

石漠化治理 广西成功争取35个县纳入全国石漠化片区扶贫规划。广西现有石漠化面积比2005年减少679万亩，减幅19%，是8个石漠化省区中石漠化面积减少最多的省区。

落实中央林业项目资金 广西全年落实中央林业项目资金达到37.9亿元。

林业产业 广西全年全区林业产业总产值2194亿元，比2011年增长31.22%，实现5年翻两番，提前3年实现建设林业强区的发展目标。其中，造纸与木材加工业产值达934亿元。

林下经济 广西林下经济产值达360亿元，增长57.2%。通过发展林下经济实现人均增收1000元以上的林农达818万人，比上年增加368万人。林下经济发展继续成为全国典型。

林业投资规模 广西林业固定资产投资达到670亿元，比2011年增长32.81%。

全国木材战略核心储备基地建设 广西组织实施《广西木材战略储备生产基地规划(2011～2020年)》，加快发展速丰林，全年木材产量达1668万立方米。广西已成为全国最大的木材生长、生产基地，森林年生长量、年木材产量、森林蓄积年净增量均居全国第一。

改善民生 广西国有林场危旧房改造项目中2012年新建任务开工3814户，实现了100%开工的目标；累计竣工率101.7%。同时，乡镇林业工作站、森林公安派出所、木材检查站和区直国有林场场部基础设施大会战建设任务基本完成。

林业科技创新 2012年广西林业部门取得了一批重大科技成果，共获得广西科技进步奖6项，其中二等奖2项、三等奖4项。选育出全国第一个高油酸油茶优良杂交组合新品系。

林业干部队伍建设 广西林业部门干部队伍结构明显优化，干部素质稳步提高。2012年底，区直林业系统拥有博士70名、硕士902名、学士1290名，拥有教授或相当于教授职称36名，副教授或相当于副教授职称241名，博士、硕士、教授的数量分别是2008年的11倍、9倍和9倍多。初步构建起具有广西林业特色的惩防腐败体系，"1234"权力监督制衡机制和党风廉政建设成为全国林业系统的典型。

（广西壮族自治区林业厅办公室）

【森林资源培育】 据年报统计，2012年广西完成人工造林(更新)面积205 890公顷，其中完成荒山造林148 878公顷、迹地人工更新50 378公顷、低效林改造造林6634公顷。按林种分，完成用材林153 011公顷、经济林24 051公顷、防护林27 232公顷、特用林1596公顷。完成封山育林35 203公顷，其中无林地和疏林地封育24 435公顷、有林地和灌木林地封育10 768公顷。另外，完成萌芽更新面积101 399公顷。至2012年底，全区森林面积达1446.67万公顷，森林覆盖率达61.4%，活立木蓄积量达6.4亿立方米。退耕还林工程完成配套荒山造林14 532公顷，完成无林地和疏林地封育3000公顷。珠防林工程完成人工造林16 484公顷、封山育林12 047公顷(其中无林地和疏林地封育9615公顷、有林地和灌木林封育2432公顷)。海防林工程完成人工造林6123公顷。石漠化治理工程完成人工造林2493公顷、封山育林17 458公顷(其中无林地和疏林地10 256公顷、有林地和灌木林地7202公顷)。完成植被管护32 350公顷。新造速丰林141 270公顷，占计划任务133 333公顷的105.9%。油茶项目全区共培育油茶优良无性系苗木7200多万株，占年度计划任务6000万株的120%。完成油茶新造林20 000公顷，低产林改造13 333公顷。造林补贴试点项目完成造林9906公顷，其中荒山造林4133公顷、迹地人工更新造林5773公顷。

2012年，全区共完成降香黄檀、柚木、秃杉、西南桦等珍贵树种造林6180公顷，实施了20个珍贵树种基地建设项目共1167公顷。

据年报统计，2012年全区完成未成林抚育作业面积603 593公顷，完成成林抚育面积（包括间伐）865 057公顷，其中完成中、幼龄林抚育面积387 719公顷。完成国家森林抚育补贴试点项目81 234公顷。完成低产低效林改造面积7151公顷。

（广西壮族自治区林业厅营林处）

【国有林场】 广西现有国有林场175家，其中林业系统169家（自治区直属国有林场13家，自治区直属林业单位附属林场2家，市、县级国有林场154家），华侨系统5家，民政系统1家，经营总面积153.33万公顷，约占全区林地总面积的10%；森林蓄积量8000万立方米，占全区森林总蓄积量的12%以上。职工总人数5.8万人，其中：在职职工3.4万人，离退休人员2.4万人。

经营情况

2012年，全区国有林场资产总额达261.4亿元，同比增长18.6%，其中，自治区直属国有林场（以下简称"区直林场"）184.3亿元，市县国有林场77.1亿元；实现总产值161.1亿元，同比增长59.2%，其中，区直林场147.6亿元，市县国有林场13.5亿元；总经营收入63.2亿元，同比增长50.8%，其中，区直林场55.6亿元，市县国有林场7.6亿元；实现净利润13.2亿元，同比增长60.6%。高峰、七坡、博白、钦廉、大桂山、派阳山、东门等七家区直林场总产值超过10亿元，其中高峰林场28.8亿元；朝燕林场、金田林场2家市县林场总产值超亿元。13家区直林场和朝燕林场、金田林场的总经营收入超过亿元，其中高峰林场达14.8亿元，七坡林场、博白林场、钦廉林场、大桂山林场四家区直林场超过了4亿元。

林场改革

公司组建 2012年广西继续深入实施区直林场"十二五"跨越发展上台阶工程，筹备组建广西北部湾林业集团股份公司和广西华岭林业股份公司等12个专业股份公司，完成了各专业公司的工商名称预核准等工作，其中华峰林业公司、盛达物流公司、八桂林木种苗公司、华沃特生态肥业公司和华威林产化工公司等5家公司已获登记注册并正式运营；华岭林业公司、钦冠林牧商贸公司、沁绿生态茶油公司等3家公司已召开成立大会，正在办理登记注册；华鼎房地产开发公司、华瑞德生态陵园公司、北部湾华济森林文化投资公司、华贸林产品进出口公司以及北部湾林业股份公司（总公司）也在抓紧组建。

大场带小场活动 为充分发挥区直林场在资金、技术、管理、品牌等方面的优势，整合市县林场的林地林木和人力资源，促进共同发展，共同富裕，2012年4月自治区林业厅印发了《关于开展国有林场"大场带小场改革促发展"试点工作的意见》，开展了"大场带小场"试点工作，合作内容包括租赁、股份合作、兼并重组、机构合并、工厂+基地模式等。2012年，共有6家区直林场与23家市县林场完成合作造林27万亩。

战略合作 按照"以空间换时间、以资源换产业、以存量换增量"的三换理念，广西各级林业部门积极牵线搭桥，介绍、引进区内外企业与国有林场开展合作。2012年区直林场与32家单位签订了合作框架协议，包括大自然公司、荣和集团、龙基集团、福建莆商投资公司、三威集团、华兴集团、九翔农牧公司、北京富通公司、广西新宝通公司、广西城兴投资集团等一批区内外大型企业，合作项目覆盖了木材加工、房地产开发、林下养殖等，共引进资金50多亿元。高峰、七坡、三门江等林场还与北京林业大学、南京林业大学、中南林业科技大学等签订产学研合作协议，在林木良种选育、木材深加工、油茶深加工、中草药开发等方面开展合作。

产业发展

产业结构调整 广西国有林场加快转变发展方式，调整优化产业结构，逐步由粗放型向集约型转变，促进了第一、第二、第三产业协调发展，基本形成了以速丰林、经济林、花卉、绿化苗木为主的第一产业，以木材加工、林产化工为主的第二产业，以园区开发、林下种养、森林旅游、房地产开发为主的第三产业，增强了市场竞争力，提高了经济增长质量，增强了林场可持续发展后劲。2012年区直林场引资实际到位资金达45亿元，完成固定资产投资达41亿元。

重大项目建设 2012年列入自治区林业厅重大项目范畴推进的有75个，总投资150多亿元。其中一产、二产、三产项目各16、27、32个，占比约为2∶3.5∶4.5，产业结构不断优化。2012年全区国有林场生产木材120.4万多立方米；2012年11月，派阳山林场年产30万立方米刨花板项目竣工投产，全区国有林场新增人造板产能40多万立方米，总产能达到180万立方米，全年生产人造板100多万立方米，产品结构不断优化。

产业园区建设 广西国有林场充分利用林场的区位优势和资源优势，抓住国际、国内、特别是东部产业发展转移的有利时机，着力发展园区经济，打造产业集群发展平台，形成林场经济新的增长极。2012年，大桂山林场八桂木材集散中心、高峰林场六塘工业集中区、钦廉林场乌家工业园、六万林场大平山林产工业园正在加紧建设。

两大会战

广西国有林场危旧房改造和区直林场场部基础设施建设"两大会战"是全区国有林场2012年重点民生工程。2012年，自治区林业厅与自治区人民政府签订的国有林场危旧房改造责任目标任务为：开工3800户；竣工17 000套。全区国有林场危旧房改造任务量大、点多、线长，存在工程用地难落实、土地难变性和报建手续办理时间过长等突出问题，任务非常艰巨。针对这些突出问题，自治区林业厅组织力量对170家国有林场及自然保护区逐一进行摸底调研，并加强与自治区住建、国土等部门的沟通协调，争取自治区国土资源厅于2012年9月中旬先后下发了《关于加快农场林场及华侨农场危旧房改造建设用地报批工作的通知》（桂国土资办〔2012〕474号）、《关于加快农场林场危旧房改造建设项目土地登记发证、报批和供应工作的通知》（桂国土资办〔2012〕479号），逐步解决了国有林场危旧房改造建设用地落实难、审批难等突出问题。同时，启动约谈机制，对工作不力、进展缓慢的市、县和区直林场进行约谈，实现重点突破。2012 年 9 月 7 日，自治区林业厅在南宁召开了 12 个地级市林业局分管领导和主管科长，95 个市县林场场长，8 个区直林场场长、分管领导等共计 150 多人的座谈会，对危旧房改造工作进行全面督查，帮助基层“把脉问诊”，推进工作。截至 2012 年 11 月，新建 3814 户任务实现全面开工建设；竣工 17 275 套，占目标任务的 101.6%，提前 1 个月圆满完成了 2012 年国有林场危旧房改造开、竣工的目标任务，累计完成投资 13.6 亿元。

2012 年，区直林场场部基础设施建设完成投资近 1 亿元，新建办公用房 3.8 万平方米，其他公共用房 4.4 万平方米；新建配电设施 27 座，改造供电线路 94 千米；新建供水设施 24 座，完成改造供水管网 112.8 千米；完成道路改造 143 千米；新增绿地面积 21.1 万平方米，美化亮化面积 15.8 万平方米；新建污水处理设施 142 座、垃圾处理设施 17 座。

扶贫工作

广西各级林业部门优先将防护林、珍贵树种、造林补贴、森林抚育补贴和木材战略储备基地示范项目补贴等工程项目安排给贫困国有林场，其中珍贵树种项目、中央财政造林补贴、森林抚育补贴等资金 80% 以上安排在国有林场。2012 年共安排中央和自治区项目资金 10 多亿元，包括森林抚育补贴 1.2 亿元、造林补贴 1 亿元、贷款贴息 1 亿元、油价补贴 1 亿多元、森林生态效益补偿资金 5000 多万元、木材战略储备基地示范项目补贴 2500 多万元、危旧房改造补助 1.72 亿元、珍贵树种造林补助 600 万元、区直林场职工养老保险补贴近 3 亿元。各市县也将林业项目资金重点安排给国有林场，加大扶持力度。如南宁市财政对林场危旧房改造配套补助每户 0.58 万元。

2012 年，全区国有林场共完成新建道路 121.5 千米，道路硬化 102.6 千米、维修林区公路 772 千米、维修防火林道 6732.2 千米，解决饮水安全和饮水困难人口 1.83 万人，完成配电设备 36 台(套)、供电线路 123 千米，解决不通电话个数(含分场)21 个，新建办公用房 138 953 平方米。林下养殖 222 万头(羽)，预计年产值达 2.64 亿元；完成种植业 26.1 万亩，预计年产值 21 283 万元；森林旅游新增年接待能力 7.9 万人，预计年收入 4282 万元。分流安置职工 664 人，培训职工 1.12 万人次，实现脱贫林场 2 个，脱贫人口 2723 人。

林场管理

2012 年，广西壮族自治区林业厅根据国家林业局《国有林场管理办法》，研究出台了《广西国有林场管理办法(试行)》，转发了《国家林业局关于加强国有林场森林资源管理保障国有林场改革顺利进行的意见》，组织开展了对区直林场重大项目、场外造林和林场科学发展、转型升级、提质增效等 3 次专题调研，先后制定出台了《关于印发进一步加强自治区直属国有林场场外造林管理指导意见的通知》《关于印发进一步加强自治区直属国有林场“提质增效”活动考核办法(试行)的通知》等文件，在开展科学发展考核的基础上，开展了“转方式、调结构、提质量、降成本、强核算、增效益”活动，开创性地加入了“成本控制”考核指标，包括经营收入成本下降率、万元经营收入“五公消费”支出下降率、万元经营收入非生产性管理费支出下降率等三项内容，注重林场经营的成本收益率，规范和加强了国有林场管理。开始执行区直林场重大项目责任承诺制度，建立了林场财务风险评估监测预警防控机制。继续执行区直林场重大项目审查、工作巡查、内部审计等制度，实行内部审计与专业审计相结合，林场借款贷款、国有资产处置、收购林木资产、租赁林地、合资合作、重大项目立项等管理更加规范。各地也采取了一些措施，加强对林场项目、资金、财务、资源等方面的管理。

科学发展考核

2012 年，广西壮族自治区林业厅在总结前三年区直林场科学发展考核经验的基础上，进一步完善考核指标体系，将考核指标分为定性指标和定量指标两个部分，其中定量指标涵盖了运营状况、投融资状况、营造林状况、经济效益和人均效益等五方面、十项基本指标、十六项辅助指标，形成了一套较为全面的科学考评管理制度。此外，还聘请北京立信恒通会计师事务所分别对 13 家区直林场 2012 年度科学发展以及“提质增效”活动定量指标进行了考核。根据考核结果，六万林场荣获“2012 年度优秀林场”称号，大桂山林场荣获“2012 年度进步林场”称号。对于考核结果不理想的黄冕林场、东门林场、维都林场等三家区直林场，自治区林业厅对其党政主要负责人进行了诫勉谈话。

重要会议

2012 年 3 月，广西壮族自治区林业厅承办了国家林业局、中国林场协会在河池市天峨县召开的“中国国有林场工作座谈会暨中国林场协会三届二次会议”，会议的主要任务是：贯彻落实 2012 年全国林业厅局长会议精神，研究和部署当前和今后一个时期国有林场和中国林场协会工作。国家林业局张建龙副局长作了书面讲话，国家林业局场圃总站站长杨超主持会议，中国林场协会会长姚昌恬在会上进行了发言，自治区政府副秘书长蒋家柏、河池市市长何辛幸为会议致辞。

2012 年 11 月，广西壮族自治区林业厅承办了中国林场协会在南宁良凤江国家森林公园召开的“中南地区国有林场年会”。原国家林业部副部长沈茂成、中国林场协会会长姚昌恬、国家林业局场圃总站副总站长刘春延、中国林场协会秘书长张耀恒出席了会议。自治区林业厅总工程师蒋桂雄出席会议并致辞。本次会议的主要内容是：总结交流国有林场改革、森林经营、危旧房改造、拓展场外造林以及林场建设和管理等方面取得的新成绩、经验和做法，研究探讨存在的问题及解决的办法，并考察了南宁树木园、高峰林场和七坡林场等。

2012 年 6 月，自治区林业厅在南宁召开“全区国有林场工作会议”，会议传达贯彻了全国国有林场工作座谈会精神，总结回顾近几年来全区国有林场工作，表彰 2011 年度区直林场先进单位，分析国有林场发展的形势和任务，研究部署了今后一段时期国有林场发展改革工作。陈秋华厅长在大会上作了重要讲话，全区 13 家区直林场和 152 家市、县级国有林场主要负责人参加了会议。此次全区国有林场工作会议开到县级林场，是近十年来的第一次，具有里程碑意义。

先进集体、个人

天峨县林朵林场荣获全国总工会颁发的 2011 年度

全国"五一"劳动奖状，成为该年度全国国有林场系统唯一获奖单位；雅长林场、融安县西山林场荣获全国生态突出贡献奖先进集体，大桂山林场茶冲分场场长黄镇、平乐县广运林场场长邓恩荣、钦州市林业种苗管理站站长徐维瑞、贺州姑婆山林场场长朱学军荣获全国生态突出贡献奖先进个人；南宁树木园荣获"2012 年度全国十佳林场"称号，成为继高峰林场、七坡林场、林朵林场之后第四个获此殊荣的单位，广西也成为全国获得十佳林场最多的省份。

（广西壮族自治区林业厅国有林场管理办公室）

【林业产业】

造纸与木材加工 2012 年，广西壮族自治区林业厅印发了《自治区林业厅实施造纸与木材加工业千亿元产业工程的意见》（桂林产发〔2012〕7 号），加快开始实施造纸与木材加工千亿元产业工程。到 2015 年，造纸与木材加工产业产值达到 1000 亿元，其中机制纸和纸板产量 650 万吨，竹木浆产量 300 万吨，实现产值 500 亿元；人造板产量 3000 万立方米，木地板产量 4000 万平方米，木家具 550 万套，木材精深加工率 50%，实现产值 1000 亿元。

北海林浆纸项目 广西与芬兰斯道拉·恩索集团（以下简称斯方）合作的北海林浆纸一体化项目，经过 11 年的努力，在 3 月 20 日，广西有关方面与斯方签署了《北海林浆纸一体化项目合作确认书》。斯方决定投资 16 亿欧元在北海市建造大型纸浆和纸板工厂，项目包括年产能为 90 万吨的纸浆生产线，年产能为 45 万吨的高档民用纸（纸板总产能未来将扩大到 90 万吨）。

人造板生产 2012 年，自治区林业厅批准新建 132 个人造板项目，新增人造板生产能力 492.3 万立方米。新增了 5 个大型人造板项目（10 万立方米以上），其中纤维板项目 3 个，刨花板项目 3 个。

大型纤维板项目 广西天利恒木业有限公司，在横县六景镇景园路 007 号（南宁六景工业园区内）建设一个年产 22 万立方米中（高）密度纤维板、300 万平方米多层复合地板、6 万立方米的项目，总投资 4.2 亿元。广西欧蒙人造板股份有限公司在蒙山县西河镇桐油坪工业园区建设一个年产 15 万立方米的纤维板项目。广西宜州凯立木业有限公司，在宜州市庆远林场龙桥分场建设一个年产 22 万立方米的纤维板项目。

大型刨花板项目 广西天腾木业有限公司，在南宁六景工业园区纬七路建设一个年产 40 万立方米的刨花板项目，总投资超过 3 亿元。广西融水华林木业有限公司在融水县融水镇康田返乡创业园建设一个年产 25 万立方米的刨花板项目，总投资 1.1 亿元。广西国有大桂林林场下属的广西都庞岭木业有限公司在灌阳县西山坪工业园建设一个年产 10 万立方米的刨花板项目，总投资 1.7 亿元。11 月 2 日，广西国有派阳山林场下属的广西祥盛木业有限责任公司年产 30 万立方米刨花板项目在宁明县工业园区举行竣工投产庆典仪式，该项目是迄今为止广西建成最大的刨花板项目。

【林产化工】 林产化工是广西最具特色并在全国占有绝对优势的林业产业，广西的松香（30 万吨）、松节油、八角（干果 10 万吨）、肉桂、茴油、桂油、栲胶等林化产品产量均居全国第一位，松香及深加工产品、茴油、桂油产量占世界贸易量的 80%、30% 和 50% 左右。

重点企业及品牌 在松脂加工方面，广西梧州松脂股份有限公司、广西梧州日成股份有限公司、广西荒川化学工业有限公司、梧州黄埔化工有限公司、广西玉林东森化工有限公司、北流兆周松脂厂等企业均是国内松脂行业的排头企业，其中广西梧州松脂股份有限公司、广西梧州日成股份有限公司正在筹划上市；香精香料方面，广西京桂香料有限公司、广西万山香料有限公司等企业的香精香料精深加工产品占据了国内市场的半壁江山，高峰林场、派阳山林场生产的大红八角产品品质卓越。

"龙舟"牌松香季戊四醇酯、"兆周"牌松香、"梧松"牌松香、"高林"牌大红八角、"派阳"牌大红八角、"瑞丰"牌茉莉浸膏、"灵水牌"栲胶等产品获得国家有关部门评比表彰，有广泛的国内外知名度。

龙头企业 8 月 29 日，广西壮族自治区林业厅认定了 2012 年广西现代林业产业龙头企业，此次认定企业共 15 家，分别是广西壮族自治区国有三门江林场、广西壮族自治区国有博白林场、北海森源林业有限公司、广西桂人堂金花茶产业集团股份有限公司、广西雄森灵长类实验动物养殖开发有限公司、广西桂巽板业有限公司、广西华峰林业集团股份有限公司、广西浩林人造板有限公司、广西凤山宏宇木业有限责任公司、苍梧县桂森林产品发展有限公司、桂林森林美实木家具有限公司、富川瑶族自治县威龙林化有限公司、广西田东增年山茶油有限责任公司、百色市建鑫植物油有限公司、广西大玉余甘果有限责任公司。

2012 年中国—东盟博览会林产品及木制品展 11 月 16 日至 19 日，2012 年中国—东盟博览会林产品及木制品展（以下简称"林木展"）在南宁国际会展中心成功举办。本次林木展由中国林产工业协会、中国—东盟博览会秘书处、广西壮族自治区林业厅共同承办，越南贸易促进局出口促进中心、广西林业产业行业协会协办。广西壮族自治区党委常委、自治区常务副主席黄道伟，全国政协委员、国家林业局党组原副书记、原副局长、中国林业经济学会理事长李育材及柬埔寨、老挝、缅甸、泰国、越南等东盟国家驻南宁总领事馆代表及中外著名客商出席了展览盛会开幕式。

展会分木制品展区、木工机械展区、红木家具展区、东盟展区、广西特色展区、综合展区 6 大展区。广西林业厅、14 个地级市、13 家区直林场分别搭建了自己的专门展台。林木展期间还举行了 2012 年国际木文化交流论坛、2012 广西人造板（桉木）产需见面洽谈会、全国林产行业新产品评选及产品发布会等配套活动。

【森林旅游】 2012 年广西森林旅游人数达到 3056 万人次，森林旅游收入达 36 亿元，分别比 2011 年增长 13.2%、21.0%，超额完成年初工作目标。

森林公园建设 截至 2012 年底，广西共建设有森林公园 51 处，其中国家级森林公园 20 处、自治区级森林公园 26 处、市（县）级森林公园 5 处。

森林公园经营管理 广西森林公园经营总面积 2584 平方千米，占广西国土总面积的 1.09%，职工总数

2624 人，导游人数 210 人，接待床位 15 101 张，接待餐位 26 530 个。2012 年各级森林公园共投入建设资金 30 073 万元，其中国家投资 8847 万元，自筹 15 524 万元，招商引资 5702 万元。森林公园环境保护投入 8118 万元，植树造林 696 公顷，改造林相 529 公顷。全年森林公园没有发生安全生产责任事故。

广西 51 个森林公园大部分对外开放，但部分森林公园经营规模较小。据统计，2012 年各级森林公园接待游客量 665.76 万人次，比 2011 年增长 23.5%，森林公园直接旅游收入 8.29 亿元，比 2011 年增长 17.7%。

森林旅游合作　2 月 16 日，广西壮族自治区林业厅和广西壮族自治区旅游局签订了《关于推进广西森林旅游发展合作框架协议》，双方协定在推进全区森林旅游发展、建立合作机制、建立健全法规制度、建设森林旅游示范区、打造森林旅游品牌、森林旅游宣传推介、争取森林旅游项目资金支持、提升森林旅游管理和服务水平等 8 个方面加强合作，共同促进森林旅游发展。

3 月 6 日，广西壮族自治区林业厅和广西壮族自治区旅游局举行森林旅游工作磋商会议，确定 2012 年森林旅游合作六项工作计划。自治区林业厅副厅长邓建华、自治区旅游局副局长余小军参加会议。六项工作计划即联合召开全区森林旅游工作会议，联合出台《加快广西森林旅游发展的意见》，启动森林旅游示范建设工作，启动“森林家园”旅游品牌建设工作，开展森林旅游管理培训工作，组织开展森林公园建设管理立法调研工作。

4 月 25 日，广西壮族自治区林业厅、广西壮族自治区旅游局在南宁市联合召开了全区森林旅游工作会议。国家林业局森林公园保护与发展中心副主任杨连清致辞。自治区林业厅副厅长邓建华，自治区旅游局党组副书记、副局长余小军讲话。北流市旅游局、贺州姑婆山国家森林公园作了典型经验交流，广西旅游规划设计院的专家对发展森林旅游作了专题讲座。各市林业局、旅游局，广西林业集团，自治区直属有关林业事业单位，自治区旅游局直属有关单位，国家级自然保护区管理局，国家级、自治区级森林公园等单位负责人 140 多人参加了会议。

6 月 30 日 ~7 月 1 日，广西壮族自治区林业厅联合广西壮族自治区旅游局、南宁市人民政府在大明山风景区成功举办了中国・广西首届森林生态旅游节暨南宁大明山国际山地养生旅游节活动，活动还签订了多个《广西森林旅游合作项目》。

森林旅游表彰　9 月 19 日，国家林业局召开中国森林公园发展 30 周年纪念大会，通报表扬了“全国最具影响力森林公园”和“森林公园建设表现突出个人”。广西姑婆山国家森林公园荣获“全国最具影响力森林公园”称号；蒋迎红(林业厅原利用处副处长)、林云(贺州市林业局调研员)、周建勋(桂林市林业局干部)、何玉华(横县林业局干部)、周雄(原藤县林业局干部)、蒋伟宁(龙胜各族自治县人民政府副县长)、黄国哲(百色市右江区区委副书记)、赵贵坤(金秀瑶族自治县县委副书记)、朱学辉(姑婆山国家森林公园负责人)、廖日香(大瑶山国家森林公园管理处副主任)、黄远抗(大容山国家森林公园负责人)、潘乾(龙潭国家森林公园副主任)、谭有光(阳朔国家森林公园管理办公室主任)等 13 人荣获“森林公园建设表现突出个人”称号。

“森林人家”品牌建设　4 月，广西壮族自治区林业厅与广西壮族自治区旅游局共同启动了“森林人家”旅游品牌建设试点工作，出台了《广西“森林人家”旅游品牌建设指导意见》，印发了《广西“森林人家”旅游品牌建设试点实施方案》，经申报单位自荐，市级林业、旅游部门推荐，自治区林业厅与自治区旅游局现场考察，最终确定南宁凤凰谷景区、钦州市三十六曲森林公园林湖休闲世界、上林县大丰镇下水源庄、阳朔县大源林场、贺州市月湾茶园等 5 家单位为广西第一批“森林人家”旅游品牌建设试点。

（广西壮族自治区林业厅产业处）

【花卉和经济林】

花卉　到 2012 年底，广西花卉种植面积达 3.67 万公顷，实现花卉综合产值 90 亿元，同比 2011 年增长 20%。据不完全统计，全区现有花卉种植规模 100 亩以上的花卉种植企业 1000 多家，花卉交易市场 58 个，各类从业人员 50 多万人，花农近 10 万户。南宁、桂林、柳州、梧州、玉林等中心城市已相继建成各类专业花卉市场 49 个，年花卉交易总额近 60 亿元。

花事活动

台湾花卉产业园开园仪式　7 月 13 日，台湾花卉产业园开园仪式在南宁市吴圩镇举行。自治区政协主席陈际瓦宣布开园并为园区剪彩，自治区副主席陈章良出席仪式，自治区林业厅厅长陈秋华、自治区人民政府台湾事务办公室主任刘侃、南宁市副市长肖志刚到会致辞。广西国有七坡林场与禾美园艺、春茂园艺等花卉企业进行了项目签约，台商代表张朝信董事长作发言，台湾盆景艺术联合总会理事长陈苍兴代表台商参加了剪彩仪式。

2012 年中国国际茉莉花文化节　8 月 24 日，自治区林业厅、南宁市人民政府和中国茶叶流通协会在横县共同主办，横县人民政府承办的中国国际茉莉花文化节在横县举行。自治区林业厅副厅长邓建华出席开幕式。活动还同期举行了 2012 年中国国际茉莉花音乐节、横县民俗文化展演以及粤剧大汇演、花车巡游、茉莉花原创歌曲大赛、全国书画摄影名家走花乡采风活动、万人品茗活动、茉莉风情游、精彩中华茉莉园、2012 年中国国际花文化学术研讨会以及全国茉莉花茶市场形势分析会、全国茶叶展销会等活动。

第二届广西(桂林)园林园艺博览会　9 月 28 日，由自治区人民政府主办，自治区住房和城乡建设厅、农业厅、林业厅、旅游局和桂林市人民政府承办的第二届广西(桂林)园林园艺博览会在桂林市开幕。第二届广西园林园艺博览会以“山水园林，秀甲天下”为主题，地址位于桂林市南部的雁山区雁山镇和大埠乡区域内，占地面积 90 万平方米，园内广西 14 个城市均建有各自的城市展园。

经济林　2012 年广西有经济林总面积 197.6 万公顷。按用途分，水果类 103.14 万公顷，干果类 13.13 万公顷，林产饮食原料类 43.49 万公顷，木本药材类 1.77 万公顷，木本油料类 36.11 万公顷。经济林产品总产量 1037 万吨，其中水果类 910 万吨，干果类 13 万吨，林产饮食原料类26万吨，林产工业原料类65万吨，木本药材类6万吨，木本油料类17万吨。经济林总产值297亿元，比上年增长3.5%。

八角生产 全区八角林总面积44.7万公顷，八角干果总产量12.09万吨，干果每千克售价约18元；茴油每吨售价约12万元。六万林场八角母树林种子获得自治区级良种认定，广西国际科技合作项目“八角低产林改造与加工技术合作研究与示范”通过广西科技厅验收，依托广西林科院的国家林业局八角肉桂工程技术研究中心获批建设；自治区级八角良种基地建设项目在国有派阳山林场实施。

肉桂生产 全区肉桂林总面积8.11万公顷，桂皮产量3万吨，种植面积和产量占全国总量的50%以上；桂油每吨售价约22万元。

油桐生产 全区油桐林总面积16.12万公顷，桐籽产量7.8万吨。

核桃生产 全区核桃林总面积1.1万公顷，核桃产量1150吨。凤优1号、凤优2号两个核桃无性系获得自治区级良种审定。6月8日，全区核桃产业发展现场会在凤山县召开。

板栗生产 全区板栗林总面积10.8万公顷，板栗产量8.2万吨。

油茶 2012年广西共培育油茶优良无性系苗木7200多万株，占年度计划任务6000万株的120%。全区新造油茶林2万公顷、改造低产林1.3万公顷，油茶林总面积40.6万公顷，列全国第三位，其中挂果(投产)面积35万公顷。全年油茶籽产量16.3万吨，茶油产量3.8万吨，油茶加工产值23亿元。中央和自治区财政安排广西油茶产业发展资金共8780万元，比2011年(7600万元)增加15.5%。组织开展油茶高产栽培标准化示范园和低产林改造示范园建设，批复建设全区第一批高产栽培标准化示范园10个，面积1011.1公顷；低产林改造标准化示范园7个，面积268.73公顷。全区油茶专业合作组织达54家，经营面积13 333公顷，参与农户1.6万户，油茶种植的组织化程度提高。

春季油茶造林突击月 3月13日，自治区林业厅组织开展“全区春季油茶造林突击月”活动，自治区启动仪式在百色市田东县义圩镇朔晚村龙卧屯举行。同日，全区柳州、梧州、防城港、贵港、玉林、百色、来宾市等7个市、23个县举行春季油茶造林突击月活动启动仪式，近9000名干部群众参加现场活动，共向农户赠送良种油茶苗木20多万株。活动月期间，通过各种形式向群众免费赠送油茶良种苗木250多万株，种植120多万株；开展油茶宣传活动355次，电视、报刊报道108次，制作墙报、板报152期，制作横幅、标语2346条，发放油茶宣传资料、种植技术资料约14万份。

全国油茶重点企业座谈会 5月10日，国家林业局油茶产业发展办公室在桂林召开全国油茶重点企业座谈会。广西金茶王油脂有限公司、广西桂林思源生态农业科技开发有限责任公司等43家全国油茶重点企业、全国14个油茶产业发展省(区)油茶办负责人、国家林业局有关司局负责人共70多人参加会议。会议主要听取油茶重点企业在产业发展过程中遇到的问题、应对措施以及意见和建议，研究油茶产业“两园”建设(高产栽培标准化示范园、低产林改造示范园建设)的主体、组织形式、建设内容、建设标准、管理模式等。

全区油茶现场会 11月7日，全区油茶产业发展现场会在藤县召开，自治区副主席陈章良出席会议并讲话。全区各市、县(区)政府分管领导、林业局局长，自治区林业厅有关处室负责人，三门江林场、维都林场、大桂山林场及有关油茶重点良种育苗基地、油茶重点加工企业负责人参加会议。会议主要贯彻落实第五次全国油茶产业发展现场会精神，总结一年来全区油茶产业发展情况，交流油茶产业发展经验，部署下一阶段全区油茶产业发展工作。

(广西壮族自治区林业厅产业处、营林处)

【森林和野生动植物保护】

自然保护区建设管理 2012年，广西林业自然保护区体系建设有新突破。广西猫儿山国家级自然保护区获得联合国教科文组织人与生物圈国家委员会颁发的“世界生物圈保护区”证书，正式成为“世界人与生物圈保护区网络”会员。国务院批准崇左白头叶猴自然保护区晋升国家级保护区，广西林业系统国家级自然保护区达13个。邦亮长臂猿、恩城、元宝山等3个保护区顺利通过国务院专家评审委员会评审，为晋升国家级自然保护区奠定了坚实的基础，这也是广西区首次两个以上保护区同时通过评审。

自然保护区保护管理能力建设进一步加强，广西获国家级自然保护区能力建设补助资金1780万元，举办了自然保护区能力建设培训班，全区14个市及40处保护区近100人参加了培训，管理能力得到较大提升。

自然保护区面积及界线确定工作全面推进，大平山等10处自然保护区面积和界线方案通过自治区人民政府批复同意，保护区面积和界线得到明晰。自然保护小区作为自然保护体系的重要补充，步入规范化建设管理轨道，2012全区各地新建自然保护小区94处。自然保护区的监督检查及建设管理得到进一步加强和规范，实施了《广西壮族自治区林业厅自然保护区监督检查办法》和《广西林业自然保护区生物多样性影响评价技术方法》。

野生动物管理 2012年，广西第二次全国陆生野生动物资源调查工作方案和实施细则均顺利通过国家林业局的评审，并在全国率先全面启动调查工作。岩溶洞穴生物多样性调查研究取得重大突破，发现并命名新种150种，使中国成为国际洞穴生物多样性最丰富的四大热点区域之一，广西成为中国洞穴生物物种最多的省区。人工驯养繁殖野生动物管理进一步规范，制定出台了《广西壮族自治区滑鼠蛇驯养繁殖管理暂行规定》和《广西壮族自治区眼镜蛇驯养繁殖管理暂行规定》。强化极度濒危野生动物拯救保护，正式启动了黑叶猴的野外回归试验和穿山甲驯养繁殖试点。野生动物疫源疫病监测防控得到加强，新建自治区级陆生野生动物疫源疫病监测站17处，成功举行了野生动物重大疫情应急演练，极大提高了应急能力和水平。加强了与海关、边防武警、工商、森林公安等部门的合作，联合开展专项执法和打击行动，全区共收缴野生动物3.3万多(头)只，其中：国家一级野生保护动物4000多(头)只；动物制品387件。

野生植物管理　2012 年，广西第二次全国重点保护野生植物资源调查工作方案和实施细则均顺利通过国家林业局的评审，并在全国率先全面启动调查工作。德保苏铁、滕柄木、海南风吹楠、凹脉金花茶、元宝山冷杉、资源冷杉和贵州地宝兰等极小种群野生植物的拯救保护，继续推进德保苏铁回归工作，广西火桐野外回归试验正式启动。灌阳县被中国野生植物协会授予"中国南方红豆杉之乡"称号。

宣传教育与对外交流　2012 年，广西召开了全区自然保护工作会议暨庆祝广西"爱鸟周"30 周年纪念大会，自治区副主席陈章良到会并作了重要讲话。全区组织开展了"爱鸟周"和保护野生动植物宣传月活动，通过展板、媒体等向全区人民宣传野生动植物的保护知识。第三届广西国际兰花研讨会顺利召开，参会的国内外专家代表 100 多人。组织举办自然保护区能力建设培训班等各类培训班 5 期，累计培训人员超过 600 人次，其中与野生动植物保护国际（FFI）联合举办了濒危植物保护管理培训班，培训人员 60 人次。

（广西壮族自治区林业厅野生动植物保护与自然保护区管理处）

湿地保护

立法工作　8 月 21～29 日，自治区林业厅配合自治区人大农业工作委员会湿地调研组赴桂林、柳州、北海、防城港和钦州市开展湿地保护工作专题调研活动。全年，共组织专家召开湿地立法研讨会 3 次，进一步讨论完善《广西湿地保护条例（草案）》。

资源检查情况　2 月，根据《国家林业局关于加强湿地保护坚决打击毁湿开垦等破坏湿地资源行为的通知》（林湿发〔2011〕213 号）通知要求，广西壮族自治区林业厅组织力量对广西湿地资源进行了一次全面的检查。检查结果表明，广西没有发现大面积的毁湿开垦情况，但是局部地方的侵占用、填埋湿地资源等现象还是时有发生。

质量检查情况　4 月 13～18 日，国家湿地资源调查质量检查组一行 5 人到广西开展湿地资源调查质量检查，共抽查桂林市、北海市（包括山口红树林国家级自然保护区）和南宁市、来宾市、钦州市的重点湿地和一般湿地，广西的湿地资源调查质量评分得分 98.6 分，被评为"优秀"等级。

管理信息系统建设　4 月，广西正式启动湿地资源管理信息系统建设工作。11 月底，完成湿地资源数据库搭建、湿地资源更新和浏览定位功能开发、查询统计模块以及三维数据处理。12 月，完成信息系统调试并交付使用。成为继北京市、辽宁省建立该系统的第三个省区。

湿地公园建设情况　1 月，国家林业局批复同意桂林会仙喀斯特国家湿地公园试点建设，至此，广西共有 3 处国家湿地公园获批准试点建设。4 月，组织召开桂林会仙和北海滨海国家湿地公园建设研讨会，邀请国内知名湿地专家作专题讲座。下拨北海市、桂林市林业局和临桂县会仙湿地公园管理局湿地公园建设工作经费 50 万元。5～6 月，指导编制会仙湿地保护工作实施方案，组建桂林会仙湿地公园管理机构和落实工作队伍人员。6 月底，向国家林业局提交申报柳州红花谷和横县西津国家湿地公园有关材料。9 月 10～12 日，国家湿地公园考察评估专家组至广西红花谷湿地公园、横县西津国家湿地公园进行实地考察。12 月 6 日，国家林业局湿地办对广西横县西津国家湿地公园进行网上公示，公示期 7 天，公示期间无异议。

项目建设情况　2012 年 2 月，自治区林业厅分别指导茅尾海红树林自然保护区和涠洲岛自然保护区实施 350 万元中央湿地保护补助资金项目工作，至 12 月底，基本完成项目工作任务。8 月，申报 2013 年中央预算内项目投资计划资金 2.5 亿元，包括湿地公园、湿地保护区、湿地保护小区等项目。10 月，争取到桂林会仙和北海滨海国家湿地公园中央湿地保护补助项目资金 400 万元，并组织编制项目资金实施方案，待组织专家评审、自治区林业厅审批同意后即可组织实施。

宣传培训情况　2 月 2～8 日，自治区林业厅组织开展第十六个"世界湿地日"一系列宣传教育活动。自治区层面通过刊登 2 个版面的湿地专题报道，并制作横幅、板报等形式大力宣传湿地保护工作。在《广西林业》和《广西日报》开辟 1 期湿地宣传专栏、专版进行湿地专题报导。9 月，组织桂林、北海市湿地公园建设管理人员一行 6 人赴上海、江苏等省市考察学习湿地公园建设、经营管理方面的成功经验。10 月 24～25 日，举办 1 期广西湿地保护管理技术培训班，各地级市林业局主管领导、业务骨干和国家重要湿地、湿地自然保护区及国家湿地公园负责人等 45 人参加培训。

全球环境基金加强自然保护区管理子项目工作　2012 年，广西壮族自治区林业厅继续组织大明山、猫儿山、弄岗、木论国家级保护区和龙山自治区级保护区深入实施全球环境基金（GEF）项目。2012 年，共开展活动 173 项，任务完成率 100%；完成赠款报账金额 197.094 万美元，占年度计划资金的 100%。

（广西壮族自治区林业厅野生动植物保护与自然保护区管理站）

森林火灾　2012 年，广西共发生森林火灾 289 起，其中一般森林火灾 147 起，较大森林火灾 142 起；火场总面积 4328.6 公顷，受害森林面积 780 公顷；烧毁成林蓄积 25 175.65 立方米，烧死幼树 60.35 万株；森林火灾受害率 0.054‰；森林火灾当日扑灭率 99%，比 2011 年提高一个百分点。与 2011 年相比，火灾次数、火场面积、受害森林面积和伤亡人数分别下降 17.4%、14%、20.7% 和 100%，受害率降低 0.01 个千分点。实现无重特大森林火灾、无人员伤亡和无火烧连营的"三无"目标。全年扑救森林火灾共出动扑火人员 23 342 人次、车辆 2333 台次、直接开支扑火经费 375.98 万元。2012 年已查明森林火灾原因的 279 起。其中：生产性火源 125 起，非生产性火源 146 起。生产性火源中烧荒烧炭 86 起，占 30.8%，造林炼山 7 起，占 2.5%。非生产性火源中上坟烧纸 91 起，占 32.6%，电线引起 14 起，占 5%，野外吸烟 9 起，占 3.2%，痴呆人弄火 7 起，占 2.5%。此外，故意纵火 6 起，外省烧入 1 起，外国烧入 1 起。已处理森林火灾案件 243 起，处理相关责任人 247 人，其中刑事处罚 71 人。

森林防火规章制度建设　3 月，广西壮族自治区人民政府制定出台了《广西壮族自治区森林防火重点监管县监管办法》，明确了森林防火重点监管县的确定条件、确定程序、监管措施、整改要求和解除程序。6月，自治区森林防火指挥部办公室沟通协调自治区人大法工委、农工委及自治区法制办等有关部门，全面启动《广西壮族自治区森林防火条例》立法工作。

森林火灾预防

火源管理　自治区森林防火指挥部办公室将火源管理分为审批制度执行、野外生产生活用火开展、重点时段火源管理、高火险时段火源管理、“四个一”火源管理队伍建设等5个方面，细化、量化为16个指标，作为森林防火目标管理重要内容，严格进行考核。自治区财政下拨100万元专项经费推广火源管控“四个一”模式，不断建立健全基层火源管理队伍。针对清明期间野外用火高峰，全区开展“盯点看面”火源管理活动，启动检查站1800多个，安排1.2万多人盯坟头、守路口，组织1.8万多名巡逻员、3万多名护林员、700多个火源管理工作组深入林区管严、管细、管实野外用火。

宣传教育　自治区森林防火指挥部年初制定了宣传方案下发各地，安排部署全年宣传教育工作。清明节期间，全区统一开展了声势浩大的森林防火“宣传周”活动，自治区森林防火指挥部在广西电视台、广播电台、《广西日报》全文播发“森林防火通知”，提倡文明祭祀，各地出动宣传车、宣传队巡回宣传。防灾减灾周期间，以“消除森林火灾隐患，提高森林防火意识”为主题，有针对性地组织群众开展森林防火“四个一”活动，即：阅读一份森林防火宣传资料，观看一部森林防火教育影片(光碟)，开展一次森林火灾避险讨论，进行一次家庭承包经营森林的火险隐患排查。据统计，2012年全区共印发森林防火宣传资料760多万份，播放宣传电影2247场，出动宣传车辆1.86万车次，出宣传墙报2352期，有线广播25 399篇，粘贴防火标语156万条，新建、刷新固定宣传牌4788块；全区开设森林防火课的中小学校达8837所，接受防火教育总人数超3000万人。

火险预警　自治区防火办协调气象部门发布季、月、旬重要气象信息共计35期，重点防火期每天在《广西天气预报》播放全区森林火险天气预报；转发国家防火办高森林火险天气警报8期，森林火险气象等级预报36期。

案例库建设　自治区防火办与中南林业科技大学联合研制广西典型森林火灾案例库，2012年编制典型案例4起，财政预算10万元。

森林防火基础设施建设　2012年，广西共投入森林防火资金24 035万元(国家3925万元，地方20 100万元)，用于瞭望系统建设1345万元、通信系统建设669万元、阻隔系统建设3974万元，购置交通工具1067万元、购置扑火机具1301万元，其他项目支出15 679万元。全年新建瞭望台44座、储备库30座1102平方米，购买无线电台417台(部)、森林消防专用车辆167辆、扑火机具21 251台(把、套)、计算机119台，营建防火林带516千米，开设防火线1038千米。

森林消防装备建设　2012年，自治区防火办通过政府采购价值400万元的森林消防物资，全年各级投入森林消防装备建设资金2368万元。自治区森防指选取岑溪市、荔浦县、右江区、青秀区专业森林消防队作为试点单位，发放以水灭火新型装备，进行以水灭火技战术实战磨炼。

综合治理工程项目建设　2012年，广西完成桂林市一、二期综合治理项目，百色市、河池市二期综合治理项目，梧州一期综合治理项目的收尾和验收工作。国家林业局下达中央预算内资金1240万元用于支持广西重点火险区综合治理工程建设项目。其中：钦州市重点火险区综合治理二期建设项目613万元，北海市重点火险区综合治理一期工程627万元。资金主要用于新建和维修瞭望塔(台)、专业队营房、防火物资储备库，新建林火视频监测系统，购置信息、交通运输和扑火机具等设备设施。新批准自治区实施10个新项目：百色革命老区森林重点火险区综合治理三期工程、右江干热河谷森林重点火险区综合治理三期工程、环桂林市区森林重点火险区综合治理三期工程、桂林市北部桂湘省界森林重点火险区综合治理三期工程、桂林市漓江生态区森林重点火险区综合治理三期工程、湘江源森林重点火险区综合治理三期工程、河池市瑶族聚居区森林重点火险区综合治理三期工程、东兰革命老区森林重点火险区综合治理三期工程、河池市九万山地区森林重点火险区综合治理三期工程、龙滩库区森林重点火险区综合治理三期工程，分别核定总投资16 410万元，其中中央投资13 128万元，地方配套3282万元。全区在建7个重点火险区综合治理建设项目进展顺利，项目完成率均超过80%。

专业森林消防队营房建设　2012年，自治区下拨资金575万元用于支持20个县级专业森林消防专业队营房建设。年内专业队营房建设竣工验收10座、开工20座。

边境防火林带建设　2012年，国家林业局下拨给广西资金600万元，专项用于边境生物防火林带建设。分别分配给百色市那坡县216万元，防城港市防城区221万元，崇左市龙州县32万元、宁明县34万元、凭祥市34万元，中国林科院热带林业实验中心63万元，建设宽50米，长43.2千米的边境防火林带。截至2012年底，建设任务单位全部备耕整地完毕，并编制了《边境生物防火林带建设项目设计书》，待批复后实施。目前，广西边境防火林带树种主要是油茶、红荷木、火力楠、米老排，少量荷木、马蹄荷、青冈栎、杨梅、大叶女贞等。

森林防火指挥中心建设　广西森林防火指挥中心建设项目总投资为720万元，2012年国家下拨了建设资金576万元，地方配套资金144万元。此项目是国家森林防火中长期规划重点项目，预计2013年6月建成并投入使用。

森林防火队伍建设

组织机构　截至2012年年底，广西有森林防火指挥部146个，其中省级1个、市级14个，县级131个，各级公安、发改委、教育、纪检、民政、财政、交通、卫生、工信委、广电、消防、通信、农业、驻军及武警部队领导分别担任指挥部成员。广西各级森林防火指挥部办公室有专职防火人员共计949人。广西有专业森林消防队伍134支、4073人，乡镇、村屯半专业森林消防队伍1758支、35 969人，义务森林消防队伍4769支、96 789人,专职护林员18 868人，兼职护林员31 115人。

业务培训　自治区森防指组织18人次参加国家防火办组织的5个业务培训班。6月27～30日，自治区森防指办公室在广西经济干部管理学院举办2012年度全区防火办主任培训班；7月1～3日，在广西经济干部管理学院举办2012年度全区森林防火统计员培训班，来自全区14个地级市和114个县(市、区)以及中国林科院热带林业实验中心、自治区直属各国有林场和自然保护区的防火办主任共300多人参加了培训。9月15～19日，自治区森林防火指挥部在北海市举办两期县级森林防火指挥部指挥长培训班，共有200多名领导干部参加了培训。8～9月，自治区森防指将全区分为9个片区，组织无线电和灭火机具专家深入各片区定点授课，分批培训专业骨干，受训人员1000余人。全年自治区各级共举办各类森林消防培训班178期、参训30 000多人次，重点培训了森林防火基础知识、森林火灾扑救常识、安全避险常识。

防火演练　全年全区各市、县、区共开展森林防火应急处置预案演练24起。自治区森防指于12月5日在来宾成功举办森林防火实战演练，演练项目有高压细水雾灭火机扑火、森林消防水车灭火、风力灭火机灭火、开设防火阻隔带、以火攻火战术应用、火场紧急避险等6项。来宾市副市长朱贾莲、自治区林业厅顾问高聘荣及全区各市林业局分管领导出席观摩现场。

(广西壮族自治区林业厅森林防火处)

林业有害生物发生概况　2012年广西林业有害生物灾害比较严重，桉树、松树、八角等食叶害虫和红树林害虫在部分市县呈暴发态势，林业有害生物的危害程度属偏重年份，发生面积居高不下，局部区域严重成灾。全区发生并造成较严重危害的林业有害生物共有66种，其中病害15种，虫害51种，发生总面积36.33万公顷(含有害植物)。其中：病害发生面积2.92万公顷，占8.03%，虫害发生面积33.39万公顷，占91.97%。成灾面积0.27万公顷，成灾率为0.22‰。主要种类有松材线虫病、松毛虫(含马尾松毛虫和松茸毒蛾)、松突圆蚧、萧氏松茎象、湿地松粉蚧、桉树枝瘿姬小蜂、桉尺蠖类、桉袋蛾类、桉蝙蛾、八角尺蠖、八角叶甲、竹广肩小蜂、黄脊竹蝗、刚竹毒蛾、丝点足毒蛾、白囊袋蛾、广州小斑螟、桉树焦枯病、桉树青枯病、桉树溃疡病、八角炭疽病、毛竹丛枝病等。

林业有害生物防治情况　2012年，广西林业有害生物防治作业总面积为10.5万公顷，其中预防面积37 066.7公顷，实际防治面积67 900公顷。生物防治面积47 993.3公顷，仿生防治面积780公顷，人工防治面积5753.3公顷；无公害防治总面积为10.42万公顷，无公害防治率达到99.20%。

林业有害生物防控目标完成情况

林业有害生物成灾率　年度考核指标为4.5‰以下，实际为0.22‰。2012年广西林业有害生物发生面积为36.3万公顷(不含有害植物)。其中：病害发生面积2.92万公顷，占8.03%；虫害发生面积33.39万公顷，占91.97%。成灾面积2700公顷，成灾率为0.22‰。

林业有害生物预测准确率　年度考核指标为85%以上，实际为99.01%。预测2012年全区发生面积为36.67万公顷，实际发生面积为36.30万公顷，林业有害生物预测准确率为99.01%。

林业有害生物无公害防治率　年度考核指标为80%以上，实际完成99.2%。全年防治面积为10.50万公顷，其中应用生物、仿生制剂等无公害药剂防治面积为10.42万公顷，无公害防治率为99.21%。

林业有害生物检疫率　年度考核指标为97%以上，实际全年种苗产地检疫率99.9%，调运检疫率99.01%。

松材线虫病　国家林业局与自治区人民政府签订的松材线虫病防控目标是：加强松材线虫病疫情监测，确保第一时间发现新疫情，新的县级发生区(从2011年起)，从确定疫情之日起一年内实现基本根除，彻底根除桂平市疫情；提高防治成效，各县级发生区发生面积逐年下降。经过各级党委政府及部门的共同努力，广西松材线虫病发生面积为400公顷，涉及4个县(市、区)6个乡镇和1个县直属国有林场，其中，苍梧县发生面积146.7公顷，万秀区86.7公顷，桂平市93.3公顷，西林县73.3公顷。有松材线虫病的县、乡仍与2011年相同，没有新发生的县(区)、乡镇。

“绿盾2012”森检执法行动　对广西1031家繁育和经营林木种苗、花卉单位(个人)、3394家利用松木为原料的加工企业进行了摸底调查和备案登记。调查发现有159个利用木质电缆、光缆盘单位，登记电缆、光缆盘数2711个；利用木质包装箱单位51个，登记包装箱数量1478个。开展检查行动591次，出动执法人员4079人次，共对1031家苗木花卉生产基地进行检查，检查苗木花卉9952.53万株，检查普及型国外引种试种苗圃5家，检查涉木企业3394家，检查竹木材43.68万立方米，检查木质包装箱、线缆盘4189个。共查处案件103起，其中大案三起，涉及竹木材3138立方米，涉及种苗花卉238.2万株，涉案金额91.86万元，处罚金额2.16万元。防城港市发现从外地调入的设备包装箱中携带松材线虫活体，北海市从外地调入的苗木中发现椰心叶甲。

加强国外苗木引种审批和监管　根据国家林业局有关要求，对2005年以来广西引进国外林木种子、苗木及其他繁殖材料进行全面调查和整理。严格按照引种检疫审批制度，完善审批程序，强化引进林木种子、苗木及繁殖材料的检疫隔离试种和监管。加强与进出口检验检疫部门合作，互通信息，加强普及型国外引种试种苗圃监管力度。对各苗圃引种试种申请，及时办理行政许可审批，实现零投诉。目前广西经国家批准普及型国外引种试种苗圃5个，全年办理引种审批29批(次)，许可引进苗木34 320株。

加强种苗产地检疫及调运检疫　全年产地检疫苗木2960公顷，种子18 213千克，产地检疫率达99.9%；调运检疫木材1610.5万立方米，苗木12 562万株，种子29 013千克，调运检疫率99.01%，共收缴检疫费2348万元。

(广西壮族自治区林业厅森林病虫害防治站)

冬季破案攻坚战　2011年12月5日～2012年1月

15 日，在全区范围内开展了“冬季破案攻坚战”。全区共出动森林公安民警 27 469 人次，出动车辆 8748 台次；立刑事案件 312 起、破案 314 起，共抓获违法犯罪人员 772 人；查处行政案件 674 起，行政拘留 28 人、劳动教养 1 人；清查木材交易市场、收购站、经营加工场所 467 处；收缴国家重点保护植物 77 株及其制品 1008 件；收缴林木木材 5170. 9 立方米；缴获物品涉案价值 2000 多万元。

春雷行动 2 月 20 日 ~4 月 20 日，根据国家林业局森林公安局和广西壮族自治区林业厅、公安厅的统一部署，结合广西林区春季涉林犯罪的特点，自治区森林公安局在全区范围内开展了代号“春雷行动”的严厉打击破坏森林资源违法犯罪的专项行动。全区森林公安机关共出动民警 32 266 人次，出动车辆 11 245 台次；立刑事案件 638 起(其中重大刑事案件 75 起、特大刑事案件 60 起)，破案 423 起(其中重大刑事案件 59 起、特大刑事案件 30 起)；共抓获违法犯罪人员 881 人，其中逮捕 262 人；收缴野生动物 2133 头(只)及其制品 744 件、国家重点保护植物 114 株及其制品 155 件，林木木材 7033. 9 立方米，收回林地 30. 61 公顷。

打击野生动物及其制品网络犯罪和非法贸易活动专项行动 4 月 9 ~18 日，为严厉打击、坚决遏制野生动物及其制品网络犯罪和非法贸易活动，促进野生动物资源的可持续发展，自治区森林公安局在全区范围内组织开展了打击野生动物及其制品网络犯罪和非法贸易活动专项行动。全区共出动人员 6725 人次(其中森林公安民警 5562 人次)，出动车辆 1689 台次；清查整治古玩城、花鸟市场 464 处，清理取缔小摊点、小档口、小店面、小柜台 755 个，清理取缔定点生产销售企业 24 家，清理整治网站和论坛 3 个；办理野生动物案件 29 起(其中特大案件 7 起)，查处野生动物案件 40 起(其中特大案件 3 起)，打击处理违法犯罪人员 58 人，打掉犯罪团伙 1 个；查处涉案定点生产销售企业 4 家；收缴野生动物 5259 头(只)及其制品 433 件，涉案价值达 322 491 元。

打击破坏野生动物资源违法犯罪专项行动 6 月 1 ~30 日，为坚决防范和遏制破坏野生动物资源违法犯罪活动，为中国—东盟履约执法对话会暨野生动物非法贸易特别调查组会议在南宁召开创造良好的生态环境，按照自治区林业厅的部署，自治区森林公安局在全区范围内组织开展了打击破坏野生动物资源违法犯罪专项行动，全区各级森林公安机关共出动民警 11 188 人次，车辆 3868 台次；清查整治古玩城、花鸟市场 560 处，清理取缔摊点、柜台、店面 1014 个，清理整治生产销售企业 51 家，清理整治非法经营利用野生动物宾馆、饭店 2276 家；立野生动物刑事案件 14 件、其中重特大案件 4 件，破野生动物刑事案件 16 件、其中重特大案件 9 件(包括月前积案 5 件)，刑事拘留 11 人、逮捕 8 人；查处行政案件 43 起；收缴野生动物 10 064 头(只)及其制品 358 件，没收违法所得 10. 35 万元，涉案价值 43. 48 万元。

侦查破案百日大会战 5 月 20 日 ~8 月 30 日，按照自治区公安厅的统一部署，自治区森林公安局组织全区森林公安机关开展了侦查破案百日大会战。全区森林公安机关共立刑事案件 932 起，破 898 起；抓获犯罪嫌疑人 1539 人，其中逮捕 942 人；收缴国家重点保护野生动物 18 029 只(头)及制品 230 件；收缴国家重点保护植物 63 株及制品 269 件；收缴木材 10 682. 3 立方米，回收林地 330. 5 亩，通过查处案件挽回直接经济损失近 2 亿元。

打击破坏濒危物种资源等非法行为联合执法行动 根据自治区打击走私综合治理领导小组的部署，10 月下旬至 12 月下旬，全区林业系统组织开展了打击破坏濒危物种资源等非法行为的专项行动。全区共出动人员 28 511 人次(其中森林公安民警 25 968 人次)，出动车辆 9402 台次，立野生动植物刑事案件 65 起，破 56 起，(其中重大案件 2 起、特大案件 4 起)，逮捕 36 人；查处野生动植物行政案件 386 起，行政处罚 425 人，林政处罚 247. 9 万元；清理野生动物加工经营场所 3139 处，清理野生动物驯养繁殖场所 315 处；媒体报道 195 条；收缴野生动物 100 930 只(头)，其中国家重点保护野生动物 1155 只(头)，收缴野生动物制品 2198 件、猎具 3248 件；收缴国家重点保护植物 6 株，国家重点保护植物制品 19 件；收缴违法所得 66. 1 万元。

保护候鸟专项行动 10 月 29 日 ~11 月 30 日，为切实保护好迁徙候鸟和其他野生动物资源，严厉打击各类破坏迁徙候鸟和其他野生动物资源的违法行为，积极推进自治区生态文明示范区建设，自治区森林公安局根据国家林业局森林公安局和自治区林业厅的指示精神和统一部署，结合候鸟迁徙自治区特别是沿海地区的地域和季节特点，在全区范围内组织开展了保护候鸟专项行动。全区森林公安机关共出动民警 14 893 人次，出动车辆 4146 台次，立刑事案件 116 起，破案 65 起(其中重大刑事案件 6 起、特大刑事案件 5 起)，共抓获违法犯罪嫌疑人 102 人，逮捕 50 人；查处行政案件 190 起，行政拘留 3 人，行政处罚 190 多万元；收缴野生动物 10 825头(只)、鸟类 7306 只、野生动物制品 30 件，收缴猎具 3248 支(其中猎枪 5 支)，缴获物品涉案价值 180 多万元。

打击破坏野生动物资源违法犯罪专项行动 11 月 27 日 ~12 月 31 日，按照国家林业局森林公安局的统一部署，自治区森林公安局迅速在全区开展了为期一个多月的打击破坏野生动物资源违法犯罪专项行动，取得了丰硕战果。全区森林公安机关出动警力 26 180 人(次)、车辆 9050 台(次)；巡护清查野生动物分布区等地 2169 次，清理整治各类市场、野生动植物加工经营场所、野生动物驯养繁殖场所、违法摊点、柜台 5735 个(次)；立野生动物刑事案件 24 起，破野生动物刑事案件 22 起；受理野生动物行政案件 92 起，查处野生动物行政案件 89 起，行政处罚 103 人，采取强制措施 24 人；收缴国家重点保护野生动物 1817 头(只)及其制品 898 件、“三有动物”94 213 头(只)及其制品 1285 件、“三有动物”皮张 27 张，没收违法所得 16 200 元，全部涉案价值 2 021 295 元。

(广西壮族自治区林业厅森林公安局)

【农村生态能源建设】

沼气建设 截至 12 月 31 日，广西全年累计完成沼气池建设 120 216 户，占计划任务的 100. 18%。圆满完成自治区人民政府 2012 年为民办实事 12 万户沼气池建设任务。2012 年共投入农村能源建设资金 2.96 亿元，其中中央资金 2.17 亿元，自治区财政配套资金 0.63 亿元，市县配套资金 1579 万元，其余为农户自筹资金。

农村沼气服务体系 截至 12 月，广西完成新建 266 个村级沼气服务网点和 11 个县级服务站，研究出了“新顶返水式回流补压沼气发酵技术工艺”等新投法、新池型，部分缓解了秸秆沼气结壳难题；在容县等县市先后探索了沼渣沼液分离晾干利用新办法；全力配合广西机械研究院研制出沼渣沼液固液分离机，可以直接将沼渣直接加工成有机肥，解决了沼渣沼液综合利用难题；总结和推广“全托管服务”模式，支持有条件的右江区开始“试点后补贴”方式，支持北流、融水等县市组建了沼气服务公司。与北京国农小康公司合作，申报 CDM 项目，努力解决沼气管护资金难题。

CDM 和 VCDM 项目合作 2012 年，广西相继开发 17 个农村户用沼气 CDM 项目，范围涵盖自治区 45 个县区共 218 952 户农户。其中 16 个项目已经通过国家发改委批准，其中 4 个项目已经顺利完成 DOE 的现场审定工作并全部提交到联合国执行理事会申请注册。根据项目设计，广西单户平均每年的二氧化碳减排量在 3.8 ~ 4 吨，16 个项目年减排量达到 85 万多吨，项目计入期为 10 年，总监排量可达到 850 多万吨。

（广西壮族自治区林业厅农村能源办公室）

【集体林权制度改革】

综述 2012 年，按照自治区党委、政府的统一部署，在广西各级各部门的共同努力下，统筹规划，突出重点，大力发展林下经济，逐步完善集体林权制度配套改革体系，抓好林改基础工作，全面完成年初目标任务，各项工作均取得了长足的进步与发展。

大力发展林下经济 广西壮族自治区林业厅努力用好本级 6000 万元林下经济发展专项资金，积极抓好全区 50 个林下经济示范项目建设，完善各项扶持政策，强化项目督查力度，加大示范典型引领，逐步实现林下经济发展主体的社会化与多元化。2012 年，广西林下经济发展面积达到 220 万公顷，同比增长 14%，全年林下经济产值达到 360 亿元，同比增长 59.2%，占全国林下经济产值的 15%，惠及林农规模达到 818 万人，从事林下经济的林农人均收入为 1920 元，为促进农民增收致富提供了强有力的支撑。

稳步推动配套改革 广西壮族自治区林业厅专门印发了《关于确定自治区创建农民林业专业合作社示范县的通知》《关于开展全区林权抵押贷款试点工作的通知》等。通过试点先行、示范引领的发展方式，大力开展配套改革试点工作，逐步完善政策扶持体系，稳步提高全区林权管理服务水平。2012 年，广西林权抵押贷款余额累计达到 54.3 亿元，同比增长 26%，全区 14 个市、55 个县均开展了林权抵押贷款业务，市级和县级覆盖率分别达到了 100% 与 50%。全区新增 10 个森林保险试点县(区)，森林投保面积累计达到 55.97 万公顷，保险内容扩大到火灾、病虫害、自然灾害等综合范畴，投保农户为 11.77 万户。全区林业专业合作社数量达到 588 个，入社农户数量为 7.76 万户，入社农民人均年收入高达 11 071 元。

巩固主体改革成果 2012 年，广西组织全区各地对林权主体改革检查验收所反映的情况进行全面梳理整改，进一步规范确权发证、林权登记、改革程序、档案管理、资金管理等工作，对未能达标的县(区)进行了复核整改，使其达到合格标准。2012 年 1 月，自治区党委、政府召开全区林业工作会议暨集体林权主体改革总结大会，通报了全区主体改革检查验收结果，并对 30 个先进集体、375 位先进个人进行了表彰。

加强林改纠纷调处 为巩固集体林权制度主体改革成果，全区各地按照“属地管理”的原则，严格落实层级责任，明确调处机构、人员，创新工作开展方式，加大纠纷调处力度，认真化解矛盾，提高调处成效。2012 年，全区共发生山林纠纷 5734 起，调结 4869 起，调结率达到 85%。同时，高度重视群众来信来访工作，对群众反映的问题，做到热心接待，有访必答，件件有落实，事事有答复。2012 年自治区林改部门共接待来信来访 19 起，均进行了回复和处理。全区没有因林改引发群体性事件，也没有引发乱砍滥伐等破坏森林资源的案件，有效维护了林区社会的和谐稳定。

林下经济 2012 年，广西认真贯彻落实国务院办公厅《关于进一步加快林下经济发展的意见》精神，坚持示范带动、典型引领的发展模式，大力发展林下经济示范项目，努力探索出了一条“不砍树也致富”的新路子。

林下经济示范项目建设 自治区财政在“十二五”期间设立了林下经济发展专项资金，并在 2012 年安排了 6000 万元林下经济示范专项补贴，特定用于扶持林下经济的示范项目建设。自治区林业厅按照“一县一品”、“一场一品”的原则，在全区范围内选取了 50 个林下经济示范项目，覆盖全区 43 个县(区)、7 个林场，通过方案整理、层级审核、公示批复、检查督查等多个环节，明确规定项目带动农户标准，逐步实现“龙头带大户、大户带小户、千家万户共同参与”的发展局面，进一步提高项目管理水平，充分利用林地综合效益，努力培育了一批“林下经济十万元户、百万元屯、千万元村、亿元乡镇、十亿元县”。

林下经济示范项目储备库 2012 年，自治区林业厅下发了《关于开展全区林下经济项目储备工作的通知》，要求全区各市以《广西壮族自治区林下经济“十二五”发展规划》为依据，结合本地林下经济规划及发展实际，将地方优势特色产业以及效益好、操作性强、群众增收显著的项目作为储备重点，实现重点突破，稳步提高示范项目的引领带动效果。全区汇总整理了一批沿海平原、丘陵河谷、高地土山、岩溶石山等不同立地条件下所适宜开展的林下经济项目，为今后工作的开展与推广积累了宝贵的经验。

配套改革 2012 年，全区各地把深化林权配套改革作为资源增长、农民增收、林业增效的重要途径，在不断完善配套改革服务体系的基础上，坚持试点先行、总结经验的工作方式，稳步推进全区配套改革工作。

政策性森林保险工作 2012 年，自治区林业厅继续大力推进广西政策性森林保险试点工作。加强与保险监督机构、商业保险公司的沟通力度，编制了 2012 年广西政策性森林保险工作方案，将森林保险由单一火险扩大至包括火灾、病虫害、自然灾害等 10 个方面的综

合险，争取中央与自治区财政325万元的森林保险补贴经费，新建了隆安县等10个政策性森林保险试点县(区)，新增15.97万公顷森林保险面积，逐步提高全区森林风险抵御能力，稳步扩大全区森林保险的投保率与覆盖面。

林权抵押贷款工作　2012年，自治区林业厅印发了《关于开展全区林权抵押贷款试点工作的通知》，在全区范围内确定了南宁市邕宁区等12个林权抵押贷款试点县(区)，各试点县(区)认真做好林权抵押贷款工作经验总结，明确要求制定年度试点实施方案，完善林权抵押贷款政策扶持体系，加强部门沟通协调，积极探索森林资源评估机制，健全林权抵押信用担保体系。通过试点先行的推进方式，自治区林权抵押贷款工作取得一定成效。2012年，全区林权抵押贷款余额54.3亿元，新增林权抵押贷款11.26亿元，同比增长26.16%。全区共有14个市、55个县区开展了林权抵押贷款工作，市级与县级业务覆盖率分别达到100%与50%。

林业专业合作社工作　2012年，广西壮族自治区林业厅印发了《关于确定自治区创建农民林业专业合作社示范县的通知》，确定了南宁市宾阳县等12个县区作为全区林业专业合作社示范县，探索工作开展方式，积累试点工作经验，有序推进全区林业专业合作社开展工作。林业厅林改部门还在《广西日报》中刊登一期林业专业合作社宣传专版，广泛宣传了自治区林业专业合作社的发展方式、有效经验、未来计划等多方面内容，充分调动全区广大农民参加林业专业合作社的积极性与主动性。

林权流转试点工作　2012年，组织召开了全区集体林权流转登记发证试点工作会议，以高峰林场为试点单位，在全区43个县开展林权流转管理试点工作，对高峰林场通过承包、承租等合法流转方式取得的3.34万公顷集体林地进行林权变更登记，探索林权变更工作流程，健全完善林权登记发证软件。

(*广西壮族自治区林业厅改革发展处*)

海南省林业

【概　述】　海南省陆地面积3.54万平方千米，授权管辖海域面积200多万平方千米，地处典型的热带海洋性气候地理区域，分布着以热带雨林生态系统为主体的生态系统，湿地生态系统和海洋生物生态系统独特，是我国唯一的热带岛屿省份，生物多样性极为丰富。岛内有维管植物共计5860种，其中海南特有植物502种，国家一、二级重点保护植物48种；有陆栖脊椎动物660种，其中有国家重点保护的野生动物123种(国家一级18种、国家二级105种)，23种为海南特有。截至2012年年底，全省森林面积210万公顷，森林覆盖率61.5%，活立木总蓄积量1.5亿立方米。全省有国有林场26个、各级森林公园25个(其中国家级森林公园8个、省级森林公园16个、市级森林公园1个)。已建立林业各类自然保护区32个(其中国家级自然保护区6个、省级自然保护区18个、市县级自然保护区8个)，保护区总面积约24万公顷，约占全省陆地总面积的7.02%。2012年全省林业总产值396.2亿元。

【“绿化宝岛”大行动】　“绿化宝岛”大行动是海南省委、省政府推进海南国际旅游岛建设的重大战略部署和重要举措，海南省林业厅以制定科学规划为前提，加强领导，强化措施，有效克服资金、土地、种苗3大难题，实现了“绿化宝岛”建设的开门红。截至2012年12月底，全省完成造林绿化面积4.47万公顷，为计划造林4.13万公顷的108.2%。“四园万村”建设扎实推进，已开工建设10个森林公园、23个城镇公园、9个水上公园、77个观光果园。已实施村庄绿化3506个，完成通道绿化4339千米。主要特点：①领导重视，部门形成合力。各市(县)认真履行“绿化宝岛”建设主体责任，各级党政主要领导亲自抓。三亚市制定了《“绿化宝岛”大行动目标责任考核办法》；澄迈县出台了《关于大力开展“绿化宝岛”大行动的决定》；昌江县将城乡美化绿化项目作为全县37个重点建设项目之一；琼中县由县人大牵头成立监督小组，每周对各单位完成造林任务情况进行通报；屯昌县制定了《屯昌县“绿化宝岛”工程建设奖惩办法》；海南省政协、省地税局、省教育厅、团省委、省纪委、省检察院、省住建厅、省水务厅、省交通厅等部门积极开展“政协林”“学生林”“妇女林”“青年林”“教师林”等各种形式的植树造林活动。②创新机制，融资取得突破。各市(县)将“绿化宝岛”建设资金纳入财政预算安排的同时，积极探索建立社会融资平台。保亭县成立了生态保护协会；陵水县成立了全国首家县级绿色碳汇专项基金，共募集资金1320多万元；万宁市建立绿化宝岛基金；海南省林业厅积极发动省内大型企业开展捐款倡议活动。全省共落实“绿化宝岛”项目资金20.68亿元。③典型引路，带动作用显现。各市(县)通过建立示范路段、示范村庄、示范公园和示范林，树立了一批示范典型，创新模式，为全省绿化宝岛大行动提供样板。屯昌县率先完成高速公路景观绿化；东方市建设“花梨之乡”和高效经济林基地；文昌市建设“椰林公路”；白沙县打造“木棉公路”；澄迈县加快发展咖啡经济林；三亚市组织农民联合办苗圃；海口市建设“示范乡镇”；陵水县着力打造“七彩通道”；万宁市建设高速公路“绿色景观廊道”；乐东县建设花梨、沉香基地等。文昌市铺前造林大户韩强自筹资金600多万元，在自己承包的20千米公路林种植小叶榄仁等绿化树种，在文昌市公路林改造中树立示范样板。④完善制度，强化责任落实。海南省林业厅结合“绿化宝岛”工程建设实际，草拟了8个管理办法。按照“五年规划，三年基本完成，二年巩固提高”的思路，提前下达了造林绿化任务，成立海南省林业厅“绿化宝岛”工程建设领导小组和6个工作组，分片包市(县)，按照“每日巡查、每周汇报、每月例会、每季通报”的要求推动任务落实。⑤开展调查，抓好种苗繁育。摸清造林苗木需求，统筹部署种苗繁育工作，在各市(县)和重点国有林区林场建立骨干苗圃基地，大力培育乡土珍贵树种和绿化景观树种，同时积极引进适合海南生长的良种壮苗，确保造林绿化用苗。开通了林木种苗信息网，发布林木种苗信息，协调统筹苗木供应。⑥调整结构，发展乡土树种。积极引导农民调整种植结构，大力发展效益好、增收快的珍贵乡土树种。全省累计赠送花梨、沉香等珍贵乡土树种苗木1560万株，共种植珍贵乡土树种7600公顷，橡胶1.87万公顷，有效促进了农村经济发展和农民增收。

【林业改革】 ①有序推进国有林场改革。26个林区林场已完成机构建设、调查摸底、勘界测量、制订改革方案等改革的准备工作，开展了收回被占林地、外包林地“三过”等历史遗留问题清理工作，共收回林地3787公顷。②继续深化集体林权制度配套改革。积极推进林权管理服务中心建设，屯昌县、儋州市已建成全省标准化的林权管理服务中心，屯昌县、昌江县林权管理服务中心列入全国县级林权管理服务中心标准化建设试点项目；大力发展农民林业专业合作社和林下经济，屯昌县、儋州市、东方市、琼海市被列入全国农民林业专业合作社示范县。全省已成立农民林业专业合作社826家，林农出资总额8.92亿元，入社林农1.76万人，带动农户16万户，占全省农户总数的9.1%。全省林下经济面积1.21万公顷，参与农户17.5万户，产值23.7亿元；积极推进林业贷款，全省有7182户农民用林权证抵押贷款5.43亿元；全面启动森林保险工作，建立森林保险协管员队伍70人，完成森林保险总面积98.8万公顷，极大地保障了林农和林业经营者的收益权。③实行网上审批，深化林业行政审批制度改革。利用电子政务技术构建网上审批大厅，使申报工作不受时间、地域、人员等条件限制，极大地方便了办事群众，行政审批效率显著提高。

【林业规划和项目】 以“科学规划年”和“项目建设年”为契机，编制完成了《海南省“十二五”林业发展规划》《海南省“绿化宝岛”大行动工程建设总体规划》等12项林业规划，其中《海南省“绿化宝岛”工程建设总体规划》《海南省公益林保护建设规划》《海南省天然林保护工程二期实施方案》已通过海南省政府批准实施。树立“抓项目就是抓发展、抓资金”的理念，出台了《海南省林业项目库管理办法》，建立省、市(县)、直属单位林业项目库，共储备230多个建设项目，规范了项目申报管理，填补了林业系统没有项目库的空白。对国家和省重点建设项目开辟“绿色通道”，指派专人负责，提前介入项目选址、林地勘查等前期工作，确保重点建设项目及时审批。全年共受理办结林业审批事项25 692件，提前和按时办结率达100%，实现零投诉。抓好重点项目的监督管理。成立林业重大项目推进考核组，对涉林的省重点项目和重点工作，按照“六个一”责任模式进行分解，制定考核办法和实施细则，落实分管领导和责任处室，明确工作要求，按照“每月检查、季度对照、半年小结、全年考核”的办法，推进工作落实。

【森林资源管护】 开展资源调查和编制林地保护利用规划。全面完成森林资源二类调查并提交成果。开展了全省第二次湿地资源调查、第二次陆生野生动物资源调查。组织编制海南省和市县林地保护利用规划，其中省级规划已通过省政府批准。与11个天保工程实施单位签订森林资源保护目标管理责任状，将天保工程区8.6万公顷的国家公益林面积界线落实到山头地块，明确管护责任，完成了27个森林管护站建设。认真落实森林资源目标管理责任制。海南省政府下发了《关于建立保护发展森林资源目标责任制的通知》和《海南省“十二五”期间年森林采伐限额的实施意见》，把森林资源保护纳入市(县)党政目标管理考核范围。认真抓好林地征收占用审核审批工作。去年全省审核审批林地征收占用项目175宗，审核永久征收占用林地面积864.3公顷，审批临时占用林地面积236.9公顷，共收取森林植被恢复费5610万元。继续加大生态公益林补偿力度。2012年森林生态效益补偿基金提高到每亩20元，总额达2.69亿元。公益林管护人员平均月工资标准已提高到2000多元。严厉打击各类涉林犯罪行为。全省各级森林公安机关不断加大对涉林违法犯罪打击力度，相继开展了打击各类涉林案件“五大专项行动”，查处了一大批破坏森林和野生动植物资源的重、特大案件。全省共受理查破各类森林和野生动植物案件1052起，抓获犯罪嫌疑人432人，为国家挽回直接经济损失515万元。特别是11月27日以来，按照国家林业局的统一部署，海南省深入打击整治各类破坏野生动物违法犯罪行为，共查破刑事案件11起、行政案件35起，打击处理违法犯罪人员53人，查获野生动物2200只。该项工作在国家林业局专项督察中获得好评。切实抓好林区社会综合治理和安全生产工作。开展林区安全生产大检查、治安整治等专项行动，加大治安源头管理力度，推进治安防控体系建设，狠抓矛盾纠纷排查调处。全年各林区、林场未发生生产安全事故和重大涉林群体性事件，有力维护了林区和谐稳定。

【林业危旧房改造】 继续对危旧房改造工程实行领导干部问责制。召开全省林业系统危旧房改造会议，全面梳理历年林区林场危旧房改造任务的完成情况，与19个单位签订2012年危旧房改造1023户任务目标责任书。按“六个一”责任模式(一个项目、一名分管领导、一个责任单位、一个工作班子、一个倒排工期建设计划、一竿子插到底)进行了任务分解，对全省林业系统危旧房改造工作进行跟踪检查。加大督查力度，对实施单位主要负责人实施问责制，以确保危旧房改造任务全面完成。全省林业系统2010～2012年危旧房改造任务7419户，已全部开工建设，竣工率94.7%。大中型水库移民危房改造工作也已基本完成。海南省林业危旧房改造工作在2012年全国验收考评中获得好评。

【森林防火】 海南省委书记罗保铭、省长蒋定之等领导多次对森林防火工作做出重要批示。各市(县)始终坚持贯彻森林防火行政首长负责制，大力推进森林防火制度、机制、信息、平台建设，认真落实卫星热点核查"零报告"和"有火必报"制度。各部门大力支持森林防火工作，加大了投资建设力度，防扑火装备水平逐步提高。强化了重点时期火险预警、宣传教育、专项督查工作，森林火灾防控能力和应急处置水平明显提升。争取中央财政和省财政项目资金投入4882万元，实施《海南省森林火险预警监测系统建设项目》《海南省森林防火通信系统建设项目》《海南省省级森林防火信息指挥系统建设项目》《海南省东方市森林火险综合治理项目》，完成了《海南国际旅游岛森林防火综合治理项目》申报工作。购置99辆森林消防水罐车、森林消防运兵车等一批新型森林消防装备。加强森林消防队伍建设，全省各类森林消防队伍已达61支。2012年全省共发生森林火灾23起，森林火灾火场总面积57公顷，受害森林面积29.1公顷。相比2011，全省森林火灾发生率下降了45%，受害率下降了57%。全年未发生重、特大的森林火灾和人员伤亡事故，森林防火工作实现了多项突破。

【森林病虫害防治】 有效控制椰心叶甲疫情。继续采取以释放寄生蜂等生物防治为主、挂包法等化学防治为辅的综合防治措施。全年累计生产和释放寄生蜂4.2亿头，占年计划生产和释放寄生蜂2.75亿头的151.3%。全年累计挂药包防治疫树30.27万株次，占全年防治总株数151.4%，超额完成全年防治任务。释放寄生蜂和挂药包防治地点涉及全省内陆18个市(县)和三沙市(永兴岛)。椰心叶甲疫得到有效控制，虫口密度明显降低。抓好薇甘菊防治工作。2012年薇甘菊计划防治67公顷，实际完成防治66.67公顷，占全年计划任务的100%，防治费35万元。加强桉树枝瘿姬小蜂和金钟藤防治工作。2012年计划防治面积200公顷，全年实际完成防治面积200公顷，占全年计划任务的100%，防治费20万元。

【森林旅游】 开展全省森林旅游等"九大主导产业"调研，编制了《海南省热带森林旅游总体规划》和森林旅游区片区规划及森林旅游重点项目规划；结合"绿化宝岛"大行动，审批18个省级森林公园；尖峰岭、吊罗山、五指山、黎母山、霸王岭等景区景点基础设施不断完善；呀诺达雨林文化旅游区获批准为国家AAAAA级景区，成为海南省第三家AAAAA级景区；全年森林生态旅游接待游客超过500万人次，旅游收入达15亿元。

【花卉种苗】 召开海南省"绿化宝岛"与花卉产业发展座谈会，举办林下花卉种植培训班，编制海南省"绿化宝岛"花卉种苗工程建设计划，举办海南省第十一届迎春花市。"海口兰花产业园"和"海南国际花卉产业园"项目已开工建设。儋州市开工建设333.3公顷"海南国际热带苗木花卉基地及苗木花卉交易中心"项目。东方市年出口菊花3000多万支，占全国菊花出口量的50%，成为全国冬季最大的菊花生产出口基地。乐东县佛罗镇建设金钱树花卉基地520公顷，产值达2.5亿元。全省花卉种植总面积6800公顷，花卉企业582家，产值39.8亿元。全省共有各类苗圃345个，面积2200公顷。海南省林业厅荣获1998～2012年"冬交会"突出贡献奖，受到海南省政府的表彰奖励。

【木材加工】 大力整合木材加工行业资源，积极招商引资，推进海口、屯昌、儋州、白沙木材交易市场和木材工业园区建设。全省现有木材经营加工企业548家，年产值93亿元，年出口额1500万美元，从业人员达4.2万人。

【野生动物】 **野生动物驯养** 琼海市云辉养殖场养殖虎纹蛙，年产量达10万千克，销售收入100万元。文昌市东盛弘蟒业股份有限公司繁育蟒蛇6万余条，年出栏量1万多条，总产值达7000万元。全市有200多户农民参加蟒蛇养殖，每户每年可增加收入2万元以上。目前，海南省野生动物驯养繁殖场共有119家，占地面积约392.5公顷，从业人员3207名，年产值5亿元以上。海南省已成为全国最大的龟鳖养殖基地和全国唯一的蟒蛇养殖基地。

濒危野生动植物保护管理 加强对极小种群植物的保护与管理。2月，海南鹦哥岭省级自然保护区及海南上溪省级森林经营所已分别编制完成了单性木兰及海南苏铁2个物种的实施方案，并获海南省林业厅审批。根据国家濒管办关于开展沉香资源调查的通知要求，2012年初，配合濒管办海口办事处完成了海南省沉香资源初步调查工作，基本摸清了海南省沉香资源的野外分布、人工种植、贸易等情况。参加CITES第十六届缔约国大会两爬物种对案研讨会，对金钱龟等4种海南省有分布的龟类资源现状及贸易情况进行研讨，提出有针对性的保护措施。

野生动物疫源疫病监测 加强野生动物疫源疫病监测工作的组织领导。在全省范围开展春季野鸟高致病性禽流感监测防控工作，下发《海南省林业厅关于转发做好今春野鸟高致病性禽流感监测防控工作的紧急通知》和《海南省林业厅转发国家林业局办公室关于开展春季重点地区野生动物疫源疫病防控督查工作的通知》，部署了野生动物驯养繁殖场所疫源疫病监测防控工作检查，配合国家林业局广州专员办海口办事处对海南省野生动物疫源疫病监测防控工作进行督查。在全省33个野生动物疫源疫病监测站开展了陆生野生动物疫源疫病的监测工作，每半个月对各站点的上报情况进行通报。与海南省动物疫病预防控制中心联合下发《关于联合印发2012年野生动物口蹄疫、高致病性禽流感等重大动物疫病流行调查方案的通知》，联合开展重大动物疫病流行病学调查。维护海南无规定动物疫病区品牌，促进海南省家禽养殖业健康持续发展。

【林业保障体系建设】 林业建设资金明显增加。全年到位林业建设资金12亿元，比2011年增加了4.2亿元，增长53%。其中中央财政专项资金2.8亿元、中央基建资金2.6亿元、省财政资金6.6亿元。项目监管有效推进。完成申报2012年林业固定资产中央投资建议计划和2012年林业贷款贴息项目计划，建立了覆盖全省林区林场的财务网络监管系统。科技支撑能力逐步提高。海南省政府批转了《关于加快海南林业科技发展的若干意见》。2012年共完成了国家科技计划项目、国家

"948"项目、科技推广项目等10类科研项目的申报，争取经费1900万元。以农业科技"110"林业服务站为平台，进一步完善技术服务体系，科技下乡服务100多次，培训人员1000人次。信息化建设取得新进展。成立了海南省林业厅信息中心，对海南省林业厅门户网站进行升级改版。启动了全省公益林信息管理系统，加快森林资源监测和森林火险预警监测系统建设，提高了森林资源管理的科学化水平。林业立法工作得到加强。起草了《海南经济特区森林旅游资源保护与开发规定》《海南省珍稀树种与名木古树管理规定》《海南省森林公园管理条例》3个立法项目，其中《海南经济特区森林旅游资源保护和开发规定》已经省人大常委会审议通过颁布，2013年2月1日起正式实施。

【生态文化建设】 林业宣传工作成效明显。以学习贯彻党的十八大、海南省第六次党代会精神为契机，大力开展"绿化宝岛"大行动、鹦哥岭青年团队先进事迹系列宣传活动。《人民日报》《光明日报》《海南日报》及南海网、新华社海南频道、新浪、搜狐等多家新闻媒体报道海南省林业新闻700多条，其中中央电视台《新闻联播》播报8次，海南电视台播报43次，《光明日报》编发报道50多条；海南省委首次举办了"应对气候变化与绿色增长"专题讲座；《海南日报》设立"绿化宝岛大家谈""全省动员、全民参与、绿化宝岛"等专题；海南省林业厅举办了"绿化宝岛"行动专家论坛和座谈会，在南海网举办领导专题访谈，印发《海南林业简报》40期，为林业发展营造了良好的舆论氛围。生态文化传播形式多样。召开了全省林业企业文化研讨会，举行了"爱鸟周"活动和放归中华花龟仪式，举办"吊罗山杯"全省林业系统篮球、乒乓球、羽毛球比赛等一系列职工群众文体活动，参加主题为"永远跟党走"的省直机关"喜迎十八大"专题文艺汇演。海南省省树省花评选、登山比赛、凤凰卫视《大地寻梦》等活动的开展进一步扩大了生态文化的影响力。生态文化基础设施逐步完善。海南省检察院、团省委、光明日报社在鹦哥岭建立了生态文明教育实践基地，番加等7个森林经营所更名为自然保护区管理站，甘什岭等13个省级自然保护区机构从股级升格为正科级，为生态文明的传播搭建了广阔舞台。生态文化引领作用日益显现。组织拍摄《为你而歌》4部宣传专题片；联合省文联艺术家创作了"绿色崛起——森林组歌"12首。在湖南张家界举行的"中国森林公园30周年纪念大会"上，海南省尖峰岭国家森林公园被评为"中国最具影响力森林公园"。

【林业行政能力建设】 认真学习贯彻党的十八大和海南省第六次党代会精神，统一思想，凝聚力量，进一步增强了干部职工加快发展现代林业、建设生态文明的责任感和自觉性。强化教育培训，扎实抓好公务员在线学习和处级干部选学，举办培训班36期，参加人数786人次。选派12名干部到市(县)和乡镇挂职锻炼。招引进党政紧缺人才4名，面向全国林业高校招聘本科以上毕业生50名，进一步改善了干部队伍结构。尖峰岭、霸王岭、吊罗山3大林区森林公安局由正科级升格为副处级，林业队伍不断加强。成功树立鹦哥岭保护区青年团队"坚守理想、奉献青春"先进典型，先进事迹受到中央领导和国家林业局、省委省政府领导的多次批示和高度评价，并在全国进行巡回宣讲，海南林业的影响力得到进一步提升。机关党建成效显著，完成海南省林业厅机关、事业单位14个党支部换届选举，发展新党员62名。集中整治"庸懒散贪"活动和廉政风险防控机制建设稳步推进，加强林业项目的监管，全面清理个人拖欠公款现象，推行绩效管理考核制度，奖优罚劣，机关工作作风得到明显改善。

【海南鹦哥岭青年团队典型事迹】 4月9日，《光明日报》头版头条发表长篇通讯《选择一种有远见的生活方式》，深入报道了海南鹦哥岭自然保护区27名大学生艰苦创业的先进事迹，在全国引起巨大反响。时任中央政治局委员、中央书记处书记、中央宣传部部长刘云山作出批示。李长春、李源潮、刘延东等中央领导同志也先后做出重要批示，要求媒体深入报道，引导青年健康成长。4月10日和12日，国家林业局局长赵树丛分别做出两次批示。新华社、《人民日报》《光明日报》、中央电视台等国内几十家新闻媒体深入鹦哥岭采访报道，近千家网站转发了他们的先进事迹。中共海南省委印发了《关于在广大青年少年中开展向鹦哥岭自然保护区管理站"坚守理想、奉献青春"青年团队学习活动的决定》，授予鹦哥岭自然保护区管理站大学生群体"坚守理想、奉献青春"青年团队荣誉称号，作为全省重大先进典型进行宣传。国家林业局对鹦哥岭青年团队通报表扬，号召全国林业系统干部职工向他们学习。共青团中央、全国青联授予海南省鹦哥岭自然保护区管理站青年团队中国青年五四奖章集体称号。9月7日，海南省委召开理论中心组学习会，请鹦哥岭青年团队代表为全省厅以上领导干部作先进事迹报告，让领导干部带头学习、带头实践，这是海南建省以来第一次由先进典型在省委理论中心组学习会上作报告。10月9日，国家林业局召开全国林业系统电视电话会议，安排鹦哥岭青年团队作先进事迹报告，近万名干部职工参加。应北京大学、清华大学、中国人民大学、中国农业大学、北京林业大学、东北林业大学的邀请，在教育部的组织安排下，在北京和哈尔滨举办3场鹦哥岭青年团队先进事迹报告会。在海南省内先后举办23场跨部门、跨行业、跨地区的先进事迹报告会，2万多名干部群众、青年学生聆听报告。在海南和北京共举办5场鹦哥青年团队图片故事展，用1100幅图片配以15 000字文字介绍，向干部群众形象展示鹦哥岭青年团队成长和奉献故事。出版发行纪实文学《一种有远见的生活方式》《选择一种有远见的生活方式》和《我们身边的青春榜样》等书籍。编排并演出了鹦哥岭青春纪实剧《执着》，并于10月赴京在中国剧院演出2场。海南省委宣传部与中央电视台联合拍摄2集反映鹦哥岭青年团队先进事迹的电视纪录片。海南各市(县)、各单位通过座谈会、党日活动、主题团会班会、在鹦哥岭建立实践基地、组织素能拓展训练、网上论坛微博交流等各种形式开展了学习活动。受鹦哥岭青年团队先进事迹的影响，全国要求报名到海南鹦哥岭保护区和海南林区工作或充当志愿者的大学生、研究生络绎不绝，一股"学先进、见行动"的热潮已在全国青年和林业系统抓起，海南林业的影响力和美誉度得到极大提升。

【机构升格】 5月19日海南省机构编制委员会印发《海南省机构编制委员会关于省林业局机构调整的通知》（琼编〔2012〕33号），经海南省委常委会研究并报经中央编办批准，海南省林业局更名为海南省林业厅，由省政府直属机构调整为省政府组成部门。

（海南省林业由慕立忠供稿）

重庆市林业

【概 述】

重点工程持续推进 以天然林保护、退耕还林、石漠化综合治理等国家重点工程及重庆市森林工程、长江两岸森林工程为依托，稳步推进城乡绿化一体化进程。2012年完成营造林26.89万公顷，其中新造林19.25万公顷、低改林7.64万公顷。森林工程已累计完成任务147.47万公顷，占规划任务146.67万公顷的100.5%，顺利完成第一阶段主体建设任务。尤其是在长江绿化中，把解决“断带”“天窗”、百米景观带和示范片建设作为重点，提前启动实施2.07万公顷退耕还林任务。重点解决好资金渠道问题，市领导小组认真研究解决资金渠道问题，落实绿化长江资金63.6亿元。其中，三峡后续工作经费50亿元，市林业局、市农委各筹措资金5亿元，捐赠资金3.6亿元，市政府办公厅发纪要分年度落实到区县。经过4年的努力，项目区森林覆盖率已达38%，比项目实施前提升了16个百分点。

资源保护成效明显 2012年不断加强资源保护，实现了林地面积、森林面积、林木蓄积、森林覆盖率“四增长”。林地面积由2002年的365.8万公顷增加到432.8万公顷，净增67万公顷，年均净增率1.8%；森林面积由2002年的223.7万公顷增加到347.1万公顷，净增123.4万公顷，年均净增率5.5%；林木蓄积量由2002年的11 998.9万立方米增加到19 026.3万立方米；森林覆盖率由2002年的27.1%提高到42.1%，增加15个百分点，年均增加1.5个百分点。一是防林地侵占。编制了《重庆市林地保护利用规划》，并经过市政府审议通过，强化全市林地“一张图”管理，严格林地用途管制。健全森林采伐限额管理制度，规范木材经营、加工、运输等流通环节管理，全面实施森林分类经营。加强森林资源监测，完成一类清查和二类调查工作。加大涉林案件查处，侦破查处涉林案件5233起，依法打击处理各类违法犯罪人员6000人。二是防森林火灾。首次开展春夏两季航空护林，航护时长超过全年的1/3，初步形成地面、航空、卫星“三位一体”的防控体系。强化森林消防应急队伍建设，市级和10个区县组建森林防火专业队27支，常年备勤，应急处置能力大幅提高。2012年森林火灾发生起数、过火面积、受害森林面积分别较2011年下降83%、72.5%和69%，未发生重特大森林火灾和人员伤亡事故。三是防病虫害。加大防控力度，建立了“封顶、保底、基数三年不变”，按防治成效实行以奖代补的投入管理模式，区县政府对疫情防控的责任进一步增强，区县财政投入达到9000万元。全面推行防治公司、专业队绩效承包、轻型直升飞机防治和新技术运用，无公害防治率达到93.6%。四是保护野生动植物。加强自然保护区基础设施和能力建设，开展濒危野生动植物拯救保护工作。阴条岭自然保护区成功晋升为国家级自然保护区。五是保护湿地。开展了为期3个月的打击毁湿地开垦等破坏行为的专项行动。强化湿地公园保护管理体系建设。地方自主投入资金开展多个湿地保护和恢复项目，一批退化湿地生态状况逐步得到改善。六是保护天然林。落实287.4万公顷公益林的管护责任，健全公益林管护体系。

林业产业快速发展 新建产业基地3.47万公顷，其中速丰林0.67万公顷，优质笋竹基地0.53万公顷，香料(花椒为主)0.27万公顷，油茶0.67万公顷，中药材0.6万公顷，干果0.4万公顷，花卉苗木0.33万公顷。林业产业基地总规模超过66.67万公顷。全年实现林业产值400亿元，年增长22.7%。加大林业龙头企业扶持力度，积极争取欧洲投资银行林业贷款项目，继续对林业龙头企业贷款扶持，已培育龙头企业100家。加快森林旅游业发展，全市市级以上森林公园达到78个(其中国家级25个)，自然保护区达到52个(其中国家级5个)，全年实现森林旅游4900万人次，森林旅游总产值66亿元。

林业改革不断深化 在巩固集体林权制度主体改革成果的基础上，突出林权纠纷调处，深化配套改革。加快林权管理服务中心建设，全年新建3个服务中心，累计达到24个。探索森林资源使用权的流转，全年流转林地1.33万公顷，累计实现林地流转32.2万公顷，流转金额11.3亿元。开展“林地林木两权分离”试点，强化银林合作，累计实现林权抵押贷款111亿元。开展森林保险试点，保险面积达66.67万公顷，财政贴息957万元。加强示范合作组织建设，全年新增林业专业合作组织154个，林业合作组织累计达1262个，参加农户62万户。加强国有林场改革，盘活森林资源，争取多方投资5.9亿元，改造危旧房4089户、33万平方米，同时强化了水、电、道路等基础设施建设。

科技保障坚实有力 开展国家和市级林业科技创新研究30多项，推进“中国林科院三峡库区生态保护与恢复研究中心”等科技创新平台建设8个。狠抓科技成果转化，获批中央财政林业科技推广项目10项，续建推广项目29项，完成实用技术培训超5万人次。开展国家行业标准编制10项，完成标准编制验收4项，推进寿竹和油茶2项全国林业标准化示范区建设，完成首个国家森林城市标准化示范区验收，组织实施各级技术标准50多项。召开全市林业科技大会，对今后一个时期林业科技工作进行部署。 （重庆市林业由黄海供稿）

四川省林业

【概　述】 2012年，四川省林业系统认真学习贯彻四川省第十次党代会精神，发展现代林业，建设生态文明，生态建设、产业发展、改革开放、资源管护和保障体系五大重点建设继续得到加强。全年营造林62.33万公顷，增加森林面积11.67万公顷，增加森林蓄积量1450万立方米，森林覆盖率提高到35.3%；实现林业产业总产值1705亿元，农民人均林业收入750元，同比分别增长17.7%和15.4%；森林火灾损失率0.048‰，林业有害生物成灾率0.06‰，涉林案件综合查处率95%以上。

【城乡绿化】 四川省政府召开城乡绿化现场会议，命名表彰一批森林城市和绿化模范单位。广元市达到国家森林城市标准，广安市启动国家森林城市创建活动，绵阳、邛崃、华蓥3市通过省级森林城市验收。城周绿化、村镇绿化、通道绿化、部门绿化全面推进，完成农田林网和平原绿化1333公顷，建设绿色通道1万千米。各级党政领导带头义务植树，全省义务植树3863万人次、1.74亿株。印发《四川省造林绿化规划纲要》，人工造林25.4万公顷，封山育林6.77万公顷，抚育中幼林14.47万公顷，改造低产低效林15.73万公顷，迹地更新4400公顷，建设"血防林"1333公顷，建成省级珍稀树木示范基地3107公顷，新建珍稀林木2.6万公顷，非公有制造林比例突破80%。森林公园总数118个，其中国家级32个、省级54个。完善林木引种和良种补贴管理办法，新建6个珍稀树木示范苗圃、3个珍稀树木采种基地。确认省级重点林木良种基地7处，国家重点林木良种基地达到10处。新审(认)定林木良种62个，林木良种使用率提高到40%以上。

【生态修复工程】 天保工程"四到市州"责任全面落实，管护森林1773万公顷，工程人工造林5333公顷、封山育林4.67万公顷，抚育国有中幼林7.69万公顷。兑现落实集体公益林生态效益补偿554.2万公顷、资金8.3亿元。组织实施退耕还林荒山造林和新增专项建设，足额兑现农户补贴政策，引导发展后续产业，退耕还林成果188.8万公顷得到巩固，退耕还林面积合格率99.8%，没有出现毁林复耕行为。修订完善后续产业发展办法和项目验收办法，完成全省重启退耕地还林需求规模调查。推进川西北防沙治沙工程，落实省级财政4200万元，治理沙化土地4533公顷。发挥林业主体作用，治理岩溶区石漠化土地450平方千米，完成第二次石漠化监测。全省石漠化土地73.2万公顷，比2005年减少4.3万公顷。汶川地震灾区林业重建任务全面完成，累计投资101.5亿元，恢复林草植被30.67万公顷、大熊猫栖息地10.7万公顷、林木种苗基地2133公顷，生态修复巩固提升示范项目正式启动。卧龙特区重建任务全面完成，首批18只大熊猫回住重建后的中国保护大熊猫研究中心。

【生物多样性保护】 推进野生动植物保护工程，实施极小种群野生植物拯救保护活动，组织打击猎杀候鸟、贩卖野生动物专项行动，开展黑熊养殖业清理整顿，及时处理藏原羚、扭角羚死亡事件。启动固定狩猎场颁证工作，发放松茸采集证明35家2594吨。全面展开第二次陆生野生动物调查和重点保护野生植物调查工作。开展大熊猫保护战略研究，创新大熊猫监测技术，完成大熊猫第四次调查年度任务。成功实施大熊猫野化放归活动，繁育成活大熊猫16胎20仔，四川大熊猫保护基金会筹建工作启动。组织开展第二次湿地资源调查，完成四川湿地资源数据库建设。组织实施湿地恢复保护示范项目，累计建立湿地保护区41个、湿地公园16个，全省50%的自然湿地得到有效保护。加强自然保护区发展战略研究，增强保护区建设能力，依法查处了一批违法行为。格西沟、黑竹沟保护区晋升国家级自然保护区，12个国家级自然保护区管理被国家评为优等，其中卧龙获得第一名、王朗和唐家河并列第二名。全省林业自然保护区125个，其中国家级20个、省级52个，保护管理面积780万公顷。

【林业产业】《四川省人民政府办公厅关于加快林下经济发展的意见》(川办发〔2012〕73号)出台。首批25个林业产业强县任务完成，新一轮强县建设进展顺利。突出区域特色，强化政府引导、工程带动、社会参与，培育现代林业产业基地17.33万公顷，其中新增18万公顷，改造9.33万公顷。整合投入各级财政资金25亿元，带动社会投入林产基地建设150亿元，累计建成现代林业产业基地90万公顷，基地总规模达到553.33万公顷。实时监测首批100家省级林业产业化龙头企业经营情况，组织认定第二批龙头企业。新增人造板产能15万立方米、竹浆产能8万吨、特色经济林加工产能16万吨。林茶、林菌等种植规模达到73.33万公顷，林下养禽养畜突破3000万头(只)，建成苗木花卉基地4.33万公顷，野生动植物繁育业不断发展壮大。林业三次产业结构优化为37: 36: 27。召开全省生态旅游工作会议，举办花果类生态旅游节、红叶节、森林文化旅游节等活动，举办首届四川十大最美花卉观赏地、首届四川十大最美红叶观赏地评选活动，发布红叶、花卉等观赏指数。接待生态旅游1.8亿人次，直接收入380亿元，带动社会收入1260亿元。

【森林资源管理】 坚持夯基础、抓改革、强管理、保双增工作方针，森林资源管理秩序良好。完善林地征占用审核审批，加强重点工程使用林地管理服务，成兰铁路、西成客专、武引二期等重大工程获得使用林地许可。查处林地违法占用征收案件594起，林地使用定额控制在7000公顷以下。林地保护利用规划、林地落界和"一张图"建设基本完成，森林资源清查第六次复查外业全面结束。制定采伐审核审批、受灾林木采伐管理办法，优化采伐指标分配，14个单位启动森林可持续经营管理试点。加强民生工程专项采伐管理，采伐消耗林木450万立方米。实施木材运输流动巡查制度，换发木材检查证件，规范木材运输许可，发放木材运输证27.6万份，查处违法收购、运输和经营加工木材案件4780起。依法规范行政审批，林业行政许可现场办结率、按时办结率、群众满意率100%，办结行政审批事项1659件，其中即办件628件，实际办理提速87%，承诺件平均办结时间2.6天。

【林业改革开放】 深化集体林权制度改革，扩大政策性森林保险实施范围，起赔标准损失率从30%降为20%，绝对免赔率由10%降为5%，累计投保面积1333.3万公顷，落实各级财政补贴2亿元。开展农民林业专业合作社示范创建活动，新增林业专业合作社110个，总数达到1504个，带动农户97.8万户。完善林权流转制度，累计流转集体林地68.2万公顷、金额29亿元。规范抵押贷款行为，累计落实抵押贷款15.67万公顷、18亿元。开展林权改革"回头看"活动，解决历史遗留问题，林改启动以来累计调处林权纠纷5万余件，涉及争议林地24万公顷，有效调处率97.6%。推进县级林权管理服务中心建设，加强林权档案和信息化管理，完成林权交易场所清理整顿。加强林业对外合作，中日合作植被恢复、欧洲投资银行生态修复、德国政府贷款等项目深入推进，与世界自然基金会、保护国际、大自然保护协会、国际竹藤等非政府组织交流合作持续深化，完成与日本、美国等地大熊猫交流合作任务。组织参加第十三届西部国际博览会、中国—东盟木制品博览会，推介林产招商项目100余个。

【林业应急处置】 落实森林防火责任制，实施军警地联动防控机制，基层基础"六有"建设深入推进。严格管控野外火源，科学组织扑救火灾，处置各类森林火灾479起，受害森林面积813公顷，损失林木蓄积2.2万立方米，大旱之年无重大、特别重大森林火灾。落实林业有害生物双线防控目标责任制，试点林业有害生物灾害保险，加强野生动物疫病监测防控，野生动物疫情得到有效处置。加强林业检疫执法，组织开展"绿盾2012"林业植物检疫执法专项行动。林业有害生物成灾面积1400公顷，无公害防治率、测报准确率分别为98.3%、98.4%，种苗产地检疫率99.9%。发挥森林公安职能，组织开展保护珍稀植物严打整治"利剑行动"等专项行动，侦破"2·21"羊马系列非法收购重点保护植物案等87起大要案。全省森林公安机关受理各类案件1.1万起，涉林刑事案件立案、破案数首次突破千件。森林公安基层基础建设年活动成效显著，执法示范单位、基层派出所和信息化建设有序推进，林区治安总体稳定。

【政策惠林体系】 强化规划引领，牵头编制重点国有林区公益性基础设施建设、集中连片特殊困难地区林业扶贫等专项规划，配合完成川西藏区生态保护与建设规划和秦巴山、乌蒙山、藏区四川片区发展与扶贫攻坚实施规划，参与编制西部地区重点生态区综合治理等22个专项规划。落实中央基本建设投资，争取造林补贴、森林抚育补贴、林木良种补贴、湿地保护补助等中央财政资金，新增西部生态文明示范试点补助、重点生态功能区转移支付等中央专项资金，省级财政专项补贴力度加大。组织编报林业储备项目29个，获批18个，累计储备中央投资3.3亿元，创历史新高。省级以上财政投入林业资金93亿元，同比增加3亿元。持续改善林区民生，争取国家安排棚户区和危旧房改造任务8829户和2056户，落实年度工程省级配套资金2亿元，工程改造开工8583户，开工率97%。落实广播电视村村通直播卫星接收设备8086套，惠及2.5万名职工。落实林区安全饮水中央资金96万元，国有林区4000余人的饮水问题得到解决。天保工程区职工全部纳入社会保障体系。国有林业企业经营效益稳中有升，职工收入逐步增加。

【保障能力建设】 林业法制建设持续推进，《四川省森林防火条例》《四川省野生植物保护条例》纳入省人大立法计划，修改了涉林规范强制性条款。组织开展林业行政执法检查，补清10项涉林行政权力，林业行政执法资格管理得到加强。加强林业科技研发、成果培育和推广示范，申请科研资金4800万元。鉴定省级科技新成果16项，建立科技示范园区50余个、2万公顷，辐射带动面积29.33万公顷，培训林农和基层人员62万人次。开展森林食品基地认定工作，制(修)定林业地方标准12项，覆盖全省的林产品质量安全检测监测网络初步形成。开展献礼十八大、植树节、湿地日、爱鸟周、森林年等主题宣传活动，成立四川省生态文化促进会、《绿色时空》四川工作室，完成《绿色天府》改制改版工作。省市以上主流媒体刊播林业新闻400余篇、制播林业新闻80条，制作林业电视宣传片12部。加强机关效能建设，林业厅机关处理收发文6000余件，获全省政府系统办公室工作先进集体称号。林业网站群建设加快推进，林业政务信息获全国省级林业部门第一名。老干部待遇全面落实，机关后勤和林业工会、学校、医院、学会、协会等为全省林业发展作出了贡献。

【干部队伍建设】 组织学习贯彻党的十八大、省第十次党代会精神，召开厅直属机关第十一次党代会，完成换届选举。创先争优、基层党组织建设年活动深入开展，成功举办林业厅机关书画摄影展、全省文艺汇演等林业职工文体活动，学习型党组织、四好班子建设取得成效。林业厅成立农村林业改革发展处，林业检察、审判机构全部移交同级检察、审判部门。创新干部选任机制，成功组织实施6名处级干部竞争上岗。事业单位分类改革稳步推进，评审通过林业高级工程师任职资格133人。首次举办长江上游生态屏障县级领导干部专题培训班，开展林业碳汇等业务培训26期，培训学员4300人次。落实党风廉政建设责任制，开展党风廉政教育月活动，林业惩治预防腐败体系基本框架全面完成。深化"两大工程"执法监察，组织开展"三公"经费开支、政府投资工程招投标、节会活动、机关公务用车等督查治理活动。规范基层林业站管理，组织开展基层林业站工作检查和业务培训，林业站建设重点县项目和标准化林业站建设项目实施顺利。

【林业大事】

1月5日 四川省生态文化促进会成立暨首届会员代表大会在成都举行，《人民日报》、新华社、四川报业集团、四川人民广播电视台等省级以上主流媒体负责人到会祝贺。

2月5日 四川省委、省政府将天保工程二期管护国有林1216.8万公顷纳入十项民生工程62个分项之一。

2月21日 《四川省人民政府关于表彰四川省建设长江上游生态屏障先进集体和先进个人的决定》(川府发[2012]7号)印发，成都市林业和园林管理局造林产业发展处等100个单位、郭曼等200名同志分别获四川省建设长江上游生态屏障先进集体和先进个人称号。

3月1日 林业厅在成都召开全省林业工作会议，总结2011年工作，部署2012年工作。林业厅领导，武警四川省森林总队主要负责人，各市州林业局、各扩权县(市)林业局长，厅机关各部门主要负责人，厅直属各单位党政主要负责人共150余人参加会议。

4月中旬 地级雅安市和通江县、南部县、洪雅县、沐川县、西充县、西昌市、资中县、成都市青白江区等9市县正式启动生态文明示范工程试点。

4月28日 四川省林业厅小熊猫保护研究中心在成都大熊猫繁育研究基地挂牌成立，首批20只小熊猫入住小熊猫产房。

5月25日 四川省林业产业联合会召开成立大会，参会代表180余人，该会由原四川省林产工业协会更名。

6月13日 防治松材线虫病飞机喷药作业在宜宾市翠屏区实施，全省松材线虫病媒介昆虫飞机防治工作拉开帷幕。

8月27日 中央电视台《新闻联播》头条报道四川省生态建设情况。

9月18日 中共中央政治局常委李长春考察卧龙大熊猫保护工作。

10月11日 国家林业局和四川省政府联合在雅安市石棉县举行大熊猫放归自然活动，将全国首只经过系统野化培训的人工繁育大熊猫"淘淘"放归栗子坪自然保护区，中国大熊猫保护进入新阶段。国家林业局局长赵树丛和省委常委、副省长钟勉出席放归活动。

10月30日 2012"熊猫回家"欢迎仪式在卧龙自然保护区中国保护大熊猫研究中心举行，卧龙灾后重建工作基本完成。重建后的中国保护大熊猫研究中心由卧龙、都江堰、碧峰峡3个基地组成，是目前全国规模最大、世界一流的大熊猫科研与自然保护教育基地。

10月31日 四川省林业厅在雅安市荥经县召开四川省第四次大熊猫调查启动会，此项工作全面展开。

11月13日 国家林业局正式同意绵阳市创建国家森林城市。

11月15日 四川省编委批复同意林业厅增设农村林业改革发展处，增加处级领导职务一正一副、行政编制两人。

11月16日 "林丰杯唱响大森林"林业歌词、歌曲大赛作品征集活动揭晓，甘孜州丹巴林业局邓忠创作的《屋前一棵树》夺魁。该活动为期6个月，收到来自全国各地的参赛作品100余件。

11月26日 国务院办公厅秘书局专报采用四川省林业厅报送的信息《四川提出政策性森林保险政策建议》。

12月17日 《四川省人民政府办公厅关于加快林下经济发展的意见》(川办发〔2012〕73号)出台。

(四川省林业由张革成供稿)

贵州省林业

【概　述】 2012年，完成营造林面积28.03万公顷，占全年25.4万公顷目标任务的110.3%，为2011年的101.5%。其中完成人工造林19.92万公顷，封山育林8.11万公顷。森林覆盖率增长1个百分点，达到42.5%。天保二期工程县级实施方案编制全面完成，落实森林管护面积448.67万公顷(其中国有林32.06万公顷)。退耕还林完成配套荒山造林1.53万公顷，巩固退耕还林成果专项规划落实3.41万公顷。毕节市从2011年国家重点生态功能区转移支付资金中列支1.2亿元，在2012年实施退耕还林工程1.33万公顷，补助年限为5年。盘县自筹资金3亿元，启动实施退耕地造林5300公顷。完成全省岩溶地区第二次石漠化监测工作，监测显示，与2005年相比，石漠化面积减少32.23万公顷，减少8.82%。从总体上看，贵州省石漠化面积减少、程度减轻，石漠化扩展趋势得到了遏制。完成经济林种植8.33万公顷，其中油茶林新造1.8万公顷、核桃2.94万公顷、茶叶8600公顷、鲜果林1.9万公顷，其他经济林8100公顷。完成省级植被恢复费特色商品林示范基地项目建设6900公顷。

2012年，正式下达全省年度木材生产计划采伐量842.3万立方米。截至12月底，全省共生产锯材78.73万立方米，人造板69.19万立方米，木竹地板55.39万平方米，松香5432吨。

全年落实林业投资38亿元，其中落实中央投资33.08亿元，较2011年增长5.6%。省级造林补贴试点正式启动，省财政下达造林补贴资金2500万元。林木良种补贴规模进一步扩大，补贴资金由200万增加到1110万元。全省国家级公益林补偿面积由2011年的296.52万公顷扩大到328.59万公顷。国有林场职工危旧房改造3009户竣工任务已全面完成；2012年度700户已全部动工建设。全省林业系统各自然保护区和森林公园共接待游客2438万人次，实现旅游收入16.1亿元。全省林下经济经营面积达到58.94万公顷，产值达59亿元。全年林业总产值完成400亿元，为2011年的115%。

2012年，贵州省纳入了中央财政森林保险保费补贴范围，获中央财政保费补贴1.8亿元，全省森林投保面积达41.42万公顷，投保金额达28.1亿元。林权抵押贷款规模扩大，全省新增林权抵押贷款面积达3933公顷，贷款金额3.06亿元。截至2012年年底，全省已建立林业专业合作组织1655个，其中专业合作社955个，覆盖农户23.7万户。

2012年，全省各级森林公安机关共查处各类林业案件3119起，查处人员4271人，挽回经济损失533万元。全省共发生森林火灾274起，受害森林面积500公顷，森林火灾受害率为0.068‰。全省林业有害生物防治面积16.62万公顷，无公害防治率为97.9%。

【贵州省4个杉木家系等林木种苗通过审(认)定】 3月13日，省林木品种审定委员会审定通过了4个杉木家系、1个华山松种子园48个家系种子，认定通过黔安无子刺梨和黔林核1号、2号、7号核桃，进一步丰富了贵州省林木种苗推广的品种体系。按照《贵州省林木种苗管理条例》，这些被审(认)定的林木种苗可以在本省适宜的生态区域推广种植。

【贵州省政府省长赵克志、副省长禄智明到省林业厅调研】 3月19日下午，省人民政府省长赵克志、副省长禄智明率省政府办公厅、省发改委、省财政厅等省直机关有关部门主要负责人到省林业厅调研考察工作。

省林业厅党组书记、厅长金小麒简要汇报了“十一五”以来全省林业生态建设取得的显著成效，“十二五”开局之年2011年林业各项任务的完成情况及2012年第一季度林业各项目标实现“开门红”的良好局面，以及下步的发展思路。并提出了当前急需省政府帮助解决的主要问题。

省长赵克志对全省林业生态建设取得的成绩给予了充分肯定，特别就当前森林防火没有发生大的火灾给予了高度评价。他同时指出，虽然贵州省山区林木繁茂，森林覆盖率较高；但城镇林木不多，绿化不足，特别像贵阳这样的城市更应该加强造林绿化，打造好环城林带。下步应加大对林业生态建设的支持力度，一是省委、省政府主要领导从2013年开始要带头参加全民义务植树活动，结合贵州省实际情况，由省林业厅合理调整义务植树活动的时间，并与贵阳市做好对接，在贵阳二环路两侧划定义务植树区域，做好苗木准备。二是关于退耕还林问题，请禄智明、慕德贵副省长率省政府办公厅、省发改委、省国土资源厅和省林业厅等部门主要负责人再次到国家有关部委汇报，争取国家尽快落实20万公顷退耕还林任务并尽早下达2012年的计划。三是多争取国家林业生态工程重点建设项目，对要求资金配套的项目，省里将努力克服困难，从省级财政中尽力给足配套资金。四是加强石漠化治理，结合生态建设工程，力争见成效。

会议要求，省林业厅要按照赵克志省长的指示精神，结合贯彻落实国发2号文件精神，认真抓好落实，同时要进一步加强做好当前森林防火工作。

【国家林业局出台支持贵州加快林业发展的意见】 5月21日，《国家林业局关于支持贵州省加快林业发展的意见》(以下简称《意见》)正式印发实施。

《意见》明确，“十二五”期间，国家林业局将按照对贵州投入“十二五”高于“十一五”、高于全国平均水平、增幅高于中央对全国林业投入增幅的“三个高于”原则，重点在加快“两江”上游生态安全屏障建设等6个方面给予贵州林业建设支持。到2015年，力争森林覆盖率和森林蓄积达到或高于“十一五”平均增长水平，自然保护区面积占国土面积比例达到5.6%。

“两江”上游生态安全屏障建设 对生态区位重要的陡坡耕地继续实施退耕还林，实施好天保工程管护，加快推进公益林建设，强化珠江、长江防护林体系建设，加强以实施中幼林改造为重点的森林抚育，加快自然保护区能力建设，全面有效保护原生植被生态系统、湿地生态系统和生物多样性。指导帮助贵州到2020年4个自然保护区建设管理达到国家级示范保护区水平，3个省级自然保护区升格为国家级自然保护区，新建一批自然保护区、湿地公园。

推进扶贫开发 加强对贵州武陵山区、乌蒙山区林业扶贫开发工作的帮扶，加大扶贫投入，扩大对九万大山、国有林场的扶贫成果，加大选派干部到贵州挂职的工作力度，强化对贵州林业发展的智力支持，加强对林区贫困群众的技术技能培训。通过多种途径，努力发挥林业在贵州扶贫开发中的作用，把贵州打造成林业扶贫开发攻坚示范区。

发展特色优势产业 扩大油茶产业发展试点县范围，将贵州纳入《全国木材战略储备基地建设规划》范围，支持贵州有序发展林浆纸一体化，加大森林公园建设力度，发展林下经济，推动贵州尽快建设成为西南林业产业基地。

促进民生建设 “十二五”期间，完成贵州省全部国有林场危旧房改造，协调争取将国有苗圃、省级以上自然保护区、国家级森林公园等基层林业单位职工危旧房改造纳入国家扶持范围。协调将国有林区的3575千米公路和10.91万人的饮水安全问题逐步纳入国家有关规划统筹解决。

加强林业基础设施建设 支持贵州把实施“三位一体”规划和实施《“十二五”林业发展规划》结合起来，加强林木种苗、林业科技、森林防火和林业有害生物防治等方面的基础能力建设，进一步形成林业发展的有机整体，提高林业保护和建设的能力。

推进体制机制改革 积极支持贵州开展集体林权制度改革、森林资源管理等试点工作，在特定领域对贵州实行差别化政策，助推贵州不断探索发展新模式。指导建立完成集体林权流转监管制度，将贵州省纳入林权管理服务中心标准化建设试点范围。支持贵州开展工程建设占用征收林地管理政策改革和采伐限额管理改革；将贵州补充区划界定的国家级公益林，尽快全部纳入中央财政森林生态效益补偿范围。

【《贵州省林地保护利用规划(2010～2020年)》获省政府

批复】 2月21日，省人民政府正式批复《贵州省林地保护利用规划(2010～2020年)》(以下简称《规划》)，自2012年3月1日起执行。按照《规划》，到2020年，全省林地保有量为881.13万公顷，占国土面积的50.02%；森林保有量为857.6万公顷，林地森林覆盖率达到48%，加上非林地上的森林资源，力争全省森林覆盖率达到50%以上，以确保实现省委、省政府确定的到2015年森林覆盖率达到45%以上、2020年森林覆盖率达到50%以上的奋斗目标。

省政府在批复中指出，《规划》是优化林地结构布局，落实林地用途管理，提高林地利用效益，实行林地分类经营，分区施策、分级保护、分等管理，实现林地科学管理的重要依据。要求省林业厅严格按照《规划》，依法管理好林地资源，确保规划目标的实现。

【《贵州省石漠化状况公报》正式公布】 经省政府同意，2012年6月27日《贵州省石漠化状况公报》正式发布。截至2011年年底，全省石漠化面积302.38万公顷，占全省国土面积的17.16%。与2005年相比，石漠化面积减少32.23万公顷，减少了8.82%，年均减少4.87万公顷，年均缩减率1.47%。

与2005年相比：全省轻度石漠化面积增加0.63万公顷，中度石漠化面积减少19.88万公顷，重度石漠化面积减少5.78万公顷，极重度石漠化面积减少4.20万公顷。乔木型、灌木型植被面积增加157.2万公顷，植被综合覆盖度提高5.61%。全省旱地石漠化面积减少3.80万公顷，但25°以上坡耕地石漠化面积增加0.77万公顷。长江流域石漠化面积减少18.92万公顷，减幅为9.62%；珠江流域减少10.31万公顷，减幅为7.64%。武陵山贵州片区石漠化面积减少5.56万公顷，减幅为10.48%；乌蒙山贵州片区石漠化面积减少5.82万公顷，减幅为8.35%；滇桂黔贵州片区石漠化面积减少8.94万公顷，减幅为6.43%。

从总体上看，贵州省石漠化面积减少、程度减轻，石漠化扩展趋势得到了遏制。据监测分析，林草植被恢复是石漠化好转的主要原因，贡献率达到62.1%。

【贵州省森林生态服务功能价值每年超过4000亿元】 省林业厅组织开展的“贵州森林生态效益监测与评价”项目监测成果显示，全省森林生态服务功能价值每年超过4000亿元。

贵州省历来对林业生态建设十分重视，通过林业重点工程的带动，全省林业生态建设取得了显著成绩，为加快构建“两江”上游生态屏障奠定了坚实的基础。据统计，截至2011年年底，全省森林面积达731.6万公顷，森林覆盖率达到41.53%，全省活立木蓄积达到36 630.56万立方米。经过项目长期的监测成果显示，贵州省森林植被总生物量达到54 110.13万吨，森林植被碳储量26 511.66万吨，森林植被平均每年吸收二氧化碳7857.54万吨，森林生态系统涵养水源211.95亿立方米/年，固土19 032.05万吨/年，减少氮损失34.85万吨/年，减少磷损失14.08万吨/年，减少钾损失229.71万吨/年，减少有机质损失903.36万吨/年，固碳2458.18万吨/年，释氧5671.26万吨/年，森林植被积累氮39.52万吨/年，积累磷5.53万吨/年，积累钾31.77万吨/年，提供负氧离子6.64×10^{25}个/年，吸收二氧化硫100.29万吨/年，吸收氟化物3.81万吨/年，吸收氮氧化物4.2万吨/年，滞尘1.61亿吨/年。

监测成果显示：贵州森林生态系统服务功能总价值量达4275.28亿元/年。其中涵养水源价值为1738.12亿元/年，生物多样性保护价值为1080.18亿元/年，固碳释氧价值为857.23亿元/年，净化大气环境价值为256.36亿元/年，保育土壤价值为228.52亿元/年，积累营养物质价值为90.59亿元/年，森林游憩价值为24.28亿元/年。

【贵州省开展省级财政造林补贴试点】 为加快造林绿化步伐，吸引社会资金参与全省林业建设，2012年，贵州省从省级财政预算中安排2500万元，开展省级造林补贴试点工作。

贵州省省级财政造林补贴试点主要围绕省委、省政府确定茶叶、核桃和中药材等农业主导产业，与中央和省级现代农业发展资金开展的“以县为主”造林项目进行整合，形成环节互补，集中投入、连片发展、整合实施。凡林农、林业合作组织、企业和承包经营国有林的林业职工等造林主体，在宜林荒山荒地、坡耕地治理中进行人工造林，或进行相对集中连片以株折亩的“四旁”造林，面积不小于1亩的，经验收合格后，可以享受造林补贴。补贴标准按造林树种分别制定，实施乔木林、竹林和经济林造林的补助标准为每公顷13.33元，灌木林(生态林)的补助标准为每公顷8元。

造林补贴资金分两次拨付。造林主体造林完成后，经县级自查验收达标的，由县(市、区)财政局先行拨付70%的造林补贴资金；未达标的，由林业部门责令整改验收合格后予以拨付。一年后，经县级自查验收达标的，拨付余下30%的造林补贴资金。

【贵州省主要森林树种(组)15个林业数表地方标准获批准实施】 林业数表是森林资源管理和可持续经营的基础。省林业厅高度重视林业数表建设，自2005年以来，陆续安排全省主要森林树种(组)林业数表编制工作并上报省质量技术监督局审批发布。2012年9月12日，省林业厅组织制订的柏木、华山松、云南松等3个树种的二元立木材积表、地径材积表、相对树高曲线表、二元立木材积生长率表、单株立木地上生物量表等15个地方标准经贵州省质量技术监督局批准发布。与之前颁布实施的10个林业数表地方标准共同构建了全省主要森林树种(组)林业数表标准体系，使贵州省成为全国建立林业数表标准体系的第一个省份，将对贵州省森林资源调查监测、森林资源资产评估、森林生态系统效益评估、森林可持续经营产生积极的促进作用。

【林业大事】

2月27日 贵州省林业厅下发《关于核发国家一、二级保护树种木材运输证及木材运输管理规范的通知》(黔林资通〔2012〕27号)，明确自2012年3月1日起，将核发运输国家一、二级保护树种木材运输证的权限由市(州)下放到县级林业主管部门。

2月28日 副省长禄智明率省政府办公厅、省林业厅相关负责人赴国家林业局汇报贯彻落实国发2号文件的情况，争取国家林业局加大对贵州省林业生态建设的支持力度。国家林业局副局长赵树丛、副局长张永利及相关司(局)负责人听取汇报。

3月3日 日本三菱商事株式会社代表40多人在凯里开展生态示范林植树活动。

3月12日 省委副书记王富玉、陈敏尔，省委宣传部部长谌贻琴，省委组织部部长孙永春，省人大常委会副主任傅传耀、顾久、陈华祥、周忠良，副省长孙国强、谢庆生，省政协副主席陈海峰、左定超、谢晓尧、陈敏、班程农，省武警总队政委戴建国，省军区副政委陈钢与200多名干部群众在贵阳市乌当区盘龙山森林公园省级义务植树基地参加全民义务植树活动。

3月12日 省林业厅下发《关于核发木材经营加工许可证及管理规范的通知》(黔林资通〔2012〕46号)，明确自2012年4月1日起，《木材经营加工许可证》由县(市、区)林业(绿化)局核发。

3月15日 全国退耕还林工程2012年度阶段验收工作座谈会在遵义市召开。

5月下旬 贵州省林地"一张图"通过国家林业局调查规划设计院验收入库，纳入全国林地"一张图""一套数""一个库"。

6月28日 国务院滇桂黔石漠化片区区域发展与扶贫攻坚启动会在兴义市召开。国务院副总理回良玉、国家林业局局长赵树丛、副局长张永利等领导出席会议。

7月11日 副省长禄智明、省林业厅副厅长沈晓春参加中日合作小渊基金贵阳市白云区北郊水库水源涵养林项目竣工仪式。禄智明为日本佐贺县议员、日中友好协会理事长宫崎泰茂先生颁发"贵州省荣誉公民"证书。

7月17日 财政部下达贵州省中央财政森林生态效益补偿基金48 807万元，纳入补偿的国家级公益林面积328.58万公顷(另有14.17万公顷权属国有的国家级公益林纳入天保二期国有林管护)。

8月1日 省编办下发《关于贵州省林业厅所属事业单位清理规范意见的通知》(省编办发〔2012〕274号)，同意撤销贵州省林业厅正科级自收自支事业单位——贵州省林业服务站，其资产、债权、债务和人员划入省林业信息中心，纳入省财政全额拨款，收回自收自支事业编制40名。同意省林业厅保留事业单位26个。批准成立贵州省核桃研究所，核定事业编制42名，明确省核桃研究所所长由省林业科学研究院1名副院长兼任。

8月3日 财政部下发《关于2012年度中央财政农业保险补贴工作有关事项的通知》(财金〔2012〕80号)，将贵州省纳入中央财政森林保险保费补贴试点范围，下达2012年补贴资金1.8亿元。

9月12日 贵州省林业厅组织制订的柏木、华山松、云南松等3个树种的二元立木材积表、地径材积表、相对树高曲线表、二元立木材积生长率表、单株立木地上生物量表等15个地方标准，经贵州省质量技术监督局批准发布。

9月27日 贵州省启动省级财政造林补贴试点工作，省财政下达2012年度造林补贴资金2500万元。

9月29日 副省长孙国强在国庆招待会上会见了中德合作贵州林业项目的首席技术顾问胡伯特·福斯特(Hubert Forster)先生。

10月9～10日 国家林业局在毕节市黔西县召开岩溶地区石漠化防治工作现场会。副省长禄智明、国家林业局副局长张永利等领导出席会议并讲话。

10月29日 根据省编委办《关于设置贵州省林业厅应急管理办公室的批复》(省编办发〔2012〕355号)，同意贵州省林业厅设置应急管理办公室，与厅办公室合署办公，增加1名处级领导职数。

10月21～23日 由省林业种苗站、贵州大学、省林科院承办的第六次西南片区林木遗传育种学术交流会在贵阳召开。国家林业局场圃总站，贵州、四川、重庆、云南和西藏等5省(区、市)种苗站、林科院、林学会及有关单位负责人参加了会议。

11月5日 省政府办公厅下发《关于进一步强化野生动物保护执法工作的通知》(黔府办发电〔2012〕237号)，要求各地、各单位加大对野生动物保护执法工作力度，坚决遏制乱捕滥猎野生动物的行为。

11月9日 省政协牵头组织召开贵州关注森林活动第一次工作会议，议定成立贵州省关注森林活动委员会，成员单位由省政协、省绿委、省委宣传部、团省委、省林业厅、省教育厅、省广电局、贵州日报报业集团、省新闻工作者协会等单位组成。

(贵州省林业由侯勇军、姚世超供稿)

云南省林业

【概　述】 2012年，云南省林业系统认真贯彻落实森林云南建设推进大会和全国林业厅局长会议精神，不断创新举措、扎实工作，圆满完成了各项任务，取得了显著成效。

生态安全屏障建设 云南省出台了森林云南建设、陡坡地生态治理、自然保护区建设管理等多项政策。云南省政府与国家林业局签署了《加快林业生态安全屏障和生物多样性宝库建设战略合作协议》，在森林抚育经营、木本油料产业发展、极小种群保护基地建设、林业政策性保险等方面给予云南重点扶持，为推进生态安全屏障和生物多样性宝库建设提供了项目、资金、政策支持。云南省林业厅认真贯彻落实国务院关于支持云南桥头堡建设的意见，编制印发了全省生态安全屏障建设规划和林业发展十二五规划，提出了生态安全屏障建设的指导思想、目标任务、保障措施，为推进生态安全屏障建设奠定了基础。

林业特色产业 云南省稳步推进木本油料基地建设，完成核桃基地建设30万公顷，油茶、澳洲坚果基地建设5万公顷，分别占计划任务的112.5%、150%。大力发展森林生态旅游，建成国家级自然保护区19个、国家公园8个、国家湿地公园4个、森林公园40个，年接待游客2500余万人，实现森林生态旅游综合产值26亿元，同比增长63%。加大林业招商引资力度，签约林业招商引资项目117项，累计签约金额270.12亿元，实际到位29.8亿元，超额完成省政府下达的18亿元招商引资任务。2012年，全省实现林业产值882亿元，同比增长28%。

林业重点工程建设 云南省坚持重点工程带动，加快植树造林步伐，2012年共完成营造林69.9万公顷，为年度任务的160%。启动实施天然林保护二期工程，编制完成了工程区75个县级实施方案，11 980名职工全部实现安置就业，一批森工企业历史遗留问题得到妥善解决，实现了从一期工程到二期工程的顺利过渡。召开了全省陡坡地生态治理启动会，实施陡坡地生态治理5.33万公顷，完成退耕还林工程建设和巩固退耕还林成果造林13.6万公顷。加强江河流域、交通沿线、生态敏感地区防护林工程建设，完成造林2.13万公顷。石漠化治理重点工程县由35个扩大到65个，完成林业治理项目7.87万公顷，实现了全省石漠化重点地区全覆盖治理。加强自然保护区、国家公园和森林公园建设管理，编制了4个国家级自然保护区、5个省级自然保护区、1个国家公园和2个国家级森林公园的总体规划，完成9个国家级自然保护区基本建设项目实际投资2433万元，7个国家级自然保护区争取中央财政补助资金1550万元。全面启动极小种群保护工程和第二次野生动植物资源调查，进一步加大了濒危野生动植物保护力度。国家湿地保护工程投入力度大幅增加，湿地资源保护进展明显，第二次湿地资源调查基本完成，云南省政府将湿地保护纳入督查事项。完成森林抚育和低效林改造27.33万公顷，新建农村户用沼气15.09万户、节柴改灶12.4万户、太阳能热水器11万台，服务网点220个，均超额完成年度任务。

林业投融资 在积极争取中央和省级财政投入的同时，进一步拓展林业融资渠道，加大林业投入力度。2012年，中央和省级财政林业投资达55.29亿元(其中中央41.11亿元，省级14.18亿元)。全省新增林业贴息贷款12亿元，林权抵押贷款余额突破100亿元，均创历史新高。森林火灾保险由2011年的5个州市扩大到15个州市，共缴纳保费1.3亿元，投保林地2173万公顷，受理森林火灾案件492起，结案492起，赔付保险金2700余万元，2189户林业经营者获得赔偿。野生动物公众责任保险试点由3个州市扩大到5个州市，受害农民及时得到补偿。全面落实森林生态效益补偿政策，组织完成了公益林生态效益补偿实施方案的修订和编制，积极争取国家和省级财政投入公益林补偿资金12.3亿元，实现了国家、省级公益林生态效益补偿和管护同标准、全覆盖。

资源林政管理 完成了省级、县级林地保护利用规划的编制和全省森林资源第六次连清复查工作，建成了规划数据管理系统，实现了全省林地管理“一张图”，为严格保护和科学利用林地资源，拓展林业发展空间，服务全省经济社会发展奠定了基础。严格执行林木凭证采伐和限额管理制度，深入推进林木采伐管理改革，全面推行采伐公示制度，进一步简化审批环节，优化工作流程，林木采伐管理整体水平明显提高，超限额采伐、无证采伐等问题得到有效遏制。认真落实占用征收林地定额管理制度，坚持依法审核审批，开展了露天采矿、新能源建设项目供地方式创新试点，初步实现了占用征收林地由需求主导型向供应引导型转变。全省共审核审批占用征收林地项目1000余件，占用征收林地约11 000公顷，收取森林植被恢复费6.5亿元。

林业改革开放 积极推进集体林权制度配套改革，制定出台了《云南省集体林权制度改革突发事件应急预案》《云南省林农专业合作社省级示范社认定和管理办法》，起草了《关于深入推进集体林权制度配套改革的意见》并上报省政府。加快推进林权规范化管理，开通了全省林权管理信息系统，启动了林权社会化服务试点工作，搭建了全省林权流转信息化平台。加快推进林权流转服务中心建设，建成林权服务中心134个。积极深化自然保护区管理体制改革，与省委编办共同起草了《自然保护区管理机构管理办法》(草案)，初步明确了省级以上自然保护区机构设置、人员编制等问题。加强国有林场改革调研，起草了国有林场改革政策意见初稿，为启动国有林场改革奠定了基础。积极推进林业国际合作，德援二期、法开署、世行贷款等国际合作项目顺利推进。

林业抗旱救灾 全省共发生森林火灾299起、受害森林面积2500公顷，森林火灾受害率0.1‰，分别比省政府下达控制指标低81%、90%、90%，当日扑灭率达97%，有效阻止了6起境外山火入境，实现了零伤亡和无重大森林火灾的目标。林地因旱受灾129.94万公顷，成灾53.45万公顷，报废20.46万公顷，同比分别下降62.4%、69.3%、74.5%。林业有害生物发生面积31.87万公顷，成灾10.73万公顷，防治29.4万公顷，成灾率、防治率、测报准确率、种苗产地检疫率分别为5.09‰、92.3%、95.58%、98%，均好于国家下达的防控指标，实现了全省松材线虫病疫点的彻底拔除，有力阻击了椰心叶甲、红棕橡甲等检疫性有害生物的传播扩散，外来有害生物得到有效控制。

依法治林工作 《云南省森林防火条例》经云南省人大常委会通过，于2012年5月1日施行。《云南省湿地保护条例》已经云南省政府常务会议审议通过，并提交省人大。全省森林公安机关共受理森林和野生动物案件21 751起，查处21 531起，综合查处率达98.99%，打击处理违法犯罪人员25 590人，收缴林木、木材33 281立方米，野生动物及制品31 563件，挽回经济损失1.6亿元。

【云南成为全国澳洲坚果第一大省】 截至2012年年底，云南省共种植澳洲坚果3.67万公顷、年产壳果8000吨、产值3.2亿元，云南省已成为全国澳洲坚果第一大省。

【云南省新增2处国家级自然保护区】 1月21日，国务院办公厅下发通知，审定新建元江自然保护区、云龙天池自然保护区等28处国家级自然保护区。至此，云南省国家级自然保护区达到19处。

【生态建设被列为2012年云南省十大任务之一】 2月，在云南省第十一届人民代表大会第五次会议《政府工作报告》中，将云南省林业建设的地位作用再次推向新的高度。专门将“加强生态建设和环境保护，努力构筑西南生态安全屏障”列为2012年全省十大任务之一，要求各级抢抓机遇，实施绿水青山计划，抓好“森林云南”建设，强化生态建设。

【省委书记秦光荣对推进森林云南建设提出6点要求】 在1月10日召开的森林云南建设推进大会上，云南省委书记秦光荣作了重要讲话，对推进森林云南建设提出了6点要求。一要强化3个保护，即切实加强生物多样性保护、深入推进天然林保护工程建设、健全完善林业“三防”体系，全力构建生态安全屏障。二要抓好四大工程，即陡坡地生态治理、石漠化治理、江河流域综合治理和城乡绿化工程，促进生态环境持续改善。三要搞好4个推动，即推动基地规模发展、推动龙头企业发挥带动作用、推动林产业对外开放、推动中低产林改造，提升林产业发展水平。四要完善4个体系，即完善技术创新体系、市场体系、林业社会化服务体系、农村基础设施体系，不断强化支撑保障能力。五要深化三大改革，即扎实推进集体林权制度配套改革、加快国有林场和自然保护区管理体制改革、完善森林生态效益补偿制度，不断创新林业管理体制和发展机制。六要推进4项举措，即加强生态文化基地建设、塑造生态文化品牌、加强宣传报道和舆论引导、开展全民生态文明意识教育，大力繁荣森林文化。

【国家林业局与云南省政府签署《加快林业生态安全屏障和生物多样性宝库建设战略合作协议》】 3月1日，国家林业局与云南省政府在北京签署《加快林业生态安全屏障和生物多样性宝库建设战略合作协议》。协议明确，国家林业局将在森林抚育经营、木本油料产业发展、极小种群保护、近地保护基地建设、林业政策性保险、森林生态效益补偿、林木采伐管理改革及森林防火监控系统、林业信息化建设等方面给予云南重点扶持；支持云南探索“山地、山水、田园型城镇”建设道路；着力推进以昆明为中心、辐射全省及周边国家的6个林业产业园区建设；支持普洱市建设重要的特色生物产业、清洁能源、林产业和生态旅游基地，确保云南生态安全、兴林富民和生物多样性保护战略目标得以实现。

【交行助力云南林产业】 3月，云南省林业产业协会与交通银行股份有限公司云南省分行签订战略合作协议，交行将为云南省林业产业协会提供全方位金融服务，优先、全力支持云南林业产业发展。未来4年，交行将向云南省林业产业协会推荐的符合授信条件的项目提供不少于30亿元人民币的贷款或贸易融资额度。

【云南省临沧市境内首次发现亚洲开嘴鹳】 4月初，一批不明身份的大鸟飞入云南省临沧市境内的镇康县勐捧镇、临翔区忙畔街道等地。经鸟类专家鉴定，这种大型鸟类叫亚洲开嘴鹳，它生活在南亚和东南亚地区。这次进入镇康、临翔的亚洲开嘴鹳数量达100多只，其中镇康县勐捧镇80余只，临翔区忙畔街道20余只。该物种在该市境内属首次发现。据专家分析，这次亚洲开嘴鹳光顾临沧，一方面是全球气候变暖的原因，另一方面是临沧生态环境的改善，给亚洲开嘴鹳栖息创造了条件。

【云南省林业厅与中国移动通信集团云南分公司签署战略合作框架协议】 3月12日，云南省林业厅与中国移动通信集团云南分公司签署了战略合作框架协议，双方本着平等互利、优势互补的原则，将发挥各自优势，开展全面、深入、务实的战略合作，合力推进云南省林业信息化全面、快速发展。根据战略合作框架协议，云南省林业厅、云南移动将在话音、数据无线通信服务、通信保障、农村信息服务建设、林业信息化建设中利用彼此优势，优先选择合作项目，开展战略合作。

【《云南省森林防火条例》施行】 2012年3月31日，云南省十一届人大常委会第三十次会议审议通过《云南省森林防火条例》，于5月1日起施行。该《条例》共6章51条，主要对森林防火工作管理体制和组织保障，防火期、高火险期、防火宣传月的确定，农事用火的监管，森林防火专用车辆免收车辆通行费和优先通行，法律责任等作了规定。

【云南省林业厅对第七批林业产业省级龙头企业授牌】 5月4日，云南省林业厅对云南省第七批60户林业产业省级龙头企业授牌。云南省林业厅从2004年起分7批评选认定了252户林业产业省级龙头企业，涉及特色经济林种植及加工产业、木材加工及人造板产业、林下非木材资源产业、林产化工及生物能源产业、野生动物驯养繁殖产业、林(竹)浆纸一体化产业以及森林旅游和竹藤产业，覆盖了林业产业的九大产业。龙头企业在产业化经营中能够有效带动农民增收致富，提高农民的素质，在开拓市场、技术创新、引导组织基地生产和林农产业化经营等方面都起到了积极作用，已逐步成为云南省林业产业发展的中坚力量。

【云南龙陵紫皮石斛产品京交会上获殊荣】 5月，在中国(北京)国际服务贸易交易会(简称京交会)中，评选组一致认为：龙陵紫皮石斛具有较高的医疗药用价值和保健功效，建议加大产品开发、推广力度，为全民医疗与健康事业发挥更多作用。龙陵紫皮石斛产品在京交会上荣获2012年度优秀医疗与健康产品、项目称号。

【云南省林业信息化工作会议在昆明召开】 6月14日，云南省首届林业信息化工作会议在昆明召开。会议指出：加快推进林业信息化建设是林业融入经济社会发展全局的迫切需要，是发展现代林业的必然要求，是提升林业部门行政效能的重要举措，是全省林业系统面临的一项重大而紧迫的任务。全省各级林业部门要准确把握全省林业信息化建设的主要任务，加快建设“一个平台、二个网络、三个体系、四类数据库、五大应用系统”。一个平台就是省级林业信息化基础平台；二个网络就是云南林业内网和外网；三个体系就是运行维护体系、安全保障体系、法律法规和标准体系；四类数据库就是公共基础地理数据库、林业基础数据库、林业专题数据库、林业综合数据库；五大应用系统就是办公自动化系统、林业资源监管系统、营造林管理系统、林业灾害监控与应急管理系统、林产业和经济运行管理系统。

【云南省林权管理信息系统正式启动运行】 6月14日，云南省林权管理信息系统正式启动运行。为使林权管理工作更加规范、服务更加快捷高效，云南省林业厅开发了“云南林权管理信息系统”，建立全省林权信息数据库，利用覆盖全省的三级联网方式构建“云南林权管理信息系统”，规范全省林权电子档案及林权登记管理制度，建立云南林权管理的网络化、信息化、数字化体系。建立云南林权管理信息系统后，在各级林权管理服务中心，通过LED屏及触摸屏，都可以查询到全省各地的林权证及各类林权登记的操作流程及办事指南，也可浏览来自于全省各地的林权供求及交易信息。云南省林业厅还开通了云南林权信息服务网、云南林权交易信息网、云南林业产业信息网等多个林权相关服务网站，提供全方位的服务。

【云南省林业厅与中国电信股份有限公司云南分公司签订《云南林业信息化建设战略合作框架协议》】 6月14日，云南省林业厅与中国电信股份有限公司云南分公司在昆明签订了《云南林业信息化建设战略合作框架协议》。《协议》约定，双方将本着“发挥优势、相互促进、长期合作，互利共赢”的原则，合力开展林业信息化规划和研究，推进林业信息化基础设施及应用平台建设，双方将整合各自优势资源合力推进林业信息化建设，加强林业信息化网络建设与运行维护，努力实现云南林业信息化水平达到国内同行业先进水平的目标。

【云南省更改集体林权制度改革领导小组名称】 6月，中共云南省委办公厅、云南省人民政府办公厅发出通知，决定将云南省深化集体林权制度改革领导小组更名为“云南省林业改革领导小组”，并在原有领导小组成员的基础上，调整充实了领导小组成员，新增了省人力资源和社会保障厅、省国有资产监督管理委员会、省工商局、省机构编制委员会办公室、云南银监局和云南保监局等6个成员单位。

【“富宁八角”地理标志证明商标获国家核准注册】 6月12日，国家工商行政管理总局商标局正式发布证明商标注册公告，核准云南省文山州“富宁八角”地理标志证明商标注册，商标专用期限为10年，标志着独具地方特色的富宁八角有了真正的“身份证明”。富宁八角种植具有700余年的悠久历史，当前全县有八角面积3.2万公顷。富宁八角具有干果色红、味香浓、型好及茴油纯度高等产品特性优势，在同类产品中质量上佳、价值凸显、备受青睐。

【中国(昆明·杨林)木业家具产业基地项目举行签约仪式】 6月12日，中国(昆明·杨林)木业家具产业基地项目投资签约仪式正式举行。该项目由中国林产工业协会授予国家级木业家具产业基地称号，由昆明森工集团有限公司负责承建。一期项目建设期为2012年7月至2014年12月，规划用地约68公顷，总建筑面积约115万平方米，项目总投资约25亿元人民币，项目达产后年产值约32亿元，年税金约1.5亿~2亿元，解决就业人员约6000人，年生产人造板10万立方米，人造板二次加工产品(含强化地板)500万平方米，实木板材5.2万立方米，实木门20万套，实木地板50万平方米，实木楼梯0.2万套，木构件2万平方米，家具5万套。

【云南省开展66.67万公顷陡坡地生态治理工程】 9月，为加速生态修复，治理水土流失，培植特色产业，增加农民收入，加快森林云南和西南生态安全屏障建设，云南省出台了《关于实施陡坡地生态治理的意见》，提出2012~2020年完成陡坡地生态治理66.67万公顷的目标。

【云南巧家五针松被列为全球最濒危的100种物种之一】 2012年9月6~15日，为期10天的世界自然保护大会在韩国济州召开，云南药山国家级自然保护区的巧家五针松(*Pinus squamata* X. W. Li)被列为全球最濒危的100种物种之一。

【云南省出台新政加快林业民营经济发展】 9月，云南省出台《关于加快林业民营经济发展的实施意见》，从鼓励合理进行林地林木使用权流转、积极创办小型微型林业企业、改善金融服务质量、拓宽融资渠道、完善用地审批制度、规范林木采伐管理、建立林业服务体系、加大财政资金扶持力度、支持民营企业做大做强、加大林业招商引资力度等方面提出了一系列有效措施，以加快林业民营经济发展。

【云南省政策性保险有序推进】 2012年，云南省政策性森林火灾保险由2011年的5个州市扩大到15个州市，共缴纳保费1.3亿元，投保林地2173万公顷，受理报案407起，结案400起，赔付保险金2176.72万元，2153户森林经营者获得赔偿。野生动物肇事公众责任保险由3个州市扩大到5个州市，共投入1663.5万元保费，野生动物损害损失3023.81万元，赔偿2900多万元。

【云南省省级以上公益林补偿全覆盖】 2012年，云南省将全省省级以上公益林全部纳入补偿和管护范围，每公顷补助标准提高到150元。至此，全省森林生态效益补偿面积达1180万公顷，占全省公益林面积的94%。云南省投入补偿金12.32亿元，700多万农户、2385万人直接受益 。

【昆明新建居住区绿地率不低于40%】 7月1日，新修订的《昆明市城镇绿化条例》开始实施。《条例》规定，全市新建居住区绿地率不低于40%，老旧居住区改造绿地率不低于25%；半年内，不能开工建设的项目地块应进行临时绿化。

【30余头亚洲象再聚勐养"大象食堂"】 2012年7月22日，西双版纳国家级自然保护区勐养管理所关坪食物源基地迎来了2012年第一批"食客"——亚洲象，截至7月24日，共有4群30余头次野生亚洲象来食物源取食。

【永德县打造"中国·永德坚果"之乡新名片】 云南省临沧市永德县具有澳洲坚果种植最适宜的气候、土壤条件。1991年，该县从广东湛江引进澳洲坚果苗木在永康红旗山试种，2012年已累计种植澳洲坚果8340公顷。该县计划到2014年建成澳洲坚果基地13 333公顷，把永德县打造成中国·永德坚果之乡，成为继大雪山国家级自然保护区、中国·永德芒果之乡之后，永德林业发展的新名片。

【云南石漠化面积减少6.2万公顷】 2008年以来，云南省65个石漠化治理重点县累计实施林业石漠化治理人工造林7.4万公顷、封山育林22.48万公顷，增加工程区森林覆盖率1.4个百分点，减少水土流失17万吨，石漠化面积较2005年减少6.2万公顷，石漠化扩展的趋势得到有效遏制。监测结果显示5年监测期内石漠化面积减少6.2万公顷，石漠化扩展的趋势得到有效遏制。（云南省林业由王锐供稿）

西藏自治区林业

【概　述】 2012年，西藏林业工作按照自治区党委、政府和国家林业局的总体部署及年初确定的目标任务，各项工作扎实有序开展且成效显著。全年共到位林业资金16亿多元，林业系统实现林业产值20亿元，带动农牧民增收8亿多元。

造林绿化 2012年，全区完成植树造林和封山育林7.24万公顷。组织完成2011年国家下达的2.45万公顷森林抚育试点任务和1666.67公顷造林补贴试点任务。积极筹备、组织参加第八届中国花卉博览会。完成全区营造林管理信息系统建立和试运行。完成防护林体系建设、防沙治沙等15个项目的申报编制工作。

退耕还林 2012年，全区完成荒山荒地造林0.33万公顷，封山育林0.47万公顷。安排下达巩固退耕还林成果专项规划基本口粮田466.67公顷和后续产业等建设任务，落实中央预算内投资420万元，中央财政资金2600万元；协调自治区财政厅兑现落实退耕还林政策补助及完善政策补助资金3608万元。对退耕还林宜林荒山荒地造林和封山育林计划任务完成情况进行县级自查、省级复查。完成了7地(市)《2011～2015年荒山荒地造林和封山育林项目规划》编制工作。

天然林保护 2012年，启动实施二期工程，全年到位国家投资9931万元。制定了《西藏自治区天然林资源保护工程财政专项资金管理办法实施细则》，规范了天保工程资金管理。完成封山育林1933.33公顷，人工造林266.67公顷。足额兑现森林管护事业费7660万元，按时上缴社会保险补助费16万元，拨付政社性补助20万元。继续对127.7万公顷天然林进行常年有效管护，工程区未发生森林火灾、森林病虫害及乱砍滥伐现象。对国家林业局2010年度天保工程实施情况核查结果通报和自治区审计厅2000～2010年天保工程专项资金审计报告中指出的问题，采取了切实可行的整改措施，整改工作成效明显。

资源林政管理 2012年，下达全区木材生产计划146.88万立方米，占"十二五"期间年森林采伐限额210万立方米的69.94%。审核(批)占用征收林地项目31宗，占用征收林地面积166.67公顷，收取植被恢复费1530.85万元。启动开展森林资源二类调查，完成林芝、山南、日喀则、昌都和那曲5个地区30个有林县的外业调查工作。编制完成《西藏自治区林地保护利用规划(2010～2020年)》。完成全区国有林场危旧房改造671户。

生物多样性 2012年，上报珍稀濒危物种野外救护与繁育等2013年财政项目13个。开展自然保护区工程建设等24个项目的可研申报、前置办报等前期工作，开工建设桑桑等湿地保护与恢复工程5个，实施墨脱等野生动物疫源疫病监测站工程4个，竣工验收工布等自然保护区工程建设项目3个。完成雅江中游等2011年湿地保护、自然保护区补助项目实施方案5个，审批珠峰等保护区二期、三期建设初步设计3个，编制色季拉国家级森林公园林相改造项目1个。完成2011年上报野生动物肇事补偿自治区级财政负担经费的核实追加和2012年补偿经费的预拨工作，落实自治区级财政负担经费4387.91万元(其中国家试点经费120万元)。完成野生动物保护协会换届选举工作。

林业灾害防控 2012年，全区发生林火13起，其中：一般森林火灾6起，较大森林火灾6起，重大森林火灾1起；过火面积约181.8公顷，受害森林面积约135.04公顷，1人死亡，已查明火灾原因10起。发生各类案件26起，其中：野生动物刑事案件立案8起，破案8起，抓获15人，收缴野生动物(头、只)56个，野生动物皮224张；受理野生动物行政案件9起，查处9起，处罚22人，收缴野生动物(头、只)7个、野生动物皮72张、野生动物制品64件；受理森林行政案件9起，查处8起，处罚63人，收缴林木树木117.28立方米。完成林业有害生物防治任务15.33万公顷，其中：虫害防治面积8.6万公顷，病害防治面积4.67万公顷，鼠(兔)害防治面积2.07万公顷。办理《植物检疫要求书》125份，《出省植物检疫证》68份。

林业宣传 2012年，中央和西藏主要媒体刊播林业新闻报道20多条(次)，开展重大主题宣传活动10多场。上报林业信息212条，采用率82%，在区直部门、全国各省市林业厅局中均名列前茅。编写了《西藏林业工作手册》，编制完成了《中国林业年鉴》《西藏年鉴》等涉林部分的文字征稿和图片征集等工作。西藏自治区林业厅分别被自治区人民政府、国家林业局评为全区信息工作先进集体、全区政协提案办理工作先进集体、全国林业年鉴工作先进集体。

【创先争优强基础惠民生活动】 全区林业系统仅地区级以上就派出驻村工作队23个，围绕区党委创先争优活动的重点和要求，将创先争优活动与林业工作有机结合，注重抓大事、谋全局、促发展，驻村工作取得了较大成效，共落实林业建设项目40个，落实建设资金889万元。

【编制完成《全区"十二五"造林绿化专项发展规划》】 为实现全区"十二五"规划提出的林业工作的重要目标：新增人工林(含封山育林)26万公顷，治理沙化土地18万公顷，森林覆盖率达到12.11%以上。在认真总结全区造林绿化工作现状的基础上，西藏自治区林业厅组织编制了《西藏自治区"十二五"造林绿化专项发展规划》。

【野生动植物资源】 西藏地处泛北极区系和古热带区系的交汇处，独特的自然地理环境和复杂多样的气候条件，孕育了各种特有的植被类型，包含了从热带至高山寒带的各种植被类型，甚至第四纪冰期遗下来的一些动植物，在藏东南雅鲁藏布大峡谷地区也有保存，堪称世界上少有的"绿色基因库"和"自然博物馆"。据不完全统计，西藏野生植物有9600多种，高等植物6600余种，受国家重点保护的珍稀植物有38种(喜马拉雅红豆杉、玉龙蕨等国家一级保护植物6种)，列入自治区重点保护野生植物40种(西藏木莲、四叶红景天、大花黄牡丹、亚东冷杉等)，是中国植物最丰富的省区之一。其中苔藓植物700种，蕨类植物和种子植物5700余种，木本植物1700余种，全国裸子植物共11科34属240种，西藏就有7科16属55种。约有600余种高等植物为青藏高原所特有，其中100余种兰科植物以及胡黄莲等植物，在野外已处于濒危状态。西藏林区还有丰富的菌类。在已鉴定出的200多种菌类中，有灵芝、虫草、茯苓、松树揽等名贵药材；有松茸、猴头菌、獐子菌、黑木耳、银耳、黄木耳(金木耳)等名贵食用菌，这些菌类具有重要的经济价值和药用价值。

西藏是野生动物王国。有野生脊椎动物795种，野生动物种类居全国第三位，大中型野生动物的储量居全国第一位。其中125种被列为国家重点保护野生动物(国家一级保护动物45种)，占全国重点保护野生动物的1/3以上。此外，西藏还有多种特殊的裂腹鱼类，其种类和数量均占世界裂腹鱼类的90%以上；有哺乳动物118种，鸟类488种中有22种为西藏特有。生活在喜马拉雅山南坡热带、亚热带常绿阔叶林中的有长尾叶猴、熊猴、毛冠鹿、野牛、红斑羚、鬣羚、金钱豹、云豹、黑熊、青鼬等喜暖动物。生活在温带针叶阔叶混交林和针叶林中的有金丝猴、小熊猫、西藏马鹿、麝、白唇鹿等喜冷和耐寒动物。还有号称"高山之霸"的雪豹以及野牦牛、藏羚羊、西藏野驴、盘羊、豺等国家重点保护野生动物。

【林业大事】

1月6日 自治区林业局召开局机关和直属事业单位干部大会，传达学习全区经济工作会议精神，重点传达学习了陈全国书记、白玛赤林主席的重要讲话精神。

1月8日 西藏自治区林业局在林芝地区举办全区森林抚育技术培训班，国家林业局造林绿化管理司和规划院在技术方面给予帮助，并派领导和专家进西藏授课。

3月5日 全区林业年度工作座谈会在拉萨召开，西藏自治区副主席格桑次仁出席会议并作了重要讲话。格桑次仁副主席充分肯定了2011年全区林业工作所取得的成绩，并就下一步西藏林业工作提出了三点要求，一是要进一步充分认识林业工作的重要地位，切实增强工作的使命感、责任感和紧迫感。二是要以扎实的工作和突出的成绩赢得广泛支持，充分发挥部门联动的强大工作合力。三是统筹安排、突出重点，强化责任、狠抓落实，全力推进林业工作再上新台阶。

4月13日 西藏自治区野生动物保护协会第二届换届选举会议在拉萨召开，自治区人民政府领导、国家林业局保护司和中国野生动物保护协会有关领导到会祝贺并作重要讲话。

5月8日 西藏自治区召开电视电话会议，启动自治区林业局、自治区强基惠民办、自治区党委组织部、自治区财政厅共同推出的"创先争优强基础生态惠民行动"，自治区党委常委、区纪委书记、自治区深入开展创先争优强基础惠民生活动领导小组常务副组长金书波同志出席会议并作重要讲话，自治区副主席格桑次仁主持会议，自治区林业局党组书记杰巴同志宣读了创先争优强基础生态惠民行动计划。

5月25日 西藏自治区召开天然林资源保护工程工作会议，西藏自治区副主席格桑次仁、国家林业局天保中心总工叶荣华到会指导并作重要讲话。

6月8日 西藏召开CITES履约执法协调小组成员单位会议，国家林业局驻成都专员办张志忠副专员到会指导，自治区林业局副局长郭杰在会上作了重要发言。

7月30日 西藏自治区举行西藏自治区林业厅揭牌仪式，西藏自治区党委副书记、自治区常务副主席吴英杰出席揭牌仪式并作重要讲话，国家森林防火指挥部专职副总指挥杜永胜受国家林业局党组书记、局长赵树丛同志委托，代表国家林业局向西藏自治区林业厅的恢复成立表示热烈祝贺，自治区副主席格桑次仁主持仪式。

8月26日 全国人大环资委历时10天在西藏自治区开展"三江并流"及相邻地区生态修复与建设专题调研工作。

9月 西藏自治区林业厅编纂的《西藏林业工作手册》正式由中国林业出版社出版发行。它的编纂出版，将为进一步了解和宣传西藏林业开启一个窗口，为务林人掌握西藏林业情况、林业发展的方针、政策和了解林业法律法规，提供一本有益的工具书，同时也填补了长期以来没有一本全面系统反映西藏林业工具书的空白，必将对进一步加强西藏生态建设，保护西藏碧水蓝天，从而推动西藏林业发展发挥重要作用。

12 月 10 日 西藏自治区副主席格桑次仁亲临自治区林业厅检查指导工作，安排部署建设“美丽西藏”林业部门要抓好的相关工作。

（西藏自治区林业由陈平供稿）

陕西省林业

【综 述】 2012 年，陕西林业以生态建设为根本、产业发展为支撑、改革创新为动力、森林文化为引领，紧盯重点不放松，开拓创新谋发展，持续推进造林绿化，不断强化资源保护，大力弘扬森林文化，全省林业迈上新台阶，有力推进了陕西生态美建设。

【造林绿化】 全年共完成造林面积 32.63 万公顷，超出年度目标任务 22.4%。其中人工造林 21.86 万公顷，飞播造林 3.9 万公顷，封山育林 6.87 万公顷。完成森林抚育试点任务 10.3 万公顷，其中天然林保护工程国有中幼林抚育 6.97 万公顷。全省重点区域绿化共栽植各类绿化苗木 9461 万株，折合面积 7.44 万公顷。其中，道路绿化苗木 1578 万株，铁路绿化 212 万株，河流水系绿化 2028 万株；“三化一片林”绿色家园建设 286 个村共计 461 万株；直观坡面绿化 3065 万株；城市绿化 802 万株；环城绿化 369 万株；工矿区绿化 345 万株；出入境口绿化 601 万株。完成千里绿色长廊建设 2294.5 千米，其中新建林带 1972.9 千米，补植完善 321.6 千米。当年 1020 万人次义务栽植各类苗木 8537 万株。

【森林资源保护】 ①珍稀濒危野生动物繁育。全年完成朱鹮繁育 322 只，朱鹮圈养种群达到 412 只，野外种群达到 972 只，朱鹮保护被国际上公认为濒危物种保护的成功典范。林麝繁育 1138 只，全省林麝数量达 4620 只，居全国之首，存栏量占全国的 60%。②大熊猫普查。组织 830 余人的普查队伍，对全省 11 个县、20 个大熊猫保护单位开展大熊猫第四次普查工作。共完成 2404 条调查样线的调查，发现大熊猫粪便 626 处，获得粪样 1892 份，DNA 提取标本 530 份。③野生动植物的保护。全年开展 3 次大的野生动植物保护执法检查，震慑了犯罪分子。配合国家林业局濒管办集中开展象牙及其制品及黑熊取胆执法检查活动，依法查处 2 家经营企业的违法行为，取缔一个黑熊养殖场。④自然保护区管理。2012 年，韩城褐马鸡保护区、紫柏山保护区成功晋升为国家级自然保护区。我省各级自然保护区已达 47 个，其中国家级自然保护区 15 个，省级自然保护区 27 个，市县级自然保护区 5 个，保护面积约 106 万公顷，占全省国土总面积的 5.14%。⑤开展科普教育宣传，提高公众保护意识。利用“爱鸟周”活动，引导社会公众关注鸟类资源保护工作。举办了“《陕西省野生植物保护条例》宣传暨第 31 届‘爱鸟周’启动仪式”和宣传活动。以第四次大熊猫调查为契机，在西安、宝鸡、汉中、安康等地开展“走村入户 2012 陕西省野生动植物科普宣传活动”，开展“科技之春”宣传月活动，走乡串户对保护区周边的居民进行野生动植物保护法律、科普知识的宣传，提高了公众依法保护野生动植物的意识。⑥发挥公安机关职能作用，保持严打高压态势，组织开展了“冬季行动”“打击野生动物及其制品网络犯罪和非法贸易活动”和“开展象牙等濒危物种及其制品非法贸易清理整治”等多次专项行动，有效地维护了林区稳定。各级森林公安机关共受理各类案件 4386 起，查处 4383 起，综合查处率为 99.9%，打击处理各类违法犯罪人员 5337 人次，收缴木材 4072.7 立方米，收缴野生动物 375 头(只)，为国家挽回经济损失 1036.7 万元。

【林权制度改革】 ①加强林改机构建设，规范林权流转，促进集体林业规模化经营。省林权交易大厅已建成。30 个县(区)相继成立了林权管理服务中心，落实了人员，明确了职责。省财政落实 390 万元对 13 个林权管理服务中心建设给予补助。开展林权流转政策调研，督促各地建立林权流转服务平台。全省累计办理各类林权流转 2.8 万宗，流转面积 18 万公顷，流转金额 2.3 亿元。②落实林权抵押贷款政策，解决林农林业发展资金问题。协调省农行、省开发行、省建设银行、省农信社、省邮政储蓄银行和西安恒丰银行，解决调研中发现的贷款利率偏高、程序繁琐、范围小、额度低、期限短等问题，联合印发《关于加快我省林权抵押贷款工作的通知》，对林业和金融部门提出具体要求。宁陕等 22 个县积极推进林权抵押贷款，今年新增贷款 2.5 亿元，全省累计利用林权抵押贷款 14.3 亿元。③扶持发展农民林业专业合作组织，提高集体林业经营水平。全省已注册各类林业专业合作组织 985 个，注册资金 4.5 亿元，成员人数达 21 万人。④发展林下经济。全省林下经济发展呈现出以市场为导向、基地为基础、精深加工带动、多元化发展的新趋势，从业人数达到 73 万人，经营收入达到 172.9 亿元(含干杂果)。⑤开展森林保险试点工作。与省金融办、财政厅、人保陕西分公司等单位制定《陕西省森林保险试点工作方案》。会同省财政厅向国家林业局和财政部申请参加中央财政森林保险试点，财政部将陕西省森林保险纳入保费补贴试点省份。2012 年在户县等 12 个县(区)试点，计划试点面积 120 万公顷。全省实际共承保森林 157.41 万公顷，保额 143.8 亿元，参保农户 11 047 户，保费 4004.04 万元，其中财政补贴 3594.89 万元(中央财政 1997.02 万元、省级财政 1001.01 万元、地方财政 596.86 万元)。全年理赔 11 起，为农民挽回经济损失 110.07 万元。⑥继续落实集体公益林生态效益补偿政策，增加林农收入。分解落实了 2011 年、2012 年中央生态效益补偿资金计划和省财政补助的集体一般公益林补偿试点计划，并对各地公益林补偿情况进行了检查。西安市、铜川市相继启动了市级公益林生态效益补偿，其中西安市对地方公益林每亩每年补偿2.5元，铜川市每亩每年补偿7元。2012年中央下达集体国家公益林补偿面积328.73万公顷，补偿金额4.931亿元；省财政下达地方公益林补偿面积13.33万公顷，补偿金额1000万元。

【森林防火】 当年全省共发生森林火灾67起，其中一般森林火灾30起、较大森林火灾37起。过火面积389.94公顷，森林受害面积16.23公顷，损失林木563.18立方米，森林受害率为0.002‰，与去年同比下降了93.7%。森林火灾24小时扑灭率为100%，全省无重特大森林火灾、无人员伤亡。当年国家林业局批复陕西省森林防火项目13个，项目总投资1.67亿元。在"2012防火患、查火案"专项行动期间，共查处森林火灾刑事案件17起、行政案件76起，打击处理违法犯罪人员1666人次。

【病虫害防治】 ①完成"四率"控制指标。2012年全省实施森林监测面积832.18万公顷，林业有害生物发生面积41.39万公顷，完成防治面积28.47万公顷，成灾面积4.12万公顷，成灾率控制在3.9‰以内，无公害防治率提高到86%；测报准确率达到96%；种苗产地检疫率达到95.9%，全面完成国家林业局下达的"四率"控制指标。②防控松树疫情。全年疫区出现病死松树、疑似感病松树和衰弱木17 773株，清除和除害处理松树53 282株，直径1厘米以上的枝梢全部运出林外烧毁，伐桩进行除害处理。山阳县天竺山森林公园基本拔除疫情；柞水县拔除1个乡镇的疫情；汉滨区五里镇发生区采取皆伐措施，伐除松树2884株；石泉县枯死235株、洋县枯死355株，未检测出松材线虫。③治理病虫灾害。重点实施了松材线虫病、美国白蛾、松毛虫、松大小蠹、杨树病虫、鼠兔害、经济林病虫害的治理，主要灾害得到控制。商洛、西安等地发生松树叶蜂3.15万公顷，各地干部群众喷洒无公害药剂防治，危害局面得到有效控制。干杂果等经济林发生病虫害3.77万公顷，通过全力防治，减少了经济损失。对各地发生的突发性病虫灾害，防治面积16.53万公顷，做到有虫不成灾。同时，加强植物检疫工作，控制病虫害扩散蔓延。

【林业科技】 ①全年共申报各类科研项目23项，下达并组织实施科研项目14项。宝鸡市林业局承担的"948"项目——"抗逆性优良刺柏种质资源及栽培技术引进"通过国家林业局验收。鉴定评审科技推广成果4项，分别是"生境破碎化对林麝栖息地利用模式的影响研究与应用""陕西牛背梁自然保护区生物多样性研究""日元贷款陕西植树造林工程综合配套技术示范与推广"和"漆树良种及高效栽培技术示范推广"。"林木鼠(兔)害综合控制关键技术与示范""核桃优质丰产栽培配套技术研究""佛坪自然保护区大熊猫种群动态及保护对策研究"分获陕西省科技进步一、二、三等奖。"渭北旱塬高效生态复合模式示范应用建设"和"黄土高原节水抗旱植被恢复与优化配置模式示范推广"项目发挥了很好的示范带动作用，获陕西省农业技术推广成果二等奖。② 经济林深加工产品开发和工艺创制关键技术研究，已完成前期调研、科研团队组建和可行性报告撰写等工作，选择核桃、红枣、茯茶、生漆4个方面为主要攻关方向，重点开展"茯茶、红枣功能食品的研究和开发""核桃有效成分提取与功能评价""核桃精深加工技术研究""特种生漆涂料加工技术研究"，这4个课题已通过专家评审。③"陕西韩城国家花椒生物产业基地"获国家林业局批准实施，成为继福建三明、山东菏泽、湖北五峰后全国第四个林业生物产业基地。加快实施"十百千"林业科技示范工程，建立黄龙、蓝田等10个科技示范基地，103个科技示范点，1012户科技示范户，完成各类林业技术推广示范面积7.17万公顷。全年完成培训林农、林业职工311 245万人次。

【林业产业】 全省林业总产值达到515.9亿元。核桃、花椒、红枣等5大干杂果年总产量超过120万吨，产值超过100亿元。其中核桃产量达到15万吨，产值达到35亿元，创历史新高。核桃等5大干杂果经济林新建完成8.64万公顷。目前，陕西省花椒和核桃基地面积、产量、产值分列全国第一、二位。商洛市核桃产业发展迅速，被中国经济林协会授予"中国核桃之都"称号。干杂果经济林建设快速发展带动了种苗业的发展，全省培育林木种苗35亿株，容器育苗5亿余袋，产值65亿元。森林生态旅游发展迅猛，森林公园接待游客1246万人次，实现旅游直接收入4.82亿元。陕西金丝大峡谷国家森林公园被国家林业局评为全国"最具影响力森林公园"。林下种养业发展较快，全省养殖林麝3670头，存栏量居全国之首，猪苓种植走在全国前列，森林猪、森林鸡养殖势头很好，成为林区经济新的增长点。

【森林价值】 据北京中林资产评估有限公司对陕西省森林资产、产品和生态服务及价值评估统计，2012年陕西省森林资产总价值达到4.69万亿元，人均森林财富12.47万元。其中，陕西古树名木69.38万棵，占全国的24.32%，总价值4699亿元，这是陕西生态文化的一大优势。森林物质产品价值1158亿元/年，森林生态服务价值4395亿元/年。良好的生态产品福惠三秦百姓，2012年陕西碳储量26.18亿吨，森林碳汇3178万吨，释氧2273万吨。

【生态文化建设】 陕西森林文化协会、陕西黑茶协会成立。"黄帝手植柏""老子手植银杏"等古树名木扩繁保护工作相继展开，国家林业局认为属全国创新，是古树名木真正的永续发展。陕西古树名木资源极为丰富，且数量大、种类多、内涵深、形态美，传承着厚重的历史文化。西安周至楼观台千年古银杏相传为老子亲手栽植，树龄约2500多年，10月18日，陕西省林业厅和陕西省宗教事务局联合主办的"陕西楼观台千年古银杏采种"仪式在楼观台举行。全国政协常委、中国道教协会会长任法融和省林业厅厅长李三原将采摘的千年古银杏种子委托给陕西柏银生物科技有限公司进行繁育研究。10月30日，陕西省林业厅和延安市人民政府在黄陵县举行了陕西省古树名木保护暨"黄帝手植柏"繁殖材料采集仪式。省林业厅李三原厅长将采集到的黄帝手植柏枝叶和种子转交给陕西柏银生物科技有限公司进行科学繁育。通过繁育“黄帝手植柏”等古树名木的二代、三代，挖掘、保存和繁育古树名木优良遗传资源，使古树名木成为陕西历史文化标识，让古树生命万代永续，弘扬森林文化，倡导社会各界植树化人，建设生态文明。国家林业局张永利副局长在采集仪式上指出，陕西林业部门通过微型扦插、植物组培等先进科学技术，开展古树名木扩繁保护，为“黄帝手植柏”这棵特别珍贵的树木建立“基因库”“档案馆”，为今后世代保存这棵珍贵树木奠定了重要基础。这是中国传统文明与现代科学技术的完美结合，是有效保护和合理利用的大胆创新与全新实践，为国之瑰宝和民族文化传承注入了新的活力。对提升中华民族的生态文明意识，推动林业事业科学发展，必将产生重大而深远的影响。《森林公园条例》颁布实施，80个森林公园、14个湿地公园、47个自然保护区、11个生态文明示范基地建成，生态文化宣传阵地体系基本成形。

【生态文明建设研讨】 为深入探究陕西生态文明建设的发展路径，拓宽发展思路，完善政策措施，陕西省林业厅先后组织举办了生态美建设论坛、生态文明建设研讨会。10月18日，陕西省林业厅、省科学院、西北大学、西北农林科技大学和陕西省林学会在西安联合举办“陕西林业生态美建设论坛”。中国工程院山仑院士、李佩成院士、牛献忠研究员等9位专家学者作了主题演讲，分别就半干旱区的生态建设、生态文明与森林文化、黄土高原生态建设及效应、生物多样性保护与林业建设、渭河湿地景观修复等方面各抒己见。11月26日，陕西省绿化委员会、陕西省林业厅、陕西省森林文化协会在西安联合举办“陕西生态文明建设研讨会”。来自全国各地的著名院士、专家教授和领导就如何推进陕西生态文明建设、发展森林文化、建设美丽陕西展开讨论。研讨会上，省林业厅李三原厅长致辞，中国工程院原副院长、中国工程院院士沈国舫，南京林业大学校长曹福亮，国家林业局信息办主任李世东博士，著名文化学者肖云儒，中国林科院原副院长、研究员蔡登谷等9位著名专家学者积极建言献策，分别以《生态文明建设·绿色经济·林业》《银杏，人类共同的财富》《现代林业的构建》《谈谈中国古典绿色文明》《森林文化与生态文明》等为题，作了精彩演讲。陕西省政协李冬玉副主席，省人大、省政协、省委宣传部、省发改委、省财政厅等单位有关负责人，各设区市林业局负责人和省林业厅系统处级以上干部共220余人参加研讨会。此次研讨会的成功举办，为学习贯彻党的十八大精神，充分发挥林业在生态文明建设中的主体作用，加快推进美丽陕西建设营造了良好氛围。

【《陕西林业“生态美”建设实施方案》出台】 根据陕西省第十二次党代会提出的“三强一富一美”（经济强、科教强、文化强、百姓富和生态美）的奋斗目标，陕西省林业厅结合本省林业实际及发展情况，编制了《陕西林业“生态美”建设实施方案》并通过专家评审。方案提出未来5年陕西总体按照“关中大地园林化、陕北高原大绿化、陕南山地森林化”优化配置林业生产力布局，通过实施公益林生态补偿、治沙增绿、平原森林、重点城镇绿化美化、退耕富民和移民搬迁生态修复、封山禁牧、矿区植被恢复、森林经营、生物多样性保护、全民义务植树与林业碳汇等十大工程，发展干杂果特色经济林、森林旅游、商品林培植、种苗花卉、生物质能源、林下种养、林产品加工、中药材、茶、竹藤等十大产业，建设森林博览园、林业示范园、森林博物馆、古树名木保护与繁殖、森林舞台剧、森林影视动漫、生态文明教育基地、创绿创森、森林文化节日庆典活动、森林文化出版物及工艺品等十大森林文化项目，实现林业生态大突破、林业产业大发展、森林文化大繁荣，加快推进陕西生态建设再上台阶，努力实现“百姓富、生态美”的目标。（陕西省林业由谢君朝、吕旭东供稿）

甘肃省林业

【概　述】 2012年，甘肃省林业工作以党的十八大精神为指导，深入贯彻落实全国林业厅局长会议、省委农村工作会议和省第十二次党代会议精神，以建设幸福美好新甘肃总揽工作全局，以建设生态安全屏障为着力点，紧紧围绕实现森林面积增加、森林蓄积量增长和大地增绿、农民增收的总体目标，扎实推进各项工作有序开展，取得了新的成效。

实施生态屏障行动 按照甘肃省第十二次党代会“坚持绿色发展取向”、深入实施“生态屏障行动”的要求，大力推进生态建设。2012年，全省共完成营造林32.3万公顷，其中人工造林16.6万公顷，封山育林15.7万公顷。新育苗0.79万公顷，供应各类苗木18.5亿株。完成义务植树9206.3万株，新建义务植树基地620个。天保工程二期实施方案已经省政府正式批复，县（局）级方案审批工作全面完成。祁连山等7个国家级自然保护区总体规划的审查、申报工作全面完成。太子山省级自然保护区晋升为国家级自然保护区，石羊河和黄林沟2个国家湿地公园已通过国家初评。启动全省第四次大熊猫调查和第二次重点保护野生植物资源调查工作。在敦煌西湖国家级自然保护区成功举行甘肃普氏野马第二次放归自然暨全国首次野骆驼试验性放归自然活动。启动实施了兰州、白银城市圈和天定、西长凤、平定高速通道、武威金色大道等6项重点造林绿化工程，完成造林面积1万公顷。

深化林业改革发展 集体林地明晰产权、承包到户的主体改革任务全面完成。全省确权面积368.5万公顷，占应改面积的100%，群众对林改的满意度为98.8%。省委、省政府出台《关于加快林下经济发展的意见》，下发《甘肃省全面推进集体林权制度综合配套改革工作方案》和《全省“十二五”林下经济发展规划》，召开全省集体林权制度综合配套改革和林下经济发展工作现场会议。全省成立县级林业综合管理服务中心43个，实现林权流转9.91万公顷，为2.01万农户办理林权抵押贷款11.76亿元，兑现落实农民承包公益林生态效益补偿资金1.93亿元。组建农民林业专业合作社578个，建立各种林业协会180个。全省累计利用承包林地造林11.48万公顷，其中经济林果8万公顷，发展林下养鸡826.2万只，林下种菜0.56万公顷，林下种草7.39万公顷，林下种药材0.98万公顷。稳步推进国有林场改革试点，《庆阳市国有林区改革试点方案》已经国家批复，下达试点补助资金9224万元。

扩大林业投资规模 2012年，甘肃省共落实中央和省级各类林业建设投资51亿元，其中中央投资35.46亿元，省级投资4.58亿元，林业贷款9.3亿元，利用外资1.66亿元。《祁连山生态环境保护和综合治理规划》已经国务院批准。《甘肃"两江一水"区域综合治理规划》编制工作有序进行。积极配合国家和省编制《秦巴山片区区域发展与扶贫攻坚规划(2011～2020年)》和《六盘山片区区域发展与扶贫攻坚规划(2011～2020年)》。森林生态效益补偿工作取得新进展，争取国家新增甘肃省补偿面积46.49万公顷，包括省级补偿在内补偿总面积达502.24万公顷，年补偿资金5.55亿元。全面完成2011年森林抚育补贴试点任务8.22万公顷和造林补贴试点任务2.13万公顷。积极争取在庆阳、平凉、天水、陇南4市的6个县及6个省级直属单位先行开展公益林保险试点107.37万公顷。积极推进张掖、陇南、甘南，永靖、渭源、天祝等全国生态文明示范工程试点工作。不断加大林业外资项目的申请和引进力度，亚行贷款甘肃林业生态发展项目正式启动实施。

加快林业产业发展 以"1000万亩优质林果基地建设"为依托，大力开展经济林果、种苗花卉、森林旅游、林产品贮藏加工和林下经济等为主的林业产业建设。对全省52个经济林发展重点县的优质林果基地建设情况和省级财政林果产业建设项目实施情况进行检查验收。编制《甘肃省经济林果优质丰产栽培技术手册》，完成了12个规划树种的标准化示范园生产技术规程和4个质量标准初稿的编定工作。完成省林果产品质量监督检验检测中心建设，建立千万亩优质林果基地建设专家库。编制《关于加快全省花卉产业发展的意见》，召开甘肃省花卉协会第五届理事会换届大会暨全省花卉产业发展研讨会。2012年，全省新造经济林3.89万公顷，提质增产和低产改造9.86万公顷，全省经济林果面积达到124.28万公顷，林果收入在农民总体收入中的比重不断提高。新设立平凉市庄浪县朝那湫森林公园、陇南市成县泥功山、尖山子森林公园等3处省级森林公园。在庆阳、定西和平凉开展碳汇林试点0.73万公顷。与陇南市委、市政府主办了2012甘肃陇南(武都)花椒产销对接经贸洽谈会，完成了第五届中国义乌国际森林产品博览会的参展工作。

改善国有林区民生 认真实施国有林区棚户区(危旧房)改造，2012年计划任务7799户已全部开工建设，开工率100%，主体竣工5460户，主体竣工率70%，完成投资38 507万元。积极争取国家2012年安排甘肃省林业棚户区(危旧房)改造附属设施建设资金10 607万元。加强"8·8"舟曲特大山洪泥石流灾害灾后重建工作，舟曲林业局生态修复、有线电视维修改造、供电线路维修改造、公共服务类社会管理和森林资源监测中心建设等5个项目已全部完工，完成全部4945万元投资。积极开展"5·12"地震灾后重建项目扫尾工作，严格项目审计和检查验收，确保工程质量。积极争取国有林场人饮水安全、广播电视、道路建设、电网升级改造等工程项目，努力改善基层林区基础设施条件。

加强森林资源管护 《甘肃省森林公园管理条例》已经省人大审议通过，将于2013年1月1日起正式施行。组织开展《甘肃省陆生野生动物造成人身伤害和财产损失补偿办法》实施试点工作。《甘肃省林地保护利用规划》已经国家林业局和省政府批复实施，县级林地落界工作全面完成。全省森林资源二类调查全面完成，初步建立了全省森林资源信息管理系统。为全省5937名林业执法干警颁发了林业行政执法证。林政执法能力不断提高，2012年全省共发生林政案件2956起，查处2949起，查处率99.76%，有效打击了乱砍滥伐等违法犯罪活动。加强了森林防火、林业有害生物、沙尘暴预警和野生动植物疫源疫病的监测防控工作，提高了林业应急处突能力，确保了森林资源安全。

增强支撑保障能力 充分发挥林业科技在林业建设中的示范带动和支撑保障作用，申报国家和省级林业科技项目161项，已落实项目35个、经费2552万元。编制完成《甘肃省林业科技"十二五"发展规划》等3项专项规划。正式开通运行甘肃林业网，组织实施全省林业视频会议系统和办公自动化系统建设。筹备成立甘肃省生态文化协会，敦煌市和兰州市南北两山绿化区分别被中国生态文化协会授予"丝绸之路生态文化万里行"生态文化地标和"全国生态文化示范基地"荣誉称号。林业宣传和政务信息工作进一步加强，在中央和省内主要媒体刊播各类林业新闻报道1800多条(次)，组织开展重点主题宣传活动10多场，向省委、省政府和国家林业局报送各类林业信息400余条，在甘肃林业网、甘肃林业杂志发布动态信息15 000余条。全面启动实施"联村联户、为民富民"行动和"效能风暴"行动，扎实推进廉政风险防控工作，组织参加《阳光在线》直播活动，促进工作，改进作风。

【生态屏障建设】 2012年，全省共落实中央和省级各类林业建设投资52.18亿元，比2011年增加10.81亿元，增长26.14%。其中中央投资36.56亿元，省级投资4.6亿元，林业贷款9.36亿元，利用外资1.66亿元人民币。《祁连山生态环境保护和综合治理规划》已经国务院批准。《甘肃"两江一水"区域综合治理规划》编制工作有序进行。森林生态效益补偿工作取得新进展，争取国家新增甘肃省补偿面积46.49万公顷，包括省级补偿在内补偿总面积达502.24万公顷，年补偿资金5.55亿元。完成营造林32.44万公顷，其中完成重点工程营造林13.10万公顷，新育苗0.79万公顷。完成义务植树9206.3万株，新建义务植树基地620个。太子山省级自然保护区晋升为国家级自然保护区，民勤石羊河和文县黄林沟2个国家湿地公园通过国家评审。积极开展兰州市大气污染治理和新区生态建设工作，编报

《兰州近城区生态增容减污建设实施方案》和《兰州新区生态建设规划》。启动实施兰州、白银城市圈和天定、西长凤、平定高速通道、武威金色大道等6项重点造林绿化工程，完成造林面积1万公顷，有力地带动了甘肃省重点区域、重点地段造林绿化整体水平。

【集体林权综合配套改革】 1月11日，甘肃省委办公厅、省政府办公厅制定下发了《关于全面推进全省集体林权制度综合配套改革的意见》和《关于加快林下经济发展的意见》。省林改领导小组印发《甘肃省全面推进集体林权制度综合配套改革工作方案》，省政府办公厅编制印发《甘肃省"十二五"林下经济发展规划》、转发省林业厅等16个部门《关于促进集体林权制度综合配套改革和林下经济发展若干政策措施的意见》。省林业厅、省林改办先后制定下发《关于促进农民林业专业合作社建设的实施意见》《甘肃省集体林权流转管理暂行办法》《甘肃省林权抵押贷款管理暂行办法》和《关于加强县乡林业综合管理服务机构建设的通知》等一系列政策指导性文件，为全省各地有序推进综合配套改革和林下经济发展提供了有力的政策支持和制度保障。通过不断深化集体林权制度改革，极大地解放和发展了林业生产力，调动了广大农民爱林、造林、护林、营林的积极性，促进了森林资源的持续增长和广大林改农户的稳定增收，改革的成效日益明显。涌现出泾川、康县、会宁、临泽、合水、和政等一批发展林下经济的先进典型。

【依法治林】 截至2012年，甘肃省14个市州、47个省林业厅直属单位中具有行政执法主体资格的356个，具有行政执法资格的人员6323人，其中森林公安干警2106人。严厉打击各种破坏森林资源的违法犯罪行为，2009～2012年，查处各类林政案件9341起，处罚违法人员7403人，挽回经济损失1903.76万元；积极开展林业普法活动，印发宣传资料20万份，张贴标语58 000条，直属重点林区签订责任书2000份。加大林业立法进程，先后出台《甘肃省陆生野生动物造成人身伤害和财产损失补偿办法》《甘肃省林业生态环境保护条例》《甘肃省森林公园管理条例》。特别是《甘肃省陆生野生动物造成人身伤害和财产损失补偿办法》在全国范围内首次将"三有动物"(受国家保护的有益的、有重要经济价值、有科学研究价值的动物)纳入到补偿范围，涉及甘肃省95%的陆生野生保护动物，这是地方立法的创新，在全国开创先河，填补了我国"三有动物"造成损失难以补偿的立法空白。制定《甘肃省林业行政处罚自由裁量权实施办法》《甘肃省林业行政处罚自由裁量权实施标准》，有效保护了公民、法人或者其他组织的合法权益，为林业部门依法行政奠定了坚实基础。

【天保工程区民生】 随着天保工程二期国家投资标准提高和地方财政供给力度加大，工程区职工工资待遇普遍提高，其中白龙江、小陇山、子午岭等重点林区职工人均工资达到2500元/月以上。全省94个县(局)级工程实施单位中，已有58个实施单位的国有林场纳入同级财政全额供给，建立了工资增长的长效机制。林业职工社会保障进一步健全，天保工程区职工五项社会保险参保率、缴费率较工程一期大幅提高。小陇山林业实验局所属差额事业单位和21个国有林场的参保人员将从2013年1月起纳入省直养老保险参保单位管理，实行社会统筹。积极争取国家天保工程一期一次性安置人员养老和医疗保险补助9300万元。

【三北五期工程建设】 全省三北五期工程紧紧围绕"构筑北方生态屏障"这一根本任务，全年完成建设任务6.11万公顷，其中人工造林3.44万公顷，封山(沙)育林(草)2.67万公顷，完成中央投资1.65亿元，工程建设呈现出快速发展、结构优化、质量提升、效益凸显的良好态势。开展了三北工程2011年度县级作业设计评审工作和2011年度三北工程营造林实绩核查工作。完成了三北工程优秀科技推广项目评选和优秀科技论文征集活动，全省有7个项目被国家三北局评为优秀科技推广项目，21篇优秀科技论文在《防护林科技》专辑刊发。申报的"天定高速通道2466.66公顷造林绿化工程""宁县湘乐镇南义乡286.66公顷三北建设工程"和"庆阳市华池林业总场乔川林场200公顷三北工程"被国家三北局评为三北优质工程项目。"甘肃三北防护林体系建设网"正式开通运行，向全社会展示了甘肃三北工程及防沙治沙的进展状况和建设成效。

【林果产业】 组织林果专家编写《甘肃省经济林果优质丰产栽培技术》，完成12个规划树种的标准化示范园生产技术规程和4个质量标准初稿的编定工作，整理和编印"三品一标"(无公害农产品、绿色食品、有机农产品、农产品地理标志)、GAP(良好农业生产规范)等生产技术标准1套。建设完成了省林果产品质量监督检验检测中心，创办了内部交流刊物《甘肃林果》，建立了千万亩优质林果基地建设专家库。截至2012年年底，全省新造经济林3.90万公顷，完成提质增产和低产林改造1.06万公顷，完成良种苗木繁育基地0.08万公顷，完成标准化示范园建设66个，经济林总面积达到124.28万公顷。果品总产量637万吨，总产值146亿元，农民经济林人均收入893.6元。全省经济林栽培面积超过10万亩的县(市、区)有45个，林果产值超亿元的县(市、区)有40个；已形成了以苹果、花椒、核桃、葡萄、枸杞、枣、梨等12个经济林树种为主的陇中优质元帅苹果、陇东优质富士苹果、陇南大红袍花椒、陇南乡土优质核桃、河西走廊无公害葡萄、沿黄灌区无公害枸杞、陇南优质油橄榄等22个特色鲜明的优质林果生产基地。全省各类果品加工企业253家，年加工能力120万吨；建成各类贮藏库3万多个，储藏能力达到103万吨；建成各类产地交易及中小型批发市场157处，年交易量达到138万吨；培育龙头企业56家，年销售额达到25亿元。

【林业有害生物防治】 2012年，全省林业有害生物发生面积29.96万公顷(其中病害6.23万公顷、虫害15.75万公顷、鼠害7.98万公顷)，成灾面积1.28万公顷，成灾率为1.88‰；无公害防治面积26.77万公顷，无公害防治率为84.52%。测报准确率为93.21%，全面完成林业有害生物防治目标管理"四率"指标。同时，林业有害生物防治"四率"指标、松材线虫病和林业鼠(兔)害防治目标列入了林业部门目标管理指标考核体系。林业有害生物"成灾率"及松材线虫病等重大林业有害生物防控目标纳入了政府工作目标管理考核体系。在全省范围内组织开展了"绿盾2012"林业植物检疫执法检查行动。全省各级林业有害生物防治机构中已有18个机构纳入了参照公务员管理，有4个机构更名林业有害生物防治检疫局(站)。"甘肃省网络森林医院"正式开通运行。林业有害生物预警信息短信平台运转良好，全年发送预警信息18 438条。2012年在中国气象频道的《本地气象》节目中播出了3期林业有害生物预报信息。

【防沙治沙工作】 甘肃是全国荒漠化和沙化危害最严重的省份之一，荒漠化面积1921.28万公顷，占全省国土总面积的45%；沙化面积1192.24万公顷，占全省国土总面积的28%。平均每年因土地荒漠化和沙化造成的经济损失达5亿多元。通过开展防沙治沙，全省沙区已有500多万公顷的沙化土地采取了治理措施，沙化土地植被平均盖度由2004年的14.56%提高到16.87%，局部地区水土流失得到有效控制，土壤侵蚀模数大幅度下降，释尘量呈逐年减少趋势。同时，各地结合治沙积极发展经济林果、灌草饲料、中药材、沙漠旅游等特色产业，拓宽农牧民增收渠道，促进沙区生产方式转变和产业结构调整，防灾减灾能力和生态承载能力逐步提升，沙区可持续发展能力进一步提高。

【林地林权管理】 2012年全省共审核审批征占用林地项目110项，其中向国家林业局报送公路、铁路、管线等重点项目5个，均取得国家林业局批准，省林业厅审核审批105项。批准使用林地面积1617.8公顷，收缴森林植被恢复费7193万元。国家林业局通报2011年全国占用征收林地检查结果中，甘肃省项目审核率、费用收缴率等4项指标均为100%。进一步加强林地确权登记发证工作，依法颁发林权证360万本，建立林权档案87.16万卷(件)，维护了林权证的法律地位。对全省低丘缓坡开发利用情况进行清理，全省2006年以来低丘缓坡开发使用林地面积116.87公顷，转为建设用地80公顷，转为耕地23.53公顷，开发利用后保留林地面积13.33公顷。

【林政执法】 2012年，全省共发生林政案件2956起，查处2949起，查处率99.76%。没收木材1418.26立方米，罚款454.465万元，责令赔偿损失28.58万元，补种树木144 928株，行政处罚3142人次，有力地打击了破坏森林资源的违法行为，维护了森林资源安全。与2011年度同期相比，案件发生数量呈上升趋势，森林资源损失有所增加，案件查处率得到提高，违法案件处罚力度明显加大。开展了全省征占用林地专项清理整顿，依法打击毁林开垦、开矿建厂、非法占用林地和破坏野生动植物资源的违法行为，清理征占林地案件36宗，查处违法占用林地案件28起，关闭小型水电站24座、查封碎石场4处，违法占用林地和擅自改变林地用途的行为得到遏制。积极协调省财政筹措资金320多万元，对33个木材检查站危旧站房进行改造，对22个一级站配备办公设备，按期启用全国木材运输系统。认真开展"执法监督年"活动，统一制定木材检查执法范围、执法依据、执法程序等12项规章制度，规范了执法行为。

截至2012年，全省共有林政稽查组织50个，其中省级2个，市(州)级14个，县(区、市)级29个，厅直单位5个。经各级编制机构核定人员编制199名，实有1296名。

【林业棚户区(危旧房)改造】 2009年~2012年国家共安排甘肃省林业棚户区(危旧房)改造任务26 699户，截至2012年年底全部开工，开工率100%；主体竣工21 885户，主体竣工率82%；实现入住14 761户，入住率55%。计划投资166 390万元，其中，中央投资43 172.5万元，省级配套26 699万元，自筹资金96 518.5万元，截止到2012年年底，到位资金199 995万元，占计划投资的120%。其中：中央资金56 319.5万元，省级配套26 699万元，市州配套1273万元，职工自筹资金115 703.5万元。

【林业外资项目】 2012年，甘肃省共实施林业外资项目13个，其中政府间双边合作项目9个，国际金融组织(亚行)贷款项目1个，国际组织援助项目3个。项目总投资9000.3万美元(折合人民币56 701.9万元)，2012年利用外资2668.42万美元(折合人民币16 811万元)。建设内容包括生态造林、防沙治沙、产业建设、果品储藏加工、保护区能力建设、生物多样性保护、技术引进等。中德财政合作甘肃天水生态造林项目天水市秦州森林体验教育中心被联合国教科文组织德国委员会评为联合国十年"可持续发展教育项目"，11月29日在德国法兰克福举行颁奖仪式，该奖项是甘肃省林业外资项目建设史上获得的最高奖项，为甘肃林业行业赢得了荣誉。

【林业信息化】 编制完成《甘肃省林业信息化发展中长期规划》，开发建成"甘肃林业网"，结束了甘肃省没有林业门户网站的历史。新建14个市(州)林业局和25个省林业厅直属单位网站，"甘肃林业网"成为全省统一的林业门户网站群。新建省林业视频会议中心和12个市(州)林业局、19个厅直单位视频会议系统。建成全省林业政务专网和人事、计财、应急和防火专网，全省林业网络体系基本形成。积极开展林业数据库建设整合，信息资源共享迈出了实质性步伐。张掖市林业局，祁连山、兴隆山、莲花山保护局建成森林资源监管、营造林管理、有害生物防治管理、野生动物管理、森林灾害预警等信息系统。甘肃省编办正式批复成立省林业信息化工作管理办公室，组建78人的全省林业信息员队伍。全省共投入资金3700余万元用于林业信息化建设，取得了非常明显的成效，得到国家林业局和省政府电子政务办的肯定和表扬。全省林业信息化建设成就作为西部地区一大亮点，被评选为全国林业信息化十件大事之一。甘肃林业信息化工作被国家林业局授予快速发展领先奖、在线交流领先奖和全国林业十佳网站荣誉称号，全省林业信息化发展水平在全国42个评测单位中被评定为第14位，跻身全国先进行列。

【退耕还林】 2012年，国家下达甘肃省退耕还林工程计划任务2.1万公顷，省发改委联合省林业厅及时将计划任务分解落实到14个市(州)的84个县(市、区)，对各工程实施县区和单位的实施方案进行审核和批复。制定印发了《甘肃省巩固退耕还林成果专项规划林业项目管理办法》和《甘肃省巩固退耕还林成果专项规划林业项目检查验收办法》。对嘉峪关、酒泉、张掖、金昌4市和山丹马场2010年巩固退耕还林成果专项规划建设项目进行抽查复验，成果巩固项目进展顺利。对全省截至2012年到期的2005年度11.76万公顷生态林开展了阶段验收，对2011年1.93万公顷退耕还林工程建设任务和8.11万公顷巩固成果林业建设项目开展省级年度检查验收。编制完成并向国家林业局报送《甘肃省2011年退耕还林工程效益监测报告》。组织开展"甘肃省退耕还林信息管理系统"专题培训，95%的县区已完成基础数据录入，省级数据库后期建设工作有序开展。向各市(州)下发《关于加快推进退耕还林林权登记发证工作的通知》，全省1999~2011年已完成退耕还林工程发证面积172.40万公顷，占工程实施总面积的93.2%。

【普氏野马放归】 9月，第二批普氏野马放归计划启动。甘肃濒危动物保护中心从适宜放归的54匹野马中优选出21匹野马，形成了两个放归种群。与第一次野马放归不同的是，随普氏野马一起放归的还有首次试验性放归的4峰野骆驼，它们将和21匹普氏野马一起放归大自然。普氏野马放归活动标志着甘肃省在普氏野马种群野化领域取得重大突破，对恢复扩大普氏野马野生种群、强化公众保护意识、加强合作交流、提升濒危物种和生物多样性保护能力，具有十分重要的现实意义和深远的历史意义。

【林业大事】

1月11日 甘肃省委办公厅、省政府办公厅制定下发《关于全面推进全省集体林权制度综合配套改革的意见》和《关于加快林下经济发展的意见》。

2月8日 全省林业局长会议在兰州召开。会议学习贯彻党的十七届五中、六中全会及中央和全省经济、农村工作会议以及全国林业厅局长会议精神，总结2011年全省林业工作，分析当前林业发展形势，安排部署2012年全省林业工作。

2月8日 甘肃省林业厅举行甘肃林业网开通仪式。

2月21日 "甘肃网络森林医院"正式开通运行。

2月22日 甘肃省林业厅召开厅系统开展"联村联户、为民富民"行动动员大会，传达学习省委"双联"工作会议精神，安排部署厅系统"双联"工作。

3月12日 甘肃省绿化委员会办公室会同兰州市绿委办在兰州市东方红广场举办以"践行低碳生活、共建绿色家园"为主题的大型宣传咨询活动。

4月18日 甘肃省委、省政府在兰州召开了全省春季植树造林电视电话动员大会。

4月24日 甘肃省第十二次党代会报告指出，把"坚持绿色发展取向"列为全省必须坚持的八个发展取向之一，把"实施生态屏障行动"列为全省必须深入实施的十大重点行动之一。

5月9日 甘肃省第四次大熊猫调查启动会在白水江保护局召开。国家林业局保护司副司长贾建生、甘肃省林业厅副厅长樊辉、白龙江林管局副局长张世虎及文县人民政府副县长王育红等领导出席会议。

5月23日 国家林业局局长赵树丛一行来甘肃省考察林业工作。先后调研武威市金色大道绿化工程、民勤防沙治沙工作以及兰州市南北两山绿化等工作。

8月22日 甘肃省三北局被国家林业局授予全国生态建设突出贡献奖先进集体。

9月6日 国家林业局和甘肃省林业厅在甘肃敦煌西湖国家级自然保护区共同举办甘肃普氏野马第二次放归自然暨全国首次野骆驼实验性放归自然仪式。

11月28日 甘肃省委、省政府召开全省农村土地流转和林权流转工作会议。

11月28日 《甘肃省森林公园管理条例》经甘肃省第十一届人民代表大会常务委员会第三十次会议审议通过，自2013年1月1日起施行。

11月29日 中德财政合作甘肃天水生态造林项目——天水市秦州森林体验教育中心荣获联合国教科文组织德国委员会"联合国十年可持续发展教育奖"。该奖项是甘肃省林业外资项目建设领域获得的最高奖项。

(甘肃省林业由赵俊供稿)

青海省林业

【概　述】 2012年全省林业工作继续坚持兴林富民宗旨，认真实施林业重点工程，狠抓林业改革创新，积极发展林业产业，各项工作顺利推进，为保护生态、改善人居环境、发展民生作出了新的贡献。全省共完成营造林10.39万公顷，是5年来规模最大的一年。其中，人工造林5.03万公顷，封山育林5.35万公顷。共落实林业生态建设资金19.9亿元，是2007年生态建设资金投入量的2.7倍，创历史新高。

【林业重点工程】

退耕还林工程 保质保量完成各项年度营造林建设任务。完成退耕还林工程荒山人工造林0.57万公顷，封山育林1.07万公顷。对全省2004年度的1.39万公顷退耕还林地进行阶段性验收和全省林业综合核查工作，经验收合格率达100%。

天然林资源保护工程 管护天然林面积367.8万公顷，完成人工造林0.13万公顷，封山育林2.13万公顷。为保证天保工程二期森林管护工作健康运行，各级林业部门科学编制了天保二期2012年度省、县级森林管护实施方案，统筹安排森林管护资金用于天保工程区工程管理能力建设，进一步提高资金使用效益。

"三北"防护林建设工程 完成人工造林2.13万公顷，封山育林2.15万公顷。年初与各州地市县级林业主管部门签订了目标责任书，做到早安排、早落实、早行动，特别是三北防护林工程要求乔灌分造，立足当地实际，高标准、高质量进行规划设计，做到了适地适树、造林地块管护措施到位。

公益林生态效益补偿 落实重点公益林管护面积496.09万公顷。为确保国家级公益林建设工程健康运行，规范运作，省林业厅会同省财政厅编制了《青海省2012年森林生态效益补偿基金实施方案》，并及时上报财政部和国家林业局备案。各实施单位根据省级实施方案中分解到的管护面积及资金总量，编制了年度县级实施方案，并通过省级有关专家审定和主管部门批复后付诸实施，使国家级公益林保护管理工作稳步推进。

野生动物保护和自然保护区建设工程 国家级自然保护区管理能力进一步加强。完成大通北川河源省级自然保护区晋升国家级自然保护区项目规划上报工作，完成了三江源生态保护和建设工程投资9143万元，其中完成封山育林项目4.87万公顷，湿地保护3.33万公顷。成立了青海省部门间CITES执法工作联系协作小组，有力推动了野生动物保护工作。

湿地保护工作 全省第二次湿地资源调查工作已全面完成，贵德黄河清国家湿地公园已经国家林业局批准实施。湿地立法进展顺利。

【造林绿化】

村庄绿化 将城镇造林绿化与城市基础建设同步规划、同步推进，积极开展绿地改造、管养和庭院绿化等工作，从改善农村生产生活条件出发，积极营造环村林、环宅林，推进社会主义新农村建设，着力探索村庄绿化新方法、新模式，全面完成200个村的村庄绿化建设任务。

碳汇造林工作 已全面完成碳汇造林项目前期规划设计、土地合格性认证、基线调查、模型建立和碳汇造林工作，全省累计完成碳汇试点造林0.14万公顷。

全民义务植树活动 积极做好宣传发动，努力提高全民义务植树的尽责率，完成义务植树1401.8万株，为计划任务的104%。

林木种苗质量监督和管理 先后3次对西宁市、海东地区、海北州、黄南藏族自治州、海南藏族自治州的林木种子和苗木质量进行了检查，种子质量全部合格，通过重点对全省种苗生产集中区、产种和用种大县、种苗交易集散地进行检查，从源头上保证了林木种苗质量。新增2处国家重点林木良种基地，启动实施了15处国家林木良种苗木培育补贴项目。目前共完成新育苗0.15万公顷，占计划任务的153%，共储备各类林木种子17万千克，出圃各类苗木2.97亿株。

【林业改革】

集体林权制度改革工作 2012年，全省林改工作目标是做好主体改革收尾、"回头看"及检查验收工作，确保"明晰产权，确权发证，明确责任"的主体改革任务保质保量地全面完成。全省主体改革收尾工作已经完成，确权发证230万公顷，涉及农户60.6万户、239万人，2230个农民股份制林业经营组织全面完成了建章立制。两项配套政策落实和深化改革试点工作顺利推进，在经济社会条件、气候条件相对较好的海东、西宁、海西以及黄南、海南黄河沿岸各县积极开展以发展林下种养、经济林培育、休闲旅游服务、生态复合型苗木基地和林权抵押贷款、农民林业专业合作社建设、林权流转等为主要内容的试点工作，探索全省深化改革的路子和政策措施。

【林业产业】 结合巩固退耕还林成果工程，新建沙棘基地0.49万公顷，枸杞基地0.51万公顷，核桃基地0.13万公顷。为扶持龙头企业带动林业产业发展，制定下发了《青海省林业产业化省级重点龙头企业认定及检测管理(暂行)办法》，命名青海柴达木高科技药业有限公司等14家企业为"青海省林业产业化重点龙头企业"。森林旅游、沙产业、林下经济等产业加快推进。在海西州和海东地区分别召开了枸杞造林及产业发展现场会、东部地区造林现场会，为全面推进林业产业发展，加快造林绿化进程起到了积极的促进作用。在第五届中国义乌森林产品博览会上，青海省推出的诺木洪枸杞产品和大雪山公司枸杞产品分别获得优质产品金奖和优质产品奖，两家企业获得最佳参展奖。

【生态效益价值评估体系建设】 经积极协调，2012年5月14日，省林业厅与国家林业局生态监测评估中心在北京共同签订《青海省生态系统服务功能监测与价值评估》项目合作协议。完成了青海湖、玛可河、都兰、贵南等8个国家级生态定位研究站建设申请书的编制及上报，开展了三江源、青海湖、祁连山地区生态监测工作。与中船重工七一〇研究所签订《林业应用技术示范基地合作协议书》，共同开展了森林资源和濒危物种保护、监测与管理工作。

【"三防"体系建设】 通过开展严厉打击野生动物及其制品网络犯罪和非法贸易活动专项行动、"绿盾2012"林业植物检疫执法检查行动，确保了森林和野生动植物安全。全省森林公安机关共查处各类森林和野生动物案件1968起，案件综合查处率为96%，共打击处理各类违法案件犯罪人员2309人次，收缴木材201立方米，野生动物及制品2386件。

共审核审批征收占用林地项目84项，征占用林地面积215.46公顷。完成林业有害生物防治面积16.33万公顷，为全年防治任务的116%，无公害防治率达到了96%，成灾率控制在2.14‰，组织开展了青海高原林业有害生物飞机防治试点。申请了8个中央财政林业科技推广项目，组织实施省级财政林业推广项目15项，完成了6个标准化林业站和2个林业科技推广站建设项目。全省已连续26年未发生重大森林火灾事故。

【对口支援青海林业生态建设】 6月19日，青海省政府与国家林业局签署了《共同推进青海林业生态建设合作备忘录》，国家林业局将从林业生态安全体系建设、林业产业体系建设、林业生态文化体系建设、林业生态系统监测和评价体系建设、林业基础能力建设、联点对口帮扶以及合作共建工作机制等方面给予青海省大力支持。经与国家林业局多次汇报、衔接，编制了《（2012～2015年）青海省林业生态保护和建设项目储备册》，共储备林业项目287项，计划总投资177.65亿元，作为国家林业局对口支援青海林业生态建设和投资的重要内容和依据。

【项目规划】 按照突出重点、统筹兼顾，合理布局的要求，结合林业发展"十二五"规划和国家支持青海藏区政策、与国家林业局签订《合作备忘录》等有利时机，强化联系沟通，认真做好林业项目的规划和申报工作。上报了《青海省核桃产业发展规划》《青海三江源生态保护和建设二期工程规划》《青海省藏区林业服务体系建设"十二五"规划》等事关长远发展的规划。湟水流域百万亩水源涵养林基地建设项目已列入国家三北防护林体系五期工程规划、枸杞规模化丰产栽培技术集成与示范项目列入省级重大科研专项、柴达木枸杞产业升级技术开发与示范项目列入科技部星火计划。

【共建示范村活动】 按照全省"党政军企共建示范村"活动的统一部署，省林业厅紧密结合林业生态保护和建设实际，主动跟进，将省级和西宁市"党政军企共建示范村"活动的82个村庄纳入村庄绿化项目，投资1640万元。通过落实退耕还林工程、森林生态效益补偿政策和合同制管护天然林，共建村户均年收入1452元，共建村群众将得到管护资金493.8万元。同时，成立领导小组，深入实地开展调研，援助资金225万元，从村庄环境整治、危旧房改造、基础设施建设、产业发展等方面入手，认真开展对祁连县八宝镇冰沟村的帮扶共建活动。省林业厅荣获海北州党政军企共建示范村活动突出贡献奖。

依托已经建立的"党政军企共建示范村""机关事业单位定点扶贫""万名干部下乡"等有效载体和领导干部党建工作联系点等制度，加强与新一轮"基层组织建设年"和"抓作风建设、促工作落实"主题实践活动有机结合，机关干部紧密结合各自职能、岗位职责，建立了联系点，确定了联系户；印发了《民情联系卡》《为民服务卡》。

积极推进玉树灾后生态恢复重建工作，全年共安排17批15人驻玉树藏族自治州指导开展生态恢复和灾后重建工作。

【队伍建设】 继续加强干部队伍建设加大培训力度，提高整体素质，全省林业系统参加各类培训1500余人（次）；加快林业信息化建设步伐，积极推行电子政务和网上办公，强化网络宣传力度，推进网络升级改造；强化内部职能，单设科学技术处，增设林木良种繁育中心，进一步拓展了林业科技发展的空间；创建了创先争优长效机制，在建立的《领导责任制度》《基层组织建设接受群众监督评议制度》等制度的基础上，又建立了党组、机关党委、支部抓机关党建的长效机制；认真落实党风廉政建设责任制，不断创新机制，通过开展"家庭助廉"、制定全厅廉政风险点和防控流程图等活动，真正让廉政教育入脑入心；加强机关能力和作风建设。召开全厅能力建设工作会议，不断增强干部职工的能力提升意识、工作落实意识、岗位责任意识，充分发挥林业在经济社会发展中的重要作用。

【林业大事】

1月4日 根据《三北局关于表彰2010年度三北防护林体系建设优质工程的决定》，青海三北防护林工程西宁市大南山绿色屏障建设项目和大通县景阳镇水源涵养林建设项目被国家林业局三北局评为2010年度三北防护林体系建设优质工程。

1月11日 省林业厅召开"两节"期间廉洁自律座谈会，向33名副处级以上干部发送了廉政信。

1月17日 省林业厅发布公告，经省林木品种审定委员会审定通过的青杨雄株优良无性系等2个林木品种和认定通过的新疆忍冬等5个林木品种在林业生产中可以作为林木良种使用，并在公告规定的适宜种植范围内推广。至此，青海省林木良种达到9个品种。

1月19日 副省长邓本太参加省林业厅创先争优活动领导点评会时强调，要在服务大局、服务民生、服务发展中开展活动，以创先争优活动为思想引导，扎实推进高原现代林业建设。

1月19日 《青海省林木种苗"十二五"发展规划》颁布实施。

2月2日 在西宁市麒麟湾公园开展了题为"负责任的旅游有益于湿地和人类"的第16个"世界湿地日"宣传活动。

2月7日 西宁市湟水林场杨树良种基地、黄南州麦秀林场紫果云杉母树林两处良种基地被确定为国家重点林木良种基地，至此，青海国家重点林木良种基地数量达到4处。

2月13日 全省林业工作会议在西宁召开，会议全面总结2011年青海省林业工作，分析发展形势，对2012年的工作进行了安排部署。

2月20日 由保护国际基金会北京代表处、青海林业厅共同举办的"青海湿地生态补偿成效监测与评估项目启动会"在北京召开。

3月27日 国务院在北京人民大会堂召开全国造林绿化表彰动员大会，青海省5个单位和3名个人获得表彰。

4月1日 省玛可河"3·27"袭警案件顺利告破。

4月6日 省绿化委员会召开全体成员会议，通报2011年全省国土绿化完成情况，安排部署2012年绿化工作，表彰绿化责任目标完成优秀单位，签订2012年度部门绿化目标责任书。

4月7日 省绿化委员会召开全省全民义务植树动员电视电话会议，安排部署2012年全民义务植树工作，进一步动员广大干部群众积极投身植树造林事业。

4月9日～19日 省森林公安局在全省范围内组织开展了打击野生动物及其制品网络犯罪和非法贸易专项统一行动，共收缴野生动物及制品143件（只、头），涉案价值15万元。

4月12日 青海省委书记、省人大常委会主任强卫、省长骆惠宁等省五大班子领导和西宁市300余名干部群众，在大南山生态绿色屏障小西山绿化区参加义务植树活动，标志着2012年全省国土绿化工作全面展开。

4月13日 西宁地区400多名省直机关厅局长和机关干部积极参加由省绿化委员会和省直机关工委联合在大南山生态绿色屏障小西山绿化区开展"青海省厅局长林"义务植树活动。

4月19日 国家工信部对海西州柴达木高科技药业有限公司组织实施的"青海省柴达木地区枸杞生产基地建设项目"进行了年度绩效评估考核。项目建设以综合得分86.74分，评定为"优秀"。

4月22日 省林业厅党组书记、厅长党晓勇获"绿色中国年度焦点人物"奖。

5月5日 由省三江源自然保护区管理局和西宁市林业局共同主办的题为"爱鸟护鸟观鸟，共享自然之美"全省第30届"爱鸟周"宣传活动在西宁市人民公园举行。

5月14日 省林业厅与国家林业局调查规划设计院(国家林业局生态监测评估中心)在北京共同签订《青海省生态系统服务功能监测与价值评估》项目合作协议。青海省率先在全国提供省级生态系统服务功能价值评估的示范，填补了国内空白。

6月7日 青海省部门间CITES执法工作联系协作领导小组在西宁地区组织开展打击非法贸易濒危野生动植物资源违法犯罪专项统一行动。

6月19日 国家林业局对口支援青海林业生态建设工作座谈会在西宁举行。会后，国家林业局局长赵树丛和青海省省长骆惠宁分别代表国家林业局和青海省政府签署了《国家林业局与青海省政府共同推进青海林业生态建设合作备忘录》。

6月19日~21日 国家林业局局长赵树丛前往西宁市、海东地区、海北州调研造林绿化、森林资源管护、湿地及野生动物保护工作。

7月1~15日 省三江源自然保护区管理局联合省森林公安局在玉树重点自然保护区域组织开展了代号为"飞鹰行动"的联合执法整治活动，严厉打击破坏生态环境违法行为，全力保护了三江源生态环境和自然资源安全。

7月10~18日 世界自然基金会联合北京大学组织美国麦克阿瑟基金会国际项目主任姚根·汤姆森一行4人来青考察澜沧江生态保护项目。

7月30日 省林业厅在都兰县启动了青海高原飞机防治荒漠柽柳灌木林虫害试点工作，共作业6架次，圆满完成了飞防试点工作。

8月6日 省林业厅和省旅游局签署了森林旅游发展合作框架协议，标志着青海林业、旅游两部门在加快部门间深度合作、共同推进森林旅游发展的长效机制方面迈出了实质性步伐。

8月27日 全国三北四期工程总结表彰暨五期工程启动大会授予西宁市林业局、海东地区林业局和海晏县林业站为先进集体，6个个人荣获先进个人称号。

9月11日 省林业厅组织召开了东部地区造林绿化现场观摩会，加快全省造林绿化进程，推动造林绿化工作再上新水平。

9月13日 省林业厅组织海西、海南州及各所属部分县的林业部门、林业龙头企业召开了全省枸杞造林及产业发展现场观摩会。

9月20日 省林业厅组织专家和相关人员组成工程验收组，对三江源国家级自然保护区纪念碑玉树地震灾后碑体修复工程进行了验收。

9月24日 在全国林业科学技术大会上，青海省森林病虫防治检疫总站荣获"全国生态建设突出贡献奖"先进集体称号。 (青海省林业由宋晓英供稿)

宁夏回族自治区林业

【概　况】 全区共完成营造林10.13万公顷，其中人工造林6.33万公顷，封山育林3.8万公顷，超额完成了年初下达的10万公顷营造林任务；同时也标志着自2008年启动的"六个百万亩"生态林业工程全面完成。

【优势特色产业】 全区新增经济林2.68万公顷，经济林基地规模达到30.67万公顷，农民增收成效显著，全区林业及相关产业产值有望达到160亿元。按照自治区党委确定的"一心、三城、十镇、百庄、百万亩基地、千亿元产值"的目标要求，全力推进贺兰山东麓葡萄产业发展。以推进贺兰山东麓葡萄产业发展为重点，成功地承办了首届贺兰山东麓葡萄酒节。新发展葡萄种植4500公顷，全区葡萄种植总面积达3.4万公顷，其中酿酒葡萄2.93万公顷，年产量10万吨，已建成葡萄酒加工企业52家，生产能力17.9万吨；制订出台了《加快全区葡萄产业发展推进计划》和《葡萄、枸杞、红枣、苹果等产业扶持方案》，颁布实施了《宁夏回族自治区贺兰山东麓葡萄产区保护条例》。

【森林管护】 依法理顺了占用征收林地和林木采伐的审批程序；对本部门负责实施的行政管理文件进行了全面清理，对22项林业行政许可事项重新进行了梳理，下放了4项审批权限，审批总时间由原来的313个工作日压缩到209个工作日；组织编制完成了全区林地保护利用规划及县级林地保护利用规划，完成了全区林地落界工作，加强荒漠化监测工作，为林地管理提供了科学依据；积极探索林业资源管护的体制机制和办法，102.05万公顷森林资源通过天然林资源保护工程实施得到有效管护，56.43万公顷森林资源纳入森林生态效益补偿。

【湿地保护】 根据《全国湿地"十二五"工程实施规划(草案)》和国家林业局2013年中央预算内林业投资计划建议，宁夏林业厅及时向各地传达有关精神，组织编报了7个项目，分别为青铜峡库区、吴忠黄河、固原清水河、鸣翠湖、天湖、星海湖和鹤泉湖湿地保护项目，总计申请资金4934万元。2012年国家发改委下达了2009年扩大内需项目，包括平罗天河湾和宁夏银川湿地保护恢复两个项目最后一批资金500多万元，同时下达了《宁夏中卫沙漠湿地保护建设示范工程(二期)建设项目》900多万元。银川滨河湿地群建设全面启动，黄沙古渡国家湿地公园接受了国家林业局试点验收，鹤泉湖通过了国家湿地公园(试点)的初步验收，批准建立了太阳山温泉湖等7家省级湿地公园，完善了湿地保护补助资金投入的长效机制。

【天保工程】 2012年，宁夏天然林资源保护工程实际完成投资17 226万元，其中，中央投资15 530万元，自治区财政配套资金1696万元。完成森林资源管护面积102.05万公顷，中央及自治区下达森林资源管护资金7654万元，其中，中央资金5958万元，地方配套资金1696万元。完成公益林建设任务1.87万公顷，其中，人工造林0.47万公顷，封山育林1.4万公顷，中央投资3120万元。完成国有中幼林抚育任务0.73万公顷，中央下达资金1308万元。政策性社会性支出资金72万元。

【退耕还林】 2012年自治区退耕还林任务全部安排在固原市5县(区)和吴忠市盐池县，建设总面积为0.83万公顷，其中乔木林0.13万公顷、灌木林0.63万公顷、封山育林666.67公顷。2012年，宁夏累计兑现退耕还林政策补助资金54 739.26万元，其中兑现种苗费1810万元、第一轮退耕还林政策补助24 732.8万元、第二轮政策补助28 196.46万元。

【森林防火】 2012年各级防火部门克服极端气象条件影响、野外火源管理难度大、林区可燃物载量急剧增加等不利因素，采取一系列有效措施，确保全区未发生较大以上森林火灾。据统计，1～11月全区共发生森林火灾9起，均为一般森林火灾，过火面积3.674公顷，烧损幼林0.117万株，实现了森林资源损失低于1‰的目标。

【林政稽查】

林业行政案件发生情况 根据各市、县(区)上报数据统计，从2011年10月1日至2012年9月30日，全区共发生林业行政案件445起，其中：盗伐林木26起，占5.84%；滥伐林木64起，占14.38%；毁坏林木、苗木23起，占5.16%；违法征、占用林地55起，占12.35%；非法收购、运输木材5起，占1.12%；非法经营、加工木材22起，占4.94%；非法猎捕野生动物5起，占1.12%；非法收购、出售、运输野生动物及其制品15起，占3.37%；违反森林植物检疫规定2起，占0.45%；违反林木种苗管理规定6起，占1.35%；其他案件222起，占49.89%。

林业行政案件查处情况及收缴财物 2012年，全区共发生林业行政案件445起，查处431起，查处率为96.85%。全区林业行政罚款149.27万元，赔偿损失3.58万元，没收木材60.84立方米，没收苗木2600株，没收野生动物1230只(国家重点保护野生动物79只)，依法收回林地0.12公顷，补种树木19 758株，行政处罚428人次。

【自然保护区管理】 按照《宁夏国民经济和社会发展"十二五"规划》《宁夏林地保护规划》，自治区在"十二五"期间要进一步加强自然保护区、湿地公园建设。目前，白芨滩国家级自然保护区的功能区划调整已经完成，哈巴湖国家级自然保护区收归林业局直管，罗山国家级自然保护区已经完成了二期建设，贺兰山国家级自然保护区被列为全国51个示范自然保护区之一。目前，自治区林业系统共建立荒漠、森林及野生动物类型国家级自然保护区5处，自治区级自然保护区1处，总面积53.64万公顷，占全区国土总面积的8.08%。自治区的自然保护区在机构建设、人员配备、科研监测、基础设施建设、执法能力、宣教培训等方面都有了长足发展。为了抓好三河源保护、大六盘山生态圈建设和全区生态移民工程建设，林业局多方努力申请建立了南华山国家级自然保护区，现已经上报国家林业局等待批准。

【集体林权制度改革】 全区集体林权制度改革在认真总结试点经验的基础上，于2011年12月全面推进实施。积极探索坚持生态优先、统筹兼顾、因地制宜、分类施策的集体林权制度改革新路，闯出了"工程推动、大户带动、龙头拉动、合作促动"等4种林改模式，成功地破解了生态脆弱区集体林权制度改革的难题。截至目前，全区集体林地已完成确权92万公顷，确权率为95.2%，已发放林权证42万本，发证率为95%，主体改革全面完成，配套改革初步展开，林下经济发展成效初显。

【科技下乡】 2012年自治区各级林业部门组织大规模送科技下乡活动6次，开展技术讲座18场次，共发放培训书籍1500多册、技术资料12 000多份，培训基层技术人员、果农3800多人次，培训农民48 000多人次。

【林业标准化编制】 组织农林科学院等单位编制完成了《宁杞5号配套栽培技术规程》《宁杞7号配套栽培技术规程》《宁夏引黄灌区苹果郁闭园改造技术规程》《宁夏引黄灌区苹果园交替控灌及覆膜生草技术规程》等7项地方标准，并通过专家评审。

【首届贺兰山东麓葡萄酒节】 首届贺兰山东麓葡萄酒节，引起了国际葡萄酒界的高度关注和强烈反响，贺兰山葡萄产区在国际社会的知名度进一步提升；扩大了葡萄产业的合作领域，引进了世界最先进的葡萄与葡萄酒种植、酿造的理念、技术和经验，吸引了一大批国内外知名的葡萄酒企业到贺兰山东麓投资兴业；贺兰山东麓葡萄产业发展的环境不断优化，独特的品牌优势进一步凸显，发展的思路与方向更加明确清晰；节会的组织工作得到了自治区政府主要领导和社会各界的充分肯定。

【退耕还林】 在全国率先对退耕还林工程进行了系统总结和深度研究，多项管理工作在全国名列前茅。在

2012年国家开展的退耕地阶段验收中，首次实现了面积核实率、面积保存率两个100%，自治区林业局被国家林业局评为全国退耕还林阶段验收工作先进集体。2000年工程启动以来，首次在自治区召开了全国性退耕还林工作会议。

【集体林权制度改革】 坚持因地制宜，分类指导，充分发挥主观能动性，注重群众的首创精神，加快主体改革步伐，全区集体林权制度改革确权率和发证率由年初的39.4%和32%分别达到96%和95%，赶上了全国进度；林下经济发展成效显著，国家林业局于2013年6月在自治区召开全国深化集体林权制度改革工作现场会。

【服务地方经济社会发展】 根据自治区重点建设项目的需要，主动服务地方经济，积极沟通，科学编制林地利用规划，努力争取国家林地备用定额，将自治区重点项目争取列为国家林业局重点扶持和保证项目，为确保宁东能源化工基地、银川滨河新区等重点建设项目的顺利实施，制定下发了《自治区林业局关于支持宁东化工基地建设的若干意见》和《自治区林业局关于支持银川滨河新区建设的若干意见》。

【防沙治沙合作论坛】 第三届中阿经贸论坛期间，成功举办了以“防沙治沙用沙、交流合作共赢”为主题的中阿防沙治沙合作论坛，联合国荒漠化公约组织执行秘书吕克·尼亚卡贾和13个国家和地区的300多名官员和专家参加了会议；达到了宣传推广宁夏防沙治沙经验和加强与阿拉伯国家交流与合作的目的，得到了自治区领导的充分肯定，吕克·尼亚卡贾专门致信郝林海副主席，对论坛成功举办和自治区防沙治沙成果给予高度赞誉。

【“四整一树”主题活动】 根据自治区林业局面临的特殊局面，局党组结合创先争优、营造风清气正发展环境和“下基层”活动，在全区林业系统大张旗鼓地开展了声势浩大的以“整改问题、整肃纪律、整顿作风、整饬管理和树立良好形象”为主题的“四整一树”教育活动，收到了良好的效果，林业系统干部队伍精气神得到了提振、执行力得到了增强、法制环境得到了优化、群众满意度有了提高、行业形象有了新提升。

【林业大事】

1月13日 宁夏GEF土地退化防治管理与政策支持项目工作研讨会在银川召开。

2月1日 自治区人民政府撤销宁夏林业产业发展中心，批准成立宁夏葡萄花卉产业发展局。

2月17日 全区林业局长会议在银川召开，自治区政府副主席郝林海在会上作了重要讲话。

2月23日 自治区林业局召开干部大会，自治区党委组织部副部长李泽锋宣布自治区党委任命赵永清为自治区林业局党组书记的决定，自治区政府副主席郝林海参加了大会并讲话。

3月2日 全区苹果产业发展座谈会在吴忠召开。

3月12日 自治区林业局组织开展“3·12”植树节宣传活动，局党组成员到活动现场检查指导工作。

3月15日 全国两会期间国家林业局造林绿化管理司司长王祝雄与自治区林业局领导走进北京直播间，畅谈宁夏林业生态建设的重要性。

3月16日 自治区林业局召开干部大会，自治区党委组织干部三处温永盛处长宣布了任命李安为自治区林业局党组成员、副局长，任命曹凯龙为自治区林业局党组成员、副局长兼宁夏葡萄花卉产业发展局局长的决定。

3月19日 自治区林业局与自治区气象局联合召开2012年森林防火气象信息通报会。

3月22日 自治区党委常委、纪委书记陈绪国一行调研宁夏防沙治沙职业技术学院、宁夏金沙林场葡萄基地、宁夏林业研究所(有限公司)。

3月23日 自治区森林防火指挥部办公室、自治区林业局、石嘴山市森林防火指挥部办公室联合在石嘴山市星海湖中域湖路举行春季森林防火实战演习。

3月29日 国家苹果产业病虫害防控研究室专家陈汉杰研究员等一行3人在宁夏农林科学院有关专家和区森防总站领导的陪同下到中卫，把脉会诊苹果蠹蛾防控工作。

4月5日 宁夏春季植树造林观摩动员会在吴忠市召开。自治区林业局党组书记赵永清作了动员讲话，自治区政府副主席郝林海参加动员会并作重要讲话。

4月6日 自治区领导张毅、项宗西、崔波、蔡国英、马三刚、陈绪国、徐广国、傅兴国等与来自区直机关、部队、学校和银川市5000多名干部群众，在银川览山公园参加春季全民义务植树活动。

4月14日 中日青年惠农区生态绿化示范林项目二期工程启动。

4月19日 自治区林业局召开“下基层、解民忧、帮发展、促和谐”活动动员大会，局党组书记赵永清讲话。同日，召开党风廉政建设和防腐败工作会议。

4月24日 中国(宁夏)贺兰山东麓百万亩葡萄产业带和文化长廊推介会在江苏省南京市举行。自治区副主席屈冬玉在葡萄酒推介会上致辞，自治区林业局党组书记赵永清在现场推介了宁夏葡萄与葡萄酒。

4月27日 宁夏党建研究会会长马金虎一行在固原市人大副主任罗京玺、政协副主席姚启世的陪同下，调研全区退耕还林工程建设情况。

5月7~10日 中法宁夏葡萄酒产业合作洽谈会暨中欧葡萄与葡萄酒发展论坛在银川成功举办。

5月10日 自治区党委宣传部举办以“科学发展，成就辉煌”为主题的系列新闻发布会，自治区林业局副局长马林就自治区生态建设情况向媒体记者进行了新闻发布。

5月16日 中央电视台《聚焦三农》栏目就“宁夏防沙治沙建设情况”专访了宁夏林业局党组书记赵永清。

5月16日 国家林业局西北林业调查规划院书记陈道东、遥感中心主任黄生一行到自治区检查全区林地保护利用规划编制进展情况和林地落界情况。

5月17日 世行董事会同意给宁夏荒漠化治理与生态保护项目贷款8000万美元，标志着自治区申请世行贷款已获成功。

5月18日 德国复兴银行首席区域经理唐卡尔

(Joachim Trede)，在财政部贷款司鲁振宇处长陪同下，对中德财政合作中国北方荒漠化治理项目中卫项目区建设情况进行了考察。

5月21日 首届贺兰山东麓葡萄酒节100天倒计时启动仪式在宁夏德龙十万亩葡萄生态产业园举行。

5月27日 中央人民广播电台《中国湿地报告》西北采访组，就"宁夏近年来湿地保护与恢复"采访了宁夏林业局党组书记赵永清。

5月27日 自治区林业局党组书记赵永清接受了宁夏电视台《经济频道》栏目记者的专访，就宁夏葡萄产业发展进行了详细解读。

5月29日 全区集体林权制度改革暨林权管理工作座谈会在银川举行。

6月3日 国家林业局林改顾问黄建兴、国家林业局农村林业改革发展司副司长李近如、国家林业局农村改革发展司处长陈学群一行3人，在自治区林业局党组成员、纪检组长开永安的陪同下调研自治区林改工作。

6月4日 宁夏贺兰山东麓葡萄酒博览会设奖论证会在银川召开，世界最具影响力的葡萄酒杂志之一——法国《葡萄酒评论》主编林力博，RVF副主编、著名品酒专家 Olivier Poels 一行专程到宁夏参加论证会。

6月8日 在刚刚结束的"RVF 中国优秀葡萄酒2012年度大奖"评选活动中，产自宁夏贺兰山东麓的葡萄酒大获全胜，被评为中国唯一一个"明星产区"，成为这次活动中最大的一匹"黑马"。

6月14日 自治区主席王正伟在自治区副主席郝林海、自治区主席助理刘云、自治区林业局党组书记赵永清、副局长曹凯龙及相关厅局负责人的陪同下，调研贺兰山东麓葡萄文化长廊建设工作。

6月17日 自治区林业局组织机关全体干部和直属各单位党政一把手在宁夏白芨滩国家级自然保护区举行第18个"世界防治荒漠化和干旱日"主题活动。

6月25日 自治区林业局召开全区林业系统勤政廉政警示教育暨"四整一树"活动动员大会，局机关全体干部职工，直属各单位副科级干部、各市、县(区)林业局局长、副局长参加了会议。

7月3日 自治区副主席郝林海在转给葡萄产业局意大利苗木公司资料时批示：资料请葡萄产业局留存，要尽快建立宁夏类似 VCR 的体系。

7月4日 由韩华集团援助的灵武市白芨滩自然保护区太阳能发电项目正式竣工。自治区林业局党组书记赵永清、韩华集团副会长、灵武市有关领导等出席了竣工仪式。

7月5日 在自治区林业局党组书记赵永清的带领下，局党组成员、机关各处室及直属有关单位的主要负责同志等30余人，对贺兰山东麓生态产业长廊规划进行了观摩调研，现场办公解决问题。

7月10日 自治区林业局(林学会)举办了第八届宁夏青年科学家论坛(林业专题论坛)。宁夏大学、宁夏林业研究所的专家及全区林业科研、教学、生产第一线的科技工作者共40多人参加了论坛。

7月12日 首届贺兰山东麓葡萄酒节执委会办公室召开招商布展座谈会，执委会各部、各有关市、县(区)政府、林业局(园林局)、各有关企业负责人200余人参加了会议。

7月14日 国家三北防护林建设管理局组织山西、陕西、甘肃、宁夏林业部门主要领导及相关人员对黄土高原生态林业精品工程进行实地观摩。15日观摩团依次考察了北部沙区中冶美利纸业集团公司治沙造林基地、中卫市腾格里湖沙漠湿地、永大线节水红枣基地、中宁舟塔乡有机枸杞旅游观光示范园区、中宁枸杞博物馆。

7月15日 西安专员办派检查组赴宁夏回族自治区，在自治区林业局、有关市(区、县)林业局的共同参与和配合下，深入灵武市、中卫市沙坡头区、固原市西吉县，对国家林业局审核同意的两起占用征收林地项目和西吉县人民政府保护发展森林资源目标责任制建立和执行情况进行了监督检查。

7月20日~8月1日 由中国科学院水生物研究所研究员、中国人与生物圈国家委员会王丁秘书长带领的国家林业局、中科院、环保部等国家7部委专家组成的国家级自然保护区管理工作评估组对罗山、六盘山国家级自然保护区建设管理工作进行了评估。

7月31日~8月2日 全区天然林资源保护工程培训班在六盘山林业局举办，来自各市、县(区)天保管理工作人员60人参加了培训。

8月2日 在自治区林业局党组书记赵永清的带领下，机关各处室及直属事业单位和各市、县(区)林业(园林)局主要负责同志等60余人，对沿黄城市带绿色景观长廊规划进行了观摩调研、座谈讨论。同日，自治区林业局在灵武市召开了全区林业系统半年工作会议，自治区林业局党组成员王洪界、李月祥、李安，机关各处室及直属事业单位和各市、县(区)林业(园林)局主要负责人等60余人参加了会议。

8月5日 自治区林业局党组书记赵永清主持召开局党组(中心组)扩大会议，专题学习胡锦涛总书记7月23日在省部级主要领导干部专题班上的重要讲话。

8月7~8日 自治区林业局赵永清书记带领开永安组长和相关处室负责人一行11人，在固原市委常委、西吉县委书记周金柱、西吉政府县长袁秉和、固原市林业局局长周文贵等领导的陪同下在西吉调研林改工作。

8月11日 全国人大常委会副委员长陈昌智和原自治区党委书记陈建国，在自治区党委、银川市委书记徐广国、自治区人大副主任马瑞文的陪同下考察了自治区葡萄产业，参观了源石酒庄。

8月13~14日 国家环保部和科技部专家组到六盘山国家森林公园实地考察。

8月15日 自治区人民政府在北京举行贺兰山东麓葡萄酒节情况通报会。自治区政府主席助理刘云、政府副秘书长孔平及国家有关部、委、局领导参加了通报会。

8月17日 自治区林业局召开干部大会，宣布自治区党委任命徐庆林同志为自治区林业局党组成员、副局长。

8月23日 贺兰山东麓葡萄酒节组委会举行新闻发布会，自治区政府主席助理刘云、政府副秘书长孔平及相关厅局负责同志出席了发布会。

8月30日~9月1日 国家林业局、农业部、国家工商行政管理总局、国家质检总局和宁夏回族自治区人民政府联合主办的首届贺兰山东麓葡萄酒节暨第四届中国(宁夏)园艺博览会在宁夏回族自治区银川市开幕。

9月6~8日 在自治区科协的统一部署和自治区林业局(林学会)的安排下，由彭阳县林业生态经济局承办了彭阳高山富钾杏研讨会，来自自治区林业局、自治区科协、自治区农林科学院、宁夏大学、彭阳县政府、人大和有关部门的领导及资深专家等30多人参加了研讨会。

9月18~21日 自治区防火办主任、自治区林业局副局长徐庆林带领工作组对自治区固原、中卫两市重点火险区国庆节、十八大期间及秋冬季森林防火工作进行了督导检查。

9月26日 自治区林业局党组赵永清书记深入下基层联系点——贺兰县洪广镇欣荣移民村和金贵镇潘昶村进行了调研。自治区治沙退耕站主任余峰、局计资处副处长徐忠等随同参加，贺兰县县委副书记刘甲峰、县移民办主任董林、县林业局局长王锡勇陪同调研。

10月12日 自治区林业局召开干部大会，宣布自治区党委任命王文宇为自治区林业局党组成员、副书记(正厅级)。

10月16~19日 由国家林业局管理干部学院和宁夏回族自治区林业局主办、宁夏防沙治沙职业技术学院和自治区林改办承办的中日技术合作中国西部地区林业人才培养项目——宁夏集体林权制度改革川区乡镇林业站站长培训班在银川市举办。

10月19日 自治区林业局在银川组织召开了林业科技创新座谈会，局党组成员、副局长徐庆林主持会议，党组书记赵永清作了讲话，局党组成员、副局长李月祥，原林业厅厅长孙长春，宁夏林业研究所有限股份公司董事长李健及科研院的专家和生产一线的科技工作者参加了会议。

10月24日 宁夏葡萄花卉产业发展局在青铜峡市召开了葡萄秋冬季管理现场会。

11月1~6日 自治区林业局组织全区秋季植树造林现场观摩会。

11月8日 自治区林业局在银川召开红枣产业发展座谈会，有关市(县、区)林业局、红枣产业专家组全体成员30多人参加了会议。

11月13~15日 自治区林业局党组副书记、副局长王文宇带领局党组成员、副局长王洪界，党组成员、纪检组长开永安及监察室、人老处、机关党委负责人深入金沙林场、防沙治沙职业技术学院、贺兰山林管局、仁存渡护岸林场，开展“四整一树”调研活动。

11月14日 自治区林业局召开了创先争优暨进一步营造风清气正发展环境活动总结表彰大会。

11月16日 自治区林业局领导到银川河东机场迎接林业系统党的十八大代表王有德、李健、白春兰载誉而归，并到马鞍山召开关于学习贯彻十八大精神的座谈会。

11月17日 自治区林业局召开传达学习贯彻十八大精神专题报告会，邀请林业系统3位党的十八大代表——李健、王有德、白春兰作专题报告。局机关全体党员干部、局直属单位处级以上领导干部120余人参加了报告会，局党组书记赵永清主持会议并作了讲话。

11月22日 自治区党委书记张毅在政府副主席郝林海的陪同下，带领区发改委、财政厅、国土厅、环保厅、水利厅、农牧厅、扶贫办等部门主要负责人，专程到国家三北防护林建设局和自治区林业局，就学习贯彻十八大精神，加快宁夏林业发展，推进生态文明建设进行专题调研。张毅书记在听取了国家三北防护林建设局局长潘迎珍、自治区林业局党组书记赵永清等7位同志的发言后发表了讲话，对推进全区生态文明建设提出了明确要求。

11月26日 自治区林业局党组在银川植物园森淼培训中心举办中心组(扩大)学习贯彻党的十八大精神专题学习班，局党组全体成员、机关处(室)主要负责人，直属单位党政负责人共38人参加了学习。

11月28日 全区林业统计培训班在银川成功举办。自治区林业局党组副书记、副局长王文宇出席会议并作了讲话，局计资处、造林处、监察室、自治区统计局有关同志出席会议。

11月30日~12月19日 党的十八大刚刚结束，局党组决定迅速组建林业局学习宣传十八大精神宣讲团，制定宣讲方案，抽调林业十八大代表、党员干部、基层代表共7人组成林业系统宣讲团，走进机关、林场、林区、学校，20天举办了13场报告会、3000多名全区林业系统党员干部职工聆听了报告会。

12月7日 自治区林业局召开了《贺兰山东麓葡萄酒产区保护条例》发布会，自治区林业局党组书记赵永清在发布会上作了讲话，副局长曹凯龙主持发布会并就《条例》作了详细阐述。

12月7日 自治区林业局组织全局系统副处级以上干部40多人，在宁夏石嘴山市监狱进行警示教育活动。 (宁夏回族自治区林业由马永福供稿)

新疆维吾尔自治区林业

【概　述】 2012年，在新疆维吾尔自治区党委、人民政府正确领导下，在国家林业局大力支持下，全区务林人围绕稳中求进、进中求变总基调，坚持变化变革，敢于担当，务求实效，全力推进林业三大体系建设，大力实施林业十大生态工程，全面完成2012年度目标任务，林业各项工作取得可喜成绩。全区完成造林17.6万公顷，其中人工造林11.93万公顷，封育5.6万公顷。义务植树1.3亿株，育苗9.1亿株。全区特色林果总面积突破133万公顷，各种果树有效株数13亿株，产量700万吨，产值350多亿元。全区农民人均来自林果业收入达到1000多元，林果业收入占全区农民人均收入20%以上，林果业主产区达40%以上，发展好的县市达

70%以上，全区农民人均林果业增收190元，超额完成自治区党委提出的2012年全区农民人均增收1000元，其中林果业人均增收180元目标。（俞言琳）

【生态建设】 林业重点工程稳步推进，“三北”五期工程顺利实施，完成造林108万公顷，“三北”四期7个工程重点县受到国家林业局表彰。退耕还林工程完成荒山荒地造林36万公顷，退耕还林成果继续巩固。天保工程落实管护面积3946万公顷，工程区森林资源保护进一步加强。国家级公益林补充区划不断完善，新增国家级公益林80.8万公顷，全区260万公顷国家级公益林得到有效保护。完成森林抚育补贴试点任务8.5万公顷。野生动植物、自然保护区和湿地保护管理不断加强，野生动物疫源疫病监测防控工作扎实推进。积极开展严防乱捕滥猎候鸟等野生动物非法活动。申报国家级自然保护区2处、国家级湿地公园5处。防沙治沙力度加大，编制完成《新疆防沙治沙工程建设规划(2011～2020年)》，完成防沙治沙工程建设任务56万公顷。伊犁河谷百万亩生态经济林工程建设稳步推进，完成造林6667公顷。（伍永明）

【特色林果业】 全区建成各类优质丰产林果示范基地40个，面积近万亩。深入推进苹果、红枣、核桃、香梨4个生态健康果园试点工作，新增葡萄、枸杞两个试点树种。成功举办2012新疆特色林果产品(广州)交易会，签约金额32亿元，现场销售400多万元。“新疆维吾尔自治区农产品华南市场开拓工作办公室”挂牌成立。举办葡萄、核桃、红枣产业发展高峰论坛，成立葡萄、核桃、红枣产业协会。林果产品地域保护认证和品牌创建步伐加快，121个林果产品获国家、自治区级知名品牌名牌。以中央电视台农业频道、《中国绿色时报》、《农民日报》、广东电视台等媒体为平台，加大宣传推介力度，新疆林果产品知名度和影响力进一步提高。（马　辉）

【生态文化】 库尔勒市积极申报“国家森林城市”。新增3个“全国生态文化村”。温泉县、裕民县、泽普县、博湖县、哈巴河县获批全国生态文明示范工程试点县市。组织拍摄综合专题宣传片《播洒绿色 造福新疆》，策划出版《生态新疆 绿色神韵》和《情书大漠》大型林业宣传画册。积极配合中央电视台在《新闻直播间》现场直播“中国首次向外国提供野马种源，4匹野马赴蒙古国安家”专题片。配合凤凰卫视等新闻媒体拍摄《大地寻梦》《野马的救赎》《大漠长河》《湿润的文明》《情定博格达》等宣传片。制作8个特色林果主栽树种实用技术电教片。连续3年与自治区旅游局主办“国际胡杨节”，积极开展“国土绿化宣传月”“国际湿地日”“野生动植物保护宣传月”“天山环保行”等宣传活动。（俞言琳）

【民生工程】 国有林区棚户区改造工程19个项目全部开工，落实投资1818万元，建成585户。国有林场危旧房2540户改造任务全部开工建设，落实投资2.2亿元，完工1619户，入住712户。启动第二批185个乡镇林业站建设，投资5550万元。落实国有林场危旧房改造基础设施配套资金3146万元和扶贫资金1100万元，配备管护所站卫星接收设备4679套。全区120个森林公安派出所有104个完成主体建设。退耕还林工程到位补助资金5.2亿元，下拨原补助政策资金7633万元，完善政策补助资金2.27亿元，下拨2011年巩固退耕还林成果专项建设资金1.01亿元。落实天西、阿山、天东国有林管理局离休人员医疗补助费242万元，落实林业建设总公司破产人员安置费720万元。开展“送温暖献爱心”和“金秋助学”活动，为1005户林业困难职工家庭送去慰问金36.38万元，为26名考上大学的林业困难职工子女发放助学金8万元。（伍永明）

【森林资源管理】 切实履行“严管林”职责，逐级签订森林资源管理目标责任状。审核审批各类工程征占用林地事项419宗、占用征收林地面积5507公顷。植被恢复异地造林8400公顷。编制完成全区林地落界“一张图”和《省级林地保护利用规划(2010～2020年)》，开发建设省级森林资源档案管理信息系统。（马　辉）

【林业法治】 《自治区湿地保护条例》和《自治区实施〈森林防火条例〉办法》颁布实施。进一步修订完善《自治区实施〈森林法〉办法》《自治区实施〈野生动物保护法〉办法》和《自治区野生植物保护条例》。组织开展地方性法规、规章和规范性文件清理工作，清理规范性文件173件，废止31件。强化全区林业行政执法人员管理，林业行政执法管理和监督工作进一步规范。（俞言琳）

【林业科技】 落实各类林业科技项目82个，组织完成3个国家行业标准审定和6个地方标准制定。验收中央财政林业科技推广示范项目14个和自治区财政林业科技专项资金项目30个。聘任中国农业大学等科研院所20位专家，组成第二届自治区特色林果业发展科技支撑首席专家团队。获自治区科技进步奖一等奖3项、二等奖7项、三等奖3项，获“自治区科技兴新先进厅局”称号。（伍永明）

【林业有害生物防控】 14个地州市、68个县市森防检疫机构完成“站”改“局”。新建测报站点35个、防治服务队76支，全区监测站点达到529个，防治服务队达到539支，基本构成全区林业有害生物防控网络。建立地方与兵团联防联治工作制度，加强林业有害生物防控联合会商与沟通协作。“绿盾2012”林业植物检疫执法检查行动扎实开展，有效防范外来有害生物入侵。（马　辉）

【护林防火】 新建28支半专业化扑火队。预警监测机制进一步强化，航空护林和直升机灭火工作扎实推进。全年发生森林火灾41起，受害面积17公顷，同比分别下降30%和88%，连续9年没有发生重特大森林火灾。（俞言琳）

【林政执法】 全区共受理各类破坏森林资源案件3989起，查处3480起，打击处理违法犯罪人员5118人次，收缴野生动物857头(只)。深入开展“百日严防、严打严重涉林刑事案件”“区域性专项严打行动”“清网行动”“禁毒铲毒”等一系列严打专项行动，有效保护森林资源安全。（伍永明）

【林业改革】 全区集体林权制度改革主体改革任务基本完成。按照《自治区集体林权制度主体改革检查验收办法》，完成集体林地确权的地州已开展自查验收。库尔勒市、阿克苏市、沙湾县被确定为首批全国农民林业专业合作社示范县，玛纳斯县为示范典型县。（马 辉）

【国有林场改革】 全面启动国有林场体制改革工作，39个天保工程区国有林场改为全额预算管理事业单位，全区107个国有林场中有83个国有林场为全额预算管理事业单位。（伍永明）

【林业投资】 落实林业建设项目40个，投资24.7亿元，其中建设资金5.7亿元，财政资金19亿元。落实林业贴息贷款12.6亿元，争取中央财政贴息资金5608万元。完成亚行贷款新疆林业生态发展项目投资4369万元。（伍永明）

【天保后续产业】 天保后续产业完成产值1.04亿元，实现利润2600万元。（马 辉）

【森林旅游】 全区共有森林公园60处，森林旅游直接收入突破2亿元。（伍永明）

【沙产业】 各类沙产业总产值56.3亿元。（伍永明）

【种苗花卉】 成功举办新疆呼图壁国家级苗木交易市场揭牌暨新疆首届苗木花卉博览会，达成合作意向25个，现场签约金额9.4亿元。（马 辉）

【林业大事】

2月28日 《新疆伊犁河谷百万亩生态经济林工程总体规划》评审会在乌鲁木齐召开。

3月1日 林业厅学习运用自治区党委“三个主题周”活动成果，提出进一步加快推进林业发展举措。

3月7日 自治区党委常委、秘书长白志杰带领自治区党委农办、政研室、财经办的负责同志到林业厅调研指导工作。

6月4日 林业厅党组召开厅机关副处级以上和驻乌单位领导干部大会，认真学习传达第三次全国对口支援新疆工作会议精神。

6月11日~14日 国家保障性安居工程新疆巡查组和自治区林业厅相关人员深入吐鲁番地区对国有林场站危旧房改造工程进行了巡查。

6月17日 新疆维吾尔自治区林业厅和巴音郭楞蒙古自治州人民政府在库尔勒市联合举行第十八个“世界防治荒漠化和干旱日”纪念活动。

6月20日 新疆维吾尔自治区林业厅出台《国家级公益林管护办法》。

7月3日 新疆维吾尔自治区林业厅召开第十四个党风廉政教育月动员大会。

6月29日~7月2日 自治区林业厅在博州启动了国家级公益林12个典型样地的监测工作，并举办了新疆国家级公益林典型样地监测技术培训班。

7月4日 国家林业局纪检工作组，对新疆林业系统惩治和预防腐败体系建设工作进行检查。

7月4日 新疆维吾尔自治区主席努尔·白克力深入地震灾区的巩乃斯林场看望并慰问林场受灾职工。

7月9~11日 伊犁哈萨克自治州党委书记李学军分别考察天西局特克斯林场、蒙玛拉林场。

7月24日 新疆维吾尔自治区林业厅传达全国林业厅局长会议精神。

7月27日 新疆维吾尔自治区林业厅召开自治区林业局长会议，传达张春贤书记在自治区生态环境保护工作座谈会上的讲话精神。

8月2日 新疆维吾尔自治区林业厅启动农业实用科技知识进村入户工程。

8月6日 新疆维吾尔自治区林业厅副厅长英胜一行就贯彻落实自治区党委书记张春贤、自治区党委常委白志杰以及自治区副主席钱智重要指示，对天山西部野果林保护和病虫害防治工作进行了督导检查。

8月24~25日 “2012中国新疆葡萄产业发展高峰论坛”在吐鲁番市隆重举行。

8月26~28日 全国第八届敏感物种履约执法联席会议在新疆博尔塔拉蒙古族自治州召开。

9月5~6日 “2012中国新疆核桃产业发展高峰论坛”在阿克苏市举行。

9月15~16日 “2012中国新疆红枣产业发展高峰论坛暨红枣产品销售会”在大枣之乡哈密市举行。

9月29日 由国家林业局、新疆维吾尔自治区人民政府主办的新疆呼图壁国家级苗木交易市场揭牌暨新疆首届苗木花卉博览会在新疆呼图壁县举行。

9月30日 国家林业局副局长张建龙慰问西北第一森林管护所白哈巴森林管护所林业职工。

10月24日 伊犁河谷百万亩生态经济林工程规划编制情况通报会在伊犁哈萨克自治州林业局召开。

10月25~29日 新疆林业厅党组书记张小平深入天山西部国有林区和各族林业职工一起欢度古尔邦节，看望慰问节日期间坚守岗位的林区护林员、森林公安民警。

11月9~11日 2012新疆特色林果产品广州交易会在广州市举行。

11月16日 自治区林业厅党组召开中心组专题会议，学习党的十八大精神。（伍永明）

新疆生产建设兵团林业

【概 述】 2012年，在国家林业局的帮助支持和兵团党委的正确领导下，以“科学发展观”为指导，按照发展现代林业、建设生态文明、推动科学发展的总体要求，坚持林业生态、经济、社会三大效益相统一的原则，以增资源、强功能为重点，认真履行职责，使兵团林业建设取得了长足发展。

植树造林 全年完成植树造林面积22 923公顷，其中防护林17 466公顷，经济林4790公顷，用材林667公顷。参加义务植树90.57万人，尽责率达94.16%，义务植树6566.35万株。

退耕还林工程后续产业 兵团巩固退耕还林成果项目完成国家投资5.83亿元，新建经济林15 980公顷，建设标准园6666.67公顷，补植补造19 800公顷，建成节水灌溉基地51 170.66公顷；工程建设坚持与团场农业结构调整、经济发展、职工致富相结合，发展生态经济兼用林，实行林下套种和养殖，改善了团场生态环境，带动了兵团林果业和畜牧业的发展。通过调查，兵团从事林下经济的农业人口43 442人，其中从事林下种植35 358人，林下养殖8084人；林下经济产值54 163.1万元；从事林下经济的职工年均增收23 678元，其中林下种植增收15 429元，养殖增收8248元。

初步完成林地保护利用规划编制工作 根据《全国林地保护利用规划纲要(2010～2020年)》(国函〔2010〕69号文件)要求，按照国家林业局的统一部署和安排，自2010年9月至2013年3月，组织完成了兵团13个师159个团场林地保护利用规划编制和林地落界工作，该工作在确立兵团和师级林地保护利用规划编制技术方案与工作方案的基础上，结合兵团《国民经济和社会发展第十二个五年规划纲要(2010～2015年)》《土地利用总体规划(2006～2020年)》和《主体功能区规划(2010～2020年)》，编制完成《新疆生产建设兵团省级林地保护利用规划编制大纲》(以下简称《大纲》)，并经国家林业局审核认定，依据《大纲》，兵团完成了《新疆生产建设兵团省级林地保护利用规划(2010～2020年)》(以下简称《规划》)的编制和林地落界。《规划》涉及兵团159个团场，参与人员200余名，使用5米分辨率卫星遥感卫片150景，落界图斑78.8万个，林带12万条。目前，《规划》文本数据及林地落界图表已与国家林业局有关部门和自治区相关部门进行了沟通和衔接，经国家林业局审核，兵团的林地落界质量在西北地区排名在前列。此项工作时间紧、任务重、《规划》的编制，为兵团今后及“十二五”林业建设发展和森林资源管理实现科学化、信息化管理奠定了基础。

重点公益林管护和基础设施建设 兵团纳入中央森林生态效益补偿基金范围的国家级公益林面积98.13万公顷，落实管理人员495名、管护人员2466名，建立健全了各项管护责任制，确保各项管护工作全面展开；在中央森林生态效益补偿资金安排管护站建设资金510万元，支持建设了29个国家级公益林管护站；同时以兵团林地保护利用规划编制成果为基础，结合国家级公益林现状和管护检查结果，对团场公益林管护面积和区域进行合理调整；继续组织实施重大抚育项目，全年开展公益林飞机防治森林病虫害28 866.67公顷，完成补植补造1588.23公顷，围栏155千米，建设了望塔4座、建设管护用房7100平方米，对加强国家级公益林有效保护发挥了积极作用。

优质苗木的培育 加强林木种苗质量监管工作，一是在兵团开展了“打击制售假劣林木种苗和保护植物”新品种权专项行动。二是指导规范各师种苗站做好种苗执法、质检、行业管理工作。三是完成对兵团种苗质量的抽查工作，共抽查南北疆10个师的25个团场，33个造林地，23个苗圃地，64个苗批。四是为规范种苗项目的建设，制定了《兵团国家重点林木良种基地管理(试行)办法》。五是开展种苗市场服务工作。

兵团湿地资源库初步建立 1～5月组织开展了湿地资源外业补充数据调查、内业数据整理及报告撰写，完成了兵团湿地调查数据库、图形库和湿地资源调查报告，通过了国家质量评估检查和全国湿地资源调查成果专家鉴定。配合国家林业局湿地工程项目检查组对“农六师青格达湖湿地保护与恢复建设项目”完成情况进行了检查验收，通过了质量评估，完成了农六师青格达湖湿地功能区的调整。

森林防火安全屏障 根据《全国森林防火中长期发展规划》，4月组织编制完成了《农五师森林重点火险区综合治理工程建设项目可行性研究报告》《新疆生产建设兵团森林火险预警系统可行性研究报告》《新疆生产建设兵团通信系统可行性研究报告》《新疆生产建设兵团防火物资储备库可行性研究报告》《农十二师森林重点火险区综合治理工程建设项目可行性研究报告》5个项目并上报国家林业局，目前已有3个项目获得了国家林业局批复，争取到国家资金2628万元。

林业有害生物防治工作 组织农一、二、三师的14个团场开展了飞机无公害森林病虫害防治工作，大面积采用了飞机超低容量防治森林害虫技术，作业飞行245架次，完成飞防面积28 866.67公顷，虫口减退率、叶片保存率均达到95%以上，防治效果明显，生态、经济效益显著。与低容量飞防相比有以下优点：一是飞行总架次减少，飞行总时间缩短；二是飞防每公顷成本大幅度降低，超低容量飞防成本163.80元/公顷，与低容量飞防成本201.3元/公顷相比降低了18.63%，按2012年28 866.67公顷飞防面积计算，节约防治费用108万元。

建立健全检查验收制度 按照年度完成计划，组织兵团林调院专业技术人员，经过专门培训后，对林业工程项目进行全面核查，核查结果通报各师。同时按照制定的各项考核制度实行奖惩，有效地促进和监督项目团场林业工程的完成和工程质量的提高，有效地提高了广大干部职工绿化意识、生态意识，充分调动了植树造林的积极性。

严厉打击违法犯罪行为 全年兵团各师森林公安机关共受理各类森林和野生动植物案件295起，立破刑事案件42起，查处行政案件245起(其中，盗伐林木案件50起，滥伐林木案件16起，非法占用林地案60起，森林火灾案件23起，滥捕滥杀野生动物23起，非法收购、运输木材案件17起，毁坏林木案件51起，破坏野生植被案件12起，其他案件53起)。收缴野生植被1207千克，林政罚款金额76.8万元。处理违法犯罪人员175人，其中刑事拘留20人，取保候审31人，林业行政处罚124人。全年出动警力2843人次，车辆958台次，挽回直接经济损失3984.4万元。

林业宣传 为宣传兵团三北防护林体系建设工程的新进展、新成就和新变化，进一步强化全社会的生态文明意识、弘扬生态文明理念，大力营造关爱生态环境、支持生态建设舆论氛围，配合凤凰卫视协助拍摄了“绿染三北”专题片活动。确定4个采访单位，并对采访单位资料进行了优化提高，为宣传兵团林业，宣传兵团造林绿化成果做了扎实的具体工作。目前，已形成兵团三北专题片1～2集，时长达34～68分钟。

2012年兵团林业工作取得了一定的成绩，但与国家的要求、与兵团实现现代林业建设的目标和建设生态文明的要求还有很大的差距，突出表现在：一是部分师团水土不平衡的矛盾较突出，制约和影响了植树造林的规模和质量。二是造林和管护成本高，资金缺口大。团场多处在风沙、干旱、盐碱和荒漠化危害严重地区，造林成本在15 000元/公顷左右（不含配套节水灌溉设施费用），管护成本在3000元/公顷左右。现国家造林补助仅为4500元/公顷，造林和管护资金缺口大。三是基层团场林业站基础设施设备条件有待加强。存在办公场所属危房、租用别单位办公场所，办公地点狭小，办公设施落后，管理的科学性、信息化程度较低等问题。四是基层林业执法管理体系不健全、基层林业站和森林公安派出所执法管理队伍薄弱、基础设施建设较差，影响了执法管理工作的正常开展。（贵寿珍）

【植树造林】 2012年是全面实施《全国造林绿化规划纲要（2011～2020年）》的关键之年，为深入贯彻落实全国林业厅局长会议，扎实推进加快兵团林业生态建设步伐，以优异成绩迎接党的十八大胜利召开。兵团绿化委、兵团林业局及时转发《全国绿化委员会 国家林业局关于做好2012年造林绿化工作的通知》，并就切实做好2012年造林绿化工作提出了要求。全年兵团共完成造林面积22 923公顷，在当年造林面积中私有造林面积达5546公顷。另外，秋季国家下达退耕还林荒山荒地造林任务666.67公顷，当年完成380公顷；国家下达三北封沙育林任务6666.67公顷，当年完成3333.33公顷。当年兵团共完成育苗面积530.66公顷，留床303.33公顷，低产林改造7913.33公顷。全兵团参加义务植树的干部职工人数为90.57万人，全民义务植树尽责率为94.16%，义务植树6566.35万株。（滕晓宁）

【经济林园艺业】 2012年兵团经济林园艺业紧紧围绕兵团党委《关于加快农业现代化建设的实施意见》全面开展工作，并取得可喜成绩。

经济林园艺业生产情况

生产任务超额完成 ①经济林面积达20.38万公顷，其中：当年新增经济林面积为1.84万公顷，为兵团计划1万公顷的184.5%，其中红枣5333.33公顷，葡萄9660公顷；果品总产为172.35万吨，较2011年126.11万吨增加36.3%，产值116亿元左右。②蔬菜及保护地生产面积达到6.83万公顷（包括加工番茄和制干辣椒），较2011年减少19.2%；总产460.2万吨，产值约45亿元；其中：保护地面积4000公顷，总产28万吨。③西甜瓜播种面积1.08万公顷，总产量51.7万吨，产值约7亿元（非统计局数）。④其他园艺作物（啤酒花、加工万寿菊、香料植物等）生产保持稳定，面积为5.85万公顷，产量53万吨，产值10亿元左右（非统计局数）。

果树产业化发展水平进一步提高 各师把果品加工、销售整合工作纳入重要议事日程，特别是红枣，加大了果品加工、销售整合力度，从根本上扭转了区域内果品加工销售上“多、乱、杂”的被动局面，为兵团果品加工销售实现统一化、品牌化奠定了良好的基础。

标准园创建工作全面推进 自2011年兵团在八师启动园艺作物标准园（创建）活动以来，各师以国家园艺作物标准园（创建）活动为抓手，狠抓果树园艺标准园建设。据统计，全兵团创建果树标准园2万多公顷，其中国家级园艺作物标准园16个，其中水果标准园7个，蔬菜标准园9个。2012年兵团又创建国家级园艺作物标准园6个，其中设施蔬菜标准园4个，水果标准园2个。

“公司+农户”的经营模式基本建立 各团均成立果农协会，各师均成立果品蔬菜加工销售企业，并制定优惠政策将农户与企业公司紧密联系起来，实行了产供销一条龙，收到很好效果。

机械化程度大幅度提高 葡萄机械化埋土、红枣机械化施肥、病虫害防控等作业基本全面推行；红枣采收机械2012年改装型田间试验在农一师七团基本获得成功，这标志着红枣机械采收进入一个新的发展时期。

主要工作

及时召开现场会 为进一步总结兵团设施农业发展和果树标准园创建的经验，进一步理清兵团设施农业发展和果树标准园创建的技术路线和总体思路，更好地推动兵团设施农业和果树标准园创建健康发展，分别于2012年4月24～25日和9月23～26日在农七师、农九师和农一师、农三师召开了兵团设施农业现场观摩会和兵团果树标准园建设经验交流会。各有关师农业局及相关团场、农垦科学院、石河子大学、塔里木大学和新疆石河子蔬菜所的代表共计120多人和70多人参加了会议。兵团设施农业现场观摩会，观摩了农七师一三七团、农九师团结农场蔬菜保护地生产现场和塔城永利商贸有限责任公司蔬菜贮藏物流现场，听取了农二师等5个师典型经验介绍和农九师农业局副局长、辽宁省朝阳市援疆干部朱春良关于辽宁省朝阳市发展设施农业的专题经验发言，农业局宋光杰局长作重要讲话，提出了兵团今后设施农业发展的“三个定位”和“六大技术路线”。“三个定位”：一是在大中城市、兵团新建市、大型口岸和蔬菜集散地周边建立规模化的设施园艺生产基地。二是要全面推广能够体现兵团技术水平的第三代节能日光温室。三是在兵团具有发展设施农业优势的区域，发展设施农业一定要以效益为中心，最大限度地提高劳动生产率，最大限度地提高单位面积的产出率，最大限度地提高职工的收益；“六大技术路线”是荒地建棚（探索建设阴阳棚：阳棚种菜、阴棚种菇、种菇废料做蔬菜基质）、工厂化育苗、基质化栽培、机械化辅助、公司化运作、产品质量可追溯。兵团果树标准园建设经验交流会，现场参观了农一师三团、十团、阿拉尔农场，农三师四十五团、四十八团红枣、核桃标准园创建示范园，农一、三、六师和三团等9个单位就开展果树标准园创建活动进行了大会交流，农垦科学院和塔里木大学就当前葡萄、红枣高效灌溉施肥技术研究与集成应用、果树

冻害成因与分析、红枣病虫害症状和防治进行了专题发言。

及时举办专题栽培管理技术推广培训班 5月21～22日，在农八师举办葡萄栽培管理技术培训班，特邀请国家葡萄首席专家、中国农业大学段长青教授现场授课。一师、二师、三师、四师、六师、七师、八师、十三师等师团葡萄生产管理领导和业务负责人及八师部分葡萄种植职工代表120余人参加了培训学习。

5月24～25日，在农四师78团举办苹果栽培管理技术培训班，特邀请国家苹果岗位专家、河北农业大学园艺学院院长、农业部国家苹果栽培岗位专家孙建设教授和河北农业大学植物保护学院院长、农业部国家苹果病虫害防治专家曹克强教授进行授课。一师、二师、三师、四师农业局领导和业务技术人员及七十八团苹果种植职工80余人参加了现场授课。

9月24～26日，在阿拉尔市、图木舒克市和喀什召开兵团果树标准园建设经验交流会，会议参观了一师三团、十团、阿拉尔农场；三师四十五团、四十八团红枣、核桃标准园创建示范园现场。一师、二师、三师、四师、五师、六师、七师、八师、十二师、十三师、十四师、农垦科学院、石河子大学、塔里木大学有关院所的80余名代表参加了会议。

10月27日，农三师在图木舒克市举办了红枣产业发展培训班，特邀河北农业大学、国家红枣首席专家刘孟军教授就三师当年红枣发展现状与对策进行讲授，三师各团场团长、副团长、林业技术人员和部分枣农共计240人参加培训。

11月12～18日，兵团农业局会同兵团财务局有关专家，对二师二十一团、二十五团、二十四团，九师团结农场设施蔬菜标准园；二师三十三团和六师一〇一团水果标准园项目进行了验收。

11月20～23日，在乌鲁木齐徕远宾馆组织召开了兵团红枣栽培管理新技术试验示范研讨会。特邀河北农大、国家红枣首席专家刘孟军教授到会指导。一师、二师、三师和十四师农业局分管领导以及重点团场分管领导，兵团林管总站、农垦科学院林园所业务人员计40人参加了会议。

为进一步完善和规范项目实施和管理程序，分别于2月、7月、10月对师、团项目管理及财务人员160余人开展了3期业务培训。各类培训班的举办提高了认识，拓宽了思路，明确了方向，规范了程序，对提升兵团果树标准化技术水平和管理水平均起到了重要的指导作用。

积极争取项目资金 ①2012年兵团落实林业贴息贷款3.88亿元，实施项目25个。利用贴贷资金种植、抚育改造经济林1.1万公顷[种植0.73万公顷，抚育改造(节水)0.37万公顷]。获国家财政贴息资金6370.8万元；②实施完成了2012年农发项目8个，获得项目资金700万元。③组织完成了2012年实施农业部农业技术推广与体系建设专项——“兵团红枣全程机械化技术推广”项目1个，资金40万元。

广泛开展工作调研 全年组织开展6次调研活动。其中赴河北考察1次，师、团场调研5次。调研工作重点为红枣、葡萄、苹果、香梨四大果品和设施园艺现状以及存在的突出问题。通过考察调研，开阔了视野、发现了问题、明确了方向、增强了信心，对推进兵团果树设施园艺业现代化发展具有重要的现实意义。

进一步加大项目检查力度 全年组织项目检查6次，深入一师、二师、三师、六师、十二师等15个团场，开展林业贴息贷款检查和标准园建设指导，就项目管理中存在的突出问题提出了限期整改意见，收到良好效果。林业贴息贷款项目进一步规范，标准园建设健康发展。

其他业务工作 完成了《兵团志》修志(园艺业部分)工作。根据兵团史志办要求和局工作安排，承担了《兵团志》修志园艺业部分编著工作，几经修改，历时半年，从7万多字精减压缩至2万余字，按期按要求较好地完成了任务，并受到统稿人员的肯定。

（邵 燕）

【森林公安及保护工作】 2012年，紧紧围绕“保护生态安全，服务林业发展”两个中心任务，立足本职，扎实工作，较好地完成了各项工作任务。

严厉打击盗伐滥伐林木、滥捕滥杀野生动物、毁林开垦等违法犯罪行为 2012年，组织开展了一系列专项整治严打行动，取得了显著效果。兵团各师森林公安机关共受理各类森林和野生动植物案件295起，立破刑事案件42起，查处行政案件245起，收缴野生植被1207千克，林政罚款金额76.8万元。处理违法犯罪人员175人，其中刑事拘留20人，取保候审31人，林业行政处罚124人，挽回直接经济损失3984.4万元。

申请政法专项编制，制定队伍建设中长期发展规划 2012年，结合春季林业调研检查，多方协调，不断推动一师、四师、七师、九师、十师加强森林公安队伍建设和管理，配备专职局领导，促进队伍正规化建设。多方征询意见，根据兵团师、团场森林资源量和管护工作量，制定《兵团森林公安机构和队伍建设中长期发展规划》。积极向国家林业局、兵团编委上报了《关于增加兵团森林公安系统政法专项编制的请示》。同时向国家森林公安局上报了《新疆兵团政法专项编制使用情况调研情况报告》，并督促各师认真做好民警招录工作。2012年，共招录民警4名，其中一师1名、二师2名、三师1名。

教育训练

6月25～28日，举办森林公安执法规范化建设和网上办案培训班，各师森林公安局局长、派出所所长和业务骨干共计57人参加培训，学习新修订的《刑事诉讼法》法条释义。会后，组织参训民警进行基础知识测评。

10月22～23日，在武警新疆森林总队教导队和兵团农业技术推广总站开展了首届警务技能大比武，13个师的40名森林公安民警参加了手枪射击、越野、执法办案理论考试3个比赛项目的角逐。大比武决出了集体一、二、三等奖和优秀组织奖、道德风尚奖，同时评选出15个单项奖。兵团农业局副局长杨江勇、资源处调研员赖煜参加了表彰大会，并为获奖单位和个人颁奖。

11月24日，组织兵团森林公安民警参加全国基本级和中级执法资格等级考试。整个考试过程采取全程录音录像，所有民警着装统一、考风端正、纪律严明，未出现违反考试纪律的现象，圆满完成了考试任务。

11月24~25日，在农业技术推广站举办刑事现场勘验检查培训班。邀请自治区警察学院侦查系副主任叶建鸿讲授公安机关刑事案件现场勘验检查规则、技术和操作规程以及制作现场笔录、绘制现场图和现场照相等知识。民警对模拟现场进行了勘查，培训结束后为每位民警颁发了勘查证。

加大基础设施建设力度

对原有规划的派出所建设项目进行整合，重新调整和编制了基础设施建设"十二五"规划并积极上报项目，目前，资金已从兵团财务局全部下拨各师森林公安局，部分项目已启动。2012年国家下达的一师阿拉尔垦区、六师五家渠垦区、八师石河子城区森林公安局业务技术用房3个项目643万元已经开工。同时，还组织编写了农三师、四师、五师森林公安局业务技术用房建设项目并已上报。八师3个森林公安派出所完成了执法办案功能区的改造工作。

信息化和警务装备建设

2012年，兵团森林公安网接入率为58.1%（兵团及三师、四师、五师、六师、八师、十二师局和派出所已经接入），民警计算机配备率已达到100%。2012年，利用业务装备费42.5万元，安装公安金盾网22万元，用于14个基层单位的审讯室全程录音录像系统建设和11个派出所的公安金盾网连接。同时，从各类项目筹集资金约80万元为各师森林公安局及派出所购置警用摩托车30辆、金属探测仪65部、便携式计算机10台，HP服务器3台、打印机10台、GPS15部等一批警用装备配发到基层派出所。

信息宣传

2012年，除十三师、十四师外，共有10个师报送工作简报共100期，简讯436条。八师森林公安局还将近三年的《工作简报》汇编成册以供各师阅读交流。遴选各师简报和本局工作动态，编辑整理兵团《森林公安简报》21期，定期上报国家林业局森林公安局《工作简报》43期。

组织开展全兵团森林公安系统"三访三评"活动

年初下发了《关于印发"三访三评"深化大走访活动方案的通知》（兵林公局〔2012〕5号），并派出检查组开展专项督察。各师森林公安机关深入到群众中访民意、察民情、排民忧，接受群众评议，深化开展争创人民满意活动，深受广大群众和社会各界的普遍好评。

民警警服发放、经费预算、警衔申报培训和新警号发放等工作

2012年，及时更新了兵团、师民警警用服装，为新招录的4名民警配发了全套警用装备。完成2010年录用的2名民警警衔审核及上报和2008年录用的44名民警的警衔晋升工作及上报工作。组织4名警衔晋升民警赴南京森林警察学院进行培训。根据年度警员调入调出情况，及时更新公安人事信息系统。为全体民警发放了"66"开头的新警号。

召开总结大会进行评比考核

11月24日下午，在兵团农业技术推广站召开了2012年兵团森林公安工作会议，兵团及各师森林公安机关民警83人参加了会议。会议对2010~2011年兵团森林公安工作进行总结表彰，分析当前面临的形势和任务，安排部署下一步重点工作。三师、五师、六师、八师森林公安局分别做了典型发言。兵团农业局副局长杨江勇、兵团资源林政处处长赖煜到会并为获奖单位和民警颁奖，杨江勇副局长在会上作了重要讲话。

查处森林火灾案件，举办森林防火培训及实战演练，编制上报森林防火项目

春耕春播期间，五师、八师相继发生多起农田防护林带树木被烧事件，各师共发生森林火灾37起，查处各类森林火灾案件23起，查处率为62%。

7~8月，兵团森林防火指挥部办公室先后在农六师青格达湖湿地自然保护区、红旗农场和农四师77团、61团组织了4期森林防火培训及实战演练，培训专门聘请武警新疆森林总队乌鲁木齐大队和武警伊犁哈萨克自治州森林支队教官进行现场授课，现场发放宣传单200余份。8月6~17日，农九师在161团、165团、166团先后举行了森林草原防火演练，向职工群众发放了宣传资料，普及森林草原防火知识。

4月，组织编制并上报的五师森林重点火险区综合治理工程建设项目和新疆生产建设兵团森林火险预警系统建设、防火通信系统、物资储备库工程4个项目中，前3个项目已获得国家投资2628万元。9月又组织编制并上报了《农十二师森林重点火险区综合治理工程建设项目可行性研究报告》。

完成湿地资源调查数据和成果报告，并通过国家质量评估，农六师青格达湖湿地完成了功能区调整

1~5月，汇总形成了兵团湿地调查数据库、图形库和湿地资源调查报告。6月，组织各师调查小组对湿地调查工作进行了自查和交叉检查。7月8日，兵团4个重点调查湿地和7个一般调查湿地顺利通过了国家质量评估检查。8月24日，兵团湿地资源调查报告通过了全国湿地资源调查成果专家鉴定。

配合国家林业局湿地工程项目完成情况检查组对《农六师青格达湖湿地保护与恢复建设项目》完成情况进行了检查验收，顺利通过了质量评估，完成了农六师青格达湖湿地功能区调整工作。9月组织编制并向国家林业局、发展改革委上报了《新疆叶尔羌河中下游湿地省级自然保护区湿地保护与恢复项目可行性研究报告》。

野生动物疫源疫病监测工作

认真做好青格达湖、玛纳斯河流域、一师塔河上游等兵团8个重点湿地保护区候鸟迁徙所经区域和栖息地周围的疫源疫病监测工作。3月23日，三师叶尔羌中下游湿地小海子管理站及时在北闸湿地发现水鸟死亡的情况。三师森林公安局会同农三师图木舒克畜牧兽医工作站（农三师动物疫病预防控制中心），图木舒克公安局刑警大队，小海子水管处等部门赶赴现场进行调查，经查属于正常死亡。（熊　杰）

【林下经济】 通过调查，全年兵团从事林下经济的农业人口43 442人，其中分别从事林下种植35 358人和林下养殖人口数8084人；林下经济产值54 163.1万元；从事林下经济的职工年均增收23 678元，其中林下种植增收15 429元，养殖增收8248元。兵团林下经济发展模式主要有4种：一是林下间种农作物或药材模式，农作物如打瓜、茴香等，药材如板蓝根，这是兵团林下经济发展的主要模式，约占林改面积的 80% 以上。二是林间套林再套种农作物模式，如农一师 3 团林地主栽薄皮核桃，在核桃株行间套种红枣，再在红枣行间套种茴香，这种模式的优点是土地利用率高，经济效益更可观，栽植当年每公顷获利 18 000 元，从第二年起，每公顷纯利润从 15 000 元起步，逐年递增，最终每公顷利润可达 18 万元，收益十分显著。兵团发展 0.28 万公顷，主要在南疆阿克苏垦区。三是林下种草发展养殖业，如养鸡、养鸭、养兔、养羊等，每公顷利润也在 2400 ~ 3000 元。统计兵团林下养殖数量达 92 959 万只(头)，产品主要销售类型为活禽，其中林禽养殖数量达 92 871 万只，产值为 16 670 万元；林畜养殖数量达 88 万头，年产量达 819 793 千克，产值为 5803.3 万元。四是利用肉苁蓉(简称大芸)寄生梭梭、柽柳的特性，在梭梭、柽柳灌木林中接种大芸，发展药材。如农八师 149 团场等单位已试点接种成功，后续经济效益可观。

(贾寿珍)

【森林抚育】 全年兵团森林抚育任务 7466.67 公顷，获国家补助资金 1138 万元。根据《财政部 国家林业局关于印发〈天然林资源保护工程财政专项资金管理办法〉的通知》(财农〔2011〕138 号)和《财政部关于拨付 2011 年森林抚育补贴试点资金的通知》(财农〔2011〕191 号)对于项目资金管理，实行专门账户，专人管理核算，专款专用。下拨森林抚育补贴试点资金 1138 万元，其中非天保区域使用资金 1030 万元，抚育面积 6866.67 公顷；天保区使用资金 108 万元，抚育面积 600 公顷。通过调查统计，兵团森林抚育工作涉及 13 个师 61 个团场，540 个林班，3266 个小班；2012 年森林抚育工作团场雇用职工 4070 名，支出劳务费 1400 万元，受雇职工人均收益 3449 元。通过实施森林抚育工作，不仅使兵团森林资源得到有效抚育，提高了林分质量，而且使原由团场支出森林抚育费 1400 万元，在获得国家补助后，实际支出 262 万元，减轻团场负担；同时团场职工参与该工作，增加了收入，达到团场和职工双增收的效果。

(贾寿珍)

【天然林保护工程】 兵团天然林保护二期工程管护任务 10 万公顷、森林抚育 6000 公顷。一是任务全部分解落实到团场，其中：61 团森林管护 43 066.67 公顷、森林抚育 1533.33 公顷；67 团森林管护 25 933.33 公顷、森林抚育 1533.33 公顷；74 团森林管护 13 200 公顷、森林抚育 1600 公顷；77 团森林管护 17 533.33 公顷、森林抚育 1333.33 公顷。落实管护人员 161 人，其中：61 团 57 人，67 团 46 人，74 团 36 人，77 团 22 人。农四师与 4 个实施团场签订了天保工程管理责任书，团场与管护中心签订责任状，管护中心与护林员签订管护合同，并与管理人员和管护人员的收入挂钩，实行奖罚兑现，使各项责任落到实处。二是按照《新疆生产建设兵团天然林资源保护工程中央财政专项资金管理办法实施细则》规定落实资金，没有挪用、占用、强行划拨和抵扣各种贷款本息、税金、债务等现象的发生。全年天然林保护工程共计投资 921 万元，其中：森林管护费 750 万元(管护人员经费和公用经费 542.5 万元，相关设施建设维护和设备购置费 207.5 万元)；社保资金 171 万元；已全部拨付到天然林保护工程团场；确保天然林保护二期工程的顺利实施。三是落实相关政策，维护林业职工利益。将林区在册职工全部纳入养老保险统筹范围，同时全面落实医疗、工伤、失业、生育 4 项保险。加大基础设施投入力度，重新修建了 77 团林区管护站。加强资源保护管理，高度重视森林防火工作，维护森林资源安全。四是加强防火管控，严防火灾发生。在天然林保护林区深入开展宣传教育活动，加强防范和检查督促力度，确保天然林保护区森林资源的安全。全年 4 月组织天保区森林公安进行巡山拉练，通过巡山掌握林区情况，制定防火预案，提高了防火反应速度和火险处理的准确性。8 月邀请伊犁州森警部队在天保区举办了防火演练，加强了牧区防火技能培训和防火知识宣传。坚持不定期检查和林区巡逻次数，积极消除火灾隐患。团场成立了以连为单位由基干民兵组成专业扑火及义务扑火队，同时与各基层单位签订了护林防火责任书，把护林防火工作列入综合治理工作中，实行"双文明"考核一票否决制。在界沟、水磨沟、木扎尔特河谷次生林等林区重点部位设置了永久性宣传牌，在重点地区设立了汉、哈、蒙 3 种文字的标语牌，与进入林区放牧点的牧工签订护林防火责任书 100 余份，规范牧民用火，确保天然林保护工程区无火灾发生。五是健全管理责任，提升管理质量。师、团天保中心层层签订天保工程管护责任状，团天保中心与护林员签订责任状和管护合同书，实行分片包干，责任到人，落实管护措施，按照"谁管护谁负责"的原则，处理好责、权、利关系，努力提高经营管护的积极性，形成完整的"塔式"管护体系。每年对管护人员管护情况进行检查验收 2 ~4 次，并将检查验收结果与护林员工资拨付挂钩，奖罚分明。护林员职责、护林工作制度、巡山护林制度、护林防火值班制度等各项规章制度和林政法规条款一并制成各种形式的图牌在管护站和管护区张榜上墙。 (贾寿珍)

【林地管理】 加强协调，认真管理确保占用征收林地工作顺利完成。一是加强基层的指导和服务，规范占用征收林地项目组织审核申报程序，确保申报材料准确上报，提高工作效率。二是协调兵团国土资源局理顺占用征收林地项目申报途径。针对建设项目涉及林地未经林业部门审核就上报到国土资源局的问题，加强与国土资源局沟通协商，最终明确凡涉及林地的建设项目，林业部门确认林地类别和面积办理林地审核手续后，再申报土地审批材料，理顺占用征收林地项目管理，确保林地依法管理。三是积极主动加强与国家林业局森林资源管理司的请示沟通，做好占用征收林地定额指标的申请工作。组织各师林业部门和兵团及自治区重点建设单位落实项目建设拟使用林地情况，分批汇总后向国家林业局申请。当年获得国家新增占用征收林地定额指标 347.54 公顷，保证了重点工程的实施。四是为科学规划使用林地，展开了林地保护利用规划的编制工作。按照国家林业局的要求，兵团制定完成《兵团师级林地保护利用规划编制及团场林地落界工作方案》。依据二类调查成果，结合兵团"十二五"主体功能区规划，开展以师为单位编制师级林地保护利用规划工作。兵团 159 个团场林地落界工作已通过国家林业局的审核，13 个农业师及兵直222团林地保护利用规划已编制完成。五是加大各类毁林案件的查处，确保森林资源和林地安全。2012年全年共处理非法占用林地案件60起，共处理违法犯罪人员87人，处罚违法嫌疑人8人，挽回经济损失2000万元。全年兵团申请和办理占用征收林地61宗、面积402.74公顷，其中：永久用地388.01公顷，临时用地14.73公顷，收缴森林植被恢复费3079.42万元。

（贾寿珍）

【森林虫害飞机防治】 全年兵团在一师、二师、三师组织开展飞机超低容量喷雾技术防治虫害工作，此次使用8架运五飞机，飞行作业245架次，使用仿生农药18.48吨，其中0.5%甲维盐微乳剂18.32吨，2%噻虫啉微胶囊悬浮剂0.16吨，飞防面积28 866.67公顷；防治团场虫口减退率、叶片保存率均达到95%以上，防治效果明显、生态效益显著，大面积应用飞机超低容量喷雾技术取得成功。（贾寿珍）

【优良沙棘新品种示范与推广项目通过验收】 由新疆农垦科学院林园所承担的国家林业局三北局2010年度科技推广项目“优良沙棘新品种示范与推广”(2010～2012年完成)项目，国家林业局三北局共投资30万元，经170团、182团和87团的大力配合，圆满完成了106.67公顷的示范林建设任务，并超额完成6.67公顷。2012年7月7～8日，国家林业局三北局组成专家验收组对项目进行实地检查，该项目在干旱戈壁滩，通过选择乌兰沙林、棕丘、深秋红、壮圆黄、向阳等沙棘优良品种并采用综合抗旱造林技术措施，有效地提高了造林成活率，发挥了很好生态效益，同时经济效益已开始显现，此项目使用的沙棘品种和应用的造林技术与管理模式具有很强的示范和推广作用。专家验收组认为：该项目实施的管理措施得力，效果明显，档案技术资料齐全，资金使用合理，达到了合同考核指标要求，同意项目合格，通过验收。（滕晓宁）

【兵团首次承担国家林业公益性行业科研专项项目】 2012年，兵团林业局积极组织兵团林业科技研究单位，按照国家重点支持的林业科研方向进行了科研专项项目的申报工作，兵团农垦科学院林业科学技术研究所申报的国家林业行业公益项目“塔里木河湿地种子库研究”获得批准，项目实施年限为3年(2013～2015年)，国家投资176万元。该项目是以中国最大内陆河塔里木河的湿地作为研究对象，通过对流域内不同典型湿地类型(含退化湿地)土壤种子库、地表植被、环境因子的全面调查，明确各类型湿地种子库及地被群落的物种组成、时空分布格局，并探讨三者间的相互关系，以揭示种子库形成机制与种子扩散机制；通过典型代表植物的遗传多样性分析，探究繁殖体库对地表植被演替的作用机制；通过人为控制不同水文、外源物质输入梯度下的种子库萌发实验，提出干旱区利用种子库恢复治理退化湿地的技术方法和流程并推广应用，从而为中国广大干旱、半干旱区退化湿地的恢复与重建及生物多样性保护提供指导。（滕晓宁）

【兵团组团赴青海省进行沙棘产业考察】 为学习先进省区沙棘栽培管理、产品加工等方面的经验和做法，加大兵团农业结构调整的力度，并结合兵团的实际情况，因地制宜地加快推进兵团沙棘产业的快速发展，按照兵团副司令员孔星隆的指示精神，2012年8月21～24日，由农业局副局长杨江勇带队，兵团农五师、九师、十师等有关团场和农垦科学院林科所等相关部门和单位组成考察团一行12人，赴青海省有关地区进行了考察，在短短的3天考察、学习工作中，考察组先后考察参观了清华博众生物技术有限公司、康普药业、贵德县贵德清果品饮料公司的相关产品的加工生产车间、新技术、新产品的研制、开发、储藏、包装及出口等生产销售流程，并与各生产单位进行了座谈、交流和学习。同时还考察了海北洲沙棘基地、大通县人工沙棘基地、互助县沙棘基地、北山林场天然沙棘基地，对目前青海沙棘品种等种植情况进行了了解。（滕晓宁）

【兵团贯彻落实三北防护林四期工程总结表彰暨五期工程启动大会精神】 2012年8月26～27日，国家林业局在山西省朔州市平鲁区召开了三北防护林四期工程总结表彰暨五期工程启动大会。回良玉副总理参加会议并作了重要讲话；国务院办公厅、国家发改委、民政部、水利部、财政部、国研室、全国政协、团中央的领导以及三北地区13个省(区、市)的分管省级领导、副秘书长、林业厅(局)长、三北处(站)长以及受表彰的先进单位、先进个人的代表150多人参加了会议。兵团副秘书长周国胜、宋光杰一行代表参加了此次会议。会议结束后及时向兵团司令员做了书面汇报。（滕晓宁）

【兵团贯彻全国林业科技大会精神并做出安排】 2012年，全国林业科技大会结束后，兵团林业局参加会议的局长及科技处长及时召集由林业局及林业站、种苗站、林调院全体同志参加的会议，将会议精神进行了传达；并将《国家林业局关于加快科技创新促进现代林业发展的意见》转发到兵团各师(团场)，林业院校，要求林业系统全体职工认真贯彻学习，并将学习情况上报兵团林业局。并就重点推进以下4项林业科技工作做出了安排。一是推进林业科技攻关能力建设，打造林业科技创新平台。二是进一步加强林业技术推广应用，加快科技成果转化与推广应用。三是加快人才培训，提高领导科学管理、依法行政能力和业务素质。四是积极推进产业结构调整，实施具有经济实力的产业化工程。为全面促进兵团林业科技工作再上新台阶而努力奋斗。

（滕晓宁）

林业人事劳动

19

国家林业局领导成员

局长、党组书记： 贾治邦(2012年3月免职)
赵树丛(2012年3月任职)
副局长、党组副书记： 赵树丛(2012年3月免职)
副局长、党组副书记兼机关党委书记： 张建龙(2012年6月任党组副书记)
副局长： 印　红
副局长、党组成员： 孙扎根
中央纪委驻国家林业局纪检组组长、党组成员： 陈述贤
副局长、党组成员： 张永利
总工程师： 陈凤学
国家森林防火指挥部专职副总指挥： 杜永胜

新任国家林业局局长、党组书记

赵树丛　男，汉族，1955年3月生，山东诸城人，1973年7月加入中国共产党，在职研究生学历，工商管理硕士学位。1969年6月参加工作，1975年在山东医学院毕业后历任山东医学院教师、辅导员、党支部书记、团委干事、团委副书记、团委书记；1985年8月起先后任共青团山东省委常委、宣传部部长，共青团山东省委副书记、书记，其间，1987年7月至1988年7月挂职任山东省临邑县委副书记；1996年2月起任山东省泰安市委副书记、市政府副市长、党组副书记，市政府代市长、市长；1998年12月起先后任安徽省安庆市委副书记、市政府代市长、市长、市委书记；2003年1月任安徽省政府副省长、党组成员；2006年10月任安徽省委常委、省政府副省长、党组副书记；2011年4月任国家林业局副局长、党组副书记(副部长级)。

是中国共产党十四大、十六大、十七大、十八大代表，十八届中央委员会候补委员。九届全国人大代表，八届全国政协委员，共青团十三届中央常委，山东省第八届政协常委。

新任国家林业局党组副书记

张建龙　男，汉族，1957年1月出生，甘肃民勤人，1984年3月加入中国共产党，中央党校研究生学历，学士学位，高级工程师。1982年8月内蒙古林学院毕业后在原林业部西北华北东北防护林建设局参加工作，先后在调研室、办公室工作，其间，曾挂职任陕西省靖边县东坑乡副乡长和县委经济部副部长。1989年3月起历任计财处副处长、宣传处处长，1993年8月任副局长、党组成员，1994年5月兼任党组副书记，1995年5月任局长、党组副书记，1996年4月任局长、党组书记。1998年7月调国家林业局野生动植物保护与自然保护区管理司主持工作，1999年3月任野生动植物保护与自然保护区管理司司长，2001年12月任科学技术司司长，2002年9月兼任国际竹藤网络中心主任。2003年9月任国家林业局副局长、党组成员，2006年11月兼任国家林业局直属机关党委书记，2008年11月兼任国家林业局党校校长，2012年6月任国家林业局副局长、党组副书记。

是中国共产党十七大、十八大代表。

国家林业局机关各司(局)负责人

办公室

主任：张鸿文
巡视员：王建子
副主任：朱新飞　李金华　王恩光(2012年1月结束挂职锻炼免职)

政策法规司

司长：刘永范
副司长：王洪杰　卢昌强
副巡视员：祁　宏

造林绿化管理司(全国绿化委员会办公室、长江流域防护林体系建设管理办公室)

司长(秘书长、主任)：王祝雄

副司长(常务副秘书长)：赵良平
巡视员：于建亚、丁付林
总工程师：吴　坚
副司长：吴秀丽　霍健明(2012 年 1 月结束挂职锻炼免职)
　　邓尔平(2012 年 3 月挂职锻炼任职)

森林资源管理司

司长：汪　绚(2012 年 6 月免职，退休)
　　郝燕湘(2012 年 6 月任职)
巡视员：李忠平(2012 年 12 月免职，退休)
副司长：徐济德　袁少青
　　阿力木江·牙生(2012 年 3 月挂职锻炼任职)
司长助理：刘晓春(2012 年 1 月结束挂职锻炼免职)

野生动植物保护与自然保护区管理司(野生动植物保护及自然保护区建设工程管理办公室)

司长(主任)：张希武
巡视员：陈建伟(2012 年 12 月免职，退休)
　　孟　沙
副司长：刘亚文
副司长(副主任)：贾建生
总工程师：严　旬

农村林业改革发展司

司长：张　蕾
巡视员：安丰杰
副司长：李近如　江机生　李　军(2012 年 9 月任职)

森林公安局(国家森林防火指挥部办公室)

局长(副主任)、分党组书记：王海忠
副局长(副主任)、分党组成员：焦德发
巡视员、分党组成员：曹　真
副局长、分党组成员：张　萍　崔永环

发展规划与资金管理司(全国木材行业管理办公室)

司长：封加平
副司长：郝燕湘(2012 年 6 月免职)
巡视员：高玉英、王前进
副司长(主任)：孙　建
副司长：杨　冬
副巡视员：张艳红　汤晓文

科学技术司

司长：彭有冬
副司长：胡章翠
巡视员：张志达
副司长：靳　芳　李　兴
副巡视员：杜纪山

国际合作司(港澳台办公室)

司长：苏春雨
巡视员：金普春
副司长：章红燕

人事司

司长：谭光明
副司长：蓝增寿　丁立新　郝育军

直属机关党委(直属机关纪委)

常务副书记：高红电
巡视员：杨百瑾
副书记、纪委书记：王希玲

直属机关工会

主席：杨建新
副主席：孟庆芳

离退休干部局

局长：孙传玉
副局长：闫立民(2012 年 12 月免职，退休)　张　强
副巡视员：马世魁

中央纪委、监察部驻国家林业局纪检组、监察局负责人

组长：陈述贤
副组长、局长：张习文
副局长：周　洪
副司级纪律检查员、监察专员：陈汉蓉
纪检监察一室主任：籍永刚
纪检监察二室主任：吴兰香

国家林业局直属单位负责人

国家林业局机关服务局

局长、党委副书记：王永海
副局长：运文田　王寿奎　周　瑄
副巡视员：徐志霞
副局长、基本建设管理办公室专职副主任：姚志斌

国家林业局国有林场和林木种苗工作总站

总站长：杨　超
副总站长：张周忙　杨连清　尹刚强　刘春延

国家林业局林业工作站管理总站

总站长：潘世学
巡视员：林海涛(2012 年 12 月免职，退休)
副总站长：张全洲、陈雪峰

国家林业局林业基金管理总站(审计中心)

总站长：孔　明
副总站长：王翠槐　路　健
副主任：陈　彤
副总站长：李　冰

国家林业局宣传中心

主任：程　红
副主任：李天送　樊喜斌

国家林业局濒危物种进出口管理中心(中华人民共和国濒危物种进出口管理办公室)

主任：印　红(兼)
常务副主任：孟宪林
巡视员：周亚非
副主任：周志华

国家林业局天然林保护工程管理中心

主任：孙国吉

总工程师：叶荣华
副主任：陈学军　文海忠　樊华

国家林业局退耕还林(草)工程管理中心

主任：周鸿升
副主任：刘雪平　王殿富
巡视员：张秀斌
副主任：韩　冰(2012 年 8 月免职，退休)
　　　吴礼军
总工程师：敖安强

国家林业局防治荒漠化管理中心

主任：刘　拓
巡视员：王信建
副主任：罗　斌　许　庆　刘金富
总工程师：屠志方

国家林业局世界银行贷款项目管理中心(速生丰产用材林基地建设工程管理办公室)

主任：闫　振
副主任：姜喜山　王连志　黄采艺
总工程师：许传德

国家林业局对外合作项目中心

主任：苏春雨(兼)
常务副主任：苏　明
副主任：吴志民　刘立军

国家林业局科技发展中心

主任：胡章翠(兼)
常务副主任：王　伟
副主任：李明琪　黄发强

国家林业局经济发展研究中心

主任：刘东生
党委书记：王焕良
副主任：戴广翠　周少舟　王剑波

国家林业局人才开发交流中心

主任：黄正秋
副主任：路永斌　文世峰

国家林业局森林防火预警监测信息中心

主任：焦德发(兼)
副主任：王元法　陈介平

国家林业局森林资源监督管理办公室

主任：汪　绚(兼，2012 年 6 月免职，退休)
　　　郝燕湘(兼，2012 年 6 月任职)
常务副主任：徐济德(兼，2012 年 6 月任职)
副主任：张松丹　苏祖云
副巡视员：王洪波

国家林业局湿地保护管理中心

主任：马广仁
副主任：严承高　袁继明
　　　黎　平(2012 年 3 月挂职锻炼任职)

国家林业局信息中心

主任：李世东
副主任：王福东

国家林业局国际竹藤中心

主任：江泽慧(兼)
常务副主任：岳永德
副主任：程　良　费本华　李凤波

中国林业科学研究院

院长、分党组书记：张守攻(2012 年 1 月免分党组书记，任分党组副书记)
分党组书记、副院长、京区党委书记：
　　叶　智(2012 年 1 月任分党组书记、副院长)
分党组副书记、京区党委书记：叶　智(2012 年 1 月免分党组副书记)
副院长、纪检组组长、分党组成员：陈幸良
副院长、分党组成员：储富祥　刘世荣　孟　平
　　黄　坚

国家林业局调查规划设计院

党委书记、副院长：王忠武
常务副院长：刘国强
副院长：赵中南、唐小平
总工程师：张煜星
副书记、纪委书记：严晓凌

国家林业局林产工业规划设计院

党委书记：郭青俊
常务副院长：李　鹏
总工程师：肖小兵
副院长：李玉印　徐新华　王欲飞(兼)

国家林业局管理干部学院

院长：贾治邦(2012 年 5 月不再兼任)
　　　赵树丛(2012 年 5 月兼任)
党委书记：李向阳
常务副院长、党委副书记：张健民
副院长：方怀龙、刘家顺
党委副书记、纪委书记：黄桂荣
副院长：梁宝君

中国绿色时报社

社长、党委副书记：柏章良
总编辑：厉建祝
常务副社长：柳维河
副总编辑：张连友　曾联盟
副社长：刘　宁

中国林业出版社

党委书记：柳学军
社长、党委副书记：金　旻
副社长、党委副书记、纪委书记：李玉峰
副社长、副总编辑：刘东黎
副总编辑：邵权熙

国家林业局亚太森林网络管理中心

主任：苏春雨(兼)
常务副主任：鲁　德
副主任：王春峰　李淑新

中国林学会

赵良平主持工作
常务副秘书长：李岩泉
副秘书长：沈　贵　尹发权

中国野生动物保护协会

秘书长：臧春林
副秘书长：李青文　赵胜利

中国花卉协会
秘书长：刘　红
副秘书长：陈建武　张引潮
中国绿化基金会
副秘书长兼办公室主任：陈　蓬
办公室副主任：赵志营　杨旭东
中国林业产业联合会
秘书长：王　满
副秘书长：石　峰　王欲飞
中国绿色碳汇基金会
秘书长：李怒云
副秘书长：苏宗海
国家林业局驻内蒙古自治区森林资源监督专员办事处(中华人民共和国濒危物种进出口管理办公室内蒙古自治区办事处)
专员(主任)、党组书记：刘树人
副专员(副主任)、党组成员：李国臣　高广文
国家林业局驻长春森林资源监督专员办事处(中华人民共和国濒危物种进出口管理办公室长春办事处)
专员(主任)、党组书记：王志高
副专员(副主任)、党组成员：李伟明　傅俊卿
国家林业局驻黑龙江省森林资源监督专员办事处(中华人民共和国濒危物种进出口管理办公室黑龙江省办事处)
专员(主任)、党组书记：赵恩举
副专员(副主任)、党组成员：孙文义　左焕玉
国家林业局驻大兴安岭林业集团公司森林资源监督专员办事处
专员、党组书记：蒋周明
副专员、党组成员：王荣满　杜晓明
国家林业局驻合肥森林资源监督专员办事处(中华人民共和国濒危物种进出口管理办公室合肥办事处)
专员(主任)、党组书记：薛全福
国家林业局驻福州森林资源监督专员办事处(中华人民共和国濒危物种进出口管理办公室福州办事处)
专员(主任)、党组书记：冯树清
国家林业局驻武汉森林资源监督专员办事处(中华人民共和国濒危物种进出口管理办公室武汉办事处)
专员(主任)、党组书记：何美成
国家林业局驻广州(海口)森林资源监督专员办事处(中华人民共和国濒危物种进出口管理办公室广州(海口)办事处)
专员(主任)、党组书记：许　辉
副专员(副主任)、党组成员：关进敏
国家林业局驻成都森林资源监督专员办事处(中华人民共和国濒危物种进出口管理办公室成都办事处)
专员(主任)、党组书记：付　贵
副专员(副主任)、党组成员：张志忠
国家林业局驻贵阳森林资源监督专员办事处(中华人民共和国濒危物种进出口管理办公室贵阳办事处)
专员(主任)、党组书记：康晓达
国家林业局驻云南省森林资源监督专员办事处(中华人民共和国濒危物种进出口管理办公室云南省办事处)
专员(主任)、党组书记：万兆奇
副专员(副主任)、党组成员：连文海
国家林业局驻西安森林资源监督专员办事处(中华人民共和国濒危物种进出口管理办公室西安办事处)
专员(主任)、党组书记：侯　龙
副专员(副主任)、党组成员：李彦华
党组成员：刘　丛
国家林业局驻乌鲁木齐森林资源监督专员办事处(中华人民共和国濒危物种进出口管理办公室乌鲁木齐办事处)
专员(主任)、党组书记：刘家顺
国家林业局驻上海森林资源监督专员办事处(中华人民共和国濒危物种进出口管理办公室上海办事处)
专员(主任)：党组书记：程　鹏(2012年9月免职)
副专员(副主任)、党组成员：王招英
国家林业局驻北京森林资源监督专员办事处(中华人民共和国濒危物种进出口管理办公室北京办事处)
副专员(副主任)、党组成员：向可文
国家林业局西北华北东北防护林建设局
局长、党组副书记：潘迎珍
党组书记、副局长：张　炜
副局长、党组成员：杨金恒、王作谊
总工程师、党组成员：洪家宜
国家林业局森林病虫害防治总站
总站长：马爱国
党委书记：李青松
常务副总站长：潘宏阳(2012年5月免职，退休)
总工程师：宋玉双
纪委书记：李永成
国家林业局北方航空护林总站
主任：张惠新
副主任：李世奇　张宝柱　张克江
总工程师：张喜忠
国家林业局南方航空护林总站
总站长、党委书记：郝佩和
副总站长：史永林　吴　灵　袁俊杰
南京森林警察学院
党委书记：王邱文
院长、党委副书记：张高文
常务副院长：张治平
正院级调研员：苏惠民(2012年3月免职，退休)
党委副书记、纪委书记：李　明
副书记、政治部主任：林　平
副院长：陶珑、吉小林、傅冰钢
国家林业局华东林业调查规划设计院
院长、党委副书记：傅宾领
党委书记、副院长：刘裕春
党委副书记、纪委书记、副院长：周　琪
副院长、总工程师：何时珍
副院长：丁文义
国家林业局中南林业调查规划设计院
院长、党委副书记：周光辉
党委书记、副院长：彭长清
副院长：蒋云安
总工程师、副院长：熊智平

党委副书记、纪委书记、副院长：周学武

国家林业局西北林业调查规划设计院

院长、党委副书记：张　翼

党委书记、副院长：陈道东

总工程师：李立球

副院长：吴海平

国家林业局昆明勘察设计院

院长、党委副书记：唐芳林

党委书记、副院长：胡培兴

副院长、总工程师：张敏琦

副院长、纪委书记：周红斌

副院长：张光元、汪秀根

各省(区、市)林业厅(局)负责人

北京市园林绿化局(首都绿化办)

局长(主任)、党组书记：邓乃平

党组副书记、巡视员：刘宝军

副主任：王苏梅(2012年5月退休)　甘　敬

副主任、副巡视员：朱国城(2012年5月任副主任，免副巡视员)

副局长：史贵升(正局级)　王振江(2012年9月去世)　强　健　黄德峰　高士武　周剑平

副巡视员：张建民　廉国钊　贲权民　蔡宝军(2012年5月任职)

天津市林业局(绿化委员会办公室)

党委书记：陶润立

局长(主任)、党委副书记：张宗启(2012年5月任党委副书记)

副巡视员、副局长(副主任)：王海静(2012年5月退休)　齐龙云

党委副书记：李春国(2012年5月退休)　王志信(2012年5月任职，12月退休)

副局长：吴学东　李果丰(2012年8月任职)

河北省林业厅

厅长、党组书记：王海洋(2012年3月任职)

副厅长、党组副书记：刘凤庭(2012年4月任职)

副厅长、党组成员：雷永怀(2012年4月职)　闫铁龙(2012年4月任职，7月退休)　王　忠(2012年7月任职)

副厅长：葛会波(2012年4月任职)

纪检组组长、监察专员、党组成员：王金品(2012年4月任职)

巡视员：张　静(2012年4月任职，11月退休)

副巡视员：李桂征(2012年4月任职)

山西省林业厅

厅长、党组书记：李永林

副厅长、党组成员：霍转业(正厅级)　常光明　任建中(2012年3月任职)

纪检组组长、党组成员：谢　璞

总规划师、党组成员：张云龙

总工程师、副巡视员：刘虎山(2012年8月任总工程师，免副巡视员)

巡视员：杜创业　周　洪(2012年10月退休)

副巡视员：姚文达　温普德　尹福建(2012年8月任职)

党组成员、省森林公安局局长：李　更(2012年12月副厅长级)

内蒙古自治区林业厅

厅长、党组书记：高锡林

副厅长、党组成员：曹文仲　李树平　田选明　呼　群　龚家栋

纪检组组长、党组成员：王治和

总工程师、党组成员：高桂英

自治区防火指挥部专职副总指挥(副厅级)、党组成员：阿勇嘎

副巡视员：杨俊平　乔　云　肖文武　王福英　魏　江

辽宁省林业厅

厅长、党组书记：曹　元

副厅长、党组副书记：侯喜丰

副厅长、党组成员：马志刚(2012年9月免职)　田树槐　李宝德(2012年12月任职)　武兰义(2012年4月任职)　陈　杰(2012年6月任职)

纪检组组长、党组成员：张志茹

巡视员：马志刚(2012年9月任职)

副巡视员：马乃胜(2012年3月退休)　孙永平(2012年6月任职，12月退休)　史广海　赵永新(2012年2月退休)

吉林省林业厅

党组书记、厅长：张德新

党组成员、副厅长、省绿委副主任(正厅长级)：栾胜宽

党组成员、副厅长：金德友

党组成员、纪检组组长、监察专员：姜国军(2012年12月免职)

党组成员、副厅长：乔　恒

副厅长：孙光芝

党组成员、副厅长、森林防火专职副指挥：孙亚强

党组成员：白　旋

副巡视员：闫活承　尚静敏(2012年5月免职)

黑龙江省林业厅

厅长、党组书记：蔡炳华

副厅长：杨克杰

副厅长、森林草原防火指挥部专职副指挥：李树铭

纪检组组长：王瑞斌

副厅长：张恒芳　李跃民　杨国亭
省绿化委员会专职副主任：张凤仙
副巡视员：金　强

上海市绿化和市容管理局(上海市林业局)

局长：马云安（2011年9月免党组书记职务）
党组书记、副局长：陆月星
副局长、党组副书记：崔丽萍(2012年6月任党组副书记，免副局长)
副局长：夏颖彪　蔡友铭　鲁建平　恽奇伟　方　岩
总工程师：唐家富
巡视员：刘　磊

江苏省林业局

局长、党委书记兼任农委副主任、党组成员：夏春胜(2012年4月正厅级)
江苏省护林防火指挥部副指挥、农委(江苏省林业局)副巡视员：严宏生
副局长、党委委员：葛明宏　卢兆庆　傅　兵　王德平(2012年2月任职)
纪委书记、党委委员：邱昱东
党委委员：仲志勤

浙江省林业厅

厅长、党组书记：楼国华
副厅长、党组成员、巡视员：邢最荣
副厅长、党组成员：杨幼平　俞　坚
副厅长：吴　鸿
纪检组组长、监察专员、党组成员：陈亚敏
总工程师：蓝晓光
巡视员：叶胜荣
副巡视员：王章明

安徽省林业厅

厅长、党组书记：程中才(2012年7月任职)　韩柏泉(2012年7月调出)
巡视员、党组成员：汪炳瑜　程　鹏
副厅长、党组成员：赵　波　潘法祥　齐　新
纪检组组长、党组成员：张盛林
总工程师、党组成员：汤　坚
副巡视员：唐丽影　江贻东
副厅级纪律检查员、监察专员：孙桂英

福建省林业厅

厅长、党组书记：陈家东
副厅长、党组成员：林少霖　张明接　谢再钟　王宜美(2012年2月任党组成员，3月任副厅长)
纪检组组长、党组成员：黄文书
省森林防火指挥部专职副指挥(副厅级)、党组成员：谭　论
副巡视员：李岱一(2012年3月任职)

江西省林业厅

党组书记、厅长：刘礼祖(2012年3月免职)
党组书记、厅长：阎钢军(2012年3月任职)
党组成员、巡视员：肖　河(2012年10月免职)
党组成员、副厅长：魏运华(2012年12月免职)　郭　家　詹春森
巡视员：魏运华(2012年12月任职)
党组成员，省林科院院长、党委书记：黄小春
党组成员、副厅长：罗　勤
党组成员、森林公安局政委：邱水文
党组成员、驻厅纪检组组长：李晓浩
副巡视员：毛赣华　曹志远(2012年4月任职)　刘忠根(2012年7月任职)
总工程师：胡跃进

山东省林业厅

厅长、党组书记：贾崇福
纪检组组长、党组成员：张保卫
副厅长、党组副书记：辛福智　吴庆刚　刘建武　亓文辉
副巡视员：李登开　马福义　王太明(2012年9月任职)

河南省林业厅

厅长、党组书记：王照平(2012年4月调出)
副厅长、党组副书记：刘有富(2012年4月任党组副书记)
副厅长、党组成员：王德启　张继敬(2012年8月任职)　丁荣耀　李　军
纪检组组长、党组成员：乔大伟
副厅长、党组成员、森林公安局局长：侯怀堂
党组成员、巡视员：宋全胜(2012年7月退休)
副巡视员：谢晓涛　王学会　师永全

湖北省林业厅

厅长、党组书记：王海涛
副厅长、党组成员：李新水(2012年8月免职)　董祚华　刘晓洪　蔡静峰　王铭德
纪检组组长、党组成员：陈年山
总工程师、党组成员：洪　石
党组成员、森林公安局局长、森林公安警察总队总队长：陈毓安
巡视员：李新水(2012年8月任职)
副巡视员：姜必祥　向仕斌(2012年3月任职)　沈德友(2012年11月任职)
森林公安局副巡视员：陈精华(2012年9月退休)　刘宗友(2012年11月任职)

湖南省林业厅

厅长、党组书记：邓三龙
副厅长、党组副书记：胡长清
副厅长、党组成员：唐苗生　柏方敏　吴彦承　李益荣
总工程师、党组成员：文振军
纪检组组长、党组成员：王鹰柏
副巡视员：柳开明　吴剑波

广东省林业厅

厅长、党组书记：张育文
党组成员、巡视员：陈俊勤
副厅长、党组成员：陈亚广　孟　帆　陈俊光
党组成员、省纪委、省监察厅驻厅纪检组组长、监察专员：肖伟昌(2012年7月退休)　林俊达(2012年7月任职)

党组成员、总工程师：谭天泳
党组成员、省森林防火指挥部专职副总指挥：杨胜强
副巡视员：王惠恒　吴玩余(2012年7月退休)　彭耀强(2012年7月退休)　岑　苗(2012年10月任职)

广西壮族自治区林业厅

厅长、党组书记：陈秋华
副厅长、党组副书记：莫一平
副厅长、党组成员：韦纯良　李明琪(挂职干部)　邓建华　刘中奇(2012年4月调出)　黄政康(2012年4月任职)
总工程师、党组成员：蒋桂雄
纪检组组长、党组成员：王力生(2012年6月退休)　陈泽益(2012年8月任职)
区森林公安局局长(副厅长级)：罗卫东
区森林公安局政委(副厅长级)：李堂龙
副巡视员：肖　超　高聘荣(2012年6月退休)　李可夫(2012年4月任职)

海南省林业厅

厅长：关进平
副厅长：倪陈兴(2012年9月免职)　黄金城　刘艳玲　王春东(2012年9月任职)
党组成员、防火办主任：周绪梅
党组成员、总工程师：周亚东
巡视员：秦忠文
副巡视员：曾　平

重庆市林业局

局长：吴　亚
副局长：邓东华　杨富权　张　洪　王声斌　戴栓友(挂职干部)
纪检组组长：庹清文
局长助理：彭泽民　谢志刚
总工程师：杜士才
市森林防火指挥部专职副总指挥：戴栓友(2012年2月任职)
副巡视员：邓兴华　张　静　晏正平(2012年6月任职)

四川省林业厅

厅长、党组书记：王　平
副厅长、党组成员：马　平(2012年11月任职)　陶智全　郭亨孝　刘书贵　降　初　包建华
纪检组组长、党组成员：蒲晓虎(2012年7月任职)
机关党委书记、党组成员：李　剑
总工程师、党组成员：骆建国
防火指挥部专职副指挥长、党组成员：龙先华(2012年12月任党组成员)
巡视员：赵光钦
副巡视员：张绍荣　廖志抗
纪检监察员(副厅级)：黄　平(2012年7月任职)
森林公安局局长：范成绪
森林公安局政委(副厅级)：李春洪
林业工会主席：熊北蓉
卧龙特区主任：张和民
卧龙国家级自然保护区管理局党委书记：黄建华

贵州省林业厅

党组书记、厅长：金小麒
党组成员、副厅长：杨洪俊　黎　平　沈晓春
党组成员、总工程师：聂朝俊
党组成员、机关党委书记：黄永昌
党组成员、驻厅纪检组组长：黄　勇
巡视员：甘如一(2012年5月退休)
正厅级干部：徐来富
副巡视员：胡庆昌(2012年5月退休)　童璧刚(2012年7月任职)

云南省林业厅

党组书记：侯新华(2012年12月任职)
党组书记、厅长：陈玉侯(2012年12月免职)
党组成员、全省“森林云南”建设产业督导协调组组长：郭辉军(2012年12月任职)
党组成员、副厅长：郭辉军(2012年12月免职)　冷　华　刘一丹　夏留常
党组成员、森林公安局局长：李　华(2012年5月任党组成员)
党组成员、森林防火指挥部专职副指挥长：万　勇
党组成员、纪检组组长：沈光善(2012年6月任职)
副巡视员：刘全英(2012年9月免职)　刁建国　王　哲(2012年11月任职)

西藏自治区林业厅

党组书记、副厅长：杰　巴(2012年12月退休)　布　穷(2012年12月任职)
党组副书记、厅长：雷桂龙
党组成员、巡视员：布阿牛(2012年1月退休)
党组成员、副厅长：郭　杰　黄采艺(援藏干部)
党组成员、纪检组组长：郭林豫
党组成员、副厅长：索朗旺堆

陕西省林业厅

党组书记、厅长：张社年(2012年6月免职)　李三原(2012年6月任党组书记，7月任厅长)
党组成员、副厅长：党双忍(2012年2月任副厅长)
副厅长、巡视员：高永民(2012年2月免副厅长，任巡视员；5月退休)
党组成员：孙承骞
党组成员、副厅长：陈玉忠　王建阳　高永民　拓　平　彭　鸿　李嘉农
党组成员、森林资源管理局党委书记、局长：郭道忠
党组成员、总工程师：范民康
党组成员、纪检组组长：赵钰莹
党组成员、秦岭国家植物园园长：沈茂才(正厅级)
副厅长：唐周怀
党组成员、森林公安局局长：马利民

甘肃省林业厅

党组书记、厅长：高清和
党组副书记、白龙江林业管理局党委书记：火统元

党组成员、副厅长：赵建林　段昌盛　樊　辉
　　　　　　　　　张肃斌
党组成员、省绿化委员会办公室副主任：陈浩文
党组成员、省森林公安局局长：张鹿鸣
党组成员、纪检组组长：李　智
省绿化委员会办公室副主任：郭　平
巡视员：高　攀（2012年11月退休）
副巡视员：王成锁　李万江

青海省林业厅

党组书记、厅长：党晓勇
党组成员、副厅长：郑　杰　邓尔平　赫万成
　　　　　　　　　李　冰（援青干部）　高静宇
　　　　　　　　　叶万彬（2012年10月任职）
党组成员、三江源国家级自然保护区管理局局长：
　李若凡
纪检组组长：马东田
副巡视员：肖俄力

宁夏回族自治区林业局

党组书记、局长：王德林（2012年12月被双开）
党组成员、副局长：王洪界　李月祥
　　　　　　　　　李　安（2012年3月任职）
　　　　　　　　　曹凯龙（2012年3月任职）
　　　　　　　　　徐庆林（2012年8月任职）
　　　　　　　　　马　林（2012年12月被双开）
党组成员、纪检组组长：开永安
巡视员：佘进军
副巡视员：李　安（2012年3月免职）

新疆维吾尔自治区林业厅

党委书记：张小平
厅长：尼加提·马合木提
副厅长：侯翠花　英　胜　吾拉孜别克·索力坦
　　　　李东升（2012年2月任职）
党委委员、副厅长：王洪波（援疆干部）
纪委书记：党元德
政治部主任：彭小明
总工程师：谢　军
巡视员：侯福群（2012年4月任职）
副巡视员：曾　力　李照祥（2012年4月任职）
　　　　　樊新民（2012年9月任职）

（以上名单由李琰供稿）

人事工作

【综　述】 2012年，人事司服务生态林业和民生林业大局，不断加强干部队伍和组织机构建设，大力推进行业人才和教育培训工作，各项工作取得了新成效。

【机构保障能力建设】 始终把机构编制工作放在林业工作的大局中思考和谋划，不断加强机构能力建设。

加强林业行政机构建设　根据林业性质、地位、任务和作用的变化，认真对2008年以来林业机构、职责、体制等情况进行了整理，汇总起草了报送中央有关部门的详细材料，其中突出强调了在贯彻党的十八大精神、大力推进生态文明建设的新形势下，要充分发挥林业主体作用，丰富和强化林业职能体系，进一步加强国家林业行政管理机构建设。

推进派驻地方林业监管机构全面整合　加强了派驻机构干部队伍建设和业务培训，对13个专员办中层干部进行了调整，对新成立专员办补充了急需业务干部。认真推进整合后派驻机构法人登记、法人年检和资产清算工作。研究批复了派驻机构内设处室设置和职能配置方案。

进一步调整优化内部机构设置　根据形势任务的变化，调整了规划院等多个单位内设处室设置。积极协调有关部门增加了两名行政编制。着眼长远，明确5个直属规划院加挂“生态监测评估中心”牌子，设计院加挂“风景园林与建筑规划设计院”牌子。积极拓展事业单位职能，提出成立生态观测网络中心、城市森林研究中心、盐碱地研究中心等机构的建议意见。积极申请成立中国大熊猫保护研究中心，目前进展顺利。积极协调中央编办、公务员局等部门，天保中心被批准为参公单位，科技中心职能予以批复明确。

突出社团规范化管理　主动加强管理服务，发挥社团积极作用。研究部署社团年检工作，提出了年检初审意见，局属社团评估2012年有较大突破，产业联合会、野协获评4A等级，林业经济学会获评3A等级。积极协调民政部，正式成立中国林业生态发展促进会，局属一级社团达26个。

【领导班子和干部队伍建设】 以提高素质能力、加强管理、梳理全面情况为重点，加强全局干部队伍建设，充分发挥组织保障作用。

各级干部队伍建设　一是按照中组部等上级部门部署，配合完成国家林业局“两委委员”人选、全国人大政协换届有关人选以及局主要领导、党组副书记、中管民主党派干部等的推荐考核工作。二是加强直属机关领导班子建设，对资源司等6个单位主要领导进行了调整补充。动态掌握班子运转情况，完成52名司局级干部试用期满考核。三是推进竞争性选拔干部和干部交流。审核了24个单位处级干部调整方案，调整提拔处级干部93人，其中11个单位48名处级干部通过竞争上岗产生。交流2名司局级干部到地方任职，接收1名副司局级干部到局机关任职。从基层选调15名处级以下干部到京内外直属单位工作。

干部培养锻炼　一是积极选派干部参加理论和业务培训。经争取名额，2名局领导、19名司局级干部参加中央党校、行政学院、组织干部学院和3所干部学院的培训。二是扎实开展干部挂职锻炼工作。完成8名司处级干部挂职期满考核，选派19名司处级干部到地方和

信访局等单位挂职锻炼；接收3名西部地区干部到国家林业局挂职锻炼，14名地方干部和其他部门干部到国家林业局挂职锻炼。积极推荐干部参与地方和其他部委公开选拔。

干部日常管理和监督　一是强化年度考核结果反馈和应用。将2011年年度考核情况向部分单位做了反馈，提出单位领导班子、司局级干部、处级及以下干部考核等次建议，首次对42人记三等功、98人授嘉奖。二是不断强化公务员管理。认真开展参照管理单位实施工作。加强了公务员管理信息系统建设。精心编制了2013年公务员招录计划，确定26个招考职位，报考比例达318∶1，创历史新高。三是进一步加强干部监督。妥善处理了有关干部工作来信来访，及时进行提醒谈话，组织完成副处级以上干部个人有关事项报告工作。四是围绕加强生态文明建设，积极与中组部等有关部门沟通，提出将森林资源管理、林改、治沙、防火、湿地保护、野生动植物保护等6个方面16项具体指标纳入中央对地方政府干部实绩考核指标体系，力争将森林覆盖率、森林蓄积量、集体林地确权率、林权证发证率和森林防火等纳入地方干部常态化考核指标体系。

国家林业局干部工作得到了上级领导和部门的充分肯定。在2012年中组部召开的全国干部监督工作座谈会上，国家林业局专门做了书面发言，李源潮就国家林业局干部工作专门作出批示，1名同志获得全国组织系统嘉奖。

【教育培训工作】　注重抓统筹、抓改革、抓基础，全面实施全国林业教育培训"十二五"规划，教育培训工作取得新成效。

认真贯彻实施《全国林业教育培训"十二五"规划》　突出局党组重大决策部署以及国情、林情和廉政教育等内容。把深化改革作为推动教育培训发展的动力，加强培训需求调研，完善计划生成机制，按干部类别、层次组织培训，增强针对性和实效性。充分运用案例教学、情景教学等方法，开展结构化研讨，完善方式，增强培训效果。系统总结了十六大以来林业干部教育培训工作，组织开展了十七大以来林业干部教育培训工作巡礼系列宣传报道。

加大行业培训力度，服务林业工作大局　一是以提升干部履职能力为重点，举办司局级干部、处级干部任职培训、公务员岗位培训、新录用人员初任培训各一期。组织了司局长自主选学、网络培训和中组部等部门牵头的培训活动，培训局机关及直属单位1600人次。二是以推进地方林业发展为重点，举办了地方县级领导干部专题研究班、专业技术人员高级研修班以及县林业局长培训班、林业干部专业知识培训班和新疆林业干部培训班，协调直属机关举办了多个林业管理和专业技术培训班，共培训近17 000人次。三是以宣传林业政策、传播科学知识和实用林业技术为重点，开展全国党员干部现代远程教育林业专题教材制播工作，制作了《林下经济财富宝典》等系列专题片、52期林业专题教材，向中组部报送171个课件计2940分钟林业节目。

统筹推进职业教育、高等教育和学科建设　一是强化林业职业教育管理，注重内涵发展，优化资源配置，公布了首批10个高职重点专业，评审了7个高职院校示范性实训基地，开展了高职精品课程评审和全国职业院校林业职业技能大赛，论证了园林技术等6个紧缺应用型人才培养项目，审定了高职教育多个专业教学标准，起草了发展林业职业教育的指导意见，重组了全国林业职业教育教学指导委员会。二是引导涉林高校服务林业建设，与省区签署合作共建内蒙古农大、山东农大、福建农林大、河南农大协议；配合有关部门推进卓越农林人才教育培养计划、林业基层场站大学生计划、农林高等教育综合改革。三是继续推进林业学科健康发展。组织协调成立林业硕士、风景园林硕士教学指导委员会，扎实推进国家林业局重点学科评审。

夯实制度基础，保障教育培训质量　加强基础建设，初步完成了林业站长等5个岗位的胜任能力模型构建，开发了《应对气候变化与碳汇交易》等37部网络课程，编印了《林业干部教育培训文件汇编》(2008～2012)、现代远程教育林业专题教材制播工作资料汇编。加强组织协调，建立完善了教育培训、司局级干部选学二级联络员制度。

【林业人才工作】　以林业两高人才队伍建设为主线，突出抓好全国林业劳模表彰工作，加强统筹协调，林业人才工作取得新成绩。

林业高层次专业技术人才队伍建设　一是以中央《关于进一步加强党管人才工作的意见》统领林业人才工作，提出了贯彻落实意见。二是积极拓宽林业高层次人才选拔培养途径。向人社部推荐8名同志为国家林业局2012年享受政府特殊津贴人选；推荐6名同志为"国家特支计划"百千万工程领军人才人选。三是进一步加大行业人才培养力度。举办以"发展现代林业 促进绿色增长"为主题的百千万人才工程国家级人选高级研修班，56名学员参加了研修。选派2名博士参加第十三批博士服务团，接收12名"西部之光"访问学者、新疆特培和新疆林业"青年科技英才"学员到局属单位进行研修学习。

规范林业表彰评比工作　一是突出抓好全国林业系统劳模评选表彰。与人社部联合下发了表彰通知。严格人选标准条件，特别是对提名的"林业英雄"人选进行了严格考察。经局党组审定，表彰林业英雄1名、先进集体100个，劳动模范114人，先进工作者125人。二是向人社部推荐中华技能大奖候选人1名，全国技术能手候选人3名，国家技能人才培育突出贡献候选单位1个、候选个人1名。三是会同相关司局开展了全国生态建设突出贡献奖、全国绿化模范单位、全国绿化奖章表彰奖励以及全国林业科技大会表彰工作。

完善人才评价机制　一是修改完善林业工程专业技术资格标准，开展了2012年工程系列职称评审工作，首次对工程系列高级、中级专业技术资格分开评审。二是初步完成了国家职业分类大典修订工作，林业行业44个承担职业和47个参与职业作了修订。三是制定了11个林业特有工种的国家职业标准，使85%的职业有标准可依。配合完成林业行业相关职业资格清理工作。

【事业单位改革】　以事业单位清理规范、岗位设置为重点，积极协调沟通，健全工作机制，局属事业单位分类改革稳步推进。

事业单位清理规范工作　一是经中央编办批准成立的77个局属事业单位，全部予以保留，不再进行整合或撤销。二是根据新形势新任务，对东航中心等4个单位进行了更名。三是积极争取中央编办对长期缺编的基金总站等5个单位调剂增加了62名编制，按最大允许空编30%的比例核减了部分单位空编。四是积极呼吁建议将林业事业单位纳入行政机关或从事行政管理、公益服务范围，最大限度地为下一步事业单位分类赢得有利地位。

事业单位人事制度改革和收入分配制度改革　对2009年以来局属事业单位岗位设置管理实施情况进行了调查摸底，研究提出国家林业局事业单位岗位设置实施调整方案。着力提高劳资工作和管理服务水平，扎实开展直属单位2012年工资总额测算和计划下达以及职工工资变动审批和发放工作。开发了公务员工资查询系统，方便公务员随时电子化查询工资收入信息。

事业单位公开招聘工作　一是制定了《事业单位公开招聘暂行办法》，成立了局公开招聘工作领导小组，并推进相关组织实施工作。二是着力做好事业单位毕业生接收工作。2012年度局属事业单位录用毕业生256名，向人社部申报了2013年接收计划360名。三是创新军转干部接收方式，考试择优录用4名军转干部，从快从早完成了这一政治任务，得到了国务院军转办的充分肯定。　（林业人事劳动由段兆刚　范晓棠供稿）

人才劳资

【全国绿化委员会、人力资源社会保障部、国家林业局联合授予余锦柱同志“林业英雄”称号】　余锦柱，男，瑶族，1959年出生，1998年7月加入中国共产党，1978年7月参加工作，高中文化，现为湖南省江华瑶族自治县林业局尖子岭水口瞭望台护林员。

余锦柱同志是勤奋敬业、忠于职守的典范。他在驻守瞭望台的34年中，翻越管护区70多座高山、3000多条峡谷，踏遍了50多万亩林区，准确报告火警284次，实现了看守区内34年无重大森林火灾，避免森林资源和群众生命财产重大损失，被当地瑶汉人民誉为守望大瑶山的“森林眼睛”。余锦柱是勤于学习、刻苦钻研的模范。通过自己多年实践的摸索和提炼，总结出的“望两面，察浓淡，分季节，析雨晴，测远近，观动静，别粗细，区缓急”的瞭望火情监测经验，被国家森林防火指挥部编入森林防火教材，向全国推介，大大提高了火情监测的准确率，为森林防火事业作出了重要贡献。余锦柱参加工作以来，舍小家，顾大家，心系火情，勇挑重担，以强烈的责任感和事业心，在平凡岗位上做出了不平凡的业绩，为改善生态和改善民生提供了有力保障，对保护和发展森林资源，促进绿色增长作出了突出贡献。余锦柱多次受到国家、省、市、县表彰，先后荣获“全国优秀乡村护林员”“湖南省劳动模范”“全国生态贡献奖”“全国国土绿化突出贡献人物”“全国五一劳动奖章”“全国劳动模范”等荣誉称号。2012年当选党的十八大代表。

【人力资源社会保障部 国家林业局联合表彰全国林业系统先进集体和劳动模范、先进工作者】　为表彰先进，弘扬正气，进一步激发林业系统广大干部职工的积极性、主动性和创造性，推动生态林业、民生林业科学发展，2012年12月19日人力资源社会保障部、国家林业局决定，授予北京市西山试验林场等100个单位“全国林业系统先进集体”荣誉称号，授予贾明财等114名同志“全国林业系统劳动模范”荣誉称号，授予陶万强等125名同志“全国林业系统先进工作者”荣誉称号。被授予“全国林业系统劳动模范”和“全国林业系统先进工作者”荣誉称号的同志，享受省部级先进工作者和劳动模范待遇。具体名单如下：

全国林业系统先进集体名单（100个）

北京市西山试验林场
北京市延庆县园林绿化局
天津市宝坻区苗圃场
天津市塘沽区林业工作站
河北省承德市林业局
河北省保定市阜平县林业局
河北省木兰围场国有林场管理局孟滦林场
河北省塞罕坝机械林场总场第三乡林场
山西省长治市林业局
山西省夏县林业局
山西省中条山国有林管理局
内蒙古自治区通辽市林业局
内蒙古自治区敖汉旗林业局
内蒙古自治区包头市林业局
辽宁省本溪市林业局
辽宁省鞍山市林业局
辽宁省实验林场
吉林省通化市林业局
吉林省白城市林业局
吉林省延边朝鲜族自治州敦化市林业局
吉林省辽源市东丰县林业局
黑龙江省望奎县林业局
黑龙江省大庆市林业局
黑龙江省林业勘察设计院宾西实验林场
上海市林业总站
上海市崇明县林业站
江苏省连云港市林业局
江苏省苏州市林业局
浙江省长兴县林业局
浙江省宁波市鄞州区农林局
浙江省丽水市林业局

安徽省安庆市林业局
安徽省休宁县林业局
安徽省扬子鳄国家级自然保护区管理局
福建省邵武市林业局
福建省德化县水口林业工作站
江西省吉安市林业局
江西省新余市林业局
江西省萍乡市林业科学研究所
江西省崇义县林业局
山东省烟台市林业局
山东省青岛市森林病虫害防治工作站
山东省潍坊市林业局
河南省三门峡市林业和园林局
河南省洛宁县林业局
河南省范县林业局
湖北省太子山林场管理局
湖北省黄冈市林业局
湖北省神农架大九湖国家湿地公园管理局
湖北省襄阳市谷城县林业局
湖南省益阳市林业局
湖南省常宁市林业局
湖南省湘乡市东台山国家森林公园
湖南省怀化市林业局
广东省广州市林业和园林局林政处
广东省惠州市林业局
广东省西江林业局
广东省南雄市林业局
广西壮族自治区农村能源办公室
广西壮族自治区国有七坡林场
广西壮族自治区柳州市林业局
广西壮族自治区浦北县林业局
海南鹦哥岭省级自然保护区管理站
海南省国营岛西林场
重庆市林业规划设计院
重庆市云阳县林业局
四川省遂宁市射洪县林业局
四川省绵竹市国营林场
四川省达州市林业局
四川省林业调查规划院
贵州省毕节市林业局
贵州省铜仁市碧江区林业局
贵州省遵义市凤凰山国家森林公园
贵州省林业调查规划院
云南省昆明市林业局
云南省新平彝族傣族自治县林业局
云南省贡山独龙族怒族自治县独龙江乡林业站
云南省德钦县燕门乡林业站
西藏自治区林业调查规划研究院
西藏自治区日喀则地区林业局
陕西省宝鸡市林业局
陕西省森林防火指挥部办公室(陕西省森林公安局)
陕西省榆林市榆阳区林业工作站
陕西省铜川市林业局
甘肃省陇南市西和县林业局
甘肃省小陇山林业实验局龙门林场
甘肃省白龙江林区森林公安局洮河分局下巴沟派出所
青海省林业调查规划院
青海省海西州德令哈市柴达木防沙治沙有限责任公司
宁夏回族自治区罗山国家级自然保护区管理局
宁夏回族自治区吴忠市林业局
新疆维吾尔自治区阿尔泰山国有林管理局福海林场
新疆维吾尔自治区巴音郭楞蒙古族自治州博湖县本布图镇林业工作站
新疆生产建设兵团农八师农林牧局
内蒙古森工集团根河森林工业有限责任公司(林业局)
吉林森工金桥地板集团有限公司
黑龙江省东京城林业局
大兴安岭韩家园林业局
中国林业科学研究院热带林业研究所海南尖峰岭森林生态系统国家野外科学观测研究站
国际竹藤中心竹藤生物质新材料研究中心

全国林业系统劳动模范名单(114人)

贾明财　北京市怀柔区园林绿化服务中心主任
郭树云(女)北京市大兴区林业保护工作站站长
赵　怀　天津市蓟县林工商公司经理
张佳峰　天津市北辰区种植业发展服务中心高级技工
魏爱国　河北省塞罕坝机械林场总场第三乡林场技师
马应全　河北省小五台山国家级自然保护区管理局高级工
苗培宏　山西省阳泉市狮脑山林场工人
卢银喜　山西省吕梁山国有林管理局青山林场工人
照日格图(蒙古族)　内蒙古自治区兴安盟科右中旗义和塔拉林场工人
刘　忠　内蒙古自治区奈曼旗新镇国有机械林场场长
白音仓(蒙古族)　内蒙古自治区呼伦贝尔市红花尔基林业局红花尔基林场高山瞭望站站长
李守发　辽宁省开原市李司令榛子合作社理事长
王　萍(女)　吉林省九台市波泥河林场场长
吴俊和　吉林延边林业集团大石头林业有限公司董事长
陈树新　吉林延边林业集团敦化林业有限公司贮木场场长
王丽文(女)　吉林延边林业集团吉林新元木业有限公司销售部部长
石俊波　吉林延边林业集团安图林业有限公司汽运处主任
徐福成　黑龙江省黑河市西岗子实验林场场长
裘德刚　黑龙江省桦川县横头山林场场长
方伍生　上海海丰农场林业管理站经理
卢玉金　上海施泉葡萄专业合作社理事长
储冬生　江苏省盐城市大丰市林场高级工程师

何　俊　江苏省溧水县林场副场长
柴　雄　浙江省开化县林场副场长
王荣伟　浙江省文成县叶胜林场场长
陈秀龙　浙江省绍兴市东坞林木良种繁育中心高级工程师
冯建国　浙江省龙泉市林业科技有限责任公司高级工程师
刘义旭　安徽省肥西县三岗苗木花卉经纪人协会会长
宋继承　安徽省淮北市烈山镇塔仙石榴专业合作联社负责人
李　征　安徽省东至县秋浦农林发展有限责任公司负责人
李潘福　福建省武夷山国有林场场长
李美和(女)　福建省仙游县马山林果开发科研中试基地董事长
林同璋　福建省平潭国有防护林场场长
万承永　江西省南昌市林业投资公司总经理
邓丽华(女)　江西省九江凌华实业有限公司经理
吴浩斌　江西省余江县塘潮源营林林场场长
王长水　山东省济南市历城区西营镇林业站站长
王吉贵　山东省聊城市茌平县国有苗圃党支部书记、主任
王志京　山东省临沂市平邑县国有天宝山林场护林员
王建林　山东省菏泽市单县国有大沙河林场场长
李守宪　河南省国有宁陵林场工人
张立华　河南省镇平县五岳庙林场场长
贾召建　河南省郑州市苗木场高级工
刘　侠　湖北省林业勘察设计院党委书记、高级工程师
李成武　湖北省随州市国有大洪山林场场长
涂继芳　湖北省国有赤壁市官塘驿林场工人
李国琼　湖南省永州市东安县大庙口国有林场助理工程师
吴正庭　湖南省常德市桃源县天台山国有林场护林员
梁东成　广东省天井山林场场长
战国强　广东省林业调查规划院高级工程师
李　前　广西梧州日成林产化工股份有限公司总经理
杨春霞(壮族，女)　广西壮族自治区国有派阳山林场岑勒分场副场长
罗政忠　广西壮族自治区国有大桂山林场护林员
杨朝晖　海南省岛东林场场长
倪明强　海南省国营岛西林场场长
杨大可　重庆市云阳县大果水晶梨专业合作社理事长
冉景全(土家族)　重庆市酉阳县景全林业有限公司总经理
柳孝林　四川省甘孜藏族自治州白玉林业局局长
李佐林　四川省阿坝藏族羌族自治州马尔康林业局206林场龙头滩森林管护站站长
张友斌　四川省凉山州木里林业局麦地龙乡管护站站长
左秀德(水族)　贵州省三都水族自治县国有拉揽林场副场长
敖　俊　贵州省贵阳市木材工业公司经理
蒋和平　贵州省龙里林场高级工
邹明安　云南省昭通市巧家县国营跃进林场场长
吕庆友　云南省丘北县江边林业局冲头林场场长
张永宽　云南省金沙江木材水运局驾驶员
全明海　西藏自治区林芝地区林业局办公室工人
张海平　陕西苗木繁育有限责任公司总经理
杨刚烈　陕西省山阳县天竺山林场高级工
禹世斌　陕西省白河县林业技术服务中心主任
刘志江　甘肃省白龙江林业管理局洮河林业局经理
刘兴年　甘肃省武威市凉州区西营镇前兴村农民
豆建龙　甘肃省庆阳市宁县湘乐镇方寨村党支部书记
孙万洲　甘肃省白龙江林业管理局迭部林业局局长
李　涛　青海省门源县国营仙米林场场长
王恒兴　宁夏回族自治区平罗县陶乐天源復藏农业开发有限公司董事长
余根民　宁夏回族自治区金沙林场宁苗园林绿化有限公司董事长
马秉善(回族)　新疆维吾尔自治区天山东部国有林管理局板房沟林场板房沟管护所所长、高级技师
胡　江　新疆维吾尔自治区天山西部国有林管理局察布查尔林场后续产业科科长
张银波　新疆生产建设兵团农四师六十七团林业工作站站长
韩建军　新疆生产建设兵团农八师一二一团七连高级农艺工
宋德才(满族)　内蒙古森工集团金河森林工业有限责任公司总经理
邵宏波　内蒙古森工集团阿龙山森林工业有限公司总经理
王秀成　内蒙古森工集团乌尔旗汉森林工业有限责任公司采伐工
杨绪龙　内蒙古森工集团吉文森林工业有限责任公司防火办副主任
王翠丽(女)　内蒙古森工集团阿里河森林工业有限责任公司森林经营处副主任
杜　彬　内蒙古森工集团资源林政处处长
齐国林(蒙古族)　内蒙古森工集团克一河森林工业有限责任公司森林消防队班长
徐志权　内蒙古森工集团莫尔道嘎森林工业有限责任公司贮木场主任
宋建龙　吉林森工金桥地板集团有限公司董事长
毛陈居　吉林森工股份有限公司总经理
高俊杰　吉林森工集团有限责任公司董事会秘书长
张　君　吉林森工泉阳泉饮品有限公司副总经理
田予洲　吉林森工股份有限公司副总经理
高　波　吉林省三岔子林业局局长
李学友　吉林省松江河林业局局长
位俊波　吉林省红石林业局帽山林场场长
马椿平　黑龙江省大海林林业局局长

刘忠良　黑龙江省柴河林业局计统科科长
马连喜　黑龙江省亚布力林业局副局长
康　太　黑龙江省凤凰山森林旅游有限公司总经理
侯绪珉　黑龙江省桦南林业局局长
杨学礼　黑龙江省鹤北林业局双丰林场场长
张万春　黑龙江省汤旺河林业局森林消防大队大队长
杨洪臣　黑龙江省伊春市新青林业局林业调查设计队森调队队长
隋仲义　黑龙江省木材科学研究所所长
廖孟森　大兴安岭图强林业局育英林场工人
孙　森　大兴安岭新林林业局书记
王　红　大兴安岭松岭林业局新天林场书记
朱继峰　大兴安岭十八站林业局机关党委书记
李　勇　大兴安岭林业集团公司森林经营部主任
周宏君　大兴安岭阿木尔林业局长山林场场长
刘淑英(女)　大兴安岭漠河县高级中学校长
刘延龙　大兴安岭林业集团公司计划统计部基建计划科科长

全国林业系统先进工作者名单(125 人)

陶万强　北京市林业保护站高级工程师
刘　卉(女)　北京市通州区园林绿化局局长
孔庆远　北京市房山区园林绿化局局长
慈树乔　天津市武清区林业局局长
高洪林　天津市静海县林业局科长
高庆东　天津市滨海新区中塘镇人民政府林业站主任
韩桂利　河北省邯郸市林业局局长
朱泽琳　河北省林业技术推广总站站长、高级工程师
王会刚　河北省唐山市滦南县林业局局长
褚发朝　河北省石家庄市赞皇县林业旅游局局长
周　宏　山西省朔州市林业局局长
宋卫东　山西省介休市林业局局长
白景萍(女)　山西省林业调查规划院总工办主任
杨春连　内蒙古自治区呼伦贝尔市扎兰屯市林业局局长
赵　海　内蒙古自治区巴彦淖尔市乌拉特前旗林业局局长
吉新华　内蒙古自治区太仆寺旗林业局局长
曲　凯(满族)　辽宁省鞍山市岫岩满族自治县林业局局长
曾凡顺(满族)　辽宁省森林经营研究所所长、高级工程师
魏丽华(满族，女)　辽宁省铁岭县林业局局长
刘庆龙　辽宁省葫芦岛市建昌县林业局局长
钱淑珍(女)　吉林省吉林市林业局副调研员
张文浦　吉林省白山市五间房国营林场防火瞭望员
于海峰　吉林省松原市林业局办公室副主任
林永刚　黑龙江省牡丹江市林业局局长
李长江　黑龙江省尚志国有林场管理局副局长
席苏桦　黑龙江省桦南县林业局副局长
周明成　黑龙江省呼玛县林业局局长
许景光　黑龙江省兰西县林业局局长
谢一民　上海市林业局野生动物保护处处长
吴利荣　上海市青浦区林业站站长
夏根龙　上海市奉贤区农业委员会副主任
王敏敏　江苏省镇江市林业局局长
唐季云(女)　江苏省南通市通州区林业技术指导站站长
赵志刚　江苏省徐州市贾汪区林业局局长
谭　军　江苏省宿迁市宿豫区林果技术指导站站长
汪奎宏　浙江省林业科学研究院院长
陈英苗　浙江省舟山市农林局调研员
王碧荣　浙江省义乌市林业局局长
梁祚青　浙江省台州市路桥区农业林业局局长
丁士龙　安徽省旌德县林业局局长
夏登益　安徽省舒城县林业局局长
曹　毅　安徽省颍上县林业局局长
李　彬　安徽省滁州市南谯区林业局局长
陈兴族　福建省永安市林业局局长
聂耀洪　福建省武平县林业局局长
谭忠奇　厦门市绿化管理中心主任、高级工程师
黄敦元　江西环境工程职业学院讲师
楼志文　江西省上饶市林业科学研究所高级工程师
徐建平　江西省南昌市林业局副局长
郑培宏　山东省日照市大沙洼林场场长
纪葆东　山东省东营市林业局局长
孙来斌　山东省淄博市林业局局长
奚修志　山东省滕州市林业局局长
周克勤　河南省信阳市林业局局长
刘　洁　河南省滑县林业局局长
王春平　河南省林业调查规划院动植物监测站站长、高级工程师
王永红　河南省国有济源市愚公林场场长
夏学民　河南省尉氏县林业局局长
李秀娟(女)　湖北省林业厅主任科员
游明钦　湖北省荆门市林业局局长
方宗海　湖北省十堰市木材检查总站站长
席险峰(土家族，女)　湖北省恩施市林业产权交易中心主任
姜新华　湖南省林业厅处长
刘维湘　湖南省邵阳市隆回县林业局局长
雷渊路　湖南省郴州市桂阳县林业局局长
邓长久　湖南省株洲市炎陵县林业局局长
黄启蒙　广东省梅州市大埔县林业局局长
胡炽海　广东省东莞市林业局局长
张凤喜(女)　广东省英德市林业局科员
周丙昌　广东省河源市和平县林业局科员
谢善高　广西壮族自治区梧州市林业局局长
覃建宁(壮族，女)　广西壮族自治区南宁树木园副主任、高级工程师
何　强　广西壮族自治区北流市林业局局长
邓恩荣　广西壮族自治区国营平乐县广运林场场长
刘　磊　海南鹦哥岭省级自然保护区管理站副站长
孙　宁　海南省三亚市林业局局长
李之龙　海南鹦哥岭省级自然保护区森林公安局局长

付　明　重庆市森林公安局局长

阮　林　重庆市江津区林业局科长

蒋宣斌　重庆市林业科学研究院副院长、高级工程师

王澄琳　四川省眉山市林业局局长

邓　平　四川省资阳市林业局森林公安局副局长

徐志娥(女)　四川省剑阁县林业和园林局森林病虫害防治检疫站副站长

全正军　四川省大邑县林业和园林管理局林改办主任

段龙忠　贵州省望谟县林业局森林资源与林政管理站站长

杨永彰(侗族)　贵州省榕江县营林总站站长

夏德刚　贵州省普定县林业局局长

余绍亮　贵州省水城县林业局高级工程师

卢显亮　云南省楚雄彝族自治州林业局局长

杨菊芬(白族，女)　云南省泸水县林业局副局长

艾建林　云南省林业调查规划院高级工程师

许国云　云南省勐海县林业局林业技术推广站站长

车桔洪(白族)　云南省剑川县林业局局长

索朗多吉(藏族)　西藏自治区山南地区林业局局长

阿　琼(藏族)　西藏自治区安多县林业局局长

扎西多吉(藏族)　西藏自治区类乌齐县林业局森林公安局局长

卓　玛(藏族，女)　西藏自治区拉萨市园林局局长

王万胜　陕西省渭南市林业局局长

吴宗凯　陕西省延安市吴起县林业局局长

侯沛智　陕西省咸阳市礼泉县林业局局长

刘贤德　甘肃省祁连山水源涵养林研究院研究员

郎建强　甘肃省定西市岷县马烨林场场长

安平山　甘肃省生态环境监测监督管理局高级工程师

李进军　甘肃省民勤连古城国家级自然保护区管理局高级工程师

李　瀚　青海省大通县林业局局长

党恒邦　青海省海东地区林业局办公室主任

张荣辉(女)　青海省互助县林业局森林资源管理办公室主任

铁顺良(蒙古族)　青海省海西州林业局局长

辛文荣　青海省林业调查规划院总工程师、高级工程师

孙　普　宁夏回族自治区森林病虫防治检疫总站高级工程师

张国庆　宁夏回族自治区葡萄花卉产业发展局工程师

刘鲜兰(女)　宁夏回族自治区银川市金凤区林业局局长

张生英　宁夏回族自治区哈巴湖国家级自然保护区管理局局长

梁孟凯　新疆维吾尔自治区塔城地区林业局副局长

李　丽(女)　新疆维吾尔自治区哈密地区伊吾县林业局局长

刘文成　新疆维吾尔自治区西天山国家级自然保护区管理局副局长、高级工程师

何立新　新疆生产建设兵团农二师三十八团副团长

刘文权　新疆生产建设兵团农三师林业局局长

张　峰　新疆生产建设兵团农六师奇台农场林业工作管理站站长

陈新德　新疆生产建设兵团农八师农林牧局林业科科长

姚小华　中国林业科学研究院亚热带林业研究所研究员

李春昶　国家林业局林产工业规划设计院处长、高级经济师

赵明生　国家林业局南京森林警察学院信息技术系主任、教授

刘虎祥　国家林业局西北林业调查规划设计院园林规划处副处长、高级工程师

邱　林　国家林业局森林防火预警监测信息中心处长、高级工程师

（人事司人才劳资处供稿）

国家林业局直属单位

20

国家林业局经济发展研究中心

【综　述】 2012 年，按照全国林业厅局长会议的总体部署和中心年度工作会议确定的工作重点，中心紧紧围绕林业改革和发展大局，突出生态林业和民生林业，以决策服务为宗旨，强化基础研究，拓宽研究组织，加强人才培养，注重支撑保障，圆满地完成了各项工作任务。各类研究项目总计 44 项。共形成研究报告 87 篇，发表文章 39 篇，出版书籍、专著 7 部，提出政策建议 100 多项。

突出咨询作用，强化决策服务

积极建言献策，服务决策　坚持"围绕中心、服务大局"的指导思想，开展了林业重大问题调研、林业重点工程社会经济效益监测、林业产业监测、集体林权制度改革监测、森林抚育政策监测、基础理论研究和民生林业等重大研究项目，涉及林业与生态文明、林业与绿色经济、林业与林区民生、林业与就业、林业与减贫、林业与自然灾害、林业与国家能源安全和国家粮油安全以及集体林权制度改革、森林采伐管理改革、林业产业发展、林业法制建设和城市林业等多个领域。研究成果通过研究专报、《决策参考》等渠道提出政策建议 30 多项，发挥了重要的决策服务作用。

研究成果应用不断深化　一是《中国林业发展报告》从 2000 年开始已经连续 13 年出版，成为国家林业局对外宣传交流的重要载体和工具，是中国林业统计的基础资料和研究中国林业发展的重要工具书。二是林业重大问题调研工作以决策服务为基本宗旨，全年为《决策参考》提供 19 篇稿件，多篇得到局领导批示，并要求有关司局在制定政策时参阅。作为国家林业局的一项基础工作，2012 年布置了 18 项重大调研项目，组织相关司局和研究单位围绕林业与绿色经济、生态文明、林业与国民经济、林业改革等重点领域开展研究。三是国家林业重点工程社会经济效益监测继续对天然林资源保护工程、退耕还林工程、京津风沙源治理工程、野生动植物保护及自然保护区建设工程进行连续跟踪监测，突出反映林业生态建设对消除贫困、增加就业、粮食安全、农村能源、林区职工生存与保障等重大民生问题的贡献，发挥了独特的决策参考作用。其中，京津风沙源治理工程监测结果为工程二期项目启动提供了重要的技术支持，野生动植物保护及自然保护区建设工程监测对启动中央财政"保护动物伤害补偿"政策提供了可靠依据。四是林业产业监测继续对主要木材产品和木材类企业进行连续跟踪监测，完善监测网络体系，发布林业产业发展动态监测结果季度报告，对掌握林业产业发展动态、把握发展方向发挥了重要的决策服务作用。五是集体林权制度改革监测以准确翔实的数据，多角度多层次地回答了各级决策部门长期关心的问题，以大量的一手数据解答了社会公众对改革的种种顾虑和疑问，监测结果得到了业务司局的充分认可，对决策部门进一步完善政策提供了重要参考依据。六是协调有关司局发布《中央财政森林抚育补贴政策成效监测实施办法(试行)》及相关技术方案，为全国森林抚育监测工作规范化提供了制度保障。完成《林业补贴政策比较研究》报告，为完善森林抚育补贴政策和落实相关配套工作提出了有针对性的对策建议。七是"林业重点工程与消除贫困"和"集体林权制度改革相关政策问题"研究成果突出，得到了财政部和有关司局的认可，为完善相关政策提供了决策支持。八是为各业务司局工作提供了有效服务，配合政法司、造林司、资源司、保护司、林改司、公安局、计财司、科技司、国际司、人事司、监察局等职能司局，及场圃总站、工作总站、各工程办等开展 30 多项调研、督查任务。其中，主持制定的林业行业标准"森林火灾损失评估技术规范"通过了科技司组织的专家评审。

研究成果多次得到中央领导和局领导批示　回良玉副总理、赵树丛局长、张永利副局长及有关司局领导在多篇研究报告及政策建议上做重要批示。

建设生态文明，强化基础研究

围绕生态文明建设，开展了林业与绿色经济相关研究　启动"林业与绿色经济研究"课题，构建了林业绿色基要生产函数，并将进一步构建林业绿色发展指标体系，为将来定期发布年度报告打好基础。参与"中国森林资源核算及绿色经济评价体系研究"设计和启动，牵头承担"林地林木资源经济价值核算"和"林业绿色经济评价指标体系"研究。委托北京林业大学开展了"生态文明指标体系研究"。

围绕生态文明建设组织撰写研究文章　组织撰写并形成了一批有积累、有深度的理论文章。如"论新时期林业生态建设的战略调整和制度创新""生态文明与中国林业现代化""把握林业发展规律，努力建设美丽中国""十八大'五位一体'的总体布局对林业发展的启示"和"生态文明建设的理论来源"等多篇文章，从理论和实践中提出了许多有价值的资料和观点。

研究基地、数据库建设成效显著　在有关省(区)建立了国有林区民生研究基地(包括 10 个林业局、30 个林场)、中国农村林业政策研究创新基地(涉及 12 个省区 30 个县)、林业产业发展监测研究基地和农民林业收入研究监测基地。林业重点工程社会经济效益监测项目建立了数据库和监测数据网报系统，部分实现了与国家地理县级行政图的链接，监测数据将在 2013 年实现网络上报。

开展林业与维护国家安全战略系列研究　开展"林业生态安全指数研究""林业与防灾减灾体系建设调研""经济林产业发展与维护国家粮油安全调研""林业生物质能源建设与维护国家能源安全调研"等，所形成的政策建议将为完善政策发挥重要参考作用。

关注林区民生，强化民生林业研究

加强林区民生监测　在林业重点工程社会经济效益监测过程中加强对林农和林业职工的就业和收入等民生

情况的监测，更加注重相关监测指标的统计分析。在黑龙江省设立国有林区民生监测基地，对东北重点国有林区民生开展连续监测，监测将客观反映国有林区实施天保工程和国有林区改革试点对林区职工就业和收入的影响。开展林业就业测算和吉林省国有林区经济社会发展对策研究。

建立林农收入监测体系 与北京市园林绿化局开展合作，对北京市农民林业收入进行监测。监测 结果将对北京市完善农民林业增收政策起到参考作用。

“林业重点工程与消除贫困项目”取得重要成果 集中力量对近年来连续开展的“林业重点工程与消除贫困”“集体林权制度改革相关政策问题”研究课题的成果进行总结、梳理、提炼，提出相关政策建议。在经济科学出版社出版了《中国集体林权制度改革相关政策问题研究调研报告》。

实施品牌战略，强化工作平台

经过多年努力，中心已经形成了以“六份年度报告”“两本杂志”“两份参考”“一本年鉴”“一个论坛”“两项活动”为主干的研究和工作品牌。依托这些载体，中心的研究积累持续强化，研究成果影响力不断提升。

六份年度报告 即《中国林业发展报告》《林业重大问题调查研究报告》《林业重点工程社会经济效益监测报告》《中国林业产业监测报告》《集体林权改革监测报告》和《森林抚育监测报告》。

两本杂志 《林业经济》期刊、绿色中国杂志围绕局中心工作，办刊水平和社会影响进一步扩大。一是《林业经济》期刊的编发、经营及财务稳步好转。在选题策划和稿件组织上突出“深化改革、绿色经济、生态文明、林业应对气候变化、林业与减贫、产业惠民强林”等重点，组织一批较高水平的稿件，努力提升刊物内在质量，在CSSCI系统各项指标统计中有所上升。二是绿色中国杂志出版宣传关注热点，经营管理规范搞活，社会活动影响扩大。品牌栏目“年度中国十大绿色事件”对现代化林业建设、经济转型、民生服务、气候变化等重大热点、难点问题进行深度剖析。出版“两会”专刊连续第7年呈送“两会”代表参阅。“绿色财富论坛”各项工作进展顺利。“绿色中国网络电视”改版升级网站和视频播放系统，扩大了收视范围，提升了品牌效应。

两份参考 影响日益扩大，成为促进中心研究成果转化的重要阵地。一是《决策参考》自出版以来，已编印92期，稿件采编来源不断拓展，递送范围扩大至京外相关单位。全年有5期得到局领导批示和局办公室转载，各地的反馈情况良好，影响不断扩大。二是《气候变化、生物多样性和荒漠化问题动点参考》办刊工作步入正轨，备受肯定。全年出刊共10期，初步统计翻译外文资料15万多字，提供国内外大量重要政策信息，具有很强的决策参考价值。

一本年鉴 编纂组织工作有序进行。《中国林业产业与林产品年鉴》以林业产业发展现状和政府管理为主要内容，为林业行政机关、林业行业生产经营单位等提供主要县(市)林产品信息、国家和地方有关政策法规、林业重点企业经营状况等。截至2012年，已发行3卷，每卷约200万字，涵盖26大类林业产业数据。

一个论坛 中国林经学会2012年在福州成功举办“第十届中国林业经济论坛”，对团结全国林业经济力量、组织开展学术交流继续发挥作用。此外，学会还与北京林业大学等单位共同举办“林业经济国际论坛”，与中国林产工业协会在广西南宁举办“第二届中国(南宁)林产品国际贸易论坛”，有力促进了学术研究与中国林业建设实际的融合与互动。

两项活动 对传播生态文化、宣传林业成就，发挥重要作用。一是“绿色中国年度焦点人物”评选活动知名度不断提升，对于鼓励社会公众积极投身于建设资源节约型、环境友好型社会，对推动生态文明建设起到积极作用。二是“绿色中国行”大型系列公益活动全年连续举办3场，取得了良好的社会效益，主办单位升格为全国绿化委员会、国家林业局和全国绿化基金会。

发挥组织功能，强化对外合作

研究组织工作不断加强 以四大监测和林业重大问题调研为载体，中心聚集了林业经济和宏观经济领域的一大批重点高校和著名专家学者，共同开展林业经济和政策研究。四大监测在各地建立起固定监测点和研究基地，为林业实证研究和重大政策研究提供重要支撑。中国林业经济学会作为联系林业经济学界，特别是农林院校的重要组织，积极发挥桥梁纽带作用，举办多次学术论坛，不断加强专业委员会建设，有效团结了全国林业经济界的骨干力量。在2012年民政部社团评估中，中国林经学会被评为国家3A级社团。

国际合作与交流发展迅猛，成绩斐然 紧紧围绕绿色经济、气候变化、森林可持续经营、集体林改等国际关切、国内关注的焦点问题，开展形式多样的国际合作与交流。2012年承担国际合作研究项目和任务11项，各合作项目按计划实施完成，并取得丰硕成果，多项成果被局有关部门直接采用。一是积极参与国家林业局组团参加的重要国际会议，并在国际事务中发挥重要的研究咨询作用。二是圆满完成各项国际合作研究项目和国际问题研究任务，项目成果丰硕。三是积极组织或参与各类出访活动，学习借鉴国外先进理念和经验，宣传我国林业发展成就和研究成果，增强参与国际会议和活动的能力。四是举办国际研讨和专题学术报告会，搭建国际合作与交流平台。五是积极开拓，不断扩大合作范围，深化合作领域。六是通过国际合作加强人才培养。七是加强制度建设，规范外事管理，确保国际合作与交流工作的顺利开展和推进。

加强“两建”工作，强化支撑保障

围绕党建狠抓重点工作落实 扎实推进十八大精神学习宣传贯彻；认真组织机关党代会代表推选工作；继续推进廉政风险回头看工作；围绕基层组织建设年活动，加强支部建设和党员培养工作；代表国家林业局参加“喜迎盛会巾帼情——中央国家机关女司局长访谈”，与网友在线交流，宣传林业事业的辉煌成就；组织干部参加“机关公文写作技能比赛”，《做好林下经济这篇大文章》调研报告获得首届中央国家机关公文写作技能调研报告类别二等奖。

加强干部队伍建设 着力推动学习型机关建设；高度重视人才队伍建设；积极参加各类评优推荐工作，创造机会促进干部成长。

全面加强机关建设　强化制度建设；关心职工切身利益；努力改善办公条件；充分发挥工会组织作用，关心职工生活，对家庭困难的职工进行一定的帮助，提高了单位职工直系亲属丧葬补助金的标准；妇女组织和老干部工作明显加强。　　　　（经研中心办公室）

【林业重大问题调查研究】　林业重大问题调研工作深入贯彻中央一号文件和全国林业厅局长会议精神，坚持服务大局、服务基层、突出重点的方针，围绕生态文明、林业与绿色经济、林业与国民经济、林业改革等关系林业发展全局的重大理论实践问题组织开展调研活动，为服务决策，指导实践发挥积极作用。

围绕关系林业改革发展全局的重大领域科学选题　深入学习中央一号文件和全国林业厅局长会议精神，在征求局内外有关单位、专家学者等多方面意见基础上，形成调研选题建议，赵树丛局长亲自确定理论研究、林业与国民经济、林业改革、支持保障制度这4个方面的18项重大调研题目。4月下发《国家林业局办公室关于开展林业重大问题调研工作的通知》（办发字〔2012〕77号）（以下简称《通知》），调研工作正式启动。调研选题中突出生态文明建设、林业与绿色经济、林业与国民经济领域的重点问题，调研选题密切结合林业改革发展实际，突出前瞻性和针对性。

严格项目管理，保障林业重大问题调研工作有序开展　4月下发《通知》，与19个课题承担单位签订业务委托合同，项目资金管理更加规范。积极落实项目检查制度，定期了解项目承担单位的项目进展情况，及时督促进度。密切联系重点调研课题，通过组织学术研讨会等形式，努力提高调研工作的服务组织功能。引入专家对调研成果进行评审，提高调研成果质量。配合中心财务处，按照计财司要求，制定《林业重大问题调研项目资金管理办法（试行）》。继续规范财务制度，课题承担方在项目结束后按要求提交项目财务报告，确保财政资金使用的安全性、严肃性。

继续与社会研究机构加深合作，提升决策服务质量　深化和清华大学国情研究院、中国人民大学、北京林业大学等高校和研究机构的合作，调研成果对履行服务决策职能，宣传林业都发挥了重要作用，产生了良好影响。邀请清华大学胡鞍钢教授到全国林业厅局长会议上围绕“绿色发展”作报告，胡教授的报告以林业重大问题调研成果为主体，进一步加强重大问题调研的影响力；根据赵树丛局长对林业生物质能源产业发展现状研究报告的批示，组成联合调研组开展林业生物质能源产业调研。赴福建德化县和湖北南漳县开展调研，就南方典型林区的林业生物质能源产业潜力和制约因素提出对策建议。与清华大学国情研究院、北京林业大学开展林业与绿色经济课题研究，研究成果在《林业经济》和《决策参考》刊发。与中国人民大学共同组成调研组对林业科技服务体系进行调研。在云南新平、会泽、思茅3县完成近20个村275户农户调查，从林业科技服务的供给需求情况进行分析，完成林业科技服务体系调研报告。

林业重大问题调研成果影响力不断深化　2011年度林业重大问题调查研究报告出版发行，共形成专题报告20篇，45万字。针对2011年度重大问题调研成果，组织力量编辑整理出研究结论和主要政策建议，提交《决策参考》17篇，5篇得到赵树丛局长批示，供有关单位决策参考，部分稿件得到局办公室政务信息处采用。2012年林业重大问题调研成果将继续在《决策参考》上刊发，服务科学决策。　　（生态建设与保护研究室）

【中国林业发展报告】　《2012中国林业发展报告》（以下简称《报告》）是国家林业局发布的第十三部林业白皮书，《报告》在结构上有所创新，包含“十二五”时期的林业发展、生态建设、产业发展、生态文化、改革、政策与法治、林业投资、支撑与保障、区域林业、国际合作与交流、林产品市场10个部分。《报告》附有历年全国和2011年个省（区、市）营造林、六大林业重点工程建设、森工生产、林业投资、主要林产品进出口、森林防火、森林病虫鼠害防治情况及主要林产品生产、消费和贸易等方面的图表。《报告》详细介绍了新时期林业形势的变化、林业发展的战略思路及重大决策，并以大量丰富、翔实的信息，客观、全面地描述和评价了2011年我国林业的改革与发展实践。

（林业经济理论与宏观政策研究室）

【林业重点工程社会经济效益监测】　2012年是国家林业重点工程社会经济效益监测工作（以下简称“重点工程效益监测”）第十年，经研中心和局计财司按照国家林业局党组关于全面实施以生态建设为主的林业发展战略，深入推进林业重点工程建设，全面构建以林草植被为主体的国土生态安全体系的要求，利用布局广泛和入村入户入企业的独特监测优势，继续对天然林资源保护、退耕还林、京津风沙源治理和野生动植物保护及自然保护区建设工程进行定点跟踪监测，全面深入地反映林业在建设生态文明、推动科学发展、扩大国内需求、促进绿色增长的特殊贡献。

严格项目管理，保障监测工作有序开展　按照国家林业局党组关于抓好天然林资源保护等重点工程建设的要求，4月，主管主任亲自主持中心年初内部监测工作会议。全体监测人员充分讨论并确定了全年监测工作中重点，调研方式及主要内容，会议决定监测工作应该顺应形势发展变化，及时调整监测报告关注重点及写作形式。

修订项目管理办法，规范课题财务制度。《国家林业重点工程社会经济效益监测管理办法》经中心批准后正式颁布实施，进一步规范重点工程效益监测管理与运行。同时，请中心财务处同志给全体监测人员讲解财政资金使用管理制度，确保财政资金使用的安全性、严肃性。

信息化建设与监测扩点相结合，进一步提升监测工作质量　网报增效率，表彰提干劲。10月，中心与局计财司在北京九华山庄召开“2012年林业重点工程社会经济效益监测工作会议”。会上，为来自全国27各省（市、区）300多名监测调查员配备新型笔记本电脑和数码相机，对与会调查员进行监测数据网络上报技术培训，同时表彰80多名在监测工作中表现突出的基层调查员。监测设备更换与表彰进一步调动了监测员工作积极性，提高了监测工作效率，50多名调查员撰写监测报告，其中13篇被收录到2012年监测报告中出版。天保工程组还根据天保二期工程覆盖面扩大的情况，及时新增6个县级监测点，进一步提升监测样本的代表性。监测报告形式与内容的创新，也得到局内部相关司局和工程办的认可与肯定。

（国家林业重点工程社会经济效益监测办公室）

【中国林业产业监测】 由国家林业局经研中心、计财司、产业协会共同实施的一项连续性调研监测项目。定期发布季度报告和年度报告，2013年下半年将发布月度报告。为国家林业局领导及各司局提供林业产业动态报告。

监测内容主要包括以下4方面：①工业原料林基地建设监测：面积、树种、投资等。②林产品生产监测：林业资源开发利用对生态的影响监测，产品生产规划监测(实际生产与规划差异)，产品质量监测(质量标准体系及质量监督部门检查合格率)，知名品牌产品市场占有率。③林产品市场供给与需求监测：林产品价格变化，市场流通量及方向等。④林产品进出口贸易监测：进出口价格、进出口量、进出口国别与地区等。监测的主要林产品范围：木材，人造板，家具；木门、木窗、木屋；木浆造纸，竹、藤制品，木本食用油(香)料和木本工业油料以及生物质能源，果品，林木种苗种子，林化；森林蔬菜、饮料、饲料；花卉；驯养野生动物与狩猎，中药材，森林旅游，森林碳汇交易等。监测任务将分阶段进行，目前已涉及森林培育和木材加工等内容。已连续两年发布季度和年度监测报告。中国林业产业监测已进入常态状况。 （林业产业与市场研究室）

【集体林权制度改革跟踪监测】 为规范管理，增强监测的权威性和合法性，2012年集体林改监测制度在国家统计局备案。湖南、甘肃两省被正式纳入监测范围，样本量从2011年的7省、56县、280村、2800户扩大到7省、70县、350村、3500户。

结果显示，监测省已进入集体林地明晰产权、承包到户的改革收尾阶段，发展林下经济等深化改革的政策措施稳步推开，改革进入由解放林业生产力到保护和发展林业生产力的新阶段。①确权发证任务基本完成，农户承包主体地位已经确立。截至2011年年底，样本县集体林地确权率为98.81%，发证率97.84%，林权证到户率60.06%，农户家庭承包经营率为64.07%。83.83%的农户对林地明晰产权的结果满意。②支持保护制度扶持林业发展，6成造林农户获得补贴。样本县85.35%的公益林获得生态补偿；样本村51.06%的生态补偿资金发放到农户；样本县21.97%的抚育林地获得中央财政补贴；5.33%的抚育中幼龄林农户获得了财政补贴；63.18%的造林户得到了造林补贴，资金兑现率达到93.33%。③林地流转总量增长，林权流转登记率提高。样本县累计流转林地面积比重为7.63%，林权流转登记率81.36%，分别比2010年提高了3.82个百分点和18.64个百分点。79.31%的农户表示目前不想流转林地。④林权抵押贷款规模增加，森林保险政策还不能满足农民需要。样本县抵押贷款林地面积比重为4.77%，比2010年提高了2.13个百分点；普通农户户均贷款额14.69万元，70.78%的贷款投资林业。样本县投保林地比重为42.50%，比2010年提高14.37个百分点；63.51%的农户愿意参保，65.06%的农户想参加综合险，31.03%的农户对当前的森林保险政策满意。⑤采伐指标获取难度降低，林木采伐比重不大。2011年，样本县木材产量中，村及村以下各级组织和农民个人生产的木材占70.50%。20.05%的被调查农户表示获得采伐指标有困难，比2010年降低了3.05个百分点。⑥林业社会化服务体系逐步建立，组织化水平提高。截至2011年年底，样本县林业合作组织数量比2010年增长了11.37%，其中，林业专业合作社占37.80%。69.60%的样本户表示应加快发展林业合作组织，71.99%的样本户需要林业科技服务，51.91%的样本户对现有林业科技服务满意。⑦森林经营得到加强，林下经济产值比重上升。样本县森林抚育面积和更新造林比重分别比2010年提高了7.78个百分点和3.02个百分点。样本户平均林地产出率达121.23元/亩，比2010年提高了23.08%。林业产业发展拉动地区经济增长4.54个百分点，比2010年提高2.05个百分点。林下经济产值比重为22.56%，比2010年上升10.37个百分点。⑧改革使六成以上农户受益，林业收入贡献率提高。样本县60.06%的农户承包了集体林地，农户林业就业率达9.18%。户均林业收入4266.79元，比2010年增长76.73%；林业收入占家庭总收入的18.87%，对家庭收入增长贡献率为25.81%，比2010年提高了12.49个百分点。⑨政策需求。按照农民对下一步需出台政策的需求程度，排在前5位的依次是：造林补贴、中幼林抚育补贴、科技服务、生态公益林补偿和林权抵押贷款。 （国有林政策研究室）

【中央财政森林抚育补贴政策成效监测】 为跟踪试点情况，评价政策绩效，推动加强完善政策，中央财政森林抚育补贴政策经济社会效益试监测启动以来取得了较好成绩。2012年监测工作在已有工作的基础上进一步推进，取得了新进展，主要有5个方面：一是组织开展监测调研，赴浙江、辽宁等地开展森林抚育监测专题调研，结合春季造林督察到四川开展森林经营调研。二是参加修改完善并协调发布《中央财政森林抚育补贴政策成效监测实施办法(试行)》及相关技术方案。为全国森林抚育监测工作提供制度保障。三是加强合作网络建设，确定浙江农林大学、北华大学、辽宁林业职业技术学院、大兴安岭林业学校等合作单位，并根据研究需要把华中师范大学(农村林业改革发展研究基地)纳入合作网络。8月，组织这些协作单位相继开展监测外业工作。四是组织完成辽宁、浙江、吉林森工、内蒙古森工监测数据采集整理，共抽取57个单位样本(县、森工局、林场、村)和682个户级样本(林业职工和农民家庭)分析。五是积极协调财政部和局计财司、资源司，为2013年森林抚育补贴监测争取预算，扩大从森林抚育补贴到林业补贴监测的范围并获得财政部的肯定和支持，由气候室负责林业补贴理论研究，形成10万字的《林业补贴政策比较研究》书稿。

2012年试监测主要针对政策执行、政策设计、配套措施等重点内容推进，尤其集中在亟待抚育范围及所需资金规模两方面。一年来，在辽宁、浙江等省调研，对样本省份抽取57单位样本(县、森工局、林场、村)和682户级样本(林业职工和农民家庭)进行分析。监测结果表明，试点很受欢迎，政策落实较好，初步提高了森林质量，促进了就业增收。

(林业与气候变化研究室)

【《中国林业产业与林产品年鉴》】 该年鉴由国家林业局组织编制。贾治邦局长任编委会主任，各副局长任编委会副主任，各司(局)负责人、各省(区、市)林业厅(局)及林业森工集团负责人任编委。

年鉴编制主要在网上进行，各县级单位数据传递以及各省、地分层数据审核均在网上完成。年鉴免费赠予各级林业主管部门参阅，有力地促进了林业产业信息的沟通，使我国林业产业状况能更快、更全面地为读者所了解。年鉴以其内容实用、信息完善等特点受到了社会各界的广泛好评，同时也引起一些图书馆及林业发达国家的关注，是一部较全面连续反映我国林业产业发展年度状况的权威参考书。 (林业产业与市场研究室)

【林业采购经理指数(FPMI)调查】 根据7月10日赵树丛局长的批示，林业采购经理指数(FPMI)项目国家财政已正式立项。该项目由国家林业局经济发展研究中心、国家林业局计划财务司、中国林业产业联合会承办。

项目按计划顺利进行，已全面完成林业采购经理指数(FPMI)调查，确定人造板、地板、木门、竹制品、家具、造纸等样本企业600余家，企业运用"中国林业企业采购经理指数网络平台"按操作手册填报，预计到2013年下半年开始进入专家论证，相关机构审批发布阶段。 (林业产业与市场研究室)

【中国林业经济论坛】 5月26日，中国林业经济学会在福建省福州市与中国林业经济论坛组委会、福建农林大学联合主办"第十届中国林业经济论坛"。此次论坛以"林业发展与林业的社会贡献"为主题进行研讨。来自有关林业部门、农林高校和林业经济研究机构共100余名专家学者就林业现实需要和未来发展问题开展学术报告会和专题研讨会。

(林业经济学会秘书处办公室)

【《决策参考》】 2012年《决策参考》共出版44期，《关注区域林业动态，促进绿色经济合作》《2012年第三季度我国林业产业监测主要成果》《生态文明建设的四大理论来源》等受到关注。与此同时，赵树丛局长、陈述贤组长、张永利副局长等局领导对《决策参考》取得的成绩给予肯定作重要批示。2012年开始，除往各司局和在京相关单位递送外，还增加了京外相关单位的递送工作，从各地的反馈情况来看，《决策参考》受到了很大的关注和肯定，影响范围不断扩大，逐渐成为中心的一个新品牌。 (绿色中国杂志社)

【《气候变化、生物多样性保护和荒漠化治理动态参考》】 自林业与气候变化研究室承办《动态参考》以来，共出版47期。《动态参考》集中、及时、全面地反映国际和国内外与林业密切相关的重大问题，提供上百份有价值的重要信息资料，比较全面地反映国际和国内外林业建设和生态治理重要内容。办刊工作逐渐步入正轨，影响日益扩大，成效显著，主要表现在两个方面：

一是服务决策。《动态参考》提供国内外大量重要政策信息，具有很强的决策参考价值，多次获得局领导批示。3月28日，赵局长对第34期《动态参考》作重要批示，指出要关注里约峰会(RIO+20)森林问题，研究提出我们的意见。5月2日，张永利副局长对第35期《动态参考》作重要批示，指出这个认识和提法(注："森林在实现绿色经济中的基础地位")很科学、很好，经研中心最近的很多研究、很多东西都很有价值。《动态参考》成为中心发挥作用的重要阵地。

二是科研储备。《动态参考》对国内外相关重要政策和行动，进行跟踪观察和搜集、分析、整理各项信息，除了服务决策外，也供中心科研人员学习利用，做到成果内部共享。可以说，《动态参考》办刊工作，成为加强中心科研储备的一项重要基础工作。

今后，要有所创新，做到越办越好、常办常新。一是建立专家顾问库。聘请国内外知名的专家学者和有关单位领导为《动态参考》专家顾问。目的是为中心建立气候变化、生物多样性和荒漠化问题的专家顾问库，让中心拥有支持《动态参考》办刊及相关研究工作的"外脑"。二是聘请特约撰稿人。对聘请的专家顾问，以及其他知名人士，邀请到中心做学术交流。将其演讲整理成稿，经本人确认后，形成《动态参考》的特约撰稿。三是汇编年度专辑。每年1月，对上年度各期《动态参考》的文章、资料和信息，分门别类，编辑成为有关气候变化、生物多样性与荒漠化问题的年度专辑(如有可能，编成绿皮书)。在此基础上，组织专家学者对这个领域的当前状况和发展态势进行分析和预测。

(林业与气候变化研究室)

【绿色中国杂志】 绿色中国杂志继续利用自身优势，构建跨媒体合作平台，多渠道、多形式宣传林业改革"热点"。

"绿色中国年度焦点人物"评选 为弘扬生态文明、传播绿色理念、宣传生态文化、树立绿色典型，中国绿化基金会、人民日报社网络中心(人民网)与绿色中国杂志联合主办第五届"绿色中国年度焦点人物"评选活动。评选活动是贯彻落实科学发展观，认真学习领会党十八大会议精神，推动社会可持续发展的重要体现。该活动开展以来，一直得到第九届全国人大常委会副委员长姜春云、第九届全国人大常委会副委员长布赫、第九届全国政协副主席赵南起、国家林业局党组书记、局长赵树丛，原林业部部长徐有芳，国家林业局原党组书记、局长贾治邦、王志宝，人民日报社副总编辑马利，国家林业局原党组副书记、副局长李育材，国家林业局原党组副书记、副局长祝列克，国家林业局原党组副书记、副局长张建龙，国家林业局党组成员、中纪委驻国家林业局纪检组组长陈述贤，国家林业局副局长张永利，国家林业局总工程师陈凤学等领导的关心和支持；全国绿化委员会、国家林业局、人民日报社、中国绿化基金会等部门领导出席了本次活动。

2012年评选出来的"绿色中国年度焦点人物"有第九、十届全国人大常委会副委员长许嘉璐，中共海南省委书记罗保铭，中国科学院院士、国务院参事唐守正，中国工程院院士李文华，中央电视台著名主持人、中央电视台新闻评论员白岩松、著名男高音歌唱家戴玉强等25位国家领导人、政府要员、著名学者、公众人物代表，具有广泛性和代表性，为弘扬生态文明，促进绿色发展树立榜样。

“绿色中国行”大型公益活动 2月，活动主办单位由原来的中国绿化基金会、国家林业局经济发展研究中心、人民网、绿色中国杂志社联合主办升格为由全国绿化委员会、国家林业局和中国绿化基金会联合主办，国家林业局宣传办公室、国家林业局经济发展研究中心、人民网、绿色中国杂志社承办的国家级公益活动。

“绿色中国行”大型公益活动是宣讲生态文明建设理念和宣传林业建设成就以及生态文明建设成就的良好平台。其核心内容为“大型电视访谈节目‘8+1’对话”“绿色公益晚会”“明星共建绿色中国林”“绿色中国记者行”等等。这些活动针对全国和地方生态文明建设情况，开展一系列互动活动，内容丰富多样，不仅宣传了美丽中国，而且推动了美丽中国的建设，在社会上的影响力越来越大，美誉度越来越高。

“绿色中国行”大型公益活动先后走进了浙江省衢州市、浙江省丽水市、浙江省龙泉市、广西壮族自治区钟山县等地。11月16日，在党的十八大胜利闭幕之际，“绿色中国行”活动第一时间来到浙江省龙泉市，对推动生态文明建设大有益处，这既是对一个生态良好地区绿色发展的肯定，也是贯彻落实党的十八大精神的具体体现。 （《绿色中国》杂志社）

【《林业经济》期刊】 《林业经济》紧紧围绕年初林业厅局长会确定的重点工作，在选题策划和稿件组织上，首先突出“深化改革、绿色经济、生态文明、林业应对气候变化、林业与减贫、产业惠民强林”等重点，组织一批较高水平的稿件；其次，继续“特约专家组稿”，委托专家全权组稿并经外审专家审定；第三，强化征文活动策划，先后与国家林业局林改司启动了两个征文活动。通过征文用事实与数据表明林改带给农村的变化，彰显林下经济对农村社会发展的贡献，增强社会对林改与林农增收的关注度，切实回答读者和社会共同关心的问题；第四，配合十八大将生态文明建设纳入五位一体的新战略，在11期刊载十八大生态文明亮点表述摘登，并推出“生态文明与小康”征文活动，拟订“从五位一体谈生态文明建设”“五位一体与林业”“生态文明与林业”“生态文明与民生林业”等若干选题，引导人们从理论高度和调查与案例等实践角度，深入探究“生态文明”命题从十六大到十八大的形成与升华脉络，阐释中国林业目前面临的最好机遇与历史责任，分析中国林业方向性的重大战略举措与走向，动员更多社会资源参与林业与生态文明建设。

2012年，《林业经济》每期都设有林权制度改革栏目，及时反映我国开展林权制度改革的最新决策和发展动向，及时刊出林权制度改革的新经验及研究成果，总结林业专业合作组织及发展林下经济的成功经验与做法、探讨林改进程中的财政与金融支持、政府职能转换等问题。同时结合国内外热点、配合十八大召开，开辟生态文明与绿色经济、林业应对自然灾害、气候变化与森林碳汇、林业产业竞争力、森林认证、森林资源配置与效率等栏目。

作为《中国学术期刊网络出版总库》的入编期刊，2012年《林业经济》运用中国知网的《学术不端文献检测系统》对每篇来稿进行检测，有效提高了学术不端文献的辨别和处理能力；还申请“CNKI采编平台”，方便稿件的日常处理，提高工作效率。同时匿名审稿工作继续加强，并有专人负责。

《林业经济》继续进入《中文核心期刊要目总览》，并被中国人民大学人文社会科学学术成果评价中心、中国人民大学书报资料中心选为2012版“复印报刊资料”重要转载来源期刊。

《林业经济》期刊协办和发行工作平稳发展。在保有上年客户的基础上，又吸纳了一些新成员。根据客户提供的资料，每期精心设计版面、拟定标题，认真审核刊载内容。2012年期刊自办发行仍占大头，邮发小幅增长，期刊发行总体维持上年水平。

（《林业经济》期刊社）

国家林业局人才开发交流中心

【综　述】 2012年是实施林业“十二五”规划承上启下的一年。在国家林业局党组的正确领导下，根据全国林业厅局长会议和国家林业局机关两建会议的总体部署，在人事司的直接指导下，人才中心紧扣生态林业与民生林业两大主题，按照“坚持一个中心，实现两大目标，搭建好三个平台，抓好四支队伍，做好五项重点工作，创建五大品牌”的“十二五”发展战略，大力开展调查研究，夯实林业人才开发评价基础，林业急需紧缺型人才，林农创业示范培训急待全面推进，林科毕业生就业促进工作取得新成效，人事代理规范化服务水平迈上新台阶；自身建设不断加强，人员编制增加，财政预算增长，经济创收能力和职工福利稳步提高，干部职工面貌焕然一新，全面完成了全年工作任务。

【开展大型专题调研活动，破解人才工作难题】 按照国家林业局党组书记、局长赵树丛在全国林业厅局长会议上提出的“创新林业的体制机制、政策措施、工作平台和发展载体”和“着力解决林业发展中的重大理论和实践问题”的重要指示精神，为深入贯彻落实《国家林业局党组关于进一步加强林业人才工作的意见》，全面贯彻实施《林业人才“十二五”规划》《林业教育培训“十二五”规划》等重要人才规划，人才中心申请承担了国家林业局“林业高层次创新人才和高技能人才队伍建设”重大课题调研任务。

【人才标准与评价体系建设】 为做好林业人才工作，必须有相应的职业分类、人才标准和评价测评办法，这事关林业人才建设的长远发展和根本成效。①组织完成了《中华人民共和国职业分类大典》林业相关职业部分的修订工作。一是重点承担修订了44个职业、参与修订47个职业，并根据人社部的具体要求，组成修典工作办公室，组织成立15个调研专家组，形成调研问卷6414份，组织召开了专家审定会，确定44个职业调整后的修订意见。②加大林业新兴职业的调研和新增名录工作力度。调研采集新增职业调查问卷4821份，经专家审定新增10个职业，新增工种68个，向人社部提交了增列申请。③国家职业标准编制工作进一步加强。对新编制的11个国家职业标准进行审定。为分布在全国的60多个林业鉴定站在技能人才考核鉴定过程中实行统一标准、统一评判夯实了基础。④组织完成工程系列初、中、副高、正高等各等级的职称评审标准修订工作。对六大类四部分内容进行了汇总分析和比较平衡。召开条件修订会议，审议通过《国家林业局工程系列专业技术资格评审条件(试用稿)》，并在2012年度工程系列职称评审会上进行试用。⑤修改完善了有关森林资源资产评估咨询人员认证制度、办法和试题库。组织专家修订《森林资源资产评估咨询人员管理办法》和《森林资源资产评估继续教育制度》。组织有关专家采编大量试题，经审定后对试题库进行补充和完善。⑥制定了林业职业经理人认证办法，编制了相应教材。与中国林业产业联合会、中国林业教育学会共同组织专家编制《林业职业经理人资质认证(试点)实施细则》，编印《林业准职业经理人认证教材》。⑦编制和完善了营造林工程监理有关评价鉴定标准。组织专家编制《营造林工程监理师》职业标准初稿，充实完善营造林工程监理员试题库，补充修订营造林工程监理员培训教材，并积极配合造林司申报建立营造林工程监理师的行政许可。

【人才评价认证】 ①专业技术人才职称评审工作稳步推进。组织调整和充实国家林业局职称评委库。新增工程、会计、经济、新闻和出版系列近百名专家评委，使评委的专业构成更为合理，为科学评价林业专业技术人才打下良好基础。试行中高级分级评审制度，分别召开评审会，使职称评审工作的专业分工更为合理。2012年共受理253人的职称申报材料，经形式审查和专家评审会审议，已经通过工程系列正高级27人、副高级36人，中级47人，初级10人。②林业企业经营管理人才培训认证试点工作启动。11月11～18日在辽宁林业职业技术学院举办第一期林业准职业经理人认证培训班，考核认定首批50多名准职业经理人。③森林认证人才培养与储备工作有新进展。在科技中心的大力支持下，联合中林天合认证中心举办了国家林业局第二期森林认证审核员培训班，培养了几十名国际型森林认证人才。④林业关键岗位人才评价工作进一步拓展。协助人事司、林业工作总站完成了29个省(区、市)近7000名全国林业基层工作站站长能力测试的监督、考务管理、阅卷、证书制作及数据库维护管理等工作。⑤技能人才鉴定工作不断加强。一是组织开展全国林业技能人才的鉴定发证工作。至11月底已经核发4万多本国家职业资格证书。二是认真开展鉴定工作检查评估。对61个林业鉴定站进行了检查评估，并向人社部申报了2家示范评估院校。三是全面完成了林业相关职业资格清理规范工作。报人社部首批公布的涉及林业的共12个小类、36个职业资格。四是对2011年度林业鉴定情况进行了统计表彰。按单位、工种、省份和大区分别进行统计分析，通报表扬10个优秀鉴定站和10名优秀鉴定工作者。五是积极组织开展全国技能大赛评选推荐工作。向人社部推荐中华技能大奖和全国技术能手候选人，国家高技能人才培育突出贡献奖候选单位和个人。

【人才培训】 ①紧紧围绕林业重点工作，根据生态林业与民生林业不断增长的对各类林业急需紧缺人才的需求和关键岗位人才培养的需要，积极开展需求调研，精心设计培训项目，重点开展林权改革、项目管理、资产评估、工程管理、森林经营、林下经济发展、经济林丰产栽培技术、退耕还林后续产业、职业经理人等领域，以管理骨干和专业技术人才为重点组织开展各类专题培训班40多期，培训4000多人次，培训规模得到持续增长。②抓好林农创业致富带头人培养工作。在贵州省兴义市和内蒙古自治区赤峰市举办了2期林农创业带头人示范培训班，培训150多人。③加强森林资源资产评估咨询人员培训工作。全年共举办4期森林资源资产评估咨询人员培训班，培训近1000人；举办继续教育培训班4期，培训近800人；举办森林资源资产评估骨干人才培训班2期，培训120人次。④积极配合造林司开展营造林工程监理员培训工作，全年培训近300人。组织承办了百千万人才工程林业专题高级研修班，培训了58名高级林业专家。完成了教育部国家公派出国留学基金申报和受理工作，在申报的18人中有8人获得资助。积极开展林业产业经营管理和专业技术人才培训工作，全年共培训1800多人次。为大型林业企业创造性举办了人力资源法务管理知识和企业劳动争议处理等内训班，培训近200人次。

【民生林业人才工作】 党的十八大报告指出“就业是民生之本”。按照局党组关于大力发展民生林业建设的要求，人才中心重点抓好全国林科毕业生就业促进、大学毕业生接收和林农创业致富示范培训工程。①2013届全国林科十佳毕业生评选活动取得新成绩。②局属及代理在京企业的大学毕业生接收工作进一步规范和拓展。一是按照人社部要求，对局直属单位和人才中心代理企业接收2009～2011年大学毕业生进京情况进行全面检查。二是完成了新增代理接收毕业生企业的资格核查工作。2012年人才中心共为15家在京企业代理接收30多名大学毕业生。③林农创业示范培训工程以点带面，惠及近万林农群众。为帮助林农创业致富，以创业带动就业，围绕全国集体林改工作大局，有效利用小额林权抵押贷款资金开辟就业门路，在贵州省兴义市和内蒙古自治区赤峰市举办两期林农创业培训示范班，培训150名林农致富带头人，影响带动周边近万农户发展林下经济，创业增收致富。④配合国家林业局人事司，与中国林业教育学会共同举办林业人才培养与需求工作研讨会。围绕“协力加强林业人才培养，共同搭建毕业生供需平台”进行深入的交流研讨。⑤依托中国绿色人才网，加快林业行业人才交流平台建设，积极开展网络招聘等活动，通过为林科大学毕业生等各类人才提供免费的网络求职服务，帮助林科院校提高大学生就业率和实现林业人才充分就业。中国绿色人才网新增20多家林业单位100多个岗位招聘信息，3000多份有效求职简历，月均网页点击量达到2000多次。⑥引导林业龙头企业走进校园，招聘林科毕业生。组织开展林业龙头企业进校园活动，通过企业宣讲、院校推荐、毕业生自荐等形式，让供需双方直接达成意向。先后有北京林业大学、南京林业大学、辽宁林业职业技术学院、北美枫情、龙健木业、生活家等单位积极参加，受到参与各方的一致好评。

【服务工作】 ①人事档案管理工作进一步加强。一是按照中央对于干部档案改版的新要求，已基本完成机关司局、局管干部、直属单位1000多份干部档案的16开纸型改为A4纸型的工作，并同时进行第四类学历、职称、培训材料的二级分类工作。②完成局属单位处级及处级以下干部基本信息的摘录和清理登记干部个人重大事项材料的工作。③提出局公务员、参公单位及司局级干部“三龄一历”人事档案情况的审核认定工作方案。④启动局直属无人事管理权单位的处级以下干部档案审核工作。⑤争取东城区职介中心的支持，顺利转递了场圃总站、经研中心等单位部分判刑人员档案，避免此类人员关于社会保障等后续难题。⑥完成人事档案的审核、整理、查借阅、归档、转递等日常工作。全年共转入档案材料2842份、转入档案265卷、转出档案107卷，查阅利用档案695卷次。⑦直属事业单位法人登记管理工作稳妥高效。一是及时帮助60多家局直属事业单位完成法人年检和10多家事业单位法人变更工作。⑧积极稳妥开展事业单位法人年度报告公开试点工作。按照中编办要求，协助中国林科院和局幼儿园2家局属事业单位顺利完成年度报告公开，并妥善处理年度报告中涉及的敏感问题。⑨与国家事业单位登记管理局的沟通协调更加顺畅，争取到多项优惠政策，简化工作流程，节省大量工作时间和人员差旅费等经费支出，得到人事司的肯定和局属单位的好评。⑩及时协助人事司、计财司做好局专员办和濒管办系统30多家单位的整合与法人变更的相关工作。⑪局因公出国政审备案工作规范有序。从2012年下半年开始认真按照新的政策和规定，调整了出国备案工作流程，全年共办理政审备案332人次。⑫留学归国人员项目资助、公派出国留学、突出贡献专家政府特贴发放、职称评审、毕业生接收、局机关及直属单位人才、机构、编制统计工作和全国林业教育统计等日常人事人才服务工作也得到进一步加强。

【机关与党的建设】 ①狠抓职工思想作风建设和业务素质的提升。一是强化学习引导。重点抓好党的十八大会议、全国林业厅局长会议和福建长汀经验的学习。二是全面抓好员工培训。选派中心工作人员参加支部书记、岗位任职、司局长选学、因公出国、人事档案、文书档案、信息工作人员、公积金操作实务、公务卡结算、留学基金、工会干部和财务人员继续教育等各类培训，全年培训60多人次，人均培训3次多，大大提高了职工业务技能和工作水平。三是强化理想信念教育。与局人事司、人社部人才市场司、人事司4个党支部联合开展了迎党的十八大专题党日活动，组织党员干部到河北怀来参观董存瑞纪念馆，通过参观和重温入党誓词，加强了爱国主义教育，提高了党员干部的宗旨意识。人才中心还积极组织职工参加机关党委组织的迎十八大系列成果展示活动，增强民族自豪感，树立爱岗敬业的信心和决心。②机构职能得到加强，人员编制得到充实提高。人才中心以黄正秋主任为首的新一届领导班子充分分析了单位的主要职能和现状，发现人才中心在机构编制方面主要存在以下两个方面的突出问题：一是机构职能定位与自收自支的性质产生较大矛盾，虽然中心承担了大量行政性工作，但是自收自支的单位性质导致难以得到财政经费的支持，只能通过项目经费解决，且编外人员不能够得到财政购买劳务经费的支持；二是人员编制严重不足，经过13年的发展，15人的编制数严重制约了中心的发展，除行政性工作外，其他公益服务性工作只能靠聘用社会人员来解决。为解决此项问题，在国家林业局赵树丛局长的亲自关怀下，在局人事司的大力支持下，人才中心取得中央编办的支持和帮助，增加了10个编制，增编率达67%，有效缓解了人员编制紧缺的困难，并进一步明确了中心的职能定位。③工作计划管理进一步强化。进一步完善人才中心内部周计划、月计划、季计划与年工作计划报表制度，同时定期召开处级以上干部月工作总结与月计划会议，进一步加强对工作计划执行的督办与检查，人才中心工作效率得到大幅度提升。④内部规章制度更加完善。制定《人才中心会议费管理办法》《人才中心车辆管理办法》，修改完善了《人才中心信息工作奖励办法》《人才中心请休假办法》《人才中心财务支出办法》等多项内部规章制度，实现了人才中心内部规范管理和科学管理。⑤财务预算与资金管理更加规范。一是中心领导亲自抓预算。二是狠抓财政经费安全使用与内部财务管理，修改完善了《人才中心财务支出办法》。三是争取财政部和局计财司的支持，取消存档费和考核费两项行政事业性收费，研究提出取消收费后的有效管理与服务质量提升要求，进一步强化了人才中心的公益服务职能。⑥党的建设不断加强。一是按照局党组的统一部署，积极开展喜迎党的十八大等系列活动。人才中心除自己组织学习参观等活动外，还积极组织职工参加局机关党委和工会组织的各项迎创活动，部分同志还参与了局青联会、足球协会、摄影协会等的组织服务工作。二是积极做好党组织发展工作。经多年培养，确定了2名重点发展对象，并经过了外调审查，即将发展为预备党员。

【荣誉奖励】 顺利通过了北京市3A级人才服务机构的复核认证，获得国家机关人才交流分会2011年度优秀通讯组织奖。在人才中心的多年培养下，何乐观获得国家林业局2009～2011年度“十大优秀青年”称号。

（国家林业局人才开发交流中心由何乐观供稿）

中国林业科学研究院

【综　述】 2012年是全面实施“十二五”规划的关键之年。一年来，中国林科院准确把握林业发展新形势、新任务和新要求，充分发挥全院科技、人才、信息等方面的优势，努力提升自主创新能力，着力服务现代林业发展全局，各项工作取得显著成效。

服务林业发展全局 组织专家参与起草《“十二五”农业与农村科技发展规划》等，撰写《中国森林可持续经营国家报告》等行业相关国家规划编制，开展第二次森林生态服务价值评估，大敦煌生态治理和区域开发战略研究成果得到温家宝总理批示并给予高度评价。木竹产业技术创新战略联盟健康发展，通过实施“863”计划“木竹先进加工制造技术研究”项目，在高强度竹基纤维复合材料制造技术等方面取得重大突破。井冈山干部学院亚林中心教学点建设进展顺利，成功接待了第一批学员，在15个教学点测评中位列第一。组织开展国际森林资金机制研究等8个涉林公约履约战略研究，牵头完成中国森林认证体系与PEFC体系的互认文件起草；依托中国林科院成立的国家林业局国际林业科技培训中心完成5期国际培训。

科技创新成效显著 2012年度共争取各类科研项目(课题)243项，新增合同经费3.69亿元，比上年增长43%。其中，作为牵头单位，获得“973”计划“863”计划、科技支撑、基础性工作专项、基金重大项目等国家重大科技计划项目14项。全院77个项目完成结题验收，16个项目通过中期评估。先后依托中国林科院成立了国家林业局“生态定位观测网络中心”“盐碱地研究中心”“城市森林研究中心”，内蒙古磴口荒漠生态系统定位研究站和四川蜀南竹海生态系统定位站通过专家论证，组织申报生物防治等7个国家林业局工程技术研究中心，国家林业局落叶松工程技术研究中心等两个中心通过专家评审。林木遗传育种国家重点实验室公开招聘33名科研人员。林业数字图书馆拥有各类数字化的中文林业科技文献全文7000多万篇，外文文摘数据库6000多万条，电子图书9万余册，网络版学术期刊820种。

加强林业科技推广 油茶产业升级关键技术研究与示范等项目通过查定验收，在浙江、江西、广西等地开展油茶、核桃等高产栽培技术培训，与河南省林业厅联合开展了生态公益林恢复和经营技术培训；组织1000多人次的科研人员深入企业解决技术难题，热林中心珍贵树种培育技术和经营模式得到全国林业系统的充分肯定；油茶、核桃、沙棘等经济林良种、笋用竹林培育等实用技术研发、示范和推广应用方面成效显著。获批2个科技部科研院所技术开发专项资金项目，圆满完成ABT研发中心的企业改制，启动南京林化所总公司改制，稳步推进南京龙源多酚厂改制工作。组织参加地方大型科技对接和学术交流活动12次，获批11个院省合作项目；组织专家调研地方林业12次，举行专题技术培训3次；与湖北生态工程职业技术学院等签订合作协议8个；与重庆等省区共建研究机构6个；接收“西部之光”“新疆特培”“新疆林业青年科技英才”学员9人。

完善人才队伍建设 2人荣获全国优秀科技工作者称号，1名科技人员成功入选北京市第二批领军人才。新评定研究员14人、副高54人；接收毕业生101名、出站博士后12人。完成4个所领导班子换届、届中考核；3名院领导、4名副司级及15名处级干部通过试用期满考核，有8名干部明确为正处级，2名提拔副处级；在林业所等4个单位启动了中层职能部门负责人副处级考核工作；与新疆分院开展了干部互派交流；举办了第六期领导干部能力建设培训班。各类在读研究生首次突破千人；完成了学位授权点的调整，自主设置二级学科博士点10个、硕士点4个，有3个一级学科通过评估，自主开设了90门研究生课程；成立了中国林科院第一届教学委员会和专业学位指导委员会，开展了首届研究生国家奖学金评审工作；新增博士生导师7人、硕士生导师21人、专业学位导师42人、全院研究生导师达345人。2012年毕业研究生267人，1篇论文被评为2012年北京市优秀博士学位论文。

加强国际合作 全年新增国际合作项目26项，总经费2000多万元人民币；先后签署(续签)6个双边协议、2个多边协议；竹子科技合作取得较大进展，中芬、中欧、中日合作进一步加强；授予国际林联主席中国林科院名誉研究员。全年共举办24次国际会议和国际培训班；中国林科院国际合作伙伴、澳大利亚林木遗传育种专家罗杰·詹姆斯·阿诺德博士荣获2012年度国家友谊奖；邀请25人次专家来华讲学和合作研究；完成首批创新团队续聘，并对第二批创新团队进行评估。中国林科院成功纳入全国科研人员因公出国分类管理试点单位，出国306人次，有力地促进了中国林科院的国际合作与交流。

加强资金管理 2012年，全院预算资金达到7.2亿元，同比增长6.8%。新获批复基本建设项目14项，批复投资1.15亿元，安排在建项目投资计划1.1亿元；落实2012年财政修购专项28项，投资1.02亿元。全年有5个基本建设项目和6个财政修购项目通过验收。6个有林单位森林防火基础设施建设项目均获国家林业局批复，总投资共4007万元。

落实党建长效机制 召开了院京区第九次党员代表大会，完成了院京区党委、纪委换届选举工作，举办党委书记、纪委书记培训班和京区党组织书记、管理干部培训班，开办林科讲堂、组织向钱学森学习、开展优秀党群活动评选、“根在基层，走进一线”调研实践活动等，成立院青年联合会，召开京区第七次团代会，中国林科院京区妇工委被评为全国创先争优三八红旗集体。

【马铁山到中国林科院热林中心调研珍贵树种发展】 1

月4日，广西壮族自治区政协主席马铁山到中国林科院热林中心，听取中国林科院热林中心情况汇报，详细了解多个珍贵树种培育模式与效益情况，考察伏波实验场红椎、火力楠试验示范林、石山树木园和南方种苗基地后，充分肯定中国林科院热林中心在珍贵树种研究示范方面取得的成绩，强调了种植珍贵树种的重要意义，希望中国林科院热林中心加强珍贵树种科技成果推广工作，为广西的林业发展和生态建设再做新贡献。要求地方党委政府及相关部门支持热林中心，提供发展的良好环境。

【中国林科院2012年工作会议】 1月5日在京召开。会议旨在深入研究领会和全面贯彻落实全国林业厅局长会议精神，分析形势，总结经验，部署工作，动员广大职工为全面开创中国林科院建设新局面而努力奋斗。国家林业局党组副书记、副局长赵树丛，科技部基础司副司长彭以祺出席开幕式，发表讲话，并为“林木遗传育种国家重点实验室”揭牌。中国林科院分党组书记、院长张守攻作题为《坚持创新 强化应用为提升林业多种功能提供强大的科技支撑》工作报告，中国林科院分党组副书记叶智主持开幕式。国家林业局办公室、计资司、科技司、人事司，科技部基础司基地建设处、国际竹藤中心、东北林业大学负责人以及中国林科院全体院领导出席开幕式。中国林科院各所、中心党政主要负责人和纪委书记，院各部门、各院属公司负责人，以及京区单位专家、职工代表、离退休干部代表参加开幕式。

【中国林科院2012年党建暨政研会年会】 1月6日在京召开。中国林科院分党组书记、院长张守攻主持会议，中国林科院分党组副书记、京区党委书记叶智做题为《切实提高院所党建工作科学化水平，为推进林业科技创新提供思想政治保障》报告。会议总结2011年中国林科院党建、精神文明建设、党风廉政建设，部署2012年要认真抓好的工作，中央党校教授应邀做《创建学习型党组织，推进党的建设科学化》专题报告。国家林业局直属机关党委常务副书记高红电以及直属机关工会、监察局、中国林业职工思想政治工作研究会、文明办负责人出席会议。中国林科院全体院领导、全体院工作会会议代表、副处级以上干部以及各所(中心)党办主任、工青妇组织负责人等130多人参加会议。

【郭声琨考察中国林科院热林中心】 1月18日，广西壮族自治区党委书记、自治区人大常委会主任郭声琨到中国林科院热林中心就珍贵树种发展和石漠化综合治理调研，考察了珍贵树种苗木繁育基地、石山树木园和珍贵树种保存示范区，了解降香黄檀、柚木、西南桦等珍贵树种的采种育苗、培育管护与经济生态效益情况以及石灰岩山地植被恢复造林技术，希望科研人员通过良种选育、树种改良等办法，使更有价值、更有前景的经济林在广西得到推广，帮助农民建设“森林银行”“绿色银行”，力争再造一个“山上广西”“林中广西”。

【贾治邦到中国林科院调研指导】 2月7日，国家林业局党组书记、局长贾治邦，局党组成员、副局长孙扎根一行到中国林科院调研指导并召开座谈会。贾治邦肯定了中国林科院“十一五”期间取得的成绩，对“十二五”乃至今后一个时期工作提出要求。一要把林科院的工作放在国家林业大局中谋划，突出主题，贯穿主线，抓住重点。二要永无止境地探索林业科技创新，奖励为林业作出杰出贡献的专家学者，更好地发挥森林的多种功能。三要进一步开放办院，与国际知名大学和研究机构、国内基层科研机构加强合作。四要加强党的建设，在工作中形成团结、和谐的新局面。孙扎根副局长希望中国林科院在坚持院长负责制的基础上，根据科研工作实际把各项工作推向前进，取得新的更大成绩。

会议宣读了局党组关于中国林科院干部任命的决定：张守攻同志任中共中国林业科学研究院分党组副书记(兼)，不再担任中共中国林业科学研究院分党组书记职务；叶智同志任中共中国林业科学研究院分党组书记，兼任中国林业科学研究院副院长。张守攻院长表示，一定按照局党组提出的新要求，围绕国家长远战略，服务国家全局，认真做好各项工作。叶智书记做表态发言。中国林科院全体院领导，职能部门、京区所中心党政主要负责人参加座谈。

【南方种苗基地评为国家重点林木良种基地】 2月7日，据《国家林业局关于公布第二批国家重点林木良种基地的通知》，中国林科院广东湛江国家桉树良种基地(即南方种苗基地)和广西凭祥国家西南桦、柚木良种基地被评定为第二批国家重点林木良种基地。

【与湖北省林业厅座谈深化合作】 2月8日，中国林科院院长张守攻、副院长孟平与来访的湖北省林业厅副厅长、省林科院院长蔡静峰，共同回顾了院省合作，探讨2012年合作规划。双方一致表示，继续探索合作模式，推动双方合作进一步深化，充分共享信息资源，建好中国林科院湖北分院。中国林科院林业所、森环森保所、木工所与荒漠化所负责人等参加座谈。

【与黑龙江省森工总局共商深化合作】 2月17日，中国林科院院长张守攻、分党组书记叶智与来访的黑龙江省森工总局副局长毕卫星以及森工总局科技处、黑龙江院分院有关负责人共同商讨加强双方合作。毕卫星提出了开展进一步广泛合作的领域。张守攻对院省科研合作、院所对接提出了建议，并表示，将在双方长期友好合作的基础上，结合森工总局需求，凝聚中国林科院相关力量，深化交流合作，实现双方共赢。

【3位专家获“为海淀区建设作出突出贡献的统一战线人士”荣誉称号】 2月28日，在中共北京市海淀区委召开的海淀区2012统战工作会议上，中国林科院森环森保所杨忠岐教授、王彦辉研究员，木工所段新芳研究员荣获“为海淀区建设作出突出贡献的统一战线人士”荣誉称号。

【林业科技服务和科普惠民系列活动】 3月29日系列活动启动仪式在贵州师范大学举行。活动由国家林业局科学技术司、民进中央社会服务部、贵州省林业厅、中国林科院和贵州师范大学主办，以林业形势与任务、石漠化防治为科普宣教的重点，以核桃育苗新技术和石漠化防治实用技术为主要内容。全国人大常委、民进中央副主席王佐书，国家林业局科技司司长彭有冬、中国林科院院长张守攻等出席启动仪式并讲话。启动仪式后，中国工程院院士、西南大学蚕学与系统生物学研究所所长向仲怀应邀作"生态桑产业与石漠化治理"报告。国家林业局科技司有关部门负责人，中国林科院林业所、荒漠化所，西南大学地理学院、云南省林业技术推广总站的专家，民进中央毕节金沙考察团成员，贵州省林业厅、省林科院、省林业调查规划院的领导、专家，贵州省各地区从事林业科技分管领导，林科所和推广站科研人员以及贵州师范大学师生近300人参加启动仪式并听取科普报告。活动期间，在贵阳举办了林业专家咨询座谈会；有关专家赴黔南、黔东南及北部山区开展石漠化防治、湿地保护、速丰林培育等系列调研活动。

【核桃产业发展科技支撑协议】 3月31日协议签订仪式在贵州省毕节市举行。国家林业局科技司司长彭有冬、贵州省毕节市市委常委、副市长陈彤、中国林科院副院长黄坚分别致辞。中国林科院林业所与贵州省毕节市林业局签署核桃产业发展科技支撑协议，毕节市委领导向核桃专家颁发高级顾问聘书。签字仪式后，举办了核桃技术培训会，中国林科院科技小分队专家做核桃品种及其栽培技术培训讲座。毕节市林业局、林改办公室、石漠化防治管理中心负责人以及市直林业系统干部职工、各区县林业局分管领导、技术人员共150人参加签订仪式和培训。

【卢旺达总理视察竹子中心驻卢项目基地】 4月2日卢旺达总理皮埃尔·达米安·哈布姆兰伊到卢旺达首都基加利马萨卡镇，视察国家林业局竹子研究开发中心承担的商务部"援助卢旺达竹子种植和加工技术合作项目"基地，听取中心援卢专家为当地学员开展种植和竹编培训等情况介绍，观看了专家现场演示，试用了学员培训后做出的竹编产品，对中国专家的工作给予高度评价，并表达了对中国政府的感谢。竹子中心2009年承担中国政府援助卢旺达项目，近3年来项目取得较好成绩。

【与东北林业大学共商协同创新】 4月9日，东北林业大学校长杨传平、副校长曹军等到中国林科院，座谈科学研究、人才培养、服务社会、文化传承等方面进一步创造条件、构建平台、开展深度合作、推进协同创新。中国林科院院长张守攻、书记叶智、副院长储富祥以及院办公室、科技处、林业所有关负责人参加座谈，并一致表示，中国林科院将与东北林业大学友好合作，积极推动协同创新。希望彼此加强联系，加强沟通，深化务实合作内容，明确双方权利与义务，细化合作方案，争取获得更大成效。

【陈凤学到中国林科院亚林所考察】 4月26日，国家林业局总工程师陈凤学以及计财司、造林司、场圃总站、治沙办领导到中国林科院亚林所考察，并听取中国林科院亚林所以及国家林业局庙山坞自然保护区历史沿革、功能定位和进一步发挥保护区科研、科普功能计划汇报，充分肯定了在种质资源保存、生态环境监测等方面所开展的工作，并提出希望。中国林科院院长张守攻以及亚林所负责人陪同考察并介绍了相关情况。

【发展中国家竹子种植与加工技术培训班】 4月26日，培训班开幕式由中华人民共和国商务部主办，在国家林业局竹子研究开发中心举行。来自尼泊尔、哥斯达黎加、塞舌尔、乌干达、中非、加纳、埃塞俄比亚、尼日利亚、利比里亚、墨西哥、乌拉圭、秘鲁、巴布亚新几内亚、卢旺达14个国家的20名学员参加了开幕式。竹子中心自1993年起，承担了40期国际竹业技术培训班和研讨会，为近百个国家培训了1200多名学员。

【中国林科院首期青年管理人才辩论赛】 5月10日，辩论赛在浙江富阳举行。辩论赛分两场。辩题分别是：管理工作中应该遵循"没有规矩不成方圆"还是"没有突破何谈创新"；当今社会青年人应该"干一行、爱一行"还是"爱一行、干一行"。中国林科院分党组书记、副院长叶智以及亚林所、院办公室、人事教育处负责人应邀作为比赛评委出席，经过认真评选，评选出4位最佳辩手、2个最佳团队奖和2个优秀组织奖。

【与国际热带木材组织签署谅解备忘录】 5月11日，中国林科院院长张守攻率中国林科院国际合作处、荒漠化所、竹子中心、森环森保所专家，访问总部位于日本横滨的国际热带木材组织，与该组织执行主任泽·梅卡签署谅解备忘录。张守攻希望双方充分利用中国政府外援资金和国际热带木材组织国际师资，在国际培训领域开展务实合作。泽·梅卡对中国林科院高质量执行多达30多个国际热带木材组织项目表示满意和赞赏，也对双方合作开展国际培训充满信心。期间，代表团访问了日本日立制作有限公司中央研究所，双方签署了关于治沙科技合作意向书。

【参加2012年全国林业科技周】 5月16日启动仪式在浙江省浦江县举行。活动由国家林业局科技司、浙江省林业厅、金华市人民政府、中国林科院联合举办。中国林科院副院长储富祥、亚林所、竹子中心负责人和专家出席并参加启动仪式。启动仪式上，中国林科院亚林所完成的"竹笋夜蛾综合控制技术研究与应用"等项目获浙江省第十二届"科技兴林奖"。启动仪式后，有关专家分别到浙江省金华市、江山市指导科技服务林改建设工作，开展"一竹三笋"技术讲座和现场指导。

【中国林科院院省科技合作经验交流会】 6月4日，经验交流会在湖北省武汉市召开。国家林业局总工程师陈凤学出席会议并在讲话中充分肯定了中国林科院院省合作取得的成绩，对今后院省合作工作提出要求。湖北省人大常委会党组副书记、副主任刘友凡出席并讲话。湖北省政府副秘书长梅祖恩、安徽省林业厅厅长韩柏泉出席会议。国家林业局科技司司长彭有冬做"科技创新引领现代林业发展——'十二五'林业科技创新的思路与重点"报告。中国林科院院长张守攻做"优化合作模式，推进协同创新，为区域林业和地方经济发展提供科技支撑”主题报告，中国林科院副院长储富祥主持会议。会上，中国林科院与安徽省林业厅、河南省南阳市林业局、湖北生态工程职业技术学院、安徽宏宇竹木制品有限公司等合作方签署了全面科技合作协议。湖北省林业厅党组书记、厅长王海涛，浙江省林业厅副厅长吴鸿以及甘肃省小陇山林业实验局林科所，中国林科院林业所、木工所、亚林所、林业所有关研究室负责人分别做典型发言，交流各自在院省合作中的实践与经验。来自北京、天津、新疆、浙江等省市的代表，以及中国林科院各研究所、院部相关部门负责人参加了会议。

【中国林科院部分院领导试用期满考核述职测评会】 6月6日，测评会在中国林科院召开。中国林科院院长张守攻主持会议，国家林业局人事司副司长郝育军出席会议并讲话。中国林科院分党组书记、副院长叶智，分党组成员、副院长孟平，分党组成员、副院长黄坚分别汇报任职一年来的工作情况，对下一步的工作安排提出设想。中国林科院在京单位首席科学家，京区各所、中心领导班子成员及院部各部门副处级以上干部参加会议并投票表决。

【木竹产业技术创新战略联盟理事会】 6月6日，联盟理事会暨“十二五”国家科技支撑计划“林木深加工关键技术研究与示范”项目启动会在京召开。科技部农村科技司副司长郭志伟和国家林业局科技司副司长李兴等到会指导。来自全国38家联盟成员单位的理事或理事委托代表、项目跟踪专家组和项目所属四课题负责人等共60余人参加会议。联盟理事长、中国林科院副院长储富祥介绍了联盟近两年来取得的成绩和进展、项目立项背景、目标与考核指标、任务分解与课题设置、预期成效以及组织等情况。理事会通过了2012年工作计划、财务预算以及联盟新产品创制基地和专业实验室审定办法；批准了6家单位加入联盟。

【祁述雄获2011生态中国突出人物奖】 2012年6月5日，在中国绿化基金会主办的“2011绿化公益盛典”活动上，中国林科院桉树中心退休干部祁述雄先生荣获2011生态中国突出人物奖。祁述雄先生现年80岁，是我国现代桉树事业的开拓者，曾任雷州林业局局长、桉树中心总工程师。负责筹建了桉树专业委员会和桉树中心，撰写了《桉树栽培技术与利用》《中国桉树》等专著；将桉树栽培技术系统地推广到我国华南各省区，目前营林面积达360万公顷，“四旁”植树15亿株；将社会慕名赠予的两百余万元巨资设立中国绿化基金会首个个人专项基金，以推动桉树事业发展。

【国家林业局林业装备工程技术研究中心揭牌】 6月9日，揭牌仪式在国家林业局哈尔滨林机所举行。国家林业局科技司副巡视员杜纪山、黑龙江省科技厅常务副厅长杨廷双、中国福马机械集团有限公司董事长刘群、东北林业大学副校长曹军等出席仪式并讲话。中国林科院副院长陈幸良主持仪式。揭牌仪式上，宣读《国家林业局关于认定“国家林业局林业装备工程技术研究中心”的复函》。国家林业局计资司、中国林科院、黑龙江省科技厅、中国林业机械协会、东北林业大学、南京林业大学等有关部门负责人、专家参加揭牌仪式。

【宋湛谦获第九届光华工程科技奖】 6月13日，颁奖大会在京举行，中国林科院首席科学家、中国工程院院士宋湛谦获光华工程科技奖“工程奖”。光华工程科技奖自1996年首届颁奖，至今已是第九届，共有174人获此殊荣。宋湛谦是我国著名的林产化工专家，勇于创新，热情培养青年科技人才，为我国松脂化学利用及其工程化作出了卓越贡献。

【与西弗吉尼亚大学签署合作协议】 7月5日，美国西弗吉尼亚大学副校长米歇尔·惠特利等来访中国林科院，与中国林科院院长张守攻、副院长刘世荣等座谈，并签署双方合作协议。双方确定的优先合作领域涉及可持续森林生态系统经营、全球变化和生物质能源合作研究等。代表团还参观了中国林科院森环森保所，与相关专家座谈交流。

【中国林科院2012届研究生毕业典礼暨学位授予仪式】 7月7日在中国林科院举行。中国林科院学位委员会主席、院长张守攻，副院长陈幸良、刘世荣、孟平及各所所长、部分中心主任及国际竹藤网络中心负责人出席。张守攻发表讲话并与其他院、所领导和导师为94名博士研究生、173名硕士研究生颁发院士寄语、毕业证书、学位证书。陈幸良主持仪式，刘世荣宣读中国林科院第八届学位评定委员会第一次会议审核通过的学位获得者名单，孟平宣读2012年度中国林科院优秀博士学位论文获得者及导师名单，院士唐守正、蒋有绪颁奖。《毛竹茎秆快速生长的机理研究》《纤维素纳米晶体及其复合物的制备与应用研究》获得优秀博士论文。导师代表寄予深切厚望，毕业研究生代表发表毕业感言。

【与福建省林业厅第二批合作协议】 7月18日，合作项目协议书签约仪式在福建省福州市举行。国家林业局副局长印红、国家森林防火指挥部专职副总指挥杜永胜等出席签字仪式，中国林科院院长张守攻和福建省林业厅厅长陈家东分别代表双方签署合作协议。根据协议，双方将重点在福建省森林生态系统服务功能与价值评估、长汀水土保持林业综合治理示范、中国林科院海西分院平台建设等方面开展合作。签约仪式后，为设立的“中国林业科学研究院 福建农林大学专家服务团驻长汀办事处”和“中国林业科学研究院、福建农林大学长汀县博士后科研工作站”挂牌，商议和部署了长汀典型水土流失区综合治理示范园建设等方面的合作。国家林业局驻福州专员办冯树青专员，福建省林业厅纪检组组长黄文书、副厅长谢再钟、王宜美以及福建省林科院，中国林科院荒漠化所、院省合作办公室负责人等参加签约仪式。

【中国林科院第三届杰出青年】 8月21日，中国林科院第三届杰出青年评选经相关专家函审、15位青年现场答辩、答辩委员会评审，表决结果经中国林科院研究通过，中国林科院亚林所陈光才、森环森保所吕全、林业所何彩云、木工所殷亚方、林化所王基夫、资源所庞勇6名同志当选第三届"中国林科院杰出青年"。

【5个单位荣获全国生态建设突出贡献奖先进集体】 2012年8月22日国家林业局授予中国林科院林业研究所、亚热带林业研究所、木材工业研究所、库姆塔格沙漠综合科学考察队、热带林业实验中心5个单位全国生态建设突出贡献奖先进集体称号，授予中国林科院唐守正、彭镇华、张建国、孙晓梅、姚小华、曾炳山、肖文发、鞠洪波、李增元、李昆、于文吉、赵振东、蒋剑春、卢琦、崔丽娟、傅峰共16名同志全国生态建设突出贡献奖先进个人称号。

【中国林科院热林所庆祝建所50周年庆典】 9月1日，庆典仪式在广州举行。国家林业局科技司司长彭有冬、中国林科院院长张守攻、国家林业局国际司原司长曲桂林、广东省林业厅总工谭天泳、海南省林业厅副厅长刘艳玲、华南农业大学校长陈晓阳、广州市林业局副局长吴敏、马来西亚林科所所长 Abd Latif、中国林科院热林所所长徐大平、书记廖绍波等出席庆典。彭有冬、谭天泳、张守攻、徐大平以及客座研究员代表、职工代表相继发表讲话。庆典仪式上，举行了国家林业局热带珍贵树种培育工程技术研究中心揭牌仪式，热林所与马来西亚林科所长期合作协议签字仪式。国家林业局科技司、国际司、亚太林业研究机构协会、中国科学院华南植物园、南海海洋研究所，中山大学、华南农业大学，广东、海南等省区林科院、规划院、林业院校及各地林业局、绿委办、林科所以及中国林科院主要职能部门、所中心有关负责人和热林所全体在职和离退休干部职工350多人参加庆典。

庆典活动中，还召开了热带林可持续经营国际研讨会。来自澳大利亚、美国、新西兰、韩国、日本、意大利、马来西亚、印度尼西亚、菲律宾、斐济等国家及国内近150名代表参加了会议。18位国内外专家分别针对热带林遗传改良与可持续经营、热带天然林保护与生态服务功能作学术报告。

【与印度林业研究教育委员会签署合作谅解备忘录】 9月1日，中国林科院院长张守攻与印度林业研究教育委员会主任 V. K. Bahuguna. IFS 在广州正式签署合作谅解备忘录。此次谅解备忘录签署，是继2011年年底张守攻率团访问印度期间，双方达成合作意向并草签协议后的正式补签仪式。双方合作内容涉及在金砖五国框架下开展林业研究活动、研究生教育、联合召开研讨会及人员互访等。

【库姆塔格沙漠综合科学考察(二期)项目】 9月10日项目在京启动。由中国林科院、中国科学院、教育部、中央气象局、甘肃省、新疆维吾尔自治区所属的20多家科教机构专家承担，孙鸿烈等11位院士、专家出任项目顾问。科技部基础司副司长彭以祺、国家林业局科技司副司长李兴、中国林科院院长、项目领导小组组长张守攻出席启动仪式并讲话。中国林科院副院长、项目领导小组副组长黄坚主持启动仪式。彭以祺、李兴对项目提出要求和希望。项目负责人汇报了项目的主要任务和实施方案，与会专家对人员组成、主攻方向和重点、科学和历史价值、生态演变和人类文明、数据库建设、成果升华等提出了良好的意见和建议。

【与山东省潍坊市签署科技合作框架协议】 9月21日，协议签约仪式在山东省昌邑市举行。国家林业局局长赵树丛、山东省人民政府副省长贾万志、山东省林业厅厅长贾崇福、潍坊市委书记许立全等出席签约仪式，中国林科院院长张守攻与山东省潍坊市市长刘曙光分别致辞并代表双方签署合作协议。潍坊市委常委、副市长孙起生主持签约仪式。根据协议，双方将在耐盐碱植物培育、沿海防护林建设、滨海湿地景观营造与保护、盐碱地造林、沿海林业有害生物监测与防控等方面开展密切合作。国家林业局计资司、国有林场和树木种苗工作总站、驻合肥专员办以及山东省林业厅、省林科院、潍坊市市委、市政府、市林业局等单位领导，中国林科院办公室、林业所、湿地所、盐碱地研究中心筹建办公室负责人等参加签约仪式。

【国家油茶科学中心年会暨全国油茶良种基地建设研讨会】 9月20～22日年会暨研讨会在云南省腾冲县召开。旨在系统总结国家油茶科学中心和全国油茶技术协作组几年来的工作成效，深入探讨油茶产业进入纵深发展阶段的科技需求。国家林业局国有林场和林木种苗工作总站副总站长尹刚强，国家油茶科学中心副主任、中国林科院副院长储富祥，云南省林业厅副厅长刘一丹，保山市人民政府副秘书长孙兴胜，云南省腾冲县委常委、副县长杨存宝出席会议。尹刚强、储富祥、孙兴胜、杨存宝分别讲话，有关专家先后作国家油茶科学中心办公室和全国油茶技术协作组秘书处工作报告、《我国油料生产形势与对策》和《腾冲红花油茶产业发展报告》。会议期间，召开了工作研讨会和良种基地建设研讨会。南方14省(区、市)林木种苗站站长，保山市林业局、腾冲县有关领导等120人参加会议，并考察了腾冲红花油茶古树基地、苗圃及低产林改造样板林。

【非洲野生动植物保护管理与履约官员研修班】 10月16日，由商务部主办的研修班开班仪式在国家林业局竹子研究开发中心举行。国家林业局国际合作司副司长章红燕、濒管办副主任周亚非、中国林科院副院长刘世荣、国家林业局上海专员办副专员王招英出席并讲话。研修班学员代表讲话。来自南非、乌干达、马拉维、津巴布韦、纳米比亚、埃塞俄比亚、贝宁、赞比亚、肯尼亚、马里、乍得、毛里塔尼亚11个国家的29名官员和专家组成的研修班学员参加。

【与来访的巴西科技部竹子代表团座谈】 10月30日，中国林科院副院长储富祥以及科技处、国际处、木工所负责人和专家等，与来访的巴西科技部竹子代表团座谈交流，旨在落实2011年中国科技部与巴西科技部两国部长签署的关于竹业领域双边科技合作谅解备忘录相关内容。双方回顾了中国林科院与巴西的合作历程，交流了竹材加工、培育等开展的研究内容，讨论了中巴合作2013～2017工作建议书和双边合作的具体构想。代表团考察浙江省、安徽省、广东省等地的竹材加工企业，并与中国林科院竹子中心、亚林所和热林所专家进行交流。

【木材工业国家工程研究中心获国家工程研究中心重大成就奖】 10月31日，《国家发展改革委关于表彰国家创新能力建设先进工作者 国家工程研究中心先进集体和个人的决定》对66家取得突出成绩的工程中心予以表彰，其中木材工业国家工程研究中心等18家工程中心获"国家工程研究中心重大成就奖"。木材工业国家工程研究中心主任王正等129位同志获"国家工程研究中心先进工作者"。11月16日在深圳召开授牌表彰大会。

【与来访的瑞士环境署代表团座谈】 10月31日，中国林科院副院长黄坚以及森环森保所、科信所、国际处负责人，与来访的瑞士环境署副署长安德里亚斯·高兹、瑞士环境署自然灾害管理委员会主席约瑟夫·赫斯等座谈，探讨开展森林与气候变化适应、外来入侵物种生物防治、林权改革等多个领域的合作，一致希望进一步推进和加强双方的合作与交流，共同应对挑战。

【2012年发展中国家促进木材综合加工利用与贸易部长级研修班】 11月1日研修班开班仪式在浙江义乌举行。国家林业局副局长张建龙、东帝汶国务部长维诺莱达·莱莫斯·马蒂、印度尼西亚林业部副部长塔吉尔·法特尼、商务部国际商务官员研修学院副院长邹传明、中国林科院院长张守攻、浙江省林业厅厅长楼国华、义乌市市委书记黄志平等出席仪式并讲话。张建龙副局长等作"中国林业发展形势""国内外竹业发展及其相关问题的思考"主题报告。联合国南南合作处、中国林科院有关部门、浙江省商务厅、科技厅、林业厅、义乌林业局，广东省广宁林业局等单位的领导，以及来自几内亚比绍、东帝汶、巴基斯坦、印度尼西亚、苏丹、埃塞俄比、乌干达、津巴布韦、瓦努阿图、格鲁吉亚、泰国、刚果和马拉维13个国家的27名官员和专家组成的研修班学员参加开班仪式。

【与韩国林科院签署合作谅解备忘录】 11月8日，中国林科院院长张守攻与来访的韩国林科院院长具吉本等座谈，并代表双方签署合作谅解备忘录。希望共同在双边感兴趣的领域轮流联合召开国际研讨会，进一步加强研究生培养交流。双方探讨了在应对气候变化的森林生态系统变化长期监测、荒漠化防治技术发展与实地应用、东北针叶林病虫害调查与防治等可开展的合作领域。中国林科院国际处、林业所、科技处、森环森保所和荒漠化所负责人和相关专家参加座谈和签字仪式。

【杨忠岐当选第十五届农工党中央委员、常委】 12月5～10日在北京举行的中国农工民主党第十五次全国代表大会上，选举产生了农工党第十五届中央委员会，中国林科院森环森保所杨忠岐教授继续当选中央委员，并被选为中央常委。

【中国林业科研机构百年纪念系列活动暨中国林业学科建设与科技创新研讨会】 12月21日系列活动暨研讨会在中国林科院召开。国家林业局副局长印红出席会议、听取汇报和座谈研讨并指出，要弘扬质疑求证、百折不挠的科学精神，从战略层面考虑林业学科建设与科技创新问题。林业学科建设和科技创新，要在国家发展的大框架下，结合各级政府部门、林业系统、相关科研院所和高等院校以及地方需求系统科学地考虑。中国林科院院长张守攻以"继往开来、求实创新，为建设生态林业民生林业提供有力的科技支撑"为题介绍中国林业科研机构百年发展历程、学科建设成就和未来展望。中国林科院分党组书记叶智主持会议。与会院士专家们研讨了中国林科院的学科建设和科技创新并提出建议。来自美国北卡罗来纳州立大学、中国科学院、中国农业大学、北京林业大学、东北林业大学、中国林科院的中国科学院、中国工程院院士和专家，以及国家林业局有关部门领导参加了研讨。中国林科院副院长刘世荣、孟平、黄坚，以及各所、相关职能部门负责人参加会议。

【中国林科院亚林中心树木园获"全国科普教育基地"】
中国林科院亚林中心树木园通过中国科协组织的评审，被列入2012年度"全国科普教育基地"。近年来，中国林科院亚林中心依托丰富的森林资源和多年的科研成果，坚持面向公众，尤其是面向青少年普及森林和生态知识，宣传国家林业政策和发展成就，树木园先后被命名为江西省新余市和江西省科普教育基地。

【中国林科院热林中心获广西区和谐单位】 广西精神文明建设委员会《关于表彰第二批自治区"和谐单位、和谐乡镇、和谐村屯、和谐街道、和谐社区、和谐家庭、和谐学校、和谐企业、和谐邻里"的决定》授予中国林科院热林中心"广西壮族自治区第二批和谐单位"荣誉称号。2010年以来，中国林科院热林中心紧紧围绕"建设一流林业科技创新实验基地"的目标，大力弘扬"文明和谐、敬业奉献、科技兴林、争创一流"的热林精神，把科学研究、森林培育、科技开发、党的建设等项工作，贯穿于文明创建活动的全过程，文明和谐新热林建设初具规模。

【林木育苗新技术荣获国家科技进步二等奖】 该成果由中国林科院林业所张建国研究员率领的科研团队研究取得。成果获得历时10年，提出轻基质网袋容器新概念，研发出4个系列网袋容器成型生产线，提出我国不同地区以农林废弃物为主要原料生产轻型基质的系列技术和配方，150多个主要造林树种网袋容器播种育苗和扦插育苗的关键技术。认定或鉴定成果10项，获得发明专利7项，实用新型专利2项。研究成果已在山西等全国大多数省区得以大规模的推广应用，其中，轻基质网袋成型机已开始向马来西亚、越南、朝鲜等国家输出。建立了网袋容器苗、嫩枝扦插育苗生产线和基地300多处。

【与森林资源调查相结合的森林生物量测算技术获国家科技进步二等奖】 该成果由中国科学院院士、中国林科院专家唐守正研究员率领的科研团队研究取得。首次提出非线性模型联合估计方法，有效解决了各维量模型之间不相容的问题；首次对干物质率法和密度法进行比较研究，证明了生物量样品的密度和干物质率估计的最佳方法，证明在通过样品的密度和干物质率来计算全树的平均密度和干物质率的两种方法中，加权法优于直接回归法，提出树干、树冠部分生物量外业测定时最好分别采用密度法、干物质率法。成果在第七次全国森林资源连续清查中发挥重要作用，在广东、贵州等部分省区的森林资源监测工作中得到推广应用。

【天然林保护与生态恢复技术获国家科技进步二等奖】 该成果由中国林科院副院长刘世荣研究员率领的科研团队研究取得。历经15年研究，首次在我国系统开展天然林林隙动态和生物多样性维持机制的研究，阐明了典型天然林树冠干扰特征和不同树种交替更新的森林循环途径，揭示了林隙时空动态对调控森林群落与环境协同变化的影响机理，以及不同生活史特性的多个物种长期共存机制，提出天然林动态干扰与生物多样性维持的理论框架，为模拟自然的天然林动态采伐和抚育更新提供了基准技术参数。成果在我国主要天然林类型9个省区成功示范并推广应用。获国家发明专利4项，完成标准7项，获得黑龙江省、四川省和辽宁省科技奖励4项，培训基层科技干部和技术人员3000人。

（中国林业科学研究院由王秋丽供稿）

国家林业局调查规划设计院

【综　述】 2012年，规划院在局党组的正确领导下，按照“发展现代林业，建设生态文明，推动科学发展，促进绿色增长”的总体要求，以“质量效益服务年”活动为抓手，认真贯彻落实局党组的决策部署和全国林业厅局长会议精神，强化管理，狠抓落实，高质量完成了各类生产、科研任务400余项，服务全国林业生态建设的深度和广度不断深化，服务质量、管理水平、服务效益取得新进展，全面完成年度工作目标。

1. 全面完成森林资源监测、野生动植物及自然保护区监测、湿地资源监测、荒漠化和沙化土地监测、林业碳汇计量监测、生态监测评估等森林与生态监测任务，充分发挥了技术支撑服务作用。

2. 完成了一大批全国性林业专项规划和生态建设规划，为各级政府和社会各界提供了优质服务，为生态、民生林业建设描绘了蓝图。

3. 充分发挥既有的人才和技术优势，持续发展林业信息化建设，林业信息化与宣传工作稳步发展，服务层次和领域进一步扩大，工作水平不断提高。

4. 按照“科技强院”方针，积极开展林业应用性研究和国际林业科技合作，推进林业标准制修订工作，科技研究取得新成果，强院兴院根基不断夯实。

5. 国际科技合作不断深化，国际技术交流进一步加强，互惠共赢促进了业务大拓展，大大提升了规划院在林业国际合作中的声誉和地位。

6. 注重综合管理制度体系建设和业务培训交流，技术质量管理取得重大突破，综合管理进一步规范，能力建设取得长足进步。

7. 积极开展思想建设、组织建设、制度建设和党风廉政建设，为圆满完成各项工作提供强有力的思想保障和组织保障，自身建设取得新成效，基础保障能力不断提高。　（国家林业局调查规划设计院办公室）

【贯彻落实全国林业厅局长会议精神】 1月11日，院党委书记王忠武主持召开全院干部职工大会，传达学习全国林业厅局长会议精神，并就贯彻落实会议精神进行了安排部署。

王忠武书记要求一是各部门要认真学习贾治邦局长、赵树丛副局长的重要讲话，深刻领会其精神实质，准确把握和判断当前林业的新形势、新任务，把会议精神贯彻到院今年的各项工作中。二是要按照贾局长提出的2012年林业工作的总体要求和9项重点工作，认真研究，科学谋划，制定院2012年工作目标和工作要点，重点要做好林业资源监测、林业专项规划等指令性任务，为现代林业建设做好技术支撑。三是要发挥院人才、技术优势，加大国内外交流合作，切实为林业基层和社会各界提供技术咨询服务。四是加强队伍建设，培养高素质人才，提高全院干部职工的政治素养、理论水平与专业技术水平，增强院全面发展的后劲与整体实力。五是各部门要围绕业务主攻方向，从细着想，认真制订本部门2012年工作目标和工作计划，落实责任制，强化监督检查，确保会议精神和工作目标落到实处。

（国家林业局调查规划设计院办公室）

【参加2012年春季沙尘暴趋势预测会商】 1月4日，国家林业局、中国气象局在北京联合召开2012年春季沙尘暴趋势预测会商，20多位专家从不同方面对2012年春季我国北方地区沙尘暴趋势进行分析预测。国家林业局防治荒漠化管理中心领导和院荒漠化监测处的同志参加了会议。

会议讨论2011年沙尘天气发生发展特点，沙尘源、沙尘路径区降水量、土壤墒情、植被长势状况，以及海温、大气环流、气候异常特点，预测2012年春季沙尘暴发生的范围和强度。听取院《北方地区地表状况对2012年春季沙尘天气的影响》的专题报告。

（荒漠化监测处）

【参加全国湿地资源调查2011年工作总结暨2012年启动会】 2月13～16日，国家林业局湿地保护管理中心在云南省丽江市召开了“全国湿地资源调查2011年工作总结暨2012年启动培训会”，严晓凌副书记带领院相关技术人员参加会议。

严晓凌副书记汇报国家林业局调查规划设计院2011

年湿地调查工作的组织开展情况和2012年湿地调查工作的准备情况及工作计划。规划院技术人员对各省(市、区)调查人员就湿地调查规程、外业调查表的填写、湿地编码、调查数据汇总和调查报告编写等内容进行了技术培训。 (湿野中心)

【《林业资源管理》第六次入选中文核心期刊】 经北京大学图书馆、中国学术期刊(光盘版)电子杂志社、中国科学院国家科学图书馆等相关单位的联合评定，规划设计院主办的《林业资源管理》入编《中文核心期刊要目总览》2011年版(第六版)之林业类核心期刊。自第一次中文核心期刊评定以来，《林业资源管理》已连续六次被评为核心期刊，并荣获第三、四届梁希林业图书期刊奖。

(生物质能源中心)

【《中国与俄罗斯远东及东西伯利亚地区森林资源合作战略研究》】 由国家林业局计财司牵头，院负责编制的《中国与俄罗斯远东及东西伯利亚区域森林资源合作战略研究》(以下简称《战略研究》)专家评审会在北京召开。

专家组对《战略研究》进行认真讨论和审议，与会专家一致认为:《战略研究》是在大量收集资料和广泛调研基础上完成的，该《战略研究》思路清晰，论点明确，数据准确，具有一定高度；对企业"走出去"制定发展战略、投资决策等方面具有重要的指导意义，对有关部门制定方针政策具有参考作用。 (对外合作处)

【第二次全国重点保护野生植物资源调查技术研讨会】 3月8日，国家林业局保护司在北京组织召开了第二次全国重点保护野生植物资源调查技术研讨会。规划院唐小平副院长作为第二次全国重点保护野生植物资源调查专家技术委员会的副主任委员，主持了此次会议的技术研讨环节。

会上5个试点省份交流了本省(区)试点调查中总结的经验和问题，作为第二次全国重点保护野生植物资源调查和极小种群野生植物拯救保护工程实施的技术支撑单位，院相关技术负责人就试点中存在的问题进行了认真的梳理。 (湿野中心)

【森林经理分会荣获中国林学会2011年度组织建设工作先进单位】 3月8～9日，全国林学会秘书长会议在湖北武汉召开，表彰了2011年度学会专项工作先进单位。挂靠在规划院的森林经理分会在全国各省(区、市)林学会和36个分会、专委会中因工作突出荣获了组织建设工作先进单位。

【国家林业局沙尘暴灾害应急人员培训班】 3月8～10日，国家林业局防治荒漠化管理中心(局治沙办)在山西太原举办沙尘暴灾害应急人员培训班，规划院作为沙尘暴灾害应急技术负责单位派专家参加了此次培训班，对升级版短信平台操作技术、沙尘暴地面监测设备的使用及维护等进行技术培训和答疑。 (荒漠化监测处)

【中国资源卫星应用中心调研】 3月16日，唐小平副院长应中国资源卫星应用中心的邀请，带领规划院相关技术人员，到中国资源卫星应用中心进行考察调研。

双方肯定了以往在多个领域的成功合作，并希望进一步加强卫星数据在森林、湿地和荒漠生态系统及生物多样性监测等领域的合作，发挥高分遥感数据在全国林地"一张图"建设、森林资源年度监测、碳监测卫星工程设计、第五次沙化土地监测和全国湿地资源调查等方面实用性的优势。

【《全国竹产业发展规划》】 规划院编制完成的《全国竹产业发展规划(2011～2020年)》(以下简称《规划》)通过专家评审。

专家认为:《规划》的编制符合我国转变发展方式、扩大国内需求、发展绿色经济等重大战略的要求。《规划》的总体思路清晰，内容全面，指导思想明确，分区布局合理，重点建设任务方案可行，竹产品加工产业建设针对性强，保障措施有力，具有较强的指导性和可操作性，对今后我国竹产业的健康持续发展和培植农村新的经济增长点具有重要的指导意义。

(工程咨询设计处)

【《全国林木生物质能源发展规划》】 3月21日，国家林业局和国家能源局在京共同主持召开会议，对规划院编制的《全国林木生物质能源发展规划(2011～2020年)》(以下简称《规划》)进行评审。

专家组认为:《规划》指导思想明确，目标可行，布局合理，建设任务与进度安排得当，重点项目针对性强，体现了规模化、产业化和市场化的思想，提出了资源—技术—产品—市场一体化的发展思路，具有较强的指导性和可操作性。《规划》的编制和实施，对大力发展林业生物质能源、维护国家能源安全、减少温室气体排放、建设社会主义新农村、促进现代林业建设等方面具有重要意义。与会专家对该《规划》给予高度评价，一致同意通过该规划。 (生物质能源中心)

【2012年工作会议】 3月28日，规划院召开工作会议，传达学习国家林业局机关"两建"工作会议精神，安排部署规划院2012年各项工作，签订2012年党风廉政建设责任书。会议由党委书记王忠武主持，全院中层以上干部及教授级高工共计80余人参加了会议。

党委副书记、纪委书记严晓凌传达局党组书记赵树丛的重要讲话和副局长、直属机关党委书记张建龙在"两建"会上所作的报告，以及中央纪委驻局纪检组组长陈述贤的讲话，部署了规划院2012年党建工作和纪检监察工作，并就规划院贯彻落实局"两建"工作会议精神提出具体要求。常务副院长刘国强安排部署规划院2012年各项工作。会上，院领导班子和各部门主要负责人签订《党风廉政建设责任书》。 (党办、院办)

【跟踪监测今春首次沙尘天气过程】 3月20～22日，南疆盆地、青海西部、甘肃河西走廊、内蒙古西部宁夏北部的部分地区发生沙尘天气，其中南疆盆地、青海柴达木盆地的局部地区发生沙尘暴。此次沙尘天气过程是今春首次影响我国北方地区、范围和强度较大的一次，也是近10年来出现最晚的一次。规划院对此次沙尘天气进行全过程跟踪监测，对沙尘天气灾害情况进行评估，并及时向局领导及有关部门上报监测与评估结果。

（荒漠化监测处）

【《全国重点保护野生植物资源调查技术规程》】 3月30日，国家林业局保护司在北京主持召开会议，对规划院编制的《全国重点保护野生植物资源调查技术规程》（以下简称《技术规程》）进行论证。

与会专家们认为，《技术规程》从调查对象、调查内容、调查程序、调查方法、技术标准、数据统计、调查成果汇总和质量管理等方面，对野生植物资源调查进行了系统的规范，技术指标合理，技术路线科学，可操作性强，能够保证野生植物资源调查的质量和科学水平。与会专家充分肯定《技术规程》，一致同意通过论证。

（湿野中心）

【培训菲律宾人员土地退化评估技术】 受联合国粮农组织的委托，规划院承担了“菲律宾土地退化评估和气候变化适应国家能力建设”项目，3月23～31日，在菲律宾首都马尼拉进行了项目第二期培训，规划院派荒漠化监测处王军厚教授、王国胜教授和昝国盛工程师3位专家赴菲律宾执行了本次培训任务。培训的主要内容是国家层次的土地退化评估技术方法和评价指标体系，具体包括土地退化现状、引起土地退化的压力和驱动力、土地的可持续经营管理方法以及土地退化对生态系统的影响等方面的评价方法、技术路线、评价步骤和程序等。

（荒漠化监测处）

【专题片《荒漠中的绿色产业》获好评】 3月26～27日，联合国可持续发展大会筹备会在纽约召开，规划院声像中心制作的专题片《荒漠中的绿色产业》在联合国可持续发展大会筹备会边会上播放。该专题片受到联合国副秘书长、里约+20联合国可持续发展大会秘书长沙祖康等联合国官员、与会人员和多家国内外知名媒体的好评，并得到国家林业局造林绿化管理司领导的充分肯定。该片还被中央电视台《新闻联播》和凤凰卫视等多家国内外媒体引用、播放。（信息应用处）

【《全国林地年度变更调查试点方案》专家咨询会】 4月11日，《全国林地年度变更调查试点方案》（以下简称《方案》）专家咨询会在北京召开。编制《方案》是规划院承担的“全国林地年度变更试点”项目的工作内容之一。与会专家对《方案》中工作组织、资料收集、技术方法、质量检查、提交成果等多项内容进行了细致的审议。专家认为《方案》编制科学合理、切实可行，建议试点省在做好林地变更调查工作的基础上，根据本省经济条件和时间进度开展森林资源档案变更工作，抓紧落实高分辨率遥感影像查询购置和林地年度变更软件开发工作，并尽快制订林地年度变更操作细则。（监测二处）

【通过《水土保持林工程设计规范》和《水源涵养林工程设计规范》】 4月12日，国家林业局计财司组织召开会议，对规划院完成的《水土保持林工程设计规范》和《水源涵养林工程设计规范》（以下简称《规范》）进行评审。

经过充分讨论和认真审议，专家一致认为：《规范》的制定，对规范水土保持林和水源涵养工程设计，保证工程建设质量，加快实现工程建设的标准化、规范化，提高公益建设项目投资效益意义重大。同时也为工程的效益评价和后评估工作提供依据。会议原则通过《规范》。（森林资产评估中心）

【通过《防风固沙林工程设计规范》和《国家森林公园设计规范》】 4月13日，国家林业局计财司组织召开会议，对规划院完成的《防风固沙林工程设计规范》和《国家森林公园设计规范》两个国家标准进行了评审。

与会专家一致认为：《防风固沙林工程设计规范》的制定，对规范防风固沙林工程设计，保证工程建设质量，加快实现工程建设的标准化、规范化，提高公益建设项目投资效益意义重大；《国家森林公园设计规范》的制定，符合我国国家森林公园建设的实际需要，对规范国家森林公园设计，保证森林公园建设质量具有重要意义。两个标准的编制将为防风固沙林和国家森林公园建设的效益评价和后评估工作提供依据。会议原则通过了《防风固沙林工程设计规范》和《国家森林公园设计规范》两个标准。（工程咨询设计处）

【全国极小种群野生植物拯救保护工程规划实施暨第二次全国重点保护野生植物资源调查启动部署会议】 4月24～25日，全国极小种群野生植物拯救保护工程规划实施暨第二次全国重点保护野生植物资源调查启动部署会议在京召开，国家林业局印红副局长出席会议并做重要讲话。规划院唐小平副院长参加了会议，并就第二次全国重点保护野生植物资源调查作了技术说明。规划院技术人员对各省（区、市）主管部门及技术承担单位相关人员进行了植物资源调查业务培训。

（湿野中心）

【《森林增长指标年度考核评价实施办法》】 4月26日，国家林业局森林资源管理司组织召开会议，对规划院编制的《森林增长指标年度考核评价实施办法》（以下简称《实施办法》）进行评审。与会专家对《实施办法》中的考核评价标准、评价方法、实施步骤以及质量管理等多项内容进行了严谨而充分的审议，一致认为：《实施办法》对考核评价的依据、任务、标准、方法和相关要求等内容做出了规定，体现了合理性、权威性、公认度、定量化的基本原则，满足国家“十二五”规划考核评价的有关要求，内容全面、条理清晰、结构合理，确定的考核指标严谨，考核方法科学，实施步骤符合实际，具有可操作性。（监测二处）

【《青藏高原现代林业科技产业示范区建设总体规划》】 4月27日，规划院唐小平副院长带领规划组向西宁市委、市政府专题汇报《青藏高原现代林业科技产业示范区建设总体规划》。

该总体规划按照现代林业发展理念，以“一网两带三区”为总体布局，突出了区域的生态网络、高原林业产业示范以及城市体育运动休闲等建设内容，充分体现了青藏高原特点及河湟文化特色。规划组在对高原生态产业和人居需求等进行广泛调查研究基础上，采用GIS技术手段对规划区自然、经济、交通、人居等因子综合分析，确定符合高原城市特色的森林、草地和湿地生态系统、文化休闲系统等建设布局。规划成果得到青海林

业厅、西宁市领导的充分肯定。 （湿野中心）

【2012年全国营造林综合核查启动会】 5月7~8日，国家林业局资源司在西安市召开2012年全国营造林综合核查启动会，规划院唐小平副院长带领相关技术人员参加了会议。会上，唐小平副院长汇报规划院开展2012年营造林综合核查工作的准备情况，重点汇报规划院针对核查工作中制定的各项具体措施以及下一阶段工作部署。规划院技术人员与其他直属院技术人员就全国营造林综合核查技术规程及2012年核查工作面临的问题进行讨论。 （监测一处）

【《全国森林资源年度出数技术方案》专家论证会】 4月26日，国家林业局森林资源管理司组织召开会议，对规划院编制的《全国森林资源年度出数技术方案》(以下简称《技术方案》)进行论证。

与会专家在听取《技术方案》的详细汇报后，从方案编写的整体思路、技术路线和方法、样地布设、实施步骤以及技术成果等多方面进行了认真的讨论。专家认为《技术方案》编制科学合理、切实可行，并提出修改意见。 （监测二处）

【国家林业局生态监测评估中心项目合作协议签字仪式】 5月14日，国家林业局生态监测评估中心(国家林业局调查规划设计院)与青海省林业厅在北京举办“青海省生态系统服务功能监测与价值评估”项目合作协议签字仪式。会议由局规划院王忠武书记主持，国家林业局党组成员、副局长张建龙出席了签字仪式，并做重要讲话。

青海省林业厅党晓勇厅长和局规划院刘国强常务副院长分别致辞，双方表示要加强领导，精心组织，凝心聚力，优势互补，密切配合，高质量圆满完成各项合作任务。最后青海省林业厅邓尔平副厅长和刘国强常务副院长代表双方在合作协议上签字。

（生产处、湿野中心）

【中组部党员教育中心考察调研】 中组部党员教育中心(全国远程办)副主任李丰一行来国家林业局考察调研，就全国党员干部现代远程教育林业教材制播工作进行了座谈交流。

规划院常务副院长刘国强介绍局远程教育制播工作的具体制作情况。座谈会上播放了局远程教育工作汇报短片，并对局远程教育工作面临的困难和问题进行交流、探讨。调研组还参观了设在规划院的全国党员干部现代远程教育林业教材制播中心演播室和机房。

（声像中心）

【《珠江流域防护林体系建设三期工程规划》通过评审】 5月15日，规划院编制完成的《珠江流域防护林体系建设三期工程规划(2011~2020年)》(以下简称《规划》)通过专家评审。

与会专家认为：《规划》在珠江流域防护林体系一期、二期工程建设进展、成效、经验总结和问题分析的基础上，充分考虑了珠江流域“十二五”和“十三五”经济社会可持续发展的战略需求，并与其他相关规划进行了有效衔接，《规划》具有连续性和前瞻性。《规划》指导思想正确，思路清晰，目标明确，结构合理，分区布局和重点项目建设方案可行，保障措施有力，具有较强的指导性和可操作性。 （工程咨询处）

【《重点国有林区社会公益性基础设施建设规划》通过评审】 5月25日，国家林业局发展规划与资金管理司组织召开会议，对规划院编制完成的《重点国有林区社会公益性基础设施建设规划(2012~2021年)》(以下简称《规划》)进行评审。

与会专家一致认为：《规划》既符合国家相关建设标准，又充分考虑了重点国有林区民生的实际需求，具有较高的科学性、实用性、针对性和可操作性，可作为今后重点国有林区社会公益性基础设施建设的指导性文件。《规划》的实施将进一步解决重点国有林区社会公益性基础设施建设存在的问题和困难，对提高和完善重点国有林区社会化服务功能，建设林区生态城镇，实现人与自然和谐共生具有重要意义。会议专家一致同意通过《规划》评审。 （标准处）

【《森林火险区综合治理工程项目建设标准工作大纲》通过评审】 5月24日，国家林业局计财司组织召开会议，对规划院完成的《森林火险区综合治理工程项目建设标准工作大纲》(以下简称《工作大纲》)进行了评审。

与会专家一致认为：《工作大纲》的制定，对加快标准制定，正确指导标准编制工作，确保标准编制质量，加快实现森林火险区综合治理工程项目建设的标准化、规范化，提高项目投资效益意义重大。《工作大纲》工作计划合理，技术方案可行，会议原则通过《森林火险区综合治理工程项目建设标准工作大纲》。

（工程咨询处）

【开展全国第四次大熊猫调查质量检查工作】 ①5月23~28日，规划院湿野中心王志臣主任率有关技术人员赴陕西省开展全国第四次大熊猫调查的首站质量检查工作。

检查组通过听取专项汇报、查阅相关报告及文件、现地核实等多种方式，从组织管理、野外种群调查、同域动物调查、干扰调查以及档案管理等环节，对陕西省大熊猫调查工作开展了全面检查。本次检查结果将上报全国第四次大熊猫调查工作领导小组，作为评定和验收陕西省大熊猫调查工作的重要依据。

②9月7~15日，规划院王志臣主任率有关专家、技术人员赴四川省开展全国第四次大熊猫调查的质量检查工作。

此次质量检查是对四川省调查工作的第一次检查，根据全国第四次大熊猫调查四川省调查样线设置总量和相关规定中对检查比例的要求，规划院还计划将对四川省进行2次检查。

③11月18~25日，规划院组织有关专家、技术人员赴四川省，开展全国第四次大熊猫调查的质量检查工作。这是自第四次大熊猫调查启动以来，第二次赴四川开展检查工作。 （湿野中心）

【荣获2011生态中国媒体奖】 6月5日，中国绿化基金会主办，全国绿化委员会、国家林业局支持的“2011

年度绿色公益盛典”活动在全国政协礼堂举行，规划院声像中心等10家媒体荣获“2011生态中国媒体奖”。

（信息应用处）

【全国第二次陆生野生动物资源调查东北和华中各省调查方案评审会暨2011年调查项目汇报会】 受国家林业局保护司委托，5月28～29日，规划院在北京组织召开了“全国第二次陆生野生动物资源调查东北和华中各省野生动物资源调查方案评审会暨2011年调查项目汇报会”，会议由规划院唐小平副院长主持。

会议听取东北林业大学等3家单位承担的2011年度调查项目进展情况的汇报，对东北和华中的黑龙江省、吉林省、辽宁省、河南省、湖北省、湖南省和内蒙古森工集团、龙江森工（集团）总公司、大兴安岭林业集团公司等9个省级单位的野生动物资源调查方案进行评审。经过认真的研究和讨论，专家组对各省野生动物资源调查方案提出修改意见和建议。（湿野中心）

【陆地生态系统碳监测卫星建设工程进展情况汇报会】 6月5日，张建龙副局长专题听取计财司和规划院关于陆地生态系统碳监测卫星工程项目进展情况的汇报。

计财司封加平司长简要介绍发射陆地生态系统碳监测卫星的背景和工程前期工作进展情况。杨冬副司长汇报了工程项目立项准备情况和前期计财司与规划院所做具体工作。院王忠武书记就项目实施利弊条件、项目推进情况、与国内外有关专家技术交流沟通以及下一步工作计划等方面做汇报。徐泽鸿处长详细汇报工程项目的建设方案等情况。

张建龙副局长充分肯定了项目前期准备工作，并做出重要指示。要求尽快成立国家林业局碳卫星建设工程领导小组，筹建碳监测卫星应用中心。

规划院刘国强常务副院长、张煜星总工程师参加会议。（办公室）

【公文写作技能比赛】 近日，国家林业局直属机关工会联合会召开会议，总结表彰中央国家机关和局机关公文写作技能比赛获奖情况。规划院共有6篇公文获得中央国家机关和国家林业局奖励。

张大为撰写的《规划院2012年新年团拜会致辞》荣获中央国家机关公文写作技能比赛三等奖、国家林业局公文写作技能比赛二等奖，郜二虎等编写的《全国极小种群野生动物拯救保护工程规划》荣获国家林业局一等奖，党办卓凌撰写的《林业青年在发展现代林业、促进绿色增长中大有作为》荣获国家林业局三等奖，总工办丰庆荣、高作锋撰写的《规划院荣获第二届林博会最佳组织奖》荣获国家林业局优秀奖，办公室高伟撰写的《关于申请办理意大利无偿援助项目进口设备减免税的函》荣获国家林业局优秀奖。（工会）

【国家重点生态功能区生态保护与建设规划】 6月15日，计财司和规划院联合组织召开了国家重点生态功能区生态保护与建设规划编制启动暨第一次研讨会，会议由规划院唐小平副院长主持。

会议明确了规划编制工作方案、规划大纲和工作任务，并深入讨论了规划编制的目的、内容和深度等问题。标志着国家重点生态功能区生态保护与建设规划工作已全面展开。日前国家林业局启动了限制开发区涉及的国家25个重点生态功能区生态保护与建设规划编制，并委托规划院牵头，今年先期试点开展甘南黄河重要水源补给、大别山水土保持、南岭山地森林及生物多样性、秦巴生物多样性、武陵山区生物多样性与水土保持等5个重点生态功能区生态保护与建设规划的编制。

（森林经营规划处）

【林业扶贫攻坚规划编制工作启动】 6月13日，计财司联合规划院组织召开了集中连片特殊困难地区（简称片区）林业扶贫攻坚规划编制工作启动会，规划院赵中南副院长参加了会议。

会议要求认真学习中央扶贫开发工作会议精神，深刻理解林业在扶贫开发工作中的重要意义；认真编制和落实好林业扶贫规划，切实完成中央赋予林业的扶贫攻坚开发任务；精心组织林业行业扶贫开发工作，继续深化林业改革，调动社会各方面力量，投入到林业扶贫开发工作中。会议还明确了规划编制工作大纲、技术方案和工作任务，并深入讨论了规划编制的目的、内容和深度等问题，预示着林业扶贫攻坚规划工作已全面展开。

（工程咨询设计处）

【全院质量工作大会】 6月27日，规划院召开全院质量工作大会，院领导和全体干部职工参加了大会。会议由张煜星总工程师主持。

刘国强常务副院长作了题为《提高认识加强管理全面开创我院质量工作新局面》的质量工作报告。赵中南副院长介绍了规划院即将开展的质量考核评价工作，强调了考核评价工作的重要性和必要性。张煜星总工对院《评审验收管理办法》进行了解读，并对院重要项目专家评审工作提出了要求。唐小平副院长强调了开展业务培训的重要性，并安排部署了今年下半年院内业务培训对具体工作。（总工办）

【国家林业生态工程重点区遥感监测评价项目工作会议】 6月20日，国家林业生态工程重点区遥感监测评价项目工作会议在京召开，国家林业局资源司及局四个直属院的主管院长和技术负责人参加会议。会议由规划院张煜星总工程师主持。

项目组介绍了该项目的技术路线和进展情况，并就项目实施中存在的问题和技术难点进行了讨论，项目预计于2013年上半年完成。（监测二处）

【王国胜当选《联合国防治荒漠化公约》十年战略影响指标特设专家组成员】 在《联合国防治荒漠化公约》秘书处科技委员会召开的会议上，规划院王国胜教授当选为《联合国防治荒漠化公约》十年战略影响指标特设专家组成员。

王国胜教授此次入选特设专家组，表明规划院荒漠化防治工作已处于国家和世界的前沿水平，对规划院今后该领域的国际交流与合作，第五次全国荒漠化和沙化监测指标体系的修改和完善等工作都具有积极意义。

（荒漠化监测处）

【《全国特色经济林产业千县富民发展规划》通过评审】 7月3日，国家林业局在北京召开《全国特色经济林产业千县富民发展规划(2011～2020年)》(以下简称《规划》)专家评审会。

专家组一致认为：大力发展特色经济林产业符合我国当前转变发展方式、扩大国内需求、发展绿色经济等重大战略的要求，在维护国家粮油安全、促进山区农民增收和绿化国土等方面具有重要意义。《规划》充分分析我国特色经济林产业发展现状、面临形势和发展潜力，指导思想正确，目标明确，区域布局合理，未来产业建设重点突出，具有较强的指导性和可操作性，是今后指导我国特色经济林产业健康持续发展的纲领性文件。评审专家组一致同意通过该《规划》。

(工程咨询设计处)

【中国林业工程建设协会"调查监测专业委员会成立、工程标准化专业委员会换届"会议】 6月29日，中国林业工程建设协会"调查监测专业委员会成立、工程标准化专业委员会换届"会议在北京召开，会议由国家林业局调查规划设计院副院长、中国林业工程建设协会调查监测专委会主任、工程标准化专委会主任唐小平主持。

会议听取、讨论并通过了唐小平主任关于调查监测和工程标准化两个专委会所作的工作报告，还选举了专委会新一届委员。 (标准处)

【蒙特利尔进程第13次技术咨询委员会会议】 蒙特利尔进程第13次技术咨询委员会会议于7月1～6日在俄罗斯莫斯科市和苏兹达尔镇举行。国家林业局代表中国政府组团出席会议。应会议主办国邀请，规划院夏朝宗高级工程师作为中国代表团成员，赴俄罗斯参加了本次会议。

会议听取专家的相关报告，研讨水和土壤等指标体系的议题，确定蒙特利尔进程水和土壤评估能力专题报告的主题、内容和初步思路，为第23次工作组会议做好了相关的技术准备，为蒙特利尔进程标准指标体系的优化和完善提供重要依据。 (总工办、监测二处)

【2012年度优秀成果奖评选】 2012年共评选出32项优秀成果奖。其中《全国林地保护利用规划纲要(2010～2020年)》等8项成果荣获一等奖，《益阳市国家森林城市建设总体规划(修编)(2010～2020年)》等10项成果荣获二等奖，《第十二届全国冬季运动会分赛场抚松长白山国际滑雪中心建设项目使用林地可行性报告》等14项成果荣获三等奖。 (总工办)

【南南合作国际研讨班】 由国家林业局主办，规划院和局对外合作项目中心承办的"气候变化框架下毁林、土地退化监测和评估南南合作国际研讨班"于8月6～14日在北京举行。来自15个发展中国家代表及其所在国驻华使馆代表参加了研讨，共同探讨在应对气候变化背景下，加强发展中国家林业领域南南合作的需求和机制。国家林业局印红副局长、国家发改委气候司苏伟司长在会上发表了重要讲话。国家林业局应对气候变化领导小组19个成员单位负责人出席了开班式。

(荒漠化监测处)

【中德技术合作中国低碳土地利用项目林业领导小组成立】 中德技术合作中国低碳土地利用项目于7月27日签署执行协议并正式启动实施。德国联邦环境、自然保护与核安全部委托德国国际合作机构(GIZ)负责执行项目。商务部担任中方主管机构，农业部、国土资源部和国家林业局作为实施机构，规划院(林业碳汇监测中心)担任项目执行单位，并推荐湖南省作为林业试点省，共同参与项目实施。

为加强项目协调，保证项目顺利实施，8月规划院成立了中德技术合作中国低碳土地利用项目林业领导小组，并设立项目林业管理办公室，张煜星总工程师任领导小组组长，高显连副总工任办公室主任。

(总工办)

【《全国防沙治沙规划》通过评审】 8月24日，国家林业局科技委组织召开专家评审会，论证林科院编制完成的《全国防沙治沙规划(2011～2020年)》(以下简称《规划》)。林科院赵中南副院长参加了本次会议。

与会专家一致认为：《规划》的编制是贯彻落实《中华人民共和国防沙治沙法》、《国务院关于进一步加强防沙治沙工作的决定》要求和中央领导同志指示的重要举措，是新形势下加快改善生态、改善民生、实现全面建设小康社会目标的迫切要求，是我国履行国际公约、应对气候变化的具体行动。将成为我国指导防沙治沙工作、提高防沙治沙质量、加快防沙治沙进程的纲领性文件。专家评审组一致同意通过该《规划》。

(工程咨询设计处)

【荣获"全国质量信得过单位"荣誉称号】 6月，规划院组织开展"全国质量信得过单位"申报工作。经过中国质量评价协会组织的专家调查、评估及审核，认定规划院质量管理体系健全、用户满意度高，特授予规划院"2012年全国质量信得过单位"荣誉称号，颁发了荣誉证书和奖牌，并在中国质量评价网进行表彰公布。

(总工办)

【开展青海生态系统服务功能监测与价值评估项目外业调查工作】 8月13～30日，青海生态系统服务功能监测价值评估项目开展第一次大规模的外业调查。本次调查由规划院负责组织，中科院地理所、北京林业大学、青海林业调查规划院等合作单位的10余名专家共同参与。考察组历时18天，分别对青海省祁连山、青海湖、柴达木和三江源4个主要生态功能区的典型区域进行调查，共涉及祁连、刚查、共和、德令哈、格尔木、乌兰、曲麻莱、玛多等8个县市，行程近5000千米。

(湿野中心)

【国家职业标准《森林抚育工》通过专家审定】 8月30日，国家林业局人才开发交流中心组织召开专家审定会，审议规划院编制完成的国家职业标准《森林抚育工》。

与会专家一致认为，《森林抚育工》是在广泛调研和充分论证基础上，按照国家职业标准编写规定完成的，符合整体性、等级性、规范性、实用性、可操作性等原则，职业范围界定、职业等级划分合理，职业功能和工作内容设置科学，体例和专业术语使用规范。专家组一致同意标准通过。 (森林经营规划处)

【2012年国际地理与遥感学术年会】 2012年国际地理

与遥感学术年会(IGARSS)在德国慕尼黑市举行。规划院张煜星总工程师和夏朝宗高级工程师受邀出席会议，并向大会提交关于中国退耕还林工程监测和森林资源监管多源遥感应用等方面的论文，介绍规划院在林业遥感监测、生态工程评价、遥感数据管理等方面所取得的研究成果和应用情况，与各国专家交流了有关森林资源、林业碳汇、土地变化、湿地等监测技术，探讨了多尺度卫星遥感、雷达影像和航空摄影发展及其在林业应用潜力等问题。（总工办、监测二处）

【森林抚育经营技术标准研讨会】 8月30日，由全国营造林标准化技术委员会和国家林业局造林绿化管理司联合组织的森林抚育经营技术标准研讨会在北京召开。

会议主要研究讨论了由全国营造林标准化技术委员会完成的、以森林抚育经营为重点的、区域性森林培育技术规程的工作方案，包括《东北东部山地森林抚育经营技术规程》《大兴安岭森林抚育经营技术规程》《华北山区生态公益林抚育技术规程》和《燕山太行山森林抚育规程》等技术规程的编制，以及在修订《森林抚育规程》《生态公益林建设技术规程》规程中需要重点考虑的问题等。（森林经营处）

【第十届中国林业青年学术年会上喜获殊荣】 9月2~3日，由中国林学会、南京林业大学主办，中国林学会青年工作委员会、江苏省林学会承办的第十届中国林业青年学术年会在南京召开。大会分别对第十一届林业青年科技奖、第三届梁希科普奖、第四届梁希青年论文奖和第三届梁希优秀学子奖进行表彰。规划院欧阳君祥和廖成章作为第十一届中国林业青年科技奖和第四届梁希青年论文奖一等奖获奖者代表上台领取奖牌、证书。此外，高俊峰和湿野中心龚明昊提交的论文还获得了第四届梁希青年论文奖三等奖。（总工办）

【《日本落叶松速生丰产林》《森林经营方案编制技术规程》】 9月11~12日，规划院编制完成的《日本落叶松速生丰产林》《森林经营方案编制技术规程》林业行业标准通过专家审定，规划院唐小平副院长参加了本次会议。

《日本落叶松速生丰产林》是对《日本落叶松速生丰产林》(LY1058—91)的修订。新标准根据日本落叶松速生丰产林建设的实践经验，完善了评价指标，融入了森林可持续经营理论，将更加有效地指导日本落叶松速生丰产林建设。

《森林经营方案编制技术规程》是依据《森林经营方案编制与实施纲要》，在分析、总结我国国有林森林经营方案编制与实施经验基础上编制而成。其特点是根据森林可持续经营理念，将林地生产力维护、森林健康、生物多样性、非木质资源利用等作为重要内容，把经营对象严格限定在“森林”及与森林经营直接相关的附属生产与管理设施，不再涉及森林采伐后的造材、木材储运、销售、加工等方面内容。（森林经营规划处）

【国家林业局生态监测评估中心挂牌成立】 10月9日，国家林业局生态监测评估中心在规划院举行挂牌仪式，国家林业局局长赵树丛揭牌。国家林业局副局长张建龙、印红，局党组成员、中央纪委驻局纪检组组长陈述贤，局总工程师陈凤学、国家森林防火指挥部专职副总指挥杜永胜出席揭牌仪式。人事司谭光明司长宣读生态监测评估中心成立的批复文件，印红副局长发表重要讲话，揭牌仪式由规划院王忠武书记主持。各司局、在京直属单位、局各直属规划设计院以及北京林业大学、北京市园林绿化局、北京市林业勘察设计院等60多家单位的领导同志和规划院全体干部职工参加了活动。（办公室）

【第二次全国湿地资源调查成果汇总工作启动】 23个省(市、区)完成湿地资源调查工作，调查成果已通过国家级专家评审并修改上报。湿地资源调查成果汇总工作已于9月初正式启动，整个成果汇总工作由规划院牵头负责，国家林业局中南林业调查规划设计院和清华大学3S中心协作配合。

此外，2012年启动的8个省份的湿地资源外业调查工作正在进行中，将在明年初开展汇总入库工作，第二次全国湿地资源调查成果汇总工作预计2013年6月底前全部完成。（湿野中心）

【国家职业标准《营林试验工》】 9月25日，规划院承担完成的国家职业标准《营林试验工》通过专家评审。《营林试验工》是在广泛调研和充分论证基础上，按照国家职业标准编写规定完成的，符合整体性、等级性、规范性、实用性、可操作性等原则，职业范围界定、职业等级划分合理，职业功能和工作内容设置科学，体例和专业术语使用规范。与会专家对于标准给予了肯定，同意通过评审。（森林经营规划处）

【《南水北调中线干线工程防护林及绿化工程设计技术导则》通过审议】 10月12日，国务院南水北调建设管理办公室组织召开会议，审议规划院编制完成的《南水北调中线干线工程防护林及绿化工程设计技术导则》(以下简称《导则》)。

经过全面审议，专家组一致认为，《导则》编制科学、结构合理、内容全面、指标可行，对南水北调中线干线工程防护林及绿化工程的设计标准与资料、防护林及绿化设计单元、防护林技术设计、节点设计、防护林质量提升设计、防护林及绿化工程设计等文件的技术要求和建设标准进行了总体规定，对南水北调中线干线绿化工程设计具有较强的指导性。（森林经营规划处）

【《国家林业局赴火场工作组装备建设项目可行性研究报告》通过审议】 10月15日，规划院承担的《国家林业局赴火场工作组装备建设项目可行性研究报告》(以下简称《可研报告》)通过专家论证。

与会专家一致认为：《可研报告》根据国家相关文件规定和建设规划编制，依据充分，编制规范，满足森林防火应急指挥和通信保障需要，投资估算合理，符合国家相关规定。建设项目中各系统采用多种先进成熟的技术手段，能迅速在火场与国家森防指之间搭建起稳定的语音、数据和图像传输通信网络，实现国家森防指与火场之间的远程双向通信，实现对火场的实时监控、指挥，提高森林火灾处置决策的及时性和准确性，技术方案科学、合理、操作性强，切实可行。

（工程咨询设计处）

【2012 年全国优秀测绘工程奖金奖】 在中国测绘学会 2012 年学术年会上，公布《关于 2012 年测绘科学技术奖励的决定》(测学发[2012]92 号)。规划院申报的“第四次全国荒漠化和沙化监测”成果获 2012 年全国优秀测绘工程奖金奖。（总工办、荒漠化监测处）

【第二届森林科学论坛森林经理分会场学术研讨会】 10 月 14～16 日，由中国林学会、北京林业大学共同主办的第二届森林科学论坛——森林可持续经营国际学术研讨会在北京召开。规划院唐小平副院长等 14 位国内外专家作大会主题报告。

规划院是本届论坛的协办单位之一，负责承办研讨会 4 个分会场之一的森林经理分会场，分会场围绕大会主题开展了热烈的学术研讨，规划院张煜星总工等 14 位国内外专家作了学术报告，会议在森林经营成效评价研究、森林景观管理决策方法、林地质量等级划分、森林资源监测、森林遥感技术、林业信息技术、森林碳汇和森林经营管理等方面进行深入交流和讨论。

（总工办）

【通过 ISO9001：2008 质量管理体系认证 2012 年度监督审核】 10 月 23～24 日，方圆标志认证集团有限公司派出审核专家组对规划院 ISO9001：2008 质量管理体系认证进行年度监督审核。

经过认真仔细的审核，审核专家组充分肯定了规划院一年来执行质量管理体系认证标准所做的努力和取得的成效，对规划院全体干部职工认真履行质量管理体系标准给予了高度评价，并提出了持续改进的意见和建议。本次监督审核的各项结果均符合质量管理体系认证标准，规划院顺利通过年度监督审核，ISO9001：2008 质量管理体系认证证书获得有效确认。（总工办）

【2012 年全国营造林综合核查汇总汇报会】 11 月 19～22 日，国家林业局森林资源管理司在西安组织召开 2012 年全国营造林综合核查汇总汇报会，规划院刘国强常务副院长带领相关技术人员参加了会议并作汇报。

刘院长从保证质量、严肃纪律、强化监督、组织管理等方面汇报了规划院 2012 年营造林综合核查工作。蒋爱军副总工代表综合核查项目组对东北监测区综合核查具体情况进行汇报。资源司领导对规划院在 2012 年综合核查工作中取得的成绩以及在保证质量、廉政建设方面的做法给予充分肯定，尤其对规划院省级成果质量进行高度评价，同时肯定规划院在新技术研究应用、新方法新举措探讨等方面所做的工作。（监测一处）

【第二次全国重点保护野生植物资源调查方案评审会】 国家林业局保护司分别于 11 月 20～22 日、28～30 日在西安、长沙组织召开第二次全国重点保护野生植物资源调查各省调查方案评审的南方片区和北方片区会议。唐小平副院长作为此次调查的专家技术委员会副主任委员，率规划院相关技术人员参加会议，并主持对各省级调查方案的审查。

评审会上，专家认真听取各省级调查方案的介绍，并进行了充分的讨论。作为此次调查的技术负责部门，唐副院长代表规划院对两次评审会议进行小结，归纳各省调查方案中存在的共性问题，进一步明确调查对象、调查程序、调查单元、调查方法及调查技术标准等方面的要求，并提出了修改完善意见。（湿野中心）

【2012 年全国森林采伐限额执行情况和占用征收林地检查汇总汇报会】 11 月 29 日～12 月 1 日，2012 年全国森林采伐限额执行情况和占用征收林地检查汇总分析会在浙江杭州召开，规划院刘国强常务副院长带领相关人员参加了会议。

会上，规划院就东北监测区 2012 年占用征收林地检查、采伐限额执行情况检查及遥感技术在检查工作中的应用情况等内容进行详细汇报，并就两项工作的检查方案修订完善提出建议和意见。资源司(监督办)张松丹副主任对规划院在 2012 年两项检查工作中取得的成绩以及在保证质量、廉政建设方面的做法给予充分肯定。

（监测一处）

【全国第四次大熊猫调查阶段汇报总结会】 12 月 18～19 日，国家林业局保护司在北京组织召开了全国第四次大熊猫调查阶段汇报总结会。规划院唐小平副院长出席会议并讲话，王志臣、龚明昊等技术负责人代表规划院向大会做了多项专题汇报。

会议听取各单位 2012 年调查工作进展情况的汇报，并审议了规划院起草的《全国第四次大熊猫调查监督检查验收实施办法》《全国第四次大熊猫调查数据及资料管理办法》和《全国第四次大熊猫调查报告》大纲(初稿)，提出了修改完善意见。（湿野中心）

【当选国家林业局党委委员和纪委委员】 12 月 24 日，中国共产党国家林业局直属机关第八次代表大会在京举行。会议选举出中共国家林业局直属机关第八届委员会委员和新一届中共国家林业局直属机关纪律检查委员会委员。规划院党委书记王忠武当选局直属机关党委委员，严晓凌副书记当选局直属机关纪委委员。

（党办）

【启动全国第二次陆生野生动物资源调查项目检查工作】 12 月 18～22 日，规划院组织有关专家赴湖南、广州两地，对“莽山烙铁头野外种群及栖息地专项调查”项目进行检查，标志着全国第二次陆生野生动物资源调查项目的检查工作正式启动。

本次检查，是全国第二次陆生野生动物资源调查项目的首次检查，也是对《检查验收办法》的实践检验。根据安排，全国第二次陆生野生动物资源调查 2011 年度已经启动的 9 项常规调查和 8 项专项调查项目将陆续展开检查工作。（湿野中心）

【2012 年全国森林抚育检查验收工作会议】 12 月 24～26 日，2012 年全国森林抚育检查验收工作会议在京召开。作为全国森林抚育检查验收的技术负责单位，赵中南副院长代表规划院做《2012 年度森林抚育国家抽查进展及下一步的工作计划》的汇报。规划院张国红教授就全国总报告汇总过程中存在的问题进行专题说明，会议

还对在检查验收过程中遇到的问题进行交流和探讨。

（生态规划处）

【《中国南方（赣州）重要生态屏障建设与绿色产业发展总体规划】 12月26日，赣州市人民政府在北京组织召开专家评审会，审议规划院编制完成的《中国南方（赣州）重要生态屏障建设与绿色产业发展总体规划（2013～2020年）》（以下简称《总体规划》）。

（监测二处）

国家林业局林产工业规划设计院

【综　述】 2012年，设计院连续3年产业效益突破亿元大关，全院合同额14 356万元，院本部总收入14 801.72万元，其中咨询、设计类收入9535万元，较2011年同比增长30%，继续稳定保持2007年以来的快速增长势头。各大板块稳定较快增长，呈现百花齐放的发展态势。2012年，设计院林产工业板块、林业板块、园林板块、建筑板块均有较大发展。尤其是林业工程所全年总产值2350万元，单所收入创设计院最高水平。一年来，院领导班子进一步带领全院干部职工解放思想，以项目经理负责制为抓手，创造企业效益新的增长点；同时，为进一步建设学习型设计院，院班子加强人力资源培养和引进工作，夯实发展基础，努力营造学习气氛浓厚的企业文化氛围。进一步明晰了设计院总体发展战略，确定长期发展目标，林产工业板块占领高端市场，园林规划板块提高市场占有率，有效提升企业效益。

【工程咨询设计】

安徽沪千实业投资股份有限公司人造板项目 荣获2011年度全国林业优秀工程勘察设计一等奖。该项目建设地点位于安徽阜南经济开发区。项目以薄型高密度纤维板为主导产品。薄型高密度纤维板的生产是以小径木、枝丫材为原料，经剥皮、削片、干洗、施胶、干燥、铺装、预压、重压、连续平压、锯切、晾板等现代加工工艺，生产3毫米以下各种规格的高密度纤维板。该项目主要设备由国外引进，配套设备优选国产设备，整条生产线采用了当下国内外许多创新技术，作为设计单位，设计的难点就在于将这些创新技术通过整合、消化、吸收运用于工程设计中，为客户提供满意的设计成果。

中俄托木斯克木材工贸合作区建设项目（一期）控制性详细规划项目 荣获2012年全国优秀工程咨询成果二等奖。该项目是中俄两国政府主导的森林资源开发与利用规划的具体实施，是中俄双方"优势互补，互利共赢"方针的具体落实，符合国家产业政策及中俄两国推进林业合作的总体战略安排。规划思路明确，市场方案切合实际，资源分析客观，加工利用方案合理。项目建设地点阿西诺园区是整个规划的核心区域，选址合理，生产线的配置符合原料特征和市场实际情况、处处体现了节能、降耗的规划设计理念。规划篇幅适中、制作精良，符合国家相关规定。

《山西省晋城市国家森林城市建设总体规划》 荣获2012年全国优秀工程咨询成果三等奖。《山西省晋城市国家森林城市建设总体规划》项目规划期为2009年至2020年，规划区域为9430平方千米，规划总投资约124.7亿元。该规划以科学发展观为指导，在建设"太行明珠、宜居晋城"的理念下，完善、提升造林绿化体系，立足自身优势，扎实推进身边增绿、山上治本，解决好老城区、城乡结合部等处的生态系统构建，初步形成城乡一体、山川衔接、田林交错、点面结合、多层次、立体化的城市森林生态系统。规划的编制不仅是晋城市创建国家森林城市活动的重要依据，而且会对晋城社会、经济和林业的可持续发展与生态建设，对探索山西省作为我国第一个"国家资源型经济转型综合配套改革实验区"的实践，具有现实的示范意义。

《江西马头山国家级自然保护区华南虎野化放归项目总体规划》 荣获2012年全国优秀工程咨询成果三等奖。项目对华南虎野化放归试验研究和实施进行了总体规划，项目实施对于重建华南虎野外种群，恢复和优化华南虎及其猎物栖息地具有重要意义。项目规划建设栖息地恢复优化区2500公顷，规划总投资4.13亿元，规划分3期实施。华南虎是仅分布于我国的特有虎亚种，是世界现存虎亚种中最濒危的亚种。开展野化放归，对于拯救华南虎和履行我国政府对虎的保护承诺及相关公约等均具有十分重大的意义。项目依托马头山国家级自然保护区内地理环境多样，生物资源丰富，建设华南虎野化放归项目是华南虎野放的理想之地。该规划撰写规范，内容丰富，具有较强的科学性、前瞻性和可操作性，符合国家有关标准和规定。

（林产工业规划设计院由王拓供稿）

国家林业局管理干部学院

【综　述】 2012年，学院坚持以科学发展观为指导，深入贯彻落实党的十八大和十七届五中、六中全会、林业厅局长会议及国家林业局赵树丛局长来院视察讲话精神，紧紧围绕改善生态、改善民生的中心任务和目标，开拓创新，攻坚克难，扎实工作，圆满完成了既定的目标任务。

培训工作 深入贯彻科教兴林、人才强林战略，认真落实局年度培训计划，全年举办各类培训班110期，培训规模达到9553人次，完成年度计划的126.8%。主体班次学员综合满意率96.01%，其他各类培训班总体满意率均在90%以上，干部教育培训实现新的突破。

服务林业中心工作 围绕集体林权制度改革、国有林场改革等林业重大改革、应对气候变化、产业发展等中心工作，先后与林改司、造林司、信息办、场圃总站、林业工程建设协会等单位合作举办了31期培训班，为推进林业中心工作提供支撑。启动国有林场场长素质能力提升项目，全年共举办培训班5期，培训国有林场场长600余名，为国有林场改革发展提供有力的人才保障。与林业工程建设协会合作举办7期1645人次的林业调查规划设计单位资质申报培训，对林业工程建设事业健康发展具有重要意义。邀请知名院士开设了2期生态文明大讲堂，展示和宣传林业在建设生态文明中的重要地位和作用。

服务机关能力建设 局党校围绕局机关及直属单位干部素质能力提升，精心举办2期局党校领导干部进修班，顺利通过ISO9000教学质量管理体系内审，被中央党校评为“中央党校分校2010～2012学年教学管理先进集体”，充分发挥了党校的阵地和熔炉作用。组织举办司处级干部任职培训、司局长理论研修、公务员岗位培训、林业专业知识培训、党务干部培训等主体班次15期，提高了领导干部的综合素质和领导水平。

服务基层林业发展 结合地方生态建设实际，承办地方党政领导干部林业产业发展专题研究班，与新疆、河北林业厅、甘肃庆阳林业局及内蒙古、吉林森工等单位合作举办培训班16期，与天津、江苏、宁夏等省区联合举办7期663人次的基层林业站站长能力测试培训，面向黑龙江地方林业局开展送教上门服务，为推动基层林业改革发展和区域人才培养提供有力支持。

发展远程和社会培训 建设远程培训演播室。加强课件资源开发，围绕林业重点热点自主开发课程37部，《林业应对气候变化与碳汇交易》等课程被作为精品课程报送中组部。启动工作站远程培训项目，开发全国乡镇林业工作站站长在线学习及模拟测试平台。举办全国林业远程培训工作研讨班和通讯员培训班。以计算机应用为重点，举办5期财务软件、企业管理等信息化合作培训，社会培训取得新进展。

培训改革创新 完善机构设置，新增远程教育与社会培训部，四位一体培训格局更加完善。完善以需求为导向的培训内容更新机制。创新培训方式，首次采用情景模拟教学和结构化研讨教学，开展破冰活动，增强教学吸引力和感染力。全面推进培训质量管理体系建设，启动培训服务ISO9000贯标工作。强化培训品牌建设，编制了品牌建设规划。

强化培训合作 坚持开放办学思路，与湿地办、河北林业厅、林业工程建设协会等9家单位签订战略合作协议，合作单位增至18家。制定培训教学基地建设框架，在北京南海子麋鹿苑博物馆建立了现场教学基地。在院内挂牌成立林业信息化培训基地、中国建设监理协会注册监理工程师继续教育培训单位、中国林业工程建设协会教育培训基地，学院外部发展环境不断优化。

科研工作 围绕林业中心工作和干部教育培训改革创新，完成《林业关键岗位干部胜任能力模型研究》等局级项目研究。与场圃总站合作编制了《国有林场基本建设指导手册》，与保护司合作编制《国家级自然保护区教育培训“十二五”规划》，与资源司合作开展了“林权登记发证管理系统”需求调研，抓好“胡杨功能基因组数据库管理信息系统”项目研究，申报承担保护司“大熊猫招展宣传项目”，为服务林业重点工作提供咨询服务。

强化院内科研管理，完成2011年度院级科研项目结题评审和科研奖励工作，开展软课题研究学术讲座。做好4期学报的出版发行工作。

国际合作与交流 中日技术合作中国西部地区人才培养项目通过中期评估，围绕林业重大改革举办示范培训班及研讨会13期630余人次。

外援项目 组织实施“森林可持续经营”赴芬兰专题研修班，拓展林业干部教育培训国内培训与国际培训相结合的新途径，出国培训有了新的突破。举办发展中国家森林执法与施政官员研修、首期生物多样性跨国界保护研究及管理等研修班，学员国别达26个。学院再次被商务部确定为国家援外培训承办单位，援外培训取得新进展。

国际交流 牵头组织各类出国考察研修团组4个31人次，邀请国外专家及代表来院访问或讲学16人次，加强与芬兰TAPIO林业发展中心、联合国粮农组织(FAO)、亚太森林恢复与可持续管理网络(APFnet)等国际组织机构的联系，国际交流合作发展态势良好。

【国家林业局局长赵树丛来院调研指导工作】 7月6日，国家林业局党组书记、局长赵树丛到管理干部学院调研指导工作。他在听取院党委书记李向阳代表学院所做的汇报之后，指出要从5个方面切实做好林业干部教育培训工作。一要围绕中心、服务大局。紧紧围绕国家林业局党组确定的中心工作，服务现代林业发展大局，提高林业干部队伍的能力和水平，这是学院的根本任务。二要培养具有现代林业精神的干部队伍。要着力培养林业干部的自豪感和责任感，引导他们热爱林业、献身林业，将自己的全部精力奉献给林业事业。三要加强师资队伍建设。要把好入口关，引进高素质人才，更要加强在职培训，不断提升老师的自身素质。要从经费、待遇、条件等各方面向一线教师倾斜，支持他们更好地履职尽责。四要努力营造良好的校风。要让良好的校风成为学校的精神风骨。不论是接受短期培训的学员还是长期工作的教职人员，都要自觉用这种精神风骨约束自己、激励自己、塑造自己，铸造务林人为民生服务、为人民服务的精神灵魂。五要加强领导班子建设。从学院党政领导班子到基层组织和教学团队，都要以对学院高度负责的精神，紧紧围绕学院的中心任务和办学方针开展工作，要以班子水平的提高推动学院的发展，让全体干部职工成为学院发展的有力保证。

【召开2012年学院工作会议】 3月2日，学院组织召开2012年工作会议。学院党委书记李向阳做题为《凝心聚力 真抓实干 推动改革发展再上新台阶》的主题报告，常务副院长张健民、党委副书记黄桂荣分别代表党委作学院工作和党建工作报告，副院长方怀龙主持会议。会议对优秀青年管理工作者进行表彰，副院长梁宝君宣布表彰决定。

【召开新学期工作会议暨创先争优表彰会】 9月4日，学院召开新学期工作会议暨创先争优表彰会，全面总结上学期工作成绩，安排部署新学期工作任务，并对创先争优活动进行总结表彰。党委书记李向阳做重要讲话，常务副院长张健民做上学期工作报告。副院长方怀龙主持会议，副院长梁宝君宣读学院关于表彰“党员示范窗口”和“党员先锋岗”的决定。学院全体教职工参加会议。

【召开第五次党员大会】 5月14日，管理干部学院召开第五次党员大会。局直属机关党委常务副书记高红电到会，代表局党组和上级党委对大会的召开表示热烈祝贺。

党委书记李向阳代表党委作工作报告，党委副书记、纪委书记黄桂荣代表纪委作工作报告，党委副书记、常务副院长张健民主持大会。到会党员认真听取和审议上届党委、纪委工作报告。一致认为，上届党委坚持以邓小平理论和“三个代表”重要思想为指导，以加强党的先进性建设为主线，深入贯彻落实科学发展观和党的十七大及十七届三中、四中、五中、六中全会精神，抓大事谋发展、服务中心成效显著，抓队伍增活力、党建工作实绩彰显，为学院事业的全面蓬勃发展提供坚实保证。充分肯定上届纪委在党委坚强领导下，按照标本兼治、综合治理、惩防并举、注重预防的工作方针，以落实《建立健全惩治和预防腐败体系2008~2012年具体方案》为重点，在创新廉政教育载体、提高廉政制度建设实效性、强化制约监督方面做了大量卓有成效的工作，为完成学院中心工作提供有力保障。

大会选举产生了学院新一届党委和纪委。

【召开第五届工会会员代表暨教职工代表大会】 11月19日，学院第五届工会会员暨教职工代表大会召开。国家林业局直属机关工会联合会主席杨建新出席会议并做重要讲话，常务副院长张健民主持会议并代表院党委重点发言。工会会员代表暨教职工代表参加大会。

大会听取、审议并一致通过党委副书记、纪委书记、工会主席黄桂荣代表第四届工会委员会所作的工作报告，充分肯定上届工会围绕中心，服务大局，积极协助党政，在团结引导广大教职工岗位建功，依法维护教职工合法权益，努力为教职工排忧解难，组织开展丰富多彩的活动，促进学院精神文明建设等方面，做了大量扎实有效的工作，为促进学院改革发展，维护学院和谐，作出积极贡献；大会一致赞同新一届工会工作建议。大会还听取审议了工会经费审查委员会工作报告和提案征集落实情况报告，“双代会”代表们选举了学院第五届工会委员会和经费审查委员会。

【举办生态文明大讲堂】 5月23日，学院举行生态文明大讲堂首期讲座，著名生物学家、森林培育学家、中国工程院院士尹伟伦教授应邀为国家林业局党校第四十期党员领导干部进修班、2012年公务员岗位培训班和第五期新疆林业领导干部培训班全体学员以及学院处级干部和相关部门职工做生态文明与可持续发展主题讲座。

10月18日，学院举行生态文明大讲堂第二期讲座。中国工程院院士、国际欧亚科学院院士、中国科学院地理科学与资源研究所研究员、博士生导师李文华先生为国家林业局党校第四十一期党员领导干部进修班、全国县林业局长培训班和吉林森工林场场长培训班全体学员做题为“生态系统服务与生态补偿”的讲座。

【召开学院培训服务ISO9000贯标启动大会】 10月19日，学院召开培训服务ISO9000贯标启动大会，正式启动学院培训服务贯标认证工作。常务副院长、贯标领导小组常务副组长张健民主持，全院教职工参加此次大会。北京质量环境安全管理标准技术中心主任成潮，副主任顾静出席会议。

院党委书记李向阳作题为“统一思想、提高认识、齐心协力、扎实推进学院培训服务贯标认证工作”的动员报告，深刻阐述了贯标认证工作对学院培训事业发展的长远意义和现实意义。他指出，导入ISO9000标准，有利于进一步树立现代培训服务理念、提高培训服务质量；有利于进一步完善学院管理体系、提高管理水平；有利于进一步树立学院培训品牌形象、巩固行业龙头地位；有利于进一步加强国际交流与合作、提升国际影响力。李向阳书记从标准目的、应用范围、教育机构已有成功的案例以及学院现有软、硬件条件等多个方面进行分析，充分证明在学院推行培训服务ISO9000质量管理体系是切实可行的。李向阳书记还就贯标工作明确提出要求：要加强领导、明确职责、精心组织、严格要求，扎实推进学院贯标工作，确保任务按期按质完成。

【中国建设监理协会注册监理工程师继续教育培训单位、中国林业工程建设协会国家林业局管理干部学院教育培训基地揭牌】 10月12日，学院举行中国建设监理协会注册监理工程师继续教育培训单位、中国林业工程建设协会国家林业局管理干部学院教育培训基地揭牌仪式。原林业部副部长、中国林业工程建设协会名誉理事长蔡延松出席揭牌仪式并在随后举行的座谈会上讲话。中国建设监理协会副秘书长温健，中国林业工程建设协会理事长、国家林业局森林资源管理司巡视员李忠平，学院党委书记李向阳出席揭牌仪式并致辞。国家林业局森林资源管理司副司长徐济德、中国林业工程建设协会常务副理事长兼秘书长郝雁玲、国家林业局造林绿化管理司总工程师吴坚、中国建设监理协会培训部主任姜树青、中国林业工程建设协会常务副秘书长王庆杰出席揭牌仪式，学院常务副院长张健民主持揭牌仪式。

根据中国建设监理协会注册监理工程师继续教育培训单位和中国林业工程建设协会国家林业局管理干部学院教育培训基地职能，学院将按照农林工程专业规定学时和内容举办注册监理工程师继续教育面授培训班，并将以中国林业教育培训网为平台，面向全国林业工程建设领域，与中国林业工程建设协会合作开展人才、技术、职业、管理、法规等方面的讲座、培训和研讨活动，探索林业工程建设发展的理论与方法，培养高水平的林业工程建设人才队伍。

【签订干部教育培训战略合作协议、共建现场教学基地协议】 1月12日，与北京市园林绿化局共同签订干部教育培训战略合作协议。3月16日，与中国林业工程建设协会签订教育培训合作协议。4月5日，与国家林业局湿地保护管理中心签订教育培训合作协议。6月20日，与河北省林业厅签订干部教育培训战略合作协议。8月13日，与云南省林业厅签订干部教育培训战略合作协议。8月17日，与内蒙古森工集团签订干部教育培训合作协议。11月7日，与北京南海子麋鹿苑博物馆签订共建现场教学基地的协议。11月9日，与湖北省林业厅签订干部教育培训战略合作协议。11月26日，与国家林业局农村林业改革发展司签订干部教育培训合作协议。 （潘世英）

国际竹藤中心

【科研项目与成果】 2012年，国际竹藤中心科研成果的数量和质量持续增长，在研项目41项，新增项目9项，结题项目8项(不包含基本科研业务费专项资金项目和林业标准制修订计划项目)。全年在国内外科技期刊上共发表科技论文193篇，其中核心期刊94篇；被SCI收录21篇，EI收录6篇，SCI和EI同时收录4篇；参编著作1部；申请专利16件，获授权专利10件，其中发明专利9件、实用新型专利1件。获全国生态建设突出贡献奖先进集体2项和先进个人4名，1人荣获全国优秀科技工作者称号，中心作为参加单位获国家科技进步二等奖2项，获美国木材科学与技术学会优秀论文二等奖2项，《南京林业大学学报》(自然科学版)高影响力论文二等奖1项、三等奖1项，第四届梁希青年论文奖三等奖3项，茅以升科学技术奖——木材科研奖二等奖1项，2人荣获国际科学技术合作贡献奖，第八届中国竹业学术大会优秀论文一等奖1项、三等奖4项，生物质能源技术国际会议优秀论文奖1项，森林与人居环境学术研讨会优秀论文一等奖1项，第十届中国林业青年学术年会优秀论文二等奖1项、论文奖2项。

【毛竹基因组测序研究】 国际竹藤中心参与承担的国家林业公益性行业科研专项“毛竹基因组测序研究”项目的研究工作全部完成。项目实施过程中，项目组克服了毛竹基因组庞大(约为水稻基因组大小的4.5倍)、重复序列繁多、研究基础薄弱等困难，紧跟国际基因组学研究前沿，参考和创新了国际先进测序策略和技术，最终获得了相当于毛竹基因组150倍覆盖率的原始序列，组装出覆盖全基因组95%以上区域的高质量序列，注释出近32 000个高度可靠的毛竹基因，约占毛竹基因总数的90%。此外，还开展了禾本科植物系统进化分析、基因家族进化分析、非编码基因序列分析，以及毛竹主要器官及其重要发育阶段转录组分析等系列研究工作。研究成果“毛竹基因组序列草图”已被世界权威生物学杂志——《自然·遗传学》接受，并将于2013年初发表，这是中国林业领域基因组学研究的重大突破。毛竹全基因组测序工作的完成及研究结果的取得，标志着我国对竹子基因组学的研究走在了世界前列，将对包括竹类植物在内的一系列重要物种的基因功能、分子育种、物种进化及其他相关领域的研究产生巨大的推动作用。

【国际竹藤组织成立15周年系列纪念活动】 2012年是国际竹藤组织成立15周年。在国家林业局的领导下，11～12月，国际竹藤中心配合国际竹藤组织和江苏省、安徽省及相关地方人民政府，成功举办了十五周年纪念大会、竹藤绿色经济与包容发展高层论坛及专家报告会、第七届中国竹文化节、竹藤绿色经济可持续发展政策部级研讨班、《绿竹神气——中国一百首咏竹古诗词精选》首发式等系列纪念活动。全国政协主席贾庆林，中共中央政治局常委、国务院副总理李克强，中共中央政治局委员、国务委员刘延东，中共中央政治局委员、中央书记处书记、中宣部部长刘奇葆，全国人大常委会副委员长陈至立，中共中央政治局委员、北京市委书记郭金龙，全国政协副主席林文漪等中央领导同志；国家林业局局长赵树丛等局领导，全国政协人口资源环境委员会副主任、国际竹藤组织董事会联合主席、竹藤中心主任江泽慧等分别出席相关活动。国家有关部委领导以及来自31个国家的70余名部级官员和驻华使节受邀出席相关活动。作为系列活动的组成部分之一，竹藤中心还建成了一个高质量、高水平的竹藤展厅，充分展示国际国内竹藤业科技、产业、文化发展成果。整个系列活动层次高、范围广、影响大，全面展示了国际竹藤组织十五年的发展成就，充分体现了中国政府作为东道国所发挥的无可替代的支持作用。不仅夯实了中国政府在国际竹藤组织这一南南合作平台中的主导作用，而且加深了国际竹藤组织成员国与中国的了解和友谊，为今后国际竹藤组织的进一步发展壮大，为深化中国政府与国际竹藤组织及其成员国的友好合作创造了良好的环境与氛围。

【中国生态文化协会工作】 中国生态文化协会工作富有成效。协会承担的“中国生态文化体系研究”项目取得了重要进展和成果，已完成《中国生态文化体系研究总论》初稿。组织开展新一批“全国生态文化示范基地”“全国生态文化村”遴选命名活动，目前“全国生态文化示范基地”达到8个、“全国生态文化村”212个、“全国生态文化示范企业”20家。6月28日，由协会举办的“生态文化进校园”活动在甘肃定西赵家铺学校启动，全国政协人口资源环境委员会副主任、国际竹藤中心主任、中国生态文化协会会长江泽慧，甘肃省委常委、副省长李建华出席活动启动仪式并讲话。协会主办的“丝绸之路生态文化万里行”活动，相继在内蒙古库布齐沙漠、甘肃敦煌和荷兰芬洛世界园艺博览会上举行生态文化地标揭幕仪式，江泽慧会长和李建华副省长为敦煌生态文化地标揭幕，并为新成立的甘肃省生态文化协会揭牌。

【中国园项目】 中美共建中国园项目进展顺利。5月6日，中国园项目中方建设工作组会议在扬州召开。全国政协人口资源环境委员会副主任、国际竹藤中心主任、中国园项目中方总执行人江泽慧教授主持会议。会议通报中国园项目中美双方工作进展情况，讨论中国园项目建设用木材构件测试、石材落实、家具制作、3D宣传片及建成后运行机制等问题。中国园项目设计专家组组长彭镇华教授以及江苏省有关领导分别在会上发言。10月14～19日，中国园项目中方建设领导小组办公室主任、竹藤中心副主任费本华率中国园项目工作组，赴美国华盛顿进行项目工作访问。期间，项目组与全美中国园基金会召开了中国园项目中美双方第六次联合工作组会议，向中国驻美大使馆进行工作汇报，与中建美国分公司洽谈项目实施方案，考察美国国家树木园及中国园项目用地规划。

【国际竹藤组织青岛学院项目】 为了进一步增强国际竹藤组织在科技应用和国际发展方面的优势，充分发挥其作为“南南合作”重要平台的作用，国家林业局决定在青岛市组建国际竹藤组织青岛学院，成立以赵树丛局长为组长，张建龙副局长、国际竹藤中心主任江泽慧为副组长，国家林业局相关司局主要负责人为领导小组的项目组，并成立了项目筹建办公室，竹藤中心作为该项目的承建单位。项目的前期准备工作有序进行，并取得实质性进展。项目组及筹建办公室多次召开会议讨论项目筹建工作，已经完成总体规划设计、选址、国有土地预审和收回、地上附着物清理、地形图测绘、围墙建设等工作，正开展项目配套设施建设和建议书修改工作。赴青岛、即墨市进行项目调研，并召开项目工作会议。

【竹藤国际标准化】 中国作为竹藤资源及加工大国，在竹藤产品国际市场起着主导地位，国际竹藤中心积极加强与国际组织的合作，加大竹藤国际标准的制订和修订力度。积极开展竹藤国际标准化工作，以国家标准和国外先进标准为基础，按ISO标准导则编制标准，研究《竹地板》和《竹炭》国际标准的关键技术、国际标准提案建议和工作草案，申请筹建ISO竹藤技术委员会，与国家标准化管理委员会国际部，国家林业局科技司、科技发展中心、对外项目合作中心以及国际竹藤组织等进行了多次研究讨论，以期利用国际竹藤组织的国际平台作用在全球竹藤技术标准战略中占据主动权。竹藤中心已经向国家标准化管理委员会和国家林业局提交ISO竹藤技术委员会的筹备方案和申请文本，并获得批准。

【竹藤标准化工作】 在全国竹藤标准化技术委员会的指导下，根据《国家标准管理办法》和《林业标准化管理办法》的要求，编制完成《竹藤标准制修订程序指南》，规范和明确了标准申报、征求意见、标准审查、标准报批等具体程序。竹藤中心承担的《雷竹笋用林丰产培育技术规程》《毛竹笋无公害栽培技术》《四川省竹制抗震建筑标准》《棕榈藤材材性试样采集与制备方法》《漂白硫酸盐竹浆清洁生产技术要求》《竹秆锈病诊断方法及防治技术规程》《竹笋中多种农药残留量的测定 气相色谱——质谱法》《竹叶提取物及其制品中黄酮含量测定——高效液相色谱法》和《鲜竹笋中重金属含量的测定 微波消解－电感耦合等离子体质谱法》等25项标准通过审查，其中国家标准2项，林业行业标准23项，已上报国标委和国家林业局待发布。

【竹藤技术培训】 国际竹藤中心围绕林业中心工作，以贯彻落实发展生态林业和民生林业为指导思想，立足促进竹产业发展、竹产区农村经济发展和农民增收，积极开展科技培训。与国家林业局计财司合作，全年共为国家林业局对口扶贫省区、南方竹产区、基层林区和林农举办林业技术专项培训、扶贫技术培训和竹编技术培训班7期，培训学员720人次，为促进地方林业和竹产业发展、竹产区农村经济发展和农民增收致富作出了积极贡献。深入贵州荔波茂兰自然保护区调研，为下一步扶贫工作的部署和开展打好基础、提供经验。

【黄精资源培育及深加工关键技术研究】 国际竹藤中心开展“黄精资源培育及深加工关键技术研究”，提出多花黄精播种育苗及其规范化栽培技术规程，在安徽省青阳县、九华山风景区等地建立多花黄精生产示范基地23.33公顷，成活率95%，保存率92%。采用超声波协同纤维素酶提取多花黄精多糖和皂苷等活性成分，优化了各项技术参数，建立了多花黄精活性成分制备工艺；利用高效离子色谱和高效液相色谱技术，提出了黄精多糖检测方法，明确了黄精多糖组成及其结构。该项目研制出黄精速溶茶1种，起草企业标准1项，申请国家发明专利1项。

【退耕竹林水土保持功能高效经营技术研究】 国际竹藤中心承担的国家林业公益性行业科研专项“退耕竹林水土保持功能高效经营技术研究”项目，系统开展退耕对竹林土壤理化性质、水源涵养功能、土壤抗侵蚀能力等水土保持功能研究，完成3种主要丛生竹和散生竹不同退耕时间梯度的竹林群落结构特征及生产力动态研究，建立硬头黄竹和撑绿竹等退耕竹种的生长模型和生物量积累模型；确定不同退耕竹种水土保持功能高效的最佳竹林结构特征；建立退耕丛生竹林水土保持功能综合指标评价体系，完成竹林结构调整、林地施肥、树种配置等林地管理技术措施和林地管理技术组装和研发工作。6月11～13日，项目通过中期评估。

【博爱竹林资源保护利用总体规划项目】 由国际竹藤中心承担的“博爱竹林资源保护利用总体规划”项目通过专家组评审。中国林科院、竹藤中心首席科学家彭镇华教授，竹藤中心副主任费本华研究员，中国竹产业协会秘书长刘红及博爱县相关领导参加评审会。项目组从博爱区域发展出发，对该区竹林资源及其分布、培育经营状况、存在的主要问题进行认真调查研究，编制了规划。规划提出的发展目标和总体布局，能有效改善本区竹林的健康状态，充分发挥综合效益，使博爱成为特色竹文化之乡和竹林科研示范基地。

【竹人造板预制房在亚非的开发和商品化项目】 由商品共同基金(CFC)资助、国际竹藤中心承担的"竹人造板预制房在亚非的开发和商品化"项目，旨在通过在世界范围建立竹预制房开发和市场化体系，促进竹用于环保房屋建筑。目前项目已完成预加工中心、胶合板车间、指接车间和项目测试实验室的建设方案及设备采购和运输，完成竹预制房设计和主要部件的预制并试安装，并完成项目2009～2012年度审计工作，组织编写项目技术手册。

【大跨度竹质工程构件关键技术研究与示范项目】 2月21日，国家林业公益性行业科研专项"大跨度竹质工程构件关键技术研究与示范"项目正式启动。全国政协人口资源环境委员会副主任、国际木材科学院院士、竹藤中心主任江泽慧教授出席启动会并讲话，财政部教科文司有关负责人，国家林业局科技司副司长李兴，竹藤中心常务副主任岳永德、副主任费本华以及项目承担单位和协作单位的负责人和相关人员参加会议。该项目的目标是充分利用中国丰富的可再生竹子资源，突破技术瓶颈，开发12米以上的大跨度室外用竹质工程材料和构件，用于桥梁和房屋等建筑构造，满足中国林区、小城镇建设及旅游景点建筑形式的需要。

【优良棕榈藤种质资源及培育技术引进项目】 3月10～17日，国家林业局"948"项目"优良棕榈藤种质资源及培育技术引进"项目组赴缅甸考察棕榈藤资源、培育、加工利用和保护方面的情况。项目组实地调研了缅甸的棕榈藤林地，参观仰光等地的藤加工厂，与缅甸林业研究所同行举行学术研讨会，并访问缅甸联邦环境保护和林业部下属的林业局。

【配套设施建设】 3月12日，国家竹藤工程技术研究中心试验用房及附属设施建设项目在安徽太平试验中心召开主体工程结构验收会。国际竹藤中心副主任费本华出席会议。项目施工单位、监理单位、施工图设计单位以及黄山区质监站等相关部门参加会议。会上，施工单位、监理单位和施工图设计单位分别做详细汇报，费本华副主任，竹藤中心顾问彭镇华、訾兴中、王永生及项目相关人员共同查看了施工现场，并提出建议和意见。经黄山区质监站审查，项目顺利通过结构验收。

【雨林联盟亚太区经理访问国际竹藤中心】 3月30日，国际竹藤中心副主任费本华会见了来访的雨林联盟亚太区经理Walter Smith和可持续林业顾问Jeff Cao，双方就加强在森林认证领域特别是竹林和竹产品认证方面的合作进行会谈。雨林联盟成立于1987年，总部设在美国纽约，是一个非营利的国际非政府环保组织，使命是通过改变土地利用模式、商业和消费者的行为来保护全球的生态系统和以此为生的人类及野生动物。

【第九届世界竹子大会】 4月10～15日，第九届世界竹子大会在比利时安特卫普召开。国际竹藤中心常务副主任岳永德教授带队，材料、培育、化学和生物技术方向科研人员组成代表团参加会议。岳永德教授、高志民研究员、余雁副研究员分别代表竹藤中心在大会上作了报告，系统介绍了中国竹子产业和科学研究近30年来的发展，以及在竹纤维和竹子生物技术研究领域的最新进展，宣传中国竹产业和相关科学研究的全球领先地位。

【中国林学会竹藤资源利用分会成立】 4月25日，中国林学会竹藤资源利用分会成立大会在安徽太平试验中心召开。全国政协人口资源环境委员会副主任、国际竹藤中心主任、中国林学会理事长江泽慧教授出席会议并讲话。安徽省林业厅厅长韩柏泉，国家林业局驻合肥专员办专员薛全福，中国林学会常务秘书长李岩泉，国际竹藤中心副主任费本华及有关专家和相关企业代表等60余人参加会议。会议审议并通过《中国林学会竹藤资源利用分会第一届委员会委员、常务委员和主任委员、副主任委员、秘书长选举办法》。江泽慧教授当选为主任委员，费本华当选为常务副主任委员，李智勇、中国林科院木材工业研究所副所长王正、西南林业大学王慷林教授当选为副主任委员，竹藤中心综合处副处长刘杏娥当选为秘书长。

【中国竹产业协会竹材利用专业委员会】 4月27日，中国竹产业协会竹材利用专业委员会启动会在安徽太平试验中心召开。全国政协人口资源环境委员会副主任、国际竹藤中心主任、中国竹产业协会会长、国际木材科学院院士江泽慧教授出席会议并讲话。中国工程院院士、中国竹产业协会副会长、南京林业大学教授张齐生及相关领导专家60余人出席会议。会议审议并原则通过《中国竹产业协会竹材利用专业委员会工作条例》及《第一届委员会秘书处工作思路和2012工作计划》。

【发展中国家竹产业科技创新能力建设研修班】 5月9～29日，由商务部主办、国际竹藤中心承办的"发展中国家竹产业科技创新能力建设研修班"在北京举办。来自16个国家的29名学员参加研修班。此次研修班指导全体学员自发成立亚非拉竹子协作网络(LAFABAM-BOO)，并制订行动计划。

【访问荷兰】 5月19日，全国政协人口资源环境委员会副主任、中国花卉协会会长、国际竹藤中心主任江泽慧在出席2012年荷兰世界园艺博览会中国馆日活动前，专程前往荷兰莱登大学，考察访问荷兰生物多样性中心、荷兰国家标本馆和自然博物馆，并代表竹藤中心与荷兰国家生物多样性中心签署合作协议。5月20日，江泽慧在阿姆斯特丹与商品共同基金总裁阿里大使会晤，双方就共同关心的问题进行了富有建设性的讨论和交流。

【北京科技活动周】 5月19日，2012年全国科技活动周暨北京科技周在北京开幕。国际竹藤中心、中国林学会竹藤资源利用分会共同筹备并参加了19～20日在海淀公园举行的为期2天的北京市科技周活动，此次林业科普活动的主题为“绿色让生活更美好”。在活动现场，竹藤中心展示精美的藤工艺品、发放科普宣传册《神奇的棕榈藤》，并由技术工人现场演示和教授藤编工艺。

【出访瑞士】 5月24日，全国政协人口资源环境委员会副主任、国际竹藤组织董事会联合主席、中国花卉协会会长、国际竹藤中心主任江泽慧，率中国竹藤花卉代表团对设在瑞士日内瓦的国际植物新品种保护联盟（UPOV）总部进行工作访问。国际植物新品种保护联盟副秘书长皮特·巴登以及秘书处官员接见代表团，与江泽慧就植物新品种保护工作进行座谈和交流。5月25日，江泽慧一行访问瑞士联邦理工学院，与校长拉尔夫·艾希勒教授等瑞方专家就今后加强在项目研究、专家互访、国际研讨、人员培训等方面的合作交换意见。

【非洲法语国家荒漠化防治高级研修班】 6月17日，由商务部主办，国家林业局治沙办和国际竹藤中心联合承办的2012年非洲法语国家荒漠化防治高级研修班在京开班。国家林业局局长赵树丛出席开班式并做主旨讲话，全国政协人口资源环境委员会副主任、国际竹藤中心主任江泽慧主持开班式，来自20多个非洲国家的学员及其所在国部分使节、联合国机构驻华代表共50多人参加开班式。6月17日至7月6日，学员们在北京接受了为期2周的防沙治沙理论学习后，赴甘肃省进行实地考察。

【巴西里约热内卢联合国可持续发展大会】 6月20～22日，联合国可持续发展大会在巴西里约热内卢召开。国际竹藤中心余雁研究员随同国家林业局代表团参加此次大会，并于6月22日在国家林业局主办的“绿色经济背景下的中国林业”边会上作了“中国的竹子开发与扶贫”专题报告，系统介绍中国开发竹子资源、发展竹产业，减少山区贫困方面的现状和成功经验，引起与会发展中国家代表的广泛兴趣。

【竹藤资源培育与高附加值加工利用技术研究项目】 6月25日，“十二五”国家科技支撑计划“竹藤资源培育与高附加值加工利用技术研究”项目正式启动。项目主持人、国际竹藤中心主任江泽慧教授代表项目组讲话并对项目工作做全面部署。科技部农村司、国家林业局科技司及科技支撑项目办管理人员、项目咨询专家、财务专家和项目组主要成员等共90多人参加会议。2012年该项目主要完成了样品采集地、生产中试线基地和建筑示范点的落实，开展竹质工程构件工厂试拼装、力学性能测试，竹材制浆造纸过程中的蒸煮同步留/除硅工艺，不同类型毛竹林下植被与地表径流等方面的研究。在毛竹AP2同源基因的克隆及组织特异性表达分析研究和竹资源光谱信息管理信息系统建立上有所突破。

【美国木材科学与技术学会2012国际学术年会】 8月27～31日，国际竹藤中心与美国木材科学与技术学会（SWST）在北京联合主办美国木材科学与技术学会2012国际学术年会。全国政协人口资源环境委员会副主任、国际竹藤组织董事会联合主席、竹藤中心主任江泽慧，国家林业局副局长张建龙，美国驻华使馆公使级参赞斯格特·辛德拉，美国木材科学与技术学会主席艾伦·克鲁切尔等出席会议并致辞。来自20多个国家和地区的专家、学者、研究生和企业高管等190余人参加会议。会议主题是“新全球经济背景下木材与生物质资源的可持续开发”，设立林产品贸易、生物能源与碳汇、未来可持续利用资源、先进木材加工技术、竹材和其他农业纤维材料、木文化等7个专题，安排55场报告，80余份墙板展示，并组织与会人员深入企业、科研院所进行工业考察和参观。此次会议是美国木材科学与技术学会第一次在中国举办的国际学术年会。

【第十届中国林业青年学术年会】 9月2～3日，由中国林学会和南京林业大学主办，国际竹藤中心协办的“第十届中国林业青年学术年会”在南京召开。全国政协人口资源环境委员会副主任、中国林学会理事长、竹藤中心主任江泽慧教授出席会议并致辞，竹藤中心覃道春研究员作了题为“竹材防护技术研究进展”的特邀报告。竹藤中心高志民研究员获第十一届“林业青年科技奖”，官凤英副研究员等5人获得“第四届梁希青年论文奖”。

【林业新兴产业科技创新与绿色增长学术研讨会】 9月8～10日，由中国林学会竹藤资源利用分会协办的第14届中国科协年会第六分会场“林业新兴产业科技创新与绿色增长学术研讨会”在石家庄举行。全国政协人口资源环境委员会副主任、国际竹藤中心主任、中国林学会理事长、中国林学会竹藤资源利用分会主任委员江泽慧担任分会场主席并讲话。来自全国的140余名代表围绕能源林、经济林、产业化发展等议题进行研讨。竹藤中心副主任、中国林学会竹藤资源利用分会常务副主任委员费本华作特邀报告。

【第五届中国生态文化高峰论坛】 9月18日，由中国生态文化协会主办，安徽省林业厅和合肥市人民政府承办的第五届中国生态文化高峰论坛在合肥市举行，全国政协副主席杜青林出席开幕式，并为“全国生态文化示范基地”和“全国生态文化村”授牌。全国政协人口资源环境委员会副主任、国际竹藤组织董事会联合主席、国际竹藤中心主任、中国生态文化协会会长江泽慧作“弘扬生态文化 推动绿色发展”的主题报告，围绕生态文化在驱动绿色增长中的作用以及绿色发展时代生态文化的发展方向等问题与参会代表进行交流。国家林业局党组成员、中纪委驻局纪检组组长陈述贤，安徽省委副书记孙金龙出席开幕式并讲话。本次论坛旨在弘扬生态文化，倡导绿色生活，共建生态文明。

【生态建设驱动模式与监测评价研究项目工作会议】 9月19～21日，国际竹藤中心承担的国家林业公益性行业科研专项“生态建设驱动模式与监测评价研究”项目召开工作会议。各参研单位做了研究进展汇报，项目专家就项目研究的进展、存在的主要问题及下一步的工作重点进行了讨论。该项目完成生态建设驱动理论和研究方法的系统研究，开展生态保护和建设的内生和外生驱动机制研究，撰写完成《生态驱动理论与模式》书稿；明确驱动生态建设的管理创新框架，提出驱动生态建设的资源管理制度创新方案；提出生态建设驱动科技支撑体系，建立生态驱动科技服务网络平台，对生态建设驱动模式进行示范；构建生态建设驱动进程和效果的监测评价指标体系。

【学术表彰】 9月24日，全国林业科学技术大会在北京召开。全国政协人口资源环境委员会副主任、国际竹藤中心主任江泽慧教授出席会议。会上，竹藤中心竹藤生物质新材料研究中心和培训中心获得“全国生态建设突出贡献奖先进集体”，孙正军、高志民、汤锋和漆良华4名科研人员获得“全国生态建设突出贡献奖先进个人”，竹藤中心副主任费本华代表获表彰的先进集体接受了回良玉副总理的颁奖。

【2012中国·永安竹家居产品展销会】 10月18日，由三明市人民政府、国际竹藤中心、中国竹产业协会等主办，永安市人民政府承办的2012中国·永安竹家居产品展销会在永安开幕。竹藤中心科教处处长范少辉出席会议并致辞。本次展销会的主题是“竹子与家居生活”，汇聚了国内众多竹制品知名企业精品和最新研究成果，集中展示永安竹业发展的成效和特色优势，建立集展示、销售、研发、生产为一体的“中国(永安)竹具城”重要平台。展销会期间举办了首届永安国际竹家具设计大赛、永安笋竹产品电子商务平台运行启动仪式、《永安竹家具产业转型及战略发展规划》专家评审会、2012年度大毛竹“金、银、铜奖”评选和永安竹具城开办剪彩等活动。竹藤中心和三明市人民政府联合为获奖单位和个人颁发了证书。

【江泽慧率团考察德国、奥地利和斯洛伐克林业】 10月22～27日，全国政协人口资源环境委员会副主任、中国林学会理事长、国际竹藤中心主任江泽慧率全国政协代表团考察德国、奥地利和斯洛伐克林业可持续发展和城市森林建设。在德国期间，德国食品、农业和消费者保护部国务秘书彼得·布莱塞先生在柏林会见代表团一行，并进行工作交流；在奥地利期间，代表团重点考察了维也纳城市森林和垃圾处理工厂，并与奥地利林业管理部门相关人员举行座谈；在斯洛伐克期间，代表团与斯洛伐克农业与乡村发展部国务秘书史蒂芬·亚当为首的林业管理和研究人员就林业可持续发展问题和合作重点领域进行交流，并提出了相关合作建议。

【高耐候性竹木复合材在热带木结构房屋中的应用项目】 10月28日，国际竹藤中心承担的农业科技成果转化资金项目“高耐候性竹木复合材在热带木结构房屋中的应用”通过国家林业局科技司组织的现场查定。现场查定组听取了项目组的汇报，一致认为竹木复合材制备技术在生产中得到了转化和应用，实现了竹木复合材作为楼面板、屋面板和墙面板等覆面板材料的批量生产，完成了项目的考核指标，建议按期验收。

【第四届中国竹种园联席会议】 11月10日，由国际竹藤中心和中国竹产业协会联合主办，中国林学会竹藤资源利用分会和宜兴市农林局共同承办的第四届中国竹种园联席会议在江苏宜兴召开。全国政协人口资源环境委员会副主任、中国竹产业协会会长、竹藤中心主任江泽慧，国家林业局副局长孙扎根出席会议并致辞，江苏省副省长徐鸣以及来自国家林业局、全国主要竹子种质资源保存基地、科研院所的60余名代表出席会议。会议围绕“竹类资源与绿色增长”的主题进行深入探讨。竹藤中心副主任费本华主持会议的专家交流会，来自国家林业局场圃总站、竹藤中心、北京紫竹院、中科院华南植物园、长宁世纪竹园和上海古猗园的6位知名专家针对竹种园建设和竹藤资源保存作了报告。

【中国林学会竹子分会成立20周年庆典暨第五次会员代表大会第八届中国竹业学术大会】 11月23～24日，在浙江诸暨召开。国际竹藤中心共有22位代表参加会议，并向大会提交论文30余篇，科教处处长范少辉研究员代表竹藤利用分会致辞，竹藤中心副主任费本华研究员、官凤英副研究员获得中国林学会竹子分会先进个人表彰。在中国林学会竹子分会第五届全委会上，竹藤中心常务副主任岳永德被聘为顾问委员，费本华当选为副主任委员，并负责竹子加工学组工作，范少辉研究员当选为常务委员，高志民和郭起荣当选为委员，官凤英副研究员被任命为副秘书长。竹藤中心共有6人获得优秀论文奖，其中官凤英获得了优秀论文一等奖，陈东亮获得优秀论文二等奖，漆良华、牟少华、刘志佳、孙中元等同志获得优秀论文三等奖。

【国际竹藤中心研究生获2013届全国林科十佳毕业生荣誉称号】 12月6日，“北美枫情杯”2013届全国林科十佳毕业生表彰大会在京举行。国际竹藤中心副主任费本华作为颁奖嘉宾出席表彰大会。竹藤中心2名博士生分别荣获研究生组全国林科十佳毕业生和全国林科优秀毕业研究生称号。竹藤中心已连续3年共有5名研究生获得该项荣誉称号。

【江泽慧率团访问葡萄牙和西班牙】 12月11～18日，全国政协人口资源环境委员会副主任、国际竹藤组织董事会联合主席、国际竹藤中心主任江泽慧率团访问葡萄牙和西班牙。12月11日，江泽慧在里斯本会见了葡萄牙议会环境委员会主席安东尼奥·拉莫斯·普雷托先生。双方围绕林业和环境领域的问题进行深入交流；同日，代表团访问里斯本新大学，重点考察大学所属的化学与生物技术研究所和生物实验技术研究所，江泽慧代表竹藤中心与里斯本新大学签署科研合作谅解备忘录。12月13日，代表团考察位于里斯本南部的阿连特茹的橄榄油和竹苗生产情况，并与竹苗圃的研究和管理团队就竹子种质资源交换、珍贵竹种组培、育种、快繁以及竹子小型建筑建造技术培训等领域的合作进行了交流。12月14日，江泽慧率团访问里斯本理工大学，并代表竹藤中心与里斯本理工大学高等农林学院签署科研合作谅解备忘录。12月17日，江泽慧率团考察了位于西班牙马德里著名的生态项目——竹屋与空气树。竹屋和空气树项目被马德里市政府选择为2008年上海世博会向全球推荐的2个城市再生实践案例，受到公众的普遍关注。12月18日，江泽慧率团参观了西班牙皇家植物园以及植物园的标本馆和书馆，并与植物园的科研团队进行了学术交流。同日，江泽慧率团访问西班牙最高科研理事会，并与负责国际事务的副主席桑塔马里阿先生进行了工作会谈；同日，江泽慧在马德里会见了西班牙农业、食品及环境部国务秘书弗德里克·拉莫斯·德·阿玛斯先生。双方围绕环境保护和林业领域的问题充分交换意见。

【丛生竹高附加值建筑制品制造关键技术研究】 12月15～16日，国际竹藤中心承担的林业公益性行业科研专项"丛生竹高附加值建筑制品制造关键技术研究"项目通过现场查定。该项目经过3年攻关研究，突破了丛生竹的良种选育、定向培育、竹材防护、竹材构件、竹复合材等5个方面的核心关键技术，丛生竹加工利用水平得到了极大提升，研发出的高性能建筑材料，在江苏宜兴建造了一栋竹木结构示范房屋，使丛生竹的附加值得到大幅度提高，有利于推动约占我国竹林面积20%以上的丛生竹从资源优势变为产品优势。 （王 刚）

国家林业局森林病虫害防治总站

【概 述】 2012年森防总站坚持"预防为主，科学治理，依法监管，强化责任"的防治方针，根据2012年全国林业厅局长会议和2011年全国林业有害生物防治工作会议精神，研究确定2012年重点工作任务，并印发《森防总站2012年主要工作任务分解表》，明确了各项工作的主要内容和要求，提出了完成时限，把责任分解落实到处室和主办人、承办人，强化工作目标绩效考核和落实工作责任问责制，全面推进林业有害生物防治和野生动物疫源疫病监测工作。

森防文化建设 认真贯彻落实中央十七届六中全会精神，结合行业工作特点，在全林业系统率先出台了《关于加强森防文化建设的意见》，提炼出了以"除害、敬业、厚德、求是"为主要内容的"啄木鸟精神"。4月25～27日，在北京召开全国森防和野生动物疫情监测通讯员培训班暨森防宣传工作会议。国家林业局党组成员、中央纪委驻局纪检组组长陈述贤出席会议并作讲话，总站长马爱国主持会议，党委书记李青松作了《弘扬行业精神 服务绿色增长，全面开创森防宣传工作新局面》的主题报告。

国家网络森林医院建设 研究制定了国家网络森林医院专家、用户、机构、服务、数据库、地方网院、防治专题片制作等7个管理办法。5月举办了国家网络森林医院防治专题片拍摄培训班2期，培训了网院建设技术骨干140多人，明确了专题片制作工作思路、原则、目标及制作进度、质量、内容，落实了157种(类)主要林业有害生物防治专题片制作任务。按照"便民惠民、适时改进、逐步完善、持续发展"的建设原则，组织开发了国家网络森林医院用户"林木健康卡系统"，进一步健全了服务功能，增强了网院对用户的亲和力、吸引力和凝聚力，提高了专家服务的针对性、系统性和科学性，拓宽了林业有害生物防治信息获取渠道。在山西省开展了"移动网院"建设，通过对手机、PDA等终端设备的应用软件开发，突破了网院应用受有线网络条件的局限，用户可以随时随地获取网院服务，使专家服务更加方便、更加灵活，有力地提升了服务水平和信誉。

赵树丛视察森防总站 6月6日，国家林业局局长赵树丛到森防总站视察工作。局办公厅主任张鸿文、造林司司长王祝雄、资源司司长汪绚、计资司司长封加平、办公厅副主任李金华、辽宁省林业厅厅长曹元等领导陪同视察。赵树丛局长在座谈时指出：林业有害生物灾害监测防控是林业生态建设的重要基础性工作，是林业可持续发展的重要内容，是实现林业"双增"目标的重要保障，要像重视植树造林那样重视林业有害生物防控工作。森防总站是国家林业局京外较大的单位，由原林业部南方、北方森林植物检疫防治所合并发展而来，有着悠久的历史。在长期的发展过程中，做了大量卓有成效的工作，为中国林业建设作出了重要贡献。在林业由以产业建设为主向以生态建设为主的转型升级过程中，森防总站承担着极其繁重的任务和极其光荣的使命，在林业可持续发展中具有特殊重要的作用。要切实提高对自身使命以及林业有害生物防控严峻形势的认识，以更高的要求和更大的努力提高林业有害生物防控科研水平，以最及时的监测、最准确的预报、最主动的预警占领全国林业有害生物防控"制高点"。

全国林业有害生物防治标准化技术委员会成立 7月16日，经国家标准化管理委员会批准全国林业有害生物防治标准化技术委员会在北京成立，秘书处挂靠森防总站，总工程师宋玉双担任秘书长。国家林业局副局长孙扎根、国家标准化管理委员会总工程师于欣丽等领导出席了成立大会并讲话，为标委会委员颁发了证书。随后召开的全国林业有害生物防治标准化技术委员会第一次全体会议，听取了标委会秘书处有关筹备情况的通报，审议了标委会章程、标委会秘书处工作细则、工作思路等文件，审查通过了由森防总站承担完成的美国白蛾防治技术规程等4个林业行业标准。

林业检疫性有害生物审定委员会委员调整 9月17日，国家林业局办公室印发通知，对国家林业局林业检疫性有害生物审定委员会的委员进行了调整，增加了5名从事农业和进出境植物检疫的委员、5名从事基层工作的委员。国家林业局副局长张永利任主任委员，森防总站总站长马爱国任副主任委员、总站工程师宋玉双任委员。12月5～6日，国家林业局召开了新一届林业检疫性有害生物审定委员会成立会议，马爱国总站长宣读了国家林业局办公室《关于调整林业检疫性有害生物审定委员会委员等有关事项的通知》，审定了森防总站提交的300多种林业有害生物的评估报告、林业检疫性和危险性有害生物名单。

目标管理 根据国家林业局与各省级政府签订的《2011～2013年松材线虫病等重大危险性林业有害生物防治(预防)目标责任书》的任务和要求，组织起草了松材线虫病、美国白蛾、鼠(兔)害防控目标责任考核办法及防控目标责任考核评分标准(试行)，推进政府和林业主管部门间“双线”责任制落实。10月下旬至11月底，结合“绿盾2012”全国林业植物检疫执法行动检查，配合国家林业局检疫执法行动领导小组对18个重点省(区、市)2011年以来松材线虫病、美国白蛾等重大林业有害生物防控目标责任制落实情况进行了督查。按国家林业局强化“十二五”林业有害生物防治目标管理指标的要求，对河北、内蒙古进行了调研，并在河北省沧州市部署了目标管理试点，制订了试点方案，研究细化了林业有害生物防治目标管理绩效评定标准体系、防治职责和事项等试点内容。结合总站国家信息系统改扩建项目，开展了林业有害生物防治目标管理计算机化实现途径研究和目标管理应用软件预研，提出了“林业有害生物灾害防治管理系统”目标、结构、功能等设计构想。协助局造林司完成了《森林病虫害防治条例》修订征求意见稿，进一步明确了林业有害生物防治责任制、分级管理、应急处置等。

陆生野生动物疫源疫病监测防控管理办法通过审议 12月25日，《陆生野生动物疫源疫病监测防控管理办法》通过国家林业局局务会议审议。该办法是中国第一部陆生野生动物疫源疫病监测防控方面的部门规章，对全国陆生野生动物疫源疫病监测防控工作有着重要的指导作用。野生动物疫源疫病监测总站作为该办法的主要编制部门，自2005年起就着手准备编制工作。历时8年，通过专题座谈会、保护工作会等多种途径，先后11次征求各级林业部门及有关专家的意见，并结合新时期国家对林业工作的新定位，经反复多次修改完善，形成了该管理办法。

【有害生物发生情况】 2012年全国主要林业有害生物继续沿袭近些年来高发多发态势。全国林业有害生物发生1176.0万公顷，与2011年基本持平，但重度危害98.7万公顷，同比上升。其中虫害发生843.1万公顷，病害130.9万公顷，鼠(兔)害202.0万公顷，另外有害植物发生17.1万公顷。全国共采取各种措施防治779.7万公顷，累计防治作业面积1748.1万公顷次。国家关注和重点治理的松材线虫病、美国白蛾、林业鼠(兔)害、薇甘菊、钻蛀性有害生物等重大林业有害生物，防治成效显著。全国主要林业有害生物成灾率控制在4.5‰以下，无公害防治率达到87.01%，测报准确率达到85%以上，种苗产地检疫率达到95%以上，基本实现年度防治管理目标。

发生特点 一是外来有害生物防控效果显现，但仍有新扩散。松材线虫病新发多处疫情(其媒介昆虫松褐天牛在多个省份发生危害加重)，美国白蛾沿老疫区外围向西向南扩散势头迅猛，红脂大小蠹危害加重。二是发生危害种类多样化趋势明显。发生面积累计达到全国发生总面积50%的病虫种类数量由2010年的19种上升为2012年的22种。三是杨树食叶害虫危害偏重。总体面积虽有所下降，但危害不减。以杨树舟蛾为主的杨树食叶害虫受气候因素影响明显，在黄淮江汉等地危害严重。四是竹林、经济林果病虫日益加重。发生种类增多，危害面积扩大。五是一些传统有害生物危害趋于平缓。松毛虫、松蚧虫、杨树蛀干害虫自2007年以来连续5年呈现下降趋势或者持平。森林鼠兔害在三北中部地区治理效果呈现。六是突发林业生物灾害频发。危害种类增多，一旦发生局部来势都非常凶猛，往往造成严重危害。七是有害植物继续扩散。发生面积逐年上升，范围逐渐扩大，首次在广东蕉岭县、广西博白县发生薇甘菊危害。

松材线虫病 2012年全国松材线虫病总体得到控制，全国发生4.1万公顷，实现县级发生区、发生面积和病死树数量继续多年“三下降”，比2011年分别减少7个(2011年有疫区185个，2012年16个县连续3年无疫情，实现根除目标，但新发现9个县级发生区)、0.4万公顷、5.56万株，在浙江、江苏等地疫情减少比较明显。

美国白蛾 2012年美国白蛾发生66.5万公顷，同比下降9%，但新疫点增多，沿渤海湾外围向南、向西扩散，并在安徽呈现跳跃式传播，疫情形势严峻。2012年新增1个省级疫区(安徽)和88个县级疫点。在安徽，首次发现美国白蛾疫情，发生0.1万公顷；在江苏，发生3.8万公顷，同比上升130.6%，扩散迅猛，呈点多面广之势；在河南，发生5.5万公顷，同比增加8.41%，发生危害范围迅速扩大；在河北，发生21.0万公顷，同比上升1.5%。

森林鼠(兔) 2012年全国森林鼠(兔)害发生199.5万公顷，与2011年总体持平(同比下降1.5%)，危害程度较2011年有所减轻。主要发生在新疆、内蒙古、宁夏、青海、黑龙江(含龙江森工)、陕西、甘肃等地，并在局部地区造成严重危害。在三北地区呈现出西北和东北发生上升、中部下降的态势。在新疆，鼠(兔)害总计发生65.2万公顷，同比上升15.1%，主要危害种类为沙鼠(在广大荒漠林中发生56.6万公顷)和跳鼠类、野兔(在人工生态林中发生3.4万公顷)，重点受害区域为伊犁河谷、阿勒泰地区、昌吉回族自治州和克拉玛依市。在内蒙古，鼠(兔)害发生26.8万公顷，同比下降4.76%；其中：大沙鼠发生9.4万公顷，主要发生在阿盟、巴彦淖尔市、乌海市的梭梭天然林和人工林；野兔发生5.8万公顷，主要发生在鄂尔多斯的新造林地；三趾跳鼠与草原黄鼠在鄂尔多斯和锡林郭勒盟新造林地相伴发生2.3万公顷。在宁夏，鼠(兔)发生17.4万公顷，同比持平；主要为中华鼢鼠在宁夏南部固原市黄土高原沟壑区的人工林区和新植林地发生并造成严重危害，面积达16.8万公顷。在青海发生13.3万公顷(同比下降3.82%，主要危害种类为高原鼢鼠、达乌尔鼠兔及根田鼠等)、在黑龙江发生9.0万公顷(同比上升15.55%)，在龙江森工发生12.7万公顷(同比上升6.33%)。此外，赤腹松鼠和黑腹绒鼠在四川种群繁衍迅速，危害加重，发生面积同比增加29.02%。

松毛虫 2012年全国松毛虫害总体平稳，发生

82.8万公顷，同比下降13.9%，持续多年在低位波动，并达到自1988年以来历史最低水平。马尾松毛虫在南方大部分省份发生危害趋缓，特别在江西和湖南同比降幅分别达到68.28%和62.26%；但在重庆、湖北、广西等省份局部地区仍有零星偏重发生。在重庆，马尾松毛虫发生6.6万公顷，同比上升21.21%，中重度以上危害面积超过1万公顷，涉及24个区县，在垫江、南川、涪陵等地危害较为严重。在湖北，马尾松毛虫害发生面积7.6万公顷，同比上升了5.9%，但危害较轻，仅在黄冈英山、宜昌夷陵、荆门京山等地造成一定危害。在广西，全区松毛虫害发生面积虽较2011年下降了25.06%，但在桂林、贺州等地局部地区造成严重危害。落叶松毛虫害在东北地区普遍加重：在吉林发生2.9万公顷，同比上升了18.24倍，主要发生在吉林东部山区天然人工林中；在辽宁、黑龙江、内蒙古森工和大兴安岭森工同比分别增加了51.52%、31.48%、34.33%和20%。此外，云南松毛虫、思茅松毛虫、文山松毛虫、德昌松毛虫害等在云南南部发生6.3万公顷，同比增加4.51%。

松蚧虫 以松突圆蚧、湿地松粉蚧和日本松干蚧为主的松蚧虫害在中国已得到较好控制，2012年发生63.2万公顷，同比下降1.97%，并维持在原有区域。松突圆蚧害发生51.3万公顷，同比下降0.79%；其中在广西发生25.0万公顷(同比上升8.59%)，占全区林业有害生物发生总面积的68.82%，主要分布在梧州、玉林两地的10个县(市、区)和3个林场；在江西发生1.6万公顷，同比上升6.33%，主要分布在全南、龙南两县，仅在全南县小叶岽林场扩散0.09万公顷；在广东发生16.9万公顷，同比下降12.19%；在福建，仍维持在8万公顷水平。湿地松粉蚧害发生7.0万公顷，与去年持平，以低密度虫口分布在广东、广西、湖南、江西4省的98个县(市、区)。日本松干蚧害发生5.0万公顷，同比下降4.34%，主要发生在辽宁、吉林、山东和浙江4省。

松树钻蛀性害虫 2012年全国发生面积达66.3万公顷，同比上升3.38%。红脂大小蠹害在山西、陕西、河北、河南4省共计发生5.5万公顷，同比上升17.14%；其中在陕西发生1.4万公顷，同比上升112.6%，在延安、渭南、铜川等地以轻中度发生为主，局部危害加重；在山西发生3.0万公顷，同比上升2.27%；在河北发生0.8万公顷，较2011年持平，但发生区域也扩大到张家口的赤城县、承德的避暑山庄、兴隆县，保定市的涞源县，局地发生程度比2011年加重。纵坑切梢小蠹害发生13.4万公顷，同比下降20.14%，主要分布于云南、四川、重庆、河南、贵州和福建等省份；其中在云南发生6.3万公顷(同比下降23.58%)，在四川发生5.8万公顷(同比持平)，两省局部地区危害严重；在贵州威宁县哲乡暴发成灾害，造成大量枝梢枯黄和云南松枯死。松墨天牛害发生34.6万公顷，同比上升16.59%，主要发生在贵州(9.9万公顷)、重庆(7.2万公顷)、江西(4.3万公顷)等12个省份，广东(同比上升601.09%)、四川(同比上升64.88%)等省发生面积上升明显，在贵州局部地区和重庆市黔江、南川、彭水等地危害较为严重，导致局部松树受害致死；在云南(同比下降45.25%)、湖南(同比下降11.24%)等省发生面积得到压缩。萧氏松茎象害发生12.4万公顷，同比下降9.21%，且在其发生区江西、福建、贵州、湖南、广西、湖北等地均有不同程度下降；其中主要发生区江西省发生7.9万公顷，同比下降15.85%，但在局部地区湿地松受灾严重。

杨树蛀干害虫 2012年各类杨树蛀干害虫发生55.3万公顷，同比下降11.40%，整体危害有所减轻。光肩星天牛害发生13.2万公顷，与2011年持平；但在安徽和山东等省危害加重，同比分别上升43.37%和27.32%，并在泰安、菏泽、临沂局部地区有中重度发生；在宁夏，光肩星天牛在连续几年危害后得到有效控制，虫口密度已经下降到2.5头/株以下，发生面积同比下降42.23%。桑天牛害发生12.7万公顷，同比上升42.43%，在安徽、山东、江西、江苏等省均有大幅上升；其中在安徽发生7.0万公顷，同比增长8.2%，主要发生区涉及中部12个县区。白杨透翅蛾害发生3.9万公顷，同比持平；在东北三省危害严重，发生面积均超过0.7万公顷，且同比均略有上升；在河北、甘肃、内蒙古发生较少，同比下降明显。杨干象害发生7.4万公顷，同比持平；主要发生在辽宁(5.6万公顷)和黑龙江(1.2万公顷)，在辽宁中西部地区有重度发生。青杨天牛害发生7.8万公顷，发生面积超过0.7万公顷的主要有吉林、内蒙古、西藏和辽宁四省区。

杨树食叶害虫 杨树食叶害虫在全国发生149.5万公顷，同比持平，局部地区偏重发生，其中杨树舟蛾类上升明显。舟蛾类全国发生63.0万公顷，同比上升56.19%；在河南发生21.1万公顷，同比上升12.87%，危害重于往年，在全省呈点、片、带状发生，并在信阳、驻马店、南阳、漯河、周口等六市局部成灾；在湖北，杨树舟蛾害发生12.0万公顷，同比上升57.6%，占杨树总造林面积的25%，其中成灾面积占26%，在长江平原、汉江平原的荆州、荆门、襄阳、随州等地叶片被食殆尽的杨树多处可见；在山东发生7.8万公顷，同比上升3.82%。此外，以春尺蠖、杨二尾舟蛾为主的食叶害虫在西藏一江两河流域持续危害，面积达8.6万公顷。杨树食叶害虫在河北、内蒙古、湖南、江西等地发生呈下降趋势，但在河北廊坊、衡水，江西宜春、抚州、上饶等部分县(市、区)危害加重。

杨树病害 杨树病害同比持平，发生45.8万公顷，主要在河南，山东和辽宁等地发生，部分地区危害严重。在山东，杨树溃疡病发生面积6.4万公顷，沂水、牡丹、惠民、曹县、商河、巨野、寿光、章丘等地局部中重度发生；杨树黑斑病发生面积5.0万公顷，菏泽局部中重度发生。在河南，杨树溃疡病、杨树腐烂病等发生6.0万公顷，危害仍呈严重态势，在开封、商丘、驻马店和兰考等四市县出现了点、片成灾。在辽宁，杨树溃疡病发生4.7万公顷，同比略有下降，但中等以上程度发生占44.05%，主要分布在辽西北和辽宁中部地区。

竹林、经济林有害生物 2012年，全国油茶、核桃、竹林等经济林病虫害发生136.4万公顷，同比上升10.12%，整体上继续呈现日益加重的态势。在新疆，林果有害生物约有46种(类)，发生49.2万公顷，占全国经济林病虫发生总面积的1/3以上；其中，害螨类发生10.1万公顷，同比上升60.88%，发生和危害逐年加重；枣叶瘿蚊害发生7.1万公顷，同比下降22.97%；核桃腐烂病发生4.2万公顷，在喀什地区叶城县、疏附县局部成灾。在陕西，经济林病虫共发生8.8万公顷，同比增长9.09%；其中虫害发生6.9万公顷，同比基本持平；核桃、板栗等经济林病害发生同比上升61.64%。在甘肃，苹果、核桃等多种林果病虫发生5.8万公顷，同比上升279.57%，在全省各地均有发生。在湖南、江西、广西等省区，油茶病虫危害加重；其中，以炭疽病为主的油茶病害在湖南油茶种植区普遍发生，面积达4.2万公顷，同比上升达16倍；在江西，油茶病虫害发生4.6万公顷，同比上升16.7%，黑跗眼天牛在吉安市永丰县严重发生1.5万公顷。在西藏，苹果腐烂病发生1.1万公顷，在藏东南苹果种植区普遍发生。在南方竹林区，竹蝗发生7.4万公顷，在湖南、江西、重庆等地略有下降，但在福建同比上升77%，在河南略有增加，在广东省广宁地区危害加重。

有害植物 薇甘菊、金钟藤、葛藤等有害植物在中国西南、华南地区危害进一步加重，发生面积达17.2万公顷，同比上升10.60%。薇甘菊发生4.7万公顷，疫情整体平稳，但首次在广东蕉岭县、广西博白县发生危害，发生范围已扩散至广东、云南、海南、广西等4个省区25个地市的76个县(市、区)，主要发生在林地、农用地和果园、闲置地、水利沟渠、高速公路两旁。金钟藤在海南发生为2.3万公顷，中部天然次生林区普遍发生，琼中、五指山、保亭、白沙和陵水等中部地区危害严重；在广东发生113公顷。葛藤在湖北发生8.9万公顷，主要发生在十堰、黄石、孝感、荆门和宜昌等地。

其他有害生物 舞毒蛾在河北、内蒙古、辽宁等17个省(区、市)发生20.5万公顷，同比大幅上升；其中，内蒙古发生10.3万公顷，并在兴安盟科右前旗、五岔沟林业局和呼伦贝尔市扎兰屯呈暴发性发生；河北北部发生面积4.3万公顷，同比上升98.67%，主要发生在承德北部、张家口地区，发生面积连续两年大面积攀升。黄褐天幕毛虫害在内蒙古发生12.7万公顷，主要涉及通辽市扎鲁特旗，兴安盟科右中旗和突泉县，以危害山杏为主。落叶松早落病在内蒙古呼伦贝尔市场柴河林业局大面积突发，发生面积达到了9.5万公顷。杨白潜蛾在内蒙古森工莫尔道嘎天然山杨林大面积暴发危害，发生面积1.5万公顷。桉树枝瘿姬小蜂在海南省个儋州、东方和乐东等西部地区危害加重，并在湖南省永州市宁远县首次发生危害。枣实蝇在新疆吐鲁番市、鄯善县、托克逊县整体轻度发生，零星发现，虫口密度较低。苹果蠹蛾在新疆苹果栽培区普遍发生，发生总面积0.6万公顷，集中分布在伊犁河谷地区、阿克苏地区、巴州、阿勒泰地区、昌吉回族自治州、乌鲁木齐市等地，虫口密度较低，处于有虫不成灾的局面。椰心叶甲在海南发生0.8万公顷，文昌，琼海、儋州、三亚、保亭和万宁市等地发生较为严重。春尺蠖等食叶害虫在新疆兵团南疆地区广大胡杨林中大面积暴发，累计发生9.3万公顷。草履蚧害在安徽发生1.5万公顷，呈点多、面广发生之势，并在局部地区造成严重危害，导致杨树出现成片梢头死亡以及成行单株死亡现象。

【有害生物监测预报】 2012年首次以《林业有害生物监测预警年报(2011)》的形式，编印全国林业有害生物预测预警年度报告，反映了2011年全国林业有害生物的发生情况、发生特点和应对措施，便于领导、专家和林业工作者全面了解林业有害生物发展态势。在中国科协2012年生物灾害防治研讨会及《预防与控制生物灾害咨询报告(2012)》《中国绿色时报》"中国森防信息网"等载体上，发布"我国林业有害生物2011年发生情况及2012年发生趋势预报""2012年上半年全国有害生物发生趋势通报及下半年发生趋势预测"。在CCTV—1播发了"西南干旱区松毛虫灾情"、"黄淮、华北南部等地旱情持续引发美国白蛾、杨扇舟蛾危害加重"预警信息。及时收集各地林业有害生物发生情况，编报《病虫快讯》2期。根据当前林业有害生物发生情况，建立了4级林业有害生物预警指标体系。聘请11名相关专家，成立了第二届全国林业有害生物监测预报专家咨询组。8月29~30日，森防总站在新疆叶城召开了全国林业有害生物生产性预报现场会，总结交流推广了9个基层生产性预报经验做法，对新形势下如何加强监测预报的公共服务职能进行了部署。据统计，2012年各地发布生产性监测预报5700余份，指导基层积极开展预防工作，在林业有害生物发生面积总体呈上升趋势的背景下，实现了中度程度以上危害减轻的防灾减灾效果，挽回直接经济损失1.67亿元、生态服务价值损失62.60亿元。8月起草并由造林司下发了《关于实行舞毒蛾信息专项报告制度的通知》(造防函[2012]19号)，启动并实行了舞毒蛾信息专项报告制度。为适应新形势下监测预报工作需要，下发了《国家级中心测报点站点及测报对象布局调整方案》，明确了调整工作指导思想、基本原则和方法步骤，并对各测报点生产性预报发布对象、发布方式、发布次数等内容提出了具体要求。

【林业植物检疫执法】 为更好地开展林业植物检疫工作，加大了检疫性有害生物的防范力度，开展了300多种危险性有害生物的风险评估，向国家林业局上报了评估报告和建议名单。完成了林业植物检疫一般工作程序、林业植物检疫执法规范用语和林业植物检疫执法程序规范3个规范的意见征求工作。协助造林司开展了林业植物检疫追溯系统开发工作，研究确定了林业植物检疫追溯体系建设的思路、技术路线以及试点计划。协助造林司完成了新版专职检疫员证的设计、印刷及全国专职检疫员统计和重新认证等审定工作。起草下发了《关于报送无检疫对象苗圃整改情况的通知》，开展了全国无检疫对象苗圃的审核工作。

全国首例妨害动植物防疫、检疫刑事案件 2012年3月3日，被告人姜某在未办理植物检疫手续的情况下，租车将2180块松材门条从重庆市涪陵区运输至重庆市南川区某工地(该工地向东、南、北3个方向均为马尾松林区，且北面据林区仅60米)。被重庆市森防检疫人员及时检查发现，进行了拦截焚烧，避免了疫情扩散。经鉴定，该批松材携带有大量松材线虫活体及传播媒介松褐天牛幼虫活体，带疫比例达62.5%。2012年5月2日，被告人姜某主动到公安机关投案，并如实供述其罪行。法院审理后认为，被告人姜某违反有关动植物检疫的国家规定，在未办理植物检疫手续的情况下，将带有松材线虫的松材门条卖至马尾松树林区内，有引起重大动植物疫情危险，情节严重，构成妨害动植物检疫罪，鉴于姜某犯罪后主动投案，可以从轻处罚，被判处有期徒刑6个月，并处罚金2000元。这是林业部门查办的全国首例妨害动植物防疫、检疫刑事案件，填补了中国在妨害动植物防疫、检疫罪司法实践的空白。

【主要有害生物防治】

松材线虫病除治 坚持把松材线虫病除治作为总站的"一号工程"，狠抓全国松材线虫病防治工作会议的贯彻落实，协助造林司在南京召开了全国松材线虫病防治工作研讨会，指导各地制定了3年防治工作方案，部署云贵川渝藏、苏浙皖沪建立省际联防机制，安排福建、安徽、湖南开展利用疫木种植茯苓工作。举办了3期全国松材线虫病检测鉴定技术培训班，进一步提高了基层技术人员的松材线虫病的检测能力。继续实行防治技术指导分片包干负责制，对15个省(区、市)的春季松材线虫病防治任务完成情况进行了检查。加强对新发疫点除治工作的指导，派专人帮助制定除治方案，督促除治进度，防止疫情再扩散。针对四川泸定及陕西山阳发生的松材线虫病特殊性，指导开展松材线虫病适应性分析。11月12～14日，邀请全国科研院校以及生产单位的20多名专家，在安徽合肥召开了全国松材线虫病防治技术学术交流研讨会，总结了中国松材线虫病发生30年来各地探索出的好经验，交流了研究成果，为实现第二阶段乃至第三阶段的防控任务奠定技术基础。

美国白蛾联防督导 拟定了美国白蛾最新疫区，由国家林业局以2012年第4号公告发布。在美国白蛾第1代幼虫防治期，对北京的防治进展和物资储备情况进行了现场检查，对辽宁、河北、安徽、河南、山东等地的防治工作，开展定期和不定期督导检查。加大了对安徽、吉林、河南等地新发疫区的防治技术指导力度，帮助制订防治实施方案和技术方案，并为2012年新发生省及区县专业技术人员专门举办了防治技术培训班。9月19日组织召开了东北四省区林业有害生物灾害防控合作暨美国白蛾疫情发生趋势会商会议，四省区林业主管部门间签订了《东北四省区林业有害生物灾害防控合作协议》，全面启动了美国白蛾等林业有害生物灾害联防联动机制。

林业鼠(兔)害等有害生物防治 落实"西北林业鼠(兔)害生物防治推广示范项目"协调会要求，对内蒙古、宁夏、甘肃和青海等地的项目执行情况进行了工作检查和技术指导，指导四川、陕西两省申报了2013年科技推广示范项目。组织对新疆、内蒙古、甘肃、宁夏、黑龙江和龙江森工集团等地，枣实蝇、苹果蠹蛾防治进展进行了调研指导。协助造林司在四川绵阳召开了全国飞机防治作业现场交流会，总结了各地利用航空器监测防治林业有害生物方面取得的经验和做法，明确了今后一段时期内中国林业有害生物监测防治现代化和科学化发展思路。组织制定了《航空器喷施噻虫啉防治技术规程》，对重庆、陕西、河南等地应用直升机喷洒噻虫啉防治松褐天牛进行了现场指导。组织制订并下发了林业有害生物生物防治示范区建设方案，进一步推进了生物防治工作。

【突发有害生物事件及处置】 2012全国共发生突发林业生物事件11起。各地积极采取有效措施，果断处置，突发事件均得到有效控制。

广东省惠州市龙门县和清远市清城区发生松材线虫病疫情 2月2日广东省森防站报告，确认惠州市龙门县麻榨镇和清远市清城区龙塘镇发生松材线虫病。松材线虫病在龙门县麻榨镇致死马尾松250株，面积33.33公顷；在清城区龙塘镇致死马尾松103株，面积60.2公顷。据现场调查推断，龙门县、清远高新区疫情可能由邻近的博罗县和花都区松材线虫病疫点自然扩散而致。疫情发生后，广东省林业部门立即启动突发重大林业生物Ⅲ级灾害应急预案，组织实施应急除治。1月31日已将两个县(区)发病林班范围内的枯死松树全部伐除，并严格按松材线虫病除治技术规程实施除害处理。4月30日，已将发病小班中的松树活立木皆伐，改种乡土阔叶树种，采伐的松木按疫木进行除害处理。在4月和7月越冬代和第一代松褐天牛羽化期，对发病小班相邻的松林喷施噻虫啉药剂。在整个除治过程中加强了疫木监管，防止疫木流失。

上海辰山植物园发生新菠萝灰粉蚧疫情 3月8日，上海市林业病虫防治检疫站报告，在上海辰山植物园温室B馆银边龙舌兰上发现有疑似有害生物新菠萝灰粉蚧。经专家鉴定，确认为新菠萝灰粉蚧。受害植物为龙舌兰科植物，共7株分属4个种。该植物为上海辰山植物园建设期间从福建省调入。发现疫情后，上海市林业局高度重视，对除治工作做出迅速部署：一是对已发生危害的7株龙舌兰科植物，在上海市林业病虫防治检疫站的监督指导下进行了销毁处理。二是加强对进出温室B馆各类植物的监管，防止该虫扩散蔓延。三是对辰山植物园温室和引种区相关科属植物进行了普查，对未受危害的植株进行了3次叶面和地面喷药预防。经上海市林业病虫防治检疫站复查，未再发现该虫危害。

河南省兰考县发生美国白蛾疫情 6月18日河南省林业厅报告，6月1日，河南省兰考县森防站技术人员进行美国白蛾普查时，在该县220国道爪营二村段、兴兰大道西侧、西环城路温泉度假村发现4株法国梧桐树有美国白蛾幼虫及危害症状。前三季度，兰考县累计发生美国白蛾100公顷。经综合分析，疫情可能是交通工具携带美国白蛾成虫传入所致。疫情确认后，兰考县政府立即启动了兰考县2012美国白蛾防控应急预案，县林业局迅速组织开展防治工作。累计防治120公顷次，其中地面人工喷药防治100公顷次，人工物理防治20公顷次。河南省加强对美国白蛾疫情的监测，强化应急防控，发现疫情，及时除治。

安徽省芜湖市三山区发生美国白蛾疫情 7月5日，国家林业局收到安徽省林业厅报告，称6月28日收到芜湖市林业局反映三山区发现美国白蛾疑似疫情的报告，6月29日省林业厅组织相关专家赴现场调查取样，初步鉴定为疑似美国白蛾。7月3日，经国家林业局林业有害生物检验鉴定中心确认为美国白蛾。截至7月5日，芜湖市三山区高安街道裕民村瓦谷州共发生美国白蛾1.33公顷，受害林木为四旁树。经分析认为，这次在安徽省首次发生美国白蛾疫情，可能由引进的植物或船运货物造成。疫情确认后，安徽省高度重视，省政府主要领导做出重要批示，要求抓紧部署，采取积极措施，尽快扑灭现有疫情，防止疫情扩散蔓延。该省已按规定启动安徽省美国白蛾防控应急预案，会同芜湖市、三山区林业部门积极开展疫情除治工作。同时，安徽省将进一步加强全省的林业植物检疫检查、疫情监测工作，强化应急防控，防止出现新的疫情。

河北承德避暑山庄发生红脂大小蠹疫情 7月17日，国家林业局接到河北省森林病虫害防治检疫站报告，该省在承德避暑山庄的4株油松和4个油松伐根上发现红脂大小蠹疫情。疫情确认后，河北省正在积极开展防控工作：一是在承德全市范围内开展疫情调查工作，确定疫情的发生范围和传入途径。二是采取清理受害木、悬挂诱捕器和喷施药剂等方法进行综合防治。三是强化监测预警工作，确保全省疫情的早发现、早防治。

河南省封丘县和长垣县发生美国白蛾疫情 8月20日，国家林业局收到河南省林业厅报告，称该省新乡市封丘县、长垣县相继发现美国白蛾疫情。封丘县发生面积约为0.31公顷，受害株数520株，发生地点在留光镇固村与潘店镇大黑岗村交界处，呈连片发生，危害树种为杨树。长垣县受害株数为335株，呈零星发生，危害树种为法桐、白蜡和杨树。疫情确认后，两县采取了以下应对措施：一是林业局及时向当地人民政府报告了情况，政府召开了美国白蛾防控会议，启动了美国白蛾防控应急预案。二是在新乡市和长垣县开展了全面疫情调查工作，确定了疫情的发生范围和传入途径。三是抓紧采取地面人工喷药、飞机喷洒药物、悬挂诱虫灯等方法进行综合防治。四是强化监测预警工作，对未发现美国白蛾的区域，加大监测和检疫力度，确保疫情早发现、早防治。

吉林省辽源市龙山区发生美国白蛾疫情 8月31日，国家林业局收到吉林省林业厅报告，称8月27日辽源市林业局在辽源市龙山区林苑公园发现美国白蛾幼虫疫情，危害树木主要种类有糖槭、水曲柳、杨树、桑树和榆树，发生面积5公顷，被害树木有135株，其中15株危害严重。接到报告后省林业厅及时向省政府汇报了发生情况，立即派领导、专家赴辽源市指导应急扑灭工作。辽源市政府印发了开展疫情防控和封锁扑灭的紧急通知，启动了美国白蛾疫情防控应急预案，已组织有关部门对疫情现场进行隔离封锁，迅速调集人力和药剂药械，进行了封锁扑灭，并在全市范围内开展了疫情调查。

河南省开封市发生美国白蛾疫情 9月7日，国家林业局收到河南省林业厅报告，称8月28日，开封市金明区农林牧机局森防技术人员在院内桑树上发现美国白蛾后，开封市立即在全市开展了美国白蛾紧急调查。截至9月6日，开封市禹王台区、鼓楼区、龙亭区、金明区、顺河区、开封县、杞县均发现美国白蛾，发生面积共计99.33公顷，受害株数为77 500余株，主要分布在城区和交通便利的通道上。危害最重的是禹王台区南郊乡大李庄村。主要危害树种有桑树、杨树、柳树、榆树、椿树、国槐、法桐、白蜡、栾树等绿化树种，核桃、柿、桃、梨、苹果等经济林树种。疫情发生后，开封市政府迅速启动了开封市2012年美国白蛾防控应急预案，对防治工作进行了部署安排，受害县、区组织防治人员采取人工剪除网幕、喷洒药物等防治措施，对未发现美国白蛾的县(市、区)加强了监测和检疫力度。

河南省郑州市发生美国白蛾疫情 9月9日，国家林业局收到河南省林业厅报告，称9月4日省森防站和郑州市林业工作总站在郑州市东明路与红专路交叉口附近的白蜡树上发现美国白蛾危害的网幕症状，经取样鉴定，确认为美国白蛾。经过两天的城区踏查，9月6日已经确认金水区的中州大道、姚砦路、东明路、经一路、经二路、黄河路、红旗路、红专路、丰产路、英协路、民航路、金鹰路、沈庄北街，管城区的紫荆山南路、花寨路、客技路，二七区的南三环与黄郭路交叉口、南三环与大学路交叉口附近，中原区的建设路与秦岭路交叉口附近，惠济区的三全路，发现美国白蛾疫情，危害树种为白蜡、法桐、杏树、核桃、美人梅。疫情确认后，郑州市立即启动了美国白蛾防治应急预案，成立了郑州市美国白蛾紧急除治领导小组，市政府召开了美国白蛾应急防控工作会议，对美国白蛾的普查和防治、部门间协调进行了安排部署，采取了人工剪除网幕、喷药等应急处置措施。

贵州黔西南州安龙县发现松材线虫疫情 11月16日，国家林业局收到贵州省森林病虫害防治检疫站报告，称9月贵州黔西南州安龙县坡脚乡发现云南松枯萎和死亡现象，经贵州省林业有害生物鉴定中心鉴定，确定为松材线虫病。经调查发现该乡松材线虫病发生面积为88.2公顷，涉及3个行政村的8个森林资源二类调查细班。为了有效封堵松材线虫病疫情和开展疫木除治工作，贵州省采取了以下措施：①安龙县启动重大林业有害生物Ⅳ级应急预案；②全县停止加工松木板材；③加强宣传教育，明确责任，落实任务，采取有力措施，确保除治质量合格和疫区社会稳定；④防治经费以县为主，省州重点支持；⑤抓紧将疫情报告政府和上级主管部门。

江西松材线虫病新增4个疫情县 12月14日，国家林业局收到江西省林业有害生物防治检疫局报告，称松材线虫病秋季普查中发现新增4个疫情县，分别是景德镇市的浮梁县、上饶市的婺源县、赣州市的南康市和抚州市的广昌县，发生面积共计95.73公顷、病死树625株。其中景德镇浮梁县湘湖乡发生8.93公顷、病死树162株；赣州市南康市凤岗镇发生10公顷、病死树32株；上饶市婺源县赋春镇发生32.4公顷、病死树129株；抚州市广昌县盱江镇发生44.4公顷、病死树302株。发生新增疫情后，江西省主要是督导当地采取了以下3项应对措施：①启动了重大危险性林业有害生物应急预案。②实行了“三禁止”，即禁止松木的采伐、运输和非法加工。③指导四县制定了松材线虫病除治方案。目前4县已按方案要求开展相关除治工作。

【林用药剂药械管理】 协助造林司，组织中国林科院、农业部种植业管理司和农药检定所召开了林用农药登记管理协调会议，确定了林用农药登记、联合试验组织形式和要求，起草了关于加强林用农药登记管理的意见及未登记的主要林用生物农药品种清单。从林业有害生物防治生产中长期使用、但未登记的林用生物农药品种和天敌生物种类中，选择出了防治效果好、安全性高、应用面大的一些昆虫病毒、昆虫天敌和昆虫信息素作为第一批集中登记的种类清单。承担完成了 27 家农药生产企业，品种涵盖菊酯类、苯甲酰脲类、新烟碱类、杂环类及生物农药 5 大类 30 多个产品，试验对象包括松毛虫、美国白蛾、杨树天牛、阔叶杂草、森林灌木的农药登记药效试验。开展了生物杀菌剂四霉素防治葡萄、核桃等林果病害试验，不仅防治效果好、成本低，而且提高了林果品质。12 月 28 日，在京召开"全国林用药剂药械试验示范推广协作网"第五届网员工作会暨林用药剂药械使用监督管理研讨会，来自各省级森防站(局)药剂药械负责同志、林用药剂药械生产企业代表共 100 多人参加了会议。

【疫源疫病监测管理】

疫情监测 确立全年每日应急值班制度，及时处理各地上报的野生动物异常情况。特别是针对年初香港地区发生多起野鸟、家禽高致病性禽流感疫情，并出现人感染高致病性禽流感病例，内地也出现家禽禽流感疫情和人感染高致病性禽流感死亡病例，积极开展疫情信息监测与分析。跟踪国内外动物疫情动态，加强野生动物疫情风险分析，适时分析评估重点野生动物疫情发生趋势，研究提出疫情风险分析和对策建议，形成野生动物疫情风险分析阶段性总结报告 16 份。深入总结监测防控经验，提交《2011 年突发野生动物公共卫生事件应对工作评估分析报告》，并积极参与卫生部组织的修改、汇总。加强野生动物疫源疫病监测信息网络直报系统运行管理，扩大野生动物疫源疫病监测信息网络直报系统应用，2012 年全国直报系统用户已达 1781 个，基本覆盖全国野生动物疫源疫病重点区域。加强应急值守，及时汇总分析各地上报的监测防控信息，全年共编发了《野生动物疫源疫病监测信息快报》331 期，发现野生动物异常情况 42 起，涉及 13 个省(市、区)，导致约 34 种 6550 只(头)野生动物死亡。

督导检查 在元旦、春节、清明、五一等假日期间，对 35 个省级监测管理机构的 576 个(次)国家级野生动物疫源疫病监测站应急值守情况进行电话抽查，平均在岗率达 78.4%，创历年新高，并将抽查结果向各地林业主管部门及监测管理机构进行了通报。配合保护司起草下发了《关于做好今春野鸟高致病性禽流感监测防控工作的紧急通知》(林护发〔2012〕3 号)，对春季野生动物疫源疫病监测防控工作进行了部署。与保护司共同组织 4 个督导组对云南等 14 个省区野生动物驯养繁殖场疫病防控措施落实等情况进行了专项督导检查，确保候鸟禽流感等野生动物疫情监测防控工作取得实效。对边境线周边、通道野生动物疫源疫病联防联控进行专项调研，了解掌握联防联控现状、存在问题，提出加强联防联控对策建议。3 月协助保护司对四川省甘孜州石渠县严重雪灾造成的近 3000 头藏原羚死亡事件，进行了现场调查、灾后处置指导，提交了《四川省甘孜州石渠县藏原羚大量死亡的调研报告》。9 月份，针对西藏自治区那曲地区班戈、申扎、尼玛和双湖 4 县(区)发生了藏羚羊、岩羊和盘羊等野生动物大量死亡情况，迅速组织有关专家现场指导当地林业部门，开展无害化处理、日常监测巡查及流行病学调查。病理学综合判定表明，造成藏羚羊死亡的主要病因为支原体山羊肺炎亚种引发纤维性肺炎和胸膜炎。

【科学研究和技术推广】 2012 年森防总站主持编制的美国白蛾、苹果蠹蛾、云斑天牛、灰斑古毒蛾、春尺蠖防治技术规程及林业有害生物危险性等级分类等 6 项林业行业标准，通过科技司组织的专家审查。"青杨脊虎天牛检疫技术规程"和"光肩星天牛防治技术规程"获辽宁林业科学技术二等奖。组织全站专业技术人员，针对主要有害生物和寄主植物种类开展定向研究，汇编印发了《定向研究论文集》和 25 项技术规范。"气候变化对林业生物灾害影响及适应对策研究"通过科技司组织的验收，发表论文 20 多篇，出版专著《气候变化对林业生物灾害影响及适应对策研究》1 部，建立的各种模型均通过了统计验证，并已在全国林业有害生物趋势预测及区域性预报中初步应用，预测准确率达 80% 以上。研究成果揭示了灾害性气象与极端天气事件对中国主要林业有害生物发生的影响规律，研发了灾害预测及信息发布软件，明确了林业生物灾害气象等级指标和红、橙、黄、蓝 4 级预警指标，区划了松材线虫病等 3 种主要林业有害生物潜在适生区，提出了应对气候变化林业生物灾害防控对策措施。

【行业宣传和技术培训】

行业宣传 "森防人与森防事"征文活动，共收到各省(区、市)征文 134 篇、诗词 53 首、文化用语 290 条以及快板等形式作品 6 篇。"人与野生动物"生态文学作品征文活动，共征集到 28 个省(区、市)以及台湾地区的散文、诗歌等作品 1043 篇(首)。森防总站分别于 12 月 7 日和 21 日，邀请《人民日报》《光明日报》《北京日报》《中国绿色时报》《文艺报》、中国作家协会、中国作家杂志社、中国作家网等新闻媒体、文学期刊的著名专家、资深编辑，对征文作品进行了评选。开展以"弘扬森防文化，促进科学防治"为主题的森防宣传系列活动，充分利用报刊、网络、电视、橱窗、宣传册等形式广泛宣传森防典型事迹，在《人民日报》、新华社、《中国绿色时报》、人民网、中国网、《南方周末》等新闻媒体上刊发报道 300 多篇，编发《森防工作简报》10 期。进一步完善了"中国森防信息网"管理和服务功能，提高了信息发布质量，共发布森防动态信息 2.5 万多条、林业信息 500 多条，2012 年访问人次累计达 400 多万。

技术培训 与国家林业局人才中心加强合作，签订了《人才强林战略合作框架协议》。组织制定的中国林业有害生物防治方面的第一项国家职业标准——《林业有害生物防治员》，5 月通过了人事司、人才开发交流中心组织的专家审定。组织北京林业大学、南京林业大学、西南林业大学等 7 所院校的专家和总站专业技术人员，编辑出版了《林业有害生物防治知识试题库》，于 2012 年 3 由中国林业出版社出版。组织编写林业有害生物防治组织与管理、监测技术、检疫技术、防治技术、药剂药械使用技术等系列行业培训(职业鉴定)教材，举办了2期林用药剂药械使用技术培训班、2期基层森防站站长培训班、2期网络医院防治专题片培训班、1期美国白蛾防治技术培训班，为基层培训各类技术人员近500人次。举办了野生动物疫源疫病监测防控技能培训班，对贵州等16个省(区、市)153名监测技术骨干进行了直报系统应用培训。筹建了一支100多人的全国野生动物疫源疫病监测通讯员队伍，培训了省级通讯员。

（国家林业局森林病虫害防治总站由闫峻、柴守权、刘枫供稿）

国家林业局北方航空护林总站

【概　述】 2012年，北方航空护林总站党政领导班子以邓小平理论、“三个代表”重要思想、科学发展观为指导，深入学习贯彻党的十八大精神，紧紧围绕林业工作大局和北方航空护林重点工作，周密部署，科学组织，带领全体职工求真务实，开拓创新，圆满完成2012年北方航空护林任务。组织签订北方航空护林租机协议；充分发挥航空护林飞行费使用效率；严格管制规定加大飞行安全监督力度；加强空管队伍建设重点培训气象预报学员；签订协议为开展航空护林飞行提供保障；总调度室正式承担报文编发工作；逐步向国际民航空管规范化运作过渡；紧急调机救援松花江依兰江段遇险群众；通盘考虑重新修订扑大火预案；跨区支援增进南北航空护林业务交流；承担跨系统培训任务彰显奉献精神；靠前驻防应对高火险严峻形势实现快速反应；出色完成第一工作组赴火场任务；遵章办事森防物资储备库管理工作有条不紊；规划未来申报赴火场装备项目撰写可研报告；严格考核全面提高航空护林飞行观察员队伍建设；多方调研撰写再次引进2架K—32型直升机报告；提出“八项”要求加强机群航空化学灭火工作；建立网络信息安全管理长效机制保护信息系统安全；单位更名肩负重任，进一步强化行业管理职责；成功举办简约质朴的北方航空护林周年庆典；大力推进领导班子建设为事业发展提供坚实保证；加强干部思想政治建设注重培养年轻干部；积极稳妥推进事业单位人事制度改革；提高综合素质加强职工继续教育和培训工作；健全机制提升政务信息工作内在质量和水平；积极运作广泛调研职工全员纳入省医保；规范财务管理严格监督检查有序开展工作；履行部门职责规范政务管理建设节约型机关。

【北方航空护林飞行灭火】 2012年，北方航空护林春、夏、秋3个航期自3月9日至11月15日，历时252天。总计飞行2477架次，5126小时30分。其中，机降飞行213架次、240小时28分、4227人次；洒水飞行85架次、56小时19分、554吨；索降飞行5架次、37人次。空中发现火场88个，参与扑救火场82个，运送扑火物资10.42吨；空中撒防火宣传单20万张，对3个火场实施48架次航化灭火作业，喷洒灭火药液66吨，扑灭火线20千米。

【组织协调签订北方航空护林租机协议】 北方航空护林总调度室提前着手调研各省(区)航期的用机需求和各航空公司可用机源情况，与各供机部门取得联系，了解租用飞机的当前状态、调机中存在的困难，根据各省(区)用机的类型、数量，与各有关供机单位联系，积极挖掘机源，抢前落实飞机，满足各省(区)用机需要。分别于春、夏、秋航期前组织召开北方航空护林租机协调会议，与供需双方签订租机协议(合同)。并于开航前多方协调，积极联络，协调落实，确保北方航空护林飞机按时进场到位。2012年共租用各类飞机148架，其中直升机74架，固定翼飞机74架，部队直升机21架，基本保证北方航空护林全年用机需求。

【航空护林飞行费使用】 北方航空护林总调度室为了更科学、有效地使用中央飞行费，杜绝无效飞行，在审批临时、次日飞行计划时，一方面动态掌握每架飞机的飞行时间，另一方面依据中国气象局发布的气象卫星云图和各地的气象预报、中国森林防火网即时发布的森林火险等级报告，按照北航总站制定的飞行计划审批制度要求，认真审批受理飞行计划。对不按火险等级安排巡护的现象给予及时纠正，使有限的飞行时间用在高火险期和扑救火灾的紧要关头，有效提高了飞行费使用效率。

【飞行安全监督】 北航总站总调度室严格执行飞行管制各项规定，加大飞行安全监督力度。截至11月15日，共受理各类飞行计划4205条，取消1979条，实飞2226条。其中临时计划530条，取消135条，实飞395条；共为38架飞机编发民航PLN(飞行预报)报120份，FPL(领航计划报)报37份，DEP(起飞报)报37份，ARR(落地报)报23份；气象共处理报文25 962份。其中接收航空护林站本场实况报9251份，转发本场实况报9251份，接收航站预报1469份，转发航站预报2439份，接收航路预报1113份，转发航路预报2439份。

【培训气象预报学员】 航空护林事业的不断发展对空管队伍建设提出新的、更高的要求。在民航黑龙江空管分局一再要求下，为加强空管队伍建设，保证2014年气象预报室正式开展工作，北方航空护林总调度室重新修订2011年制订的气象预报室成立方案；按总站领导指示积极联系，选派2名观测员于9月初到南京中国人民解放军理工大学气象学院进行为期一年的大气科学(气象预报)专业学习；对新调入气象科的2名年轻同志进行AFTN电报系统、护林转报系统以及《航空气象学》《民用航空气象地面观测技术手册》《航空气象电码》等专业知识的培训学习。经过一个多月的理论学习和实际操作，使其达到独立作业要求，秋航期间正式上岗值班。

【科学制定《应急预案》】 为建立健全北方航空护林空管特情应急处置机制，提高对空管特情处置能力，保证飞行安全，确保空管特情应急工作协调、有序、高效进行，最大程度减少损失，结合北方航空护林空中交通管制工作实际情况，北航总站总调度室空管部门制定了《北方航空护林处置空管特情应急预案》。《预案》对其适用范围、组织指挥机构及职责、程序等都有明确规定。特别是对航空器发生故障时应当采取的各项措施也做了详细周密的安排。

【签订飞行管制协议】 为保障北方航空护林系统各航空护林站与相邻民航场站之间飞行动态能够及时通报，为航站提供飞行气象情报，从而确保航空护林飞行安全，经多次沟通与反复协商，分别与黑龙江省机场管理集团有限公司漠河机场分公司管制室、民航呼伦贝尔空管站管制室、民航黑龙江空中交通管理分局管制运行部签订《管制协议》。《协议》的签订为进入漠河机场空域、进驻红花尔基直升机起降点及调机转场哈尔滨太平机场的航空护林飞机在飞行计划、飞行动态通报、飞机调入调出、飞行指挥等方面明确管制责任；与民航黑龙江空中交通管理分局签订《电报服务保障协议》《关于提供航空气象服务参考信息的协议》《气象计算机维护服务合同》等协议，在航路预报、着陆机场气象情报、转报设备、线路维护等方面为航空护林飞行任务顺利执行提供保障。

【总调度室正式承担管制报文编发工作】 北方航空护林总调度室自2004年5月纳入民航行业管理以来，航空护林调机、转场飞行计划、动态报文一直由民航黑龙江空管分局区域管制室代为编发。由于近年来民航黑龙江空管分局区域管制室业务量增大，正式提出自2012年起不再为航空护林编发涉及转场、调机任务的电文。为了保障航空护林转场、调机任务顺利实施，经协调联系民航黑龙江空管分局为总调度室空管及气象部门指配了AFTN电报地址，并对5名管制员进行AFTN电报培训。6月5日15时15分，随着6份PLN电报由总调度室空管部门发出，北航总站总调度室正式承担起航空护林调机、转场飞行中的PLN（飞行预报）、FPL（领航计划报）、DEP（起飞报）、ARR（落地报）、CPL（变更报）、CHG（修订领航计划报）、CNL（取消领航计划报）等相关报文的编发工作。

【向国际民航空管规范化运作过渡】 按照国际民航组织（ICAO）的有关要求，2012年11月15日起，全球将统一执行新版飞行计划标准格式以及空中交通服务电报程序。为此，民航空管部门下发了《关于执行国际民航组织新版飞行计划格式和空中交通服务电报程序有关工作的通知》（局发明电〔2012〕1699号）。总站领导批准总调度室成立新版飞行计划格式过渡工作领导小组和技术小组，组织空管人员学习新版国际民航电报格式内容和程序；根据《通知》和国际民航组织《航行服务程序——空中交通管理》（PANS-ATM，Doc4444）第15版第一次修订要求，检查设备，科学编排飞行计划报文，及时向民航管理单位上报新版飞行计划格式及相关工作的进展情况。管制人员经过培训学习，熟练掌握了新版飞行电报拍发格式并具备编发新版飞行计划等电报的能力，北方航空护林总调度室空管保障工作向规范化运作又迈出了坚实的一步。

【紧急调机救援松花江依兰江段遇险群众】 2012年4月15日早晨，北航总站值班室接到民航黑龙江安全监督管理局的救助电话，松花江依兰段有3艘渡船被冰排卡在江中不能移动，多人被困船上，请求出动航空护林直升机救人。值班员立即向总站领导和国家森林防火指挥部办公室报告，同时要求相关部门迅速做好救援前的各项准备工作。接到国家森林防火指挥部办公室紧急救援指示后，遂命令佳木斯航站一架M-171直升机紧急出动实施救援，通过吊索解救出5名被困群众。据统计，2012年共计实施紧急救援飞行3次，救助遇险扑火队员和群众7人。每次执行急救任务时，都把遇险人员的生命安全放在首位，在最短的时间内完成飞行计划的上报和审批，为最终成功解救遇险人员赢得宝贵时间。

【重新修订扑大火预案】 北方航空护林总站赴火场第一工作组根据《全国森林航空消防预案》总体部署和国家森林防火指挥部相关指示精神，以《国务院有关部门和单位制订和修订突发公共事件应急预案框架指南》为依据，进一步规范应急预案格式形式，通盘考虑，重新修订《扑大火预案》，编制完成处置北方地区2012年春、秋两季重、特大森林火灾森林航空消防应急预案，提高扑火工作的可操作性。此次修订一是对预案格式进一步规范，使文体结构更为合理，内容层次更为清晰，使其更具专业性。二是对《预案》内容进行逐条分析，逐字推敲，慎重考虑，合理部署，进一步细化组织结构与各环节人员配备，优化调机程序与具体实施方案，切实提高预案可操作性，使其更具周密性。

【跨区支援增进南北航空护林业务交流】 2012年4月1日，北航总站领导按照国家林业局指示，从林业大局出发，在东北森林防火形势异常严峻、自身人员紧张的情况下，抽调业务精英骨干组成一行3人的支援组远赴重庆开展航空护林工作。赴重庆支援组以事业为重，一人多职努力工作。由于重庆市航空护林工作刚刚起步，各方面工作关系尚未理顺，没有专业人员，没有地形图，没有标绘仪等等，工作开展难度非常大。支援组在重重困难面前不推不拖不等不靠。巡护飞行没有地形图就自己动手，用下载谷歌地图或GPS加装等高线的方法替代，想尽办法克服困难创造条件开展工作，确保飞行巡护、火场侦察、吊桶训练等多项工作的顺利完成。此次跨区支援，在北方航空护林史上尚属首次，也为今后重庆市航空护林工作的开展作出重要贡献。支援工作历时49天，累计飞行48架次，89小时26分。其中，巡护飞行41架次79小时15分，吊桶训练4架次5小时17分，火情侦察飞行3架次4小时54分，发现火情2个，侦察处理火场2个。

【承担跨系统培训任务】 2012 年秋航期间，北航总站接到国家林业局防火指挥部办公室在秋季森林防火紧要期为武警森林部队培训飞行观察员的指示后，组织相关人员提前做好制订教学计划、聘请飞行教员等准备工作。武警森林部队第五期空中观察员培训班于 9 月 25 日在大庆武警森林指挥部直升机支队如期开班。理论培训期间，教员们加班加点备课，按计划完成教学内容；空中实际飞行阶段，带飞教员认真传授空中实际操作经验，想方设法创造学员空中飞行机会；培训班期间，参加培训的学员每人飞行近 30 小时。特别是利用摄像机摄录航线，在雨天或不能飞行的时间里进行回放，教学员辨认地标，开展讲评，帮助学员弥补空中飞行时间不足的创新教学方法，效果颇佳。10 月 29 日，经过理论学习、实践飞行等训练考核，武警森林部队第五期空中观察员培训班的 17 名学员全部通过考试考核。

【靠前驻防应对高火险严峻形势】 按照北航总站业务工作总体部署，赴火场第一工作组在防火紧要期派员执行靠前驻防任务。驻防地点选在能够统筹兼顾的位于黑河重点火险区内，地处大小兴安岭、沾河顶子重点火险区中心地带的嫩江航空护林站。该站辐射范围大兼顾面广，对几大重点火险区发生火情时都能做到快速反应。驻防期间，驻防人员一是密切关注重点火险区域卫星林火监测动态和火情动态，在做好辐射区域内卫星热点核查飞行工作的同时，整装待命，保持人员与设备的最佳状态，确保发现火情第一时间快速出动；二是利用航站巡护飞行密度大的有利条件积极开展空中实际飞行训练，锻炼队伍快速反应能力，进一步巩固和提高总站飞行观察员队伍的业务能力；三是熟练赴火场设备操作，为火场侦察、标绘以及实时图像传输做好充分准备。深入一线靠前驻防，有效提高了赴火场第一工作组预警响应能力、快速反应能力和应急处置能力。赴火场工作组全年靠前驻防 62 天，累计飞行 90 小时 22 分，跟踪监测林火卫星热点 3 次。

【出色完成第一工作组赴火场任务】 2012 年北方大部分地区持续高温，降水偏少，森林防火形势异常严峻。对此国家森防指高度重视，多次强调加强应急处置能力。针对特殊的防火形势，北航总站提前部署赴火场各项备战工作。4 月 10 日和 6 月 2 日，河北省承德市和黑龙江省大兴安岭南翁河分别发生森林火灾。北航总站接到国家森防指赴火场命令后，总站领导亲自率领整装待发的赴火场第一工作组第一时间赶赴火场，投入到火灾扑救工作中。赴火场工作组全年火场工作 6 天，圆满完成协调指导、火场侦察等重要任务，累计侦察火场飞行 3 架次 4 小时 58 分，标绘火场 2 次，汇报火场情况 2 次。两次赴火场工作经历又一次锻炼了队伍，丰富了扑火经验，强化了跨区域扑火作战的能力，再次展现了航空护林空中优势，同时也为国家林业局在组织扑救重大森林火灾中赢得荣誉。

【森防物资储备库管理工作】 北方航空护林总站森林防火物资储备库在日常管理工作中，严格遵守各项规章制度，对库房内所存物资安排得当，标志明显、分架摆放、零整分开、料签齐全、账物相符。管理人员每周定期做库房的防电、防火及防盗等检查，及时对库房进行通风处理，防止库内物资受潮受损，确保存放物资的安全。2012 年共出库双人帐篷 200 顶、油锯 4 台、吊桶 3 套，为嫩江县防火办，伊春、佳木斯、扎兰屯等航空护林站提供防火物资。在储备物资出库过程中，管理人员积极协调调拨单位，联系多种发货渠道，克服种种困难提高工作效率，确保森林防火物资在最短时间内发送到位。

【编制赴火场装备项目可研报告】 为满足北方航空护林在新形势下的扑火救灾工作需要，充分发挥其优势，国家森林防火指挥部决定投资建设北航总站赴火场工作组装备建设项目，指示北航总站提出该项目申报计划，配合相关部门完成可行性研究报告的编写工作。总站领导高度重视，于 9 月 5 日组织相关人员召开专题会议，研究讨论具体方案，对前期调研、资料收集、投资测算等工作进行细化分工。9 月 11 日形成可研报告，9 月 13 日携可研报告赴昆明参加森林防火应急通信建设项目研讨会交流探讨，充实完善项目申报内容。为按上级要求的审批时限内完成任务，撰写人员在短短 50 天的时间里，按时整理出详实、细致、全面的申报数据材料。期间进行了 1 次产品演示，2 次调研，3 次整合，5 易其稿，于 10 月 20 日前撰写完成《北航总站赴火场工作组装备建设可行性研究报告》上报国家林业局。

【航空护林飞行观察员队伍建设】 2012 年春季，北方航空护林系统多个航站提出飞行观察员考核、晋级申请。对此，总站领导责成有关人员组成北方航空护林总站飞行观察考核组，本着严把入口、慎重接收、严格考核的原则，精心准备理论试题，合理设置空中实践飞行考核内容，统筹安排考试时间，全程监督考核过程，分批次对加格达奇、嫩江、幸福、伊春、敦化、牡丹江等航空护林站 24 名飞行观察学员、飞行观察员进行了理论考试和空中实践飞行考核，优选劣汰，为飞行观察队伍注入了新鲜血液，提升了飞行观察队伍战斗力，推进了北航系统飞行观察员队伍业务能力和综合素质建设。全年考核飞行 12 小时 25 分，考核放飞三级飞行观察员 15 人，晋级 9 人。

【提出“八项”要求，加强机群航空化学灭火工作】 为充分发挥机群洒液灭火和航空化学灭火在扑救森林火灾中的重要作用，2012 年春航配备的 33 架飞机中，就有 31 架飞机带有化学灭火设备。春航伊始，北航总站向各航空护林站下发东航字〔2012〕24 号《关于今春森林防火紧要期加强机群航空化学灭火工作的通知》，要求各航站要高度重视，全力做好此项工作，并提出八项具体要求：一是科学组织，周密安排。二是顾全大局，服从整体。三是全面检查，实时演练。四是科学配药，提高效率。五是规范操作，确保安全。六是喷洒合理，衔接良好。七是加强领导，发挥优势。八是统计数据，全面总结。

【撰写再次引进 2 架 K－32 型直升机报告】 我国航空护林直升机机源严重不足，每年都需要中国人民解放军总参谋部协调陆航部出10架左右直升机支援航空护林飞行灭火任务。通过近3年来东北、西南林区对K－32型直升机投入航空护林飞行灭火的实践看，该机体积小，载量大，抗风能力强，机动灵活，水源要求标准低，扑火效率高，深受地方防火部门的欢迎。面对2010年签订3年租用的一架K－32型直升机于2012年年底合同到期的紧迫情况，有必要继续引进K－32型直升机参加航空护林。按照国家林业局防火办森林航空消防座谈会上的要求，与青岛直升机公司反复磋商后形成《K－32型直升机森林航空消防租机协议书》，为引进2架K－32型直升机做好前期准备工作。4月1日，北航总站以东航字〔2012〕18号《关于引进K－32型直升机有关情况的报告》上报国家森林防火指挥部办公室。报告就再次引进K－32型直升机的必要性、存在问题和对策以及几点建议等进行了详细阐述，为领导决策当好参谋。

【建立网络信息安全管理长效机制】 为有效维护网络信息安全，进一步做好防范措施，北航总站建立了网络信息安全管理长效机制。一是成立了以总站长张惠新为首的北航总站信息系统安全建设领导小组，下设办公室，由信息处处长担任办公室主任，重点主抓网络信息安全工作。二是按照总站信息系统安全建设整改意见和定级保护要求，积极开展网络和信息安全检查（自查）工作，并从组织开展情况、信息安全工作情况、自查中发现的主要问题和面临的威胁分析以及改进措施等4个方面进行认真分析，形成文件上报国家林业局。三是编写出《国家林业局北方航空护林总站信息系统等级保护建设技术方案》。该《方案》对物理安全、网络安全、主机安全、应用安全和数据安全等都做了详细周密设计。

【单位更名】 2012年10月23日，国家林业局根据《中央编办关于国家林业局所属事业单位清理规范意见的函》（中央编办函〔2012〕165号）文件精神，下发林人发〔2012〕251号文件，将“国家林业局东北航空护林中心”正式更名为“国家林业局北方航空护林总站”。这充分体现了局党组对航空护林工作的高度重视，蕴含着北方航空护林总站肩负的任务会更加艰巨，责任也更加重大。北航总站领导班子借此东风，决心带领全体职工加大履职力度，进一步强化对北方各省（区、市）航空护林工作的指导、协调、监督和服务等行业管理职责，不辜负国家林业局党组的信任与重托。

【举办北方航空护林60周年庆典】 2012年是北方航空护林总站成立60周年，总站经过认真组织和筹备，于12月19日举行了隆重、简朴的庆祝大会和纪念活动，并在《中国绿色时报》刊登专版文章，制作了航空护林辉煌60年纪念画册、电视宣传片、图片展览等，完整地体现航空护林60年的光辉历程，全方位展现航空护林60年风采，特别是从各个角度尽可能全面记录和反映航空护林的历史发展、科学进步以及辉煌历程。通过举行一系列庆祝纪念活动，不仅大力宣传航空护林，也使年轻一代对老一辈航空护林人更加敬重，对航空护林事业发展充满信心，提高了广大干部职工的凝聚力、向心力，增强了广大干部职工的荣誉感、责任感，也坚定了推动航空护林事业科学发展、快速发展的决心和动力。

【领导班子建设】 北航总站领导班子在2012年工作中，注重强化自身能力建设，在相互理解、相互支持的基础上，营造出“同心谋事、协力干事、团结成事”的良好氛围，进一步提升了领导班子讲正气、稳大局、谋发展的凝聚力、向心力和创造力，树立了“团结、干事、创新、务实”的领导班子形象。总站领导班子坚持以邓小平理论、“三个代表”重要思想、科学发展观为指导，深入学习贯彻党的十八大精神，认真贯彻落实全国林业厅局长会议精神、局“两建”工作会议精神和全国森林防火工作会议精神，团结和带领全体职工，紧紧围绕航空护林这一首要任务，履职尽责，扎实工作，为航空护林事业快速发展提供坚实保障。

【注重培养年轻干部】 制定在职干部年度政策理论学习安排意见，加强在职干部的思想政治建设。注重对广大干部现实工作、专业特长、理论学习等各方面情况的了解，总体掌握干部队伍的基本情况。强化干部队伍的教育、考核和监督。加强政治理论学习、理想信念教育、业务知识培训等，逐步提高干部的综合素质，从而造就一支政治坚定、业务精通、团结协作、求真务实的干部队伍。针对干部队伍建设中的关键问题和薄弱环节，进一步完善制度创新和机制创新。重视对年轻干部的培养和使用，使他们系统掌握作为中层领导所需要的理论知识，要求他们不仅要在业务上有所建树，更要在理论水平和政治素养上达到优秀领导干部的标准，使之成为一名具备政治素质高、业务能力强、能够担当重任、经得起考验，年轻、优秀、有发展潜力的后备干部。

【事业单位人事制度改革】 北航总站就事业单位分类改革与事业单位人事制度改革的相关文件、政策及要求，适时组织召开全体职工大会进行传达讲解，使全体干部职工进一步明确事业单位人事制度改革的重要意义。人事部门组织人员认真做好岗位聘用的前期准备工作，深入开展调研和讨论，制订了切实可行的实施方案。从有利于航空护林事业发展、干部队伍建设以及职工切身利益出发，积极稳妥地推进事业单位人事制度改革，使岗位设置工作既符合事业单位改革的方向、政策和需要，又符合北航总站的工作实际。

【职工继续教育和培训工作】 北航总站非常重视职工继续教育工作，按上级文件要求和通知精神，多次选派总站干部职工参加国家林业局组织的各类学习和专业培训。鼓励干部职工特别是年轻同志在职提高，考取在职学历教育，以适应新形势下航空护林事业发展的需要。加强对行业专业技术人员的培训工作，认真组织开展北方航空护林系统调度员、航行管制员、飞行观察员、航空油料员、卫星林火监测人员和地勤保障人员的培训、考核与管理，使行业内各岗位专业技术人员的业务能力和综合素质得到显著提高。

【提升政务信息工作内在质量和水平】 在报送政务信息工作中，不断提高信息质量，严格审核，慎重把关，及时向国家林业局上报北航总站和北航系统各航空护林站的工作情况，反映工作动态，使国家林业局能真实全面地了解和掌握北方航空护林工作，为各级领导正确决策提供及时准确的信息服务。北航总站机关各处室领导和北航系统各航空护林站领导对本单位、本部门政务信息工作给予高度重视，认真审阅，严格把关，保质保量完成本处室、本航站信息报送任务。不断加大开发采集信息内容的力度，恰如其分地反映总站、各航站工作的进展和成绩；真实准确地反映航空护林工作中存在的困难和问题。坚持实事求是的原则，搞好政务信息采编工作。确保其时效性。9 月 28 日下发东航字〔2012〕59 号《关于进一步加强政务信息工作的通知》，对总站机关各处室和各航空护林站提出 6 项具体要求：一是强化领导，明确责任，将政务信息工作列入重要议事日程。二是强化认识，不断增强做好政务信息工作的责任感和使命感。三是健全机制，切实提升政务信息工作的内在质量和水平。四是更新理念，努力构建全员办信息的工作机制。五是积极挖掘，努力采集编写有情况、有分析、有对策建议的信息精品。六是加强监督考核，制订奖惩制度。2012 年共向国家林业局报送政务信息 355 条，其中被《林业要情》采用 31 条，被《林情快报》采用 19 条，在国家林业局京外直属单位排名居首。

【职工全员纳入省医保】 北航总站领导班子努力改善工作环境，提高职工福利待遇，竭尽全力为广大职工群众办实事、办好事。在认真梳理民主生活会前征求到的意见和建议的前提下，按照领导分管权限分类整理，研究制定整改措施，及时向职工群众反馈和通报整改落实情况。结合实际认真开展总站参加医疗保险的调研工作，努力创造条件，积极与黑龙江省医保部门沟通协调，将总站全体职工和离退休人员纳入黑龙江省医疗保险范围，使广大职工在医疗待遇方面得到更好保障。总站领导班子坚持把开展思想政治工作与解决职工群众的实际困难结合起来，想职工所想、办职工所需，贴近生活、贴近工作、贴近实际，切实帮助弱势群体和特困职工解决一些实际困难，让他们感受到组织的温暖和同志间的友爱。

【财务工作】 财务预算是总站各项工作开支的基本依据，也是事业发展的重要保证。财务部门组织人员认真编制落实各项预算资金，努力实现预算编制的科学、规范和透明，提高预算资金在分配、支付和使用过程中的规范性、安全性和有效性。不断加强对财政专项资金使用的监督和管理，严格审核，按时拨付，规范专项资金的运行和监督程序，切实做到专款专用。加强财务工作电算化管理和财务工作的网络建设，提高财务管理工作的现代化水平。按要求合理分配基本建设资金，严格按施工进度的情况和协议的要求支付工程款项，加强基本建设有关资金管理的相关工作。完成中央预算单位全面推行公务卡结算工作；完成强制目录办公商品政府采购等具体工作。严格按照上级下达的政府采购要求，有序做好森林防火物资采购工作，严格按照《招投标法》《政府采购法》和《国家林业局政府采购管理实施办法》等有关规定组织开展采购工作，使采购工作在阳光下运作，真正做到公平、公正、公开、透明。

【政务管理】 后勤保障部门坚持科学发展观，统一思想，凝聚力量，把握北航总站工作重点，认真履行部门职责，规范政务管理，使行政工作在强化素质求生存、规范管理树形象、抓住机遇谋发展、集思广益创效益、团结协作争一流方面为广大职工提供优质服务。严格遵守各项规章制度，密切关注工作流程，确保基本建设稳步有序开展。健全采购物品档案，加强财产管理，进一步建设节约型机关。强化超前预防理念和安全责任意识，健全完善各项安全管理制度。机关工会和共青团积极开展各项工作，组织丰富多彩的文体活动，坚持把工作做到实处。北航总站领导班子积极倡导和谐，时刻关注民生，在政治上对职工严格标准，工作上对职工讲求质量，生活上对职工关心爱护，切实解决了广大干部职工的实际困难。 （北方航空护林总站由黄丽梅供稿）

国家林业局南方航空护林总站

【综　述】 2012 年，西南航空护林总站按照国家林业局的总体安排和部署，紧紧围绕森林航空消防中心工作，以提高森林航空消防效益为中心，以构建“和谐航站”和创建“五好班子”为推动力，采取超常规措施，科学制订应急预案，科学安排航护飞行，及时发现和扑救森林火情，及时派出赴火场工作组处置重要火场，认真做好卫星林火监测和森林防火物资储备工作，认真履行好国家林业局赋予总站的 4 项职能，圆满完成了全年各项任务，为发展现代林业、建设生态文明、促进科学发展作出了应有贡献。

【森林航空消防】 2012 年，南方林区气候异常，森林防火形势十分严峻，云南大部、四川南部地区发生了严重干旱。其中，云南省连续 3 年遭受重旱，均为历史罕见，给经济社会发展和民生保障带来巨大困难。受旱情影响，整个西南林区森林火险等级一直持续居高不下，森林防火紧要期提前，火灾集中爆发，持续时间较长，各航站（基地）高负荷运转，航空灭火任务空前繁重。针对严峻的森林防火形势，总站采取一系列超常规措施积极应对：一是提前布防。在 2011 年冬季就认真分析近年卫星林火热点资料和气象信息，进一步修订完善预案，开展“地空配合”扑火演练；二是确保重点。航期中将 M－26、K－32 等大、中型直升机有针对性地驻守到重点火灾区附近，重点保障中缅边境、原始林区、自然保护区、风景名胜区、城市面山、军事设施以及中缅输油管线、西电东送大型水电站等重要民用设施周边林区的防火安全；三是机群作业。在扑救较大火灾时，调集多个航站（基地）飞机，采取机群灭火，重兵出击，打歼灭战，扑火效果很好。这在扑救昆明晋宁“3·28”森林大火中得到了充分体现，当时总站调集了4架直升机展开扑救；四是跨区增援。在航站之间、省区之间调动飞机，相互支援，既解了火灾发生省区燃眉之急，又最大限度发挥了飞机的使用效益。据统计，2012年总站共租用各类飞机34架次，其中春航18架次，夏航及值班5架次，秋冬航11架次，分别部署在云南普洱、保山、大理、丽江，四川西昌、成都、九寨沟，广西梧州、柳州，广东清远、梅州、河源，江西南昌、赣州，河南洛阳、南阳，重庆江北、大足、黔江，山东济南等20个航站（基地）开展森林航空消防工作，自1月1日至12月31日止，共计飞行623架次1413小时，空中发现和参与处置林火75起，对其中的50起林火实施了吊桶灭火，吊灭飞行122架次272小时，洒水960桶，约3840吨。

【森林防火协调】 2012年，西南森林防火协调中心调整了赴火场工作组第一梯队人员，重新分组，明确职责，并多次组织第一梯队全体人员进行野外实战演练，对大型通信指挥车各系统进行了调试和维护，及时排除故障，与国家森防指联调设备，与中央电视台探讨利用通信指挥车实时转播火场程序，通过几次野外演练，不仅检修、维护了大型通信指挥车及其他赴火场设备，同时也提高了赴火场工作组第一梯队抢险救灾意识和应急能力，为快速处置重特大森林火灾做好了准备。受持续高温、干旱的影响，整个防火期西南林区发生了多起重大森林火灾。面对严峻的森林防火形势，西南航空护林总站党委高度重视，专门安排资金更新了业务装备，并多次专题听取汇报，要求赴火场工作组第一梯队严阵以待。按照国家森防指的指示，赴火场工作组第一梯队先后到云南丽江、安宁、晋宁，四川西昌、木里等地处置了8起影响较大的森林火灾，得到了国家森防指的充分肯定。

【卫星林火监测】 2012年，西南卫星监测分中心按照值班程序，切实做好图像定位、热点跟踪、信息传输等工作，做到接收认真、判别准确、处理快速、传输及时，确保热点信息准确定位、通报及时。同时，严格24小时值班，每天将接收到的轨道数据准确及时地提交中国森林防火网及西南森林防火网，并及时通知各省（区、市），督促各省（区、市）防火办及时做好林火反馈。对重特大森林火灾进行连续跟踪，在国家森防指第一梯队赴火场时及时报告火场热点变化趋势，特别在云南“3·18”“3·28”森林火灾处置中，对彻底扑灭森林火灾起到了积极作用。此外，还完成了卫星林火监测设施、设备的调试、更新和维护工作，并积极为气象卫星数据自主接收系统建设做了大量工作。据统计，2012年分中心对过境卫星2000多条轨道进行了处理，制作卫星图像1170幅，监测卫星热点4812个，为监测区域内各省区防火部门实现“打早、打小、打了”提供了可靠的监测信息，提供了优质服务。

【森林防火物资储备】 2012年，按照国家林业局政府采购中心和防火办的要求，西南森林防火物资储备中心组织完成了国家林业局2012年森林防火储备物资（西南）招标采购任务，并将防火物资安全验收入库，完成了森林防火物资招标工作。在招标采购中，储备中心严格遵守《国家林业局部门集中采购项目操作规程》等招标采购法律、法规及相关制度，完成防火物资采购任务。同时，储备中心加大对森林防火物资仓储管理的工作力度，严把出入关，严格按照国家林业局防火办的出库通知及时调拨物资。据统计，全年储备中心共向云南、四川、江西、湖南等省（区、市）调拨12批次5868台（套）的防火物资，完成了国家森防指下达的任务。

【召开2012年工作会议】 2012年1月10日，总站在昆明召开2012年工作会议，总站机关全体干部职工、离退休党支部书记和普洱、保山、丽江、成都、西昌、百色等6个直属航站的站长（支部书记）、副站长、办公室主任以及江西省航空护林站、河南省森林航空消防站的主要领导参加会议。总站党委书记、总站长郝佩和、副总站长史永林、吴灵、袁俊杰出席会议，国家森林防火指挥部办公室航空消防处张连生处长到会指导。会议传达了2012年全国林业厅局长会议精神，总结了2011年南方森林航空消防所取得的成绩和经验，分析了南方森林航空消防建设和发展存在的主要问题和薄弱环节以及面临的形势和挑战，客观提出了2012年的工作思路和工作要求。会议对2011年度的9个先进单位和28名先进个人进行了表彰。郝佩和总站长还与各站（处、室）的负责人签订了第五轮全员岗位聘用合同、项目和资金安全运行责任书以及党风廉政建设责任书等。

【与中信海直公司签订战略合作框架协议】 2012年3月5～7日，总站党委书记、总站长郝佩和，副总站长吴灵带领调研组一行6人到广东深圳，实地考察调研中信海洋直升机公司，并与中信海洋直升机公司签订了战略合作框架协议。根据协议，双方将在森林航空消防先进机型的引进、森林航空消防直升机起降场和移动航站的建设及运行管理、有关专业技术人员培训等方面开展合作。

【山东省正式启动森林航空消防工作】 2012年3月26日，山东省森林防火指挥部在省青少年素质教育中心举行航空护林开航典礼仪式，标志着山东省航空护林正式启动和全省森林防火工作跨上了一个新台阶。航空护林工作的正式启动，对进一步完善山东省森林消防体系，全面提升重点林区森林火灾预防扑救综合能力，确保人民生命财产和森林资源安全具有十分重大的意义。

【陈述贤到总站检查指导工作】 2012年4月9日，中纪委驻国家林业局纪检组组长、国家林业局党组成员陈述贤带领国家林业局直属机关党委常务副书记高红电、国家林业局森林公安局局长（森林防火指挥部办公室主任）王海忠、国家林业局森林资源管理司副司长张松丹、国家林业局发展规划与资金管理司巡视员王前进、监察部驻国家林业局监察局副局长周洪和国家林业局办公室秘书钟华友等一行7人，到总站检查指导工作。陈述贤一行在总站党委书记、总站长郝佩和，党委委员、副总站长史永林、吴灵、袁俊杰的陪同下，看望了正在值班的同志，详细了解了卫星林火监测情况，并听取了郝佩和总站长的汇报。陈述贤对西南航空护林总站50年来为林业事业改革发展，特别是为保护森林资源、维护生态安全所作出的积极贡献给予高度评价，并希望总站在国家林业局党组的领导下，不辱使命，按照国家林业局赋予的职能、职责，抓好班子和队伍建设，继续通过思想建设、作风建设、业务能力建设和党风廉政建设，打造一支过硬的专业队伍，为我国森林防火工作作出应有贡献。

【举办赴火场工作组培训研讨会】 2012年5月23日，西南森林防火协调中心在云南普洱举办赴火场工作组培训研讨会。会议认真总结2012年赴火场工作，对全体成员进行业务培训及实战演练。协调中心郝佩和主任、史永林副主任、吴灵副主任、袁俊杰副主任及赴火场工作组第一梯队全体成员参加会议。通过6天的培训，强化了第一梯队的队伍建设，提高了工作组成员的业务素质。

【南方森林航空消防岗位练兵和业务培训】 2012年8月5～15日，总站在重庆黔江举办2012年南方森林航空消防岗位练兵和业务培训班，总站相关处室和6个直属航站以及江西、河南、广东、重庆、山东、湖北等6省(市)的80余名从业人员参加培训。这是总站有史以来举办的层次最高、人数最多、内容丰富、教学与实际操作相结合的一次练兵与培训活动。经过10天紧张的岗位练兵和业务培训，使新学员全面系统地学习了森林航空消防基础理论知识，初步了解了飞行调度和飞行观察技能以及火场标绘系统的应用技术，并进行了体能训练；老业务人员通过对模拟火场的实战练兵、点评、典型战例评析和体能训练，取得了教学相长、取长补短的较好效果，达到了学习交流、互相促进、总结提高、增强自我的目的。通过此次练兵和培训，全面提升了业务人员在处置森林火灾中的应急、应变和应战能力，增强了做好森林航空消防工作的责任感和使命感，培养了一批专业人才，为今后的森林航空消防工作奠定了坚实基础。

【卫星林火监测DVB－S系统接收设备升级改造】 2012年8月20日，按照《关于非气象行业DVB－S用户站系统升级改造的业务通知》要求，在北京华云星地通科技有限公司的配合下，西南卫星林火监测分中心完成了林火监测DVB－S系统接收设备的升级工作。本次系统升级，增加了DVBS－S2格式的数据接收解调器、LINUX系统数据进机、推送的计算机及相应的配套软件。此举为宏观监测和指挥扑救森林火灾提供了更好的辅助决策支撑。

【创建“五好班子，和谐航站”及创先争优活动表彰大会】 2012年9月11日，总站在昆明召开创建“五好班子，和谐航站”及创先争优活动表彰大会，会议全面总结创建活动成果，并对在活动中成绩突出的集体进行表彰。普洱站、计划财务处、航空护林处获得“五好班子”荣誉称号；西昌站、政治部、办公室获得“和谐站处”荣誉称号；丽江站党支部、百色站党支部、总站机关第二支部获得“优秀党支部”荣誉称号。通过5年的创建活动，总站系统在航站建设和业务发展上取得了前所未有的成绩。一是基层组织战斗堡垒作用和共产党员先锋模范作用得到体现。二是领导班子更加团结，民主集中制得到加强。三是干部素质不断提高，职工队伍和谐稳定。四是事业不断发展，能力大大提升。五是航站建设卓有成效，航站面貌焕然一新。六是反腐倡廉工作得到进一步巩固。

【国家森林防火应急通信培训班在昆明召开】 2012年9月13～16日，国家林业局防火办组织的森林防火应急通信培训班在昆明举行。此次培训由总站具体承办，国家林业局森林防火预警监测信息中心陈介平副主任、邱林处长、曹森处长和总站郝佩和总站长、史永林副总站长、吴灵副总站长、东航中心张宝柱副主任等领导出席开班仪式，陈介平副主任、郝佩和总站长作讲话。此次培训内容一是讨论通信指挥车建设项目，统一相关建设技术标准，二是调研火场侦察系统，三是学习火场卫星通信系统的使用。通过培训，学员们进一步学习了火场应急通信相关知识，提高了森林防火应急通信保障能力，提升了应急通信水平。培训达到了预期目的。

【张建龙副局长到总站检查指导工作】 2012年10月25日，国家林业局党组副书记、副局长张建龙在国家林业局办公室副主任朱新飞、人事司司长谭光明、资源司巡视员李忠平、保护司副司长刘亚文、退耕办总工程师敖安强、治沙办巡视员王信建、办公室秘书曹晏宁等以及国家林业局昆明勘察设计院、国家林业局驻云南省森林资源监督专员办事处、云南省林业厅、西南林业大学等单位领导的陪同下，到总站检查指导工作。张建龙一行视察了西南卫星林火监测分中心和南方森林航空消防调度指挥中心，看望了正在值班的同志，并与总站机关副处以上干部进行了座谈。会上，党委书记、总站长郝佩和就总站各项工作情况以及存在的困难和问题，向张建龙副局长进行了简要汇报。听取汇报后，张建龙副局长首先代表局党组和赵树丛局长向总站全体职工表示了亲切慰问，对总站所做的工作和取得的成绩给予了充分肯定，并强调了做好森林防火工作的重要性以及用大项目带动森林防火大发展的必要性。最后，张建龙希望总站领导班子要一如既往地做好工作，带领全站职工克服困难，全力以赴完成好国家林业局交给的各项任务，以优异的成绩来回报局党组的关怀。

【学习贯彻党的十八大精神】 2012年11月21日，总站组织召开全站职工会议，认真传达学习党的十八大精神。会议由副总站长史永林主持。会上，首先由副总站长吴灵传达学习了党的十八大精神专题辅导报告，接着史永林副总站长结合当前南方森林航空消防工作实际提出了要求。史永林指出，全站系统要把学习宣传贯彻十八大精神作为当前和今后一段时期的首要政治任务，以十八大精神为统领，从建设生态林业和民生林业的大局出发，始终站在全局的高度来谋划森林航空消防的发展。

【西航总站更名为南方航空护林总站】 2012年10月23日，国家林业局下发了《国家林业局关于国家林业局所属4个事业单位更名的通知》(林人发〔2012〕251)，通知明确指出，根据《中央编办关于国家林业局所属事业单位清理规范意见的函》，国家林业局西南航空护林总站更名为国家林业局南方航空护林总站。此次总站更名，充分体现了国家林业局对南方森林航空消防事业的关心、支持和重视，同时也是南方航空护林总站50余年发展史上的一件大事，这对推动南方森林航空消防事业持续发展具有重大的意义。

【南方森林航空消防训练基地】 2012年11月6日，根据国家林业局办人字〔2012〕204号文批复，在南方航空护林总站成立南方森林航空消防训练基地，与总站实行一套人马管理。

(国家林业局南方航空护林总站由杨林供稿)

国家林业局华东林业调查规划设计院

【综　述】 2012年，华东院完成国家林业局指令性任务20项，完成技术咨询服务项目605个，获奖项目7个，职工收入增长15%，全面实现年度各项目标。

【森林资源监测】 承担并完成包括森林资源清查、营造林综合核查、森林采伐限额执行情况检查、占用征收林地情况检查、退耕还林工程退耕地还林阶段验收重点核查验收等国家林业局下达的各项指令性任务。

第八次全国森林资源清查 承担并完成山东省森林资源连续清查相关工作，检查固定样地147块，验证遥感样地810块，检查样地卡片9646个，完成数据统计，提交调查报告和专题调研报告。

全国营造林综合核查 承担并完成华东监测区营造林综合核查工作，抽查了77个县、7382个小班、3.94万公顷营造林面积。提交监测区核查报告、长防林工程、速丰林工程、退耕还林工程专题报告和8个省级核查报告。

全国森林采伐限额执行情况检查 承担并完成华东监测区森林采伐限额执行情况检查工作，共抽查9个县，140个村(林班)、320个伐区、72个无证成片伐区。完成卫片处理和验证判读图斑2131个，提交监测区检查报告、遥感报告和9个县级检查报告。承担全国森林采伐限额执行情况检查汇总工作，完成全国汇总分析和协调工作，编写完成全国报告。

全国占用征收林地情况检查 承担并完成华东监测区占用征收林地情况检查工作，共抽查39个县、1971个项目、5950.2公顷林地，完成卫片处理和判读验证图斑5319个，提交监测区检查报告、遥感技术应用报告和7个省级检查报告。

县级林地保护利用规划和林地落界工作检查 承担并完成华东监测区县级林地保护利用规划和林地落界工作检查任务，检查782个县、41.73万个图斑，完成监测区林地落界数据检查验收，参与全国汇总、拼接和入库管理工作，提交监测区各省林地落界成果验收核查报告。

退耕还林工程退耕地还林阶段验收重点核查验收 承担并完成安徽、江西、河南、山西、辽宁5个省的退耕还林工程退耕地还林阶段验收重点核查验收工作。抽查和补查263个县、2.34万个小班、4.77万公顷退耕还林面积，提交5个省级核查报告。

森林抚育补贴试点抽查 承担并完成华东监测区森林抚育补贴试点抽查工作，抽查78个县、304个小班、0.63万公顷林地面积，实测标准地241个，提交7个省级抽查报告。

其他森林资源监测工作 ①参加全国森林生物量调查建模技术研究工作。参与完成本监测区华北西北栎类生物量调查建模的外业样本采集和样品测定工作。负责完成全国生物量调查建模信息系统软件编制和本监测区数据整理入库工作。②完成全国森林资源清查统计程序的优化完善、技术培训和服务工作。参与指导广东等省的森林资源和生态状况综合监测试点工作。③参加东北、内蒙古重点国有林区"三总量"检查工作，完成卫片处理，派员参加南岔、绥阳林业局检查指导工作，提交现地核实报告。④承担全国沿海防护林体系工程建设成效评估工作，完成报告专家咨询评估、评审、成果提交工作。承担《中国的绿色增长》一书中沿海防护林体系工程建设述评部分的编写工作。⑤承担2010年全国湿地保护补助项目监测评估工作，完成8个省的10个国际重要湿地及国家级湿地公园的实地监测评估，提交评估报告。⑥参与全国林业碳汇计量监测体系建设试点检查验收、全国林地保护利用年度变更调查、森林增长指标年度考核评价等相关工作。⑦指导华东监测区各省林业数表建设、森林资源规划设计调查和森林资源档案建立及更新工作。⑧承担宁夏、河北等省的国家林业生态工程重点区遥感监测评价工作。⑨完成全国湿地保护补助项目监测评估试点工作。

【技术咨询服务】 承接县级林地保护利用规划编制、森林城市和森林城镇规划、林业发展规划、森林公园总体规划、湿地公园规划、林权信息化调查、森林经营方案编制、使用林地可行性等方面的技术咨询服务项目605个、合同金额达5689.61万元，与2011年度同比增幅为27.51%。

【林业科技工作】 重视科研事业的发展。①完成《全国湿地保护补助项目监测评估办法》和《湿地保护补助项目实施方案编制导则》的编写任务。②完成国家森林资源连续清查固定样地标准和全国森林采伐限额执行情况检查技术规程标准的编制任务。③获2012年度全国优秀工程咨询成果三等奖1项，获2011年度全国林业优秀工程咨询成果二等奖4项、三等奖1项，2011年度全国林业优秀工程勘察设计三等奖1项。

【人才队伍建设】 吸收硕士毕业生4人、本科毕业生4人，充实人才队伍。全院正式职工226人(其中离退休职工67人，在职职工159人)。专业人员占在职人员的81.0%，在职职工平均年龄43岁，83.5%以上职工具有大学本科以上学历，47.5%以上具有硕士以上学历或高级工程师以上职称。

【华东院杭州新址附属用房项目主体工程结顶】 华东院职工食堂单身宿舍及其他附属用房项目主体工程，于2012年11月8日结顶。项目建设进入室内外装修阶段，将于2013年9月全面完工。

(国家林业局华东林业调查规划设计院由刘强供稿)

国家林业局中南林业调查规划设计院

【综　述】 2012年，中南林业调查规划设计院(以下简称中南院)干部职工坚持以邓小平理论、"三个代表"重要思想和科学发展观为指导，以创先争优活动为载体，按照局党组提出的"发展现代林业、建设生态文明、推动科学发展"的重要部署，认真履行国家森林资源监测职能，紧紧围绕中南院年度工作总体目标，以森林资源监测、湿地资源监测、石漠化监测和西藏二类调查等工作为重点，通过强化组织领导、健全工作制度、落实监督措施、严守工作纪律，共承担完成广东省和云南省两省的森林资源连续清查，西藏冷杉、云杉和西南地区云南松等树种生物量建模，中南监测区7省区营造林综合核查，中南监测区7省区全国占用征收林地检查，全国森林采伐限额执行情况检查，退耕还林工程国家重点核查验收，全国第二次湿地资源调查，岩溶地区第二次石漠化监测，全国省县级林地保护利用规划林地落界，全国林地保护利用变更调查，森林覆盖率和森林蓄积量指标年度考核，《珍稀树种培育示范县建设标准》和《珍稀树种培育示范县建设管理办法》编制，造林绿化任期目标责任制管理办法，森林抚育国家检查，国家林业生态工程重点区遥感监测评价项目第三、四期监测天全和南江监测子项目等生产、科研项目298项，全面完成了年度各项工作目标和任务。

截至2012年12月，中南院实有职工总数258人，其中在职职工174人，离退休84人。与国家林业局中南森林资源监测中心、国家林业局石漠化监测中心、国家林业局中南林业碳汇计量监测中心、国家林业局中南生态监测评估中心实行一套人马、五块牌子的管理模式。

【张建龙到中南院考察】 3月19日，国家林业局党组成员、副局长张建龙在湖南省林业厅厅长邓三龙、国家林业局资源司司长汪绚等有关领导陪同下，考察了中南院院区基本建设，参观了院展览室。在院考察期间，张建龙副局长一行认真听取了中南院工作汇报，出席了中南院成立五十周年庆祝大会暨国家林业局中南林业碳汇计量监测中心、国家林业局中南生态监测评估中心揭牌仪式，并与中南院全体领导班子成员和中层干部进行了座谈。

张建龙在座谈会上代表国家林业局党组向中南院成立50周年表示热烈祝贺，向全院干部职工表示亲切问候。他指出，50年来，中南院在历届领导班子的带领下，经过全院广大干部职工的共同努力，取得了优异成绩，为林业建设事业，特别是中南八个省区的林业建设作出了巨大贡献。一是圆满完成了国家林业局(原林业部)交办的各项工作任务。二是取得了许多优秀的科研和设计成果。三是培养和造就了一支优秀的干部职工队伍。他希望，一要认清形势，开拓进取。结合监测任务实际，理清工作思路，履行好局党组赋予的职责。二要突出重点，协调发展。认真完成好国家林业局交办的各项工作。要继续立足林业，发挥好技术支撑作用，服务林业发展大局。三要科学管理、健全机制。进一步深化改革，充分调动好职工积极性，形成一个和谐稳定的发展局面。四要带好队伍，争创一流。切实加强思想、组织、作风、制度、廉政建设，全面提升班子决策能力和管理能力，提高干部职工政治素质和业务素质。

【中南院成立50周年庆祝大会暨国家林业局中南林业碳汇计量监测中心、国家林业局中南生态监测评估中心揭牌】 3月19日上午，召开了庆祝中南院成立50周年大会暨国家林业局中南林业碳汇计量监测中心、国家林业局中南生态监测评估中心揭牌仪式。国家林业局党组成员、副局长张建龙，国家林业局有关司局办、国家林业局直属林业调查规划设计院、湖南省林业厅、中南林业科技大学等单位的领导和嘉宾应邀出席了此次活动。大会由中南院党委书记彭长清主持，中南院全体干部职工以及历任老领导参加了此次会议。

会上，国家林业局资源司司长汪绚宣读了国家林业局贺信，国家林业局人事司副司长丁立新宣读了国家林业局关于成立中南林业碳汇计量监测中心文件，国家林业局办公室副主任李金华宣读了国家林业局关于成立中南生态监测评估中心文件。中南院院长周光辉在致辞中全面总结回顾了中南院成立50年来的风雨历程和取得的成就，并代表领导班子和全体职工衷心感谢局党组、各司局办、地方和有关单位长期以来对中南院建设发展的关心和支持。湖南省林业厅邓三龙厅长致贺词，对中南院成立50周年庆祝大会暨国家林业局中南林业碳汇计量监测中心、国家林业局中南生态监测评估中心揭牌表示热烈祝贺。最后，举行了简朴的揭牌仪式，国家林业局党组成员、副局长张建龙为国家林业局中南林业碳汇计量监测中心、国家林业局中南生态监测评估中心揭牌。

【湖南省委常委、长沙市委书记陈润儿到中南院考察调研】 8月6日上午，湖南省委常委、长沙市委书记陈润儿等一行专程到中南院考察调研。听取了有关工作情况介绍，考察了院区基本建设情况，参观了中南院展览室、职工活动室，观看了中南院西藏连清工作专题纪录片，了解了中南院主要业务及科技创新、生产科研等方面的情况。

【中南院获湖南省直机关创先争优工作先进单位】 自2010年4月创先争优活动开展以来，中南院领导班子按照中央、国家林业局和湖南省直机关工委的统一部署和要求，坚持高起点谋划、高标准推进，组织全体干部职工积极投身创先争优活动中，高质量完成了各项工作任务，提高了职工队伍的整体素质，使创先争优活动成为推动中南院各项事业科学发展的活力工程、群众满意的民心工程、固本强基的基础工程，赢得了广大党员干部的真心欢迎和职工群众的广泛好评。受到了中组部调研组、国家林业局和湖南省直机关工委的肯定和好评。2012年被湖南省直机关创先争优活动领导小组、中共湖南省直机关工委和湖南省人力资源和社会保障厅联合授予湖南省直机关创先争优工作先进单位荣誉称号。

【广东省森林资源与生态状况综合监测试点工作研讨会召开】 为进一步贯彻落实第八次全国森林资源清查2012年清查前期工作会议精神，切实抓好广东省森林资源与生态状况综合监测试点工作，2月22～23日，中南院与广东省林业厅在湖南长沙组织召开了试点工作研讨会。会议由中南院总工程师、副院长熊智平主持，中南院院长周光辉、中南院院党委书记彭长清、广东省林业厅森林资源管理站站长黄平、广东省林业调查规划院院长肖智慧以及中南院、广东省林业厅相关部门负责人、专家参加了此次会议。

会议根据2012年全国连清前期工作会议纪要对广东省综合监测试点工作提出的有关要求，就试点内容、试点应解决的主要问题、工作思路及主要做法、试点产出成果等方面进行了认真研讨，形成了一致意见，并就下一步试点工作重点提出明确要求：一是进一步做好森林资源与生态状况综合监测的内容和方法优化完善工作。二是认真做好森林资源一体化监测试点工作。三是认真做好年度出数方法试点。四是重点研究解决清查体系面临的突出问题。为全国第九次森林资源清查拓展清查内容、完善清查方法、改进技术手段等提供依据。

【岩溶地区第二次石漠化监测初步成果审查会议召开】 3月23～24日，国家林业局防沙治沙办公室在长沙主持召开了岩溶地区第二次石漠化监测初步成果审查会议。国家林业局防沙治沙办公室屠志方总工程师、李梦先处长，国家林业局石漠化监测中心周光辉主任、熊智平副主任、石漠化监测处处长但新球及岩溶地区的湖北、湖南、广东、广西、重庆、四川、贵州、云南8省区市林业设计院主管院长、项目负责人及技术骨干等参加了此次会议。与会人员认真听取了8省区市石漠化监测工作开展情况、监测主要结果及分析等情况的汇报，并有针对性地开展了讨论。

会议进一步明确了下阶段的任务目标和工作重点，规范了监测成果数据要求，达到了预期目标，为优质高效完成好岩溶地区第二次石漠化监测任务并按期发布监测成果奠定了基础。

【中南森林资源监测区第七届协作会议召开】 9月20日，中南森林资源监测区第七届协作会议在西藏林芝召开。会议由中南院党委书记彭长清主持。国家林业局资源司巡视员李忠平、资源司综合处调研员杨净、中南院院长周光辉、中南森林资源监测区8省(区)林业厅主管林政资源的主管领导、资源处处长、林业调查规划(勘察)设计院领导等48人参加了此次会议。

【西藏自治区森林资源二类调查】 为摸清西藏全区森林资源的数量、质量和分布状况，建立西藏完整的森林资源和森林生态状况技术档案，全面落实西藏林业建设座谈会精神，从2012年4月，西藏全面启动第二次森林资源二类调查工作。中南院具体承担了西藏昌都、林芝和那曲3个地区16个县的森林资源二类调查任务，由中南院党委副书记、副院长周学武带队，组织125名工程技术人员在西藏自治区区委、区政府和区林业局的重视和西藏各地市县有关部门的支持下，严格按照技术规程规范的要求，到11月完成了16个县外业调查工作，外业调查工作质量全部达到优级。

【退耕还林工程阶段重点核查验收】 根据《国家林业局关于开展2012年度退耕还林工程退耕地还林阶段验收工作的通知》精神和国家林业局退耕办的工作部署，自5月初全面启动以来，中南院技术人员克服高温酷暑、多雨等不利因素影响，严格按照阶段验收办法和有关质量管理规定，经过近3个月的野外调查，至7月31日，核查验收工作全面结束，实际核查验收面积6.81万公顷，涉及湖南、湖北、贵州、广西、黑龙江5个省区352个县，1286个乡，95 979个小班。

【中南监测区林地落界数据成果核查验收】 根据国家林业局资源司《关于做好林地保护利用林地落界成果数据验收工作的通知》精神和统一部署，中南院加强组织领导，成立了中南监测区林地落界工作督导组，采取电话、邮件和现场指导等方式与各省(区)沟通联系，要求各省(区)一定要严格执行国家林业局有关林地保护利用规划的规程、规范，按时高质量完成林地落界工作。截至9月底，中南院全面完成了中南监测区8省(区)林地落界数据成果的核查验收工作，共核查792个县，抽查3414个地形图图幅的1 326 321个图斑，为实现“全国林地一张图”管理和林地变更调查试点工作奠定了坚实基础。

【《全国第二次石漠化监测内业统计汇总与成果报告》顺利通过专家论证】 在国家林业局防治荒漠化管理中心的统一组织下，在各石漠化监测省区的配合支持下，中南院作为国家林业局石漠化监测中心，加强组织领导，落实责任目标，严把成果质量关。自2012年3月起，对各省区提交的石漠化监测基础数据与成果报告进行了认真审核、分析，并依托中南院开发的地理信息管理系统对监测数据进行了检查、拼合与空间分析，并与前期监测数据库进行了对接，进一步分析石漠化土地动态变化趋势及变化原因。5月，中南院参加了全国第二次石漠化监测数据汇总与成果报告编制工作，完成了岩溶地区石漠化监测数据库、监测统计表与成果图件、监测成果报告与公报、石漠化监测地理信息管理系统及石漠化监测专题报告等主要监测成果。

5月20日，国家林业局组织召开了《全国第二次石漠化监测内业统计汇总与成果报告》专家论证会。由9名专家、院士组成的专家论证委员会认真听取了中南院关于全国第二次石漠化监测主要成果汇报后，对监测成果相关资料进行了详细审议。专家委员会一致认为全国第二次石漠化监测技术路线可行、技术标准科学、组织保障得力，监测成果及趋势准确，建议进一步完善后尽快发布。

【《湖南省永州市国家森林城市建设总体规划》顺利通过专家评审】 12月23日，湖南省永州市人民政府组织召开《湖南省永州市国家森林城市建设总体规划》项目评审会，评审专家组由来自湖南省林业厅、国家林业局林产工业规划设计院、浙江农林大学、北京林业大学、南京林业大学、中南林业科技大学单位的专家组成，中南院院长周光辉参加了此次会议。

与会评审专家听取了中南院编制项目组情况汇报，审查了《总体规划》材料，认为该《总体规划》文本和图件符合国家相关技术规定要求，对永州森林城市建设具有重要的指导意义，一致同意通过评审。

【中南院4项成果获全国林业优秀工程咨询成果奖】 根据中国林业工程建设协会《关于表彰2011年度全国林业优秀工程咨询成果奖获奖项目的通知》，中南院承担完成的《湖南林业发展"十二五"规划》获一等奖，《广西桂林会仙喀斯特国家湿地公园总体规划》获二等奖，《海南省公益林建设保护规划(2010～2020)》和《桂林漓江沿岸森林生态景观建设总体规划(2011～2020)》获三等奖。

(国家林业局中南林业调查规划设计院由齐建文供稿)

国家林业局西北林业调查规划设计院

【综　述】 2012年，西北林业调查规划设计院坚持以科学发展观为指导，认真贯彻落实党的第十八次全国代表大会精神和全国林业厅局长会议精神，深入推进"项目带动、人才强院、科技兴院"3个战略，努力转变发展方式，规范管理制度，巩固和扩大发展成果，顺利完成了全年目标任务，实现了资源监测、信息化建设、党风廉政等各方面工作的新突破和新提高。

【思想政治建设】 2012年，西北院以迎接党的十八大召开、学习宣传贯彻会议精神为主线，全面加强全院职工思想政治工作，认真学习和贯彻落实十八大精神。在会议召开前，大力宣传党的十七大以来我国改革开放、现代化建设和党的建设取得的巨大成就和宝贵经验，歌颂党的丰功伟绩，为党代会召开营造良好氛围。会议召开后，及时组织收看会议盛况，学习传达会议精神，把全院干部职工的思想行动统一到十八大精神上来，把工作重心集中到发展"两个林业"、建设生态文明上来。

【资源监测】 2012年，共承担和完成了国家林业局资源司及相关司(局)下达的25项资源监测任务。主要包括：四川、重庆森林资源连续清查的技术指导、外业质量检查和内业统计汇总工作；监测区9个省级单位105个县(局)的营造林综合核查；39个县(局)林地征占用检查；9个县(局)的采伐限额检查；344个县(局)的退耕还林阶段验收；全国20个省级单位的天然林保护工程年度检查和"四到省考核"；三北防护林工程第四期的质量成效评估；第五次全国荒漠化和沙化监测前期技术准备、技术方案修订论证；第二次全国湿地调查5个省级调查单位的质量验收和"中国湿地保护工程"7省10个保护区项目建设的评估及技术规范制订等。各项监测任务均按期保质保量完成并得到国家林业局有关司(办)的高度评价。

【技术服务】 在全面完成各项指令性任务的同时，坚持"项目带动、科技兴院、人才强院"的发展战略，强化技术服务，扩大对外合作，全年累计承揽技术服务项目231项，合同产值、到位资金与2011年相比均翻了一番。在巩固传统咨询设计业务、天然林保护、林业工程监理、森林公园建设的同时，顺应发展势头，把技术服务向园林绿化、林业产业、森林碳汇等领域拓展，开展了富有成效的项目合作，拓展了技术服务领域和西北林调院发展空间。

【林业信息化建设】 根据《全国林业信息化建设纲要》《全国林业信息化建设技术指南》及《全国林业信息化发展"十二五"规划》(2011～2015年)的相关要求，西北院合理有序推进信息化建设工作。认真贯彻全国林业信息安全工作电视电话会议精神及信息化网络安全规定，在全院范围内对信息安全工作进行自查和整改，加强涉密计算机的物理隔离，确保涉密数据不存在任何安全隐患。进一步强化中国林业网西北院子站建设，党的第十八次全国代表大会闭幕后，及时向国家林业局申请增加了“学习贯彻十八大精神专题”模块，方便网站访问者实时了解有关十八大的文件、报告和上级部门的部署要求，更好地构建贯彻落实十八大精神的学习交流平台。

【党风廉政建设】 2012年，西北院以开展“一迎五创”主题活动和“基层组织建设年”活动为载体，组织引导党员干部“岗位创先争优，争创一流业绩，做服务发展的表率”，提升党员队伍素质和服务发展能力，充分发挥支部的战斗堡垒作用和党员的先锋模范作用。西北院园林处党支部在2012年国家林业局机关党委“关于表彰国家林业局优秀党建品牌”的活动中荣获表彰。另一方面深入推进反腐倡廉建设，保持清正廉洁的作风。积极开展党性党纪教育以及廉洁自律和遵纪守法教育，筑牢思想道德和法纪防线。认真落实廉洁自律“六不准”和“廉政准则”等各项规定，开展了处级以上干部个人有关事项申报工作，对廉政信息反馈卡制度、“三重一大”制度执行情况进行监督检查，有效防止了不廉洁行为和事件的发生。

【管理制度建设】 为了适应“五位一体”社会主义事业总体布局，强化生态文明建设，促进“两个林业”协调发展，西北院进一步修订完善岗位职责方面的规章制度，大力加强制度建设，全面规范人员招聘、资金使用、物资采购等管理流程，使权力和责任更加明晰，岗位管理和工作机制更加完善。

（国家林业局西北林业调查规划设计院由王义贵供稿）

国家林业局昆明勘察设计院

【综　述】 2012年是昆明勘察设计院具有里程碑意义的一年。国家林业局西南林业碳汇监测中心、国家林业局自然保护区及野生动植物西南监测中心、国家林业局西南生态监测评估中心3个区域性监测中心的成立，增加和完善了昆明院的公益性职能。在国家林业局党组领导下，昆明院紧紧围绕“立足西南、服务林业、立足林业、服务社会”的宗旨，在林业、农业、交通、水利、市政等领域大力拓展业务，经济效益再创新高，为发展现代林业、建设生态文明、促进科学发展奠定了坚实的基础。

退耕还林工程重点核查验收工作 2012年，完成了云南11个州(市)39个县、四川21个州(市)110个县的退耕还林重点核查验收工作，核查验收面积54 370.76万公顷

天然林保护复查工作 完成了天然林保护工程一期云南省公益林建设自然灾害损毁核销复查工作。编写了《天然林资源保护工程一期云南省公益林建设自然灾害损毁核销复查技术方案》，共完成了8个州(市)10个县10.4万公顷的复查工作。

林业碳汇计量工作 依托国家林业局西南林业碳汇监测中心，编制《国家林业局西南林业碳汇计量监测中心基础设施建设可行性研究报告》；参加了联合国气候变化框架公约(简称UNFCCC)多哈会议；完成了中国绿化基金会、重庆市林业局“绿化长江重庆行动”碳汇造林试点项目等3个碳汇计量监测项目的计量工作。

生态监测评估工作 国家林业局西南生态监测评估中心的挂牌成立且监测区域的确定，标志着昆明院职能由建院初期的主要“为木材生产为主的林区开发服务”转向全面“为林业生态建设服务”为主。

承担林业工程标准编制工作 完成了24个国家林业相关标准的意见征询工作；完成林业工程建设标准体系送审稿的修改工作；完成了《林业名词术语及计量标准》《林业工程分类标准》及《林业工程制图标准》报批稿的修改及上报工作。

《林业建设》期刊编辑出版发行工作 成立了审稿专家委员会，在中国林业工程建设协会网站建立了林业建设子网站，完成《林业建设》6期期刊的编辑和出版发行工作。

服务林业生态建设工作 修改完成了云南省4个州(市)13个县的天然林资源保护工程二期实施方案的编制及3个县的公益林修编工作；完成规划设计和调查类项目15类27项。组织完成了国家林业局2013年5个林业行业标准编制和6个森林资源管理项目的申报工作；完成了9个自然保护区类项目；启动了国家林业局资源司赋予的“林业数表修编”工作；完成了国家林业局发展规划与资金管理司交办的《森林保险政策研究项目建议书》的编制工作；组织完成《全国集体林地林下经济发展规划工作方案》编制工作。

在为林业生态建设提供技术支撑服务的同时，充分发挥专业结构多样的优势，在林业、石漠化综合治理工程、农业、水保、湿地、园林、旅游、城市规划、水利等方面完成了200多个项目的咨询、规划、设计，为生态建设提供了多元化服务。

服务社会工作 在服务林业、服务社会方面业绩突出，在农业、交通、水利、市政等领域大力拓展业务。全年新签合同达226项，累计完成设计产值达1.4亿元，比2011年增长16.7%，再次刷新历史上最好的纪录。

职工队伍建设 根据国家林业局下达计划，依照严格的程序，选拔招聘了40名优秀人才，其中博士5人，硕士19人。全院现有在编职工人数234人，其中专业技术人员213人，占职工人数的91%，正高6人，副高42人，工程师88人，助工77人。现有博士14人、硕士91人、本科101人、大专9人，大学以上学历人员占全院职工总数92%。全院职工现平均年龄36岁，学历层次提高，专业结构趋于合理，队伍进一步趋于年轻化。基本形成了一支以中青年知识分子为骨干，专业基础扎实、实践经验丰富、吃苦耐劳、作风优良的专业技术队伍。

质量技术管理 1月7～10日，顺利通过了

ISO9001：2000 质量管理体系第一次监督审核。根据ISO9001：2008 质量管理体系，对各类项目进行全面的质量控制及管理，做好事前指导，实行全过程管理，及时解决规划设计中遇到的技术问题，抓好质量监督与检查指导工作，全年质量管理安全运行，没有发生质量事故。

学术交流及科研工作 绿色大讲堂邀请国内外专家进行学术交流活动，全院形成“学理论、学科技、学知识、学专业”的良好风气。申报的《云南省深化国有林场改革研究》获得 2012 年度云南省哲学社会科学研究基地课题的重点课题立项。李小双、刘久俊、刘智军和马国强 4 名同志的 3 篇论文获“梁希青年论文奖”三等奖。8 个项目分别获得优秀咨询、设计奖。各类注册人员达 62 人，持有各类注册执业资格证书 112 个。

思想政治建设 一是贯彻落实国家林业局党建研讨会、党建研究会议精神，扎实推动全院基层组织建设年活动。二是认真学习贯彻党的十八大等有关会议精神，深入学习实践建设生态文明和美丽中国的宏伟蓝图。三是学习贯彻局机关“两建”工作会议和廉政风险防控经验交流会议精神、通过观看鹦哥岭青年团队先进事迹报告、开展“绿色大讲堂”、基层党建、职工思想教育等活动，推进全院的思想、作风建设。

精神文明和文化建设生机勃勃，和谐西南院建设取得成果 顺利通过省文明委考评组 2009～2011 年度省级文明单位考核验收，连续 24 年保持云南省文明单位称号。对外加强了业务单位间的交流互动，对内组织开展一系列丰富多彩的文体活动，营造全民健身的良好氛围，缓解职工身心压力，全院呈现生机勃勃、团结和谐的景象。

【林业大事】

3 月 23 日 国家林业局自然保护区及野生动植物西南监测中心在国家林业局昆明勘察设计院挂牌成立。

10 月 25 日 国家林业局西南生态监测评估中心在国家林业局昆明勘察设计院挂牌成立。

10 月 25 日 国家林业局党组副书记、副局长张建龙一行到国家林业局昆明勘察设计院检查指导工作。

（国家林业局昆明勘察设计院由张妍宇供稿）

林业社会团体

21

中国林学会

【综　述】

学术交流　2012年学会及各分会共举办综合性和专题性学术活动40余项，参与人数达7000余人次，交流论文3000余篇。成功举办了第十届中国林业青年学术年会、第二届森林科学论坛——森林可持续经营国际学术研讨会、第十四届中国科协年会林业分会场——林业新兴产业科技创新研讨会、第四届中国森林保护学术大会等综合性重点学术活动。组织开展森林培育、森林生态、木材工业、林业机械、森林工程、森林食品、竹子、桉树、杨树重点学科和重点领域专题学术交流活动等20余项。召开2012年全国桉树论坛暨中澳合作东门项目30周年成就展示会、第八届中国竹业学术大会，举办森林食品安全标准与技术培训班，搭建桉树、竹子、木材加工、生物质材料等重点领域的产学研交流平台，促进林业产业发展。召开第二届林学名词审定委员会第四次全体扩大会议，初步编写完成《林学名词》(第二版)修订稿。组团参加国际林联第十二届木材干燥国际会议、世界自然保护联盟第五届世界保护大会和第二十四届国际杨树大会，赴台湾地区进行森林保护学术交流与考察。

科学普及　学会举办主题科普活动25次，科普讲座18次，科普展览17次，受众人数近20 000人。组织开展全民义务植树日宣传活动。举办《森林为民》科普展览、插花技艺展示，免费发放《森林防火知识》等科普资料，开展绿化美化专家咨询等活动，系统介绍森林的功能和作用，宣传植树造林、养花护草的意义。配合国家林业局科技司等单位在浙江省举办全国林业科技活动周暨浙江省第九届林业科技周活动。与北京林学会共同举办大众环湖行走活动，宣传林业知识，弘扬绿色发展理念。联合北京植物园，以食品安全与公众健康为主题，举办“舌尖上的植物园——植物饮食文化”科普展览。展览通过90余块图文并茂的精美展板，展示森林食品与健康等方面的科普知识，普及植物饮食文化。协助中国科协举办“弘扬防灾减灾文化，提高防灾减灾意识”防灾减灾日主题科普活动，普及防灾减灾知识，吸引近2000人次的参与。制定浙江龙泉、陕西蓝田、辽宁宽甸3个试点县(市)科普服务林改年度工作计划，先后4次深入试点县调研，总结经验，指导工作，稳步推进科普服务林改试点行动。举办全国林业科普工作经验交流会。组织开展全国科普教育基地推荐工作，由学会推荐的吉林省林业技师学院等5个全国林业科普基地获全国科普教育基地称号。截至2012年年底，由中国林学会推荐、被中国科协命名的全国科普教育基地达到14家。开展林业科普基地审验与第三批全国林业科普基地评选工作。北京八达岭森林公园等31个全国林业科普基地通过审验，安徽上窑国家森林公园等35个单位被命名为第三批全国林业科普基地。截至2012年年底，由中国林学会命名的全国林业科普基地达到113家。召开标准审定会议，完成《全国林业科普基地规范》报批稿。

决策咨询　学会提供决策咨询报告24篇，其中获得上级批示5篇。举办决策咨询专家论坛15次。组织编写完成《2011年生物灾害状况和2012年预防与控制生物灾害的报告》林业有害生物防控专题报告。编写完成《2011年全国主要林业有害生物成灾情况及2012年发生趋势与防控对策建议》，提出建立松材线虫病国家部委级协调机制、加速推进社会化防治等5条建议。其中“迅速遏制‘植物杀手’薇甘菊刻不容缓”建议通过中国科协上报中央书记处；组织开展了林改后集体林经营现状、增收潜力及政策需求调研。分别对辽宁、江西、湖北、广西、安徽、陕西6省的18个典型村和90个典型农户进行调查，比较不同经营模式效果，分析林农增收潜力，形成《当前集体林经营现状及政策需求调研报告》，提出“关于提高集体林经营水平的政策建议”；组织专家多次召开座谈会，在前期调研的基础，编写完成我国东北地区森林经营与森林质量调研报告；受全国绿化委员会办公室的委托，开展全国古树名木保护情况调研考察，组织专家调研组，深入北京、山西、新疆、湖北等地进行实地调研；组织开展林业科技成果转化优化模式调研活动，组织专家赴浙江省有关市县调研，深入了解从生产培育到产品加工各环节的林业科技成果转化状况。承担中国科协科技工作者状况调查站点的工作。及时了解科技工作者的现状，收集、反映科技工作者的呼声和建议。学会报送的“林业青年科技人员的科研环境值得关注”“地方林业科研人员呼吁改革现行科研制度”等信息被中国科协采用。

期刊编辑　学会主办期刊《林业科学》入选中国国际影响力优秀学术期刊，再次入选中国科协精品科技期刊工程项目，被列为精品科技期刊培育计划中期刊学术质量提升项目。据科技部中国科学技术信息公布的数据显示，《林业科学》综合评价指标居全国近5000种科技期刊第9位，连续4年进入前10位，位列林业类核心期刊第一位。《林业科学》刊载的20篇论文获“领跑者5000——中国精品科技期刊顶尖论文”提名，占林学类论文比例近50%。组织召开《林业科学》主编座谈会，研究期刊改革与建设。召开林业科技期刊分会常委会议，针对科技期刊改革，提出《非法人非时政类期刊的改革之路该怎么走——从林业角度看中国科技期刊体制改革》，并上报中国科协。学会《林业科学》编辑部荣获全国生态建设突出贡献奖先进集体称号。

表彰奖励　学会表彰奖励先进科技工作者44人、优秀项目24项，评选优秀论文314篇。表彰奖励先进集体16个，向上级单位推荐表彰优秀科技工作者10人。组织开展第五届全国优秀科技工作者候选人评选推荐工作，学会推荐的国际竹藤中心岳永德、东北林业大学李坚、南京林业大学张金池、中国林科院唐守正获此殊荣。组织完成第三届梁希科普奖评选工作，共评选出优秀科普作品16项，典型科普活动8项，科普工作突出个人3人。组织开展第三届梁希优秀学子奖的评选工作，评选出41名优秀学子。开展第四届梁希青年论文奖的评选，共收到推荐论文314篇，评选出获奖论文201篇(一等奖15篇，二等奖48篇，三等奖138篇)。

组织建设和自身建设 召开了全国林学会秘书长会议。认真做好会员发展与服务工作，不断提升服务能力，巩固学会发展的群众基础。加强对分支机构的管理与服务。召开竹藤加工利用分会的成立大会，组建竹藤利用分会第一届委员会。竹子、木材工业、林业机械、森林水文及流域治理等分会完成换届。及时传达贯彻中央及国家林业局重要会议和文件精神，强化干部理论学习。抓好基层组织建设年活动，开展基层党组织自查、自评等工作，查找差距，明确努力方向。组织开展“七一”主题党日活动，举办讲党课活动，组织党员职工参观了井冈山革命圣地。加强党员的日常管理和教育，增强党员的党性观念。认真贯彻落实廉政建设的相关规定，强化反腐倡廉建设。

【第十届中国林业青年学术年会】 9月2~3日在南京召开。会议由中国林学会、南京林业大学主办，中国林学会青年工作委员会、江苏省林学会承办。来自全国各地913名林业青年科技工作者参加了年会，南京林业大学1000多名研究生参加听会。

年会主题为“锐意创新 改善生态 造福民生”。中国林学会理事长江泽慧致开幕词。国家林业局副局长孙扎根、中国科协副主席冯长根、江苏省人民政府副省长徐鸣出席会议并讲话。

在年会主会场上，中国工程院院士、南京林业大学教授张齐生，中国林学会副理事长、中国工程院院士、原北京林业大学校长尹伟伦，中国科学院院士、北京大学教授、中国科学院植物研究所所长方精云，国家林业局科技司司长彭有冬，浙江丽水学院教授金爱武分别作了题为《科学研究选题与创新》《杨树复合农林业的经营理念与技术》《全球森林的碳收支》《科技支撑，驱动创新，全面推进创新性林业建设》和《林业技术创新与成果推广的实践》的大会特邀学术报告。

年会为期2天，共设10个专题分会场，分别就林木遗传育种、绿色增长与森林培育等专题展开研讨。会议共收到学术论文900余篇，229人作了专题学术报告。会上还颁发了第十一届中国林业青年科技奖、第四届梁希青年论文奖、第三届梁希科普奖、第三届梁希优秀学子奖，共有273名林业科技工作者受到表彰。

【第二届森林科学论坛——森林可持续经营国际学术研讨会】 10月14~16日在北京召开。中国林学会理事长江泽慧致开幕词。国家林业局副局长孙扎根、中国科协书记处书记王春法出席会议并讲话。国际林联主席尼尔森·科克(Niels Elers Koch)教授，中国工程院院士、北京林业大学教授尹伟伦等国内外知名学者专家作大会学术报告。来自世界20多个国家约300名林业专家学者参加会议。

论坛共设立1主会场及4个分会场。与会代表围绕主题——气候变化下的森林可持续经营，交流了森林可持续经营的先进理念与技术措施，探讨了森林可持续经营的途径、方法。

森林科学论坛——森林可持续经营国际学术研讨会是中国林学会确定的“森林科学论坛”第二次国际学术会议，由中国林学会、国际林联、世界自然保护联盟共同发起。本届论坛由中国林学会、北京林业大学共同主办。

【林业新兴产业科技创新与绿色增长学术研讨会】 9月8~10日在河北石家庄召开。本次会议也是第十四届中国科协年会的第6分会场。会议由中国林学会、河北省林业厅、河北农业大学共同主办，中国生态学学会、中国环境科学学会、中国气象学会联合承办。

中国林学会理事长江泽慧，河北省人民政府副省长杨汭，中国林学会副理事长、中国工程院院士尹伟伦教授，中国林学会副理事长兼秘书长赵良平，河北省人民政府副秘书长李璞，河北省林业厅厅长王海洋，中国林学会常务副秘书长李岩泉，河北农业大学副校长申书兴等出席会议。尹伟伦院士、国际竹藤中心副主任费本华研究员、中国林科院副院长储富祥研究员、河北省林业厅副厅长葛会波教授、北京林业大学马履一教授、河北农业大学李保国教授共6位专家作大会特邀报告。会议开幕式由赵良平秘书长主持。

研讨会围绕主题——林业新兴产业科技创新与绿色增长，总结交流林业产业科技创新新思想、新成果，展示林业新兴产业自主创新、产业转型升级的新技术，探讨加快林业新兴产业发展的政策措施与技术，促进林业新兴产业及林果业、木竹产业的科技创新，提升林业产业的科技水平，推进中国现代林业和绿色经济发展。

本次会议共征集到学术论文100余篇，吸引了全国各地相关领域的近200位专家学者参加会议。参会代表会前现场考察了河北省临城县绿岭核桃示范基地。

【第四届中国森林保护学术大会】 8月3~5日在哈尔滨召开。大会由中国林学会主办，东北林业大学、中国林学会森林病理分会、森林昆虫分会、黑龙江省林学会联合承办。中国林学会常务副秘书长李岩泉、东北林业大学校长杨传平、国家林业局造林司总工吴坚、中国林学会森林病分会主任委员张星耀、国家林业局森防总站总工宋玉双、黑龙江省林学会常务副理事长杨国亭等有关领导以及来自全国各地从事科研、教学、管理和防治服务的森保领域科技工作者近400人参加了大会。大会主题是绿色森保——实现森林有害生物的可持续控制。中国林学会副秘书长尹发权主持开幕式。

围绕会议主题，大会设立两个分会场，学术报告包括7个大会主题报告，55个专题报告，22个青年学术沙龙学术报告。学术报告聚焦国家关注的重点，既有森林有害生物防治中的国际热点，也有我国林业生产中出现的最新问题，内容包括森林有害生物的基础生物学、有害生物流行成灾现状及机理、可持续控制措施、林业外来有害生物等。与会代表近400人，其中60%是年轻学者。这是参会人员最多的一次森林保护学术大会。与会代表对我国森林保护学科和森林保护事业的健康发展、促进绿色增长的对策措施等进行讨论与交流。

大会对青年学术报告进行评比，东北林业大学的胡基华等2位同学荣获一等奖，西北农林科技大学的崔俊等4位同学荣获二等奖，北京林业大学的陈芳等6位同学荣获三等奖。大会决定第五届中国森林保护学术大会将于2014年在浙江农林大学举行。

【全国桉树论坛暨中澳合作东门项目30周年成就展示会】 11月15～17日在南宁召开。论坛由中国林学会、广西壮族自治区林业厅主办，中国林学会桉树专业委员会、广西林学会、金光纸业（中国）投资有限公司、广宁县华扬肥料有限公司和广东女娲肥业有限公司等单位承办。原林业部副部长、中国绿色碳汇基金会主席刘于鹤、中国林学会副理事长兼秘书长赵良平、广西壮族自治区林业厅厅长陈秋华、国家林业局造林司副司长吴秀丽、中国林学会副秘书长尹发权、中国林科院副院长孟平等出席了论坛开幕式。

此次论坛的主题为"注重生态经营，提高林分质量，促进产业升级"。中国林学会副理事长兼秘书长赵良平在会上讲话。原林业部副部长、中国绿色碳汇基金会主席刘于鹤，东门项目经理 Richard Pegg，中科院上海植生所研究员李来庚等3位专家作了主题报告。中国林学会桉树专业委员会主任委员谢耀坚研究员、广西林科院副院长项东云、墨尔本大学研究员 Tom Baker 等40多位专家分别就桉树遗传育种、桉树栽培、经营管理、可持续经营及产品、市场开发等各个层面中的重点、热点和难点进行交流与研讨。会上还颁发了2012祁述雄桉树基金奖。来自国内外桉树产业技术领域的专家、学者和企业界的代表共500余人参加会议。

【第八届中国竹业学术大会】 11月23～24日在浙江诸暨召开。来自国家林业局、国际竹藤组织、各大专院校和科研机构、全国17个省（区、市）和西班牙马德里自治大学的会议代表和特邀嘉宾共计340余名参加了会议。

中国林学会竹子分会副主任委员、中国林科院亚热带林业研究所所长王浩杰研究员主持了大会开幕式。中国林学会常务副秘书长李岩泉、副秘书长尹发权、中国林科院副院长刘世荣、中国林学会竹子分会主任委员、浙江省林业厅厅长楼国华，浙江省诸暨市委常委、常务副市长赵源恩出席会议并致辞和讲话。中国林学会竹子分会副主任委员、中国工程院张齐生院士和浙江省林业厅蓝晓光总工程师分别作了"用现代信息制造业技术改造传统产业，再现竹材加工业的生机与活力"和"卫女行而思归咏 楚客放而防露作"的专家报告。

会议表彰了萧江华等5名竹子分会工作突出贡献奖获得者和陈其兵等35名优秀会员，评选出优秀论文21篇。与会代表还参观考察了西施故里和光裕竹业等地。

【森林食品安全标准与技术培训班】 11月1～2日在浙江义乌召开。此会议由中国林学会、浙江省林业厅主办，中国林学会森林食品科学技术专业委员会、浙江省林产品质量监测站和义乌市林业局承办。中国林学会副秘书长尹发权、浙江省林业厅副厅长吴鸿出席了开班仪式并讲话。来自全国21个省（区、市）森林食品行业的130多名科研、管理及企业人员参加了培训班。

本次培训班特邀中国工程院院士、浙江省农科院院长陈剑平，国家林业局科技司产业处冉东亚处长以及中国林科院王贵禧研究员等专家分别就"农业科技与森林食品""森林食品标准和质量监督管理""科技促进中国榛子产业发展""四轮启动，双翼起飞——康大香榧的发展之路""森林食品质量安全现状与潜在风险"等进行专题讲授。

培训班通过授课、研讨和现场考察相结合的方式，使学员们对我国森林食品的发展现状、森林食品标准、森林食品的科技应用及森林食品的潜在风险有了进一步的了解。

【全国林业科普工作经验交流会】 11月27～28日在广东湛江举办。中国林学会常务副秘书长李岩泉出席开幕式并讲话，中国林科院副院长黄坚、广东省林业厅副巡视员兼省林学会副理事长丘国栋、国家林业局桉树研究开发中心党委书记谢耀坚出席会议并在开幕式致词。来自全国26个省（区、市）林学会的代表，第三届梁希科普奖获奖代表，全国林业科普基地的代表和中国林学会"科普服务林改试点"县（市）的代表共110余人参加会议。会议开幕式由中国林学会副秘书长沈贵主持。

中国科学院著名科学传播专家李大光教授和《科技日报》原副总编辑王直华高级编辑分别作了题为《世界科学传播发展趋势与中国的问题》和《科普创作：基础五论》的特邀报告。

会议期间，颁发了第三届梁希科普奖、第三批全国林业科普基地证书和全国林业科普基地命名活动优秀组织奖。第三届梁希科普奖一等奖获得者和梁希科普活动奖获奖单位分别就科普工作的经验、体会和建议做了发言。全国林业科普基地代表和中国林学会科普服务林改试点县代表在会上作了典型经验交流。与会代表还实地考察了南方国家级林木种苗示范基地，参观了工厂化育苗、现代高新技术展示区、珍稀花卉园、南亚热带树木园和科普展馆。 （中国林学会由郭丽萍供稿）

中国野生动物保护协会

【综　述】 2012年，中国野生动物保护协会积极组织动员社会力量，广泛开展科普宣传教育，提高全民族的生态保护意识；开展国内外科技交流与合作，促进野生动物保护科学技术的发展；为野生动物保护募集资金、组织实施项目，拯救珍稀濒危物种，保护生物多样性。目前拥有会员35万多人，全国各级协会774个，设有科技、宣传、基金管理、野生动物养殖、鹤类联合保护、野生动物保护区、科学考察、野生动物救护中心委员会及水生野生动物保护分会。

【"保护大象 建设保护区 有你有我"活动】 2月28日，一场主题为"保护大象 建设保护区 有你有我"科普宣传活动在丽江市玉龙雪山省级自然保护区落下帷幕。本次活动由中国野生动物保护协会、云南省野生动物保护协会、美国海瑞集团、德国美乐时望远镜以及斯巴鲁汽车（中国）有限公司联合主办，活动分别走进云南野生动物园、西双版纳野象谷、普洱糯扎渡省级保护区勐矿村、拉市海高原湿地省级自然保护区、玉龙雪山省级自然保护区以及昆明市官渡区关上实验学校、丽江市玉龙县玉龙中学等2所学校。宣传活动在动物表演场开展大象保护知识竞答，在学校及保护区周边等人群密集区域发放大象保护手册和调查问卷，与中小学生开展大象保护互动等活动，大象保护宣传活动所到之处深受大家欢迎。德国美乐时望远镜和斯巴鲁汽车（中国）有限公司还向保护区赠送了望远镜和冲锋服。

【组织资深会员赴内蒙古、陕西开展观鸟活动】 为进一步加强协会与会员之间的联系，丰富会员活动内容，更好地为会员提供相互学习和交流平台，5月7～9日中国野生动物保护协会联合中国银行、北京布来亚克户外运动用品有限公司共同组织资深会员赴内蒙古乌梁素海湿地水禽自然保护区和陕西省红碱淖湿地进行为期3天的观鸟、观鸟知识讲座和野生鸟类摄影作品赏析等活动。

【举办中国·北戴河国际旅游观鸟摄影大展暨全国"爱鸟周"活动】 5月12日，中国·北戴河国际旅游观鸟摄影大展暨全国爱鸟周活动在秦皇岛野生动物救护中心正式启动。本次活动由中国野生动物保护协会、河北省野生动物保护协会、秦皇岛市人民政府主办，来自北京、天津、辽宁、山东、河北、河南、广州、福建、湖北、香港、澳门等省（区、市、特区），英国、德国、瑞典、苏格兰、新加坡、马来西亚等国家以及国际旅游摄影俱乐部、搜狐网等组织的观鸟、拍鸟爱好者近200人参加了活动。此次活动于11月10日闭幕。活动以增强鸟类保护、环境保护、湿地保护的社会责任为出发点，赢得了爱鸟人、摄影人的积极参与和社会各界的广泛关注。

【举办全国"爱鸟周"活动暨"与鸟共舞"生态书画展】 5月14日，由中国野生动物保护协会、国家动物博物馆、中国生态书画院共同主办举办的"2012年全国'爱鸟周'活动暨'与鸟共舞'生态书画展"在国家动物博物馆拉开帷幕。全国政协委员、中国野生动物保护协会赵学敏会长、中国野生动物保护协会秘书长臧春林、国家动物博物馆馆长黄承明、中国生态书画院副院长张世俊、薛夫彬等著名书画家出席了开幕式。

【北方地区野生动(植)物保护协会秘书长工作座谈会】 5月29日，中国野生动物保护协会北方地区野生动（植）物保护协会秘书长工作座谈会在河南省洛阳市举行，中国野生动物保护协会臧春林秘书长、河南省林业厅王学会副厅长出席了座谈会并致辞，来自北方地区15个省级协会和黑龙江省森工林区野生动物保护协会、水生野生动物保护分会的秘书长参加了座谈会。座谈会上，水生野生动物保护分会、辽宁省丹东市野生动物保护协会和北京、河北、吉林、河南、陕西省协会进行了大会交流。会议代表还审议了《中国野生动物保护协会会员管理办法》和中国野生动物保护协会会员数据库管理系统。

【举办"保护野生虎，拒绝虎制品"公益宣传活动】 6月10日，由世界自然基金会（WWF）与国际野生物贸易委员会（TRAFFIC）共同发起，中国野生动物保护协会、国家动物博物馆和外语教学与研究出版社儿童发展中心旗下的知名早教品牌布奇乐乐园共同举办的"保护野生虎，拒绝虎制品"公益宣传活动在国家动物博物馆举行。来自北京地区的80个4～6岁幼儿家庭参加了此次公益宣传活动。

【北戴河·中国野生鸟类生态摄影书画精品展】 8月5日上午，由中国野生动物保护协会、秦皇岛市政协、鸟网主办，秦皇岛市观（爱）鸟协会、飞羽视界文化传媒（北京）有限公司、鸟网北戴河联络站、中国生态书画院承办，"百鸟朝凤喜迎十八大——北戴河·中国野生鸟类摄影书画精品展"在秦皇岛鸟类博物馆隆重开幕。全国人大常委会原副委员长许嘉璐，国家林业局赵树丛局长，中国野生动物保护协会赵学敏会长、臧春林秘书长，秦皇岛市委副书记杨泰安，市人大常委会主任管瑞亭，市政协主席杨宏，市委常委、副市长马宇骏，市委常委、宣传部长时晓峰，市委常委、北戴河区委书记曹子玉，市政协常务副主席王广新，市政协副主席闻德生、霍兴文、裴晓鹏等，鸟网总版主段文科，以及鸟类爱好者、志愿者等出席了开幕式。开幕式由秦皇岛市政协杨宏主席主持。200余幅栩栩如生的野生鸟类摄影精品、酣畅传神的百余幅著名书画家以鸟类为题材创作的书画作品吸引了数以千计的市民和游客前来观赏。展览持续到8月15日。

【野生动物科学保护观研讨会】 7月8日，由中国野生动物保护协会主办，东北林业大学野生动物资源学院承办的野生动物科学保护观研讨会，在东北林业大学举行，来自社会各界及东北林业大学野生动物资源学院的学生100余人出席了会议。在研讨会上，国家林业局野生动植物保护与自然保护区管理司张希武司长、中华人民共和国濒危物种进出口管理办公室孟宪林常务副主任与中国工程院院士、东北林业大学马建章教授分别作了《中国林业生物多样性保护战略与行动计划》《野生动物国际贸易管理中如何把握保护与可持续发展》《从两起管理事件看野生动物保护理念的冲突》的报告并进行了研讨，会议通过了《科学保护野生动物倡议书》。

【"森林精灵"摄影展】 9月21日，由国家林业局和北京市地铁运营有限公司共同主办，中国野生动物保护协会承办的“森林精灵”摄影展在北京市地铁五号线磁器口、灯市口、和平里北街等三个站厅隆重展出，展期持续30天。通过“森林精灵”摄影展，将进一步增强社会各界认识和了解灵长类动物的生态习性，吸引更多的公众积极参与到保护环境的工作中来，从而推动全社会更加关注野生动、植物及其栖息地保护，共同携手共建人与自然和谐的美好家园，促进人类社会的可持续发展。

【燕京飞羽·北京鸟友野生鸟类摄影展】 11月24日，由中国野生动物保护协会、北京野生动物保护协会、鸟网、北京五棵松摄影器材城共同主办的燕京飞羽·北京鸟友野生鸟类摄影展在北京五棵松摄影器材城西广场开幕。本次影展共展出100多幅鸟类摄影作品，出自活跃在“鸟网”的60多位北京鸟友，作品中表现的鸟都是北京鸟种。作品撷取了鸟儿灵动美妙的瞬间，展现了鸟儿生命的活力，呈现出鸟类摄影独特的感染力。

【第四届中国野生生物卫士行动资助典礼】 11月24日，由中国野生动物保护协会、国际野生生物保护学会(WCS)和中华环境保护基金会共同主办的第四届中国野生生物卫士行动资助典礼在北京举行。来自海关、森林公安、边防部队以及NGO等野生生物保护与执法机构的15个(名)单位和个人获得中国野生生物卫士称号，其中卓越卫士2个(名)、杰出卫士5五个(名)、优秀卫士8个(名)。来自国家林业局、国家濒危物种进出口管理办公室、国家林业局森林公安局、海关总署、中华环境保护基金会、中国野生动物保护协会、联合国环境规划署、SEE基金会、国际生物科学联盟中国国家委员会、国际野生生物保护学会(WCS)、国际爱护动物基金会(IFAW)、国际野生物贸易研究组织(TRAFFIC)、北京电影学院的相关领导及负责人出席了资助典礼，并向获得“中国野生生物卫士”称号的单位和个人颁发荣誉证书。科研院校、NGO组织、企业界代表、文艺界人士以及40家媒体，近300人参加了资助典礼。

【央视《绿野寻踪》节目进校园】 12月3～11日，为进一步丰富未成年人生态道德教育活动，中国野生动物保护协会、国家林业局宣传中心、中央电视台少儿频道联合开展《绿野寻踪》节目进校园互动活动，分别走进海南省三亚市河东区中心学校、湖南省岳阳市岳阳楼小学、广西南宁市东葛路小学。互动活动以候鸟保护为主题，内容包括“候鸟保护”学生自编情景剧、爱鸟护鸟节目表演、学生宣读“候鸟保护”倡议书、“候鸟保护”有奖互动知识问答、“我心中的候鸟家园”校园儿童绘画比赛、“候鸟保护”倡议签名活动等。主办方还向学校赠送了图书及文具。

【第七届中国洞庭湖(岳阳)国际观鸟节】 12月7～9日，“第七届中国洞庭湖(岳阳)国际观鸟节”在湖南岳阳市举办。这届观鸟节是由国家林业局与湖南省人民政府联合主办，中国野生动物保护协会与湖南省林业厅、岳阳市人民政府承办的国际性大型生态主题活动。来自世界自然基金会、国际湿地公约局等国际组织与10多个国家的官员和专家，以及国内外30支观鸟队、30多个国家级自然保护区的代表齐聚一堂，共享美好时光。国家林业局党组副书记、副局长张建龙出席并讲话，副省长徐明华宣布开幕。张建龙在开幕式上讲话时指出，各级林业主管部门和广大湿地保护工作者要牢固树立尊重、顺应、保护自然的生态文明理念，强化政府主导、多方参与的共同保护机制，把鸟类和野生动物保护融入政治、经济、文化建设的各个方面，和广大人民群众一道，共建鸟语花香、莺歌燕舞的美好家园。

【国际合作交流】 6月15日，在中共中央政治局常委、中央纪委书记贺国强和马来西亚总理纳吉布的共同见证下，中国野生动物保护协会与马来西亚自然资源与环境部野生动物和国家公园司在马来西亚总理府签署了大熊猫保护合作研究协议。根据协议，来自卧龙中国保护大熊猫研究中心的一对大熊猫“福娃”和“凤仪”将赴马来西亚旅居，中马双方将在大熊猫保护的科普教育和科研等方面，进行为期10年合作。11月28日，国家林业局局长赵树丛与中国驻新加坡大使魏苇，新加坡总理公署部长兼内政部及贸工部第二部长易华仁，嘉德希望基金主席、新加坡前总统纳丹，新加坡野生动物保育集团主席张齐娥等嘉宾一同为新加坡河川生态园大熊猫馆开馆剪彩。中国野生动物保护协会与新加坡野生动物保育集团开展的大熊猫10年合作研究项目正式启动。

（中国野生动物保护协会由秘书处供稿）

中国野生植物保护协会

【中国野生植物保护协会第二届科技委员会全体会议】 4月28日，中国野生植物保护协会第二届科技委员会在北京召开。来自国家林业局、农业部、有关高等院校和科研单位、香港“绿的欢欣”和中央电视台等单位的50余人参加了会议。会议由中国野生植物保护协会副秘书长赵胜利主持。秘书长臧春林宣布了“关于聘任中国野生植物保护协会第二届科学技术委员会组成人员”的决定，协会会长、国家林业局原副局长马福向名誉主任和资深顾问颁发了聘书。会议听取了第一届科技委主任傅立国研究员所作的工作报告和第二届科技委主任祖元刚教授作的工作思路和工作设想报告。

【全国红豆杉产业发展座谈会】 6月6日，中国野生植物保护协会第二届红豆杉保育委员会全体会议暨全国红豆杉产业发展座谈会在北京召开。国家林业局原副局长、中国野生植物保护协会会长马福，国家林业局野生动植物保护与自然保护区管理司副司长刘亚文，国家食品药品监督管理局药品注册司中药民族药处处长凯撒等领导出席会议并讲话，其他相关部门领导、专家学者、相关企业代表、新闻媒体记者等130余人参加会议。会议由中国野生植物保护协会副秘书长赵胜利主持。会议对第一届红豆杉保育委员会的工作进行了回顾与总结，完成了第二届委员会的换届工作，马福会长为第二届红豆杉保育委员会顾问、主任和副主任颁发了聘书。第二届委员会主任、江苏红豆集团有限公司董事局主席周耀庭先生委托其代表向大会介绍了今后的工作思路和设想。

【首届中国沉香文化博览会暨沉香文化论坛】 11月26日，由中国野生植物保护协会与文化部中外文化交流中心主办，天津沉香艺术博物馆承办的首届中国沉香文化博览会暨沉香文化论坛在北京开幕。展览内容涵盖沉香文化历史、科学研究、种植开发等多方面。同期举办的沉香文化论坛，汇集了沉香各领域的专家学者、企业和爱好者共150余人，交流了沉香文化、沉香科研、沉香保育开发等方面的经验成果，旨在推动沉香的学术研究，促进沉香保育事业与沉香文化健康发展。

【全国兰花保护与产业发展座谈会】 12月8日，由中国野生植物保护协会主办，深圳市兰科植物保护研究中心和汕头市澄海区人民政府承办的中国野生植物保护协会第二届兰花保育委员会全体会议暨全国兰花保护与产业发展座谈会在广东汕头召开。国家林业局保护司副司长刘亚文、国家濒管办巡视员周亚非等领导出席会议并讲话，汕头市澄海区政府领导到会致词。来自全国兰花重点省份的野生植物保护行政主管部门领导、专家学者、相关企业代表、新闻媒体记者等90余人参加了会议。会议由中国野生植物保护协会副秘书长赵胜利主持。会议对第一届兰花保育委员会的工作进行了回顾与总结，完成了第二届委员会的换届工作，第二届委员会主任、深圳兰科植物保护研究中心刘仲健主任向大会介绍了今后的工作计划和设想。会议还审议通过了《中国野生植物保护协会兰花保育委员会工作章程》。

【全国蕨类植物学术研讨会】 12月11～12日，由中国野生植物保护协会蕨类植物保育委员会和中国花卉协会蕨类植物分会主办，海南大学承办的2012年中国蕨类植物学术研讨会在海南省海口市召开。会议充分展示了我国蕨类植物工作者在科研、教学、物种保育和资源开发利用等领域取得的丰硕成果，进一步强化了国内蕨类植物研究机构之间的交流与合作，为促进我国的蕨类植物产业化发展、推动我国野生蕨类植物资源的调查、收集、保存、研究和可持续利用等工作作出了积极的贡献。来自国内55个单位的86位代表参加了会议。会议出版了论文摘要集。

（中国野生植物保护协会由秘书处供稿）

中国花卉协会

【行业管理】 1. 完成《全国花卉产业发展规划(2011～2020年)》编制任务。召开专题会议，反复修改完善，形成《全国花卉产业发展规划(2011～2020年)》征求意见稿，组织召开《规划》评审会。12月25日，国家林业局第10次局务会审议通过。

2. 完成“花卉产业发展扶持政策”专题调研。组织全国各省(区、市)花卉协会面上调研与重点调研相结合的方式。重点调研分4个组分赴8个省展开，共走访10多个花卉产地或消费地，考察近50家具有代表性的花卉企业，召开30多次座谈会。

3. 全国花卉物流体系建设取得进展。组织全国花卉物流发展座谈会，积极筹建中国花卉协会市场流通分会，组团赴荷兰、丹麦考察，指导专业花卉物流公司组建等工作，形成推动我国花卉物流发展的基本构架。

4. 组织召开中国花协分支机构座谈会。会议认真总结各分支机构2011年工作，提出了2012年工作安排，讨论《中国花卉协会分支机构管理办法(暂行)》和《中国花卉协会分支机构开展活动管理办法(暂行)》。

5. 开展2011中国花木产业年度人物评选活动。与中国绿色时报社共同主办了“2011中国花木产业年度人物”评选活动，经专家评审，李敏等10人被评为“2011中国花木产业年度人物”。

【七项展会】 一是圆满完成“2012荷兰世界园艺博览会”参展任务。经国务院批准，由国家林业局代表中国政府参加2012荷兰世园会，中国花卉协会负责参展任务。组织完成中国参展的“中国园”设计、建造、专家组项目验收、参加2012荷兰世园会开幕式、举办中国园开园仪式、举行中国馆日活动、“洛阳牡丹文化周”“凉山州文艺表演”。获得国际园艺生产者协会(AIPH)最高奖项——“绿色城市”大奖，同时获得荷兰世园会组委会国际竞赛银奖和盆景类3个金奖。二是举办第十四届中国国际花卉园艺展览会。三是举办第六届中国(三亚)国际热带兰花博览会。四是举办2012广州国际盆栽植物及花园花店用品展览会。五是举办2012中国(萧山)花木节。积极推进2014青岛世界园艺博览会筹备工作。稳步开展第八届中国花卉博览会筹备工作。

【申办2019年中国北京世界园艺博览会】 2012年6月18日，中国花卉协会收到《北京市人民政府关于报送2019年世界园艺博览会(A1级)的申办报告和举办方案的函》(京政函[2012]56号)，正式启动了2019年中国北京世界园艺博览会(A1类)的申办工作。根据申办工作的总体安排，力争在9月获得申办通过。我会牵头与北京市、中国贸促会以及外交部、财政部、商务部等部门，完成了组织国内专家组考察、报经国务委员、副总理、总理五位国务院领导批准、在AIPH年会上进行申办陈述、组织安排国际园艺生产者协会专家组考察等一系列重要工作。9月29日，AIPH主席向江泽慧会长发来正式书面通知，批准中国北京举办2019年世界园艺博览会(A1类)。

【国际交流】 参加了亚洲花店业协会第34、35届理事会议和国际园艺生产者协会春季会议、执委会会议和年会，在相关国际组织保持着相当的话语权，发挥出了协会应有的作用。

【信息化建设】 协会门户网站的信息量有了大幅度增加，信息质量有所提高，全年在国家林业局50个子网站中点击量排行位居第9名。《中国花卉园艺》杂志办刊水平有所提高。

【花卉展会活动】 在展会方面，实现了"两突破"和"两推进"。"两突破"，即出色完成了2012荷兰世界园艺博览会参展任务，代表中国参展的"中国园"荣获荷兰世园会最高奖项——"AIPH绿色城市大奖"，同时，获得荷兰世园会国际室外展园类银奖和盆景类3项金奖。成功申办了2019年中国北京世界园艺博览会(A1类)，这是继1999年中国昆明世界园艺博览会后中国第二次获得同类别活动举办权。"两推进"，即，积极推进了2014青岛世界园艺博览会(A2/B1类)和第八届中国花卉博览会筹备工作。同时，举办了第十四届中国国际花卉园艺展览会、第六届中国(三亚)国际热带兰花博览会、2012中国萧山花木节和各分支机构展会。

【参加2012荷兰世界园艺博览会】 经国务院批准，由国家林业局代表中国政府参加2012荷兰世园会，中国花卉协会负责参展任务。为此，中国花卉协会组织了2012荷兰世园会"中国园"的设计、建造、专家组项目验收、参加2012荷兰世园会开幕式、举办中国园开园仪式、举行中国馆日活动和中国园赠送仪式等一系列工作任务。全国政协副主席张梅颖、中国花卉协会会长江泽慧出席了5月21日的中国馆日活动，国家林业局副局长张永利出席了4月4日荷兰世园会的开幕式和中国园开园仪式。代表中国参展的"中国园"获得AIPH的最高奖项——"绿色城市大奖"，同时获得2012荷兰世园会国际竞赛银奖和盆景类3个金奖。这是2012荷兰世园会各参展国家中获得的最高和最多的奖项，也是中国30年来参加国外世园会取得的最好成绩，为国家赢得了荣誉。

【申办2019年中国北京世界园艺博览会(A1级)】 6月18日，中国花卉协会收到北京市人民政府2019年世界园艺博览会(A1级)(以下简称"世园会")的申办报告，迅速组织专家组实地考察，向中国贸促会报送了国家林业局关于推荐北京市申办世园会的函，以中国花卉协会江泽慧会长的名义致信AIPH主席，表达了中国北京的申办意向，得到主席的大力支持，同意将北京申办2019世园会列入AIPH临时展览议程表。7月27日，中国贸促会会同外交部、财政部、商务部向国务院报送了《关于申办2019年世界园艺博览会的请示》(促展〔2012〕36号)。8月3日，经温家宝总理、李克强副总理、王岐山副总理、回良玉副总理、戴秉国国务委员批准，同意北京申办世园会。8月13日，江泽慧会长正式向AIPH递交了申办世园会的函及由中国花卉协会会长江泽慧、国家林业局局长赵树丛、北京市代市长王安顺共同签署的AIPH世界园艺展览会申办调查表。8月30日至9月2日，AIPH法博主席应邀来北京进行顾问性实地考察申办情况。9月11日，中国政府申办代表团以及中国驻荷兰大使馆代办张晋雄参加了在荷兰芬洛AIPH年会上进行的申办陈述会议，AIPH与会代表一致通过批准在北京举办2019年世界园艺博览会(A1类)。9月28日，AIPH派出由杜克·法博先生为组长的专家组，对北京世园会选址、花卉园艺产业发展、城市建设状况和接待服务能力等进行全面考察。9月29日，AIPH主席维克·克朗先生向江泽慧会长发来书面正式通知，批准中国北京举办2019年世界园艺博览会(A1类)。国家林业局和中国花卉协会及时向国务院报送了报告，得到总理、副总理和国务委员5位国务院领导阅示。

【筹备2014青岛世界园艺博览会(A2/B1类)】 成立了2014青岛世园会组织委员会，组织召开了组委会第一次会议，举行了会徽、吉祥物发布仪式及新闻发布会；加大宣传招展力度，完成了国外招展任务；不断推进基础建设和园艺绿化工作，各项筹备工作总体进展顺利。

【筹备第八届中国花卉博览会】 协调九个部委联合印发了《关于举办第八届中国花卉博览会的通知》；制订了第八届花博会总体方案和实施方案；成立了第八届花博会组织委员会和执行委员会，召开了组委会第一次会议；开展了会徽、吉祥物征集、评选工作，确定并发布了会徽和吉祥物；组织召开了第二次筹备会议，明确了施工进度安排，确认了各省市室内外的展出位置和参展面积，讨论和完善了评奖办法；组织专家组对各省市室外展园设计方案进行了评审，确保室外展出效果；启动了倒计时一周年活动，包括市场开发签约、志愿者招募、室外展园集中开工以及大型文艺晚会等一系列活动，为花博会举办奠定了坚实基础。 (高立鹏)

【花卉行业国际交流】 2012年，参加了亚洲花店业协会(AFA)理事会议和国际园艺生产者协会(AIPH)相关会议，加强了与植物新品种保护联盟的合作等，开展了第15届中国国际花卉园艺展国际招商招展工作。

【参加亚洲花店业协会理事会】 派员参加了于2月26~29日在韩国首尔召开的亚洲花店业协会第34届理事会议和6月30日至7月2日在日本召开第35届理事会议。会议选举产生了新一届理事会理事长及副理事长；确定了下一届理事会召开日程；修改了AFA章程；讨论调整了AFA组织机构；审议通过了申请入会的花艺组织；商议了下一届亚洲杯花艺大赛的举办地点和举办方案。

【参加2012年国际园艺生产者协会】 派员参加了于3月26~31日在土耳其召开的国际园艺生产者协会(AIPH)2012年春季会议。除参加正常的议程外，中国花卉协会向AIPH绿色城市委员会递交了西安年会会议纪要，介绍了西安世园会对城市建设和经济发展的积极作用，介绍了青岛和唐山世园会的筹备进展情况。派员参加了于6月28日至7月5日在荷兰召开的国际园艺生产者协会执委会会议。会议的主要议题是商议AIPH主席和秘书长改选事宜，讨论AIPH组织机构改革。初步拟定AIPH主席和秘书长候选人人选。利用赴荷的机会，对荷兰、丹麦的花卉物流情况进行了考察，深入了解了欧洲花卉物流的现状。派员参加了于9月9~13日在荷兰芬洛召开的国际园艺生产者协会年会。会议选举产生了新一任AIPH主席，加拿大人维克·克朗当选主席。

【访问植物新品种保护联盟(UPOV)】 5月24日，由江泽慧会长为团长，财政部农业司，中国林科院，国家林业局造林司、计财司、科技司、人事司、外事司、国际竹藤中心、中国花卉协会和有关司局级领导和人员组成的15人代表团，赴瑞士日内瓦拜访植物新品种保护联盟(UPOV)。UPOV主席与代表团就花卉、园林领域的植物新品种情况进行了交流，介绍并赠送了《植物新品种保护条例》的中英文版本，江泽慧会长向对方介绍了中国林业和花卉方面新品种保护工作和发展成果，双方就今后的合作进行了初步的探讨和商议。

(高立鹏)

中国绿化基金会

【综　述】 2012年，在国家林业局党组和理事会的直接领导下，中国绿化基金会紧紧围绕建设现代林业这一中心任务，以构建绿化公益服务平台、扩大社会募资规模、提高公众参与度为目标，认真落实年度工作计划，抓住机遇，开拓创新，锐意进取，在宏观经济总体放缓等不利因素影响下，仍然取得较好成绩，为推进社会林业发展，促进绿色增长作出贡献。截至2012年年底，预计筹集本及到账资金超过1亿元，造林绿化和自然保护等项目支出1.15亿元，组织实施了绿化长江重庆项目、绿色大连项目、保护高黎贡山行动等38个项目，策划开展8项大型公益活动，有数百万公众参与了绿化公益活动或项目建设，圆满完成工作任务。

【中国网络植树公益英文版上线】 3月12日，由中国绿公基金会主办的“中国网络植树公益网英文版”正式开通上线，国家林业局张永利副局长出席活动并在讲话中指出：“植树造林，绿化祖国是一项光荣而艰巨的事业，是事关人类社会实现可持续发展的大事，需要我们几代人、十几代人、几十代人的不懈艰苦努力，需要国际组织、国际友人的大力支持。我相信，通过‘e-tree网络植树’公益网平台，必将吸引越来越多的企业和网友参与植树造林这项公益活动，有力推动绿化美化家园的进程，为建设现代林业，促进生态文明发展作出新的更大的贡献。”

【第四届中国网络植树节活动】 3月27日，中国绿化基金会、联合国环境规划署、东南卫视共同主办的“第四届中国网络植树节”启动仪式在北京亮马河大厦举行。国家林业局副局长张永利、中国绿化基金会副主席杨继平、联合国环境规划署驻华代表处代表张世钢、中国之声总监高岩等领导，以及邓宁、吕薇等演艺明星和媒体记者百余人出席了本次启动仪式，并现场参与网络植树公益活动。针对互联网对社会公众的强大影响力和公众参与的便捷性，中国绿化基金会创建“网络植树”及“保护自然”网群系统，打造现代网络募资平台，为借助网络的力量努力实践全社会办林业做出积极有效的创新尝试。

【举办2011绿色公益盛典】 6月5日，中国绿化基金会在政协礼堂举办2011绿色公益盛典活动。贾庆林出席大会并发表重要讲话，对林业和绿化基金会工作给予充分肯定，并提出了希望。赵树丛局长、王志宝出席会议并讲话，对绿化基金会工作提出具体要求。会议聘请了姜昆等7位绿色公益推广大使，表彰获得“2011生态中国贡献奖”的先进单位和个人。

【出席联合国里约+20气候变化大会】 6月12~22日，中国绿化基金会副秘书长兼办公室主任陈蓬应联合国经社理事会邀请，代表中国绿化基金会前往巴西参加联合国“里约+20”气候变化大会。会议期间，中国绿化基金会本着交流学习、推广项目、扩大合作、促进发展的宗旨参加会议，积极开展与国外同行业的交流，陈蓬秘书长在展览会上向前来参加会议的代表介绍了中国绿化基金会的情况和品牌项目，会见了一些专家和国际组织的官员，就如何建立并加强与中国绿化基金会的战略合作，共同在中国开展植树造林、生态建设、自然保护等领域内的问题进行了广泛且富有成效的交流，为进一步拓展国际交流，加强国际合作，提升国际影响力，奠定良好基础。

【拓展新的合作领域】 中国绿化基金会先后与美国联合技术国际公司、高露洁棕榄(中国)有限公司、阿美远东商贸服务有限公司等世界五百强的企业以及美国刘氏基金会签订捐赠合作协议，分别在云南国家级自然保护区、四川国家级自然保护区等地方开展天然林保护、生物多样性保护试点，建乡村卫生院等试点项目。

【开展植树绿化项目和基地建设】 中国绿化基金会对地方专项基金造林绿化项目，早部署、紧督促、严管理，确保按方案要求开展造林。同时抓好金山岭、幸福家园——西部绿化行动、宝马绿阴行动、金叶生态专项等一批植树示范基地建设。三是组织了普华永道、百度、施耐德、联想、佳能、芬欧汇川等20多家大型企业、单位在8个省(区、市)开展植树造林活动，参与植树的人数逐年增加，影响不断扩大，植树绿化蓬勃开展。

【参与绿色低碳体育赛事活动】 中国绿化基金会和中体产业集团合作，再度牵手"2012环中国国际公路自行车赛""2012北京马拉松赛——为慈善而跑"等重大的国际体育赛事，首次把体育赛事和国土绿化公益项目、特别是自然保护的绿色公益行动融合起来，探索体育与公益的跨界合作。

【实施好生物多样性保护项目】 中国绿化基金会与腾讯公益慈善基金会等单位联合，启动了"网护森林——保护高黎贡山行动"，动员社会为高黎贡山的天然林生态系统、野生动物保护捐款出力；组织开展了全国范围内的"2012湿土飞羽——候鸟迁徙"活动，与30多个观鸟协会、高校共同举办为期6个月的观鸟、护鸟活动；与淘宝网联合举办了卧龙大熊猫保护科普交流周活动，组织一批志愿者参与，共同保护野生动物资源。

(中国绿化基金会由周伯洁供稿)

中国林业产业联合会

【综　述】 2012年中国林业产业联合会紧密围绕全国林业厅局长会议及联合会会长办公会议精神，深入贯彻落实科学发展观，围绕行业工作大局，结合自身实际，加强联合，优化服务，开拓创新，注重规范，培育品牌，积极主动承担国家林业局交办的工作，充分发挥协会桥梁和纽带作用，各项工作稳步扎实推进。

重大问题调研等重点工作 ①组织专家确定2012年度林业产业重大问题调研的选题、调研方案和资金筹措。编撰完成《2011中国林业产业重大问题调查研究报告》正式由林业出版社出版发行。②在重大问题调研的基础上，组织编纂出版了《2011年度中国林业产业发展指南》。③会同局经研中心，开展《2012中国林业产业林产品年鉴》调研、座谈、论证和编纂工作。④会同国家林业局计财司召开"2012林业产业重点工作座谈会"和"2012全国林业产业工作座谈会"。向主管部门提出促进林业产业发展的多项建议。⑤制定国家级名牌林产品和特色区域经济示范县的认定管理办法，并牵头组织实施。配合国家林业局计财司开展创建国家级林产品贸易加工示范区的认定和国家林业产业化龙头企业认定等工作。⑥制定中国林业产业特色区域认定管理办法，并按照管理办法对安徽宣城、陕西山阳、新疆阿克苏、辽宁本溪等十几个地区进行了认定试点工作，取得了良好效果，产生了积极的影响。⑦组建中国林业产业专家库并制订管理办法，按专业划分为产业管理、经济林果、林产工业、木材人造板、森林培育、森林食品等9大类，各地推荐候选人近200名。

规范完善运行机制，增强活力和能力 ①为不断规范完善联合会内部运行机制，增强凝聚力、创造性，建立更加健全的组织体系，根据实际工作需要，对联合会秘书处部门设置重新调整。调整后的秘书处内设5个部门1个筹备组，分别为办公室、会员部、信息部、外联部、市场部和《中国林业产业》杂志社筹备组。修订部门职责，按照职责分工开展工作。通过干部交流轮岗方式，优化人员结构，提高干部队伍的职业化和专业化水平，形成一支思想先进、廉洁自律、精干高效的职工队伍，更好地为会员服务，为行业服务。②调整联合会组织机构。一是依据国家有关法规和《联合会章程》的有关规定，对部分因机构或人员调整等发生变动的副会长、常务理事和理事单位的代表人做了相应调整；二是增补部分副会长、常务理事和理事的单位；三是对长期不参加联合会组织活动、不关心公益事业或拖欠会费等不宜继续担任理事、常务理事和副会长单位进行相应调整。③召开联合会年度理事会，积极筹备联合会换届等工作。按照联合会章程，2012年是联合会换届改选期，为确保换届改选工作的顺利进行，联合会换届方案设计、联合会工作报告、财务报告等各项筹备工作正在有条不紊地进行。④主动参加了民政部开展的社会组织评估工作，联合会扎实的工作业绩和良好的社会声誉得到主管部门和会员企业的充分肯定，经过严格评审程序，最终被民政部确定为4A级社会组织。

努力为会员企业和全行业服务 联合会坚持会员第一、服务为本的理念，探索高效、务实的服务方式和途径，增加服务手段，突出服务重点。①为推进技术基础建设，加强行业领域标准化工作归口管理，提高标准化行业水平，组织申报了木质门安装与验收规范、木材合法性认定标准两项标准立项并组织试点。②为规范我国林业行业秩序，培育林业市场信用环境，引导企业诚信建设，宣扬诚信企业的行业示范作用，联合会充分发挥社团在行业诚信体系建设中的枢纽作用，在全国林业产业界发起建立"中国林业产业诚信联盟"，召开诚信工作研讨会，编纂起草《中国林业产业诚信联盟章程(征求意见稿)》《中国林业产业诚信联盟及5A级诚信(企业)单位诚信品牌推广活动方案(征求意见稿)》《中国林业产业5A级诚信(企业)单位评选工作管理办法》《中国林业产业诚信功勋人物、功勋单位评选工作管理办法》等一系列相关文件，组织开展首届中国林业产业5A级诚信(企业)单位、诚信功勋人物、诚信功勋单位评选工作，引发全行业积极反响，取得良好的社会效应。③举办"2011年中国林业产业年度人物"评选和颁奖仪式。这次评选活动以"关注林业产业发展，聚焦林业产业，彰显时代精神，讴歌优秀人物"为主题，弘扬林业产业领域优秀人物对林业产业发展的引领作用，形成推动人才评价和不断造就优秀人才的社会化服务平台，有效地促进了林业产业的快速、健康发展。④加强为地方协会服务和互动。联合地方协会，发挥各自有利条件，共同开展重要业务活动，尤其是在组办会展、评优扶强、教育培训、统计信息、调查调研等方面开展紧密合作，实现优势互补、合作双赢。⑤积极做好企业驰名商标的推荐工作。制订《推荐企业商标为中国驰名商标管理办法》，使推荐驰名商标工作进一步规范化、程序化，经过认真考察调研，为6家林业产业相关企业出具驰名商标推荐函。⑥为提升为会员单位服务的深度和广度，进一步加强会员单位的管理，及时、准确掌握会员单位的联系信息，整理会员单位的相关信息，加强会员单位的数据库建设并制作电子档案，为会员管理提供极大方便。⑦推荐和邀请部分企业和特色区域地区代表参加全国林业产业工作座谈会。⑧努力提高服务质量，坚持办好《会员简讯》，加强与会员的沟通，为会员提供信息服务，获取更多行业资讯。

积极组办各类林业展会，促进林业会展业健康发展 参与承办、协办了铁岭森交会、义乌林博会、菏泽林交会等展会，充分发挥行业协会的引导和组织协调作用，加强调控优化资源配置，推进展会经济发展，搭建不同形式、不同层次的交流平台。尤其在参与由国家林业局和辽宁省政府联合主办的国内规模最大、规格最高的森林食品交易会中，联合会作为国家林业局指定的协调单位和主要承办单位，很好地完成了组织、招商等任务：①积极沟通协调国家林业局和辽宁省林业厅等多方工作；召开多次筹备工作会议和组织召开了新闻发布会。②配合完成辽宁省外招商工作，组织全国16个省区的600余家企业参展，展出了森林果品、森林药材、森林油料等10大类1800余种展品，与会人数达10余万人次。③与中国经济林协会合作圆满完成林业产业突出贡献奖和林业产业创新奖(森林食品类)的评奖和表彰工作。授予辽宁省铁岭市政府等198个单位和个人林业产业突出贡献奖，授予“野生酸枣干果提汁工艺”等24项科学技术成果林业产业创新奖一等奖，授予“安梨综合加工技术”等151项科学技术成果林业产业创新奖。④圆满完成中国森林食品产业示范基地认定和表彰工作。命名辽宁省本溪市等10个地区为首批“中国森林食品产业示范基地”。⑤参与组织举办了招商推介会、加快林业产业特色区域建设研讨会和展品评奖等展会配套相关活动。

广泛开展国际合作，拓宽对外交流渠道 联合会通过积极参与、合作等形式，利用行业协会有利条件，从课题研究、人员培训、调查研究等方面积极参与林业产业国际活动，扩大了国际影响。①应外交部欧亚司请求，联合会协同计财司、国际司、科技司等部门认真研究，就推动成立中俄林业商会与外交部欧亚司等单位进行接洽，承担开展成立中俄林业商会的洽谈、签报、协调沟通、调研、文件起草等筹备工作，先期制定商会成立方案、章程草拟等基础性工作，为促进商会尽早成立作出了贡献。②积极支持会员企业“走出去”，为会员企业提供政策咨询、市场信息和各种服务。协调国际合作中心联合开展援外林业企业人员管理、技能培训工作。10月22～26日组织会员企业参加在俄罗斯莫斯科举办的俄罗斯第十四届林业展览会和第六届国际林业论坛。③配合国际合作司开展了中芬林业工作会议参会企业的邀请和协调工作，并就中芬林业合作等提出具体意见建议。④参加国家林业局组织的木材合法性来源认定工作会议，掌握世界林业信息和动态，并开展相应的技术支撑和试点。⑤积极与国外行业组织进行交流与沟通。分别与俄罗斯中俄企业家理事会、俄驻华商务代表处经贸合作处和芬兰林业发展中心进行了友好协商，就建立中俄林业合作机制和中芬林业产业合作等事宜交换想法和意见，达成诸多共识。

【2011中国林业产业年度人物颁奖大会】 2012年2月21日在北京举行。2011中国林业产业年度人物评选活动由中国林业产业联合会主办，联合会信息业务部、《中国林业产业》杂志和中国林业产业网承办，北京伟士佳合展览策划有限公司、北京中装伟佳展览策划有限公司协办，同时得到新华社、《人民日报》、人民网、新浪网、中国门业专刊、家博汇家居网等多家媒体的支持和关注。

中国林业产业联合会副会长闫文彬，中国林业产业联合会副会长寇文正，中国林业产业联合会秘书长王满，中国林业产业联合会副会长、中国吉林森林工业集团有限责任公司董事长柏广新，中国林业产业联合会副会长、湖南泰格林纸集团公司董事长吴佳林，中国林产工业协会顾问张森林，中国林产工业协会副会长、中国林业科学研究院木材工业研究所所长叶克林，吉林省林业产业联合会会长王玉明等出席，中国林业产业联合会副秘书长、中国林产工业协会秘书长石峰主持会议。

本次评选活动以“关注林业产业发展，聚焦林业产业，彰显时代精神，讴歌优秀人物”为主题，旨在通过评选，弘扬林业产业领域优秀人物在林业产业发展中的引领作用，形成推动人才评价和不断造就优秀人才的社会化服务平台，创造优秀人物脱颖而出的发展环境，促进我国林业产业的快速、健康发展。本次评奖活动特设如下奖项：2011中国林业产业年度人物、2011年度推动中国林业产业发展先锋人物、2011年度中国林业产业兴林富民企业功勋人物、2011年度中国木门企业领军人物。中国林业产业联合会副会长寇文正宣读颁奖决定，国家林业局及相关部委领导为获奖代表颁奖，并与获奖代表合影留念。会议还召开林业产业圆桌论坛。来自全国的多名林业产业主管部门领导与企业代表就“兴林富民促发展”和“科技创新谋活力”等话题进行交流讨论。大会的胜利召开，标志着林业产业及木门行业正扬帆起航，向新的目标迈进。

【第十一届中国国际门业展览会】 2月21日，由中国林产工业协会等承办的第十一届中国国际门业展览会在北京新国际展览中心开幕。全国政协委员、国家林业局原副局长李育材宣布开幕。原林业部副部长刘广运，军事科学院原院长、中国榜书艺术研究会顾问张序三，民政部原副部长、中国藏学研究会原党组书记陈虹，中国林产工业协会执行会长王满，中国国际展览中心集团公司副总裁殷海兴，中国林产工业协会秘书长石峰，中国林业科学研究院木材工业研究所所长叶克林等领导嘉宾为中国国际门业展览会剪彩。中国林业产业联合会秘书长、中国林产工业协会执行会长王满、全国工商联家具装饰业商会秘书长张传喜、塞尔维亚林产品市场专家/联合国粮农组织木材委员会主席Branko Glavonjic、广东汇龙涂料有限公司董事长陈辉庭等分别为开幕式致辞。

本届展览会规模达 11 万平方米，参展企业近 1000 家，展位 6000 余个，汇聚了木门生产、木工机械、板材、木器漆、木皮、五金锁具等包含整个木门产业链的相关企业及厂商。

展会配套活动丰富多彩，由中国林产工业协会、中国建筑装饰协会、第十一届中国国际门业展览会组委会共同主办的"首届中国木门产业链大会""中国钢木门行业发展论坛"等活动同时举办。

展览会现场，还进行了一场高端艺术交流活动——"汇龙杯"将帅临门·福佑万家——将军部长现场书法表演。军事科学院原院长、中国榜书艺术研究会顾问张序三(中将)，原国防科工委副政委、中国将军书画研究院名誉院长葛焕标(中将)，济南军区原副司令员、中国当代美术家协会副主席郭玉祥(中将)，民政部原副部长、中国藏学研究会原党组书记陈虹(正部级)，中国林业系统书画协会主席、原林业部副部长刘广运等 10 位原军政领导、书法名家进行创作。

【第二届北京别墅产业与装饰配套设施暨木屋木结构展览会】 3 月 3 日，在北京举办。本次展览会由中国建筑装饰协会、中国林产工业协会主办，北京伟士佳合展览策划有限公司、北京海墅策划有限公司承办。中国林产工业协会秘书长石峰出席会议并宣布展览会开幕。中国产业报协会副秘书长胡英暖，中国林业产业联合会秘书长助理李志伟，中国林业科学研究院木材工业研究所所长助理吕斌，中国林产工业协会副秘书长祝远虹，北京伟士佳合展览策划有限公司董事长陈伟等领导嘉宾出席开幕式。第二届北京别墅产业与装饰配套设施暨木屋木结构展览会吸引了来自各地的 130 多家顶级地产商、300 多处旅游景点、500 多家公园管理处、1000 多位木结构设计师和数以万计的高端成功人士、行业专家、政府官员、运营商等云集会场。本届展览会展出面积 10 000多平方米，包括汇集国际装饰机构在内的众多知名企业积极参与，展出别墅装饰配套设施，住宅木结构及用材、景观木结构及用材、新型木塑景观型材；景观绿化工程及景区配套设施部品，木结构、竹结构、木塑结构生产加工机械设备等。无论是参展规模，还是展会人气，与上一届展览会相比，本届展览会都有了很大提升。展会同时还举办了首届中国别墅木屋木结构产业发展论坛。

【中美打击木材非法采伐及相关贸易双边论坛第四次会议】 中国林业产业联合会及相关涉林企业积极参与的中美打击木材非法采伐及相关贸易双边论坛第四次会议日前在北京举行。本次会议为落实中美战略与经济对话成果及中美打击木材非法采伐及相关贸易谅解备忘录，经中美双方协商举行，中方代表团由国家林业局领导赵树丛任团长，国家林业局国际司、计财司、商务部外贸司、海关总署统计司有关领导为成员，同时还邀请了局林产品国际贸易研究中心、中国林业产业联合会、中林集团、大自然家居(中国)有限公司、久盛地板有限公司等单位参加。美方代表团由美国驻华大使骆家辉任团长，美国国务院、贸易代表办公室、司法部、美国驻华大使馆的有关官员参加本次论坛会议。

会议由国家林业局领导赵树丛和美国驻华大使骆家辉共同主持。赵树丛在会议开幕式致辞中强调，中美双方要充分认识到森林在应对全球气候变化、维护生态安全、促进绿色增长中的重要作用。通过对话沟通，双方在林产品贸易中的彼此关切是有益的，也符合两国关系的战略大局，对维护中美林产品贸易健康协调发展、推动全球森林可持续经营具有重要意义，也符合两国的根本利益。

此次会议在中美林产品贸易木材合法性认定方案及策略研究项目、《雷斯法案》磋商和中美海关林产品数据交换取得进展等工作上取得了多项成果。会议对推动中美双方打击木材非法采伐及相关贸易合作，促进全球森林可持续发展将产生重要影响。

【林产工业协会木楼梯专业委员会成立大会】 3 月 27 日在上海隆重召开。会议由中国林业科学研究院木林工业研究所所长叶克林研究员主持，国家人造板与木竹制品质量监督检验中心主任、木楼梯专业委员会筹委会组长吕斌研究员就木楼梯专业委员会筹备工作做了说明，叶克林就《中国林产工业协会木楼梯专业委员会管理办法》和《中国林产工业协会木楼梯专业委员会组织机构推荐单位和人员》做了介绍。中国林产工业协会秘书长石峰就木楼梯专业委员会成立的背景及意义进行阐述。石峰表示，木楼梯专业委员会的成立，能够使木楼梯行业在国家方针、政策指导下，更好地遵循社会主义市场经济规律，使国内相对松散的木楼梯生产经营企业从政策上加以引导，通过行业规范管理，推动木楼梯行业的健康发展。来自全国各地业界的科研与设计单位、高等院校、木楼梯主流企业以及专业媒体等 100 余人参加了会议。

【第十四届中国国际地面材料及铺装技术展览会】 3 月 27～29 日在上海新国际博览中心举行。本届展览会由中国林产工业协会主办、上海万耀企龙展览有限公司承办，作为"亚洲第一，世界第二"最权威的地板行业的贸易盛会。第十四届中国国际地面材料及铺装技术展览会受到政府、协会及各国使领馆的大力支持，覆盖上海新国际博览中心的 11 个展馆，展出规模达到 12.7 万平方米。仅在线预登记注册的专业观众人数就高达26 956 人，较 2011 年增长 28%。

展览会同期还举办了多场主题活动："上海世界生态城市论坛""生态、未来、城市化城市综合体开发峰会"以及"上海国际建筑师大会"为观众开启 B2G(government)，B2D(designer)的大门，聚拢来自城市建设决策者，地产开发商，工程承包商及项目管理公司、建筑师、设计师等在内的产业上游人士，形成产业上下游良性互动，构筑更为畅通、广阔、高端的交流平台，同时实现了产业社会价值与经济效益的共赢。

【柏金地板三防锁扣工艺木地板标准全球发布会】 3 月 27 日，在第十四届中国国际地面材料及铺装技术展览会上，中国林产工业协会为燕加隆公司颁发"中国实木地热地板生产示范企业"奖，并与燕加隆公司签署《中国林产工业实木地热地板示范生产基地共建协议书》。全国政协委员、国家林业局副局长印红等领导出席发布会。深圳燕加隆集团旗下的柏金地板在中国林业科学研究院木材工业研究所的支持下，确立了实木锁扣地热地板工艺标准和安装标准，在技术革新和行业规范上发挥了先锋带头作用。柏金地板“三防锁扣”专利技术已经通过国际《专利合作条约》，向美国、加拿大、日本、欧洲等全球50多个国家与地区申请专利保护，在全球范围内广泛推广。锁扣技术是地板产品的核心技术，主要解决地板块之间的连接问题，决定了地板块之间的连接强度和牢固性，对于地板铺装后的整体强度和运动性能起着至关重要的作用，三防锁扣技术自诞生以来，先后经历了美国国际贸易委员会337调查、德国知识产权临时禁令等欧美重大知识产权诉讼的检验，并且通过了我国地板业权威的科学技术成果鉴定，被证明是在世界范围内具有自主知识产权、达到国际领先水平的新一代地板锁扣核心专利技术。

【《中国林业产业》杂志策划编辑出版百期创刊纪念】 5月，《中国林业产业》编辑部策划编辑出版《中国林业产业》杂志创刊第100期纪念刊。《中国林业产业》创刊于2004年1月，是中国林业产业重要宣传平台。自创刊以来，始终坚持宣传林业、宣传林业产业，推动生态产业化，产业生态化的林业发展理念。纪念刊成为《中国林业产业》一块缅怀过去、发展未来的纪念碑，回眸中国林业产业联合会自组建以来大事记及经典文章，并在以往刊发文章中评选出“最佳文献奖”“最佳学术理论奖”等百期百奖。

【中国林业采购经理指数网络系统投入运行】 由国家林业局经济发展研究中心与中国林业产业联合会共同开发的中国林业采购经理指数网站正式投入运行。

开展中国林业采购经理指数调查是林业产业监测的重要组成部分，经过几年的努力，国家林业局经济发展研究中心与中国林业产业联合会共同对全国省、地、县不同规模的林业企业进行了分析研究，编制了专用网络软件，购买了专用服务器，申请了“www. fpmi. cn”和“www. lypmi. com”及“中国林业企业采购经理．中国”等域名。中国林业采购经理指数网站由林业企业采购经理通过网络填报问卷调查表，从而建立“中国林业经理采购指数”调查体系。据悉，凡参与此项调查体系的企业每月将优先获得相关信息服务，企业参与采购经理指数调查有利于及时掌握行业运行状态，为企业采取措施规避风险提供参考，为争取国家政策支持提供依据。

【全国林业产业重点工作座谈会】 4月13日，由国家林业局计财司和中国林业产业联合会联合主办的全国林业产业重点工作座谈会在辽宁省铁岭市召开，与会代表商讨了两个“国家级”认定工作的管理办法，还就国家级优质林产品认定实施方案、中国国际森林食品交易大会方案交换了意见。中国林业产业联合会副秘书长陈圣林、辽宁省林业厅副厅长史广海、辽宁省铁岭市人民政府副市长张启发和国家林业局计财司产业发展处相关负责人参加会议并听取意见和建议。据介绍，国家级林业产业化龙头企业的认定将从企业规模、吸引和带动林农就业增收能力、产品竞争力、可持续发展能力、资源综合利用水平等9大方面进行考核认定，并将成立专家组对已认定的企业进行监测评价。与会代表认为，林业产业化国家重点龙头企业通过各种利益机制与农户相联系，产业关联度大、带动能力强、资源综合利用水平高、具有很强的市场竞争优势，规范林业产业化国家重点龙头企业的认定和监测管理，有利于林业产业的可持续发展。这次会议上，围绕林业产业特色区域命名、林业产业化龙头企业认定、名牌林产品认定等问题，来自辽宁、浙江、湖北等地的代表们分别介绍经验。与会代表还对国家级优质林产品认定实施方案、中国国际森林食品交易大会方案、2012中国林业产业重大问题调研框架及分工等林业产业重大问题进行广泛探讨。

【全国林业产业诚信联盟座谈会】 6月15日，由中国林业产业联合会主办，江西省林业厅、中国林产工业协会，江西省宜丰县人民政府、《中国林业产业》杂志联合承办的全国林业产业诚信联盟座谈会在江西省宜丰县召开。

国家林业局原总工程师姚昌恬，中国林业产业联合会副会长、森林武警指挥部原政委闫文彬，中国林业产业联合会副会长寇文正，中国林业产业联合会秘书长王满，国家林业局计财司副司长张艳红，中国林业产业联合会副会长、吉林森工集团董事长柏广新，中国林业产业联合会副会长、泰格林纸集团董事长吴佳林，江西省林业厅副厅长魏运华，江西省宜春市副市长赖国根，宜丰县县委书记邓伟等出席本次会议。会议由中国林业产业联合会秘书长助理李志伟主持。本次座谈会围绕“诚信”主题展开各项议题。王满秘书长就国家林业产业发展政策问题讲话。江西省宜丰县人民政府被授予“中国林业产业兴林富民示范县”荣誉称号。

【5家林业企业集体发布社会责任报告】 7月24日，中国林产工业协会在北京人民大会堂召开中国林产工业企业社会责任报告联合发布会。吉林森工股份有限公司、德华兔宝宝装饰新材有限公司、中国地板控股有限公司、广东宜华木业有限公司、广西三威林产工业有限公司等5家林产工业龙头企业首次发布社会责任报告，标志着中国林产工业行业的企业社会责任建设迈出了关键的一步。

国家林业局党组副书记、副局长张建龙出席发布会，并为首批发布社会责任报告的企业颁发证书。5家企业分别代表刨花板行业、胶合板行业、木地板行业、家具行业、纤维板行业，其中4家为上市公司。

我国林产工业企业正积极探索绿色发展模式。

【2012沈阳国际家博会】 2012中国沈阳国际家具、建筑装饰及木工机械原辅材料博览会于8月17～19日在沈阳国际展览中心举行，本届展会由中国林产工业协会、沈阳市人民政府、辽宁省经济和信息化委员会联合主办。此次博览会是沈阳历史规模最大的家具专业展会，总面积达6万平方米，共有330多家企业前来参展，实现交易额15.9亿元。

辽宁省沈阳市举办的本届博览会是目前东北地区规模最大的家具全产业链行业盛会。

本届博览会是沈阳市20年家具展会经验的一次集成飞跃和提升，展会上家居品牌云集，5000余款相关产品集中亮相，其中新产品占全部产品中的30%。博览会重点推广自然环保、科学健康的家居生活理念，集中展示科技含量高的绿色环保产品。本届博览会吸引了2万余家国内经销商和10万余人次观众前来参观参展。博览会期间，举行了39场丰富多彩的大型活动，其中国家级5场。其中，最引人瞩目的是“中国首届家居集成化发展趋势论坛”。本次论坛由中国林产工业协会、中国家具协会、中国建筑装饰协会、中国室内装饰协会、中国建筑装饰装修材料协会、中国建材市场协会以及中国林业产业联合会、中国房地产协会等8大国家协会联合举办，论坛对我国家居行业集成化发展进行了深入探讨，意在引导中国木品企业在家居集成化道路上健康、快速、有序发展。

【首个中国森林中药材产业示范基地】 8月18日，中国林业产业联合会主持的中国森林中药材产业示范基地评审会上，确定辽宁省本溪市为我国首个森林中药材产业示范基地。本溪森林中药材种植历史悠久，野生资源丰富，地理、气候条件适宜，种植技术成熟，拥有大量熟悉森林中药材种植技术的专业大户，品种档次、专业化程度均属全国一流。专家希望本溪市进一步加强森林中药材新品种的培育，优化产品结构，进一步完善落实中药材产业发展规划，从思路、措施、布局等对中药材产业进行全面、细致、严谨、科学的规划；希望本溪以市场为导向，以企业为龙头，以专业合作社为重点，提升森林中药材生产的标准化水平，进一步把森林中药材产业做大、做强、做优。

【中国林业产业联合会建立专家库】 8月18日举行专家库启动仪式。筹建林业产业专家库是为了配合国家林业局即将启动的国家级林业产业化龙头企业、国家级林产品贸易示范区、国家级林业特色区域经济示范县等的认定和评审工作，促进林业产业优化和转型升级，为地方区域经济发展出谋划策。中国林业产业专家库聘请的首批专家共有7人，分别来自军事医学科学院、中南林业科技大学、中国医学科学院药用植物研究所等科研机构。中国林业产业专家库专家是按照中国林业产业联合会《关于中国林业产业评审会专家库成员的通知》的相关规定，经相关机构和单位推荐选举产生的，入库专家均具有较高的学术造诣、较丰富的林业实践经验，工作作风好、责任心强，并熟悉相关法律规定的专业人员。中国林业产业专家库的建立，为今后的林业产业工作做好了项目准备和专家储备。启动式公布了首批专家名单，中国林业产业联合会还将陆续公布专家库名单。

【“中国森林中药材产业基地”揭牌仪式】 9月25日，国家林业局党组书记、局长赵树丛和辽宁省副省长赵化明为中国森林中药材产业基地揭牌，出席仪式的还有国家林业局党组副书记、副局长张建龙，辽宁省林业厅厅长曹元，中共本溪市委书记江瑞，本溪市人民政府市长高宏彬等，中国林业产业联合会秘书长王满主持本次活动。

近年来，按照国家、省委、省政府的相关要求及部署，本溪依托得天独厚的中药材优势，将森林中药产业作为支柱产业、立市产业和三大接续产业之一，制定并实施了《本溪市森林中药材产业发展总体规划》，目标明确、措施得力，在全国起到良好的示范、引领作用。中国林业产业联合会授予本溪市“中国森林中药材产业基地”的称号，将使本溪站在全国森林中药材产业的平台上，以更高的目标、更新的技术、更快的速度，辐射带动这一产业“更上一层楼”，真正达到“生态受保护、农民得实惠、产业大发展”的“森林中药材产业基地”建设的要求。

【首届中国森林食品交易博览会】 9月26日，首届中国森林食品交易博览会暨第三届中国(铁岭)榛子节在东北物流城会展中心开幕。国家林业局党组副书记、副局长张建龙，中共铁岭市市委书记潘利国，铁岭市人民政府市长吴野松出席开幕式并致辞。开幕式由辽宁省林业厅厅长曹元主持，中国林业产业联合会秘书长王满宣读了首届中国林业产业(森林食品类)突出贡献奖、创新奖和中国森林食品产业示范基地名单，与会领导为获奖单位颁发了奖状和示范基地铜牌，中国经济林协会会长张志达出席开幕式。

首届森林食品交易博览会暨第三届中国(铁岭)榛子节由国家林业局、辽宁省人民政府主办，中国林业产业联合会、中国经济林协会、辽宁省林业厅、铁岭市人民政府、东北物流城、上海金汇通创意设计发展股份有限公司承办，以绿色、健康、兴企、惠民为主题，以倡导绿色消费理念、推介优质森林食品企业为目的，通过开展新产品及新工艺展示交流、森林食品企业招商引资、行业经贸洽谈、森林食品文化宣传等一系列活动，打造国内规模最大、规格最高的森林食品交易盛会。展会历时3天，15个省(区、市)的600多家企业，10大类1800多种产品参展。博览会设置6个展区，包括主题专区、森林食品集团专区、特色区域专区、油茶专区、重点省专区、新产品专区，展场面积3万平方米，容纳2000个标准展位，参展交易产品包括山野菜、干鲜果、中药材、食用菌等10大类森林食品以及森林食品保鲜、加工和包装类的设备、技术及产品等。新产品、新技术推介会同时举行。

国家林业局相关部门领导，辽宁省发改委、财政厅、林业厅及各市相关部门负责同志及与会嘉宾出席开幕式并参观展会现场。

【中国企业积极应诉美对华胶合板产品“双反”】 10月8日，近百家胶合板企业在京参加了中国林产工业协会组织召开的“胶合板企业应对美国双反协调会”。据悉，9月27日美国胶合板企业联盟向美国商务部(DOC)和美国国际贸易委员会(ITC)提出申请，要求对中国阔叶胶合板发起反补贴、反倾销调查。此次胶合板“双反”调查，是2007年美国对我国胶合板和木地板“332”调查的延续，是继2010年美对华多层实木复合地板“双反”调查之后，美国对我国林产品发起的新一轮“围剿”。

就美国针对我国林产品发起的又一次"双反"调查，为维护行业的整体利益，保护会员企业利益不受损害，中国林产工业协会在获知相关信息后立即行动，多方协调与部署，要求有关企业做好应诉协调准备。协会有关负责人介绍说，此次应对工作已得到中国食品土畜进出口商会等单位的大力支持，闻讯参加首次协调会的企业也有近80家，较上次应对地板"双反"调查案，此次企业应对积极性有了很大提高。最后，参加首次协调会的企业代表们已经共同确定聘请富有经验的北京嘉润道和律师事务所，将由律师事务所代理我国胶合板产业在美国进行无损害抗辩过程中的各项法律事务。

【中林天合首获CNAS认可入选中国认证机构十件大事】 10月，由中国林业产业联合会牵头筹建的中林天合(北京)森林认证中心，在经过3年认证审核实际运行后，通过了中国合格评定国家认可委员会(CNAS)依据《产品认证通用要求》和《森林认证机构认可方案》进行的办公室文件评审和认证审核现场评审，获得了森林认证机构认可证书。中林天合(北京)森林认证中心因此成为国内首家获得CNAS认可的具有森林认证资质的认证机构。此举因证明该机构具备了国际认可标准进行森林认证审核能力和标志中国森林认证体系(CFCC)进入实质性运行阶段而入选国家质检总局主管、中国质量认证中心主办的《认证技术》杂志2012年认证机构十件大事之一。

【第五届中国义乌国际森林产品博览会】 由国家林业局、浙江省人民政府主办，中国林业产业联合会、浙江省林业厅、浙江省人民政府台湾事务办公室、义乌市人民政府承办的第五届中国义乌国际森林产品博览会于11月1～4日在浙江义乌国际博览中心举行。国家林业局副局长张建龙、中国林业产业联合会副会长寇文正、副秘书长石峰以及浙江省人民政府、省林业厅、义乌市人民政府等相关负责人出席开幕式并参观博览会。

森博会由一个小型的区域性展会成长为亚太第一林业展会，在业内被誉为"林业广交会""林业奥运会"。

本届森博会以"拓展森林产品市场，促进林业产业转型升级，推动两岸经贸交流合作"为宗旨，以"森林为民，绿色发展"为主题。展会设第四届台湾农林精品展、第二届木(竹)雕展、中国义乌国际茶产业博览会、家具、木结构木建材、木竹工艺品、木竹日用品、森林旅游、林业装备、森林食品、花卉园艺、省市馆、国际展区等13大展区。共有来自全球33个国家和地区的1200家企业参展，设国际标准展位3350个，展览总面积6.4万平方米，规模居亚太综合林业展会之首。

本届森博会4天累计实现总成交额42.32亿元，其中外贸成交额21.54亿元，占总成交额的50.1%。参展行业中成交额居前5位的分别是森林食品、家具、木结构木建材、竹木家居、竹木日用品。共有60.6万人次采购商、参观者到会参观采购。参会国内外采购团队37个，其中境外团队15个。从11月1～4日，参与"森博会，世界看到义乌"新浪微博大屏幕话题讨论的微博数达2079条。森博会影响之广泛，已成为中国林业产业重要的国际贸易平台和中国林业专业展会的风向标，由此可见，义乌国际森林产品博览会是目前国内商机最多的林业展会。

【全国林业产业诚信工作推进会】 11月16～17日在河南郑州召开全国林业产业诚信工作推进会、中国林业产业诚信联盟成员高层讨论会。中国林业产业联合会和中国林产工业协会副会长单位中林集团、龙江森工集团、延边林业集团、国林投资、大自然、大亚人造板集团、广东鸿利丰、永安林业、生活家、世友、久盛、大卫地板、深圳燕加隆、福建金森林业、广东润成创展、吉林兄弟木业、湖北康欣新材料、淄博万家园、秦皇岛卡尔·凯旋木业和部分理事单位代表200余人出席会议。中国林业产业联合会秘书长王满，河南省林业厅党组副书记、副厅长刘有富出席会议，副巡视员谢晓涛等出席并致辞。

中国林业产业诚信联盟成员高层讨论会于16日下午召开。会议讨论了中国林业产业诚信联盟章程，同时对联盟的组织结构进行了讨论和说明。会议还通报了中国林业产业5A级诚信(企业)单位，诚信功勋人物、诚信功勋单位申报工作进展情况以及介绍诚信联盟成员"诚信品牌"推广方案。

会后，代表还参观了郑州市"森林城市"建设，考察了"好想你"枣业公司，并同赴新郑轩辕黄帝故里，举行祭祖仪式。

【中国林业产业政策发布会】 11月6日在三明召开。会议就中国林业产业诚信工作的开展情况作了说明。会议简要地介绍了林业企业加入中国林业产业诚信联盟的申报条件，以及中国林业产业诚信联盟成员单位可以享受的优惠政策。作为加入中国林业产业诚信联盟的成员单位，将在荣誉申请、政策支持、企业维权、品牌推广与市场开拓等方面得到大力扶持。中国林业产业联合会将开展诚信联盟成员评审工作，以及中国林业产业5A级诚信(企业)单位、诚信功勋人物和诚信功勋单位的评审工作。将组织有关企业在全国范围内进行诚信品牌巡回推广活动，以加大诚信工作开展的力度。

会上，河南省林业厅副巡视员谢晓涛就河南省林业招商引资工作作了介绍。中国林业产业联合会秘书长王满，国家林业局有关业务司局、福建省和河南省林业厅有关负责人出席会议，会议由福建省林业厅产业处处长邓荣俤主持。三明市林业局分管领导及产业科长，三明市各县(市、区)林业局分管领导，客商代表参加了会议。

会后代表还赴福建金森林业集团参观考察。

【圣象集团加入中国林业产业诚信联盟】 11月24日，中国地板龙头企业圣象集团在北京举行诚信联盟誓师大会，正式向中国林业产业联合会递交了加入中国林业产业诚信联盟的申请。中国林业产业联合会秘书长王满，中国林产工业协会顾问张森林，中国林业产业联合会秘书长助理、中国林业产业诚信联盟筹备组负责人李志伟，中国林产工业协会地板专业委员会秘书长吕斌，中国消费者协会市场部主任张德志与科勒、TATA、红苹果等知名品牌企业的高层代表应邀莅临现场。

中国林业产业联合会秘书长王满致辞，中国林业产业联合会秘书长助理、中国林业产业诚信联盟筹备组负责人李志伟接收了圣象集团提交的加入林业产业诚信联盟的申请。 （中国林业产业联合会由白会学供稿）

中国林场协会

【综 述】 中国林场协会按照三届二次常务理事会确定的2012年工作任务，把各项工作分解细化，明确要求，分工负责，狠抓落实，较好地完成了2012年的各项工作任务。

深入做好国有林场场级干部挂职锻炼工作 主要场长派出省区和接收省区进行沟通协调，落实参加挂职锻炼的具体人员，做好双方的衔接工作。参加2012年场长异地挂职锻炼的学员共54人，分别到21个培训基地林场进行挂职锻炼。与2011年比较，增加11人；接收挂职锻炼的培训基地林场由15个增加到21个。

协会组织召开全国国有林场场长挂职锻炼工作座谈会，对活动开展7年来取得的主要成效、积累的经验和有效做法进行全面总结，通报表扬在开展这一活动中做出突出成绩的场长派出省区、接收省区和培训基地林场，对23个“全国场长培训基地”林场进行授牌。

举办了4个片区的国有林场年会 北方地区、西部地区、华东地区和中南地区的国有林场年会，分别于7月、9月、10月和11月在吉林、四川、安徽和广西举办。参加活动总人数达237人，其中：省级林业主管部门分管厅领导14人，省、市、县国有林场主管部门负责同志94人，国有林场场长129人。

扎实做好全国十佳林场推选工作 在3月召开的协会三届二次常务理事会上，推选云南省昆明市海口林场、广西壮族自治区七坡林场等11个单位为2011年度全国十佳林场，由中国林场协会授牌并颁发证书。会后，协会组织记者对当选的全国十佳林场进行实地采访，撰写先进事迹材料，在《中国绿色时报》上进行宣传报道，收到了良好的引导和借鉴效果。

认真抓好专题调研工作 一是国有林场改革试点工作调研，由姚昌恬会长带队先后赴广西、云南、江西、湖南等省(区)，深入到7个市(州)的19个国有林场，通过听取汇报、座谈讨论和实地走访等形式，对国有林场改革试点情况进行调研，撰写《关于国有林场改革情况的调查报告》。国家林业局党组副书记、副局长张建龙在《报告》上作了批示。二是由沈茂成名誉会长带队，先后到山东、甘肃、广西、贵州等省(区)，对国有林场通过场外造林、联营造林、合作造林、购地造林、购买公益林等形式，不断发展扩大森林资源的情况进行深入调研，撰写《关于国有林场场外发展林业 推动区域林业和生态建设的调查报告》报局领导，提出了推进国有林场扶持场外发展林业的政策和措施。

发展新会员取得积极进展 按照“稳定、巩固、逐步发展”的要求，对会员发展工作作出部署。截至2012年12月月底，发展新会员50个，单位会员总数达到519个。

协会自身建设得到加强 一是健全协会组织机构，根据人员变化情况，在三届二次常务理事会上调整了部分理事和常务理事，其中：调整副会长4人、增选副会长1人，调整常务理事3人，增选副秘书长1人。二是完成了2011年协会年检工作，年检等级档次由连续多年基本合格晋升为合格。三是完成《中国林场协会工作规则》《中国林场协会财务管理办法》《中国林场协会公文处理办法》等规章制度的起草工作，待进一步讨论修改后颁布实施。 （付光华）

中国水土保持学会

【组织建设】 ①截至2012年年底，中国水土保持学会共有14个专业委员会，湖南省、浙江省、海南省新成立了水土保持学会，现有27个省(区、市)成立了地方水土保持学会。全年召开学会四届四次、四届五次常务理事会通讯会议，召开学会四届六次常务理事会和四届三次理事会。学会通过增加网站的内容，及时发布信息，网页点击率逐年提高，现点击率达100多万人次。新建《中国水土保持科学》网站(www. sswcc. org)点击率4000余人次。②4月12日在苏州召开学会秘书长工作会，来自学会下属14个专委会、26个省级学会秘书长，以及尚未成立学会的5个省份主管水土保持工作领导和学会秘书处共计56位代表参加了会议。③全年完成48家水土保持方案编制资格证书持证单位的日常变更审核及证书换发工作。10月22日，印发了《关于准予水土保持方案编制甲级资格证书延续的通知》，同意27家单位的甲级资格证书延续。组织完成甲级资质单位2期上岗人员培训班，受训600余人；3期继续教育培训班，受训780余人。专门召开会议研究省级水保学会乙丙级编制人员培训工作，就省级学会师资培训的课程设置、授课内容、讲授重点、课时安排、课件制作、案例总结与分析、考试题库等工作进行了深入研讨，并于8月在内蒙古呼和浩特市举办省级师资培训班，受训110名专家。加强指导审核各省级水保学会对本省乙丙级资质单位编制人员培训，协助教材组织、课程设置和考试要求等，今年已有7个省级水保学会完成了乙丙级资质单位编制人员培训工作，截至目前在26个省级水保学会中，除宁夏、甘肃和福建外，其他省级水保学会都先后举办了乙丙级资质单位编制人员培训班。④小流域综合治理专委会承接三项政府转移职能，分别是重点工程管理、农发项目管理和监理资质管理；科技协作工作委员会承接三项政府转移职能，分别是水土保持生态文明工程评审、国家水土保持科技示范园区评审和中小学生水土保持社会实践教育基地评审。

【荣誉奖励】 ①授予王礼先中国水土保持学会特殊贡献奖。《中国水土保持科学》主编王礼先教授自2003年1月杂志创刊至今，先后担任该刊第一届编委会的常务副主编和编辑部主任、第二届和第三届编委会的主编，在该刊的创建和发展过程中倾注了大量的精力和心血，为该刊2004年顺利进入中国科技核心期刊，2011年成功入选《中国科学引文数据库》作出了突出贡献。评选第四届中国水土保持学会科学技术奖17项，其中一等奖2项、二等奖6项、三等奖9项，第八届中国水土保持学会青年科技奖9名。评选2012年学会年会暨学术研讨会优秀论文15篇。评选《中国水土保持科学》第四届优秀论文5篇。向中国科协推荐的王治国被评为第五届全国优秀科技工作者。②4月26日，国家民间组织管理局正式下发“全国性社会组织评估等级通知书”，中国水土保持学会经全国性社会组织评估委员会评定为中国社会组织评估4A等级，6月19日，民政部正式下发“民政部关于对评估为3A级以上等级的全国性行业协会商会、学术类社团、基金会予以授牌的决定”(民发[2012]98号)，正式授予中国水土保持学会中国社会组织评估4A等级奖牌和荣誉证书。③2012年中国科协首次在所属200个全国学会中组织实施学会能力提升专项。专项通过以奖代补和开展重点活动相结合的方式，旨在提升学会四大能力(社会服务创新能力、服务社会和政府能力、服务科技工作者能力以及自我发展能力)，力求打造一批社会信誉好、发展能力强、学术水平高、服务成效显著、内部管理规范的示范性学会。专项设有优秀科技社团奖和优秀国际科技期刊奖，其中优秀科技社团奖设一等奖5个，每年度资金300万元；二等奖15个，每年度资金200万元；三等奖25个，每年度资金100万元。奖补周期为三年。经学会四届四次常务理事会审议通过，学会成功申报了中国科协学会能力提升专项优秀科技社团奖。2012年8月24日，中国科协下发“关于表彰学会能力提升专项优秀科技社团和优秀国际科技期刊的决定”(科协发学字〔2012〕25号)，经中国科协的评审和公示，学会获得中国科协优秀科技社团三等奖，得到了300万元的资金支持。

【学术活动】 ①12月3~5日，在海南三亚召开“2012年中国水土保持学会年会暨学术研讨会”，11月8~9日，在长沙协办由中国科协和湖南省人民政府主办的“第二届中国湖泊论坛”，主要参与承办“洞庭湖综合治理与环湖生态经济圈建设”分论坛。②4月25日，防护林专委会在浙江省嘉兴市举办“全国平原绿化工作座谈会”，各有关省市区林业部门主管造林负责人参加了座谈。主要内容包括农田防护林建设在确保粮食稳产增产方面的作用、高标准农田防护林网建设标准等相关议题。③4月25~26日，黄河专委会在西安召开“黄河流域(片)水土保持普查工作座谈会”，黄河流域所属各地、各单位共计40多人参加会议。④5~9月，小流域综合治理专委会召开陕西、四川和全国北方片水土保持工程施工监理单位座谈会，围绕当前监理工作中存在的一些突出问题进行讨论，并对新形势下如何进一步做好水土保持监理工作提出意见和建议。⑤5月27~29日，监测专业委员会在陕西杨凌举办“水土保持监测设施设备交流研讨会”，来自全国各流域机构水土保持监测中心站、各省市区水土保持监测总站，黄土高原土壤侵蚀与旱地农业国家重点实验室，部分水土保持监测资质持证单位和水土保持设施设备生产或研制单位，有关高校和科研单位的代表和专家共计170余人参加了会议。⑥7月25~26日，风蚀防治专委会在内蒙古呼和浩特协办“第九届海峡两岸沙尘与环境治理学术研讨会”，参会代表80余人，其中外籍专家15人，交流论文30余篇。⑦7月23日，生态修复专委会在银川召开“第五届全国水土保持生态修复学术研讨会暨第二届专业委员会换届会”，大会选举产生了新一届主任委员会。⑧8月11~16日，滑坡泥石流专委会在成都协办“2012国际泥石流学术会议”，来自中国、美国、意大利、日本、泰国、韩国等6个国家20多个单位100余名科学家参加了本次会议，大会交流了5个特邀报告和30个主题报告，进行了为期四天的针对泥石流防治工程的野外考察。9月15日，在成都协办“2012特大山洪泥石流灾害形成机理与风险分析学术研讨会”，来自国内14家高等院校和研究机构的110余名专家学者参与了大会交流。⑨8月20日，工程绿化专委会在北京召开“5.12汶川地震灾后植被恢复重建理论与技术研讨会”，来自于国内高等院校和科研院所等26家单位的60余名代表参加会议。9月15日，在河南召开“2012年矿山废弃地生态修复学术研讨会”，来自全国各地120余专家学者参加会议。⑩10月13日，沙棘专委会在北京召开2012年沙棘专委会年会，参会代表40余人。⑪10月15~19日，崩岗专委会在湖北宜昌协办“南方水土保持研究会第十八届年会暨2012年学术研讨会”，参会代表106人，交流论文45篇。大会结合三峡库区水土保持和宜昌市兴山县柑橘园、板栗园和高山有机茶园水土保持综合治理典型，开展现场观摩学习。⑫10月31日~11月2日，规划设计专委会在江苏扬州召开“2012年年会暨学术研讨会”。来自全国82家会员单位的120多名委员和代表参加会议。组织交流29篇学术论文，印制收录有60篇论文的论文集，表彰奖励12家会员单位、10名先进个人和10篇优秀论文。⑬2012年正式出版《中国水土保持科学》6期正刊，共刊出文章约120篇，沙棘专委会共出版4期《国际沙棘研究与开发》合计2000册。⑭5月12日，中国水土保持学会参加由中国科协在京举办的2012年“防灾减灾日”主题科普活动启动仪式。8月，组织编写的全国水土保持科普宣传教育系列丛书之一《水土保持科普读本》(小学版)由中国水利水电出版社正式出版面世。7~8月，学会与中国水利水电勘测设计协会共同完成2期注册土木工程师水利水电工程(水土保持)考前培训班，培训学员200余人。学会所属各专委会积极开展科普活动：黄河专委会通过召开座谈会、印发宣传单、张贴宣传条幅宣传画、出版宣传画册等多种形式，开展新水土保持法学习宣传贯彻活动；崩岗专委会于暑期组织大学生深入到江西余干开展主题为“科技兴农、文化强农”的科普活动；沙棘专委会于3月28～29日在内蒙古鄂尔多斯举办“砒砂岩沙棘种植”培训；风蚀防治专委会于8月10～15日在内蒙古呼和浩特市举办“青海省防沙治沙高级研修班”；城市水土保持专委会于9月26日在深圳银湖旅游度假中心举办深圳市生产建设项目水土保持方案编制资质单位业务骨干培训班。⑮12月3～5日，学会在海南三亚召开“2012年中国水土保持学会年会暨学术研讨会”，年会召开了四届三次理事会和四届六次常务理事会。学术研讨会主题为：新时期水土保持生态建设的理论与实践。有关专家学者分别作了“扎实推进水土保持工作促进生态文明建设”“水土保持与生态文明建设”等10个特邀报告。水土保持监测专委会、生态修复专委会、科技协作工作委员会，以及工程绿化、泥石流滑坡防治和规划设计专委会联合主办了4个分会场，就新形势下的热点和焦点问题进行了广泛交流和深入研讨。会后全体会议代表考察了三亚市水土保持科技示范园。⑯6月14～23日，学会在台湾花莲协办“第十三届海峡两岸三地环境资源与生态保育学术研讨会”，组织来自全国12个省市区的水土保持主管部门、高等院校和研究机构的42人代表团参加了此次大会，会后，学会代表团先后拜访了东华大学、中兴大学和台湾中华水土保持学会等有关单位，并考察了瑞穗舞鹤水土保持户外教室。⑰7月1日学会在北京回龙观社区公园举行了2012年《水土保持法》宣讲活动。现场展出了水土保持60年成就展以及与水土保持相关的展板，发放了新法宣传手册上万册，并通过咨询、讲解、游戏、答题、唱歌、调查问卷等多种形式与观众互动，现场教唱《一滴水 一方土》，将水土保持和水土保持法的科普知识融入了民心。

【林业大事】

1月4日 下发“关于推荐赴台湾参加第十三届海峡两岸三地环境资源与生态保育学术研讨会人选的通知”，组织水土保持科技工作者参加即将在台湾花莲召开的研讨会。

1月11日 湖南省成立水土保持学会，截至目前，全国共有25个省(区、市)成立水土保持学会。

2月1日 组织学会各专业委员会、各团体会员单位、各省级水土保持学会、各水土保持资质持证单位参加水利部办公厅开展的《水土保持法知识竞赛》。

2月13日 正式向中国科协提交赴台湾参加“第十三届海峡两岸三地环境资源与生态保育学术研讨会”的立项报告。

2月27日 浙江省成立水土保持学会，截至目前，全国共有26个省(区、市)成立水土保持学会。

3月14日 召开2012年学术工作委员会扩大会议，就学会将于年底召开的学术年会展开了认真研讨，拟定了2012年学术年会主题、内容、形式、时间和地点等相关事宜，为进一步筹备和组织开展年会打下了基础。

3月16日 下发“关于开展第四届中国水土保持学会科学技术奖和第八届中国水土保持学会青年科技奖评选工作的通知”，启动评选工作。

3月20日 完成2012年第一批水土保持方案编制资格证书单位变更事项。

3月28日 沙棘专委会在内蒙古鄂尔多斯举办“砒砂岩沙棘种植”培训。

3月29日 学会下发了《关于召开2012年中国水土保持学会年会暨学术研讨会征文通知》，广泛征集年会论文。

4月12日 在苏州召开2012年学会秘书长工作会议，学会秘书长吴斌主持会议并作重要讲话，大会传达了学会四届三次常务理事会会议精神，部署了有关专委会和会员管理、学术交流和教育培训等工作，还就资质管理和会员管理、分支机构管理办法和专委会工作程序等议题展开了卓有成效的分组讨论。

4月17日 学会印发了《关于受理水土保持方案编制甲级资格证书延续申请的通知》，对2009年10月发放的27家水土保持方案编制甲级资格证书持证单位开展了延续申请工作。

4月22日 在浙江省杭州市举办2012年第一期生产建设项目水土保持方案编制甲级资质单位编制人员培训班。

4月25日 防护林专委会在浙江省嘉兴市举办全国平原绿化工作座谈会，各有关省市区林业部门主管造林负责人参加了座谈。就农田防护林建设在确保粮食稳产增产方面的作用、高标准农田防护林网建设标准等议题展开研讨。

4月25日 黄河专委会在西安组织召开黄河流域(片)水土保持普查工作座谈会，黄河流域所属各地、各单位共计40多人参加了会议。会上，黄委普查办水土保持工作组介绍了2012年普查工作实施方案，各省区及新疆生产建设兵团代表汇报了工作进展，交流了经验，提出了下一步工作打算。

4月26日 国家民间组织管理局正式下发“全国性社会组织评估等级通知书”，通知学会经全国性社会组织评估委员会评定为中国社会组织评估4A等级。

5月4日 学校有关职能部门和校领导批复《关于中国水土保持学会作为独立单位运行的申请》(中水〔2012〕017)，同意中国水土保持学会作为独立单位运行。

5月12日 参加了由中国科协在京举办的2012年“防灾减灾日”主题科普活动启动仪式，现场展出了“山地灾害防灾减灾科普知识”展板，聘请了防灾减灾专家进入现场咨询，发放了上千册宣传画册，并通过答题得奖的互动方式，普及山地灾害科普知识，让社会公众了解山地灾害及其严重危害，掌握如何通过科学防灾避难措施来躲避灾害。

5月20日 根据民政部民间组织管理规定，学会按时完成了3个专委会(水土保持监测专业委员会、工程绿化专业委员会和科技协作工作委员会)的换证工作。

5月22日 在四川成都举办2012年第一期生产建设项目水土保持方案编制甲级资质单位人员继续教育培训班。

5月27日 监测专业委员会在陕西杨凌举办水土保持监测设施设备交流研讨会，来自全国各流域机构水土保持监测中心站、各省市区水土保持监测总站，黄土高原土壤侵蚀与旱地农业国家重点实验室，水土保持设施设备生产或研制单位，有关高校和科研单位的代表和专家共计170余人参加了会议。

5月30日 完成2012年第二批水土保持方案编制资格证书单位变更事项。

6月13日 召开四届四次常务理事会通讯会议，审议并通过了学会申报中国科协“学会能力提升专项优秀科技社团奖项”、刘道平接替王福祥任学会副秘书长并兼任学会防护林专业委员会秘书长、推荐王治国为第五届全国优秀科技工作者等事宜。

6月14日 组织协办的“第十三届海峡两岸三地环境资源与生态保育学术研讨会”在台湾东华大学胜利召开。学会组织了来自全国12个省(区、市)的水土保持主管部门、高等院校和研究机构的42人代表团参加了此次大会，其中5位做了大会发言，深入了解台湾水土保持行政管理、科学研究、人才培养和产业发展等方面情况。

6月19日 民政部正式下发“民政部关于对评估为3A级以上等级的全国性行业协会商会、学术类社团、基金会予以授牌的决定”(民发〔2012〕98号)，正式授予学会中国社会组织评估4A等级奖牌和荣誉证书。

7月1日 在北京回龙观社区公园举行了2012年新水土保持法宣讲活动。现场展出了水土保持60年成就展以及与水土保持相关的展板，发放了新法宣传手册上万册，并通过咨询、讲解、游戏、答题、唱歌、调查问卷等多种形式与观众互动，现场教唱《一滴水 一方土》，将水土保持和水土保持法的科普知识融入了民心。

7月10日 学会下发了“关于各省级学会完善中国科协所属全国学会个人会员管理系统会员信息的通知”(中水会字〔2012〕第036号)，要求各省级学会开展会员库的整理和录入工作。

7月12日 在北京举办2012年注册土木工程师(水利水电工程)执业资格考试第一期(北京)考前培训班。

7月22日 在广西桂林举办2012年第二期生产建设项目水土保持方案编制甲级资质单位人员继续教育培训班。

7月23日 生态修复专委会在银川召开“第五届全国水土保持生态修复学术研讨会暨第二届专业委员会换届会”，来自全国高等院校、科研单位及相关领域的专家学者70余人参加了会议。会议围绕防护林体系空间配置与结构设计、水土生态理论指导下的生物砖排水沟的研发以及岷江上游山地森林/干旱河谷交错带植被恢复与重建技术研究等议题展开深入研讨。

7月24日 举办2012年注册土木工程师(水利水电工程)执业资格考试水土保持第二期(杭州)考前培训班。

7月25日 风蚀防治专委会在内蒙古呼和浩特协办“第九届海峡两岸沙尘与环境治理学术研讨会”。专委会主任委员王林和教授主持学术报告会，副主任委员高永教授作了“可降解纤维(PLA)沙障治沙技术”学术报告。

8月10日 风蚀防治专委会在内蒙古呼和浩特市举办“青海省防沙治沙高级研修班”。

8月11日 滑坡泥石流专委会在成都协办2012年国际泥石流学术会议，来自中国、美国、意大利、日本、泰国、韩国等6个国家、20多个单位100余名科学家参加了本次会议，大会交流了5个特邀报告和30个主题报告，进行了为期四天的针对泥石流防治工程的野外考察。

8月12日 在内蒙古呼和浩特举办2012年第二期生产建设项目水土保持方案编制甲级资质单位编制人员培训班。

8月13日 在内蒙古呼和浩特市举办生产建设项目水土保持方案编制省级师资培训班。

8月15日 崩岗专委会于2012年暑期组织大学生深入到江西余干开展主题为“科技兴农、文化强农”的科普活动。

8月20日 工程绿化专委会在北京召开“5.12汶川地震灾后植被恢复重建理论与技术研讨会”，来自于国内高等院校和科研院所等26家单位的60余名代表参加了会议。会议重点交流了地震受损林地危险性快速分析与评价技术、地震对立地条件类型与质量的影响及评估、四川地震灾区珍贵用材林培育技术和四川地震灾区特色资源植物高效培育利用技术等内容展开了研讨。

8月21日 在黑龙江省哈尔滨市举办2012年第三期生产建设项目水土保持方案编制甲级资质单位人员继续教育培训班。

8月24日 中国科协下发“关于表彰学会能力提升专项优秀科技社团和优秀国际科技期刊的决定”(科协发学字〔2012〕25号)，经中国科协的评审和公示，获得中国科协优秀科技社团三等奖，得到了300万元的资金支持。

9月10日 在北京举办2012年北京市生产建设项目水土保持方案编制乙丙级资质单位编制人员培训班。

9月14日 完成2012年第三批水土保持方案编制资格证书单位变更事项。

9月15日 滑坡泥石流专委会在成都协办2012特大山洪泥石流灾害形成机理与风险分析学术研讨会，会议特邀中科院刘昌明院士、王光谦院士等知名专家出席会议，来自国内14家高等院校和研究机构的110余名专家学者参与了大会交流。

9月15日 工程绿化专委会在河南召开了“2012年矿山废弃地生态修复学术研讨会”，来自全国各地120余专家学者参加了会议，会议就矿山地质环境监测、矿区生态恢复的机遇与挑战、河南省地质环境恢复治理工作进展、废弃采石矿山岩质边坡植被恢复技术实验研究、BS活性土壤生态修复技术在矿山修复中的应用与实践，固体废弃物在矿山修复中的应用、自燃煤矸石山的生态修复、煤矸石山生态修复技术实践、废弃矿山治理与边坡复绿工程案例等内容进行了交流。

9月26日 城市水土保持专委会在深圳银湖旅游度假中心举办深圳市生产建设项目水土保持方案编制资质单位业务骨干培训班。

10月10日 在北京召开了《水土保持》(小学版)科普读本审定会，读本审定通过。

10月11日 对专业委员会和各部门开展报送2012年重点工作统计调查、2012年年度检查任务书和2012

年度工作总结与2013年度工作计划要点工作。

10月13日 沙棘专委会在北京召开2012年沙棘专委会年会，参会40余人。会议由主任委员部源临主持，参加会议的主要有在京委员及外地委员代表，会议总结了2012年的工作，提出了下一年度安排，就组团参加2013年在德国召开的ISA会议做出了安排。

10月15日 崩岗专委会在湖北宜昌协办南方水土保持研究会第十八届年会暨2012年学术研讨会，参会106人，交流论文45篇。大会结合三峡库区水土保持和宜昌市兴山县柑橘园、板栗园和高山有机茶园水土保持综合治理典型，开展现场观摩学习，进行学术交流，取得良好效果。

10月18日 开展《中国水土保持科学》第四届优秀论文评选工作。

10月22日 学会印发了《关于准予水土保持方案编制甲级资格证书延续的通知》，同意27家单位的甲级资格证书延续。

10月24日 召开第四届中国水土保持学会科学技术奖和第八届青年科技奖评审会，共有15个单位推荐22项目成果申报学会科学技术奖，共有16个单位推荐19名申报学会青年科技奖，经评审委员会评审，共评选出17项成果获第四届中国水土保持学会科学技术奖，其中一等奖2项、二等奖6项、三等奖9项，共评选出第八届中国水土保持学会青年科技奖9名，评选结果公示并经常务理事会批准后正式生效。

10月25日 校人事处《关于中国水土保持学会机构调车的批复》，同意学会设置办公室(财务部)、学术交流部和科学技术普及部等三个科级机构。

10月31日 规划设计专委会在江苏扬州召开2012年年会暨学术研讨会。来自全国82家会员单位的120多名委员和代表参加会，会议总结回顾了专委会2011年以来的工作成绩和经验，对2013年工作提出了展望，组织交流了29篇学术论文，印制收录有60论文篇的论文集，表彰奖励了12家会员单位、10名先进个人和10篇优秀论文。

11月8日 协办的第二届中国湖泊论坛在长沙举行，学会主要参与承办“洞庭湖综合治理与环湖生态经济圈建设”分论坛，推荐专家进行大会发言和学术交流，协助征文并推荐稿件10余篇。

11月20日 召开四届五次常务理事会通讯会议，审议并通过了第四届中国水土保持学会科学技术奖和第八届中国水土保持学会青年科技奖评奖结果、《中国水土保持科学》第四届优秀论文奖获奖结果、部分理事单位提出的变更理事和常务理事申请等事宜。

11月23日 共收到2012年中国水土保持学会年会暨学术研讨会征文论文160余篇，经学会学术委员会及相关专业委员会专家审核，122篇论文合格入选学会2012学术年会论文集，经学会学术委员会评选，共评出2012年学会年会暨学术研讨会优秀论文15篇。

12月2日 在海南三亚召开了《中国水土保持科学》创刊十周年纪念座谈会暨第三届编委会第一次会议。会议回顾了学报创刊十周年的发展历程、主要成绩和经验，展望了期刊的发展及努力方向，审议通过了学报第三届编委会第一次会议工作报告，通报了有关奖励荣誉和编辑部经费收支情况。

12月2~3日 2012年中国水土保持学会四届六次常务理事会暨四届三次理事会在海南三亚召开。学会第四届理事会理事长、水利部副部长刘宁主持会议并作重要讲话。大会审议通过了学会2012年工作报告等事宜，通报了学会获得民政部中国社会组织评估4A等级等情况。

12月3日 2012年中国水土保持学会学术研讨会在海南三亚召开，以“新时期水土保持生态建设的理论与实践”为会议主题。有关专家学者分别作了“扎实推进水土保持工作促进生态文明建设”“水土保持与生态文明建设”等10个特邀报告，就新形势下的热点和焦点问题进行了广泛交流和深入研讨。

12月28日 在云南省昆明市举办水土保持规划与设计培训班(第一期)。

12月30日 拟完成2012年第四批水土保持方案编制资格证书单位变更事项。

12月31日 向中国科协提交《学会能力提升专项——优秀科技社团奖获奖学会典型事例汇编》典型事例。 (中国水土保持学会由郑慧供稿)

中国林业教育学会

【综　述】 2012年中国林业教育学会围绕国家林业建设和林业教育发展的前沿，协助上级主管部门在培养不同层次的林业人才、全面提升林业从业人员的科学素质；为推进现代林业建设提供人才、智力支持；做好政府的助手和参谋等方面，开展了大量工作，重点工作如下：

协助国家林业局开展工作 ①林业重点学科评审的筹备。为适应现代林业建设对高层次专门人才和高水平科学技术的需要，培养一批德才兼备、具有创新能力的高层次人才，促进林业学科的健康发展，学会秘书处配合国家林业局开展新一轮国家林业局重点学科评选的筹备工作。组织召开了国家林业局林业学科建设专家座谈会，在听取了专家意见和建议的基础上，组织有关人员编制了涉林国家一级、二级学科目录及相关文件，林业领域学科(涉林学科)基本情况，国家林业局重点学科评审工作方案(草案)，国家林业局重点学科评审办法(草案)，局重点学科评价指标及标准等重要文件。②加强林业人才队伍培养与使用指导工作。受国家林业局人事司委托，2012年5月在沈阳与人才中心共同主办了“林业人才培养与需求工作”研讨班。来自23个省(区、市)林业厅、局，9个企业、集团公司，23所林业院校，5个国家林业局事业单位的74名代表参加了会议。会议围绕如何有效整合有关管理部门、林业院校和企事业单位等各方资源，形成合力，提高人才培养质量，为林业人才培养单位和企业搭建平台、共同促进林业院校毕业生就业进行了研讨。③2012 年，林业教育学会和国家林业局人才中心共同启动了林业职业经理人资质认证项目。该项目一方面可以为林业院校毕业生就业增加筹码，进一步推动林科毕业生就业。另一方面，推动林业企事业单位在录用人员时根据工作需要，择优聘任已经通过林业职业经理人资质认证的相关人员。并在巴洛克(中山)木业有限公司、广东润成创展木业有限公司、辽宁林业职业技术学院、山东农业大学林学院开始试点。④根据国家林业局人事司的要求撰写全国林业职业院校涉林紧缺人才专业材料报告；组建北方片和南方片全国林业职业教育集团；完成了国家林业局高职重点专业、精品课程等评审，中职和高职林业类专业教学标准的制定等一系列工作；评选出 10 个国家林业局 2011 年度高职重点专业；完成了 2012 年度国家林业局高职示范性实训基地评审工作。⑤成人教育分会协助人事司起草了《2012 林业教育培训文件汇编》和《党的十七大以来林业干部教育培训工作巡礼》编写工作；协助场圃总站完成《国有林场基本建设指导手册》编制工作；协助保护司完成《国家级自然保护区教育培训“十二五”规划》编制工作。

为企业和学校搭建沟通交流的平台 为了进一步疏通毕业生就业渠道，学会秘书处与国家林业局人才中心联合举办了第七届中国林业产业发展与人才开发论坛。来自全国涉林企业主要负责人、科研单位以及林业院校负责毕业生就业工作的领导和部分毕业生参加了会议。会议期间，还在北京林业大学举办了林业企业校园招聘会，为涉林毕业生搭建就业平台。

组织专题研讨会 ①为深入贯彻落实教育规划纲要提出的“加快教育信息化进程”的战略部署，启动实施《教育信息化十年发展规划(2011～2020 年)》提出的“优质数字教育资源建设与共享行动”，推进林业教育优质数字教育资源建设与共享。7 月在兰州举办了高等林(农)业院校现代教育技术培训研讨班，有 22 所高等农林院校的 50 名代表参加了培训研讨班，围绕专家讲座的内容以及如何通过现代教育手段提高教学质量等问题进行了研讨。②10 月 15 日，与北京林业大学联合召开了纪念林业教育 110 周年学术研讨会。来自全国 30 多所农林院校的校长、中国林业出版社、地拓科技等多家企业代表、《中国教育报》《中国绿色时报》《科技日报》《光明日报》、中央电视台第 7 频道、中国教育电视台、国家林业局网站、人民网、央视网、新浪网、搜狐网、搜房网等 20 多家新闻媒体记者共计 260 余人应邀参加了研讨会。此次研讨会的召开，对进一步加强中国林业教育改革，提升林业教育水平，为林业院校与政府管理部门搭建交流互动平台起到了积极的作用。与会专家、学者进行了交流与对话，对进一步拓展中国林业教育改革的视野、促进中国林业教育事业的发展起到积极的推动作用。

组织评奖活动 “北美枫情杯”全国林科十佳毕业生评选活动 2012 年如期举行。林业院校和社会对此项活动给予了高度关注，活动官网累计点击量超过 1000 万人次，收到有效投票 62 万多票。最终研究生、本科、高职 3 个组各产生十佳毕业生 10 名、优秀毕业生 40 名。

开展业务培训 ①在国家林业局各司局和业务部门的大力支持下，2012 年，学会围绕林业建设的热点、难点和专业技术问题，面向各省基层林业干部、职工进行培训。举办了“森林生态效益补偿”“退耕还林与森林经营”“国有林场棚户区改造建设与管理”“集体林权制度改革后土地流转与国有林场改革”“森林抚育与造林技术”“中央财政林业科技推广项目”等相关内容的培训班 20 期。为林业基层职工提供学习、了解、掌握当前林业建设相关工作的政策、技术、信息的机会，受到了广泛的欢迎和好评。②职业教育分会在牡丹江市举办全国林业职业院校实训基地建设与管理工作研讨班。全国共有 18 个高职、7 个中职院校的 60 多名教师、实训基地和学校领导参加了研讨班学习与交流。在广西柳州市举办的全国林业职业院校学生工作研讨会共 22 所职业院校，60 多位分管学生工作的领导和部门负责人参加了培训学习。在山西林业职业技术学院召开全国林业职业院校协作会 2012 年度会议，有 24 个会员单位的领导、管理人员和教学人员参加了会议。在贵州省林业学校组织召开了全国林业职业院校改革与发展研讨会暨中职教育研究会 2012 年会，来自全国 25 所中高职林业院校的领导以及高等教育出版社、中国林业出版社相关领导 60 余人参加了会议。在山西省太原市组织举行了“高职园林类专业工学结合‘十二五’规划教材”编写提纲审定会议，就教材编写大纲是否体现工学结合、课程标准是否体现专业定位以及教材内容是否符合职业岗位并有利于学生学习等原则进行把关和审定，提出了修改意见和建议。③成人教育分会在广州举办全国林业教育培训管理者研修班，促进了学员们在干部教育培训理论与方法上的思路创新，提升了教育培训项目执行能力，为进一步做好“十二五”时期林业教育培训工作开拓了思路。在日照举办全国林业远程培训研讨班，理清了林业远程培训工作思路，交流了各省开展干部远程培训、林农远程培训和学历远程教育好的做法和经验，提出了新的设想，对下一步开展的林农培训工作具有指导意义。联合北京市园林绿化局举办文稿演示职业技能培训班，提高北京园林绿化系统职工文稿演示技能和水平。在厦门召开通讯员培训班，进一步明确要求、提升能力，为 2013 年举办网站开通十周年纪念活动做好准备。

信息工作 2012 年《中国林业教育》刊物出版发行 7 期；学会秘书处编辑“信息动态”4 期；职教分会编辑《林业职业教育动态》9 期，并向全国林业职业院校、各省林业行政主管部门寄发 7000 多份。中国林业教育培训网共更新信息 2000 余条，其中原创信息 300 余条，围绕重点热点问题共录制网络专题课程(讲座)37 部。其中，《林业应对气候变化与碳汇交易》等 5 部课件作为精品课程报送中组部，为广大林业工作者提供方便、良好的学习素材。

开展教育、教学研究 ①高等教育分会组织会员单位对“十二五”期间立项的 24 项课题以及与中国高教学会共同立项的“十二五”期间教育科学研究课题开展研究工作。获北京市高教研究成果二等奖 1 项。②职业教育分会积极组织全国各林业职业院校，开展包括《园林类专业“就业与创业、学历证书与职业资格证书双融合教学体系的研究与实践”》《高职园林类专业工学结合创新研究》《新晋本科院校科研建设存在的主要问题及对策研究》以及《新晋本科警察院校教学团队建设存在的主要问题及对策研究》等各项研究工作，发表论文近40篇。③成人教育分会组织各团体会员单位和省级林业培训基地，继续开展“林业关键岗位干部胜任能力模型研究”课题，深入开展调研访谈，取得了200多个采访录音和文本，顺利完成针对乡镇林业工作站站长、国有林场场长、种苗站站长、森防站站长、木材检查站站长等5个关键岗位的文本分析和模型构建工作。

（贾笑微供稿）

林业大事记与重要会议

22

2012年中国林业大事记

1月

1月7日 国家林业局与内蒙古自治区政府在北京举行合作共建内蒙古农业大学协议签字仪式，国家林业局局长贾治邦、内蒙古自治区政府主席巴特尔签署协议。国家林业局副局长赵树丛和内蒙古自治区政府副主席王玉明分别讲话，国家林业局副局长孙扎根出席签字仪式。

1月8日 国家林业局集体林权制度改革项目荣获第六届"中国地方政府创新奖·特别奖"。

1月9～12日 国家林业局副局长张永利率团赴香港考察湿地保护管理工作，分别与香港特别行政区渔农自然护理署、规划署和环境保护署有关负责人进行座谈，实地考察了香港米浦内后海湾湿地、湿地公园及郊野公园，并就湿地保护管理工作深入交换了意见。

1月10日 国家林业局与凤凰卫视合作的大型电视行动《大地寻梦》启动仪式在北京举行。国家林业局局长贾治邦向凤凰卫视董事局主席、行政总裁刘长乐和踏上绿色征程的摄制组授"大地寻梦"大旗。国家林业局副局长赵树丛，国家林业局党组成员、中央纪委驻局纪检组组长陈述贤出席启动仪式。

1月15日 大熊猫"圆仔"和"欢欢"抵法国博瓦勒动物园，开展为期10年的大熊猫国际繁育合作计划。

1月21日 国务院批准河北青崖寨、山西黑茶山等28处新建国家级自然保护区。

2月

2月8日 在国务院总理温家宝和加拿大总理哈珀的见证下，国家林业局局长贾治邦与加拿大外长约翰·贝尔德在人民大会堂签署《中华人民共和国国家林业局与加拿大公园管理局关于保护地事务合作的谅解备忘录》，明确中加双方将在自然保护区和国家公园与森林公园的经营管理、濒危野生动植物及栖息地保护、湿地公园建设与管理等领域开展合作。

2月10日 国家林业局发布2012年第2号公告，公布2012年松材线虫病疫区。

同日 国家林业局发布2012年第3号公告，公布2012年撤销的松材线虫病疫区。

同日 国家林业局发布2012年第4号公告，公布2012年美国白蛾疫区。

同日 国家林业局印发《主要林业有害生物成灾标准》(林造发〔2012〕26号)。

2月14日 国家林业局副局长张建龙在北京会见瑞士联邦环境署副署长安德里亚斯·高兹。双方同意加紧磋商中瑞(士)林业合作谅解备忘录，重点推动在林业政策、应对气候变化、多功能林业、森林保护等领域的实质性合作。

2月20～21日 全国野生动植物保护与自然保护区建设管理工作交流会在广东省深圳市召开，确定2012年自然保护10项重点工作。

2月21日 中印林业工作组第三次会议在印度新德里举行，国家林业局局长贾治邦出席会议开幕式并致辞。中印双方确定今后两年将在森林资源清查与碳评估、林业科研、气候变化与国际森林问题、林下经济与竹产业、野生动物与老虎保护、管理人员培训等六大领域开展务实合作。

同日 全国森林公安局长座谈会在北京召开。国家林业局副局长孙扎根出席会议并讲话。

同日 根据中央机构编制委员会办公室《关于国家林业局国际竹藤网络中心更名及增加编制的批复》，国家林业局国际竹藤网络中心更名为国家林业局竹藤中心。

2月22日 国家林业局打击侵犯知识产权和制售假冒伪劣商品工作领导小组成立，副局长张建龙任领导小组组长，领导小组办公室设在国家林业局场圃总站。

2月23日 国家林业局局长贾治邦在加德满都会见尼泊尔森林与土壤保护部部长穆萨尔曼并出席中尼林业工作组第一次会议。双方确定了今后两年合作的重点与方式。

同日 全国林业计划财务工作会议在武汉市召开。国家林业局副局长赵树丛出席会议并讲话，湖北省副省长赵斌致辞。

同日 国家林业局副局长赵树丛、湖北省副省长赵斌在武汉为"国家林业局(神农架)金丝猴研究基地"、"湖北五峰国家非木质林产品生物产业基地"授牌。

同日 国家林业局发布2012年第5号公告，公布《国家森林城市评价指标》等103项行业标准，自2012年7月1日起实施。

3月

3月1日 国家林业局与云南省政府在北京签署加快林业生态安全屏障和生物多样性宝库建设战略合作协议，国家林业局局长贾治邦、云南省省长李纪恒分别讲话并签署协议。国家林业局副局长赵树丛、张建龙、张永利，局总工程师陈凤学，云南省副省长孔垂柱出席签字仪式。

3月7日 国家林业局副局长赵树丛在北京会见率团出席中美打击木材非法采伐及相关贸易论坛第四次会议的美国驻华大使骆家辉。赵树丛向骆家辉介绍了中国林业发展情况，阐述了中国打击木材非法采伐的原则立场和主要措施，呼吁中美两国保持对话，开展务实合作，共同打击木材非法采伐、维护正常贸易、加强全球森林资源保护。

3月12日 由中国绿化基金会主办召开的"e－tree网络植树"公益网英文版(www.e－tree.org.cn)开通仪式在北京举行。国家林业局副局长张永利出席启动仪式并讲话。

3月14日 内蒙古乾泰实业集团有限公司向中国

绿色碳汇基金会捐资签字仪式在北京举行。全国政协副主席、中国绿色碳汇基金会名誉理事长白立忱，国家林业局局长贾治邦，副局长赵树丛、张永利等出席签字仪式。

3月15日 国家林业局召开全国打击制售假冒伪劣林木种苗工作电视电话会议，严厉打击制售假冒伪劣林木种苗违法行为，进一步规范林木种苗市场秩序，建立长效机制。副局长张建龙出席会议并讲话。

3月16日 中央委员会批准赵树丛同志任国家林业局党组书记。

3月19日 国家林业局、水利部就滇桂黔石漠化区扶贫攻坚工作召开会议，提出要把树种上，把水留住，把结构调优，把农民收入提高，实现党中央、国务院确定的扶贫攻坚目标。国家林业局副局长赵树丛、张永利，水利部副部长矫勇出席会议。

3月23日 国家林业局发布2012年第7号公告，对东门尾巨桉无性系DH32－29等35个品种和认定通过的聊红槐等9个品种作为林木良种予以公告。

同日 国家林业局自然保护区及野生动植物西南监测中心在云南省昆明市举行揭牌仪式。国家林业局副局长印红为中心揭牌。

3月24日 全国绿化委员会、中共中央直属机关绿化委员会、中央国家机关绿化委员会、首都绿化委员会联合组织的"共和国部长义务植树"活动在北京举行，202名省部级领导同志参加义务植树。

3月25日 国务院决定，任命赵树丛同志为国家林业局局长。

3月26日 国家林业局直属机关党的建设和机关建设工作会议在北京召开。局党组书记、局长赵树丛主持会议并讲话，局党组副书记、副局长、直属机关党委书记张建龙，局党组成员、中央纪委驻局纪检组组长陈述贤分别部署2012年机关两建工作、党风廉政建设及反腐败工作，副局长印红，局党组成员、副局长张永利出席会议。

同日 国家林业局副局长张建龙在北京会见出席中加林业联合工作组第六次会议的加拿大林务局政策、经济和工业司司长格伦·梅森一行，双方一致同意在林产品贸易和打击木材非法采伐、木材产品标准化体系、森林可持续经营、国际示范林网络等7个优先领域开展合作。

3月27日 国务院在人民大会堂召开全国造林绿化表彰动员大会。国务院副总理回良玉出席会议并讲话，全国人大常委会副委员长乌云其木格、全国政协副主席张梅颖出席会议。全国绿化委员会副主任贾治邦主持，国家林业局党组书记赵树丛出席会议并发言。会议对295个全国绿化先进集体、135名全国绿化劳动模范、160名全国绿化先进工作者进行了表彰。

同日 由中国绿化基金会、联合国环境规划署、中国之声、东南卫视等单位联合发起的第四届"中国网络植树节"在北京启动。

同日 国家林业局召开廉政风险防控工作经验交流会，局党组成员、副局长张建龙主持会议，局党组成员、中央纪委驻局纪检组组长陈述贤出席会议并讲话。

4月

4月3日 党和国家领导人胡锦涛、吴邦国、温家宝、贾庆林、李长春、习近平、李克强、贺国强、周永康等到北京市丰台区永定河畔参加首都义务植树活动。胡锦涛强调，开展全民义务植树活动，是应对气候变化、改善生态环境、实现绿色增长的有效途径。我们要年复一年地把全民义务植树活动开展下去，广泛动员干部群众，充分发挥科技作用，积极扩大绿化面积，努力巩固植树成果，为祖国大地披上美丽绿装，为科学发展提供生态保障。

4月4日 2012荷兰世界园艺博览会在芬洛开幕，同日举行了"中国园"开园仪式。经国务院批准，由国家林业局代表中国政府参加，中国花卉协会负责具体参展工作。中国政府代表团团长、国家林业局副局长张永利，中国驻荷兰大使张军，国际园艺生产者协会主席法博，2012荷兰世界园艺博览会组委会主席嘉伯、国际园艺生产者协会副主席和田、秘书长沙克等60多位嘉宾出席开园仪式。

4月10日 全国林业系统党风廉政建设工作会议在云南召开。国家林业局党组成员、中央纪委驻局纪检组组长陈述贤作主题报告，云南省纪委副书记郭志宏致辞。

4月12日 全国林地林权管理工作会议在北京召开，这是新中国成立以来林业系统第一次专门就林地林权管理工作召开全国性会议。国家林业局局长赵树丛出席会议并讲话，副局长张建龙主持会议并讲话，副局长印红、国家森林防火指挥部专职副总指挥杜永胜出席会议。

同日 由全国绿化委员会、国家林业局、共青团中央联合主办的"保护母亲河——2012年黄河流域青少年植树行动"统一行动日活动在陕西合阳县举行，国家林业局副局长张永利、团中央书记处书记汪鸿雁出席活动并讲话，陕西省政协副主席李进权出席启动仪式。

4月16日 国务院在北京召开全国森林草原防火工作电视电话会议。中共中央政治局委员、国务院副总理回良玉在会上强调：要保持高度警惕，抓好责任落实，严控野外火源，仔细排查隐患，科学组织扑救，严防发生重特大森林草原火灾和人员伤亡。国家森林防火指挥部总指挥、国家林业局局长赵树丛，农业部草原防火指挥部总指挥、副部长高鸿宾分别作森林、草原防火工作部署。国家林业局党组成员、中央纪委驻局纪检组组长陈述贤，国家林业局总工程师陈凤学，国家森林防火指挥部专职副总指挥杜永胜出席会议。

4月16～17日 中国国家森林防火指挥部、国家林业局与蒙古国国家紧急事务管理局在内蒙古自治区呼伦贝尔市召开首次边境地区森林防火联防会议，双方就开展边境森林防火联防工作达成5项共识。中国国家森林防火指挥部副总指挥杜永胜和蒙古国国家紧急事务管理局副局长特·巴达日拉出席会议。

4月18日 为期半年的"绿盾2012"全国林业植物检疫执法检查行动正式启动，加强林业植物检疫执法工作，遏制林业有害生物传播扩散的严峻态势。

4月21日 纪念中日邦交正常化40周年友好植树活动在北京市通州区台湖地区举行，中日友好协会会长、原国务委员唐家璇，国家林业局局长赵树丛，北京市副市长夏占义，共青团中央书记处书记汪鸿雁，日本驻华大使丹羽宇一郎，日本林野厅长官皆川芳嗣等出席植树活动，共同为“中日友好林”纪念碑揭碑，国家林业局副局长印红主持植树活动仪式。

同日 国家林业局局长赵树丛在北京会见出席纪念中日邦交正常化40周年友好植树活动日本林野厅长官皆川芳嗣一行。双方就两国共同关心的国内、国际林业发展问题交换了意见，并对不断推进中日林业交流与合作达成共识。

4月22日 由中国绿化基金会、人民网主办的2011绿色中国年度焦点人物评选在北京揭晓。全国人大常委会原副委员长、中国治沙暨沙业学会名誉会长许嘉璐，海南省委书记罗保铭获年度大奖。国家林业局党组成员、中央纪委驻局纪检组长陈述贤出席颁奖典礼。

同日 国际绿色经济协会和中国绿色碳汇基金会在北京联合主办“保护地球——绿色行动”2012公益盛典，同时启动“碳汇中国行动计划”。

4月24日 国家林业局在北京启动全国极小种群野生植物拯救保护工程，工程将对我国120种极小种群野生植物开展为期5年的拯救保护行动。

同日 国家林业局知识产权研究中心在中国林科院挂牌成立。

4月28日 北京军区商都义务植树活动暨总结表彰大会在内蒙古乌兰察布市商都县举行，国家林业局局长赵树丛出席活动并讲话，北京军区司令员房峰辉、政委刘福连，内蒙古自治区党委书记胡春华、自治区政府主席巴特尔，国家森林防火指挥部专职副总指挥杜永胜等出席。

5月

5月4～7日 国家林业局局长赵树丛到山东调研林业改革发展情况，与山东省省长姜大明举行会谈，并出席国家林业局与山东省政府合作共建山东农业大学签字仪式和山东(暖温带)珍稀濒危树种种质资源中心库开工奠基仪式。国家林业局副局长张建龙，山东省委常委、副省长孙伟等参加会见。

5月6日 “金林工程”建设内容被列入国务院正式批复的《“十二五”国家政务信息化工程建设规划》。

5月9日 “CITES公约电子许可系统建设研讨会”开幕式在广州市举行。《濒危野生动植物种国际贸易公约》(CITES)秘书长约翰·斯甘伦向中国部门间CITES执法工作协调小组颁发了“CITES秘书长表彰证书”。中国部门间CITES执法工作协调小组组长、国家林业局副局长、国家濒危物种进出口管理办公室主任印红代表中国部门间CITES执法工作协调小组接受“CITES秘书长表彰证书”。

5月14日 国家林业局印发《灌木能源林培育利用指南和无患子原料林可持续培育指南》(林造发〔2012〕129号)。

同日 国家林业局向有关省级政府和国务院各有关部门通报了经国务院批准的“十一五”省级政府防沙治沙目标责任综合考核结果，并将考核结果函报中央组织部作为对省级政府领导班子和领导干部综合考核的重要依据。

5月16日 国家林业局林业资源综合监管服务体系试点建设项目通过验收，“全国林业一张图”绘制工作取得重大成果。实现了在试点省范围内对森林生态系统、荒漠生态系统、湿地生态系统和生物多样性的有效监管，标志着林业信息化由基础建设向服务核心业务拓展。

5月20日 国家林业局局长赵树丛在北京接见出席全国公安系统英雄模范立功集体表彰大会的7名森林公安系统代表，国家林业局副局长孙扎根、国家森林防火指挥部专职副总指挥杜永胜陪同接见。

同日 国家林业局印发《关于支持贵州省加快林业发展的意见》(林规发〔2012〕128号)。

同日 国家林业局印发《森林抚育检查验收办法》(林造发〔2012〕136号)，自公布之日起执行。

5月29～30日 中国国家林业局、联合国森林论坛和联合国粮农组织共同举办的履行《国际森林文书》培训研讨会暨示范单位建设启动仪式在北京举行。国家林业局副局长印红、联合国森林论坛秘书长简·麦凯尔平、联合国粮农组织林业经济政策和产业司司长伊娃·穆勒等人出席启动仪式并致辞。

5月31日 国家林业局印发《全国林业工作站“十二五”建设规划》。

6月

6月1日 纪念无产阶级革命者和中国林业事业开拓者雍文涛同志诞辰100周年座谈会在北京举行。国家林业局局长赵树丛出席会议并讲话，副局长张建龙主持座谈会。

同日 国家“十二五”重点图书出版项目——《种子植物名称》一期5卷本出版发行。

6月4日 国务院新闻办公室举办林业新闻发布会，通报1992年里约联合国环境与发展大会以来中国林业落实可持续发展进程方面取得的进展。国家林业局副局长印红出席发布会并回答记者提问。

6月5日 中国绿化基金会主办，全国绿化委员会、国家林业局支持的2011年绿色公益盛典活动在北京举行。中共中央政治局常委、全国政协主席贾庆林会见出席绿色公益盛典活动的代表并讲话。全国人大常委会原副委员长、中国绿化基金会顾问布赫，国家林业局局长赵树丛，局领导陈述贤、张永利等出席盛典活动并为获奖单位和个人颁奖。

同日 全国林业党建研究会成立大会在北京召开。国家林业局党组成员、副局长、直属机关党委书记张建龙出席会议并讲话。会议审议通过《全国林业党建研究会章程》，选举张建龙同志任全国林业党建研究会会长。

6月12日 国家林业局建立“绿色大讲堂”学习制度，以新闻宣传和新媒体运用为题举办首场讲座，局长赵树丛主持讲座，局领导张建龙、印红、陈述贤，国家森防指专职副总指挥杜永胜等参加讲座。“大讲堂”由党组中心组带头，以机关及京内直属单位处级以上干部为主要对象，围绕事关发展全局的重大理论和实际问题，邀请有关专家、学者和领导以专题讲座的形式，原则上每月开展一次集中学习。

6月14日 国务院新闻办公室举行我国岩溶地区第二次石漠化监测结果新闻发布会，截至2011年，我国石漠化土地面积为1200.2万公顷，占监测区国土面积的11.2%，占岩溶面积的26.5%。与2005年相比，石漠化土地净减少96万公顷，减少了7.4%；年均减少1600平方公里，缩减率为1.27%。结果表明，我国土地石漠化整体扩展的趋势得到初步遏制，由过去持续扩展转变为净减少，岩溶地区生态状况呈良性发展态势，但局部地区仍在恶化，防治形势仍很严峻。

6月15日 在中共中央政治局常委、中央纪委书记贺国强和马来西亚总理纳吉布的共同见证下，中国野生动物保护协会与马来西亚自然资源与环境部野生动物和国家公园司在马来西亚签署大熊猫保护合作研究协议。根据协议，来自四川卧龙中国保护大熊猫研究中心的一对大熊猫"福娃"和"凤仪"将赴马来西亚旅居，中马双方将在大熊猫保护的科普教育和科研等方面进行为期10年的合作。

6月17日 2012年荒漠化防治国际高级研修班在北京开班。国家林业局局长赵树丛作主旨讲话，副局长张永利宣读联合国荒漠化公约秘书长吕克·尼亚卡贾的贺信。来自20多个非洲国家的学员及其所在国部分使节、联合国机构驻华代表共50多人参加开班仪式。

6月18日 中共中央政治局常委、全国政协主席贾庆林在北京参观"为祖国大地披上美丽绿装，为科学发展提供生态保障"林业专题展览，中共中央政治局委员、全国政协副主席王刚，中共中央政治局委员、国务委员刘延东参观展览。国家林业局局长赵树丛，局领导孙扎根、陈述贤、张永利，局总工程师陈凤学，国家森林防火指挥部专职副总指挥杜永胜陪同参观。展览由全国政协办公厅、全国政协人口资源环境委员会、国家林业局共同主办。

6月19日 国家林业局与青海省政府在西宁召开林业援青工作座谈会。国家林业局局长赵树丛指出，要重点支持青海林业加强"四个体系一个能力建设"，加快构建高原生态安全屏障。青海省省长骆惠宁出席会议并讲话。青海省委常委、常务副省长徐福顺主持，国家林业局副局长张建龙出席。会后，赵树丛、骆惠宁签署了《国家林业局、青海省人民政府共同推进青海省林业生态建设合作备忘录》，张建龙、徐福顺分别在签字仪式上致辞。

6月20～22日 联合国可持续发展大会在巴西里约热内卢举行，联合国193个成员国近130位国家元首和政府首脑出席会议。中国国务院总理温家宝在会上发表了《共同谱写人类可持续发展新篇章》的演讲。大会最终通过的会议成果文件《我们憧憬的未来》，涉及林业问题内容全面、基调积极，体现了各方对林业与减贫、发展绿色经济、防治荒漠化、保护生物多样性和山区综合开发等问题认识的不断深入，对确立林业在促进全球经济繁荣、社会包容和环境保护中的地位具有重要的指导意义。22日，国家林业局主办的"绿色经济背景下的中国林业"边会举行，国家林业局副局长印红出席边会并作主旨讲话。联合国森林论坛秘书长简·麦凯尔平、国际竹藤组织总干事古珍和世界自然基金会保护主任拉斯·古斯塔夫森作为特邀嘉宾出席边会并致辞。

6月26日 中共中央组织部决定张建龙同志任国家林业局党组副书记。

6月28日 国务院扶贫开发领导小组在贵州省黔西南布依族苗族自治州兴义市召开滇桂黔石漠化片区区域发展与扶贫攻坚启动会。国务院副总理、国务院扶贫开发领导小组组长回良玉强调，坚持扶贫开发与石漠化综合治理相结合，凝心聚力打好集中连片特困地区扶贫攻坚战。国家林业局局长赵树丛在会上发言。水利部部长陈雷主持会议。贵州省委书记栗战书致辞。国家林业局副局长张永利出席会议。

同日 国家林业局、教育部、共青团中央和中国生态文化协会联合授予云南省施甸县善洲林场"国家生态文明教育基地"荣誉称号。

7月

7月4日 国家林业局与中国科学院签署全面战略合作框架协议，共同构建政府部门与科研院所之间的新型战略合作体系。国家林业局局长赵树丛、中国科学院院长白春礼代表双方签署合作协议并致辞。国家林业局副局长张建龙主持，局领导印红、孙扎根、陈述贤、张永利，局总工程师陈凤学，国家森林防火指挥部专职副总指挥杜永胜，中国科学院副院长施尔畏等出席签字仪式。

7月5日 国家林业局印发《林业科学和技术"十二五"发展规划》。

7月6日 国家林业局副局长张永利率中国政府代表团出席在罗马尼亚首都布加勒斯特召开的《湿地公约》第11届缔约方会议。会后，张永利副局长会见了罗马尼亚环境与森林部国务秘书穆古列尔·科兹马丘克，并签署《中国国家林业局和罗马尼亚环境与森林部会谈纪要》。

7月9日 第九届中国城市森林论坛在内蒙古自治区呼伦贝尔市开幕。本届论坛以"城市森林·绿色增长·美丽发展"为主题，中共中央政治局委员、全国政协副主席、关注森林活动组委会主任王刚出席开幕式并讲话。全国政协机关党组书记、副秘书长孙怀山主持论坛开幕式，国家林业局局长赵树丛、内蒙古自治区党委书记胡春华在开幕式上致辞。国家林业局党组成员、中央纪委驻局纪检组组长、关注森林活动组委会副主任陈述贤宣读授予呼伦贝尔市等10城市"国家森林城市"称号的决定，全国政协人口资源环境委员会副主任、关注森林活动组委会副主任江泽慧宣读命名武汉大学等10家单位为"国家生态文明教育基地"的决定。

7月16日 全国森林消防和林业有害生物防治标准化技术委员会在北京成立。国家森林防火指挥部副总指挥、国家林业局副局长孙扎根、国家标准化管理委员会副主任于欣丽出席会议并讲话，国家森林防火指挥部专职副总指挥杜永胜出席会议。

7月16～21日 中共中央政治局常委、全国人大常委会委员长吴邦国赴黑龙江大兴安岭等地调研时，要求继续实施林业重点工程建设，要立足于让林区老百姓增收致富，走出一条林业转型发展、林农增收致富的新路子。

7月17日 国家林业局局长赵树丛在北京会见来访的世界自然基金会总干事詹姆斯·李普一行。双方商定年内签署《国家林业局与世界自然基金会合作原则机制》。

7月18日 国家林业局与福建省委、省政府在福州签署合作推进林业改革与发展框架协议。国家林业局局长赵树丛、副局长张建龙、印红、张永利，国家森林防火指挥部专职副总指挥杜永胜，福建省委书记孙春兰、省长苏树林等出席协议签署仪式。

7月20～22日 全国林业厅局长会议在福建省长汀县召开。会议主要任务是贯彻落实党的十七大和十七届三中、四中、五中、六中全会精神，以及中央领导同志近期对林业工作的重要指示精神，总结推广福建长汀生态建设经验，回顾上半年全国林业工作，安排部署下半年林业工作。国家林业局党组书记、局长赵树丛作了题为《弘扬长汀精神，发展现代林业，为改善生态改善民生作出更大贡献》的主题报告，党组副书记、副局长张建龙主持会议，福建省省长苏树林致辞。局领导印红、陈述贤、张永利，国家森林防火指挥部专职副总指挥杜永胜，武警森林指挥部主任何宏成出席会议。

7月24日 国家林业局出台《国有林场森林经营方案编制和实施工作的指导意见》(林场发〔2012〕184号)。

同日 国家林业局发布2012年第8号公告，公布注销林木种子经营许可证的企业名单。

同日 中国林产工业协会在北京召开中国林产工业企业社会责任报告联合发布会。国家林业局副局长张建龙出席会议，并为首批发布社会责任报告的企业颁发荣誉证书。

7月26日 正在老挝访问的国家林业局副局长张建龙与老挝农林部副部长提·蓬马萨克举行会谈。双方相互介绍了两国林业发展情况，并就两国林业合作事宜交换了意见。

7月30日 国务院办公厅印发《关于加快林下经济发展的意见》(国办发〔2012〕42号)。

同日 正在柬埔寨访问的国家林业局副局长张建龙与柬埔寨农林渔业部部长曾仕伦举行会谈，双方就两国双边林业合作事宜交换了意见，同意将两国林业合作机制化。

8月

8月5日 “百鸟朝凤　喜迎‘十八大’——北戴河·中国野生鸟类摄影书画精品展”在河北省秦皇岛市开幕。全国人大常委会原副委员长许嘉璐宣布摄影书画展开幕，国家林业局局长赵树丛等出席开幕式。

8月9日 全国林业系统推进惩治和预防腐败体系建设工作座谈会在甘肃省召开，国家林业局党组成员、中央纪委驻国家林业局纪检组组长陈述贤出席座谈会并讲话。

8月20～22日 全国林业专业合作组织建设工作会议在山东省临沂市召开。国家林业局副局长张建龙出席会议并讲话，山东省副省长贾万志介绍山东省林业改革发展工作。

8月22日 国际绿色经济协会和中国绿色碳汇基金会联合主办的第三届全球绿色经济财富论坛在北京开幕，主题为：迈向绿色经济——全球可持续发展框架下的商业变革。全国政协副主席张梅颖致开幕词，国家林业局副局长张永利出席开幕式并作主题报告。

8月26～27日 国务院在山西省朔州市召开三北防护林体系建设工作会议。中共中央政治局委员、国务院副总理回良玉在会上强调，要加大力度科学推进提高质量效益，进一步加快三北防护林体系建设。国家林业局局长赵树丛出席会议并讲话，山西省委副书记金道铭致辞，国务院副秘书长丁学东主持。国家林业局副局长张永利宣读表彰决定。

8月29日 国家林业局副局长张建龙在北京会见以色列自然保护与国家公园管理局局长沙乌勒·戈德斯坦先生。

9月

9月3日 由国家林业局和黑龙江省政府主办2012中国(伊春)国际森林产品博览会在黑龙江省伊春市开幕。全国政协人口资源环境委员会副主任、中国林业产业联合会会长贾治邦，黑龙江省副省长吕维峰等出席开幕式，国家林业局总工程师陈凤学出席开幕式并致辞。

9月10日 2012荷兰世界园艺博览会“中国园”交接仪式在荷兰芬洛举行。“中国园”将永久留在荷兰，以更好地传播中国文化。

9月11日 国家林业局副局长孙扎根在北京会见美国康涅狄格州州长丹尼尔·马洛伊一行。双方就森林防火、林业科学技术交流、森林资源保护及林业发展等领域交换了意见。

9月13日 中国－阿拉伯国家防沙治沙合作论坛在宁夏银川召开。国家林业局副局长张永利、宁夏回族自治区人民政府副主席郝林海、联合国防治荒漠化公约秘书处执行秘书吕克·尼亚卡贾致辞。论坛期间，国家林业局副局长张永利会见了联合国防治荒漠化公约秘书处执行秘书吕克·尼亚卡贾，就双方关注的如何加强国家林业局与荒漠化公约秘书处全面合作等问题交换了意见。

9月18日 国家林业局与国家开发银行在北京签署《开发性金融支持林业发展合作协议》。双方将共同推动林业投融资模式创新，健全完善林业投融资体制。国家开发银行董事长陈元、国家林业局局长赵树丛出席签字仪式并致辞。国家林业局副局长张建龙、国开行副行长袁力代表双方签字。

同日 第五届中国生态文化高峰论坛在安徽省合肥市举行，国家林业局党组成员、中央纪委驻国家林业局纪检组组长陈述贤出席开幕式并讲话，全国政协人口资源环境委员会副主任、中国生态文化协会会长江泽慧作主题报告，安徽省委副书记孙金龙致辞。

9月19日 国务院总理温家宝主持召开国务院常务会议，听取退耕还林工作汇报，会议指出要继续实施好巩固退耕还林成果专项规划，适当安排“十二五”时期重点生态脆弱区退耕还林任务。决定自2013年起，适当提高巩固退耕还林成果部分项目的补助标准。会议讨论并通过了《京津风沙源治理二期工程规划(2013～2022年)》。

同日 由国家林业局、山东省政府联合举办的第九届中国林产品交易会在山东省菏泽市开幕。国家林业局副局长张永利、山东省副省长贾万志出席开幕式并致辞。

9月21日 2012中国(昌邑)北方绿化苗木博览会开幕式在山东昌邑举行，国家林业局局长赵树丛出席并宣布开幕。山东省副省长贾万志致辞。

同日 由全国绿化委员会、国家林业局、中国绿化基金会主办的大型主题公益活动“绿色中国行——走进衢江”活动在浙江省衢州市衢江区举行。国家林业局副局长张永利出席活动并致辞。

同日 国家林业局印发《关于加快科技创新促进现代林业发展的意见》(林科发〔2012〕231 号)。

9 月 24 日 全国林业科学技术大会在北京召开，中共中央政治局委员、国务院副总理回良玉强调，要加快建立国家林业科技创新体系，全面提升林业科技创新能力，不断开创现代林业建设新局面。国家林业局局长赵树丛主持会议。中央农村工作领导小组副组长、中农办主任陈锡文，国务院副秘书长丁学东，国家林业局领导印红、孙扎根、陈述贤、张永利，局总工程师陈凤学，国家森林防火指挥部专职副总指挥杜永胜等出席会议。

9 月 24～25 日 全国深化集体林权制度改革工作会议暨林下经济现场会在辽宁省本溪市召开。国家林业局局长赵树丛强调要着力抓好“改革、稳定、规范、服务、发展”五个环节，把集体林权制度改革不断引向深入。国家林业局副局长张建龙主持会议并作总结，辽宁省副省长赵化明出席会议并致辞。

9 月 26 日 由国家林业局和辽宁省政府联合主办的首届中国森林食品交易博览会暨第三届中国(铁岭)榛子节在辽宁省铁岭市开幕。国家林业局副局长张建龙、辽宁省副省长赵化明出席开幕式并致辞。

同日 中央人民广播电台中国乡村之声开播仪式在北京举行，国家林业局党组成员、中央纪委驻局纪检组组长陈述贤出席仪式，国家林业局与中央人民广播电台签订战略合作协议，双方将在加强林业日常新闻宣传，做好林业突发事件、林业政策和典型、林业公益主题宣传，以及开设林业专栏、组织广播剧、加强网络宣传等方面开展合作。

9 月 29 日 由国家林业局、新疆维吾尔自治区人民政府主办的新疆呼图壁国家级苗木交易市场揭牌暨新疆首届苗木花卉博览会在新疆呼图壁国家级苗木交易市场开幕。国家林业局副局长张建龙出席开幕式。

同日 国际园艺生产者协会(英文缩写 AIPH)批准中国北京举办 2019 年世界园艺博览会(A1 类)的申请。

10 月

10 月 1 日 国家林业局局长赵树丛在北京会见联合国粮农组织(FAO)总干事达席尔瓦一行，双方同意在南南合作、有关信息发布交流和向 FAO 输送中方雇员等方面进一步加强合作。

10 月 7 日 2012 年荷兰世界花卉园艺博览会闭幕，“中国园”荣获最高奖项——“AIPH 绿色城市大奖”，同时获得 2012 荷兰世园会组委会颁发的国际室外展园类银奖。

10 月 9 日 国家林业局副局长张永利代表国家林业局与各工程省区人民政府签订《2012 年度退耕还林工程责任书》。

同日 国家林业局生态监测评估中心在北京成立。国家林业局局长赵树丛为中心揭牌。局领导张建龙、印红、陈述贤，局总工程师陈凤学，国家森林防火指挥部专职副总指挥杜永胜出席揭牌仪式。

同日 国家林业局举办海南鹦哥岭青年团队先进事迹报告会，局党组成员、中央纪委驻局纪检组组长陈述贤主持。会前，局长赵树丛会见了海南鹦哥岭青年团队先进事迹报告团一行。

10 月 9～10 日 岩溶地区石漠化防治工作现场会在贵州省毕节市黔西县召开。国家林业局副局长张永利出席会议并讲话。贵州省副省长禄智明致辞。

10 月 10 日 全国油茶产业发展现场会在安徽省六安市举行。国家林业局局长赵树丛要求：全面提升质量效益，带动油茶产业大发展。局副局长张建龙主持会议并讲话，安徽省副省长梁卫国致辞。

10 月 11 日 国家林业局、四川省政府在四川省雅安市石棉县举行大熊猫放归自然活动，国家林业局副局长印红，四川省委常委、副省长钟勉致辞。赵树丛与印红、钟勉共同开启转运笼门，将我国第一只经过系统野化培训的人工繁育大熊猫“淘淘”放归到栗子坪自然保护区内，标志着我国大熊猫保护工作进入了新的发展阶段，是我国野生动物保护的又一个重要里程碑。

10 月 12～13 日 国家发改委、国家林业局、财政部、水利部、农业部等五部门在宁夏回族自治区中卫市联合召开全国巩固退耕还林成果部际联席会议第三次会议暨现场会，全国巩固退耕还林成果部际联席会议副召集人、国家林业局副局长张永利出席会议并讲话。

10 月 13 日 国家林业局、住房城乡建设部、中国科学院联合出台《关于加强植物园植物物种资源迁地保护工作的指导意见》(林护发〔2012〕248 号)。

10 月 14～16 日 第二届森林科学论坛—森林可持续经营国际学术研讨会在北京召开，来自世界 20 多个国家约 300 名林业专家学者以“气候变化下的森林可持续经营”为主题，交流森林可持续经营的先进理念与技术措施，探讨森林可持续经营的途径、方法。国家林业局副局长孙扎根出席会议并讲话，全国政协人口资源环境委员会副主任、中国林学会理事长江泽慧致开幕词。

10 月 15 日 国家林业局局长赵树丛在北京会见墨西哥合众国环境和自然资源部部长胡安·拉法埃尔·艾尔维拉一行。双方共同签署了《中华人民共和国国家林业局与墨西哥合众国环境和自然资源部关于林业合作的谅解备忘录》，商定双方将在造林、森林恢复、森林可持续经营、林产品加工利用、森林与气候变化、荒漠化防治等领域开展多种形式的合作与交流。

同日 林业教育改革与发展暨纪念林业教育 110 周年学术研讨会在北京召开。国家林业局副局长张永利出席会议并讲话。

同日 中央财政新增安排国有林场改革试点补助资金 12 亿元，用于浙江、安徽、江西、山东、湖南和甘肃等 6 个试点省份解决国有林场职工社会保险和分离办社会职能等问题。

10 月 16～17 日 全国天保工程区公益林管护和森林抚育工作现场会在云南省迪庆藏族自治州召开。国家林业局副局长张永利出席会议并讲话。

10 月 18 日 国家林业局召开全国林业信息安全工作电视电话会议，研究分析当前林业信息安全工作面临的新形势，安排部署当前及今后一个时期林业信息安全工作任务。副局长孙扎根出席会议并讲话。

10月23日 国家林业局发布2012年第9号公告，公布2011年12月31日前发布的规范性文件清理结果，确定继续有效的规范性文件194件，失效或废止的规范性文件107件。

10月25日 国家林业局西南生态监测评估中心在云南省昆明市揭牌。国家林业局副局长张建龙、云南省副省长孔垂柱出席仪式并为中心揭牌。

10月26日 国家林业局局长赵树丛在北京接见"最美警察"代表、吉林省红石森林公安分局第一派出所副所长陈立军。

10月29日 国家林业局印发《关于加强国有林场森林资源管理保障国有林场改革顺利进行的意见》(林场发〔2012〕264号)。

10月30日 国家林业局与中国农业银行在北京签署共同推进林业产业建设发展合作框架协议。国家林业局局长赵树丛、中国农业银行董事长蒋超良出席签字仪式。国家林业局副局长张建龙、中国农业银行副行长郭浩达代表双方签字。

同日 国家林业局副局长孙扎根在瑞士格兰德会见世界自然基金会(WWF)副总干事拉塞·古斯塔文森及世界自然基金会总部主要官员，共同签署了《国家林业局与世界自然基金会合作原则机制》。出访期间，还与英国林业委员会、世界自然保护联盟以及森林认证认可体系秘书处等机构就林业发展、森林可持续经营、森林认证等议题进行了交流探讨。

11月

11月2日 由国家林业局、安徽省政府主办的2012中国(合肥)苗木花卉交易大会在国家级苗木花卉专业市场——合肥市肥西县中国中部花木城开幕。国家林业局副局长张永利，安徽省委常委、合肥市委书记吴存荣，安徽省副省长梁卫国出席开幕式。

11月5日 国家林业局、河南省政府在北京举行合作共建河南农业大学协议签字仪式。国家林业局局长赵树丛出席签字仪式。副局长张建龙，河南省委常委、副省长刘满仓代表双方签字，河南省副省长徐济超致辞。

11月7日 国家林业局副局长印红在北京会见秘鲁农业部副部长胡安·雷奈克，双方就推动中秘林业合作、签署林业合作协议、第二次亚太经合组织林业部长级会议等议题交换了意见并达成共识。

同日 国家林业局、财政部、人力资源和社会保障部联合印发《关于切实做好天然林资源保护工程一次性安置职工社会保险补贴政策落实工作的通知》(林规发〔2012〕271号)，中央财政新增安排天保工程一次性安置职工社会保险补贴资金50.75亿元，支持有关省(区、市)解决天保工程安置职工生活困难和社会保障问题。

11月9日 由国家林业局、江苏省人民政府、国际竹藤组织共同主办的第七届中国竹文化节在江苏省宜兴市举行。全国政协副主席林文漪宣布第七届中国竹文化节开幕。全国政协人口资源环境委员会副主任、国际竹藤组织董事会联合主席、中国竹产业协会会长江泽慧，国家林业局副局长孙扎根在开幕式上致辞。

11月12日 亚太森林恢复与可持续管理组织(亚太森林组织)昆明培训中心揭牌仪式在西南林业大学举行。国家林业局副局长印红和云南省政府副秘书长杨杰致辞并共同为中心揭牌。

11月16日 国家林业局召开会议传达学习党的十八大精神，安排部署十八大精神贯彻落实工作。局长赵树丛要求，把学习贯彻十八大精神作为当前首要政治任务抓紧抓好，切实用十八大精神指导当前和今后一个时期的林业工作。副局长张建龙传达会议精神。局领导印红、孙扎根、陈述贤、张永利，局总工程师陈凤学，国家森林防火指挥部专职副总指挥杜永胜出席会议。

同日 由全国绿化委员会、国家林业局、中国绿化基金会等单位联合主办的大型系列主题公益活动"绿色中国行"在浙江省龙泉市举行。国家林业局总工程师陈凤学、浙江省人大常委会副主任程渭山等出席。

11月21～23日 "中国林权改革：现状、经验与展望"国际研讨会暨粮农组织合作项目总结会在浙江杭州举行。国家林业局副局长张建龙出席会议并讲话，浙江省副省长王建满、欧盟驻华代表处公使级参赞高佑翰，国家发改委农经司副司长吴晓松等出席会议并致辞。

11月26日 国家林业局党组书记、局长赵树丛主持召开局党组会，研究成立国家林业局外事工作领导小组事宜，审议《国家林业局事业单位公开招聘暂行办法》。

11月27日 全国森林抚育经营现场会在广西凭祥市召开。国家林业局副局长张永利出席会议并讲话。

同日 由中国绿色碳汇基金会和国际竹藤组织联合主办的"中非合作——竹林应对气候变化"主题边会在卡塔尔首都多哈举行。

11～12月 国家林业局在全国范围内组织开展严厉打击破坏野生动物资源违法犯罪活动专项行动。全国森林公安机关共出动警力36万人次、车辆15万台次，巡护清查野生动物分布区等地53 939次，清0理整治各类市场86 130个，查办野生动物案件3342起，打击处理违法犯罪人员3363人，收缴野生动物30万只、制品1.2万件、皮张4650张，涉案总价值达3698万元。

12月

12月3日 全国森林防火森林公安工作座谈会在江苏省召开，国家森林防火指挥部副总指挥、国家林业局副局长孙扎根出席会议并讲话，国家森林防火指挥部专职副总指挥杜永胜主持会议。

12月4日 国家林业局局长赵树丛在吉隆坡与马来西亚自然资源和环境部副部长万·哈斯玛女士进行工作会谈。双方一致同意继续推进双边林业合作谅解备忘录的商签工作，建立两国林业部门间长效合作机制，加强信息和技术交流，并对促进亚太森林可持续经营和恢复网络、亚太林业部长级会议机制等区域林业合作平台的发展进行深入探讨。

同日 国家林业局副局长张永利在北京会见美国国务院分管经济增长、能源和环境事务的副国务卿罗伯特·霍麦茨一行，双方就打击野生动植物非法贸易行为等问题进行了深入探讨，并达成加强双边对话、开展多边合作等共识。

12月5日 中国政府网站绩效评估结果发布会在人民大会堂召开，中国林业网(国家林业局政府网)由部委网站第十名越升到第四名，荣获中国互联网最具影响力政府网站等重大奖项。

12月7～9日 第七届中国洞庭湖(岳阳)国际观鸟节在湖南省岳阳市举行，国家林业局副局长张建龙出席开幕式并讲话。2002年以来，岳阳已成功举办6届国际观鸟节，成为享誉中外的“中国观鸟之都”。

12月14日 纪念中国加入《湿地公约》20周年座谈会在北京召开，国务院副总理回良玉出席座谈会并讲话。国家林业局局长赵树丛作题为《加强湿地保护 建设生态文明》的讲话，副局长张永利主持。会前，回良玉会见了《湿地公约》秘书长安纳达·特尔格先生及有关国际组织驻华机构代表。

12月17日 国务院办公厅以国办函〔2012〕212号印发《国务院办公厅关于印发国家森林火灾应急预案的通知》，2005年5月14日经国务院批准、由国务院办公厅印发的《国家处置重、特大森林火灾应急预案》同时废止。

12月19日 全国绿化委员会、人力资源和社会保障部、国家林业局决定，授予湖南省江华瑶族自治县林业局尖子岭水口瞭望台护林员余锦柱“林业英雄”荣誉称号。

12月20日 由中国国际贸易促进委员会、全国政协经济委员会、国家林业局联合主办的第四届中国国际生态竞争力大会在北京召开。中国国际生态竞争力大会名誉主席、全国政协副主席阿不来提·阿不都热西提致开幕词。中国国际贸易促进委员会会长万季飞、国家林业局局长赵树丛等出席大会并做主旨演讲。

12月22日 《绿竹神气——中国一百首咏竹古诗词精选》首发式在北京人民大会堂举行。江泽民为该书作序。中共中央政治局委员、国务委员刘延东出席首发式并讲话，中共中央政治局委员、中央书记处书记、中宣部部长刘奇葆出席首发式并为有关单位赠书。国家林业局局长赵树丛主持首发式，文化部部长蔡武、埃塞俄比亚驻华大使塞尤姆·梅斯芬致辞。全国政协人资环委副主任、国际竹藤组织董事会联合主席江泽慧与中国外文局局长周明伟为《绿竹神气》首发揭幕。国务院副秘书长江小涓，教育部副部长郝平，、国家林业局副局长张建龙，国际竹藤组织总干事古珍等出席会议。

12月24日 中国共产党国家林业局直属机关第八次代表大会在北京举行。大会通过了《关于中国共产党国家林业局直属机关第七届委员会工作报告的决议》、《关于中国共产党国家林业局直属机关纪律检查委员会工作报告的决议》，选举产生新一届中国共产党国家林业局直属机关委员会、纪律检查委员会。国家林业局党组书记、局长赵树丛，局党组副书记、副局长、直属机关党委书记张建龙，局党组成员、副局长孙扎根、张永利，局总工程师陈凤学，国家森林防火指挥部专职副总指挥杜永胜出席会议。国家林业局副局长印红应邀出席会议。

12月25日 国家林业局印发《未成林地自然灾害受损核定办法(试行)》。

12月26日 国务院办公厅以国办发〔2012〕58号文印发《国务院办公厅关于加强林木种苗工作的意见》。

12月27～28日 全国林业厅局长会议在北京召开。

12月31日 国家林业局批准河北尚义察汗淖尔等85处湿地开展国家湿地公园试点工作。

同日 财政部、国家林业局联合印发《中央财政林业补贴资金管理办法》(财农〔2012〕505号)，林木良种、造林、森林抚育等林业补贴资金由试点正式步入常态化、制度化轨道。

2012年林业重要会议

【国务院召开全国森林草原防火工作电视电话会议】 4月16日，国务院召开全国森林草原防火工作电视电话会议，会议的主要内容是深入贯彻落实党的十七届六中全会和中央农村工作会议精神，通报2011年森林草原防火工作情况，分析春防期间森林草原火险形势，安排部署2012年全国森林草原防火工作。中央政治局委员、国务院副总理回良玉出席会议并作重要讲话，充分肯定了十六大以来森林草原防火工作取得的成绩，全面分析了森林草原防火工作面临的形势，对当前和今后一个时期的森林草原防火工作进行了部署。国家森林防火指挥部总指挥赵树丛同志、农业部草原防火指挥部总指挥高鸿宾同志分别对2011年的森林和草原防火工作进行了总结，并对2012年工作提出安排意见。 (李新华)

【全国林业厅局长会议】 2012年7月20～22日在福建省长汀县举行。会议的主题是：认真贯彻党的十七大和十七届三中、四中、五中、六中全会精神，以及中央领导同志近期对林业工作的重要指示精神，深入落实年初全国林业厅局长会议的工作部署，总结推广福建长汀生态建设经验，认真回顾上半年全国林业工作，安排部署下半年林业工作，进一步解放思想、开拓创新、振奋精神，全面完成今年林业建设任务，推动现代林业发展再上新水平，以优异成绩迎接党的十八大胜利召开。

国家林业局局长赵树丛作了题为《弘扬长汀精神，发展现代林业，为改善生态改善民生作出更大贡献》的主题报告。福建省省长苏树林出席会议并致辞。国家林业局副局长张建龙主持会议并通报上半年工作进展情况和下半年工作安排意见。国家林业局副局长印红，局党组成员、中央纪委驻局纪检组组长陈述贤，副局长张永利，国家森林防火指挥部专职副总指挥杜永胜，武警森林指挥部主任何宏成，全国人大常委、福建省人大常委会副主任庄先出席会议。

会议指出，全国林业厅局长会议在长汀召开，就是要学习长汀经验，弘扬长汀精神，全面提高我国林业生态建设水平，为改善生态和改善民生作出新的更大贡献。总结长汀经验主要有5点：一是坚持科学发展、民生第一；二是坚持依靠改革、依靠群众；三是坚持尊重规律、依靠科技；四是坚持政策扶持、多策并举；五是坚持艰苦奋斗、持之以恒。这些宝贵经验和伟大精神，是苏区精神的传承和弘扬，是做好新时期林业工作的法宝，是加快林业发展的强大动力。

会议指出，以2003年中央9号文件和2008年中央10号文件为标志，我国林业建设进入了转型升级的新阶段，迎来了加快发展的战略机遇期，也是一个十分难得、必须抓住、可以大有作为的黄金发展期。这个战略机遇期有5个基本特征：一是林业的战略定位显著提升；二是林业的发展空间极大拓展；三是林业的建设任务异常艰巨；四是林业的发展条件全面优化；五是林业的国际共识空前深化。各级林业部门要抢抓机遇，开动脑筋，科学谋划，做好前期工作，争取出一些大政策，上一些大项目，将党的主张变成人民的意志，把各地确定的林业发展战略、生态建设目标转化为具体的政策和行动，全面开创现代林业科学发展新局面。

会议指出，林业转型升级的核心有两条，一条是改善生态，一条是改善民生。这是林业最基本、最重要、最核心的任务和职责。其中，改善生态是林业的根本任务。良好的生态已经成为一个地区、一个国家最核心的竞争力之一，成为实现绿色增长、科学发展最主要的标志，我们必须全面实施以生态建设为主的林业发展战略，把改善生态放在一切林业工作的首位，守住这个根本和底线，须臾不可丢掉和丧失。改善民生是林业的主要目的。保障和改善民生是我们党执政的根本出发点和落脚点，也是林业工作的根本出发点和落脚点。改善民生的核心是满足民生需求，包括生态需求、生存需求、生活需求、生产需求多个方面，解决就业增收、深化林权改革、保护林地资源、保障林产品供给等都是为了改善民生。这既是党和国家工作的大局，也是林业工作的大局，我们必须牢牢把握，绝不能有丝毫的偏离与懈怠。

会议强调，生态林业和民生林业是林业建设的旗帜。生态和民生是林业的一体两翼。必须科学认识并正确处理两者之间的关系，高举生态和民生这两面大旗，把改善生态和改善民生放在突出重要的位置，协同推进，良性互动。一要始终坚持抓生态就是抓民生的思想。真正把生态建设放在林业的核心位置，努力为祖国大地披上美丽绿装，为科学发展提供生态保障，为人民群众提供良好的生产生活环境。二要牢固树立服务民生抓生态、改善生态惠民生的思想。既要把改善民生作为林业工作的出发点和落脚点，让人民群众充分享受林业建设成果，也要让绿色发展的理念深入人心，激发广大人民群众投身林业生态建设的热情。三要牢固树立以人为本、统筹兼顾、全面协调可持续发展的思想。坚决反对吃子孙饭、断子孙路的野蛮掠夺式开发和生产，坚决反对漠视群众生活、损害群众利益的行为。

随着社会主义市场经济体制的建立和完善，资源配置的方式、投资建设的主体发生了很大变化，要根据形势的发展变化，创新林业的体制机制、政策措施、工作平台和发展载体，不断为林业发展增添新的动力、创造新的优势。要树立强烈的创新意识，自觉适应建设创新型国家的新形势，围绕服务国家大局创新发展载体，围绕调动社会力量创新体制机制，围绕转变部门职能创新管理方式，围绕转变发展方式创新林业科技，大力建设创新型林业，全面提升林业创新的能力和水平。

会议要求，要以对事业、对岗位、对使命高度负责的态度，在服务大局、岗位尽责、服务基层上狠抓工作落实，认真履行岗位职责，自觉地为林业改革发展贡献力量。要加强学习，拓宽思维，增长知识，提高能力，着力解决林业发展中的重大理论和实践问题，推动现代林业又好又快发展，为建设生态文明、实现绿色增长和全面建设小康社会作出新的更大贡献。

会议期间，全国绿化委员会、国家林业局授予长汀县“全国生态文明建设和现代林业建设示范县”称号。长汀县县委书记魏东介绍了长汀生态治理经验。与会代表参观考察了长汀县河田镇晨光村来油坑水土流失初步治理区、三洲镇万亩杨梅基地。

各省、自治区、直辖市林业厅(局)、四大森工集团、新疆生产建设兵团林业局，各计划单列市林业局，国家林业局各司局、各直属单位的主要负责同志，以及各省级林业主管部门办公室主任参加会议。

中央组织部、中央政策研究室、中央农村工作领导小组办公室，国家发展改革委、财政部等有关方面的负责同志应邀出席会议。 （国家林业局办公室）

【2013年全国林业厅局长会议】 2012年12月27～28日，全国林业厅局长会议在北京召开。会议的主要任务是：全面贯彻党的十八大精神和中央经济工作会议、中央农村工作会议精神，认真总结2012年林业工作，全面安排部署2013年和今后一个时期的林业工作，进一步统一思想、提高认识，改进作风、凝聚力量，全面提高生态林业和民生林业发展水平，为十八大提出的全面建成小康社会和建设生态文明、美丽中国作出新的更大贡献。

国家林业局党组书记、局长赵树丛主持会议并作了题为《全面提升生态林业和民生林业发展水平，为建设生态文明和美丽中国贡献力量》的讲话。国家林业局党组副书记、副局长张建龙代表局党组通报了2012年工作完成情况和2013年工作安排意见。国家林业局副局长印红、孙扎根，国家林业局党组成员、中央纪委驻局纪检组组长陈述贤，国家林业局副局长张永利同志，武警森林指挥部主任何宏成，国家林业局总工程师陈凤学，国家森林防火指挥部专职副总指挥杜永胜等出席会议。

国家林业局局长赵树丛在会上发表讲话，围绕当前林业工作中的几个重要问题，提出了5点意见：

一要科学分析我国林业建设新形势，深刻认识大力推进生态文明建设的战略意义。赵树丛说，党的十八大对生态文明建设作出了全面部署，形成了中国特色社会主义事业“五位一体”总体布局并写入党章。这在世界政党发展史和执政史上还是第一次。这一认识上的重大飞跃、理论上的重大创新、实践上的重大举措，树立了人类建设生态文明的里程碑，开启了中华民族永续发展的新征程，对于推动中国特色社会主义事业、实现中华民族伟大复兴，具有重大的现实意义和深远的历史意义。一是建设生态文明是实现中华民族伟大复兴的根本保障；二是建设生态文明是发展中国特色社会主义的战略选择；三是建设生态文明是推动经济社会科学发展的必由之路；四是建设生态文明是顺应人民群众新期待的迫切需要。

二要紧紧围绕生态文明建设目标任务，切实担当起林业在生态文明建设中的重大职责。赵树丛提出，建设生态文明，昭示着人与自然的和谐相处，意味着生产方式、生活方式的根本改变，是关系人民福祉、关乎民族未来的长远大计，也是全党全国的一项重大战略任务。我们一定要发扬勇于担当的精神，切实承担起建设生态文明的历史使命。一是承担起保护自然生态系统的重大职责；二是承担起实施重大生态修复工程的重大职责；三是承担起构建生态安全格局的重大职责；四是承担起促进绿色发展的重大职责；五是承担起建设美丽中国的重大职责；六是承担起为应对全球气候变化做贡献的重大职责。

三要科学谋划林业工作总体思路，着力构建推进生态文明建设六大体系。赵树丛指出，大力发展生态林业和民生林业，符合国家战略大局，契合人民群众期待，顺应林业发展趋势，与十八大关于建设生态文明和美丽中国的要求也是高度一致的。根据这样的新形势新任务，当前和今后一个时期全国林业工作要坚持以下总体思路：高举中国特色社会主义伟大旗帜，以邓小平理论、"三个代表"重要思想、科学发展观为指导，全面落实党的十八大精神，紧紧围绕主题主线，深入实施以生态建设为主的林业发展战略，以建设生态文明为总目标，以改善生态改善民生为总任务，加快发展现代林业，着力构建六大体系，努力建设美丽中国，推动我国走向社会主义生态文明新时代。一是着力构建国土生态空间规划体系；二是着力构建重大生态修复工程体系；三是着力构建生态产品生产体系；四是着力构建支持生态建设的政策体系；五是着力构建维护生态安全的制度体系；六是着力构建生态文化体系。

四要着力抓好林业推进生态文明建设重点工作，全面提升生态林业民生林业发展水平。赵树丛强调，建设生态文明是林业的总目标，发展生态林业和民生林业是林业的总任务，两者相辅相成，相互促进。2013 年林业推进生态文明建设，要按照中央经济工作会议"稳中求进"和中央农村工作会议"保供增收惠民生、改革创新添活力"的要求，重点抓好 5 个方面的工作：一是抓改革；二是抓资源；三是抓科技；四是抓产业；五是抓民生。

五要切实改进工作作风，不断夯实完成各项任务的基础保障。赵树丛要求，要从巩固党的执政地位、实现党的执政使命的高度，充分认识改进工作作风、密切联系群众的极端重要性和紧迫性，认真贯彻落实中央各项规定，采取更加有力的措施，全面加强作风建设，树立林业部门良好形象。一是要用底线思维修炼作风；二是要用实干精神推动工作；三是要用公仆情怀服务群众；四是要用责任意识勇于担当；五是要用优良传统力戒奢靡；六是要用创新管理减少检查。

会议还邀请国情研究专家和经济学家、清华大学国情研究院院长胡鞍钢作《生态文明建设与绿色发展》专题讲座。

各省、自治区、直辖市林业厅(局)、四大森工集团、新疆生产建设兵团林业局主要负责人及办公室主任；各计划单列市林业局主要负责同志；国家林业局各司局、各直属单位党政主要负责同志参加会议。中央组织部、中央农村工作领导小组办公室、国家发展改革委、财政部、国务院研究室等有关方面的负责同志应邀出席会议。（国家林业局办公室）

【三北防护林工作会议】 8 月 26～27 日，国务院在山西省朔州市召开三北防护林工作会议。中共中央政治局委员、国务院副总理回良玉在会上强调，要深刻认识三北防护林体系建设的重要性和艰巨性，把防沙治沙和水土保持作为根本任务，把改善生态环境和满足民生需求作为基本要求，把人工治理和自然修复作为主要手段，坚持全面推进，加强基地建设，完善政策措施，加大投入力度，创新体制机制，凝集各方力量，大力保护和扩大林草植被，努力走出一条生产发展、生活富裕、生态良好的文明发展道路。

回良玉指出，伴随着中国改革开放的脚步，三北防护林工程走过了 34 年历程，取得了举世瞩目的伟大成就。特别是党的十六大以来，三北防护林工程建设进入了一个崭新的发展时期，是森林资源增长最快、生态环境改善最明显、群众得实惠最多的时期，10 年间森林覆盖率的提高量和活立木蓄积的增长量都大大超过之前 23 年的总和，以黄土高原为主的水土流失危害得到有效控制，成功实现了由"沙进人退"向"人进沙退"的历史性转变。

回良玉强调，三北地区仍然是我国林草植被最稀缺、生态环境最脆弱的地区，三北防护林工程是事关国家生态安全的战略性工程。当前，工程建设正处于承上启下、加快推进的重要时期，处于攻坚克难、转变发展方式的关键时期。我国粮食生产重心北移，三北地区能源、矿产开发和工业建设加快，对林业建设提出了更高要求。新的建设任务空前繁重，过去营造的防护林相当部分需要进行更新改造，而造林的难度也越来越大。要根据农村劳动力明显减少、劳动成本大幅提升的情况，顺应经济社会环境的深刻变化，大力推进科技、机制、管理和政策创新，加快发展方式转变。

回良玉强调，在新的历史条件下，三北防护林工程建设必须遵循自然规律、经济规律和社会发展规律，弘扬宝贵经验，大力开拓创新，确保完成好各项任务。一要加强组织领导，切实把三北工程建设摆到突出重要位置，全面落实行政领导负责制。二要加强规划实施，工程区各级政府要以国家工程规划为指导，科学制定本地区的规划和实施方案，全面落实各项建设任务。三要加强投入保障，中央和地方各级财政都要建立持续稳定的工程建设投入机制，同时加大信贷支持，拓宽融资渠道，广泛吸引各种资金投入工程建设。四要加强科学指导，因地制宜、因害设防，封飞造结合，乔灌草搭配，统筹运用自然修复与人工治理。集中建设一批百万亩人工林基地。加强森林经营，加快先进适用新技术、新模式示范推广，开展工程效益监测评价，全面提高工程建设科学化水平。五要加强改革创新，继续深化集体林权制度改革，健全林权流转机制，调动农民和社会各方面积极性。创新工程建设组织形式，逐步推广专业化造林。六要加强资源保护，严格执行保护林业资源的法律法规，严厉打击破坏森林资源的违法犯罪行为，严密防范森林火灾和林业有害生物，保护好来之不易的建设成果。

国家发展改革委、国家林业局负责同志在会上介绍了三北工程规划并作了工作部署。赵树丛局长指出，各地要采取更加有力的措施，确保全面完成五期工程各项建设任务。要坚持以植树造林为建设重点，着力扩大森林资源和生态总量；要坚持以生态修复为核心目标，着力构建稳定的森林生态系统；要坚持以防风治沙和水土保持为根本任务，着力解决风沙危害和水土流失问题；要坚持以人工林基地建设为骨干载体，着力构筑北方绿色生态屏障；要坚持以强化管理为根本保障，着力提高工程建设质量，确保把工程建设好、管理好、发展好，能够长期稳定发挥效益。

山西、内蒙古、辽宁、陕西、山西朔州市、新疆且末县和宁夏灵武白芨滩防沙林场在会上作典型发言。三北地区13个省（区、市）人民政府和新疆生产建设兵团负责同志，三北工程重点市、县人民政府负责同志出席会议。会议期间，与会代表实地考察了朔州市平鲁区、右玉县的三北工程建设现场。

三北防护林体系建设工程是1978年11月启动的，建设范围主要是风沙危害和水土流失严重的西北、华北、东北地区，工程规划期限为73年，分八期工程进行。本次会议对三北防护林工程建设进行了认真总结，决定正式启动第五期工程建设。

【全国林业科学技术大会】 9月24日，全国林业科学技术大会在北京隆重召开。中共中央政治局委员、国务院副总理、全国绿化委员会主任回良玉出席会议并作了题为《实施科技兴林战略加快现代林业建设》的重要讲话。国家有关部委负责同志、各省林业厅局负责同志、科技处长，国家林业局各司局负责同志及全国林业科技工作突出贡献先进集体和先进个人代表参加会议。国家林业局局长赵树丛主持会议，会议表彰了全国林业科技工作突出贡献的82个先进单位和133名先进个人。

回良玉在讲话中回顾了十六大以来我国林业事业取得的瞩目成就，并指出一切成绩的取得归因于全体林业工作者与时俱进地推进理论创新、政策创新、制度创新、科技创新和工作创新，归因于党中央、国务院的正确领导，归因于广大基层干部、林业科技人员和农民群众的辛勤劳动，归因于各地区各部门的共同努力和社会各界的大力支持。回良玉副总理还强调在新的历史阶段推进林业发展，必须更加重视发挥科技的强大支撑作用。要立足林业科技的公益性、基础性、社会性特点，以突破核心技术、强化推广应用、优化创新环境为重点，加快建立国家林业科技创新体系，全面提升林业科技创新能力，不断开创现代林业建设新局面。

最后，赵树丛局长进行了总结发言，他提出在新的历史时期，林业科技要着力服务改善生态、改善民生的大局；着力实现林业发展“十二五”规划的奋斗目标；着力深化体制和机制改革；着力构建现代林业创新体系；着力加强成果转化和推广应用；着力创造人才辈出的良好氛围和条件；着力夯实基础、强化保障措施，并号召各单位、各部门认真传达学习回良玉副总理的重要讲话精神，结合各自工作实际，研究制定贯彻落实的具体措施，切实用会议精神统一思想、指导实践、推进工作。

【国务院第217次常务会议听取巩固退耕还林成果工作情况的汇报】 2012年9月19日，温家宝总理主持召开国务院第217次常务会议，听取《关于巩固退耕还林成果工作情况的汇报》。

会议指出，实施退耕还林是党中央、国务院在世纪之交为改善生态环境作出的重大决策。1999—2006年，累计完成退耕地造林926.41万公顷，实施荒山荒地造林和封山育林1500万公顷。2007年国务院决定将退耕还林工程转入巩固成果阶段，提出了确保退耕还林成果得到巩固和退耕农户长远生计得到有效解决两大目标，延长了对退耕农户的直接补助政策。几年来，各有关地区和部门认真组织实施，广大农户积极参与，退耕还林成果不断巩固，面积保存率达到98.9%，工程区生态环境显著改善；累计建成稳产高产基本口粮田173万多公顷，农村特色产业发展壮大，农村劳动力向二三产业转移加快，退耕农户人均纯收入年均实际增速高于全国同期水平；很多农户用上沼气池、节煤节柴灶、太阳能灶、太阳能热水器，生活方式发生可喜变化。

会议指出，巩固退耕还林成果工作仍处于关键阶段，要突出工作重点，继续实施好巩固退耕还林成果专项规划，加快项目建设进度。一要着力解决退耕农户长远生计问题。实施巩固成果建设项目要以困难地区和困难退耕户为重点。二要强化项目和资金管理。有关地区省级人民政府要全面履行职责，加强项目管理和监督检查，确保工程建设质量和专项资金运行安全。三要加强建设成果后期管护。做好林木抚育、补植补造、森林防火等工作，提高退耕还林成活率和保存率。引导农户树立主体意识，切实搞好沼气等建设成果日常维护。四要加强效益监测，开展巩固成果成效评估。

会议决定，自2013年起，适当提高巩固退耕还林成果部分项目的补助标准，并根据第二次全国土地调查结果，适当安排“十二五”时期重点生态脆弱区退耕还林任务。

（汪飞跃）

附　录

国家林业局各司（局）和直属单位等全称简称对照

1. 国家林业局办公室（办公室）
2. 政策法规司（政法司）
3. 造林绿化管理司（造林司）
   长江流域防护林体系设管理办公室（长防办）
4. 森林资源管理司（资源司）
5. 野生动植物保护与自然保护区管理司（保护司）
   野生动植物保护及自然保护区建设工程管理办公室（保护办）
6. 农村林业改革发展司（林改司）
7. 森林公安局（公安局）
   国家森林防火指挥部办公室（防火办）
8. 发展规划与资金管理司（计资司）
   全国木材行业管理办公室（行管办）
9. 科学技术司（科技司）
10. 国际合作司（国际司）
11. 人事司（人事司）
12. 直属机关党委（机关党委）
13. 监察部驻国家林业局监察局（监察局）
14. 离退休干部局（老干部局）
15. 机关服务局（服务局）
16. 信息化管理办公室（信息办）
17. 国有林场和林木种苗工作总站（场圃总站）
18. 林业工作站管理总站（工作总站）
    国家林业局森林资源行政案件稽查办公室（稽查办）
19. 林业基金管理总站（基金总站）
    审计中心
20. 宣传办公室（宣传中心）（宣传办）
21. 濒危物种进出口管理中心（濒管办）
    濒危物种进出口管理办公室
22. 天然林资源保护工程管理中心（天然林资源保护工程管理办公室）（天保办）
23. 西北华北东北防护林建设局（三北局）
24. 退耕还林（草）工程管理中心〔退耕还林（草）工程管理办公室〕（退耕办）
25. 防治荒漠化管理中心（环北京地区防沙治沙工程管理办公室）（治沙办）
26. 世界银行贷款项目管理中心（世行中心）
    速生丰产用材林基地建设工程管理办公室（速丰办）
27. 科技发展中心（科技中心）
    植物新品种办公室（新品办）
28. 经济发展研究中心（经研中心）
29. 人才开发交流中心（人才中心）
30. 对外合作项目中心（合作中心）
31. 森林防火预警监测信息中心（预警中心）
32. 湿地保护管理中心（湿地办）
33. 森林资源监督管理办公室（监督办）
34. 亚太森林网络管理中心（亚太中心）
35. 中国林业科学研究院（林科院）
36. 调查规划设计院（规划院）
37. 林产工业规划设计院（设计院）
38. 管理干部学院（林干院）
39. 中国绿色时报社（报社）
40. 中国林业出版社（出版社）
41. 竹藤网络中心（竹藤中心）
42. 中国林学会（林学会）
43. 中国野生动物保护协会（中动协）
    中国植物保护协会（中植协）
44. 中国花卉协会（花协）
45. 中国绿化基金会（中绿基）
46. 中国林业产业联合会（中产联）
47. 驻内蒙古自治区森林资源监督专员办事处（内蒙古专员办）
48. 驻长春森林资源监督专员办事处（长春专员办）
49. 驻黑龙江省森林资源监督专员办事处（黑龙江专员办）
50. 驻大兴安岭林业集团公司森林资源监督专员办事处（大兴安岭专员办）
51. 驻成都森林资源监督专员办事处（成都专员办）
52. 驻云南省森林资源监督专员办事处（云南专员办）
53. 驻福州森林资源监督专员办事处（福州专员办）
54. 驻西安森林资源监督专员办事处（西安专员办）
55. 驻武汉森林资源监督专员办事处（武汉专员办）
56. 驻贵阳森林资源监督专员办事处（贵阳专员办）
57. 驻海口森林资源监督专员办事处（海口专员办）
58. 驻合肥森林资源监督专员办事处（合肥专员办）
59. 驻乌鲁木齐森林资源监督专员办事处（乌鲁木齐专员办）
60. 驻上海森林资源监督专员办事处（上海专员办）
61. 驻北京森林资源监督专员办事处（北京专员办）
62. 森林病虫害防治总站（森防总站）
    野生动物疫源疫病监测总站（监测总站）
63. 北方航空护林总站（北航总站）
64. 南方航空护林总站（南航总站）
65. 南京森林警察学院（南京警院）
66. 华东林业调查规划设计院（华东院）
67. 中南林业调查规划设计院（中南院）
68. 西北林业调查规划设计院（西北院）
69. 昆明勘察设计院（昆明院）

书中部分单位、词汇全称简称对照

北京林业大学（北林大）
长江流域防护林（长防林）
东北林业大学（东北林大）
国家发展和改革委员会（国家发展改革委）
国家工商行政管理总局（国家工商总局）
国家开发银行（国开行）
国家环境保护部（国家环保部）
国家森林防火指挥部（国家森防指）
国务院法制办公室（国务院法制办）
国务院纠正行业不正之风办公室（国务院纠风办）
国务院西部地区开发领导小组办公室（国务院西部开发办）
国有资产监督管理委员会（国资委）
林业工作站（林业站）
林业科学研究所（林科所）
林业科学研究院（林科院）
南京林业大学（南林大）
全国绿化委员会（全国绿委）
全国绿化委员会办公室（全国绿委办）
全国人大常委会法制工作委员会（全国人大常委会法工委）
全国人大环境与资源保护委员会（全国人大环资委）
全国人大农业与农村委员会（全国人大农委）
全国普及法律常识办公室（全国普法办）
全国政协人口资源环境委员会（全国政协人资环委）
森林病虫害防治（森防）
森林病虫害防治检疫站（森防站）
森林防火指挥部（森防指）
森林工业（森工）
世界银行（世行）
速生丰产林（速丰林）
天然林资源保护工程（天保工程）
西北、华北北部、东北西部风沙危害和水土流失严重地区防护林建设（三北防护林建设）
亚洲开发银行（亚行）
中国光彩事业促进会（中国光彩会）
中国吉林森林工业（集团）总公司（吉林森工集团）
中国科学院（中科院）
中国龙江森林工业（集团）总公司（龙江森工集团）
中国内蒙古森林工业集团有限责任公司（内蒙古森工集团）
中国农业发展银行（中国农发行）
中国农业科学院（中国农科院）
中国银行业监督管理委员会（中国银监会）
中国证券监督管理委员会（中国证监会）
中央机构编制委员会办公室（中央编办）
珠江流域防护林（珠防林）

书中部分国际组织中英文对照

濒危野生动植物种国际贸易公约（CITES, Convention on International Trade in Endangered Species of Wild Fauna and Floraesertification）
大自然保护协会（TNC, The Nature Conservancy）
国际热带木材组织（ITTA, International Tropical Timber Organization）
国际野生生物保护学会（WCS, The Wildlife Conservation Society）
国际植物新品种保护联盟（UPOV, Intemarional Union For The Protection of New Varieties of Plants）
联合国防治荒漠化公约（UNCCD, United Nations Convention to Combat Desertification）
联合国粮食及农业组织（FAO, Food and Agriculture Organization of the United Nations）
欧洲投资银行（EIB, European Investment Bank）
全球环境基金（GEF, Global Environment Facility）
森林管理委员会（FSC, Forest Stewardship Council）
森林认证认可计划委员会，泛欧森林认证体系（PEFC, Pan European Forest Certification）
湿地国际（WI, Wetlands International）
世界自然保护联盟（IUCN, International Union for Conservation of Nature and Natural Resources）
世界自然基金会（WWF，旧称 World Wildlife Fund Intenational——世界野生生物基金会，现在更名 World Wide Fund for Nature）
亚太经济合作组织（APEC, Asia-Pacific Economic Cooperation）
亚太森林恢复与可持续管理网络（APFNet, Asia-Pacific Network for Sustainable Forest Management and Rehabilitation.）
亚洲开发银行（ADB, Bsian Development Bank）

索　引